Alois Eckl
Hartmut Erb
Mourad Louha
Bernhard Sproll

Excel

Formeln und Funktionen

Für die Versionen 2007 bis 2019

Markt+Technik

ISBN 978-3-95982-166-7

Espenpark 1a
90559 Burgthann

Produktmanagement Christian Braun, Burkhardt Lühr
Herstellung Jutta Brunemann
Korrektorat Petra Heubach-Erdmann
Covergestaltung David Haberkamp
Coverfoto © jackie2k – adobe.stock.com
Satz inpunkt[w]o, Haiger (www.inpunktwo.de)
Druck mediaprint solutions GmbH, Paderborn
Printed in Germany

Vorwort

Zu Excel

Microsoft Excel ist ein mächtiges und umfangreiches Programm. Neben Word und Outlook ist Excel das meistgenutzte Programm aus dem Office-Paket.

Excel ist ein technisch sehr ausgereiftes Produkt. Es gibt für alle möglichen und unmöglich erscheinenden Fragestellungen eine entsprechende Lösung. Allerdings ist diese nicht immer sofort klar und auf den ersten Blick ersichtlich. Genau hier setzt dieses Buch an.

Zu diesem Buch

Dieses Buch hat den Anspruch, als praxisorientiertes Lösungsbuch zu dienen. Sie finden darin, gegliedert nach Themengebieten, weit mehr als 500 praxisbezogene Fragestellungen mit den zugehörigen Lösungsvorschlägen.

Da sich im Wesentlichen fünf verschiedene Excel-Versionen im Praxiseinsatz befinden (Excel 2007, Excel 2010, Excel 2013, Excel 2016 und aktuell Excel 2019), war die Grundidee, ein Buch zu schreiben, das für alle Versionen gleichermaßen verwendet werden kann. Nahezu alle Tipps werden anhand der neuen Version 2019 beschrieben, Besonderheiten der einzelnen Versionen sind im Kontext der Tipperläuterungen jeweils gekennzeichnet. Gravierende Unterschiede zwischen den Versionen werden in kleinen Exkursen erläutert.

Gemäß dem Motto „weniger ist oft mehr" haben wir in diesem Buch darauf geachtet, dass die Tipps und Beispiele ohne theoretischen Ballast auskommen. Unsere jahrelangen Erfahrungen haben immer wieder gezeigt, dass ein Beispiel und ein Bild komplexe Sachverhalte in der Regel sehr viel schneller verständlich machen können als umfangreiche Textvorträge und theoretische Ausschweifungen. Natürlich wird aber auch auf theoretisches Hintergrundwissen eingegangen, und zwar dort, wo es notwendig ist.

Ziel dieses Buches ist nicht nur, allgemeine Einstellungen und grundlegende Themen zu behandeln, sondern auch ein wenig über den Tellerrand hinauszublicken.

Download der Tabellenbeispiele

Zu den einzelnen Tipps und Beispielen liegen gegliedert nach Kapitel und Themengebiet Excel-Dateien vor. Diese können Sie im Downloadbereich der Markt+Technik-Webseite unter folgender Internetadresse herunterladen: *www.mut.de/2166*

Zu den Lesern

Das vorliegende Buch ist für ambitionierte Anfänger wie auch für fortgeschrittene Excel-Anwender und sogar für Excel-Profis gedacht. Um alle Tipps verstehen und nachvollziehen zu können, ist ein gewisses Maß an Vorkenntnissen erforderlich, was aber nicht bedeuten soll, dass nicht auch Laien mit diesem Buch schnell und unkompliziert zum Ziel gelangen.

Zu den Autoren

Alois Eckl ist Betriebswirt, Bilanzbuchhalter und Geschäftsführer von Excel-Inside Solutions. Zuvor war er einige Jahre im Bereich Wirtschaftsprüfung, Steuerberatung, Unternehmensberatung und Controlling tätig. Er hat sich in mehr als 25 Jahren ein großes und vor allem praxisbezogenes Know-how zu Microsoft Office und speziell zu Microsoft Excel erworben. Seit 20 Jahren programmiert er mit seinem Excel-Inside-Solutions-Team professionelle Office-, Excel- und Access-Lösungen sowie Schnittstellen und Automatisierungen für die unterschiedlichsten Bereiche, Branchen und Anwendungsgebiete. Darüber hinaus gibt er als Buchautor und Autor bei verschiedenen Fachzeitschriften sein Wissen über Excel weiter. Weitere Informationen zum Autor finden Sie unter *https://www.excel-inside.de*.

Hartmut Erb ist Diplom-Betriebswirt (FH) und Geschäftsführer der IMS-CONSULTING Hartmut Erb, eines unabhängigen Beratungsunternehmens, das sich auf Lösungen für das Controlling und die Unternehmenssteuerung von kleinen und mittelständischen Unternehmen unterschiedlicher Branchen spezialisiert hat. In seiner über 25-jährigen Tätigkeit als Controller und Unternehmensberater in verschiedensten Branchen hat er sich seit einigen Jahren auf das Thema Business Intelligence und OLAP auf Excel-Basis spezialisiert. Sein Know-how macht er in einer Vielzahl von Büchern und Veröffentlichungen, aber auch in Seminaren einem breiten Interessentenkreis zugänglich. Weitere Informationen zum Autor finden Sie unter *www.ims-consulting.biz*.

Mourad Louha ist seit 20 Jahren als selbstständiger Entwickler von maßgeschneiderten, datenbankgestützten und multilingualen Excel-VBA-Anwendungen tätig. Seine Anwendungen decken Themenbereiche wie Betriebsdatenerfassung und -auswertung, Produktionsplanung, Reklamationsmanagement oder Preislistenkataloge ab und werden auf internationaler Ebene in mittelständischen Betrieben und Großkonzernen genutzt. In seiner Freizeit engagiert er sich in Online-Communitys rund um Microsoft Excel oder gibt sein Wissen z. B. in Fachmagazinen weiter. Für sein Engagement wurde er von Microsoft seit 2011 jährlich mit dem *Microsoft Most Valuable Professional (MVP) Award* ausgezeichnet. Er betreibt zudem mehrere Blogs und Websites, u.a. den kostenlosen Excel-Formel-Übersetzer *http://de.excel-translator.de* inklusive einer Referenz zu allen Übersetzungen der Excel-Funktionen.

Bernhard Sproll ist Diplom-Ökonom und Unternehmensberater für Informations- und Publishing-Management. Zu seinen Tätigkeitsschwerpunkten zählt die Konzeption und Implementierung komplexer Lösungen auf Basis von Microsoft Excel. Seine Expertise erwarb er unter anderem in seiner über zehnjährigen Tätigkeit als Führungskraft und Information Manager bei einer der größten deutschen Mediengruppen. Dort koordinierte er eine Reihe von Projekten zur Optimierung der Informations- und Publishing-Architektur sowie der verbundenen Systeme und Prozesse. Zudem verantwortete er die operative Steuerung von redaktionellen und Publishing-Prozessen sowie die Konzeption und Implementierung von Softwaretools für kleine und mittlere Unternehmen als Zielgruppe. Weitere Informationen zum Autor finden Sie unter *https://www.excel-inside.de*.

Danksagung

Wir möchten uns bei allen Personen herzlich bedanken, die uns bei der Umsetzung dieser Buchidee begleitet und unterstützt haben.

Ein besonderer Dank gilt auch unseren Familien, die uns geduldig zur Seite standen und die Anspannung während der Arbeiten mit uns geteilt haben.

Nun aber wünschen wir Ihnen viel Erfolg und viel Spaß mit diesem Buch.

Alois Eckl

Hartmut Erb

Mourad Louha

Bernhard Sproll

Inhaltsverzeichnis

1 Erfassen Sie Daten effektiv und komfortabel

Ein zentraler Bestandteil im Umgang mit Excel besteht in der Datenerfassung. Dabei entscheidet vor allem die Richtigkeit der erfassten Daten über den Erfolg des Kalkulationsmodells. Eine große Rolle spielt natürlich in der Praxis auch das gesamte Handling des Programms. Lassen Sie sich deshalb im ersten Kapitel überraschen, welche Möglichkeiten Excel für eine sichere und komfortable Datenerfassung bietet.

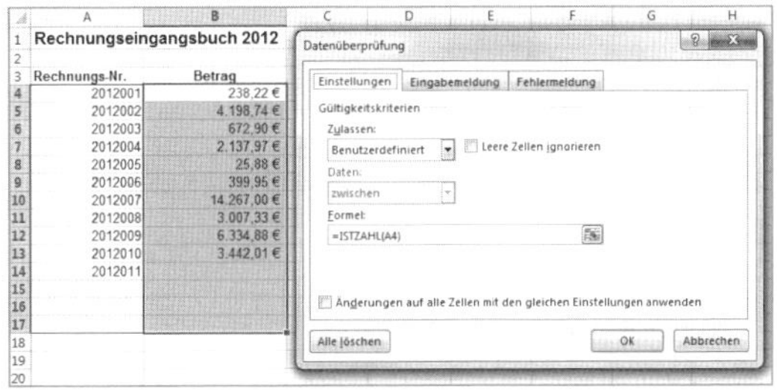

1.1 So lässt sich die manuelle Datenerfassung vereinfachen

Die folgenden Tipps zeigen anhand verschiedener Beispiele, wie Sie sich das Leben durch eine geschickte und durchdachte Datenerfassung erleichtern können.

Tipp 1: Unterstützung der Datenerfassung mit Masken

Mithilfe der Funktion *Maske* können Sie in einer fortlaufenden Datenliste neue Datensätze anhängen oder bestehende Datensätze löschen. Damit wird die Erfassung komfortabler und übersichtlicher. Dieser Befehl kann ab Excel 2007 jedoch nicht direkt über die Multifunktionsleiste aufgerufen werden, Sie müssen ihn zuerst zur Multifunktionsleiste hinzufügen.

Zum Einblenden des Befehls gehen Sie wie folgt vor:

1 Klicken Sie auf den Pfeil rechts neben der Schnellstartleiste und wählen Sie im Drop-down-Menü den Eintrag *Weitere Befehle*.

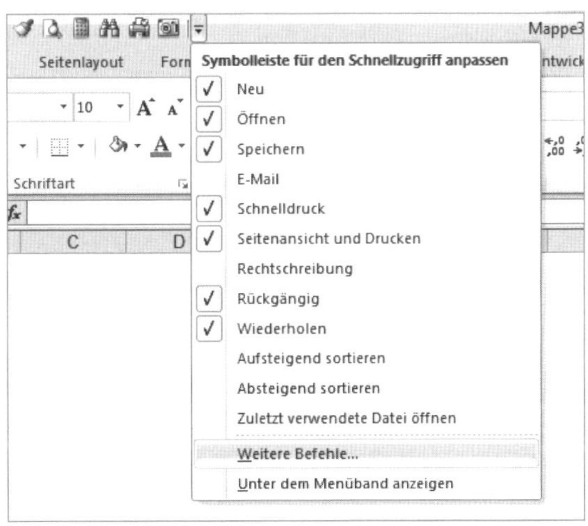

2 Aktivieren Sie im Feld *Befehle auswählen* den Eintrag *Befehle nicht im Menüband* (Excel 2007/2010) bzw. *Nicht im Menüband enthaltene Befehle* (ab Excel 2013).

3 Suchen Sie aus der sich öffnenden Liste den Eintrag *Maske*. Durch einen Klick auf die Schaltfläche *Hinzufügen* und die anschließende Bestätigung des Dialogfensters mit *OK* wird der Befehl in der Schnellstartleiste angezeigt.

Nun steht der Befehl *Maske* auch in Excel ab Version 2007 zur Verfügung.

Alternativ können Sie die Datenerfassung über die Datenmaske auch mit der Tastenkombination Alt+N+M aufrufen.

So geht's:

1 Markieren Sie eine beliebige Zelle innerhalb der Datenliste.

2 Der Dialog zur Datenerfassung wird über einen Klick auf das neu eingefügte Symbol in der Schnellstartleiste aufgerufen.

3 Mit einem Klick auf die Schaltfläche *Neu* können Daten der Liste hinzugefügt werden.

4 Ein Klick auf die Schaltfläche *Löschen* entfernt den ausgewählten Datensatz aus der Liste.

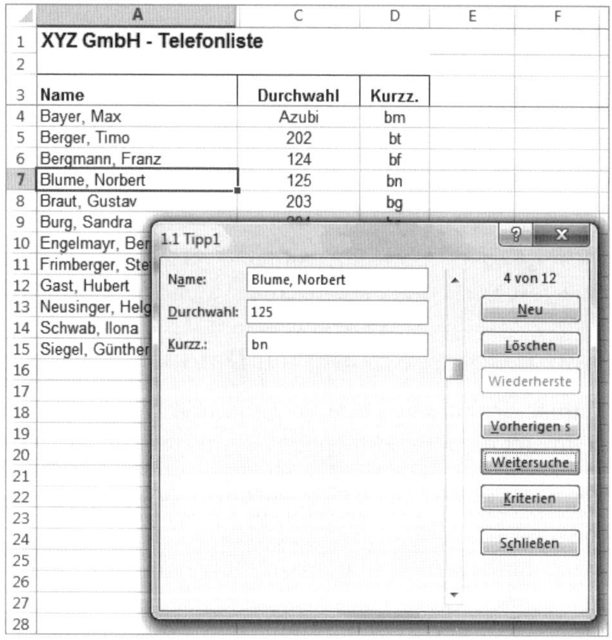

Über diesen Dialog können aber nicht nur neue Daten eingegeben werden, es besteht auch die Möglichkeit, nach bestehenden Daten zu suchen.

So geht's:

1 Ein Klick auf die Schaltfläche *Kriterien* schaltet in die Suchfunktion um.

2 Nun können Sie in diesem Beispiel die Datenliste nach dem Namen, der Durchwahl oder dem Kurzzeichen (*Kurzz.*) durchsuchen.

3 Ein Klick auf die Schaltfläche *Maske* schaltet wieder in die Erfassungsmaske zurück.

➡ Verweis: siehe Kapitel 4.8, Tipp 1

Tipp 2: Daten in mehreren Tabellenblättern gleichzeitig erfassen

In einer Arbeitsmappe mit sechs identisch aufgebauten Tabellenblättern sollen alle Eingaben gleichzeitig in den ausgewählten Tabellenblättern erfasst werden.

Im Beispiel liegt eine Arbeitsmappe mit sechs Tabellenblättern vor. Jede der sechs Filialen wird in einem eigenen Tabellenblatt abgebildet. In allen sechs Blättern sollen Angaben wie z. B. das aktuelle Datum und der Name des Sachbearbeiters eingetragen werden.

Natürlich können Sie diese Angaben für jedes Blatt separat erfassen. Leichter und vor allem effizienter wäre es, wenn Sie die Angaben gleichzeitig in allen Blättern eingeben könnten.

So geht's:

1 Selektieren Sie die Tabellenblätter mit den Bezeichnungen *Filiale 1* bis *Filiale 6*, indem Sie bei gedrückter Strg-Taste die Tabellenblätter nacheinander anklicken. Da die Tabellenblätter in diesem Fall zusammenhängend sind, gibt es auch eine komfortablere Lösung. Wählen Sie das erste Tabellenblatt aus, drücken Sie die ⇧-Taste und wählen Sie das Blatt *Filiale 6*. Damit werden alle sechs Tabellenblätter ausgewählt.

2 Erfassen Sie den Namen des Sachbearbeiters und das entsprechende Datum.

Wenn Sie auf ein anderes Tabellenblatt wechseln, sehen Sie, dass die Daten in allen selektierten Blättern eingetragen wurden.

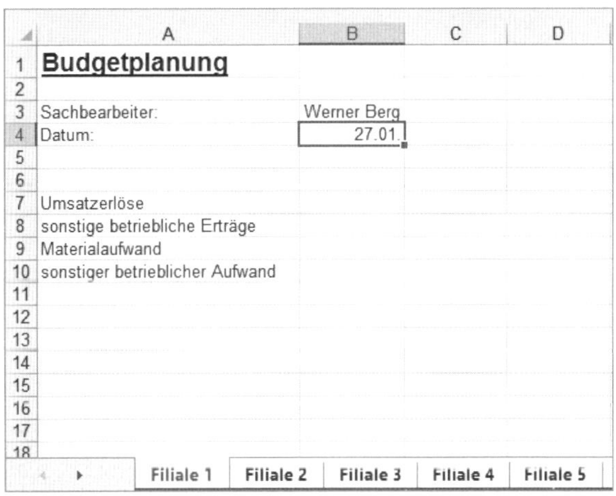

Tipp 3: Datum und Zeit über Shortcut erfassen

Sie müssen häufig das aktuelle Datum sowie die aktuelle Uhrzeit in Excel erfassen? Dann wird Ihnen folgender Shortcut die Arbeit erleichtern.

So geht's:

1 Über die Tastenkombination Strg+. (Punkt) tragen Sie in die ausgewählte Zelle das aktuelle Datum ein.

2 Die aktuelle Uhrzeit geben Sie mit der Tastenkombination Strg+⇧+. (Punkt) ein.

Alternativ können Sie das Datum und die Zeit auch über eine integrierte Excel-Funktion eintragen. Erfassen Sie dazu die Funktion *=JETZT()* in der gewünschten Zelle.

Wenn lediglich das Datum angezeigt werden soll, formatieren Sie die Zelle als reine Datumszelle. Soll hingegen nur die Uhrzeit angezeigt werden, vergeben Sie für diese Zelle ein entsprechendes Zeitformat. Standardmäßig werden mit der Funktion sowohl Datum als auch Zeit angezeigt.

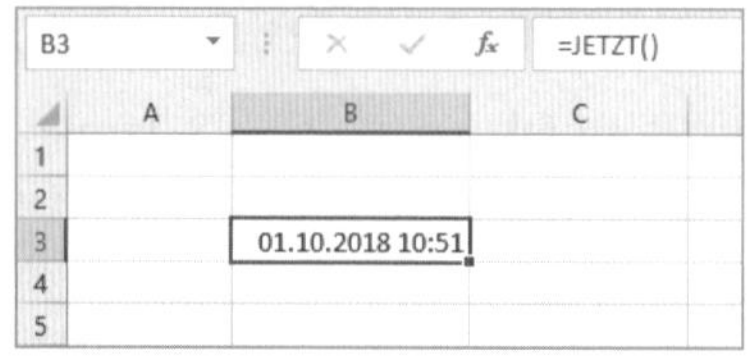

Hinweis

Auf den ersten Blick sieht es so aus, als würden die beiden Möglichkeiten zur Zeiterfassung das gleiche Ergebnis liefern. Die beiden Varianten zur Datums- und Zeiterfassung unterscheiden sich im Ergebnis jedoch wie folgt:

- Über die Shortcuts wird ein sogenannter Zeitstempel in die Zelle eingetragen. Dieser ist fix und wird nicht automatisch angepasst.
- Die Funktion *=JETZT()* erzeugt hingegen immer das aktuelle Datum und die aktuelle Zeit. Das bedeutet, bei jeder Neuberechnung der Arbeitsmappe werden die Angaben aktualisiert.

➡ Verweis: siehe Kapitel 4.12, Tipp 16, und Anhang, Abschnitt 4

Tipp 4: Datum und Uhrzeit über Zehnertastatur eingeben

Wenn Sie häufig mit dem Zahlenblock arbeiten, bietet es sich an, auch Datumswerte über die Zehnertastatur zu erfassen. Damit können Datumsangaben wesentlich schneller eingegeben werden.

So geht's: Datum über Zehnertastatur eingeben

Wenn Sie Tag, Monat und Jahr statt mit einem . (Punkt) jeweils mit einem / (Divisionszeichen) oder dem – (Minuszeichen) trennen, erkennt Excel automatisch, dass es sich um ein Datum handelt, und wandelt es entsprechend um.

Nach Bestätigung mit der [↵]-Taste wird in Zelle A1 das korrekte Datum, also z. B. der 20.12.2015, übernommen. Dabei ist es egal, ob Sie die Tages- oder Monatsangaben zwei- oder einstellig eingeben.

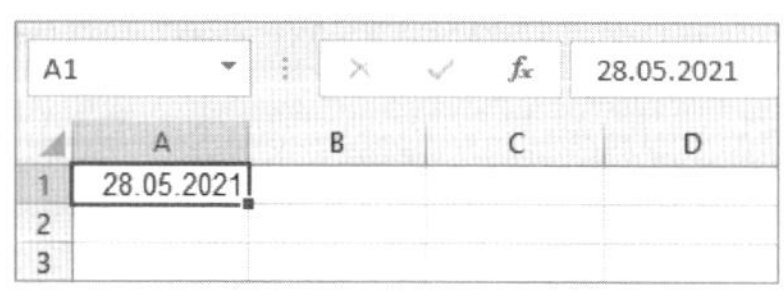

Hinweis

Das Jahr kann zweistellig oder im Fall 09 sogar einstellig erfasst werden. Die Umwandlung funktioniert also mit der Eingabe von 28/5/9 oder 28-5-9 ebenfalls und liefert das gewünschte Datum 28.05.2009.

So geht's: Uhrzeit über Zehnertastatur eingeben

Da auf dem Zehnerblock kein Doppelpunkt zur Verfügung steht, müssen Sie folgenden kleinen Trick anwenden.

1 Öffnen Sie über das Menü *Datei/Optionen* die Rubrik *Dokumentprüfung*. Klicken Sie im Abschnitt *AutoKorrektur-Optionen* auf die Schaltfläche *AutoKorrektur-Optionen* und wechseln Sie zur Registerkarte *AutoKorrektur*.

- In Excel 2007: Menü *Office/Excel-Optionen*, Rubrik *Dokumentenprüfung*.

2 Erfassen Sie im Feld *Ersetzen* zwei Kommata („) und in das Feld *Durch* geben Sie einen Doppelpunkt (:) ein. Beenden Sie das Dialogfenster mit einem Klick auf *OK*.

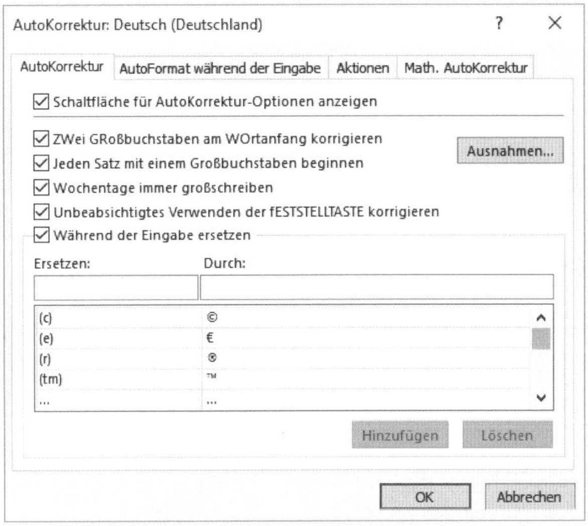

Wenn Sie nun über den Zehnerblock eine Uhrzeit erfassen möchten, geben Sie anstatt eines Doppelpunkts zweimal das Komma ein, also beispielsweise *13,,20*. Excel ersetzt nun diese beiden Kommata durch einen Doppelpunkt und interpretiert damit die Eingabe als korrekte Uhrzeit.

Tipp 5: Daten über das Ausfüllkästchen erfassen

Sie erfassen häufig auf- oder absteigende Zahlenreihen, beispielsweise Artikelnummern, Bestellnummern oder andere Nummernkreise? Für diesen Zweck stellt Excel eine sehr komfortable und zeitsparende Funktion zur Verfügung.

So geht's:

Eine schnelle Möglichkeit, auf- oder absteigende Zahlenreihen zu erfassen, besteht in der Nutzung des Ausfüllkästchens. Das Ausfüllkästchen aktivieren Sie, indem Sie den Mauszeiger auf die rechte untere Ecke der Zellmarkierung setzen. Der Cursor verwandelt sich in ein Plussymbol.

Wenn Sie das Ausfüllkästchen bei gedrückter linker Maustaste nach unten ziehen, erstellt Excel automatisch in Zweierschritten die neuen Artikelnummern.

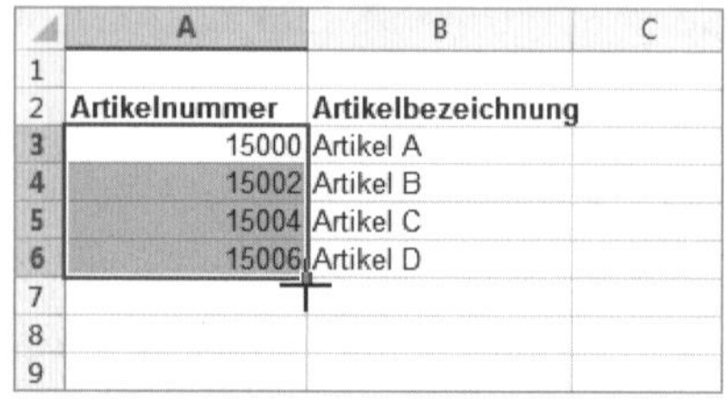

Auf diese Weise können die unterschiedlichsten auf- oder absteigenden Zahlenreihen erstellt werden. Selbst Zahlen mit Nachkommastellen können so beliebig fortgesetzt werden.

Neben Zahlen können auch Datums- und Zeitwerte über das Ausfüllkästchen in den dargestellten Schritten erzeugt werden.

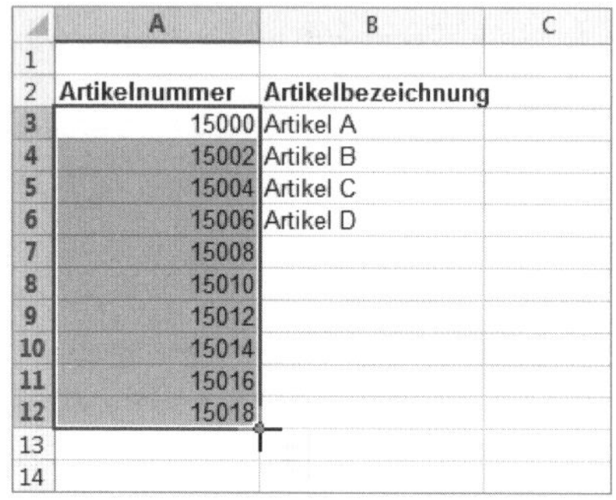

Hinweis

Excel erkennt automatisch die Nummerierungslogik und setzt diese entsprechend fort. Die Logik des Nummernkreises müssen Sie Excel anhand von mindestens zwei Werten vorgeben.

Tipp 6: Komfortables Ausfüllen mit individuellen Reihen

Neben dem AutoAusfüllkästchen bietet Excel weitere Funktionen, um Zahlen oder Datumsreihen in Spalten oder Zeilen automatisch einfügen zu lassen.

So geht's:

Variante 1: So erstellen Sie Reihen über das Dialogfenster Reihe

Rufen Sie das Dialogfenster *Reihe* über das Menü *Start/Bearbeiten/ Füllbereich/Reihe* auf. Damit haben Sie die Möglichkeit, beliebige Reihen zu generieren, sei es pro Zeile oder auch pro Spalte.

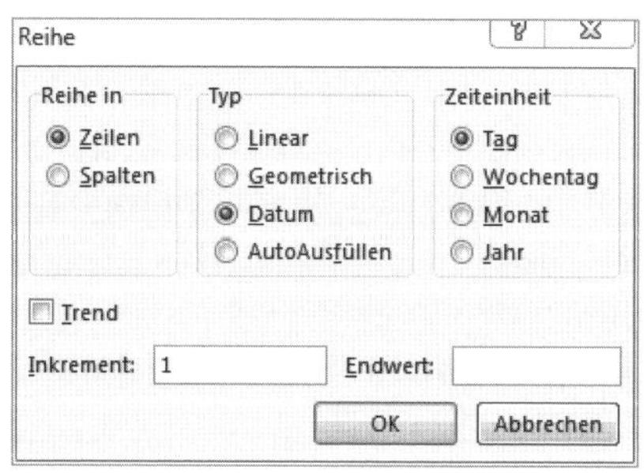

So erstellen Sie beispielsweise alle Wochentage innerhalb eines Monats:

1. Erfassen Sie in Zelle A1 das Datum 01.05.2019.
2. Wählen Sie unter *Reihe in* die Option *Spalten*.
3. Als *Typ* legen Sie *Datum* fest.
4. Als *Zeiteinheit* wählen Sie die Option *Wochentag*.
5. *Inkrement* behält den vorgeschlagenen Wert 1.
6. Als *Endwert* erfassen Sie den 31.05.2019 und beenden den Dialog mit einem Klick auf die Schaltfläche *OK*.

Im Ergebnis werden ab Zelle A1 alle Wochentage zwischen dem 01.05. und dem 31.05.2019 in das Tabellenblatt eingetragen.

Variante 2: So setzen Sie eine Monatsreihe über das Kontextmenü fort

Das Kontextmenü bietet ebenfalls Möglichkeiten, Datenreihen fortlaufend einzutragen. Um über das Kontextmenü jeweils den Monatsletzten eintragen zu lassen, gehen Sie wie folgt vor:

1 Erfassen Sie in Zelle A1 das Datum 31.01.2019.

2 Ziehen Sie das Ausfüllkästchen mit gedrückter rechter Maustaste bis zur Zelle A12 nach unten.

3 Im sich öffnenden Kontextmenü wählen Sie den Eintrag *Monate ausfüllen.*

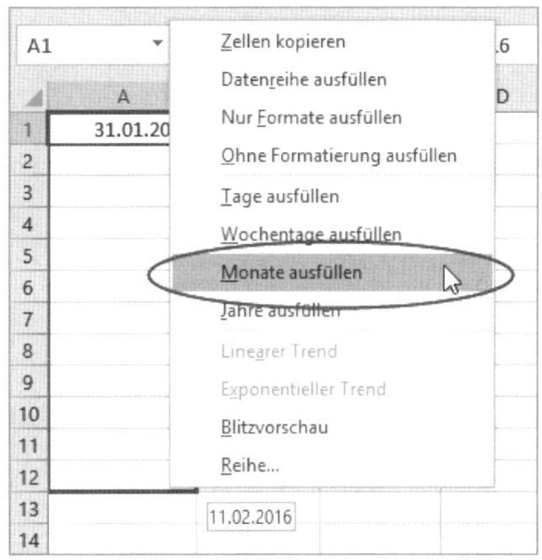

Als Ergebnis erhalten Sie jeweils den Monatsletzten.

Variante 3: So erstellen Sie eine Reihe mit dem SmartTag (ab Excel 2002)

Eine weitere Möglichkeit zum Ausfüllen von Reihen stellt das SmartTag dar. In diesem Beispiel soll die Jahreszahl angepasst werden.

1 Tragen Sie dazu wiederum in Zelle A1 ein Datum, beispielsweise den 15.01.2020, ein.

2 Ziehen Sie es mit dem AutoAusfüllkästchen bis zur Zelle A10 bei gedrückter linker Maustaste nach unten.

3 Es wurden nun die Daten bis zum 24.01.2020 eingetragen.

4 Damit jetzt die Jahreszahl angepasst wird, klicken Sie auf das SmartTag rechts unten in der Liste und wählen Sie den Eintrag *Jahre ausfüllen.*

5 Sofort nach Bestätigung werden die Jahreszahlen angepasst. Die Tagesangabe bleibt dabei unverändert.

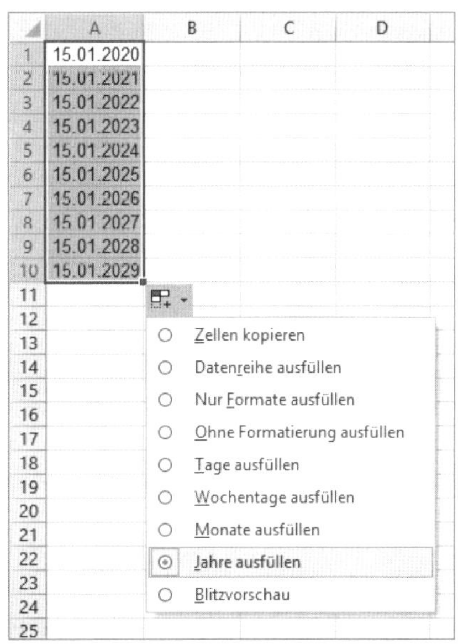

➡ Verweis: siehe Kapitel 1.4, Tipp 10

Tipp 7: Ausfüllen auf Basis von benutzerdefinierten Listen

Excel bietet standardmäßig bereits viele Möglichkeiten, um Datenreihen automatisch auszufüllen. Natürlich kann Excel nicht alle individuellen Listen automatisch erkennen und entsprechend fortführen. Auch das Alphabet kann Excel nicht automatisch in eine Datenreihe überführen.

Es gibt jedoch die Möglichkeit, Excel beliebige Listen anzutrainieren.

So geht's:

1 Erfassen Sie im ersten Schritt die gewünschte Liste, in diesem Beispiel das Alphabet, in einem zusammenhängenden Zellbereich, beispielsweise in den Zellen A1 bis A26.

2 Markieren Sie diesen Bereich.

3 Rufen Sie die Registerkarte *Benutzerdefinierte Listen* auf.

- Ab Excel 2010: über das Menü *Datei/Optionen/Erweitert* im Abschnitt *Allgemein* mit einem Klick auf die Schaltfläche *Benutzerdefinierte Listen bearbeiten*.
- In Excel 2007: Menü *Office/Excel-Optionen/Häufig verwendet*, Registerkarte *Benutzerdefiniert*.

4 Im Feld *Liste aus Zellen importieren* ist bereits der markierte Zellbereich A1:A26 eingetragen. Ein Klick auf die Schaltfläche *Importieren* fügt die benutzerdefinierte Liste hinzu.

Ab sofort steht diese neue benutzerdefinierte Reihe zur Verfügung und kann über die Funktion *AutoAusfüllen* eingetragen werden.

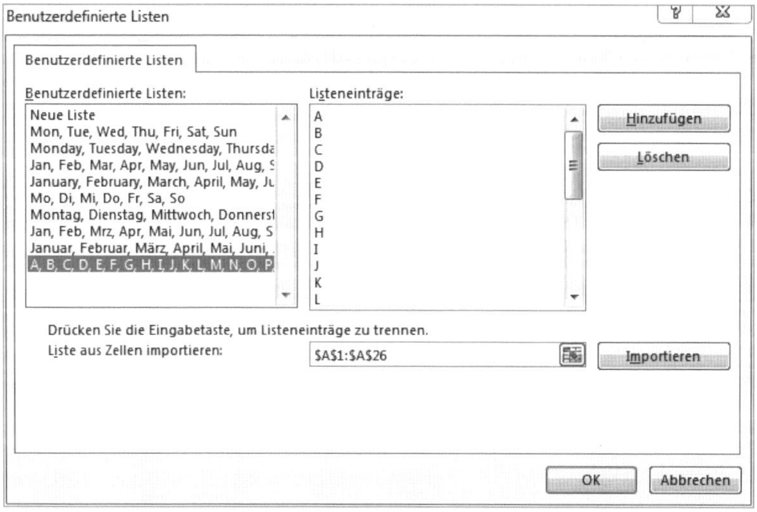

Auf diese Weise können beliebig viele individuelle Listen, wie Namen der Mitarbeiter, Artikelnummern etc., hinzugefügt werden.

Tipp 8: Einträge mit Text-Zahlen-Kombinationen per AutoAusfüllkästchen fortlaufend um 1 erhöhen

In diesem Beispiel sollen Dateinamen, die sich aus Zahlen- und Textbestandteilen zusammensetzen, fortlaufend um den Wert 1 erhöht werden.

So geht's:

1 In Zelle A1 steht der Dateiname *115-00001b.txt.*

2 Erfassen Sie in Zelle A2 folgende Funktion:

=LINKS(A1;8)&ZEILE()&RECHTS(A1;5)

3 Kopieren Sie diese Formel bis zur Zelle A12 nach unten.

	A	B
1	115-00001b.txt	
2	115-00002b.txt	
3	115-00003b.txt	
4	115-00004b.txt	
5	115-00005b.txt	
6	115-00006b.txt	
7	115-00007b.txt	
8	115-00008b.txt	
9	115-00009b.txt	
10	115-000010b.txt	
11	115-000011b.txt	
12	115-000012b.txt	

Steht der Dateiname nicht in A1, sondern beispielsweise in A5, modifizieren Sie die Funktion wie folgt:

=LINKS(A5;8)&ZEILE()–4&RECHTS(A5;5)

In diesem Fall ist von der Funktion *ZEILE()* der Wert 4 zu subtrahieren. Dies ist notwendig, damit die Nummerierung beim Wert 1 beginnt.

Tipp 9: Korrekte Datenerfassung über die Funktion AutoKorrektur sicherstellen

Werden in Excel häufig wiederkehrende Texte wie beispielsweise lange und komplizierte Firmennamen eingegeben, kann dieser Vorgang wesentlich vereinfacht werden. Ein wichtiger Gesichtspunkt ist natürlich auch die Vermeidung von Tippfehlern. So zeigt dieses Beispiel, wie prägnante Abkürzungen durch den komplett ausgeschriebenen Begriff ersetzt werden können.

So geht's:

1 Rufen Sie die AutoKorrektur-Funktion auf.

- Ab Excel 2010: Menü *Datei/Optionen/Dokumentprüfung/AutoKorrektur-Optionen.*
- In Excel 2007: Menü *Office/Excel-Optionen/Dokumentprüfung/AutoKorrektur-Optionen.*

2 Erfassen Sie auf der Registerkarte im Feld *Ersetzen* das Kürzel *spkv* und im Feld *Durch* den Begriff *Sparkassenvorsitzender.*

3 Mit einem Klick auf *OK* wird die neue AutoKorrektur hinzugefügt und steht in jeder Excel-Tabelle zur Verfügung.

4 Wenn Sie nun in einer Zelle *spkv* eingeben und mit ↵ bestätigen, wird der Eintrag automatisch durch den Begriff „Sparkassenvorsitzender" ersetzt.

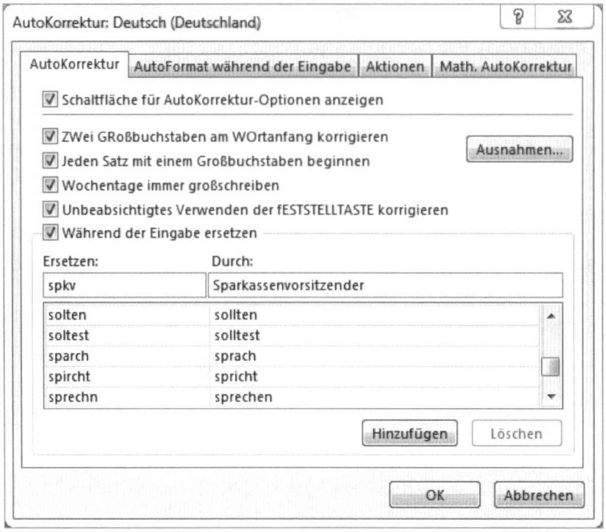

Tipp 10: AutoFormatierung bei der Dateneingabe deaktivieren

Bei jeder Eingabe prüft Excel die erfasste Zeichenfolge und versucht automatisch, die passende Formatierung zu erkennen und einzufügen.

Sollen beispielsweise Postleitzahlen oder Telefonnummern eingegeben werden, die mit einer Null beginnen? Excel interpretiert diese Eingaben erst mal automatisch als Zahl und stellt diese ohne führende Null dar.

So geht's:

1 Wählen Sie die gewünschte Zelle aus und belegen Sie sie mit dem Textformat:

2 Starten Sie dazu über das Menü *Start/Zellen/Format/Zellen formatieren* das Dialogfenster *Zellen formatieren*. Alternativ über die Tastenkombination Strg+1.

3 Wählen Sie auf der Registerkarte *Zahlen* im Feld *Kategorie* den Eintrag *Text* und bestätigen Sie die Eingabe mit einem Klick auf die Schaltfläche *OK*.

4 Alle Eingaben, die Sie jetzt in dieser Zelle vornehmen, werden als Text behandelt. Damit ist die automatische Formaterkennung deaktiviert und die führende Null bei Postleitzahlen oder bei Telefonvorwahlen bleibt erhalten.

Eine weniger bekannte Möglichkeit, die AutoFormatierung zu unterdrücken, besteht darin, vor dem Eintrag ein Hochkomma zu setzen. Dieses wird über die Tastenkombination ⇧+# eingegeben.

Das Hochkomma wird in der eigentlichen Zelle nicht angezeigt. Es ist nur in der Bearbeitungsleiste zu sehen.

Das Hochkomma ist schnell eingegeben und besitzt darüber hinaus noch einen weiteren Vorteil. Wenn Sie es entfernen, ist die automatische Formaterkennung wieder aktiv. Wurde die Zelle hingegen mit dem Textformat belegt, müssen Sie erst umständlich die Formatierung wieder rückgängig machen.

Tipp 11: Nullwerte einfach ausblenden

In der Praxis ist es manchmal nicht erwünscht, dass Nullwerte in der Tabelle angezeigt werden. Listen mit vielen Nullen sind häufig unübersichtlich und damit schwer lesbar. Excel bietet aber eine einfache Möglichkeit, Nullwerte bei Bedarf ausblenden zu lassen.

So geht's:

1. Rufen Sie dazu das Dialogfenster *Excel-Optionen* wie folgt auf:
   - ab Excel 2010: Menü *Datei/Optionen*,
   - in Excel 2007: Menü *Office/Excel-Optionen*.
2. Unter der Rubrik *Erweitert* können Sie im Abschnitt *Optionen für dieses Arbeitsblatt anzeigen* festlegen, für welche Tabellenblätter der Arbeitsmappe Sie die Einstellung vornehmen möchten.
3. Entfernen Sie beim Eintrag *In Zellen mit Nullwert eine Null anzeigen* den Haken.

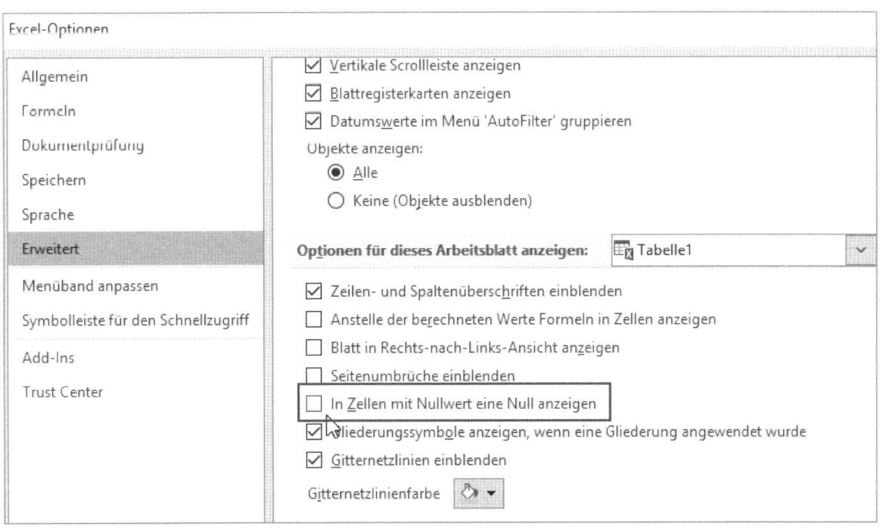

Damit werden Nullwerte in der Zelle unterdrückt. In der Bearbeitungsleiste werden die Nullwerte jedoch weiterhin angezeigt. Das bedeutet, die Nullwerte gehen nicht verloren. Sobald Sie die Nullwertanzeige wieder aktivieren, werden diese in den Zellen wieder dargestellt.

Tipp 12: Das Ergebnis einer Berechnung geschickt einfügen

Wenn ein Wert über eine Funktion berechnet wird, wird nach der Bestätigung der Formel das Ergebnis der Berechnung in die Zelle eingefügt. Im Hintergrund befindet sich nach wie vor die erfasste Funktion. Damit ist die Berechnung volatil, also veränderlich. Das Ergebnis wird in der Regel sofort neu berechnet, wenn sich ein Berechnungsparameter ändert.

Möchten Sie ein berechnetes Ergebnis vor der Parameteränderung festhalten, können Sie es natürlich manuell in eine Zelle schreiben. Eine clevere Möglichkeit stellt folgende Funktion dar.

So geht's:

1 Kopieren Sie den gewünschten Zellbereich mit den Formelergebnissen in die Zwischenablage.

2 Setzen Sie den Zellzeiger in die Zelle, in die die Werte eingefügt werden sollen.

3a Rufen Sie das Menü *Start/Zwischenablage/Einfügen* auf und klicken Sie unter *Werte einfügen* das Symbol *Werte* an. Alternativ zum Klick auf das Symbol können Sie die Taste W betätigen. Wollen Sie nicht nur den Wert, sondern auch die Formatierung übernehmen, klicken Sie auf das Symbol *Werte und Quellformatierung* oder drücken alternativ die Taste E.

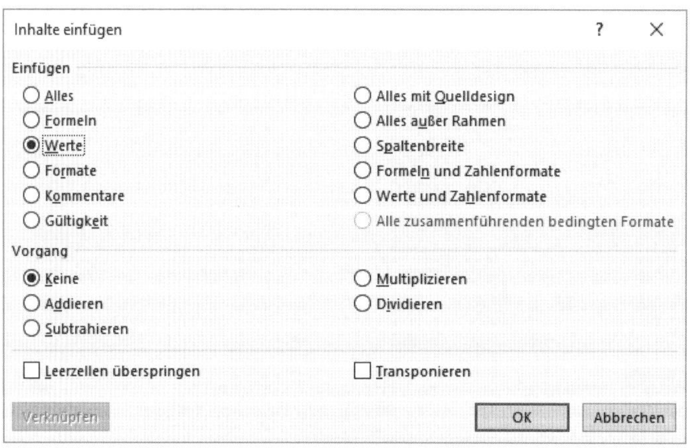

3b Alternativ können Sie auch das Dialogfenster *Inhalte einfügen* über das Menü *Start/Zwischenablage/Inhalte einfügen* aufrufen.

Wählen Sie darin die Option *Werte* und bestätigen Sie das mit Klick auf die Schaltfläche *OK*.

Darüber hinaus gibt es noch eine weitere Möglichkeit, das Ergebnis einer Formelberechnung direkt in einen Wert umzuwandeln.

So geht's:

1. Erfassen Sie in einer Zelle eine beliebige Formel und schließen Sie diese mit [↵] ab.
2. Drücken Sie [F2] und anschließend [F9].
3. Bestätigen Sie die Änderung mit [↵].
4. In der Zelle befindet sich nun das Ergebnis der Formelberechnung und nicht mehr die Formel selbst.

Ändern sich jetzt Berechnungsparameter, sind die so erstellten Festwerte davon unberührt.

Tipp 13: Komplexe Formeln einfacher verstehen

Lange Formelketten werden schnell unübersichtlich und deren (Teil-)Ergebnisse sind je nach Komplexität nur noch schwer zu verstehen. Hilfreich wäre in diesem Fall, wenn man Teilergebnisse der Formel sichtbar machen könnte, ohne die Formel verändern zu müssen. Excel bietet hierfür eine wenig bekannte Funktionalität an, die der oben genannten Sache äußerst dienlich ist und die anhand eines einfachen Beispiels verdeutlicht werden soll.

So geht's:

1. Erfassen Sie in einer neuen Arbeitsmappe eine etwas komplexere Formel wie z. B. die abgebildete.
2. Markieren Sie nun innerhalb der Bearbeitungsleiste den zweiten Teil der Formel, also *D4/E4*.
3. Drücken Sie jetzt die [F9]-Taste und sehen Sie, wie Excel innerhalb der Bearbeitungsleiste diesen zweiten Teil der Formel in einen Wert umwandelt.

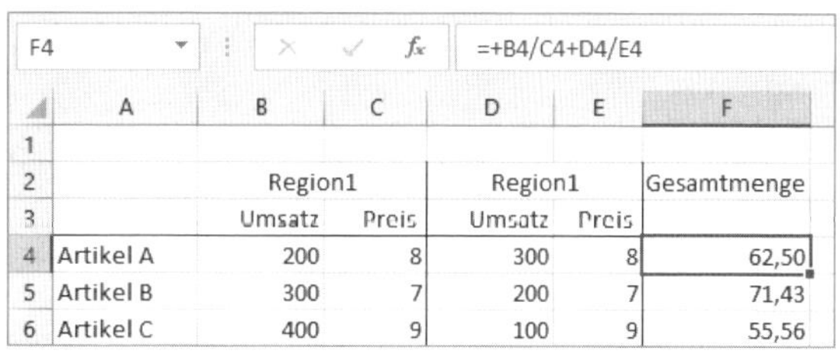

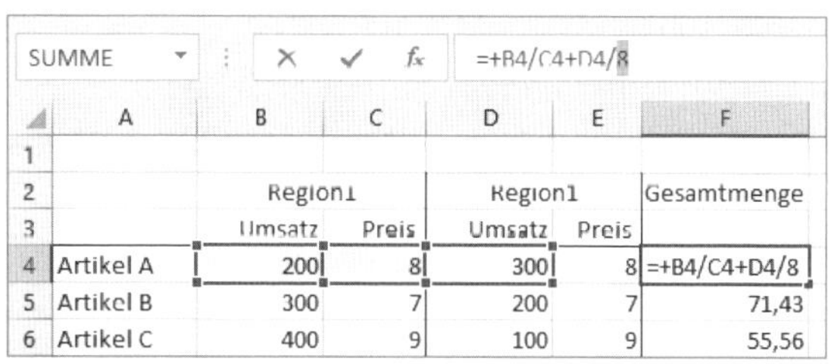

4. Sie können auf diese Art alle Teile einer Formel errechnen und in der Bearbeitungsleiste darstellen lassen. Wenn Sie nun die [Esc]-Taste drücken, wird dieser Darstellungsmodus verlassen und die Formel bleibt erhalten.

> **Hinweis**
>
> Achten Sie darauf, die Formel mit der [Esc]-Taste zu verlassen, um sie nicht zu zerstören. Dies wäre der Fall, wenn Sie die Formel über die [↵]-Taste verließen.

Tipp 14: Einfache Wiederholung der letzten Aktion

Benötigen Sie immer wieder die gleiche Funktion? Soll beispielsweise der Zellhintergrund in verschiedenen Zellen immer wieder eingefärbt werden? Dann bietet sich folgende Vorgehensweise an.

So geht's:

1. Führen Sie die Formatierung des Zellhintergrunds mit der Farbe Blau für eine beliebige Zelle durch.
2. Selektieren Sie die Zelle, die ebenfalls gefärbt werden soll.
3. Drücken Sie die Tastenkombination Strg+Y.

Mit dieser Tastenkombination können Sie die letzte Funktion beliebig oft wiederholen. Wenn eine neue Arbeitsblattfunktion, beispielsweise die Formatierung als Prozentwert, aufgerufen wird, können Sie diese mit der Tastenkombination entsprechend wiederholen.

Tipp 15: Eingaben aus der Drop-down-Auswahlliste vornehmen

Eine schnelle Möglichkeit, immer wiederkehrende Eingaben in einer Liste vorzunehmen, bietet das Listenfeld.

So geht's:

1. Selektieren Sie die nächste leere Zelle unterhalb der Liste.
2. Drücken Sie die Tastenkombination Alt+↓ oder ...
3. ... klicken Sie mit der rechten Maustaste in die freie Zelle und wählen Sie den Eintrag *Dropdown-Auswahlliste*.

In beiden Fällen wird die Auswahlliste geöffnet und Sie können den gewünschten Eintrag ganz einfach auswählen.

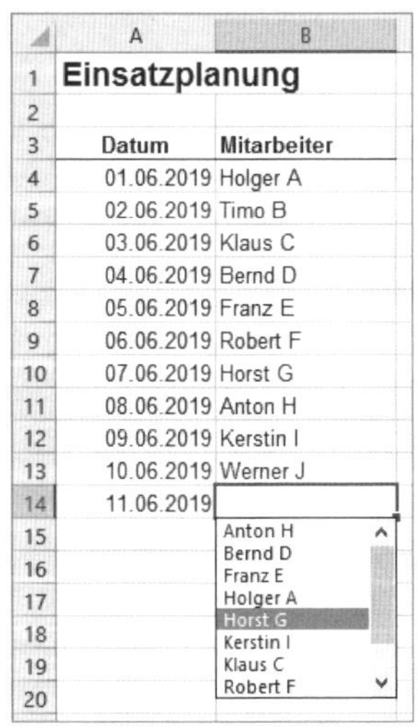

➡ Verweis: siehe Kapitel 5.7, Tipp 2

Tipp 16: Löschen von bestimmten Werten untersagen

Sollen bestimmte Werte, beispielsweise alle rot formatierten Zahlen, vor dem Löschen mit der Taste Entf geschützt werden? Sie können natürlich manuell alle rot formatierten Zahlen markieren und anschließend den Zell- sowie Blattschutz aktivieren. Einfacher und schneller kommen Sie mit folgender VBA-Lösung zum Ziel.

So geht's:

1 Starten Sie mit Alt+F11 den VBA-Editor, also die Entwicklungsumgebung.

2 Erfassen Sie den Code aus Listing 1 und Listing 2 im Modul *Tabelle1*.

Listing 1:

```
Private Sub Worksheet_SelectionChange(ByVal Target As Range)
On Error Resume Next

If Target.Font.ColorIndex = 3 Then
    Application.OnKey "{del}", ""
Else
    Application.OnKey "{del}"
End If

End Sub
```

Listing 2:

```
Private Sub Worksheet_Deactivate()
   Application.OnKey "{del}"
End Sub
```

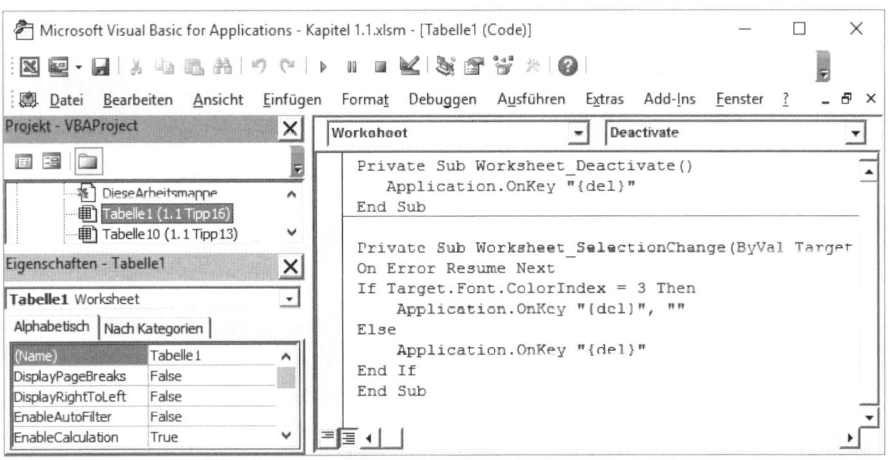

Hinweis

Der VBA-Code muss zwingend in *Tabelle1* eingefügt werden, damit das Ereignis *SelectionChange* abgefragt werden kann. Wird auf ein anderes Tabellenblatt gewechselt, wird die Funktion deaktiviert – siehe Listing 2.

Durch eine leichte Modifizierung des Codes können beispielsweise alle Zellen mit dem Wert 5 vor dem Löschen mit der Entf-Taste gesperrt werden. Passen Sie den VBA-Code dazu wie folgt an (siehe Listing 3).

Listing 3:

```
Private Sub Worksheet_SelectionChange(ByVal Target As Range)
On Error Resume Next
If Target.Value = 5 Then
    Application.OnKey "{del}", ""
Else
    Application.OnKey "{del}"
End If
End Sub
```

Tipp 17: Nicht zusammengehörige Zellen mit einer Eingabe füllen

Mit einem kleinen Trick können Sie nicht zusammengehörige Zellen auf einen Schlag mit dem gleichen Inhalt füllen.

So geht's:

1 Öffnen Sie eine leere Tabelle und markieren Sie mit gedrückter Strg-Taste den Bereich bzw. die Zellen, die mit dem gleichen Inhalt gefüllt werden sollen.

2 Tragen Sie den gewünschten Wert oder den gewünschten Text in die Bearbeitungsleiste ein und drücken Sie erneut die Strg-Taste, bevor Sie die ↵-Taste betätigen.

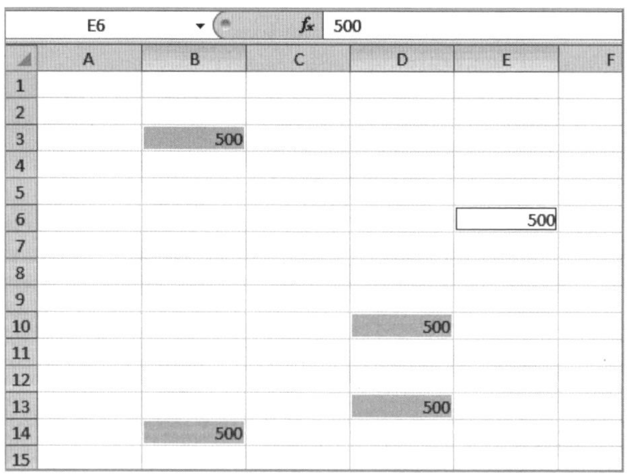

Tipp 18: Anzahl der Rückgängig-Schritte erhöhen

Sie können die Anzahl der „Rückgängig-Schritte" in Excel sehr einfach erhöhen, indem Sie eine kleine Änderung in der Registry vornehmen (die Anzahl der Schritte lag bei den älteren Excel-Versionen standardmäßig bei 16, ab Excel 2007 stehen bis zu 100 Undo-Schritte zur Verfügung).

Bevor Sie jedoch an diese Änderungen gehen, sollten Sie die Registry vorsichtshalber sichern. Fügen Sie dann je nach Excel-Version im entsprechenden Verzeichnis den Eintrag *UndoHistory* hinzu und belegen Sie diesen Eintrag mit einem Wert zwischen 0 (keine Rückgängig-Schritte) und x (maximale Anzahl der Rückgängig-Schritte).

So geht's:

1 Rufen Sie in Windows die Eingabeaufforderung, also die DOS-Box auf.

2 Tragen Sie dort den Befehl *regedit* ein, damit wird der Registrierungseditor gestartet. Alternativ können Sie den Registrierungseditor auch direkt über den Start der Datei *regedit.exe* aufrufen.

3 Wechseln Sie jetzt zum jeweiligen Zweig *HKEY_CURRENT_USER\Software\Microsoft\Office\x.0\Excel\Microsoft*.

4 Führen Sie über das Menü *Bearbeiten/Neu* den Befehl *DWORD-Wert* aus.

5 Fügen Sie jetzt einen Schlüssel mit dem Namen *UndoHistory* ein.

6 Doppelklicken Sie auf diesen neuen Schlüssel und aktivieren Sie im Feld *Basis* die Option *Dezimal*.

7 Erfassen Sie im Feld *Wert* die Anzahl der gewünschten Undo-Schritte, wobei 0 keine Rückgängig-Aktionen bedeutet.

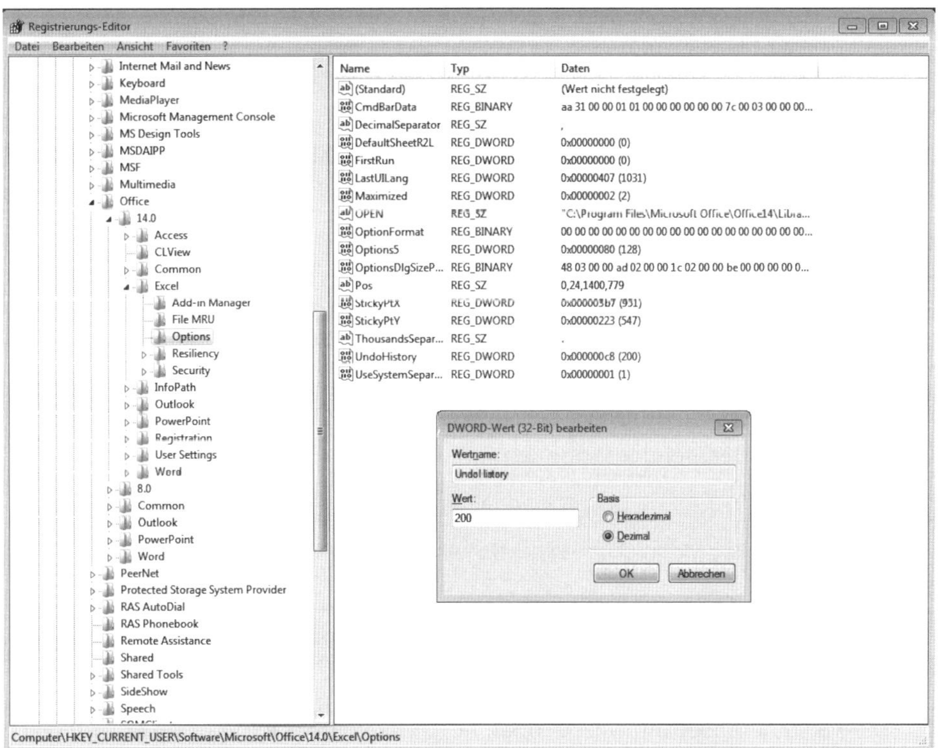

8 Verlassen Sie dann den Registrierungs-Editor über *Datei/Beenden*. Die Änderung wird nun nach einem Neustart von Excel wirksam.

Der Pfad in der Registry ist einfach zu finden:

- Excel 2007: *HKEY_CURRENT_USER\Software\Microsoft\Office\12.0\Excel\Options*
- Excel 2010: *HKEY_CURRENT_USER\Software\Microsoft\Office\14.0\Excel\Options*
- Excel 2013: *HKEY_CURRENT_USER\Software\Microsoft\Office\15.0\Excel\Options*
- Excel 2016: *HKEY_CURRENT_USER\Software\Microsoft\Office\16.0\Excel\Options*
- Excel 2019: *HKEY_CURRENT_USER\Software\Microsoft\Office\19.0\Excel\Options*

Hinweis

Microsoft empfiehlt, den Wert nicht größer als notwendig zu wählen. Laut einem Microsoft-Knowledge-Base-Artikel wird für jede Undo-Aktion bereits beim Excel-Start Arbeitsspeicher reserviert, damit sichergestellt werden kann, dass auch bei knappem Speicher sämtliche zuletzt durchgeführten Aktionen rückgängig gemacht werden können. Diese Sorgen muss sich ein Nutzer der Excel-Versionen 2007 und höher nicht machen, da die Schritte bereits auf 100 erhöht wurden. Aber wenn nötig, sollten Sie sich nicht scheuen, die Anzahl der Undo-Schritte auf über 100 zu erhöhen, und das Verhalten von Excel ganz einfach einmal testen. Wir konnten keine spürbare Beeinträchtigung durch diese Änderung erkennen.

Tipp 19: Markierung auf Tabellenblatt in Abhängigkeit von gewählter Spalte verschieben

Excel bietet die Möglichkeit, die Markierungsrichtung nach Drücken der [↵]-Taste zu verändern. Standardmäßig verschiebt sich die Markierung nach unten, alternativ können auch die Richtungen oben, links und rechts eingestellt werden. Die Deaktivierung der automatischen Verschiebung ist ebenfalls möglich.

So geht's:

1 Rufen Sie die Bearbeitungsoptionen auf:

- ab Excel 2010: Menü *Datei/Optionen/Erweitert*,
- in Excel 2007: Menü *Office/Excel-Optionen/Erweitert*.

2 Wählen Sie im Drop-down-Menü *Richtung* das gewünschte Element aus und bestätigen Sie mit Klick auf die Schaltfläche *OK*. Um die automatische Verschiebung gegebenenfalls auszuschalten, deaktivieren Sie das Kontrollkästchen.

Nimmt man eine Änderung wie die oben beschriebene vor, wirkt sich diese auf alle bearbeiteten Arbeitsmappen und Tabellenblätter aus. Dies ist nicht immer vorteilhaft und gewünscht. Im Folgenden wird – ausgehend von der aktivierten Standardeinstellung der Richtungsverschiebung – dargestellt, wie Sie eine Änderung der Markierungsrichtung nach rechts mit Wirkung nur für eine Spalte auf einem bestimmten Tabellenblatt festlegen.

So geht's:

1. Starten Sie mit Alt+F11 den VBA-Editor.
2. Erfassen Sie den Code aus Listing 1 im Modul *Tabelle1*. In diesem Beispiel wird Spalte B (2. Spalte) angesprochen.

   Listing 1:

```
Private Sub Worksheet_SelectionChange(ByVal Target As Range)
 If Target.Column = 2 Then
   Application.MoveAfterReturnDirection = xlToRight
 Else
   Application.MoveAfterReturnDirection = xlDown
 End If
End Sub
```

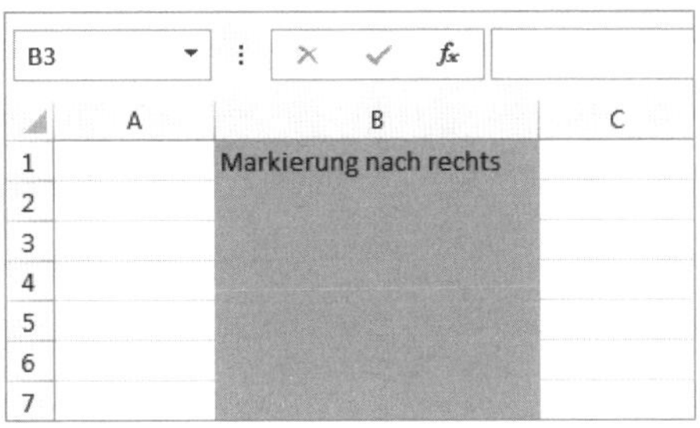

3. Wechseln Sie nun zu *Tabelle1*, wählen Sie eine Zelle in Spalte B aus und drücken Sie die ↵-Taste – die Markierung wechselt in Spalte C. Betätigen Sie in Spalte C hingegen die ↵-Taste, wechselt die Markierung in die Zelle darunter.

Für eine Richtungsverschiebung nach oben bzw. links ersetzen Sie in Listing 1 *Application.MoveAfterReturnDirection = xlToRight* durch

- *Application.MoveAfterReturnDirection = xlUp* bzw.
- *Application.MoveAfterReturnDirection = xlToLeft*.

Hinweis

- Solange eine Zelle innerhalb der Spalte mit der veränderten Markierungsrichtung selektiert ist, schlägt diese Änderung auch auf parallel geöffnete Tabellenblätter oder Arbeitsmappen durch. Setzen Sie die Zellmarkierung daher in eine Zelle außerhalb dieser Spalte, bevor Sie andere Tabellenblätter oder Arbeitsmappen bearbeiten.
- Das Kopieren und Einfügen mittels Zwischenablage ist auf dem Tabellenblatt mit der veränderten Markierungsrichtung aufgrund des verwendeten VBA-Ereignisses inaktiv.

1.2 Praktische Erleichterungen beim Kopieren und Einfügen

Tipp 1: Schnelles Kopieren per Doppelklick

Excel bietet die Möglichkeit, Daten einfach und schnell per Doppelklick zu kopieren. Voraussetzung dafür ist, dass bereits eine Referenzspalte vorhanden ist.

So geht's:

1 Selektieren Sie die Zelle D4.

2 Erfassen Sie darin die Formel *=B4+B4*C4*.

3 Setzen Sie den Mauszeiger auf das Ausfüllkästchen am rechten Rand der Zelle. Der Cursor verwandelt sich in ein Plussymbol.

4 Führen Sie jetzt einen Doppelklick aus.

5 Excel kopiert die Formel bis zur Zeile 13 nach unten und passt die Zellbezüge automatisch an.

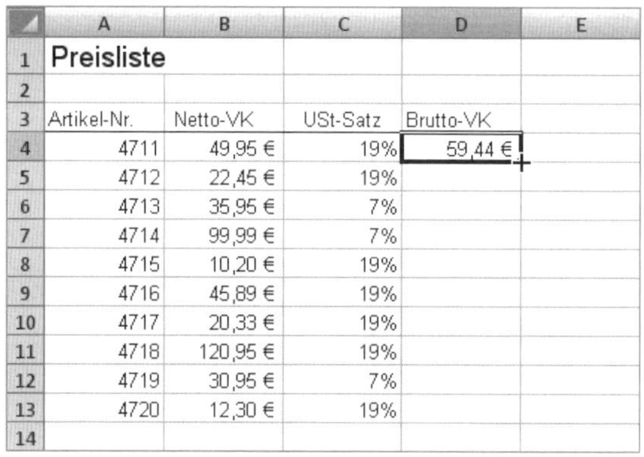

	A	B	C	D	E
1	Preisliste				
2					
3	Artikel-Nr.	Netto-VK	USt-Satz	Brutto-VK	
4	4711	49,95 €	19%	59,44 €	
5	4712	22,45 €	19%		
6	4713	35,95 €	7%		
7	4714	99,99 €	7%		
8	4715	10,20 €	19%		
9	4716	45,89 €	19%		
10	4717	20,33 €	19%		
11	4718	120,95 €	19%		
12	4719	30,95 €	7%		
13	4720	12,30 €	19%		
14					

Spalte C stellt dabei die Referenzspalte dar. Wären die Umsatzsteuersätze nur bis Zeile 9 eingetragen, würde die Formel in Spalte D auch nur bis Zeile 9 nach unten kopiert werden. Spalte A und B werden nicht als Referenzspalte herangezogen.

Tipp 2: Inhalte und Formeln der vorhergehenden Zellen kopieren

Sollen Zelleingaben oder auch Formeln aus der vorstehenden Zelle übernommen werden, bietet Excel eine sehr komfortable Möglichkeit, dies vorzunehmen. Dabei können Sie entscheiden, ob Formelbezüge angepasst werden sollen oder nicht.

So geht's:

Variante 1: Formeln ohne Anpassung der Zellbezüge kopieren

1 Selektieren Sie die Zelle unterhalb der zu kopierenden Formel.

2 Drücken Sie die Tastenkombination Strg+, (Komma).

3 Bestätigen Sie die Kopieraktion mit ↵.

Damit wird die identische Formel in die Zielzelle übernommen. Es werden keine Formelbezüge verändert.

Variante 2: Formeln mit Anpassung der Zellbezüge kopieren

1 Selektieren Sie die Zelle unterhalb der zu kopierenden Formel.

2 Drücken Sie die Tastenkombination Strg+<.

3 Die Formel wird sofort in die Zelle eingetragen. In diesem Fall müssen Sie die Kopieraktion nicht mit ↵ abschließen.

Mit dieser Tastenkombination werden nur relative Zellbezüge angepasst. Absolute Zellbezüge bleiben selbstverständlich erhalten.

Hinweis

Diese Tastenkombinationen funktionieren nur dann, wenn die zu kopierende Formel direkt über der Zelle steht, in die die Formel eingefügt werden soll.

Tipp 3: Transponieren eines Zellbereichs – Zeilen und Spalten ganz einfach vertauschen

In einem Zellbereich sollen die Spalten mit den Zeilen vertauscht werden. Ein Grund dafür könnte die Zahlenaufbereitung für ein Diagramm oder für andere analytische Zwecke sein.

So geht's:

Variante 1:

1 Markieren Sie den gesamten zu transponierenden Zellbereich A3:B9.

2 Kopieren Sie diesen mit Strg+C oder über die Schaltfläche *Kopieren* in die Zwischenablage.

3 Wählen Sie Zelle A12, ab der der transponierte Bereich wieder eingefügt werden soll.

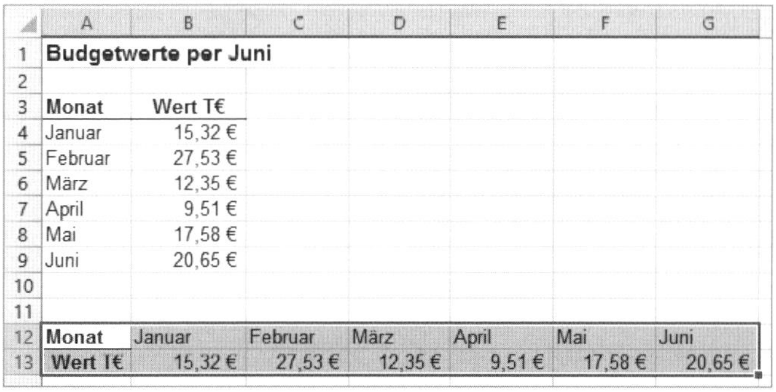

4 Öffnen Sie über das Menü *Start/Einfügen/Inhalte einfügen* das Dialogfenster *Inhalte einfügen*.

5 Setzen Sie den Haken im Kontrollkästchen *Transponieren*.

6 Beenden Sie das Dialogfenster mit einem Klick auf *OK*.

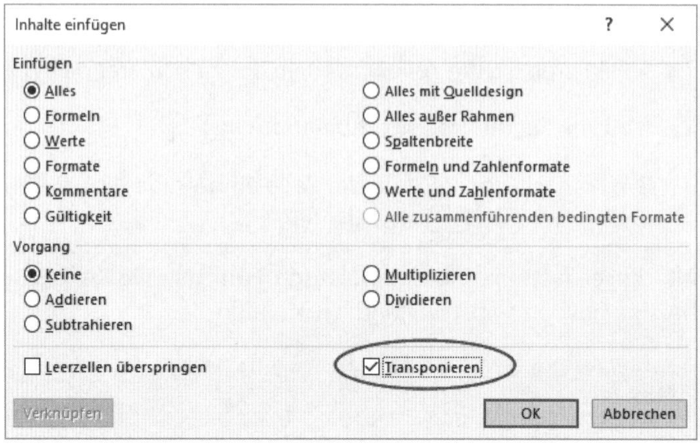

Hinweis

Sobald Sie die Funktion *Transponieren* aktivieren, wird die Option *Verknüpfen* deaktiviert. Es besteht also keine Möglichkeit, gleichzeitig Verknüpfungen zum Quellbereich herzustellen und dabei die Daten zu transponieren.

Variante 2:

Alternativ können Sie einen Bereich auch über die Matrixfunktion *MTRANS()* transponieren. Dies ist sinnvoll, wenn Daten im Quellbereich verändert werden und die Änderungen in den transponierten Bereich übernommen werden sollen. Gehen Sie dazu wie folgt vor:

1 Markieren Sie den Bereich A3:B9. Achten Sie beim Markieren darauf, wie groß der markierte Bereich ist. Das sehen Sie am schnellsten im Namensfeld, solange Sie die linke Maustaste gedrückt halten.

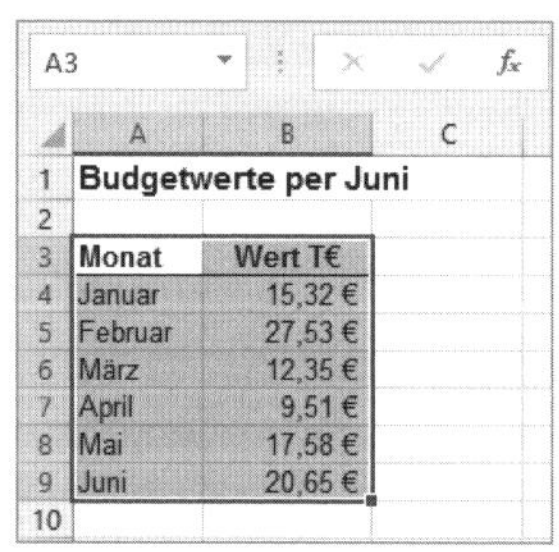

2 Im Beispiel werden sieben Zeilen und zwei Spalten markiert. Dies erkennen Sie am Eintrag *7Z x 2S*.

3 Markieren Sie nun den Bereich, in dem das transponierte Ergebnis eingefügt werden soll, also beispielsweise den Bereich A17:G18.

4 Dieser Bereich besitzt zwei Zeilen und sieben Spalten. Achten Sie unbedingt darauf, dass der Zielbereich die gleiche Zellenanzahl wie der Quellbereich besitzt.

5 Erfassen Sie nun in Zelle A17 die Funktion *=MTRANS(A3:B9)*.

6 Schließen Sie diese Funktion mit der Tastenkombination Strg+⇧+↵ ab. Damit erzeugen Sie eine Matrixfunktion.

7 Als Ergebnis werden die Spalten und Zeilen miteinander vertauscht.

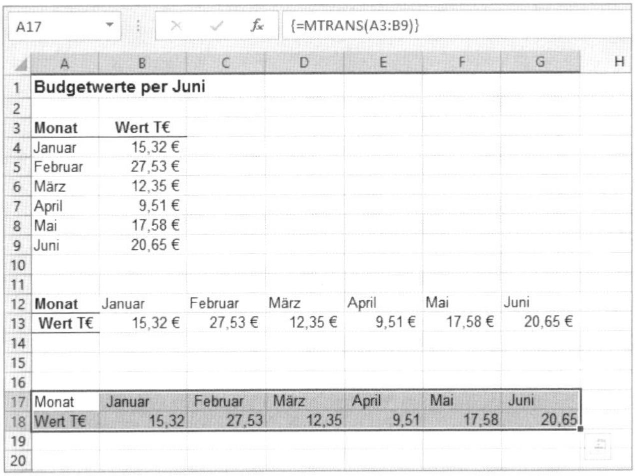

Tipp 4: Berechnungen beim Einfügen durchführen – Preiserhöhung auf eine Preisliste anwenden

Alle Verkaufspreise einer Artikelliste sollen durchgehend um 1,5 % erhöht werden. Dabei sollen die ursprünglichen Verkaufspreise direkt überschrieben werden, damit es nicht zu Verwechslungen kommt.

So geht's:

1 Selektieren Sie die Zelle B16, in der sich die Preiserhöhung in Prozent befindet.

2 Kopieren Sie den Wert mit Strg+C in die Zwischenablage.

3 Markieren Sie anschließend den Wertebereich B4:B13.

4 Öffnen Sie über das Menü *Start/Einfügen/Inhalte einfügen* den Befehl *Inhalte einfügen*.

5 Wählen Sie die Option *Werte* im Bereich *Einfügen* und unter *Vorgang* die Option *Multiplizieren*.

6 Mit einem Klick auf *OK* beenden Sie die Funktion.

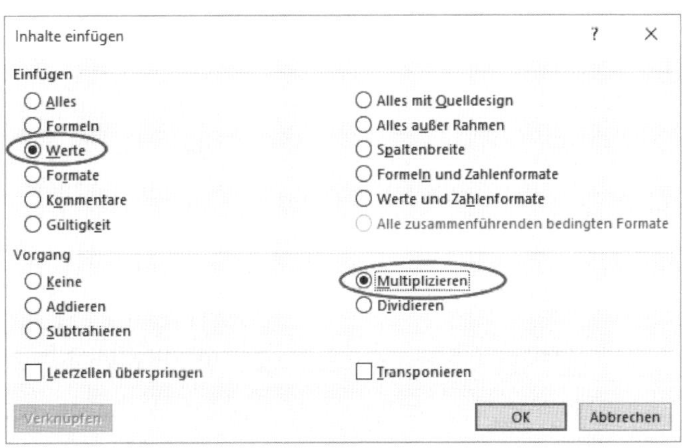

Als Ergebnis werden im Bereich B4:B13 die um 1,5 Prozentpunkte erhöhten Verkaufspreise ausgegeben und die vorhandenen Werte damit überschrieben.

	A	B
1	**Artikelliste**	
2		
3	Artikel-Nr.	Netto-VK alt
4	4711	101,50 €
5	4712	111,65 €
6	4713	121,80 €
7	4714	131,95 €
8	4715	142,10 €
9	4716	152,25 €
10	4717	162,40 €
11	4718	172,55 €
12	4719	182,70 €
13	4720	192,85 €
14		
15		
16	Preiserhöhung in %	1,015
17		

Hinweis

Achten Sie darauf, dass der Multiplikator richtig erfasst wird. In diesem Beispiel sollen die Preise um 1,5 % erhöht werden. Der Multiplikator beträgt demnach 1,015. Bei einer Preiserhöhung um 5 % lautet der Multiplikator in Zelle B16 1,05.

Tipp 5: In verschiedenen Zellen die gleichen Inhalte oder die gleichen Formeln schnell einfügen

Häufig werden in Zellbereichen die gleichen Formeln verwendet. Excel bietet funktionale Möglichkeiten, Formeln schnell in beliebige Zellen zu kopieren.

So geht's:

Variante 1:

1 Tragen Sie in Zelle D4 der Preisliste die Formel *=B4+B4*C4* ein und bestätigen Sie mit der [↵]-Taste.

2 Markieren Sie die Zelle D4 und übernehmen Sie die Formel über [Strg]+[C] in die Zwischenablage.

3 Markieren Sie anschließend den Bereich D5:D13.

4 Zum Einfügen drücken Sie [Strg]+[V].

	A	B	C	D	E
1	**Artikelliste**				
2					
3	Artikel-Nr.	Netto-VK alt	Preiserhöhung in %	Netto-VK neu	
4	4711	100,00 €	1,75%	101,75 €	
5	4712	110,00 €	2,25%	112,48 €	
6	4713	120,00 €	0,25%	120,30 €	
7	4714	130,00 €	1,50%	131,95 €	
8	4715	140,00 €	2,50%	143,50 €	
9	4716	150,00 €	2,00%	153,00 €	
10	4717	160,00 €	1,50%	162,40 €	
11	4718	170,00 €	1,25%	172,13 €	
12	4719	180,00 €	0,75%	181,35 €	
13	4720	190,00 €	1,75%	193,33 €	
14					
15					

Auf diese Weise wird die Formel aus Zelle D4 in den markierten Bereich eingefügt. Dabei werden selbstverständlich auch die Zellbezüge automatisch angepasst, wenn sie nicht durch Angabe von $-Zeichen auf absolut gesetzt wurden.

Hinweis

Diese Variante bietet auch die Möglichkeit, die Formel nur in ausgewählte Zellen einzutragen. Die Vorgehensweise ist im Prinzip die gleiche, selektieren Sie jedoch nicht den gesamten Bereich, sondern nur die Zellen, in die die Formel eingefügt werden soll.

Variante 2:

Alternativ können Zellinhalte und Formeln auch über den folgenden Shortcut eingetragen werden.

So geht's:

1 Tragen Sie in Zelle D4 die Formel *=B4+B4*C4* ein.

2 Markieren Sie anschließend den Bereich D4:D13.

3 Drücken Sie die Tastenkombination Strg+U.

Damit werden die Formeln automatisch in die ausgewählten Zellen eingefügt.

Um Daten oder Formeln nach rechts zu kopieren, bietet Excel die Tastenkombination Strg+R. Dieser Befehl funktioniert genauso wie der beschriebene Shortcut Strg+U.

Tipp 6: Schneller Zugriff auf die Zwischenablage

Mit der Tastenkombination Strg+C können Sie beliebige Inhalte in die Zwischenablage kopieren. Mit Strg+V kann der zuletzt kopierte Inhalt wieder eingefügt werden.

Selbstverständlich können Sie diese Kopieraktionen auch über das Menüband bzw. die Symbolleiste durchführen.

Excel bietet aber noch mehr. So besteht die Möglichkeit, den Aufgabenbereich (die Task Pane) zur Zwischenablage einzublenden.

Dort haben Sie Zugriff auf bis zu 24 kopierte Zellen oder Zellbereiche.

Die Task Pane zur Zwischenablage wird über einen Klick auf den Pfeil rechts unten in der Gruppe *Zwischenablage* aus dem Register *Start* eingeblendet.

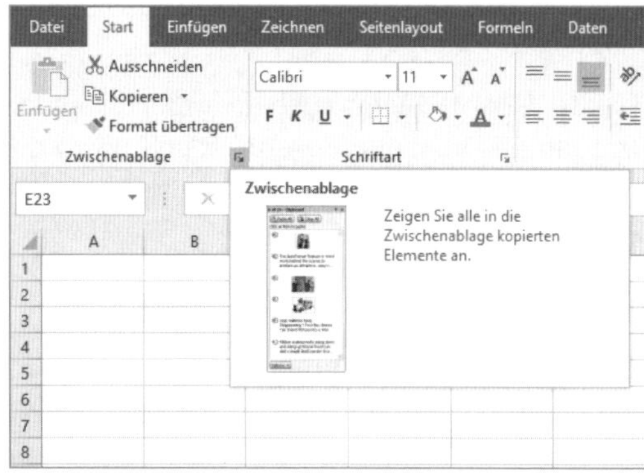

Wenn Sie einen kopierten Bereich im Aufgabenbereich *Zwischenablage* auswählen und den nebenstehenden Pfeil anklicken, stehen zwei Auswahlmöglichkeiten zur Verfügung.

Ein Klick auf *Einfügen* fügt den Inhalt direkt in die markierte Zelle ein. Über die Schaltfläche *Löschen* kann die Kopie aus der Zwischenablage entfernt werden. Damit stehen Ihnen stets die letzten Kopieraktionen zur Verfügung.

Tipp 7: Formeln ohne Anpassen der Bezüge kopieren

In bestimmten Situationen ist es notwendig, eine Formel ohne Anpassung der Zellbezüge in eine andere Zelle zu kopieren. Jetzt können Sie natürlich alle Zellbezüge absolut setzen, indem Sie vor jeden Zellbezug ein $-Zeichen setzen. Aus A1 wird also $A$1 etc.

Leichter und schneller funktioniert es aber mit folgendem Trick:

So geht's:

1 Wählen Sie Zelle B14, in der sich die Formel befindet.

2 Klicken Sie die Bearbeitungsleiste an und markieren Sie die gesamte Formel.

3 Durch Drücken der Tastenkombination Strg+C kopieren Sie die Formel in die Zwischenablage.

4 Setzen Sie den Zellzeiger auf die Zelle B15.

5 Wenn Sie die kopierte Formel mit Strg+V oder über die Schaltfläche *Einfügen* in die gewählte Zelle eintragen, erfolgt keine Anpassung der Zellbezüge.

	A	B	C	D	E
1	**Lohnliste**				
2					
3	Mitarbeiter	Stundenlohn	Stundenzahl	Betrag	
4	A	12,50 €	165,25	2.065,63 €	
5	B	13,20 €	179,00	2.362,80 €	
6	C	11,10 €	156,50	1.737,15 €	
7	D	12,90 €	183,75	2.370,38 €	
8	E	11,90 €	166,00	1.975,40 €	
9					
10					
11	**Abfrage**				
12					
13	Mitarbeiter	Betrag			
14		=SVERWEIS(A14;A4:D8;4;0)			
15					

Tipp 8: Daten via Kontextmenü kopieren und einfügen

Einer Vielzahl von Lesern ist das gängige Prozedere von Kopieren und Einfügen via Kontextmenü der rechten Maustaste vermutlich in Fleisch und Blut übergegangen. Es gibt jedoch über das Kontextmenü der Maustaste eine weitere und sehr elegante Art des Kopierens und Einfügens, die nicht sehr verbreitet ist und die Sie sich nachfolgend einmal näher ansehen sollten.

So geht's:

1 Markieren Sie zuerst den zu kopierenden Zellbereich.

2 Drücken Sie dann auf die rechte Maustaste und beginnen Sie mit gedrückter rechter Maustaste, den zu kopierenden Zellbereich am Begrenzungsrahmen der Markierung an eine andere Stelle zu ziehen.

3 Lassen Sie nun die gedrückte rechte Maustaste los.

4 Wählen Sie anschließend eine der vielfältigen Optionen aus dem sich nun geöffneten Kontextmenü und legen Sie die Daten in der gewünschten Form ab.

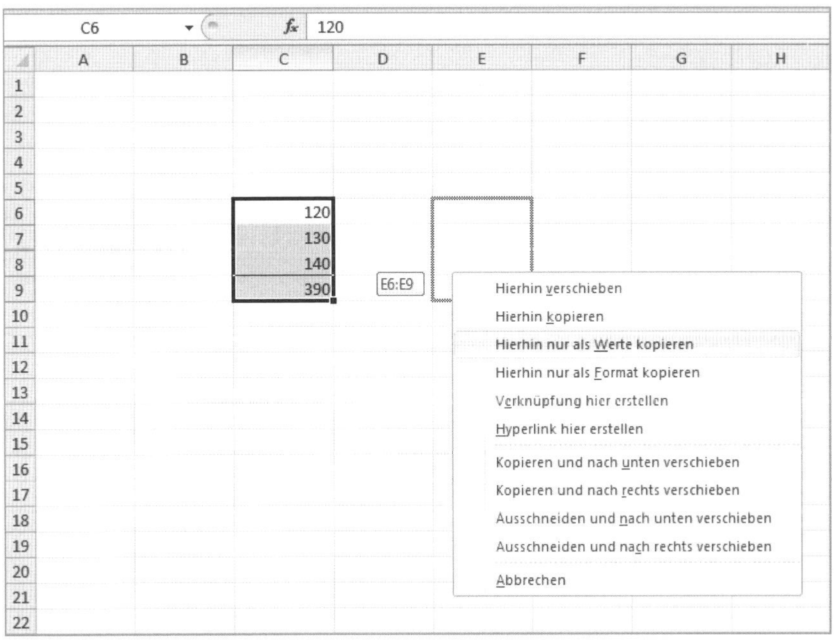

Hinweis

Dies ist übrigens der schnellste Weg, Daten, die Formeln enthalten und durch Werte ersetzt werden müssen, zu generieren. Sie müssen mithilfe dieser Funktion lediglich den zu kopierenden Bereich auf „sich selbst" verschieben und anschließend den Vorgang mit dem Befehl *Hierhin nur als Werte kopieren* abschließen.

1.3 Kniffe und Tricks zum Navigieren

Tipp 1: Schnell zu einer bestimmten Zelladresse springen

Sie möchten in einer umfangreichen Tabelle schnell in eine bestimmte Zelle oder einen Zellbereich navigieren? Dies können Sie über die Tastatur, beispielsweise mit [Bild↓], oder auch über die Maus erreichen. Schneller und effektiver kommen Sie jedoch zum Ziel, wenn Sie wie folgt vorgehen.

So geht's:

Variante 1:

1 Über *Start/Bearbeiten/Suchen und Auswählen/Gehe zu* rufen Sie den Dialog *Gehe zu* auf. Als Shortcut steht die Funktionstaste [F5] zur Verfügung. Damit wird der Dialog ebenfalls aufgerufen.

2 Unter *Verweis* erfassen Sie nun die Zelladresse *BD132*, zu der navigiert werden soll.

3 Nach Bestätigung mit *OK* springt Excel zu der angegebenen Zelladresse.

4 Komfortabel an dieser Funktion ist, dass sich Excel die Ursprungszelle merkt und diese im Listenfeld *Gehe zu* anzeigt. Damit können Sie ganz einfach zu bereits ausgewählten Zellen zurückkehren.

5 Sie können mit der Funktion *Gehe zu* nicht nur Zellen auf demselben Tabellenblatt, sondern auch Zellen oder Zellbereiche auf anderen Tabellenblättern derselben oder auch einer anderen Arbeitsmappe aufrufen. Zur Kennzeichnung, um welche Zelle es sich handelt, werden Blatt- und Arbeitsmappenname im Listenfeld angezeigt.

Variante 2:

Noch schneller können Zellen über das Namensfeld selektiert werden.

1 Erfassen Sie im Namensfeld die Zelladresse *D29* und bestätigen Sie dies mit der [↵]-Taste.

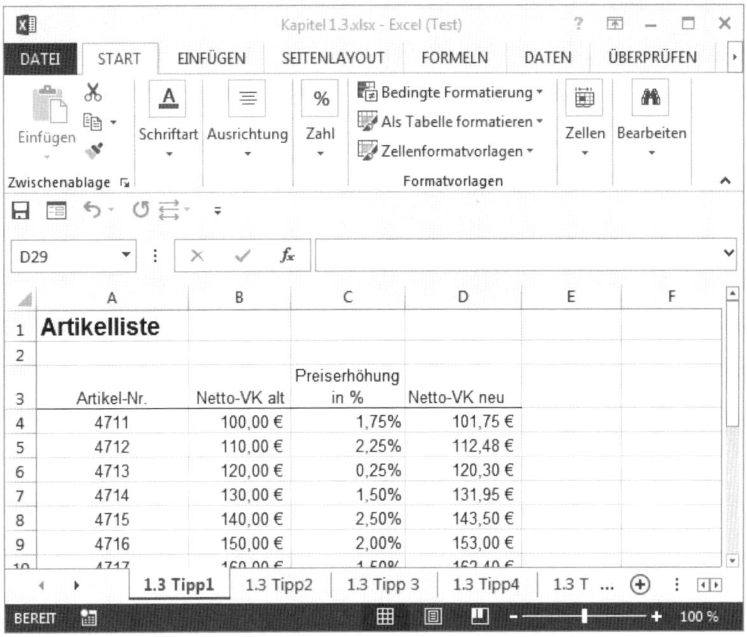

2 Excel springt direkt zur angegebenen Zelladresse.

Hinweis

Wenn Sie beim Bestätigen mit [↵] die [⇧]-Taste gedrückt halten, wird der Zellbereich ausgehend von der aktuellen Zelle bis zur angegebenen Zielzelle markiert.

Tipp 2: Ausgewählte Zellinhalte schnell selektieren

In einem Tabellenblatt sollen bestimmte Zellinhalte wie Formeln, Kommentare, leere Zellen, Zellen mit Gültigkeitskriterien oder Zellen mit bedingter Formatierung gekennzeichnet werden. Natürlich können Sie jede einzelne Zelle manuell auf ihren Inhalt überprüfen und entsprechend kennzeichnen. Excel bietet dafür aber auch eine komfortablere Funktion.

So geht's:

1 Über *Start/Bearbeiten/Suchen/Gehe zu* rufen Sie die entsprechende Dialogbox auf. Alternativ können Sie diese Funktion auch über die Funktionstaste [F5] aktivieren.

2 Klicken Sie auf die Schaltfläche *Inhalte*.

3 Damit wird das Dialogfenster *Inhalte auswählen* geöffnet.

4 Möchten Sie alle Zellen auswählen, die eine Formel enthalten? Dann wählen Sie die Option *Formeln*.

5 Nach Bestätigung mit *OK* werden alle Zellen, die eine Formel beinhalten, markiert.

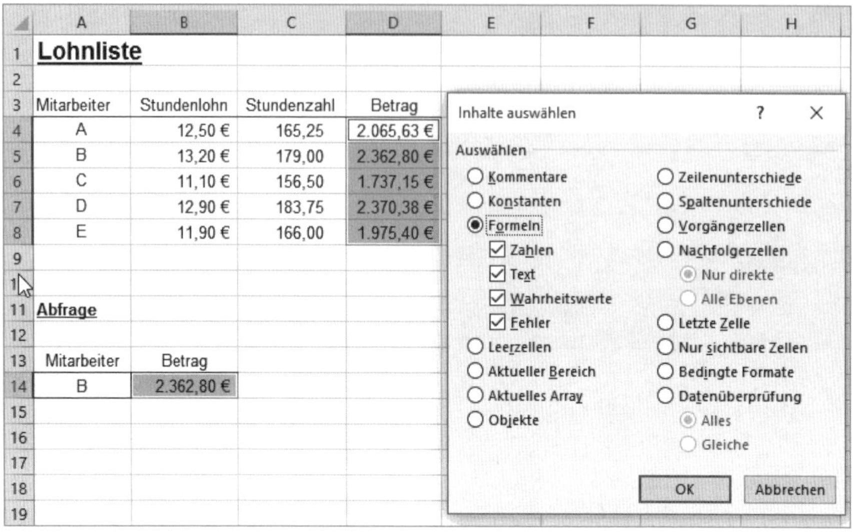

Nun können Sie die markierten Zellen beliebig formatieren. Sie können für die Zellen den Zellschutz hinzufügen, löschen etc.

Hinweis

Bei der Selektion von Formeln können Sie explizit nach dem Ergebnis differenzieren, das die Formel liefert. Zur Auswahl stehen Zahlen, Text, Wahrheitswerte und Fehler.

Tipp 3: Zellennavigation per Shortcut

In großen Listen ist es relativ umständlich und oft langwierig, zum ersten oder letzten Datensatz mit der Maus oder den Pfeiltasten zu navigieren. Sollen dann auch noch größere Bereiche markiert werden, kann das in der Praxis schon ein paar Anläufe erfordern. Mit den richtigen Tipps, Tricks und Shortcuts wird das Ganze aber zum Kinderspiel.

So geht's:

1 Mit der Tastenkombination Strg+↓ navigieren Sie zum letzten Eintrag der aktuellen Spalte.

2 Mit der Tastenkombination Strg+↑ navigieren Sie zum ersten Eintrag der aktuellen Spalte.

3 Die Tastenkombination Strg+← führt zum Zelleintrag am linken Ende des Bereichs.

4 Über Strg+→ gelangen Sie zum Zelleintrag am rechten Ende des Zellbereichs.

Führen Sie diese Aktionen bei gedrückter [⇧]-Taste aus, wird ausgehend von der aktuellen bis zur letzten Zelle der entsprechende Bereich markiert.

Wenn Zelle D10 ausgewählt ist und Sie anschließend die Tastenkombination [Strg]+[⇧]+[↓] drücken, wird der Bereich D10:D27 markiert.

Excel bietet darüber hinaus Möglichkeiten, mit der Maus in großen Tabellen schnell zu navigieren.

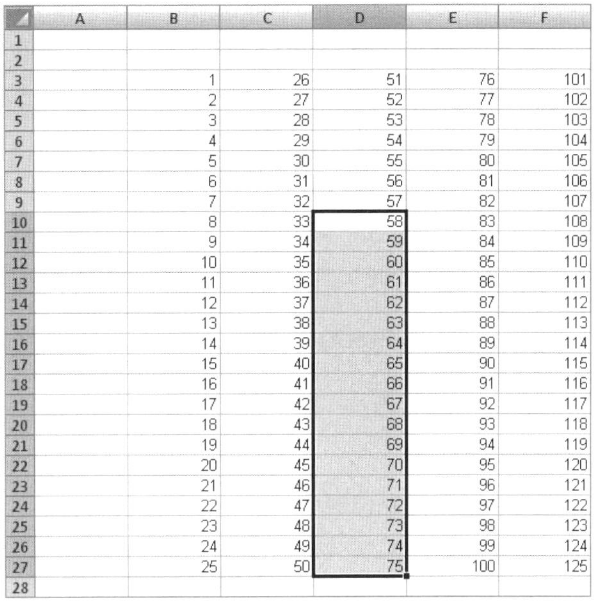

	A	B	C	D	E	F
1						
2						
3		1	26	51	76	101
4		2	27	52	77	102
5		3	28	53	78	103
6		4	29	54	79	104
7		5	30	55	80	105
8		6	31	56	81	106
9		7	32	57	82	107
10		8	33	58	83	108
11		9	34	59	84	109
12		10	35	60	85	110
13		11	36	61	86	111
14		12	37	62	87	112
15		13	38	63	88	113
16		14	39	64	89	114
17		15	40	65	90	115
18		16	41	66	91	116
19		17	42	67	92	117
20		18	43	68	93	118
21		19	44	69	94	119
22		20	45	70	95	120
23		21	46	71	96	121
24		22	47	72	97	122
25		23	48	73	98	123
26		24	49	74	99	124
27		25	50	75	100	125
28						

So geht's:

1 Setzen Sie den Mauszeiger auf den Rand der aktuellen Zellmarkierung.

2 Der Mauszeiger verwandelt sich in ein Kreuz mit vier Pfeilen.

3 Wenn Sie nun einen Doppelklick auf den Zellenrand ausführen, springt Excel zum Ende des Bereichs der aktuellen Spalte, also im Beispiel zu Zelle D27.

4 Platzieren Sie den Zellzeiger auf den rechten Rand der Zellmarkierung und führen dort einen Doppelklick aus, wird der rechte Eintrag des Bereichs, also Zelle F13, ausgewählt.

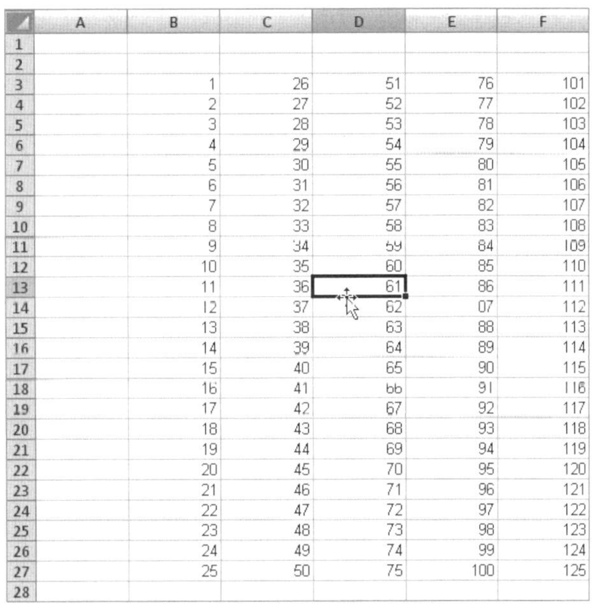

	A	B	C	D	E	F
1						
2						
3		1	26	51	76	101
4		2	27	52	77	102
5		3	28	53	78	103
6		4	29	54	79	104
7		5	30	55	80	105
8		6	31	56	81	106
9		7	32	57	82	107
10		8	33	58	83	108
11		9	34	59	84	109
12		10	35	60	85	110
13		11	36	61	86	111
14		12	37	62	07	112
15		13	38	63	88	113
16		14	39	64	89	114
17		15	40	65	90	115
18		16	41	66	91	116
19		17	42	67	92	117
20		18	43	68	93	118
21		19	44	69	94	119
22		20	45	70	95	120
23		21	46	71	96	121
24		22	47	72	97	122
25		23	48	73	98	123
26		24	49	74	99	124
27		25	50	75	100	125
28						

Soll der jeweilige Zellbereich ausgehend von der aktuellen Zelle markiert werden, halten Sie beim Doppelklick auf den Zellenrand einfach die [⇧]-Taste gedrückt.

Möchten Sie den gesamten Zellbereich von B3 bis F27 markieren, können Sie das über die Tastenkombination [Strg]+[A] erreichen. Voraussetzung ist, dass sich der Zellzeiger auf einer beliebigen Zelle innerhalb der Datenliste befindet.

Tipp 4: Bereiche schnell und komfortabel über das Namensfeld selektieren

Der schnellste und einfachste Weg, einen Zellbereich auszuwählen, besteht darin, den Zellbereich über einen definierten Namen anzusprechen. Dabei ist es gleichgültig, auf welchem Tabellenblatt sich der Zellbereich befindet. Bei der Auswahl wird automatisch auf das richtige Tabellenblatt gewechselt.

So geht's:

1 Markieren Sie den Zellbereich D36:G44.

2 Öffnen Sie über das Menü *Formel/Definierte Namen/Namen definieren* das Dialogfenster *Neuer Name*.

3 Erfassen Sie als Name *Aufwand_2019*.

4 Der gewählte Zellbereich wurde bereits in das Feld *Bezieht sich auf* eingetragen. Sie können den Bereich hier bei Bedarf auch noch anpassen. Darüber hinaus besteht die Möglichkeit, einen Kommentar mit weiteren Infos zu hinterlegen.

5 Nach einem Klick auf *OK* wird der Name dem angegebenen Zellbereich zugewiesen.

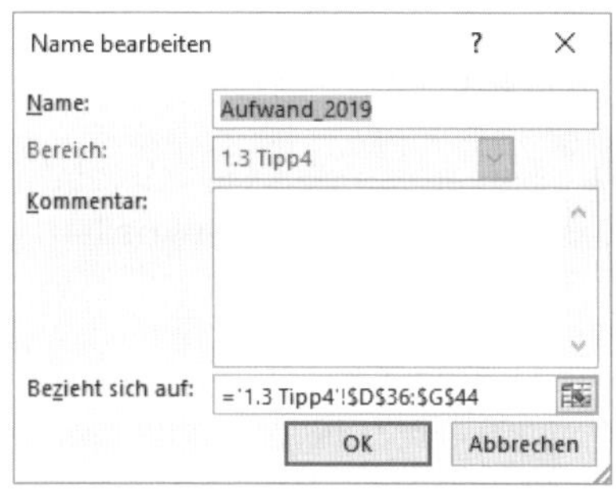

6 Der neu definierte Name *Aufwand_2019* steht nun im Namensfeld zur Verfügung und kann dort ausgewählt werden.

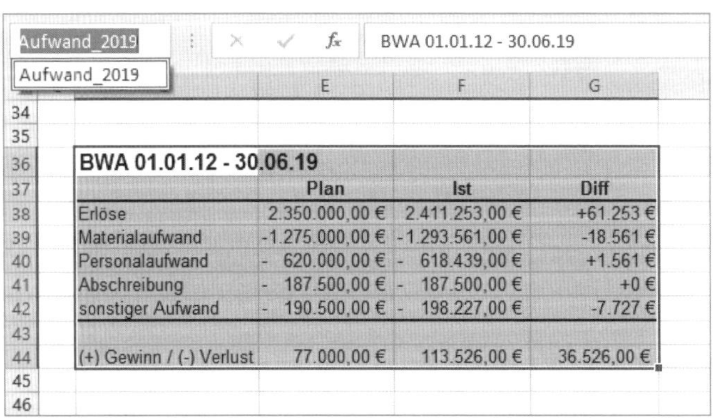

Sobald Sie jetzt den Namen *Aufwand_2019* auswählen, wird automatisch der Bereich D36:G44 selektiert und markiert.

Tipp 5: Alle Zeilen und Spalten markieren

In Excel lassen sich ganz einfach komplette Zeilen sowie Spalten mit einem Shortcut markieren. Dazu gibt es zwei leicht und schnell anwendbare Möglichkeiten.

So geht's:

Variante 1: Auswahl über Shortcuts

1 Markieren Sie eine Zelle in der Zeile, die markiert werden soll.

2 Drücken Sie die Tastenkombination ⇧+Leer. Damit wird die gesamte Zeile markiert.

3 Hingegen wird mit der Tastenkombination Strg+Leer die Spalte ausgewählt, in der sich der Zellzeiger aktuell befindet.

	A	B	C	D	E
1	**Artikelliste**				
2					
3	Artikel-Nr.	Netto-VK alt	Preiserhöhung in %	Netto-VK neu	
4	4711	100,00 €	1,75%	101,75 €	
5	4712	110,00 €	2,25%	112,48 €	
6	4713	120,00 €	0,25%	120,30 €	
7	4714	130,00 €	1,50%	131,95 €	
8	4715	140,00 €	2,50%	143,50 €	
9	4716	150,00 €	2,00%	153,00 €	
10	4717	160,00 €	1,50%	162,40 €	
11	4718	170,00 €	1,25%	172,13 €	
12	4719	180,00 €	0,75%	181,35 €	
13	4720	190,00 €	1,75%	193,33 €	
14					
15					
16	Preiserhöhung in %	1,015			
17					

Variante 2: Selektion mit der Maus

Eine weitere Möglichkeit, Spalten oder Zeilen schnell zu markieren, besteht darin, die Spalten- bzw. Zeilenbeschriftung anzuklicken. Sobald Sie mit der Maus über eine Spalten- oder Zeilenbeschriftung fahren, verwandelt sich der Zellzeiger in einen Pfeil.

Ein Klick auf den Buchstaben C markiert somit die gesamte Spalte C.

	A	B	C	D	E
1	**Artikelliste**				
2					
3	Artikel-Nr.	Netto-VK alt	Preiserhöhung in %	Netto-VK neu	
4	4711	100,00 €	1,75%	101,75 €	
5	4712	110,00 €	2,25%	112,48 €	
6	4713	120,00 €	0,25%	120,30 €	
7	4714	130,00 €	1,50%	131,95 €	
8	4715	140,00 €	2,50%	143,50 €	
9	4716	150,00 €	2,00%	153,00 €	
10	4717	160,00 €	1,50%	162,40 €	
11	4718	170,00 €	1,25%	172,13 €	
12	4719	180,00 €	0,75%	181,35 €	
13	4720	190,00 €	1,75%	193,33 €	
14					
15					
16	Preiserhöhung in %	1,015			
17					

Tipp 6: Schnell zum individuellen Standardfestplattenordner wechseln

In der Praxis zeigt sich, dass Dateien häufig im gleichen Ordner gespeichert und daraus auch wieder geöffnet werden. Standardmäßig zeigt der *Öffnen*-Dialog aber den Standardordner von Windows für Dokumente an. Viele Anwender nutzen jedoch zur Dateiablage andere eigene Standardordner. Deswegen muss bei jedem Excel-Neustart der individuelle Standardordner manuell ausgewählt werden, damit die gewünschten Excel-Dokumente geöffnet werden können.

Dieser Tipp zeigt, wie Sie Ihren individuellen Festplattenordner so einrichten, dass Sie künftig sehr schnell Zugriff darauf haben. Diese Lösung ist unabhängig vom Betriebssystem und der verwendeten Excel-Version universell einsetzbar.

So geht's:

1 Starten Sie im ersten Schritt Excel und wählen Sie den Befehl zum Öffnen von Dateien, sodass das Dialogfenster *Öffnen* mit dem aktuellen Standardordner *Eigene Dateien* oder *Eigene Dokumente* angezeigt wird. Starten Sie nun parallel zu Excel den Windows-Explorer.

2 Suchen Sie im Windows-Explorer Ihren individuellen Standardordner, auf den Sie künftig einen schnelleren Zugriff haben möchten.

3 Klicken Sie mit der linken Maustaste auf diesen Ordner und ziehen Sie ihn mit gedrückter linker Maustaste auf das Excel-Symbol in der Windows-Taskleiste.

4 Warten Sie, bis Excel im Vordergrund erscheint, und ziehen Sie den Ordner auf den rechten Bereich des *Öffnen*-Dialogfensters.

5 Drücken Sie nun die Tastenkombination Strg+⇧. Dadurch erscheint neben der Ordnergrafik das bekannte Verknüpfungssymbol. Wenn Sie nun die Maustaste loslassen, wird im Standardordner eine Verknüpfung zu Ihrem individuellen Excel-Standardordner erzeugt.

Klicken Sie jetzt doppelt auf die eingefügte Verknüpfung, befinden Sie sich sofort im gewünschten Ordner.

Hinweis

Die Verknüpfung kann beliebig umbenannt und den eigenen Bedürfnissen entsprechend angepasst werden.

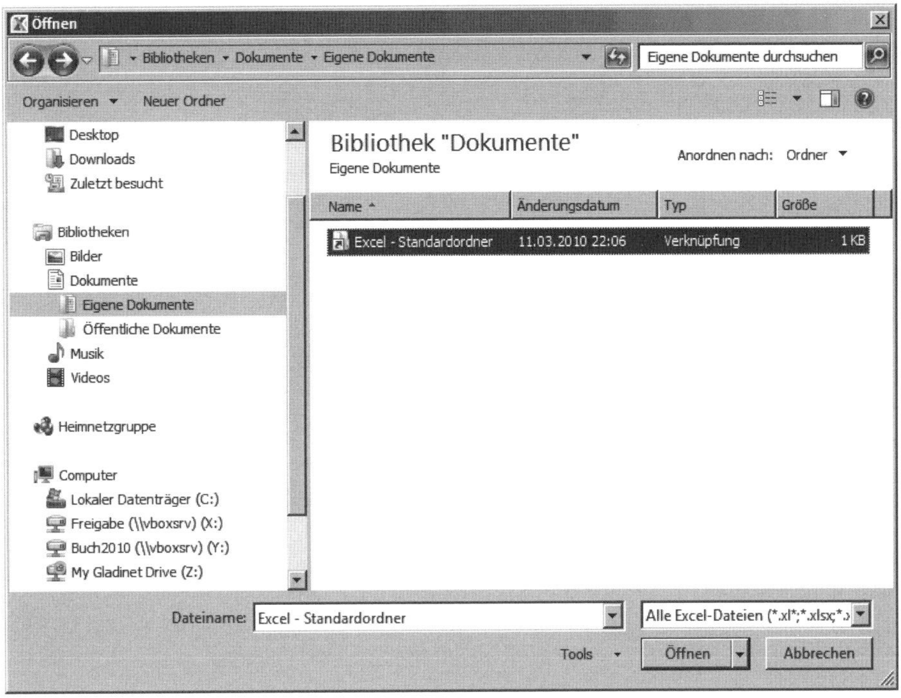

Tipp 7: Die ominöse Funktion BEREICH.VERSCHIEBEN() visualisieren

Zugegeben, die Funktion *BEREICH.VERSCHIEBEN()* ist nicht leicht zu verstehen und die Funktionsbeschreibung von Microsoft klingt auch eher kryptisch: *„Gibt einen Bezug zurück, der gegenüber dem angegebenen Bezug versetzt ist. Der zurückgegebene Bezug kann eine einzelne Zelle oder ein Zellbereich sein. Sie können die Anzahl der zurückzugebenden Zeilen und Spalten festlegen."*

Die Funktion kann jedoch sehr gut visualisiert werden und wird somit viel leichter verständlich. Wie die Funktion arbeitet, soll innerhalb des Zellbereichs A1:T20 in einer Tabelle gezeigt werden.

So geht's:

1 Zuerst werden die erforderlichen Eingabefelder im Zellbereich W1:W5 geschaffen und mit Namen versehen. Die Zelle W1, in der der *Startpunkt* festgelegt wird, erhält den Namen *Bezug*. Zelle W2 wird mit dem Namen *Zeilen*, Zelle W3 mit dem Namen *Spalten*, Zelle W4 mit dem Namen *Höhe* und Zelle W5 mit dem Namen *Breite* belegt. Somit sind alle Argumente, die die Funktion *BEREICH.VERSCHIEBEN(Bezug;Zeilen;Spalten;[Höhe];[Breite])* benötigt, zunächst einmal mit einem sprechenden Namen versehen.

2 In Zelle X1 wird die Formel *=ZELLE("adresse";INDIREKT(Bezug))* eingefügt. Sie sorgt dafür, dass die in Zelle W1 erfasste Koordinate mit Dollarzeichen als absolute Adresse angezeigt wird. Dieser Schritt ist notwendig, um die nachfolgend beschriebene bedingte Formatierung durchführen zu können.

3 Nun wird im Namens-Manager ein weiterer Name *Bereich* vergeben, der sich auf die Formel *=BEREICH.VERSCHIEBEN (INDIREKT(Bezug);Zeilen;Spalten;Höhe;Breite)* bezieht.

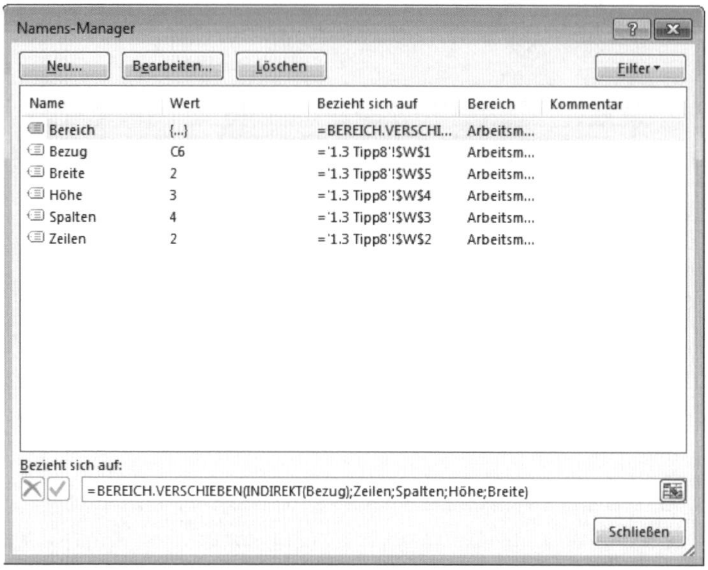

4 Über die Adresse in Zelle X1 wurde, wie bereits erwähnt, ein Kriterium für ein bedingtes Format geschaffen, das den Startpunkt sichtbar macht.

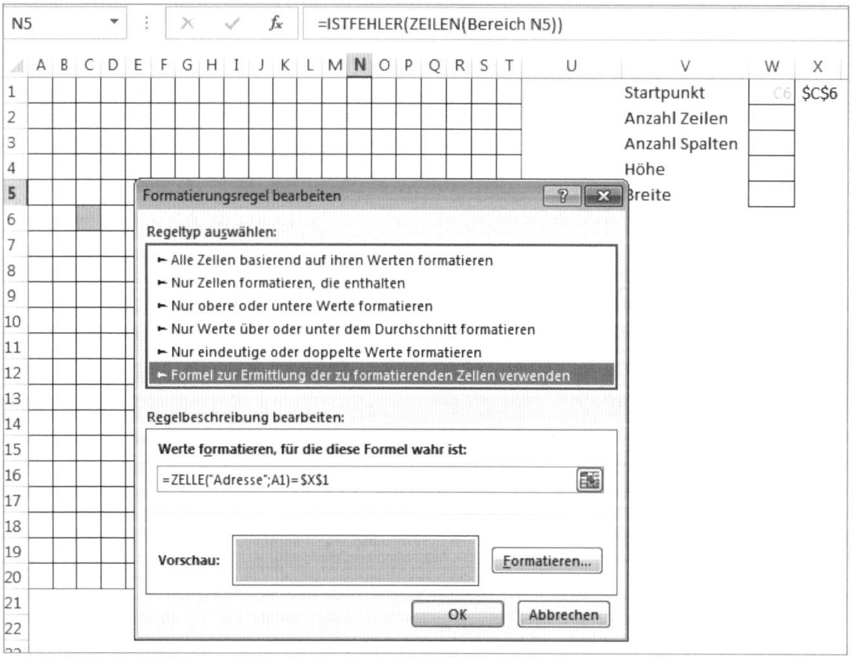

5 Jetzt wird, beginnend in Zelle A1, die Formel *=ISTFEHLER(ZEILEN(Bereich A1))* bis hin zu Zelle T20 *=ISTFEHLER(ZEILEN(Bereich T20))* hinterlegt. Diese Formel gibt *FALSCH* zurück, wenn die Zelle innerhalb der dynamischen Range von *Bereich* liegt. Mit diesem Schritt ist jetzt ein Kriterium vorhanden, um über ein bedingtes Format die Zellen sichtbar zu machen, die innerhalb der dynamischen Range liegen.

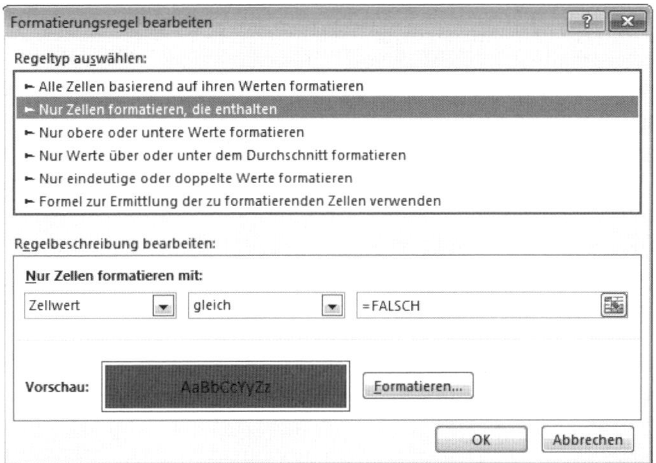

6 Wenn Sie jetzt im Zellbereich W1:W5 Werte erfassen, erkennen Sie umgehend, welchen Bereich die Funktion *BEREICH.VERSCHIEBEN()* umfasst.

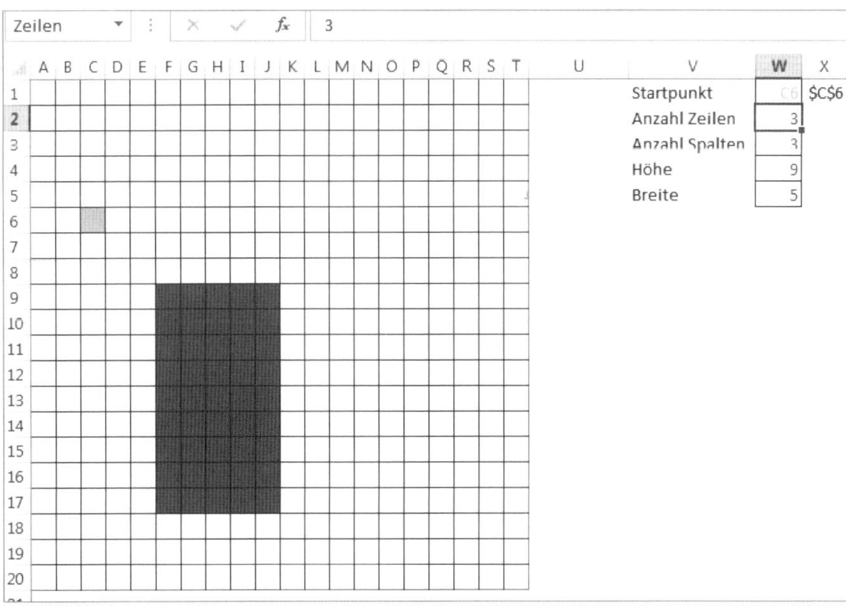

Tipp 8: Tabellen vergleichen

Hin und wieder müssen Daten mit identischen Strukturen abgeglichen werden, um Unterschiede zwischen den Datensätzen herausarbeiten zu können. Hierfür bietet Excel ein Feature an, das nicht so bekannt ist.

So geht's:

1 In diesem Beispiel liegen zwei Tabellen aus der Stundenerfassung vor, eine aus dem Oktober und eine aus dem November. Diese beiden Tabellen sollen nun abgeglichen werden. Klicken Sie zunächst im Register *Ansicht* in der Programmgruppe *Fenster* auf den Befehl *Neues Fenster*.

2 Klicken Sie dann im Register *Ansicht* auf *Alle anordnen* und wählen Sie anschließend über die Anordnung *Unterteilt*. Es sind nun zwei Fenster nebeneinander angeordnet. Sorgen Sie mit einem Klick auf die Blattregisterkarte links unten dafür, dass die beiden Tabellen mit den Oktober- und November-Werten nebeneinanderstehen.

3 Klicken Sie nun im Register *Ansicht* in der Programmgruppe *Fenster* auf den Befehl *Synchroner Bildlauf* bzw. ab Excel 2016 auf den Befehl *Synchrones Scrollen* und schon können Sie die beiden Tabellen beim Scrollen bequem miteinander vergleichen.

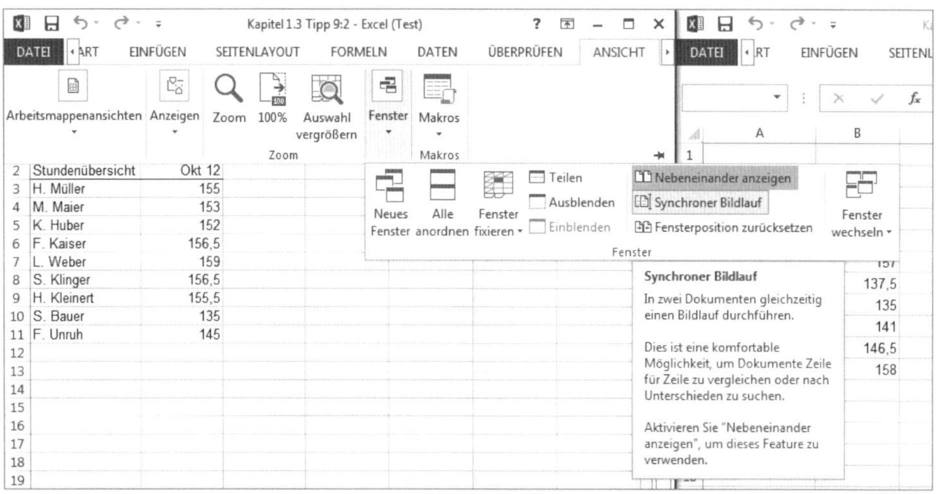

1.4 Professionelle Gültigkeitsprüfungen zur Datenerfassung

Tipp 1: Sichere Datenerfassung: Grundsätzliches zur Gültigkeitsprüfung

Bei der Arbeit mit Excel kommt es entscheidend auf die Gültigkeit und Richtigkeit der erfassten Daten an. Bereits eine einzige falsche Zahl kann das gesamte Kalkulationsschema komplett verfälschen. Deshalb ist es sehr wichtig, die Datenerfassung so sicher wie möglich zu gestalten. An dieser Stelle kommt die in Excel implementierte Gültigkeitsprüfung zum Einsatz.

Diese Gültigkeitsprüfung wird über das Menü *Daten/Datentools/Datenüberprüfung* aufgerufen.

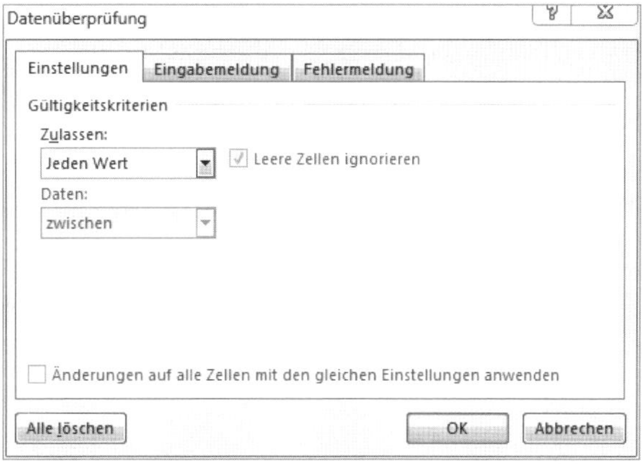

Im Kombinationsfeld *Zulassen* stehen folgende Gültigkeitskriterien zur Auswahl:

1 *Jeden Wert*: Das vorgewählte Standardgültigkeitskriterium ist *Jeden Wert*, was bedeutet, dass in die entsprechende Zelle jeder beliebige Wert bzw. Text eingegeben werden kann. Mit diesem Gültigkeitstyp wird die Gültigkeitsprüfung deaktiviert.

2 *Ganze Zahl*: Hier können Sie die Unter- und Obergrenze von ganzen Zahlen definieren. Dezimalzahlen sind bei dieser Option nicht zulässig.

3 *Dezimal*: Ähnlich wie *Ganze Zahl*, nur dass hier neben ganzen Zahlen auch Dezimalzahlen erlaubt sind.

4 *Liste*: Diese Option erlaubt die Vorgabe von Kriterien über eine Auswahlliste. Die Begriffe, die vorgegeben werden, stehen über ein Drop-down-Menü zur Verfügung.

5 *Datum*: Mit dem Gültigkeitskriterium *Datum* können Sie die Zelleingaben auf bestimmte Datumswerte bzw. Zeiträume beschränken.

6 *Zeit*: Ähnlich wie beim Gültigkeitskriterium *Datum* besteht beim Kriterium *Zeit* die Möglichkeit, Zelleingaben auf Zeiträume zu beschränken. Die Zeitraumbeschränkung erfolgt hier über Stundenangaben.

7 *Textlänge*: Mit *Textlänge* können Sie Zelleingaben, gleichgültig ob Text oder Zahlen, auf bestimmte Mindest- oder auch Maximallängen hin überprüfen.

8 *Benutzerdefiniert*: Hier haben Sie die Möglichkeit, Gültigkeitsregeln über berechnende Formeln anzugeben. Das Kriterium *Benutzerdefiniert* bietet umfassende Möglichkeiten zur Definition komplexer Gültigkeitsregeln.

Zu welchem Zeitpunkt wird die Gültigkeitsprüfung durchgeführt?

Die Gültigkeitsprüfung wird durchgeführt, wenn die entsprechende Zelleingabe mit der ↵-Taste abgeschlossen oder die Zelle mit den Cursortasten oder einem Mausklick auf eine andere Zelle verlassen wird. Ist die Eingabe fehlerhaft, wird ein entsprechender Fehlerhinweis angezeigt und die Eingabe des fehlerhaften Werts wird verhindert.

Wenden Sie die Gültigkeitsprüfung auf Zellen an, die bereits Werte enthalten, bleibt in diesem Fall die Gültigkeitsregel ohne Beachtung. Um also sicherzustellen, dass die Gültigkeitsprüfung auf alle Eingaben ordnungsgemäß angewendet wird, ist es sinnvoll, sie vor der Erfassung des ersten Werts einzurichten.

Tipp 2: Informationen zur Datenerfassung vorgeben

Die Registerkarte *Eingabemeldung* im Dialogfenster zur Gültigkeitsprüfung bietet die Möglichkeit, einen bestimmten Text zur Datenerfassung anzeigen zu lassen. Dabei muss die Gültigkeitsprüfung nicht aktiviert sein.

So geht's:

1. Markieren Sie den Bereich D38:G42.
2. Starten Sie das Dialogfenster zur Gültigkeitsprüfung über das Menü *Daten/Datentools/Datenüberprüfung*.
3. Wechseln Sie auf die Registerkarte *Eingabemeldung*.
4. Erfassen Sie einen Titel für die Eingabemeldung sowie den Text dazu. Bei kürzeren Hinweisinformationen genügt auch die Angabe des Titels.
5. Damit die Eingabemeldung sofort angezeigt wird, wenn eine Zelle ausgewählt wird, muss der Haken im Kontrollkästchen *Eingabemeldung anzeigen, wenn Zelle ausgewählt wird* gesetzt sein.
6. Beenden Sie den Dialog mit *OK*.

Sobald Sie nun eine Zelle innerhalb des Bereichs D38:G42 auswählen, wird die hinterlegte Eingabemeldung angezeigt.

Tipp 3: Gültigkeitskriterien aus Listen verwenden

Bei der Datenerfassung sollen nur vorgegebene Werte aus einer Liste zugelassen werden. Andere Werte sollen unberücksichtigt bleiben. Problematisch ist allerdings, dass sich die Liste mit den vordefinierten Abteilungsbezeichnungen in diesem Beispiel nicht auf dem Tabellenblatt befindet, auf dem die Gültigkeitsprüfung durchgeführt werden soll.

Der direkte Zellverweis auf Listen, die sich nicht auf demselben Tabellenblatt wie die Gültigkeitsprüfung befinden, funktioniert aber mit folgenden Tricks.

So geht's:

1 Markieren Sie die Liste mit den Gültigkeitskriterien.

2 Starten Sie den Befehl über das Menü *Formeln/Definierte Namen/Namen definieren.*

3 Geben Sie dieser die Bezeichnung *Gueltigkeitsliste.*

4 Selektieren Sie nun die Zelle, auf der die Gültigkeitsprüfung ausgeführt werden soll, im Beispiel die Zelle B5.

5 Starten Sie die Gültigkeitsprüfung.

6 Wechseln Sie zur Registerkarte *Einstellungen* und wählen Sie unter *Zulassen* den Eintrag *Liste* aus.

7 Erfassen Sie als Liste den definierten Namen *Gueltigkeitsliste* mit vorangestelltem Gleichheitszeichen.

8 Achten Sie darauf, dass das Kontrollkästchen *Zellendropdown* aktiviert ist.

9 Beenden Sie den Dialog mit einem Klick auf die Schaltfläche *OK.*

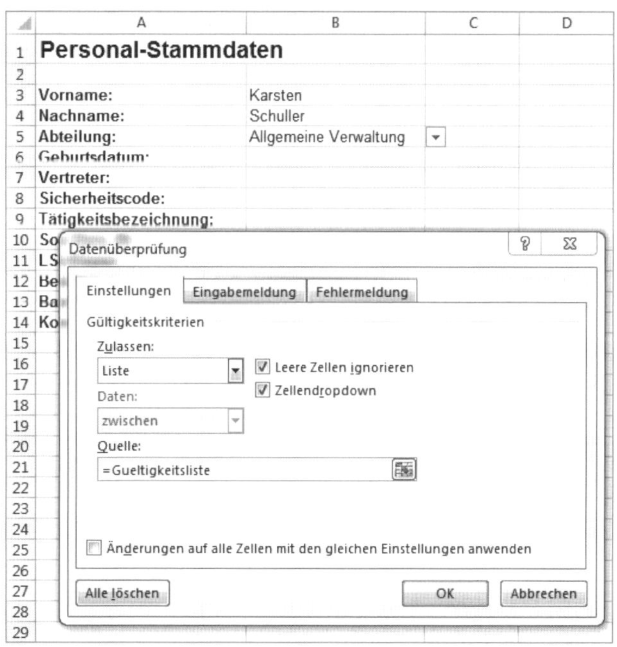

Jetzt ist die Gültigkeitsprüfung für Zelle B5 aktiv. Sobald Sie diese auswählen, wird ein Drop-down-Menü angezeigt. Über dieses lassen sich die vorgegebenen Gültigkeitskriterien aus der Liste von einem anderen Tabellenblatt auswählen.

Es gibt aber noch eine zweite, weniger bekannte Möglichkeit, um auf Gültigkeitslisten zuzugreifen, die sich auf einem anderen Tabellenblatt befinden.

So geht's:

Anstatt den Weg über die Namensdefinition zu gehen, verwenden Sie folgenden Trick.

1 Wählen Sie im Dialog *Datenüberprüfung* unter *Zulassen* den Eintrag *Liste*.

2 Im Feld *Quelle* verweisen Sie nun ohne den Umweg über die Namensdefinition auf den Kriterienbereich. Verwenden Sie dazu folgende Funktion:

=INDIREKT("Auswahl!A2:A11")

3 Nach einem Klick auf *OK* wird die Gültigkeitsprüfung wie gewohnt abgeschlossen.

Diese Vorgehensweise funktioniert deshalb, weil der Befehl *INDIREKT()* intern wie ein Name behandelt wird.

Tipp 4: Eingaben auf Ziffern bzw. Buchstaben beschränken

Möchten Sie für bestimmte Zellen festlegen, dass ausschließlich Zahlen bzw. Ziffernfolgen eingegeben werden dürfen? Im Beispiel sollen in Zelle B8 (Sicherheitscode) ausschließlich Zahlenfolgen ohne Nachkommastellen erfasst werden können. Verwenden Sie dazu die Funktion der Gültigkeitsprüfung.

So geht's:

1 Selektieren Sie Zelle B8.

2 Starten Sie den Dialog *Datenüberprüfung*.

3 Wählen Sie im Feld *Zulassen* den Eintrag *Ganze Zahl*.

4 Unter *Daten* wählen Sie *größer als*.

5 Legen Sie den Wert 0 als *Minimum* fest.

Damit ist sichergestellt, dass ausschließlich Werte größer null in Zelle B8 eingegeben werden können. Alle anderen Eingaben werden mit einer Meldung abgelehnt.

Ähnlich funktioniert die Beschränkung der Erfassung auf gültige Texte. Im Beispiel sollen in Zelle B7 (*Vertreter*) ausschließlich Texte, also Buchstaben, erfasst werden können.

So geht's:

1 Selektieren Sie Zelle B7.

2 Unter *Zulassen* legen Sie den Eintrag *Benutzerdefiniert* fest.

3 Als Formel erfassen Sie *=ISTTEXT(B7)*.

4 Ein Klick auf *OK* schließt die Gültigkeitsprüfung ab.

Damit können in Zelle B7 ausschließlich Texte erfasst werden. Die Textlänge ist dabei unerheblich.

Tipp 5: Eingaben von Texten auf eine definierte Länge beschränken

In der Praxis kann es sinnvoll sein, die Länge der zu erfassenden Texte zu begrenzen. Ziel soll sein, bei Beschreibungen und Anmerkungen den Nagel auf den Kopf zu treffen, also aussagefähige und prägnante Anmerkungen zu fördern.

So geht's:

1 Selektieren Sie Zelle B12 (*Bemerkung*).

2 Wählen Sie im Dialog *Datenüberprüfung* unter *Zulassen* den Eintrag *Textlänge*.

3 Unter *Daten* wählen Sie *kleiner oder gleich*.

4 Als *Maximum* legen Sie den Wert 40 fest. Damit wird die Texteingabe auf 40 Zeichen begrenzt.

5 Beenden Sie das Dialogfenster mit einem Klick auf *OK*.

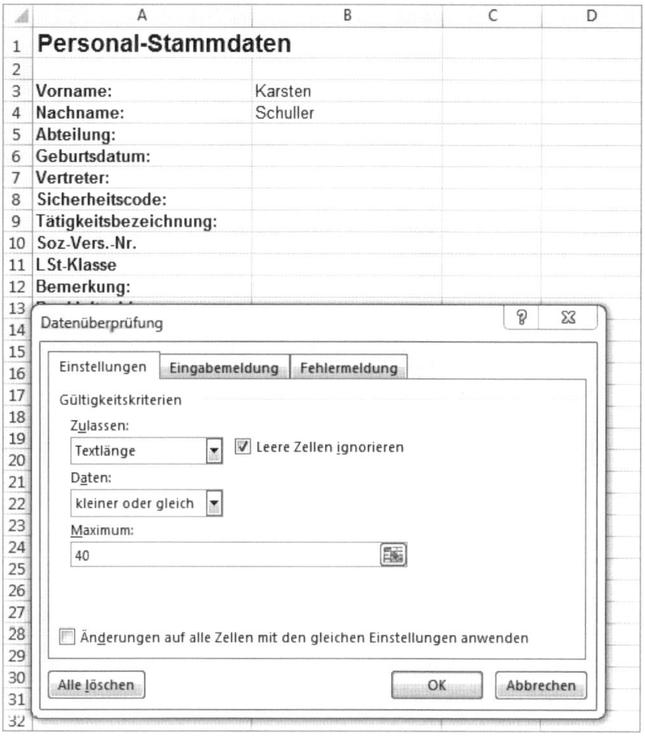

Damit können in Zelle B12 Texte mit einer maximalen Länge von 40 Zeichen erfasst werden.

Tipp 6: Eingaben von Leerzeichen verhindern

Bei der Erfassung von Zahlenblöcken soll sichergestellt werden, dass zwischen den einzelnen Ziffern keine Leerzeichen vom Benutzer erfasst werden können. Dies trifft beispielsweise auf die Eingabe von Bankleitzahlen oder Kontonummern zu.

So geht's:

1 Markieren Sie den Bereich B13:B14 (*Bankleitzahl* und *Kontonummer*).

2 Im Dialogfeld *Datenüberprüfung* wählen Sie den Eintrag *Benutzerdefiniert*.

3 Im Feld *Formel* erfassen Sie *=ISTFEHL(SUCHEN(" ";B13))*.

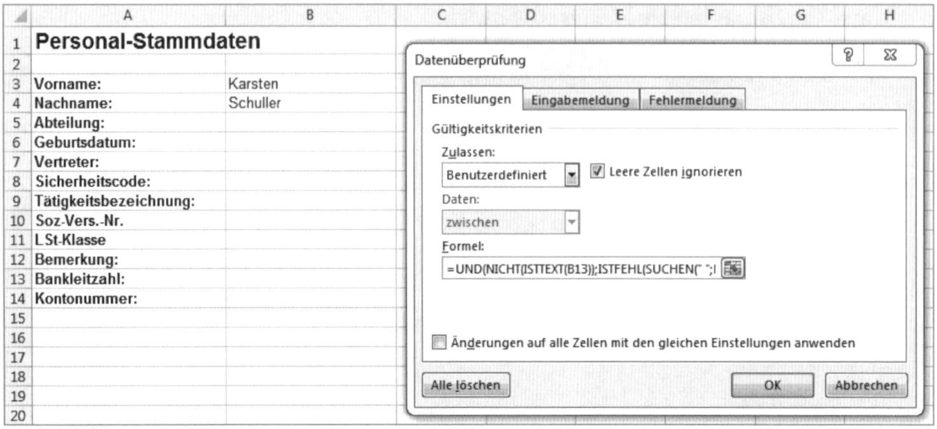

4 Beenden Sie die Eingabe mit einem Klick auf *OK*.

Sobald nun Eingaben mit einem Leerzeichen gemacht werden, wird das mit einer Fehlermeldung quittiert und die Eingabe wird untersagt.

Allerdings ist es mit dieser Formel möglich, Text in die Felder *Kontonummer* und *Bankleitzahl* einzugeben. Mit folgender Erweiterung der Funktion verhindern Sie das:

=UND(NICHT(ISTTEXT(B13));ISTFEHL(SUCHEN(" ";B13)))

Damit können jetzt ausschließlich Zahlen ohne Leerzeichen in die Zellen eingetragen werden. Die Funktionserweiterung *NICHT(ISTTEXT(B13))* untersagt die Erfassung von Buchstaben.

Tipp 7: Eingaben von Leereinträgen ermöglichen

Gültigkeitslisten bieten die Möglichkeit, dem Anwender vorzugeben, welche Einträge er in der entsprechenden Zelle vornehmen darf und welche nicht. Ab und an kann es erforderlich sein, dass ein Leereintrag gesetzt wird, das heißt, dass die Zelle über einen gewählten Eintrag aus der Gültigkeitsliste leer bleibt.

Das ist jedoch gar nicht so leicht, wenn Sie in der Gültigkeitsliste nicht auf einen Zellbereich verweisen, der für diesen Zweck eine leere Zelle vorsieht.

So geht's:

1 Öffnen Sie eine leere Tabelle und erfassen Sie nun über *Daten/Datentools* und *Datenüberprüfung* im gleichnamigen Dialog mit der Einstellung *Liste* im Feld *Zulassen* als *Quelle* den Eintrag *1;;2*.

2 Wenn Sie jetzt den Dialog mit *OK* beenden und die Zelle über das Drop-down-Menü bestücken möchten, werden Sie feststellen, dass wider Erwarten zwischen *1* und *2* kein Leereintrag ausgewählt werden kann, obwohl es über den Eintrag *1;;2* vorgesehen ist.

Auch eine Leerstelle zwischen den beiden Semikola in der Form *1; ;2* hilft Ihnen nicht weiter.

3 Sie müssen hier zu einem Trick greifen und zwischen die beiden Semikola einen Apostroph setzen, um das gewünschte Ergebnis zu erzielen, denn der Apostroph bleibt nach der Auswahl aus der Gültigkeitsliste in der Zelle unsichtbar.

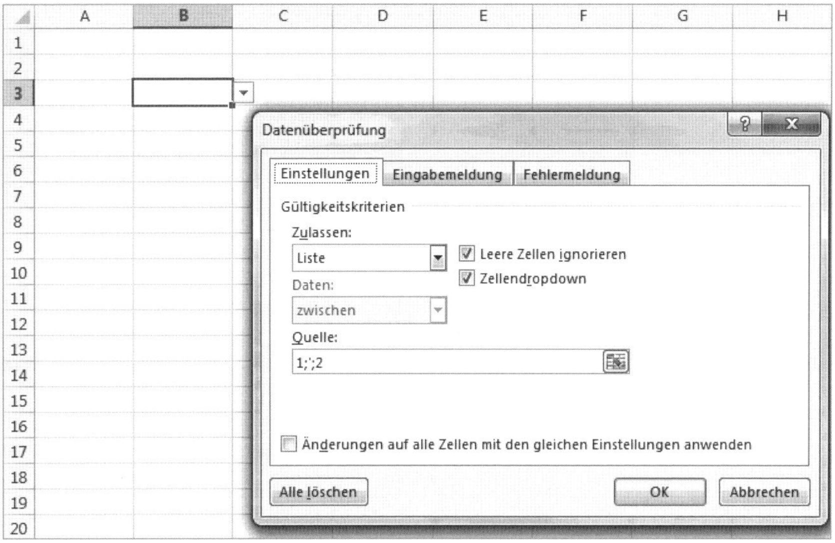

Tipp 8: Doppelte Einträge verhindern

In diesem Beispiel sehen Sie, wie die Erfassung von doppelten Einträgen mithilfe der Gültigkeitsprüfung abgewendet werden kann. In einer Artikelliste soll eine Artikelnummer nur ein einziges Mal vergeben werden können. Wird eine Nummer ein zweites Mal erfasst, soll diese mit einer Meldung abgewiesen werden.

So geht's:

1 Markieren Sie den Bereich A4:A20 in der Artikelliste.

2 Wählen Sie im Dialogfenster *Datenüberprüfung* unter *Zulassen* den Eintrag *Benutzerdefiniert.*

3 Im Formelfeld erfassen Sie folgende Funktion:

=ZÄHLENWENN($A$4:$A$20;A4)<=1

4 Beenden Sie den Dialog mit einem Klick auf die Schaltfläche *OK.*

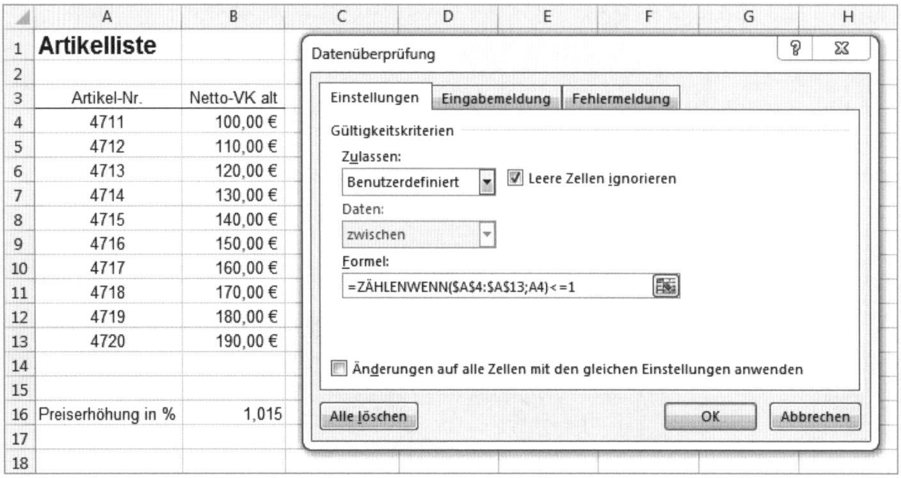

Nun können im gewählten Bereich keine doppelten Daten eingegeben werden.

Damit bei der Erfassung einer doppelten Artikelnummer ein aussagekräftiger Fehlerhinweis ausgegeben wird, gehen Sie wie folgt vor:

1. Wechseln Sie im Dialogfenster *Datenüberprüfung* auf die Registerkarte *Fehlermeldung*.
2. Unter *Typ* wählen Sie *Stopp*.
3. Als *Titel* erfassen Sie den Begriff *Artikelnummer*.
4. In das Feld *Fehlermeldung* geben Sie Folgendes ein: *Doppelte Artikelnummern können nicht erfasst werden. Geben Sie eine neue Nummer ein!*.

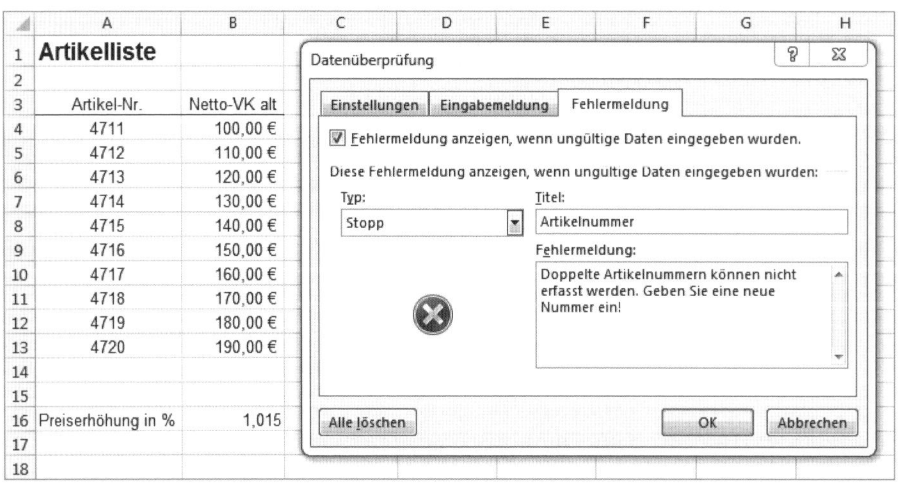

Sobald eine doppelte Artikelnummer in den Bereich A4:A20 eingegeben wird, erscheint die vorgegebene Fehlermeldung.

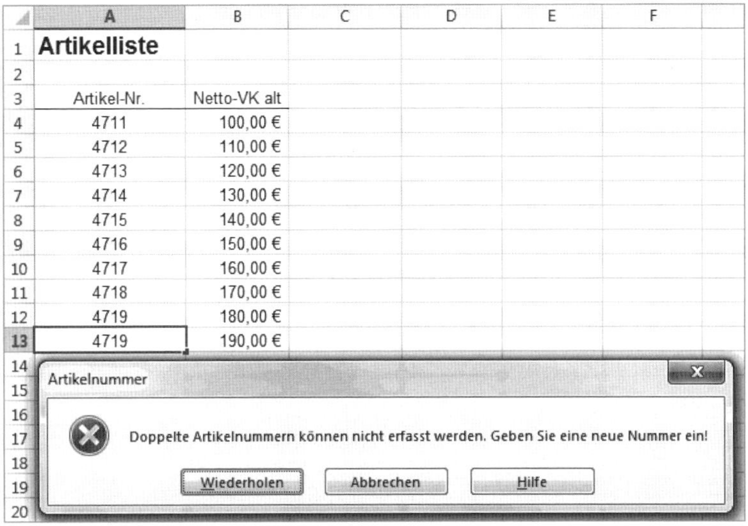

Hinweis

Zur Wahl stehen die Typen *Stopp*, *Warnung* und *Information*.

- *Stopp*: Wenn *Stopp* gewählt ist, besteht keine Möglichkeit, die Artikelnummer ein zweites Mal zu erfassen.
- *Warnung*: Wenn eine doppelte Nummer erfasst wird, wird der Hinweistext ausgegeben. Ein Klick auf die Schaltfläche *Ja* führt jedoch dazu, dass die Artikelnummer trotzdem in die Zelle übernommen wird.
- *Information*: Wenn *Information* gewählt ist, wird nur ein Hinweis ausgegeben, die doppelt erfasste Ziffer wird jedoch angenommen.

Tipp 9: Doppelte Gültigkeitsliste mit dynamischer Anpassung der Einträge

Eine Gültigkeitsliste, die auf einen Zellbereich referenziert, zeigt immer die Einträge aus diesem Zellbereich an. In einigen Fällen kann es sinnvoll sein, diesen Zellbereich dynamisch zu halten. Das heißt, wenn eine Auswahl über die Gültigkeitsliste getroffen wurde, sollen nur noch die restlichen Einträge aus der Gültigkeitsliste ausgewählt werden können.

Im nachfolgenden Beispiel stehen (nachdem in irgendeiner Zelle im Bereich D6:D10 eine der fünf möglichen Auswahlen getroffen wurde) in einer anderen noch nicht belegten Zelle lediglich die vier nicht gewählten Möglichkeiten zur Verfügung. Bei der nächsten Auswahl stehen dann nur noch die drei verbleibenden Möglichkeiten zur Verfügung etc.

So geht's:

1 Erfassen Sie im Zellbereich A2:E2 die Einträge für Ihre Gültigkeitsliste.

2 Erfassen Sie dann in Zelle A1 die folgende Formel:

=WENN(ISTFEHLER(INDEX($A2:$E2;KKLEINSTE(WENN(($A2:$E2<>$D$6)*($A2:$E2<>$D$7)*($A2:$E2<>$D$8)*($A2:$E2<>$D$9)*($A2:$E2<>$D$10);SPALTE($A:$E));SPALTE())));"";INDEX($A2:$E2;KKLEINSTE(WENN(($A2:$E2<>$D$6)*($A2:$E2<>$D$7)*($A2:$E2<>$D$8)*($A2:$E2<>$D$9)*($A2:$E2<>$D$10);SPALTE($A:$E));SPALTE())))

3 Markieren Sie nun den Zellbereich A1:E1 und drücken Sie die Tastenkombination Strg+⇧+↵, um die hinterlegte Formel als Matrixformel einzufügen.

4 Hinterlegen Sie zum Schluss im Bereich der Zellen von D6 bis D10 eine Gültigkeitsliste, die auf den Zellbereich A1:E1 referenziert. Treffen Sie nun im Zellbereich D6:D10 die gewünschte Auswahl.

Die Funktionsargumente:

- *WENN:* Im ersten Argument der Funktion wird zunächst eine Fehlermeldung abgefangen, die bei Eintritt eines Fehlers für einen Leereintrag sorgt. Dies ist aus optischen Gründen notwendig, denn nach einer erfolgten Auswahl im Bereich D6:D10 würde das Array in diesem Bereich mit dem Fehler *#ZAHL!* „aufgefüllt" und der Fehler würde dann bei der weiteren Auswahl in der Gültigkeitsliste erscheinen.
- *ISTFEHLER*: Mit dieser Funktion wird geprüft, ob die Indexfunktion, die einen Wert aus der Matrix A2:E2 zurückgeben soll, einen Fehler erzeugt.
- *INDEX*: Über diese Funktion wird im Zellbereich A2:E2 als erstes Argument der Funktion die Matrix angesprochen, in der die auszuwählenden Optionen stehen. Das zweite Argument dieser Funktion legt die Zeile in dieser Matrix fest, aus der ein Wert zurückgegeben wird.
- *KKLEINSTE*: Mithilfe dieser Funktion wird die Zeilennummer zurückgegeben, die den kleinsten Wert enthält.
- *SPALTE*: Diese Funktion ermittelt die Spaltennummer aus der Datengruppe der durch die Funktion *KKLEINSTE* ermittelten Werte.

Tipp 10: Eingaben nur in aufsteigender Reihenfolge zulassen (aufsteigende Nummerierung)

Aufsteigende Zahlenreihen werden für unterschiedliche Zwecke benötigt, beispielsweise für fortlaufende Rechnungs- bzw. Lieferscheinnummern oder auch für fortlaufende Buchungsnummern. In diesem Beispiel sehen Sie, wie die Konsistenz von Nummernkreisen gewährleistet werden kann.

So geht's:

1 Markieren Sie den Zellbereich A4:A20.

2 Wählen Sie den Eintrag *Ganze Zahl* im Dialogfenster *Datenüberprüfung*.

3 Im Feld *Daten* wählen Sie den Eintrag *zwischen* aus.

4 Als *Minimum* erfassen Sie die Formel *=ZEILE()–3+2012000.*

5 Als *Maximum* geben Sie die gleiche Funktion noch einmal ein.

6 Mit einem Klick auf *OK* legen Sie die Gültigkeitsprüfung für den markierten Bereich fest.

Hinweis

Vom Ergebnis der Funktion *ZEILE()* muss der Wert 3 subtrahiert werden, da der Gültigkeitsbereich erst in Zeile 4 beginnt.

Darüber hinaus muss der Wert 2016000 hinzuaddiert werden, da die laufende Nummerierung mit dem Wert 2016001 beginnt. 2016 steht für das Jahr und der Wert 001 für die erste Rechnung des Jahres.

Tipp 11: Eingaben bis zu einem definierten Grenzwert zulassen

Bei der Verteilung eines Budgetwerts auf einzelne Kostenstellen soll sichergestellt werden, dass der Gesamtwert bei der Verteilung nicht überschritten wird.

So geht's:

1 Selektieren Sie den Bereich B8:B17.

2 Im Dialog *Datenüberprüfung* wählen Sie unter *Zulassen* den Eintrag *Benutzerdefiniert*.

3 Im Feld *Formel* geben Sie folgende Funktion ein:

=SUMME($B$8:B17)<=$B$4

4 Bestätigen Sie das Dialogfenster mit *OK*.

Die Summe der Kostenstellen 100 bis 1000 ergibt genau den Wert 42.000,00 Euro.

Sobald in Zelle B10 bei Kostenstelle 300 anstelle von 3.200,00 Euro beispielsweise der Wert 3.201,00 eingegeben wird, tritt die Gültigkeitsprüfung in Aktion und lehnt die Eingabe mit einem Fehlerhinweis ab.

Somit ist sichergestellt, dass der Gesamtwert von 42.000,00 Euro nicht überschritten werden kann.

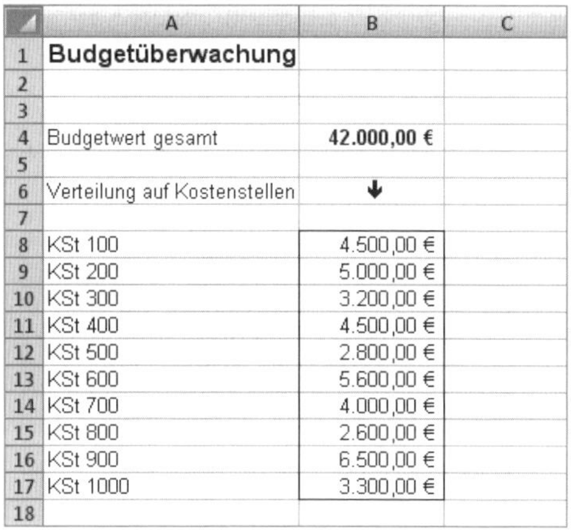

Tipp 12: Variable Datumsprüfung – Eingabe von Datumswerten auf den aktuellen Tag beschränken

Bei der Belegerfassung soll ausschließlich das aktuelle, also das Datum desselben Tags, als Erfassungsdatum eingegeben werden können. Alle anderen Datumswerte, die vor oder nach dem aktuellen Tag liegen, sollen abgelehnt werden.

So geht's:

1 Markieren Sie den Bereich A5:A17.

2 Im Dialogfenster *Datenüberprüfung* wählen Sie unter *Zulassen* den Eintrag *Datum* aus.

3 Unter *Daten* wählen Sie den Eintrag *gleich*.

4 Geben Sie in das Feld *Datum* die Funktion *=HEUTE()* ein.

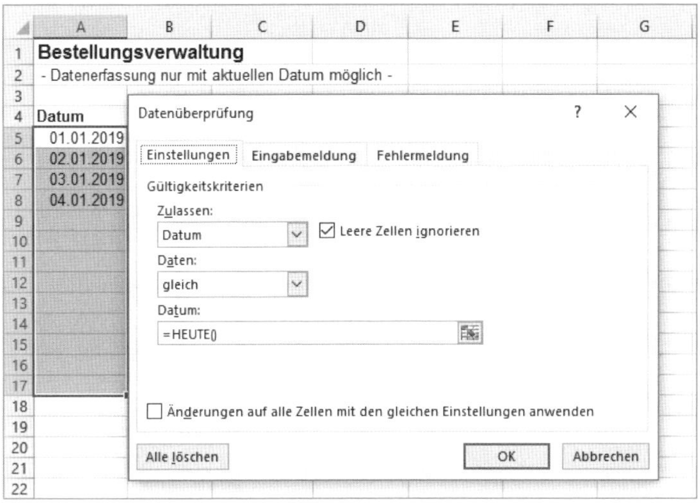

5 Bestätigen Sie die Eingaben mit *OK*.

Jetzt können im angegebenen Bereich ausschließlich Datumswerte mit dem aktuellen Datum eingegeben werden.

Hinweis

Bei anderen Anwendungen kann es beispielsweise sinnvoll sein, dass nur Datumswerte bis zum aktuellen Datum eingegeben werden dürfen. Es sollen also alle Datumswerte nach dem aktuellen Datum ausgeschlossen werden. Datumswerte vor dem aktuellen Datum sollen hingegen akzeptiert werden.

Ändern Sie dazu im Feld *Daten* den Eintrag einfach auf *kleiner oder gleich* ab.

Tipp 13: Datumsangaben ablehnen, die auf ein Wochenende fallen

Sie möchten sicherstellen, dass nur an Arbeitstagen Werte in Ihre Excel-Tabelle eingetragen werden können. Da an Wochenenden beispielsweise keine Umsätze getätigt werden, sollen somit auch nur an Wochentagen Umsatzwerte erfasst werden können.

So geht's:

1 Markieren Sie dazu den Zellbereich A5:A17.

2 Wählen Sie im Dialogfenster *Datenüberprüfung* im Feld *Zulassen* den Eintrag *Benutzerdefiniert*.

3 In das Feld *Formel* geben Sie folgende Funktion ein:

=UND(WOCHENTAG(A5;2)<>7;WOCHENTAG(A5;2)<>6)

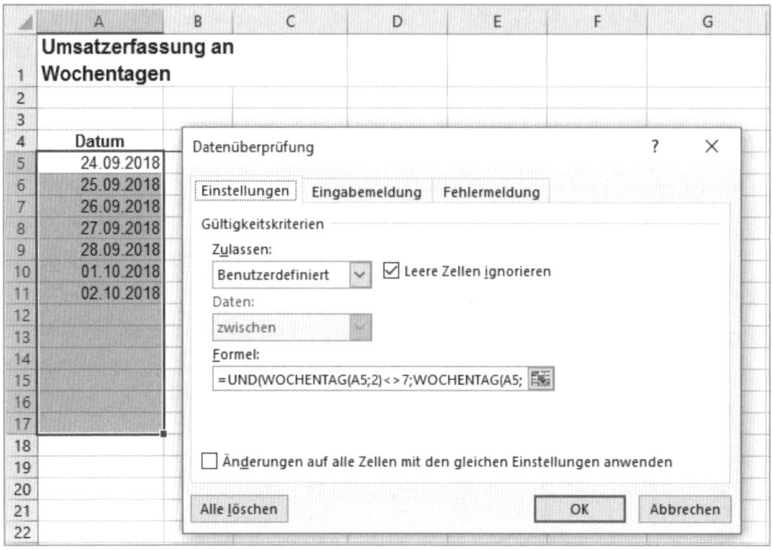

4 Bestätigen Sie das Dialogfenster mit einem Klick auf *OK*.

Zu beachten ist, dass der Funktion *WOCHENTAG* der Parameter 2 übergeben werden muss, da in Deutschland die Woche mit dem Montag beginnt.

Wird nun ein Datum eingegeben, das auf ein Wochenende fällt, lehnt die Gültigkeitsprüfung dies mit einem entsprechenden Fehlerhinweis ab.

➡ Verweis: siehe Kapitel 4.5, Tipp 14 ff.

Tipp 14: Datumswerte auf einen vorgegebenen Zeitraum beschränken

Die Datenerfassung soll auf einen vordefinierten Zeitraum beschränkt werden. Im Beispiel dürfen auf einer Buchungsliste ausschließlich Datumswerte aus dem Jahr 2019 erfasst werden.

So geht's:

1 Markieren Sie den Bereich A4:A17.

2 Im Dialogfenster *Datenüberprüfung* wählen Sie unter *Zulassen* den Eintrag *Datum* aus.

3 Erfassen Sie im Feld *Anfangsdatum* den 01.01.2019.

4 In das Feld *Enddatum* geben Sie den 31.12.2019 ein.

5 Schließen Sie die Gültigkeitsprüfung mit einem Klick auf die Schaltfläche *OK* ab.

In der Praxis ist es häufig sinnvoll, die Jahresangabe dynamisch zu gestalten. Dies erreichen Sie mit folgender Anpassung der Gültigkeitsprüfung.

1 Erfassen Sie im Feld *Anfangsdatum* diese Funktion:

=DATUM(JAHR(HEUTE());1;1)

2 In das Feld *Enddatum* geben Sie dann diese Funktion ein:

=DATUM(JAHR(HEUTE());12;31)

Damit wird beim Jahreswechsel die Gültigkeitsprüfung automatisch auf das richtige Jahr eingestellt und es bedarf keiner weiteren Anpassung.

Tipp 15: Gültigkeitsprüfungen auf andere Zellen beziehen

In der Regel bezieht sich die Gültigkeitsprüfung auf die Zelle, in der die Eingabe erfolgen soll.

Excel bietet jedoch auch die Möglichkeit, die Eingabe vom Inhalt einer anderen Zelle abhängig zu machen. So sollen in einem Rechnungseingangsbuch nur Werte eingetragen werden können, wenn in einer anderen Zelle bereits eine Rechnungsnummer erfasst wurde.

So geht's:

1 Markieren Sie dazu die Zellen B4 bis B17.

2 Im Dialogfenster *Datenüberprüfung* wählen Sie unter *Zulassen* den Eintrag *Benutzerdefiniert* aus.

3 Im Feld *Formel* erfassen Sie diese Funktion:

=ISTZAHL(A4)

4 Entfernen Sie den Haken aus dem Kontrollkästchen *Leere Zellen ignorieren*. Damit wird sichergestellt, dass im Bereich A4:A17 ein Eintrag vorhanden sein muss.

5 Beenden Sie den Dialog mit *OK*.

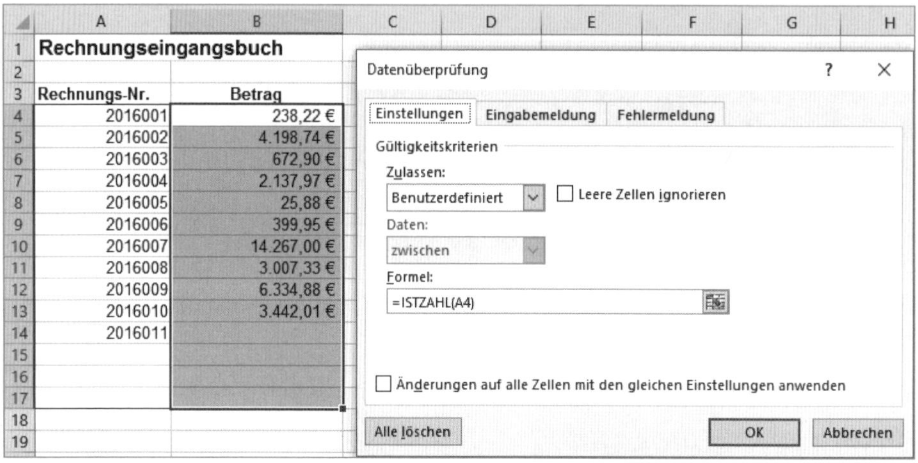

Jetzt können in den Bereich B4:B17 nur Werte eingetragen werden, wenn im Bereich A4:A17 bereits eine Rechnungsnummer erfasst wurde.

Durch die Verwendung der Funktion *=ISTZAHL()* muss zwingend eine Zahl als Rechnungsnummer erfasst werden.

Hinweis

Wenn Sie diese Gültigkeitsprüfung mit der Gültigkeitsprüfung aus Tipp 10 „Eingaben nur in aufsteigender Reihenfolge zulassen (aufsteigende Nummerierung)" kombinieren, ist sichergestellt, dass Sie nur einen Betrag erfassen können, wenn eine gültige, also richtige Rechnungseingangsnummer in Spalte A eingetragen wurde.

Tipp 16: Zwei Drop-down-Gültigkeitslisten miteinander verknüpfen

In diesem Beispiel sollen zwei Drop-down-Gültigkeitslisten miteinander verknüpft werden. Sobald aus der ersten Drop-down-Liste ein Eintrag ausgewählt ist, sollen die Inhalte der zweiten Drop-down-Liste dynamisch angepasst werden.

Im nachfolgenden Beispiel werden bei der Auswahl eines Staates die zugehörigen Landesniederlassungen im zweiten Drop-down-Menü zur Auswahl gestellt.

So geht's:

1 Im ersten Schritt müssen Sie die Matrix für die Gültigkeitskriterien anlegen. In einer Spalte tragen Sie die benötigten Staaten ein. In den weiteren Kriterienspalten legen Sie die Länder mit den Städten fest, in denen sich die Landesniederlassungen befinden.

	A	B	C	D	E
1					
2	**Land**	**Landesniederlassung**			
3	Spanien				
4					
5					
6	**Staaten**	**Frankreich**	**Italien**	**Spanien**	**England**
7	Frankreich	Paris	Rom	Madrid	London
8	Italien	Nizza	Neapel	Barcelona	Birmingham
9	Spanien	Avignon	Mailand	Cordoba	Sheffield
10	England	Cannes	Genua	Palma	Oxford
11					

2 Im nächsten Schritt definieren Sie die Namen für die Staaten sowie für die Länder, in denen sich die Niederlassungen befinden. Definieren Sie dazu folgende Namen mit den jeweiligen Zellbezügen.

Name	**Bezieht sich auf:**
Staaten	*=Tabelle1!$A$7:$A$10*
Frankreich	*=Tabelle1!$B$7:$B$10*
Italien	*=Tabelle1!$C$7:$C$10*
Spanien	*=Tabelle1!$D$7:$D$10*
England	*=Tabelle1!$E$7:$E$10*

Den Dialog zur Namensdefinition rufen Sie über das Menü *Formeln/Definierte Namen/Namen definieren* auf.

Die Namensvergabe für die Staaten in Spalte A kann frei gewählt werden. Im Beispiel wird der Name *Staaten* verwendet. Unbedingt zu beachten ist, dass die Namen der Länder exakt mit den Überschriften in Zeile 6 übereinstimmen.

3 Nachdem alle Namen definiert sind, wählen Sie Zelle A3 aus, in der das erste Drop-down-Menü für die Landesauswahl erstellt werden soll.

4 Öffnen Sie das Dialogfenster zur Erfassung der Gültigkeitskriterien.

5 Im Feld *Zulassen* wählen Sie den Eintrag *Liste* aus und erfassen unter *Quelle* die Zeichenfolge *=Staaten*.

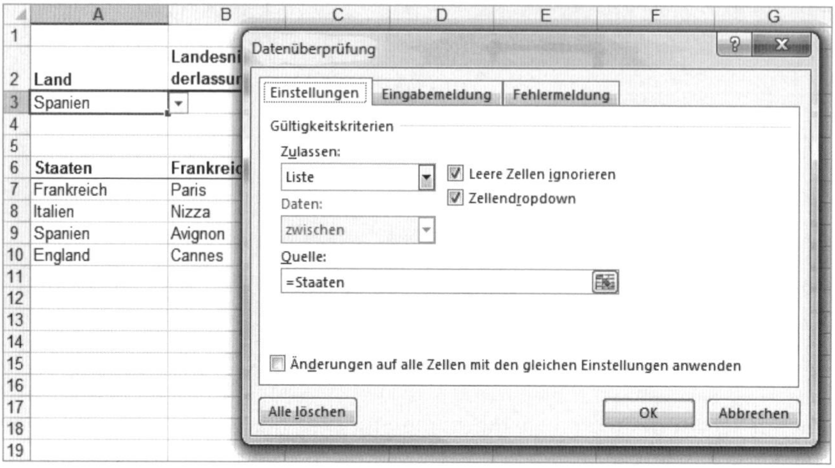

6 Beenden Sie den Dialog mit *OK*.

7 Wählen Sie nun Zelle B3 aus. In dieser Zelle sollen die Städte entsprechend der Länderauswahl angezeigt werden.

8 Öffnen Sie auch hier den Dialog zur Gültigkeitsprüfung.

9 Wählen Sie im Feld *Zulassen* wiederum *Liste* aus und tragen Sie in das Feld *Quelle* folgenden Verweis ein:

=INDIREKT(A3)

10 Beenden Sie auch diese Dialogbox mit einem Klick auf die Schaltfläche *OK*.

Es ist geschafft! Wird nun im Drop-down-Menü *Land* beispielsweise *Italien* gewählt, werden im zweiten Drop-down-Menü dynamisch die Städte angezeigt, in denen sich die jeweiligen Landesniederlassungen befinden.

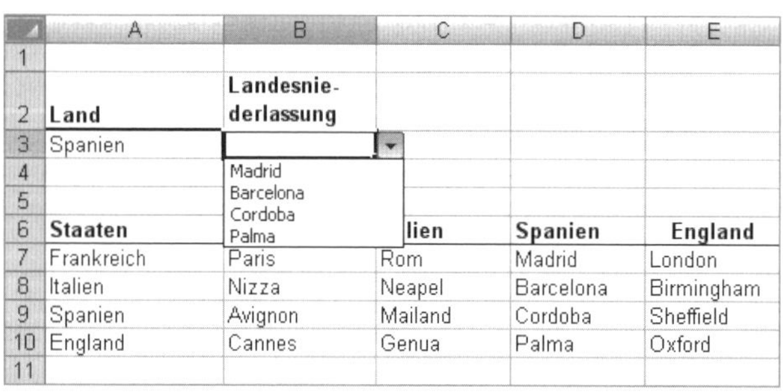

Tipp 17: Gültigkeitsprüfung mit variabel wählbaren Gültigkeitslisten

Dieses Beispiel zeigt, wie Sie über Optionsfelder zwischen zwei Gültigkeitslisten wählen können. Abhängig von Ihrer Wahl werden im Gültigkeitsbereich die entsprechenden Auswahlmöglichkeiten über das Drop-down-Menü angeboten.

So geht's:

1 Fügen Sie im ersten Schritt zwei Optionsfelder in das Tabellenblatt ein und beschriften Sie diese mit *Liste A* und *Liste B*.

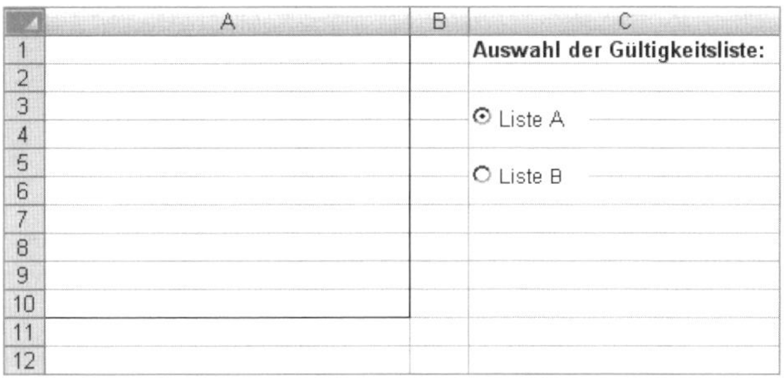

2 Legen Sie im zweiten Schritt die Gültigkeitskriterien auf einem neuen Tabellenblatt fest.

3 Definieren Sie für *Liste A* im Bereich A3:A9 den Namen *ListeA*. *Liste B* im Bereich B3:B9 benennen Sie mit *ListeB*.

4 Abhängig vom ausgewählten Optionsfeld werden dem Gültigkeitsbereich A1:A10 die Gültigkeitskriterien von *Liste A* bzw. *Liste B* zugewiesen. Die Zuweisung erfolgt dabei per VBA.

5 Starten Sie dazu mit der Tastenkombination Alt+F11 den VBA-Editor.

6 Wählen Sie das Codeblatt aus, auf dem sich die Optionsfelder befinden, im Beispiel *Tabelle1 (Auswahl)*.

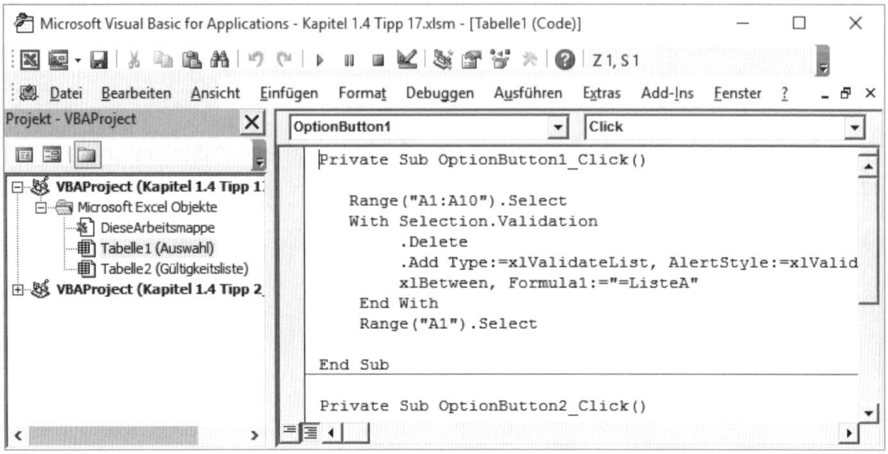

7 Erfassen Sie den Code aus Listing 1 und Listing 2 in diesem Codeblatt.

8 Wenn Sie nun zwischen den Optionsfeldern hin- und herschalten, wird abwechselnd der Code für das Ereignis von *OptionButton1* und *OptionButton2* ausgeführt.

9 Der Code trägt die jeweils richtige Gültigkeitsprüfung in den vorgegebenen Zellbereich A1:A10 ein.

Listing 1:

```
Private Sub OptionButton1_Click()
   Range("A1:A10").Select
   With Selection.Validation
      .Delete
      .Add Type:=xlValidateList, AlertStyle:=xlValidAlertStop, Operator:=
      xlBetween, Formula1:="=ListeA"
    End With
    Range("A1").Select
End Sub
```

Listing 2:

```
Private Sub OptionButton2_Click()
   Range("A1:A10").Select
   With Selection.Validation
      .Delete
      .Add Type:=xlValidateList, AlertStyle:=xlValidAlertStop, Operator:=
      xlBetween, Formula1:="=ListeB"
    Range("A1").Select
    End With
End Sub
```

Tipp 18: Akustische Warnung, wenn der Wert die vorgegebene Grenze überschreitet

Sobald ein definierter Grenzwert überschritten ist, soll ein akustisches Warnsignal ertönen. Bei der Erfassung sensibler Daten kann die akustische Warnung als weiteres Sicherheitsmerkmal verwendet werden.

Da in Excel keine Standardfunktion zum Abspielen von Warnsignalen vorhanden ist, muss sie als benutzerdefinierte VBA-Funktion implementiert werden.

So geht's:

1. Starten Sie mit der Tastenkombination Alt+F11 den VBA-Editor.
2. Erstellen Sie über das Menü *Einfügen/Modul* ein neues Codeblatt.
3. Fügen Sie dort den Code aus Listing 1 ein. Da VBA keine Funktion zum Abspielen von WAV-Dateien besitzt, muss dies über eine Windows-API-Funktion realisiert werden.
4. Nachdem Sie den VBA-Code erfasst haben, wechseln Sie auf ein Tabellenblatt in der aktuellen Arbeitsmappe.
5. Im nächsten Schritt muss die Funktion zum Aufrufen des VBA-Codes eingetragen werden. Der Aufruf erfolgt über eine gewöhnliche *WENN*-Abfrage. Damit ist wie gewohnt die Abfrage von beliebigen Zelleinträgen möglich, jedoch mit dem Unterschied, dass kein Text ausgegeben, sondern die angegebene WAV-Datei abgespielt wird.
6. Zur Abfrage, ob in Zelle A1 der Wert von 100 überschritten ist, verwenden Sie in Zelle B1 folgende *WENN*-Abfrage:

   =WENN(A1>100;PlaySound("C:\windows\media\notify.wav");"Alles OK")

   Diese Abfrage prüft Zelle A1 und spielt bei Überschreiten der Grenze die in der Funktion *PlaySound* angegebene WAV-Datei ab. Wenn der Wert nicht überschritten ist, wird der Text *Alles OK* ausgegeben.

In der *WENN*-Funktion können Sie wie gewohnt beliebige Abfragen durchführen. So können Sie die WAV-Datei auch abspielen, wenn in Zelle A2 beispielsweise der Text *Prüfen* steht. Die Funktion dazu sieht wie folgt aus:

=WENN(A2="Prüfen";PlaySound("C:\windows\media\notify.wav");"Alles OK")

Sie sehen, die Verwendung dieser benutzerdefinierten Funktion ist sehr einfach in der Handhabung, aber dennoch leistungsfähig.

Listing 1:

```
Declare Function sndPlaySound Lib "winmm.dll" Alias _
"sndPlaySoundA" (ByVal WAVDatei As String, ByVal _
WiedergabeModus As Long) As Long

Function PlaySound(Signal)
If Dir$(Signal) > "" Then
  sndPlaySound Signal, 1
  PlaySound = "Grenze überschritten"
Else
  PlaySound = "Signaldatei nicht gefunden"
End If
End Function
```

Hinweis

Sollte die Datei *notify.wav* im angegebenen Verzeichnis nicht vorhanden sein, können Sie den VBA-Code entsprechend anpassen und jede beliebige andere WAV-Datei abspielen lassen.

Tipp 19: Über eine Gültigkeitsliste nützliche Makros starten

Makros müssen nicht unbedingt über einen eigenen Button angestoßen, sondern können auch mithilfe einer Gültigkeitsliste gestartet werden. Wie das prinzipiell funktioniert, erfahren Sie in diesem Abschnitt. Welche nützlichen Makros Sie unter anderem damit ansteuern können, wird nachfolgend beschrieben.

So geht's:

1 Hinterlegen Sie zunächst in Zelle A1 eine einfache Gültigkeitsliste mit dem Eintrag *Makroaufruf*.

2 Starten Sie mit der Tastenkombination Alt+F11 den VBA-Editor und tragen Sie dann in das Tabellenfenster von *Tabelle1* den folgenden Code ein:

Listing 1:

```
Sub Worksheet_Change(ByVal Target As Range)
Select Case Target.Address
   Case "$A$1"
       If Range("$A$1") = "Makroaufruf" Then
           MsgBox ("Das Makro ist gestartet")
   Case Else
       Exit Sub
End Select
End Sub
```

3 Wechseln Sie nun zurück zu Excel. Klicken Sie auf den rechts liegenden Drop-down-Pfeil von Zelle A1 und anschließend auf den Eintrag *Makroaufruf*, um das Makro zu starten.

Tipp 20: Über eine Gültigkeitsliste Gitternetzlinien ein- und ausschalten

Nach diesem ersten Versuch erfahren Sie nun Schritt für Schritt, wie Sie eine ganze Reihe nützlicher Makros aus einer einzigen Zelle anstoßen können. Zunächst sollen über eine Gültigkeitsliste per Makro Gitternetzlinien ein- bzw. ausgeblendet werden.

So geht's:

1 Hinterlegen Sie in Zelle A1 einer neuen *Tabelle2* eine Gültigkeitsliste mit dem ersten Eintrag *Gitter ein/aus*.

2 Starten Sie den VBA-Editor und tragen Sie in das Codetabellenfenster von *Tabelle2* den folgenden Code ein:

Listing 1:

```
Sub Worksheet_Change(ByVal Target As Range)
Select Case Target.Address
   Case "$A$1"
       If Range("$A$1") = "Gitter ein/aus" Then Call GitternetzEinAus
   Case Else
       Exit Sub
End Select
End Sub
```

3 Fügen Sie nun ein neues *Modul1* ein und erfassen Sie dort die folgenden Zeilen:

Listing 2:

```
'Aktion GitternetzEinAus
Sub GitternetzEinAus()
    If ActiveWindow.DisplayGridlines = True Then
    ActiveWindow.DisplayGridlines = False
    Else
    ActiveWindow.DisplayGridlines = True
    End If
End Sub
```

4 Wechseln Sie dann zurück zur Excel-Tabelle und klicken Sie in Zelle A1 auf den Eintrag *Gitter ein/aus*, um das Makro zu starten und die Gitternetzlinien ein- und auszuschalten.

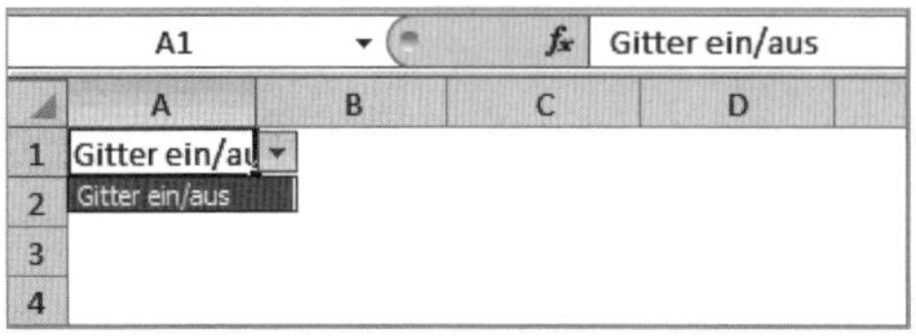

Tipp 21: Über eine Gültigkeitsliste Registerkarten ein- und ausblenden

Jetzt sollen über eine Gültigkeitsliste per Makro die Registerkarten in der linken unteren Ecke der Tabelle ein- und ausgeblendet werden.

So geht's:

1 Erweitern Sie in Zelle A1 die vorhandene Gültigkeitsliste um den zweiten Eintrag *Register ein/aus*.

2 Ergänzen Sie dann das erste Makro (Listing 1) mit folgenden Codezeilen:

Listing 1 (Fortsetzung):

```
If Range("$A$1") = "Register ein/aus" Then Call RegisterEinAus
```

3 Fügen Sie jetzt in das *Modul1* nachfolgende Zeilen ein:

Listing 2 (Fortsetzung):

```
'Aktionen RegisterEinAus
Sub RegisterEinAus()
    If ActiveWindow.DisplayWorkbookTabs = True Then
    ActiveWindow.DisplayWorkbookTabs = False
    Else
    ActiveWindow.DisplayWorkbookTabs = True
End If
End Sub
```

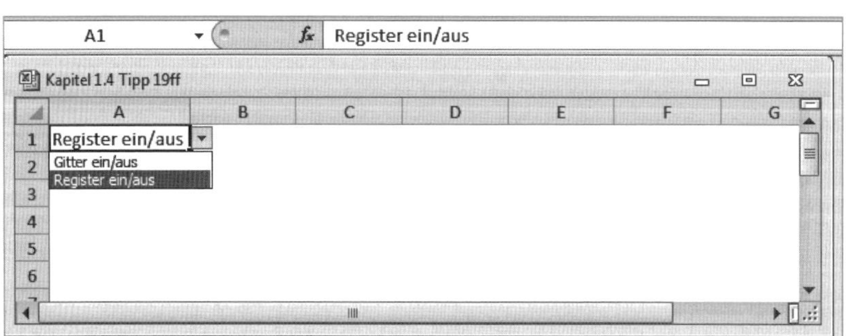

Tipp 22: Über eine Gültigkeitsliste Zeilen- und Spaltenbezeichnungen ein- und ausblenden

Nun sollen über eine Gültigkeitsliste per Makro die Zeilen- und Spaltenbezeichnungen am Rand der Tabelle ein- und ausgeblendet werden.

So geht's:

1 Erweitern Sie in Zelle A1 die vorhandene Gültigkeitsliste um den nächsten Eintrag *SpZeBez ein/aus*.

2 Ergänzen Sie dann das erste Makro (Listing 1) mit folgenden Codezeilen:

Listing 1 (Fortsetzung):

```
If Range("$A$1") = "SpZeBez ein/aus" Then Call SpaltenZeilenBezEinAus
```

3 Fügen Sie jetzt in das *Modul1* nachfolgende Zeilen ein:

Listing 2 (Fortsetzung):

```
'Aktionen SpaltenZeilenBezEinAus
Sub SpaltenZeilenBezEinAus()
    If ActiveWindow.DisplayHeadings = True Then
    ActiveWindow.DisplayHeadings = False
    Else
    ActiveWindow.DisplayHeadings = True
    End If
End Sub
```

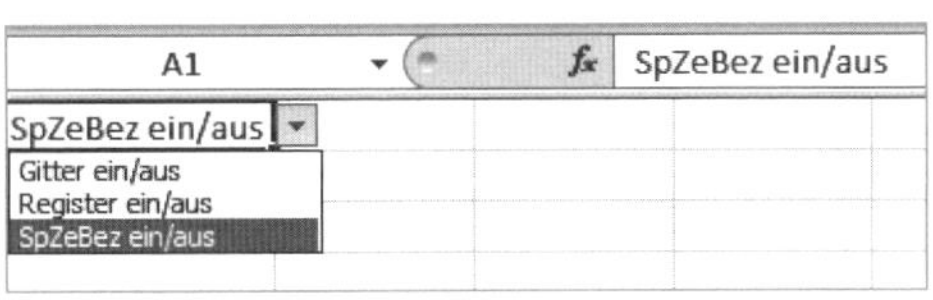

Tipp 23: Über eine Gültigkeitsliste die Bearbeitungsleiste ein- und ausblenden

Hier soll über eine Gültigkeitsliste per Makro die Bearbeitungsleiste ein- und ausgeblendet werden.

So geht's:

1 Erweitern Sie in Zelle A1 die vorhandene Gültigkeitsliste um den weiteren Eintrag *Bearbl. ein/aus*.

2 Ergänzen Sie dann das erste Makro (Listing 1) mit folgenden Codezeilen:

Listing 1 (Fortsetzung):

```
If Range("$A$1") = "Bearbl. ein/aus" Then Call BearbeitungsleisteEinAus
```

3 Fügen Sie jetzt in das *Modul1* nachfolgende Zeilen ein:

Listing 2 (Fortsetzung):

```
'Aktionen BearbeitungsleisteEinAus
Sub BearbeitungsleisteEinAus()
    If Application.DisplayFormulaBar = True Then
    Application.DisplayFormulaBar = False
    Else
    Application.DisplayFormulaBar = True
End If
End Sub
```

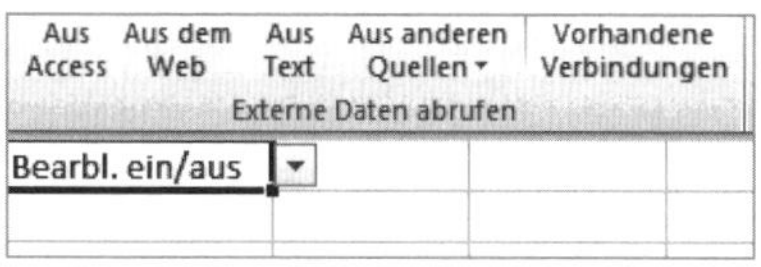

Tipp 24: Über eine Gültigkeitsliste den Vollbildmodus ein- und ausschalten

Nun soll über eine Gültigkeitsliste per Makro der Vollbildmodus ein- und ausgeschaltet werden.

So geht's:

1 Erweitern Sie in Zelle A1 die vorhandene Gültigkeitsliste um den weiteren Eintrag *Vollbild ein/aus*.

2 Ergänzen Sie dann das erste Makro (Listing 1) mit folgenden Codezeilen:

Listing 1 (Fortsetzung):

```
If Range("$A$1") = "Vollbild ein/aus" Then Call FullScreeenBezEinAus
```

3 Fügen Sie nun in das *Modul1* nachfolgende Zeilen ein:

Listing 2 (Fortsetzung):

```
'Aktionen FullScreeenBezEinAus
Sub FullScreeenBezEinAus()
    If Application.DisplayFullScreen = True Then
    Application.DisplayFullScreen = False
    Else
    Application.DisplayFullScreen = True
    End If
End Sub
```

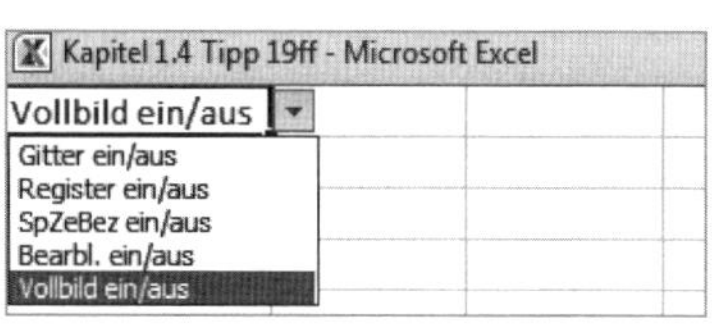

Tipp 25: Über eine Gültigkeitsliste die Mappenberechnung ein- und ausschalten

Sie können über die Gültigkeitsliste per Makro auch die automatische Mappenberechnung ein- und ausschalten.

So geht's:

1 Erweitern Sie in Zelle A1 die vorhandene Gültigkeitsliste um den Eintrag *Mappenber. ein/aus.*

2 Erweitern Sie nun das erste Makro (Listing 1) mit folgenden Codezeilen:

Listing 1 (Fortsetzung):

```
If Range("$A$1") = "Mappenber. ein/aus" Then Call MappenBerechnungEinAus
```

3 Fügen Sie jetzt in das *Modul1* nachfolgende Zeilen ein:

Listing 2 (Fortsetzung):

```
'Aktionen MappenBerechnungEinAus
Sub MappenBerechnungEinAus()
    If Application.Calculation = xlAutomatic Then
    Application.Calculation = xlManual
    ElseIf Application.Calculation = xlManual Then
    Application.Calculation = xlAutomatic
    End If
End Sub
```

4 Kontrollieren Sie einmal, ob das Makro die Einstellungen vorgenommen und die Berechnung auf *Manuell* bzw. *Automatisch* gesetzt hat:

- ab Excel 2010: Menü *Datei/Optionen/Formeln*,
- in Excel 2007: Menü *Office/Excel-Optionen/Formeln*.

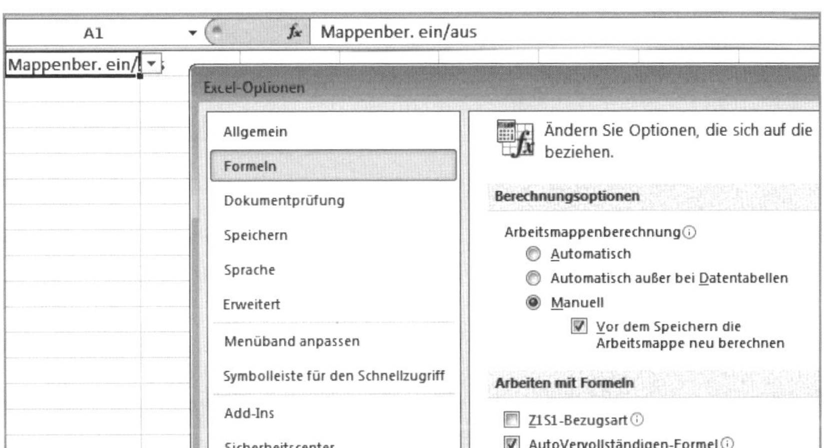

Tipp 26: Über eine Gültigkeitsliste die Blattberechnung anstoßen

Aber auch die Blattberechnung, d. h. die Berechnung der aktiven Tabelle, lässt sich über ein Makro via Gültigkeitsliste starten.

So geht's:

1 Erweitern Sie in Zelle A1 die vorhandene Gültigkeitsliste um den Eintrag *Blattber. ein.*

2 Ergänzen Sie nun das erste Makro (Listing 1) mit folgenden Codezeilen:

Listing 1 (Fortsetzung):

```
If Range("$A$1") = "Blattber. ein" Then Call BlattBerechnung
```

3 Fügen Sie jetzt in das *Modul1* nachfolgende Zeilen ein:

Listing 2 (Fortsetzung):

```
'Aktionen BlattBerechnung
Sub BlattBerechnung()
    ActiveWorkbook.PrecisionAsDisplayed = False
    ActiveSheet.Calculate
    Application.Calculation = xlCalculationManual
End Sub
```

Hinweis

Es ist sinnvoll, die Mappenberechnung abzuschalten, wenn die Excel-Mappe aus einer Vielzahl von Tabellen besteht, die viele Daten, Verknüpfungen und/oder Formeln enthalten. Ist die Mappenberechnung abgeschaltet und möchte man sich dennoch auf der aktiven Tabelle die Ergebnisse von Berechnungen ansehen, ohne dass die komplette Mappe neu durchgerechnet wird, bietet es sich an, die Blattberechnung für diese aktive Tabelle anzustoßen.

Insofern besteht bei den beiden zuletzt beschriebenen Makros ein gewisser Zusammenhang. Es kann auch sinnvoll sein, diese beiden Makros zum Einsatz zu bringen, wenn Excel mit einer OLAP-Datenbank gekoppelt ist und die Abfragen auf diese Datenbank nicht permanent stattfinden sollen.

In der nachfolgenden Funktionsübersicht erhalten Sie einen Überblick über alle in diesem Kapitel verwendeten Funktionen.

Funktionsübersicht

Funktion	Erläuterung
BEREICH.VERSCHIEBEN (Bezug;Zeilen;Spalten; [Höhe];[Breite])	Gibt einen Bezug zurück, der gegenüber dem angegebenen Bezug versetzt ist. Der zurückgegebene Bezug kann eine einzelne Zelle oder ein Zellbereich sein. Sie können die Anzahl der zurückzugebenden Zeilen und Spalten festlegen. Optional können positive Werte für Höhe bzw. Breite des neuen Bezugs in Zeilen bzw. Spalten angegeben werden.
DATUM(Jahr;Monat;Tag)	Gibt die fortlaufende Zahl zurück, die ein bestimmtes Datum darstellt. Wenn für das Zellenformat vor der Eingabe der Funktion die Option *Allgemein* eingestellt war, wird das Ergebnis als Datum formatiert.
HEUTE()	Gibt die fortlaufende Zahl des heutigen Datums zurück.
INDIREKT(Bezug;A1)	Gibt den Bezug eines Textwerts zurück. Bezüge werden sofort ausgewertet, sodass die zu ihnen gehörenden Werte angezeigt werden. Verwenden Sie die *INDIREKT*-Funktion, um den Bezug auf eine in einer Formel befindliche Zelle zu ändern, ohne die Formel selbst zu ändern.
INDEX(Matrix;Zeile;Spalte) INDEX(Bezug;Zeile;Spalte; Bereich)	Gibt einen Wert oder den Bezug zu einem Wert aus einer Tabelle oder einem Bereich zurück. Die Funktion *INDEX()* gibt es in zwei Versionen: Matrixversion und Bezugsversion. Die Matrixversion gibt immer einen Wert oder eine Matrix aus Werten zurück, die Bezugsversion gibt immer einen Bezug zurück.
ISTFEHL(Wert)	*Wert* bezieht sich auf einen Fehlerwert mit Ausnahme von *#NV*.
ISTFEHLER(Wert)	*Wert* bezieht sich auf einen beliebigen Fehlerwert (*#NV*, *#WERT!*, *#BEZUG!*, *#DIV/0!*, *#ZAHL!*, *#NAME?* oder *#NULL!*).
ISTTEXT(Wert)	*Wert* bezieht sich auf ein Element, das Text ist. (Beachten Sie, dass diese Funktion *FALSCH* zurückgibt, wenn sich der Wert auf eine leere Zelle bezieht.)
ISTKTEXT(Wert)	*Wert* bezieht sich auf ein Element, das kein Text ist. (Beachten Sie, dass diese Funktion *WAHR* zurückgibt, wenn sich der Wert auf eine leere Zelle bezieht.)
ISTZAHL(Wert)	*Wert* bezieht sich auf eine Zahl.
JAHR(Zahl)	Wandelt eine fortlaufende Zahl in eine Jahreszahl um. Das Jahr wird als ganze Zahl zurückgegeben, die einen Wert von 1900 bis 9999 annehmen kann.
JETZT( )	Liefert die fortlaufende Zahl des aktuellen Datums und der aktuellen Uhrzeit.
KKLEINSTE(Matrix;k)	Gibt den k-kleinsten Wert einer Datengruppe zurück. Mit dieser Funktion können Sie Werte ermitteln, die innerhalb einer Datenmenge eine bestimmte relative Größe haben.
LINKS(Text;Anzahl_Zeichen)	Gibt auf der Grundlage der Anzahl von Zeichen, die Sie angeben, das oder die erste(n) Zeichen in einer Textzeichenfolge zurück.

Funktion	Erläuterung
MTRANS(Matrix)	Gibt die transponierte Matrix der angegebenen Matrix zurück. *MTRANS* muss als Matrixformel in einen Bereich, der über genauso viele Zeilen und Spalten verfügt, bzw. in eine Matrix mit der gleichen Anzahl von Spalten und Zeilen eingegeben werden. Mithilfe von *MTRANS* können Sie die Zeilen und Spalten einer Matrix in einem Arbeitsblatt austauschen.
NICHT(Wahrheitswert)	Kehrt den Wert eines Arguments um. *NICHT* können Sie immer dann verwenden, wenn Sie sicherstellen möchten, dass ein Wert nicht mit einem bestimmten Wert übereinstimmt.
RECHTS(Text;Anzahl_Zeichen)	Gibt das letzte oder die letzten Zeichen einer Textzeichenfolge auf der Grundlage der von Ihnen angegebenen Anzahl von Zeichen zurück.
SPALTE(Bezug)	Gibt die Spaltennummer eines Bezugs zurück.
SUCHEN(Suchtext;Text;Erstes_Zeichen)	*SUCHEN* gibt, beginnend mit *Erstes_Zeichen*, die Nummer des Zeichens zurück, an der das zu suchende Zeichen oder die zu suchende Textzeichenfolge erstmals gefunden wurde.
SUMME(Zahl1;Zahl2;...)	Summiert die Argumente.
UND(Wahrheitswert1;Wahrheitswert2;...)	Gibt *WAHR* zurück, wenn alle Argumente wahr sind. Sind die Aussagen eines oder mehrerer Argumente falsch, gibt diese Funktion den Wert *FALSCH* zurück.
WENN(Prüfung;Dann_Wert;Sonst_Wert)	Prüft, ob eine Bedingung zutrifft, also wahr oder falsch ist, und macht das Ergebnis vom Resultat der Prüfung abhängig.
WOCHENTAG(Zahl,Typ)	Wandelt eine fortlaufende Zahl in einen Wochentag um. Der Tag wird standardmäßig als ganze Zahl ausgegeben, die einen Wert von 1 (Sonntag) bis 7 (Samstag) annehmen kann.
ZÄHLENWENN(Bereich;Kriterien)	Zählt die nicht leeren Zellen eines Bereichs, deren Inhalte mit den Suchkriterien übereinstimmen.
ZEILE(Bezug)	Liefert die Zeilennummer eines Bezugs.
ZEILEN(Matrix)	Gibt die Anzahl der Zeilen in einem Bezug oder einer Matrix zurück.
ZELLE(Infotyp;[Bezug])	Gibt Informationen zur Formatierung, zur Position oder zum Inhalt einer Zelle zurück.

2 Formatierungen zielgerichtet einsetzen

Ein wichtiger Bestandteil im Umgang mit Excel-Tabellen ist die Formatierung und optische Aufbereitung. Durch eine griffige Darstellung der Daten werden diese leichter lesbar und besser verständlich. Allein durch eine gute Präsentation der Daten wird aus psychologischer Sicht das Vertrauen in die Zahlen gestärkt.

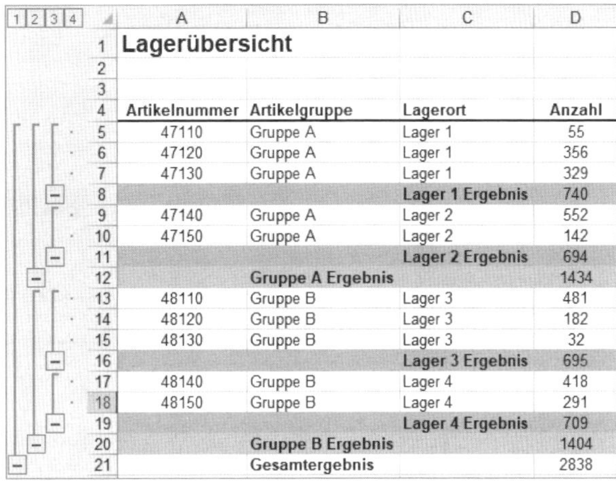

	A	B	C	D
1	Lagerübersicht			
2				
3				
4	Artikelnummer	Artikelgruppe	Lagerort	Anzahl
5	47110	Gruppe A	Lager 1	55
6	47120	Gruppe A	Lager 1	356
7	47130	Gruppe A	Lager 1	329
8			Lager 1 Ergebnis	740
9	47140	Gruppe A	Lager 2	552
10	47150	Gruppe A	Lager 2	142
11			Lager 2 Ergebnis	694
12		Gruppe A Ergebnis		1434
13	48110	Gruppe B	Lager 3	481
14	48120	Gruppe B	Lager 3	182
15	48130	Gruppe B	Lager 3	32
16			Lager 3 Ergebnis	695
17	48140	Gruppe B	Lager 4	418
18	48150	Gruppe B	Lager 4	291
19			Lager 4 Ergebnis	709
20		Gruppe B Ergebnis		1404
21		Gesamtergebnis		2838

2.1 Bedingte Formatierungen sinnvoll einsetzen

Die bedingte Formatierung ist eine elegante Methode, um die Übersichtlichkeit und Lesbarkeit Ihrer Datenbestände auf einfache Weise zu verbessern. Mit dieser Excel-Funktion lassen sich Zahlen, Texte und Formelergebnisse daraufhin überwachen, ob eine oder mehrere Bedingungen zutreffen.

Tipp 1: Wenn die definierten Bedingungen erfüllt werden – Grundsätzliches zur bedingten Formatierung

Excel stellt eine beliebige Anzahl an Bedingungen zur Verfügung. Sind die definierten Bedingungen erfüllt, werden die entsprechenden Zellen mit den ausgewählten Formatierungen versehen.

Den Befehl zur bedingten Formatierung finden Sie im Menü *Start/Formatvorlagen/Bedingte Formatierung*.

Dort können neue Regeln erstellt, verwaltet und gelöscht werden. Verschaffen wir uns aber zunächst einen grundsätzlichen Überblick für die Möglichkeiten der bedingten Formatierung. Nach wenigen Minuten Einarbeitungszeit werden Sie feststellen, dass die Funktionen leicht zu bedienen und übersichtlich zu erreichen sind.

Nachfolgend erhalten Sie noch einige wissenswerte Informationen zur bedingten Formatierung:

- Bedingte Formatierungen bleiben so lange bestehen, bis sie gelöscht werden.
- Bedingte Formatzuweisungen haben Vorrang vor anderen Formatzuweisungen.

- Excel unterdrückt die bedingte Formatierung so lange, bis die definierte Bedingung zutrifft.
- Mithilfe der bedingten Formatierung können Sie die Darstellung der Schrift, das Zellmuster, also die Füllfarbe, sowie die Rahmenlinien mit allen zugehörigen Formatierungs möglichkeiten verändern.

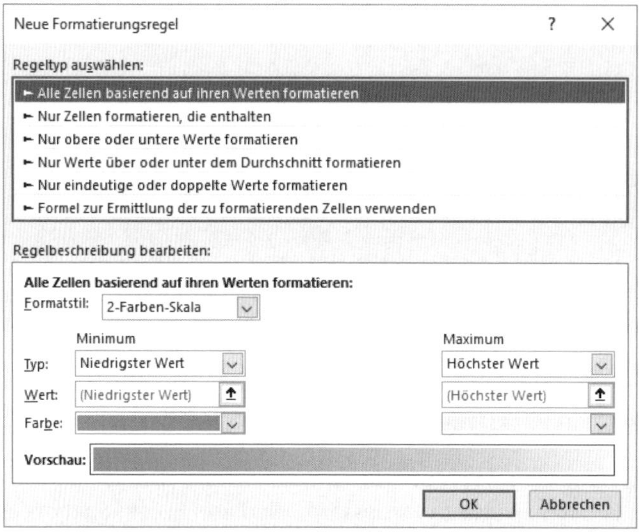

Die folgenden Tipps zeigen verschiedene Möglichkeiten, wie die bedingte Formatierung sinnvoll eingesetzt werden kann.

Tipp 2: Schnelle Orientierung in langen Listen – Leselinien einfügen

Leselinien dienen der schnellen Orientierung in langen Listen. Zur Erleichterung soll jede zweite Zeile eingefärbt werden. Diese Formatierung können Sie natürlich manuell über den Befehl *Format/Zellen* durchführen. Allerdings führen neu eingefügte bzw. gelöschte Zeilen zu Verschiebungen innerhalb des Leselinienbereichs.

Mit der bedingten Formatierung können dynamische Leselinien ganz einfach erstellt und angepasst werden.

So geht's:

1 Markieren Sie den Zellbereich A5:E12. In diesem Bereich sollen die Leselinien eingefügt werden.

2 Starten Sie den Dialog *Neue Formatierungsregel* über das Menü *Start/Formatvorlagen/Bedingte Formatierung/Neue Regel*.

3 Als neue Formatierungsregel wählen Sie den Regeltyp *Formel zur Ermittlung der zu formatierenden Zellen verwenden* aus.

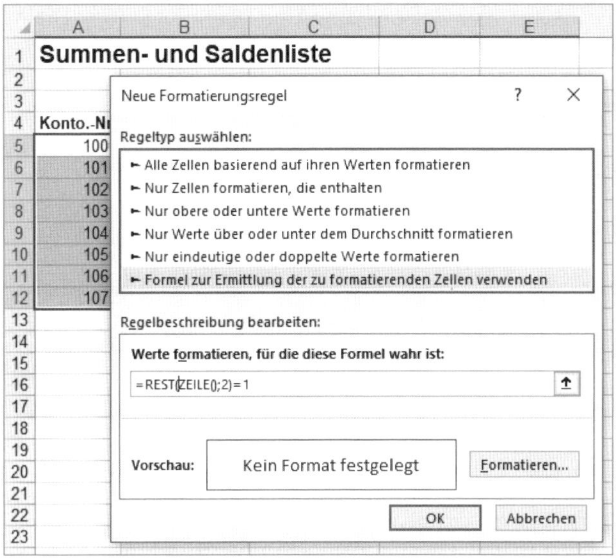

4 Tragen Sie folgende Formel ein:

=REST(ZEILE();2)=1

5 Ein Klick auf die Schaltfläche *Formatieren* öffnet das Dialogfenster, in dem die gewünschten Formatierungen eingestellt werden können.

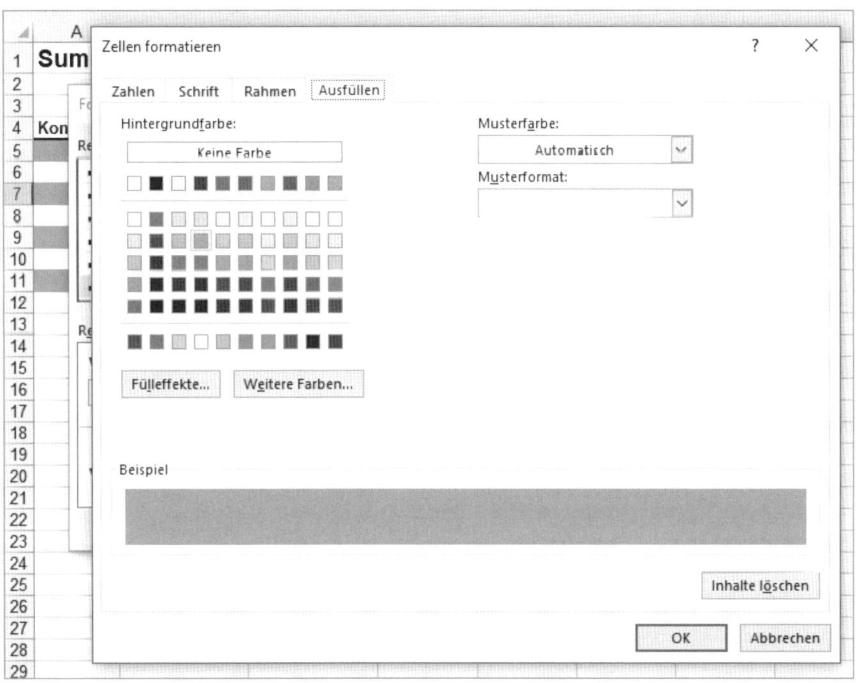

6 Wählen Sie eine beliebige Farbe aus, zum Beispiel Blau, und beenden Sie den Dialog mit einem Klick auf die Schaltfläche *OK*.

7 Beenden Sie auch den Dialog *Neue Formatierungsregel* mit *OK*.

8 Jede zweite Zeile wird nun mit einer Leselinie in der ausgewählten Farbe hinterlegt.

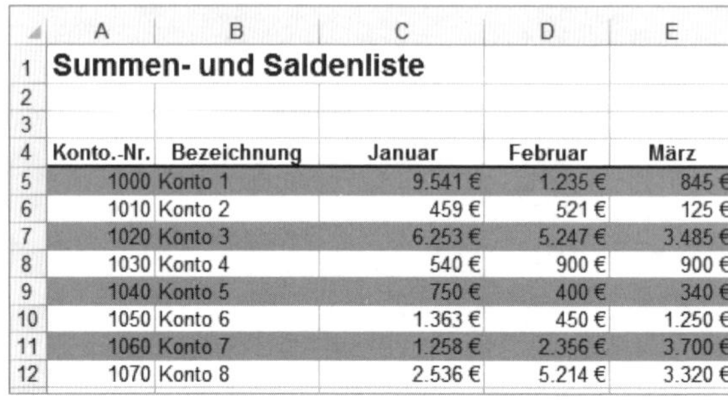

	A	B	C	D	E
1	Summen- und Saldenliste				
2					
3					
4	Konto.-Nr.	Bezeichnung	Januar	Februar	März
5	1000	Konto 1	9.541 €	1.235 €	845 €
6	1010	Konto 2	459 €	521 €	125 €
7	1020	Konto 3	6.253 €	5.247 €	3.485 €
8	1030	Konto 4	540 €	900 €	900 €
9	1040	Konto 5	750 €	400 €	340 €
10	1050	Konto 6	1.363 €	450 €	1.250 €
11	1060	Konto 7	1.258 €	2.356 €	3.700 €
12	1070	Konto 8	2.536 €	5.214 €	3.320 €

Werden jetzt im Bereich A5:E12 neue Zeilen eingefügt oder vorhandene Zeilen gelöscht, erfolgt die dynamische Anpassung der Leselinien. Somit ist sichergestellt, dass sich keine Verschiebungen ergeben.

Hinweis

Soll nur jede dritte Zeile farbig hervorgehoben werden, passen Sie die Formel wie folgt an:

=REST(ZEILE();3)=1

Tipp 3: Für mehr Übersicht – Gruppierungslinien erzeugen

In umfangreichen Listen kann man schon mal den Überblick verlieren. Hilfreich sind dann Trenn- bzw. Gruppierungslinien, die zusammengehörige Datenbereiche optisch zusammenfassen. Werden diese Trennlinien manuell eingefügt, kann das je nach Umfang der Liste ziemlich aufwendig sein. Im folgenden Beispiel sehen Sie, wie sich mit der bedingten Formatierung nach jeder Artikelgruppe ein Trennstrich einfügen lässt.

So geht's:

1 Markieren Sie den Zellbereich A5:D20.

2 Starten Sie über das Menü *Start/Formatvorlagen/Bedingte Formatierung/Neue Regel* den Dialog *Neue Formatierungsregel*.

3 Als neue Formatierungsregel wählen Sie den Regeltyp *Formel zur Ermittlung der zu formatierenden Zellen verwenden* aus.

4 Als Regelbeschreibung erfassen Sie die Funktion *=WENN($B6<>$B5;1;0)*. Damit wird der Wechsel der Artikelgruppen in Spalte B abgefragt.

5 Rufen Sie über die Schaltfläche *Formatieren* das Dialogfenster zur Definition der Zellenformatierungen auf.

6 Wählen Sie dort die Registerkarte *Rahmen* und legen Sie für die untere Zellbegrenzung einen Rahmen fest.

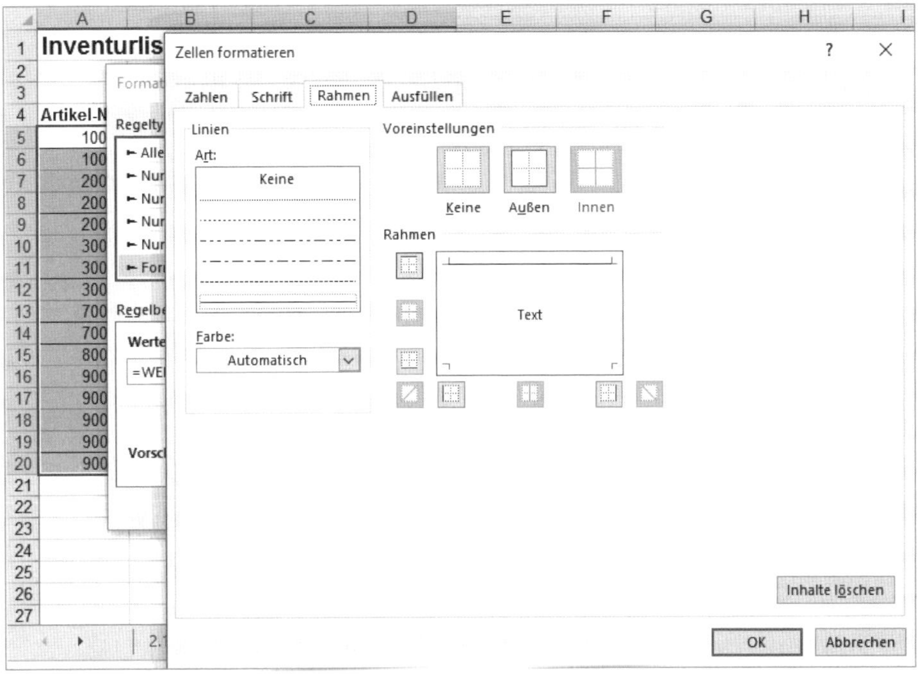

7 Beenden Sie beide Dialogfelder mit je einem Klick auf die Schaltfläche *OK*.

Als Ergebnis wird nach jeder Artikelgruppe wie gewünscht eine Gruppierungslinie eingefügt.

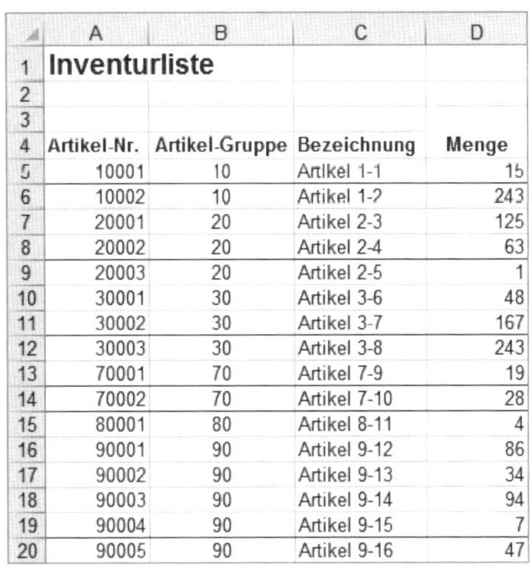

	A	B	C	D
1	**Inventurliste**			
2				
3				
4	**Artikel-Nr.**	**Artikel-Gruppe**	**Bezeichnung**	**Menge**
5	10001	10	Artikel 1-1	15
6	10002	10	Artikel 1-2	243
7	20001	20	Artikel 2-3	125
8	20002	20	Artikel 2-4	63
9	20003	20	Artikel 2-5	1
10	30001	30	Artikel 3-6	48
11	30002	30	Artikel 3-7	167
12	30003	30	Artikel 3-8	243
13	70001	70	Artikel 7-9	19
14	70002	70	Artikel 7-10	28
15	80001	80	Artikel 8-11	4
16	90001	90	Artikel 9-12	86
17	90002	90	Artikel 9-13	34
18	90003	90	Artikel 9-14	94
19	90004	90	Artikel 9-15	7
20	90005	90	Artikel 9-16	47

Hinweis

Bevor die Gruppierungslinien in eine Liste eingefügt werden können, muss die Datenliste sortiert werden. Als Sortierkriterium geben Sie diejenige Spalte an, die als Parameter für die Gruppierungslinien verwendet werden soll, im Beispiel Spalte B.

Tipp 4: Den ersten Eintrag einer Liste hervorheben

In einer alphabetisch sortierten Kundenliste soll der erste Lieferant einer neuen Buchstabengruppe gekennzeichnet werden. Dazu soll der erste Eintrag rot hervorgehoben werden.

So geht's:

1 Markieren Sie den Bereich A4:A20, in dem sich die Kundenliste befindet.

2 Erfassen Sie in Zelle B4 die Formel *=GROSS(LINKS(A4;1))*. Damit wird der erste Buchstabe aus Zelle A4 extrahiert und in Zelle B4 angezeigt.

3 In Zelle B5 erfassen Sie folgende Funktion und kopieren sie bis zur Zelle B20 nach unten:

=WENN(LINKS(A5;1)<>LINKS(A4;1);GROSS(LINKS(A5;1));"")

Damit wird bei jedem Buchstabenwechsel in Spalte B der erste Buchstabe aus der neuen Buchstabengruppe angezeigt.

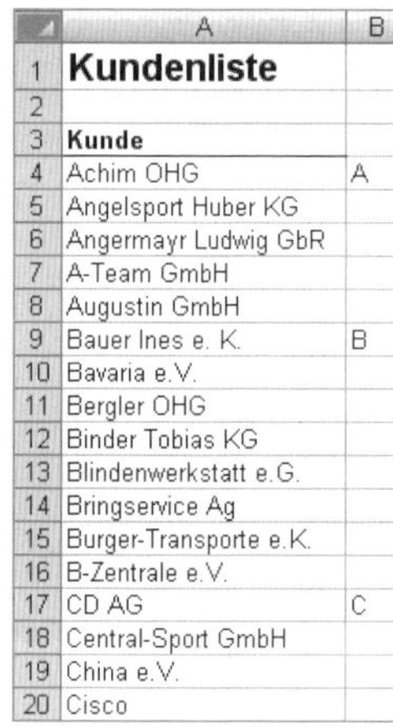

	A	B
1	**Kundenliste**	
2		
3	**Kunde**	
4	Achim OHG	A
5	Angelsport Huber KG	
6	Angermayr Ludwig GbR	
7	A-Team GmbH	
8	Augustin GmbH	
9	Bauer Ines e. K.	B
10	Bavaria e.V.	
11	Bergler OHG	
12	Binder Tobias KG	
13	Blindenwerkstatt e.G.	
14	Bringservice Ag	
15	Burger-Transporte e.K.	
16	B-Zentrale e.V.	
17	CD AG	C
18	Central-Sport GmbH	
19	China e.V.	
20	Cisco	

4 Markieren Sie nun den Bereich A4:A20.

5 Starten Sie den Dialog *Neue Formatierungsregel* über das Menü *Start/Formatvorlagen/Bedingte Formatierung/Neue Regel*.

6 Als neue Formatierungsregel wählen Sie den Regeltyp *Formel zur Ermittlung der zu formatierenden Zellen verwenden* aus. Erfassen Sie dort die Funktion *=$B4<>""*. Achten Sie auf die korrekte Verwendung von absoluten und relativen Zellbezügen.

7 Öffnen Sie über die Schaltfläche *Formatieren* das Dialogfenster zur Zellenformatierung.

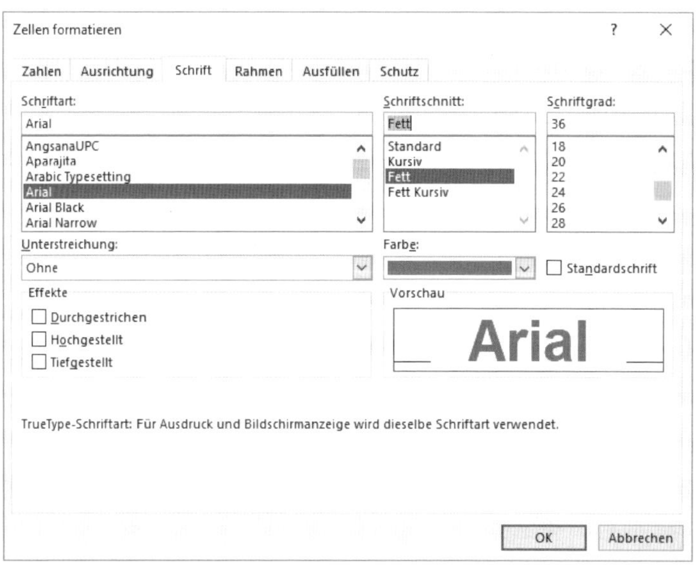

8 Auf der Registerkarte *Schrift* legen Sie als Schriftschnitt *Fett* und als Farbe Rot fest.

9 Beenden Sie die beiden Dialogfenster jeweils mit einem Klick auf die Schaltfläche *OK*.

Im Ergebnis wird nun jeder Buchstabenwechsel wie vorgegeben formatiert und zusätzlich werden in Spalte B die Anfangsbuchstaben des neuen Buchstabenbereichs angezeigt.

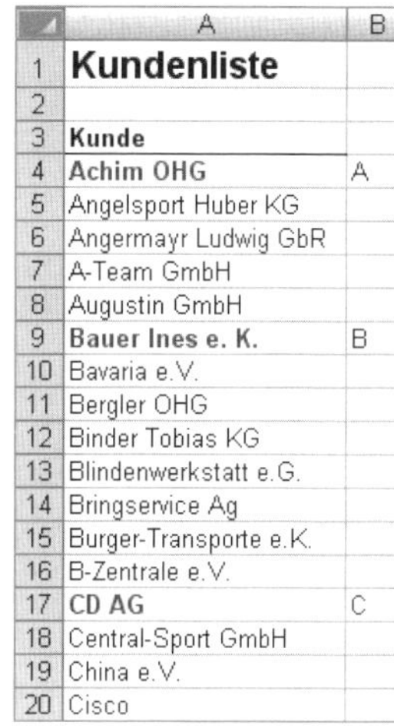

	A	B
1	**Kundenliste**	
2		
3	**Kunde**	
4	**Achim OHG**	A
5	Angelsport Huber KG	
6	Angermayr Ludwig GbR	
7	A-Team GmbH	
8	Augustin GmbH	
9	**Bauer Ines e. K.**	B
10	Bavaria e.V.	
11	Bergler OHG	
12	Binder Tobias KG	
13	Blindenwerkstatt e.G.	
14	Bringservice Ag	
15	Burger-Transporte e.K.	
16	B-Zentrale e.V.	
17	**CD AG**	C
18	Central-Sport GmbH	
19	China e.V.	
20	Cisco	

Hinweis

Bei Bedarf können Sie die Hilfsspalte B selbstverständlich auch ausblenden.

Tipp 5: Zellen in Abhängigkeit vom Inhalt formatieren

Im folgenden Beispiel werden verschiedene Zellinhalte abgefragt und abhängig vom Inhalt formatiert. So sollen in einem Bereich Texte, Zahlen, Fehlermeldungen und sogar Formeln unterschiedlich dargestellt werden.

So geht's:

Zur Abfrage der unterschiedlichen Zelltypen stellt Excel diverse IST-Funktionen zur Verfügung. Die nachfolgende Tabelle gibt einen Überblick über die implementierten IST-Funktionen:

Funktion	**Beschreibung**
ISTLEER	Der Wert bezieht sich auf eine leere Zelle.
ISTFEHL	Der Wert bezieht sich auf einen Fehlerwert mit Ausnahme von *#NV*.
ISTFEHLER	Der Wert bezieht sich auf einen beliebigen Fehlerwert *(#NV, #WERT!, #BEZUG!, #DIV/0!, #ZAHL!, #NAME?* oder *#NULL!*).
ISTFORMEL	Überprüft, ob ein Bezug auf eine Zelle verweist, die eine Formel enthält, und gibt *WAHR* oder *FALSCH* zurück.
ISTLOG	Der Wert bezieht sich auf einen Wahrheitswert.
ISTNV	Der Wert bezieht sich auf den Fehlerwert *#NV* (Wert nicht verfügbar).
ISTKTEXT	Der Wert bezieht sich auf ein Element, das kein Text ist. (Beachten Sie, dass diese Funktion *WAHR* zurückgibt, wenn sich der Wert auf eine leere Zelle bezieht.)
ISTZAHL	Der Wert bezieht sich auf eine Zahl.
ISTBEZUG	Der Wert bezieht sich auf einen Bezug.
ISTTEXT	Der Wert bezieht sich auf Text.

Funktion	Beschreibung
ISTUNGERADE	Gibt *WAHR* zurück, wenn es sich um eine ungerade Zahl handelt.
ISTGERADE	Gibt *WAHR* zurück, wenn es sich um eine gerade Zahl handelt.

Zum Auslesen des Zelltyps gehen Sie wie folgt vor:

1 Markieren Sie den Bereich B3:B7.

2 Starten Sie den Manager zur Verwaltung der bedingten Formatierungen über das Menü *Start/Formatvorlagen/Bedingte Formatierung/Regeln verwalten*.

3 Klicken Sie auf *Neue Regel*.

4 Als neue Formatierungsregel wählen Sie den Regeltyp *Formel zur Ermittlung der zu formatierenden Zellen verwenden* aus.

5 Erfassen Sie dort im ersten Schritt die Funktion *=ISTTEXT(B3)* und legen Sie über die Schaltfläche *Formatieren* eine beliebige Zellhintergrundfarbe fest.

6 Bestätigen Sie die beiden Dialogfenster jeweils mit einem Klick auf *OK*.

7 Wiederholen Sie die Schritte 3 bis 6 für folgende Funktionen und wählen Sie jedes Mal eine andere Hintergrundfarbe aus:

=ISTZAHL(B3)

=ISTLEER(B3)

=ISTFEHLER(B3)

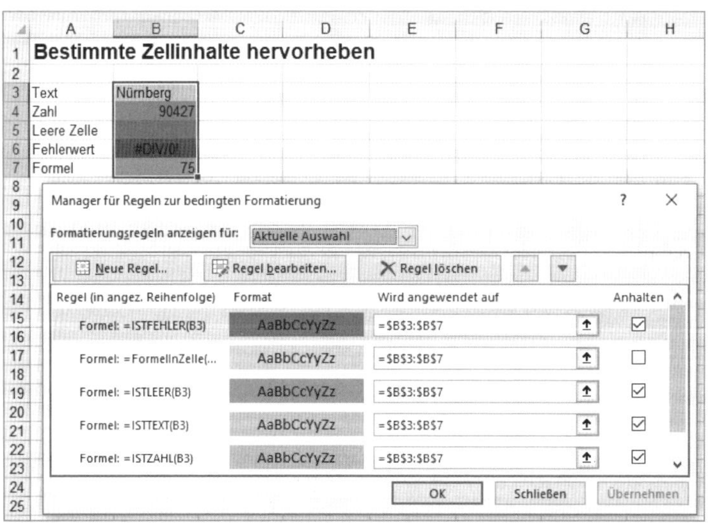

Im Ergebnis werden die verschiedenen Zelltypen mit den definierten Zellhintergrundfarben belegt.

Um zu prüfen, ob sich in einer Zelle eine Formel befindet, kann ab Excel 2013 die neue Standardfunktion *ISTFORMEL* eingesetzt werden. In den Vorversionen werden Zellen mit Formeln mit den vorhandenen IST-Funktionen entweder als Zahl, als Text oder gegebenenfalls als Fehler erkannt.

Dieses Problem lässt sich in den Excel-Versionen 2007 und 2010 aber ganz leicht über eine benutzerdefinierte VBA-Funktion lösen.

So geht's:

1 Starten Sie mit der Tastenkombination Alt+F11 den VBA-Editor.

2 Fügen Sie über das Menü *Einfügen/Modul* ein leeres Codeblatt ein.

3 Erfassen Sie darin den VBA-Code aus Listing 1.

Listing 1:

```
Function FormelInZelle(Zelle) As Boolean
  Application.Volatile
  FormelInZelle = Zelle.HasFormula
End Function
```

4 Markieren Sie nun den Bereich B3:B7.

5 Starten Sie den Manager zur Verwaltung der bedingten Formatierungen über das Menü *Start/Formatvorlagen/Bedingte Formatierung/Regeln verwalten.*

6 Als neue Formatierungsregel wählen Sie den Regeltyp *Formel zur Ermittlung der zu formatierenden Zellen verwenden* aus.

7 Dort erfassen Sie nun die soeben erstellte benutzerdefinierte VBA-Funktion wie folgt:

=FormelInZelle(B3)

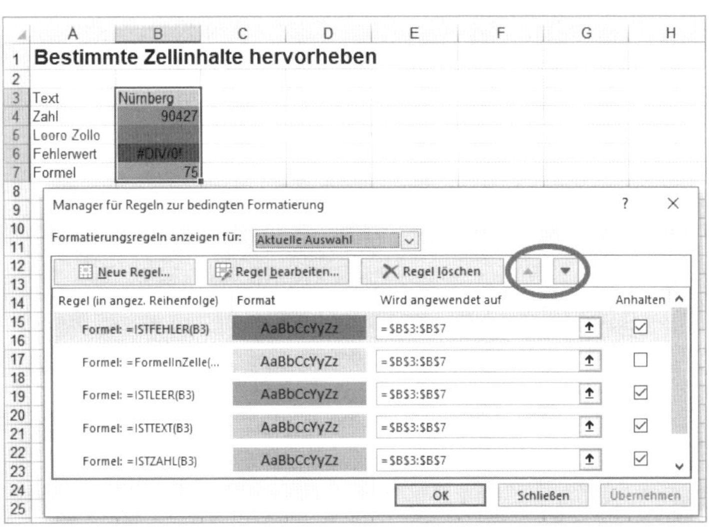

Hinweis

Die Reihenfolge, in der die Regeln ausgeführt werden, ist in diesem Fall von entscheidender Bedeutung. Die neue benutzerdefinierte Funktion *=FormelInZelle()* muss vor der Funktion *=ISTZAHL()* ausgeführt werden, damit Zellen mit Formeln entsprechend erkannt werden.

Die Reihenfolge kann über die beiden Pfeile individuell festgelegt werden.

Tipp 6: Extremwerte kennzeichnen

In einer Umsatztabelle sollen die Extremwerte, also der größte sowie der kleinste Wert, farbig hervorgehoben werden. Dabei soll nicht nur die Zelle markiert werden, in der sich der Wert selbst befindet, sondern es soll die gesamte Zeile hervorgehoben werden.

So geht's:

1 Markieren Sie den Bereich A4:D13.

2 Starten Sie über das Menü *Start/Formatvorlagen/Bedingte Formatierung/Neue Regel* den Dialog *Neue Formatierungsregel*.

3 Wählen Sie als neue Formatierungsregel den Regeltyp *Formel zur Ermittlung der zu formatierenden Zellen verwenden* aus.

4 Erfassen Sie die Formel *=MIN($D:$D)=$D4*.

5 Legen Sie über die Schaltfläche *Formatieren* die Hintergrundfarbe Rot fest.

6 Bestätigen Sie die beiden Dialogfenster jeweils mit einem Klick auf *OK*.

7 Fügen Sie eine weitere Regel mit dem gleichen Regeltyp hinzu.

8 Als Formel zur Ermittlung des Maximumwerts erfassen Sie *=MAX($D:$D)=$D4*.

9 Definieren Sie für diese Regel über die Schaltfläche *Formatieren* die Hintergrundfarbe Grün.

10 Bestätigen Sie die Dialogfenster wiederum mit je einem Klick auf die Schaltfläche *OK*.

Als Ergebnis wird wie gewünscht jeweils die komplette Zeile mit dem größten bzw. kleinsten Wert farbig hervorgehoben.

	A	B	C	D
1	Umsatzübersicht			
2				
3	Vertriebsgebiet	Datum	Anzahl Rechnungen	Umsatz
4	1	01.06.2016	43	45.872,00 €
5	2	02.06.2016	25	76.592,00 €
6	3	03.06.2016	32	42.876,00 €
7	4	04.06.2016	12	8.549,00 €
8	5	05.06.2016	54	68.443,00 €
9	6	06.06.2016	26	75.561,00 €
10	7	07.06.2016	21	39.149,00 €
11	8	08.06.2016	5	39.776,00 €
12	9	09.06.2016	8	45.299,00 €
13	10	10.06.2016	23	12.665,00 €

Hinweis

Beachten Sie die korrekte Verwendung von absoluten und relativen Zellbezügen. Nur damit lässt sich die Formatierung der gesamten Zeile realisieren.

Den größten und den kleinsten Wert zu finden, kann auch über eine andere Funktion realisiert werden. Gehen Sie dazu wie folgt vor:

1 Selektieren Sie den Bereich D4:D13.

2 Starten Sie die bedingte Formatierung und wählen Sie als Regeltyp *Nur obere oder untere Werte formatieren* aus.

3 Wählen Sie den Eintrag *Obere* und geben Sie als Anzahl den Wert 1 ein. Das bedeutet, dass der größte Wert gesucht werden soll. Wird eine 2 eingegeben, ermittelt Excel die zwei höchsten Werte.

4 Über die Schaltfläche *Formatieren* definieren Sie eine grüne Hintergrundfarbe.

5 Beenden Sie das Dialogfenster mit einem Klick auf *OK*.

6 Fügen Sie eine weitere Regel über das Menü *Start/Formatvorlagen/Formatvorlagen/Bedingte Formatierung/Neue Regel* hinzu.

7 Wählen Sie den gleichen Regeltyp wie vorher. Als Eintrag wählen Sie jetzt aber *Untere* aus.

8 Im nebenstehenden Textfeld erfassen Sie erneut den Wert 1.

9 Klicken Sie wiederum auf die Schaltfläche *Formatieren* und legen Sie für den unteren Wert einen roten Zellhintergrund fest.

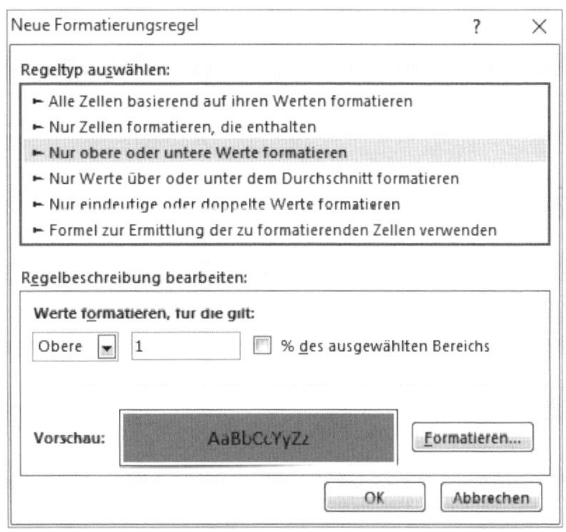

10 Beenden Sie die Dialogbox mit einem Klick auf *OK*.

Als Ergebnis wird ebenfalls jeweils der größte bzw. kleinste Wert ermittelt und hervorgehoben. Allerdings lässt sich über diese Funktion nicht die gesamte Zeile von Spalte A bis D kennzeichnen.

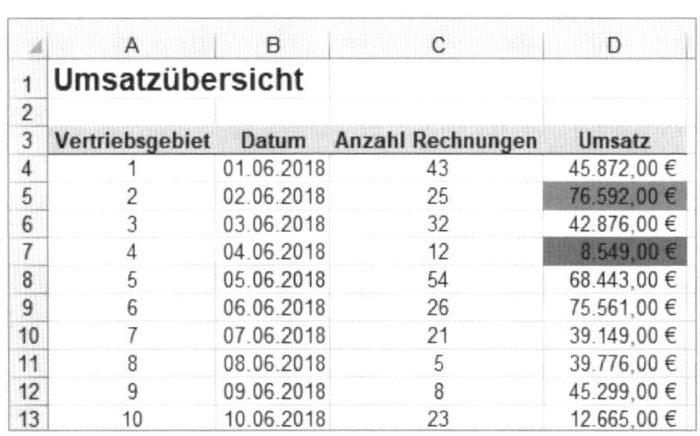

	A	B	C	D
1	Umsatzübersicht			
2				
3	Vertriebsgebiet	Datum	Anzahl Rechnungen	Umsatz
4	1	01.06.2018	43	45.872,00 €
5	2	02.06.2018	25	76.592,00 €
6	3	03.06.2018	32	42.876,00 €
7	4	04.06.2018	12	8.549,00 €
8	5	05.06.2018	54	68.443,00 €
9	6	06.06.2018	26	75.561,00 €
10	7	07.06.2018	21	39.149,00 €
11	8	08.06.2018	5	39.776,00 €
12	9	09.06.2018	8	45.299,00 €
13	10	10.06.2018	23	12.665,00 €

Tipp 7: Eindeutige Datensätze kennzeichnen

In einer Liste mit Kontonummern sollen alle Nummern durchgestrichen werden, die in der Liste nur einmal vorkommen.

So geht's:

1 Markieren Sie die Spalte mit den Kontonummern, in unserem Beispiel Spalte A.

2 Öffnen Sie über das Menü *Start/Formatvorlagen/Bedingte Formatierung/Neue Regel* das Dialogfenster zur Erstellung von neuen Formatierungsregeln.

3 Legen Sie als Regeltyp *Nur eindeutige oder doppelte Werte formatieren* fest.

4 Wählen Sie als Regelbeschreibung *eindeutige* aus.

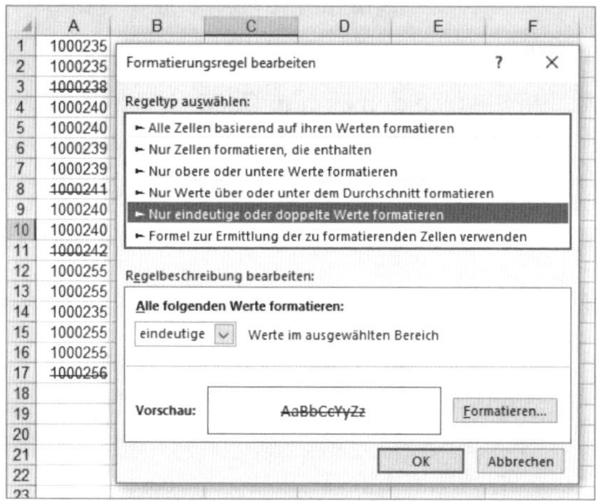

5 Wählen Sie über die Schaltfläche *Formatieren* auf der Registerkarte *Schrift* mit Klick auf *Durchgestrichen* (Fensterbereich *Effekte)* die gewünschte Formatierung aus.

6 Beenden Sie das Dialogfenster mit Klick auf *OK*. Alle nur einmal vorkommenden Nummern sind nun durchgestrichen.

Tipp 8: Doppelte Datensätze hervorheben

In diesem Beispiel sollen in einer Artikelliste doppelte Artikelnummern gefunden und gekennzeichnet werden.

So geht's:

In Excel steht zur Erkennung von doppelten Einträgen ein eigener Regeltyp zur Verfügung. Damit ist es sehr einfach, doppelte Einträge zu kennzeichnen.

1 Markieren Sie den Zellbereich A4:A13.

2 Öffnen Sie über das Menü *Start/Formatvorlagen/Bedingte Formatierung/Neue Regel* das Dialogfenster zur Erstellung von neuen Formatierungsregeln.

3 Als Regeltyp legen Sie *Nur eindeutige oder doppelte Werte formatieren* fest.

4 Als Regelbeschreibung wählen Sie *doppelte* aus.

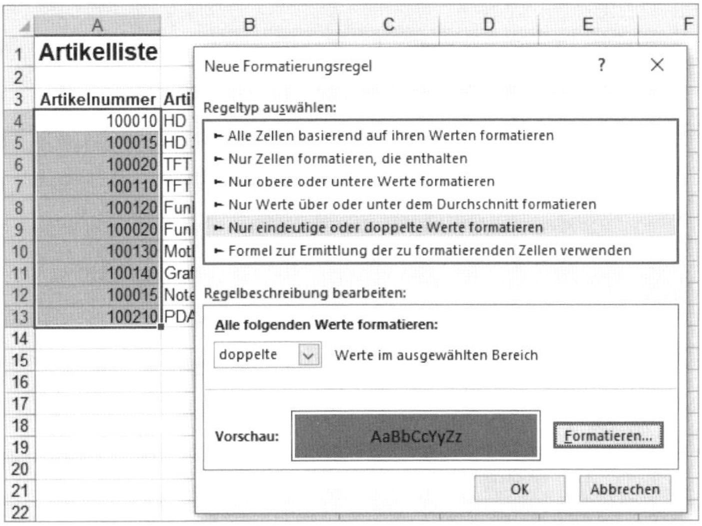

5 Definieren Sie nun noch über die Schaltfläche *Formatieren* auf der Registerkarte *Ausfüllen* eine beliebige Zellhintergrundfarbe.

6 Nachdem Sie das Dialogfenster mit *OK* beendet haben, werden die Zellen mit doppelten Einträgen beispielsweise rot markiert.

Hinweis

Mit dieser Methode werden alle doppelten Einträge gekennzeichnet.

➡ Verweis: siehe Kapitel 1.4, Tipp 8

Tipp 9: Fällige Rechnungen kennzeichnen

Im nächsten Beispiel sollen alle Rechnungen, bei deren Zahlung das vorgegebene Zahlungsziel überschritten wurde, gekennzeichnet werden. Dabei soll das Rechnungsdatum mit dem Zahlungsdatum unter Berücksichtigung des Zahlungsziels verglichen werden.

So geht's:

1 Markieren Sie den Bereich A6:C15.

2 Starten Sie den Dialog *Neue Formatierungsregel* über das Menü *Start/Formatvorlagen/Bedingte Formatierung/Neue Regel*.

3 Als neue Formatierungsregel wählen Sie den Regeltyp *Formel zur Ermittlung der zu formatierenden Zellen verwenden* aus.

4 Erfassen Sie folgende Formel:

=$B6–$A6>$C6.

5 Klicken Sie auf die Schaltfläche *Formatieren*.

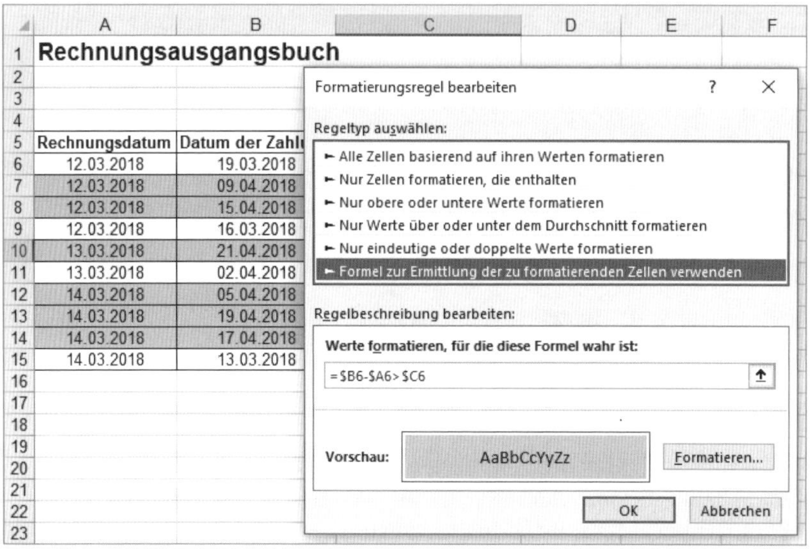

6 Wählen Sie auf der Registerkarte *Ausfüllen* eine beliebige Farbe aus.

7 Beenden Sie die beiden Dialogfenster jeweils mit einem Klick auf die Schaltfläche *OK*.

Im Ergebnis werden alle Rechnungen, bei denen das Zahlungsziel überschritten wurde, farbig gekennzeichnet.

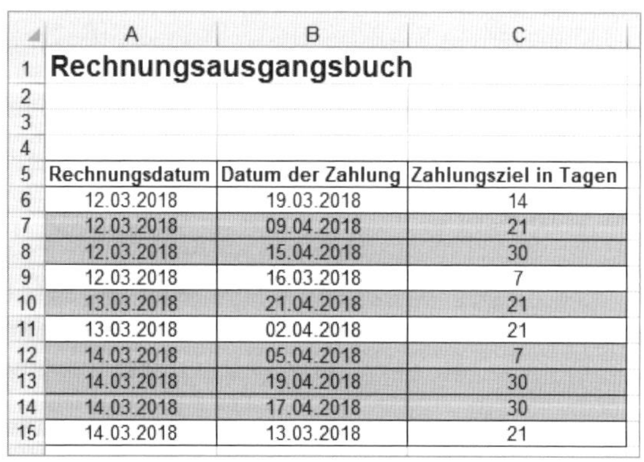

	A	B	C
1	Rechnungsausgangsbuch		
2			
3			
4			
5	Rechnungsdatum	Datum der Zahlung	Zahlungsziel in Tagen
6	12.03.2018	19.03.2018	14
7	12.03.2018	09.04.2018	21
8	12.03.2018	15.04.2018	30
9	12.03.2018	16.03.2018	7
10	13.03.2018	21.04.2018	21
11	13.03.2018	02.04.2018	21
12	14.03.2018	05.04.2018	7
13	14.03.2018	19.04.2018	30
14	14.03.2018	17.04.2018	30
15	14.03.2018	13.03.2018	21

Hinweis

Beachten Sie, dass nur dann die gesamte Zeile von Spalte A bis C formatiert wird, wenn die Formel mit korrekten absoluten und relativen Zellbezügen eingegeben wird.

Tipp 10: Über- und Unterschreitung von Schwellenwerten kennzeichnen

In diesem Beispiel erfahren Sie, wie anhand der bedingten Formatierung Grenzwertüber- oder -unterschreitungen gekennzeichnet werden können. In einer Umsatzliste sollen die Umsatzerlöse mit einem Monatswert über 50.000,00 Euro markiert werden.

So geht's:

1 Markieren Sie den Zellbereich C4:C15.

2 Starten Sie die bedingte Formatierung.

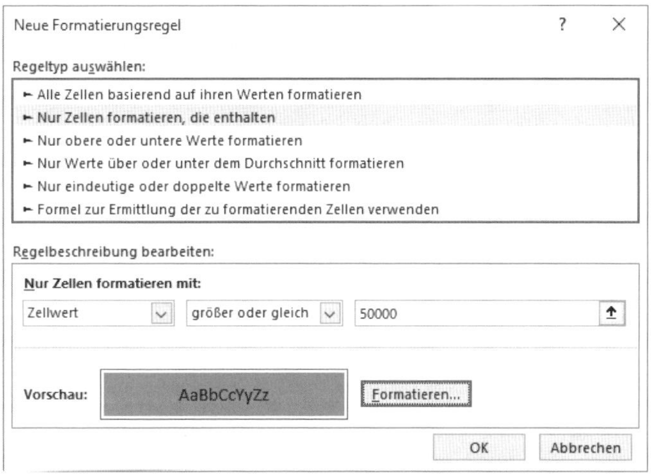

3 Als Regeltyp wählen Sie *Nur Zellen formatieren, die enthalten*.

4 Als Regelbeschreibung stellen Sie *Zellwert/größer oder gleich/50000* ein.

5 Nach einem Klick auf die Schaltfläche *Formatieren* legen Sie eine grüne Hintergrundfarbe fest.

6 Nachdem Sie den Dialog mit *OK* beendet haben, werden alle Zahlen mit einem Wert über 50.000 grün eingefärbt.

	A	B	C
1	**Umsatzliste**		
2			
3	**Verkaufsgebiet**	**Zeitraum**	**Umsatz**
4	Nord	Jan 18	5.235,78
5	Süd	Jan 18	54.395,22
6	West	Jan 18	95.362,61
7	Ost	Jan 18	47.668,59
8	Nord	Feb 18	7.691,90
9	Süd	Feb 18	68.942,69
10	West	Feb 18	0,00
11	Ost	Feb 18	89.625,99
12	Nord	Mrz 18	0,00
13	Süd	Mrz 18	84.536,25
14	West	Mrz 18	50.412,87
15	Ost	Mrz 18	49.896,77

Tipp 11: Wochenenden und Wochentage in einem Kalender hervorheben

In folgendem Beispiel liegt eine Tabelle zur Erfassung von Arbeitszeiten vor. Da an den Wochenenden nicht gearbeitet wird, müssen auch keine Zeiten erfasst werden. Zur besseren Übersicht sollen die Wochenenden farbig gekennzeichnet werden.

So geht's:

1 Markieren Sie den Tabellenbereich A5:E19.

2 Starten Sie über das Menü *Start/Formatvorlagen/Bedingte Formatierung/Neue Regel* den Dialog *Neue Formatierungsregel.*

3 Wählen Sie als neue Formatierungsregel den Regeltyp *Formel zur Ermittlung der zu formatierenden Zellen verwenden* aus.

4 Als Formel erfassen Sie:

=ODER(WOCHENTAG($A5)=1;WOCHENTAG($A5)=7)

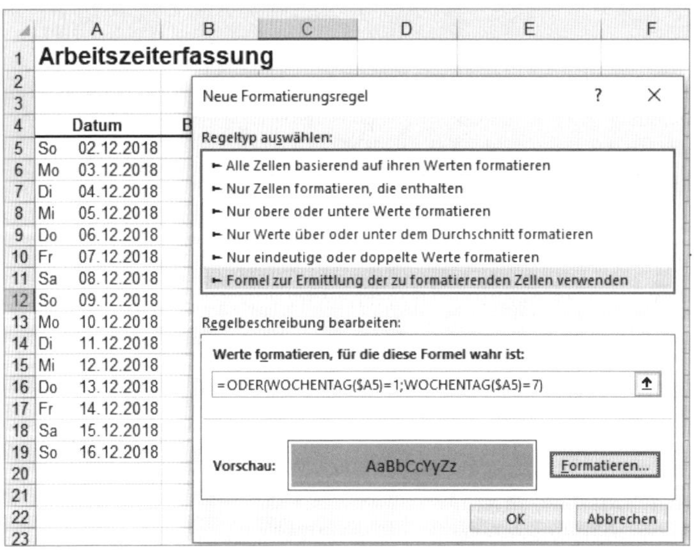

5 Legen Sie über die Schaltfläche *Formatieren* die Hintergrundfarbe fest, in der die Wochenenden dargestellt werden sollen. Im Beispiel wurde eine blaue Farbe gewählt.

6 Beenden Sie das Dialogfenster *Neue Formatierungsregel* mit einem Klick auf die Schaltfläche *OK.*

Alle Wochenenden, also Samstage und Sonntage, werden mit einer blauen Hintergrundfarbe belegt. Es ist jetzt auf den ersten Blick ersichtlich, in welchen Zellen Arbeitszeiten erfasst werden sollen und in welchen nicht.

	A	B	C	D	E
1	**Arbeitszeiterfassung**				
2					
3					
4	**Datum**	**Beginn**	**Pause**	**Ende**	**Summe Stunden**
5	So 02.12.2018				
6	Mo 03.12.2018	08:07	00:30	16:58	08:21
7	Di 04.12.2018	08:12	00:30	16:54	08:12
8	Mi 05.12.2018	07:58	00:33	17:13	08:42
9	Do 06.12.2018	08:02	00:42	16:55	08:11
10	Fr 07.12.2018	08:09	00:21	14:20	05:50
11	Sa 08.12.2018				
12	So 09.12.2018				
13	Mo 10.12.2018	07:56	00:37	17:49	09:16
14	Di 11.12.2018	07:57	00:54	16:59	08:08
15	Mi 12.12.2018	08:09	00:19	17:32	09:04
16	Do 13.12.2018	08:22	00:31	16:58	08:05
17	Fr 14.12.2018	08:02	00:15	14:33	06:16

Wenn statt der Wochenenden die Wochentage gekennzeichnet werden sollen, verwenden Sie diese Funktion:

=UND(WOCHENTAG($A5)<>1;WOCHENTAG($A5)<>7)

➡ Verweis: siehe Kapitel 1.4, Tipp 14

Hinweis

Im Bereich A5:A19 wird das Datum mit vorangestelltem Wochentag angezeigt. Das erreichen Sie mit folgendem benutzerdefiniertem Zellenformat: *TTT * TT.MM.JJJJ*. In der Zelle befindet sich ein Datum im Format *TT.MM.JJJJ*.

Beachten Sie den Stern. Damit wird die Bezeichnung der Wochentage durch Leerzeichen vom eigentlichen Datum getrennt. Die Spaltenbreite ist bei diesem Format irrelevant.

Tipp 12: Alle Datensätze in einem bestimmten Zeitraum kennzeichnen

In diesem Beispiel geht es darum, alle Datensätze eines bestimmten Monats zu kennzeichnen. Dabei soll der Monat als Parameter frei in einer Zelle erfasst werden. Wird der Parameter geändert, sollen die entsprechenden Datensätze hervorgehoben werden.

So geht's:

1. Im ersten Schritt markieren Sie den Bereich A6:A16.
2. Starten Sie über das Menü *Start/Formatvorlagen/Bedingte Formatierung/Neue Regel* den Dialog *Neue Formatierungsregel*.
3. Als neue Formatierungsregel wählen Sie den Regeltyp *Formel zur Ermittlung der zu formatierenden Zellen verwenden* aus.

4 Als Formel erfassen Sie *=MONAT($A6)=$B$3*.

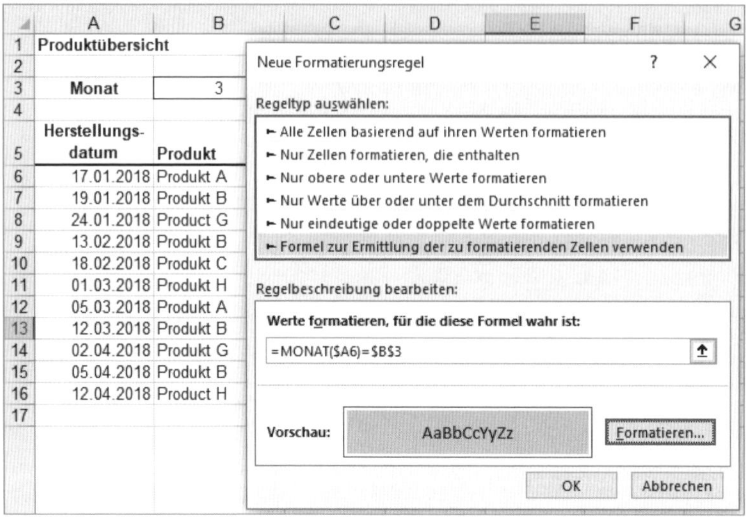

5 Definieren Sie über die Schaltfläche *Formatieren* auf der Registerkarte *Ausfüllen* einen gelben Zellhintergrund.

6 Bestätigen Sie die beiden Dialogfenster mit *OK*.

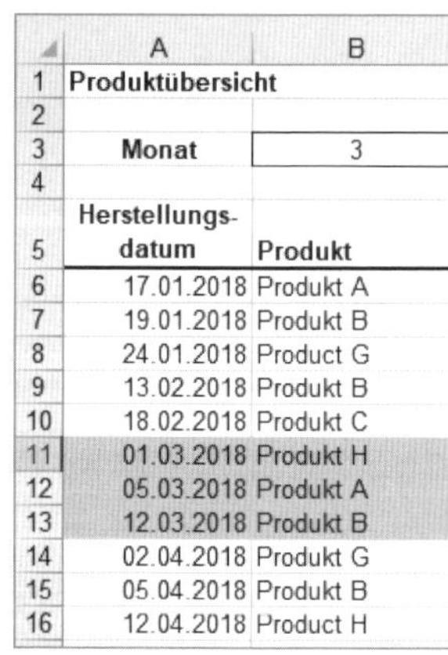

Im Beispiel werden nun alle Datensätze aus dem März angezeigt, da in Zelle B3 der dritte Monat angegeben wurde. Wenn Sie in Zelle B3 den Wert 4 für April eintragen, werden die Datensätze von April hervorgehoben.

Soll nur der aktuelle Monat hervorgehoben werden, sollten Sie die in Excel integrierte Funktion näher betrachten:

1 Markieren Sie den Zellbereich, der die entsprechenden Datumsangaben enthält, im Beispiel den Bereich A20:B30.

2 Starten Sie die bedingte Formatierung über das Menü *Start/Formatvorlagen/Bedingte Formatierung/Neue Regel.*

3 Als neue Formatierungsregel wählen Sie den Regeltyp *Nur Zellen formatieren, die enthalten* aus.

4 Wählen Sie in den beiden Drop-down-Menüs die Einträge *Datum* und *Dieser Monat* aus.

5 Legen Sie anschließend die gewünschte Formatierung fest und beenden Sie den Dialog mit einem Klick auf *OK*.

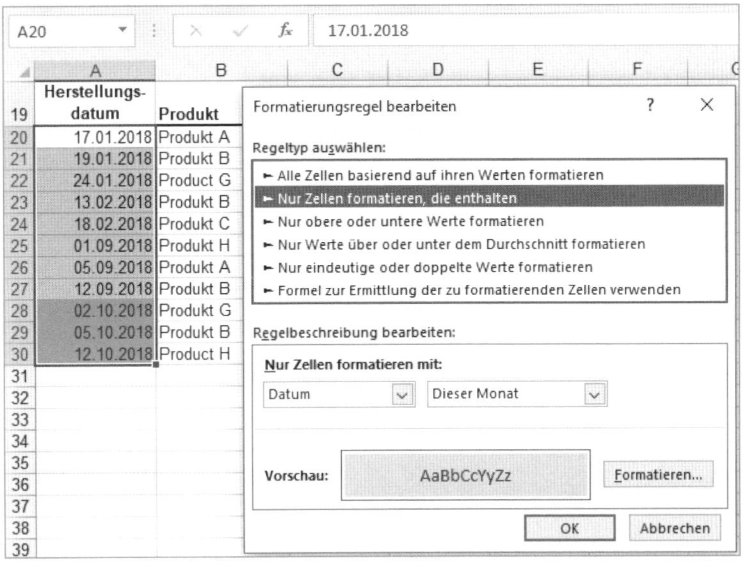

Wenn Sie jetzt ein Datum aus dem aktuellen Monat erfassen, werden Sie sehen, dass wie gewünscht alle Datensätze des aktuellen Monats entsprechend gekennzeichnet werden.

Tipp 13: Drei Tage vor und nach dem aktuellen Datum markieren

In einem Projektplan sollen zur besseren Übersicht jeweils drei Tage vor und drei Tage nach dem aktuellen Datum markiert werden. Sehen Sie sich dazu das folgende Beispiel näher an.

So geht's:

1 Aktualisieren Sie zunächst die Daten und markieren Sie den Bereich A5:A17.

2 Starten Sie den Dialog *Neue Formatierungsregel* über das Menü *Start/Formatvorlagen/Bedingte Formatierung/Neue Regel*.

3 Als neue Formatierungsregel wählen Sie den Regeltyp *Formel zur Ermittlung der zu formatierenden Zellen verwenden* aus.

4 Geben Sie in das Textfeld folgende Formel ein:

=ODER(UND(A5–HEUTE()<4;A5–HEUTE()>0);UND(HEUTE()–A5<4;HEUTE()–A5>0))

5 Legen Sie über die Schaltfläche *Formatieren* eine beliebige Zellhintergrundfarbe fest.

6 Damit der aktuelle Tag mit einem anderen Zellenformat belegt wird, wiederholen Sie die Schritte 2 bis 5. Als Formel geben Sie dieses Mal folgende Funktion an:

=A5=HEUTE()

7 Klicken Sie auf die Schaltfläche *Formatieren* und wechseln Sie auf die Registerkarte *Rahmen*. Legen Sie als Zellrahmen *Außen* fest.

8 Auf der Registerkarte *Schrift* vergeben Sie nun noch eine rote Schriftfarbe für das aktuelle Datum.

9 Bestätigen Sie die beiden Dialogfenster jeweils mit einem Klick auf die Schaltfläche *OK*.

	A		B	C
1	Projektplan für Proj. ABC			
2				
3				
4	Datum		Projektstufe	Ressourcen
5	Mo	01.10.2018	Stufe 1	
6	Di	02.10.2018	Stufe 1	
7	Mi	03.10.2018	Stufe 1	
8	Do	04.10.2018	Stufe 1	
9	Fr	05.10.2018	Stufe 2	
10	Sa	06.10.2018	Stufe 2	
11	So	07.10.2018	Stufe 2	
12	Mo	08.10.2018	Stufe 2	
13	Di	09.10.2018	Stufe 3	
14	Mi	10.10.2018	Stufe 3	
15	Do	11.10.2018	Stufe 3	
16	Fr	12.10.2018	Stufe 3	

Tipp 14: Die aktuelle Kalenderwoche in einer Datumsliste kennzeichnen

Das folgende Praxisbeispiel zeigt, wie in einer Projektliste die aktuelle Kalenderwoche gekennzeichnet werden kann. Dabei soll die Kalenderwoche abhängig vom Systemdatum automatisch erkannt werden.

So geht's:

1 Markieren Sie den Bereich A5:C17.

2 Starten Sie über das Menü *Start/Formatvorlagen/Bedingte Formatierung/Neue Regel* den Dialog *Neue Formatierungsregel*.

3 Als neue Formatierungsregel wählen Sie den Regeltyp *Formel zur Ermittlung der zu formatierenden Zellen verwenden* aus.

4 Erfassen Sie folgende Funktion:

=KÜRZEN(($A5-WOCHENTAG($A5;2)-DATUM(JAHR($A5+4-WOCHENTAG($A5;2));1;-10))/7)=KÜRZEN((HEUTE()-WOCHENTAG(HEUTE();2)-DATUM(JAHR(HEUTE()+4-WOCHENTAG(HEUTE();2));1;-10))/7)

5 Definieren Sie über die Schaltfläche *Formatieren* nun noch eine beliebige Zellhintergrundformatierung. Im Beispiel wurde Orange ausgewählt.

Wie gewünscht, wird (nachdem Sie die Daten aktualisiert haben) die aktuelle Kalenderwoche im definierten Bereich mit der gewählten Zellhintergrundfarbe hervorgehoben.

➡ Verweis: siehe Kapitel 4.5, Tipp 5 und Tipp 18

	A		B	C
1	Projektplan für Proj. ABC			
2				
3				
4	Datum		Projektstufe	Ressourcen
5	Fr	05.10.2018	Stufe 1	
6	Sa	06.10.2018	Stufe 1	
7	So	07.10.2018	Stufe 1	
8	Mo	08.10.2018	Stufe 1	
9	Di	09.10.2018	Stufe 2	
10	Mi	10.10.2018	Stufe 2	
11	Do	11.10.2018	Stufe 2	
12	Fr	12.10.2018	Stufe 2	
13	Sa	13.10.2018	Stufe 3	
14	So	14.10.2018	Stufe 3	
15	Mo	15.10.2018	Stufe 3	
16	Di	16.10.2018	Stufe 3	
17	Mi	17.10.2018	Stufe 3	

Hinweis

Soll nur das Datum und nicht der Bereich B5:C17 in die Formatierung mit einbezogen werden, entfernen Sie die $-Zeichen aus der Formel. Durch die $-Zeichen wird Spalte A absolut gesetzt, was dazu führt, dass sich die bedingte Formatierung auf den gesamten markierten Bereich auswirkt.

Tipp 15: Gesamte Zeile hervorheben, wenn eine Bedingung erfüllt ist

In den vorherigen Beispielen ist Ihnen sicher aufgefallen, dass manchmal die gesamte Zeile und ein anderes Mal nur eine Spalte mit der bedingten Formatierung belegt wurde, wenn die vorgegebenen Kriterien erfüllt waren. Nachfolgend erhalten Sie anhand eines Beispiels einen kurzen Überblick über den Umgang mit absoluten und relativen Zellbezügen im Zusammenspiel mit der bedingten Formatierung.

So geht's:

Variante 1: Nur die Spalte mit den Gültigkeitskriterien hervorheben

1 Markieren Sie dazu den Zellbereich C4:C15.

2 Starten Sie den Dialog *Neue Formatierungsregel* über das Menü *Start/Formatvorlagen/Bedingte Formatierung/Neue Regel.*

3 Als neue Formatierungsregel wählen Sie den Regeltyp *Formel zur Ermittlung der zu formatierenden Zellen verwenden* aus.

4 Erfassen Sie die Formel *=C4>50000.*

5 Wählen Sie über die Schaltfläche *Formatieren* als Zellhintergrund die Farbe Gelb aus.

6 Bestätigen Sie die Dialogfelder mit *OK.*

	A	B	C
1	**Umsatzliste**		
2			
3	**Verkaufsgebiet**	**Zeitraum**	**Umsatz**
4	Nord	Jan 18	5.235,78
5	Süd	Jan 18	54.395,22
6	West	Jan 18	95.362,61
7	Ost	Jan 18	47.668,59
8	Nord	Feb 18	7.691,90
9	Süd	Feb 18	68.942,69
10	West	Feb 18	0,00
11	Ost	Feb 18	89.625,99
12	Nord	Mrz 18	0,00
13	Süd	Mrz 18	84.536,25
14	West	Mrz 18	50.412,87
15	Ost	Mrz 18	49.896,77

Wie Sie sehen, werden nur die Einträge in Spalte C hervorgehoben, wenn die Kriterien erfüllt sind.

Variante 2: Die gesamte Zeile einschließlich der Gültigkeitskriterien hervorheben

1 Markieren Sie den Zellbereich A4:C15.

2 Führen Sie die gleichen Schritte wie in Variante 1 durch.

Wie Sie sehen, werden nur Einträge der ersten Spalte markiert und nicht wie gewünscht die Spalten A bis C.

	A	B	C
1	Umsatzliste		
2			
3	Verkaufsgebiet	Zeitraum	Umsatz
4	Nord	Jan 18	5.235,78
5	Süd	Jan 18	54.395,22
6	West	Jan 18	95.362,61
7	Ost	Jan 18	47.668,59
8	Nord	Feb 18	7.691,90
9	Süd	Feb 18	68.942,69
10	West	Feb 18	0,00
11	Ost	Feb 18	89.625,99
12	Nord	Mrz 18	0,00
13	Süd	Mrz 18	84.536,25
14	West	Mrz 18	50.412,87
15	Ost	Mrz 18	49.896,77

Statt der gesamten Zeile von A bis C wird jetzt nur Spalte A markiert, obwohl der gesamte Bereich vor der Ausführung der Funktion selektiert war. Bis zum Ziel ist es aber nicht mehr weit. Ergänzen Sie die vorhandene Funktion um das $-Zeichen vor der Spaltenbezeichnung C: *=$C4>50000*.

Durch das $-Zeichen wird Spalte C absolut gesetzt, was dazu führt, dass sich die bedingte Formatierung auf den gewählten Zellbereich auswirkt.

	A	B	C
1	Umsatzliste		
2			
3	Verkaufsgebiet	Zeitraum	Umsatz
4	Nord	Jan 18	5.235,78
5	Süd	Jan 18	54.395,22
6	West	Jan 18	95.362,61
7	Ost	Jan 18	47.668,59
8	Nord	Feb 18	7.691,90
9	Süd	Feb 18	68.942,69
10	West	Feb 18	0,00
11	Ost	Feb 18	89.625,99
12	Nord	Mrz 18	0,00
13	Süd	Mrz 18	84.536,25
14	West	Mrz 18	50.412,87
15	Ost	Mrz 18	49.896,77

Es ist also beim Einsatz der bedingten Formatierung wichtig, darauf zu achten, ob eine Spalten- oder Zeilenangabe absolut oder relativ zu setzen ist.

Tipp 16: Soll-Ist-Abweichungsanalyse mit Tendenzpfeilen unterstützen

Dieses Beispiel zeigt, wie Sie Soll-Ist-Abweichungsanalysen mit Tendenzpfeilen untermauern können. Gerade im Controlling ist es von entscheidender Bedeutung, Zahlen plastisch, übersichtlich und leicht verständlich darzustellen.

So geht's:

1 Markieren Sie den Bereich D5:D13.

2 Über das Menü *Start/Formatvorlagen/Bedingte Formatierung/Symbolsätze/5 Pfeile (farbig)* legen Sie die gewünschte Formatierung fest.

3 Nachdem Sie die Auswahl getroffen haben, werden die Pfeile wie gewünscht eingefügt.

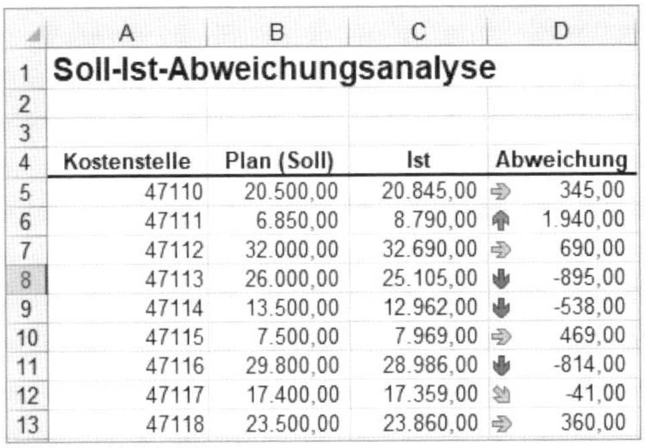

	A	B	C	D
1	Soll-Ist-Abweichungsanalyse			
2				
3				
4	Kostenstelle	Plan (Soll)	Ist	Abweichung
5	47110	20.500,00	20.845,00	345,00
6	47111	6.850,00	8.790,00	1.940,00
7	47112	32.000,00	32.690,00	690,00
8	47113	26.000,00	25.105,00	-895,00
9	47114	13.500,00	12.962,00	-538,00
10	47115	7.500,00	7.969,00	469,00
11	47116	29.800,00	28.986,00	-814,00
12	47117	17.400,00	17.359,00	-41,00
13	47118	23.500,00	23.860,00	360,00

4 Ändern lassen sich die Parameter für die Anzeige der Tendenzpfeile über das Menü *Start/Formatvorlagen/Bedingte Formatierung/Regeln verwalten*. Achten Sie darauf, dass vor der Ausführung des Befehls die gewünschten Zellen markiert sind.

5 Klicken Sie auf die Schaltfläche *Regel bearbeiten*. Dadurch öffnet sich das nachfolgende Fenster.

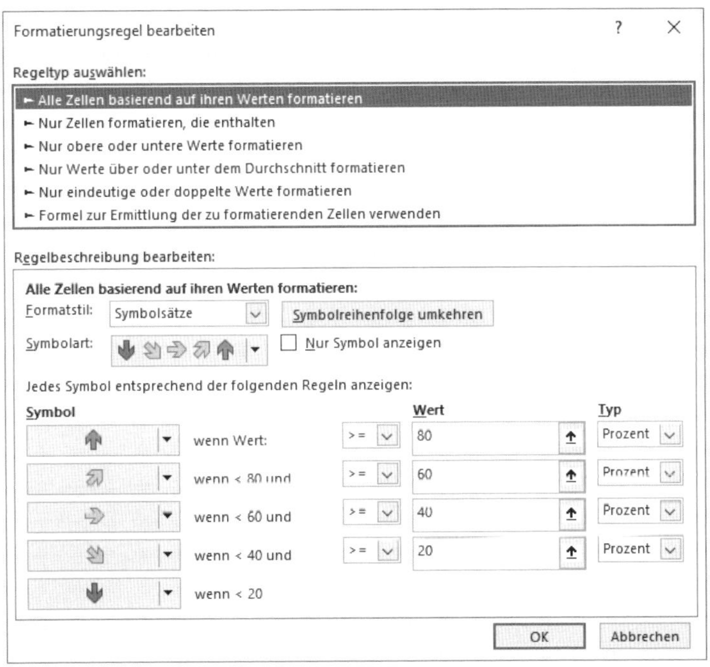

6 Hier können Sie exakt definieren, wie sich die Pfeilsymbole verhalten sollen, bei welcher prozentualen Veränderung also welcher Pfeil mit welcher Farbgestaltung angezeigt werden soll. Sie können hier aber auch nachträglich über *Symbolart* die Darstellung der verwendeten Symbole verändern.

Hinweis

Die Bedingungen innerhalb der Formeln im Bereich D5:D13 sind wie folgt gestaffelt:

- Abweichung 0 % bis 5 % ⇨
- Abweichung >=5 % bis <=15 % ⬀
- Abweichung mehr als 15 % ⇧
- Abweichung 0 % bis 5 % ⇦
- Abweichung >=5 % bis >=0 15 % ⬃
- Abweichung mehr als 15 % ⇩

Tipp 17: Bedingte Formatierung mit Bezug auf ein anderes Tabellenblatt

In diesem Beispiel erfahren Sie, wie die bedingte Formatierung auf ein anderes Tabellenblatt angewendet werden kann. Die Deckungsbeiträge des aktuellen Monats, hier Juli 2018, sollen mit denen des Vormonats (Juni 2018) verglichen werden. Abweichungen nach oben sollen mit grüner Schrift, Abweichungen nach unten mit roter Schrift formatiert werden. Jede Monatsauswertung befindet sich dabei in einem eigenen Tabellenblatt.

So geht's:

1 Öffnen Sie das Tabellenblatt mit den Juliwerten, auf dem die bedingte Formatierung durchgeführt werden soll.

2 Erfassen Sie die beiden Namen aus unten stehender Tabelle über das Menü *Start/Formeln/Namen definieren/Namen definieren.*

Name	Bezieht sich auf:
AktuellerZellwert	*=INDIREKT("ZS";FALSCH)*
WertInVorigemBlatt	*=INDIREKT(INDEX(ARBEITSMAPPE.ZUORDNEN(1);DATEI.ZUORDNEN(87)–1)&"!"&ADRESSE(ZEILE();SPALTE()))*

3 In das Feld *Name* tragen Sie *AktuellerZellwert* ein.

4 Im Feld *Bereich* wählen Sie den Eintrag *Arbeitsmappe* aus.

5 Unter *Bezieht sich auf* erfassen Sie die Funktion *=INDIREKT("ZS";FALSCH).*

6 Wiederholen Sie die Schritte 2 bis 5 analog für den zweiten Namen.

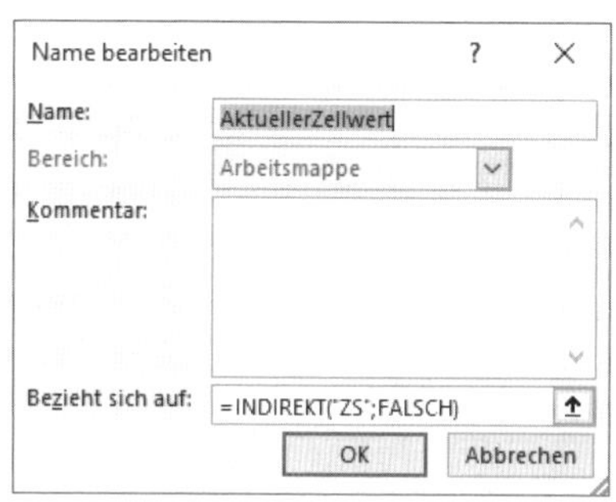

Nachdem die Namen definiert sind, kann die bedingte Formatierung erstellt werden. Gehen Sie dazu so vor:

1. Markieren Sie den Zellbereich E5:E10 in dem Tabellenblatt mit den Juliwerten.

2. Starten Sie den Dialog *Neue Formatierungsregel* über das Menü *Start/Formatvorlagen/Bedingte Formatierung/Neue Regel.*

   Als neue Formatierungsregel wählen Sie den Regeltyp *Formel zur Ermittlung der zu formatierenden Zellen verwenden* aus.

3. Als Formel erfassen Sie *=AktuellerZellwert>WertInVorigemBlatt*. Damit wird geprüft, ob der Wert der aktuellen Tabelle größer als der Wert im vorherigen Tabellenblatt ist.

4. Über die Schaltfläche *Formatieren* wählen Sie eine grüne Hintergrundformatierung aus.

5. Wiederholen Sie Schritt 2. Als Formel erfassen Sie dieses Mal *=AktuellerZellwert<WertIn VorigemBlatt*. Damit wird überprüft, ob der Zellwert des aktuellen Blatts kleiner als der Zellwert des vorherigen Blatts ist.

6. Als Zellhintergrund definieren Sie einen roten Hintergrund.

7. Nachdem Sie das Dialogfenster mit *OK* bestätigt haben, werden alle Zellen, deren prozentualer Deckungsbeitrag im Juli 2018 höher ist als im Juni 2018, grün eingefärbt. Umgekehrt werden schlechtere Deckungsbeiträge rot hervorgehoben.

	A	B	C	D	E
1	**Deckungsbeitragsrechnung 7/2018**				
2					
3					
4	**Produkt**	**Umsatzerlös**	**variable Kost**	**DB I in €**	**DB I in %**
5	Produkt A	38.471,00 €	31.875,00 €	6.596,00 €	17,15
6	Produkt B	68.330,00 €	54.778,00 €	13.552,00 €	19,83
7	Produkt C	16.912,00 €	15.447,00 €	1.465,00 €	8,66
8	Produkt D	97.550,00 €	83.356,00 €	14.194,00 €	14,55
9	Produkt E	47.600,00 €	42.876,00 €	4.724,00 €	9,92
10	Produkt F	72.335,00 €	57.181,00 €	15.154,00 €	20,95
11					
12			Durchschnittlicher DB I in %		15,18

Die Werte von Juni 2018 sehen Sie in der nebenstehenden Abbildung.

	A	B	C	D	E
1	**Deckungsbeitragsrechnung 6/2018**				
2					
3					
4	**Produkt**	**Umsatzerlös**	**variable Kos**	**DB I in €**	**DB I in %**
5	Produkt A	42.449,00 €	34.875,00 €	7.574,00 €	17,84
6	Produkt B	57.294,00 €	45.659,00 €	11.635,00 €	20,31
7	Produkt C	26.912,00 €	25.379,00 €	1.533,00 €	5,70
8	Produkt D	78.351,00 €	67.445,00 €	10.906,00 €	13,92
9	Produkt E	35.662,00 €	31.894,00 €	3.768,00 €	10,57
10	Produkt F	68.391,00 €	54.887,00 €	13.504,00 €	19,75
11					
12			Durchschnittlicher DB I in %		14,68

Hinweis

Da die verwendeten Formeln alte Makro4-Funktionen verwenden, muss die Arbeitsmappe mit der Endung *.xlsm* abgespeichert werden. In XLSX-Dateien kann weder VBA-Code noch eine Makro4-Funktion gespeichert werden.

Tipp 18: Alle Zellen ohne Zellschutz kennzeichnen

Auf einem Tabellenblatt befinden sich geschützte und ungeschützte Zellen. Alle ungeschützten Zellen sollen gekennzeichnet werden, damit der Anwender sofort erkennt, in welche Zellen Daten eingegeben werden können und in welche nicht. Natürlich könnten Sie jetzt alle nicht geschützten Zellen manuell auswählen und mit einem beliebigen Zellhintergrund oder Zellrahmen belegen. Schneller und einfacher geht's aber mit der bedingten Formatierung.

So geht's:

Standardmäßig ist auf einem neuen Tabellenblatt in allen Zellen der Zellschutz aktiviert. Diese Einstellung können Sie sich auf der Registerkarte *Schutz* im Menü *Start/Zellen/Format/Zellen formatieren* ansehen:

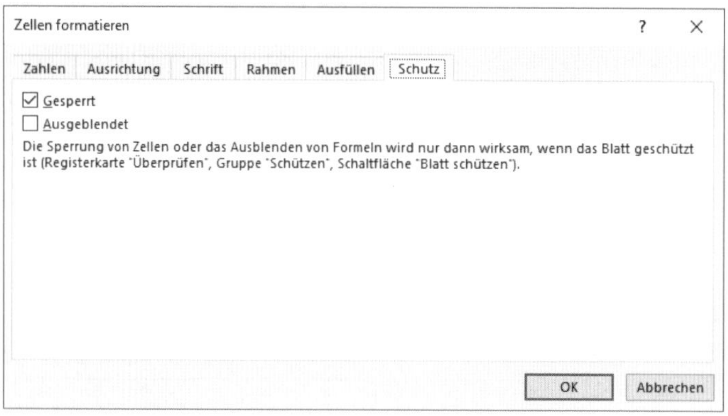

1 Selektieren Sie nun die Zellen, aus denen der Zellschutz entfernt werden soll. Im Beispiel sind das die Zellen B3 bis B8 und C6.

2 Öffnen Sie wie oben beschrieben das Dialogfenster zur Formatierung der Zellen und entfernen Sie auf der Registerkarte *Schutz* den Haken aus dem Kontrollkästchen *Gesperrt*.

3 Beenden Sie das Dialogfenster mit einem Klick auf *OK*.

4 Markieren Sie nun einen ausreichend großen Zellbereich, der auf jeden Fall alle nicht geschützten Zellen einschließt. In diesem Beispiel ist die Markierung des Zellbereichs A1:D10 absolut ausreichend.

5 Starten Sie den Dialog *Neue Formatierungsregel* über das Menü *Start/Formatvorlagen/Bedingte Formatierung/Neue Regel*.

6 Als neue Formatierungsregel wählen Sie den Regeltyp *Formel zur Ermittlung der zu formatierenden Zellen verwenden* aus.

7 Erfassen Sie dort die Funktion *=ZELLE("Schutz";A1)=0*.

8 Legen Sie über die Schaltfläche *Formatieren* auf der Registerkarte *Ausfüllen* einen gelben Zellhintergrund fest.

9 Über die Registerkarte *Rahmen* definieren Sie oben, unten, links und rechts einen Rahmen.

10 Beenden Sie die beiden Dialogfenster jeweils mit einem Klick auf *OK*.

Es werden nun alle Zellen, auf denen der Zellschutz deaktiviert ist, farbig und mithilfe einer Zellumrahmung hervorgehoben.

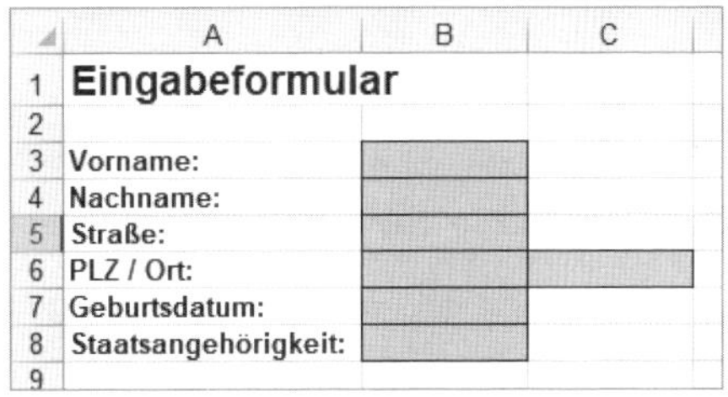

Tipp 19: Bedingte Formatierung mit VBA realisieren

Im folgenden Beispiel sehen Sie, wie Sie relativ leicht mit VBA das Thema bedingte Formatierung lösen können. Die Werte von 0 bis 50 sollen mit hellgrüner Hintergrundfarbe belegt werden, der Wertebereich von 51 bis 100 wird mit Gelb, 101 bis 150 mit Hellblau, 151 bis 200 mit Hellgrau, 201 bis 250 mit Pink und 251 bis 500 mit Blau hinterlegt. Die Zellhintergrundfarbe der Zellen mit anderen Werten soll Weiß sein.

So geht's:

1 Starten Sie den VBA-Editor mit der Tastenkombination Strg+F11.

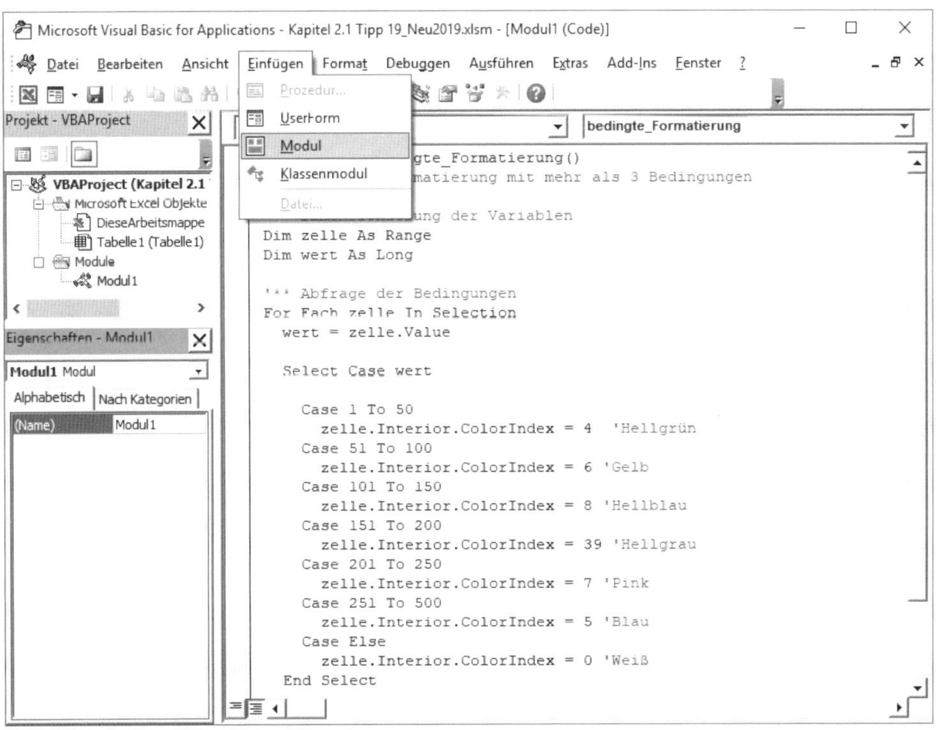

2 Über das Menü *Einfügen/Modul* wird ein neues leeres Modulcodeblatt hinzugefügt.

3 In dieses kopieren Sie den Code aus Listing 1. Beenden Sie den VBA-Editor über das Menü *Datei/Schließen und zurück zu Microsoft Excel.*

Listing 1:

```
Public Sub bedingte_Formatierung()
'** Bedingte Formatierung mit mehr als 3 Bedingungen

'** Dimensionierung der Variablen
Dim zelle As Range
Dim wert As Long

'** Abfrage der Bedingungen
For Each zelle In Selection
  wert = zelle.Value

  Select Case wert
    Case 1 To 50
      zelle.Interior.ColorIndex = 4  'Hellgrün
    Case 51 To 100
      zelle.Interior.ColorIndex = 6  'Gelb
    Case 101 To 150
      zelle.Interior.ColorIndex = 8  'Hellblau
    Case 151 To 200
      zelle.Interior.ColorIndex = 39 'Hellgrau
    Case 201 To 250
      zelle.Interior.ColorIndex = 7  'Pink
    Case 251 To 500
      zelle.Interior.ColorIndex = 5  'Blau
    Case Else
      zelle.Interior.ColorIndex = 0  'Weiß
  End Select

Next zelle
End Sub
```

4 Markieren Sie nun den Zellbereich, den Sie auswerten möchten. Im Beispiel soll der Bereich B4:B15 ausgewertet werden.

5 Rufen Sie den VBA-Code über das Menü *Entwicklertools/Makros/Makro* auf. Ein Dialogfenster mit dem Makro *bedingte_Formatierung* wird eingeblendet.

6 Wählen Sie diesen Eintrag aus und starten Sie die Prozedur über die Schaltfläche *Ausführen.*

Als Ergebnis werden die Zellen abhängig von den Werten mit dem entsprechenden Zellhintergrund belegt.

Tipp 20: Fehlerwerte ausblenden

Fehlerwerte sind nicht immer unbedingt kritisch, wenn es um Berechnungen geht. So kommt beispielsweise eine Division durch null häufiger vor. Angenommen, Sie möchten die verkaufte Menge durch Division von Umsatz und Preis ermitteln, Ihnen liegen jedoch bei einem Artikel (im Beispiel *Art 4716*) weder Preis noch Umsatz aktuell vor, dann kann es zur besagten Fehlermeldung kommen. Sie müssten entweder die Formel aus Spalte D entfernen, um die unschöne Fehlermeldung *#DIV/0* auszublenden, oder aber ein bedingtes Format „bemühen".

So geht's:

1 Starten Sie den Dialog *Neue Formatierungsregel* über das Menü *Start/Formatvorlagen/Bedingte Formatierung/Neue Regel.*

Als neue Formatierungsregel wählen den Regeltyp *Formel zur Ermittlung der zu formatierenden Zellen verwenden.*

2 Erfassen Sie dann den Eintrag *=ISTFEHLER($D$10)* im Feld *Werte formatieren, für die diese Formel wahr ist.*

Wählen Sie über die Schaltfläche *Formatieren* im Register *Schrift* die Farbe mit der Bezeichnung *Weiß, Hintergrund 1* aus.

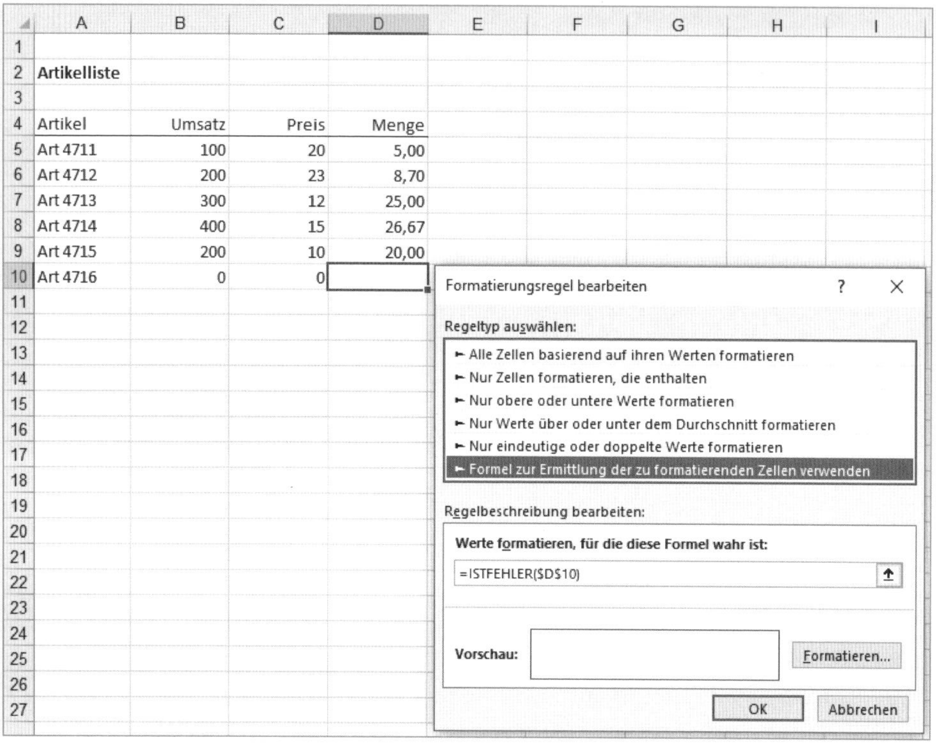

3 Verlassen Sie die Dialogfenster mit *OK* und betrachten Sie das Ergebnis: Der Fehler wird nun durch die weiße Schrift ausgeblendet.

Tipp 21: Texte und Textteile schnell aufspüren

Wenn Sie sich in einer Tabelle ganz bestimmte Texte anzeigen lassen und automatisch hervorheben wollen, ist die bedingte Formatierung als Bordmittel von Excel ebenfalls erste Wahl. Müssen alle Zellen, die einen bestimmten Text oder Textstring enthalten, gekennzeichnet werden, kann das über eine Kombination aus den Funktionen *Istfehler* und *Finden* sowie einem bedingten Format umgesetzt werden.

So geht's:

1 Legen Sie zuerst eine Zelle fest, in der ein Suchbegriff hinterlegt werden kann. Im Beispiel ist das Zelle B3.

2 Markieren Sie dann den Bereich, in dem die zu suchenden Texte bzw. Textstrings hinterlegt sind.

3 Starten Sie den Dialog *Neue Formatierungsregel* über das Menü *Start/Formatvorlagen/Bedingte Formatierung/Neue Regel.*

Als neue Formatierungsregel wählen Sie den Regeltyp *Formel zur Ermittlung der zu formatierenden Zellen verwenden* aus.

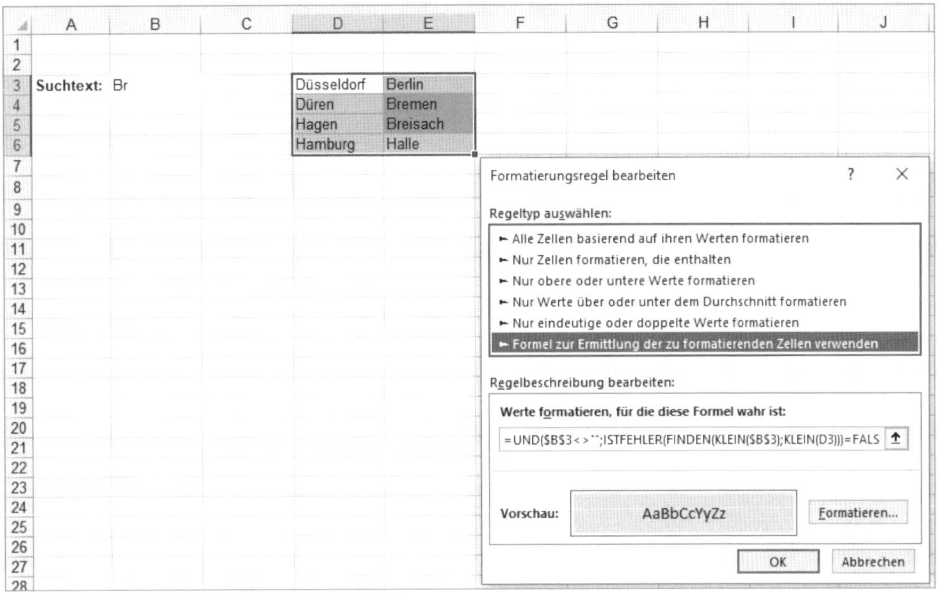

4 Erfassen Sie nun folgenden Eintrag:

=UND($B$3<>"";ISTFEHLER(FINDEN(KLEIN($B$3);KLEIN(D3)))=FALSCH

im Feld *Werte formatieren, für die diese Formel wahr ist.*

5 Wählen Sie eine beliebige Farbe über die Schaltfläche *Formatieren* im Register *Ausfüllen, Hintergrundfarbe* aus.

6 Geben Sie nun in Zelle B3 einen Suchbegriff ein, z. B. *Br.*

7 Nach Verlassen der Zelle B3 mit der [↵]-Taste sehen Sie sogleich das Ergebnis: Es werden alle Städte markiert, die mit *Br* anfangen, hier also *Bremen* und *Breisach.*

Tipp 22: Erweiterte und verbesserte Datenbalken ab Excel 2010

Die Datenbalken haben ab Excel 2010 eine weitere Darstellungsmöglichkeit erhalten. So lassen sich nun positive und negative Werte an einer Nulllinie ausgerichtet darstellen. Im Beispiel liegen Verkaufsgewinne und -verluste für verschiedene Aktien vor. Mit der bedingten Formatierung sollen diese anhand eines Datenbalkens mit Nulllinie dargestellt werden.

So geht's:

1 Markieren Sie den Zellbereich B4:B11.

2 Legen Sie die Datenbalken über den Befehl *Start/Formatvorlagen/Bedingte Formatierung/Datenbalken* fest. Hier können Sie auch bestimmen, ob die Datenbalken einfarbig oder mit gradueller Füllung angezeigt werden sollen. Wie Sie in der Abbildung sehen, haben die Balken in diesem Beispiel eine graduelle Füllung erhalten.

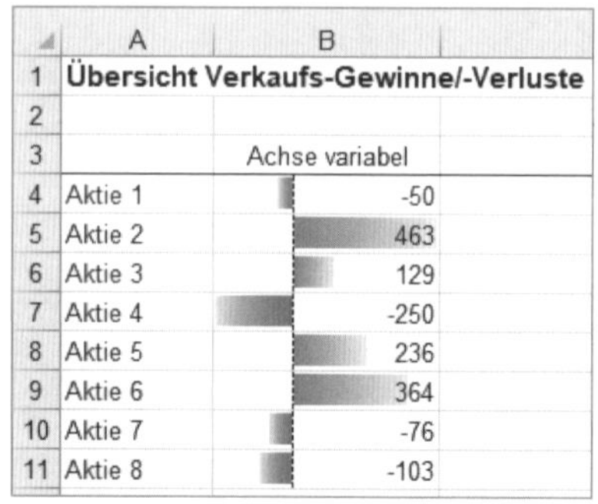

3 Excel bietet zu dieser Darstellung noch weitere Feineinstellungen an. Markieren Sie dazu wiederum denn Zellbereich B4:B11 und öffnen Sie über das Menü *Start/Formatvorlagen/Bedingte Formatierung/Regeln verwalten* den Regel-Manager für bedingte Formatierungen. Markieren Sie darin die Regel und öffnen Sie das Dialogfenster *Formatierungsregel bearbeiten* über die Schaltfläche *Regel bearbeiten*.

4 In diesem Dialogfenster kann eine Vielzahl weiterer Einstellungen vorgenommen werden. Über die Schaltfläche *Negativer Wert und Achse* kann definiert werden, wo die Nullachse angezeigt werden soll.

Zur Auswahl steht hier zum einen die Option *Automatisch*, die bewirkt, dass die Achse abhängig vom Verhältnis der negativen und positiven Werte zueinander variabel in der Zelle angezeigt wird.

Die Option *Zellmittelpunkt* dagegen sorgt dafür, dass die Achse in der Mitte der Zelle dargestellt wird. Nach Auswahl der Option *Ohne* werden negative Werte in der gleichen Richtung wie die positiven Werte angezeigt.

In der nebenstehenden Abbildung sehen Sie die drei verschiedenen Möglichkeiten.

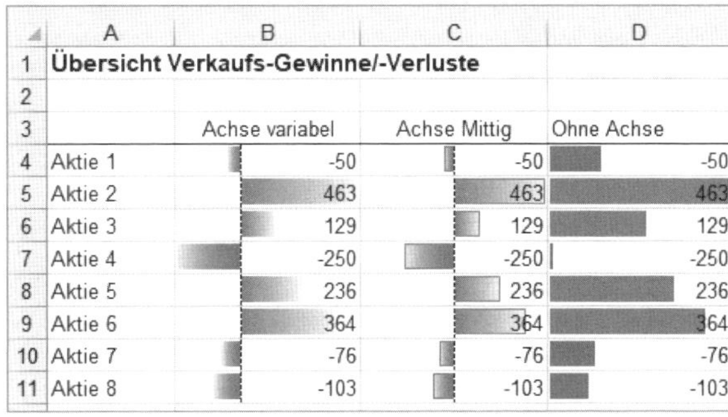

Tipp 23: Symbolsätze ab Excel 2010 einfacher und flexibler auswählen

Ab Excel 2010 werden neben den schon sehr umfangreichen Symbolsätzen, die mit Excel 2007 eingeführt wurden, weitere neue Symbole zur Verfügung gestellt. Darüber hinaus wurden die Symbole übersichtlicher gestaltet, indem sie zu Gruppen zusammengefasst wurden.

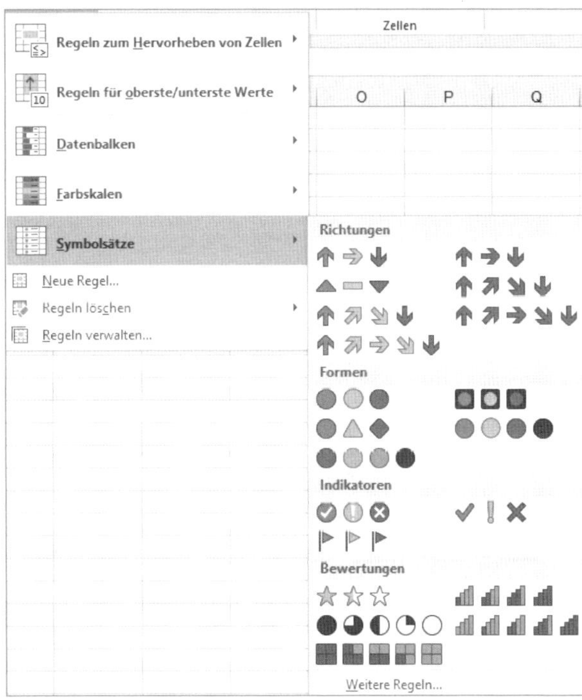

Ist ein Symbolsatz ausgewählt, kann über das Menü *Bedingte Formatierung/Regeln verwalten* die Feinjustierung vorgenommen werden.

In diesem Dialogfenster lässt sich die Symbolart sehr einfach per Icon auswählen. In Excel 2007 war das nur durch einen mehr oder weniger beschreibenden Symbolnamen möglich.

Neu ist auch die Möglichkeit, für ausgewählte Werte bzw. Wertebereiche kein Symbol anzuzeigen. Wählen Sie dazu einfach die Option *Kein Zellensymbol*.

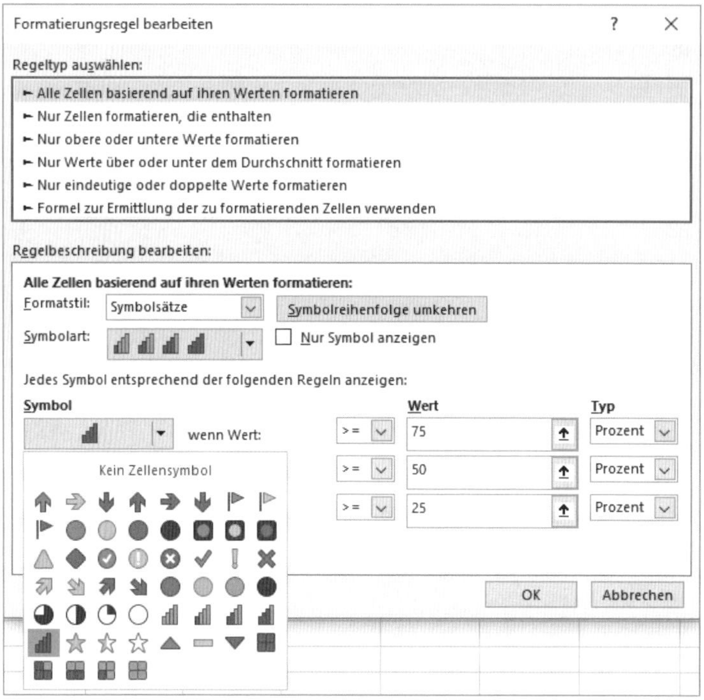

2.2 Benutzerdefinierte Formate in der Praxis

Benutzerdefinierte Formate führen häufig ein Schattendasein, das jedoch absolut unberechtigt ist. Die nachfolgenden Tipps werden Ihnen einen umfassenden Einblick in dieses Thema liefern.

Tipp 1: Vorab: Grundsätzliches zum benutzerdefinierten Zellenformat

Der Dialog zum Festlegen von benutzerdefinierten Zellenformaten wird über das Menü *Start/Zellen/Format/Zellen formatieren* aufgerufen.

Alternativ erreichen Sie den Dialog per Klick mit der rechten Maustaste und Auswahl des Eintrags *Zellen formatieren* im Kontextmenü.

Wenn Sie im Register *Zahlen*, Feld *Kategorie* den Eintrag *Benutzerdefiniert* auswählen, haben Sie Zugriff auf sämtliche benutzerdefinierten Zahlenformate.

Es sind bereits einige benutzerdefinierte Formate vorhanden. Excel bietet aber die Möglichkeit, bestehende Formate abzuändern oder neue Formate nach Belieben hinzuzufügen.

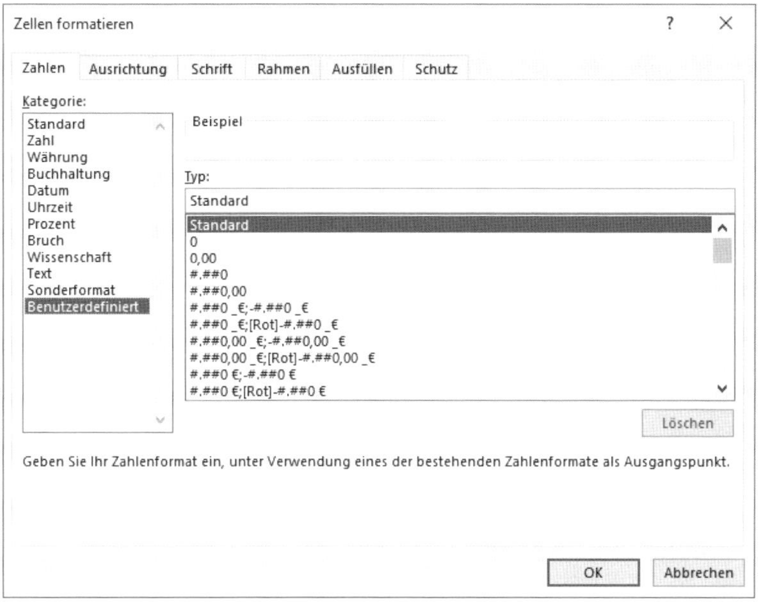

Folgendes sollten Sie über das benutzerdefinierte Zahlenformat wissen:

- Diese Farben stehen zur Verfügung und können im Zellenformat beliebig verwendet werden.

[Schwarz]	[Blau]	[Cyan]	[Grün]
[Magenta]	[Rot]	[Weiß]	[Gelb]

- Leerzeichen im Zellenformat werden mit einem Unterstrich dargestellt (_).
- Zur Anzeige von signifikanten Ziffern verwenden Sie folgende Zeichen: ####.
- Die Anzeige nicht signifikanter Nullen wird mit 0 erzwungen.
- Die wissenschaftliche Zahlennotierung erzwingen Sie mit dem Zusatz E.
- Auch Tages-, Monats- und Jahresangaben können Sie beliebig formatieren. Verwenden Sie für Tage den Code T, für Monate den Code M und für Jahre den Code J.
- Zeitangaben lassen sich wie folgt formatieren: Stunden mit dem Code h, Minuten mit dem Code m und Sekunden mit dem Code s.
- Texte können über das benutzerdefinierte Zahlenformat beliebig an Zelleingaben angehängt werden. Dazu wird der Textzusatz einfach in Anführungszeichen gesetzt.

Sie sehen, das benutzerdefinierte Zahlenformat bietet vielfältige Möglichkeiten, die in den folgenden Tipps anhand von Praxisbeispielen erläutert und verdeutlicht werden.

Tipp 2: Verschiedene benutzerdefinierte Zahlenformate erstellen

Dieser Tipp bringt Ihnen den Umgang mit den Grundlagen benutzerdefinierter Zellenformate anhand einiger praxisorientierter Beispiele näher.

So geht's:

Zahlen sollen blau dargestellt werden, Texte hingegen in der gewählten Schriftfarbe.

1 Rufen Sie den Dialog zur Formatierung von Zellen über das Menü *Start/Zellen/Format/Zellen formatieren* auf.

Alternativ erreichen Sie den Dialog per Klick mit der rechten Maustaste und Auswahl des Eintrags *Zellen formatieren* im Kontextmenü.

2 Tragen Sie unter *Benutzerdefiniert* folgendes Format ein:

[Blau]#.##0,00.

Damit wirkt sich die Formatierung nur auf Zahlen und nicht auf Text aus.

Vor jeder Zelleingabe soll der Text „Bsp." für Beispiel erscheinen.

1 Erfassen Sie folgendes Zellenformat: *"Bsp. "@.*

2 Das @-Zeichen erzwingt, dass bei jeder Zelleingabe der Text „Bsp. " dem Zellinhalt vorangestellt wird.

Zahlen mit weniger als fünf Stellen sollen standardmäßig fünfstellig mit führenden Nullen angezeigt werden.

1 Tragen Sie als Zellenformat *00000* ein.

2 Mit dem Zellenformat 00000 erreichen Sie, dass nicht signifikante Stellen wie die führenden Nullen angezeigt werden.

Jede eingegebene Zahl soll standardmäßig mit drei führenden Nullen versehen werden.

1 Tragen Sie als Zellenformat *"000"#* ein.

2 Mit diesem Zellenformat werden der eingegebenen Zahl drei Nullen vorangestellt, sodass sich im Ergebnis Zahlen unterschiedlicher Länge ergeben (können).

Jede Zahl soll als Dezimalzahl mit vier Nachkommastellen dargestellt werden.

1 Erfassen Sie dazu dieses benutzerdefinierte Zahlenformat: *#,0000.*

2 Damit wird die Anzahl der Vorkommastellen wie eingegeben angezeigt. Die Nachkommastellen werden immer vierstellig dargestellt, wenn weniger als vier Stellen eingegeben werden.

Bei Eingabe eines Datums soll nicht das Datum, sondern der Name des Wochentags angezeigt werden.

1 Tragen Sie dazu als Zellenformat *TTTT* ein.

2 Soll der Wochentag in abgekürzter Form ausgegeben werden, verwenden Sie das Format *TTT*.

3 Auf die gleiche Weise können Sie auch den vollständigen Monatsnamen ausgeben lassen. Verwenden Sie dazu das Format *MMMM*.

Eine neunstellige Zahlenfolge soll durch Einfügen eines Trennstrichs gruppiert werden.

1 Erfassen Sie unter *Benutzerdefiniert* folgendes Zellenformat: *00-000-0-000*.

2 Damit wird die neunstellige Zahl wie folgt angezeigt: *12-345-6-789*.

	A	B
1	Beispiele für unterschiedliche Benutzerdefinierte Zellformate	
2		
3		
4	Zahlen Blau / Text normal	4.711,00
5		
6	In jeder Zelle wird ein Text ausgegeben	Bsp. 100
7		
8	5-stellige Anzeige von Zahlen mit vorangestellten Nullen	00123
9		
10	Anzeige von Zahlen variabler Länge mit 3 vorangestellten Nullen	0001123
11		
12	Dezimalzahl mit 4 Nachkommastellen	12,1500
13		
14	Anzeige des Wochentages	Donnerstag
15		
16	Gruppierung von Zahlenfolgen	12-345-6-789

Tipp 3: Negative Werte hervorheben

Auf einer Summen- und Saldenliste sollen positive Kontensalden, also Ertragskonten, in blauer und negative Kontensalden, also Aufwandskonten, in roter Schriftfarbe angezeigt werden.

So geht's:

1 Markieren Sie die Bereiche *Saldovortrag* (C4:C13) und *Saldo* (F4:F13).

2 Rufen Sie den Dialog zur Formatierung von Zellen über das Menü *Start/Zellen/Format/Zellen formatieren* auf.

Alternativ erreichen Sie den Dialog per Klick mit der rechten Maustaste und Auswahl des Eintrags *Zellen formatieren* im Kontextmenü.

3 Wechseln Sie auf *Benutzerdefiniert* und erfassen Sie dieses Zellenformat:

[Blau]#.##0,00;[Rot]#.##0,00

4 Sollen zusätzlich zur Farbgebung auch die Vorzeichen (+) für positive und (-) für negative Werte angezeigt werden, passen Sie das Zahlenformat wie folgt an: *[Blau]+ #.##0,00; [Rot]- #.##0,00*

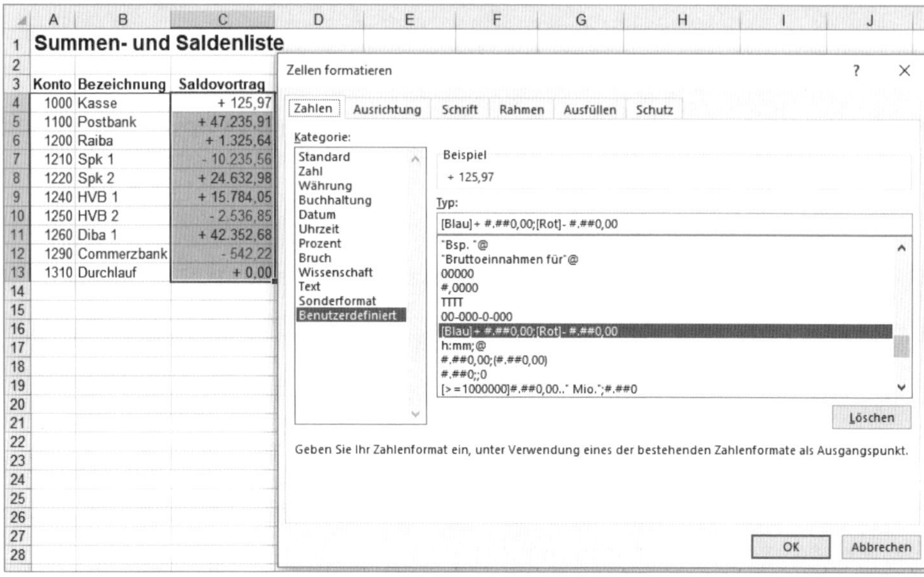

Hinweis

Häufig werden negative Zahlen auch in Klammern gesetzt. Dies können Sie mit folgendem Zahlenformat erreichen: *#.##0,00;(#.##0,00)*. Die Schriftfarbe bleibt dabei unverändert.

➡ Verweis: siehe Kapitel 2.2, Tipp 13

Tipp 4: Negative Werte unterdrücken

Es gibt Situationen, in denen negative Werte nicht dargestellt werden sollen. Im Beispiel liegt eine Bestandsliste vor. Die darin enthaltenen negativen Werte sind durch fehlerhafte Bestandsbuchungen entstanden und sollen deswegen nicht angezeigt werden.

So geht's:

1 Markieren Sie den Bereich B4:B13 und rufen Sie den Dialog zur Formatierung von Zellen über das Menü *Start/Zellen/Format/Zellen formatieren* auf.

Alternativ erreichen Sie den Dialog per Klick mit der rechten Maustaste und Auswahl des Eintrags *Zellen formatieren* im Kontextmenü.

2 Als benutzerdefiniertes Zellenformat erfassen Sie *#.##0,;;0*.

3 Nach einem Klick auf die Schaltfläche *OK* werden negative Zahlen unterdrückt. Die Zahlen selbst befinden sich selbstverständlich weiterhin in der jeweiligen Zelle.

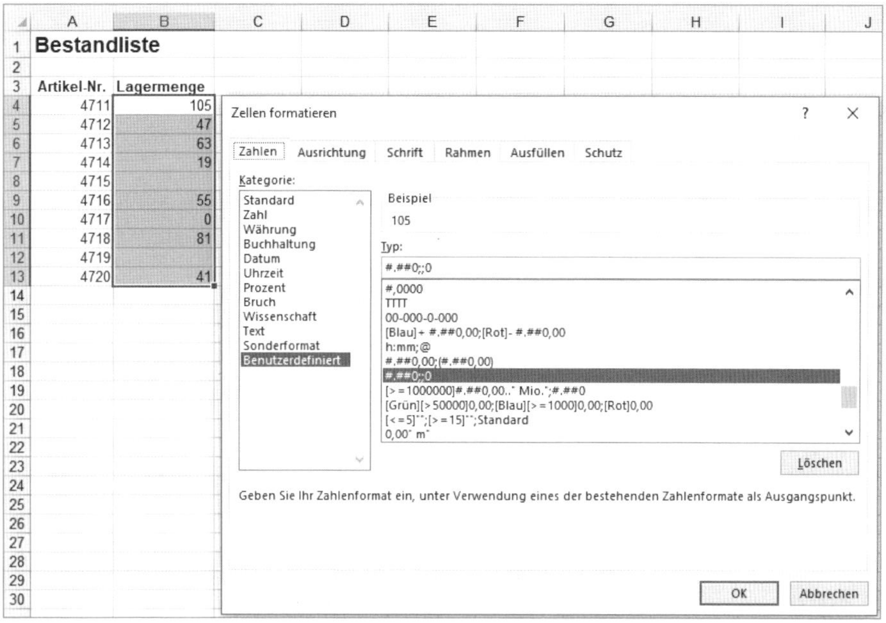

Hinweis

Sollen neben negativen Zahlen auch Nullwerte ausgeblendet werden, verwenden Sie folgendes Zahlenformat: *#.##0;;*

Tipp 5: Werte über einer Million formatieren

Dieses Beispiel zeigt, wie Werte über einer Million platzsparender dargestellt werden können. So sollen siebenstellige Zahlen abgekürzt mit zwei Nachkommastellen und dem Zusatz Mio. angezeigt werden. Zahlen, die kleiner sind als eine Million, werden weiterhin vollständig gezeigt.

So geht's:

1 Markieren Sie den Bereich C4:C11 und rufen Sie den Dialog zur Formatierung von Zellen über das Menü *Start/Zellen/Format/Zellen formatieren* auf.

Alternativ erreichen Sie den Dialog per Klick mit der rechten Maustaste und Auswahl des Eintrags *Zellen formatieren* im Kontextmenü.

2 Erfassen Sie folgendes benutzerdefinierte Zellenformat:

[>=1000000]#.##0,00.." Mio.";#.##0

3 Beenden Sie das Dialogfenster mit einem Klick auf *OK*.

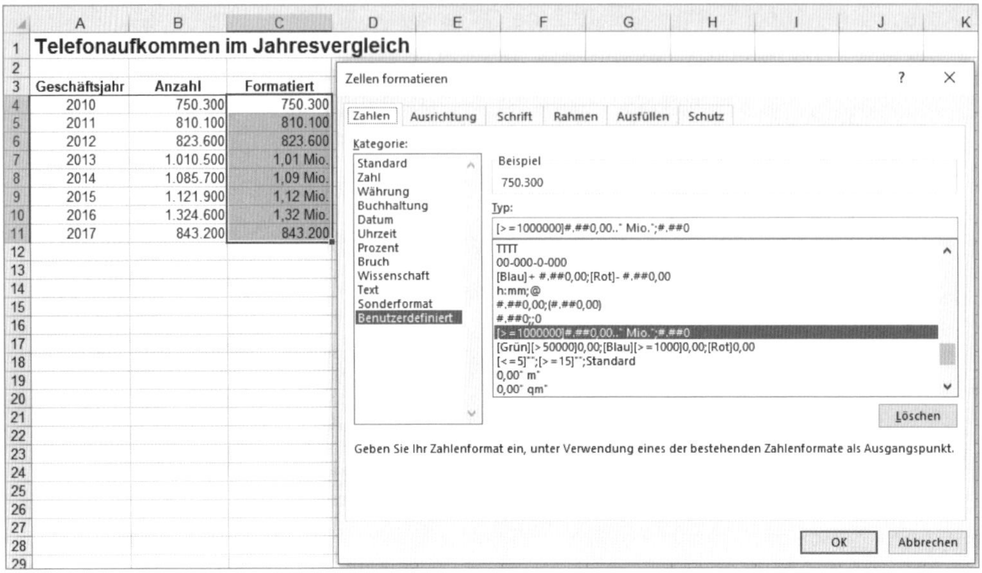

Sie sehen, das neue Zellenformat erkennt automatisch die Grenze von einer Million und formatiert die Zahlen entsprechend.

Tipp 6: Wertabhängige benutzerdefinierte Zahlenformatierung

Als kleines Controlling-Instrumentarium sollen erfasste Werte abhängig von ihrer Größe verschiedenfarbig dargestellt werden. So sollen Umsätze zwischen 10.000 und 50.000 blau, Werte über 50.000 grün und Nullwerte rot in der Umsatzliste dargestellt werden.

So geht's:

Auch hier hilft das benutzerdefinierte Zellenformat weiter:

1. Markieren Sie den Zellbereich C4:C15 und rufen Sie den Dialog zur Formatierung von Zellen über das Menü *Start/Zellen/Format/Zellen formatieren* auf.

   Alternativ erreichen Sie den Dialog per Klick mit der rechten Maustaste und Auswahl des Eintrags *Zellen formatieren* im Kontextmenü.

2. Als benutzerdefiniertes Zellenformat erfassen Sie:

   [Grün][>50000]0,00;[Blau][>=1000]0,00;[Rot]0,00

3. Bestätigen Sie den Dialog mit einem Klick auf die Schaltfläche *OK*.

Hinweis

Alternativ können Sie natürlich auch die bedingte Formatierung einsetzen.

	A	B	C
1	**Umsatzliste**		
2			
3	**Verkaufsgebiet**	**Zeitraum**	**Umsatz**
4	Nord	Jan 18	5235,78
5	Süd	Jan 18	
6	West	Jan 18	
7	Ost	Jan 18	47668,59
8	Nord	Feb 18	7691,90
9	Süd	Feb 18	
10	West	Feb 18	0,00
11	Ost	Feb 18	
12	Nord	Mrz 18	0,00
13	Süd	Mrz 18	
14	West	Mrz 18	
15	Ost	Mrz 18	49896,77

Tipp 7: Nur Zahlen innerhalb eines bestimmten Wertebereichs anzeigen

In diesem Beispiel sehen Sie, wie Werte außerhalb eines definierten Wertebereichs zur Erhöhung der Übersichtlichkeit ausgeblendet werden können. Die Werte werden dabei weder angezeigt noch gedruckt.

Im Beispiel sollen in der Überstundenliste nur die Überstunden angezeigt werden, die im Bereich von 5 bis 15 Stunden liegen. Alle anderen dürfen nicht angezeigt werden.

So geht's:

1 Markieren Sie den Zellbereich, in dem sich die Überstunden befinden, im Beispiel also den Bereich B4:B15, und rufen Sie den Dialog zur Formatierung von Zellen über das Menü *Start/Zellen/Format/Zellen formatieren* auf.

Alternativ erreichen Sie den Dialog per Klick mit der rechten Maustaste und Auswahl des Eintrags *Zellen formatieren* im Kontextmenu.

2 Im Feld *Benutzerdefiniert* erfassen Sie:

[<=5]"";[>=15]"";Standard

3 Damit werden nur Werte angezeigt, die zwischen 5 und 15 liegen.

Hinweis

Nicht angezeigte Werte werden bei allen Berechnungen selbstverständlich korrekt berücksichtigt.

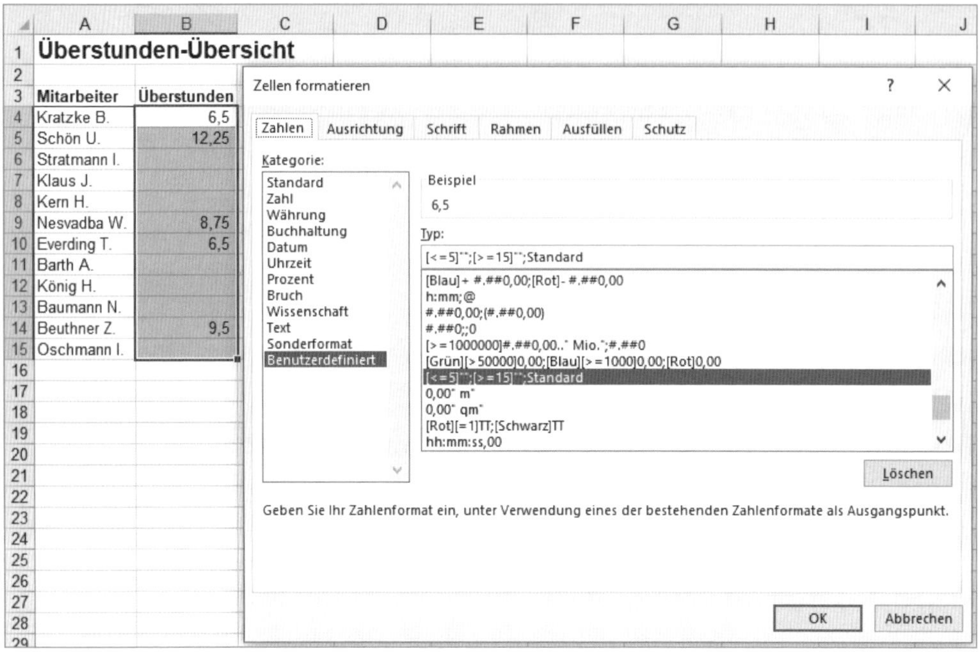

Tipp 8: Benutzerdefinierte Zahlenformate mit individuellen Zusatzangaben erstellen

Wird in Excel eine Zahl eingegeben, wird sie standardmäßig ohne Bezeichnung dargestellt. Es ist also auf den ersten Blick nicht ersichtlich, ob es sich um Euro, Kilogramm, Quadratmeter, Liter o. Ä. handelt.

In vielen Fällen ist es deshalb sehr hilfreich, direkt bei der erfassten Zahl die passende Bezeichnung mit auszugeben.

So geht's:

1 Markieren Sie den Zellbereich B5:C12 und rufen Sie den Dialog zur Formatierung von Zellen über das Menü *Start/Zellen/Format/Zellen formatieren* auf.

Alternativ erreichen Sie den Dialog per Klick mit der rechten Maustaste und Auswahl des Eintrags *Zellen formatieren* im Kontextmenü.

2 Als benutzerdefiniertes Zahlenformat erfassen Sie *0,00" m"*. Achten Sie auf das Leerzeichen nach dem ersten Anführungszeichen. Damit wird die Meterangabe mit einem Leerzeichen von der Zahl getrennt.

3 Bestätigen Sie das Dialogfenster mit einem Klick auf *OK*.

4 Markieren Sie anschließend den Zellbereich D5:D12.

5 Wiederholen Sie die Schritte 2 und 3. Als Zellenformat erfassen Sie allerdings *0,00" qm"*.

Sie sehen, die Meter- bzw. Quadratmeterangaben werden in der Zelle angezeigt, sobald der Wert eingegeben und mit [↵] bestätigt wird. Selbstverständlich kann mit dieser Angabe wie gewohnt gerechnet werden. Auch lässt sich dieses Zellenformat standardmäßig mit der Funktion *Format übertragen* auf andere Zellen anwenden.

	A	B	C	D
1	**Wohnflächenberechnung**			
2				
3				
4	**Zimmer**	**Länge**	**Breite**	**Quadratmeter**
5	Wohnzimmer	5,20 m	6,25 m	32,50 qm
6	Küche	4,00 m	4,25 m	17,00 qm
7	Bad	3,50 m	3,50 m	12,25 qm
8	Kinderzimmer I	4,75 m	3,50 m	16,63 qm
9	Kinderzimmer II	4,75 m	3,50 m	16,63 qm
10	Schlafzimmer	4,75 m	4,25 m	20,19 qm
11	Studio	6,00 m	4,00 m	24,00 qm
12	Flur	3,50 m	2,75 m	9,63 qm
13				
14	**Gesamtfläche**			**148,81 qm**

Tipp 9: Hundertstelsekunden darstellen

Im Umgang mit Zeiten stellt Excel standardmäßig Stunden-, Minuten- und Sekundenangaben über das Zahlenformat zur Verfügung. Im nächsten Beispiel erfahren Sie, wie Sie noch genauere Zeitangaben erhalten. Es ist nämlich ohne Weiteres möglich, auch Sekundenbruchteile anzeigen zu lassen.

So geht's:

1 Markieren Sie die gewünschte Zelle.

2 Die aktuelle Uhrzeit erfassen Sie beispielsweise über die Funktion *=JETZT()*.

3 Rufen Sie den Dialog zur Formatierung von Zellen über das Menü *Start/Zellen/Format/Zellen formatieren* auf.

Alternativ erreichen Sie den Dialog per Klick mit der rechten Maustaste und Auswahl des Eintrags *Zellen formatieren* im Kontextmenü.

Als benutzerdefiniertes Zahlenformat geben Sie *hh:mm:ss,00* ein.

4 Beenden Sie das Dialogfenster mit *OK*.

Die Zeitangabe wird nun mit der Angabe von Hundertstelsekunden angezeigt.

Sollen nur Zehntelsekunden angezeigt werden, verwenden Sie das Format: *hh:mm:ss,0*.

B3 | fx =JETZT()

	A	B	C
1			
2			
3	**Aktuelle Zeit:**	01:54:39,38	

Hinweis

Die Funktion können Sie testen, indem Sie die Funktionstaste [F9] drücken und gedrückt halten. Dabei wird die Excel-Tabelle neu berechnet und es wird jeweils die aktuelle Uhrzeit in Zelle B3 angezeigt. So können Sie verfolgen, wie Excel die Zeit neu berechnet.

Tipp 10: Stunden über die 24-Stunden-Grenze hinaus darstellen

In einem Betrieb wird monatlich eine Überstundenliste erstellt, in der die Überstunden aller Mitarbeiter eingetragen werden. Die Überstunden werden im Zeitformat *hh:mm* in Stunden und Minuten erfasst. Bei der Summierung kommt es zu Problemen. Die Berechnung ergibt eine scheinbar viel zu geringe Stundenzahl. Tatsächlich ist es aber so, dass das Ergebnis stimmt und nur die Anzeige nicht korrekt ist.

So geht's:

1 Selektieren Sie die Zelle B17, da sich dort die Summe der einzelnen Stunden befindet.

2 In der Grundeinstellung erkennt Excel, dass es sich um ein Stundenformat handelt, und stellt die Summe im 24-Stunden-Modus dar. Die Summe der Überstunden beträgt 34 Stunden und 40 Minuten. Excel stellt in diesem Modus aber nur die Stundenzahl dar, die sich innerhalb des 24-Stunden-Zeitraums befindet, also 11:40 (34:40 – 24:00).

3 Damit Excel den richtigen Wert von 34:40 darstellt, hinterlegen Sie folgendes benutzerdefinierte Zahlenformat: *[hh]:mm*.

Damit werden Uhrzeitangaben über die 24-Stunden-Grenze hinaus richtig angezeigt.

	A	B	C
1	**Überstundenliste vom 30.06.2018**		
2			
3			
4	**Mitarbeiter**	**Überstunden Juni 2018**	
5	Mitarbeiter 1	05:25	
6	Mitarbeiter 2	02:18	
7	Mitarbeiter 3	03:21	
8	Mitarbeiter 4	04:06	
9	Mitarbeiter 5	01:05	
10	Mitarbeiter 6	01:36	
11	Mitarbeiter 7	02:20	
12	Mitarbeiter 8	02:51	
13	Mitarbeiter 9	04:50	
14	Mitarbeiter 10	03:19	
15	Mitarbeiter 11	04:29	
16			
17	**Summe Überstunden**	**35:40**	

Hinweis

Alternativ können Sie auch aus der Kategorie *Uhrzeit* den Eintrag *37:30:55* wählen. Damit wird das gleiche Ergebnis erzielt.

Tipp 11: Datenschutz über benutzerdefinierte Zellenformate herstellen

Im nächsten Beispiel erfahren Sie, wie zur Verbesserung der Übersicht oder zur Erhöhung der Sicherheit Inhalte auf einem Tabellenblatt ausgeblendet werden können. Für weiterführende Berechnungen sollen die Daten jedoch nach wie vor zur Verfügung stehen. Im nachfolgenden Beispiel sollen die Bruttolöhne ausgeblendet werden.

So geht's:

1 Markieren Sie dazu den Bereich B4:B10 und rufen Sie den Dialog zur Formatierung von Zellen über das Menü *Start/Zellen/Format/Zellen formatieren* auf.

Alternativ erreichen Sie den Dialog per Klick mit der rechten Maustaste und Auswahl des Eintrags *Zellen formatieren* im Kontextmenü.

2 Erfassen Sie *;;;* als benutzerdefiniertes Zellenformat.

3 Damit unterdrücken Sie die Anzeige sämtlicher Daten in einer Zelle. Allerdings sind sie in der Bearbeitungsleiste weiterhin zu sehen. Die so unterdrückten Werte werden aber selbstverständlich bei allen Berechnungen weiterhin berücksichtigt.

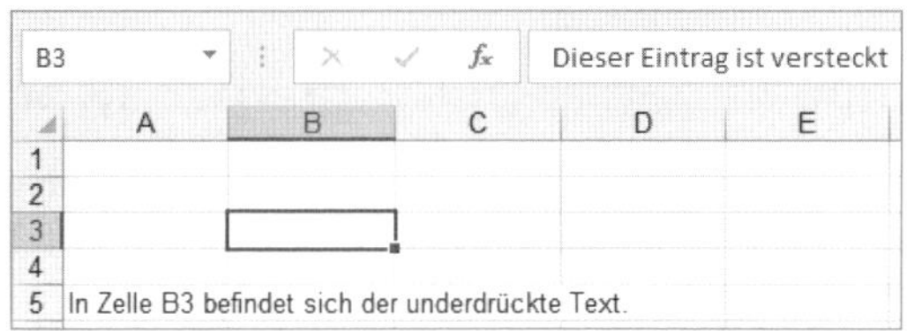

Sie sehen, dass der Eintrag in Zelle B3 nicht angezeigt wird, der Text aber über die Bearbeitungsleiste zur Verfügung steht.

Tipp 12: Dezimalzahl als Bruch anzeigen

Dezimalzahlen sollen bei der Erfassung direkt als gekürzte Brüche dargestellt werden. Auf dieser Basis sollen auch alle weiteren Berechnungen wie Additionen oder Subtraktionen durchgeführt werden. Sehen Sie sich dazu das folgende Beispiel näher an.

So geht's:

1 Markieren Sie die Zellen, die als Bruch formatiert werden sollen, im Beispiel die Zellen C4 und C5, und rufen Sie den Dialog zur Formatierung von Zellen über das Menü *Start/Zellen/Format/Zellen formatieren* auf.

Alternativ erreichen Sie den Dialog per Klick mit der rechten Maustaste und Auswahl des Eintrags *Zellen formatieren* im Kontextmenü.

2 Als benutzerdefiniertes Zellenformat geben Sie *???/???* ein.

3 Erfasste Dezimalzahlen werden sofort als gekürzter Bruch dargestellt. Auch Neueingaben in so formatierte Zellen werden direkt als Bruch angezeigt. In der Bearbeitungsleiste werden die Brüche allerdings weiterhin als Dezimalzahl ausgegeben.

4 Werden mit Brüchen Berechnungen durchgeführt, wird automatisch das Zellenformat in die Ergebniszelle übernommen und auch das Ergebnis wird als Bruch dargestellt.

	A	B	C
1	**Dezimalzahlen in Brüche umwandeln**		
2			
3		**Dezimal**	**Bruch**
4	**Wert 1**	2,25	9/4
5	**Wert 2**	1,25	5/4
6			
7	**Produkt**	**2,81**	45/16

Hinweis

Wenn Sie von Anfang an mit Brüchen arbeiten, können diese auch ohne spezielle Zellenformatierung eingegeben werden. Erfassen Sie den Bruch 9/4 in Excel als *0 9/4.* Wichtig ist, dass die 0 mit einem nachfolgenden Leerzeichen eingegeben wird, ansonsten erkennt Excel den Bruch nicht korrekt.

➡ Verweis: siehe Kapitel 4.11, Tipp 5

Tipp 13: Zahlen buchhalterisch als Soll und Haben anzeigen

In Buchhaltungsunterlagen ist es üblich, positive Werte (Sollwerte) mit einem vor- oder nachgestellten S und negative Werte (Habenwerte) mit einem vor- oder nachgestellten H darzustellen. Das folgende Beispiel zeigt, wie sich das mit benutzerdefinierten Zellenformaten realisieren lässt.

So geht's:

1 Markieren Sie die Zellbereiche C4:C13 und F4:F14 und rufen Sie den Dialog zur Formatierung von Zellen über das Menü *Start/Zellen/Format/Zellen formatieren* auf.

Alternativ erreichen Sie den Dialog per Klick mit der rechten Maustaste und Auswahl des Eintrags *Zellen formatieren* im Kontextmenü.

2 Geben Sie folgendes benutzerdefinierte Zellenformat an:

"S" #.##0,00;"H" #.##0,00.

Sie sehen, wie gewünscht werden positive Werte als Sollwerte und negative Werte als Habenwerte dargestellt. Die Darstellung ist aber ein wenig unübersichtlich. Besser wäre es, wenn die Zusätze S und H jeweils linksbündig in der Zelle dargestellt würden.

	A	B	C	D	E	F
1	**Summen- und Saldenliste**					
2						
3	**Konto**	**Bezeichnung**	**Saldovortrag**	**JVZ-S**	**JVZ-H**	**Saldo**
4	1000	Kasse	S 125,97	512,36	512,25	S 126,08
5	1100	Postbank	S 47.235,91	56.324,20	64.253,22	S 39.306,89
6	1200	Raiba	S 1.325,64	2.453,50	1.423,36	S 2.355,78
7	1210	Spk 1	H 10.235,56	25.356,30	1.523,97	S 13.596,77
8	1220	Spk 2	S 24.632,98	536,55	34.625,41	H 9.455,88
9	1240	HVB 1	S 15.784,05	25.693,37	597,36	S 40.880,06
10	1250	HVB 2	H 2.536,85	59.536,89	65.635,25	H 8.635,21
11	1260	Diba 1	S 42.352,68	12.536,98	5.796,83	S 49.092,83
12	1290	Commerzbank	H 542,22	698,20	50,27	S 105,71
13	1310	Durchlauf	S 0,00	2.536,36	2.536,36	S 0,00

Ändern Sie das Zellenformat dazu wie folgt ab:

"S" #.##0,00;"H"* #.##0,00.*

	A	B	C	D	E	F
1	**Summen- und Saldenliste**					
2						
3	**Konto**	**Bezeichnung**	**Saldovortrag**	**JVZ-S**	**JVZ-H**	**Saldo**
4	1000	Kasse	S 125,97	512,36	512,25	S 126,08
5	1100	Postbank	S 47.235,91	56.324,20	64.253,22	S 39.306,89
6	1200	Raiba	S 1.325,64	2.453,50	1.423,36	S 2.355,78
7	1210	Spk 1	H 10.235,56	25.356,30	1.523,97	S 13.596,77
8	1220	Spk 2	S 24.632,98	536,55	34.625,41	H 9.455,88
9	1240	HVB 1	S 15.784,05	25.693,37	597,36	S 40.880,06
10	1250	HVB 2	H 2.536,85	59.536,89	65.635,25	H 8.635,21
11	1260	Diba 1	S 42.352,68	12.536,98	5.796,83	S 49.092,83
12	1290	Commerzbank	H 542,22	698,20	50,27	S 105,71
13	1310	Durchlauf	S 0,00	2.536,36	2.536,36	S 0,00

Der Stern (*) führt dazu, dass die Zelle bis zum Beginn der jeweiligen Zahl mit Leerzeichen aufgefüllt wird.

➡ Verweis: siehe Kapitel 2.2, Tipp 3

Tipp 14: Eigene Zellenformatvorlagen definieren

Auf den letzten Seiten haben Sie einige neue benutzerdefinierte Formate erstellt. In diesem Tipp erfahren Sie, wie der Zugriff darauf beschleunigt werden kann:

1 Öffnen Sie den Befehl über das Menü *Start/Formatvorlagen/Zellenformatvorlagen/Neue Zellenformatvorlage*.

2 Nennen Sie die neue Formatvorlage *Quadratmeter*.

3 Öffnen Sie das Dialogfenster zur Zellenformatierung mit einem Klick auf die Schaltfläche *Formatieren*.

4 Wählen Sie auf der Registerkarte *Zahlen* die Kategorie *Benutzerdefiniert*.

5 Erfassen Sie als *Typ* folgendes Format: *#,00" qm"*.

6 Beenden Sie die geöffneten Dialogfenster jeweils mit einem Klick auf *OK*.

Wenn Sie nun die Zellenformatvorlage erneut aufrufen, wurde unter der Rubrik *Benutzerdefiniert* der neue Eintrag *Quadratmeter* hinzugefügt. Über diese Schaltfläche können Sie nun schnell und gezielt Zahlen mit dem neuen Format belegen.

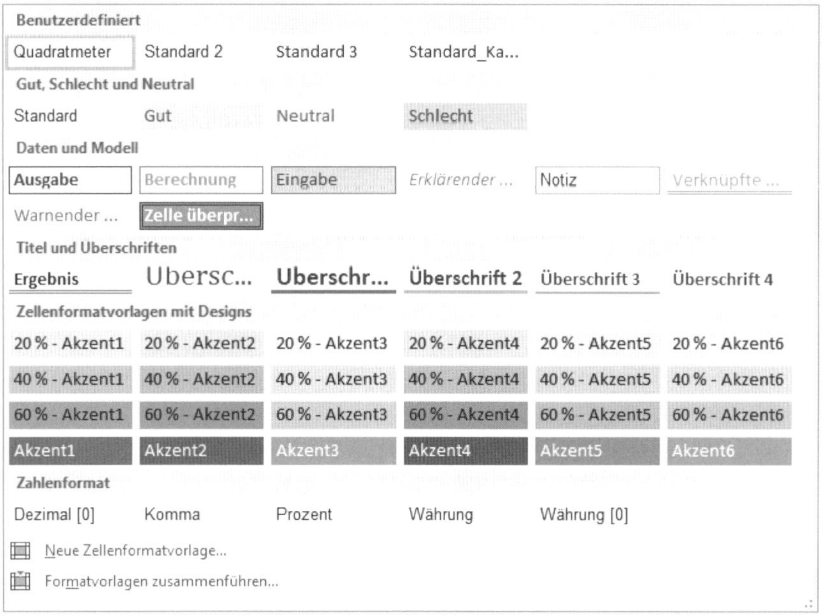

2.3 Profitipps und -tricks für den Alltag

Nachfolgend erhalten Sie anhand einiger Beispiele Einblick in die zahlreichen Formatierungsmöglichkeiten von Excel. Gezielt eingesetzt, werden diese Tipps sicherlich eine Bereicherung für Ihre Kalkulationsmodelle darstellen.

Tipp 1: Zwei Überschriften in einer einzigen Zelle anzeigen

Eine häufig vorkommende Praxisanforderung besteht darin, zwei Überschriften in eine einzige Zelle einzutragen. In den meisten Tabellen wird jeweils eine eigene Überschrift für die Daten der Zeilen wie für die der Spalten gesetzt. Mit diesem Trick können beide Überschriften in einer einzigen Zelle platzsparend eingetragen werden.

So geht's:

1 Selektieren Sie die Zelle A4.

2 Erfassen Sie die Überschriften *Prov-Satz* und *Umsatz*.

3 Setzen Sie den Cursor in der Bearbeitungsleiste hinter *Prov-Satz*.

4 Drücken Sie die Tastenkombination Alt+↵ zweimal hintereinander.

5 Drücken Sie die Tastenkombination Strg+↵, um die Änderungen zu übernehmen, ohne die Zelle zu verlassen.

6 Öffnen Sie das Dialogfenster *Zellen formatieren* über das Menü *Start/Zellen/Format/Zellen formatieren*.

7 Wechseln Sie zur Registerkarte *Rahmen* und definieren Sie einen diagonalen Zellstrich.

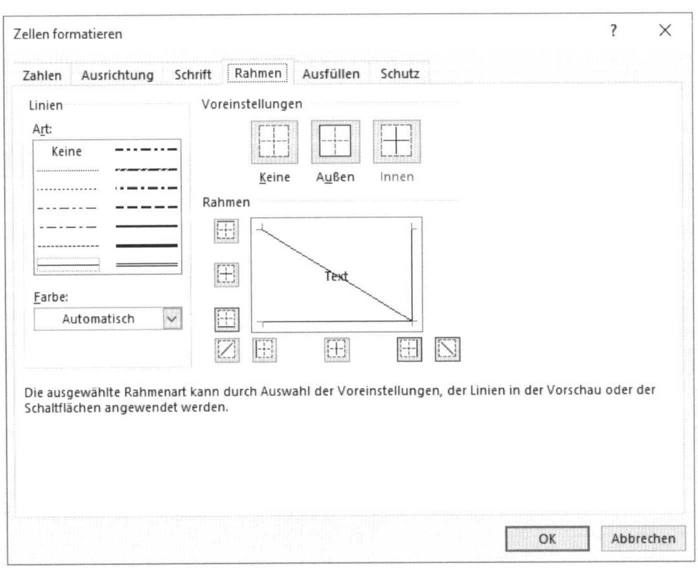

8 Nachdem der Rahmen festgelegt ist, wechseln Sie zur Registerkarte *Ausrichtung*.

9 Legen Sie als horizontale Textausrichtung den Eintrag *Links* und als vertikale Textausrichtung den Eintrag *Verteilt* fest.

10 Beenden Sie den Dialog mit der Schaltfläche *OK*.

11 Setzen Sie nun den Cursor in der Bearbeitungsleiste vor den Eintrag *Prov-Satz* und fügen Sie noch einige Leerzeichen ein, bis der Eintrag so weit wie gewünscht nach rechts rückt.

Als Ergebnis erhalten Sie eine Zelle mit den beiden Überschriften, die durch einen diagonalen Strich voneinander getrennt sind.

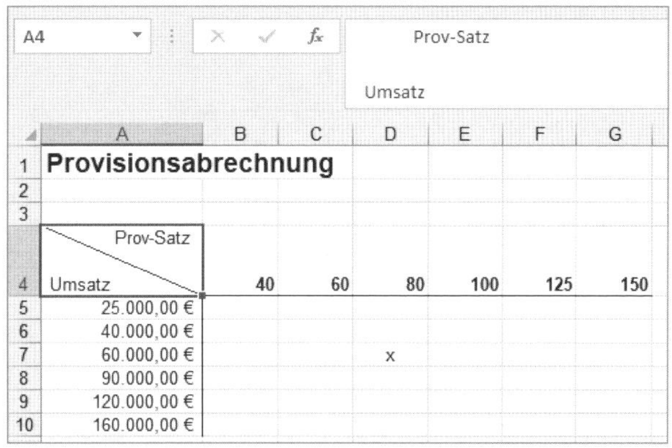

Tipp 2: Zellinhalte auf Textfelder verlinken

In diesem Beispiel sehen Sie, wie Zellinhalte in einem Textfeld angezeigt werden können. Der Vorteil liegt darin, dass Textfeldelemente beliebig formatiert und grafisch gestaltet werden können.

So geht's:

1 Fügen Sie ein Textfeld an einer beliebigen Stelle auf dem Tabellenblatt über das Menü *Einfügen/Illustrationen/Formen*, Abschnitt *Standardformen* ein.

2 Markieren Sie das Textfeld und geben Sie in der Bearbeitungsleiste den Zellbezug auf die Zelle ein, deren Inhalt in dem Textfeld angezeigt werden soll. Im Beispiel soll der Inhalt von Zelle E16 in der Box angezeigt werden. Geben Sie entsprechend den Bezug *=E16* in der Bearbeitungsleiste an.

3 Nachdem der Verweis erfasst und die Eingabe mit [↵] bestätigt wurde, wird der Zellinhalt sofort im Textfeld angezeigt.

4 Wenn Sie auf das Textfeld doppelklicken, werden alle Formatierungsmöglichkeiten in der Multifunktionsleiste angezeigt.

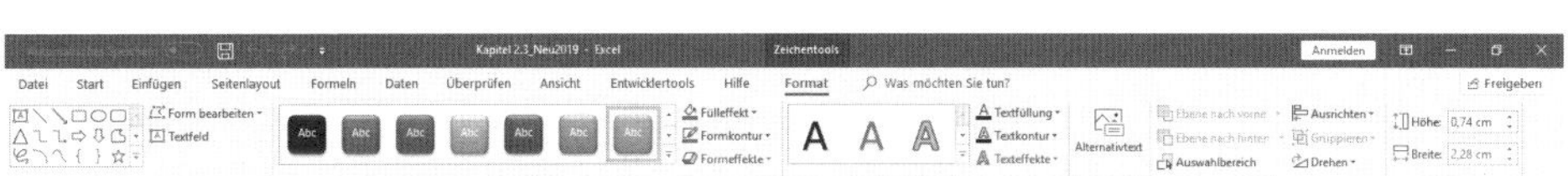

5 Wählen Sie dort unter *Formenarten* eine Form. Hier können Sie Ihrer Kreativität freien Lauf lassen.

6 Ist die Formatierung abgeschlossen, wird der Zellinhalt wie gewünscht im Textfeld angezeigt.

	A	B	C	D	E
1	Secure-IT GmbH				
2					
3					
4	Rechnung				
5					
6					
7	Nr. :	54-2007	Gesamtsumme		1.430,00 €
8					
9					
10	**Pos.**	**Leistungsdatum**	**Beschreibung**	**Menge**	**Summe €uro**
11	1	06.04.2015	Programmierung	2,0	220,00 €
12	2	17.05.2015	Excel-Tool	4,0	440,00 €
13	3	22.06.2015	xls-AzSee	6,0	660,00 €
14	4	01.07.2015		1,0	110,00 €
15					
16					1.430,00 €

Tipp 3: Teilergebnissummen automatisch hervorheben

Als Ausgangsliste für dieses Beispiel liegt eine Lagerliste vor, die in Artikelgruppe und Lagerort gegliedert ist. Zur Verbesserung der Übersichtlichkeit und Lesbarkeit sollen die Zwischen- und Endsummen farbig hervorgehoben werden. Sie können die Summenzeilen zwar alle manuell markieren und einfärben, schneller geht es aber mit folgendem Trick unter Verwendung der bedingten Formatierung.

So geht's:

Sehen Sie sich zuerst die Ausgangstabelle mit den eingefügten Teilergebnissen an.

	A	B	C	D
1	**Lagerübersicht**			
2				
3				
4	**Artikelnummer**	**Artikelgruppe**	**Lagerort**	**Anzahl**
5	47110	Gruppe A	Lager 1	55
6	47120	Gruppe A	Lager 1	356
7	47130	Gruppe A	Lager 1	329
8			**Lager 1 Ergebnis**	740
9	47140	Gruppe A	Lager 2	552
10	47150	Gruppe A	Lager 2	142
11			**Lager 2 Ergebnis**	694
12		**Gruppe A Ergebnis**		1434
13	48110	Gruppe B	Lager 3	481
14	48120	Gruppe B	Lager 3	182
15	48130	Gruppe B	Lager 3	32
16			**Lager 3 Ergebnis**	695
17	48140	Gruppe B	Lager 4	418
18	48150	Gruppe B	Lager 4	291
19			**Lager 4 Ergebnis**	709
20		**Gruppe B Ergebnis**		1404
21		**Gesamtergebnis**		2838

Um den Teilsummenzeilen nun Farben hinzuzufügen, gehen Sie wie folgt vor:

1 Markieren Sie den Bereich A5:D20.

2 Öffnen Sie die bedingte Formatierung.

3 Wählen Sie als Regeltyp *Formel zur Ermittlung der zu formatierenden Zellen verwenden* aus.

4 Erfassen Sie als Formel *=$B5=""*. Damit wird die jeweilige Zeile formatiert, in der in Spalte B kein Eintrag vorhanden ist.

5 Legen Sie über die Schaltfläche *Formatieren* als Zellhintergrundfarbe Grün fest.

6 Wiederholen Sie Schritt 3 und erfassen Sie als Formel *=$C5=""*.

7 Als Zellhintergrund definieren Sie Gelb.

8 Sobald Sie den Dialog beendet haben, werden die Teilergebnissummen entsprechend eingefärbt.

Sie sehen, die Auswertung sieht jetzt ein ganzes Stück übersichtlicher und strukturierter aus.

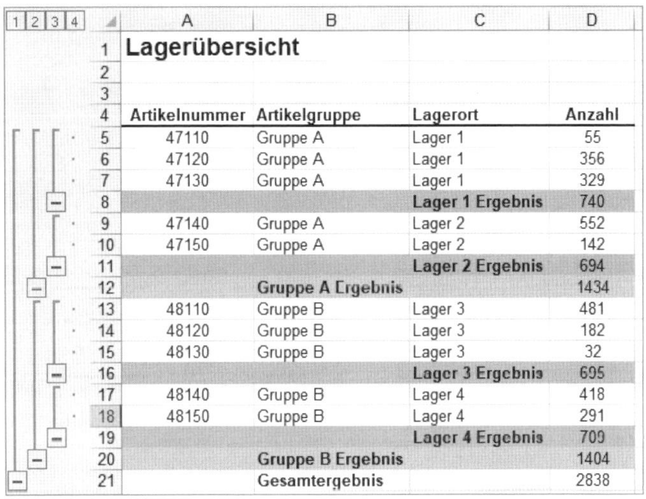

	A	B	C	D
1	**Lagerübersicht**			
2				
3				
4	Artikelnummer	Artikelgruppe	Lagerort	Anzahl
5	47110	Gruppe A	Lager 1	55
6	47120	Gruppe A	Lager 1	356
7	47130	Gruppe A	Lager 1	329
8			**Lager 1 Ergebnis**	740
9	47140	Gruppe A	Lager 2	552
10	47150	Gruppe A	Lager 2	142
11			**Lager 2 Ergebnis**	694
12		**Gruppe A Ergebnis**		1434
13	48110	Gruppe B	Lager 3	481
14	48120	Gruppe B	Lager 3	182
15	48130	Gruppe B	Lager 3	32
16			**Lager 3 Ergebnis**	695
17	48140	Gruppe B	Lager 4	418
18	48150	Gruppe B	Lager 4	291
19			**Lager 4 Ergebnis**	709
20		**Gruppe B Ergebnis**		1404
21		**Gesamtergebnis**		2838

Tipp 4: Einträge links- und rechtsbündig in einer Zelle anzeigen

Zelleinträge innerhalb einer Zelle sollen gleichzeitig links- und rechtsbündig angezeigt werden. So soll beispielsweise linksbündig die Abkürzung *vorl.* für das Wort „vorläufig" stehen, und die Zahl soll rechtsbündig ausgegeben werden. Für diese Aufgabenstellung gibt es zwei Lösungen, die nachfolgend dargestellt werden.

So geht's mit dem benutzerdefinierten Zellenformat:

1 Öffnen Sie das Dialogfenster *Zellen formatieren* über das Menü *Start/Zellen/Format/Zellen formatieren*.

2 Wechseln Sie zur Registerkarte *Zahlen*.

3 Wählen Sie unter *Kategorie* den Eintrag *Benutzerdefiniert*.

4 Als benutzerdefiniertes Zahlenformat geben Sie Folgendes ein:

"vorl." #.##0,00;"vorl."* –#.##0,00*

Beachten Sie die Leerstelle nach dem Stern.

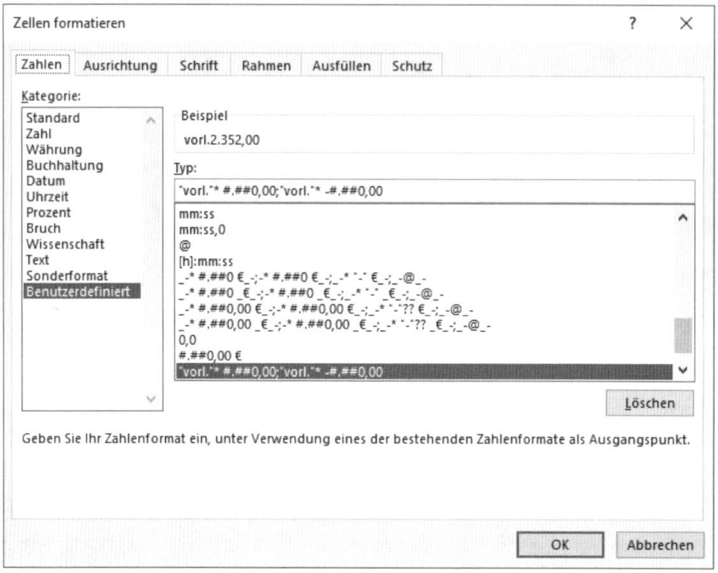

5 Beenden Sie den Dialog mit *OK*.

Jetzt werden alle Zellen, die mit diesem Zahlenformat belegt sind, mit linksbündig vorangestelltem Text *vorl.* dargestellt. Hier wurde der Bereich C5:C16 mit diesem benutzerdefinierten Zahlenformat belegt. Dabei spielt die Spaltenbreite keine Rolle. Der Text wird auf jeden Fall linksbündig und die Zahl immer rechtsbündig dargestellt.

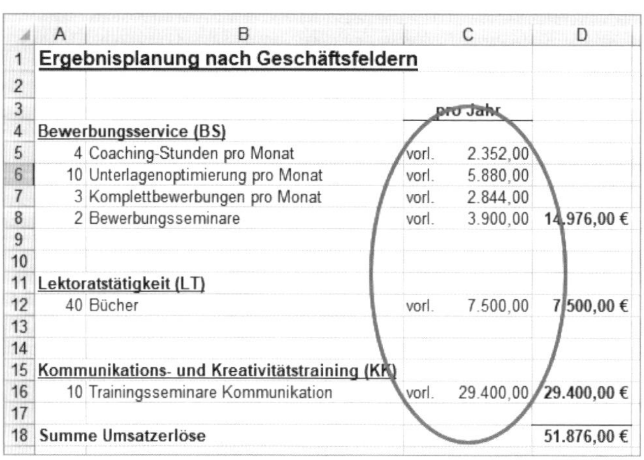

So geht's über eine Formellösung:

In der Ausgangsdatei liegt eine Artikelliste mit Artikelnummern in Spalte A und Artikelbezeichnungen in Spalte B vor. In Spalte C sollen die Artikelnummern und die Bezeichnungen zusammengefasst werden. Die Zeichenanzahl soll dabei einheitlich in jeder Zelle 35 Zeichen betragen.

1 Erfassen Sie in Zelle C4 diese Funktion:

=A4&WIEDERHOLEN(" ";$E$1–LÄNGE(A4)–LÄNGE(B4))&B4

2 Kopieren Sie sie bis zur Zelle C13 nach unten.

3 Als Schriftart müssen Sie eine nicht proportionale Schrift wie beispielsweise Courier, Terminal oder Consolas verwenden. Nur damit kann der Effekt erzielt werden.

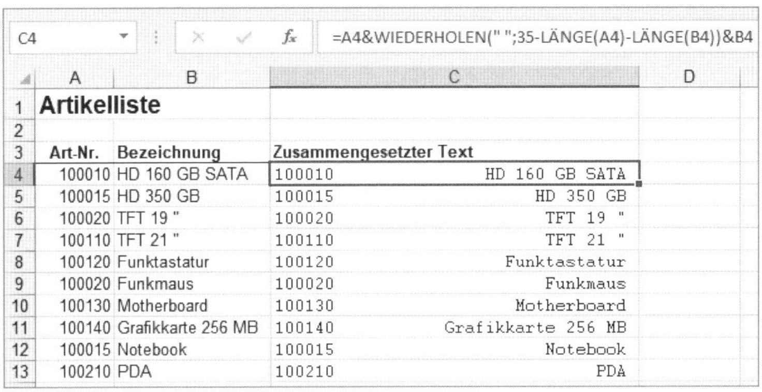
C4 | fx =A4&WIEDERHOLEN(" ";35-LÄNGE(A4)-LÄNGE(B4))&B4

	A	B	C	D
1	**Artikelliste**			
2				
3	Art-Nr.	Bezeichnung	Zusammengesetzter Text	
4	100010	HD 160 GB SATA	100010 HD 160 GB SATA	
5	100015	HD 350 GB	100015 HD 350 GB	
6	100020	TFT 19 "	100020 TFT 19 "	
7	100110	TFT 21 "	100110 TFT 21 "	
8	100120	Funktastatur	100120 Funktastatur	
9	100020	Funkmaus	100020 Funkmaus	
10	100130	Motherboard	100130 Motherboard	
11	100140	Grafikkarte 256 MB	100140 Grafikkarte 256 MB	
12	100015	Notebook	100015 Notebook	
13	100210	PDA	100210 PDA	

Profitipp

Im obigen Beispiel muss die Zellenbreite vorgegeben werden. Soll Excel die Zellenbreite abhängig vom längsten Zelleintrag selbst ermitteln, verwenden Sie folgende Funktion:

=A4&WIEDERHOLEN(" ";MAX(LÄNGE(A1:A1000)+LÄNGE(B1:B1000))+3–LÄNGE(A4) -LÄNGE(B4))&B4

Da es sich um eine Matrixfunktion handelt, müssen Sie sie mit der Tastenkombination Strg+⇧+↵ abschließen.

Tipp 5: Ziffern in verschiedenen internationalen Ziffernzeichen anzeigen

Als Ausgangsdatei liegt eine Rechnung vor. Die Werte der Rechnung sollen in indischen Ziffernzeichen dargestellt werden, da die Warenlieferung nach Bangalore (Indien) stattfand.

So geht's:

Ausgangsbasis ist eine Rechnung, deren Werte in arabischen (westlichen) Zeichen dargestellt werden.

In der Spalte rechts neben den arabischen Ziffern sollen die Werte in indischen Ziffernzeichen angezeigt werden.

	A	B	C	D	E
1			Secure-IT Inc.		
2					
3					
4	Invoice				
5					
6					
7	No.	54-2015			
8					
9					
10	Pos.	Date	Text	Quantity	Total
11	1	06.04.2018	Computer	110,0	76.450,00
12	2	17.05.2018	Betriebssystem	110,0	32.890,00
13	3	22.06.2018	Monitore	110,0	16.390,00
14	4	01.07.2018	Drucker	27,0	12.150,00
15					
16				Total	137.880,00

1 Erfassen Sie in Zelle G10 (außerhalb des Druckbereichs) den Code für das indische Zahlenformat. Der Code lautet *[$-020E0407]0*.

2 In Zelle F11 erfassen Sie die Funktion *=TEXT(E11;$G$10* zum Formatieren der Ziffern.

	A	B	C	D	E	F
1			Secure-IT Inc.			
2						
3						
4	Invoice					
5						
6						
7	No.	54-2015				
8						
9						
10	Pos.	Date	Text	Quantity	Total	Indisch
11	1	06.04.2018	Computer	110,0	76.450,00	٧٦٤٥٠
12	2	17.05.2018	Betriebssystem	110,0	32.890,00	٣٢٨٩٠
13	3	22.06.2018	Monitore	110,0	16.390,00	١٦٣٩٠
14	4	01.07.2018	Drucker	27,0	12.150,00	١٢١٥٠
15						
16				Total	137.880,00	١٣٧٨٨٠

3 Kopieren Sie diese Funktion bis zur Zelle G16 nach unten. Damit werden alle Zahlen aus Spalte E in das indische Zahlenformat übersetzt.

Hinweis

Soll keine zusätzliche Spalte auf der Rechnung erscheinen, können Sie die Zahlen auch über das benutzerdefinierte Zahlenformat in den jeweiligen Zeichencode übersetzen. Erfassen Sie dazu das benutzerdefinierte Zahlenformat *#.### [$–20E0407]*.

Die wichtigsten Codes für internationale Ziffernzeichen:

Zahlensystem	**Code**
Westlich	[$010E0407]0
Thai	[$0D0E0407]0
Japanisch 1	[$1B0E0407]0
Chinesisch	[$1F0E0407]0

Zahlensystem	**Code**
Koreanisch	[$270E0407]0
Arabisch-Indisch	[$010E0407]0
Telugu	[$0A0E0407]0

Tipp 6: Uhrzeitangaben grafisch als Analoguhr darstellen

In diesem Beispiel sehen Sie, wie Uhrzeitangaben als Analoguhr dargestellt werden können. In einem Kalender soll für jede volle Stunde das entsprechende Uhrzeitsymbol mit der richtigen Uhrzeit angezeigt werden. Dabei sollen der erfassten Uhrzeit automatisch die richtigen Symbole zugewiesen werden.

So geht's:

Damit die einzelnen Symbole zur passenden Uhrzeit angezeigt werden, gehen Sie wie folgt vor:

1 Erfassen Sie in Zelle B4 folgende Funktion:

*=ZEICHEN(WENN(A6<=0,5;A6*24;(A6–0,5)*24)+182)*

2 Kopieren Sie diese Funktion bis zur Zelle B17 nach unten.

3 Legen Sie für die komplette Spalte B die Schriftart Wingdings fest. In dieser Schriftart stehen die dafür notwendigen Uhrzeitsymbole zur Verfügung.

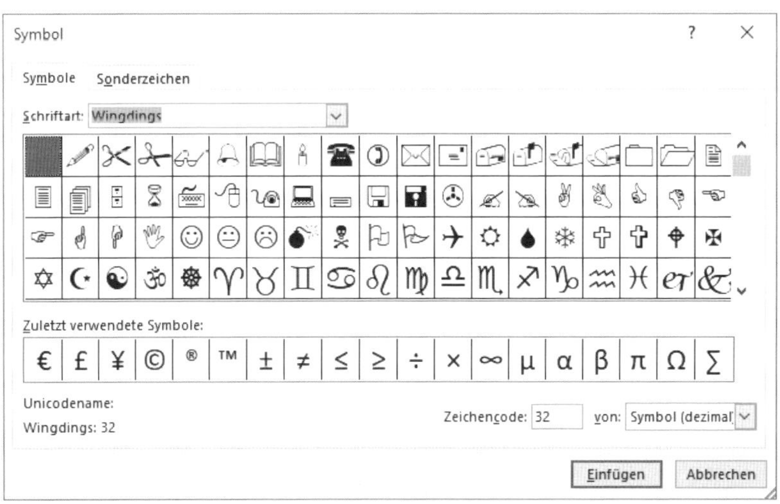

Als Ergebnis wird das korrekte Uhrsymbol der jeweils eingetragenen Uhrzeitangabe zugewiesen. Die Minutenangabe ist dabei irrelevant und bleibt bei der Anzeige der Symbole unberücksichtigt.

Hinweis

Natürlich können auch Uhrzeiten über die Zwölf-Uhr-Stundengrenze hinaus dargestellt werden. 13:00 Uhr wird mit dem gleichen Symbol bedacht wie 01:00 Uhr.

Tipp 7: Eingaben komplett anders darstellen

Eine recht perfide Methode, den Anwender in die Irre zu leiten, erzielen Sie mit einem besonderen benutzerdefinierten Format.

So geht's:

1 Öffnen Sie eine neue Tabelle und rufen Sie über das Kontextmenü der rechten Maustaste den Befehl *Zellen formatieren* auf.

2 Wählen Sie im Register *Zahlen* die Kategorie *Benutzerdefiniert*.

3 Erfassen Sie im Feld *Typ* den Eintrag *"kein"*@ und verlassen Sie den Dialog mit *OK*.

4 Tragen Sie in die aktive Zelle nun etwas ein. Wie Sie sehen können, erscheint jetzt ein völlig anderer Text als der, den Sie erfasst haben.

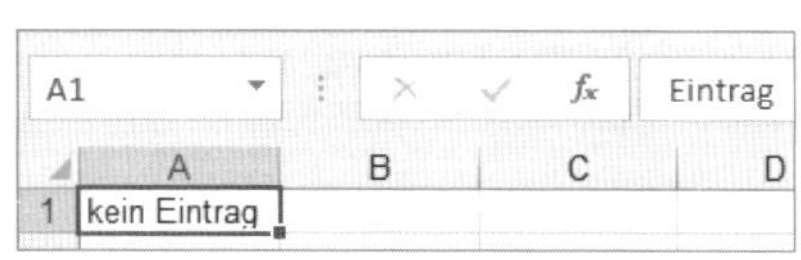

Tipp 8: Abweichungen mit Smileys visualisieren

Smileys sind nach wie vor sehr beliebte Symbole zur Darstellung von Abweichungen. Wenngleich diese Art der Hervorhebung einer Abweichung bei Visualisierungsexperten umstritten ist, möchten wir Ihnen dennoch zeigen, wie Sie dieses Visualisierungsmittel einsetzen können.

So geht's:

1 Erfassen Sie zuerst die zu analysierenden Daten, d. h. Ist- und Plan-Werte, sowie deren Abweichungen, wie in der nächsten Abbildung dargestellt.

2 Geben Sie dann in Zelle F6 die Formel

=WENN(C6<D6;ZEICHEN(76);WENN(C6=D6;ZEICHEN(75);ZEICHEN(74)))

ein und kopieren Sie sie nach unten.

3 Markieren Sie nun den Zellbereich F6:F10 und rufen Sie über die rechte Maustaste den Befehl *Zellen formatieren* auf. Wechseln Sie anschließend zum Register *Schrift* und wählen Sie als *Schriftart* den Typ *Wingdings*.

4 Rufen Sie jetzt den Befehl *Neue Regel* über das Menü *Start/Formatvorlagen/Bedingte Formatierung* auf.

Als neue Formatierungsregel wählen Sie den Regeltyp *Formel zur Ermittlung der zu formatierenden Zellen verwenden* aus.

5 Erfassen Sie nun im Feld *Werte formatieren, für die diese Formel wahr ist*, für den Fall einer negativen Abweichung, die Formel *=C6<D6.*

Wählen Sie als Farbe Rot über die Schaltfläche *Formatieren* im Register *Schrift* aus.

6 Verfahren Sie mit den anderen Fällen (Ist > Plan und Ist = Plan) analog. Wählen Sie hier jedoch andere Farben aus, z. B. Grün und Gelb.

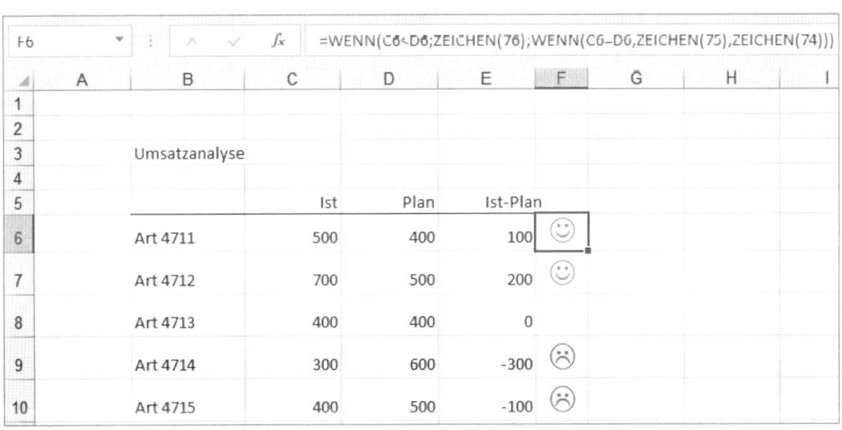

Die Funktionsargumente:

- *WENN:* Hier werden die drei Bedingungen (Ist < Plan, Ist > Plan und Ist = Plan) abgefragt und je nach Fall wird ein Zeichen zurückgegeben.
- *ZEICHEN*: Über diese Funktion wird das der Codezahl entsprechende Zeichen zurückgegeben. In Wingdings entsprechen die drei Zahlen *74*, *75* und *76* im Argument der Funktion den drei Smileys.

Tipp 9: Unerwünschte Zeichen mit einer eigenen Funktion entfernen

Unerwünschte Zeichen können entweder manuell und zeitaufwendig oder blitzschnell mit einem kleinen Makro aus den Zellen entfernt werden. Hierzu bedarf es der Definition einer neuen Excel-Funktion. Einmal mit ein paar Zeilen VBA-Code eingerichtet, kann sie sofort wie jede andere gewöhnliche Excel-Funktion eingesetzt werden.

So geht's:

1 Wechseln Sie über die Tastenkombination Alt+F11 zum VBA-Editor und fügen Sie ein neues Modul ein.

2 Erfassen Sie dann die folgende benutzerdefinierte Funktion:

Listing 1:

```
Function EntfernenZelle(rngZelle As Range)
Dim varz As Integer
Application.Volatile
 For varz = 1 To Len(rngZelle)
 Select Case Mid(rngZelle, varz, 1)
  Case "-", "/", "\", "?", "!", ":", ";"
  'Zeichen, die ignoriert werden sollen
  Case Else
  'übrige Zeichen werden verarbeitet
  EntfernenZelle = EntfernenZelle & Mid(rngZelle, varz, 1)
 End Select
 Next varz
End Function
```

3 Geben Sie jetzt in Zelle A1 und in die darunterliegenden Zellen ein paar Zahlen und Text ein, in denen auch die auszuschließenden Zeichen vertreten sind.

4 Rufen Sie dann die soeben erstellte benutzerdefinierte Funktion in Zelle B1 auf, indem Sie die Formel *=GLÄTTEN(EntfernenZelle(A1))* hinterlegen. Kopieren Sie diese Formel auch in die darunterliegenden Zellen.

5 Als Ergebnis erhalten Sie in Zelle B1 und darunter den angepassten Text bzw. die angepasste Zahl.

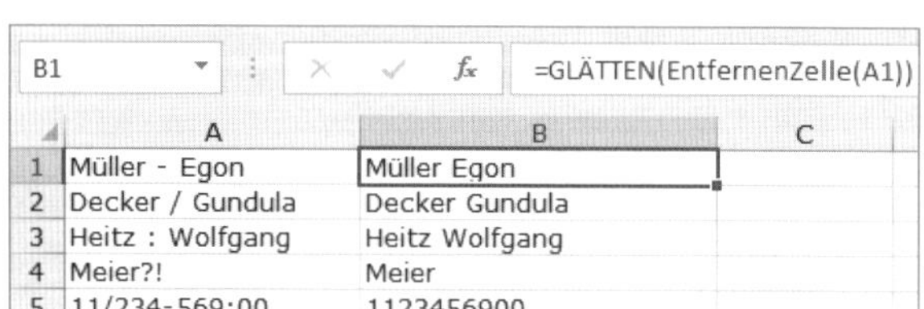
B1 =GLÄTTEN(EntfernenZelle(A1))

	A	B	C
1	Müller - Egon	Müller Egon	
2	Decker / Gundula	Decker Gundula	
3	Heitz : Wolfgang	Heitz Wolfgang	
4	Meier?!	Meier	
5	11/234-569:00	1123456900	

Die Funktionsargumente:

- *EntfernenZelle*: Diese selbst erstellte Funktion löscht diverse Sonderzeichen aus der Zelle. Die Funktion kann wie eine „normale" Excel-Funktion zusammen mit anderen Excel-Funktionen kombiniert werden.
- *GLÄTTEN*: Mit dieser Funktion löschen Sie Leerzeichen aus dem Text.

Tipp 10: GROSS, GROSS2 und KLEIN – schnelle Textformatierung und -korrektur

Häufig enthalten Listen hinsichtlich Groß- und Kleinschreibung uneinheitliche Einträge, die der Bereinigung bedürfen. In unserem Beispiel liegt eine Lieferantenliste vor, bei der Firmenname, Vor- und Nachname des jeweiligen Ansprechpartners (mit Komma getrennt innerhalb einer Zelle) sowie Internetadresse wie folgt korrigiert werden sollen: Der Firmenname soll vollständig in Großbuchstaben erscheinen, Vor- und Nachname sollen jeweils mit Großbuchstaben beginnen und die Internetadresse soll lediglich Kleinbuchstaben enthalten. Mittels Verwendung der Excel-Funktionen *GROSS*, *GROSS2* und *KLEIN* kann dies auf schnellstem Wege erledigt werden.

So geht's:

1. In den Spalten A bis C befinden sich die zu korrigierenden Ausgangsdaten. Kopieren Sie zunächst die Tabellenüberschriften dieser Spalten in die Spalten D bis F.
2. Um in Spalte D den Firmennamen aus Spalte A in Großbuchstaben zu erhalten, markieren Sie den Zellbereich D4:D6 und tragen in Zelle D4 folgende Funktion ein: *=GROSS(A4)*. Bestätigen Sie die Eingabe mit der Tastenkombination Strg+↵.
3. Um in Spalte E die Vor- und Nachnamen mit großen Anfangsbuchstaben darzustellen, tragen Sie analog die Funktion *=GROSS2(B4)* ein.
4. Zwecks einheitlicher Kleinschreibung der Internetadresse erfassen Sie in Spalte F die Funktion *=KLEIN(C4)*.

F4 | fx | =KLEIN(C4)

	A	B	C	D	E	F
1						
2	ALT:			NEU:		
3	**Firmenname**	**Ansprechpartner**	**Internetadresse**	**Firmenname**	**Ansprechpartner**	**Internetadresse**
4	müller	Müller, adalbert	www.Mueller.xyz	MÜLLER	Müller, Adalbert	www.mueller.xyz
5	Meyer	meyer, wilhelm	www.meyer.xyz	MEYER	Meyer, Wilhelm	www.meyer.xyz
6	schneider	schneider, Egon	www.Schneider.xyz	SCHNEIDER	Schneider, Egon	www.schneider.xyz

Etwas schwieriger wird es, wenn in einer Liste unterschiedliche Ausgangsfälle gemischt auftreten. Im unten stehenden Beispiel findet sich innerhalb einer Liste einerseits ein feststehender Begriff, dessen Anfangsbuchstabe großgeschrieben werden soll, andererseits ein Satz, bei dem nur das erste Zeichen in Großschreibweise erscheinen soll – der Rest des Satzes soll unverändert beibehalten werden. Bei alleiniger Anwendung von *GROSS2* erhält man nicht für beide Ausgangsfälle das erwünschte Ergebnis, wie der unten stehende Screen zeigt. Erreichen lässt sich dies aber mit der Definition einer zusätzlichen Bedingung.

So geht's:

1 Zunächst muss die eindeutige Bedingung festgelegt werden, mit der die beiden Fälle unterschieden werden können. In unserem Beispiel soll der Text dann als Satz behandelt werden, wenn an seinem Ende ein Punkt vorhanden ist. Andernfalls wird der Text als feststehender Begriff gewertet. Zusätzlich wird angenommen, dass die maximale Zeichenzahl des Textes bei 100 liegt.

2 Mit folgender Funktion wird diese fallabhängige Behandlung umgesetzt:

=WENN(RECHTS(A7)=".";GROSS2(LINKS(A7;1))&TEIL(A7;2;100);GROSS2(A7))

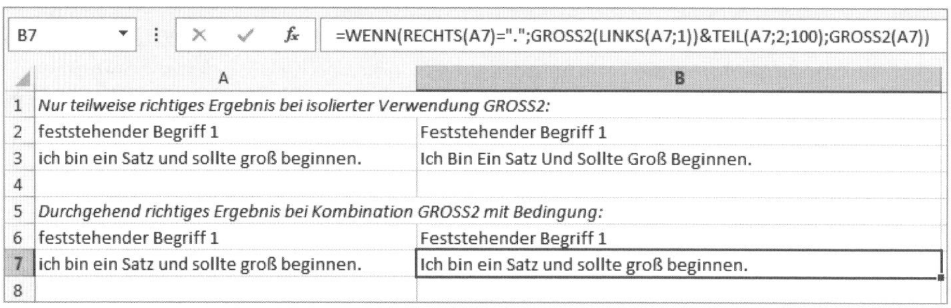
B7 =WENN(RECHTS(A7)=".";GROSS2(LINKS(A7;1))&TEIL(A7;2;100);GROSS2(A7))

	A	B
1	*Nur teilweise richtiges Ergebnis bei isolierter Verwendung GROSS2:*	
2	feststehender Begriff 1	Feststehender Begriff 1
3	ich bin ein Satz und sollte groß beginnen.	Ich Bin Ein Satz Und Sollte Groß Beginnen.
4		
5	*Durchgehend richtiges Ergebnis bei Kombination GROSS2 mit Bedingung:*	
6	feststehender Begriff 1	Feststehender Begriff 1
7	ich bin ein Satz und sollte groß beginnen.	Ich bin ein Satz und sollte groß beginnen.
8		

Funktionsübersicht

Funktion	Erläuterung
ADRESSE(Zeile;Spalte;Abs;A1;Tabellenname)	Liefert einen Bezug auf eine Zelle einer Tabelle als Text.
BEREICH.VERSCHIEBEN(Bezug;Zeilen;Spalten;Höhe;Breite)	Gibt einen Bezug zurück, der gegenüber dem angegebenen Bezug versetzt ist. Der zurückgegebene Bezug kann eine einzelne Zelle oder ein Zellbereich sein. Sie können die Anzahl der zurückzugebenden Zeilen und Spalten festlegen. Optional können positive Werte für Höhe bzw. Breite des neuen Bezugs in Zeilen bzw. Spalten angegeben werden.
DATUM(Jahr;Monat;Tag)	Gibt die fortlaufende Zahl zurück, die ein bestimmtes Datum darstellt. Wenn für das Zellenformat vor der Eingabe der Funktion die Option *Allgemein* eingestellt war, wird das Ergebnis als Datum formatiert.
FINDEN(Suchtext;Text;Erstes_Zeichen)	Mithilfe von *FINDEN* können Sie eine Textzeichenfolge innerhalb einer zweiten Textzeichenfolge suchen und die Anfangsposition der ersten Textzeichenfolge, vom ersten Zeichen der zweiten Textzeichenfolge aus gezählt, zurückgeben.
GLÄTTEN(Text)	Löscht Leerzeichen in einem Text, die nicht als jeweils einzelne zwischen Wörtern stehende Trennzeichen dienen.
GROSS(Text)	Wandelt Text in Großbuchstaben um.

Funktion	Erläuterung
GROSS2(Text)	Schreibt den ersten Buchstaben aller Wörter in einem Textwert groß.
HEUTE()	Gibt die fortlaufende Zahl des heutigen Datums zurück.
INDEX(Matrix;Zeile;Spalte) INDEX(Bezug;Zeile;Spalte; Bereich)	Gibt einen Wert oder den Bezug zu einem Wert aus einer Tabelle oder einem Bereich zurück. Die Funktion *INDEX()* gibt es in zwei Versionen: Matrixversion und Bezugsversion. Die Matrixversion gibt immer einen Wert oder eine Matrix aus Werten zurück, die Bezugsversion gibt immer einen Bezug zurück.
INDIREKT(Bezug;A1)	Gibt den Bezug eines Textwerts zurück. Bezüge werden sofort ausgewertet, sodass die zu ihnen gehörenden Werte angezeigt werden. Verwenden Sie die *INDIREKT*-Funktion, um den Bezug auf eine in einer Formel befindliche Zelle zu ändern, ohne die Formel selbst zu ändern.
ISTBEZUG(Wert)	*Wert* bezieht sich auf einen Bezug.
ISTFEHL(Wert)	*Wert* bezieht sich auf einen Fehlerwert mit Ausnahme von *#NV*.
ISTFEHLER(Wert)	*Wert* bezieht sich auf einen beliebigen Fehlerwert *(#NV*, *#WERT!*, *#BEZUG!*, *#DIV/0!*, *#ZAHL!*, *#NAME?* oder *#NULL!*).
ISTFORMEL(Bezug)	Überprüft, ob ein Bezug auf eine Zelle verweist, die eine Formel enthält, und gibt *WAHR* oder *FALSCH* zurück.
ISTKTEXT(Wert)	*Wert* bezieht sich auf ein Element, das kein Text ist. (Beachten Sie, dass diese Funktion *WAHR* zurückgibt, wenn sich der Wert auf eine leere Zelle bezieht.)
ISTLEER(Wert)	Prüft, ob eine Zelle leer ist, und gibt entsprechend *WAHR* zurück.
ISTLOG(Wert)	*Wert* bezieht sich auf einen Wahrheitswert.
ISTNV(Wert)	*Wert* bezieht sich auf den Fehlerwert *#NV* (Wert nicht verfügbar).
ISTTEXT(Wert)	Prüft, ob sich in einer Zelle Text befindet, und gibt entsprechend *WAHR* zurück.
ISTZAHL(Wert)	Prüft, ob sich in einer Zelle eine Zahl befindet, und gibt entsprechend *WAHR* zurück.
JAHR(Zahl)	Wandelt eine fortlaufende Zahl in eine Jahreszahl um. Das Jahr wird als ganze Zahl zurückgegeben, die einen Wert von 1900 bis 9999 annehmen kann.
JETZT( )	Liefert die fortlaufende Zahl des aktuellen Datums und der aktuellen Uhrzeit zurück.
KLEIN(Text)	Wandelt einen Text in Kleinbuchstaben um.
KÜRZEN(Zahl;Anzahl_Stellen)	Schneidet die Kommastellen der Zahl ab und gibt als Ergebnis eine ganze Zahl zurück.
LÄNGE(Text)	Gibt die Anzahl der Zeichen einer Zeichenfolge zurück.

Funktion	Erläuterung
LINKS(Text;Anzahl_Zeichen)	Gibt auf der Grundlage der Anzahl von Zeichen, die Sie angeben, das oder die erste(n) Zeichen in einer Textzeichenfolge zurück.
MAX(Zahl1;Zahl2;...)	Gibt den größten Wert innerhalb einer Argumentliste zurück.
MIN(Zahl1;Zahl2;...)	Gibt den kleinsten Wert innerhalb einer Argumentliste zurück.
MONAT(Zahl)	Wandelt eine fortlaufende Zahl in einen Monat um. Der Monat wird als ganze Zahl ausgegeben, die einen Wert von 1 (Januar) bis 12 (Dezember) annehmen kann.
ODER(Wahrheitswert1; Wahrheitswert2;...)	Gibt *WAHR* zurück, wenn ein Argument wahr ist. Gibt *FALSCH* zurück, wenn alle Argumente falsch sind.
RECHTS(Text;Anzahl_Zeichen)	Gibt auf der Grundlage der Anzahl von Zeichen, die Sie angeben, das bzw. die letzte(n) Zeichen einer Textzeichenfolge zurück.
REST(Zahl;Divisor)	Gibt den Rest einer Division zurück. Das Ergebnis hat das gleiche Vorzeichen wie *Divisor*.
SPALTE(Bezug)	Gibt die Spaltennummer eines Bezugs zurück.
TEIL(Text;Erstes_Zeichen; Anzahl_Zeichen)	Gibt auf der Grundlage der angegebenen Anzahl von Zeichen eine bestimmte Anzahl von Zeichen einer Zeichenfolge ab der von Ihnen angegebenen Position zurück.
TEXT(Wert;Textformat)	Formatiert eine Zahl und wandelt sie in Text um.
UND(Wahrheitswert1; Wahrheitswert2;...)	Gibt *WAHR* zurück, wenn alle Argumente wahr sind. Sind die Aussagen eines oder mehrerer Argumente falsch, gibt diese Funktion den Wert *FALSCH* zurück.
VERGLEICH(Suchkriterium; Suchmatrix;Vergleichstyp)	Sucht Werte innerhalb eines Bezugs oder einer Matrix. Verwenden Sie *VERGLEICH* immer dann statt einer der *VERWEIS*-Funktionen, wenn Sie die Position eines Elements in einem Bereich und nicht das Element selbst benötigen.
WENN(Prüfung;Dann_Wert; Sonst_Wert)	Prüft, ob eine Bedingung zutrifft, also wahr oder falsch ist, und macht das Ergebnis vom Resultat der Prüfung abhängig.
WIEDERHOLEN(Text; Multiplikator)	Wiederholt einen Text so oft wie angegeben. Verwenden Sie *WIEDERHOLEN*, um eine Zeichenfolge in einer bestimmten Häufigkeit in eine Zelle einzugeben.
WOCHENTAG(Zahl,Typ)	Wandelt eine fortlaufende Zahl in einen Wochentag um. Der Tag wird standardmäßig als ganze Zahl ausgegeben, die einen Wert von 1 (Sonntag) bis 7 (Samstag) annehmen kann.
ZEICHEN(Zahl)	Gibt das der Codezahl entsprechende Zeichen zurück.
ZEILE(Bezug)	Liefert die Zeilennummer eines Bezugs.
ZELLE(Infotyp;Bezug)	Gibt Informationen zur Formatierung, der Position oder dem Inhalt der Zelle links oben in einem Bezug zurück.

3 So haben Sie Arbeitsmappen und Tabellenblätter voll im Griff

Dieses Kapitel zeigt den Umgang mit Tabellenblättern und Arbeitsmappen anhand von Praxisbeispielen.

	A	B	C	D
1	**Ergebnisplanung nach Geschäftsfeldern**			
2				
3			**pro Jahr**	
4	**Bewerbungsservice (BS)**			
5	4	Coaching-Stunden pro Monat	vorl. 2.352,00	
6	10	Unterlagenoptimierung pro Monat	vorl. 5.880,00	
7	3	Komplettbewerbungen pro Monat	vorl. 2.844,00	
8	2	Bewerbungsseminare	vorl. 3.900,00	**14.976,00 €**
9				
10				
11	**Lektoratstätigkeit (LT)**			
12	40	Bücher	vorl. 7.500,00	
13	20	Zeitschriften	vorl. 12.300,00	**12.300,00 €**
14				
15				
16	**Kommunikations- und Kreativitätstraining (KK)**			
17	10	Trainingsseminare Kommunikation	vorl. 29.400,00	
18	5	Tagesseminare Kreativität am Arbeitsplatz	vorl. 7.500,00	**7.500,00 €**
19				
20	**Summe Umsatzerlöse**			**34.776,00 €**

Der erste Abschnitt beschäftigt sich mit Tabellenblättern. Sie erfahren zum Beispiel, wie Zugriffe auf Bereiche eingeschränkt werden können und welche Schutzmechanismen bestehen.

Der zweite Abschnitt widmet sich dem Thema Arbeitsmappen. Im dritten und letzten Abschnitt dieses Kapitels nehmen wir Mustervorlagen intensiver unter die Lupe.

3.1 Tabellenblätter effektiv managen

Die nachfolgenden Tipps geben einen Überblick darüber, was mit Tabellenblättern möglich ist. So können Blätter so ausgeblendet werden, dass sie auf den ersten und auf den zweiten Blick nicht gefunden werden. Darüber hinaus erfahren Sie, wie Zugriffe auf bestimmte Bereiche des Tabellenblatts beschränkt werden können.

Tipp 1: Zugriff auf einen definierten Tabellenbereich beschränken

Auf einem Tabellenblatt soll der Zugriff auf festgelegte Zellbereiche beschränkt werden. Im ersten Beispiel liegt eine Ergebnisplanung vor. Diese befindet sich im Zellbereich A1:D20. Der Zugriff soll genau auf diesen Bereich beschränkt werden. Darüber hinausgehende Zellen sollen nicht mehr zur Verfügung stehen.

	A	B	C	D
1	**Ergebnisplanung nach Geschäftsfeldern**			
2				
3			**pro Jahr**	
4	**Bewerbungsservice (BS)**			
5	4	Coaching-Stunden pro Monat	vorl. 2.352,00	
6	10	Unterlagenoptimierung pro Monat	vorl. 5.880,00	
7	3	Komplettbewerbungen pro Monat	vorl. 2.844,00	
8	2	Bewerbungsseminare	vorl. 3.900,00	**14.976,00 €**
9				
10				
11	**Lektoratstätigkeit (LT)**			
12	40	Bücher	vorl. 7.500,00	
13	20	Zeitschriften	vorl. 12.300,00	**12.300,00 €**
14				
15				
16	**Kommunikations- und Kreativitätstraining (KK)**			
17	10	Trainingsseminare Kommunikation	vorl. 29.400,00	
18	5	Tagesseminare Kreativität am Arbeitsplatz	vorl. 7.500,00	**7.500,00 €**
19				
20	**Summe Umsatzerlöse**			**34.776,00 €**

So geht's:

1 Markieren Sie Spalte E, indem Sie auf den Spaltenkopf klicken.

2 Drücken Sie die Tastenkombination Strg+⇧+→.

3 Blenden Sie nun die markierten Spalten über das Menü *Start/Zellen/Format/Ausblenden & Einblenden/Spalten ausblenden* die markierte Spalten E bis XFD aus.

4 Markieren Sie jetzt die komplette Zeile 21, indem Sie auf die Zeilenbeschriftung klicken.

5 Drücken Sie die Tastenkombination Strg+⇧+↓.

6 Blenden Sie nun die markierten Zeilen 21 bis 1.048.576 über das Menü *Start/Zellen/Format/Ausblenden & Einblenden/Zeilen ausblenden* aus.

Sie sehen, dass jetzt ausschließlich der Bereich A1:D20 angezeigt wird. Auf die ausgeblendeten Zellbereiche besteht kein Zugriff mehr.

Tipp 2: Die Bewegung des Zellzeigers auf einen bestimmten Tabellenausschnitt beschränken

Dieses Beispiel zeigt, wie die Zellzeigerbewegung auf einen bestimmten Zellbereich beschränkt werden kann. Der Zellzeiger kann weder mit der Tastatur noch mit der Maus außerhalb des vordefinierten Bereichs bewegt werden.

So geht's:

1 Zuerst muss die Zugriffsmöglichkeit auf die *Entwicklertools* (Excel 2007: *Entwicklerregisterkarte*) hergestellt werden. Setzen Sie dazu über *Datei/Optionen/Menüband anpassen* in der Kategorie *Hauptregisterkarten* das Häkchen bei *Entwicklertools* (Excel 2007: Menü *Office/Excel-Optionen/Häufig verwendet/Entwicklerregisterkarte in der Multifunktionsleiste anzeigen).*

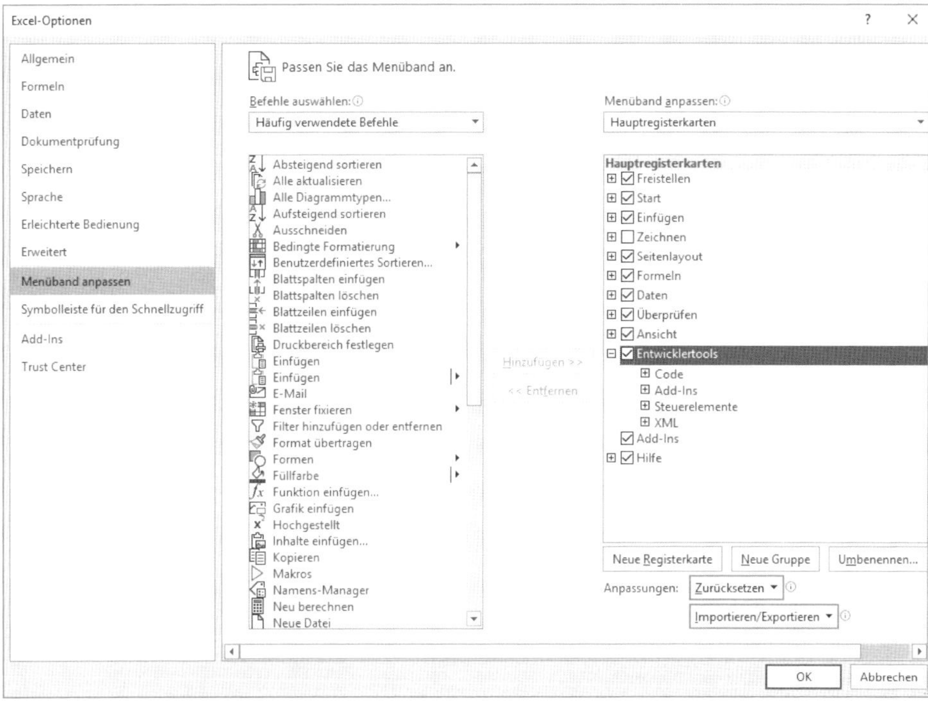

2 Nach einem Klick auf die Schaltfläche *OK* wird die Registerkarte *Entwicklertools* angezeigt.

3 Öffnen Sie das *Eigenschaften*-Dialogfenster über das Menü *Steuerelemente/Eigenschaften*.

4 Tragen Sie auf der Registerkarte *Alphabetisch* bei der Eigenschaft *ScrollArea* beispielsweise den Zellbereich *B3:E20* ein. Sie können den Zellbereich aber auch über einen definierten Namen festlegen.

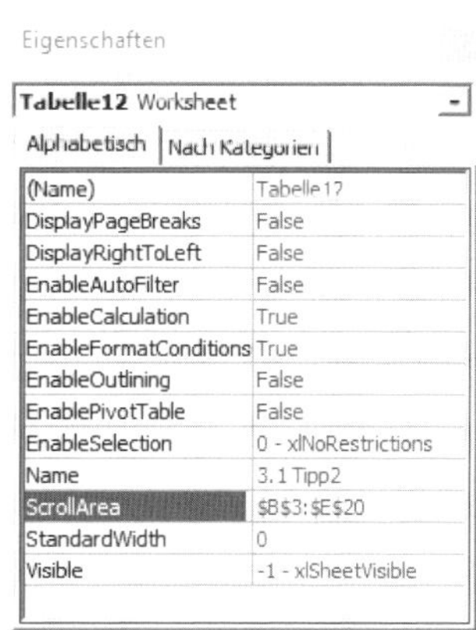

5 Beenden Sie das *Eigenschaften*-Fenster mit einem Klick auf das Kreuz rechts oben.

6 Jetzt kann der Zellzeiger nur noch im definierten Zellbereich B3:E20 bewegt werden. Außerhalb dieses Bereichs sind keinerlei Zelleingaben mehr möglich.

Tipp 3: Die Bewegung des Zellzeigers auf ungeschützte Zellen beschränken

Dieser Tipp zeigt, wie die Bewegung des Zellzeigers über die Blattschutzfunktion beschränkt werden kann. So soll auch in diesem Beispiel nur der Zellbereich B3:E20 selektiert werden können.

So geht's:

1 Markieren Sie den Zellbereich B3:E20.

2 Entfernen Sie auf der Registerkarte *Schutz* den Haken im Kontrollkästchen *Gesperrt* über das Menü *Start/Zellen/Format/Zellen formatieren.*

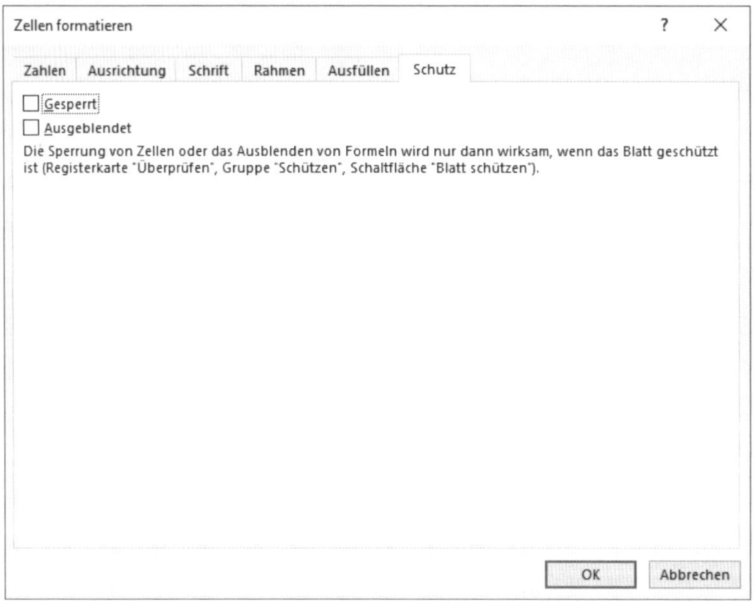

3 Bestätigen Sie die Dialogbox mit einem Klick auf *OK.*

4 Öffnen Sie nun das Dialogfenster *Blatt schützen* über das Menü *Überprüfen/Änderungen/Blatt schützen.*

5 Aktivieren Sie den Eintrag *Nicht gesperrte Zellen auswählen.* Bei allen anderen Optionen entfernen Sie den Haken aus den entsprechenden Kontrollkästchen, falls vorhanden.

6 Beenden Sie den Dialog mit *OK.*

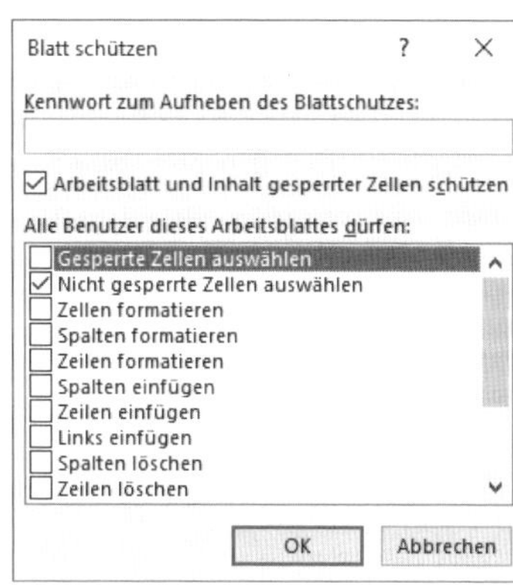

Sobald der Blattschutz aktiviert ist, kann ausschließlich der Bereich B3:E20 selektiert werden. In keinem anderen Zellbereich können Daten erfasst werden. Werden Daten außerhalb dieses Bereichs erfasst, wird das mit einem Fehlerhinweis quittiert.

Tipp 4: Gemeinsamen Dateizugriff auf verschiedene Zellbereiche herstellen

Im folgenden Beispiel liegt eine Inventurliste vor. Diese Liste wird von verschiedenen Mitarbeitern im Netzwerk bearbeitet. Ein Mitarbeiter ist für die Erfassung der Stammdaten *Artikel-Nr., Artikel-Gruppe* und *Bezeichnung* zuständig. Der andere soll nur die Mengen zu den jeweiligen Artikeln eintragen. Darüber hinaus soll es möglich sein, dass beide Mitarbeiter gleichzeitig an der Inventurliste arbeiten können.

So geht's:

Sehen Sie sich zunächst die Ausgangstabelle an.

Die Spalten A bis C dürfen ausschließlich von *Anwender 1* und Spalte D darf nur von *Anwender 2* bearbeitet werden können.

	A	B	C	D
1	**Inventurliste per 30.03.**			
2				
3				
4	Artikel-Nr.	Artikel-Gruppe	Bezeichnung	Menge
5	10001	10	Artikel 1-1	15
6	10002	10	Artikel 1-2	243
7	20001	20	Artikel 2-3	125
8	20002	20	Artikel 2-4	63
9	20003	20	Artikel 2-5	1
10	30001	30	Artikel 3-6	48
11	30002	30	Artikel 3-7	167
12	30003	30	Artikel 3-8	243
13	70001	70	Artikel 7-9	19
14	70002	70	Artikel 7-10	28
15	80001	80	Artikel 8-11	4
16	90001	90	Artikel 9-12	86
17	90002	90	Artikel 9-13	34
18	90003	90	Artikel 9-14	94
19	90004	90	Artikel 9-15	7
20	90005	90	Artikel 9-16	47

1. Starten Sie das Dialogfenster zum Festlegen der Benutzerberechtigungen über das Menü *Überprüfen/Schützen/Bearbeiten von Bereichen zulassen* (Excel 2007: Menü *Überprüfen/Änderungen/Benutzer dürfen Bereiche bearbeiten*).

2. Klicken Sie auf die Schaltfläche *Neu*, um einen neuen Tabellenbereich zu definieren.

3. Als Titel erfassen Sie *Anwender_1*. Im Feld *Bezieht sich auf Zellen* geben Sie *=A:C* ein.

4. Legen Sie über die Schaltfläche *Kennwort* (Excel 2007: Feld *Kennwort des Bereichs*) das Kennwort fest, mit dem der Bereichsschutz wieder aufgehoben werden kann.

5 Damit einzelne User ohne vorherige Eingabe des Kennworts den ausgewählten Bereich bearbeiten können, müssen diese User hinzugefügt werden. Klicken Sie dazu auf die Schaltfläche *Berechtigungen*. Wählen Sie in dem Dialogfenster den User aus, der das Zugriffsrecht erhalten soll. Die genaue Vorgehensweise ist von der eingesetzten Windows-Version abhängig.

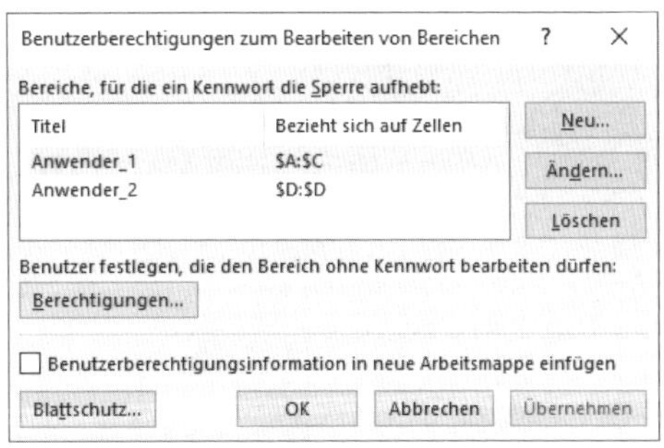

6 Beenden Sie die beiden Dialogfenster mit je einem Klick auf die Schaltfläche *OK*. (Excel 2007: Sie werden aufgefordert, das Kennwort zu bestätigen).

7 Wiederholen Sie die Schritte 2 bis 6 zur Anlage des zweiten Mitarbeiters. Als Titel geben Sie *Anwender_2* ein, und als Bereich definieren Sie die Spalte D über den Eintrag *=D* im Feld *Bezieht sich auf Zellen*.

8 Nachdem Sie die Erfassung der Benutzerberechtigungen abgeschlossen haben, aktivieren Sie über die Schaltfläche *Blattschutz* den Schutz für das Tabellenblatt. Legen Sie die gewünschten Schutzoptionen fest.

9 Damit die beiden Mitarbeiter gleichzeitig an der Inventurliste arbeiten können, müssen Sie sie noch freigeben. Diesen Befehl rufen Sie über das Menü *Überprüfen/Schützen/Arbeitsmappe schützen* auf (Excel 2007: *Überprüfen/Änderungen/Arbeitsmappe schützen und freigeben*).

10 Aktivieren Sie das Kontrollkästchen *Freigabe mit Änderungsprotokoll* und vergeben Sie ein beliebiges Kennwort.

11 Die Freigabe führt zur Speicherung der Datei. Bestätigen Sie dieses Dialogfenster mit einem Klick auf *OK*.

Es ist geschafft. Die Inventurliste kann nun von mehreren Usern gleichzeitig bearbeitet werden. Die Anwender 1 und 2 können die zugewiesenen Bereiche wie gewohnt bearbeiten und verändern, aber eben nur diese.

Hinweis

Beachten Sie, dass Anwender, die noch mit Excel 97 und 2000 arbeiten, keine Änderungen an der Tabelle vornehmen können, auch wenn die Userberechtigung entsprechend eingestellt ist. Die Funktion steht erst ab der Version Excel XP zur Verfügung.

Anwender, die mit Windows NT arbeiten, können keine neuen Benutzerberechtigungen festlegen, das funktioniert erst ab Windows 2000. Mit bereits vorgegebenen Berechtigungen kann jedoch auch unter NT ab Excel XP wie gewohnt mit Bereichsbeschränkungen gearbeitet werden.

Tipp 5: Wiedereinblenden von ausgeblendeten Tabellenblättern verhindern

Das folgende Beispiel zeigt, wie Tabellenblätter so ausgeblendet werden können, dass sie über die bekannte Funktion *Blatt einblenden* nicht wiederhergestellt werden können.

So geht's:

1 Öffnen Sie das *Eigenschaften*-Fenster über das Menü *Entwicklertools/Steuerelemente/Eigenschaften*.

2 Legen Sie für die Eigenschaft *Visible* den Parameter *xlSheetVeryHidden* fest.

3 Das ausgewählte Tabellenblatt wird sofort ausgeblendet und steht auch im Menü *Start/Zellen/Format/Ausblenden & Einblenden/Blatt einblenden* nicht mehr zur Verfügung. Es kann somit auf herkömmlichem Wege nicht mehr hergestellt werden.

4 Beenden Sie das *Eigenschaften*-Fenster mit einem Klick auf das Kreuz rechts oben.

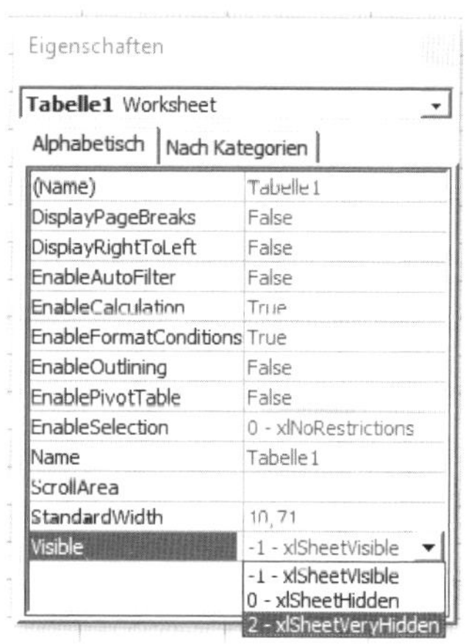

Blätter, die über die Eigenschaft *Visible* ausgeblendet wurden, können nur noch über den VBA-Editor bzw. über VBA-Code eingeblendet werden.

Zum Einblenden gehen Sie wie folgt vor:

1 Starten Sie den VBA-Editor mit der Tastenkombination Alt+F11.

2 Wählen Sie im Projekt-Explorer das ausgeblendete Tabellenblatt, im Beispiel *Tabelle1*.

3 Drücken Sie die Funktionstaste [F4]. Damit wird das *Eigenschaften*-Fenster im VBA-Editor eingeblendet.

4 Bei der Eigenschaft *Visible* legen Sie den Wert *xlSheetVisible* fest. Damit wird das Tabellenblatt wieder angezeigt und es kann wie gewohnt darauf zugegriffen werden.

5 Beenden Sie den VBA-Editor mit der Tastenkombination [Alt]+[F4] wieder.

Tipp 6: Inhaltsverzeichnis aller Tabellenblätter erzeugen

Sie möchten ein Inhaltsverzeichnis aller Tabellenblätter erzeugen, die sich in der aktuellen Arbeitsmappe befinden? Leider bietet Excel dazu keine Standardfunktion. Es ist jedoch ohne Weiteres möglich, diese Aufgabenstellung per VBA zu lösen.

So geht's:

1 Starten Sie mit der Tastenkombination [Alt]+[F11] den VBA-Editor.

2 Fügen Sie über das Menü *Einfügen/Modul* ein neues Codeblatt ein.

3 In das Codeblatt kopieren Sie den VBA-Code aus Listing 1.

Listing 1:

```
Sub Inhaltsverzeichnis()
'** Inhaltsverzeichnis aller
'** Tabellenblätter erstellen

'** Dimensionierung der Variablen
Dim blatt As Object
Dim i As Double
i = 0
'** Blattname einfügen
For Each blatt In Sheets
  ActiveSheet.Cells(ActiveCell.Row + i, _
    ActiveCell.Column).Value = blatt.Name
  i = i + 1
Next blatt
End Sub
```

4 Starten Sie den VBA-Code über das Menü *Ausführen/Sub/Userform ausführen* oder über die Funktionstaste F5.

Wenn Sie den VBA-Editor bereits verlassen haben, können Sie das Makro *Inhaltsverzeichnis()* auch über den Menübefehl *Entwicklertools/Code/Makros* aufrufen.

5 Als Ergebnis werden alle Tabellenblattbezeichnungen ab der aktuellen Zellzeigerposition nach unten eingetragen.

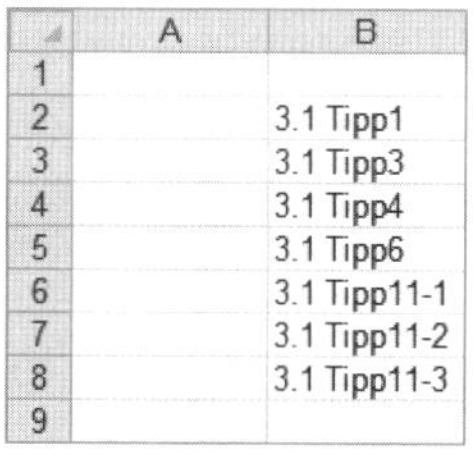

Tipp 7: Per Hyperlink innerhalb einer Arbeitsmappe navigieren

Hyperlinks bieten eine elegante Möglichkeit, innerhalb einer Arbeitsmappe zwischen den Tabellen hin und her zu navigieren.

So geht's:

1 Öffnen Sie eine neue Arbeitsmappe und klicken Sie in Zelle A1 mit der rechten Maustaste, um den Befehl *Hyperlink* aufzurufen.

2 Erfassen Sie dann im Feld *Anzuzeigender Text* den Eintrag *Mappe 1 Tabelle 1 Zelle A1* und hinterlegen Sie im Feld *Geben Sie einen Zellbezug ein* (ab Excel 2007) bzw. im Feld *Geben Sie den Zellbezug ein* (Excel 2003) den Eintrag *A1*. Im Bereich *Oder wählen Sie eine Stelle im Dokument* müssen Sie nun noch *Tabelle1* markieren.

3 Wiederholen Sie diese Schritte für *Tabelle2* und *Tabelle3*, wie nachfolgend dargestellt, und hinterlegen Sie diese Einträge analog in den anderen Tabellen *Tabelle2* und *Tabelle3*.

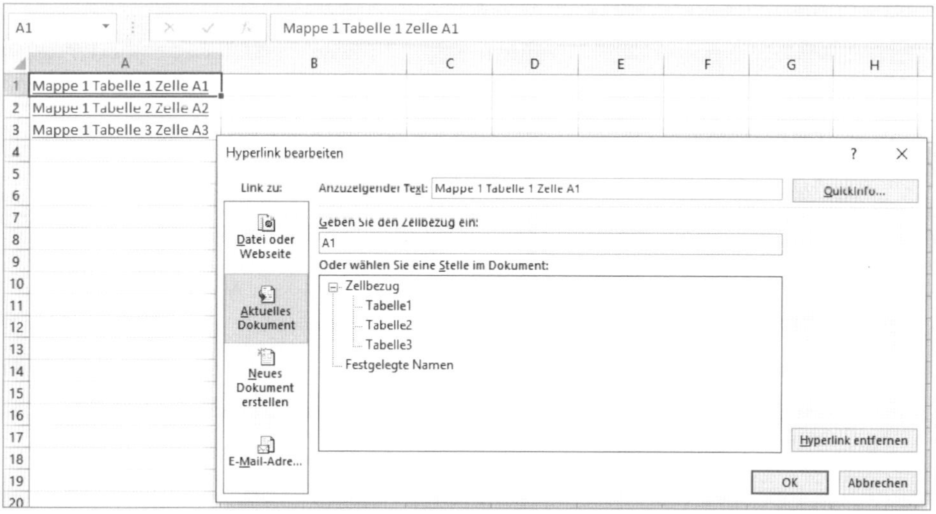

4 Nun können Sie per Klick auf einen Hyperlink elegant von Tabelle zu Tabelle wechseln.

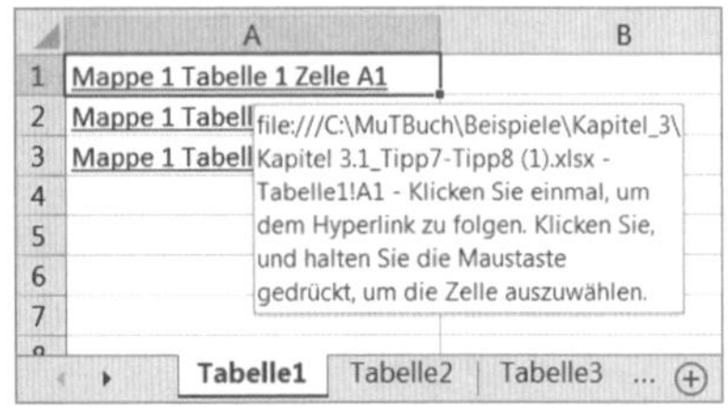

Tipp 8: Per Hyperlink zu anderen Arbeitsmappen navigieren

Hyperlinks bieten aber auch die Möglichkeit, arbeitsmappenübergreifend zu navigieren, d. h. von Excel-Datei zu Excel-Datei zu „springen". Wie das geht, soll aufbauend auf dem vorherigen Tipp nun verdeutlicht werden.

➡ Verweis: siehe Kapitel 3.1, Tipp 7

So geht's:

1 Machen Sie jetzt die Navigation arbeitsmappenübergreifend, indem Sie zunächst eine weitere Arbeitsmappe öffnen und abspeichern.

2 Wechseln Sie dann zurück zur ersten Arbeitsmappe und klicken Sie in Zelle B1 erneut mit der rechten Maustaste, um den Befehl *Hyperlink* aufzurufen.

3 Erfassen Sie im Feld *Anzuzeigender Text* den Eintrag *Mappe 2 Tabelle 1 Zelle A1* und klicken Sie im Bereich *Link zu* auf das Symbol *Datei oder Webseite.*

4 Markieren Sie anschließend über *Suchen in* die zweite Arbeitsmappe, die Sie soeben abgespeichert haben.

5 Wechseln Sie jetzt erneut zu dieser zweiten Arbeitsmappe und hinterlegen Sie dort ebenfalls, analog zu der in den vorherigen Schritten beschriebenen Art und Weise, einen Hyperlink zur ersten Arbeitsmappe.

6 Nun können Sie arbeitsmappenübergreifend per Hyperlink von Datei zu Datei springen.

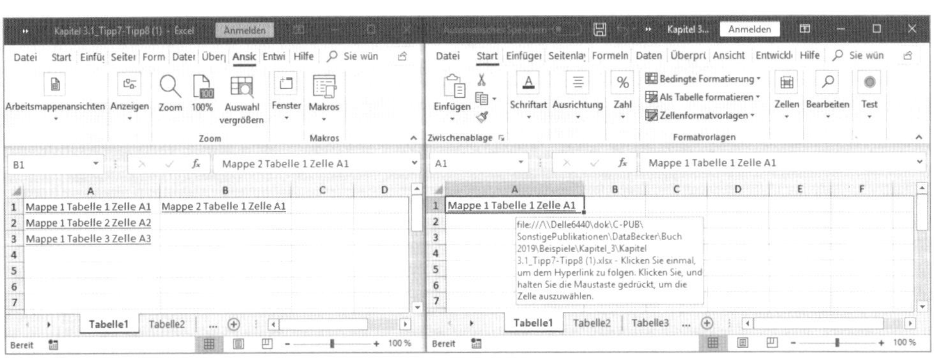

Tipp 9: Professionelle Tabellennavigation erstellen

Die Navigation via Hyperlinks bietet sich vor allem dann an, wenn Sie mit Excel ein professionelles Berichtswesen oder MIS-System aufbauen möchten und Ihre Daten bzw. Berichte, möglicherweise an eine (OLAP-)Datenbank gekoppelt, in einer einzigen Arbeitsmappe verwalten wollen. Im nachfolgenden Beispiel wird davon ausgegangen, dass z. B. ein Controller diverse Berichte aus den Bereichen Controlling, Finanzen, Personal und Vertrieb zentral in einer Datei verwalten möchte und flexibel zwischen den Tabellen hin- und hernavigiert. Hierbei soll sofort ersichtlich sein, auf welcher Tabelle er sich aktuell befindet.

So geht's:

1 Öffnen Sie eine neue Arbeitsmappe und legen Sie zehn Tabellen an, die nach der Logik *Rep005*, *Rep010*, *Rep015* etc. benannt werden. Eine weitere Tabelle mit Namen *Parameter* wird zum Schluss eingefügt.

2 Wechseln Sie nun zu dieser zuletzt genannten Tabelle *Parameter* und fügen Sie dort, wie nachfolgend abgebildet, die Informationen für die Tabellennavigation ein. Die Einträge werden später im Rahmen von Verweisen genutzt und erläutert, sodass deren Bedeutung dann klarer wird.

A1 | fx | BereichName

	A	B	C	D	E	F	G
1	BereichName	BerichtID	Bericht	BerichtIDBericht	Blatt	BlattInhalt	Blatt
2	Controlling	1	Controlling	Controlling1	Rep005	BSC	Rep005
3	Finanzen	2	Controlling	Controlling2	Rep010	Planung	Rep010
4	Personal	1	Finanzen	Finanzen1	Rep015	GuV	Rep015
5	Vertrieb	2	Finanzen	Finanzen2	Rep020	Bilanz	Rep020
6		1	Personal	Personal1	Rep025	KST-Übersicht	Rep025
7		2	Personal	Personal2	Rep030	Krankenstand	Rep030
8		1	Vertrieb	Vertrieb1	Rep035	Regionen-Statistik	Rep035
9		2	Vertrieb	Vertrieb2	Rep040	Produkt-Statistik	Rep040
10		3	Vertrieb	Vertrieb3	Rep045	ADM-Statistik	Rep045
11		4	Vertrieb	Vertrieb4	Rep050	Kunden-Statistik	Rep050

3 Rufen Sie jetzt die erste Tabelle *Rep005* auf und hinterlegen Sie zunächst in Zelle B1 eine Gültigkeitsliste, die auf die Einträge von Spalte A in der Tabelle *Parameter* referenziert.

4 Schaffen Sie für die Zeilen 1 bis 6 über die Funktion *Gruppierung* die Möglichkeit, diesen Bereich gegebenenfalls zu reduzieren bzw. wieder zu erweitern.

5 Hinterlegen Sie im nächsten Schritt in Zelle C1 die Formel

=T(SVERWEIS(RECHTS(ZELLE("Dateiname";IO64718);LÄNGE(ZELLE("Dateiname";IO64718)) -FINDEN("]";ZELLE("Dateiname";IO64718))); BlattNameInhalt;2;FALSCH))

und machen Sie das Ergebnis dieser Zelle über die Schriftfarbe Weiß unsichtbar. Diese Information, konkret der Tabellenname, dient später dazu, die aktive Tabelle zu identifizieren und den Hyperlink im Zellbereich A2:A6, der auf die aktive Tabelle verweist, über ein bedingtes Format farblich abzuheben.

Die Funktionsargumente:

- *T*: Wandelt die in der weiteren Verschachtelung zurückgegebenen Parameter in Text um.
- *SVERWEIS*: Hier wird dem über *Dateiname* gefundenen Begriff eine Bezeichnung aus der Tabelle *Parameter* zugewiesen.
- *RECHTS*: Gibt eine Anzahl von Zeichen zurück, die im weiteren Verlauf der Formel über die Funktion *ZELLE* gefunden werden. Die Anzahl der Zeichen ist dynamisch gehalten und wird über die Funktionen *LÄNGE* und *FINDEN* ermittelt.
- *ZELLE*: Über diese Funktion wird der Name der Tabelle inklusive Name und Verzeichnis der Datei gefunden. In früheren Excel-Versionen war als Bezug der Eintrag von Zelle *IO64718* erforderlich. Diese Information wird in den neueren Excel-Versionen nicht mehr benötigt, stört aber auch nicht.
- *LÄNGE*: Gibt die Anzahl Zeichen zurück, die sich aus dem Namen der Tabelle inklusive Name und Verzeichnis der Datei ergeben.
- *FINDEN*: Über diese Funktion wird das Klammerzeichen *]* gesucht. Ab diesem Zeichen beginnt der Tabellenname innerhalb der Zeichenkette, die über die Funktion *ZELLE* zurückgegeben wird.

Nun müssen die Hyperlinks gesetzt werden, die die Navigation zu den einzelnen Tabellen erst möglich machen.

1. Erfassen Sie in Zelle A2 folgende Formel:

   =HYPERLINK("#"& SVERWEIS(VERKETTEN($B$1;"1");Parameter!$D$2:$G$100;4;FALSCH) &"!B1"; SVERWEIS(VERKETTEN($B$1;"1"); Parameter!$D$2:$G$100;3;FALSCH))

   Kopieren Sie diese Formel nach unten bis zur Zelle A6. Setzen Sie im zweiten Argument der Funktion *Verketten* die Zahl jeweils um 1 nach oben, sodass in Zelle A6 dieses zweite Argument der Funktion *Verketten* den Eintrag *5* aufweist.

   Mit dieser komplexen Formel wird jetzt ein Hyperlink erstellt, der unter Berücksichtigung der Bezeichnungen in der Tabelle *Parameter* die dort hinterlegten Tabellenbezeichnungen anzeigt.

2. Rufen Sie den Befehl *Neue Regel* über das Menü *Start/Formatvorlagen/Bedingte Formatierung* auf.

   Wählen Sie als Regeltyp *Formel zur Ermittlung der zu formatierenden Zellen verwenden* aus.

3. Erfassen Sie dann im Feld *Werte formatieren, für die diese Formel wahr ist* die Formel *=A2=$C$1* und wählen Sie über die Schaltfläche *Formatieren* im Register *Schrift* eine Farbe Ihrer Wahl aus.

4. Verlassen Sie die Dialogfenster mit *OK* und kopieren Sie nun noch das Format von Zelle A2 in den Zellbereich A3:A6.

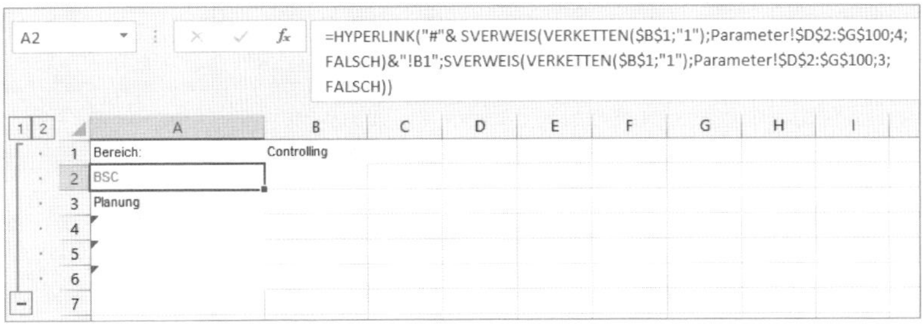

5 Verfahren Sie analog innerhalb der übrigen Tabellen (mit Ausnahme der Tabelle *Parameter*).

Die Funktionsargumente:

- *HYPERLINK:* Diese Funktion erstellt die Verknüpfung zur Zieladresse, in unserem Fall eine Tabelle innerhalb der Arbeitsmappe. Die im Argument *Hyperlink_Adresse* hinterlegten Formeln geben beispielsweise für das erste Tabellenblatt den Text *#Rep005!B1* zurück und somit die Hyperlink-Adresse dieser Tabelle. Im zweiten Argument *Freundlicher_Name* wird für das erste Tabellenblatt der Text *BSC* zurückgegeben. Dieser Name wird auch angezeigt und ist ein sprechender Name.
- *SVERWEIS*: Über diese Funktion im ersten Argument von *HYPERLINK* wird über einen verketteten String in der Tabelle *Parameter* in der Matrix *Parameter!$D$2:$G$100* nach einem Verweis, d. h. nach einem Tabellennamen gesucht. Im Fall der ersten Tabelle wird der String *Controlling1* gebildet. Dieser Begriff dient als Suchkriterium in *SVERWEIS* und gibt über die Tabelle *Parameter* die Tabellenbezeichnung *Rep005* zurück. Somit kann jetzt die Tabelle per Hyperlink adressiert werden.
- *SVERWEIS*: Diese Funktion im zweiten Argument von *HYPERLINK* arbeitet analog. Hier wird aber ein sprechender Name aus der Tabelle *Parameter* geholt und in der Tabelle zur Anzeige gebracht.

Jetzt müssen Sie nur noch mit einem kleinen Makro dafür sorgen, dass der Eintrag in Zelle B1 beim Aktivieren der Tabelle sofort auf den Bereich wechselt, dem die Tabelle zugehörig ist.

1 Wechseln Sie über die Tastenkombination Alt | F11 zum VBA-Editor und gehen Sie zum Codefenster der ersten Tabelle.

2 Erfassen Sie dann folgendes Makro:

```
Private Sub Worksheet_Activate()
    Range("B1").Value = "Controlling"
End Sub
```

3 Dieses Makro schreibt jedes Mal, wenn diese erste Tabelle *Rep005* aktiviert wird, den Begriff *Controlling* in Zelle B1.

4 Das Makro muss für jede Tabelle erfasst und entsprechend angepasst werden. Das heißt, Tabellen, die dem Bereich *Finanzen* zugehörig sind, müssen via Makro statt *Controlling* den Begriff *Finanzen* in Zelle B1 geschrieben bekommen etc.

Jetzt können Sie beliebig in Ihrer Arbeitsmappe hin und her navigieren und von Bericht zu Bericht „springen", aber stets mit der Information im Blick, wo Sie sich gerade befinden.

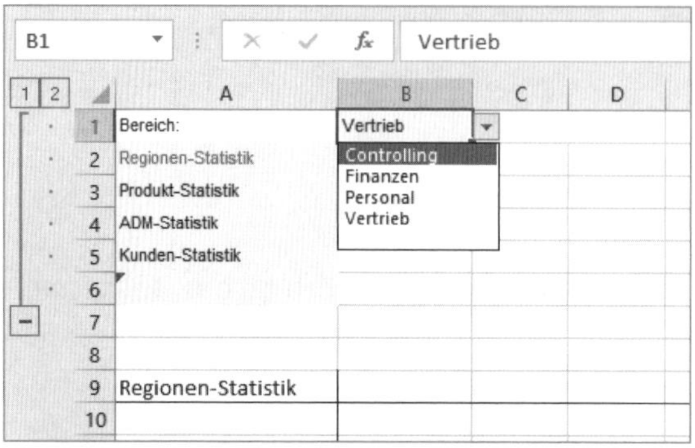

Hinweis

Tabellen können selbstverständlich auch ganz normal über Hyperlinks angesteuert werden, wie Sie im Tipp zuvor erfahren haben (➡ Verweis: siehe Kapitel 3.1, Tipp 7). Sie haben aber mit der in diesem Tipp gezeigten Variante wesentlich mehr Möglichkeiten, da Sie z. B. Berichtsbezeichnungen zentral in einer einzigen Tabelle austauschen können und diese sofort in allen Tabellen verfügbar sind.

Sie können aber auch schnell neue Tabellen und Bereiche ergänzen, die ebenfalls sehr rasch in allen Tabellen vorliegen. Die Anzahl der Berichte ist im Beispiel auf fünf begrenzt, sie lässt sich jedoch sehr leicht erhöhen.

Tipp 10: Benutzerdefinierte Seitennummerierung einrichten

Sie drucken ein mehrseitiges Tabellenblatt aus, das Sie an einen vorliegenden Ausdruck anhängen möchten. Die Seitenzahlen in der Fußzeile sollen aber fortlaufend dargestellt werden und nicht immer wieder bei Seite eins beginnen.

So geht's:

1. Starten Sie den Befehl zum Einfügen von Fußzeilen über das Menü *Einfügen/Text/Kopf- und Fußzeile.*
2. Wechseln Sie zur Fußzeile über das Menü *Einfügen/Navigation/Zu Fußzeile wechseln.*
3. Erfassen Sie folgende Seitenangabe als Fußzeile: *-&[Seite]+10-*. Damit wird der Seitenzähler um 10 erhöht. Das bedeutet, die erste Seite dieses Ausdrucks beginnt mit der Seitenzahl 11.

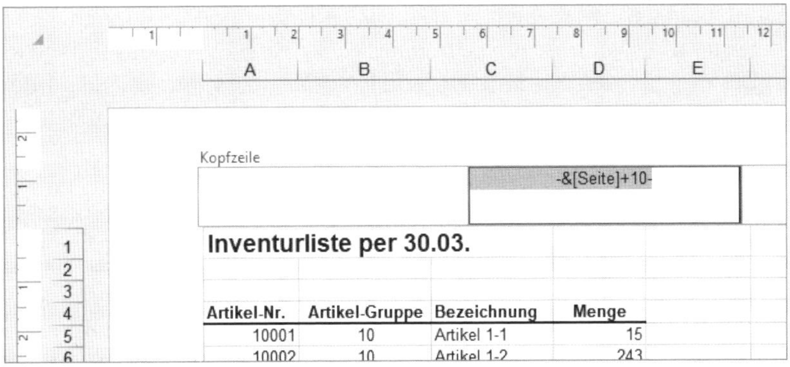

Hinweis

Wichtig ist, dass Sie die Seitenzahlen in eine beliebige Zeichenfolge einschließen. Das kann wie im Beispiel das Minuszeichen sein. Alternativ können Sie auch mit Klammern oder anderen Zeichen arbeiten. Nur wenn diese Zeichenfolgen eingefügt sind, berechnet Excel die Seitenzahlen richtig.

Tipp 11: Einen dynamischen Übertrag aus dem vorherigen Tabellenblatt bei unterschiedlicher Listenlänge realisieren

In vielen Fällen werden eigentlich zusammengehörige Daten auf verschiedene Tabellenblätter aufgeteilt. Hintergrund ist meistens eine Trennung der Daten nach beispielsweise Monaten, Abteilungen oder anderen relevanten Kriterien.

In diesem Beispiel liegt eine Materialliste vor, in der täglich mehrmals Zu- und Abgänge erfasst werden.

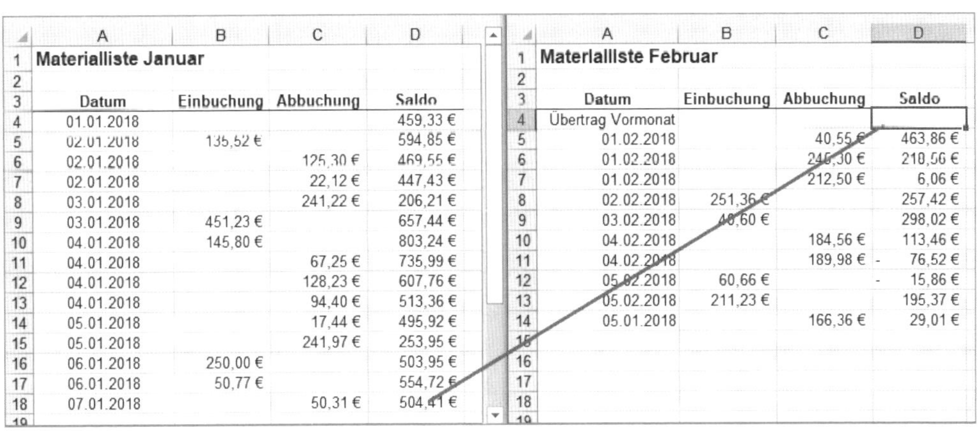

Für jeden Monat ist ein eigenes Tabellenblatt (Januar bis Dezember) vorhanden. Ziel ist es nun, den Schlussbestand, also den letzten Eintrag des Vormonats, als Anfangsbestand in den Folgemonat zu übertragen. Wären die Listen in jedem Monat gleich lang, wäre der Übertrag auch relativ leicht zu realisieren. In diesem Beispiel haben die Materiallisten aber in jedem Monat unterschiedliche Längen.

So geht's:

Mithilfe von Makro4-Funktionen, die nach wie vor in allen Excel-Versionen zur Verfügung stehen, lässt sich diese Anforderung völlig ohne VBA realisieren. Zwei Voraussetzungen müssen allerdings erfüllt sein. Zum einen müssen die Überträge immer aus der gleichen Spalte stammen und zum anderen müssen die Monatsblätter in direkter Reihenfolge hintereinanderstehen. Zwischen den Blättern dürfen weder Diagrammblätter noch ausgeblendete Blätter vorhanden sein.

1. Starten Sie zunächst den Namens-Manager über das Menü *Formeln/Namen definieren.*

   ➡ Verweis: siehe Kapitel 4.3, Tipp 1

2. Als Name geben Sie *Vormonat* ein.

3. In das Feld *Bezieht sich auf* tragen Sie folgende Formel ein:

   ="""&WECHSELN(INDEX(ARBEITSMAPPE.ZUORDNEN(1);DATEI.ZUORDNEN(87)–1);"[" &ARBEITSMAPPE.ZUORDNEN(16) &"]";"")&"""

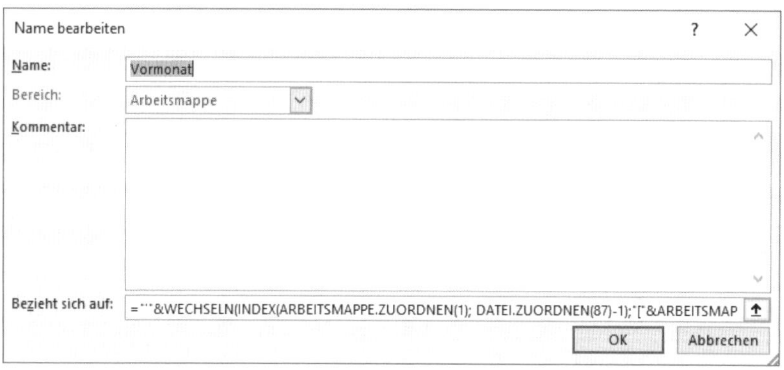

4. Bestätigen Sie das Dialogfenster mit einem Klick auf die Schaltfläche *OK.*

Damit der letzte Wert aus dem Tabellenblatt des Vormonats nun auch ausgelesen wird, muss noch folgende Formel in die Zielzelle gesetzt werden. In diesem Beispiel erfassen Sie dazu in Zelle D4 diese Formel:

=BEREICH.VERSCHIEBEN(INDIREKT(Vormonat&"!D1");VERGLEICH(1E–30;INDIREKT(Vormonat &"!D:D");–1)–1;0)

Als Ergebnis wird nun der korrekte Wert ausgelesen und in den aktuellen Monat übertragen.

Diese Formel kann nun ohne Anpassung auf alle Monatstabellenblätter kopiert werden, damit der Schlusssaldo aus dem Vormonat übertragen wird.

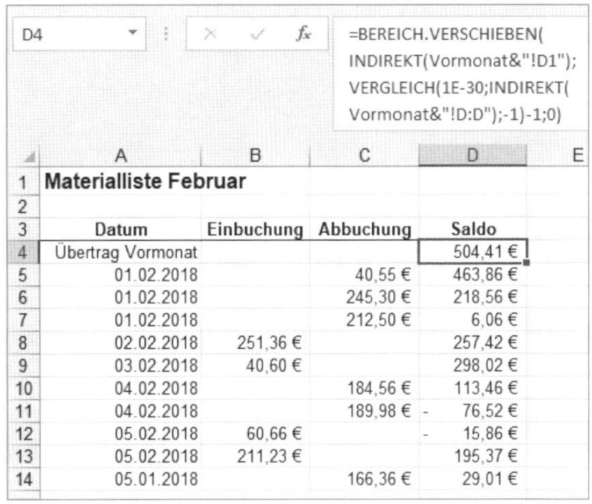

D4 =BEREICH.VERSCHIEBEN(INDIREKT(Vormonat&"!D1"); VERGLEICH(1E-30;INDIREKT(Vormonat&"!D:D");-1)-1;0)

	A	B	C	D	E
1	**Materialliste Februar**				
2					
3	Datum	Einbuchung	Abbuchung	Saldo	
4	Übertrag Vormonat			504,41 €	
5	01.02.2018		40,55 €	463,86 €	
6	01.02.2018		245,30 €	218,56 €	
7	01.02.2018		212,50 €	6,06 €	
8	02.02.2018	251,36 €		257,42 €	
9	03.02.2018	40,60 €		298,02 €	
10	04.02.2018		184,56 €	113,46 €	
11	04.02.2018		189,98 €	- 76,52 €	
12	05.02.2018	60,66 €		- 15,86 €	
13	05.02.2018	211,23 €		195,37 €	
14	05.01.2018		166,36 €	29,01 €	

3.2 Arbeitsmappen effektiv managen

In den Tipps zum Thema Arbeitsmappen erfahren Sie, wie eine Arbeitsmappe als Kopie geöffnet werden kann, welche Möglichkeiten zur Erhöhung der Datensicherheit gegeben sind und vieles mehr.

Tipp 1: Verlinkte Arbeitsmappen öffnen

Sie arbeiten häufig mit externen Zellbezügen auf andere Arbeitsmappen. In diesem Tipp erfahren Sie, wie verlinkte Arbeitsmappen ganz einfach und ohne Umwege geöffnet werden können.

So geht's:

1 Sie haben eine Arbeitsmappe geöffnet, die einen externen Zellbezug enthält.

2 Um nun die Arbeitsmappe *Auslastung.xlsx* zu öffnen, starten Sie das Dialogfenster *Verknüpfungen bearbeiten* über das Menü *Daten/Verbindungen/Verknüpfungen bearbeiten*.

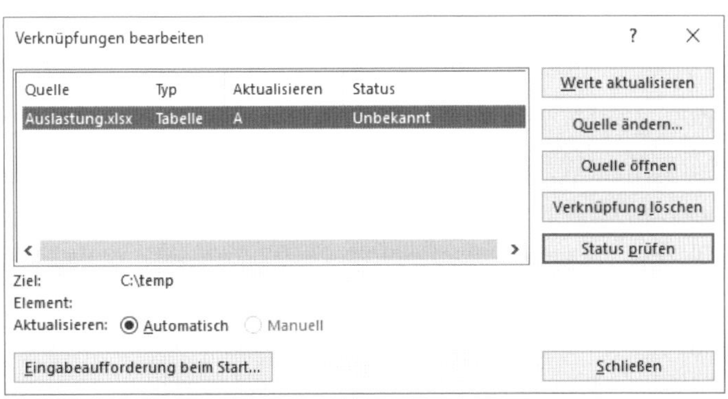

3 Um die verknüpfte Datei zu öffnen, klicken Sie einfach auf die Schaltfläche *Quelle öffnen*. Die Datei *Auslastung.xlsx* wird unmittelbar geöffnet und in den Vordergrund gestellt.

Hinweis

Über das Dialogfenster *Verknüpfungen bearbeiten* können Sie

- die Quelle der Verknüpfung ändern,
- Verknüpfungen löschen und
- das Verhalten der aktuellen Arbeitsmappe bezüglich der Zellverknüpfungen festlegen.

Tipp 2: Die Kopie einer bestehenden Arbeitsmappe öffnen

In der Praxis ist es manchmal sinnvoll, dieselbe Excel-Arbeitsmappe zweimal geöffnet zu haben. Auf diese Weise können ausgehend von einer Arbeitsmappe parallel zwei unterschiedliche Versionen erstellt werden.

So geht's:

Über die herkömmliche *Öffnen*-Funktion können Sie eine Datei nur ein einziges Mal öffnen. Beim Versuch, dieselbe Datei ein zweites Mal zu öffnen, wird die Meldung ausgegeben, dass die Datei bereits geöffnet ist und dass beim erneuten Öffnen sämtliche Änderungen verloren gehen.

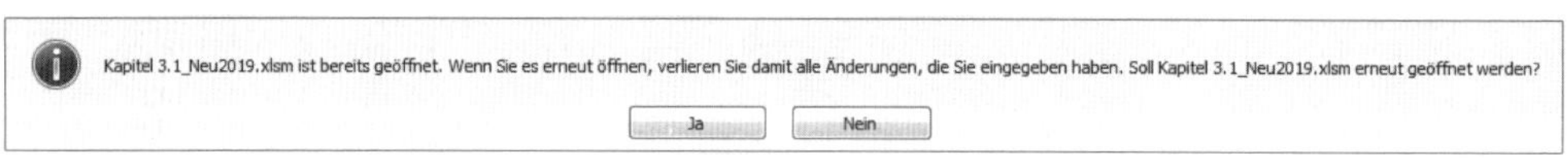

Zum Öffnen einer zweiten Version gehen Sie deshalb wie folgt vor:

1 Starten Sie den *Öffnen*-Dialog:
   - ab Excel 2010: Schaltfläche *Datei/Öffnen*,
   - in Excel 2007: Menü *Office/Öffnen*.

2 Markieren Sie die Datei, die ein zweites Mal geöffnet werden soll.

3 Klicken Sie auf die rechte Schaltfläche und dann auf den Eintrag *Kopie öffnen*.

4 Nun wird eine Kopie der Arbeitsmappe geöffnet und an den bestehenden Dateinamen eine 1 angehängt, also z. B. *Dateiname1.xlsx*. Beim Speichern wird die kopierte Datei unter dem neu erzeugten Dateinamen im selben Verzeichnis wie die Ursprungsdatei abgespeichert.

5 Änderungen der beiden Arbeitsmappen werden getrennt in beiden Versionen abgespeichert.

Hinweis

Auf diese Weise können Sie beliebig viele Kopien einer Arbeitsmappe erzeugen. Der Dateiname wird mit dem Zusatz 1 ergänzt. Die zweite Kopie bekommt automatisch den Dateinamen *Dateiname11.xlsx* zugewiesen etc.

Eine andere Möglichkeit, eine Arbeitsmappe zweimal aufzurufen, besteht darin, die gleiche Arbeitsmappe in zwei Fenstern anzeigen zu lassen. Gehen Sie dazu so vor:

1 Starten Sie den entsprechenden Befehl über das Menü *Ansicht/Fenster/Neues Fenster*.

2 Die Arbeitsmappe wird sofort in einem zweiten Fenster angezeigt. In der Titelleiste werden die Zusätze *:1* und *:2* hinter dem Dateinamen angezeigt.

3 Über das Menü *Ansicht/Fenster/Fenster wechseln* können Sie zwischen den beiden Fenstern der gleichen Arbeitsmappe hin- und herschalten.

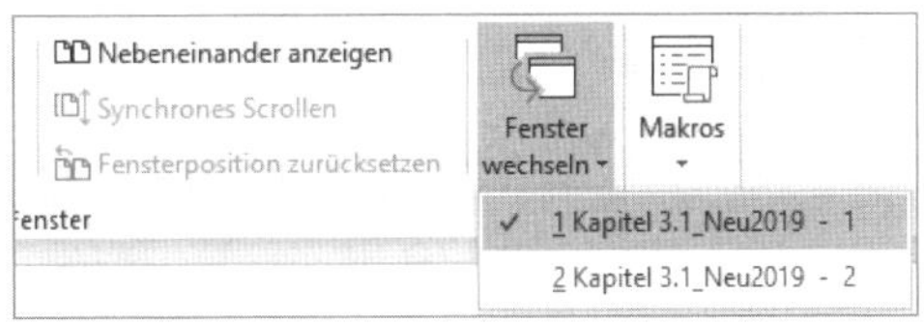

Hinweis

Mit dieser Funktion kann dieselbe Arbeitsmappe in beliebig vielen Fenstern angezeigt und die Fenster können völlig frei angeordnet werden.

Die mehrfach geöffneten Dateifenster können Sie wie gewohnt über das Kreuz für die Arbeitsmappe schließen. Bei dieser Vorgehensweise werden keine zwei Versionen der Arbeitsmappe erzeugt, stattdessen handelt es sich immer um ein und dieselbe Datei. Änderungen in einem der beiden Fenster wirken sich stets auf dieselbe Datei aus.

Tipp 3: Persönliche Informationen aus Dateien entfernen

Wenn Sie der Meinung sind, dass Office-Dateien und somit auch Excel-Arbeitsmappen nur die Informationen enthalten, die Sie selbst eingegeben haben, dann ist das nicht ganz richtig.

Neben den erfassten Daten enthalten Excel-Arbeitsmappen verschiedene weitere Informationen, wie beispielsweise Informationen über den Anwendernamen, die Firmenbezeichnung, verschiedene statistische Werte und gegebenenfalls E-Mail-Adressen. Das Sammeln dieser Informationen geschieht im Hintergrund, ohne dass der Anwender davon etwas mitbekommt oder darüber informiert wird.

Sobald Office-Dokumente an Dritte weitergegeben oder im Internet veröffentlicht werden, besteht grundsätzlich die Gefahr, dass der Empfänger der Datei Rückschlüsse auf Strukturen und interne Informationen ziehen kann. Sie sollten deshalb bei sensiblen Dateien darauf achten, dass diese Informationen vor der Weitergabe ordnungsgemäß entfernt werden.

So geht's:

1 Starten Sie über das Menü *Datei/Informationen/Auf Probleme überprüfen/Dokument prüfen* (ab Excel 2010) bzw. das Menü *Office/Vorbereiten/Dokument prüfen* (Excel 2007) den Dokumentinspektor.

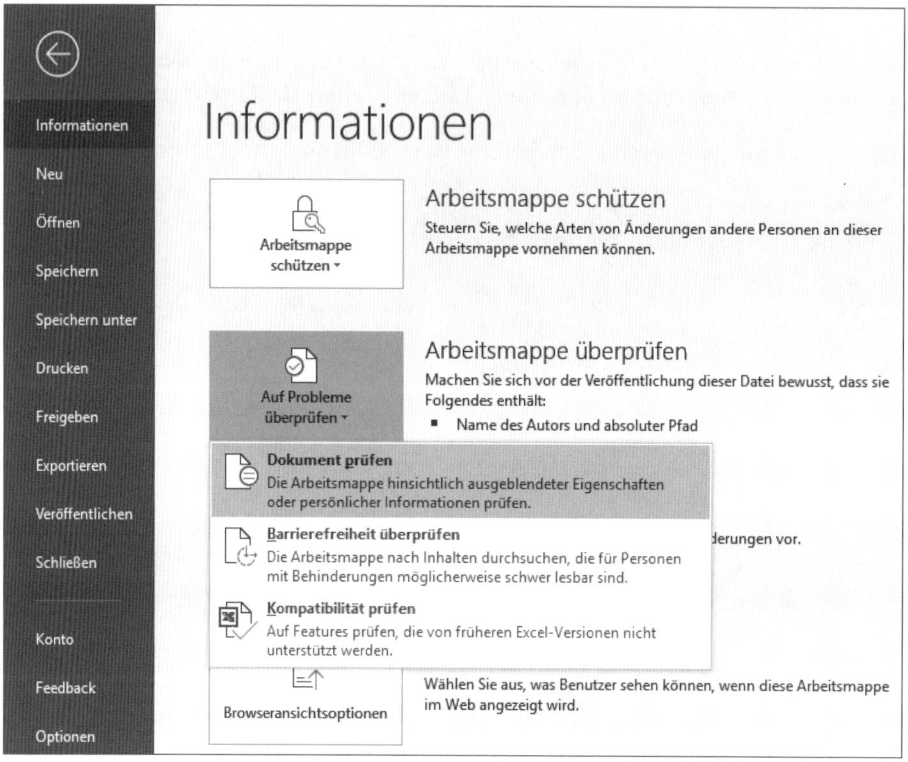

2 Im Dialog *Dokumentprüfung* (ab Excel 2010) bzw. *Dokumentinspektor* (Excel 2007) stehen verschiedene Optionen zur Auswahl. Folgende Informationen können damit aus einer Excel-Datei entfernt werden:

- Kommentare und Anmerkungen
- Dokumenteigenschaften und persönliche Informationen
- Benutzerdefinierte XML-Daten
- Kopf- und Fußzeilen
- Ausgeblendete Zeilen und Spalten
- Ausgeblendete Arbeitsblätter
- Nicht sichtbarer Inhalt

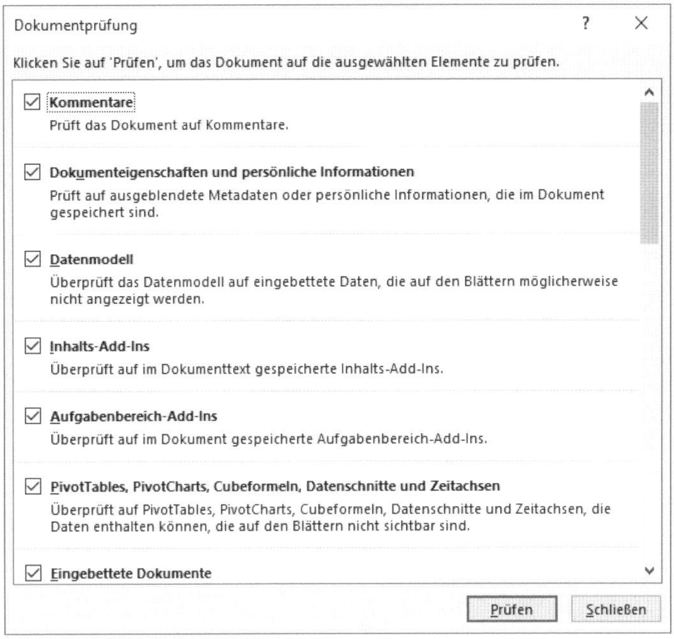

3 Mit einem Klick auf die Schaltfläche *Prüfen* wird der Prüflauf gestartet.

4 Als Ergebnis wird nach Themen getrennt angezeigt, welche Informationen gefunden wurden.

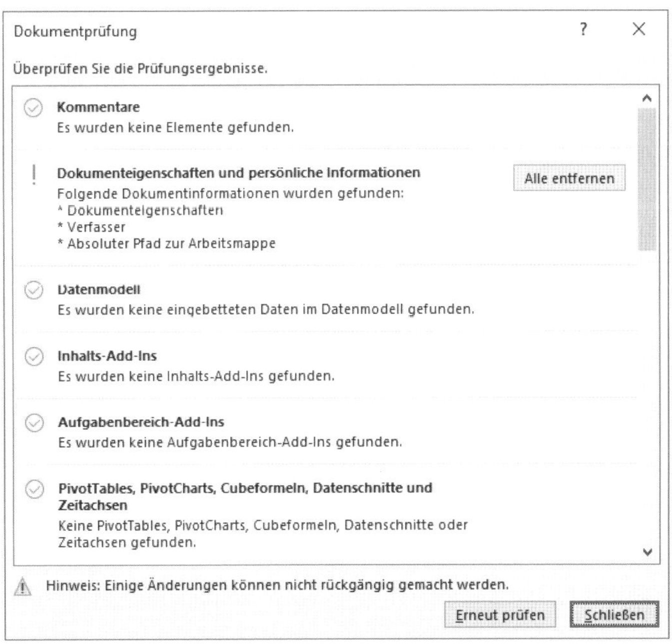

5 In diesem Beispiel wurden u. a. *Dokumenteigenschaften und persönliche Informationen* gefunden.

6 Ein Klick auf die Schaltfläche *Alle entfernen* im entsprechenden Abschnitt löscht die Einträge aus der Datei.

7 Wichtig ist, dass das Dokument vor der Weitergabe noch gespeichert wird.

Nachdem Sie diese Schritte durchgeführt haben, kann das Dokument bedenkenlos an Dritte weitergegeben werden.

Hinweis

Wichtig zu beachten ist, dass die Löschaktionen erst im letzten Schritt vor der Weitergabe ausgeführt werden sollten, da jedes Öffnen oder Bearbeiten der Datei wieder automatisch versteckte Informationen erzeugt.

Tipp 4: Arbeitsmappen mittels digitalem Zertifikat legitimieren

Die Sicherheit von Netzwerken, Desktopsystemen und mobilen Computern nimmt einen immer größeren Stellenwert ein. So bietet das digitale Zertifikat eine gute Möglichkeit, Daten zu legitimieren. Man kann sein Dokument durch einen Drittanbieter signieren lassen oder aber auch sein Dokument selbst signieren und bestätigen, so als würde man die Echtheit der eigenen Unterschrift auf einem gedruckten Dokument bestätigen.

In diesen Fällen genügt es, wenn man ein eigenes Zertifikat auf seinem PC erstellt, wobei das Dokument mit einer digitalen Signatur versehen wird, ohne dass diese auf dem Dokument visuell ersichtlich ist. Diese Art der Zertifizierung wird nachfolgend ab der Excel-Version 2013 erörtert. Die Zertifizierung in den anderen Versionen ist ähnlich und wird deshalb an dieser Stelle nicht näher dargelegt.

So geht's ab Excel 2013:

1 Falls Sie mit einer neuen, noch nicht gespeicherten Datei arbeiten, muss diese zuerst gespeichert werden.

2 Starten Sie den Befehl über das Menü *Datei/Informationen/Arbeitsmappe schützen/Digitale Signatur hinzufügen* (ab Excel 2010) bzw. das Menü *Office/Vorbereiten/Digitale Signatur hinzufügen* (Excel 2007).

3 Nun erscheint der Dialog *Signieren*.

4 Hier können Sie diverse Signatur-Informationen über die Felder *Zusagetyp* oder *Zweck der Signierung dieses Dokuments* auswählen bzw. erfassen. Über die Schaltfläche *Details* können über den Dialog *Zusätzliche Signaturinformationen* weitere Informationen hinterlegt werden.

5 Nachdem Sie den Dialog *Signieren* über die gleichnamige Schaltfläche beendet haben, müssen Sie zum Schluss bestätigen, dass Sie dieses Zertifikat verwenden wollen. Nun wird Ihnen über den Dialog *Signaturbestätigung* angezeigt, dass Ihr Dokument erfolgreich zusammen mit der Signatur gespeichert wurde. Beenden Sie diesen Dialog mit *OK*.

6 Wenn Sie jetzt das Dokument verändern möchten, muss zuerst die Signatur entfernt werden. Auf diese Vorgänge werden Sie aber hingewiesen.

So geht's ab Excel 2019:

1 Falls Sie mit einer neuen, noch nicht gespeicherten Datei arbeiten, muss diese zuerst gespeichert werden.

2 Starten Sie den Befehl über das Menü *Datei/Informationen/Arbeitsmappe schützen/Digitale Signatur hinzufügen*.

3 Sie benötigen nun eine digitale ID, die Sie von einem Microsoft-Partner abrufen können. Sie werden mit einer Meldung darauf hingewiesen und auf weiterführende Internetseiten geleitet, die das weitere Prozedere erläutern.

Hinweis

Eine digitale Signatur wird oft auch als digitale ID bezeichnet. Um ein Office-Dokument digital zu signieren, benötigen Sie ein aktuelles digitales Zertifikat. Digitale Zertifikate werden in der Regel von einer Zertifizierungsstelle ausgestellt. Dabei handelt es sich um einen vertrauenswürdigen Drittanbieter, der digitale Zertifikate für andere Unternehmen ausstellt. Es gibt viele kommerzielle Drittanbieter-Zertifizierungsstellen, von denen Sie ein digitales Zertifikat kaufen können oder auch kostenlos erhalten.

Tipp 5: Pfad und Dateiname im Adressfeld anzeigen

Folgender Trick zeigt, wie Sie sich den aktuellen Pfad und den Dateinamen in einem Adressfeld anzeigen lassen können. Wenn Ihnen der komplette Pfad inklusive Dateiname bekannt ist, können Sie über dieses Adressfeld sogar Dateien öffnen. Diese Option erfolgt über das Anpassen des Menübands und existiert erst ab Excel 2010.

So geht's ab Excel 2010:

1 Starten Sie den Befehl über das Menü *Datei/Optionen/Menüband anpassen*.

2 Klicken Sie nun im rechten Fenster *Hauptregisterkarten* auf den Eintrag *Start* und anschließend auf die Schaltfläche *Neue Gruppe (Benutzerdefiniert)*. Mit einem Rechtsklick

auf diese *Neue Gruppe* können Sie über die Schaltfläche *Umbenennen* diese Gruppe mit einer neuen Bezeichnung, im Beispiel *Test*, versehen.

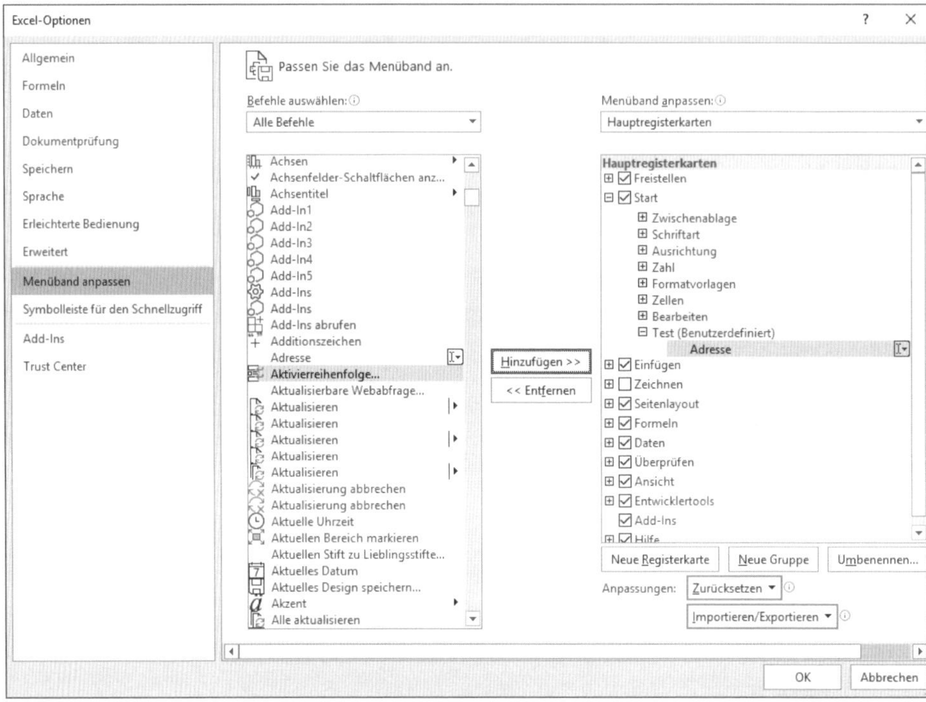

3 Klicken Sie jetzt auf das Drop-down-Menü *Befehle auswählen* und wählen Sie den Eintrag *Alle Befehle*.

4 Markieren Sie dann den Eintrag *Adresse* und klicken Sie auf *Hinzufügen* und anschließend auf *OK*.

In diesem Adressfeld werden nun Pfad und Dateiname der geöffneten Datei angezeigt.

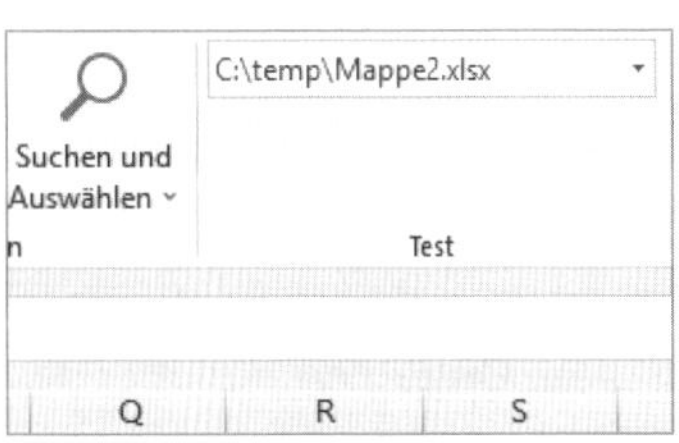

Tipp 6: Arbeitsmappe nach einem definierten Zeitpunkt nicht mehr öffnen

In diesem Beispiel sehen Sie, wie für eine Arbeitsmappe ein Verfallsdatum festgelegt werden kann. Nach Ablauf des Datums kann die Arbeitsmappe nicht mehr geöffnet werden. Im Beispiel wird der 31.12.2018 als letzter Bearbeitungstag definiert.

Bei der Lösung handelt es sich um eine VBA-Lösung, die beim Öffnen der Datei prüft, ob das vorgegebene Datum überschritten ist. Ist das der Fall, wird eine Meldung ausgegeben und die Arbeitsmappe wird sofort wieder geschlossen.

So geht's:

1 Starten Sie mit der Tastenkombination Alt+F11 den VBA-Editor.

2 Erfassen Sie im Codeblatt *DieseArbeitsmappe* den Code aus Listing 1.

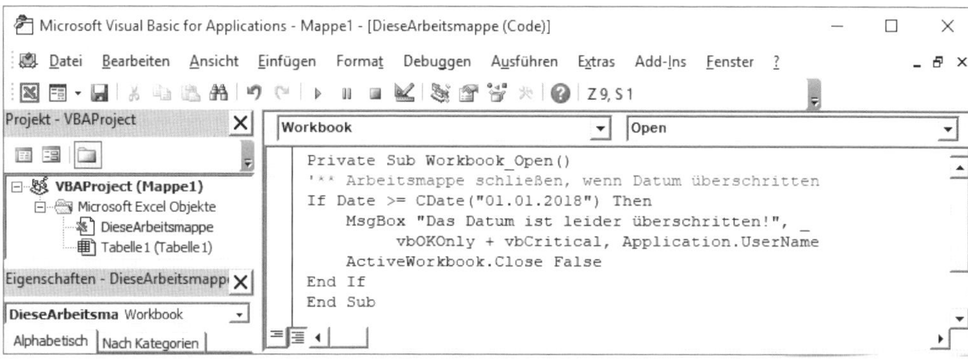

Wird diese Datei nun nach dem 31.12.2018 geöffnet, erfolgt die Ausgabe der Meldung, die besagt, dass das Datum überschritten ist. Nach einem Klick auf *OK* wird die Mappe sofort wieder geschlossen. Bis zum Verfallsdatum bekommt der Anwender nichts von dem implementierten VBA-Code mit.

```
Private Sub Workbook_Open()
'** Arbeitsmappe schließen, wenn Datum überschritten
If Date >= CDate("01.01.2018") Then
    MsgBox "Das Datum ist leider überschritten!", _
      vbOKOnly + vbCritical, Application.UserName
    ActiveWorkbook.Close False
End If
End Sub
```

Hinweis

Damit der VBA-Code ohne Rückfrage ausgeführt werden kann, muss die Makrosicherheitseinstellung auf *Niedrig* stehen. Prüfen Sie bei Ihrem Computer, ob Sie aus Sicherheitsgründen diese Einstellung vornehmen wollen. Den Befehl zum Einstellen der Sicherheitsrichtlinien können Sie über das Menü *Entwicklertools/Code/Makrosicherh.* aufrufen.

Tipp 7: Fenster fixieren

Immer wieder kommt es gerade in großen Tabellen zu Problemen, sobald im Arbeitsblatt weiter nach unten gescrollt wird, denn so können die Überschriften, die die einzelnen Spalten bezeichnen, außer Sicht geraten. Es besteht die Gefahr, dass Sie die Orientierung verlieren.

Hier können Sie sich jedoch sehr schnell mit einer netten Funktionalität von Excel behelfen und Ihre Überschriften und Spaltenbezeichnungen sehr leicht im Blickfeld behalten: Fixieren Sie den Überschriftenbereich.

So geht's:

1. Öffnen Sie eine neue Tabelle und markieren Sie Zelle D9.
2. Rufen Sie dann über *Ansicht/Fenster* den Befehl *Fenster einfrieren* auf und klicken Sie auf die Option *Fenster einfrieren* (Excel 2007: *Fenster fixieren*).
3. Nun bleiben die Spalten A bis C und die Zeilen 1 bis 8 im sichtbaren Bereich und Sie können nach unten und nach rechts scrollen, ohne dass Ihnen wesentliche Informationen zu Überschriften etc. aus dem Blickfeld geraten.

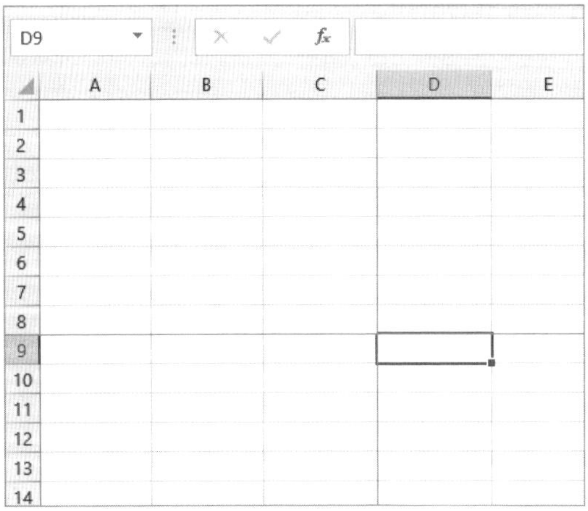

Hinweis

Die Fixierung des Fensters kann auf dem gleichen Weg wieder aufgehoben werden. Der Befehl lautet nun *Fixierung aufheben*.

Tipp 8: Fenster teilen

Sie können das Tabellenfenster aber auch auf andere Weise aufteilen, denn es muss nicht immer unbedingt eine Fensterfixierung sinnvoll sein. Oftmals möchte man in allen vier Ansichten eines geteilten Fensters hin- und herscrollen.

So geht's:

1 Öffnen Sie erneut eine neue Tabelle und markieren Sie Zelle D9.

2 Rufen Sie dann über *Ansicht/Fenster* den Befehl *Teilen* auf.

3 Nun stehen Ihnen vier Fenster für die jeweilige Tabelle zur Verfügung und Sie können in jedem einzelnen dieser vier Fenster hin- und herscrollen.

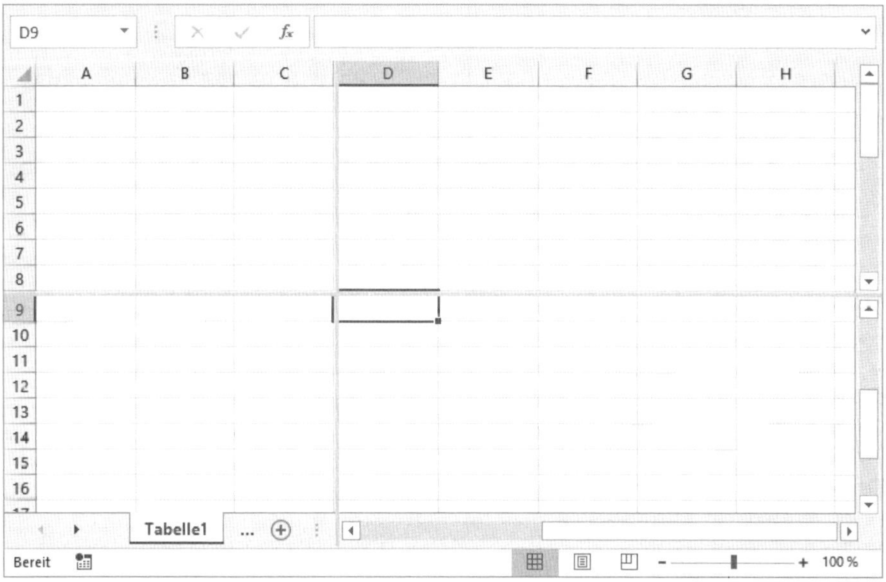

Hinweis

Der senkrechte und der waagerechte Balken, die das Fenster teilen, können sehr einfach mit der Maus an jede beliebige Stelle gezogen werden. Mit einem Doppelklick auf die Kreuzungsstelle der beiden Balken verschwindet die Teilung automatisch.

Tipp 9: Dateinamen aus dem Pfad extrahieren

Die Situation kommt einigen sicherlich bekannt vor: Sie haben in einer Excel-Tabelle eine Auflistung von diversen Dateinamen inklusive der jeweiligen Pfadbezeichnungen der Dateiablage. Sie wollen nun in einem „Rutsch" und ohne großen manuellen Eingriff die Pfadbezeichnung entfernen, sodass nur noch der Dateiname in der Liste verbleibt.

So geht's:

1 Sehen Sie sich zuerst die besagte Liste an. Sie enthält unterschiedlich lange Dateipfade inklusive des Dateinamens, der nun isoliert werden soll.

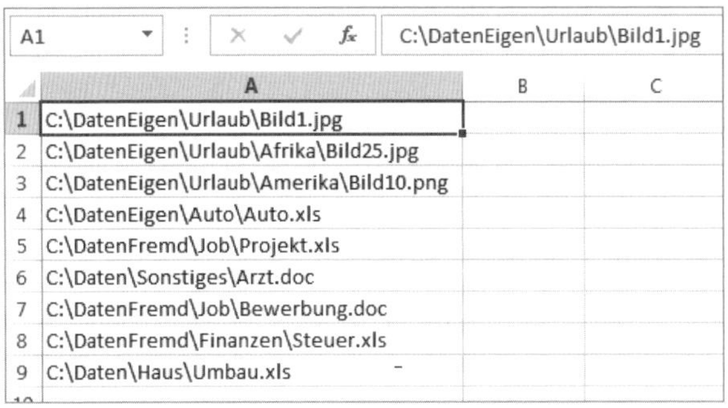

2 Markieren Sie zuerst die Spalte A und klicken Sie im Register *Start* in der Befehlsgruppe *Bearbeiten* auf das Symbol *Suchen und Auswählen*. Rufen Sie dann den Befehl *Ersetzen* auf.

3 Hinterlegen Sie im Feld *Suchen nach* den Eintrag *\. Das Feld *Ersetzen durch* bleibt leer. Klicken Sie dann auf *Alle ersetzen* und bestätigen Sie abschließend mit *OK*. Die Pfadinformationen sind nun restlos entfernt.

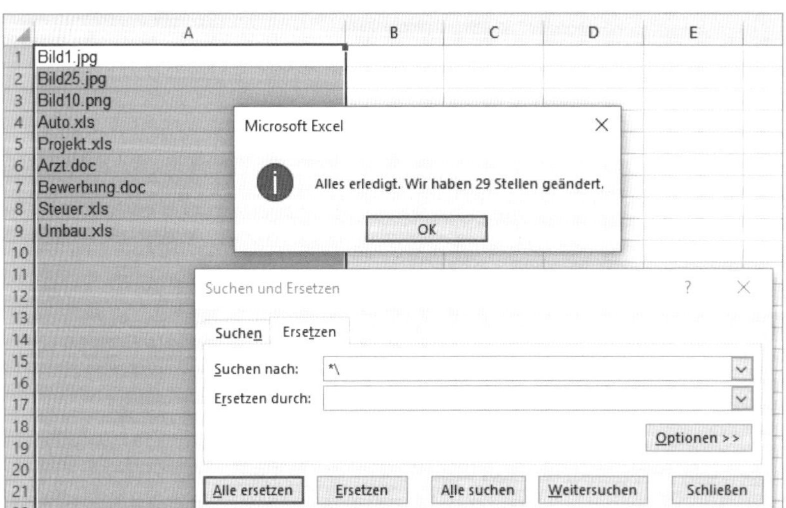

3.3 Mustervorlagen sinnvoll einsetzen

Wenn Mustervorlagen sinnvoll eingesetzt werden, kann das eine Menge Arbeit und Zeit sparen. Viele Anwender müssen wiederholt die gleichen Tätigkeiten in Excel durchführen. Hier bietet es sich an, die Vorlagen so praxisnah wie möglich zu gestalten. Die nachfolgenden Tipps zeigen, wie sich diese Aufgabenstellung einfach lösen lässt.

Tipp 1: Schnelles Anpassen der Standardschriftart

Beim Start von Excel soll eine bestimmte Schriftart mit einer definierten Größe eingestellt sein. So sollen alle neuen Arbeitsmappen mit der Schriftart Verdana und dem Schriftgrad 11 dargestellt werden.

So geht's:

1 Starten Sie das Dialogfenster über das Menü *Datei/Optionen* (ab Excel 2010) oder über das Menü *Office/Excel-Optionen* (in Excel 2007).

2 Wählen Sie die Option *Allgemein* (ab Excel 2010) bzw. *Häufig verwendet* (Excel 2007).

3 Im Abschnitt *Beim Erstellen neuer Arbeitsmappen* können Sie als Schriftart *Verdana* und als Schriftgrad *11* festlegen.

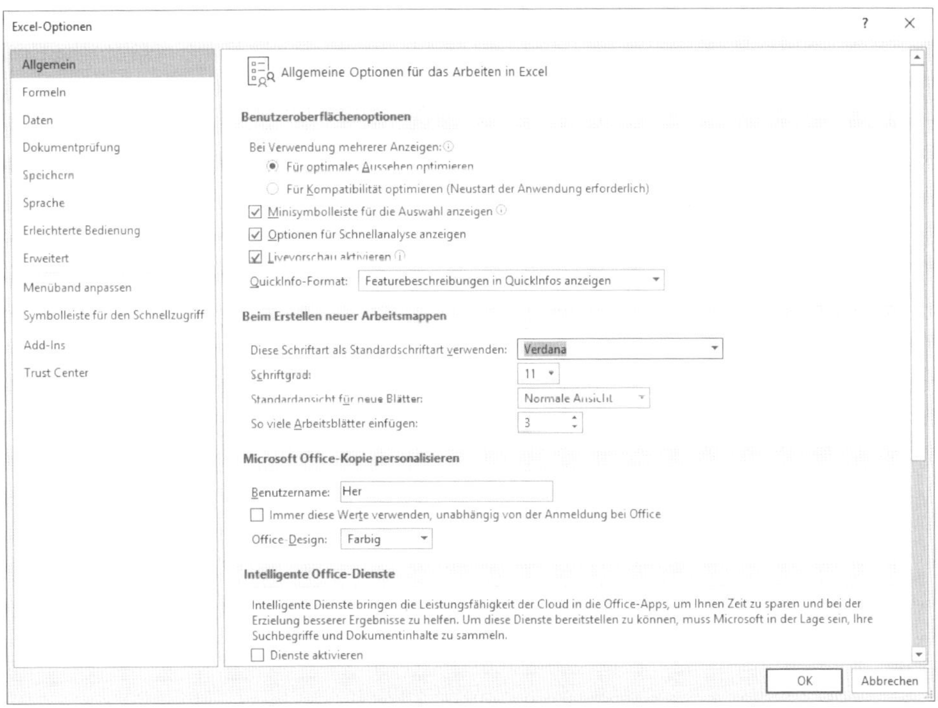

4 Nachdem Sie die Einstellungen mit *OK* übernommen haben, werden alle neuen Arbeitsmappen auf Basis der vorgenommenen Einstellungen erstellt.

Tipp 2: Erstellen und Anpassen von Formatvorlagen

Formatvorlagen bieten eine gute Möglichkeit, um schnell vordefinierte Formate in ein Tabellenblatt einzufügen. Anstatt jede Formateinstellung einzeln vorzunehmen, können Sie damit direkt mehrere vordefinierte Formatierungen in die Tabelle übernehmen. In diesem Beispiel wird eine Formatvorlage mit der Bezeichnung *Buchhaltung* definiert, in der alle positiven Zahlen mit dem Zusatz *S* für Soll und alle negativen Zahlen mit dem Zusatz *H* für Haben dargestellt werden.

So geht's:

1 Starten Sie den Befehl über das Menü *Start/Formatvorlagen/Zellenformatvorlagen/Neue Zellenformatvorlage.*

2 Erfassen Sie als Name für die Formatvorlage *Buchhaltung.*

3 Klicken Sie auf die Schaltfläche *Formatieren* und wechseln Sie auf die Registerkarte *Zahlen.*

4 Als benutzerdefiniertes Zahlenformat erfassen Sie *"S"* #.##0,00;"H"* #.##0,00*. Damit werden alle Zahlen buchhalterisch mit vorangestelltem *S* für Sollwerte und mit *H* für Habenwerte angezeigt.

5 Beenden Sie die Dialogfenster mit einem Klick auf die Schaltfläche *OK.*

Nun steht Ihnen das neue Format *Buchhaltung* zur Verfügung. Dieses können Sie auf beliebige Zellen oder Zellbereiche wie gewohnt anwenden.

Zur Anwendung der Formatvorlage gehen Sie wie folgt vor:

1 Markieren Sie den Bereich, der mit der neuen Formatvorlage formatiert werden soll, im Beispiel den Bereich C4:F13.

2 Starten Sie den Befehl über das *Mage/Start/Formatvorlagen/Zellenformatvorlagen.*

3 Im Abschnitt *Benutzerdefiniert* steht die neu erstellte Formatvorlage *Buchhaltung* zur Verfügung. Wählen Sie diese mit einem Klick aus.

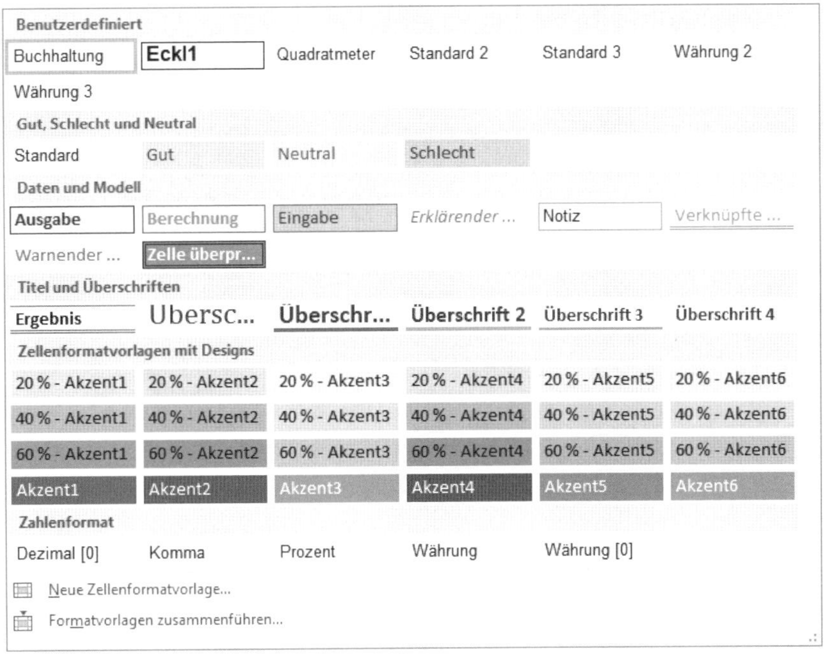

4 Der markierte Zellbereich wird mit dem Zahlenformat *Buchhaltung* versehen.

	A	B	C		D		E		F
1	**Summen- und Saldenliste**								
2									
3	**Konto**	**Bezeichnung**	**Saldovortrag**		**JVZ-S**		**JVZ-H**		**Saldo**
4	1000	Kasse	S	125,97	S	512,36	S	512,25	S 126,08
5	1100	Postbank	S	47.235,91	S	56.324,20	S	64.253,22	S 39.306,89
6	1200	Raiba	S	1.325,64	S	2.453,50	S	1.423,36	S 2.355,78
7	1210	Spk 1	H	10.235,56	S	25.356,30	S	1.523,97	S 13.596,77
8	1220	Spk 2	S	24.632,98	S	536,55	S	34.625,41	H 9.455,88
9	1240	HVB 1	S	15.784,05	S	25.693,37	S	597,36	S 40.880,06
10	1250	HVB 2	H	2.536,85	S	59.536,89	S	65.635,25	H 8.635,21
11	1260	Diba 1	S	42.352,68	S	12.536,98	S	5.796,83	S 49.092,83
12	1290	Comerzbank	H	542,22	S	698,20	S	50,27	S 105,71
13	1310	Durchlauf	S	0,00	S	2.536,36	S	2.536,36	S 0,00

Selbstverständlich können auch bereits bestehende Formatvorlagen angepasst werden. Gehen Sie dazu wie nachfolgend beschrieben vor:

1 Öffnen Sie die Formatvorlagen über das Menü *Start/Formatvorlagen/Zellenformatvorlagen*.

2 Wählen Sie den Eintrag aus, der geändert werden soll, und klicken Sie diesen mit der rechten Maustaste an.

3 Im Kontextmenü wählen Sie den Eintrag *Ändern*.

4 Im daraufhin erscheinenden Dialogfenster wählen Sie die gewünschten Formatierungsregeln aus und bestätigen Ihre Änderungen mit *OK*.

Tipp 3: Benutzerdefinierte Vorlagen erstellen

In Excel besteht ebenso wie in Word die Möglichkeit, benutzerdefinierte Vorlagen zu erstellen. Durch benutzerdefinierte Vorlagen kann einem Kreis von Anwendern eine Vorlage zur Verfügung gestellt werden, auf deren Basis individuelle Anpassungen vorgenommen werden können. In Vorlagendateien können beliebige Vorgaben, wie beispielsweise Druckereinstellungen, Kopf- und Fußzeilen, benutzerdefinierte Formate und vieles mehr, vorgegeben werden. Dadurch wird ein möglichst einheitliches Erscheinungsbild aller erstellten Excel-Mappen gewährleistet. In diesem Beispiel erfahren Sie, wie eine benutzerdefinierte Rechnungsvorlage erstellt wird.

So geht's:

1. Erstellen Sie im ersten Schritt die Rechnungsvorlage mit allen Einstellungen, Texten, Überschriften, Bezeichnungen, Formeln und Formatierungen.
2. Öffnen Sie das Dialogfenster *Speichern unter:*
   - ab Excel 2010: Menü *Datei/Speichern unter,*
   - in Excel 2007: Menü *Office/Speichern unter.*
3. Geben Sie nach der Auswahl eines beliebigen Dateiverzeichnisses im Dialog *Speichern unter* einen Dateinamen ein und wählen Sie unter *Dateityp* den Eintrag *Excel-Vorlage (*.xltx).*
4. Dadurch wird automatisch das Vorlagenverzeichnis geöffnet, in dem die Vorlage abgespeichert werden soll.
5. Beenden Sie das Dialogfenster mit einem Klick auf die Schaltfläche *Speichern.*

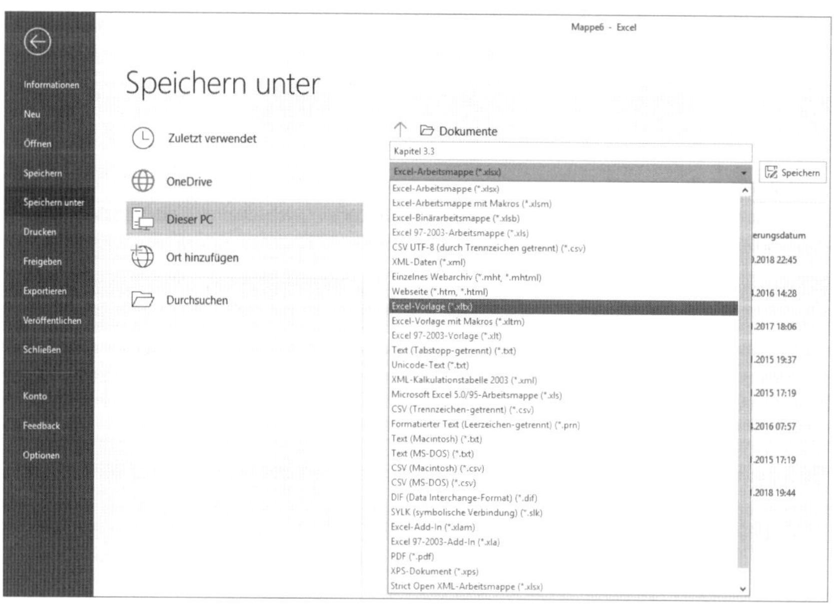

Zum Aufrufen der Vorlagendatei gehen Sie wie folgt vor:

1 Ab Excel 2013: Klicken Sie über *Datei/Neu* auf die Symbolschaltfläche *Persönlich* (Excel 2010: Menü *Datei/Neu/Verfügbare Vorlagen/Meine Vorlagen*, Excel 2007: Menü *Office/Neu/Vorlagen/Meine Vorlagen*).

2 Daraufhin öffnet sich das Dialogfenster *Neu* mit allen Vorlagendateien aus dem Vorlagenverzeichnis.

3 Wählen Sie dort die gewünschte Vorlage aus und beenden Sie das Dialogfenster mit *OK*.

Auf der Basis dieser Vorlage wird eine neue Arbeitsmappe mit allen definierten Formatierungen, Textvorgaben und Formeln erzeugt.

Diese können Sie wie gewohnt unter einem beliebigen Dateinamen ablegen sowie Veränderungen und Ergänzungen vornehmen.

Tipp 4: Vorlagendatei beim Excel-Start automatisch öffnen

Wenn Sie regelmäßig die gleichen Excel-Dateien verwenden und dafür sorgen möchten, dass Excel diese Arbeitsmappen bei jedem Start automatisch öffnet, dann müssen Sie die entsprechenden Arbeitsmappen in einem Autostart-Ordner ablegen.

Alle Dateien, die sich in diesem Ordner befinden, werden beim Start von Excel automatisch geöffnet.

So geht's:

1 Legen Sie einen Ordner als Autostart-Order fest, beispielsweise *F:\Excel-Vorlagen*.

2 Verschieben Sie alle Ihre Arbeitsmappen, die Excel automatisch beim Start öffnen soll, in diesen Ordner.

3 Starten Sie Excel. Ab Excel 2010: Öffnen Sie das Dialogfenster *Excel-Optionen* über das Menü *Start/Optionen* (Excel 2007: Menü *Office/Excel-Optionen*).

4 Aktivieren Sie den Abschnitt *Erweitert* und scrollen Sie dort bis zum Abschnitt *Allgemein* nach unten.

5 Im Feld *Beim Start alle Dateien öffnen in* geben Sie den Pfad an, in dem sich die Vorlagendateien befinden. Im Beispiel ist dort der Pfad *F:\Excel-Vorlagen* erfasst.

6 Beenden Sie das Dialogfenster mit einem Klick auf die Schaltfläche *OK*.

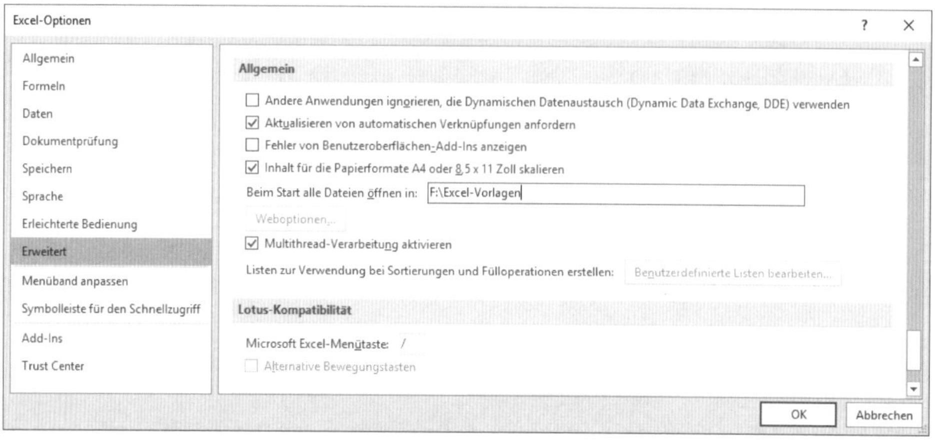

Beim Start von Excel werden nun alle Dateien geöffnet, die sich im angegebenen Ordner befinden. Auf diese Weise können Sie mehr als eine Datei beim Excel-Start öffnen.

4 Formeln effektiv und professionell einsetzen

In diesem Kapitel erfahren Sie alles zum Thema Formeln. Lesen Sie, welche Tipps und Tricks es im Umgang mit Formeln gibt und wie Sie Formeln gezielt und praxisnah einsetzen können.

	A	B	C	D	E	F	G
1	Debitorensaldenliste						
2							
3							
4	Deb.-Nr.	Name	JVZ-Soll	JVZ-Haben			
5	10005	Achim OHG	1.456,82 €	1.456,82 €			
6	10010	Angelsport Huber KG	35.732,88 €	34.763,22 €			
7	10013	Angermayr Ludwig GbR	4.123,54 €	3.823,83 €			
8	10017	A-Team GmbH	27.653,09 €	24.519,70 €			
9	10025	Augustin GmbH	15.223,32 €	14.671,71 €			
10	10030	Bauer Ines e. K.	652,33 €	652,33 €			
11	10040	Bavaria e.V.	4.759,69 €	4.338,78 €			
12	10050	Bergler OHG	5.972,81 €	4.965,30 €		=SUMME(INDIREKT(Markierung))	Summe
13	10055	Binder Tobias KG	3.198,35 €	3.198,35 €		=MITTELWERT(INDIREKT(Markierung))	Mittelwert
14	10057	Blindenwerkstatt e.G.	3.930,86 €	3.178,13 €		=ANZAHL(INDIREKT(Markierung))	Anzahl
15	10060	Bringservice Ag	3.808,73 €	2.650,07 €		=MAX(INDIREKT(Markierung))	Max-Wert
16	10065	Burger-Transporte e.K.	8.894,62 €	1.057,04 €		=MIN(INDIREKT(Markierung))	Min-Wert
17	10072	B-Zentrale e.V.	1.734,98 €	1.734,98 €			
18	10080	CD AG	616,71 €	616,71 €			
19	10085	Central-Sport GmbH	617,16 €	- €			
20	10090	China e.V.	9.596,68 €	9.119,75 €			
21	10100	Cisco	5.348,29 €	5.348,29 €			

Excel bietet inzwischen über 460 Tabellenfunktionen. Dieses Buch erhebt jedoch nicht den Anspruch, jede Funktion bis ins Detail zu erläutern, sondern geht vielmehr auf den Einsatz im Alltag ein und zeigt verschiedene Zusammenhänge anhand von Praxisbeispielen.

4.1 Wichtige Infos zum Umgang mit Formeln und Funktionen

Excel bietet eine Vielzahl von Unterstützungsfeatures im Umgang mit Formeln. Wenn Sie die vorhandenen Assistenten sinnvoll einsetzen und dabei noch ein paar Kniffe kennen und beherzigen, werden Sie künftig keine Schwierigkeiten bei der Erfassung von komplexen Formeln und Funktionen mehr haben. Alle Excel-Versionen gehen den Weg zur komfortablen und zielorientierten Erfassung von Formeln konsequent weiter.

Tipp 1: Einführung in den Funktionsassistenten

Das Arbeiten mit Formeln und Funktionen wird in Excel durch einen Funktionsassistenten unterstützt, der, wenn man ihn zu nutzen weiß, wertvolle Hilfestellung beim Erstellen dieser Formeln und Funktionen leisten kann. Wie sich die Arbeit mit diesem Assistenten gestaltet, soll nachfolgend anhand einiger einfacher Beispiele gezeigt werden.

So geht's:

1 Öffnen Sie eine neue Arbeitsmappe. Sie haben nun verschiedene Möglichkeiten, den Funktionsassistenten zu starten. Probieren Sie einfach aus, welcher der nachfolgenden Wege Ihnen am meisten zusagt. Rufen Sie den Assistenten auf, indem Sie die Tastenkom-

bination ⇧+F3 drücken oder auf das Symbol *f(x)* am linken Rand der Bearbeitungsleiste klicken.

2 Nun wird automatisch ein Gleichheitszeichen in die Bearbeitungsleiste eingefügt und es öffnet sich das Dialogfenster *Funktion einfügen*.

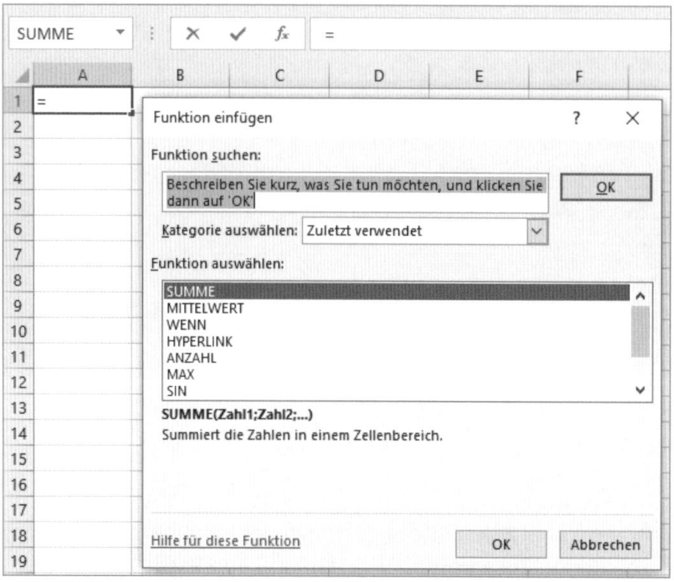

3 Über das Feld *Funktion suchen* können Sie sich jetzt mithilfe eines Suchbegriffs alle Funktionen anzeigen lassen, die für diesen Suchbegriff infrage kommen könnten. Geben Sie in dieses Feld einfach einmal den Begriff *addieren* ein.

Klicken Sie dann auf die Schaltfläche *OK*.

4 Der Funktionsassistent schlägt Ihnen anschließend eine Reihe von Funktionen vor, die im Zusammenhang mit *addieren* von Interesse sein könnten. Im Drop-down-Feld *Kategorie auswählen* zeigt er den Eintrag *Empfohlen* an. Diese Kategorie erscheint nur im Zusammenhang mit einer Suchanfrage.

5 Wählen Sie aus dem Feld *Funktion auswählen* die bekannte Funktion *SUMME* aus.

6 Klicken Sie nun jedoch noch nicht auf *OK*. Sehen Sie sich stattdessen einmal an, was der Funktionsassistent noch zu bieten hat. Klicken Sie hierfür links unten im Dialogfenster auf den blauen Link *Hilfe für diese Funktion*.

7 Über die Excel-Hilfe erhalten Sie eine Vielzahl an Informationen zur gewählten Funktion, so unter anderem eine Beschreibung der Funktion, Informationen zur Syntax und sonstige Hinweise. (Excel 2003: Die Excel-Hilfe hat ein etwas anderes Layout, jedoch prinzipiell die gleichen Inhalte. Excel 2019: Die Excel-Hilfe wird online per Webbrowser zur Verfügung gestellt.)

8 Über die Excel-Hilfe erhalten Sie aber auch sehr nützliche Beispiele dazu, wie diese Funktion anzuwenden ist. Sie müssen hierfür im Fenster der Excel-Hilfe einfach weiter nach unten scrollen.

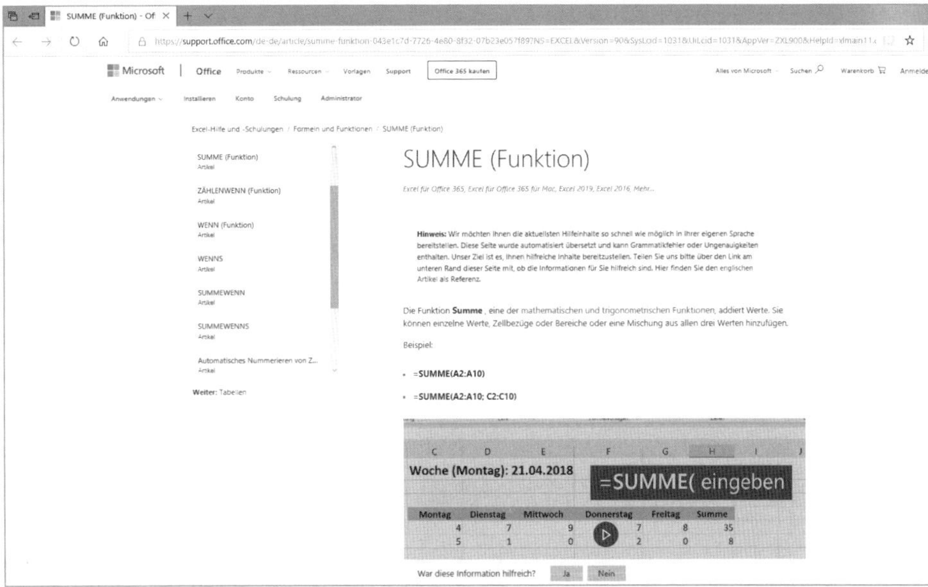

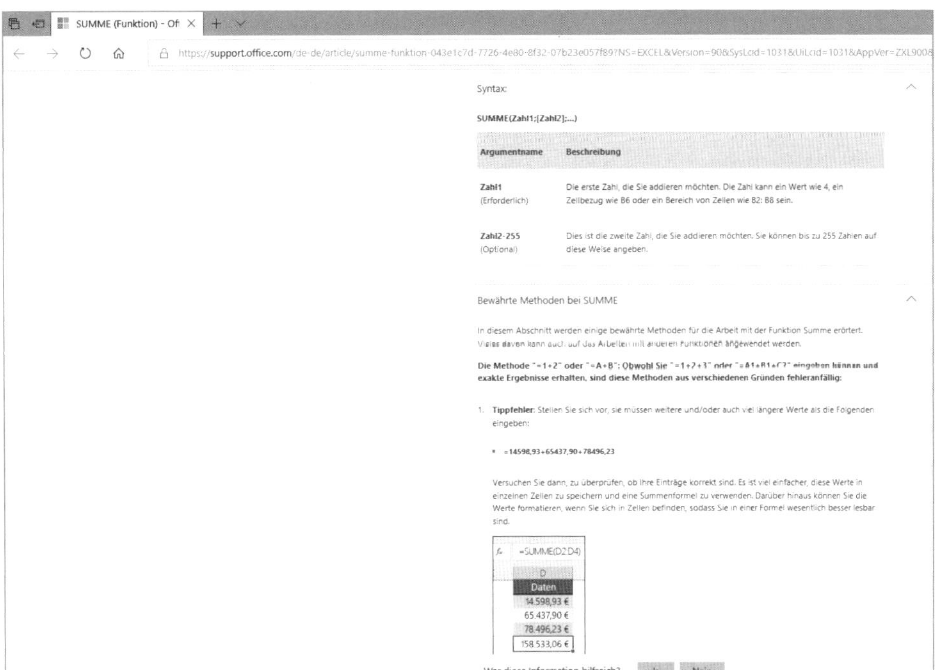

9 Die Beispiele aus der Excel-Hilfe lassen sich sehr einfach in ein Tabellenblatt übernehmen. Markieren Sie die Daten aus der Beispiel-Tabelle im Hilfe-Dialog und drücken Sie die Tastenkombination Strg+C. Klicken Sie dann in Excel auf eine Zelle, z. B. A1, eines neuen Arbeitsblatts und drücken Sie Strg+V. Nun können Sie in der realen Excel-Umgebung besser nachvollziehen, wie das Beispiel funktioniert. Alternativ dazu können Sie sich auch ein Beispielvideo ansehen.

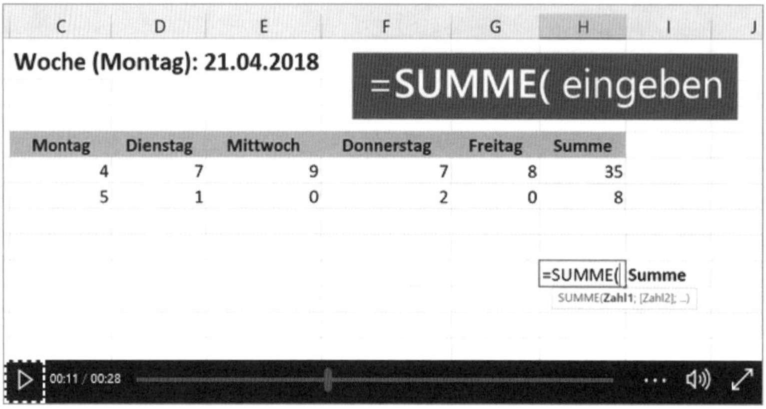

Tipp 2: Sichere Überwachung von einzelnen Formelergebnissen

Zur Überwachung von Formeln und Formelergebnissen bietet Excel eine eigene Überwachungsfunktion. Gerade bei der Erstellung umfangreicher Kalkulationsmodelle ist es hilfreich bzw. oft erforderlich, die wesentlichen Eckdaten permanent im Blickfeld zu haben, besonders dann, wenn sich das Kalkulationsschema über mehrere Tabellenblätter oder gar mehrere Arbeitsmappen erstreckt. Zu diesem Zweck stellt Excel das Überwachungsfenster zur Verfügung.

So geht's:

1 Im ersten Schritt müssen Sie das Überwachungsfenster über das Menü *Formeln/Formelüberwachung/Überwachungsfenster* starten.

2 Markieren Sie die Zelle, die Sie überwachen möchten, und klicken Sie auf *Überwachung hinzufügen*.

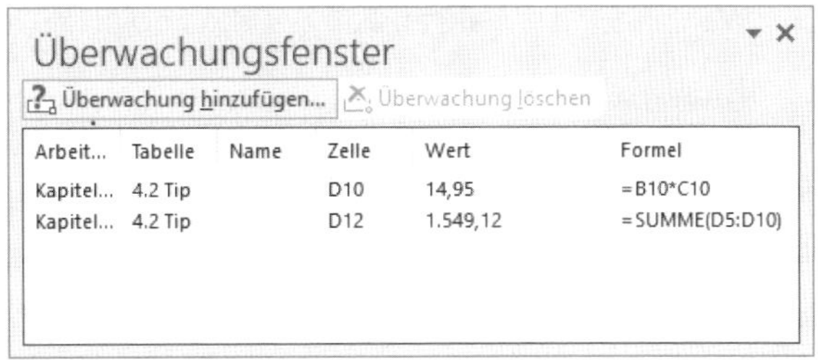

Der Überwachungsauftrag wird sofort in das Überwachungsfenster übernommen. Angezeigt werden der Name der Arbeitsmappe und der Blattname. Sofern für die Zelle ein Name definiert ist, wird dieser in der Spalte *Name* angezeigt. Darüber hinaus zeigt das Fenster die Zelladresse, den Wert der Zelle oder das Ergebnis einer Formelberechnung sowie die Formel selbst an. Zum Löschen einer Überwachung wählen Sie einfach den gewünschten Eintrag im Überwachungsfenster aus und klicken auf die Schaltfläche *Überwachung löschen*. Der Eintrag wird ohne Nachfrage aus dem Dialogfenster entfernt.

Hinweis

Sie können auch mehrere Überwachungen gleichzeitig hinzufügen, indem Sie in der Excel-Tabelle den gewünschten Zellbereich auswählen und die Schaltfläche *Überwachung hinzufügen* anklicken.

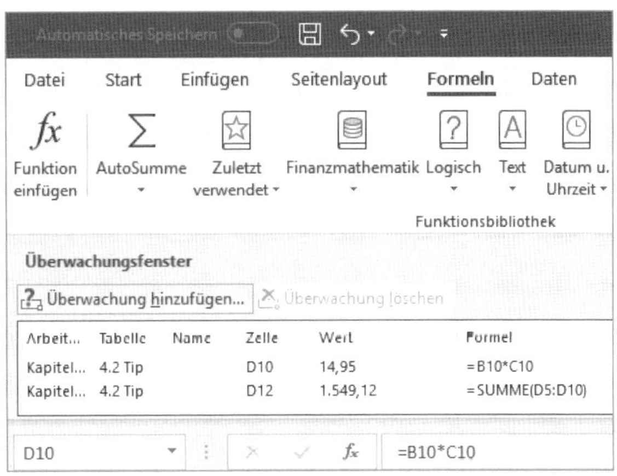

Zur besseren Übersicht lässt sich das Überwachungsfenster auch an einer beliebigen Seite des Bildschirmfensters andocken. Ziehen Sie dazu das Fenster einfach nach oben, unten, links oder rechts an den Bildschirmrand. In der Abbildung sehen Sie, wie das Überwachungsfenster oben an die Multifunktionsleiste angedockt wurde.

Tipp 3: Überwachung ganzer Tabellenausschnitte

In einem komplexen Kalkulationsschema sollen nicht nur einzelne Zellen, sondern ganze Zellbereiche überwacht werden. Ziel ist, dass Änderungen im überwachten Bereich sofort sichtbar werden. Excel bietet dazu die Möglichkeit, Zellbereiche direkt als Bild in eine Tabelle einzufügen.

So geht's: Als Grafik einfügen

1 Markieren Sie den zu überwachenden Bereich.

2 Kopieren Sie ihn mit der Tastenkombination Strg+C in die Zwischenablage.

3 Wählen Sie die Zelle aus, ab der das kopierte Bild eingefügt werden soll.

4 Über das Menü *Start/Einfügen/Grafik* (ab Excel 2010) wird der kopierte Zellbereich als Grafik eingefügt (Excel 2007: Menü *Start/Einfügen/Als Bild/Als Grafik einfügen*).

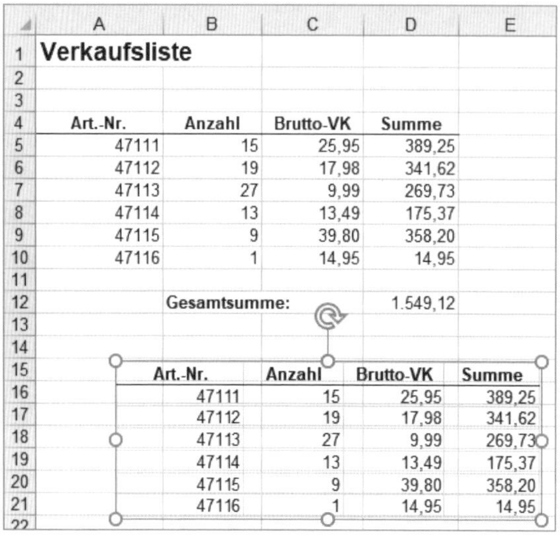

	A	B	C	D	E
1	Verkaufsliste				
2					
3					
4	Art.-Nr.	Anzahl	Brutto-VK	Summe	
5	47111	15	25,95	389,25	
6	47112	19	17,98	341,62	
7	47113	27	9,99	269,73	
8	47114	13	13,49	175,37	
9	47115	9	39,80	358,20	
10	47116	1	14,95	14,95	
11					
12		Gesamtsumme:		1.549,12	

Art.-Nr.	Anzahl	Brutto-VK	Summe
47111	15	25,95	389,25
47112	19	17,98	341,62
47113	27	9,99	269,73
47114	13	13,49	175,37
47115	9	39,80	358,20
47116	1	14,95	14,95

Mit dieser Methode wird eine Hardcopy vom zu überwachenden Zellbereich hergestellt. Änderungen des überwachten Zellbereichs haben keine Auswirkungen auf die eingefügte Grafik.

Sinnvoller dürfte es sein, die Grafik als Verknüpfung einzufügen, da damit Änderungen im Ursprungsbereich auch in der verknüpften Grafik berücksichtigt werden.

So geht's: Als verknüpfte Grafik einfügen

1 Kopieren Sie den gewünschten Zellbereich wieder in die Zwischenablage.

2 Den Befehl zum Einfügen einer verknüpften Grafik rufen Sie wie folgt auf:

- ab Excel 2010: Menü *Start/Einfügen/Verknüpfte Grafik*,
- in Excel 2007: Menü *Start/Einfügen/Als Bild/Verknüpfte Grafik einfügen*.

Wenn die Grafik auf diese Weise eingefügt wird, werden alle Änderungen im Ursprungsbereich auch in der Grafik automatisch angepasst.

Hinweis

Möchten Sie schnell zum überwachten Ursprungsbereich springen, führen Sie einfach einen Doppelklick auf die verknüpfte Grafik aus.

Zur Verdeutlichung der Tatsache, dass es sich um ein verknüpftes Bild handelt, setzen Sie einfach den Hintergrund der Grafik auf Grau. Gehen Sie dazu wie folgt vor:

1. Klicken Sie mit der rechten Maustaste auf das Bild.
2. Im Kontextmenü wählen Sie den Eintrag *Grafik formatieren*.
3. Im Dialogfenster *Grafik formatieren* wechseln Sie zur Registerkarte *Farbe und Linien* und wählen als Füllfarbe einen hellen Grauton aus. Beenden Sie den Dialog mit einem Klick auf die Schaltfläche *OK*.

	A	B	C	D	E
1	**Verkaufsliste**				
2					
3					
4	Art.-Nr.	Anzahl	Brutto-VK	Summe	
5	47111	15	25,95	389,25	
6	47112	19	17,98	341,62	
7	47113	27	9,99	269,73	
8	47114	13	13,49	175,37	
9	47115	9	39,80	358,20	
10	47116	1	14,95	14,95	
11					
12		Gesamtsumme:		1.549,12	
13					
14					
15	Art.-Nr.	Anzahl	Brutto-VK	Summe	
16	47111	15	25,95	389,25	
17	47112	19	17,98	341,62	
18	47113	27	9,99	269,73	
19	47114	13	13,49	175,37	
20	47115	9	39,80	358,20	
21	47116	1	14,95	14,95	
22					

Nun ist auf den ersten Blick zu erkennen, dass es sich um ein eingefügtes Bild und nicht um die Originalzelldaten handelt.

Tipp 4: Vorhandene Formeln direkt im Tabellenblatt anzeigen

Nachdem Sie eine Formel eingegeben und die Eingabe mit [↵] bestätigt haben, wird sofort das Ergebnis der Formel angezeigt. Die Formelsyntax ist dann nur noch in der Bearbeitungsleiste zu sehen. Excel bietet aber auch die Möglichkeit, anstatt der Formelergebnisse die Formel in den betreffenden Zellen anzuzeigen.

So geht's:

Über das Menü *Formeln/Formelüberwachung/Formel anzeigen* werden in der Tabelle anstelle der Berechnungsergebnisse direkt die Formeln ausgegeben.

Alternativ können die Formeln auch mit der Tastenkombination [Strg]+[#] eingeblendet werden.

Normale Anzeige

	A	B	C	D
1	**Verkaufsliste**			
2				
3				
4	Art.-Nr.	Anzahl	Brutto-VK	Summe
5	47111	15	25,95	389,25
6	47112	19	17,98	341,62
7	47113	27	9,99	269,73
8	47114	13	13,49	175,37
9	47115	9	39,80	358,20
10	47116	1	14,95	14,95
11				
12		Gesamtsumme:		1.549,12

Anzeige der Formeln

	A	B	C	D
1	**Verkaufsliste**			
2				
3				
4	Art.-Nr.	Anzahl	Brutto-VK	Summe
5	47111	15	25,95	=B5*C5
6	47112	19	17,98	=B6*C6
7	47113	27	9,99	=B7*C7
8	47114	13	13,49	=B8*C8
9	47115	9	39,8	=B9*C9
10	47116	1	14,95	=B10*C10
11				
12		Gesamtsumme:		=SUMME(D5:D10)

Tipp 5: Zellinhalt und Formel einer Zelle gleichzeitig anzeigen

Zur besseren Übersicht und zur Klarstellung komplexer Sachverhalte sollen sowohl die Ergebnisse einer Berechnung als auch die Berechnungsformeln gleichzeitig am Bildschirm dargestellt werden.

So geht's:

1 Erstellen Sie von der betreffenden Arbeitsmappe ein zweites Fenster. Dies erreichen Sie über das Menü *Ansicht/Fenster/Neues Fenster*.

2 Ordnen Sie über das Menü *Ansicht/Fenster/Alle anordnen* die Fenster *Horizontal* an.

3 Im letzten Schritt aktivieren Sie über das Menü *Formeln/Formelüberwachung/Formeln anzeigen* die Formelanzeige. Alternativ können Sie sie auch über die Tastenkombination Strg+# einschalten.

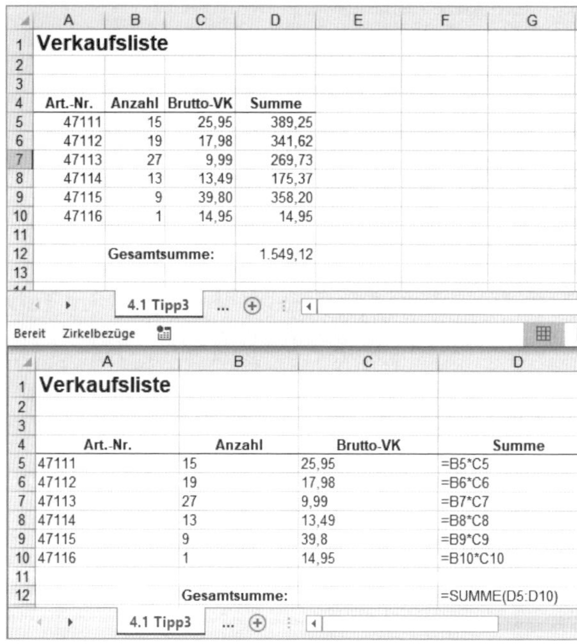

	A	B	C	D	E	F	G
1	Verkaufsliste						
2							
3							
4	Art.-Nr.	Anzahl	Brutto-VK	Summe			
5	47111	15	25,95	389,25			
6	47112	19	17,98	341,62			
7	47113	27	9,99	269,73			
8	47114	13	13,49	175,37			
9	47115	9	39,80	358,20			
10	47116	1	14,95	14,95			
11							
12		Gesamtsumme:		1.549,12			
13							

4.1 Tipp3

Bereit Zirkelbezüge

	A	B	C	D
1	Verkaufsliste			
2				
3				
4	Art.-Nr.	Anzahl	Brutto-VK	Summe
5	47111	15	25,95	=B5*C5
6	47112	19	17,98	=B6*C6
7	47113	27	9,99	=B7*C7
8	47114	13	13,49	=B8*C8
9	47115	9	39,8	=B9*C9
10	47116	1	14,95	=B10*C10
11				
12		Gesamtsumme:		=SUMME(D5:D10)

4.1 Tipp3

In der oberen Arbeitsmappe werden nun die Berechnungsergebnisse und in der unteren die entsprechenden Formeln angezeigt. Diese Art der Darstellung erweist sich bei komplexeren Sachverhalten als sehr hilfreich.

Tipp 6: Formeln intelligent zusammenbauen

Die Erstellung komplexer, ineinander verschachtelter Formeln und Funktionsparameter stellt für viele Anwender eine schwierige, in manchen Fällen sogar eine nicht lösbare Aufgabe dar. In den meisten Fällen hilft es, die Aufgabenstellung in mehrere Teilaufgaben zu zerlegen, die für sich betrachtet leicht zu verstehen sind. Wenn alle Teilfunktionen erfolgreich erstellt wurden, müssen sie nur noch zu einer Gesamtformel zusammengebaut werden.

Im folgenden Beispiel soll aus der Spalte *Name*, die sowohl den Vor- als auch den Nachnamen enthält, nur der Nachname extrahiert werden.

So geht's:

Sehen Sie sich zunächst die Ausgangstabelle an. In den Zellen A5 bis A7 befinden sich die Nachnamen, die extrahiert werden sollen.

	A	B	C
1	**Adressliste**		
2			
3			
4	**Name**	**Straße**	**Ort**
5	Bernd Schneider	Gustav Straße 5	63778 Musterhausen
6	Karin Lauer	Brückenstraße 4	66997 Teststadt
7	Knut Rost	Hauptstraße 3	79253 Musterstadt

1 Als eindeutiges Trennzeichen dient in diesen Beispielnamen das Leerzeichen. Im ersten Schritt wird also ermittelt, an welcher Stelle sich das Leerzeichen befindet. Erfassen Sie dazu in Zelle A10 die Formel *=SUCHEN(" ";A5;1)*.

2 Im zweiten Schritt wird die Länge der gesamten Zeichenfolge, also des Vornamens mit dem Nachnamen, mit der Formel *=LÄNGE(A5)* ermittelt, die Sie in Zelle A11 eingeben.

Das Ergebnis ist vergleichbar mit dem in nebenstehender Abbildung.

	A	B	C
1	**Adressliste**		
2			
3			
4	**Name**	**Straße**	**Ort**
5	Bernd Schneider	Gustav Straße 5	63778 Musterhausen
6	Karin Lauer	Brückenstraße 4	66997 Teststadt
7	Knut Rost	Hauptstraße 3	79253 Musterstadt
8			
9	**Ermittlung des Nachnamens**		
10	6	Leerzeichen	
11	15	Länge	

Sie sehen, in Zelle A5 befindet sich das Leerzeichen an sechster Stelle und die gesamte Zeichenlänge der Zelle A5 beträgt 15 Stellen.

3 Zur Ermittlung des Nachnamens erfassen Sie nun in Zelle A12 diese Funktion:

=RECHTS(A5;A11–A10)

Damit wird von der gesamten Stringlänge die Stellenzahl bis zur Leerstelle subtrahiert und es wird nur noch der rechte Teil des verbleibenden Strings ausgegeben. Als Ergebnis erhalten Sie damit den Nachnamen *Schneider*.

Diese Lösung ist jetzt aber auf der Basis von zwei Hilfszellen entstanden. Im nächsten Schritt werden die Funktionen zu einer einzigen zusammengebaut. Gehen Sie dazu wie folgt vor:

1 Erfassen Sie in Zelle E5 die provisorische Formel *=RECHTS(A5;1)* und bestätigen Sie mit [↵].

2 Kopieren Sie die Formel *LÄNGE(A5)* aus Zelle A11 über die Bearbeitungsleiste in die Zwischenablage. Achten Sie darauf, dass das =-Zeichen nicht mitkopiert wird.

3 Gehen Sie wieder zu Zelle E5 und ersetzen Sie die Ziffer 1 mit der Formel aus der Zwischenablage. In Zelle E5 steht nun folgender Inhalt:

=RECHTS(A5;LÄNGE(A5))

4 Kopieren Sie wie unter Punkt 2 beschrieben die Formel *SUCHEN(" ";A5;1)* aus Zelle A10 in die Zwischenablage.

5 Wechseln Sie nun wieder zu Zelle E5, erfassen Sie vor der letzten rechten Klammer ein Minuszeichen und fügen Sie den Inhalt der Zwischenablage danach ein.

Die komplette Formel in Zelle E5 lautet somit nun *=RECHTS(A5;LÄNGE(A5)–SUCHEN(" ";A5;1))*, als Ergebnis wird der Nachname *Schneider* ausgegeben.

Sie sehen, durch das Zerlegen von komplexeren Formeln in ihre Einzelbestandteile ist es wesentlich einfacher, die Zusammenhänge zu verstehen. Auf diesen Teillösungen aufbauend, lassen sich Formeln auch leichter zusammenfügen.

	A	B	C	D	E
1	**Adressliste**				
2					
3					
4	**Name**	**Straße**	**Ort**		
5	Bernd Schneider	Gustav Straße 5	63778 Musterhausen		Schneider
6	Karin Lauer	Brückenstraße 4	66997 Teststadt		
7	Knut Rost	Hauptstraße 3	79253 Musterstadt		
8					
9	**Ermittlung des Nachnamens**				
10	6	Leerzeichen			
11	15	Länge			

Tipp 7: Formeln verkleinern

Formeln werden in der Praxis manchmal ziemlich lang bzw. komplex und damit auch unübersichtlich. Je mehr Zellverweise und einzelne Funktionen ineinander verschachtelt werden, desto schwerer ist es, eine Formel zu lesen und zu verstehen.

Hier bietet es sich an, für Zellen oder Zellbereiche Namen zu definieren. Ein weiterer Trick, um Formeln zu verkürzen, besteht darin, lange Tabellenblattbezeichnungen abzukürzen. Im folgenden Beispiel sehen Sie, wie sich eine Formel elegant verkürzen lässt.

So geht's:

Sehen Sie sich zunächst die Ausgangstabelle an.

Darin befinden sich für jeden Monat mehrere Umsätze mit unterschiedlichen Umsatzsteuerkennziffern (*USt-KZ*).

	A	B	C	D
1	**Umsätze Brutto - Netto**			
2				
3				
4	**Monat**	**Netto**	**Ust-KZ**	**Brutto**
5	Januar	39.829,45 €	1	
6	Januar	68.739,79 €	2	
7	Februar	87.639,62 €	1	
8	Februar	63.923,90 €	2	
9	Februar	7.641,00 €	3	
10	März	58.293,44 €	1	
11	März	102.893,35 €	2	
12				

	A	B	C
1	**Umsatzsteuerkennziffer**		
2			
3	**USt-KZ**	**USt-Satz**	
4	1	19	
5	2	7	
6	3	16	
7			

Die Übersicht der Umsatzsteuerkennziffern befindet sich auf einem anderen Tabellenblatt als die Umsatzliste selbst. In Spalte D der Umsatzliste soll nun der Bruttoumsatz mit den vorgegebenen Umsatzsteuersätzen auf der Basis direkter Zellbezüge errechnet werden.

1 Markieren Sie im ersten Schritt den Zellbereich D5:D11.

2 Erfassen Sie in Zelle D5 folgende Formel:

*=WENN(ISTFEHLER(B5+(B5*SVERWEIS(C5;'4.Tipp6–2'!$A$4:$B$6;2;FALSCH)/100));"";B5+(B5*SVERWEIS(C5;'4.Tipp6–2'!$A$4:$B$6;2;FALSCH)/100))*

3 Beenden Sie die Formeleingabe mit der Tastenkombination Strg+↵.

Auf diese Weise wird abhängig von der Umsatzsteuerkennziffer der entsprechende Bruttoumsatz ermittelt. Zur Verkürzung der Formel gehen Sie nun wie folgt vor:

1 Wechseln Sie auf das Tabellenblatt, auf dem sich die Umsatzsteuerkennziffern befinden.

2 Markieren Sie den Bereich A4:B6 und rufen Sie den Befehl zur Namensdefinition über das Menü *Formeln/Definierte Namen/Namen definieren* auf.

3 Als Name erfassen Sie *ust*. Sie können im Feld *Kommentar* auch eine kurze Beschreibung des Namens hinterlegen. Beenden Sie den Dialog mit einem Klick auf *OK*.

4 Wechseln Sie nun wieder zurück zur Umsatzliste und markieren Sie den Zellbereich E5:E11. Geben Sie in Zelle E5 diese Funktion ein:

*=WENN(ISTFEHLER(B5+(B5*SVERWEIS(C5;ust;2;0)/100));"";B5+(B5*SVERWEIS(C5;ust;2;0)/100))*

5 Schließen Sie die Eingabe erneut mit Strg+↵ ab.

Sie sehen, bereits die Vergabe eines einzigen Namens hat eine erhebliche Verkürzung der ursprünglichen Formel ergeben. Der Befehl *SVERWEIS()* bezieht sich nun nicht mehr auf die Matrix, sondern auf den Namen *ust*, der die Matrix der Umsatzsteuerkennziffern bezeichnet.

➡ Verweis: siehe Kapitel 4.3, Tipp 1

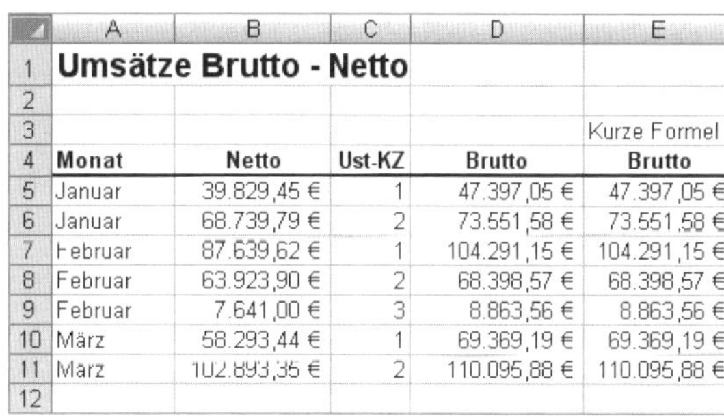

	A	B	C	D	E
1	**Umsätze Brutto - Netto**				
2					
3					Kurze Formel
4	**Monat**	**Netto**	**Ust-KZ**	**Brutto**	**Brutto**
5	Januar	39.829,45 €	1	47.397,05 €	47.397,05 €
6	Januar	68.739,79 €	2	73.551,58 €	73.551,58 €
7	Februar	87.639,62 €	1	104.291,15 €	104.291,15 €
8	Februar	63.923,90 €	2	68.398,57 €	68.398,57 €
9	Februar	7.641,00 €	3	8.863,56 €	8.863,56 €
10	März	58.293,44 €	1	69.369,19 €	69.369,19 €
11	März	102.893,35 €	2	110.095,88 €	110.095,88 €
12					

Tipp 8: Kopieren von mehreren Formeln ohne Veränderung der Zellbezüge

In der Praxis kommt es aus verschiedenen Gründen immer wieder vor, dass Formeln ohne automatische Anpassung der Zellbezüge kopiert werden müssen.

In Kapitel 1.2 wurde bereits beschrieben, wie Formeln über die Bearbeitungsleiste ohne Anpassung der Zellbezüge kopiert werden können. Für eine überschaubare Anzahl an Formeln ist dieser Weg sicherlich bestens geeignet. Bei einer Vielzahl an zu kopierenden Formeln empfiehlt es sich jedoch, folgenden Trick anzuwenden. Als Ausgangstabelle liegt eine Lieferantenliste mit Zahlungszielen vor. In Spalte F befinden sich die Formeln zur Ermittlung des Zahlungstags. Die Formeln sollen ohne Anpassung der Zellbezüge in Spalte G kopiert werden.

So geht's:

1. Markieren Sie den Zellbereich, der kopiert werden soll, in diesem Beispiel den Bereich F6:F12.
2. Öffnen Sie über das Menü *Start/Bearbeiten/Suchen und Auswählen/Ersetzen* das Dialogfenster *Suchen und Ersetzen*.
3. Erfassen Sie im Feld *Suchen nach* das =-Zeichen und im Feld *Ersetzen durch* das #-Zeichen.
4. Durch einen Klick auf die Schaltfläche *Alle ersetzen* werden die =-Zeichen durch die #-Zeichen ersetzt. Das Ergebnis sieht wie nebenstehend aus.

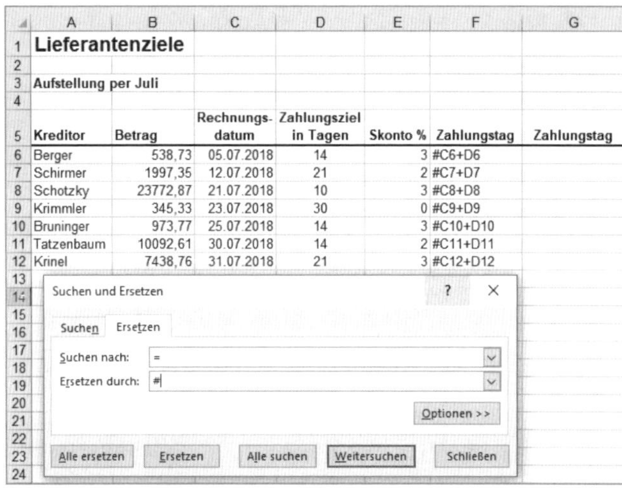

	A	B	C	D	E	F	G
1	Lieferantenziele						
2							
3	Aufstellung per Juli						
4							
5	Kreditor	Betrag	Rechnungs-datum	Zahlungsziel in Tagen	Skonto %	Zahlungstag	Zahlungstag
6	Berger	538,73	05.07.2018	14	3	#C6+D6	
7	Schirmer	1997,35	12.07.2018	21	2	#C7+D7	
8	Schotzky	23772,87	21.07.2018	10	3	#C8+D8	
9	Krimmler	345,33	23.07.2018	30	0	#C9+D9	
10	Bruninger	973,77	25.07.2018	14	3	#C10+D10	
11	Tatzenbaum	10092,61	30.07.2018	14	2	#C11+D11	
12	Krinel	7438,76	31.07.2018	21	3	#C12+D12	

5. Schließen Sie das Dialogfenster mit einem Klick auf *OK*.
6. Kopieren Sie nun die geänderten Formeln in den Bereich G6:G12.
7. Markieren Sie den Bereich F6:G12 und starten Sie erneut den Dialog *Suchen und Ersetzen*, vertauschen Sie aber die Zeichen. Gesucht wird jetzt nach #, ersetzt wird mit =.
8. Nachdem Sie das Dialogfenster mit einem Klick auf die Schaltfläche *Alle ersetzen* beendet haben, sind die Formeln im Bereich F6:F12 wieder in den Ausgangszustand versetzt; im Bereich G6:G12 wurden die Formeln ohne Anpassung der Zellbezüge eingefügt.

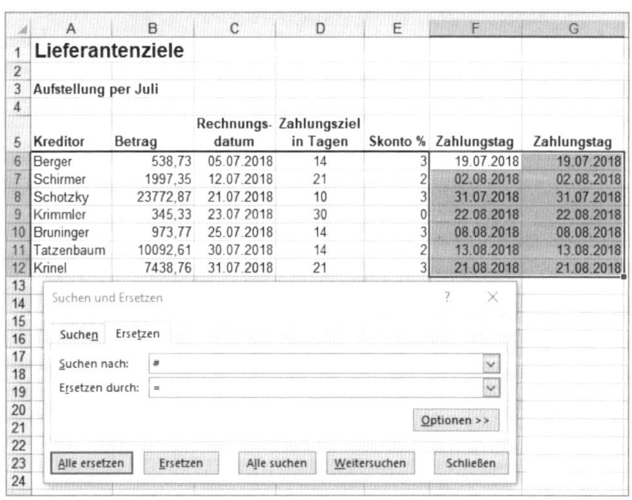

	A	B	C	D	E	F	G
1	Lieferantenziele						
2							
3	Aufstellung per Juli						
4							
5	Kreditor	Betrag	Rechnungs-datum	Zahlungsziel in Tagen	Skonto %	Zahlungstag	Zahlungstag
6	Berger	538,73	05.07.2018	14	3	19.07.2018	19.07.2018
7	Schirmer	1997,35	12.07.2018	21	2	02.08.2018	02.08.2018
8	Schotzky	23772,87	21.07.2018	10	3	31.07.2018	31.07.2018
9	Krimmler	345,33	23.07.2018	30	0	22.08.2018	22.08.2018
10	Bruninger	973,77	25.07.2018	14	3	08.08.2018	08.08.2018
11	Tatzenbaum	10092,61	30.07.2018	14	2	13.08.2018	13.08.2018
12	Krinel	7438,76	31.07.2018	21	3	21.08.2018	21.08.2018

➡ Verweis: siehe Kapitel 1.2, Tipp 7

Tipp 9: Formelzellen schützen

In der Praxis ist es häufig notwendig, Zellen zu schützen, in denen sich Formeln befinden. Gerade wenn mehrere Anwender an einer Excel-Tabelle arbeiten, empfiehlt sich dieser Schutz ganz besonders. Denn wer hat nicht schon einmal aus Versehen eine Formel gelöscht? Um dem vorzubeugen, zeigt Ihnen dieses Beispiel, wie sich Formelzellen vor unberechtigtem Löschen schützen lassen.

So geht's: Formeln mit der Blattschutzfunktion sichern

Excel bietet die Möglichkeit, den Zugriff auf Formeln in geschützten Tabellenblättern zu untersagen. Dazu sind folgende Schritte notwendig:

1 Markieren Sie alle Zellen des Tabellenblatts. Am schnellsten erreichen Sie dies mit der Tastenkombination Strg+A. Achten Sie darauf, dass sich der Zellzeiger in einer Zelle befindet, die nicht zu einem zusammenhängenden Zellbereich gehört. Sollte das der Fall sein, müssen Sie die Tastenkombination zweimal ausführen.

2 Starten Sie über das Menü *Start/Zellen/Format/Zellen formatieren* das Dialogfenster *Zellen formatieren*. Alternativ können Sie dieses Dialogfenster auch über die Tastenkombination Strg+1 aufrufen.

3 Wechseln Sie zur Registerkarte *Schutz* und deaktivieren Sie das Kontrollkästchen *Gesperrt*, indem Sie den Haken entfernen. Beenden Sie das Dialogfenster anschließend mit *OK*.

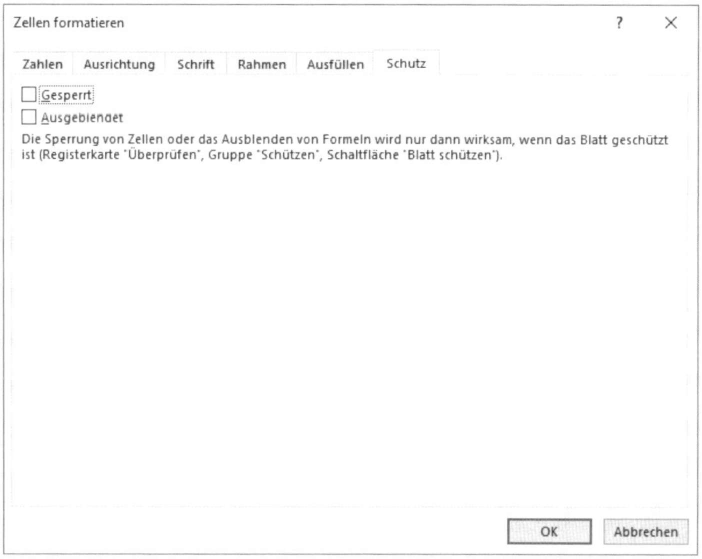

4 Im nächsten Schritt müssen alle Zellen markiert werden, die eine Formel beinhalten. Dies erreichen Sie am schnellsten, indem Sie mit der Funktionstaste F5 das Dialogfenster *Gehe zu* öffnen.

5 Klicken Sie auf die Schaltfläche *Inhalte*.

6 Aktivieren Sie im Dialogfenster *Inhalte auswählen* die Option *Formeln*. Achten Sie darauf, dass die Kontrollkästchen *Zahlen*, *Text*, *Wahrheitswerte* und *Fehler* aktiviert sind.

7 Nachdem Sie das Dialogfenster mit einem Klick auf die Schaltfläche *OK* beendet haben, werden alle Zellen auf dem aktuellen Tabellenblatt markiert, in denen sich Formeln befinden.

8 Öffnen Sie nun wieder den Dialog zur Zellenformatierung und aktivieren Sie für die markierten Formelzellen den Zellschutz, indem Sie erneut den Haken im Kontrollkästchen *Gesperrt* setzen.

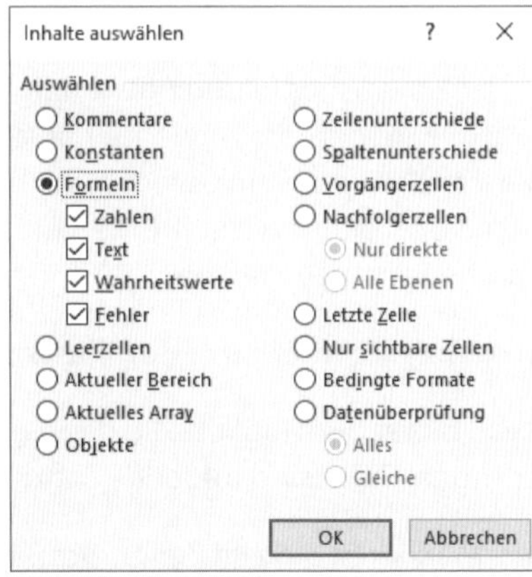

Damit der Zellschutz greift, muss das Blatt geschützt werden. Gehen Sie dazu wie folgt vor:

1 Öffnen Sie über das Menü *Überprüfen/Änderungen/Blatt schützen* das Dialogfenster für den Blattschutz.

2 Dieses Dialogfenster bietet verschiedene Einstellungsmöglichkeiten rund um den Blattschutz. Zum Schutz der Formelzellen genügt es, wenn Sie die Standardvorgaben übernehmen. Abhängig davon, wie sicher der Formelschutz sein soll, können Sie ein Passwort für den Blattschutz festlegen.

3 Nachdem Sie den Blattschutz mit einem Klick auf die Schaltfläche *OK* hergestellt haben, lassen sich die Zellen, in denen sich Formeln befinden, zwar auswählen, Änderungen oder Löschvorgänge werden aber mit einer entsprechenden Meldung quittiert.

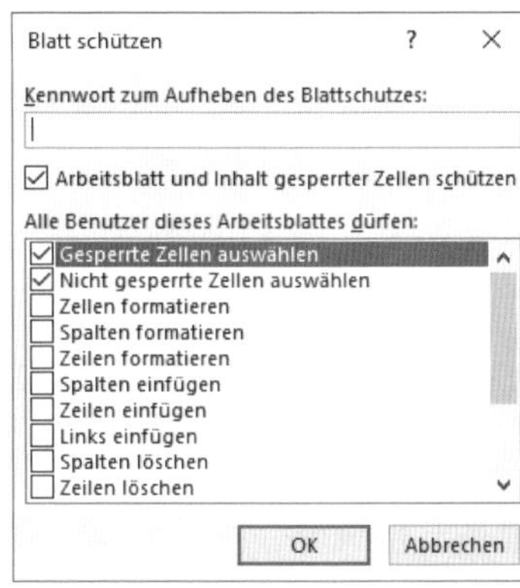

So geht's: Formelschutz in einem ungeschützten Tabellenblatt herstellen

Mithilfe der Gültigkeitsprüfung lassen sich Formelzellen auch ohne Blattschutz vor Veränderungen schützen.

So geht's:

1 Starten Sie über die Funktionstaste F5 und einen Klick auf die Schaltfläche *Inhalte* das Dialogfenster *Inhalte auswählen*.

2 Wählen Sie die Option *Formeln* und achten Sie darauf, dass die Kontrollkästchen *Zahlen*, *Text*, *Wahrheitswerte* und *Fehler* aktiviert sind. Nach einem Klick auf die Schaltfläche *OK* werden alle Formelzellen markiert.

3 Starten Sie nun über das Menü *Daten/Datentools/Datenüberprüfung* das Dialogfenster *Datenüberprüfung*.

4 Wählen Sie unter *Zulassen* den Eintrag *Benutzerdefiniert*.

5 Als Formel erfassen Sie ="" und beenden den Dialog mit *OK*.

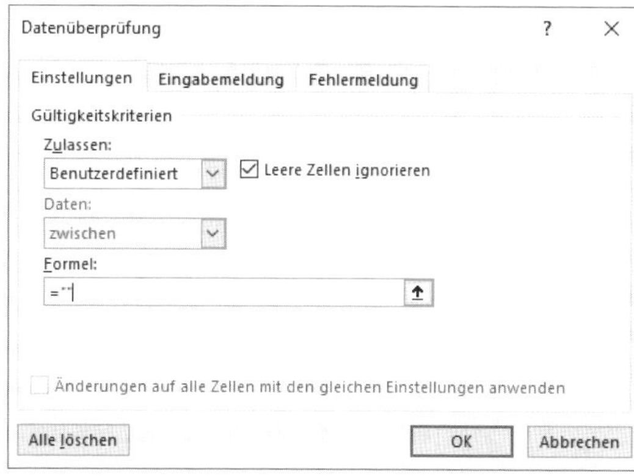

Damit können Zellen, in denen sich Formeln befinden, nicht mehr verändert werden. Jede Eingabe wird mit einem Fehlerhinweis quittiert.

Hinweis

Die Löschfunktion ist damit allerdings nicht deaktiviert. Das bedeutet, über die [Entf]-Taste lässt sich die Formel nach wie vor löschen.

➡ Verweis: siehe Kapitel 1.1, Tipp 16

Tipp 10: Formeln auswerten und prüfen

In langen und verschachtelten Funktionen verliert man schon mal den Überblick. Ergibt eine Funktion nicht das gewünschte Ergebnis, ist manchmal guter Rat teuer. Genau hier kommt das Tool *Formelauswertung* zum Einsatz. Damit lassen sich Teilergebnisse berechnen und schrittweise Auswertungen durchführen.

So geht's:

1 Markieren Sie die Zelle, die die Formel zur Auswertung beinhaltet.

2 Starten Sie über das Menü *Formeln/Formelüberwachung/Formelauswertung* den Dialog *Formeln auswerten*.

3 Über die Schaltfläche *Auswerten* wird jeweils der unterstrichene Formelteil ausgewertet und das Ergebnis der Teilberechnung wird eingeblendet.

4 Über die Schaltfläche *Einzelschritt* können Sie sich das jeweils zugehörige Formelargument einblenden lassen.

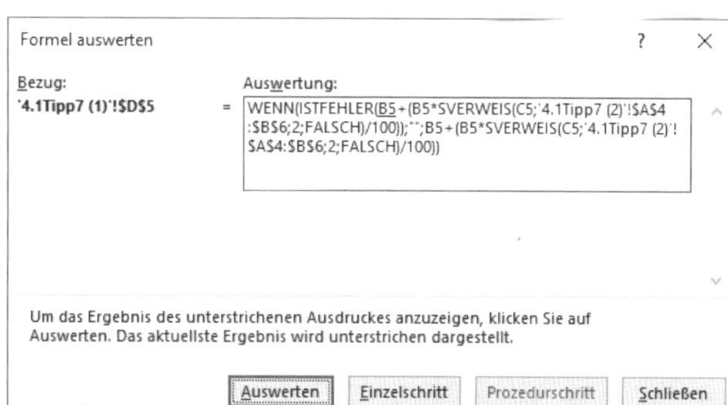

Auf diese Weise lassen sich Fehler relativ schnell ermitteln. Da in der Formel direkt das Ergebnis angezeigt wird, können Sie auch Logikfehler rasch erkennen.

Hinweis

Beachten Sie, dass jeweils nur eine Formel ausgewertet werden kann. Sobald zwei Formelzellen markiert werden, steht der Befehl nicht mehr zur Verfügung. Das bedeutet, Sie müssen den Befehl für jede Formel erneut aufrufen.

Tipp 11: Sicherer Umgang mit Zirkelbezügen

Zirkelbezüge entstehen, wenn sich eine Formel direkt oder indirekt auf die Zelle bezieht, in die sie eingetragen wurde. Sobald ein Zirkelbezug auftritt, wird eine Warnmeldung ausgegeben und die Zellen, die den Zirkelbezug verursachen, werden markiert.

Im folgenden Praxisbeispiel soll ausgehend von einem Bruttobetrag die Umsatzsteuer ermittelt werden.

So geht's: Erzeugen eines Zirkelbezugs

1 Geben Sie in Zelle B4 den Wert *19%* ein.

2 In Zelle B5 erfassen Sie die Formel *=B7–B6*.

3 Die Umsatzsteuer in Zelle B6 wird mit dieser Formel berechnet: *=B4*B5*. Nach Bestätigung der Eingabe erkennt Excel den Zirkelbezug und gibt einen Fehlerhinweis aus.

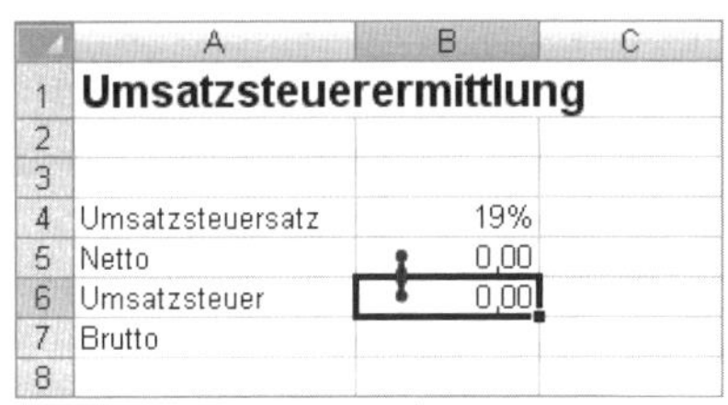

An der blauen Markierung in den Zellen B5 und B6 kann der Zirkelbezug ebenfalls erkannt werden.

4 Erfassen Sie nun noch in Zelle B7 den Bruttowert 1000.

So geht's: Auflösen des Zirkelbezugs

1 Starten Sie das Dialogfenster *Excel-Optionen*:

- ab Excel 2010: Menü *Datei/Optionen*,
- in Excel 2007: Menü *Office/Excel-Optionen*.

2 Wechseln Sie zum Abschnitt *Formeln* und setzen Sie im Kontrollkästchen *Iterative Berechnung aktivieren* einen Haken. Die Voreinstellungen *Maximale Iterationszahl 100* und *Maximale Änderung 0,001* können Sie beibehalten.

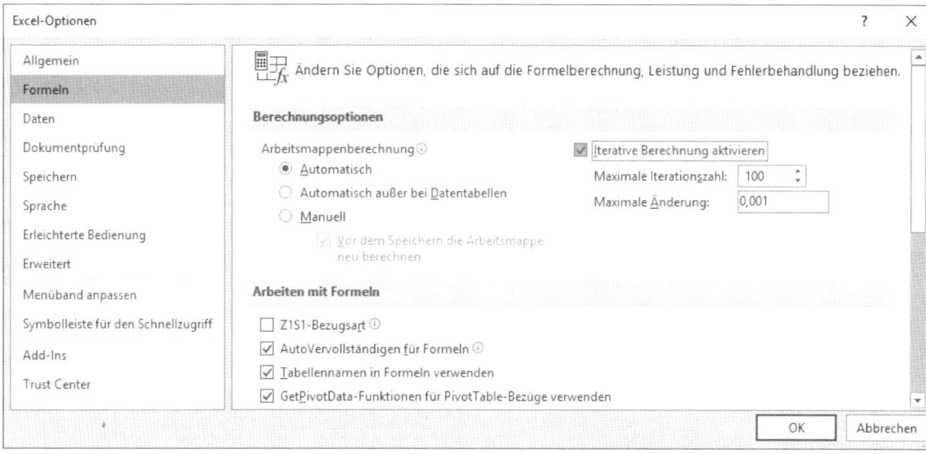

3 Nach einem Klick auf *OK* wird der Zirkelbezug aufgehoben und die Berechnung wird wie gewünscht durchgeführt.

Als Umsatzsteuer ergibt sich ein Wert von 159,66 Euro.

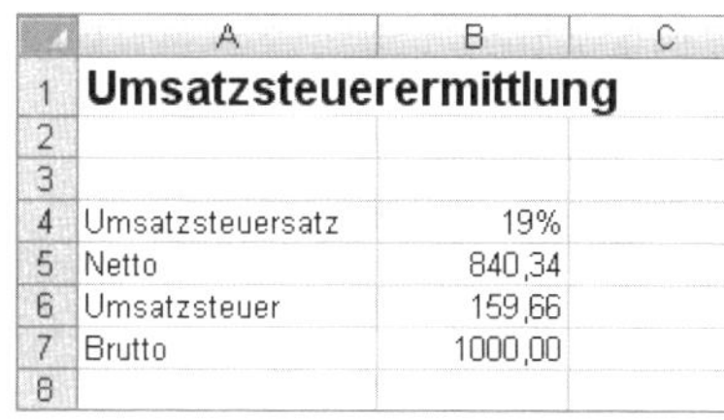

	A	B	C
1	**Umsatzsteuerermittlung**		
2			
3			
4	Umsatzsteuersatz	19%	
5	Netto	840,34	
6	Umsatzsteuer	159,66	
7	Brutto	1000,00	
8			

Tipp 12: (Teil-)Ergebnisse in Formeln anzeigen lassen

Sicherlich kennen Sie diese Situation zu Genüge: Sie müssen eine komplizierte und zum Teil verschachtelte Formel überprüfen und benötigen für Teile der Formel schnell das Ergebnis, ohne die Bearbeitungsleiste mit dem Cursor verlassen zu müssen.

So geht's:

1 Sehen Sie sich zunächst die Tabelle mit der Formel etwas näher an. Die Formel weist diverse Rechenoperationen aus, die sich auf den ersten Blick nicht erschließen lassen.

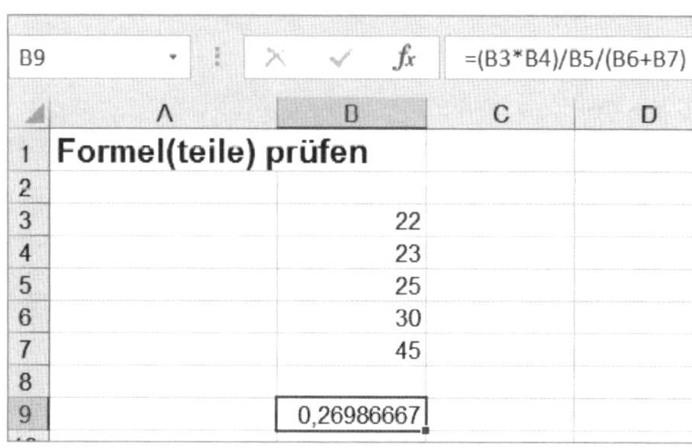

B9 =(B3*B4)/B5/(B6+B7)

	A	B	C	D
1	**Formel(teile) prüfen**			
2				
3		22		
4		23		
5		25		
6		30		
7		45		
8				
9		0,26986667		

2 Markieren Sie in der Bearbeitungsleiste z. B. den Formelbereich *(B6+B7)* mit dem Cursor, sodass dieser schwarz hinterlegt wird.

3 Betätigen Sie dann die Funktionstaste F9 und lesen Sie nun das Teilergebnis direkt in der Bearbeitungszeile ab.

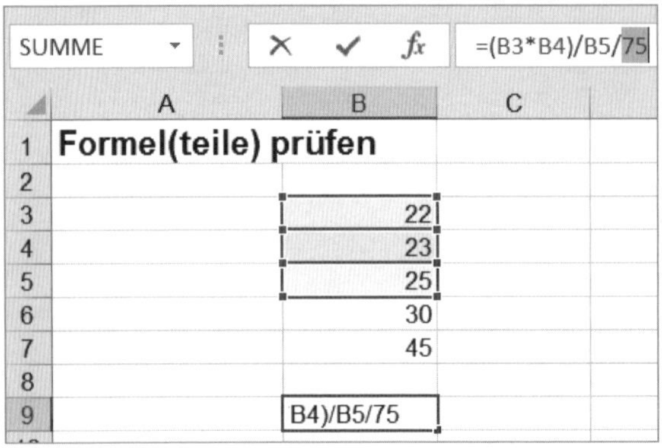

4 Verlassen Sie nun wieder die Formel mit der Taste Esc, um sie nicht zu „beschädigen".

Hinweis

Sie können auch die komplette Formel in der Bearbeitungsleiste markieren und dann die Funktionstaste F9 drücken. Sie erhalten nun in der Bearbeitungsleiste das Gesamtergebnis aus der kompletten Formelberechnung.

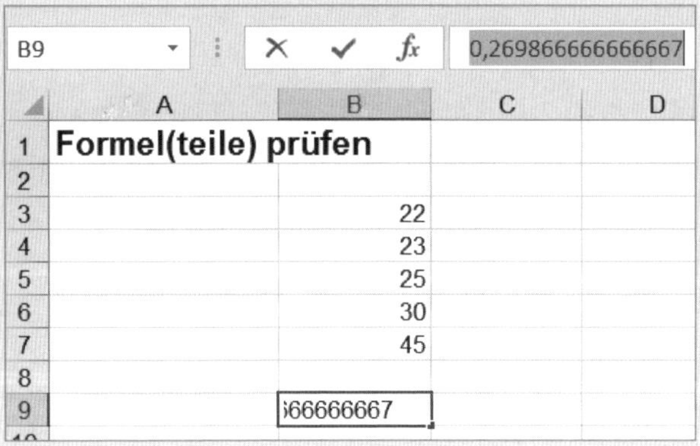

Tipp 13: Anzeige von Berechnungen in der Statusleiste

Soll es einmal ganz schnell gehen oder möchten Sie bestimmte Zellwerte nur zur Prüfung kurz summieren, ist dieser Tipp genau der richtige für Sie. Die Statusleisten in den verschiedenen Excel-Versionen unterscheiden sich nur minimal. Das folgende Beispiel basiert auf der Version Excel 2019.

So geht's:

Markieren Sie zunächst den Zellbereich, der berechnet werden soll.

In der Statusleiste werden standardmäßig die Summe, der Mittelwert und die Anzahl der markierten Zellen berechnet und angezeigt.

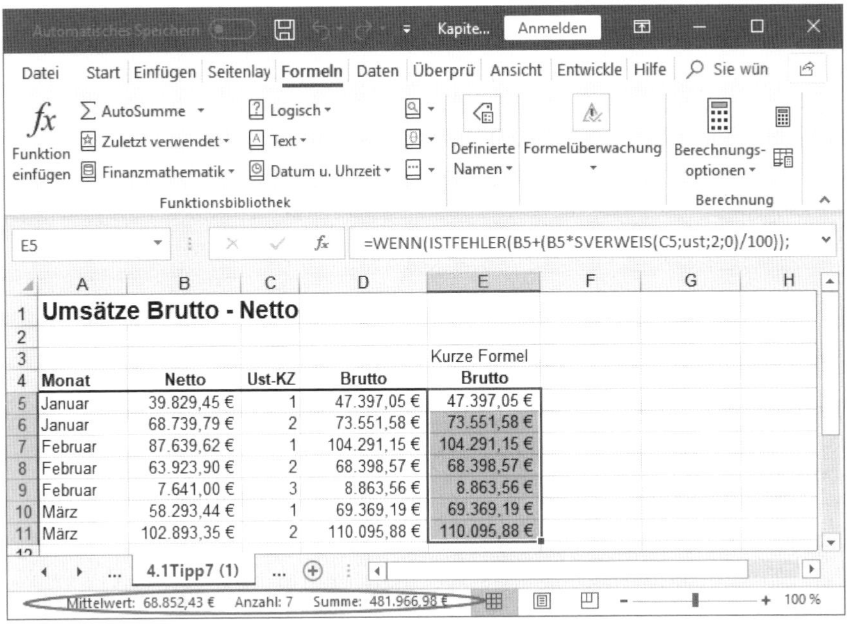

Wenn Sie mit der rechten Maustaste auf die Statusleiste klicken, öffnet sich das Dialogfenster *Statusleiste anpassen*, in dem verschiedene Einstellungen vorgenommen werden können.

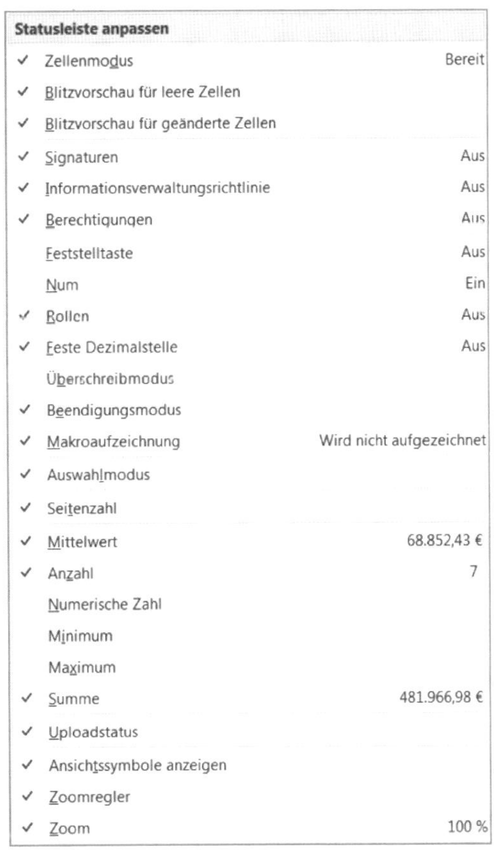

Auf diese Weise können Sie die Statusleiste Ihren individuellen Bedürfnissen und Gewohnheiten anpassen.

Hinweis

Sobald mehrere Zellen markiert werden, für die Ergebnisse berechnet werden können, erfolgt die Anzeige in der Statusleiste automatisch.

Tipp 14: Tabellenblattübergreifende Berechnungen mit 3D-Bezügen durchführen

3D-Berechnungen kommen zum Einsatz, wenn Berechnungen tabellenblattübergreifend durchgeführt werden sollen. Im folgenden Beispiel wird der Umgang mit 3D-Berechnungen anhand einer Arbeitsmappe erläutert, in der sich auf je einem eigenen Arbeitsblatt die Verkaufsergebnisse der vergangenen drei Jahre befinden. Diese Ergebnisse sollen zu einer Gesamtübersicht zusammengefasst werden.

So geht's:

Sehen Sie sich zunächst die Ausgangstabelle etwas näher an.

Auf dem Tabellenblatt 2019 befinden sich die Verkaufszahlen nach Regionen und Monaten aufgeschlüsselt. Die Blätter 2017 und 2016 sind identisch aufgebaut. Die Summen der Zellen B4 aller drei Blätter sollen nun in das Tabellenblatt *Gesamt* eingefügt werden.

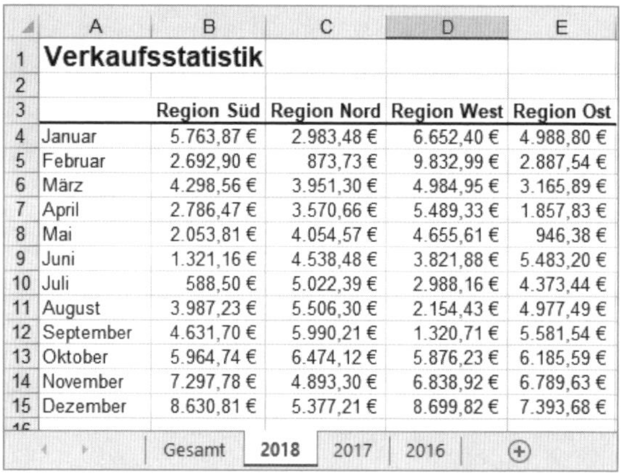

	A	B	C	D	E
1	**Verkaufsstatistik**				
2					
3		**Region Süd**	**Region Nord**	**Region West**	**Region Ost**
4	Januar	5.763,87 €	2.983,48 €	6.652,40 €	4.988,80 €
5	Februar	2.692,90 €	873,73 €	9.832,99 €	2.887,54 €
6	März	4.298,56 €	3.951,30 €	4.984,95 €	3.165,89 €
7	April	2.786,47 €	3.570,66 €	5.489,33 €	1.857,83 €
8	Mai	2.053,81 €	4.054,57 €	4.655,61 €	946,38 €
9	Juni	1.321,16 €	4.538,48 €	3.821,88 €	5.483,20 €
10	Juli	588,50 €	5.022,39 €	2.988,16 €	4.373,44 €
11	August	3.987,23 €	5.506,30 €	2.154,43 €	4.977,49 €
12	September	4.631,70 €	5.990,21 €	1.320,71 €	5.581,54 €
13	Oktober	5.964,74 €	6.474,12 €	5.876,23 €	6.185,59 €
14	November	7.297,78 €	4.893,30 €	6.838,92 €	6.789,63 €
15	Dezember	8.630,81 €	5.377,21 €	8.699,82 €	7.393,68 €

Gesamt | 2018 | 2017 | 2016

Dazu werden sogenannte 3D-Bezüge verwendet. Als 3D-Bezug wird der tabellenübergreifende Zellbezug bezeichnet.

Für Zelle B4 im Tabellenblatt *Gesamt* lautet der 3D-Bezug wie folgt:

'2018:2016'!B4

Um nun mit 3D-Bezügen rechnen zu können, müssen sie in eine Formel eingebunden werden. Gehen Sie dazu wie folgt vor:

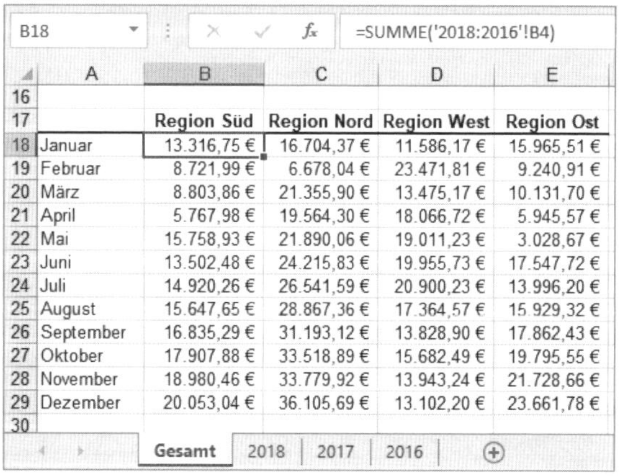

B18 =SUMME('2018:2016'!B4)

	A	B	C	D	E
16					
17		**Region Süd**	**Region Nord**	**Region West**	**Region Ost**
18	Januar	13.316,75 €	16.704,37 €	11.586,17 €	15.965,51 €
19	Februar	8.721,99 €	6.678,04 €	23.471,81 €	9.240,91 €
20	März	8.803,86 €	21.355,90 €	13.475,17 €	10.131,70 €
21	April	5.767,98 €	19.564,30 €	18.066,72 €	5.945,57 €
22	Mai	15.758,93 €	21.890,06 €	19.011,23 €	3.028,67 €
23	Juni	13.502,48 €	24.215,83 €	19.955,73 €	17.547,72 €
24	Juli	14.920,26 €	26.541,59 €	20.900,23 €	13.996,20 €
25	August	15.647,65 €	28.867,36 €	17.364,57 €	15.929,32 €
26	September	16.835,29 €	31.193,12 €	13.828,90 €	17.862,43 €
27	Oktober	17.907,88 €	33.518,89 €	15.682,49 €	19.795,55 €
28	November	18.980,46 €	33.779,92 €	13.943,24 €	21.728,66 €
29	Dezember	20.053,04 €	36.105,69 €	13.102,20 €	23.661,78 €
30					

Gesamt | 2018 | 2017 | 2016

1 Aktivieren Sie das Tabellenblatt *Gesamt* und erfassen Sie in Zelle B4 diese Formel:

   =SUMME('2018:2016'!B4)

2 Kopieren Sie die Formel nun einfach bis Zelle E4 nach rechts.

3 Markieren Sie jetzt den Zellbereich B4:E4 und kopieren Sie die Formeln bis zur Zeile 15 nach unten.

Auf diese Weise können Zellbereiche ohne Schwierigkeiten tabellenübergreifend summiert werden.

So geht's: 3D-Bezüge über 3D-Namen herstellen

3D-Bezüge können auch über sogenannte 3D-Namen hergestellt werden. Damit besteht die Möglichkeit, über einen definierten Namen beliebige Zellen innerhalb des 3D-Bezugs auszuwerten. Gehen Sie dazu wie folgt vor:

1 Starten Sie über das Menü *Formeln/Definierte Namen/Namen definieren* den Befehl zum Erstellen eines neuen Namens.

2 Als Name erfassen Sie *Verkauf_Gesamt* und im Feld *Bezieht sich auf* geben Sie folgenden Bezug ein:

='2018:2016'!B4

Achten Sie darauf, dass der Zellbezug relativ angegeben wird, also ohne Dollarzeichen.

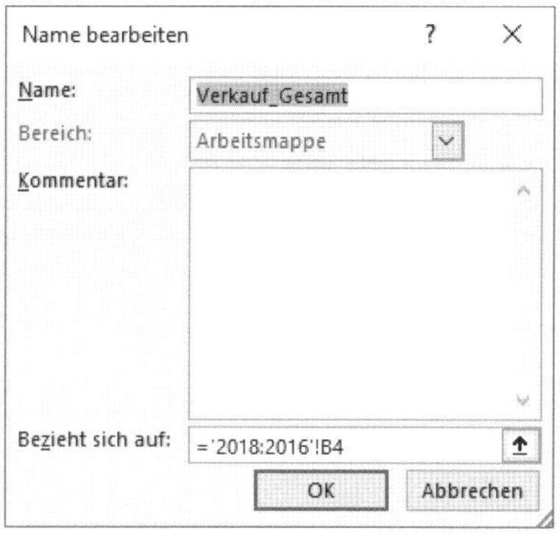

3 Verlassen Sie die Namensdefinition mit einem Klick auf die Schaltfläche *OK*.

4 Erfassen Sie auf dem Tabellenblatt *Gesamt* in Zelle B18 nun die Formel *=SUMME(Verkauf_Gesamt)*. Damit entfällt die Angabe des Zellbezugs, da dieser bereits bei der Namensdefinition vergeben wurde.

5 Kopieren Sie diese Funktion bis zur Zelle E18 nach rechts.

6 Markieren Sie wiederum den Bereich B18:E18 und kopieren Sie ihn bis zur Zeile 29 nach unten.

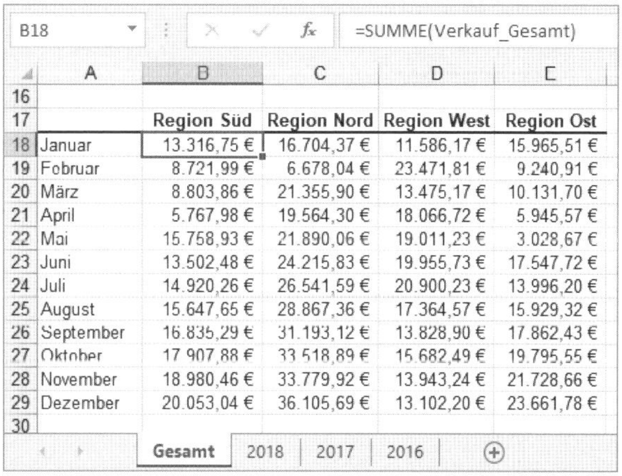

B18 =SUMME(Verkauf_Gesamt)

	A	B	C	D	E
16					
17		Region Süd	Region Nord	Region West	Region Ost
18	Januar	13.316,75 €	16.704,37 €	11.586,17 €	15.965,51 €
19	Februar	8.721,99 €	6.678,04 €	23.471,81 €	9.240,91 €
20	März	8.803,86 €	21.355,90 €	13.475,17 €	10.131,70 €
21	April	5.767,98 €	19.564,30 €	18.066,72 €	5.945,57 €
22	Mai	15.758,93 €	21.890,06 €	19.011,23 €	3.028,67 €
23	Juni	13.502,48 €	24.215,83 €	19.955,73 €	17.547,72 €
24	Juli	14.920,26 €	26.541,59 €	20.900,23 €	13.996,20 €
25	August	15.647,65 €	28.867,36 €	17.364,57 €	15.929,32 €
26	September	16.835,29 €	31.193,12 €	13.828,90 €	17.862,43 €
27	Oktober	17.907,88 €	33.518,89 €	15.682,49 €	19.795,55 €
28	November	18.980,46 €	33.779,92 €	13.943,24 €	21.728,66 €
29	Dezember	20.053,04 €	36.105,69 €	13.102,20 €	23.661,78 €
30					

Gesamt | 2018 | 2017 | 2016

In allen Zellen steht jetzt die gleiche Formel. Die Anpassung der Zellbezüge erfolgt intern über die relativen Zellverweise bei der Namensdefinition.

Hinweis

3D-Bezüge schließen das erste und das letzte Tabellenblatt mit ein. Wenn ein neues Arbeitsblatt hinzukommt, das in der 3D-Berechnung berücksichtigt werden soll, müssen Sie dieses nur vor dem letzten Tabellenblatt einfügen. Damit werden die Werte automatisch in der Gesamttabelle summiert.

4.2 Matrixfunktionen auf den Punkt gebracht

Mit Matrixfunktionen lassen sich viele Formeleingaben auf ein Minimum reduzieren. Mehrere Berechnungen werden somit gleichzeitig in allen Zellen eines Bereichs durchgeführt. Damit werden leistungsfähige Berechnungen mit relativ wenig Aufwand möglich.

Matrixfunktionen werden mit der Tastenkombination Strg+⇧+↵ erzeugt. Zu erkennen sind Matrixfunktionen an den geschweiften Klammern vor und nach der eigentlichen Funktion. Diese Klammern dürfen nicht manuell eingegeben werden, sondern werden automatisch durch die Tastenkombination erstellt.

Tipp 1: Der einfache Umgang mit Matrixfunktionen

Matrixfunktionen beruhen auf dem Teilgebiet der linearen Algebra, in dem es um den Umgang mit Matrizen geht. Abgebildet auf einer Tabelle, ist eine Matrix ein rechteckiger Bereich, der sich über eine bestimmte Anzahl an Spalten und Zeilen erstreckt.

Im folgenden Beispiel wird die Funktionsweise von Matrixfunktionen anhand eines Beispiels erläutert. Es liegt eine Verkaufsliste vor, in der die Verkaufsmengen sowie Bruttoverkaufspreise für jeden Artikel angegeben sind. Im ersten Schritt soll der Gesamterlös ohne Matrixfunktionen errechnet werden. Anschließend wird die gleiche Berechnung mit einer Matrixfunktion durchgeführt.

So geht's:

Sehen Sie sich zunächst die Ausgangstabelle an.

	A	B	C	D
1	**Verkaufsliste**			
2				
3				
4	**Art.-Nr.**	**Anzahl**	**Brutto-VK**	**Summe**
5	47111	15	25,95	
6	47112	19	17,98	
7	47113	27	9,99	
8	47114	13	13,49	
9	47115	9	39,80	
10	47116	1	14,95	
11				

Zur Berechnung des Gesamtumsatzes ohne Matrixfunktion gehen Sie wie folgt vor:

1. Markieren Sie den Zellbereich D5:D10.
2. Erfassen Sie in Zelle D5 die Formel *=B1*C5*.
3. Beenden Sie die Eingabe der Formel mit der Tastenkombination Strg+↵. Damit wird die Formel automatisch mit angepassten Zellbezügen in den markierten Bereich eingetragen.
4. Zur Berechnung der Gesamtsumme erfassen Sie in Zelle D12 noch die Formel

   =SUMME(D5:D10).

	A	B	C	D
1	**Verkaufsliste**			
2				
3				
4	**Art.-Nr.**	**Anzahl**	**Brutto-VK**	**Summe**
5	47111	15	25,95	389,25
6	47112	19	17,98	341,62
7	47113	27	9,99	269,73
8	47114	13	13,49	175,37
9	47115	9	39,80	358,20
10	47116	1	14,95	14,95
11				
12		Gesamtsumme		1.549,12
13				

Als Gesamtumsatz ergibt sich ein Wert von 1.549,12 Euro. Zur Berechnung dieses Werts wurden sieben Einzelwertformeln benötigt.

Das gleiche Ergebnis lässt sich auch mit einer einzigen Matrixfunktion erzielen. Gehen Sie dazu wie folgt vor:

1 Erfassen Sie in Zelle D12 die folgende Funktion:

   *=SUMME(B5:B10*C5:C10)*

2 Beenden Sie die Eingabe mit der Tastenkombination [Strg]+[⇧]+[↵]. Dadurch wird die Formel als Matrixfunktion eingetragen und die geschweiften Klammern werden automatisch hinzugefügt.

3 Als Ergebnis erhalten Sie mit dieser Matrixfunktion den gleichen Gesamtumsatz von 1.549,12 Euro.

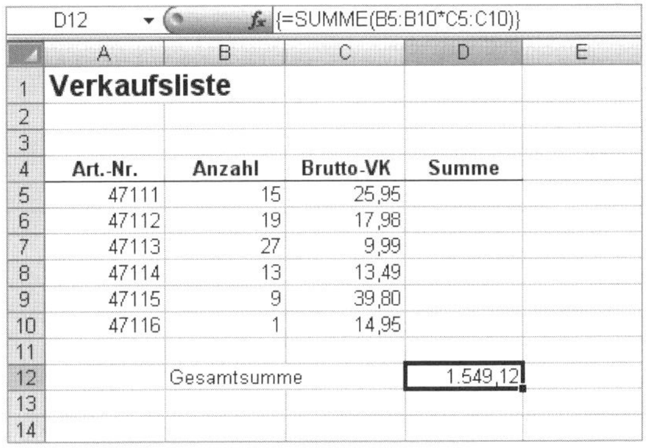

D12 {=SUMME(B5:B10*C5:C10)}

	A	B	C	D	E
1	Verkaufsliste				
2					
3					
4	Art.-Nr.	Anzahl	Brutto-VK	Summe	
5	47111	15	25,95		
6	47112	19	17,98		
7	47113	27	9,99		
8	47114	13	13,49		
9	47115	9	39,80		
10	47116	1	14,95		
11					
12		Gesamtsumme		1.549,12	
13					
14					

Tipp 2: Der einfache Umgang mit Matrixkonstanten

Matrixfunktionen bieten die gleiche Flexibilität wie gewöhnliche Funktionen. So können Sie entweder einen Bezug auf eine Zelle mit einem bestimmten Wert oder aber einzelne Werte direkt in die Formel eingeben. Die Matrix der eingegebenen Werte wird als *Matrixkonstante* bezeichnet.

Wenn Sie also die Eingabe jeder Konstanten in eine eigene Zelle vermeiden möchten, können Sie Matrixkonstanten anstelle von Bezügen verwenden. Als Matrixkonstanten können die Wertetypen Text, Zahlen sowie Wahrheits- und Fehlerwerte verwendet werden. Dabei werden sowohl Zahlen im Format für ganze Zahlen als auch Dezimalzahlen und Zahlen im wissenschaftlichen Format akzeptiert.

Wenn Sie Texte als Matrixkonstanten verwenden möchten, müssen Sie diese in Anführungszeichen einschließen. Es besteht selbstverständlich auch die Möglichkeit, verschiedene Wertetypen gleichzeitig in einer Matrixkonstanten zu verwenden. Allerdings dürfen Matrixkonstanten keine Währungsangaben, Klammern oder Prozentzeichen enthalten.

Nachfolgend sehen Sie den Umgang mit Matrixkonstanten anhand eines Beispiels. In diesem Beispiel soll der Wert aus Zelle B5 mit den vorgegebenen Matrixkonstanten multipliziert werden. Als Matrixkonstanten sollen drei Umsatzsteuersätze (7, 16 und 19) verwendet werden.

So geht's:

1 Markieren Sie den Zellbereich C5:C7.

2 Drücken Sie die Funktionstaste [F2]. Damit wechseln Sie in den Bearbeitungsmodus.

3 Erfassen Sie die Formel *=B5+B5*{7;16;19}/100.*

4 Schließen Sie die Eingabe mit der Tastenkombination Strg+⇧+↵ ab.

In den Zellen C5 bis C7 wird jeweils das Ergebnis der Multiplikation des Betrags aus Zelle B5 mit den Matrixkonstanten angezeigt. Der Wert von 1.000,00 Euro wird mit 7, 16 und 19 % multipliziert.

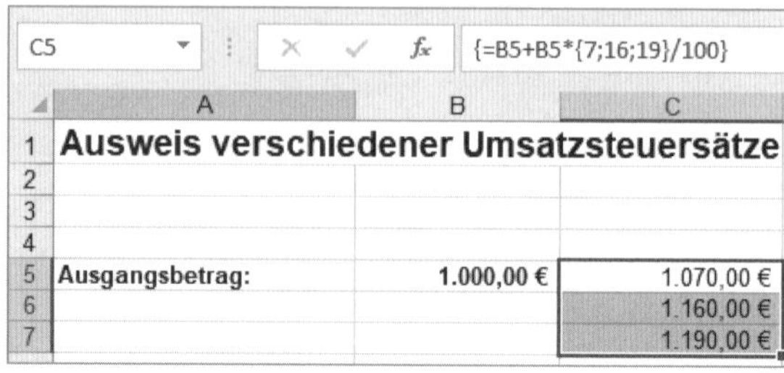

Tipp 3: Besonderheiten bei der Bearbeitung von Matrizen

Bei der Bearbeitung unterscheiden sich Matrixbereiche von normalen Zellen. Das hängt damit zusammen, dass ein Matrixbereich immer gemeinsam eine Formel nutzt. Bestimmte Veränderungen würden demzufolge zu falschen Ergebnissen führen oder Berechnungen unmöglich machen.

Aus diesem Grund ist es nicht gestattet, Inhalte einzelner Zellen, die zu einer Matrix gehören, zu ändern oder zu löschen. Außerdem können einzelne Zellen einer Matrix nicht verschoben werden und es besteht auch nicht die Möglichkeit, neue Zellen in einen Matrixbereich einzufügen.

Versuchen Sie es dennoch, unterbindet Excel das mit nebenstehender Fehlermeldung.

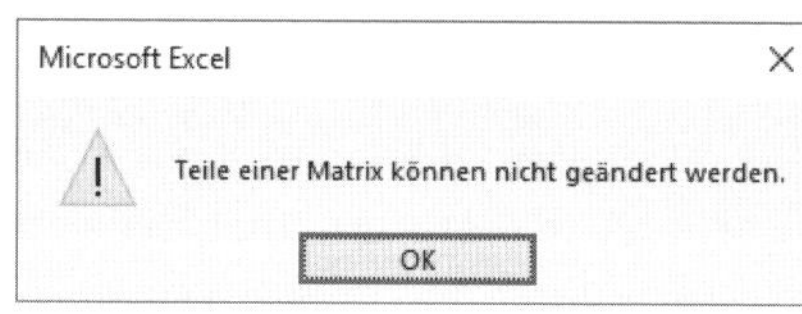

Zur Bearbeitung der gesamten Matrix gehen Sie wie folgt vor:

1 Markieren Sie eine Zelle, in der sich eine Matrixfunktion befindet.

2 Drücken Sie die Funktionstaste F5. Damit wird das Dialogfenster *Gehe zu* aufgerufen.

3 Klicken Sie auf die Schaltfläche *Inhalte*.

4 Aktivieren Sie im Dialogfenster *Inhalte auswählen* die Option *Aktuelles Array*.

5 Nachdem Sie das Dialogfenster mit einem Klick auf die Schaltfläche *OK* bestätigt haben, werden alle Zellen der aktuellen Matrix markiert.

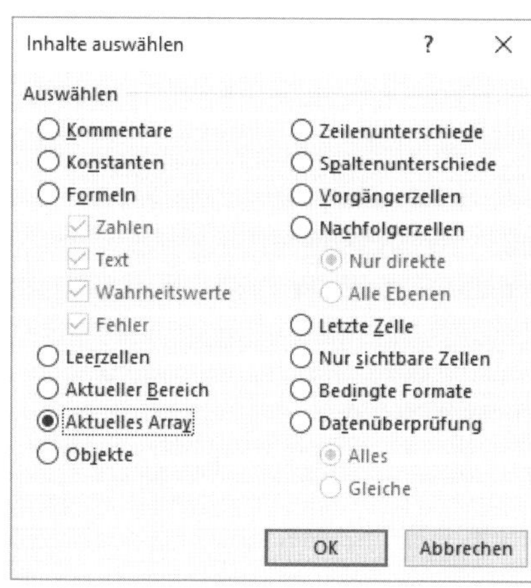

Jetzt können Sie die Matrixfunktion bearbeiten oder löschen.

Darüber hinaus besteht auch die Möglichkeit, eine bestehende Matrixfunktion in einzelne Formeln zu zerlegen und diese anstatt der Matrixfunktion in die jeweiligen Zellen einzutragen. Gehen Sie dazu wie folgt vor:

1 Markieren Sie wieder alle Zellen, die zur aktuellen Matrix gehören.

2 Wechseln Sie mit der Funktionstaste F2 in den Bearbeitungsmodus.

3 Drücken Sie die Tastenkombination Strg+↵.

Diese Tastenkombination bewirkt, dass die Formel der aktiven Zelle in alle markierten Zellen eingetragen wird. Nun können Sie jede einzelne Zelle bearbeiten oder neue Zellen zum ehemaligen Array hinzufügen.

Hinweis

Wenn Sie den Vorgang wiederholen, also noch einmal die Funktionstaste F2 drücken und die Bearbeitung mit Strg+⇧+↵ abschließen, wird wieder eine Matrixfunktion erstellt.

Tipp 4: Erläuterung der Matrixfunktion anhand eines Praxisbeispiels

Das folgende Praxisbeispiel zeigt anhand einer Gewinnkalkulation, wie mit dem Einsatz einer Matrixfunktion der Aufwand auf ein Minimum reduziert werden kann.

So geht's:

Sehen Sie sich zunächst die Ausgangstabelle an.

	A	B	C	D	E
1	Gewinnkalkulation				
2					
3					
4	Produkt	Erlös / Stück	Variable Stückkosten	Verkaufs-menge /Stück	Fixkosten
5	A	125,50	67,55	230	8.350,00
6	B	195,50	90,27	525	37.665,30
7	C	209,95	147,95	197	8.563,57
8	D	399,00	229,44	234	24.983,55
9	E	427,20	304,05	84	6.889,85
10	F	359,95	244,93	116	7.639,37
11					

Für die einzelnen Produkte A bis F sind der Erlös pro Stück, die variablen Stückkosten, die Verkaufsmenge in Stück sowie die Fixkosten angegeben.

Basierend auf diesen Zahlen soll nun der Gewinn über alle sechs Produkte ermittelt werden. Die Formel zur Ermittlung des Gewinns für ein Produkt sieht wie folgt aus:

*(Erlös/Stück – Variable Stückkosten) * Verkaufsmenge/Stück – Fixkosten*

Zur Umsetzung mit einer Matrixfunktion gehen Sie nun wie folgt vor:

1 Erfassen Sie in Zelle E12 folgende Formel:

*=SUMME((B5:B10–C5:C10)*D5:D10–E5:E10)*

2 Schließen Sie die Eingabe mit der Tastenkombination Strg+⇧+↵ ab.

Als Ergebnis wird über eine einzige Matrixformel der Gewinn aller sechs Produkte ermittelt.

E12 {=SUMME((B5:B10-C5:C10)*

	A	B	C	D	E
1	**Gewinnkalkulation**				
2					
3					
4	**Produkt**	**Erlös / Stück**	**Variable Stückkosten**	**Verkaufs-menge / Stück**	**Fixkosten**
5	A	125,50	67,55	230	8.350,00
6	B	195,50	90,27	525	37.665,30
7	C	209,95	147,95	197	8.563,57
8	D	399,00	229,44	234	24.983,55
9	E	427,20	304,05	84	6.889,85
10	F	359,95	244,93	116	7.639,37
11					
12				**Gewinn**	**50.060,57**

Tipp 5: Fehlzeiten addieren mit Matrixformeln

Fehlzeiten in Form von Urlaub und Krankheit lassen sich mithilfe von Matrixfunktionen hervorragend erfassen. Hierbei spielt es keine Rolle, ob es sich um einen kompletten oder um einen halben Fehltag handelt. Mit der entsprechenden Formelerweiterung erhalten Sie auch diese Information.

So geht's:

1 Erfassen Sie zuerst das Grundgerüst der Tabelle, d. h. spaltenbezogen die zu betrachtenden Arbeitstage und zeilenbezogen die Mitarbeiter.

2 Tragen Sie nun pro Mitarbeiter tagesbezogen die Fehlzeiten ein. Mit *U* wird ein ganzer Urlaubstag, mit *u* ein halber Urlaubstag, mit *K* ein ganzer Krankheitstag und mit *k* ein halber Krankheitstag (z. B. ein Arztgang) gekennzeichnet.

3 Erfassen Sie dann in Zelle H4 folgende Formel:

=SUMME(LÄNGE(B4:F4)–LÄNGE(WECHSELN(B4:F4;"K";"")))+SUMME(LÄNGE(B4:F4)–LÄNGE(WECHSELN(B4:F4;"k";"")))/2

und diese in Zelle I4:

=SUMME(LÄNGE(B4:F4)–LÄNGE(WECHSELN(B4:F4;"U";"")))+SUMME(LÄNGE(B4:F4)–LÄNGE(WECHSELN(B4:F4;"u";"")))/2

H4 {=SUMME(LÄNGE(B4:F4)-LÄNGE(WECHSELN(B4:F4;"K";"")))+SUMME(LÄNGE(B4:F4)-LÄNGE(WECHSELN(B4:F4;"k";"")))/2}

	A	B	C	D	E	F	G	H	I	J
1		16.10.2018	17.10.2018	18.10.2018	19.10.2018	20.10.2018		Krank	Urlaub	Fehlzeit
2										
3		Di	Mi	Do	Fr	Sa				
4	Müller	K	K	U	u			2,0	1,5	3,5
5	Huber			K				1,0		1,0
6	Meier			k	k	U		1,0	1,0	2,0
7	Meier	K	K					2,0		2,0

4 Schließen Sie die Formel mit der Tastenkombination Strg+⇧+↵ ab und ziehen Sie sie über das Ausfüllkästchen der Zelle H4 bis nach unten.

Hinweis

Bei dieser Lösung werden die Funktionen *SUMME*, *LÄNGE* und *WECHSELN* zum Einsatz gebracht und miteinander verschachtelt. Dabei wird die Gesamtlänge aller Zeichen des Bereichs von der tatsächlich vorkommenden Anzahl des jeweiligen Buchstabens abgezogen.

Tipp 6: Bedingte Summierung über mehrere Spalten

Mit der Funktion *SUMMEWENN* können Sie immer nur eine Spalte nach einem Suchkriterium durchforsten. Die Funktion kommt also an ihre Grenzen, wenn Sie eine zweite Spalte oder gar eine dritte mit einem weiteren Suchkriterium abfragen möchten. Wie Sie dennoch zum Ziel kommen, erfahren Sie im Folgenden.

So geht's:

1 Erfassen Sie zuerst die Grunddaten. Im Beispiel ist das eine Umsatzübersicht, die regionenbezogen die Vertriebsmitarbeiter auflistet. Diese Umsatzübersicht soll nach einem Tandem zweier Vertriebsmitarbeiter abgefragt werden und der Umsatz dieses Tandems soll ermittelt werden.

2 Tragen Sie nun in die Zelle H4 die Matrixformel *{=SUMME(WENN((B4:B100=F4);WENN (C4:C100=F5;D4:D100)))}* ein.

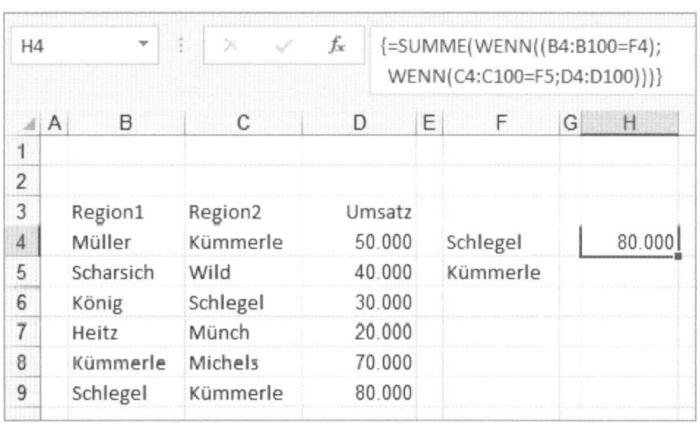

H4 | {=SUMME(WENN((B4:B100=F4);WENN(C4:C100=F5;D4:D100)))}

	A	B	C	D	E	F	G	H
1								
2								
3		Region1	Region2	Umsatz				
4		Müller	Kümmerle	50.000		Schlegel		80.000
5		Scharsich	Wild	40.000		Kümmerle		
6		König	Schlegel	30.000				
7		Heitz	Münch	20.000				
8		Kümmerle	Michels	70.000				
9		Schlegel	Kümmerle	80.000				

Und mithilfe der Formel *=SUMMENPRODUKT((B4:B100=F4)*(C4:C100=F5)*D4:D100)* geht es auch ohne Matrixfunktion.

Hinweis

Für diese Aufgabenstellung steht Ihnen auch die Formel *SUMMEWENNS* zur Verfügung. Sie können das Problem also auch über die Formel *{=SUMMEWENNS(D:D;B:B;F4;C:C;F5)}* lösen.

Tipp 7: Die letzte Zelle in einem benutzten Bereich ermitteln

Bei großen Tabellen ist es oftmals erforderlich, gleich auf den ersten Blick zu erfahren, welche Zelle das Ende der Tabelle in einem benutzten Bereich verkörpert. Auch hierbei helfen Ihnen Matrixfunktionen.

So geht's:

1 Erfassen Sie zunächst eine Tabelle mit einigen Ausgangsdaten. Im Beispiel werden bis Spalte E Einträge vorgenommen und (offensichtlich) auch Einträge bis in Zeile 11.

2 Erfassen Sie nun in Zelle A1 diese Matrixformel:

{=ADRESSE(MAX(WENN(A2:W100<>"";ZEILE(2:100)));MAX(WENN(A2:W100<>"";SPALTE(A:W)));4)}

3 Wie Sie im Beispiel unschwer erkennen können, wird die Zelle E14 als die Zelle gekennzeichnet, die das Ende der Tabelle in diesem benutzten Bereich verkörpert. Das hängt in diesem speziellen Fall damit zusammen, dass in Zelle D14 ein Leerzeichen eingefügt wurde und somit die letzte Zeile, die einen Eintrag erhalten hat, die Zeile 14 ist. Die letzte Zelle im benutzten Bereich ergibt sich somit aus dieser Zeile 14 und der Spalte E.

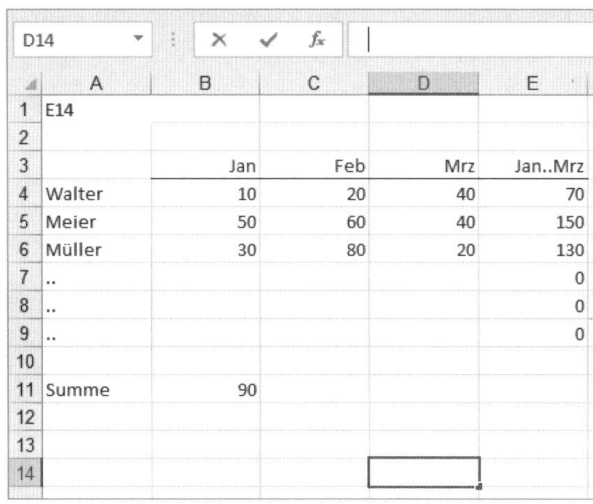

	A	B	C	D	E
1	E14				
2					
3		Jan	Feb	Mrz	Jan..Mrz
4	Walter	10	20	40	70
5	Meier	50	60	40	150
6	Müller	30	80	20	130
7	..				0
8	..				0
9	..				0
10					
11	Summe	90			
12					
13					
14					

4.3 Die clevere Verwendung von Namen

In Excel können Namen für verschiedene Objekte vergeben werden. So können Namen für einzelne Zellen, Zellbereiche, Formeln oder eingebettete Objekte definiert werden. Der Name muss für einen Bereich eindeutig sein und es müssen auch bestimmte Konventionen eingehalten werden.

In der Praxis stellen Namen eine große Hilfe dar, wenn es um die Lesbarkeit und die Verständlichkeit von komplexeren Formeln geht. Das folgende Kapitel zeigt anhand von Beispielen, wie Namen sinnvoll und praxisgerecht eingesetzt werden können.

Tipp 1: Die sinnvolle Verwendung von Namen in der Praxis

Die Namenssyntax

Bei der Verwendung von Namen sind folgende Konventionen zu beachten:

- Der Name muss mit einem Buchstaben beginnen. Ziffern sind als erstes Zeichen nicht erlaubt.
- Namen dürfen keine Leerzeichen enthalten. So können zwei Wörter beispielsweise mit einem Unterstrich verbunden werden.
- Es dürfen keine Namen verwendet werden, bei denen eine Verwechslung mit einem Zellbezug entstehen kann, wie beispielsweise *EX2007*.
- Bei der Namensvergabe spielt die Groß- und Kleinschreibung keine Rolle. So ist der Name *MwSt* gleichbedeutend mit *mwst*.
- Die Länge eines Namens ist auf 255 Zeichen beschränkt.

In einer Arbeitsmappe können beliebig viele Namen definiert werden. Sie müssen aber darauf achten, dass ein Name nicht zweimal in einer Arbeitsmappe verwendet wird. Wenn der gleiche Name ein zweites Mal definiert wird, wird die erste Definition ohne Nachfrage überschrieben.

Die Namensdefinition

Zur Namensdefinition und Verwaltung bietet Excel auf der Registerkarte *Formeln* eine eigene Befehlsgruppe mit der Bezeichnung *Definierte Namen*, in der die Befehle zur Verwaltung von Namen zusammengefasst sind.

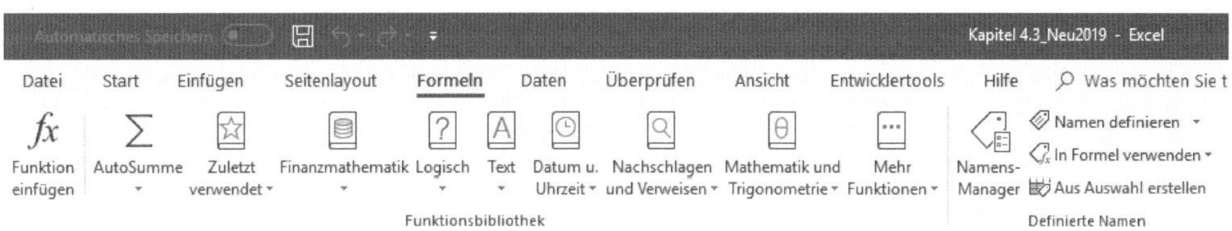

Excel stellt zwei verschiedene Methoden zur Definition von Namen zur Verfügung.

So geht's: Namensdefinition über das Dialogfenster Neuer Name

1. Starten Sie das Dialogfenster zur Definition von Namen über das Menü *Formeln/Definierte Namen/Namen definieren*.
2. Dort erfassen Sie im Feld *Name* den gewünschten Namen für den Zellbezug.
3. Im Feld *Bereich* wählen Sie das Tabellenblatt aus, für das der Name gelten soll. Wenn Sie dort den Eintrag *Arbeitsmappe* festlegen, gilt der Name für die gesamte Arbeitsmappe.

4 Bei Bedarf können Sie im Feld *Kommentar* ein paar Stichworte zu Sinn und Zweck des Namens eingeben.

5 Im Feld *Bezieht sich auf* geben Sie die Zelle oder den Zellbezug ein, für den der Name gelten soll.

So geht's: Namensdefinition über das Namensfeld definieren

Ein weiterer Weg, Namen zu definieren, besteht in der Nutzung des Namensfelds.

1 Markieren Sie die Zelle, für die ein Name vergeben werden soll, beispielsweise Zelle B3.

2 Erfassen Sie im Namensfeld den Namen *Std_Satz* und bestätigen Sie die Eingabe mit [↵].

Fertig. Der Name *Std_Satz* ist neu definiert und steht für weitere Berechnungen zur Verfügung.

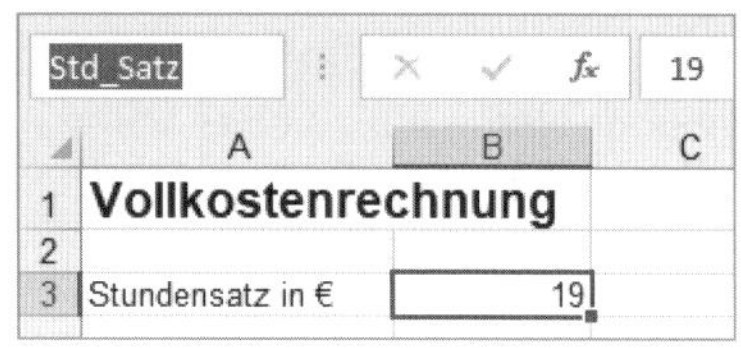

Möchten Sie den Stundensatz von 19,00 Euro beispielsweise mit 35,5 Stunden multiplizieren, verwenden Sie die Formel =*Std_Satz*35,5*. Sie sehen, dies liest sich viel besser und ist leichter zu verstehen.

Namen bearbeiten

Selbstverständlich bietet Excel auch die Möglichkeit, vorhandene Namen anzupassen.

1 Starten Sie dazu über das Menü *Formeln/Definierte Namen/Namens-Manager* das Dialogfenster zur Verwaltung bestehender Namen.

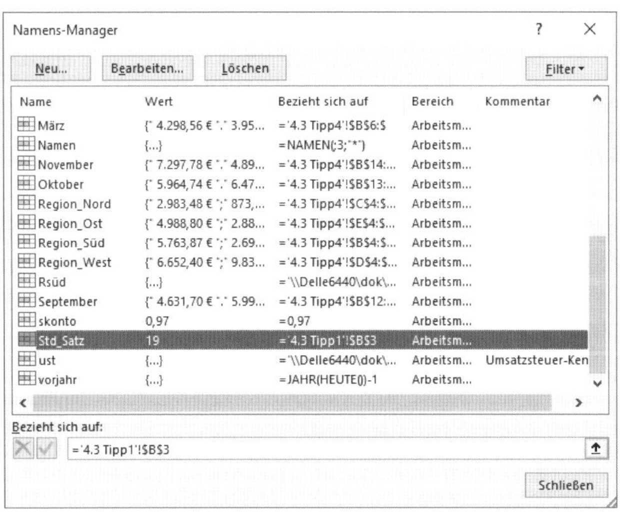

2 Wählen Sie die Formel aus, die verändert werden soll, und klicken Sie auf die Schaltfläche *Bearbeiten*. Es öffnet sich der aus der Neuanlage eines Namens bekannte Dialog, in dem Sie alle Parameter abändern können.

3 Über den Namens-Manager können Sie Namen auch wieder löschen. Selektieren Sie dazu den gewünschten Namen und klicken Sie auf die Schaltfläche *Löschen*. Nachdem Sie die Sicherheitsabfrage mit *Ja* bestätigt haben, wird der Name endgültig entfernt.

Tipp 2: Namen für eine Konstante vergeben

Dieses Beispiel zeigt, wie Namen ohne Zellbezug erstellt werden können. Der Name kann wie eine Konstante verwendet werden. Im Beispiel sollen von den monatlichen Verkaufserlösen 3 % Skonto subtrahiert werden.

So geht's:

1 Starten Sie den Dialog zur Namensdefinition über den Befehl *Formeln/Definierte Namen/Namen definieren.*

2 Im Feld *Name* erfassen Sie *skonto* und unter *Bezieht sich auf* geben Sie den Wert 0,97 an.

3 Markieren Sie den Zellbereich C4:C15 und geben Sie in Zelle C4 die Formel *=B4*skonto* ein. Beenden Sie die Dateneingabe mit der Tastenkombination Strg+↵.

	A	B	C
1	Verkaufsstatistik		
2			
3		Summe	ohne Skonto
4	Januar	20.388,55 €	19.776,89 €
5	Februar	16.287,16 €	15.798,55 €
6	März	16.400,70 €	15.908,68 €
7	April	13.704,29 €	13.293,16 €
8	Mai	11.710,36 €	11.359,05 €
9	Juni	15.164,71 €	14.709,77 €
10	Juli	12.972,49 €	12.583,31 €
11	August	16.625,45 €	16.126,60 €
12	September	17.524,15 €	16.998,43 €
13	Oktober	24.500,67 €	23.765,65 €
14	November	25.819,63 €	25.045,04 €
15	Dezember	30.101,53 €	29.198,48 €

Wie Sie sehen, werden mit dieser Formel die Werte aus dem Bereich B4:B15 mit dem Wert 0,97 multipliziert und im Bereich C4:C15 wird das Ergebnis ausgegeben.

Hinweis

Namen für konstante Werte oder für Formeln werden weder im Namensfeld noch über den Dialog *Gehe zu* angezeigt.

Tipp 3: Berechnende Namensverweise verwenden

Eine wenig bekannte Möglichkeit der Namensverwendung besteht darin, Namen mit beliebigen Funktionen zu versehen. Dies bietet sich an, wenn bestimmte Formeln und Berechnungen häufig in einer Mappe verwendet werden.

Im ersten Beispiel soll ein direkter Zugriff auf das Vorjahr geschaffen werden. Das zweite Beispiel zeigt, wie Zeitangaben in Industrieminuten umgerechnet werden können.

So geht's: Ermittlung des Vorjahrs

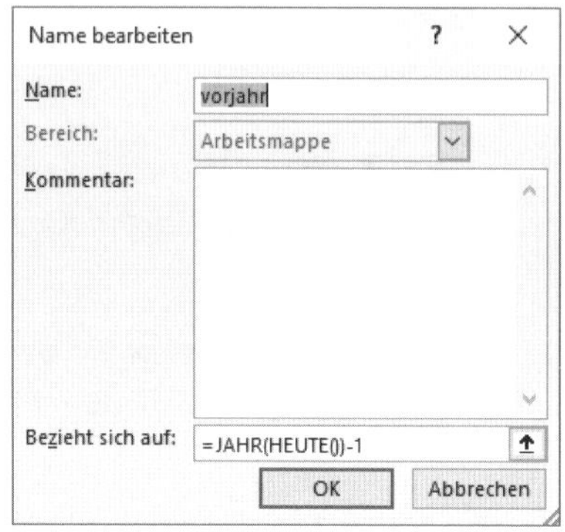

1 Zur Ermittlung des Vorjahrs definieren Sie den Namen *vorjahr* über das Menü *Formeln/Definierte Namen/Namen definieren.*

2 Im Feld *Bezieht sich auf* geben Sie anschließend *=JAHR(HEUTE())–1* ein und bestätigen die Eingabe mit einem Klick auf die Schaltfläche *OK.*

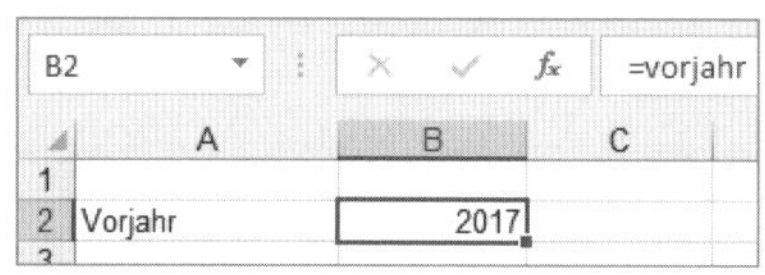

3 Wenn Sie nun in einer beliebigen Zelle *=vorjahr* eingeben, wird das entsprechende Vorjahr, ausgehend vom laufenden Jahr, ausgegeben.

Auf diese Weise können Sie beliebige Berechnungen in Verbindung mit Jahres-, Monats- und Tagesangaben erstellen.

So geht's: Ermittlung von Industrieminuten

Dieses Beispiel zeigt, wie sich über einen berechnenden Namen ganz einfach Zeitangaben in Industrieminuten umrechnen lassen.

1 Öffnen Sie den Dialog zur Definition von neuen Namen.

2 Als Name erfassen Sie die Abkürzung *im* für Industrieminuten.

3 In das Feld *Bezieht sich auf* geben Sie *=24* ein und beenden den Dialog mit einem Klick auf die Schaltfläche *OK.*

4 Zur Umrechnung von Uhrzeiten erfassen Sie nun die Formel *=B4*im* in Zelle B5. Diese Formel bewirkt, dass die Uhrzeit aus Zelle B4 in Industrieminuten umgerechnet wird.

5 Damit die Zeitangabe auch korrekt in Industrieminuten angezeigt wird, müssen Sie die Zelle B5 noch mit dem Zellenformat *Standard* belegen.

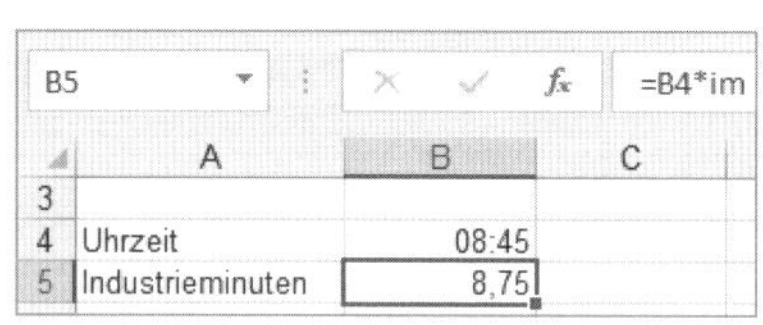

Tipp 4: Namen automatisch aus Zeilen- und Spaltenüberschriften erzeugen

In diesem Beispiel sehen Sie, wie sich aus Zeilen- und Spaltenüberschriften automatisch Namen generieren lassen. In einer Verkaufsstatistik befinden sich die Zeilenbezeichnungen links und die Spaltenbezeichnungen oberhalb des Datenbereichs.

So geht's:

1 Markieren Sie den gesamten Zellbereich A3:E15. Das können Sie auch ganz schnell mit der Tastenkombination Strg+A erledigen.

2 Starten Sie über das Menü *Formeln/Definierte Namen/Aus Auswahl erstellen* den Befehl zur automatischen Erstellung der Namen. Alternativ können Sie den Befehl auch mit der Tastenkombination Strg+⇧+F3 aufrufen.

3 Aktivieren Sie im Dialogfenster die Kontrollkästchen bei den Einträgen *Oberster Zeile* und *Linker Spalte*.

4 Nachdem Sie den Befehl mit einem Klick auf die Schaltfläche *OK* beendet haben, werden die Namen automatisch erzeugt. Das Ergebnis können Sie sich im Namens-Manager ansehen.

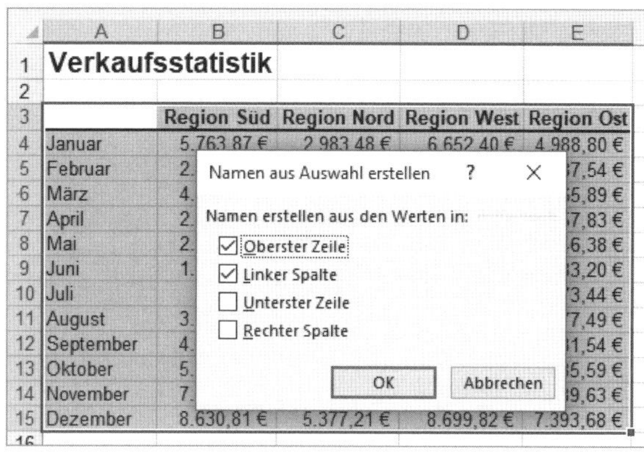

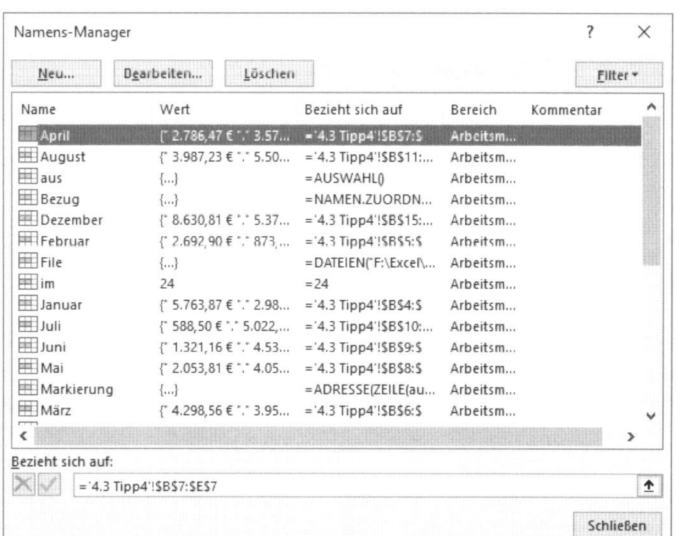

So steht der Name *April* aus diesem Beispiel für den Zellbereich B7:E7.

Tipp 5: Namen in Bezüge zurückverwandeln

Bei der Analyse von umfangreichen Kalkulationsmodellen mit vielen Zellbezügen kann es hin und wieder erforderlich sein, vorhandene Namen in Zellbezüge zurückzuverwandeln. Tabellenübergreifende Bezüge sind so besser erkennbar und Zusammenhänge leichter zu verstehen. Leider bietet Excel dazu keine eigene Funktion, was nicht heißen soll, dass es über einen Trick nicht doch einen Weg gibt.

So geht's:

1 Wählen Sie:

- ab Excel 2010: *Datei/Optionen/Erweitert*,
- in Excel 2007: Menü *Office/Excel-Optionen/Erweitert.*

2 Scrollen Sie in dem Fenster ganz nach unten. Im Abschnitt *Lotus-Kompatibilitätseinstellungen für* aktivieren Sie das Kontrollkästchen *Alternative Formeleingabe* und beenden den Dialog mit einem Klick auf die Schaltfläche *OK.*

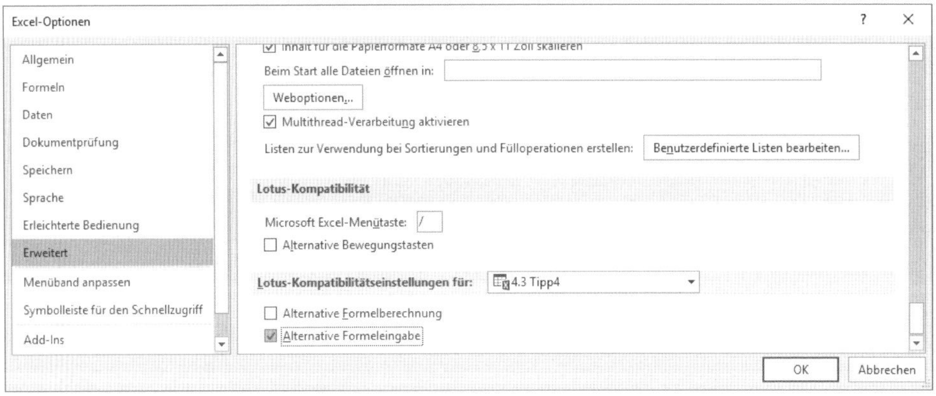

3 Gehen Sie nun zu der Zelle, in der der Name in einer Formel verwendet wird. Wechseln Sie mit der Funktionstaste F2 in den Bearbeitungsmodus und bestätigen Sie wieder mit ↵.

4 Dies führen Sie für alle Formelzellen durch, in denen Sie den Namen durch den tatsächlichen Zellbezug ersetzen möchten.

5 Nachdem in allen Zellen die Namensbezüge aufgelöst wurden, sollten Sie die Option *Alternative Formeleingabe* wieder deaktivieren.

Hinweis

Die Namen bleiben bei dieser Vorgehensweise erhalten und können bei Bedarf sofort wieder verwendet werden.

Tipp 6: Auflistung aller verwendeten Namen

Wenn Sie sich einen Überblick über alle verwendeten Namen einer Arbeitsmappe verschaffen möchten, können Sie das auf zwei verschiedenen Wegen erreichen. Zum einen bietet Excel einen integrierten Befehl, um alle Namen einer Arbeitsmappe aufzulisten, zum anderen besteht die Möglichkeit, über die Verwendung von Excel4-Funktionen alle Namen auszulesen und mit den entsprechenden Zellbezügen zu versehen.

So geht's: Verwendung der integrierten Excel-Funktion

1 Markieren Sie die Zelle, ab der die Namensauflistung eingefügt werden soll.

2 Rufen Sie den Befehl über das Menü *Formeln/Definierte Namen/In Formeln verwenden/Namen einfügen* auf. Alternativ können Sie den Dialog über die Funktionstaste F3 starten.

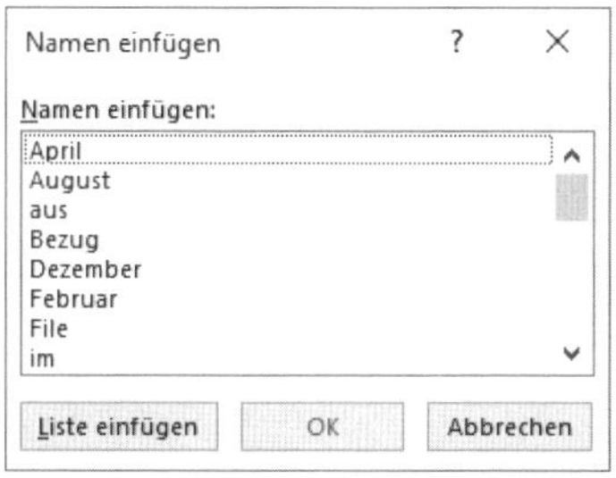

	A	B
1	April	='4.3 Tipp3'!$B$7:$E$7
2	August	='4.3 Tipp3'!$B$11:$E$11
3	aus	=AUSWAHL()
4	Bezug	=NAMEN.ZUORDNEN('4.3 Tipp6'!XFD4)
5	Dezember	='4.3 Tipp3'!$B$15:$E$15
6	Februar	='4.3 Tipp3'!$B$5:$E$5
7	File	=DATEIEN("F:\Excel\Beispiele*.*")
8	im	=24
9	Januar	='4.3 Tipp3'!$B$4:$E$4
10	Juli	='4.3 Tipp3'!$B$10:$E$10
11	Juni	='4.3 Tipp3'!$B$9:$E$9
12	Mai	='4.3 Tipp3'!$B$8:$E$8
13	Markierung	=ADRESSE(ZEILE(aus)+JETZT()*0;SPALTE(aus
14	März	='4.3 Tipp3'!$B$6:$E$6
15	Namen	=NAMEN(;3;"*")
16	November	='4.3 Tipp3'!$B$14:$E$14
17	Oktober	='4.3 Tipp3'!$B$13:$E$13
18	Region_Nord	='4.3 Tipp3'!$C$4:$C$15
19	Region_Ost	='4.3 Tipp3'!$E$4:$E$15
20	Region_Süd	='4.3 Tipp3'!$B$4:$B$15
21	Region_West	='4.3 Tipp3'!$D$4:$D$15
22	Rsüd	='[Kap 4.9.xlsm]4.9 Tipp4'!$B$4:$B$15
23	September	='4.3 Tipp3'!$B$12:$E$12
24	skonto	=0,97
25	Std_Satz	='4.3 Tipp1'!$B$3
26	ust	='[Kapitel 4.1.xlsm]4.1Tipp6-2'!$A$4:$B$6
27	vorjahr	=JAHR(HEUTE())-1

3 Mit einem Klick auf die Schaltfläche *Liste einfügen* werden alle Namen sowie die dazugehörigen Zellbezüge in das Tabellenblatt eingefügt.

So geht's: Auslesen der Namen über Makro4-Elemente

Auch Excel 2019 unterstützt weiterhin Excel4-Makrofunktionen. Einige Lösungen lassen sich nach wie vor nur mit Excel4-Makrofunktionen realisieren. So besteht auch die Möglichkeit, verwendete Namen mittels Excel4-Makrofunktionen in einer Arbeitsmappe aufzulisten.

1 Öffnen Sie das Dialogfenster zum Erfassen eines neuen Namens. Als Name erfassen Sie *Namen* und unter *Bezieht sich auf* geben Sie diese Formel ein: *=NAMEN(;3;"*")*

2 Zur Auflistung der verwendeten Namen erfassen Sie in Zelle D1 folgende Funktion:

=WENN(ZEILE()>ANZAHL2(Namen);"";INDEX(Namen;ZEILE()))

Kopieren Sie diese Funktion so weit wie nötig nach unten. Damit werden alle vorhandenen Namen ausgelesen und angezeigt.

D1 | =WENN(ZEILE()>ANZAHL2(Namen);"";INDEX(Namen;ZEILE()))

	A	B	C	D
1	April	='4.3 Tipp3'!$B$7:$E$7		April
2	August	='4.3 Tipp3'!$B$11:$E$11		August
3	aus	=AUSWAHL()		aus
4	Bezug	=NAMEN.ZUORDNEN('4.3 Tipp6'!XFD4)		Bezug
5	Dezember	='4.3 Tipp3'!$B$15:$E$15		Dezember
6	Februar	='4.3 Tipp3'!$B$5:$E$5		Februar
7	File	=DATEIEN("F:\Excel\Beispiele*.*")		File
8	im	=24		im
9	Januar	='4.3 Tipp3'!$B$4:$E$4		Januar
10	Juli	='4.3 Tipp3'!$B$10:$E$10		Juli
11	Juni	='4.3 Tipp3'!$B$9:$E$9		Juni
12	Mai	='4.3 Tipp3'!$B$8:$E$8		Mai
13	Markierung	=ADRESSE(ZEILE(aus)+JETZT()*0;SPALTE(aus))&":'		Markierung
14	März	='4.3 Tipp3'!$B$6:$E$6		März
15	Namen	=NAMEN(;3;"*")		Namen
16	November	='4.3 Tipp3'!$B$14:$E$14		November
17	Oktober	='4.3 Tipp3'!$B$13:$E$13		Oktober
18	Region_Nord	='4.3 Tipp3'!$C$4:$C$15		Region_Nord
19	Region_Ost	='4.3 Tipp3'!$E$4:$E$15		Region_Ost
20	Region_Süd	='4.3 Tipp3'!$B$4:$B$15		Region_Süd
21	Region_West	='4.3 Tipp3'!$D$4:$D$15		Region_West
22	Rsüd	='[Kap 4.9.xlsm]4.9 Tipp4'!$B$4:$B$15		Rsüd
23	September	='4.3 Tipp3'!$B$12:$E$12		September
24	skonto	=0,97		skonto
25	Std_Satz	='4.3 Tipp1'!$B$3		Std_Satz
26	ust	='[Kapitel 4.1.xlsm]4.1Tipp6-2'!$A$4:$B$6		ust
27	vorjahr	=JAHR(HEUTE())-1		vorjahr

3 Zum Auslesen der Zellbezüge muss ein weiterer Name definiert werden. Legen Sie den Namen *Bezug* an. Im Feld *Bezieht sich auf* erfassen Sie Folgendes:

=NAMEN.ZUORDNEN('4.3 Tipp6'!C1)

4 Tragen Sie nun in Zelle E1 die Formel *=WENN(D1<>"";Bezug;"")* ein. Kopieren Sie sie bis zur Zelle E23 nach unten.

E1 | =WENN(D1<>"";Bezug;"")

	A	B	C	D	E
1	April	='4.3 Tipp3'!$B$7:$E$7		April	='[Kapitel 4.3 Neu2019.xlsm]4.3 Tipp4'!Z7S2
2	August	='4.3 Tipp3'!$B$11:$E$11		August	='[Kapitel 4.3_Neu2019.xlsm]4.3 Tipp4'!Z11S
3	aus	=AUSWAHL()		aus	=AUSWAHL()
4	Bezug	=NAMEN.ZUORDNEN('4.3 Tipp6'!XFD4)		Bezug	=NAMEN.ZUORDNEN('[Kapitel 4.3_Neu2019
5	Dezember	='4.3 Tipp3'!$B$15:$E$15		Dezember	='[Kapitel 4.3_Neu2019.xlsm]4.3 Tipp4'!Z15S
6	Februar	='4.3 Tipp3'!$B$5:$E$5		Februar	='[Kapitel 4.3_Neu2019.xlsm]4.3 Tipp4'!Z5S2
7	File	=DATEIEN("F:\Excel\Beispiele*.*")		File	=DATEIEN("F:\Excel\Beispiele*.*")
8	im	=24		im	=24
9	Januar	='4.3 Tipp3'!$B$4:$E$4		Januar	='[Kapitel 4.3_Neu2019.xlsm]4.3 Tipp4'!Z4S2
10	Juli	='4.3 Tipp3'!$B$10:$E$10		Juli	='[Kapitel 4.3_Neu2019.xlsm]4.3 Tipp4'!Z10S
11	Juni	='4.3 Tipp3'!$B$9:$E$9		Juni	='[Kapitel 4.3_Neu2019.xlsm]4.3 Tipp4'!Z9S2
12	Mai	='4.3 Tipp3'!$B$8:$E$8		Mai	='[Kapitel 4.3_Neu2019.xlsm]4.3 Tipp4'!Z8S2
13	Markierung	=ADRESSE(ZEILE(aus)+JETZT()*0;SPALTE(aus))&":'		Markierung	=ADRESSE(ZEILE(aus)+JETZT()*0;SPALTE(
14	März	='4.3 Tipp3'!$B$6:$E$6		März	='[Kapitel 4.3_Neu2019.xlsm]4.3 Tipp4'!Z6S2
15	Namen	=NAMEN(;3;"*")		Namen	=NAMEN(;3;"*")
16	November	='4.3 Tipp3'!$B$14:$E$14		November	='[Kapitel 4.3_Neu2019.xlsm]4.3 Tipp4'!Z14S
17	Oktober	='4.3 Tipp3'!$B$13:$E$13		Oktober	='[Kapitel 4.3_Neu2019.xlsm]4.3 Tipp4'!Z13S
18	Region_Nord	='4.3 Tipp3'!$C$4:$C$15		Region_Nord	='[Kapitel 4.3_Neu2019.xlsm]4.3 Tipp4'!Z4S3
19	Region_Ost	='4.3 Tipp3'!$E$4:$E$15		Region_Ost	='[Kapitel 4.3_Neu2019.xlsm]4.3 Tipp4'!Z4S5
20	Region_Süd	='4.3 Tipp3'!$B$4:$B$15		Region_Süd	='[Kapitel 4.3_Neu2019.xlsm]4.3 Tipp4'!Z4S2
21	Region_West	='4.3 Tipp3'!$D$4:$D$15		Region_West	='[Kapitel 4.3_Neu2019.xlsm]4.3 Tipp4'!Z4S4
22	Rsüd	='[Kap 4.9.xlsm]4.9 Tipp4'!$B$4:$B$15		Rsüd	='\\Delle6440\dok\C-PUB\SonstigePublikatio
23	September	='4.3 Tipp3'!$B$12:$E$12		September	='[Kapitel 4.3_Neu2019.xlsm]4.3 Tipp4'!Z12S
24	skonto	=0,97		skonto	=0,97
25	Std_Satz	='4.3 Tipp1'!$B$3		Std_Satz	='[Kapitel 4.3_Neu2019.xlsm]4.3 Tipp1'!Z3S2
26	ust	='[Kapitel 4.1.xlsm]4.1Tipp6-2'!$A$4:$B$6		ust	='\\Delle6440\dok\C-PUB\SonstigePublikatio
27	vorjahr	=JAHR(HEUTE())-1		vorjahr	=JAHR(HEUTE())-1

Auf diese Weise lassen sich ebenso alle Namen mit den entsprechenden Zellbezügen auflisten. Diese Vorgehensweise ist zwar etwas aufwendiger, aber dafür besteht die Möglichkeit, Zellbezüge selektiv auszulesen. Wenn der Name bekannt ist, können Sie diesen manuell in eine Zelle eintragen und wie beschrieben die Zellbezüge nur für diesen einen Namen auslesen.

4.4 Maßgeschneiderte Textfunktionen

Textfunktionen werden in den verschiedensten Bereichen benötigt. Beispielsweise sollen nach einem Datenimport Textstrings in einzelne Spalten aufgeteilt werden, Zahlen sollen von Buchstaben getrennt werden oder Daten sollen in eine besser auswertbare Form gebracht werden. Diese Liste ließe sich beliebig lang fortsetzen.

Die nachfolgenden Tipps geben Ihnen anhand von Praxisbeispielen einen Überblick darüber, was in diesem Bereich mit Excel alles möglich ist und wie die einzelnen Funktionen praxisorientiert eingesetzt werden können.

Tipp 1: Text, Zahlen- und Datumsformate in einer Zelle kombinieren

In dieser Übung sollen Angaben aus verschiedenen Zellen zu einem Textstring zusammengefügt werden. Die einzelnen Angaben sollen dabei mit verschiedenen Formaten versehen werden.

So geht's:

Sehen Sie sich zunächst die Ausgangstabelle an.

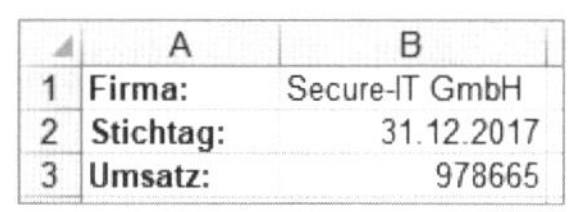

In Zelle B1 steht der Firmenname, in Zelle B2 der Jahresabschlussstichtag und in Zelle B3 der Umsatz.

Erfassen Sie in Zelle A6 folgende Formel:

="Jahresabschluss der Firma " &B1 & " per " &TEXT(B2;"TT.MM.JJJJ")

Auf diese Weise wird der Text *Jahresabschluss der Firma* mit dem Firmennamen aus Zelle B1 verknüpft und der Jahresabschlussstichtag aus Zelle B2 wird angehängt. Damit das Datum korrekt angezeigt wird, muss es mit der Funktion *TEXT(Wert;Textformat)* in Form gebracht werden.

Das Ergebnis sieht so aus:

Der Text, der Firmenname sowie das Datum werden in einer Zelle ausgegeben.

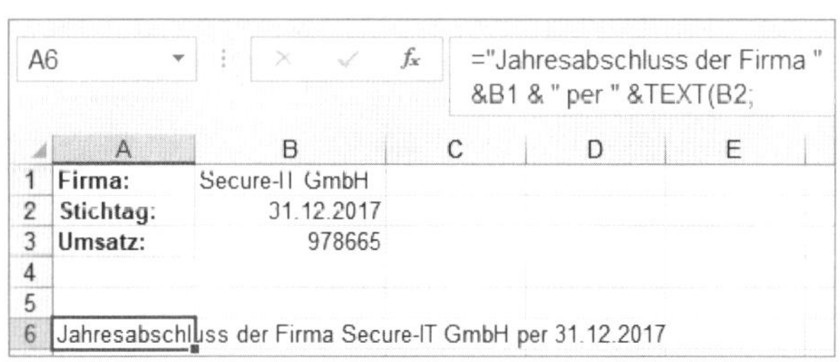

Hinweis

Wenn Sie das Datum ohne die Funktion *TEXT()* verknüpfen, wandelt Excel das Datum automatisch in eine fortlaufende Zahl um und zeigt anstelle des Datums die fortlaufende Zahl an.

In einem zweiten Beispiel soll der Umsatzbetrag aus Zelle B3 mit in den Textstring übernommen und dabei als Währung formatiert werden.

Erfassen Sie dazu in Zelle A8 diese Formel:

="Im Jahr " & JAHR(B2) & " betrug der Umsatz " & TEXT(B3;"#.##0,00 €")

Damit wird aus Zelle B2 über die Funktion *JAHR()* das Jahr ausgelesen. Die Umsatzzahl wird über den Befehl *TEXT()* als Währung formatiert und entsprechend angezeigt.

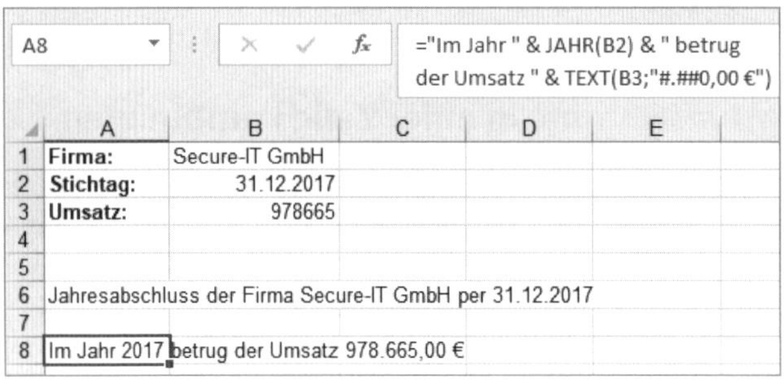

Sie sehen, dass sich in einem Textstring beliebige Formate miteinander kombinieren lassen.

Hinweis

Soll der Betrag gerundet in T€ (**T**ausend Euro) ausgegeben werden, passen Sie die Formel wie folgt an:

="Im Jahr "&JAHR(B2)&" betrug der Umsatz "&TEXT(B3/1000;"#.##0,00 ")&" T€"

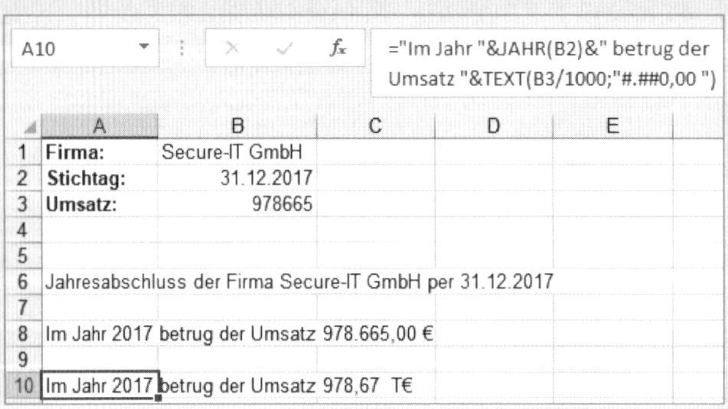

Tipp 2: Vor- und Nachnamen aus einer Zelle extrahieren

In diesem Beispiel liegt eine Telefonliste vor, in der die Namen und Vornamen in einer Zelle erfasst wurden. Sie sollen nun getrennt und in zwei separaten Spalten dargestellt werden.

So geht's:

Sehen Sie sich zunächst die Ausgangstabelle an. In Spalte D sollen die Nachnamen und in Spalte E die Vornamen ausgelesen werden.

	A	B	C
1	**XYZ GmbH - Telefonliste**		
2			
3	**Name**	**Durchwahl**	**KZ**
4	Bayer, Max	Azubi	bm
5	Berger, Timo	202	bt
6	Bergmann, Franz	124	bf
7	Blume, Norbert	125	bn
8	Braut, Gustav	203	bg
9	Burg, Sandra	204	bs
10	Engelmayr, Bernd	307	eb
11	Frimberger, Stefan	205	fs
12	Gast, Hubert	123	gh
13	Neusinger, Helga	206	ns
14	Schwab, Ilona	305	si
15	Siegel, Günther	306	sg

Zum Auslesen der Nachnamen gehen Sie wie folgt vor:

1 Markieren Sie zunächst den Zellbereich D4:D15.

2 Erfassen Sie in Zelle D4 folgende Formel:

=LINKS(A4;FINDEN(",";A4;1)–1)

3 Schließen Sie die Eingabe mit der Tastenkombination [Strg]+[↵] ab. Damit wird die Formel in den gesamten markierten Bereich eingetragen.

Mit der Funktion *FINDEN()* wird nach der Stelle des Kommas gesucht. Die Syntax lautet *(Suchtext;Text;Erstes_Zeichen)*, wobei das Argument *Erstes_Zeichen* optional ist. Die Funktion *LINKS()* liest den Text bis zu der Stelle aus, an der das Komma gefunden wird. Die Syntax lautet *(Text;Anzahl_Zeichen)*.

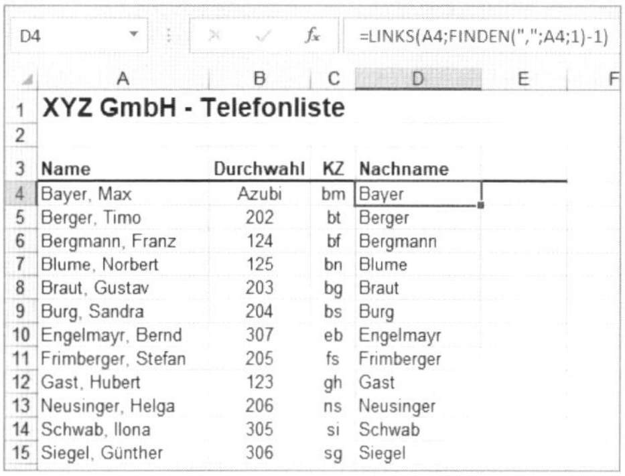

D4 =LINKS(A4;FINDEN(",";A4;1)-1)

	A	B	C	D	E	F
1	**XYZ GmbH - Telefonliste**					
2						
3	**Name**	**Durchwahl**	**KZ**	**Nachname**		
4	Bayer, Max	Azubi	bm	Bayer		
5	Berger, Timo	202	bt	Berger		
6	Bergmann, Franz	124	bf	Bergmann		
7	Blume, Norbert	125	bn	Blume		
8	Braut, Gustav	203	bg	Braut		
9	Burg, Sandra	204	bs	Burg		
10	Engelmayr, Bernd	307	eb	Engelmayr		
11	Frimberger, Stefan	205	fs	Frimberger		
12	Gast, Hubert	123	gh	Gast		
13	Neusinger, Helga	206	ns	Neusinger		
14	Schwab, Ilona	305	si	Schwab		
15	Siegel, Günther	306	sg	Siegel		

Im nächsten Schritt werden die Vornamen nach Spalte E extrahiert.

So geht's:

1 Markieren Sie den Bereich E4:E15.

2 Erfassen Sie in Zelle E4 diese Formel:

=RECHTS(A4;LÄNGE(A4)–(FINDEN(",";A4))–1)

3 Beenden Sie die Eingabe mit der Tastenkombination [Strg]+[↵].

Die Vorgehensweise ist ähnlich der beim Auslesen der Nachnamen. Zum Extrahieren der Vornamen wird ebenfalls mit der Funktion *FINDEN()* nach dem Komma gesucht. Mit der Tabellenfunktion *RECHTS()* wird nun aber der rechte Teil nach dem Komma ausgegeben.

E4 =RECHTS(A4;LÄNGE(A4)-(FINDEN(",";A4))-1)

	A	B	C	D	E	F	G
1	**XYZ GmbH - Telefonliste**						
2							
3	**Name**	**Durchwahl**	**KZ**	**Nachname**	**Vorname**		
4	Bayer, Max	Azubi	bm	Bayer	Max		
5	Berger, Timo	202	bt	Berger	Timo		
6	Bergmann, Franz	124	bf	Bergmann	Franz		
7	Blume, Norbert	125	bn	Blume	Norbert		
8	Braut, Gustav	203	bg	Braut	Gustav		
9	Burg, Sandra	204	bs	Burg	Sandra		
10	Engelmayr, Bernd	307	eb	Engelmayr	Bernd		
11	Frimberger, Stefan	205	fs	Frimberger	Stefan		
12	Gast, Hubert	123	gh	Gast	Hubert		
13	Neusinger, Helga	206	ns	Neusinger	Helga		
14	Schwab, Ilona	305	si	Schwab	Ilona		
15	Siegel, Günther	306	sg	Siegel	Günther		

Die Vor- und Nachnamen sind jetzt in zwei Spalten aufgeteilt und können entsprechend weiterverarbeitet werden.

➡ Verweis: siehe Kapitel 9.4, Tipp 11

> **Hinweis**
>
> Wenn die Namen in Spalte A nicht durch ein Komma, sondern durch ein anderes Zeichen, beispielsweise ein Leerzeichen, getrennt sind, lauten die Formeln wie folgt:
>
> Formel zum Auslesen des Nachnamens: *=LINKS(A18;FINDEN(" ";A18;1)-1)*
>
> Formel zum Auslesen des Vornamens: *=RECHTS(A18;LÄNGE(A18)-(FINDEN(" ";A18)))*

Tipp 3: Textteile innerhalb einer Zelle vertauschen

Diese Aufgabe erläutert, wie zwei Wörter, beispielsweise der Vor- und der Nachname, in einer Zelle vertauscht werden können. Als Ausgangstabelle liegt wieder eine Telefonliste zugrunde, in der die Vor- und Nachnamen getrennt durch ein Leerzeichen in einer Zelle eintragen sind.

Ziel ist es, die Telefonliste aufsteigend nach den Nachnamen zu sortieren.

	A	B
1	XYZ GmbH - Telefonliste	
2		
3	Name	
4	Max Bayer	
5	Timo Berger	
6	Franz Bergmann	
7	Norbert Blume	
8	Gustav Braut	
9	Sandra Burg	
10	Bernd Engelmayr	
11	Stefan Frimberger	
12	Hubert Gast	
13	Helga Neusinger	
14	Ilona Schwab	
15	Günther Siegel	

So geht's:

1 Markieren Sie den Zellbereich B4:B15.

2 Erfassen Sie in Zelle B4 diese Funktion:

=RECHTS(A4;LÄNGE(A4)-FINDEN(" ";A4))&" " &LINKS(A4;FINDEN(" ";A4)-1)

3 Beenden Sie die Eingabe der Formel mit der Tastenkombination [Strg]+[↵].

Sobald die Namen vertauscht sind, kann die Sortierung nach den Nachnamen durchgeführt werden.

B4 =RECHTS(A4;LÄNGE(A4)-FINDEN(" ";A4))&" "&LINKS(A4;FINDEN(" ";A4)-1)

	A	B	C	D	E
1	XYZ GmbH - Telefonliste				
2					
3	Name	Vertauscht			
4	Max Bayer	Bayer Max			
5	Timo Berger	Berger Timo			
6	Franz Bergmann	Bergmann Franz			
7	Norbert Blume	Blume Norbert			
8	Gustav Braut	Braut Gustav			
9	Sandra Burg	Burg Sandra			
10	Bernd Engelmayr	Engelmayr Bernd			
11	Stefan Frimberger	Frimberger Stefan			
12	Hubert Gast	Gast Hubert			
13	Helga Neusinger	Neusinger Helga			
14	Ilona Schwab	Schwab Ilona			
15	Günther Siegel	Siegel Günther			

Die Formel liest im ersten Schritt über die Funktion *RECHTS()* den rechten Teil des Namens aus. Dabei wird der Anfang des rechten Teils bestimmt, indem mit der Funktion *LÄNGE()* die Gesamtlänge des Strings ermittelt wird und davon die Stellenanzahl subtrahiert wird, in der sich das Leerzeichen befindet. Die Stelle, an der sich das Leerzeichen befindet, wird dabei mit der Funktion *FINDEN()* ermittelt.

Der Teil links vom Leerzeichen wird über die Funktion *LINKS()* ermittelt, indem das Leerzeichen auch hier mit der Funktion *FINDEN()* ausgelesen wird.

Tipp 4: Zellinhalte in Text- und Zahlenbestandteile aufteilen

In diesem Beispiel sollen Artikelnummern, die aus Ziffern und Buchstaben zusammengesetzt sind, in ihre Bestandteile zerlegt werden. Die Buchstabenkombinationen geben dabei die Artikelgruppe wieder und die Ziffern stehen für eine eindeutige Nummer innerhalb der Artikelgruppe. Dabei haben die Buchstabenkennungen und auch die Ziffernfolgen unterschiedliche Längen, sodass die Funktionen *LINKS()* und *RECHTS()* nicht ohne Weiteres verwendet werden können.

Nachdem Sie sich die Ausgangstabelle näher angesehen haben, können Sie mit der Umsetzung beginnen.

	A	B
1	**Artikelstammdaten**	
2		
3	**Artikel-Nr.**	
4	AMXr4711	
5	BGH34734	
6	AMXr378	
7	BGH8742	
8	uX677	
9	uX49888	
10	AMXr76521	
11	BGH87	
12	uX241	
13	StuQ3387	
14	AMXr99833	
15	StuQ449	

So geht's:

1 Im ersten Schritt werden die Ziffernfolgen ausgelesen. Erfassen Sie dazu in Zelle B4 folgende Funktion:

*=WERT(RECHTS(A4;SUMME(N(ISTZAHL(TEIL(A4;SPALTE(4:4);1)*1)))))*

Da es sich um eine Matrixfunktion handelt, müssen Sie sie mit der Tastenkombination Strg+⇧+↵ abschließen.

2 Kopieren Sie die Formel über das Ausfüllkästchen bis zur Zelle B15 nach unten. Diese Matrixfunktion überprüft Zeichen für Zeichen, ob es sich in Zelle B4 um eine Ziffer handelt. Die Anzahl der Übereinstimmungen ergibt die Anzahl der Stellen, die vom rechten Ende der Zeichenfolge ausgegeben werden müssen, um den Zahlenanteil zu erhalten.

3 Im nächsten Schritt werden nun die Buchstaben aus der Artikelnummer ausgelesen. Erfassen Sie dazu in Zelle C4 diese Formel:

*=GLÄTTEN(LINKS(A4;LÄNGE(A4)–SUMME(N(ISTZAHL(TEIL(A4;SPALTE(4:4);1)*1)))))*

Da es sich auch bei dieser Funktion um eine Matrixfunktion handelt, muss die Eingabe erneut mit der Tastenkombination Strg+⇧+↵ abgeschlossen werden.

4 Kopieren Sie diese Formel wieder bis zur Zelle C15 nach unten. Diese Formel subtrahiert von der Länge des Zellinhalts die Anzahl der Ziffern und liest den linken Teil ohne Ziffern aus. Damit eventuell vorhandene Leerstellen in der Artikelgruppe oder zwischen Buchstaben und Ziffern eliminiert werden, wird die Funktion *GLÄTTEN()* verwendet.

Das Ergebnis sieht wie das in nebenstehender Abbildung aus.

	A	B	C
1	**Artikelstammdaten**		
2			
3	**Artikel-Nr.**	**Nummer**	**Gruppe**
4	AMXr4711	4711	AMXr
5	BGH34734	34734	BGH
6	AMXr378	378	AMXr
7	BGH8742	8742	BGH
8	uX677	677	uX
9	uX49888	49888	uX
10	AMXr76521	76521	AMXr
11	BGH87	87	BGH
12	uX241	241	uX
13	StuQ3387	3387	StuQ
14	AMXr99833	99833	AMXr
15	StuQ449	449	StuQ

Unabhängig von der Länge der Buchstaben bzw. Ziffernfolge wird die Artikelnummer an der richtigen Stelle getrennt.

Tipp 5: Beliebige Ziffernfolgen aus einem Text extrahieren

In diesem Beispiel sehen Sie, wie aus Ziffern-Buchstaben-Kombinationen die Ziffern extrahiert werden können. Im Beispiel liegen Artikelnummern vor, die folgenden Aufbau haben: BBZZBBZZZ (B = **B**uchstabe, Z = **Z**iffer). Dabei kann die Anzahl der Buchstaben und Ziffern pro Artikelnummer variieren. Die erste Ziffergruppe beinhaltet die Regalnummer, die zweite die Nummer des Regalfachs. Die Buchstabenfolgen zwischen den Ziffern bezeichnen die Artikelgruppe und geben einen Hinweis auf den Lieferanten. Ziel ist es nun, die Ziffern aus diesem String auszulesen und in einer eigenen Spalte auszugeben.

So geht's:

Sehen Sie sich zunächst die Ausgangsdatei an.

	A	B
1	**Referenznummernliste**	
2		
3	**Ref-Nr.**	
4	AGR45RE154	
5	BD157STE42	
6	POU142rTz178	
7	KJ87Jke42	
8	uX67lo97	
9	uX498knZ88	
10	AMXr165hhn21	
11	BGH87IO114	
12	HHG24LOK1	
13	Stu54Q387	
14	AMX99KI33	
15	St55Q149	

Aus der angegebenen Referenznummer sollen alle Ziffern in Spalte B ausgelesen werden. Das Ergebnis in Zelle B4 sollte also *45154* lauten.

1 Erfassen Sie dazu in Zelle B4 diese Funktion:

=SUMME((TEIL(0&A4;KGRÖSSTE(WENN(ISTZAHL(TEIL(0&A4;ZEILE($1:$256);1)*1); ZEILE($1:$256);1);ZEILE($1:$256));1)*1)*10^(ZEILE($1:$256)–1))

Da es sich um eine Matrixfunktion handelt, muss sie mit der Tastenkombination [Strg]+[⇧]+[↵] abgeschlossen werden.

2 Kopieren Sie diese Zelle über das Ausfüllkästchen bis zur Zelle B15 nach unten.

Sie sehen, es werden wie gewünscht alle Ziffern aus der Referenznummer ausgelesen.

B4 | {=SUMME((TEIL(0&A4;KGRÖSSTE(WENN(ISTZAHL(TEIL(0&A4;ZEILE($1:$256);1)*1);ZEILE($1:$256);1);ZEILE($1:$256));1)*1)*10^(ZEILE($1:$256)-1))}

	A	B	C	D	E
1	**Referenznummernliste**				
2					
3	**Ref-Nr.**	**Ziffern**			
4	AGR45RE154	45154			
5	BD157STE42	15742			
6	POU142rTz178	142178			
7	KJ87Jke42	8742			
8	uX67lo97	6797			
9	uX498knZ88	49888			
10	AMXr165hhn21	16521			
11	BGH87IO114	87114			
12	HHG24LOK1	241			
13	Stu54Q387	54387			
14	AMX99KI33	9933			
15	St55Q149	55149			

Hinweis

Aufgrund der intern definierten Rechengenauigkeit von Excel können mit dieser Methode maximal 15 Ziffern aus einem String ausgelesen werden.

Tipp 6: Eindeutige Schlüssel, sogenannte Primary Keys, erzeugen

Im folgenden Tipp sehen Sie, wie aus zwei oder mehr Informationen eindeutige Schlüssel, sogenannte Primary Keys, erzeugt werden können. Primary Keys sind besonders im Datenbankbereich wichtig. Aber auch unter Excel ist ein eindeutiges Kennzeichen von Bedeutung. Speziell im Umgang mit Verweisfunktionen geht an eindeutigen Schlüsseln (Suchkriterien) kein Weg vorbei. In einer Stückliste sind die einzelnen Teile nach Baugruppe, Nummer und Land aufgeführt. In jeder der Gruppierungen kommen Einträge mehrmals vor. Das bedeutet, dass weder Baugruppe noch Nummer oder Land als eindeutiges Schlüsselkriterium in Betracht kommen. Erst eine Kombination aus allen drei Informationen liefert einen eindeutigen Schlüssel.

So geht's:

1. Markieren Sie den Bereich D4:D10.
2. Erfassen Sie in Zelle D4 die Formel *=VERKETTEN(A4;B4;C4)*.
3. Schließen Sie die Eingabe mit der Tastenkombination Strg+↵ ab.

D4 =VERKETTEN(A4;B4;C4)

	A	B	C	D	E
1	**Stückliste**				
2					
3	Baugruppe	Listen-Nr.	Land	Schlüssel	
4	A	15	de	A15de	
5	B	12	en	B12en	
6	B	15	de	B15de	
7	B	12	de	B12de	
8	A	15	en	A15en	
9	C	9	de	C9de	
10	C	9	en	C9en	

In Spalte D ergeben sich damit Zeichenfolgen, die einmalig und somit eindeutig sind und deswegen als Primary Key (Suchkriterium) verwendet werden können.

Hinweis

Alternativ zur Funktion *VERKETTEN()* können Sie auch den Operator *&* verwenden, um als Zeichenfolge vorliegende Elemente miteinander zu verbinden. Die Formel in Zelle D4 lautet *=A4&B4&C4*.

Tipp 7: Häufigkeit eines Teilstrings in einem Bereich ermitteln

In diesem Beispiel dient eine Auflistung aller verkauften Artikel eines Tags als Ausgangstabelle. Der Verkäufer trägt bei jedem Verkauf die Artikelkennung in eine Excel-Tabelle ein. Nun soll ermittelt werden, wie häufig ein bestimmter Artikel verkauft wurde.

	A	B
17	**Verkaufliste per 03. Juli 2018**	
18		
19	Datum	Artikelkennung
20	03.07.2018	Art. KL 475
21	03.07.2018	Art. KL 869
22	03.07.2018	RG 553
23	03.07.2018	HAT 553 U
24	03.07.2018	Artikel RG 7636
25	03.07.2018	HP 665
26	03.07.2018	Art. HAT 774
27	03.07.2018	KL 597
28	03.07.2018	Artikel HP 679
29	03.07.2018	Art. KL 662
30	03.07.2018	HAT 7769 U
31	03.07.2018	RG 653

So geht's: Teilstring steht am Anfang des Textes

Sehen Sie sich zunächst die Ausgangstabelle an. In diesem Beispiel beginnt die Artikelkennung jeweils mit einer Buchstabenkombination. Ziel ist es nun, zu ermitteln, wie oft der Artikel mit der Kennung *KL* verkauft wurde.

1 Erfassen Sie dazu in Zelle D3 das Suchkriterium *KL*, nach dem gesucht werden soll.

2 In Zelle E3 tragen Sie folgende Formel ein:

*=SUMME(IDENTISCH(GROSS(LINKS(B4:B15;LÄNGE(D3)));D3)*1)*

Da es sich um eine Matrixfunktion handelt, muss die Eingabe mit der Tastenkombination Strg+⇧+↵ beendet werden.

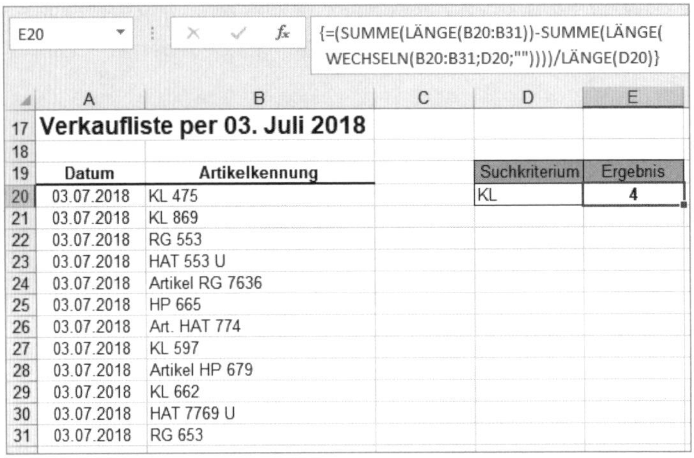

E20 | {=(SUMME(LÄNGE(B20:B31))-SUMME(LÄNGE(WECHSELN(B20:B31;D20;""))))/LÄNGE(D20)}

	A	B	C	D	E
17	Verkaufliste per 03. Juli 2018				
18					
19	Datum	Artikelkennung		Suchkriterium	Ergebnis
20	03.07.2018	KL 475		KL	4
21	03.07.2018	KL 869			
22	03.07.2018	RG 553			
23	03.07.2018	HAT 553 U			
24	03.07.2018	Artikel RG 7636			
25	03.07.2018	HP 665			
26	03.07.2018	Art. HAT 774			
27	03.07.2018	KL 597			
28	03.07.2018	Artikel HP 679			
29	03.07.2018	KL 662			
30	03.07.2018	HAT 7769 U			
31	03.07.2018	RG 653			

Excel ermittelt in diesem Beispiel vier Verkäufe mit der Kennung *KL*. Dabei spielt es keine Rolle, ob in der Liste der Artikelkennungen die Bezeichnung groß- oder kleingeschrieben wurde. Excel erkennt über die Funktion *GROSS()* alle Schreibweisen.

Wenn nur genaue Treffer gewünscht werden, also nur Artikel, bei denen die Kennungen genau so in der Liste stehen, wie im Suchkriterium angegeben, passen Sie die Funktion wie folgt an:

*=SUMME(IDENTISCH(LINKS(B4:B15;LÄNGE(D3));D3)*1)*

Schließen Sie auch diese Funktion wieder mit der Tastenkombination Strg+⇧+↵ ab.

So geht's: Teilstring befindet sich an einer beliebigen Position innerhalb des Textes

Im folgenden Beispiel befindet sich die Artikelbezeichnung an einer beliebigen Stelle im Artikeltext. Unterschiedliche Anwender haben die Verkäufe eingetragen und dabei nicht auf eine konsistente Datenerfassung geachtet.

Die Ausgangstabelle sieht demnach wie die nebenstehende aus.

Auch hier soll ermittelt werden, wie häufig die Kennung *KL* vorhanden ist.

	A	B
17	Verkaufliste per 03. Juli 2018	
18		
19	Datum	Artikelkennung
20	03.07.2018	Art. KL 475
21	03.07.2018	Art. KL 869
22	03.07.2018	RG 553
23	03.07.2018	HAT 553 U
24	03.07.2018	Artikel RG 7636
25	03.07.2018	HP 665
26	03.07.2018	Art. HAT 774
27	03.07.2018	KL 597
28	03.07.2018	Artikel HP 679
29	03.07.2018	Art. KL 662
30	03.07.2018	HAT 7769 U
31	03.07.2018	RG 653

1 Erfassen Sie dazu in Zelle D20 den Suchtext *KL*, nach dem gesucht werden soll.

2 Zum Auswerten der Daten erfassen Sie in Zelle E20 folgende Formel:

=(SUMME(LÄNGE(B20:B31))–SUMME(LÄNGE(WECHSELN(B20:B31;D20;""))))/LÄNGE(D20)

Da es sich auch in diesem Fall um eine Matrixfunktion handelt, beenden Sie die Eingabe mit der Tastenkombination Strg+⇧+↵.

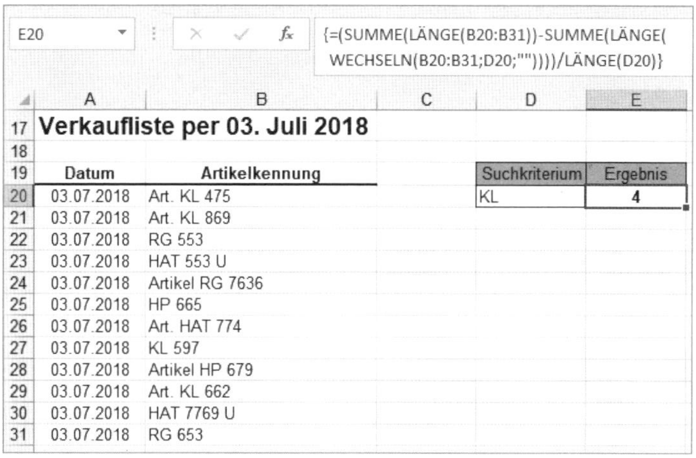

E20 | {=(SUMME(LÄNGE(B20:B31))-SUMME(LÄNGE(WECHSELN(B20:B31;D20;""))))/LÄNGE(D20)}

	A	B	C	D	E
17	**Verkaufliste per 03. Juli 2018**				
18					
19	**Datum**	**Artikelkennung**		Suchkriterium	Ergebnis
20	03.07.2018	Art. KL 475		KL	**4**
21	03.07.2018	Art. KL 869			
22	03.07.2018	RG 553			
23	03.07.2018	HAT 553 U			
24	03.07.2018	Artikel RG 7636			
25	03.07.2018	HP 665			
26	03.07.2018	Art. HAT 774			
27	03.07.2018	KL 597			
28	03.07.2018	Artikel HP 679			
29	03.07.2018	Art. KL 662			
30	03.07.2018	HAT 7769 U			
31	03.07.2018	RG 653			

Sie sehen: Obwohl das Suchkriterium an einer beliebigen Stelle in der Artikelkennung steht, findet diese Matrixfunktion den gesuchten Teilstring.

Tipp 8: Die ersten vier Wörter eines Textes extrahieren

Anhand des folgenden Beispiels erfahren Sie, wie aus einem beliebigen Textstring eine definierte Anzahl Wörter ausgelesen werden kann. Dabei spielt es keine Rolle, wie lang die Wörter sind. Excel erkennt die einzelnen Bestandteile aufgrund der Leerzeichen zwischen den Wörtern.

So geht's:

1 Markieren Sie den Zellbereich B2:B4.

2 Erfassen Sie in Zelle B2 diese Formel:

=GLÄTTEN(LINKS(A2;FINDEN("^";WECHSELN(GLÄTTEN(A2)&" ";" ";"^";4))–1))

3 Schließen Sie die Datenerfassung mit der Tastenkombination Strg+↵ ab.

Im Ergebnis werden die ersten vier Wörter extrahiert und angezeigt.

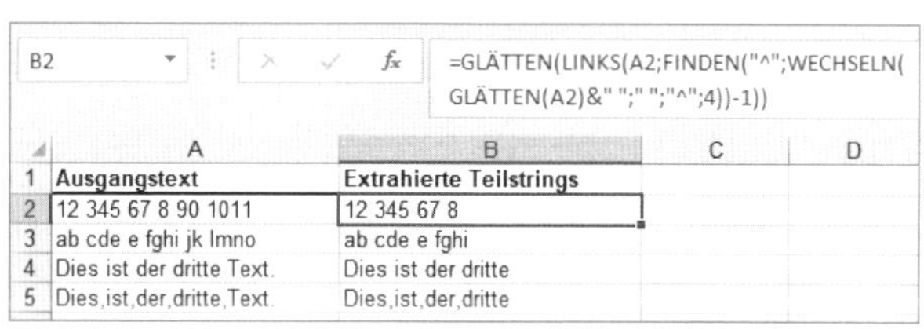

B2 | =GLÄTTEN(LINKS(A2;FINDEN("^";WECHSELN(GLÄTTEN(A2)&" ";" ";"^";4))-1))

	A	B	C	D
1	**Ausgangstext**	**Extrahierte Teilstrings**		
2	12 345 67 8 90 1011	12 345 67 8		
3	ab cde e fghi jk lmno	ab cde e fghi		
4	Dies ist der dritte Text.	Dies ist der dritte		
5	Dies,ist,der,dritte,Text.	Dies,ist,der,dritte		

Sollen beispielsweise nur zwei Wörter ausgelesen werden, passen Sie die Formel einfach entsprechend so an:

=GLÄTTEN(LINKS(A2;FINDEN("^";WECHSELN(GLÄTTEN(A2)&" ";" ";"^";2))–1))

Hinweis

Wenn das Trennzeichen zwischen den Wörtern (Teilstring) kein Leerzeichen, sondern beispielsweise ein Komma ist, sieht die Funktion folgendermaßen aus:

=GLÄTTEN(LINKS(A2;FINDEN("^";WECHSELN(GLÄTTEN(A2)&",";",";"^";4))–1))

Tipp 9: Überflüssige Zeichen aus einem Text entfernen

Aus einem EDV-System wurde eine Sachkontenliste importiert. Dabei wurden alle negativen Zahlen in Klammern dargestellt. Das folgende Beispiel zeigt, wie bestimmte Zeichen aus einer Zeichenkette bzw. aus einem Text entfernt werden können.

So geht's:

1 Erfassen Sie die folgende Funktion in Zelle D9:

=WERT(TEXT(GLÄTTEN(WECHSELN(WECHSELN(C9;")";"");"(";""));"Standard"))

2 Kopieren Sie diese Formel mit der Tastenkombination Strg+C in die Zwischenablage und fügen Sie sie mit der Tastenkombination Strg+V in die Zellen D11, D13, D15 und D17 ein.

	A	B	C	D
1	**Importierte Sachkontenliste**			
2				
3	**Konto**	**Soll**	**Haben**	**Haben neu**
4	1000	2345,77		
5	1002	298,44		
6	1010	15399,30		
7	1050	2349,54		
8	1075	22,90		
9	1235		(8464,89)	8464,89
10	1236		(9983,54)	9983,54
11	1250		(2998,54)	2998,54
12	1300	4587,45		
13	1600		(6983,21)	6983,21
14	1610	18776,22		
15	1700		(59982,65)	59982,65

Die Funktion *WECHSELN()* erkennt die Klammernpaare und entfernt sie aus der Zeichenfolge. Mit der Funktion *WERT()* wird die ausgelesene Ziffernfolge anschließend in eine Zahl umgewandelt.

Hinweis

Wenn Zeichen aus einem Text entfernt werden, ist es nicht sinnvoll, diesen als Wert umzuwandeln. Verwenden Sie bei Texten deswegen diese Formel:

=TEXT(GLÄTTEN(WECHSELN(WECHSELN(C9;")";"");"(";""));"Standard")

Tipp 10: Umlaute aus einem Text entfernen

Zur Vorbereitung von Daten für den Export sollen in diesem Beispiel alle Umlaute (ä, ö, ü) und das ß entfernt und gegen ae, oe, ue und ss ausgetaucht werden. Dies ist notwendig, da das Fremdsystem keine Umlaute akzeptiert.

So geht's:

1 Markieren Sie den Bereich B3:B9.

2 Erfassen Sie in Zelle B3 diese Formel:

=GROSS2(WECHSELN(WECHSELN(WECHSELN(WECHSELN(KLEIN(A3);"ß";"ss");"ä";"ae");"ö";"oe");"ü";"ue"))

3 Schließen Sie die Datenerfassung mit der Tastenkombination Strg+↵ ab. Damit wird die Funktion im gesamten markierten Bereich eingetragen.

	A	B
1	**Aufbereitung für Datenexport**	
2		
3	Schnürsenkel	Schnuersenkel
4	Bürsten	Buersten
5	Scheren	Scheren
6	Ölpumpen	Oelpumpen
7	Äxte	Aexte
8	Schaufeln	Schaufeln
9	Lätze	Laetze

Sie sehen, es werden alle Umlaute, egal, ob sie groß- oder kleingeschrieben sind, richtig umgewandelt. Der so veränderte Text kann in das Fremdsystem übertragen werden.

Hinweis

Im umgekehrten Fall, wenn also aus ae, ue und oe Umlaute erzeugt werden sollen, verwenden Sie einfach folgende Formel:

=GROSS2(WECHSELN(WECHSELN(WECHSELN(WECHSELN(KLEIN(A14);"ss";"ß");"ae";"ä");"oe";"ö");"ue";"ü"))

Tipp 11: Vor- und Nachnamen aus E-Mail-Adressen auslesen

Adressen werden häufig in Excel gespeichert und gepflegt. Folgendes Beispiel zeigt, wie Namen getrennt nach Vor- und Nachname aus einer E-Mail-Adresse ausgelesen werden können.

So geht's:

1 Markieren Sie den Zellbereich B4:B10.

2 Erfassen Sie folgende Funktion:

=GROSS2(LINKS(A4;FINDEN(".";A4)–1))

Damit wird der Vorname ausgelesen.

3 Beenden Sie die Erfassung dieser Funktion mit der Tastenkombination Strg+↵.

4 Markieren Sie den Bereich C4:C10.

5 Zum Auslesen des Nachnamens verwenden Sie diese Formel:

=GROSS2(TEIL(A4;FINDEN(".";A4)+1;FINDEN("@";A4)–FINDEN(".";A4)–1))

6 Beenden Sie auch die Eingabe dieser Formel mit der Tastenkombination Strg+↵.

Im Ergebnis werden die Vor- und Zunamen wie gewünscht aus der E-Mail-Adresse extrahiert.

➡ Verweis: siehe Kapitel 9.4, Tipp 11

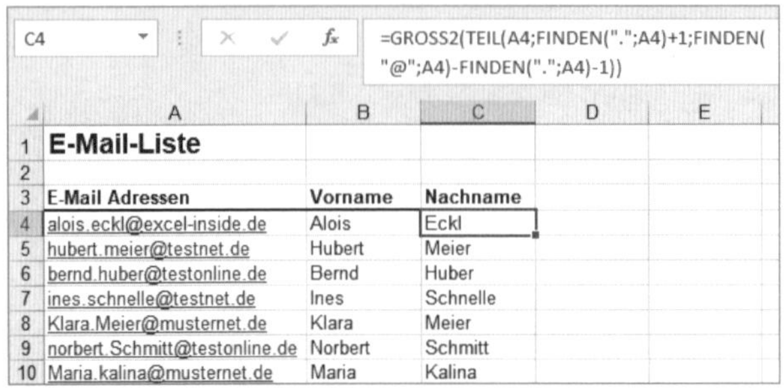

C4 =GROSS2(TEIL(A4;FINDEN(".";A4)+1;FINDEN("@";A4)-FINDEN(".";A4)-1))

	A	B	C	D	E
1	**E-Mail-Liste**				
2					
3	**E-Mail Adressen**	**Vorname**	**Nachname**		
4	alois.eckl@excel-inside.de	Alois	Eckl		
5	hubert.meier@testnet.de	Hubert	Meier		
6	bernd.huber@testonline.de	Bernd	Huber		
7	ines.schnelle@testnet.de	Ines	Schnelle		
8	Klara.Meier@musternet.de	Klara	Meier		
9	norbert.Schmitt@testonline.de	Norbert	Schmitt		
10	Maria.kalina@musternet.de	Maria	Kalina		

Tipp 12: Texte bis zu einer bestimmten Länge auffüllen

Zur besseren Übersicht ist es in bestimmten Fällen sinnvoll, Texte in einer festen Länge zu erfassen. Beispielsweise erleichtern Leseführungen in Inhaltsverzeichnissen die Lesbarkeit ungemein. Dieses Beispiel zeigt, wie Sie Zelleinträge automatisch mit vorgegebenen Zeichen bis zu einer definierten Länge auffüllen können.

So geht's:

1 Markieren Sie den Bereich B3:B14.

2 Erfassen Sie in Zelle B3 folgende Funktion:

=A3&WIEDERHOLEN("_";30-LÄNGE(A3))

Dadurch wird der Unterstrich bis zu einer Gesamtlänge von 30 Zeichen aufgefüllt.

Damit das Ergebnis den gewünschten Erfolg bringt, müssen Sie den Zellbereich B3:B14 in einer nicht proportionalen Schrift wie beispielsweise Courier formatieren.

B3 =A3&WIEDERHOLEN("_";30-LÄNGE(A3))

	A	B	C
1	**Inhaltsverzeichnis**		
2			**Seite**
3	Kapitel 1	Kapitel 1_____________________	15
4	Punkt 1.1	Punkt 1.1_____________________	19
5	Punkt 1.2	Punkt 1.2_____________________	23
6	Punkt 1.2.1	Punkt 1.2.1___________________	26
7	Punkt 1.2.1.1	Punkt 1.2.1.1_________________	28
8	Punkt 1.2.1.2	Punkt 1.2.1.2_________________	34
9	Punkt 1.3	Punkt 1.3_____________________	39
10	Kapitel 2	Kapitel 2_____________________	46
11	Kapitel 2.1	Kapitel 2.1___________________	49
12	Kapitel 2.2	Kapitel 2.2___________________	51
13	Kapitel 2.2.1	Kapitel 2.2.1_________________	58
14	Kapitel 2.2.2	Kapitel 2.2.2_________________	63

Tipp 13: Dynamisch Zellen aus einem Bereich verketten

Oftmals liegen gewisse Daten nicht in der Form vor, in der sie letztendlich benötigt werden. So sind beispielsweise Datumsinformationen nicht selten über mehrere Spalten verteilt. Aber auch diese Informationen können sehr einfach und wenn gewünscht auch dynamisch in einer Zelle dargestellt werden, wie das nächste Beispiel zeigt.

So geht's:

1 Hinterlegen Sie in einer neuen Tabelle einige beliebige Datumsinformationen, indem Sie in Spalte E den Tag, in Spalte F den Monat und in Spalte G das Jahr einfügen.

2 Erfassen Sie nun noch in Spalte D, um welches Datum es sich handelt, also um *Datum 1*, *Datum 2* etc., und hinterlegen Sie in Zelle A1 eine Gültigkeitsliste, die auf diese Spalte D zugreift.

3 Tragen Sie nun in Zelle B1 die folgende Formel ein:

=INDIREKT("E"&RECHTS(A1))&". "&INDIREKT("F"&RECHTS(A1))&" "&INDIREKT("G"&RECHTS(A1))

4 Wenn Sie jetzt in Zelle A1 ein Datum auswählen, wird in Zelle B1 diese Information dynamisch und per Verkettung der Datumsinformationen angezeigt.

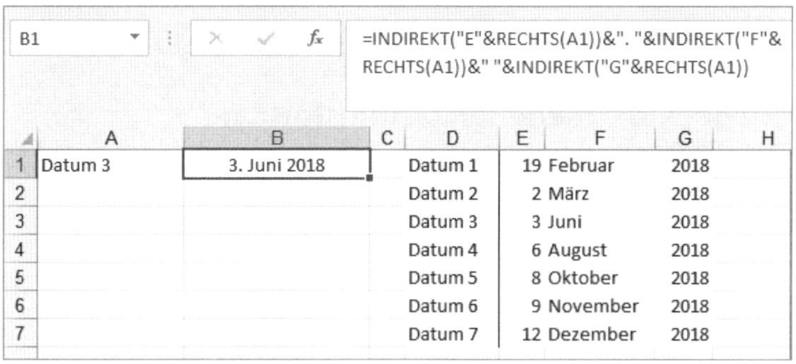

	A	B	C	D	E	F	G	H
1	Datum 3	3. Juni 2018		Datum 1	19	Februar	2018	
2				Datum 2	2	März	2018	
3				Datum 3	3	Juni	2018	
4				Datum 4	6	August	2018	
5				Datum 5	8	Oktober	2018	
6				Datum 6	9	November	2018	
7				Datum 7	12	Dezember	2018	

Die Funktionsargumente:

- *INDIREKT*: Gibt aus einem Textstring einen Bezug auf eine Zelle zurück, die in der Schreibweise A1 adressiert werden soll.
- *RECHTS*: Über diese Funktion wird das letzte Zeichen aus Zelle A1 geholt und an die Funktion *INDIREKT* übergeben.
- *&*: Sorgt anstelle der Funktion *VERKETTEN* für das Zusammenhängen der Informationen aus den jeweiligen Zellen der Spalten E bis G.

4.5 Professionelle Datumsfunktionen

Excel bietet im Umgang mit Datumswerten bereits einige vorgefertigte Funktionen zum sofortigen Einsatz. Viele Problemansätze sind jedoch relativ komplex. So sind teilweise ausgeklügelte, umfangreiche Funktionen notwendig, in denen mehrere Datumsfunktionen ineinander verschachtelt bzw. miteinander kombiniert werden müssen, um zum gewünschten Erfolg zu gelangen. Die folgenden praxisorientierten Beispiele zeigen, welche Möglichkeiten Excel im Umgang mit Datumswerten bietet.

Tipp 1: Auf einen Blick: der Aufbau des Datumsformats

Excel speichert Datumsangaben intern als fortlaufende positive ganze Zahl. Diese Zahl gibt an, wie viele Tage seit dem 01.01.1900 vergangen sind. So stellt die Zahl 1 den 01.01.1900 dar, der 02.01.1900 wird intern als 2 gespeichert und so weiter.

Dies können Sie ganz einfach überprüfen, indem Sie in eine Zelle die Zahl 3 eingeben und sie anschließend als Datum formatieren. Gehen Sie dabei wie folgt vor:

1 Öffnen Sie über das Menü *Start/Zellen/Format/Zellen formatieren* das Dialogfenster *Zellen formatieren*.

2 Auf der Registerkarte *Zahlen* wählen Sie unter *Kategorie* den Eintrag *Datum* aus und verwenden ein Datumsformat mit vierstelliger Jahresangabe.

Als Ergebnis wird wie zu erwarten der 3.1.1900 angezeigt. Die interne Speicherung des Datums als fortlaufende Zahl ist notwendig, damit mit Datumswerten beliebige Berechnungen durchgeführt werden können.

Tipp 2: Erläuterung der verschiedenen Datumsformate

Wie bereits in Kapitel 2.2 anhand einiger Praxisbeispiele erläutert, bietet Excel die Möglichkeit, Zahlen und selbstverständlich auch Datumsangaben beliebig zu formatieren. Dazu stellt Excel bereits einige vordefinierte Datumsformate zur Verfügung. Darüber hinaus können beliebige benutzerdefinierte Datumsformate hinzugefügt werden. Im folgenden Beispiel sehen Sie, welche Darstellungsmöglichkeiten das Datumsformat bietet.

So geht's:

Diese Tabelle enthält alle möglichen Formatierungselemente, die bei der Erstellung eines benutzerdefinierten Datumsformats verwendet werden können:

Datumsformat	Bedeutung
T	Das Tagesdatum als Zahl ohne führende Null bei einstelligen Daten (Tage als 1 bis 31).
TT	Das Tagesdatum als Zahl mit führender Null bei einstelligen Daten (Tage als 01 bis 31).
TTT	Der Name des Wochentags als Kürzel mit zwei Buchstaben (Tage als So bis Sa).
TTTT	Der komplette Name des Wochentags (Tage als Sonntag bis Samstag).
M	Das Monatsdatum als Zahl ohne führende Null bei einstelligen Daten (Monate als 1 bis 12).
MM	Das Monatsdatum als Zahl mit führender Null bei einstelligen Daten (Monate als 01 bis 12).
MMM	Der Name des Monats als Kürzel mit drei Buchstaben (Monate als Jan bis Dez).
MMMM	Der komplette Name des Monats (Monate als Januar bis Dezember).
JJ	Die zweistellige Jahreszahl ohne Angabe des Jahrhunderts/Jahrtausends (Jahre als 00 bis 99).
JJJJ	Die vierstellige Jahreszahl mit Jahrhundert und Jahrtausend (Jahre als 1900 bis 9999).

Darüber hinaus bietet Excel die Möglichkeit, Punkte, Kommata oder sonstige andere Trennzeichen sowie beliebigen Text in einem Datumsformat zu verwenden. Wenn Sie im Datumsformat Text verwenden möchten, geben Sie diesen einfach in Anführungszeichen ein.

Nachfolgend sehen Sie eine Zusammenstellung von benutzerdefinierten Datumsformaten und deren Anzeige in Excel.

	A	B	C	D
1	**Formatierung von Datumswerten**			
2				
3	**Ausgangsdatum**	04.07.2018		
4				
5	**Formatbeschreibung**	**Zahlenformat**	**Ergebnis (Datumsformat)**	**Ergebnis Funktion TEXT()**
6	**Tag einstellig**	T	4	4
7	**Tag zweistellig**	TT	04	04
8	**Kurzer Wochentag**	TTT	Mi	Mi
9	**Langer Wochentag**	TTTT	Mittwoch	Mittwoch
10	**Monat einstellig**	M	7	7
11	**Monat zweistellig**	MM	07	07
12	**Kurzer Monat**	MMM	Jul	Jul
13	**Langer Monat**	MMMM	Juli	Juli
14	**Jahr zweistellig**	JJ	18	18
15	**Jahr vierstellig**	JJJJ	2018	2018
16	**Datumsformat**	TT/MM/JJJJ	04/07/2018	04/07/2018
17	**Datumsformat**	TT-MM-JJ	04-07-18	04-07-18
18	**Datum und Text**	"Nürnberg, " TT.MMMM.JJJJ	Nürnberg, 04.Juli.2018	Nürnberg, 04.Juli.2018
19	**Datum und Wochentag**	TTTT "der" TT.MMMM.JJJJ	Mittwoch der 04.Juli.2018	Mittwoch der 04.Juli.2018
20	**Datum und Text**	"Nürnberg im" MMMM.JJJJ	Nürnberg im Juli 2018	Nürnberg im Juli.2018

Anhand des Datums 04.07.2018, das sich im Zellbereich C6:C20 befindet, sehen Sie, welche Darstellungsmöglichkeiten denkbar sind. Selbstverständlich ist diese Liste nicht vollständig.

Zur Erfassung des benutzerdefinierten Zellenformats gehen Sie wie folgt vor:

1 Öffnen Sie über das Menü *Start/Zellen/Format/Zellen formatieren* das Dialogfenster *Zellen formatieren*.

2 Wählen Sie auf der Registerkarte *Zahlen* die Kategorie *Benutzerdefiniert*.

3 Erfassen Sie dort die gewünschten Datumsformate.

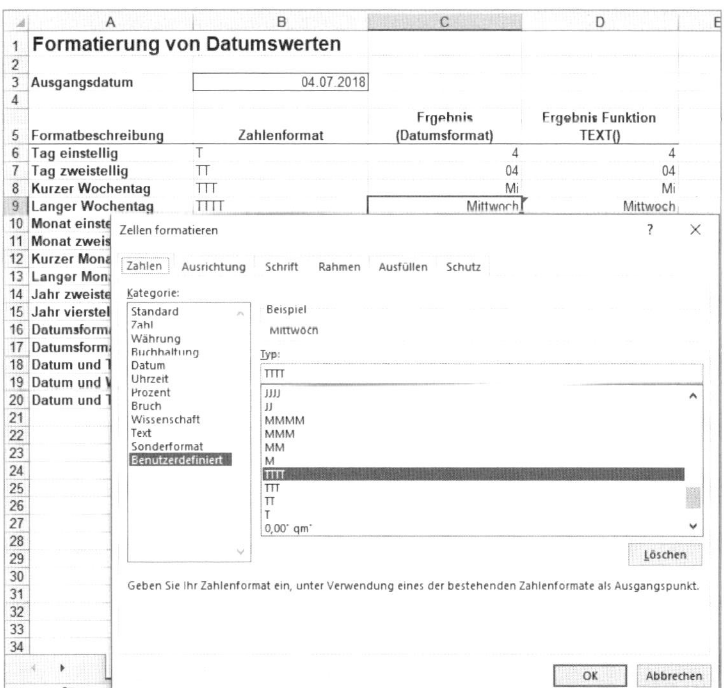

Neben der Möglichkeit, Datumswerte über vordefinierte oder benutzerdefinierte Zellenformate anzupassen, können Sie Formatanpassungen auch über die Funktion *TEXT()* vornehmen.

Zur Formatierung der Zelle B3 als langen Wochentag erfassen Sie beispielsweise in Zelle D9 die Formel *=TEXT($B$3;"TTTT")*. Damit wird, wie über das benutzerdefinierte Zellenformat, der Wochentag für das in Zelle B3 erfasste Datum angezeigt.

In Spalte C finden Sie alle Lösungen per benutzerdefiniertem Datumsformat. In Spalte D wurde zum Vergleich die gleiche Formatierung über die Funktion *TEXT()* realisiert.

D9 =TEXT($B$3;"TTTT")

	A	B	C	D
1	**Formatierung von Datumswerten**			
2				
3	**Ausgangsdatum**	04.07.2018		
4				
5	**Formatbeschreibung**	**Zahlenformat**	**Ergebnis (Datumsformat)**	**Ergebnis Funktion TEXT()**
6	**Tag einstellig**	T	4	4
7	**Tag zweistellig**	TT	04	04
8	**Kurzer Wochentag**	TTT	Mi	Mi
9	**Langer Wochentag**	TTTT	Mittwoch	Mittwoch
10	**Monat einstellig**	M	7	7
11	**Monat zweistellig**	MM	07	07
12	**Kurzer Monat**	MMM	Jul	Jul
13	**Langer Monat**	MMMM	Juli	Juli
14	**Jahr zweistellig**	JJ	18	18
15	**Jahr vierstellig**	JJJJ	2018	2018
16	**Datumsformat**	TT/MM/JJJJ	04/07/2018	04/07/2018
17	**Datumsformat**	TT-MM-JJ	04-07-18	04-07-18
18	**Datum und Text**	"Nürnberg, " TT.MMMM.JJJJ	Nürnberg, 04.Juli.2018	Nürnberg, 04.Juli.2018
19	**Datum und Wochentag**	TTTT "der" TT.MMMM.JJJJ	Mittwoch der 04.Juli.2018	Mittwoch der 04.Juli.2018
20	**Datum und Text**	"Nürnberg im" MMMM.JJJJ	Nürnberg im Juli 2018	Nürnberg im Juli.2018

➡ Verweis: siehe Kapitel 2.2

Tipp 3: Gültiges Datum aus Tag, Monat und Jahr zusammenbauen und wieder zerlegen

In diesem Beispiel liegen die Tages-, Monats- und Jahresangaben einzeln in verschiedenen Zellen vor. Die Daten stammen von einer Onlinedatenbank, in der der Nutzer bei Anmeldung sein Geburtsdatum in die drei verschiedenen Drop-down-Menüs *Tag*, *Monat* und *Jahr* eingibt. Ziel ist es nun, diese Einzelangaben zu einem gültigen Datum zusammenzufügen.

So geht's: Datum aus Teilangaben zusammensetzen

1 Markieren Sie den Zellbereich F5:F10.

2 Erfassen Sie in Zelle F5 die Funktion *=DATUM(E5;D5;C5)* zur Erzeugung eines gültigen Datumseintrags.

3 Beenden Sie die Datenerfassung mit der Tastenkombination Strg+↵.

Sie sehen, es ist relativ einfach, mittels der Funktion *DATUM()* gültige Datumswerte zu erzeugen.

F5 | =DATUM(E5;D5;C5)

	A	B	C	D	E	F
1	**Registerdaten aus Online-Web-Datenbank**					
2						
3				**Geburtsdatum**		**Geburts-**
4	**Vorname**	**Nachname**	**Tag**	**Monat**	**Jahr**	**datum**
5	Hubert	Meister	5	7	1973	05.07.1973
6	Ines	Baumeister	14	9	1981	14.09.1981
7	Klaus	Schurrer	2	12	1958	02.12.1958
8	Werner	Himstett	30	9	1969	30.09.1969
9	Monika	Klaus	9	11	1963	09.11.1963
10	Claudia	Waldorf	17	1	1977	17.01.1977

So geht's: Vollständiges Datum in Teilangaben zerlegen

Genauso einfach ist es aber auch, aus einem Datum den Tag, den Monat sowie das Jahr zu extrahieren. In folgendem Beispiel ist im Bereich F16:F21 das Datum vorhanden. Zum Auslesen der Tage, Monate und Jahre gehen Sie wie folgt vor:

1 Markieren Sie den Bereich C16:C21 und erfassen Sie zum Extrahieren der Tagesangaben diese Formel: *=TAG(F16)*. Beenden Sie die Erfassung mit der Tastenkombination [Strg]+[↵].

2 Im nächsten Schritt markieren Sie den Bereich D16:D21 und geben folgende Funktion ein: *=MONAT(F16)*. Damit wird der Monat ausgelesen.

3 Verfahren Sie genauso mit der Jahresspalte. Verwenden Sie dazu die Funktion *=JAHR(F16)*. Beenden Sie die Eingaben jeweils mit [Strg]+[↵].

C16 | =TAG(F16)

	A	B	C	D	E	F
1	**Registerdaten aus Online-Web-Datenbank**					
13						
14				**Geburtsdatum**		**Geburts-**
15	**Vorname**	**Nachname**	**Tag**	**Monat**	**Jahr**	**datum**
16	Hubert	Meister	5	7	1973	05.07.1973
17	Ines	Baumeister	14	9	1981	14.09.1981
18	Klaus	Schurrer	2	12	1958	02.12.1958
19	Werner	Himstett	30	9	1969	30.09.1969
20	Monika	Klaus	9	11	1963	09.11.1963
21	Claudia	Waldorf	17	1	1977	17.01.1977

So geht's: Gültige Datumsangaben erzeugen

Ein beliebtes Datumsformat in Datenbanken sieht so aus: JJJJMMTT. Damit wird beispielsweise der 23.07.2007 so in der Datenbank gespeichert: 20070723. Wurden diese Datumsformate nach Excel übertragen, sollen sie in gültige Datumsformate umgewandelt werden, da Excel mit der Datumsangabe 20070723 nicht umgehen kann.

So geht's:

1 Markieren Sie den Bereich D26:D31.

2 Erfassen Sie in Zelle D26 folgende Formel:

=DATWERT(RECHTS(C26;2)&"."&TEIL(C26;5;2)&"."&LINKS(C26;4))

3 Beenden Sie die Eingabe mit der Tastenkombination Strg+↵.

4 Damit das Ergebnis als Datumswert angezeigt wird, müssen Sie die Zellen noch mit einem beliebigen Datumsformat belegen.

Das Ergebnis sehen Sie in nebenstehender Abbildung.

D26 =DATWERT(RECHTS(C26;2)&"."&TEIL(C26;5;2)&"."&LINKS(C26;4))

	A	B	C	D
1	**Registerdaten aus Online-Web-Datenbank**			
23				
24				**gültiges**
25	**Vorname**	**Nachname**	**Datum**	**Datum**
26	Hubert	Meister	19730705	05.07.1973
27	Ines	Baumeister	19810914	14.09.1981
28	Klaus	Schurrer	19581202	02.12.1958
29	Werner	Himstett	19690930	30.09.1969
30	Monika	Klaus	19631109	09.11.1963
31	Claudia	Waldorf	19770117	17.01.1977

Tipp 4: Erzeugung dynamischer Datumsangaben

Excel-Tabellen werden häufig über mehrere Jahre hinweg geführt. So soll abhängig vom aktuellen Jahr die richtige Datumsangabe in Zelle C1 verwendet werden. Aktuell soll dort der 31.12.2018 stehen. Wenn die Tabelle in 2019 geöffnet wird, soll dort der 31.12.2019 angezeigt werden. Zur Dynamisierung des Datums gehen Sie wie folgt vor:

So geht's:

Erfassen Sie in der gewünschten Zelle, im Beispiel Zelle C1, diese Formel:

=DATUM(JAHR(HEUTE());12;31)

C1 =DATUM(JAHR(HEUTE());12;31)

	A	B	C	D
1	**Budgetauswertung per**		**31.12.2018**	

Damit wird jeweils der 31.12. des aktuellen Jahrs angezeigt.

Tipp 5: Ermittlung des Datums aus Jahr, Kalenderwoche und Wochentag

Dieses Beispiel zeigt, wie sich aus einer Jahresangabe, der Angabe der Kalenderwoche und der Angabe des Wochentags das entsprechende Datum ermitteln lässt.

In Projektplänen wird häufig mit diesen Angaben gearbeitet.

So geht's:

Sehen Sie sich zunächst die Ausgangstabelle an.

Die Angabe des Wochentags liegt in diesem Beispiel in abgekürzter Form vor.

	A	B	C
1	**Projektübersicht**		
2			
3	**Jahr**	**KW**	**Wochentag**
4	2018	16	Mi
5	2018	21	Di
6	2018	24	Mo
7	2018	28	Fr
8	2018	33	Do

1 Markieren Sie den Zellbereich D4:D8.

2 Erfassen Sie in Zelle D4 diese Funktion:

*=DATUM(A4;1;7*B4+4–WOCHENTAG(DATUM(A4;;);3)–SUCHEN(LINKS(C4;2); "–SoSaFrDoMiDiMo")/2)*

3 Beenden Sie die Eingabe mit der Tastenkombination Strg+↵.

Auf Basis der vorhandenen Angaben wird das Datum eingetragen.

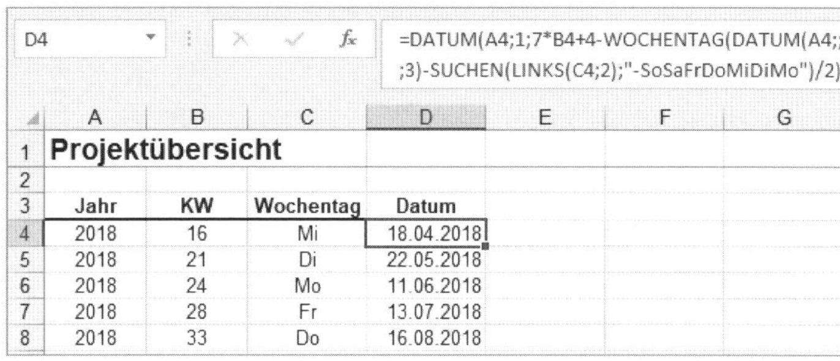

D4 =DATUM(A4;1;7*B4+4-WOCHENTAG(DATUM(A4;;);3)-SUCHEN(LINKS(C4;2);"-SoSaFrDoMiDiMo")/2)

	A	B	C	D	E	F	G
1	Projektübersicht						
2							
3	Jahr	KW	Wochentag	Datum			
4	2018	16	Mi	18.04.2018			
5	2018	21	Di	22.05.2018			
6	2018	24	Mo	11.06.2018			
7	2018	28	Fr	13.07.2018			
8	2018	33	Do	16.08.2018			

Hinweis

Liegt der Wochentag als Zahl und nicht als Text vor, beispielsweise Montag = 1, Dienstag = 2 und so weiter, muss die Funktion wie folgt modifiziert werden:

*=DATUM(A14;1;1)+(B14–WENN(WOCHENTAG(DATUM(A14;1;1);2)>4;0;1))*7+C14–1+1 –WOCHENTAG(DATUM(A14;1;1)+(B14–WENN(WOCHENTAG(DATUM(A14;1;1);2)>4;0;1))*7;2)*

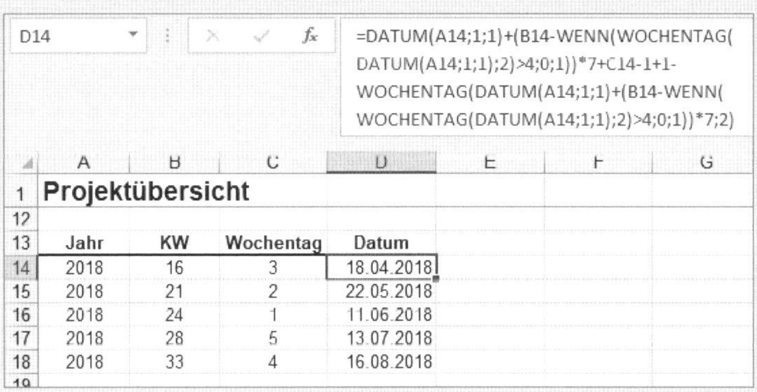

D14 =DATUM(A14;1;1)+(B14-WENN(WOCHENTAG(DATUM(A14;1;1);2)>4;0;1))*7+C14-1+1-WOCHENTAG(DATUM(A14;1;1)+(B14-WENN(WOCHENTAG(DATUM(A14;1;1);2)>4;0;1))*7;2)

	A	B	C	D	E	F	G
1	Projektübersicht						
12							
13	Jahr	KW	Wochentag	Datum			
14	2018	16	3	18.04.2018			
15	2018	21	2	22.05.2018			
16	2018	24	1	11.06.2018			
17	2018	28	5	13.07.2018			
18	2018	33	4	16.08.2018			

➡ Verweis: siehe Kapitel 4.5, Tipp 19

Tipp 6: Datumsdifferenzen in Jahren, Monaten und Tagen ermitteln

In dieser Aufgabenstellung sollen Datumsdifferenzen in Jahren, Monaten und Tagen ermittelt werden. Dazu bietet Excel die Funktion *=DATEDIF()* an. Mit *DATEDIF()* lassen sich Datumsdifferenzen leicht und übersichtlich ermitteln.

So geht's:

Sehen Sie sich zunächst die Ausgangstabelle etwas näher an.

Der Projektplan beinhaltet für alle Projektschritte die Angaben für das Start- sowie das Enddatum.

Ziel ist es nun, die Differenzen zwischen den Datumsangaben in Jahren, Monaten und Tagen zu ermitteln.

	A	B	C	D	E	F
1	**Projektplan**					
2						
3				Differenz in	Differenz in	Differenz in
4	Projektschritt	Start-Datum	End-Datum	Jahren	Monaten	Tagen
5	A	01.11.2017	14.04.2018			
6	C	03.12.2017	15.07.2018			
7	D	01.01.2018	12.09.2018			
8	B	15.12.2017	05.02.2018			
9	H	12.08.2018	06.04.2019			
10	G	16.10.2018	03.02.2019			
11	E	11.10.2018	12.11.2019			

1 **Ermittlung der Differenzen in Jahren:** Markieren Sie den Bereich D5:D11. Erfassen Sie in Zelle D5 die Formel *=DATEDIF(B5;C5;"y")* und schließen Sie die Eingabe mit der Tastenkombination Strg+↵ ab.

2 **Ermittlung der Differenz in Monaten:** Zur Ermittlung der Monatsdifferenzen markieren Sie den Bereich E5:E11 und erfassen in Zelle E5 die Formel *=DATEDIF(B5;C5;"m")*.

3 **Ermittlung der Differenzen in Tagen:** Die Formel für den Bereich F5:? lautet *=DATEDIF(B5;C5;"d")*. Beenden Sie die Eingaben jeweils mit der Tastenkombination Strg+↵.

F5 fx =DATEDIF(B5;C5;"d")

	A	B	C	D	E	F
1	**Projektplan**					
2						
3				Differenz in	Differenz in	Differenz in
4	Projektschritt	Start-Datum	End-Datum	Jahren	Monaten	Tagen
5	A	01.11.2017	14.04.2018	0	5	164
6	C	03.12.2017	15.07.2018	0	7	224
7	D	01.01.2018	12.09.2018	0	8	254
8	B	15.12.2017	05.02.2018	0	1	52
9	H	12.08.2018	06.04.2019	0	7	237
10	G	16.10.2018	03.02.2019	0	3	110
11	E	11.10.2018	12.11.2019	1	13	397

Die Syntax der Funktion *DATEDIF()* lautet:

=DATEDIF(Ausgangsdatum;Enddatum;Einheit)

Parameter	Beschreibung
"y"	Gibt die Anzahl der vollständigen Jahre im angegebenen Zeitraum zurück.
"m"	Liefert die Anzahl der vollständigen Monate im Zeitraum.
"d"	Ermittelt mit dem Parameter *"d"* die Anzahl der Tage zwischen Ausgangs- und Enddatum.
"ym"	Liefert die Anzahl der vollständigen Monate im Zeitraum. Die Tage und Jahre der Datumsangaben werden ignoriert.
"md"	Gibt die Differenz in Tagen zwischen dem Anfangs- und dem Enddatum zurück, wobei die Monate und Jahre der Datumsangaben nicht berücksichtigt werden.
"yd"	Liefert die Anzahl der Tage zwischen Anfangs- und Enddatum. Die Jahre der Datumsangaben werden ignoriert.

Hinweis

Die Differenz in Tagen können Sie natürlich wesentlich einfacher ermitteln. Verwenden Sie dazu die Formel *=C5–B5*. Damit das Ergebnis richtig angezeigt wird, müssen Sie die Ergebniszelle mit der Standardformatierung belegen.

Tipp 7: Zinstage auf der Basis von 360 Tagen ermitteln

Zinstage werden in Deutschland in der Regel auf der Basis von 360 Tagen ermittelt. Zur Abbildung dieser Tatsache bietet Excel die Funktion *TAGE360(Ausgangsdatum;Enddatum;-Methode)*. Als Ausgangstabelle dient eine Auflistung von Ausgabe- und Rückzahlungsterminen für festverzinsliche Wertpapiere. Auf dieser Grundlage sollen nun die Zinstage zwischen den beiden Terminen ermittelt werden.

So geht's:

1. Markieren Sie den Bereich C5:C10.
2. Erfassen Sie in Zelle C5 diese Formel:

   =TAGE360(A4;B4;WAHR)
3. Bestätigen Sie die Eingabe mit der Tastenkombination [Strg]+[↵].

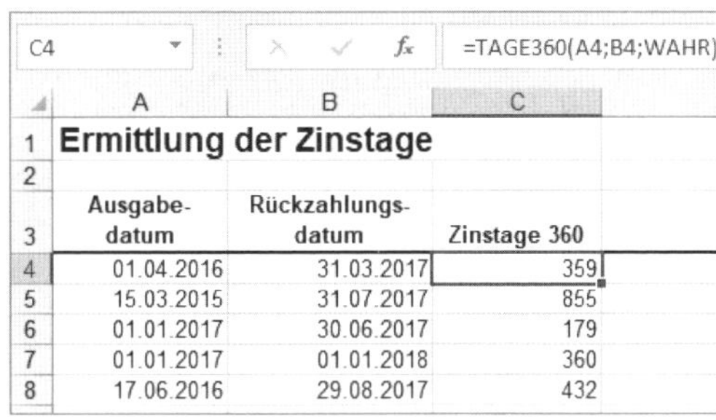

	A	B	C
1	**Ermittlung der Zinstage**		
2			
3	**Ausgabe-datum**	**Rückzahlungs-datum**	**Zinstage 360**
4	01.04.2016	31.03.2017	359
5	15.03.2015	31.07.2017	855
6	01.01.2017	30.06.2017	179
7	01.01.2017	01.01.2018	360
8	17.06.2016	29.08.2017	432

Hinweis

Sie sollten die europäische Methode wählen. Das erreichen Sie, indem Sie dem Argument *Methode* den Wert *WAHR* übergeben. Damit wird jedes Ausgangs- und Enddatum, das auf den 31. eines Monats fällt, zum 30. desselben Monats.

Tipp 8: Datumsangaben in WENN-Abfragen verwenden

Dieses Beispiel zeigt, wie Datumswerte in *WENN*-Abfragen verwendet werden können. Dabei tritt das Problem auf, dass Excel das abzufragende Datum automatisch in eine fortlaufende Zahl umwandelt; das Referenzdatum liegt hingegen als Textstring vor. Damit werden Birnen mit Äpfeln bzw. Zahlen mit Texten verglichen. Selbstverständlich gibt es auch dafür eine Lösung.

So geht's:

Verwenden Sie die Funktion *DATWERT(Datumstext)*, um Datumswerte in *WENN*-Abfragen einzubinden. Diese Funktion wandelt ein Datum in eine fortlaufende Zahl um.

Erfassen Sie dazu in Zelle B6 folgende Funktion:

=WENN(B4=DATWERT("18.4.2018");"OK";"FEHLER")

Bei Übereinstimmung des Datums aus Zelle B4 mit dem in der Formel angegebenen Referenzdatum wird die Meldung *OK* ausgegeben, in allen anderen Fällen wird der Text *FEHLER* angezeigt.

B6 =WENN(B4=DATWERT("18.4.2018");"OK";"FEHLER")

	A	B	C	D	E	F
1	**Datumsangaben in Wenn-Bedingungen**					
2						
3						
4	**Ausgangsdatum:**	18.04.2018				
5						
6	**Ergebnis der Prüfung:**	OK				

Tipp 9: Rechnen mit Datumsangaben vor dem 01.01.1900

Excel beginnt bei der Datumszählung mit dem 01.01.1900. Dieses Datum entspricht der Zahl 1. Mit Daten vor dem 01.01.1900 bestehen grundsätzlich Probleme, sie können von Excel nicht ohne Weiteres verarbeitet werden.

Hier hilft nur ein Trick. Der besteht darin, die entsprechenden Datumswerte in das Jahr 1900 zu verlegen. Erst wenn alle Datumsangaben nach dem 01.01.1900 liegen, kann Excel damit wie gewohnt rechnen.

So geht's:

Als Ausgangstabelle liegt eine Geburtsstatistik vor, in der sich Geburtstage vor dem 01.01.1900 befinden.

	A	B	C	D	E	F
1	**Geburtsstatistik**					
2					**Lebensdauer**	
3	**Name**	**Geburtstag**	**Sterbetag**	**Jahre**	**Monate**	**Monate gesamt**
4	Frieda Muster	01.04.1897	17.03.1988			
5	Hans Testmann	23.07.1899	05.06.1975			
6	Margarethe Mustertest	16.09.1896	24.05.1997			

1 Im ersten Schritt werden die Jahre zwischen den Daten ermittelt. Markieren Sie dazu den Bereich D4:D6.

2 Erfassen Sie in Zelle D4 diese Funktion:

=WENN(ISTTEXT(B4);DATEDIF(DATWERT(ERSETZEN(B4;LÄNGE(B4)–3;4;1900));C4;"y") +(1900–RECHTS(B4;4));DATEDIF(B4;C4;"y"))

und schließen Sie die Dateneingabe mit der Tastenkombination Strg+↵ ab.

3 Zur Berechnung der Monate, die kein ganzes Jahr ergeben, erfassen Sie in Zelle E4 folgende Formel und kopieren sie bis zur Zeile 6 nach unten:

*=REST(WENN(ISTTEXT(B4);DATEDIF(DATWERT(ERSETZEN(B4;LÄNGE(B4)–3;4;1900));C4;"m") +(1900–WERT(RECHTS(B4;4)))*12;DATEDIF(B4;C4;"m"));12)*

4 In Spalte F wird die gesamte Anzahl der Monate zwischen den beiden Datumsangaben ermittelt. Die Funktion dafür lautet:

*=WENN(ISTTEXT(B4);DATEDIF(DATWERT(ERSETZEN(B4;LÄNGE(B4)–3;4;1900));C4;"m") +(1900–WERT(RECHTS(B4;4)))*12;DATEDIF(B4;C4;"m"))*

Der zentrale Bestandteil in den Formeln besteht im Ersetzen des Datums, das vor dem 01.01.1900 liegt. Dies wird mit dem Befehl *=DATWERT(ERSETZEN(B4;LÄNGE(B4)–3;4;1900)* erreicht. Damit wird zum richtigen Tag und Monat immer das Jahr 1900 hinzugefügt.

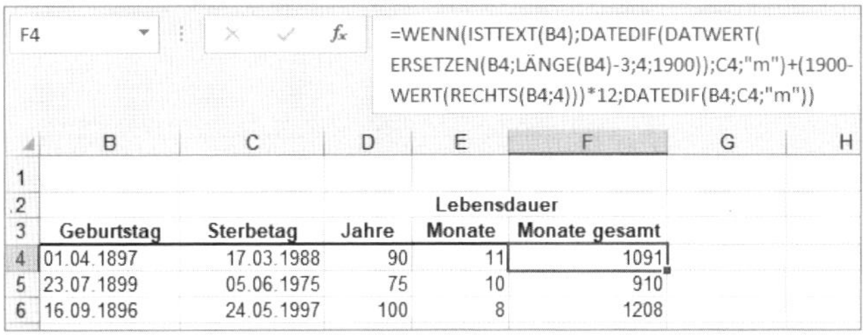

F4 =WENN(ISTTEXT(B4);DATEDIF(DATWERT(ERSETZEN(B4;LÄNGE(B4)-3;4;1900));C4;"m")+(1900-WERT(RECHTS(B4;4)))*12;DATEDIF(B4;C4;"m"))

	B	C	D	E	F
1					
2				Lebensdauer	
3	Geburtstag	Sterbetag	Jahre	Monate	Monate gesamt
4	01.04.1897	17.03.1988	90	11	1091
5	23.07.1899	05.06.1975	75	10	910
6	16.09.1896	24.05.1997	100	8	1208

Hinweis

Liegen beide Werte, also der Geburtstag und der Sterbetag, vor dem 01.01.1900, wenden Sie diesen Trick einfach auf beide Datumswerte an und rechnen mit den in die Zukunft verschobenen Werten weiter.

Tipp 10: Der wievielte Tag im Jahr ist heute – und wie viele Tage sind es noch bis zum 31.12.?

In diesem Beispiel soll zur Prüfung des Projektfortschritts ermittelt werden, wie viele Tage im aktuellen Jahr bereits vergangen sind, also der wievielte Tag im Jahr der aktuelle Tag ist.

So geht's:

1 Legen Sie in Zelle B1 über die Funktion *=HEUTE()* das aktuelle Datum fest. Bei Änderung des Systemdatums wird das Datum somit automatisch aktualisiert.

2 Erfassen Sie in Zelle B3 die Formel

=B1–("31.12."&JAHR(HEUTE())–1)

Damit wird der 31.12. des Vorjahrs ermittelt und davon wird das aktuelle Datum aus Zelle B1 subtrahiert.

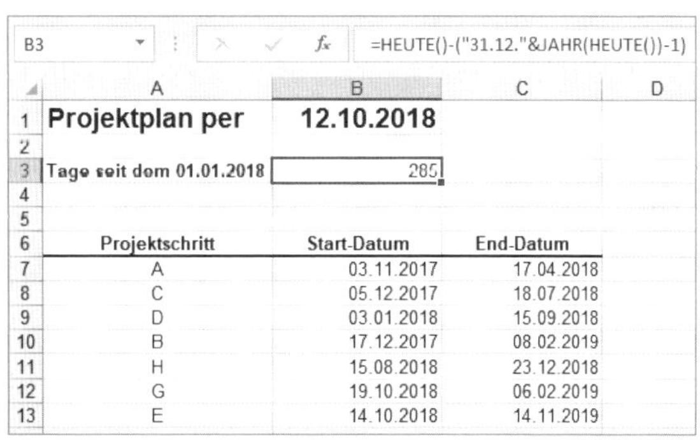

B3 =HEUTE()-("31.12."&JAHR(HEUTE())-1)

	A	B	C
1	Projektplan per	12.10.2018	
2			
3	Tage seit dem 01.01.2018	285	
4			
5			
6	Projektschritt	Start-Datum	End-Datum
7	A	03.11.2017	17.04.2018
8	C	05.12.2017	18.07.2018
9	D	03.01.2018	15.09.2018
10	B	17.12.2017	08.02.2019
11	H	15.08.2018	23.12.2018
12	G	19.10.2018	06.02.2019
13	E	14.10.2018	14.11.2019

Auf diese Weise wird in Zelle B3 immer die aktualisierte Zahl der Tage, die seit dem 01.01. des aktuellen Jahrs vergangen sind, berechnet.

Ähnlich lässt sich auch der umgekehrte Fall ermitteln. Die Fragestellung lautet: Wie viele Tage sind es bis zum Jahresende?

Die Formel für Zelle B3 lautet *=("31.12."&JAHR(HEUTE()))–B1*.

Damit die Funktionen über die Jahresgrenzen hinweg verwendet werden können, wurde das Jahresende dynamisch ermittelt. Dies wird durch die Kombination der Funktionen *JAHR()* und *HEUTE()* erreicht.

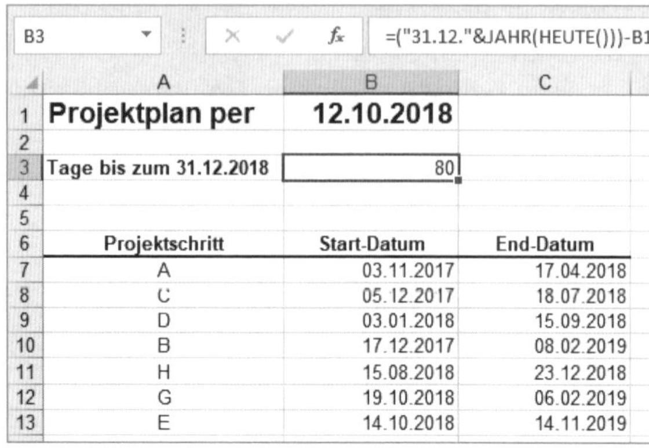

B3 =("31.12."&JAHR(HEUTE()))-B1

	A	B	C
1	**Projektplan per**	**12.10.2018**	
2			
3	**Tage bis zum 31.12.2018**	80	
4			
5			
6	**Projektschritt**	**Start-Datum**	**End-Datum**
7	A	03.11.2017	17.04.2018
8	C	05.12.2017	18.07.2018
9	D	03.01.2018	15.09.2018
10	B	17.12.2017	08.02.2019
11	H	15.08.2018	23.12.2018
12	G	19.10.2018	06.02.2019
13	E	14.10.2018	14.11.2019

Hinweis

Banken und Versicherungen rechnen in der Regel mit 360 Tagen. Zur Berechnung der Zinsen vom 01.01.2018 bis zum aktuellen Tag verwenden Sie folgende Funktion:

=TAGE360(("31.12."&JAHR(HEUTE())–1);HEUTE();1)

Damit werden die Tage seit Jahresbeginn auf der Basis von 30 Tagen pro Monat, also 360 Zinstagen im Jahr, ermittelt.

Tipp 11: Ermittlung des Monatsletzten

In diesem Beispiel soll der Rückzahlungs- bzw. Fälligkeitstermin einer Kapitalanlage ermittelt werden. Dabei muss berücksichtigt werden, dass das Fälligkeitsdatum immer auf den letzten Tag des Monats gesetzt werden muss.

So geht's:

Zur Ermittlung des Monatsletzten stellt Excel die Funktion *=MONATSENDE(Ausgangsdatum; Monate)* zur Verfügung. Die Option *Monate* gibt an, wie viele Monate vor oder nach dem Ausgangsdatum liegen sollen. Ein positiver Wert für *Monate* ergibt ein in der Zukunft liegendes Datum, ein negativer Wert ein Datum in der Vergangenheit.

Als Ausgangstabelle liegt eine Auflistung der Einzahlungstermine mit den jeweiligen Laufzeiten in Monaten vor.

Zur Ermittlung des Rückzahlungsbetrags gehen Sie wie folgt vor:

1 Markieren Sie den Bereich C4:C10.

2 Erfassen Sie in Zelle C4 die Funktion *=MONATSENDE(A4:A4;B4)* und schließen Sie die Eingabe mit der Tastenkombination Strg+↵ ab.

3 Damit das Ergebnis korrekt angezeigt wird, müssen Sie den Bereich C4:C10 als Datum formatieren.

C4 | =MONATSENDE(A4:A4;B4)

	A	B	C
1	**Ermittlung des Rückzahlungstermins**		
2			
3	**Einzahlungstermin**	**Laufzeit/Monate**	**Rückzahlungstermin**
4	01.01.2016	0	31.01.2016
5	01.01.2016	1	29.02.2016
6	17.03.2016	2	31.05.2016
7	28.03.2016	0	31.03.2016
8	08.04.2016	30	31.10.2018
9	08.04.2016	10	28.02.2017
10	23.07.2016	24	31.07.2018

Hinweis

Die Funktion *MONATSENDE()* funktioniert nur, wenn das Add-in *Analyse-Funktionen* installiert ist, weitere Informationen dazu finden Sie in der Einführung zu diesem Kapitel.

Möchten Sie den Rückzahlungstermin ohne installiertes Add-in ermitteln? Auch das ist möglich, und zwar wie folgt:

1 Markieren Sie den Bereich D4:D10.

2 Erfassen Sie in Zelle D4 folgende Funktion:

=DATUM(JAHR(A4);MONAT(A4)+B4+1;1)–1

3 Beenden Sie die Eingabe mit der Tastenkombination [Strg]+[↵].

4 Formatieren Sie den Zielbereich D4:D10 mit einem beliebigen Datumsformat.

Wie Sie sehen, sind die Ergebnisse dieser Formelberechnung identisch mit den Ergebnissen der Funktion *MONATSENDE()*.

D4 | =DATUM(JAHR(A4);MONAT(A4)+B4+1;1)-1

	A	B	C	D
1	**Ermittlung des Rückzahlungstermins**			
2				
3	**Einzahlungstermin**	**Laufzeit/Monate**	**Rückzahlungstermin**	**Rückzahlungstermin**
4	01.01.2016	0	31.01.2016	31.01.2016
5	01.01.2016	1	29.02.2016	29.02.2016
6	17.03.2016	2	31.05.2016	31.05.2016
7	28.03.2016	0	31.03.2016	31.03.2016
8	08.04.2016	30	31.10.2018	31.10.2018
9	08.04.2016	10	28.02.2017	28.02.2017
10	23.07.2016	24	31.07.2018	31.07.2018

Tipp 12: Der wievielte Dienstag im Monat ist heute?

Dieses Beispiel zeigt, wie die Häufigkeit von Wochentagen ausgehend von einem erfassten Datum ermittelt werden kann. Ein Datum soll beispielsweise darauf geprüft werden, ob es sich um den dritten Dienstag im Monat handelt, da an diesem Tag regelmäßig ein wichtiges Meeting stattfindet.

So geht's:

1. Erfassen Sie in Zelle B4 ein beliebiges Datum, beispielsweise den 17.05.2018.
2. In Zelle B6 soll der Wochentag des erfassten Datums ermittelt werden. Das geht ganz einfach. Stellen Sie einen Bezug zu Zelle B4 her, indem Sie die Bezugsformel *=B4* eingeben.
3. Formatieren Sie die Zelle B6 mit dem benutzerdefinierten Zellenformat *TTTT*.

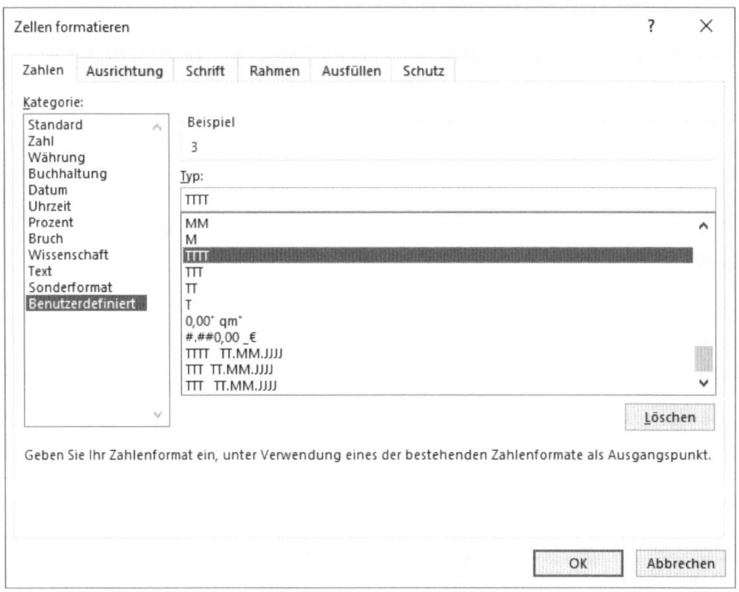

4. In Zelle B7 geben Sie zur Ermittlung der Häufigkeit des Wochentags folgende Formel ein:

   =TEXT(1+ABRUNDEN((B4–DATUM(JAHR(B4);MONAT(B4);"1"))/7;0);0)

Als Ergebnis wird ermittelt, dass es sich beim 17.05.2018 um den dritten Dienstag im Monat Mai 2018 handelt.

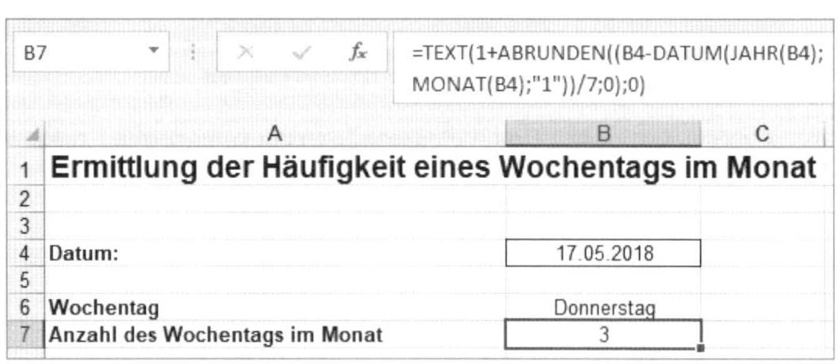

Tipp 13: Ermittlung von beweglichen Feiertagen

Alle beweglichen Feiertage eines Jahrs beziehen sich auf den Ostersonntag. Der Ostersonntag wurde im 1. Konzil von Nicäa 325 n. Chr. auf den ersten Sonntag nach dem ersten Vollmond nach Frühlingsanfang festgelegt.

Im folgenden Beispiel wird gezeigt, wie sich die beweglichen Feiertage ausgehend vom Ostersonntag ermitteln lassen.

So geht's:

1 Erfassen Sie in Zelle B4 folgende Funktion:

*=RUNDEN((TAG(MINUTE(B3/38)/2+55)&".4."&B3)/7;)*7–6*

Damit wird der Ostersonntag ermittelt.

2 Ausgehend vom Ostersonntag können die anderen Feiertage relativ einfach ermittelt werden, indem eine vorgegebene Anzahl von Tagen addiert bzw. subtrahiert wird.

In nebenstehender Tabelle sehen Sie eine Zusammenstellung der Feiertage mit den jeweiligen Tageskorrekturen.

Feiertag	Korrektur in Tagen
Rosenmontag	– 48
Karfreitag	– 2
Ostermontag	+ 1
Christi Himmelfahrt	+ 39
Pfingstsonntag	+ 49
Pfingstmontag	+ 50
Fronleichnam	+ 60

Wenn Sie das Jahr in Zelle B3 ändern, werden alle Feiertage automatisch für das eingegebene Kalenderjahr ermittelt.

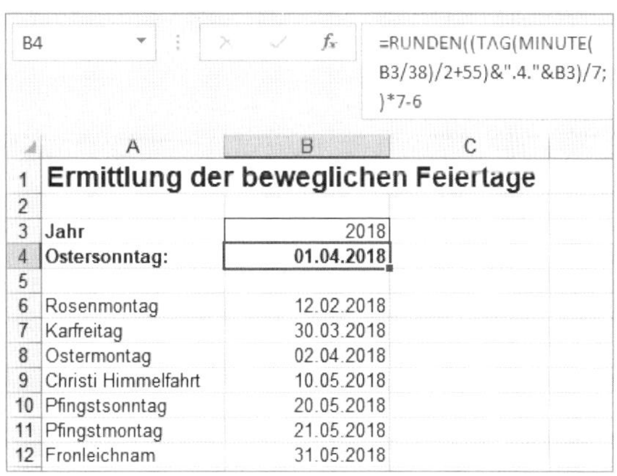

Hinweis

Wird die Datumsberechnung auf *1904-Datumswerte* umgestellt, funktioniert die Formel in manchen Jahren nicht richtig. Verwenden Sie bei dieser Einstellung besser folgende Formel:

*=DATUM(B3;3;28)+REST(24–REST(B3;19)*10,63;29)–REST(KÜRZEN(B3*5/4)+REST(24–REST(B3;19)*10,63;29)+1;7)*

Damit gibt es auch bei der Einstellung *1904-Datumswerte* keine bekannten Probleme.

Die Option *1904-Datumswerte* wird über das Menü *Datei/Optionen/Erweitert* im Abschnitt *Allgemein* eingeschaltet, indem die Option *1904-Datumswerte setzen* aktiviert wird.

Tipp 14: Rechnen mit Arbeitstagen

In den bisherigen Beispielen wurde ausschließlich mit Kalendertagen gerechnet. Dieses Beispiel geht nun auf die Problematik im Umgang mit Arbeitstagen (Werktagen) und Feiertagen ein. So soll in einem Projektplan ausgehend von definierten Projektstart- und Projektenddaten die Anzahl an tatsächlich verfügbaren Arbeitstagen berechnet werden, wobei Feiertage als arbeitsfreie Tage berücksichtigt werden sollen. Nur wenn die zur Verfügung stehende Arbeitszeit bekannt ist, kann die entsprechende Ressourcenplanung durchgeführt werden.

So geht's: Ermittlung der Arbeitstage

Zur Berechnung von Arbeitstagen stellt Excel die Funktion *NETTOARBEITSTAGE(Ausgangsdatum;Enddatum;Freie_Tage)* zur Verfügung. Diese Funktion gibt die Anzahl der Arbeitstage in einem Zeitintervall zurück. Nicht zu den Arbeitstagen gezählt werden Wochenenden sowie die Tage, die als Ferien (Feiertage) angegeben sind.

1 Damit die freien Tage bei der Ermittlung der reinen Arbeitstage berücksichtigt werden können, legen Sie sie in einem Zellbereich an. Im Beispiel liegen sie im Bereich G4:G13 vor.

2 Zur Berechnung der Arbeitstage erfassen Sie in Zelle D4 diese Formel:

   =NETTOARBEITSTAGE(B4;C4;$G$4:$G$13)

3 Kopieren Sie die Formel bis zur Zelle D10 nach unten.

In Spalte D werden damit die reinen Arbeitstage unter Berücksichtigung der im Bereich G4:G13 erfassten freien Tage ermittelt. Die Liste der freien Tage ist nicht begrenzt. Sie können in diese Liste auch Urlaubszeiten von Mitarbeitern aufnehmen, damit sie bei der Arbeitszeitermittlung berücksichtigt werden.

D4 =NETTOARBEITSTAGE(B4;C4;$G$4:$G$13)

	A	B	C	D	E	F	G
1	**Projektplan per 12.10.2018**						
2							
3	**Projektschritt**	**Start-Datum**	**End-Datum**	**Arbeitstage**		**Feiertage**	
4	A	03.07.2018	31.12.2018	127		Karfreitag	30.03.2018
5	C	05.02.2018	18.07.2018	112		Ostermontag	02.04.2018
6	D	03.01.2018	15.09.2018	177		Maifeiertag	01.05.2018
7	B	17.01.2018	08.12.2018	226		Christi Himmelfahrt	10.05.2018
8	H	15.08.2018	23.12.2018	92		Pfingstsonntag	20.05.2018
9	G	19.08.2018	06.12.2018	78		Pfingstmontag	21.05.2018
10	E	14.01.2018	01.11.2018	202		Fronleichnam	31.05.2018
11						Tag der Deutschen Einheit	03.10.2018
12						1. Weihnachtstag	25.12.2018
13						2. Weihnachtstag	26.12.2018

➡ Verweis: siehe Kapitel 4.5, Tipp 28

Hinweis

In diesem Beispiel wird der Pfingstsonntag nicht als Feiertag berücksichtigt, da er ja auf ein Wochenende fällt.

So geht's: Ermittlung des Datums für das Projektende

In der Praxis kommt jedoch auch häufig der umgekehrte Fall vor: Die Projektdauer ist bekannt und dementsprechend soll das Datum für das Projektende ermittelt werden.

Als Projektdauer werden die notwendigen Arbeitstage angegeben, was nicht mit der Anzahl der Kalendertage zu verwechseln ist.

Auch für diesen Zweck bietet Excel eine passende Lösung. Benutzen Sie hierfür die Funktion *=ARBEITSTAG(Ausgangsdatum;Tage;Freie_Tage)*.

1 Markieren Sie den Bereich D18:D24.

2 Erfassen Sie in Zelle D18 folgende Formel:

   =ARBEITSTAG(B18;C18;$G$18:$G$27)

   Dabei werden die Feiertage im Bereich G18:G27 bei der Ermittlung des Projektenddatums berücksichtigt.

3 Beenden Sie die Dateneingabe mit der Tastenkombination Strg+↵.

4 Damit das Datum korrekt angezeigt wird, muss der Zellbereich D18:D24 noch mit einem Datumsformat belegt werden.

Sie sehen, das Enddatum wird unter Berücksichtigung der Feiertage wie gewünscht ermittelt. Wenn Sie nun zum Vergleich die Differenz zwischen dem End- und dem Startdatum ermitteln, erhalten Sie die reinen Kalendertage inklusive Wochenenden und Feiertagen.

Zur Erledigung des Projektschritts B werden also 75 Arbeitstage benötigt. Das entspricht unter Berücksichtigung von Feiertagen und Wochenenden genau 110 Kalendertagen.

D18 =ARBEITSTAG(B18;C18;$G$18:$G$27)

	A	B	C	D	E	F	G
1	Projektplan per 12.10.2018						
16							
17	Projektschritt	Start-Datum	Arbeitstage	End-Datum		Feiertage	
18	A	03.07.2018	30	14.08.2018		Karfreitag	30.03.2018
19	C	05.02.2018	90	19.06.2018		Ostermontag	02.04.2018
20	D	03.01.2018	70	13.04.2018		Maifeiertag	01.05.2018
21	B	17.01.2018	75	07.05.2018		Christi Himmelfahrt	10.05.2018
22	H	15.08.2018	35	04.10.2018		Pfingstsonntag	20.05.2018
23	G	19.08.2018	75	03.12.2018		Pfingstmontag	21.05.2018
24	E	14.01.2018	105	18.06.2018		Fronleichnam	31.05.2018
25						Tag der Deutschen Einheit	03.10.2018
26						1. Weihnachtstag	25.12.2018
27						2. Weihnachtstag	26.12.2018

➡ Verweis: siehe Kapitel 4.5, Tipp 28

Tipp 15: Handelt es sich um einen Arbeitstag?

Das folgende Beispiel zeigt, wie mit einer *WENN*-Abfrage geprüft werden kann, ob es sich bei einem Datum um einen Arbeitstag oder um einen Tag am Wochenende handelt.

So geht's:

1 Markieren Sie den Zellbereich B4:B16.

2 Erfassen Sie in Zelle B4 folgende Formel:

=WENN(UND(TEXT(A4;"TTTT")<>"Samstag";TEXT(A4;"TTTT")<>"Sonntag");"Woche";"Wochenende")

3 Beenden Sie die Eingabe der Formel mit der Tastenkombination Strg+↵.

B4 =WENN(UND(TEXT(A4;"TTTT")<>"Samstag";TEXT(A4;"TTTT")<>"Sonntag");"Woche";"Wochenende")

	A	B	C	D	E
1	Prüfen, ob des sich um einen Werktag handelt				
2					
3	Datum	Prüfung			
4	01.08.2018	Woche			
5	02.08.2018	Woche			
6	03.08.2018	Woche			
7	04.08.2018	Wochenende			
8	05.08.2018	Wochenende			
9	06.08.2018	Woche			
10	07.08.2018	Woche			
11	08.08.2018	Woche			
12	09.08.2018	Woche			
13	10.08.2018	Woche			
14	11.08.2018	Wochenende			
15	12.08.2018	Wochenende			
16	13.08.2018	Woche			

Bei Wochentagen wird der Text *Woche* und bei Wochenenden der Text *Wochenende* ausgegeben.

➡ Verweis: siehe Kapitel 1.4, Tipp 13, und Kapitel 2.1, Tipp 11

Hinweis

Natürlich können Sie die Formel auch so modifizieren, dass nur ein Text ausgegeben wird, wenn Excel beispielsweise einen Mittwoch erkennt. Verwenden Sie dazu diese Formel:

=WENN(TEXT(A4;"TTTT")="Mittwoch";"Mittwoch";"")

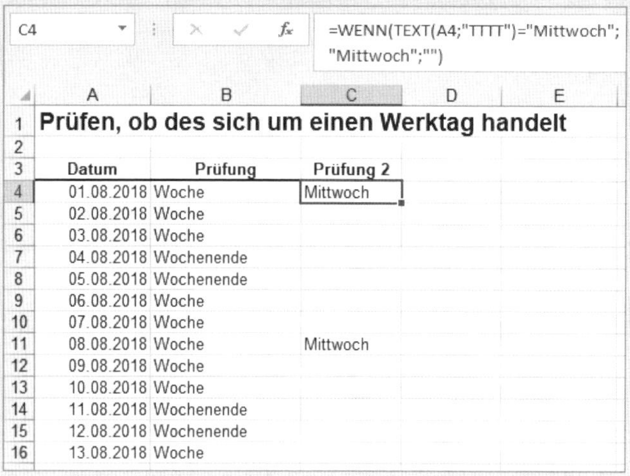

C4 | =WENN(TEXT(A4;"TTTT")="Mittwoch";"Mittwoch";"")

	A	B	C	D	E
1	**Prüfen, ob des sich um einen Werktag handelt**				
2					
3	Datum	Prüfung	Prüfung 2		
4	01.08.2018	Woche	Mittwoch		
5	02.08.2018	Woche			
6	03.08.2018	Woche			
7	04.08.2018	Wochenende			
8	05.08.2018	Wochenende			
9	06.08.2018	Woche			
10	07.08.2018	Woche			
11	08.08.2018	Woche	Mittwoch		
12	09.08.2018	Woche			
13	10.08.2018	Woche			
14	11.08.2018	Wochenende			
15	12.08.2018	Wochenende			
16	13.08.2018	Woche			

Tipp 16: Ermittlung des letzten Arbeitstags im Monat

Welcher Werktag fällt auf den letzten Tag des Monats? Dies ist eine wichtige Frage z. B. in Lohn- und Spesenabrechnungen, in denen auf den letzten Werktag zurückgerechnet werden muss. Im folgenden Beispiel werden für jeden Monat im Jahr 2018 sowohl der letzte Tag des Monats als auch der letzte Arbeitstag (Werktag) ermittelt.

So geht's:

Folgende Funktionen werden zur Ermittlung des letzten Tags im Monat benötigt:

- *WOCHENTAG(Zahl;Typ)*: Wandelt eine fortlaufende Zahl in einen Wochentag um.
- *DATWERT(Datumstext)*: Wandelt ein als Text vorliegendes Datum in eine fortlaufende Zahl um.
- *MONATSENDE(Ausgangsdatum;Monate)*: Gibt die fortlaufende Zahl des letzten Tags des Monats zurück, der eine bestimmte Anzahl von Monaten vor bzw. nach dem Ausgangsdatum liegt.

1 Markieren Sie den Bereich B4:B15 und erfassen Sie in Zelle B4 die Formel *=MONATSENDE(DATWERT("1."&A4&".18");0)*.

2 Beenden Sie die Dateneingabe mit der Tastenkombination Strg+↵.

3 Formatieren Sie den Zellbereich B4:B15 mit folgendem benutzerdefinierten Zellenformat: *TTTT TT.MM.JJJJ*. Damit wird vor dem eigentlichen Datum der Name des Wochentags ausgegeben.

	A	B
1	**Ermittlung des letzten Werktags im Monat**	
2		
3	**Monat**	**letzter Tag im Monat**
4	Januar	Mittwoch 31.01.2018
5	Februar	Mittwoch 28.02.2018
6	März	Samstag 31.03.2018
7	April	Montag 30.04.2018
8	Mai	Donnerstag 31.05.2018
9	Juni	Samstag 30.06.2018
10	Juli	Dienstag 31.07.2018
11	August	Freitag 31.08.2018
12	September	Sonntag 30.09.2018
13	Oktober	Mittwoch 31.10.2018
14	November	Freitag 30.11.2018
15	Dezember	Montag 31.12.2018

Nachdem der letzte Tag des Monats ermittelt ist, kann die Ermittlung des letzten Werktags in Angriff genommen werden. Dazu sind diese Funktionen notwendig:

- *WAHL(Index;Wert1;Wert2;...)*: Abhängig vom Indexwert wird der entsprechende Wert zurückgegeben.
- *WOCHENTAG(WOCHENTAG(Zahl;Typ)*: Wandelt eine fortlaufende Zahl in einen Wochentag um.

1 Markieren Sie dazu den Zellbereich C4:C15.

2 Erfassen Sie in Zelle C4 die Formel *=WAHL(WOCHENTAG(B4);B4–2;B4;B4;B4;B4;B4;B4–1)*.

3 Schließen Sie die Eingabe mit der Tastenkombination Strg+↵ ab.

4 Damit auch in diesem Bereich der Wochentag mit ausgegeben wird, formatieren Sie die Zellen mit dem benutzerdefinierten Format *TTTT TT.MM.JJJJ*.

Als Ergebnis wird für jeden Monat der letzte Werktag in Spalte C ausgegeben.

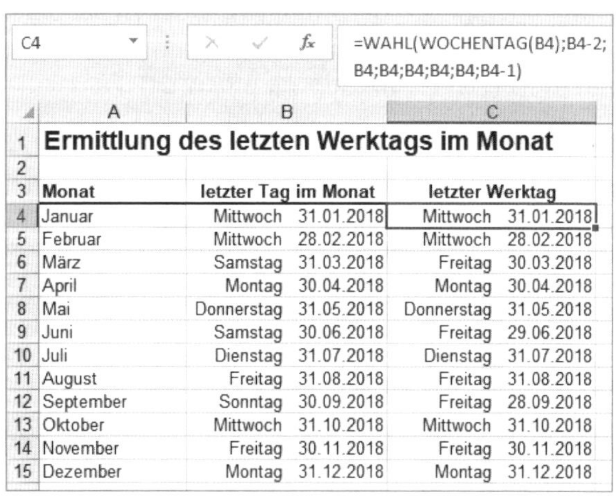

	A	B	C
1	**Ermittlung des letzten Werktags im Monat**		
2			
3	**Monat**	**letzter Tag im Monat**	**letzter Werktag**
4	Januar	Mittwoch 31.01.2018	Mittwoch 31.01.2018
5	Februar	Mittwoch 28.02.2018	Mittwoch 28.02.2018
6	März	Samstag 31.03.2018	Freitag 30.03.2018
7	April	Montag 30.04.2018	Montag 30.04.2018
8	Mai	Donnerstag 31.05.2018	Donnerstag 31.05.2018
9	Juni	Samstag 30.06.2018	Freitag 29.06.2018
10	Juli	Dienstag 31.07.2018	Dienstag 31.07.2018
11	August	Freitag 31.08.2018	Freitag 31.08.2018
12	September	Sonntag 30.09.2018	Freitag 28.09.2018
13	Oktober	Mittwoch 31.10.2018	Mittwoch 31.10.2018
14	November	Freitag 30.11.2018	Freitag 30.11.2018
15	Dezember	Montag 31.12.2018	Montag 31.12.2018

Tipp 17: Wann fällt ein Wochentag auf ein bestimmtes Datum?

Der folgende Tipp zeigt, wie Sie ausgehend vom Wochentag und der Tagesangabe den nächsten Datumstreffer ermitteln können, an dem die beiden Voraussetzungen erfüllt sind. So soll beispielsweise berechnet werden, auf welches Datum der nächste Freitag der 13. fällt. Gehen Sie dazu wie folgt vor:

So geht's:

1 Erfassen Sie in Zelle B7 folgende Formel:

=MIN(WENN(((TEXT(WOCHENTAG(HEUTE()+ZEILE(1:1000);1);"TTTT")=B4)(TAG(HEUTE() +ZEILE(1:1000))=B5))=1;HEUTE()+ZEILE(1:1000)))*

2 Schließen Sie diese Eingabe mit der Tastenkombination Strg+⇧+↵ ab, da es sich um eine Matrixfunktion handelt.

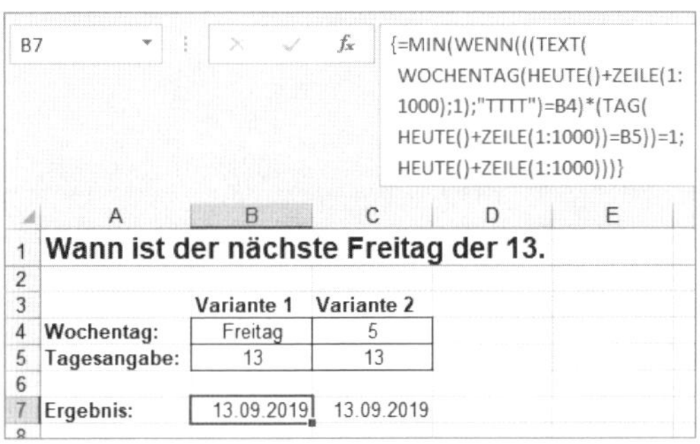

3 Damit das Ergebnis als Datum angezeigt wird, müssen Sie der Zelle noch ein beliebiges Datumsformat zuweisen.

Wenn die Angabe des Wochentags nicht als Text, sondern als Wert vorliegt, beispielsweise 1 für Montag, 2 für Dienstag und 5 für Freitag, muss die Funktion in Zelle C7 wie folgt modifiziert werden:

=MIN(WENN(((WOCHENTAG(HEUTE()+ZEILE(1:1000);2)=C4)(TAG(HEUTE()+ZEILE(1:1000)) =C5))=1;HEUTE()+ZEILE(1:1000)))*

Da es sich auch hier wieder um eine Matrixfunktion handelt, schließen Sie diese Eingabe ebenfalls mit der Tastenkombination Strg+⇧+↵ ab. Als Ergebnis wird erneut der 13.09.2019 ermittelt.

Wenn nicht nur ein Termin, sondern beliebige Terminserien ermittelt werden sollen, die mit den angegebenen Kriterien übereinstimmen, gehen Sie wie folgt vor:

1 Erfassen Sie in Zelle B14 die Formel

=KKLEINSTE(WENN(((TEXT(WOCHENTAG(HEUTE()+ZEILE($1:$10004);2);"TTTT")=$B$10) (TAG(HEUTE()+ZEILE($1:$10004))=$B$11))=1;HEUTE()+ZEILE($1:$10004));ZEILE()–13)*

und schließen Sie sie mit der Tastenkombination Strg+⇧+↵ ab.

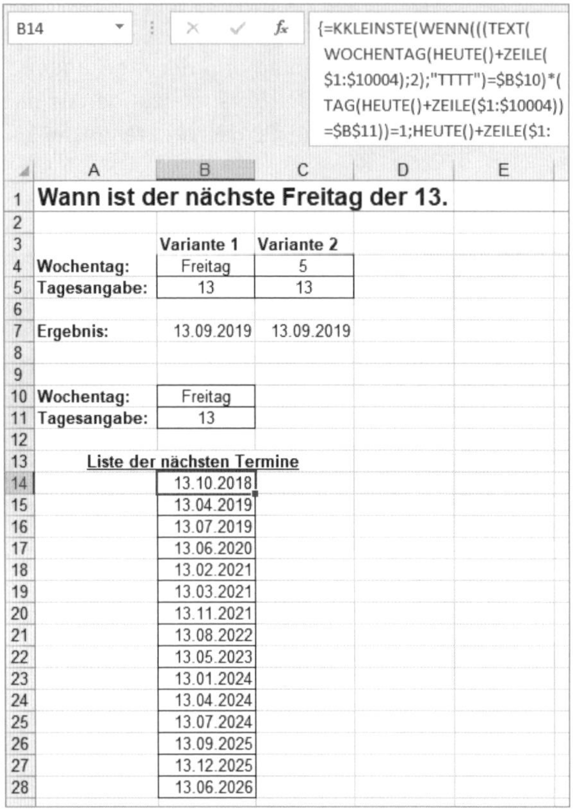

2 Kopieren Sie diese Formel nun einfach mit dem Ausfüllkästchen nach unten, im Beispiel bis Zelle B28.

Als Ergebnis werden alle Datumswerte angezeigt, bei denen der 13. auf einen Freitag fällt.

Tipp 18: Berechnung der Kalenderwoche nach DIN 1355/ISO 8601

Im Wirtschaftsleben wird die Kalenderwoche oft zur Definition von Zeitspannen oder Grobterminen verwendet. Auch wird in Projektplänen häufig mit der Kalenderwoche gearbeitet. Neu ab Excel 2013 ist die Funktion *ISOKALENDERWOCHE()*, die die Ermittlung der Kalenderwoche gemäß DIN 1355/ISO 8601 durchführt. Die in Excel nach wie vor vorhandene Funktion *KALENDERWOCHE()* berücksichtigt dagegen die Vorgaben der DIN-Norm 1355 nicht, nach der die erste Kalenderwoche eines Jahrs die Woche ist, die mindestens vier Tage enthält.

Zur korrekten Ermittlung der Kalenderwoche muss in den Excel-Versionen 2007 und 2010 daher ein Workaround verwendet werden. Zur Ermittlung der richtigen Kalenderwoche bestehen grundsätzlich zwei Möglichkeiten, die nachfolgend dargestellt werden.

Sehen Sie sich zunächst die Ausgangstabelle an. Dort finden Sie im Bereich A5:A16 den 1. Januar der Jahre 2012 bis 2026. In Zelle B5 wurde die Funktion *=ISOKALENDERWOCHE(A5)* hinterlegt und bis Zelle B20 nach unten kopiert.

In Zelle C5 wurde die Funktion *=KALENDERWOCHE(A5;2)* eingegeben und entsprechend bis Zelle C20 kopiert. Als Ergebnis der Funktion *KALENDERWOCHE* wird in allen Fällen KW 1 zurückgegeben, was jedoch – wie der Vergleich mit den Ergebnissen der Funktion *ISOKALENDERWOCHE* in Spalte B zeigt – nicht richtig ist.

C5 =KALENDERWOCHE(A5;2)

	A	B	C
1	Kalenderwoche nach DIN 1355		
2			
3			
4		Funktion Isokalenderwoche	Funktion Kalenderwoche
5	So 01.01.2012	52	1
6	Di 01.01.2013	1	1
7	Mi 01.01.2014	1	1
8	Do 01.01.2015	1	1
9	Fr 01.01.2016	53	1
10	So 01.01.2017	52	1
11	Mo 01.01.2018	1	1
12	Di 01.01.2019	1	1
13	Mi 01.01.2020	1	1
14	Fr 01.01.2021	53	1
15	Sa 01.01.2022	52	1
16	So 01.01.2023	52	1
17	Mo 01.01.2024	1	1
18	Mi 01.01.2025	1	1
19	Do 01.01.2026	1	1

So geht's mit einer Formellösung:

1 Markieren Sie den Bereich D5:D20.

2 Erfassen Sie in Zelle D5 diese Formel:

=KÜRZEN((A5–DATUM(JAHR(A5+3–REST(A5–2;7));1;REST(A5–2;7)–9))/7)

3 Beenden Sie die Eingabe mit der Tastenkombination Strg+↵.

Mit dieser Formel wird die korrekte Kalenderwoche unter Berücksichtigung der DIN-1355-Vorschriften ermittelt.

D5 =KÜRZEN((A5-DATUM(JAHR(A5+3-REST(A5-2;7));1;REST(A5-2;7)-9))/7)

	A	B	C	D
1	Kalenderwoche nach DIN 1355			
2				
3				
4		Funktion Isokalenderwoche	Funktion Kalenderwoche	Excel-Formel
5	So 01.01.2012	52	1	52
6	Di 01.01.2013	1	1	1
7	Mi 01.01.2014	1	1	1
8	Do 01.01.2015	1	1	1
9	Fr 01.01.2016	53	1	53
10	So 01.01.2017	52	1	52
11	Mo 01.01.2018	1	1	1
12	Di 01.01.2019	1	1	1
13	Mi 01.01.2020	1	1	1
14	Fr 01.01.2021	53	1	53
15	Sa 01.01.2022	52	1	52
16	So 01.01.2023	52	1	52
17	Mo 01.01.2024	1	1	1
18	Mi 01.01.2025	1	1	1
19	Do 01.01.2026	1	1	1

So geht's mit einer benutzerdefinierten VBA-Funktion:

1 Starten Sie im ersten Schritt mit der Tastenkombination Alt+F11 den VBA-Editor.

2 Erstellen Sie über das Menü *Einfügen/Modul* ein neues Codeblatt.

3 Kopieren Sie den Code aus Listing 1 in dieses neue Codeblatt.

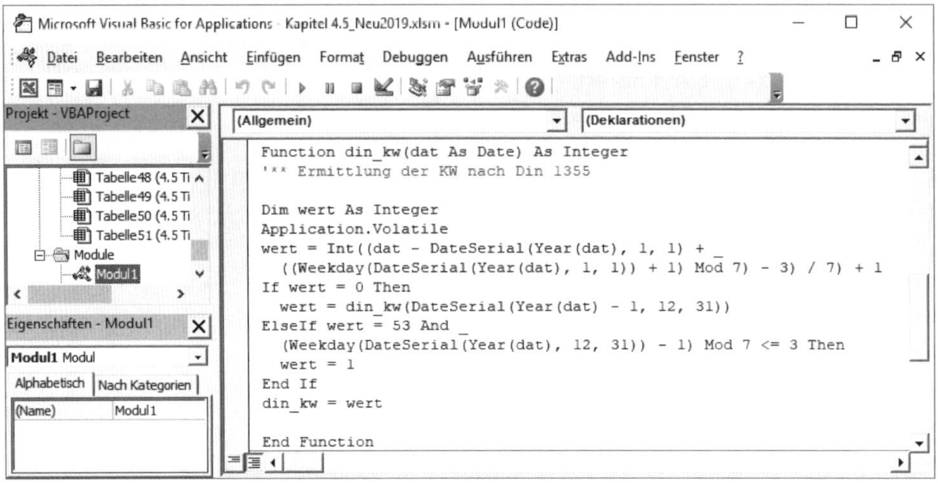

4 Markieren Sie den Zellbereich E5:E20.

5 Geben Sie in Zelle E5 die Funktion *=din_KW(A5)* ein und beenden Sie die Dateneingabe mit der Tastenkombination Strg+↵.

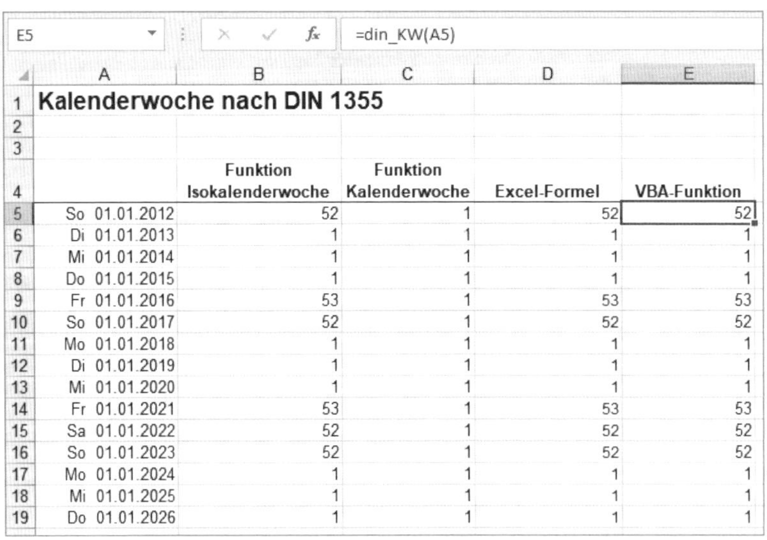

E5 =din_KW(A5)

Kalenderwoche nach DIN 1355

	Funktion Isokalenderwoche	Funktion Kalenderwoche	Excel-Formel	VBA-Funktion
So 01.01.2012	52	1	52	52
Di 01.01.2013	1	1	1	1
Mi 01.01.2014	1	1	1	1
Do 01.01.2015	1	1	1	1
Fr 01.01.2016	53	1	53	53
So 01.01.2017	52	1	52	52
Mo 01.01.2018	1	1	1	1
Di 01.01.2019	1	1	1	1
Mi 01.01.2020	1	1	1	1
Fr 01.01.2021	53	1	53	53
Sa 01.01.2022	52	1	52	52
So 01.01.2023	52	1	52	52
Mo 01.01.2024	1	1	1	1
Mi 01.01.2025	1	1	1	1
Do 01.01.2026	1	1	1	1

Damit wird die benutzerdefinierte Funktion ausgeführt und die Kalenderwoche ermittelt. Wie Sie sehen, erhalten Sie das gleiche Ergebnis, das auch die Formellösung erbracht hat.

Listing 1:

```
Function din_kw(dat As Date) As Integer
'** Ermittlung der KW nach DIN 1355

Dim wert As Integer
Application.Volatile
wert = Int((dat - DateSerial(Year(dat), 1, 1) + _
 ((Weekday(DateSerial(Year(dat), 1, 1)) + 1) Mod 7) - 3) / 7) + 1
If wert = 0 Then
 wert = din_kw(DateSerial(Year(dat) - 1, 12, 31))
ElseIf wert = 53 And _
 (Weekday(DateSerial(Year(dat), 12, 31)) - 1) Mod 7 <= 3 Then
 wert = 1
End If
din_kw = wert

End Function
```

➡ Verweis: siehe Kapitel 2.1, Tipp 13, und Kapitel 4.5, Tipp 26

Tipp 19: Datum aus Kalenderwoche und vorgegebenem Wochentag ermitteln

Dieses Beispiel zeigt einen Projektplan, in dem das Kalenderjahr sowie die Kalenderwoche vorgegeben sind. Ausgehend von dem in Zelle B3 vorgegebenen Wochentag (1 = Montag), soll nun das entsprechende Datum ermittelt werden, da an diesen Montagen jeweils wichtige Projektsitzungen stattfinden.

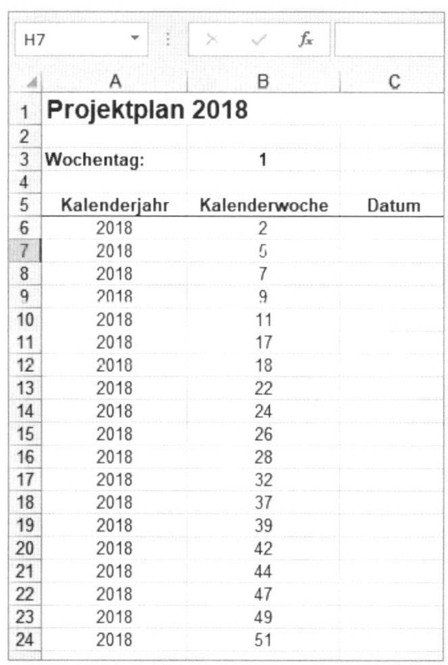

	A	B	C
1	Projektplan 2018		
2			
3	Wochentag:	1	
4			
5	Kalenderjahr	Kalenderwoche	Datum
6	2018	2	
7	2018	5	
8	2018	7	
9	2018	9	
10	2018	11	
11	2018	17	
12	2018	18	
13	2018	22	
14	2018	24	
15	2018	26	
16	2018	28	
17	2018	32	
18	2018	37	
19	2018	39	
20	2018	42	
21	2018	44	
22	2018	47	
23	2018	49	
24	2018	51	

So geht's:

Sehen Sie sich zunächst die Ausgangstabelle an.

Im Bereich A6:A24 ist das Kalenderjahr und im Bereich B6:B24 die jeweilige Kalenderwoche erfasst. In Zelle B3 ist der Wochentag als Ziffer eingegeben. Dabei steht die Ziffer 1 für Montag, 2 für Dienstag, 3 für Mittwoch etc.

Ausgehend von diesen Daten soll im Bereich C6:C24 das Datum für den Montag der jeweiligen Kalenderwochen errechnet werden.

1 Markieren Sie den Bereich C6:C24.

2 Erfassen Sie in Zelle C6 folgende Formel:

*=DATUM(A6;1;$B$3)+(B6–WENN(WOCHENTAG(DATUM(A6;1;1);2)>4;0;1))*7–WOCHENTAG (DATUM(A6;1;1)+(B6–WENN(WOCHENTAG(DATUM(A6;1;1);2)>4;0;1))*7;2)+1*

3 Schließen Sie die Dateneingabe mit der Tastenkombination [Strg]+[↵] ab.

Damit wird die Formel in den gesamten Bereich eingetragen. Wie gewünscht, wird jeweils das Datum für den Montag der entsprechenden Kalenderwoche in Spalte C berechnet. Sollen anstatt für den Montag die Datumsangaben für den Freitag ermittelt werden, geben Sie in Zelle B3 einfach den Wert 5 ein.

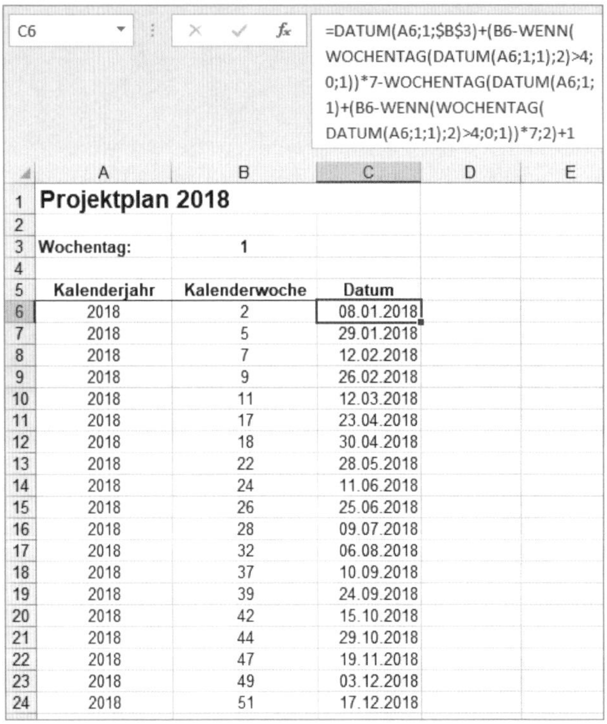
C6 =DATUM(A6;1;$B$3)+(B6-WENN(WOCHENTAG(DATUM(A6;1;1);2)>4;0;1))*7-WOCHENTAG(DATUM(A6;1;1)+(B6-WENN(WOCHENTAG(DATUM(A6;1;1);2)>4;0;1))*7;2)+1

	A	B	C	D	E
1	Projektplan 2018				
2					
3	Wochentag:	1			
4					
5	Kalenderjahr	Kalenderwoche	Datum		
6	2018	2	08.01.2018		
7	2018	5	29.01.2018		
8	2018	7	12.02.2018		
9	2018	9	26.02.2018		
10	2018	11	12.03.2018		
11	2018	17	23.04.2018		
12	2018	18	30.04.2018		
13	2018	22	28.05.2018		
14	2018	24	11.06.2018		
15	2018	26	25.06.2018		
16	2018	28	09.07.2018		
17	2018	32	06.08.2018		
18	2018	37	10.09.2018		
19	2018	39	24.09.2018		
20	2018	42	15.10.2018		
21	2018	44	29.10.2018		
22	2018	47	19.11.2018		
23	2018	49	03.12.2018		
24	2018	51	17.12.2018		

Tipp 20: Datum des Wochenanfangs und des letzten Wochentags ermitteln

In dieser Aufgabenstellung sollen für ein beliebiges Datum der Wochenanfang sowie der letzte Tag der Woche ermittelt werden. So sollen für Saisonarbeiter Wochenabrechnungen erstellt werden. In Spalte A liegen die Arbeitstage der Mitarbeiter vor. In Spalte B soll nun ausgehend von diesen Arbeitstagen der erste Wochentag, also der Montag, und in Spalte C der jeweilige Freitag berechnet werden.

So geht's:

1 Markieren Sie den Zellbereich B7:B15 und erfassen Sie in Zelle B7 die Formel *=A7–WOCHENTAG(A7;3)*. Diese Formel ermittelt ausgehend vom Arbeitstag in Zelle A7 den ersten Tag der Woche, also den Montag, und zeigt diesen als Datum an.

B7 | =A7-WOCHENTAG(A7;3)

	A	B	C
1	**Wochenabrechnung für Monat Juli 2018**		
2			
3	**Abrechnung für:** Herrn Horst Kupfer		
4			
5		**Wochenbeginn**	**Ende der Woche**
6	**Arbeitstag**	**(Montag)**	**(Freitag)**
7	03.07.2018	02.07.2018	06.07.2018
8	05.07.2018	02.07.2018	06.07.2018
9	09.07.2018	09.07.2018	13.07.2018
10	12.07.2018	09.07.2018	13.07.2018
11	19.07.2018	16.07.2018	20.07.2018
12	20.07.2018	16.07.2018	20.07.2018
13	27.07.2018	23.07.2018	27.07.2018
14	29.07.2018	23.07.2018	27.07.2018
15	31.07.2018	30.07.2018	03.08.2018

2 Schließen Sie die Eingabe mit der Tastenkombination Strg+↵ ab. Damit werden die Formeln in den gesamten markierten Bereich übernommen.

3 Zur Ermittlung des letzten Arbeitstags einer Woche markieren Sie den Zellbereich C7:C15 und erfassen die Formel *=B7+4*.

4 Beenden Sie auch diese Eingabe mit Strg+↵.

Wie gewünscht, wird, abhängig vom Arbeitsdatum in Spalte A, das korrekte Datum jeweils für den Montag und für den Freitag der entsprechenden Kalenderwoche errechnet.

Tipp 21: Auflistung von Wochentagen ohne Wochenenden erzeugen

Es soll eine Liste für August 2018 erstellt werden, in der die täglichen Umsatzzahlen eingetragen werden können. Auf Wochenenden soll verzichtet werden, da an diesen Tagen keine Umsatzzahlen eingetragen werden müssen.

So geht's:

1 Erfassen Sie in Zelle A4 das Datum *01.08.2018*.

2 In Zelle A5 geben Sie die Formel *=A4+WENN(WOCHENTAG(A4;2)=5;3;WENN(WOCHENTAG(A4;2)=6;2;1))* ein. Mit dieser Funktion wird ausgehend vom Startdatum in Zelle A4 der nächste Wochentag ohne Samstage und Sonntage eingetragen.

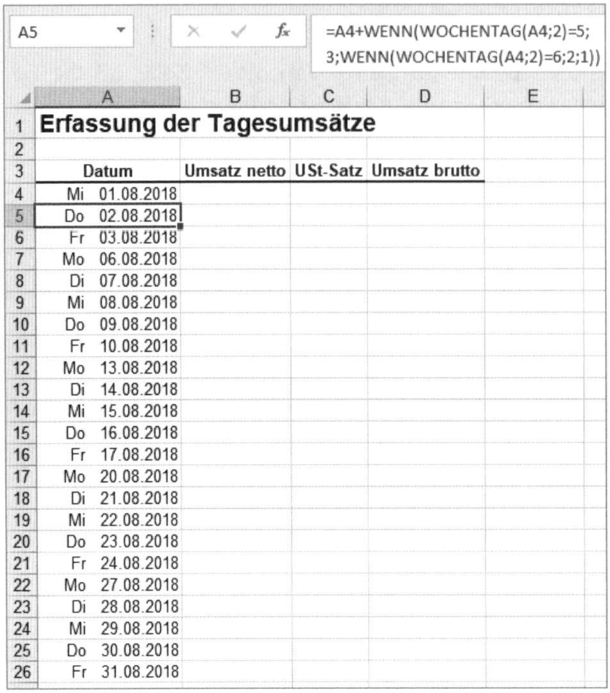
A5 =A4+WENN(WOCHENTAG(A4;2)=5;3;WENN(WOCHENTAG(A4;2)=6;2;1))

	A	B	C	D	E
1	Erfassung der Tagesumsätze				
2					
3	Datum	Umsatz netto	USt-Satz	Umsatz brutto	
4	Mi 01.08.2018				
5	Do 02.08.2018				
6	Fr 03.08.2018				
7	Mo 06.08.2018				
8	Di 07.08.2018				
9	Mi 08.08.2018				
10	Do 09.08.2018				
11	Fr 10.08.2018				
12	Mo 13.08.2018				
13	Di 14.08.2018				
14	Mi 15.08.2018				
15	Do 16.08.2018				
16	Fr 17.08.2018				
17	Mo 20.08.2018				
18	Di 21.08.2018				
19	Mi 22.08.2018				
20	Do 23.08.2018				
21	Fr 24.08.2018				
22	Mo 27.08.2018				
23	Di 28.08.2018				
24	Mi 29.08.2018				
25	Do 30.08.2018				
26	Fr 31.08.2018				

3 Kopieren Sie die Formel bis zur Zelle A26 nach unten.

4 Damit der Wochentag in Kurzform mit angezeigt wird, belegen Sie den Zellbereich A4:A26 mit diesem benutzerdefinierten Zellenformat:

TTT TT.MM.JJJJ

Wie gewünscht, werden auf diese Weise ausschließlich Datumsangaben für Wochentage ohne Berücksichtigung der Wochenenden eingetragen.

Tipp 22: Eine beliebige Anzahl von Monaten einem Datum hinzuaddieren

Dieses Beispiel zeigt, wie mit Excel der Rückzahlungstermin von festverzinslichen Wertpapieren ermittelt werden kann. In vielen Fällen erfolgt die Rückzahlung taggenau eine vorgegebene Anzahl von Monaten nach dem Emissionstag. Es sollen also zum Emissionstag x Monate hinzuaddiert werden.

So geht's:

In Zelle B3 ist der Emissionstag eingetragen. In Zelle B4 steht die Laufzeit des Wertpapiers bis zur Rückzahlung in Monaten.

Erfassen Sie zur Ermittlung des Rückzahlungstermins in Zelle B6 die Formel *=EDATUM(B3;B4)*. *EDATUM()* gibt die fortlaufende Zahl des Datums zurück, das eine bestimmte Anzahl von Monaten vor bzw. nach dem angegebenen Datum (Ausgangsdatum) liegt.

Mit dieser Funktion können somit nicht nur Monate zu einem Datum addiert, sondern auch davon subtrahiert werden.

B6 | =EDATUM(B3;B4)

	A	B
1	**Rückzahlungstermin des festverzinslichen Wertpapiers**	
2		
3	Emmissionstermin	17.07.2018
4	Laufzeit in Monaten	27
5		
6	Rückzahlungstermin	**17.10.2020**

Hinweis

Zur Verwendung der Funktion *EDATUM()* muss das Add-in *Analyse-Funktionen* installiert sein. Mit der Funktion *=DATUM(JAHR(B3);MONAT(B3)+B4;TAG(B3))* lässt sich das Rückzahlungsdatum auch ohne Installation des Add-ins berechnen. Diese Funktion ist zwar etwas länger, liefert aber das gleiche Ergebnis.

Tipp 23: Summierung von Umsätzen nach Quartalen

In der Praxis werden Daten häufig zu Quartalswerten verdichtet und in Quartalsberichten oder Quartalsabschlüssen dargestellt. In diesem Beispiel erfahren Sie, wie für ein beliebiges Datum das entsprechende Quartal ermittelt wird und welche Möglichkeiten damit zur Datenverdichtung gegeben sind.

So geht's:

In der Ausgangstabelle liegen zwölf Monatsumsätze vor. Ziel ist es nun, diese Monatsumsätze nach Quartalen aufzusummieren.

	A	B	C
1	**Ermittlung der Quartalsumsätze**		
2			
3	Monat		Monatsumsatz
4	31.01.2018		70.567,33 €
5	28.02.2018		96.382,73 €
6	31.03.2018		65.992,79 €
7	30.04.2018		52.997,05 €
8	31.05.2018		47.397,68 €
9	30.06.2018		38.769,31 €
10	31.07.2018		58.397,55 €
11	31.08.2018		64.873,09 €
12	30.09.2018		73.910,37 €
13	31.10.2018		65.883,21 €
14	30.11.2018		74.985,43 €
15	31.12.2018		90.871,34 €
16	**Summe Jahr**		**801.027,88 €**

1 Erfassen Sie dazu in Zelle C18 folgende Formel:

=SUMME(WENN(AUFRUNDEN(MONAT($A$4:$A$15)/3;0)=B18;$C$4:$C$15;0))

2 Da es sich um eine Matrixfunktion handelt, müssen Sie die Eingabe mit der Tastenkombination [Strg]+[⇧]+[↵] abschließen. Diese Formel ermittelt für das in Zelle B18 stehende Quartal den Umsatz, im Beispiel also den Umsatz für Januar, Februar und März 2018.

3 Kopieren Sie diese Formel mit dem Ausfüllkästchen bis zur Zelle C21 nach unten. Damit werden die Umsätze für alle vier Quartale aufsummiert.

4 Zur Verprobung der vier Quartalszahlen summieren Sie diese in Zelle C22 mit der Funktion *=SUMME(C18:C21)*. Sie sehen, dass die vier Quartalssummen identisch sind mit der Summe der einzelnen Monate aus Zelle C16.

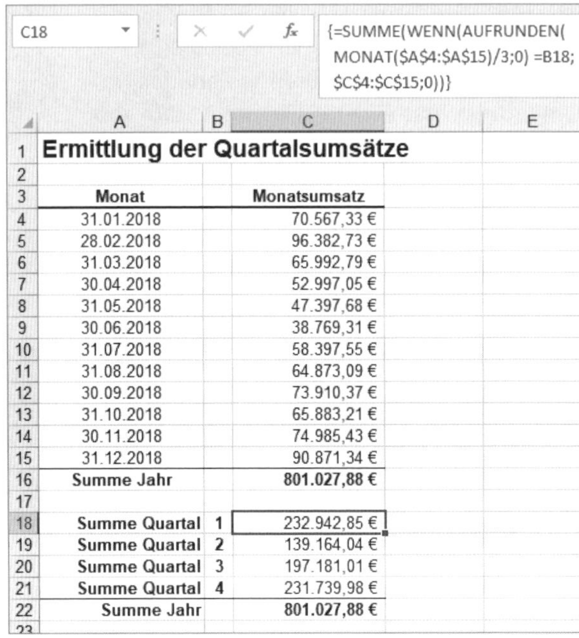

C18 {=SUMME(WENN(AUFRUNDEN(MONAT($A$4:$A$15)/3;0) =B18;$C$4:$C$15;0))}

	A	B	C	D	E
1	**Ermittlung der Quartalsumsätze**				
2					
3	**Monat**		**Monatsumsatz**		
4	31.01.2018		70.567,33 €		
5	28.02.2018		96.382,73 €		
6	31.03.2018		65.992,79 €		
7	30.04.2018		52.997,05 €		
8	31.05.2018		47.397,68 €		
9	30.06.2018		38.769,31 €		
10	31.07.2018		58.397,55 €		
11	31.08.2018		64.873,09 €		
12	30.09.2018		73.910,37 €		
13	31.10.2018		65.883,21 €		
14	30.11.2018		74.985,43 €		
15	31.12.2018		90.871,34 €		
16	**Summe Jahr**		**801.027,88 €**		
17					
18	**Summe Quartal**	**1**	232.942,85 €		
19	**Summe Quartal**	**2**	139.164,04 €		
20	**Summe Quartal**	**3**	197.181,01 €		
21	**Summe Quartal**	**4**	231.739,98 €		
22	**Summe Jahr**		**801.027,88 €**		

Tipp 24: Ermittlung von Schaltjahren

In diesem Beispiel erfahren Sie, wie für beliebige Jahre geprüft werden kann, ob es sich um Schaltjahre handelt oder nicht.

So geht's:

Die Regeln zu Ermittlung von Schaltjahren lauten wie folgt:

- Es handelt sich um ein Schaltjahr, wenn die Jahreszahl ohne Rest durch vier teilbar ist.
- Es gelten aber nur Jahre als Schaltjahr, die restfrei durch 100 und gleichzeitig durch 400 teilbar sind.

Mit folgender Funktion wurden diese Regeln nach Excel übertragen:

=WENN(REST(JAHR(A1);400)=0;"Schaltjahr";WENN(UND(REST(JAHR(A1);4)=0;REST(JAHR(A1);100)<>0);"Schaltjahr";"kein Schaltjahr"))

Erfassen Sie diese Formel in Zelle B5. Achten Sie darauf, dass in Zelle B3 ein vollständiges Datum und nicht nur eine Jahreszahl eingegeben ist. Tages- und Monatswert spielen dabei keine Rolle.

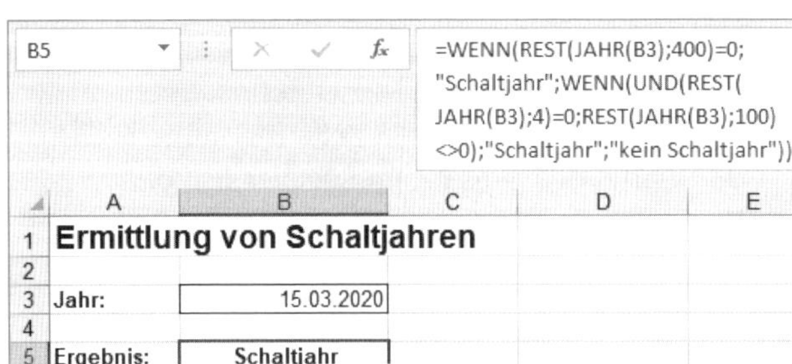

B5 =WENN(REST(JAHR(B3);400)=0;"Schaltjahr";WENN(UND(REST(JAHR(B3);4)=0;REST(JAHR(B3);100)<>0);"Schaltjahr";"kein Schaltjahr"))

	A	B	C	D	E
1	**Ermittlung von Schaltjahren**				
2					
3	**Jahr:**	15.03.2020			
4					
5	**Ergebnis:**	**Schaltjahr**			

Ist das betreffende Jahr ein Schaltjahr, wird der Text *Schaltjahr* ausgegeben, im anderen Fall wird der Text *kein Schaltjahr* angezeigt.

Hinweis

Wenn in Zelle B3 nur ein Jahreswert und kein vollständiges Datum eingegeben werden soll, verwenden Sie in Zelle B5 diese Funktion:

=WENN(REST(B3;400)=0;"Schaltjahr";WENN(UND(REST(B3;4)=0;REST(B3;100)<>0); "Schaltjahr";"kein Schaltjahr"))

Tipp 25: Ermittlung der Sommer- und Winterzeit

Für die Sommer-/Winterzeitumstellung gelten klare Vorgaben. So beginnt die Sommerzeit am letzten Sonntag im März und endet am letzten Sonntag im Oktober. Beim Wechsel auf die Winterzeit wird die Uhr von 03:00 Uhr um eine Stunde auf 02:00 Uhr zurückgestellt. Zu Beginn der Sommerzeit wird entsprechend die Zeit von 02:00 Uhr um eine Stunde auf 03:00 Uhr vorgestellt.

Mit diesem Wissen lässt sich leicht ein Berechnungsmodell für Excel entwickeln.

1 Erfassen Sie zunächst in Zelle B3 die Jahresangabe, für die das Datum der Zeitumstellung auf Sommer- und Winterzeit ermittelt werden soll.

2 Zur Berechnung des Datums, an dem auf Sommerzeit umgestellt wird, erfassen Sie in Zelle B5 folgende Formel:

=DATUM(B3;4;)–WOCHENTAG(DATUM(B3;4;))+1

3 Das Datum zur Umstellung auf die Winterzeit in Zelle B6 wird mit dieser Funktion berechnet:

=DATUM(B3;11;)–WOCHENTAG(DATUM(B3;11;))+1

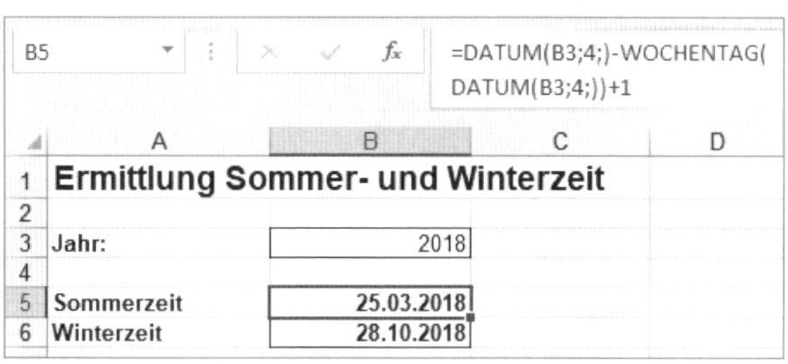

Ändern Sie nun noch die Jahresangabe in Zelle B3 und die Daten für Sommer- und Winterzeit werden korrekt ermittelt.

Tipp 26: Kalenderwochen rückwärtszählen

Mithilfe dieser Formel kann ausgehend von einem beliebigen Datum die angegebene Anzahl an Kalenderwochen subtrahiert, also rückwärtsgezählt werden. Ab Excel 2013 kann hierzu die neue Funktion *ISOKALENDERWOCHE()* verwendet werden; da in den Excel-Versionen 2007 und 2010 aber nur die Funktion *KALENDERWOCHE()* vorhanden ist und diese nicht dem internationalen Standard DIN 1355/ISO 8601 entspricht, verwenden wir in diesem Beispiel alternativ eine etwas umfangreichere Excel-Formel, die aber zum korrekten Ergebnis führt.

So geht's:

Im folgenden Beispiel ist in Zelle B4 ein beliebiges Datum vorhanden. Ausgehend von diesem Datum, soll die Kalenderwoche bestimmt werden, die 15 Kalenderwochen vor dem angegebenen Datum liegt.

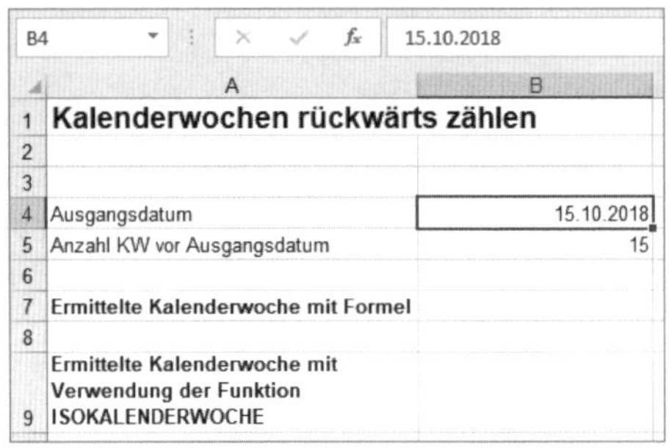

1 Geben Sie in Zelle B4 das Ausgangsdatum ein, von dem eine bestimmte Anzahl an Kalenderwochen subtrahiert werden soll, im Beispiel das Datum 15.10.2018.

2 In Zelle B5 erfassen Sie nun die Anzahl der Kalenderwochen, die vom Ausgangsdatum abgezogen werden sollen, hier beispielsweise 15.

3a Formelberechnung in Excel 2007 und 2010: Zur Berechnung der Kalenderwoche erfassen Sie in Zelle B7 folgende Formel:

=GANZZAHL(((((HEUTE()–7*B5)–WOCHENTAG((HEUTE()–7*B5);2)+4)
–DATUM(JAHR((HEUTE()–7*B5)–WOCHENTAG((HEUTE()–7*B5);2)+4);1;1))/7))
+1&"/"&JAHR((HEUTE()–7*B5)–WOCHENTAG((HEUTE()–7*B5);2)+4)

Diese Funktion ermittelt die nach ISO korrekte Kalenderwoche für das in Zelle B4 erfasste Datum und subtrahiert davon den in Zelle B5 erfassten Wert. Das Ergebnis lautet in diesem Fall KW 44.

3b Berechnung mit Funktion *ISOKALENDERWOCHE()* ab Excel 2013:

Zur Berechnung der Kalenderwoche erfassen Sie in Zelle B9 folgende Formel:

=ISOKALENDERWOCHE(B4–7*B5)&"/"&JAHR(B4–7*B5)

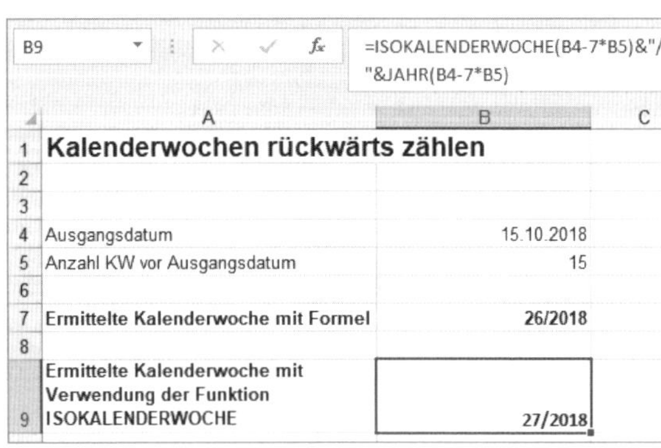

Hinweis

Testen Sie die Funktion mit einem Datum, das auf einen Donnerstag fällt. Der Donnerstag ist deswegen so interessant, weil er am Jahresanfang bestimmt, wann die erste Kalenderwoche des Jahrs beginnt. Die erste Kalenderwoche muss laut ISO-Norm mindestens die ersten vier Januartage umfassen. Fällt der erste Januar auf einen Donnerstag oder einen früheren Wochentag, handelt es sich um die erste Woche des Jahrs. Fällt der erste Januar hingegen auf einen Freitag, Samstag oder Sonntag, zählen diese Tage noch zur letzten Kalenderwoche des abgelaufenen Jahrs.

➡ Verweis: siehe Kapitel 2.1, Tipp 14, und Kapitel 4.5, Tipp 18

Tipp 27: Bestimmung von Arbeitswoche und Wochenende ab Excel 2010

In Excel 2007 konnte mit der Funktion *NETTOARBEITSTAGE(Ausgangsdatum;Enddatum;Freie_Tage)* die Anzahl der tatsächlichen Arbeitstage zwischen einem Start- und einem Endtermin berechnet werden, da diese Funktion automatisch alle Wochenenden von den Kalendertagen abzog. Allerdings war bei den Wochenenden nur eine Kombination aus Samstag und Sonntag möglich. Damit war der Einsatz dieser Funktion für manche Branchen und Berechnungszwecke nur eingeschränkt oder gar nicht möglich.

Ab Excel 2010 ist die neue Funktion *NETTOARBEITSTAGE.INTL(Ausgangsdatum;Enddatum;Wochenende;Frei_Tage)* hinzugekommen. Mit dieser Funktion besteht nun die Möglichkeit, eine beliebige Kombination an Tagen, die nicht zu den Arbeitstagen zählen, zu definieren.

Dabei stellt diese Funktion zwei Möglichkeiten zur Verfügung, um die Kombination der Wochenenden zu definieren. Die erste Möglichkeit besteht darin, die vordefinierten Wochenende-Kombinationen zu verwenden. Folgende Kombinationen stehen zur Verfügung:

Wochenendnummer	Wochenendtag/e	Wochenendnummer	Wochenendtag/e
1 oder nicht angegeben	Samstag, Sonntag	11	nur Sonntag
2	Sonntag, Montag	12	nur Montag
3	Montag, Dienstag	13	nur Dienstag
4	Dienstag, Mittwoch	14	nur Mittwoch
5	Mittwoch, Donnerstag	15	nur Donnerstag
6	Donnerstag, Freitag	16	nur Freitag
7	Freitag, Samstag	17	nur Samstag

Durch die Angabe der Ziffer 2 werden beispielsweise der Sonntag und der Montag als Wochenende definiert.

Die zweite Möglichkeit ist zwar etwas komplexer, aber dafür auch flexibler.

Anstatt der Wochenendnummern kann über eine Ziffernfolge aus 0 und 1 definiert werden, welcher Tag der Woche in die Berechnung einbezogen werden soll und welcher nicht. Die erste Ziffer der siebenstelligen Zahlenfolge steht dabei für Montag, die zweite für Dienstag und so weiter. Die Ziffernfolge 1000011 legt beispielsweise fest, dass der Montag, der Samstag und der Sonntag nicht in die Arbeitstagberechnung mit einbezogen werden. Diese Tage werden als Wochenende, also als arbeitsfreie Tage berücksichtigt.

So geht's:

Das nachfolgende Beispiel ermittelt für das erste Halbjahr 2018, also vom 01.01.2018 bis zum 30.06.2018, sämtliche Arbeitstage unter der Voraussetzung, dass montags, samstags und sonntags nicht gearbeitet wird.

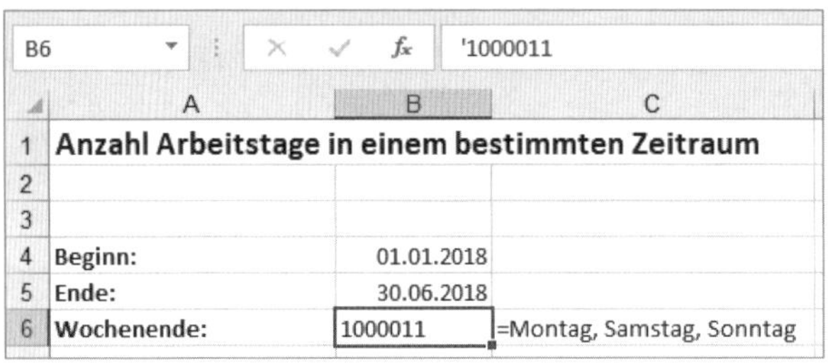

B6 '1000011

	A	B	C
1	**Anzahl Arbeitstage in einem bestimmten Zeitraum**		
2			
3			
4	**Beginn:**	01.01.2018	
5	**Ende:**	30.06.2018	
6	**Wochenende:**	1000011	=Montag, Samstag, Sonntag

1 In diesem Beispiel liegen die Informationen über Start- und Enddatum sowie darüber, welche Tage als Wochenende behandelt werden, im Zellbereich B4:B6 vor. Die Ziffernfolge *1000011* bestimmt, dass montags, samstags und sonntags nicht gearbeitet wird.

2 Erfassen Sie in Zelle B8 die Formel *=NETTOARBEITSTAGE.INTL(B4;B5;B6)*.

Als Ergebnis wird die korrekte Anzahl an Arbeitstagen zwischen dem Ausgangs- und dem Enddatum unter Berücksichtigung der definierten Wochenendtage berechnet. Das Ergebnis in diesem Beispiel lautet 104 Arbeitstage:

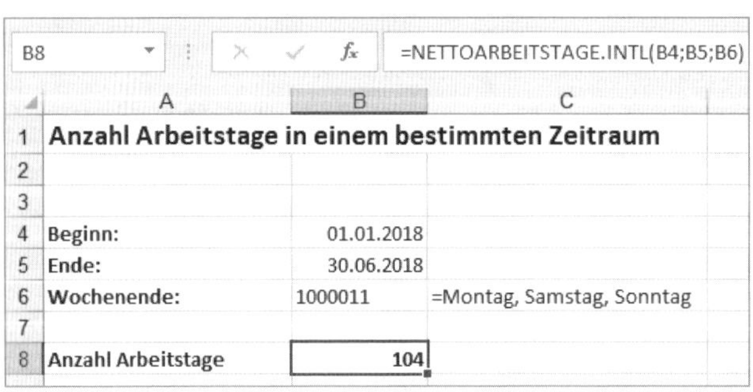

B8 =NETTOARBEITSTAGE.INTL(B4;B5;B6)

	A	B	C
1	**Anzahl Arbeitstage in einem bestimmten Zeitraum**		
2			
3			
4	**Beginn:**	01.01.2018	
5	**Ende:**	30.06.2018	
6	**Wochenende:**	1000011	=Montag, Samstag, Sonntag
7			
8	Anzahl Arbeitstage	**104**	

Als weiteres Argument kann diese Funktion auch freie Tage unabhängig von der Wochenenddefinition berücksichtigen. Erstellen Sie dazu eine Liste mit freien Arbeitstagen und übergeben Sie sie der Funktion als viertes Argument. Die Liste der freien Tage befindet sich im Beispiel im Zellbereich B12:B19.

Erfassen Sie zur Berechnung der korrekten Anzahl an Arbeitstagen die Funktion *=NETTOARBEITSTAGE.INTL(B4;B5;B6;B12:B19)* in Zelle B10. Als Ergebnis werden 97 Arbeitstage unter Berücksichtigung der Urlaubstage angezeigt.

B10 | =NETTOARBEITSTAGE.INTL(B4;B5;B6;B12:B19)

	A	B	C	D
1	**Anzahl Arbeitstage in einem bestimmten Zeitraum**			
2				
3				
4	**Beginn:**	01.01.2018		
5	**Ende:**	30.06.2018		
6	**Wochenende:**	1000011	=Montag, Samstag, Sonntag	
7				
8	**Anzahl Arbeitstage**	**104**		
9				
10	**Anzahl Arbeitstage mit Berücksichtigung der freien Tagen**	**100**		
11				
12	**Freie Tage:**	16.03.2018		
13		17.03.2018		
14		18.03.2018		
15		22.03.2018		
16		27.04.2018		
17		28.04.2018		
18		29.04.2018		
19		02.05.2018		

Tipp 28: Ermittlung des Projektendtermins unter der Voraussetzung, dass sonntags und montags nicht am Projekt gearbeitet wird

Zur Berechnung von Arbeitstagen wird ab Excel 2010 eine weitere neue Funktion mit der Bezeichnung *ARBEITSTAG.INTL(Ausgangsdatum;Enddatum;Freie_Tage)* zur Verfügung gestellt. Diese Funktion gibt die fortlaufende Zahl des Datums vor oder nach einer bestimmten Anzahl von Arbeitstagen mit benutzerdefinierten Wochenendparametern zurück. Der Wochenendparameter definiert, welche und wie viele Tage als Wochenendtage behandelt werden. Wochenendtage und als freie Tage angegebene Tage werden nicht als Arbeitstage betrachtet. (In Excel 2007 lassen sich die Wochenenden nicht so variabel definieren.)

➡ Verweis: siehe Kapitel 4.5, Tipp 15

So geht's:

Im Beispiel sollen zum Datum des Projektbeginns, beispielsweise zum 07.06.2018, insgesamt 35 Projektarbeitstage hinzuaddiert werden. Als Wochenende, also als Tage, an denen am Projekt nicht gearbeitet wird, werden Sonntag und Montag angenommen. Weitere freie Tage sollen nicht berücksichtigt werden.

1. Erfassen Sie dazu in Zelle B7 die Funktion *=ARBEITSTAG.INTL(B3;B5;2)*. Damit werden 35 Arbeitstage zum Projektbeginn hinzuaddiert.

2 Der dritte Parameter mit dem Wert 2 bestimmt die Wochenendtage. 2 steht dabei für Sonntag und Montag (siehe auch den vorhergehenden Tipp).

B7 =ARBEITSTAG.INTL(B3;B5;2)

	A	B	C	D	E
1	**Datumsermittlung nach einer bestimmten Anzahl an Arbeitstagen**				
2					
3	Datum Projektbeginn	07.06.2018			
4					
5	Anzahl Projekt-Arbeitstage	35			
6					
7	Datum Projektende	**26.07.2018**			

Hinweis

Alternativ kann anstelle des Parameters 2 für die Wochenendtage auch die siebenstellige Ziffernfolge 1000001 angegeben werden. Die erste Ziffer steht für Montag und die letzte der sieben Stellen für Sonntag.

Tipp 29: Anzahl der Februartage für ein bestimmtes Jahr ermitteln

Wenn Sie – ausgehend nur von einer Jahreszahl oder einer kombinierten Angabe von Monat und Jahr – bestimmen möchten, ob ein Schaltjahr vorliegt, bzw. die Anzahl der Februartage direkt als Rückgabewert benötigen, benutzen Sie folgende Methode.

Ausgangswerte: Jahreszahlen, Format Standard

So geht's:

1 Im Zellbereich A2:A9 befinden sich Jahreszahlen, das Zellenformat ist *Standard*.

2 Erfassen Sie in Zelle B2 folgende Formel:

=WENN(TAG(DATUM(A2;2;29))=29;29;28)

3 Markieren Sie Zelle B2, klicken Sie auf das Kreuz an der rechten unteren Ecke der Zelle und ziehen Sie bei gedrückter Maustaste die Markierung nach unten. Zurückgegeben wird die Anzahl der Februartage des jeweiligen Jahrs.

B2 =WENN(TAG(DATUM(A2;2;29))=29;29;28)

	A	B	C	D	E
1	*Jahr*	*Februartage*			
2	2012	29			
3	2013	28			
4	2014	28			
5	2015	28			
6	2016	29			
7	2017	28			
8	2018	28			
9	2019	28			

Ausgangswerte: Monats-/Jahresangabe, Datumsformat Feb. JJ

So geht's:

1 Im Zellbereich A12:A19 befinden sich Datumsangaben im Format *Feb.09*, *Feb. 10* etc.

2 Erfassen Sie in Zelle B12 folgende Formel:

=WENN(TAG(DATUM(JAHR(A12);2;29))=29;29;28)

3 Markieren Sie Zelle B12, klicken Sie auf das Kreuz an der rechten unteren Ecke der Zelle und ziehen Sie bei gedrückter Maustaste die Markierung nach unten. Zurückgegeben wird die Anzahl der Februartage des jeweiligen Jahrs.

B12 =WENN(TAG(DATUM(JAHR(A12);2;29))=29;29;28)

	A	B	C	D	E
11	*Monat/Jahr*	*Februartage*			
12	Feb. 12	29			
13	Feb. 13	28			
14	Feb. 14	28			
15	Feb. 15	28			
16	Feb. 16	29			
17	Feb. 17	28			
18	Feb. 18	28			
19	Feb. 19	28			

4.6 Zeitfunktionen praxisbezogen einsetzen

Auch im Umgang mit Zeitberechnungen ist Excel gut gerüstet. Viele Praxislösungen bedürfen jedoch etwas mehr Know-how, als es die bloße Verwendung einzelner Zeitfunktionen erforderlich macht. Erst die richtige Kombination verschiedener Funktionen und das Wissen, wie Excel intern mit Zeiten umgeht, machen Sie zum Profi.

Tipp 1: Ungleichmäßige Zeichenketten in Zeit umwandeln

Beim Datenimport von Zeitangaben aus Vorsystemen oder anderen Datenquellen kann es hin und wieder vorkommen, dass die Zeitangaben als Ganzzahl importiert werden. Die Umwandlung in einen Zeitwert ist möglich, bedarf jedoch des Einsatzes verschiedener Formeln.

So geht's:

1 Sehen Sie sich zuerst die Ausgangstabelle an. Sie enthält diverse Werte (Textstrings), die eine Zeitangabe verkörpern. Leider sind diese Zeitangaben völlig uneinheitlich und unverständlich, was den Einsatz verschiedener verschachtelter Formeln erforderlich macht.

A2 0

	A	B	D	E	F
1	Text-String	Zeitformat hh:mm:ss	Stunde	Minute	Sekunde
2	0				
3	500				
4	1400				
5	11900				
6	225600				

2 Erfassen Sie zunächst in Zelle D2 die Formel

=(LINKS(TEXT(A2;"000000");2)/24),

um die Stunde aus dem Textstring herauszulesen.

3 Erfassen Sie dann in Zelle E2 die Formel *=TEIL(TEXT(A2;"000000");3;2)/1440* für die Ermittlung der Minuten.

4 Zu guter Letzt müssen Sie in Zelle F2 die Formel *=RECHTS(TEXT(A2;"000000");2)/(24*3600)* eintragen, um die Sekunden zu ermitteln.

5 Das Ganze kann nun verschachtelt in Zelle B1 hinterlegt werden:

*=(LINKS(TEXT(A2;"000000");2)/24)+(TEIL(TEXT(A2;"000000");3;2)/1440)+(RECHTS(TEXT(A2;"000000");2)/(24*3600))*

Damit werden Stunde, Minute und Sekunde in einer einzigen Zelle angezeigt.

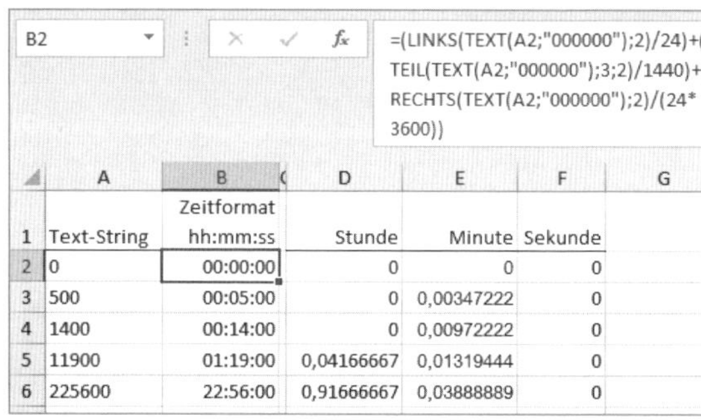

B2 =(LINKS(TEXT(A2;"000000");2)/24)+(TEIL(TEXT(A2;"000000");3;2)/1440)+(RECHTS(TEXT(A2;"000000");2)/(24*3600))

	A	B	D	E	F	G
1	Text-String	Zeitformat hh:mm:ss	Stunde	Minute	Sekunde	
2	0	00:00:00	0	0	0	
3	500	00:05:00	0	0,00347222	0	
4	1400	00:14:00	0	0,00972222	0	
5	11900	01:19:00	0,04166667	0,01319444	0	
6	225600	22:56:00	0,91666667	0,03888889	0	

Tipp 2: Der Aufbau des Zeitformats

Zur Darstellung von Uhrzeiten verwendet Excel den Zahlenbereich 0 bis 1. Uhrzeiten werden als gebrochene Dezimalzahl gespeichert, wobei die Zahl 0 der Uhrzeit 00:00 Uhr entspricht und die Zahl 1 für die Uhrzeit 24:00 Uhr steht. Auf dieser Dezimalzahlbasis bildet Excel jede Uhrzeitangabe sekundengenau ab.

So geht's:

1 Erfassen Sie die Dezimalzahl *0,25* in einer Zelle.

2 Öffnen Sie über das Menü *Start/Zellen/Format/Zellen formatieren* das Dialogfenster *Zellen formatieren* (Excel 2003: Menü *Format/Zellen*).

3 Wechseln Sie zur Registerkarte *Zahlen* und wählen Sie unter *Kategorie* den Eintrag *Uhrzeit*. Als *Typ* wählen Sie beispielsweise das Zeitformat *13:30* aus oder verwenden das benutzerdefinierte Format *hh:mm*.

Als Ergebnis wird die Uhrzeit *6:00* angezeigt. So entspricht der Wert 0,25 einem viertel Tag, was zur Zeitangabe 6:00 Uhr führt. Die Zahl 0,5 entspricht einem halben Tag, also der Uhrzeit 12:00 Uhr. Wie mit Datumswerten können Sie natürlich auch mit Uhrzeiten beliebige Berechnungen durchführen. So können Uhrzeiten subtrahiert und es können beliebige Additionen durchgeführt werden.

Tipp 3: Erläuterung der verschiedenen Uhrzeitformate

Neben den Standardzeitformaten, die über das Menü *Start/Zellen/Format/Zellen formatieren* in der Kategorie *Uhrzeit* zur Verfügung stehen, bietet Excel auch für Uhrzeitangaben die Möglichkeit, benutzerdefinierte Formate zu verwenden. Damit lassen sich Zeitangaben analog zu den Datumsangaben beliebig formatieren.

So geht's:

In der folgenden Tabelle sehen Sie, welche Darstellungsmöglichkeiten das Zeitformat bietet.

Zeitformat	Bedeutung
s	Sekundenanzeige ohne führende Null bei einstelligen Daten (Sekunde als 1 bis 60)
ss	Sekundenanzeige mit führender Null bei einstelligen Daten (Sekunde als 01 bis 60)
m	Minutenanzeige ohne führende Null bei einstelligen Daten (Minute als 1 bis 60)
mm	Minutenanzeige mit führender Null bei einstelligen Daten (Minute als 01 bis 60)
h	Stundenanzeige ohne führende Null bei einstelligen Daten (Stunde als 1 bis 24)
hh	Stundenanzeige mit führender Null bei einstelligen Daten (Stunde als 01 bis 24)
hh:mm	Stunden- und Minutenanzeige mit führender Null bei einstelligen Daten (11:05)
[hh]:mm	Stunden- und Minutenanzeige mit mehr als 24 Stunden und führender Null bei einstelligen Daten (27:06)
[mm]:ss	Minuten- und Sekundenanzeige mit mehr als 60 Minuten und führender Null bei einstelligen Daten (65:05)

Aus diesen Elementen lassen sich beliebige Zeitformate zusammenstellen.

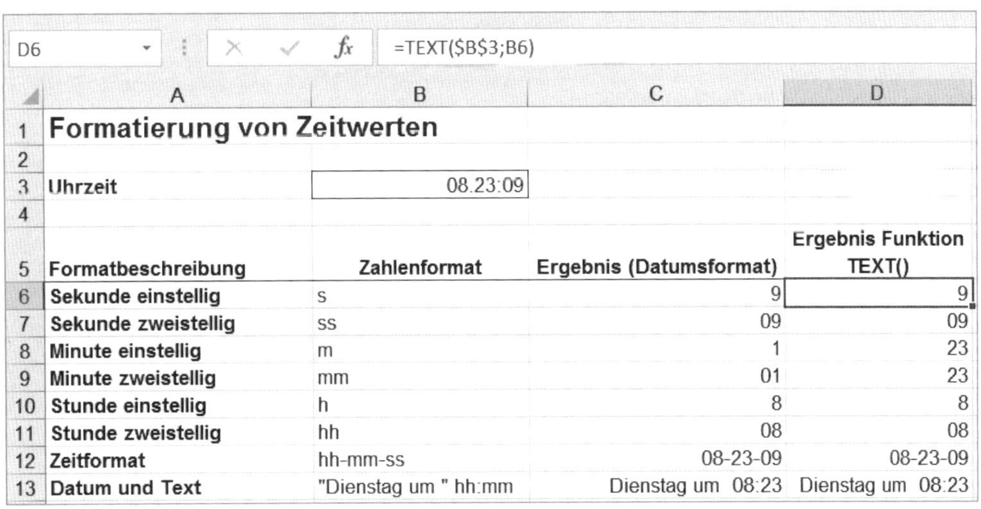

D6 =TEXT($B$3;B6)

	A	B	C	D
1	Formatierung von Zeitwerten			
2				
3	Uhrzeit	08.23:09		
4				
5	Formatbeschreibung	Zahlenformat	Ergebnis (Datumsformat)	Ergebnis Funktion TEXT()
6	Sekunde einstellig	s	9	9
7	Sekunde zweistellig	ss	09	09
8	Minute einstellig	m	1	23
9	Minute zweistellig	mm	01	23
10	Stunde einstellig	h	8	8
11	Stunde zweistellig	hh	08	08
12	Zeitformat	hh-mm-ss	08-23-09	08-23-09
13	Datum und Text	"Dienstag um " hh:mm	Dienstag um 08:23	Dienstag um 08:23

Diese Formatangaben können auch wie gewohnt mit der Funktion *TEXT()* verwendet werden.

➡ Verweis: siehe Kapitel 2.2, Tipp 10

Tipp 4: Zeit in Stunden-, Minuten- und Sekundenangaben zerlegen und wieder zusammenfügen

Für verschiedene Praxisaufgaben ist es notwendig, eine Uhrzeitangabe in Stunden, Minuten und Sekunden zu zerlegen. So soll beispielsweise in einer *WENN*-Abfrage nur auf die Stundenangabe zugegriffen werden.

So geht's:

1 Zur Ermittlung der Stundenangabe erfassen Sie in Zelle B5 die Formel *=STUNDE(B3)*.

2 Die Minutenangabe in Zelle B6 wird über die Formel *=MINUTE(B3)* ausgelesen.

3 Zum Auslesen der Sekundenangabe verwenden Sie die Formel *=SEKUNDE(B3)* in Zelle B7.

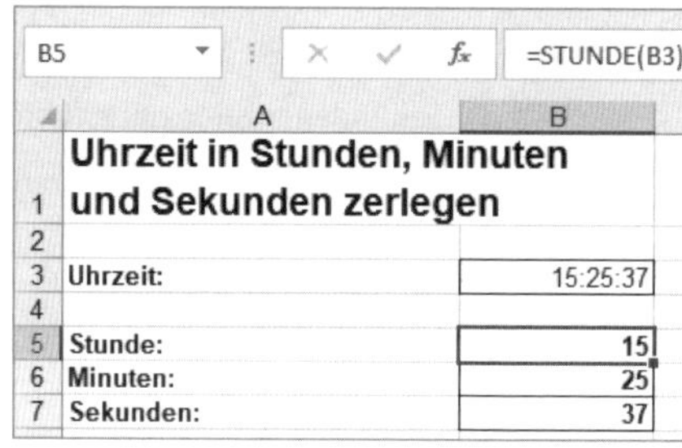

Die ausgelesenen Stunden-, Minuten- und Sekundenwerte liegen als fortlaufende Zahlen vor, sodass Sie damit wie gewohnt weiterrechnen können.

Im nächsten Schritt wird aus den einzelnen Angaben wieder eine Uhrzeit erzeugt.

1 Erfassen Sie dazu in Zelle B10 die Formel *=ZEIT(B5;B6;B7)*. Damit wird aus der Stundenangabe (Zelle B5), der Minutenangabe (Zelle B6) und der Sekundenangabe (Zelle B7) die Uhrzeit 15:25:37 erzeugt.

2 Damit die Uhrzeit auch korrekt angezeigt wird, müssen Sie der Zelle B10 noch ein beliebiges Uhrzeitformat zuweisen.

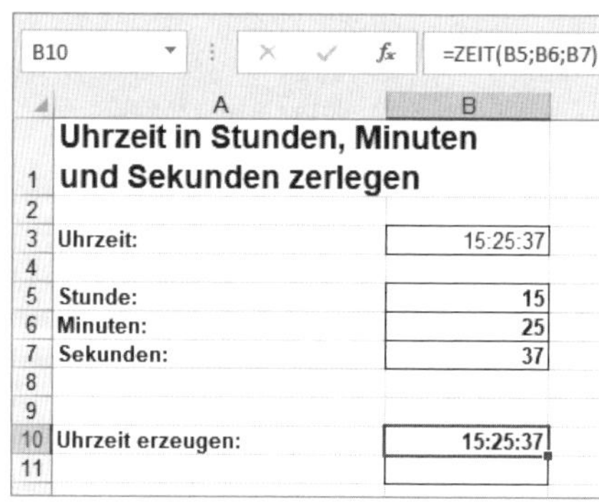

Um Zeitwerte miteinander zu kombinieren, gibt es noch eine weitere Möglichkeit. Gehen Sie dazu so vor:

1 Erfassen Sie in Zelle B11 die Formel *=B5/24+B6/1440+B7/86400*. Damit werden die jeweiligen Werte in die entsprechenden Stunden, Minuten und Sekundenbruchteile zerlegt und addiert.

2 Formatieren Sie die Zelle B11 mit einem beliebigen Zeitformat.

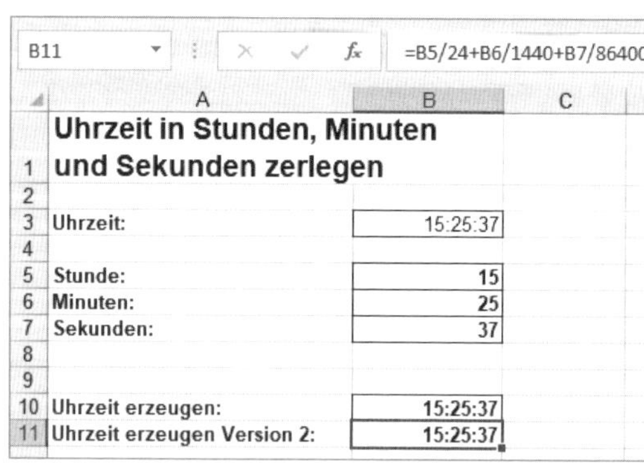

Es ist also gleichgültig, ob Sie die Funktion *ZEIT()* verwenden oder ob Sie lieber auf die hausgemachte Umrechnung setzen. Das Ergebnis ist in beiden Fällen das gleiche.

Tipp 5: Zeitangaben in Industrieminuten umrechnen

In Produktionsbetrieben, aber auch bei der Zeiterfassung in Dienstleistungsbetrieben wird oft mit sogenannten Industrieminuten gerechnet. Dabei entspricht eine Stunde 100 Industrieminuten, 45 Minuten entsprechen 75 Industrieminuten und so weiter. Dieses Beispiel zeigt eine Zeiterfassung, in der die Arbeitszeit ausgehend vom Arbeitsbeginn und vom Arbeitsende unter Berücksichtigung von Pausenzeiten ermittelt wurde. Ziel ist es nun, diese Stundenermittlung in Industrieminuten umzurechnen.

So geht's:

Sehen Sie sich zunächst die Ausgangstabelle an.

	A	B	C	D	E
1	Zeiterfassung der Firma Secure-IT GmbH				
2					
3	Datum	Arbeitsbeginn Uhrzeit	Arbeitsende Uhrzeit	Pausen	Arbeitszeit
4	01.08.2016	07:00	16:05	00:37	08:28
5	02.08.2016	07:21	15:33	00:28	07:44
6	03.08.2016	07:20	16:43	00:31	08:52
7	06.08.2016	07:38	15:22	00:20	07:24
8	07.08.2016	07:11	16:05	00:34	08:20
9	08.08.2016	07:07	17:32	01:03	09:22
10	09.08.2016	07:31	17:06	00:54	08:41
11	10.08.2016	07:01	14:22	00:11	07:10

Zur Ermittlung der Industrieminuten in Spalte F gehen Sie wie folgt vor:

1. Markieren Sie den Zellbereich F4:F11.
2. Erfassen Sie in Zelle F4 die Formel *=E4*24*. Durch die Multiplikation mit 24 wird die Uhrzeit auf Basis von 60 Minuten in Industrieminuten (Basis 100 Minuten) umgerechnet.
3. Schließen Sie die Eingabe mit der Tastenkombination Strg+↵ ab.

F4 =E4*24

	A	B	C	D	E	F
1	Zeiterfassung der Firma Secure-IT GmbH					
2						
3	Datum	Arbeitsbeginn Uhrzeit	Arbeitsende Uhrzeit	Pausen	Arbeitszeit	Industrie-minuten
4	01.08.2018	07:00	16:05	00:37	08:28	8,47
5	02.08.2018	07:21	15:33	00:28	07:44	7,73
6	03.08.2018	07:20	16:43	00:31	08:52	8,87
7	06.08.2018	07:38	15:22	00:20	07:24	7,40
8	07.08.2018	07:11	16:05	00:34	08:20	8,33
9	08.08.2018	07:07	17:32	01:03	09:22	9,37
10	09.08.2018	07:31	17:06	00:54	08:41	8,68
11	10.08.2018	07:01	14:22	00:11	07:10	7,17

4. Damit das Ergebnis richtig angezeigt wird, müssen Sie die Ergebnisspalte als Zahl mit zwei Nachkommastellen formatieren.

Hinweis

Wenn im umgekehrten Fall Industrieminuten in Zeitangaben umgerechnet werden sollen, verwenden Sie in Spalte F die Formel *E4/24*. Als Ergebnis werden die in Spalte E eingegebenen Industrieminuten wieder in Stunden und Minuten umgerechnet. Wichtig ist, dass das Ergebnis mit einem Zeitformat belegt wird.

F15 =E15/24

	A	B	C	D	E	F
1	**Zeiterfassung der Firma Secure-IT GmbH**					
13						
14	Datum	Arbeitsbeginn Uhrzeit	Arbeitsende Uhrzeit	Pausen	Industrie-minuten	Uhrzeit
15	01.08.2018	07:00	16:05	00:37	8,47	08:28
16	02.08.2018	07:21	15:33	00:28	7,73	07:44
17	03.08.2018	07:20	16:43	00:31	8,87	08:52
18	06.08.2018	07:38	15:22	00:20	7,40	07:24
19	07.08.2018	07:11	16:05	00:34	8,33	08:20
20	08.08.2018	07:07	17:32	01:03	9,37	09:22
21	09.08.2018	07:31	17:06	00:54	8,68	08:41
22	10.08.2018	07:01	14:22	00:11	7,17	07:10

Tipp 6: Dezimalzahl in Stunden, Minuten und Sekunden umrechnen

Als Ausgangstabelle für dieses Beispiel dient eine Tabelle, in der Arbeitszeiten in Minuten erfasst worden sind. Ziel ist es nun, die Minutenangaben in eine korrekte Zeitangabe im Format *hh:mm* umzuwandeln. Mit den in Excel integrierten Zeitformaten lässt sich diese Aufgabenstellung jedoch nicht lösen, da Excel jede Zahl, die größer als 1 ist, bereits als Tagesangabe interpretiert.

So geht's:

1 Markieren Sie den Zellbereich C4:C11.

2 Erfassen Sie in Zelle C4 folgende Formel:

*=ZEIT(0;KÜRZEN(B4);RUNDEN((B4–KÜRZEN(B4))*60;))*

3 Schließen Sie die Formelerfassung mit der Tastenkombination Strg+↵ ab.

C4 =ZEIT(0;KÜRZEN(B4);RUNDEN((B4-KÜRZEN(B4))*60;))

	A	B	C	D	E
1	**Stundenermittlung basierend auf Dezimalzahlen**				
2					
3	Datum	Arbeitszeit in Minuten	Stundenangabe		
4	01.08.2018	511	8:31		
5	02.08.2018	431	7:11		
6	03.08.2018	533	8:53		
7	06.08.2018	515	8:35		
8	07.08.2018	499	8:19		
9	08.08.2018	469	7:49		
10	09.08.2018	504	8:24		
11	10.08.2018	517	8:37		

4 Damit die Uhrzeit richtig angezeigt wird, belegen Sie den Zellbereich mit dem Zeitformat *hh:mm*.

Sie sehen, durch die Umrechnungsfunktion werden die Minutenangaben als korrekte Zeitwerte im Format *hh:mm* dargestellt.

Tipp 7: Ermittlung verschiedener Weltzeitzonen

In diesem Beispiel sehen Sie, wie anhand von vorgegebenen Zeitunterschieden die jeweiligen Weltzeitzonen berechnet werden können. Als Ausgangszeit soll dabei die für Deutschland geltende **m**ittel**e**uropäische **Z**eit (MEZ) verwendet werden.

So geht's:

Auf Basis der im Bereich B4:B8 vorliegenden Zeitdifferenzen sollen im Bereich C4:C8 die unterschiedlichen Zeitzonen berechnet werden.

1 Markieren Sie dazu den Zellbereich C5:C8.

2 Erfassen Sie in Zelle C4 die Formel *=$C$4+(B5/24)*.

3 Beenden Sie die Dateneingabe mit der Tastenkombination [Strg]+[↵].

4 Damit das Ergebnis korrekt angezeigt wird, müssen Sie die Zellen mit einem beliebigen Zeitformat belegen.

Als Ergebnis erhalten Sie die Uhrzeit in der jeweiligen Zeitzone.

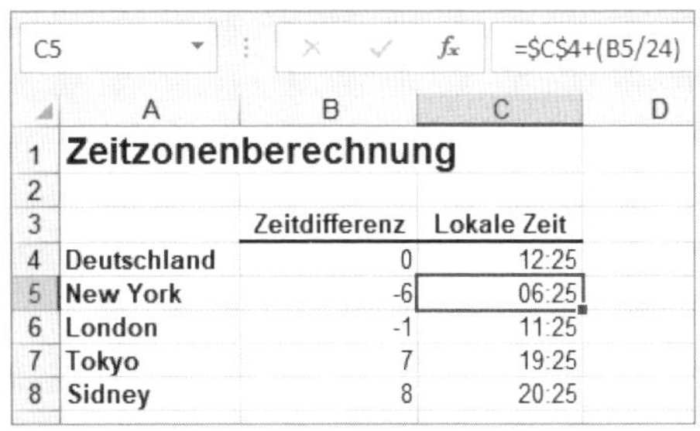

	A	B	C	D
1	Zeitzonenberechnung			
2				
3		Zeitdifferenz	Lokale Zeit	
4	Deutschland	0	12:25	
5	New York	-6	06:25	
6	London	-1	11:25	
7	Tokyo	7	19:25	
8	Sidney	8	20:25	

Tipp 8: Positive und negative Zeitdifferenzen in Minuten und Stunden ermitteln

Im folgenden Beispiel sollen die Zeitdifferenzen zwischen einem Plan- und einem Ist-Termin ermittelt werden. In Spalte A befinden sich die geplanten Termine und in Spalte B die tatsächlichen Startzeitpunkte. Bei der Subtraktion der beiden Termine kann es sowohl zu positiven als auch zu negativen Zeitdifferenzen kommen.

So geht's:

Als Ausgangstabelle dient eine Auflistung der Uhrzeiten des Plan-Beginns sowie der Zeiten des tatsächlichen Beginns.

1 Erfassen Sie in Zelle C4 die Formel *=(B4–A4)*1440*. Da ein Tag aus genau 1.440 Minuten besteht, müssen die Differenzen einfach nur mit diesem Wert multipliziert werden.

2 Schließen Sie die Dateneingabe mit der Tastenkombination [Strg]+[↵] ab. Zur Anzeige der korrekten Differenzen muss der Bereich nur noch mit einem beliebigen Zahlenformat oder mit dem Format *Standard* belegt werden.

In Spalte D sollen die Differenzen nun noch in Stunden ausgegeben werden. Das funktioniert genauso einfach wie die Differenzermittlung in Minuten.

Anstatt mit dem Wert 1.440 wird die ermittelte Differenz einfach mit 24 multipliziert. Die Formel für den Zellbereich D4 lautet somit *=(B5–A5)*24*.

Das Ergebnis sieht wie das hier gezeigte aus.

D5 =(B5-A5)*24

	A	B	C	D
1	**Ermittlung von Terminabweichungen**			
2				
3	**Plan-Beginn**	**Ist-Beginn**	**Abweichung in Minuten**	**Abweichung in Stunden**
4	07:30	07:48	18	0,30
5	08:20	08:17	-3	-0,05
6	09:23	10:50	87	1,45
7	10:45	10:30	-15	-0,25
8	12:00	12:50	50	0,83
9	14:15	13:50	-25	-0,42
10	16:20	16:33	13	0,22

Tipp 9: Ermittlung von Zeitdifferenzen bei Nachtschichten über die 0-Uhr-Grenze hinaus

Grundsätzlich stellt die Subtraktion zweier Uhrzeiten unter Excel kein Problem dar. Problematisch wird es hingegen, wenn durch die Subtraktion eine negative Zeitdifferenz entsteht. Das ist dann der Fall, wenn Zeiten über die 0-Uhr-Grenze hinaus voneinander subtrahiert werden müssen. Sobald sich negative Zeitdifferenzen ergeben, wird anstatt des Ergebnisses nur das #-Zeichen ausgegeben.

Im nachfolgenden Beispiel sehen Sie anhand eines Schichtplans, mit welchem Trick auch Berechnungen über die 0-Uhr-Grenze hinaus möglich werden.

So geht's:

Sehen Sie sich zunächst die Ausgangstabelle etwas näher an. Darin befindet sich ab Zelle B4 die Uhrzeit des Schichtbeginns und ab Zelle C4 das Schichtende.

Die Arbeitszeit im Bereich D4:D9 wird ermittelt, indem vom Arbeitsende der Arbeitsbeginn subtrahiert wird. Das erste Problem tritt damit in Zeile 6 auf, da dort von der Uhrzeit 06:39 die Zeitangabe 22:30 subtrahiert wird und sich damit ein negativer Wert ergibt.

	A	B	C	D
1	**Schichtplan - Arbeitszeiten**			
2				
3	**Datum**	**Arbeitsbeginn**	**Arbeitsende**	**Arbeitszeit**
4	03.09.2018	06:30	14:35	
5	03.09.2018	14:30	22:37	
6	03.09.2018	22:30	06:39	
7	04.09.2018	06:31	14:39	
8	04.09.2018	14:28	22:32	
9	04.09.2018	22:33	06:31	

Zur Umgehung des Problems gehen Sie wie folgt vor:

1 Markieren Sie den Zellbereich D4:D9 und erfassen Sie in Zelle D4 die Formel *=WENN(B4<C4;C4–B4;(1+C4)–B4)*. In einer *WENN*-Abfrage wird geprüft, ob das Arbeitsende kleiner ist als der Arbeitsbeginn. Liefert diese Prüfung das Ergebnis *WAHR*, wird zur Uhrzeit des Arbeitsendes einfach der Wert 1 addiert. Somit ist das Arbeitszeitende größer als der Arbeitsbeginn und die Berechnung liefert keine negativen Werte mehr.

2 Beenden Sie die Dateneingabe mit der Tastenkombination Strg+↵.

3 Damit die Arbeitszeit als Uhrzeit angezeigt wird, müssen Sie den Zellbereich noch mit einem entsprechenden Zeitformat belegen.

D4 =WENN(B4<C4;C4-B4;(1+C4)-B4)

	A	B	C	D	E
1	**Schichtplan - Arbeitszeiten**				
2					
3	**Datum**	**Arbeitsbeginn**	**Arbeitsende**	**Arbeitszeit**	
4	03.09.2018	06:30	14:35	08:05	
5	03.09.2018	14:30	22:37	08:07	
6	03.09.2018	22:30	06:39	08:09	
7	04.09.2018	06:31	14:39	08:08	
8	04.09.2018	14:28	22:32	08:04	
9	04.09.2018	22:33	06:31	07:58	

Tipp 10: Summieren von Stundenwerten über die 24-Stunden-Grenze hinaus

Bei der Addition von Stundenangaben verhält sich Excel wie gewohnt, solange das Berechnungsergebnis unter 24 Stunden liegt. Sobald die Summe den Wert von 24 Stunden übersteigt, interpretiert Excel dies als vollen Tag (1 Tag = 24 Stunden) und zeigt nur noch die Stundenzahl an, die den Wert von 24 übersteigt. Zur Anzeige von Stunden über die 24-Stunden-Grenze hinaus gehen Sie wie folgt vor:

So geht's:

Sehen Sie sich zunächst die Ausgangstabelle etwas genauer an.

Im Bereich C6:C13 liegen für die Kalenderwochen 31 und 32 Stundenangaben vor. In Zelle C15 soll die Summe der Stunden für den Zeitraum vom 01.08. bis 10.08.2018 ermittelt werden.

Erfassen Sie dazu in Zelle C15 die Summenformel *=SUMME(C6:C13)*.

	A	B	C
1	**Arbeitszeit - Übersicht**		
2			
3	**Mitarbeiter:**	Gerd Maurer	
4			
5	**Zeitraum**	**Arbeitszeit in Minuten**	**Stundenangabe**
6	01.08.2018	511	8:31
7	02.08.2018	431	7:11
8	03.08.2018	533	8:53
9	06.08.2018	515	8:35
10	07.08.2018	499	8:19
11	08.08.2018	469	7:49
12	09.08.2018	504	0:24
13	10.08.2018	517	8:37

Als Ergebnis erhalten Sie den Wert 18:19. Dass dies nicht stimmt, liegt auf der Hand. Der Wert von 18:19 ergibt sich, wie bereits beschrieben, aufgrund der Tatsache, dass 24 Stunden als voller Tag interpretiert werden. Die richtige Summe lautet nämlich 66:19 Stunden. Dabei handelt es sich um zwei volle Tage, also 48 Stunden. Excel zeigt nun nur den Stundenanteil an, der diese 48 Stunden übersteigt, also den Wert 18:19 (= 66:19 – 48:00).

Um nun den Gesamtwert von 66:19 anzuzeigen, genügt die Zuweisung des richtigen Zeitformats.

1 Starten Sie dazu den Befehl über das Menü *Start/Zellen/Format/Zellen formatieren*.

2 Legen Sie auf der Registerkarte *Zahlen* unter der Kategorie *Benutzerdefiniert* dieses Zellenformat fest: *[hh]:mm*.

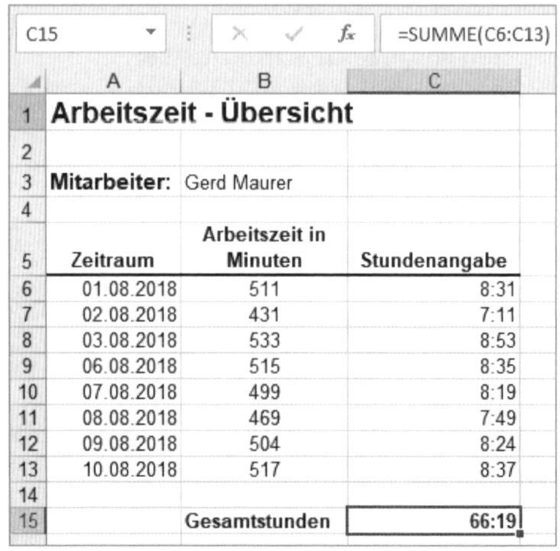

C15 =SUMME(C6:C13)

	A	B	C
1	**Arbeitszeit - Übersicht**		
2			
3	**Mitarbeiter:**	Gerd Maurer	
4			
5	**Zeitraum**	**Arbeitszeit in Minuten**	**Stundenangabe**
6	01.08.2018	511	8:31
7	02.08.2018	431	7:11
8	03.08.2018	533	8:53
9	06.08.2018	515	8:35
10	07.08.2018	499	8:19
11	08.08.2018	469	7:49
12	09.08.2018	504	8:24
13	10.08.2018	517	8:37
14			
15		**Gesamtstunden**	**66:19**

Als Ergebnis wird nun wie gewünscht der komplette Stundenwert dargestellt.

Hinweis

In der Statusleiste tritt das Problem der Anzeige von Zeitangaben über 24 Stunden nicht auf. Markieren Sie dazu einfach den Bereich C6:C13. Sie sehen, dass die korrekte Zeitangabe angezeigt wird.

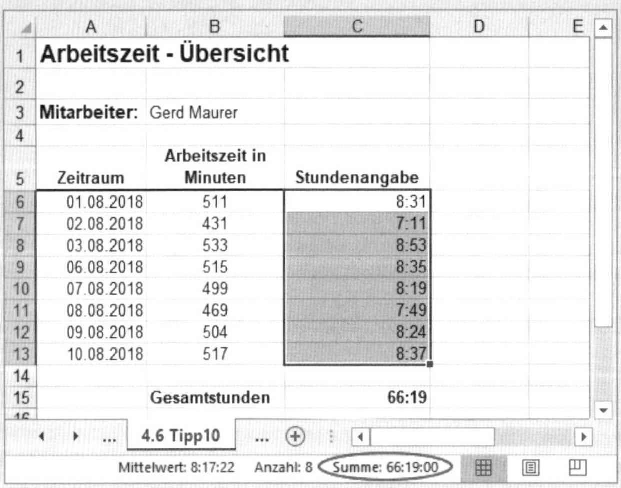

	A	B	C	D	E
1	**Arbeitszeit - Übersicht**				
2					
3	**Mitarbeiter:**	Gerd Maurer			
4					
5	**Zeitraum**	**Arbeitszeit in Minuten**	**Stundenangabe**		
6	01.08.2018	511	8:31		
7	02.08.2018	431	7:11		
8	03.08.2018	533	8:53		
9	06.08.2018	515	8:35		
10	07.08.2018	499	8:19		
11	08.08.2018	469	7:49		
12	09.08.2018	504	8:24		
13	10.08.2018	517	8:37		
14					
15		**Gesamtstunden**	**66:19**		

4.6 Tipp10

Mittelwert: 8:17:22 Anzahl: 8 Summe: 66:19:00

Tipp 11: Runden von Uhrzeiten

Handwerker oder Dienstleistungsunternehmen stellen häufig Rechnungen, in denen die erbrachte Arbeitsleistung auf volle 10 oder 15 Minuten (Zeiteinheiten) gerundet sind.

Hier erfahren Sie anhand verschiedener Beispiele, wie Uhrzeiten auf bestimmte Zeiteinheiten auf- oder abgerundet werden können.

So geht's:

1 Markieren Sie den Zellbereich D4:D12 und erfassen Sie in Zelle D4 die Formel *=RUNDEN(C4*144;0)/144*.

2 Beenden Sie die Datenerfassung mit der Tastenkombination Strg+↵.

3 Damit die gerundeten Zeitangaben korrekt angezeigt werden, müssen Sie sie noch mit einem beliebigen Zeitformat belegen.

Die Zeiten sind kaufmännisch gerundet. Das bedeutet: Bis fünf Minuten wird abgerundet, ab fünf Minuten aufgerundet.

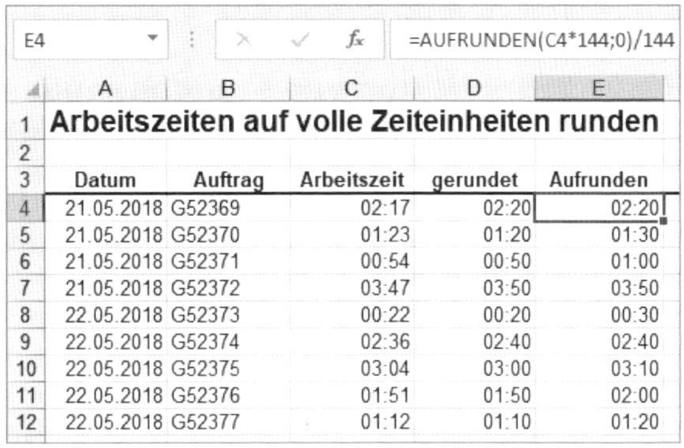
E4 =AUFRUNDEN(C4*144;0)/144

	A	B	C	D	E
1	Arbeitszeiten auf volle Zeiteinheiten runden				
2					
3	Datum	Auftrag	Arbeitszeit	gerundet	Aufrunden
4	21.05.2018	G52369	02:17	02:20	02:20
5	21.05.2018	G52370	01:23	01:20	01:30
6	21.05.2018	G52371	00:54	00:50	01:00
7	21.05.2018	G52372	03:47	03:50	03:50
8	22.05.2018	G52373	00:22	00:20	00:30
9	22.05.2018	G52374	02:36	02:40	02:40
10	22.05.2018	G52375	03:04	03:00	03:10
11	22.05.2018	G52376	01:51	01:50	02:00
12	22.05.2018	G52377	01:12	01:10	01:20

Hinweis

Die Umrechnungswerte ergeben sich aus der Tatsache, dass Excel bei Uhrzeitangaben intern mit Dezimalzahlen zwischen 0 und 1 operiert.

10 Minuten – 1/6 Stunde = 1/144 eines Tags = 24 Stunden * 6

15 Minuten – 1/4 Stunde = 1/96 eines Tags = 24 Stunden * 4

30 Minuten – 1/2 Stunde = 1/48 eines Tags = 24 Stunden * 2

Zum generellen Aufrunden, wenn also jede Minutenangabe auf die nächste volle Zeiteinheit von zehn Minuten aufgerundet werden soll, verwenden Sie die Formel *=AUFRUNDEN(C4*144;0)/144*. Das generelle Abrunden auf die nächste Zeiteinheit erreichen Sie analog mit der Funktion *=ABRUNDEN(C4*144;0)/144*.

Auch hier muss das Ergebnis mit einem beliebigen Zeitformat versehen werden.

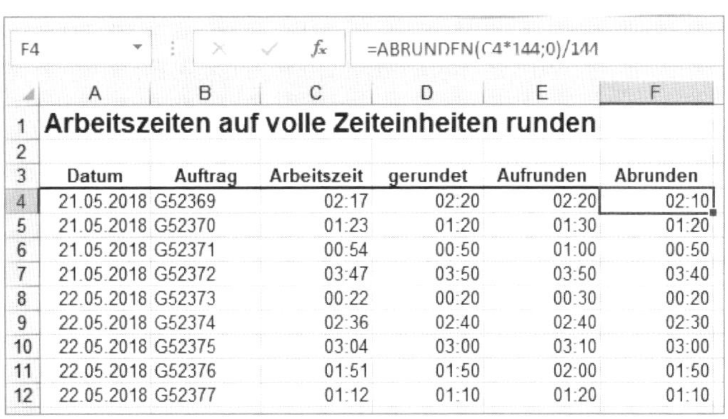
F4 =ABRUNDEN(C4*144;0)/144

	A	B	C	D	E	F
1	Arbeitszeiten auf volle Zeiteinheiten runden					
2						
3	Datum	Auftrag	Arbeitszeit	gerundet	Aufrunden	Abrunden
4	21.05.2018	G52369	02:17	02:20	02:20	02:10
5	21.05.2018	G52370	01:23	01:20	01:30	01:20
6	21.05.2018	G52371	00:54	00:50	01:00	00:50
7	21.05.2018	G52372	03:47	03:50	03:50	03:40
8	22.05.2018	G52373	00:22	00:20	00:30	00:20
9	22.05.2018	G52374	02:36	02:40	02:40	02:30
10	22.05.2018	G52375	03:04	03:00	03:10	03:00
11	22.05.2018	G52376	01:51	01:50	02:00	01:50
12	22.05.2018	G52377	01:12	01:10	01:20	01:10

Hinweis

Alternativ können Sie zum Aufrunden auch die Funktion *=OBERGRENZE(C4;"0:10")* und zum Abrunden die Funktion *=UNTERGRENZE(C4; "0:10")* verwenden.

➡ Verweis: siehe Kapitel 4.12, Tipp 3

Tipp 12: Ermittlung von Stundenangaben innerhalb eines Zeitraums ohne Berücksichtigung von Wochenenden

Dieses Beispiel zeigt, wie die Gesamtstundenzahl in einem vorgegebenen Zeitraum errechnet werden kann. Wochenenden sollen dabei nicht berücksichtigt werden.

So geht's:

Als Ausgangsbasis dient eine Tabelle, in der ein Ausgangsdatum einschließlich Uhrzeitangabe sowie das Enddatum, ebenfalls mit Uhrzeitangabe, vorliegen.

	A	B	C
1	**Gesamtstunden im Zeitraum**		
2			
3	**Ausgangsdatum**	**Enddatum**	**Gesamtstunden**
4	16.7.18 7:30	29.7.18 18:00	

1 Erfassen Sie in Zelle C4 folgende Funktion:

=NETTOARBEITSTAGE(A4;B4)–1–REST(A4;1)+REST(B4;1)

2 Weisen Sie der Zelle C4 das Zeitformat *[hh]:mm* zu, damit die Zeitangabe korrekt dargestellt wird.

C4 | =NETTOARBEITSTAGE(A4;B4)-1-REST(A4;1)+REST(B4;1)

	A	B	C	D
1	**Gesamtstunden im Zeitraum**			
2				
3	**Ausgangsdatum**	**Enddatum**	**Gesamtstunden**	
4	16.7.18 7:30	29.7.18 18:00	226:30:00	

Im Zeitraum vom 16.07.2018, 7:30 Uhr, bis zum 29.07.2018, 18:00 Uhr, liegen 226:30 Stunden reine Arbeitszeit. Wochenenden werden dabei nicht berücksichtigt.

Hinweis

Die Funktion *NETTOARBEITSTAGE()* bietet auch die Möglichkeit, arbeitsfreie Tage anzugeben. Entsprechend werden diese bei der Gesamtstundenermittlung nicht berücksichtigt.

➡ Verweis: siehe Kapitel 4.5, Tipp 14, 15 und 28

Tipp 13: Ermittlung des Stundenlohns

Ausgehend von einem Auszahlungsbetrag und von den geleisteten Arbeitsstunden soll der Stundenlohn berechnet werden. In diesem Beispiel werden zwei Berechnungsmethoden vorgestellt.

So geht's:

1 Markieren Sie den Zellbereich C4:C10.

2 Erfassen Sie in Zelle C4 diese Funktion:

*=RUNDEN(A4/(((TEXT(LINKS(TEXT(B4;"HH:MM");2);"0"))*1)+((TEXT(RECHTS(TEXT(B4; "HH:MM");2);"0"))*1)/60);2)*

3 Beenden Sie die Dateneingabe mit der Tastenkombination [Strg]+[↵].

Diese Funktion zerlegt die Uhrzeit in eine Stunden- und eine Minutenangabe und erzeugt eine Stundenangabe auf der Basis von Dezimalzahlen. Jetzt muss nur noch der Auszahlungsbetrag durch den Stundenwert dividiert werden. Als Ergebnis wird der Stundenlohn im Bereich C4:C10 ausgegeben.

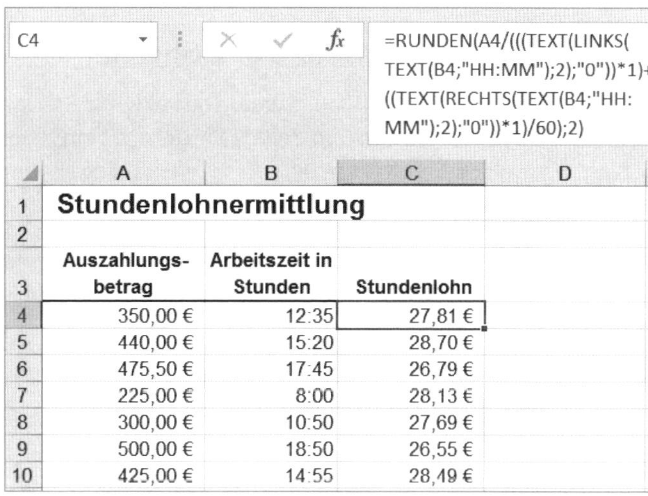

	A	B	C	D
1	Stundenlohnermittlung			
2				
3	Auszahlungs-betrag	Arbeitszeit in Stunden	Stundenlohn	
4	350,00 €	12:35	27,81 €	
5	440,00 €	15:20	28,70 €	
6	475,50 €	17:45	26,79 €	
7	225,00 €	8:00	28,13 €	
8	300,00 €	10:50	27,69 €	
9	500,00 €	18:50	26,55 €	
10	425,00 €	14:55	28,49 €	

Etwas leichter und vielleicht übersichtlicher können Sie die Aufgabenstellung mit folgender Formel lösen:

*=RUNDEN(A4/(B4*24);2)*

Diese Funktion erzeugt ebenfalls Industrieminuten und ermittelt basierend auf dem Auszahlungsbetrag den entsprechenden Stundenlohn.

➡ Verweis: siehe Kapitel 4.6, Tipp 5

Tipp 14: Ermittlung der Durchschnittsgeschwindigkeit

Im folgenden Beispiel sehen Sie, wie die Durchschnittsgeschwindigkeit ausgehend von der Fahrzeit und den gefahrenen Kilometerangaben ermittelt werden kann. Die Durchschnittsgeschwindigkeit ergibt sich, wenn die gefahrene Strecke durch die dafür benötigte Zeit dividiert wird.

So geht's:

1. Markieren Sie den Zellbereich D4:D10 und erfassen Sie in Zelle D4 die Formel *=RUNDEN(C4/B4/24;1)*. Damit werden die gefahrenen Kilometer durch den in Dezimalwerte umgerechneten Stundenwert dividiert.
2. Zur Anzeige des richtigen Werts müssen Sie dem Zellbereich das Standardformat zuweisen.

D4 | =RUNDEN(C4/B4/24;1)

	A	B	C	D
1	**Ermittlung der Durchschnittsgeschwindigkeit**			
2				
3	**Fahrer**	**Fahrzeit**	**gefahrene Kilomenter**	**Ø-Geschwindigkeit**
4	Fahrer 1	02:25	179	74,1
5	Fahrer 2	00:43	47	65,6
6	Fahrer 3	03:05	205	66,5
7	Fahrer 4	02:47	239	85,9
8	Fahrer 5	00:57	69	72,6
9	Fahrer 6	04:22	390	89,3
10	Fahrer 7	01:14	71	57,6

Tipp 15: Trennen von Datum und Uhrzeit

Die unten stehende Beispieltabelle wurde aus einem Zeiterfassungssystem exportiert. Dabei sind die Angaben für Datum und Zeit des Arbeitsbeginns in einer einzigen Zelle zusammengefasst. Für weitere Schritte werden diese Informationen nun aber in getrennten Zellen benötigt. Wie können die beiden Angaben separiert werden?

So geht's:

1. Markieren Sie den Zellbereich B4:B10.
2. Geben Sie in Zelle B4 die Formel *=GANZZAHL(A4)* ein und beenden Sie die Eingabe mit der Tastenkombination Strg+↵.
3. Zur korrekten Anzeige des Datums müssen Sie den Zellbereich mit einem Datumsformat belegen.
4. Nachdem das Datum ausgelesen ist, markieren Sie den Bereich C4:C10 und geben die Formel *=REST(A4;1)* ein. Schließen Sie auch diese Eingabe mit Strg+↵ ab. Mit dieser Funktion wird der Zeitanteil ausgelesen.

B4 | =GANZZAHL(A4)

	A	B	C	D
1	**Zeitauswertung**			
2				
3	**Zeitstempel (Kommen)**	**Datum**	**Zeit**	
4	01.08.18 08:01	01.08.2018	08:01:00	
5	02.08.18 07:35	02.08.2018	07:35:00	
6	03.08.18 06:59	03.08.2018	06:59:00	
7	06.08.18 07:22	06.08.2018	07:22:00	
8	07.08.18 07:35	07.08.2018	07:35:00	
9	08.08.18 08:04	08.08.2018	08:04:00	
10	09.08.18 07:14	09.08.2018	07:14:00	

Hinweis

Datums- und Zeitangaben werden in Excel intern als Dezimalzahl abgespeichert. Dabei repräsentiert die ganze Zahl vor dem Komma das Datum (1 = 1.1.1900), die Nachkommazahl beinhaltet die Zeit (0,5 = 12:00 Uhr).

Tipp 16: VBA-Makro zu einer vorgegebenen Zeit ausführen

VBA bietet die Möglichkeit, Makros zeitgesteuert auszuführen. So ist es beispielsweise möglich, zu einer vorgegebenen Zeit Datensicherungen, Datenabgleiche oder Auswertungen automatisch durchführen zu lassen.

So geht's:

1 Starten Sie im ersten Schritt den VBA-Editor mit der Tastenkombination Alt+F11.

2 Erfassen Sie den Code aus Listing 1 und Listing 2. Legen Sie im Code aus Listing 1 die gewünschte Uhrzeit fest, zu der der Befehl aufgerufen werden soll.

Listing 1:

```
Public Sub Makro_nach_Zeit()
Application.OnTime TimeValue("14:13:00"), "aktion"
End Sub
```

Listing 2:

```
Public Sub aktion()
'** Dieser VBA-Code wird ausgeführt.
MsgBox "Die Aktion wird ausgeführt."
End Sub
```

Über die Methode *OnTime* in Verbindung mit der Funktion *TimeValue* legen Sie den Zeitpunkt fest, zu dem das Makro ausgeführt werden soll. Nach Erreichen der vorgegebenen Zeit, im Beispiel 14:13:00 Uhr, wird das Makro *aktion()* aus Listing 2 gestartet.

Tipp 17: Laufende Uhrzeit in eine Zelle eintragen

Mit den folgenden VBA-Makros wird in eine beliebige Zelle die laufende Uhrzeit eingetragen, sodass die Anzeige wie eine herkömmliche Digitaluhr wirkt. Diese Lösung können Sie problemlos in eigene Anwendungen integrieren.

So geht's:

1 Starten Sie den VBA-Editor mit der Tastenkombination Alt+F11.

2 Erfassen Sie den Code der Listings 1 bis 3.

Listing 1:

```
Dim t As Boolean
Sub starten()
t = True
zeit = Time + TimeValue("00:00:01")
Application.OnTime zeit, "uhrzeit_eintragen"
End Sub
```

Listing 2:

- `Sub uhrzeit_eintragen()`
- `ActiveSheet.Range("A1").Value = Time`
- `If t = True Then starten`
- `End Sub`

Listing 3:

- `Sub beenden()`
- `t = False`
- `End Sub`

3 Gestartet wird die Digitaluhr, indem Sie die Prozedur *starten()* aufrufen.

4 Zum Beenden der Uhr starten Sie die Prozedur *beenden()*.

In diesem Beispiel wird die laufende Uhrzeit auf dem aktuellen Tabellenblatt in Zelle A1 eingetragen.

4.7 Finanzmathematik für die tägliche Arbeit

Ist von Finanzberechnungen am Computer die Rede, dann ist meistens ein Tabellenkalkulationsprogramm und somit Excel gefragt. Excel bietet über 50 integrierte Standardfunktionen zum Thema Finanzmathematik.

Leider weicht Excel in der Bezeichnung der Argumente und in der Onlinehilfe von den allgemeingültigen und bekannten Bezeichnungen und Konventionen der Finanzmathematik ab. In diesem Abschnitt wird versucht, eine Brücke zwischen den Excel-Konventionen und den allgemein verwendeten Konventionen zu bauen.

Tipp 1: Auf- und Abzinsungsfaktoren

Die Formel zur Errechnung der Höhe eines Kapitals K_n, angelegt zur Zinsrate i und jährlich mit Berücksichtigung von Zinseszinsen verzinst, lautet:

$$K_n = K_0 \times (1+i)^n$$

wobei der Teil

$$(1+i)^n = q^n$$

dabei auch als Aufzinsungsfaktor bezeichnet wird.

Mittels der Abzinsung kann errechnet werden, wie hoch ein Kapital K_0 (Barwert oder Kapitalwert) sein muss, damit zum Zeitpunkt n ein bestimmtes Kapital K_n verfügbar sein wird:

$$K_0 = K_n \times \frac{1}{(1+i)^n}$$

Der Teil

$$\frac{1}{(1+i)^{n}} = \frac{1}{q^{n}}$$

wird dabei auch als Abzinsungs- oder Barwertfaktor bezeichnet.

Tabellen mit Auf- oder Abzinsungsfaktoren für mehrere Zeiträume und Zinssätze können in Excel schnell erstellt werden.

So geht's:

1 Tragen Sie in eine Zelle den kleinsten Zinssatz ein, für den Sie einen Aufzinsungsfaktor errechnen möchten. Im Beispiel wurde in Zelle B4 ein Zinssatz von 2 % eingegeben (formatiert mit zwei Nachkommastellen).

2 Tragen Sie in die rechts daneben liegende Zelle mit Bezug auf die erste Zelle und Angabe der Schrittweite den nächsthöheren gewünschten Zinssatz ein. Im Beispiel wurde dieses in Zelle C4 eingegeben:

=B4+2%

3 Markieren Sie Zelle C4, klicken Sie auf das Kreuz an der rechten unteren Ecke der Zelle und ziehen Sie bei gedrückter Maustaste die Markierung nach rechts.

4 Tragen Sie nun die Laufzeiten in Jahren ein, im Beispiel wurde in Zelle A5 der Wert 1 eingetragen. Erfassen Sie unterhalb der Zelle den nächsten gewünschten Wert, analog mit Bezug auf die oberhalb stehende Zelle und Angabe der Schrittweite. Im Beispiel wurde in Zelle A6 Folgendes eingegeben:

=A5+1

5 Markieren Sie Zelle A6, klicken Sie auf das Kreuz an der rechten unteren Ecke der Zelle und ziehen Sie bei gedrückter Maustaste die Markierung nach unten.

6 Erfassen Sie nun in Zelle B5 folgende Formel:

=(1+(B$4))^$A5

oder mittels Verwendung der einschlägigen Excel-Funktion anstelle dieser Formel:

=ZW(B$4;$A5;;–1;0)

7 Markieren Sie Zelle B5 und ziehen Sie sie nach rechts bis zum letzten eingegebenen Zinssatz.

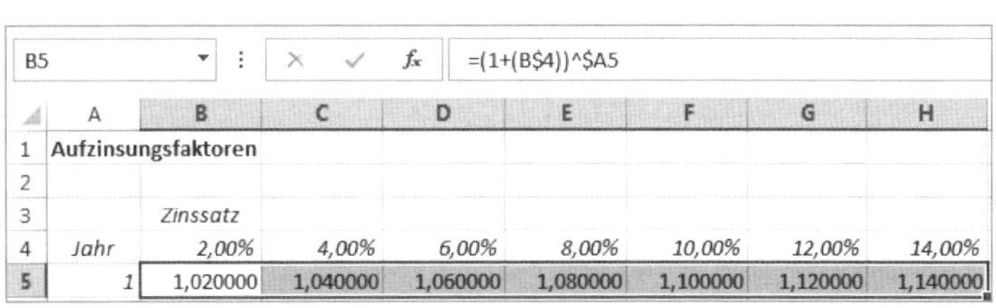

	A	B	C	D	E	F	G	H
1	Aufzinsungsfaktoren							
2								
3		Zinssatz						
4	Jahr	2,00%	4,00%	6,00%	8,00%	10,00%	12,00%	14,00%
5	1	1,020000	1,040000	1,060000	1,080000	1,100000	1,120000	1,140000

8 Klicken Sie nun – während die Mehrfachmarkierung noch besteht – doppelt auf das Kreuz an der rechten unteren Ecke, sodass die restlichen Werte der Tabelle automatisch befüllt werden.

	A	B	C	D	E	F	G	H
1	**Aufzinsungsfaktoren**							
2								
3		*Zinssatz*						
4	*Jahr*	*2,00%*	*4,00%*	*6,00%*	*8,00%*	*10,00%*	*12,00%*	*14,00%*
5	1	1,020000	1,040000	1,060000	1,080000	1,100000	1,120000	1,140000
6	2	1,040400	1,081600	1,123600	1,166400	1,210000	1,254400	1,299600
7	3	1,061208	1,124864	1,191016	1,259712	1,331000	1,404928	1,481544
8	4	1,082432	1,169859	1,262477	1,360489	1,464100	1,573519	1,688960
9	5	1,104081	1,216653	1,338226	1,469328	1,610510	1,762342	1,925415
10	6	1,126162	1,265319	1,418519	1,586874	1,771561	1,973823	2,194973
11	7	1,148686	1,315932	1,503630	1,713824	1,948717	2,210681	2,502269
12	8	1,171659	1,368569	1,593848	1,850930	2,143589	2,475963	2,852586
13	9	1,195093	1,423312	1,689479	1,999005	2,357948	2,773079	3,251949
14	10	1,218994	1,480244	1,790848	2,158925	2,593742	3,105848	3,707221

Um eine Tabelle mit Abzinsungsfaktoren zu erstellen, verwenden Sie folgende Formel bzw. Funktion (angegebene Zellbezüge entsprechen dem obigen Beispiel):

=1/((1+(B$4))^$A5) bzw. *=BW(B$4;$A5;;–1;0)*

Tipp 2: Zinsberechnungen im Überblick

Einfache Zinsen – jährliche Verzinsung

Die mathematische Formel zur Berechnung des Endkapitals lautet:

$$K_n = K_0 \times (i \times n + 1)$$

So geht's:

1 Gegeben ist ein Anfangskapital K_0 = *500,00 €*, das über *n = 10* Jahre mit *i = 2,00%* jährlich verzinst wird. Die Höhe der Zinsen sowie des Endkapitals K_n soll errechnet werden.

2 Berechnung der Zinsen mit der Formel in Zelle C10:

*=C3*C5*C4*

Berechnung des Endkapitals mit der Formel in Zelle C11:

*=C3+C3*C5*C4*

Berechnung der Zinsen mit der Funktion *ZINSZ* in Zelle C13:

*=ZINSZ(C5;1;1;–C3)*C4*

	A	B	C
1	**Einfache Zinsen - jährliche Verzinsung**		
2			
3	*geg.:*	K_0	500,00 €
4		n	10
5		i	2,00%
6			
7	*ges.:*	Zinsen	
8		K_n	
9			
10	*Formel:*	Zinsen	100,00 €
11		K_n	600,00 €
12			
13	*Funktion:*	Zinsen:	100,00 €
14		K_n	600,00 €

Berechnung des Endkapitals mit der Funktion *ZINSZ* in Zelle C14:

*=ZINSZ(C5;1;1;–C3)*C4+C3*

3 Bei bekanntem Anfangskapital K_0, Endkapital K_n und Laufzeit *n* soll nun der Zinssatz ermittelt werden.

Berechnung des Zinssatzes mit der Formel in Zelle G10:

=1/G4(G5/G3–1)*

Excel 2013: Berechnung des Zinssatzes mit der Funktion *ZSATZINVEST* in Zelle G13:

=ZSATZINVEST(G4/G4;G3;G5)/G4

	E	F	G
3	*geg.:*	K_0	500,00 €
4		n	10
5		K_n	600,00 €
6			
7	*ges.:*	i	
8			
9			
10	*Formel:*	i	2,00%
11			
12			
13	*Funktion:*	i	2,00%

Einfache Zinsen – unterjährige Verzinsung

Die mathematische Formel zur Berechnung des Endkapitals lautet:

$$K_{n,k} = K_0 \times \left(1 + \frac{i_{nom}}{m}\,[n \times m + k]\right)$$

wobei *n* den Jahren und der Quotient i_{nom}/m dem nominalen Jahreszins geteilt durch die Anzahl der Zinsperioden pro Jahr (*m*) entspricht (relativer Zinssatz i_{rel}). *k* ist die Anzahl von Zinsperioden, die gegebenenfalls zusätzlich zu vollen Jahren *n* anfallen. Der Ausdruck $n \times m + k$ gibt somit die Laufzeit (Anzahl der Zinsperioden) an.

So geht's:

1 Gegeben ist ein Anfangskapital $K_0 = 1000{,}00$ €, das über *n = 3 Jahre* und *k = 145 Tage* mit $i_{nom} = 5\%$ Jahreszins verzinst wird. Die Zinsperiode ist täglich auf Basis von 360 Tagen je Jahr: *m = 360*. Die Höhe der Zinsen sowie des Endkapitals K_n soll errechnet werden.

2 Berechnung der Anzahl der Zinsperioden in Zelle C8: *=C4*C5+C6*

Berechnung des relativen Zinssatzes in Zelle C9:

=C7/C5

Berechnung der Zinsen mit der Formel in Zelle C14:

*=RUNDEN(C3*C9*C8;2)*

Berechnung des Endkapitals mit der Formel in Zelle C15:

*=RUNDEN(C3+C3*C9*C8;2)*

	A	B	C
1	**Einfache Zinsen - unterjährige Verzinsung**		
2			
3	*geg.:*	K_0	1.000,00 €
4		n (Jahre)	3
5		m (Zinsperioden/Jahr)	360
6		k (Anzahl Zinsperioden < 1 Jahr)	145
7		i_{nom}	5,00%
8		Anzahl Zinsperioden: n x m + k	1225
9		i_{rel}	0,01%
10			
11	*ges.:*	Zinsen	
12		K_n	
13			
14	*Formel:*	Zinsen	170,14 €
15		K_n	1.170,14 €
16			
17	*Funktion:*	Zinsen:	170,14 €
18		K_n	1.170,14 €

Berechnung der Zinsen mit der Funktion *ZINSZ* in Zelle C17:

*=RUNDEN(ZINSZ(C9;1;1;–C3)*C8;2)*

Berechnung des Endkapitals mit Funktion *ZINSZ* in Zelle C18:

*=RUNDEN(ZINSZ(C9;1;1;–C3)*C8+C3;2)*

3 Bei bekanntem Anfangskapital K_0, Endkapital K_n sowie Laufzeit und *m* sollen nun der relative und der nominale Zinssatz ermittelt werden.

Berechnung des nominalen Zinssatzes mit der Formel in Zelle G14:

=1/(G8)(G7/G3–1)*G5*

Berechnung des relativen Zinssatzes mit der Formel in Zelle G15:

=1/(G8)(G7/G3–1)*

	E	F	G
3	*geg.:*	K_0	1.000,00 €
4		n (Jahre)	3
5		m (Zinsperioden/Jahr)	360
6		k (Anzahl Zinsperioden < 1 Jahr)	145
7		K_n	1.170,14 €
8		Anzahl Zinsperioden: n x m + k	1225
9			
10			
11	*ges.:*	i_{nom}	
12		i_{rel}	
13			
14	*Formel:*	i_{nom}	5,00%
15		i_{rel}	0,01%
16			
17	*Funktion:*	i_{nom} ZSATZINVEST	5,00%
18		i_{rel} ZSATZINVEST	0,01%
19		i_{nom} EFFEKTIV	5,00%
20		i_{nom} NOMINAL	5,00%

Der nominale Zinssatz kann alternativ mit den Funktionen *EFFEKTIV* und *NOMINAL* berechnet werden, da die Ergebnisse in dieser Konstellation identisch sind:

Zelle G19: *=EFFEKTIV((G7–G3)/G3*G5/G8;1)*

Zelle G20: *=NOMINAL((G7–G3)/G3*G5/G8;1)*

Der relative Zinssatz ergibt sich jeweils mittels Division des Ergebnisses durch *m*.

Ab Excel 2013: Berechnung des nominalen Zinssatzes mit der Funktion *ZSATZINVEST* in Zelle G17:

*=ZSATZINVEST(G6/G6;G3;G7)*G5/G8*

Ab Excel 2013: Berechnung des relativen Zinssatzes mit der Funktion *ZSATZINVEST* in Zelle G18:

=ZSATZINVEST(G6/G6;G3;G7)/G8

Zinseszinsen – jährliche Verzinsung

Die mathematische Formel zur Berechnung des Endkapitals lautet:

$$K_n = K_0 \times (1 + i_{nom})^n$$

wobei *n* der Laufzeit in Jahren und i_{nom} dem nominalen Jahreszins entspricht.

So geht's:

1 Gegeben ist ein Anfangskapital $K_0 = 1000{,}00$ €, das über $n = 3$ Jahre mit $i = 6{,}25\%$ jährlich verzinst wird. Die Höhe der Zinsen sowie des Endkapitals K_n soll errechnet werden.

2 Berechnung der Zinsen mit der Formel in Zelle C10:

=(C3(1+C5)^C4)–C3*

Berechnung des Endkapitals mit der Formel in Zelle C11:

=(C3(1+C5)^C4)*

Berechnung der Zinsen mit der Funktion *ZW* in Zelle C13:

=ZW(C5;C4;;–C3;0)–C3

Berechnung des Endkapitals mit der Funktion *ZW* in Zelle C14:

=ZW(C5;C4;;–C3;0)

	A	B	C
1	**Zinseszinsen - jährliche Verzinsung**		
2			
3	*geg.:*	K_0	1.000,00 €
4		n	3
5		i_{nom}	6,25%
6			
7	*ges.:*	Zinsen	
8		K_n	
9			
10	*Formel:*	Zinsen	199,46 €
11		K_n	1.199,46 €
12			
13	*Funktion:*	Zinsen	199,46 €
14		K_n	1.199,46 €

Zinseszinsen – unterjährige Verzinsung

Die mathematische Formel zur Berechnung des Endkapitals lautet:

$$K_n = K_0 \times (1 + i_{rel})^{n \times m}$$

wobei *n* den Jahren und i_{rel} dem nominalen Jahreszins i_{nom} geteilt durch die Anzahl der Zinsperioden pro Jahr (*m*) entspricht. Der Exponent *n x m* gibt die Laufzeit (Anzahl der Zinsperioden) an.

So geht's:

1 Gegeben ist ein Anfangskapital $K_0 = 1000{,}00$ €, das über $n = 1$ Jahr zu einem Jahreszins $i_{nom} = 5\%$ verzinst wird; die Verzinsung erfolgt dabei monatlich: $m = 12$. Die Höhe der Zinsen sowie des Endkapitals K_n soll errechnet werden.

2 Berechnung des relativen Zinssatzes in Zelle C12:

=C6/C5

Berechnung der Zinsen mit der Formel in Zelle C13:

=(C3(1+C12)^(C4))–C3*

	A	B	C
1	**Zinseszinsen - unterjährige Verzinsung**		
2			
3	*geg.:*	K_0	1.000,00 €
4		Zahl Zinsperioden	12
5		m (Zinsperioden/Jahr)	12
6		i_{nom}	5,00%
7			
8	*ges.:*	i_{rel}	
9		Zinsen	
10		K_n	
11			
12	*Formel:*	i_{rel}	0,42%
13		Zinsen	51,16 €
14		K_n	1.051,16 €
15			
16	*Funktion:*	i_{rel}	0,42%
17		Zinsen	51,16 €
18		K_n	1.051,16 €

Berechnung des Endkapitals mit der Formel in Zelle C14:

=(C3(1+C12)^(C4))*

Berechnung der Zinsen mit der Funktion *ZW* in Zelle C17:

=ZW(C6/C5;C4;;-C3;0)-C3

Berechnung des Endkapitals mit der Funktion *ZW* in Zelle C18:

=ZW(C6/C5;C4;;-C3;0)

Berechnung des effektiven Zinssatzes mit der Formel in Zelle G11:

=(1+G7/G5)^(G5)-1

Excel 2007–2013:

Berechnung des effektiven Zinssatzes mit der Funktion *EFFEKTIV* in Zelle G14:

=RUNDEN(EFFEKTIV(G7;G5);4)

Ab Excel 2013: Berechnung des effektiven Zinssatzes mit der Funktion *ZSATZINVEST* in Zelle G13:

=ZSATZINVEST(G4/G5;G3;G6)

	E	F	G
3	geg.:	K_0	1.000,00 €
4		Zahl Zinsperioden	12
5		m (Zinsperioden/Jahr)	12
6		K_n	1.051,16 €
7		i_{nom}	5,00%
8			
9	ges.:	i_{eff}	
10			
11	Formel:	i_{eff}	5,12%
12			
13	Funktion:	i_{eff} ZSATZINVEST	5,12%
14		i_{eff} EFFEKTIV	5,12%

Gemischte Verzinsung

Bei dieser Zinsberechnungsmethode werden für einen bestimmten Teil der Laufzeit Zinseszinsen gerechnet, für den restlichen Zeitraum wird das bis dahin erzielte Kapital einfach verzinst.

Unter der Annahme, dass die ersten vollen *n* Jahre mit Zinseszinsen verzinst werden, ein darauffolgender Jahresanteil aber nur einfach verzinst wird, ergibt sich – auf Basis von 360 Tagen – folgende Formel:

$$K_{n,t} = K_0 \times (1 + i_{nom})^n \times \left(1 + i_{nom} \times \frac{t}{360}\right)$$

So geht's:

1 Gegeben ist ein Anfangskapital $K_0 = 1000{,}00$ €, das über *2* Jahre, *3* Monate und *4* Tage zu einem Jahreszins $i_{nom} = 3{,}75\%$ verzinst wird. Der letzte Tag (Auszahlungstag) soll nicht verzinst werden. Die Höhe der Zinsen sowie des Endkapitals K_n soll errechnet werden.

2 Fall A: Die Anlagedauer liegt in Jahren, Monaten, Tagen ausgedrückt vor.

Berechnung der Gesamtanlagedauer in Zelle C7:

*=C4*360+C5*30+C6–1*

Berechnung der Zinsen in Zelle C14:

=(C3(1+C9)^C4)*(1+C9*(C5*30+C6)/360)–C3*

Berechnung des Endkapitals in Zelle C15:

=(C3(1+C9)^C4)*(1+C9*(C5*30+C6)/360)*

	A	B	C
1	**Gemischte Verzinsung**		
2			
3	*geg.:*	K_0	1.000,00 €
4		Anlagedauer Jahre +	2
5		Anlagedauer Monate +	3
6		Anlagedauer Tage	4
7		Anlagedauer gesamt in Tagen	813
8			
9		i_{nom}	3,75%
10			
11	*ges.:*	Zinsen	
12		K_n	
13			
14	*Formel:*	Zinsen	86,95 €
15		K_n	1.086,95 €

Fall B: Die Anlagedauer soll aus Datum des Anlagebeginns und Auszahlungsdatum berechnet werden.

Berechnung der Gesamtanlagedauer in Zelle G6 unter Verwendung der Funktion *TAGE360*:

=TAGE360(G4;G5;WAHR)

Berechnung der Zinsen in Zelle G14, hierbei Verwendung der Funktionen *GANZZAHL* und *REST*, um die errechnete Anlagedauer in ganze Jahre *n* und Periode *t* aufzuspalten:

=(G3(1+G9)^(GANZZAHL(G6/360)))*(1+G9*REST(G6+1;360)/360)–G3*

	E	F	G
3	*geg.:*	K_0	1.000,00 €
4		Anlagebeginn	01.01.2018
5		Auszahlungstag	04.04.2020
6		Anlagedauer gesamt in Tagen	813
7			
8			
9		i_{nom}	3,75%
10			
11	*ges.:*	Zinsen	
12		K_n	
13			
14	*Formel:*	Zinsen	86,95 €
15		K_n	1.086,95 €

Berechnung des Endkapitals in Zelle G15:

=(G3(1+G9)^(GANZZAHL(G6/360)))*(1+G9*REST(G6+1;360)/360)*

Stetige Verzinsung

Die mathematische Formel zur Berechnung des Endkapitals lautet:

$$K_n = K_0 \times e^{i \times n}$$

wobei *e* für die eulersche Zahl steht, *n* für Jahre, *i* für den Nominalzins.

So geht's:

1 Gegeben ist ein Anfangskapital $K_0 = 1000{,}00$ €, das über $n = 15$ Jahre zu einem Jahreszins $i = 10\%$ verzinst wird. Die Höhe der Zinsen sowie des Endkapitals K_n soll errechnet werden.

2 Berechnung der Zinsen mit der Formel in Zelle C10:

=RUNDEN(C3(EXP(1)^(C4*C5));2)–C3*

Berechnung des Endkapitals mit der Formel in Zelle C11:

=RUNDEN(C3(EXP(1)^(C4*C5));2)*

	A	B	C
1	**Stetige Verzinsung**		
2			
3	*geg.:*	K_0	1.000,00 €
4		i	10%
5		n	15
6			
7	*ges.:*	Zinsen	
8		K_n	
9			
10	*Formel:*	Zinsen	3.481,69 €
11		K_n	4.481,69 €

NOMINAL und EFFEKTIV

Mit den Funktionen *NOMINAL* und *EFFEKTIV* kann in Excel die wechselseitige Beziehung zwischen Nominal- und Effektivverzinsung hergestellt bzw. eine der beiden Größen aus der gegebenen anderen Größe berechnet werden; als Argument erforderlich ist zusätzlich die Anzahl der Zinsperioden je Jahr.

Nominal- und Effektivzins stehen mathematisch in folgendem Zusammenhang:

a) Effektivzins-Formel:

$$i_{eff} = \left(1 + \frac{i_{nom}}{m}\right)^m - 1$$

b) Nominalzins-Formel:

$$i_{nom} = m\left(\left(\sqrt[m]{i_{eff} + 1}\right) - 1\right)$$

mit Effektivzins i_{eff}, Nominalzins i_{nom} und Anzahl der unterjährigen Zinsperioden m. Im Folgenden wird anhand von Übersichtstabellen die Anwendung der Funktion sowie der alternativen Formellösung dargestellt.

So geht's:

1 Für halbjährliche, quartalsweise, monatliche, wöchentliche und tägliche Verzinsung sollen für Nominalzinssätze zwischen 1 % und 3,5 % mit Schrittweite 0,5 % die Effektivzinssätze errechnet werden.

2 Erstellen Sie eine Tabelle für die Zinsperioden m (Zellen B3:F3) und die Nominalzinssätze i_{nom} (Zellen A4:A9).

Markieren Sie den Zellbereich B4:F9 und setzen Sie den Cursor in die Bearbeitungszeile. Zur Befüllung der Tabelle mittels Nutzung der Funktion *EFFEKTIV* tragen Sie ein:

=EFFEKTIV($A4;B$3)

Alternativ tragen Sie für die Berechnung mittels Nutzung einer Formel ein:

=(1+$A4/B$3)^B$3–1

3 Halten Sie die Taste Strg gedrückt und bestätigen Sie die Eingabe mit ↵.

	A	B	C	D	E	F
1	**Effektivzinssätze unterjährig aus Nominalzinssätzen berechnet**					
2		*m*				
3	***p***	***2***	***4***	***12***	***52***	***360***
4	***1,00%***	1,0025%	1,0038%	1,0046%	1,0049%	1,0050%
5	***1,50%***	1,5056%	1,5085%	1,5104%	1,5111%	1,5113%
6	***2,00%***	2,0100%	2,0151%	2,0184%	2,0197%	2,0201%
7	***2,50%***	2,5156%	2,5235%	2,5288%	2,5309%	2,5314%
8	***3,00%***	3,0225%	3,0339%	3,0416%	3,0446%	3,0453%
9	***3,50%***	3,5306%	3,5462%	3,5567%	3,5608%	3,5618%

4 Analog können Sie aus gegebenen Effektivzinssätzen die Nominalzinssätze errechnen und tabellarisch darstellen (siehe nächste Abbildung, Datenbereich B14:F19):

Funktionslösung: *=NOMINAL($A14;B$13)*

Formellösung: *=B$13*((($A14+1)^(1/B$13))–1)*

	A	B	C	D	E	F
11	**Nominalzinssätze unterjährig aus Effektivzinssätzen berechnet**					
12		*m*				
13	***p***	***2***	***4***	***12***	***52***	***360***
14	***1,0000%***	0,9975%	0,9963%	0,9954%	0,9951%	0,9950%
15	***1,5000%***	1,4944%	1,4916%	1,4898%	1,4891%	1,4889%
16	***2,0000%***	1,9901%	1,9852%	1,9819%	1,9806%	1,9803%
17	***2,5000%***	2,4846%	2,4769%	2,4718%	2,4698%	2,4693%
18	***3,0000%***	2,9778%	2,9668%	2,9595%	2,9567%	2,9560%
19	***3,5000%***	3,4699%	3,4550%	3,4451%	3,4413%	3,4403%

Tipp 3: Ermittlung der monatlichen Ratenzahlung (Annuität) eines Darlehens

Als Annuität bezeichnet man eine regelmäßige, gleichbleibende Zahlung für einen Kredit. Sie besteht aus einem Zins- und einem Tilgungsanteil. Der Zinsanteil nimmt im Zeitverlauf ab. Im gleichen Maße steigt entsprechend der Tilgungsanteil.

Die Annuität kann durch zwei verschiedene Methoden berechnet werden.

So geht's: Berechnung über eine finanzmathematische Formel

Die Ausgangsbasis für die Ermittlung der Annuität sehen Sie in der Abbildung.

Die Darlehensauszahlung hat bei 4,45 % Zinssatz 160.000,00 Euro betragen. Als Rückzahlungsdauer sind 30 Jahre angegeben – also eine klassische Immobilienfinanzierung.

	A	B
1	**Ermittlung der monatlichen Annuität eines Darlehens**	
2		
3		
4	Darlehensbetrag	160.000,00 €
5	Zinssatz p.a.	4,45%
6	Laufzeit / Jahre	30

Nachfolgend sehen Sie die allgemeingültige finanzmathematische Formel:

$$R = S_n \cdot \frac{i \cdot (1+i)^n}{(1+i)^n - 1} = S_n \cdot \frac{i \cdot q^n}{q^n - 1}$$

Überführt man diese Formel nach Excel, erhält man folgendes Ergebnis:

*=1/((((1+(B5/12)) ^(B6*12))–1)/((((1+(B5/12))^(B6*12))) *B5/12))*B4*

In diesem Beispiel ist eine monatliche Zahlungsweise unterstellt.

Wenn Sie diese Formel in Zelle B9 erfassen, wird eine Annuität von 805,95 Euro errechnet. Das bedeutet, zur Tilgung des Darlehens müssen 30 Jahre lang jeden Monat 805,95 Euro gezahlt werden.

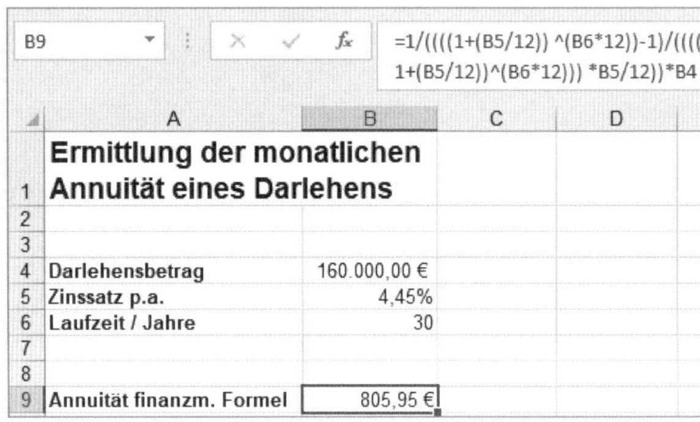

So geht's: Berechnung über die Excel-Funktion RMZ()

Die zweite, sicherlich elegantere Möglichkeit nutzt die Tatsache, dass Excel eine umfangreiche Sammlung an finanzmathematischen Funktionen besitzt. Damit müssen Sie also gar nicht lange mit den Grundrechenarten und komplexen Klammerausdrücken experimentieren. Die Funktion zur Ermittlung der Annuität lautet *RMZ()*. Dies steht für regelmäßige Zahlungen. Die Syntax des Befehls lautet wie folgt:

RMZ(Zinssatz;Anzahl_der_Raten;Kreditbetrag;Restwert;Fälligkeit)

RMZ() gibt die konstante Zahlung einer Annuität pro Periode zurück, wobei konstante Zahlungen und ein konstanter Zinssatz vorausgesetzt werden. Der *Zinssatz* bezieht sich jeweils auf eine einzelne Zahlungsperiode. Das heißt, dass er auf das zweite Argument, *Anzahl_der_Raten*, abgestimmt sein muss. Wenn Sie hier in Monaten rechnen, muss sich auch der Zinssatz auf einen Monat beziehen.

Die Argumente *Restwert* und *Fälligkeit* sind optional. Wenn Sie sie nicht angeben, nimmt Excel einen Restwert von null sowie die Fälligkeit am Ende der einzelnen Zahlungsperiode an. Alternativ können Sie dem Argument *Fälligkeit* auch den Wert 1 übergeben, sodass eine Zahlung am Anfang der Periode angenommen wird.

Zur Ermittlung der Annuität unter Berücksichtigung der Variablen Zahlungsweise erfassen Sie in Zelle B10 folgende Formel:

*=RMZ(B5/B7;B6*B7;-B4)*

Sie sehen, diese Funktion ist wesentlich kürzer und übersichtlicher. Das Ergebnis ist natürlich identisch mit der finanzmathematischen Berechnungsmethode.

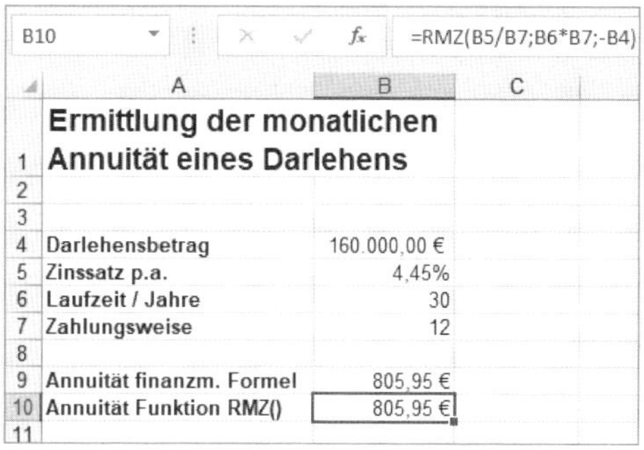

B10 =RMZ(B5/B7;B6*B7;-B4)

	A	B	C
1	**Ermittlung der monatlichen Annuität eines Darlehens**		
2			
3			
4	Darlehensbetrag	160.000,00 €	
5	Zinssatz p.a.	4,45%	
6	Laufzeit / Jahre	30	
7	Zahlungsweise	12	
8			
9	Annuität finanzm. Formel	805,95 €	
10	Annuität Funktion RMZ()	805,95 €	
11			

Hinweis

Zu beachten ist, dass der Zinssatz auf Monatsbasis heruntergerechnet wird, indem der Wert durch 12 dividiert wird. Analog dazu wird die Laufzeit auf Monate umgerechnet, indem die Jahresangabe mit 12 multipliziert wird.

Tipp 4: Tilgungsanteil für einen Kredit in einem bestimmten Zeitraum ermitteln

Eine Annuität setzt sich aus einem Zins- und einem Tilgungsanteil zusammen. In dieser Aufgabenstellung soll aus einer Annuität der monatliche Tilgungsanteil ermittelt werden.

So geht's:

Zur Ermittlung des Tilgungsanteils stellt Excel die Funktion *KAPZ()* zur Verfügung. Die Syntax lautet wie folgt:

KAPZ(Zins;Zahlungszeitraum;Anzahl_Zahlungszeiträume;Barwert;Endwert;Fälligkeit)

KAPZ() gibt die Kapitalrückzahlung einer Investition für eine angegebene Periode zurück. Es werden konstante periodische Zahlungen und ein konstanter Zinssatz vorausgesetzt.

Die Funktionsargumente:

- *Zins*: Ist der Zinssatz pro Periode (Zahlungszeitraum).
- *Zahlungszeitraum*: Gibt die Periode an und muss zwischen 1 und dem Zahlungszeitraum liegen.
- *Anzahl_Zahlungszeiträume:* Gibt an, über wie viele Perioden die jeweilige Annuität (Rente) gezahlt wird.
- *Barwert*: Ist der Gesamtbetrag, den eine Reihe zukünftiger Zahlungen zum gegenwärtigen Zeitpunkt wert ist.
- *Endwert*: Ist der zukünftige Wert (Endwert) oder der Kassenbestand, den Sie nach der letzten Zahlung erreicht haben möchten. Fehlt das Argument *Endwert*, wird der Wert 0 angenommen, das heißt, der Kredit wird vollständig getilgt.
- *Fälligkeit*: Kann den Wert 0 oder 1 annehmen und gibt an, wann die Zahlungen fällig sind (0 = nachschüssig, 1 = vorschüssig).

Zur Ermittlung des Tilgungsanteils erfassen Sie nun in Zelle B12 die Funktion *=KAPZ(B7/B8;B10;B9*B8;B5*–1)*. Damit wird der Tilgungsanteil für den in Zelle B10 (*Tilgungsanteil für Periode*) angegebenen Monat ermittelt.

Das Ergebnis lautet 213,41 Euro.

Wenn Sie den Tilgungsanteil für den 50. Monat der Darlehenslaufzeit ermitteln möchten, erfassen Sie einfach in Zelle B10 den Wert 50.

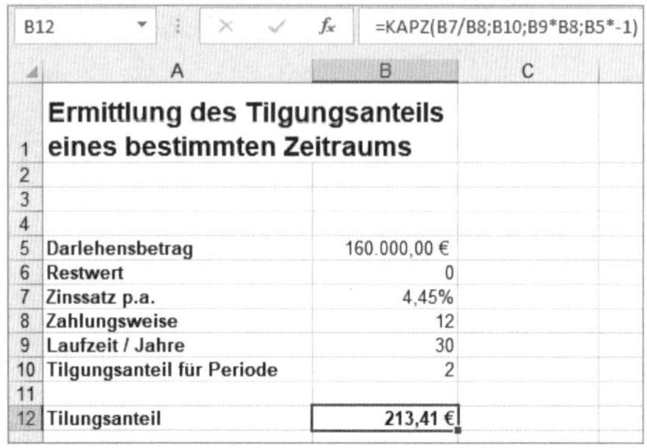
B12 =KAPZ(B7/B8;B10;B9*B8;B5*-1)

	A	B	C
1	**Ermittlung des Tilgungsanteils eines bestimmten Zeitraums**		
2			
3			
4			
5	**Darlehensbetrag**	160.000,00 €	
6	**Restwert**	0	
7	**Zinssatz p.a.**	4,45%	
8	**Zahlungsweise**	12	
9	**Laufzeit / Jahre**	30	
10	**Tilgungsanteil für Periode**	2	
11			
12	**Tilungsanteil**	**213,41 €**	

Hinweis

Wenn der Kredit nicht monatlich, sondern jährlich zu tilgen ist, geben Sie in Zelle B8 den Wert 1 für eine jährliche Zahlungsweise ein. Bei halbjährlicher Rückzahlung geben Sie analog den Wert 2 und bei quartalsweiser Tilgung den Wert 4 ein. 12 steht somit für eine monatliche Rückzahlung.

Tipp 5: Zinsanteil für einen Kredit in einem bestimmten Zeitraum ermitteln

Dieses Beispiel zeigt, wie sich der Zinsanteil aus einer Annuität bzw. direkt aus den gegebenen Eckdaten eines Darlehens berechnen lässt.

So geht's:

Excel stellt für die Ermittlung des Zinsanteils die Funktion *ZINSZ()* zur Verfügung. Der Befehl ist wie folgt aufgebaut:

ZINSZ(Zins;Zahlungszeitraum;Anzahl_Zahlungszeiträume;Barwert;Endwert;Fälligkeit)

ZINSZ() gibt die Zinszahlung einer Investition für die angegebene Periode ausgehend von regelmäßigen, konstanten Zahlungen und einem konstanten Zinssatz zurück.

Die Funktionsargumente:

- *Zins*: Ist der Zinssatz pro Periode (Zahlungszeitraum).
- *Zahlungszeitraum*: Ist die Periode, für die Sie den Zinsbetrag berechnen möchten.
- *Anzahl_Zahlungszeiträume*: Gibt an, über wie viele Perioden die jeweilige Annuität (Rente) gezahlt wird.
- *Barwert*: Ist der Barwert oder der heutige Gesamtwert einer Reihe zukünftiger Zahlungen.
- *Endwert*: Ist der zukünftige Wert (Endwert) oder der Kassenbestand, den Sie nach der letzten Zahlung erreicht haben möchten. Fehlt das Argument *Endwert*, wird es als 0 angenommen.

- *Fälligkeit*: Kann den Wert 0 oder 1 annehmen und gibt an, wann Zahlungen fällig sind. Fehlt das Argument *Fälligkeit*, wird es als 0 angenommen.

Zur Ermittlung des Zinsanteils erfassen Sie in Zelle B14 diese Formel:

*=ZINSZ(B7/B8;B10;B9*B8;B5*–1)*

Der Zinsanteil für den zweiten Monat beträgt 592,54 Euro.

In Beispiel 1 wurde die Annuität mit dem Befehl *RMZ()* ermittelt. Bei gleichen Eckdaten hatte sich dort eine monatliche Annuität von 805,95 Euro ergeben.

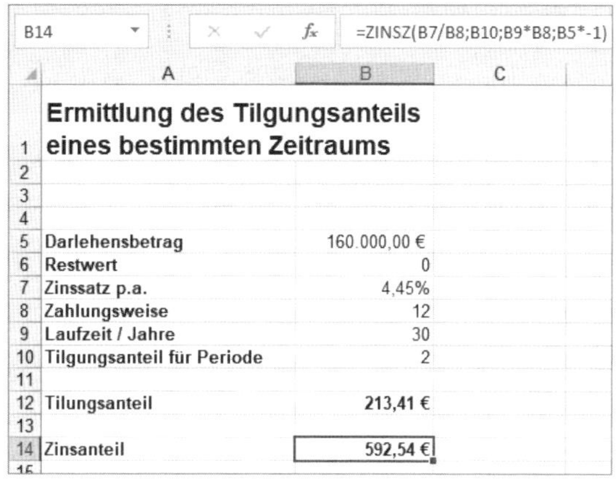

B14 | =ZINSZ(B7/B8;B10;B9*B8;B5*-1)

	A	B	C
1	**Ermittlung des Tilgungsanteils eines bestimmten Zeitraums**		
2			
3			
4			
5	Darlehensbetrag	160.000,00 €	
6	Restwert	0	
7	Zinssatz p.a.	4,45%	
8	Zahlungsweise	12	
9	Laufzeit / Jahre	30	
10	Tilgungsanteil für Periode	2	
11			
12	Tilungsanteil	**213,41 €**	
13			
14	Zinsanteil	**592,54 €**	

Werden nun der in Beispiel 2 ermittelte Tilgungsanteil und der Zinsanteil aus diesem Beispiel summiert, ergibt sich wiederum die monatliche Annuität von 805,95 Euro.

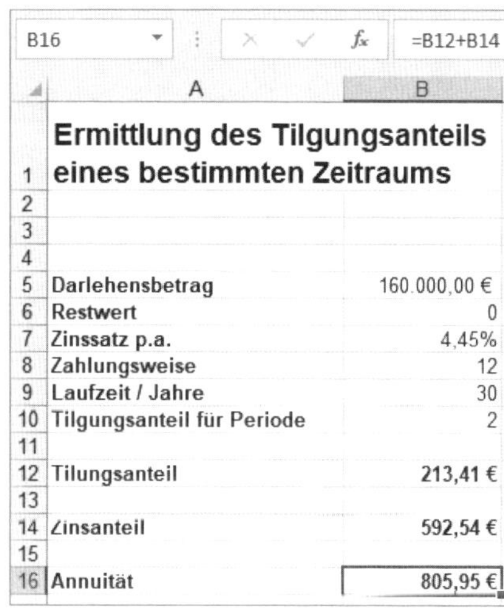

B16 | =B12+B14

	A	B
1	**Ermittlung des Tilgungsanteils eines bestimmten Zeitraums**	
2		
3		
4		
5	Darlehensbetrag	160.000,00 €
6	Restwert	0
7	Zinssatz p.a.	4,45%
8	Zahlungsweise	12
9	Laufzeit / Jahre	30
10	Tilgungsanteil für Periode	2
11		
12	Tilungsanteil	**213,41 €**
13		
14	Zinsanteil	**592,54 €**
15		
16	Annuität	**805,95 €**

Hinweis

Wenn der Kredit nicht monatlich, sondern jährlich zu tilgen ist, erfassen Sie in Zelle B8 den Wert 1 für eine jährliche Zahlungsweise. Bei halbjährlicher Rückzahlung geben Sie analog den Wert 2 und bei quartalsweiser Tilgung den Wert 4 ein. 12 steht somit für eine monatliche Rückzahlung.

Tipp 6: Ermittlung des Zinssatzes für einen Kredit

In diesem Beispiel erfahren Sie, wie sich der Zinssatz für einen Kredit auf der Basis einer vorgegebenen Rückzahlung (Annuität) ermitteln lässt.

So geht's:

Zur Ermittlung des Zinssatzes wird die Funktion *ZINS()* verwendet. Die Syntax des Befehls lautet wie folgt:

ZINS(Anzahl_Zahlungszeiträume;Regelmäßige_Zahlung;Barwert;Endwert;Fälligkeit;Schätzwert)

ZINS() gibt den Zinssatz einer Annuität pro Periode zurück. *ZINS()* verwendet zur Berechnung eines Zinssatzes ein Iterationsverfahren. Es ist möglich, dass keine Lösungen gibt.

Wenn die Differenz aufeinanderfolgender Ergebnisse nach 20 Iterationsschritten nicht gegen 0,0000001 geht, gibt *ZINS()* den Fehlerwert *#ZAHL!* zurück.

Die Funktionsargumente:

- *Anzahl_Zahlungszeiträume*: Gibt an, über wie viele Perioden die jeweilige Annuität (Rente) gezahlt wird.
- *Regelmäßige_Zahlung*: Ist der Betrag (die Annuität), der in jeder Periode gezahlt wird. Dieser Betrag bleibt während der Laufzeit konstant. Üblicherweise umfasst die *Regelmäßige_Zahlung* das Kapital und die Zinsen, nicht jedoch Gebühren oder Steuern. Wenn das Argument *Regelmäßige_Zahlung* nicht verwendet wird, müssen Sie das Argument *Endwert* angeben.
- *Barwert*: Ist der Gesamtbetrag, den eine Reihe zukünftiger Zahlungen zum gegenwärtigen Zeitpunkt wert ist.
- *Endwert*: Ist der zukünftige Wert (Endwert), den Sie nach der letzten Zahlung erreicht haben möchten. Fehlt das Argument *Endwert*, wird es als 0 angenommen.
- *Fälligkeit*: Kann den Wert 0 oder 1 annehmen und gibt an, wann die Zahlungen fällig sind.
- *Schätzwert*: Entspricht Ihrer Schätzung bezüglich der Höhe des Zinssatzes. Wenn Sie keinen Wert für *Schätzwert* angeben, wird 10 % angenommen. Liefert die Funktion *ZINS()* kein Ergebnis, sollten Sie einen anderen Wert für *Schätzwert* angeben. Normalerweise liefert die Funktion ein Ergebnis, wenn der Schätzwert zwischen 0 und 1 liegt.

Zur Ermittlung des Zinssatzes erfassen Sie in Zelle B11 folgende Funktion:

*=ZINS(B7*B6;–B8;B5)*B6*

Als Ergebnis erhalten Sie einen Zinssatz von 4,45 %.

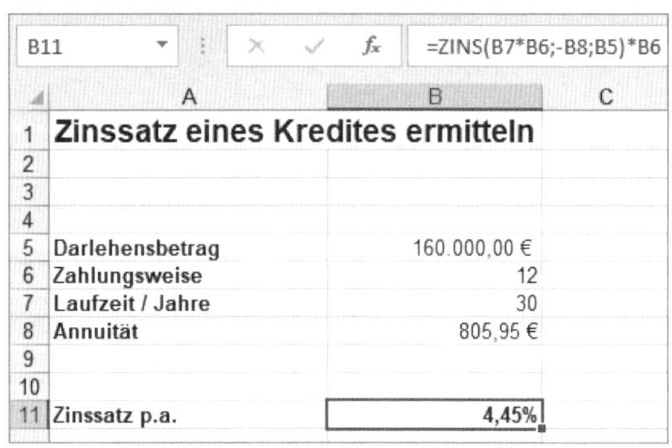
B11 | =ZINS(B7*B6;-B8;B5)*B6

	A	B	C
1	**Zinssatz eines Kredites ermitteln**		
2			
3			
4			
5	**Darlehensbetrag**	160.000,00 €	
6	**Zahlungsweise**	12	
7	**Laufzeit / Jahre**	30	
8	**Annuität**	805,95 €	
9			
10			
11	**Zinssatz p.a.**	**4,45%**	

Tipp 7: Ermittlung des kumulierten Zins- und Tilgungsanteils

In diesem Beispiel sollen die kumulierten Zins- und Tilgungsanteile eines Darlehens ermittelt werden.

Excel stellt zu diesem Zweck die Funktionen *KUMZINZ()* und *KUMKAPITAL()* zur Verfügung. Mit *KUMZINSZ()* wird der kumulierte Zinsanteil und mit *KUMKAPITAL()* der kumulierte Tilgungsanteil eines Darlehens ermittelt.

Nachfolgend werden sowohl die beiden Excel-Funktionen als auch der finanzmathematische Ansatz erläutert, da die Excel-Funktionen folgende Defizite aufweisen:

- Bei vorschüssiger Zahlungsweise rechnen die Funktionen nicht korrekt.
- Es besteht keine Möglichkeit, Berechnungen unter Berücksichtigung eines Restwerts durchzuführen.

So geht's mit den integrierten Excel-Funktionen KUMZINSZ() und KUMKAPITAL():

Die Syntax der beiden Funktionen lautet jeweils:

KUMZINSZ(Zins;Anzahl_Zahlungszeiträume;Barwert;Zeitraum_Anfang;Zeitraum_Ende; Fälligkeit)

KUMKAPITAL(Zins;Anzahl_Zahlungszeiträume;Barwert;Zeitraum_Anfang;Zeitraum_Ende; Fälligkeit)

Sehen Sie sich zunächst die Ausgangstabelle etwas näher an.

	A	B	C	D	E
1	**Ermittlung des kumulierten Zins- und Tilgungsanteils**				
2					
3					
4	**Darlehensbetrag**	160.000			
5	***Restwert***	0			
6	**Zinssatz p.a.**	4,45%			
7	**Verrechnung**	12			
8	**Laufzeit / Jahre**	30			
9	**Fälligkeit**	0			
10	**Perioden von**	1			
11	**Perioden bis**	360			

Als *Verrechnung* ist der Wert 12 angegeben. Dies bedeutet, dass eine monatliche Rückzahlung vereinbart ist. Bei jährlicher Rückzahlung wäre hier eine 1 zu erfassen.

Der Parameter *Fälligkeit* hat den Wert 0. Dieser Wert steht für eine nachschüssige Zahlungsweise. Bei vorschüssiger Zahlungsweise ist hier 1 anzugeben.

Die Parameter *Perioden von* und *Perioden bis* sind frei wählbar. Allerdings müssen sich die Angaben im möglichen Bereich bewegen. In diesem Beispiel liegt die größte Angabe bei *Perioden* bei 360 (= 30 Jahre x 12 Monate).

Zur Ermittlung des kumulierten Zins- und Tilgungsanteils gehen Sie nun wie folgt vor:

1 Erfassen Sie in Zelle D5 folgende Formel:

*=KUMZINSZ(B6/B7;B8*B7;B4;B10;B11;B9)*–1*

Damit wird der kumulierte Zinsanteil errechnet.

D5 | fx | =KUMZINSZ(B6/B7;B8*B7;B4;B10;B11;B9)*-1

	A	B	C	D	E
1	**Ermittlung des kumulierten Zins- und Tilgungsanteils**				
2					
3					
4	**Darlehensbetrag**	160.000		**Funktions-Lösung**	
5	***Restwert***	0		**130.142,01 €**	Zinsen
6	**Zinssatz p.a.**	4,45%		**160.000,00 €**	Tilgung
7	**Verrechnung**	12			
8	**Laufzeit / Jahre**	30			
9	**Fälligkeit**	0			
10	**Perioden von**	1			
11	**Perioden bis**	360			

2 Zur Ermittlung des kumulierten Tilgungsanteils erfassen Sie in Zelle D6 diese Funktion:

=KUMKAPITAL(B6/B7;B8*B7;B4;B10;B11;B9)*–1

So geht's mit dem finanzmathematischen Ansatz:

Durch die bereits beschriebenen Defizite der Excel-Funktionen bietet es sich an, in der Praxis die finanzmathematische Formellösung einzusetzen.

1 Erfassen Sie dazu in Zelle D10 zur Ermittlung der kumulierten Zinsen folgende Formel:

=(B11–B10+1)*(((B4–B5)*B6/(1–(B7/(B7+B6))^(B7*B8))+B5*B6)/B7*WENN(B9=1;
B7/(B7+B6);1))–D11

2 Zur Berechnung der kumulierten Tilgung geben Sie diese Formel ein:

=(B4–B5)*(1/(1+B6/B7)^(B8*B7–B11)–1/(1+B6/B7)^(B8*B7+1–B10))/
(1–1/(1+B6/B7)^(B8*B7))

Wie Sie sehen, ergeben sich mit der finanzmathematischen Lösung die gleichen Zahlen wie mit der Funktionslösung. Erst wenn der Parameter *Fälligkeit* in Zelle B9 auf vorschüssig umgestellt wird, weicht die Funktionslösung vom finanzmathematischen Ansatz fälschlicherweise ab.

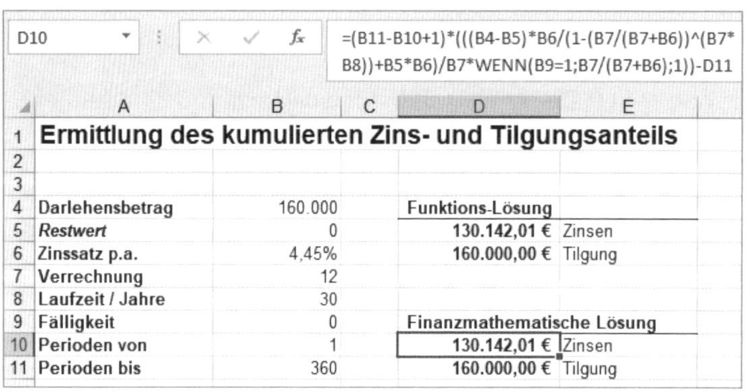

D10 =(B11-B10+1)*(((B4-B5)*B6/(1-(B7/(B7+B6))^(B7*B8))+B5*B6)/B7*WENN(B9=1;B7/(B7+B6);1))-D11

	A	B	C	D	E
1	**Ermittlung des kumulierten Zins- und Tilgungsanteils**				
2					
3					
4	Darlehensbetrag	160.000		Funktions-Lösung	
5	*Restwert*	0		130.142,01 €	Zinsen
6	Zinssatz p.a.	4,45%		160.000,00 €	Tilgung
7	Verrechnung	12			
8	Laufzeit / Jahre	30			
9	Fälligkeit	0		Finanzmathematische Lösung	
10	Perioden von	1		130.142,01 €	Zinsen
11	Perioden bis	360		160.000,00 €	Tilgung

Hinweis

Zur Verdeutlichung kann folgende Verprobungsrechnung durchgeführt werden. Multiplizieren Sie die monatliche Annuität aus Tipp 5 in Höhe von 805,95 mit der Periodenanzahl von 360 (= 30 Jahre x 12 Monate), ergibt sich ein Wert in Höhe von 290.142,00 Euro. Addieren Sie gleichermaßen den Zins- und Tilgungsanteil aus diesem Beispiel, erhalten Sie ebenso den Wert 290.142,01 Euro. Natürlich funktioniert diese Verprobung nur, weil in allen Beispielen von identischen Darlehensdaten ausgegangen wurde.

Tipp 8: Tilgungsplan für drei Langfristfinanzierungen erstellen

Üblicherweise werden zur Finanzierung einer Immobilie Annuitätendarlehen mit unterschiedlicher Laufzeit aufeinanderfolgen. Dieser Tipp zeigt Ihnen, wie Sie Tilgungspläne für drei Annuitätendarlehen erstellen und kombinieren und so die Auswirkungen veränderter Nominalzinsen und Laufzeiten bei gegebener/geplanter Annuitätenhöhe abschätzen können.

So geht's:

1 Erfassen Sie zunächst Eingabezellen für die Rahmendaten:

Formatieren Sie die Zellen C4, C7 und D8 als Währung mit zwei Nachkommastellen, Zelle C5 als Prozent mit zwei Nachkommastellen und Zelle C6 als Zahl.

	A	B	C	D
1	**Tilgungsplan erstellen für 3 Langfristfinanzierungen**			
2				
3	**1. Finanzierung**			
4	Darlehenssumme:		0,00 €	
5	Nominalzinssatz in %:		0,00%	
6	Laufzeit:		0	Jahre
7	monatliche Annuität:		0,00 €	
8	Restschuld nach Ablauf Finanzierung:			0,00 €

Tragen Sie in Zelle D8 dieses ein:

=SVERWEIS(C6;A11:E41;5)

2 Erstellen Sie den Tabellenkopf in Zeile 10 und nehmen Sie in Zeile 11 folgende Eingaben vor:

Zelle A11: _=0_

Zelle B11: _=WENN(UND(A11<>0;A11<=C$6);C$7*12;"")_

Zelle C11: _=WENN(ODER(B11="";B11=0);"";E10*C$5)_

Zelle D11: _=WENN(C11="";"";B11–C11)_

Zelle E11: _=C4_

C11 =WENN(ODER(B11="";B11=0);"";E10*C$5)

	A	B	C	D	E
10	Periode	Jahres-Annuität	Zinsen	Tilgung	Restschuld
11	0				0,00 €

Markieren Sie den Bereich B11:E11 und formatieren Sie die Zellen mit Währung, zwei Nachkommastellen.

3 In Zeile 12 tragen Sie folgende Formeln ein:

Zelle A12: _=WENN(A11<$C$6;A11+1;"")_

Markieren Sie den Zellbereich B11:D11 und kopieren Sie die Formeln in den Zellbereich B12:D12.

Zelle E12: _=WENN(D12="";"";E11–D12)_

4 Markieren Sie den Zellbereich A12:E12 und ziehen Sie die Markierung über das Ausfüllkästchen an der rechten unteren Ecke mit gedrückter Maustaste nach unten bis zur Zelle 41 (die maximale Laufzeit eines Annuitätenkredits wird in diesem Beispiel mit 30 Jahren angenommen).

5 Markieren Sie die Spalten A:E, kopieren Sie sie in die Zwischenablage (Klick mit der rechten Maustaste und *Kopieren* wählen), markieren Sie die Spalte F und fügen Sie den Inhalt der Zwischenablage ein (Klick mit der rechten Maustaste und *Kopierte Zellen einfügen* wählen).

Erfassen Sie in Zelle H4: *=D8*.

6 Markieren Sie die Spalten K:O, kopieren Sie sie in die Zwischenablage (Klick mit der rechten Maustaste und *Kopieren* wählen), markieren Sie die Spalte K und fügen Sie den Inhalt der Zwischenablage ein (Klick mit der rechten Maustaste und *Kopierte Zellen einfügen* wählen).

Damit ist das Gerüst des Tilgungsplans erstellt und Sie können nun durch Eingabe bzw. Variation der jeweiligen Rahmendaten der drei aufeinanderfolgenden Finanzierungen die entsprechenden Auswirkungen darstellen.

	A	B	C	D	E	F	G	H	I	J	K	L	M	N	O
3	**1. Finanzierung**					**2. Finanzierung**					**3. Finanzierung**				
4	Darlehenssumme:		320.000,00 €			Darlehenssumme:		245.177,40 €			Darlehenssumme:		128.841,91 €		
5	Nominalzins:		4,50%			Nominalzins:		3,25%			Nominalzins:		5,50%		
6	Laufzeit:		15	Jahre		Laufzeit:		10	Jahre		Laufzeit:		10	Jahre	
7	monatl. Annuität:		1.500,00 €			monatl. Annuität:		1.500,00 €			monatl. Annuität:		1.400,00 €		
8	Restschuld nach Ablauf:			245.177,40 €		Restschuld nach Ablauf:			128.841,91 €		Restschuld nach Ablauf:			3.774,65 €	
10	Per.	Jahres-Annuität	Zinsen	Tilgung	Restschuld	Per.	Jahres-Annuität	Zinsen	Tilgung	Restschuld	Per.	Jahres-Annuität	Zinsen	Tilgung	Restschuld
11	0				320.000,00 €	0				245.177,40 €	0				128.841,91 €
12	1	18.000,00 €	14.400,00 €	3.600,00 €	316.400,00 €	1	18.000,00 €	7.968,27 €	10.031,73 €	235.145,67 €	1	16.800,00 €	7.086,31 €	9.713,69 €	119.128,22 €
13	2	18.000,00 €	14.238,00 €	3.762,00 €	312.638,00 €	2	18.000,00 €	7.642,23 €	10.357,77 €	224.787,90 €	2	16.800,00 €	6.552,05 €	10.247,95 €	108.880,27 €
14	3	18.000,00 €	14.068,71 €	3.931,29 €	308.706,71 €	3	18.000,00 €	7.305,61 €	10.694,39 €	214.093,51 €	3	16.800,00 €	5.988,41 €	10.811,59 €	98.068,68 €
15	4	18.000,00 €	13.891,80 €	4.108,20 €	304.598,51 €	4	18.000,00 €	6.958,04 €	11.041,96 €	203.051,55 €	4	16.800,00 €	5.393,78 €	11.406,22 €	86.662,46 €
16	5	18.000,00 €	13.706,93 €	4.293,07 €	300.305,44 €	5	18.000,00 €	6.599,18 €	11.400,82 €	191.650,73 €	5	16.800,00 €	4.766,44 €	12.033,56 €	74.628,90 €
17	6	18.000,00 €	13.513,75 €	4.486,25 €	295.819,19 €	6	18.000,00 €	6.228,65 €	11.771,35 €	179.879,37 €	6	16.800,00 €	4.104,59 €	12.695,41 €	61.933,49 €
18	7	18.000,00 €	13.311,86 €	4.688,14 €	291.131,05 €	7	18.000,00 €	5.846,08 €	12.153,92 €	167.725,45 €	7	16.800,00 €	3.406,34 €	13.393,66 €	48.539,83 €
19	8	18.000,00 €	13.100,90 €	4.899,10 €	286.231,95 €	8	18.000,00 €	5.451,08 €	12.548,92 €	155.176,53 €	8	16.800,00 €	2.669,69 €	14.130,31 €	34.409,52 €
20	9	18.000,00 €	12.880,44 €	5.119,56 €	281.112,39 €	9	18.000,00 €	5.043,24 €	12.956,76 €	142.219,77 €	9	16.800,00 €	1.892,52 €	14.907,48 €	19.502,04 €
21	10	18.000,00 €	12.650,06 €	5.349,94 €	275.762,45 €	10	18.000,00 €	4.622,14 €	13.377,86 €	128.841,91 €	10	16.800,00 €	1.072,61 €	15.727,39 €	3.774,65 €
22	11	18.000,00 €	12.409,31 €	5.590,69 €	270.171,76 €										
23	12	18.000,00 €	12.157,73 €	5.842,27 €	264.329,49 €										
24	13	18.000,00 €	11.894,83 €	6.105,17 €	258.224,31 €										
25	14	18.000,00 €	11.620,09 €	6.379,91 €	251.844,41 €										
26	15	18.000,00 €	11.333,00 €	6.667,00 €	245.177,40 €										

Tipp 9: Anzahl regelmäßiger Zahlungen für ein definiertes Endkapital ermitteln

Durch regelmäßige, gleichbleibende Zahlungen soll ein bestimmtes Endkapital erzielt werden. Anhand dieses Beispiels soll die Anzahl der notwendigen Zahlungen errechnet werden.

Excel stellt zu diesem Zweck die Funktion *ZZR()* bereit. *ZZR()* steht für die Anzahl der Zahlungszeiträume. Darüber hinaus erfahren Sie, wie mithilfe einer finanzmathematischen Formel das gleiche Ergebnis erzielt werden kann. Die finanzmathematische Formellösung bietet gegenüber der Funktion *ZZR()* sogar noch einen gravierenden Vorteil. So lässt sich über die Funktion *ZZR()* keine Differenzierung zwischen der Häufigkeit der Einzahlungen und der Häufigkeit der Zinszahlungen in einem Jahr herstellen. Die Funktion *ZZR()* unterstellt für jeden Zahlungstermin auch einen Zinstermin.

Die finanzmathematische Formellösung hingegen ist so aufgebaut, dass Zahlungs- und Zinstermine variabel und getrennt voneinander berücksichtigt werden können.

Sehen Sie sich zunächst die Eckdaten für die Berechnung an.

	A	B
1	**Anzahl regelmäßiger Zahlungen für ein definiertes Endkapital ermitteln**	
2		
3		
4	regelmäßger Anlagebetrag	250,00 €
5	Zinssatz p. a.	3,70%
6	angestrebtes Endkapital	50.000,00 €
7	Anzahl Zahlungen	12
8	Verzinsungen pro Jahr	12
9	Fälligkeit	0

So geht's mit der integrierten Funktion ZZR():

Die Syntax für die Funktion *ZZR()* lautet wie folgt:

ZZR(Zins;Regelmäßige_Zahlung;Barwert;Endwert;Fälligkeit)

ZZR() gibt die Anzahl der Zahlungsperioden einer Investition zurück, die auf periodischen, gleichbleibenden Zahlungen sowie einem konstanten Zinssatz basiert.

Die Funktionsargumente:

- *Zins*: Ist der Zinssatz pro Periode.
- *Regelmäßige_Zahlung*: Ist der Betrag (die Annuität), der in jeder Periode gezahlt wird. Dieser Betrag kann sich während der Laufzeit nicht ändern. Üblicherweise umfasst die *Regelmäßige_Zahlung* Tilgung und Zinsen, nicht aber Gebühren oder Steuern.
- *Barwert*: Ist der Barwert oder der heutige Gesamtwert einer Reihe zukünftiger Zahlungen.
- *Endwert*: Ist der zukunftige Wert, den Sie nach der letzten Zahlung erreicht haben möchten. Fehlt das Argument *Endwert*, wird es als 0 angenommen.
- *Fälligkeit*: Kann den Wert 1 oder 0 annehmen und gibt an, wann die Zahlungen fällig sind.

Um nun zu ermitteln, wie lange es dauert, bis das Kapital von 50.000 Euro bei einem regelmäßigen Anlagebetrag von 250,00 Euro und unter Berücksichtigung eines Zinssatzes von 3,7 % erreicht ist, erfassen Sie in Zelle B11 diese Formel:

=ZZR(B5/B7;–B4;0;B6;1–B9)/B7

B11 · fx =ZZR(B5/B7;-B4;0;B6;1-B9)/B7

	A	B	C
1	**Anzahl regelmäßiger Zahlungen für ein definiertes Endkapital ermitteln**		
2			
3			
4	regelmäßger Anlagebetrag	250,00 €	
5	Zinssatz p. a.	3,70%	
6	angestrebtes Endkapital	50.000,00 €	
7	Anzahl Zahlungen	12	
8	Verzinsungen pro Jahr	12	
9	Fälligkeit	0	
10			
11	Funktions-Lösung	**12,97**	

Es dauert also unter den gegebenen Bedingungen 12,97 Jahre, bis das gewünschte Endkapital erreicht ist.

So geht's mit der finanzmathematischen Formellösung:

Dieser Ansatz bietet die Möglichkeit, die Anzahl der Zinszahlungen (Zelle B8) abweichend von der Anzahl der Zahlungen (Zelle B7) anzugeben.

Zur Ermittlung der Zahlungsdauer gehen Sie wie folgt vor:

1 Erfassen Sie in der Hilfszelle C14 die Formel *=1+B5/B8*.

2 In Hilfszelle C15 geben Sie folgende Funktion ein:

*=B7/B8*B4+(B5/B8)*B4*(B7/B8+1)/2*

und in Hilfszelle C16 muss zum Schluss noch eine *WENN*-Abfrage erfasst werden:

=WENN(B9=1;1+B5/B7;1)

Die Hilfsspalten werden nach der Eingabe nicht mehr benötigt und können ausgeblendet werden.

3 Die Funktion *=LN(C14+(C14–1)*(B6–C15/C16)/C15*C16)/LN(C14)/B8* in Zelle B14 ermittelt basierend auf den Hilfszellen die eigentliche Zahlungsdauer.

Sie sehen, die Zahlungsdauer ist mit dem über die Funktion *ZZR()* ermittelten Wert identisch, allerdings besteht die Flexibilität, dass die Anzahl der Zahlungen und die Anzahl der Zinstermine nicht identisch sein müssen.

B14 =LN(C14+(C14-1)*(B6-C15/C16)/C15*C16)/LN(C14)/B8

	A	B	C
1	**Anzahl regelmäßiger Zahlungen für ein definiertes Endkapital ermitteln**		
2			
3			
4	regelmäßger Anlagebetrag	250,00 €	
5	Zinssatz p. a.	3,70%	
6	angestrebtes Endkapital	50.000,00 €	
7	Anzahl Zahlungen	12	
8	Verzinsungen pro Jahr	12	
9	Fälligkeit	0	
10			
11	Funktions-Lösung	12,97	
12			
13			
14	Finanzmathematische Lösung	12,97	1,003083333
15			250,7708333
16			1

Tipp 10: Ermittlung der Ablaufsumme einer Kapitalanlage – Endwert

Dieses Beispiel zeigt, wie mithilfe der integrierten Funktion *ZW()* die Ablaufsumme einer Kapitalanlage ermittelt wird.

Die Funktion *ZW()* ist wie folgt aufgebaut:

ZW(Zins;Anzahl_Zahlungszeiträume;Regelmäßige_Zahlung;Barwert;Fälligkeit)

ZW() gibt den zukünftigen Endwert einer Kapitalanlage oder Investition zurück. Die Berechnung basiert auf regelmäßigen, konstanten Zahlungen und einem konstanten Zinssatz.

Die Funktionsargumente:

- *Zins*: Ist der Zinssatz pro Periode.
- *Anzahl_Zahlungszeiträume*: Gibt an, über wie viele Perioden die jeweilige Annuität (Rente) gezahlt wird.
- *Regelmäßige_Zahlung*: Ist der Betrag (die Annuität), der in jeder Periode gezahlt wird. Dieser Betrag kann sich während der Laufzeit nicht ändern. Üblicherweise umfasst die *Regelmäßige_Zahlung* Tilgung und Zinsen, nicht aber Gebühren oder Steuern.
- *Barwert*: Ist der Barwert oder der heutige Gesamtwert einer Reihe zukünftiger Zahlungen.
- *Fälligkeit*: Kann den Wert 0 oder 1 annehmen und gibt an, wann die Zahlungen fällig sind.

So geht's:

Erfassen Sie in Zelle B9 die Formel *=ZW(B5/12;B6*B7;B4*–1;0;1)*.

Als Ergebnis wird ein Endkapital von 50.000 Euro berechnet.

B9 =ZW(B5/12;B6*B7;B4*-1;0;1)

	A	B	C
1	Ermittlung des Endwerts einer Kapitalanlage		
2			
3			
4	regelmäßger Anlagebetrag	250,00 €	
5	Zinssatz p. a.	3,70%	
6	Anzahl Zahlungen	12	
7	Laufzeit in Jahren	12,9711244	
8			
9	Endwert	50.000,00 €	

Hinweis

Um genau auf den Wert von 50.000 Euro zu kommen, muss die Laufzeit in Jahren mit allen Nachkommastellen eingegeben werden. In Tipp 9 wurde die Jahresangabe mit 12,97 gerundet dargestellt.

Tipp 11: Ermittlung des Endwerts einer Kapitalanlage bei wechselnden Zinsen

In diesem Beispiel sehen Sie, wie auf einfache Weise das Endkapital bei sich jährlich ändernden Zinssätzen ermittelt werden kann. In der Praxis werden Sparbriefe angeboten, bei denen sich abhängig von der Anlagedauer der Zinssatz jährlich erhöht.

Für eine Kapitalanlage von 75.000 Euro soll der Gesamtzins bei einer Gesamtanlagedauer von sieben Jahren ermittelt werden. Dabei ist zu berücksichtigen, dass der Zinssatz nicht konstant ist, wie das Ausgangsszenario zeigt.

	A	B	C
1	Ermittlung des Endwerts einer Kapitalanlage bei wechselnden Zinsen		
2			
3			
4	Anlagebetrag	75.000,00 €	
5			
6	Zinssatz Jahr 1	1,50%	
7	Zinssatz Jahr 2	2,25%	
8	Zinssatz Jahr 3	3,00%	
9	Zinssatz Jahr 4	3,50%	
10	Zinssatz Jahr 5	4,20%	
11	Zinssatz Jahr 6	4,70%	
12	Zinssatz Jahr 7	5,00%	

So geht's:

Zur Abbildung von variablen Zinssätzen stellt Excel die Funktion *ZW2(Kapital;Zinsen)* zur Verfügung. *ZW2()* gibt den aufgezinsten Wert des Anfangskapitals für eine Reihe periodisch unterschiedlicher Zinssätze zurück. Mit *ZW2()* können Sie den Endwert einer Investition oder Kapitalanlage berechnen, für die ein variabler oder wechselnder Zinssatz vereinbart ist.

Erfassen Sie in Zelle B14 die Formel *=ZW2(B4;B6:B12)*. Als Endwert ergibt sich ein Betrag von 95.054,33 Euro.

Zur Verprobung des Ergebnisses gehen Sie wie folgt vor:

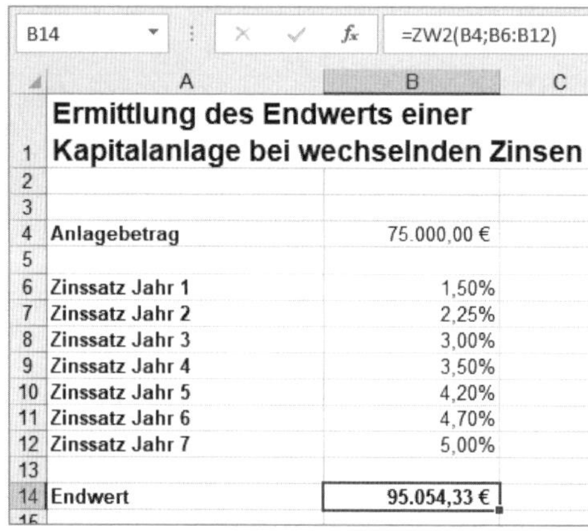

B14 =ZW2(B4;B6:B12)

	A	B	C
1	Ermittlung des Endwerts einer Kapitalanlage bei wechselnden Zinsen		
2			
3			
4	Anlagebetrag	75.000,00 €	
5			
6	Zinssatz Jahr 1	1,50%	
7	Zinssatz Jahr 2	2,25%	
8	Zinssatz Jahr 3	3,00%	
9	Zinssatz Jahr 4	3,50%	
10	Zinssatz Jahr 5	4,20%	
11	Zinssatz Jahr 6	4,70%	
12	Zinssatz Jahr 7	5,00%	
13			
14	Endwert	95.054,33 €	

1. Erfassen Sie in Zelle D6 den Anlagebetrag *75000*.
2. In Zelle E6 berechnen Sie den Zins mittels folgender Formel: *=D6*B6*.
3. Geben Sie in Zelle D7 die Formel *=D6+E6* und in Zelle E7 die Formel *=D7*B7* ein.
4. Markieren Sie die Zellen D7:E7 und kopieren Sie sie bis zur Zeile 12 nach unten.
5. Zuletzt müssen nur noch die gesamten Zinsen zum Anlagebetrag addiert werden. Das erreichen Sie mit dieser Formel in Zelle E14:

   =SUMME(E6:E12)+D6

Als Ergebnis wird genau wie über die Funktion *ZW2()* der Endwert der Anlage unter Berücksichtigung der Zinseszinsen ermittelt.

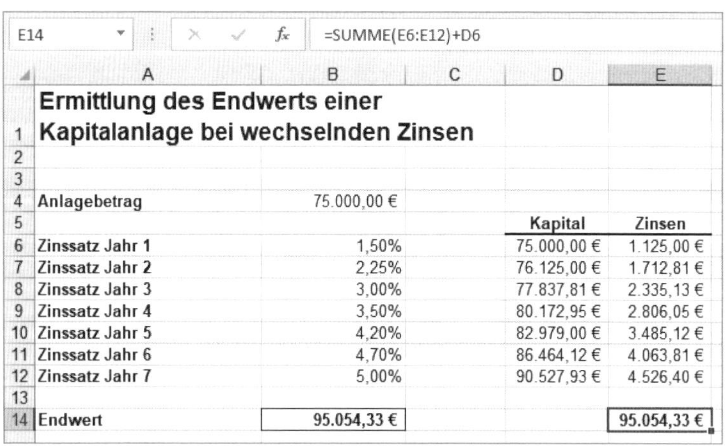

E14 =SUMME(E6:E12)+D6

	A	B	C	D	E
1	Ermittlung des Endwerts einer Kapitalanlage bei wechselnden Zinsen				
2					
3					
4	Anlagebetrag	75.000,00 €			
5				Kapital	Zinsen
6	Zinssatz Jahr 1	1,50%		75.000,00 €	1.125,00 €
7	Zinssatz Jahr 2	2,25%		76.125,00 €	1.712,81 €
8	Zinssatz Jahr 3	3,00%		77.837,81 €	2.335,13 €
9	Zinssatz Jahr 4	3,50%		80.172,95 €	2.806,05 €
10	Zinssatz Jahr 5	4,20%		82.979,00 €	3.485,12 €
11	Zinssatz Jahr 6	4,70%		86.464,12 €	4.063,81 €
12	Zinssatz Jahr 7	5,00%		90.527,93 €	4.526,40 €
13					
14	Endwert	95.054,33 €			95.054,33 €

Tipp 12: Welcher Zinssatz steckt hinter der Skontoausnutzung?

In der Praxis ist oft davon die Rede, der Verzicht auf die Skontoausnutzung sei der teuerste Kredit. In diesem Beispiel wird diese Aussage untersucht und ermittelt, ob es vorteilhaft ist, den Skontoabzug zu unterlassen, oder ob es besser ist, Skonto zu ziehen und dafür einen Kontokorrentkredit in Anspruch zu nehmen.

Die Ausgangswerte sehen Sie in der Abbildung.

	A	B
1	**Ermittlung Zinssatz für Skontoausnutzung**	
2		
3		
4	Rechnungsbetrag	7.450,00 €
5	Zahlungsziel ohne Skonto in Tagen	30
6	Zahlungsziel mit Skonto	10
7	Skonto in Prozent	3,00%
8	Zinssatz für den Kontokorrentkredit	14%

So geht's:

1. Wenn die Rechnung am 10. Tag mit Skontoausnutzung gezahlt wird, muss für 20 Tage ein Kontokorrentkredit in Anspruch genommen werden. Diese 20 Tage resultieren aus der maximalen Zahlungsfrist von 30 Tagen im Vergleich zur Skontofrist von 10 Tagen. Berechnet wird das mit der Formel *=B5–B6* in Zelle B11.

2. Ermitteln Sie im zweiten Schritt den Skontobetrag mit der Formel *=B4*B7* in Zelle B12.

3. Nach Abzug des Skontobetrags verbleibt ein Zahlbetrag in Höhe von 7.226,50 Euro. Dieser wird durch die Formel *=B4–B12* in Zelle B13 errechnet.

4. Der Zahlbetrag in Zelle B13 ist Grundlage zur Ermittlung des Kontokorrentzinses. Diesen ermitteln Sie mit der Formel *=B13*B8*B11/360* in Zelle B14.

5. Den Vorteil der Skontozahlung berechnen Sie nun ganz einfach, indem Sie in Zelle B16 vom Skontobetrag den Kontokorrentzins subtrahieren.

Im Beispiel ergibt sich eine Einsparung durch die Skontoausnutzung in Höhe von 167,29 Euro.

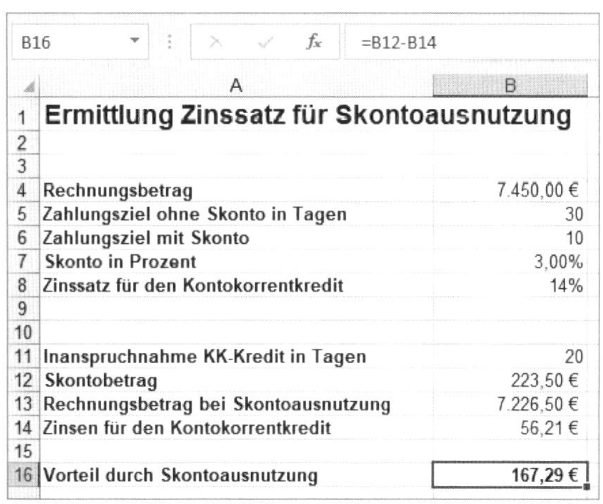

	A	B
1	**Ermittlung Zinssatz für Skontoausnutzung**	
2		
3		
4	Rechnungsbetrag	7.450,00 €
5	Zahlungsziel ohne Skonto in Tagen	30
6	Zahlungsziel mit Skonto	10
7	Skonto in Prozent	3,00%
8	Zinssatz für den Kontokorrentkredit	14%
9		
10		
11	Inanspruchnahme KK-Kredit in Tagen	20
12	Skontobetrag	223,50 €
13	Rechnungsbetrag bei Skontoausnutzung	7.226,50 €
14	Zinsen für den Kontokorrentkredit	56,21 €
15		
16	Vorteil durch Skontoausnutzung	**167,29 €**

Hinweis

Die Skontoausnutzung bringt eine Einsparung trotz Inanspruchnahme eines Kontokorrentkredits von 2,25 %. Die Kontokorrentzinsen belasten den Skontosatz also um 0,75 %.

Tipp 13: Wie hoch dürfen die Investitionskosten sein? – Ermittlung des Barwerts

Der Barwert oder auch Gegenwartswert entspricht dem Wert, den eine zukünftig anfallende Zahlungsreihe in der Gegenwart besitzt. Anders ausgedrückt ist es der Wert aller Zahlungen am Anfang der Laufzeit (zum Zeitpunkt 0). Die Funktion ist wie folgt aufgebaut:

BW(Zins;Anzahl_Zahlungszeiträume;Regelmäßige_Zahlung;Endwert;Fälligkeit)

BW() gibt den Barwert einer Investition zurück.

Die Funktionsargumente:

- *Zins*: Ist der Zinssatz pro Periode.
- *Anzahl_Zahlungszeiträume*: Gibt an, über wie viele Perioden die jeweilige Annuität (Rente) gezahlt wird.
- *Regelmäßige_Zahlung*: Ist der Betrag (die Annuität), der in jeder Periode gezahlt wird. Dieser Betrag kann sich während der Laufzeit nicht ändern. Üblicherweise umfasst die *Regelmäßige_Zahlung* Tilgung und Zinsen, nicht aber Gebühren oder Steuern.
- *Endwert*: Ist der zukünftige Wert, den Sie nach der letzten Zahlung erreicht haben möchten. Fehlt das Argument *Endwert*, wird es als 0 angenommen.
- *Fälligkeit*: Kann den Wert 0 oder 1 annehmen und gibt an, wann die Zahlungen fällig sind.

Im folgenden Beispiel soll anhand der Barwertermittlung berechnet werden, wie hoch die Investitionskosten maximal sein dürfen, um die Gewinnschwelle nicht zu unterschreiten.

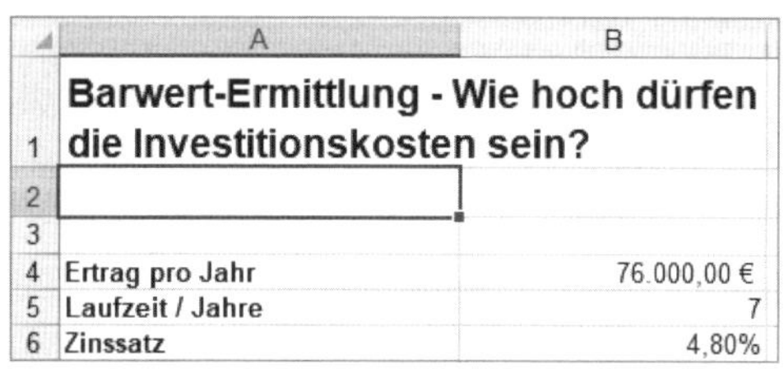

Die Ausgangswerte sehen Sie in der Abbildung. Die Investition liefert einen jährlichen Ertrag von 76.000 Euro über einen Zeitraum von 7 Jahren. Danach ist die Maschine abgeschrieben und muss durch eine neue ersetzt werden. Zur Investition muss ein Kredit mit einer Verzinsung von 4,8 % aufgenommen werden. Auch wenn die Investition aus Eigenmitteln durchgeführt wird, muss ein Zinssatz in ähnlicher Höhe angenommen werden. Dieser stellt die entgangene Eigenkapitalverzinsung dar.

So geht's:

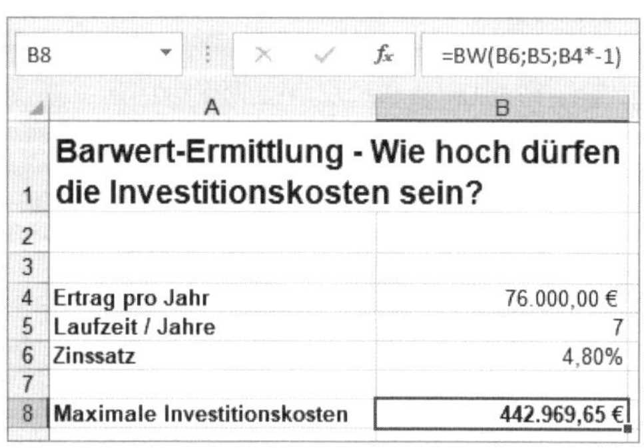

Zur Ermittlung der maximalen Investitionskosten erfassen Sie in Zelle B8 die Formel *=BW(B6;B5;B4*–1)*.

Das Ergebnis lautet 442.969,65 Euro, was bedeutet, dass bei diesem Anschaffungsbetrag weder ein Gewinn noch ein Verlust über die gesamte Laufzeit entsteht. Eine Anschaffung über diesen Betrag ist also nicht zu empfehlen.

Deutlicher wird der Sachverhalt, wenn die Berechnung in einzelne Teilschritte zerlegt wird. Gehen Sie dazu wie folgt vor:

1 Legen Sie eine Tabelle an.

2 Erfassen Sie in Zelle B4 die maximalen Investitionskosten in Höhe von 442.969,65 Euro.

3 Die Formel in Zelle C4 zur Zinsermittlung lautet wie folgt:

*=RUNDEN(B4*4,8%;2)*

4 Als jährlichen Ertrag erfassen Sie in Zelle D4 die Formel *=76000*1*.

F16 | *fx*

	A	B	C	D	E
1	**Barwertermittlung - Einzelschritte**				
2					
3	Jahr	Investition	Zinsen	Ertrag	Restwert
4	1				
5	2				
6	3				
7	4				
8	5				
9	6				
10	7				

5 Zur Berechnung des Restwerts in Zelle E4 geben Sie folgende Formel ein:

=B4–D4+C4

6 Markieren Sie nun den Zellbereich B5:B10 und erfassen Sie den Bezug zur Zelle E4 mit der Bezugsformel *=E4*. Schließen Sie die Eingabe mit der Tastenkombination Strg+↵ ab.

7 Im letzten Schritt markieren Sie den Bereich C4:E4 und kopieren die Formeln und Zelleinträge bis zur Zeile 10 über das Ausfüllkästchen nach unten.

Haben Sie die Berechnung korrekt durchgeführt, ergibt sich in Zelle E10 der Wert 0. Dies bedeutet, dass unter Berücksichtigung der Zinsen und des möglichen Ertrags nach sieben Jahren kein Restwert mehr vorhanden ist.

Das belegt, dass der maximale Anschaffungsbetrag den Betrag von 442.969,65 nicht überschreiten darf.

E4 | *fx* | =B4-D4+C4

	A	B	C	D	E
1	**Barwertermittlung - Einzelschritte**				
2					
3	Jahr	Investition	Zinsen	Ertrag	Restwert
4	1	442.969,65 €	21.262,54 €	76.000,00 €	388.232,19 €
5	2	388.232,19 €	18.635,15 €	76.000,00 €	330.867,34 €
6	3	330.867,34 €	15.881,63 €	76.000,00 €	270.748,97 €
7	4	270.748,97 €	12.995,95 €	76.000,00 €	207.744,92 €
8	5	207.744,92 €	9.971,76 €	76.000,00 €	141.716,68 €
9	6	141.716,68 €	6.802,40 €	76.000,00 €	72.519,08 €
10	7	72.519,08 €	3.480,92 €	76.000,00 €	0,00 €

Hinweis

Ihnen ist in Schritt 4 aufgefallen, dass nicht einfach der Wert 76000 erfasst, sondern über eine Multiplikation mit dem Wert 1 eingetragen wurde? Dies ist notwendig, damit beim Kopieren über das AutoAusfüllkästchen der Wert nicht automatisch angepasst wird.

Tipp 14: Lineare und degressive Abschreibung

Lineare Abschreibung

Der jährliche konstante Abschreibungsbetrag A_t bei linearer Abschreibung eines Wirtschaftsguts wird mit folgender Formel ermittelt (*AK* = Anschaffungskosten, *RW* = Restwert, *ND* = Nutzungsdauer in Jahren):

$$A_t = \frac{AK-RW}{ND}$$

So geht's:

1 Eine Maschine wird zu *AK = 100.000,00 €* (Zelle B1) beschafft. Die Nutzungsdauer beträgt *10* Jahre (Zelle B3), der *Restwert* nach der Nutzungsdauer *10.000,00 €* (Zelle B2).

2 Um den jährlichen Abschreibungsbetrag zu ermitteln, erfassen Sie in Zelle B4:

=LIA(B1;B2;B3)

B4 | =LIA(B1;B2;B3)

	A	B	C	D
1	AK:	100.000,00 €		
2	Restwert:	10.000,00 €		
3	ND:	10		
4	LIA:	9.000,00 €	mit Formel:	9.000,00 €

3 Eine Abschreibungstabelle für das Wirtschaftsgut ist damit schnell erstellt:

Erfassen Sie in einer Spalte die Jahre 0 bis 10. Im Jahr 0 tragen Sie in Zelle D7 den Anschaffungswert ein: *=B1*. Für das erste Jahr tragen Sie ein:

- Wert Periodenbeginn, Zelle B8: *=D7*
- Abschreibungsbetrag A_t, Zelle C8: = *$B$4*
- Wert Periodenende, Zelle D8: *=B8–C8*

Markieren Sie den Zellbereich B8:D8 und ziehen Sie die Markierung über das Ausfüllkästchen an der rechten unteren Ecke mit gedrückter Maustaste nach unten.

	A	B	C	D
6	Jahr	Wert Periodenbeginn	A_t	Restwert Periodenende
7	0			100.000,00 €
8	1	100.000,00 €	9.000,00 €	91.000,00 €
9	2	91.000,00 €	9.000,00 €	82.000,00 €
10	3	82.000,00 €	9.000,00 €	73.000,00 €
11	4	73.000,00 €	9.000,00 €	64.000,00 €
12	5	64.000,00 €	9.000,00 €	55.000,00 €
13	6	55.000,00 €	9.000,00 €	46.000,00 €
14	7	46.000,00 €	9.000,00 €	37.000,00 €
15	8	37.000,00 €	9.000,00 €	28.000,00 €
16	9	28.000,00 €	9.000,00 €	19.000,00 €
17	10	19.000,00 €	9.000,00 €	10.000,00 €

Geometrisch-degressive Abschreibung

Während bei der linearen Abschreibung der jährliche Abschreibungsbetrag A_t konstant ist, ist bei der geometrisch-degressiven Abschreibung der Prozentsatz der jährlichen Abschreibung konstant. Abgeschrieben wird dabei immer vom Restwert der Vorperiode, sodass sich fallende Abschreibungsbeträge ergeben. Der Abschreibungssatz *r* bestimmt sich nach der Formel (*AK* = Anschaffungskosten, *RW* = Restwert, *ND* = Nutzungsdauer in Jahren):

$$r = 1 - \left(\frac{RW}{AK}\right)^{\frac{1}{ND}} \times 100$$

So geht's:

1 Eine Maschine wird zu *AK = 110.000,00 €* (Zelle B1) beschafft. Der *Restwert* nach der Nutzungsdauer ist auf *10.000,00 €* (Zelle B2) festgesetzt. Als Nutzungsdauer sind *10* Jahre veranschlagt (Zelle B3).

2 Erfassen Sie in einer Spalte die Jahre 0 bis 10. Im Jahr 0 tragen Sie in Zelle D7 den Anschaffungswert ein: *=B1*. Für das erste Jahr tragen Sie ein:

- Wert Periodenbeginn, Zelle B8: *=D7*
- Abschreibungsbetrag A_t, Zelle C8: = *GDA2($B$1;$B$2;$B$3;A8)*
- Wert Periodenende, Zelle D8: *=B8–C8*
- Abschreibungssatz, Zelle E8: *=C8/B8* (formatiert in Prozent)

Markieren Sie den Zellbereich B8:E8 und ziehen Sie die Markierung über das Ausfüllkästchen an der rechten unteren Ecke mit gedrückter Maustaste nach unten.

GDA2 berechnet – jeweils abhängig vom Jahr in Spalte A (relativer Bezug auf Spalte A als letztes Argument in der Formel, s. o.) – ausgehend vom Restwert mit dem festgelegten Prozentsatz den jährlichen Abschreibungsbetrag. Sie sehen anhand von Spalte E in der Beispieltabelle, dass dieser Abschreibungssatz für jedes Jahr identisch ist.

3 Bei der Bestimmung des Abschreibungssatzes ist gegebenenfalls zu beachten, dass – mit Bezug auf die geltende EStG-Regelung – der kleinere Wert folgender Größen den Maximalsatz darstellt:

- das 2,5-Fache des sich bei linearer Abschreibung ergebenden Satzes,
- maximal aber 25 %.

Zur Kontrolle dieser Grenze dienen im Beispiel folgende Formeln:

Zelle D1: *=LIA(B1;B2;B3)*2,5/(B1–B2)*

Zelle D2: *=25%*

Zelle D3: *=MIN(D1;D2)*

Zelle D4: *=C8/B8*

So kann anhand des Vergleichs der Zellen D3 und D4 sofort erkannt werden, ob ein durch Variation der Nutzungsdauer sich ergebender Abschreibungssatz im Einklang mit den – gegebenenfalls gemäß aktueller Rechtslage zu ändernden – hinterlegten Grenzen ist.

	A	B	C	D	E
1	AK:	110.000,00 €	LIA * 2,5:	16,67%	
2	Restwert:	10.000,00 €	max. 25%:	25,00%	
3	ND:	15	Maximalsatz:	16,67%	
4			Abschreibungssatz:	14,80%	
5					
6	Jahr	Wert Periodenbeginn	A_t	Restwert Periodenende	Abschreibungssatz
7	0			110.000,00 €	
8	1	110.000,00 €	16280,0000	93.720,00 €	14,80%
9	2	93.720,00 €	13870,5600	79.849,44 €	14,80%
10	3	79.849,44 €	11817,7171	68.031,72 €	14,80%
11	4	68.031,72 €	10068,6950	57.963,03 €	14,80%
12	5	57.963,03 €	8578,5281	49.384,50 €	14,80%
13	6	49.384,50 €	7308,9060	42.075,59 €	14,80%
14	7	42.075,59 €	6227,1879	35.848,41 €	14,80%
15	8	35.848,41 €	5305,5641	30.542,84 €	14,80%
16	9	30.542,84 €	4520,3406	26.022,50 €	14,80%

Arithmetisch-degressive Abschreibung

Bei der arithmetisch-degressiven Abschreibung wird der Abschreibungsbetrag in den einzelnen Jahren jeweils um einen fixen Betrag reduziert.

Dieser fixe Betrag *d* errechnet sich wie folgt:

$$d = \frac{AK - RW}{\frac{ND \, x \, (ND+1)}{2}}$$

Bei der digitalen Abschreibung als wichtigster Ausprägung der arithmetisch-degressiven Abschreibung entspricht die Abschreibung im letzten Nutzungsjahr genau dem jährlichen fixen Betrag *d*.

So geht's:

1 Eine Maschine wird zu *AK = 120.000,00 €* (Zelle B1) beschafft. Der Restwert nach der Nutzungsdauer ist auf *15.000,00 €* (Zelle B2) festgesetzt. Als Nutzungsdauer sind *10* Jahre veranschlagt (Zelle B3).

2 Erfassen Sie in einer Spalte die Jahre 0 bis 10. Im Jahr 0 tragen Sie in Zelle D7 den Anschaffungswert ein: *=B1*. Für das erste Jahr tragen Sie ein:

- Wert Periodenbeginn, Zelle B8: *=D7*
- Abschreibungsbetrag A_t, Zelle C8: *=DIA($B$1;$B$2;$B$3;A8)*
- Wert Periodenende, Zelle D8: *=B8–C8*

Markieren Sie den Zellbereich B8:D8 und ziehen Sie die Markierung über das Ausfüllkästchen an der rechten unteren Ecke mit gedrückter Maustaste nach unten.

Erfassen Sie in Zelle E9: *=C8–C9*.

Markieren Sie die Zelle und ziehen Sie die Markierung über das Ausfüllkästchen an der rechten unteren Ecke mit gedrückter Maustaste nach unten.

Spalte C weist jährlich fallende Abschreibungsbeträge aus; Sie erkennen anhand von Spalte E, dass die jährliche Reduktion dieser Beträge konstant ist.

	A	B	C	D	E
1	AK:	120.000,00 €			
2	Restwert:	15.000,00 €			
3	ND:	10			
4					
5					
6	Jahr	Wert Periodenbeginn	A_t	Restwert Periodenende	d
7	0			120.000,00 €	
8	1	120.000,00 €	19.090,91 €	100.909,09 €	
9	2	100.909,09 €	17.181,82 €	83.727,27 €	1.909,09 €
10	3	83.727,27 €	15.272,73 €	68.454,55 €	1.909,09 €
11	4	68.454,55 €	13.363,64 €	55.090,91 €	1.909,09 €
12	5	55.090,91 €	11.454,55 €	43.636,36 €	1.909,09 €
13	6	43.636,36 €	9.545,45 €	34.090,91 €	1.909,09 €
14	7	34.090,91 €	7.636,36 €	26.454,55 €	1.909,09 €
15	8	26.454,55 €	5.727,27 €	20.727,27 €	1.909,09 €
16	9	20.727,27 €	3.818,18 €	16.909,09 €	1.909,09 €
17	10	16.909,09 €	1.909,09 €	15.000,00 €	1.909,09 €

Tipp 15: Umstellung von der degressiven auf die lineare Abschreibung

In diesem Beispiel wird berechnet, wann der beste Zeitpunkt zur Umstellung von der degressiven Abschreibung auf die lineare Methode ist. Bei der degressiven Abschreibung sind die Abschreibungsbeträge zu Beginn größer als bei der linearen Methode. Da die Abschreibungsbeträge bei der degressiven Methode jährlich fallen, kehrt sich dies zu einem bestimmten Zeitpunkt um. Dann ist die lineare Afa größer als die degressive Afa. Dies ist der Zeitpunkt, an dem die Umstellung vorgenommen werden sollte.

So geht's:

Sehen Sie sich zunächst die Ausgangsdaten etwas näher an.

B8 | =B7/(1/B6)

	A	B
1	**Umstellung von der degressiven-Afa auf die lineare Afa**	
2		
3		
4	Anschaffungskosten	100.000,00 €
5	Restwert	0
6	Nutzungsdauer / Jahre	10
7	degressiver Afa-Satz	20%
8	Faktor	2

Zur Lösung der Aufgabenstellung bietet Excel die Funktion *VDB()*:

VDB(Ansch_Wert;Restwert;Nutzungsdauer;Anfang;Fertig stellen;Faktor;Nicht_wechseln)

VDB() gibt die degressive Doppelratenabschreibung eines Wirtschaftsguts für eine bestimmte Periode oder Teilperiode zurück.

Die Funktionsargumente:

- *Ansch_Wert*: Sind die Anschaffungskosten eines Wirtschaftsguts.
- *Restwert*: Ist der Restwert nach Ablauf der Nutzungsdauer (häufig auch als Schrottwert bezeichnet).
- *Nutzungsdauer*: Meint die Anzahl der Perioden, über die das Wirtschaftsgut abgeschrieben wird (auch als Lebensdauer bezeichnet).
- *Anfang*: Ist der erste Zeitraum, der für die Berechnung eines Abschreibungsbetrags berücksichtigt werden soll. *Anfang* muss in derselben Zeiteinheit vorliegen wie *Nutzungsdauer*.
- *Fertig stellen*: Bezeichnet den letzten Zeitraum, der für die Berechnung eines Abschreibungsbetrags berücksichtigt werden soll. *Fertig stellen* muss in derselben Zeiteinheit vorliegen wie Nutzungsdauer.
- *Faktor*: Ist die Rate, um die der Restbuchwert abnimmt (Faktor steht für *Faktor * 100 % / Nutzungsdauer*). Fehlt das Argument *Faktor*, wird es als 2 angenommen. Wenn Sie das Verfahren der degressiven Doppelratenabschreibung nicht anwenden möchten, müssen Sie einen anderen Faktor angeben.
- *Nicht_wechseln*: Ist ein Wahrheitswert, der angibt, ob auf lineare Abschreibung umgeschaltet werden soll, wenn der dabei berechnete Abschreibungsbetrag größer ist als der bei der geometrischen Abschreibung.

Zur Ermittlung des Umstellungszeitpunkts von der degressiven zur linearen Afa gehen Sie nun wie folgt vor:

1. Die Funktion *VDB()* benötigt das Argument *Faktor*. Zur Ermittlung dieses Faktors erfassen Sie in Zelle B8 die Formel *=B14*100/B4*. Die allgemeingültige Formel dafür lautet: *Abschreibungssatz in % * 1 / (100 / Nutzungsdauer)*.
2. Markieren Sie den Zellbereich B12:B21 und erfassen Sie in Zelle B12 folgende Formel zur Ermittlung der degressiven Abschreibung:

   =VDB($B$4;$B$5;$B$6;A12–1;A12; $B$8;FALSCH)
3. Beenden Sie die Dateneingabe mit der Tastenkombination Strg+↵. Damit wird die Formel in den markierten Bereich eingetragen.

Im sechsten Jahr erfolgt die Umstellung von der degressiven auf die lineare Afa, indem der Buchwert durch die Restnutzungsdauer dividiert wird.

B12 =VDB($B$4;$B$5;$B$6;A12-1;A12;$B$8;FALSCH)

	A	B	C
1	**Umstellung von der degressiven-Afa auf die lineare Afa**		
2			
3			
4	**Anschaffungskosten**	100.000,00 €	
5	**Restwert**	0	
6	**Nutzungsdauer / Jahre**	10	
7	**degressiver Afa-Satz**	20%	
8	**Faktor**	2	
9			
10			
11	**Afa für Jahr**	**Abschreibung in €**	
12	1	20.000,00 €	
13	2	16.000,00 €	
14	3	12.800,00 €	
15	4	10.240,00 €	
16	5	8.192,00 €	
17	6	6.553,60 €	
18	7	6.553,60 €	
19	8	6.553,60 €	
20	9	6.553,60 €	
21	10	6.553,60 €	

Dies erkennen Sie daran, dass die Abschreibungsbeträge ab dem sechsten Jahr für den Restzeitraum identisch sind und nicht wie bei der degressiven Afa jährlich abfallen.

Hinweis

Sie können mit der Funktion *VDB()* auch Abschreibungen für andere Zeiträume wie Monate oder Tage berechnen, indem Sie die Nutzungsdauer entsprechend erfassen. Bei der monatlichen Afa-Rechnung geben Sie anstelle von 10 Jahren einfach 120 Monate an. Darüber hinaus können Sie mit der Funktion *VDB()* auch Abschreibungen für Zeiträume wie beispielsweise 15 bis 25 Monate ermitteln.

Tipp 16: Zukünftige Werte schätzen

Excel bietet in der Funktionskategorie *Statistik* einige Funktionen, mit denen sich zukünftige Entwicklungen (zumindest mathematisch) berechnen lassen. Für die Prognose zukünftiger finanzieller Entwicklungen können die Funktionen *SCHÄTZER* und *TREND* herangezogen werden. Diese Funktionen ermitteln auf Basis vorhandener Werte Prognosewerte. Sie berechnen aber nur gleichmäßige Änderungen, das heißt, Schwankungen bleiben unberücksichtigt. Nachfolgend sehen Sie, wie die Funktion *SCHÄTZER* arbeitet.

So geht's:

1 Erfassen Sie zunächst in einer neuen Tabelle in den Spalten B bis D drei Artikel mit Umsatzwerten für die ersten sieben Wochen eines Jahrs.

2 Tragen Sie nun für den ersten Artikel in Zelle B11 die Formel *=SCHÄTZER($A11;B$4:B10;$A$4:$A10)* ein und kopieren Sie diese Formel für die restlichen Wochen des Jahrs nach unten. Verfahren Sie analog mit den anderen Artikeln.

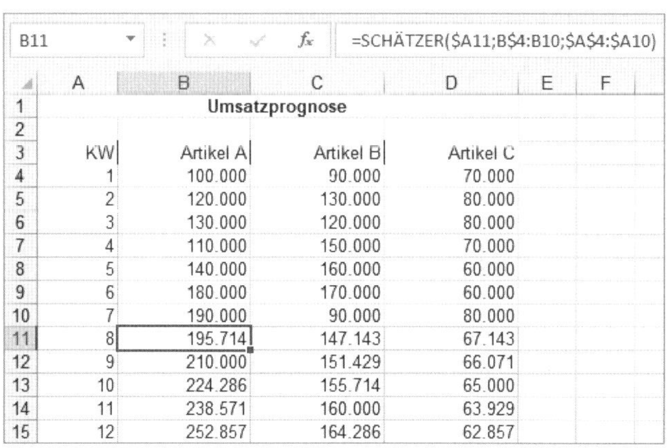

	A	B	C	D	E	F
1		Umsatzprognose				
2						
3	KW	Artikel A	Artikel B	Artikel C		
4	1	100.000	90.000	70.000		
5	2	120.000	130.000	80.000		
6	3	130.000	120.000	80.000		
7	4	110.000	150.000	70.000		
8	5	140.000	160.000	60.000		
9	6	180.000	170.000	60.000		
10	7	190.000	90.000	80.000		
11	8	195.714	147.143	67.143		
12	9	210.000	151.429	66.071		
13	10	224.286	155.714	65.000		
14	11	238.571	160.000	63.929		
15	12	252.857	164.286	62.857		

Die Funktion:

- *SCHÄTZER*: Diese Funktion gibt, wie der Name schon sagt, einen Schätzwert für einen linearen Trend zurück und eignet sich z. B. für die Prognose von Umsatzwerten, Aktienkursen etc.

Tipp 17: Zukünftige Trends prognostizieren

Excel bietet neben der Funktion *SCHÄTZER* auch die Funktion *TREND*, um vorhandene Werte zu prognostizieren. Wie diese letztgenannte Funktion arbeitet, sehen Sie im nachfolgenden Beispiel.

So geht's:

1 Erfassen Sie erneut in einer Tabelle in den Spalten B bis D drei Artikel mit Umsatzwerten für die ersten sieben Wochen eines Jahrs.

2 Tragen Sie anschließend für den ersten Artikel in die Zellen B11 bis B55 die Formel *{=TREND(B4:B10;A4:A10;A11:A55)}* als Matrixfunktion ein. Verfahren Sie analog mit den anderen Artikeln.

B11 | {=TREND(B4:B10;A4:A10;A11:A55)}

	A	B	C	D	E	F
1		Umsatzprognose				
2						
3	KW	Artikel A	Artikel B	Artikel C		
4	1	100.000	90.000	70.000		
5	2	120.000	130.000	80.000		
6	3	130.000	120.000	80.000		
7	4	110.000	150.000	70.000		
8	5	140.000	160.000	60.000		
9	6	180.000	170.000	60.000		
10	7	190.000	90.000	80.000		
11	8	195.714	147.143	67.143		
12	9	210.000	151.429	66.071		

Die Funktion:

- *TREND*: Diese Funktion liefert Werte, die sich aus einem linearen Trend ergeben, und eignet sich ebenfalls für die Prognose von Umsatzwerten, Aktienkursen etc. Der Unterschied zwischen den Funktionen *SCHÄTZER* und *TREND* liegt darin, dass Sie mit der Funktion *SCHÄTZER* lediglich einen einzelnen Wert, mit der Funktion *TREND* jedoch mehrere Werte prognostizieren können.

Hinweis

Die beiden Funktionen *SCHÄTZER* und *TREND* zeigen die gleichen Ergebnisse an und liefern beide eine gleichmäßig an- oder absteigende Prognose, da sie davon ausgehen, dass alle Werte gleichmäßig an- oder absteigen. Dies muss bei der Betrachtung der prognostizierten Werte immer berücksichtigt werden.

Tipp 18: Verzinsung des eingesetzten Kapitals bei Zinssatzsteigerung

Bei finanzmathematischen Fragestellungen ist Excel zweifelsfrei das Instrument Ihrer Wahl. Wenn Sie beispielsweise ein Anfangskapital über eine bestimmte Anzahl Perioden verzinsen möchten und dabei eine jährliche Steigung des Zinssatzes unterstellt wird, können Sie das mit einer einzigen Formel darstellen.

So geht's:

1. Erfassen Sie zuerst die Grunddaten. Das heißt, in Zelle B1 steht das Anfangskapital oder auch der Barwert, in B2 der Zinssatz der ersten Periode, in B3 die Anzahl der Perioden und in B4 der Zinsanstieg der Folgeperioden.

2. Tragen Sie dann in Zelle B1 die Matrixformel für das Endkapital ein:

   {=PRODUKT(B2+1+(B4*(ZEILE(INDIREKT("1:"&B3))–1)))*B1}

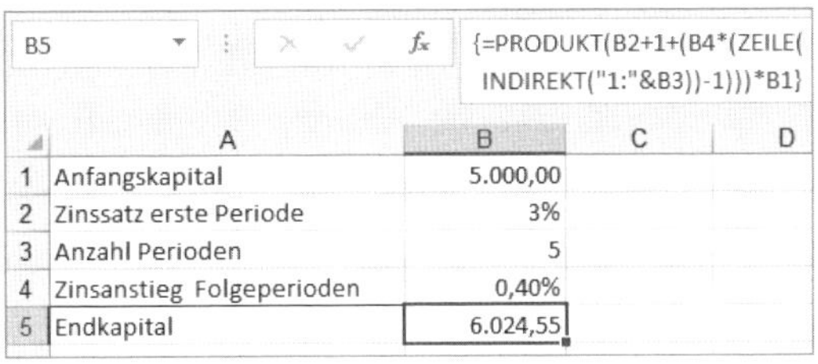

B5 | {=PRODUKT(B2+1+(B4*(ZEILE(INDIREKT("1:"&B3))-1)))*B1}

	A	B	C	D
1	Anfangskapital	5.000,00		
2	Zinssatz erste Periode	3%		
3	Anzahl Perioden	5		
4	Zinsanstieg Folgeperioden	0,40%		
5	Endkapital	6.024,55		

Tipp 19: Anlagedauer einer Einmalanlage bei jährlicher Verzinsung bis zum gewünschten Endkapital errechnen

Folgende Ausgangssituation: Sie möchten einen Betrag K_0 anlegen, der jährlich mit gegebenem Zinssatz *i* verzinst werden soll. Auf diesem Weg möchten Sie ein bestimmtes Endkapital K_t erreichen.

Wie lange dauert es nun in Jahren bzw. Monaten, bis dieses Endkapital tatsächlich erreicht wird?

Für diese Aufgabe stellt Excel ab Version 2013 eine spezielle Funktion zur Verfügung – *PDURATION*. In den Vorversionen kann diese Berechnung mittels der *LN*-Funktion erfolgen.

Die Syntax von *PDURATION* ist *=PDURATION(Zins;Bw;Zw)*, wobei *Zins* entweder als Prozentwert oder als Dezimalzahl angegeben werden kann. *Bw* entspricht dem Betrag der Einmalanlage, *Zw* dem gewünschten Endkapital.

Die zugrundeliegende finanzmathematische Formel für die Berechnung lautet:

$$t = (\log K_t - \log K_0) / \log(1 + i)$$

So geht's ab Excel 2013:

1. Geplant ist eine Anlage in Höhe von 1.000 Euro. Der jährliche Zinssatz liegt bei 3,5 %. Das Kapital soll auf den Zielwert von 1.200 Euro anwachsen.

2. Erfassen Sie das Anfangskapital, den Zinssatz sowie das gewünschte zu erzielende Endkapital in den Zellen C3, C4 und C5.

3. Um die Anlagedauer in Jahren auszurechnen, erfassen Sie folgende Formel in Zelle C7:

   =AUFRUNDEN(PDURATION(C4;C3;C5);2)

Das Ergebnis wird somit mittels der Funktion *AUFRUNDEN* und dem Argument 2 auf zwei Nachkommastellen aufgerundet.

Um die Anlagedauer in Monaten auszugeben und das Ergebnis auf eine Nachkommastelle aufzurunden, tragen Sie diese Formel in Zelle C8 ein:

=AUFRUNDEN(PDURATION(C4/12;C3;C5);1)

C8 | =AUFRUNDEN(PDURATION(C4/12;C3;C5);1)

	A	B	C	D
1	**Ab Excel 2013: PDURATION**			
2				
3	Einmalanlage		1000	
4	Zinssatz		3,50%	
5	Endkapital		1200	
6				
7	Anlagedauer Jahre:		5,30	
8	Anlagedauer Monate:		62,7	

So geht's bis Excel 2010:

1 Erfassen Sie das Anfangskapital (1.000 Euro), den Zinssatz (3,5 %) sowie das gewünschte zu erzielende Endkapital (1.200 Euro) in den Zellen G3, G4 und G5.

2 Um die Anlagedauer in Jahren auszurechnen und auf zwei Nachkommastellen aufzurunden, erfassen Sie folgende Formel in Zelle G7:

=AUFRUNDEN((LN(G5)–LN(G3))/LN(1+G4);2)

Um die Anlagedauer in Monaten auszugeben und das Ergebnis auf eine Nachkommastelle aufzurunden, verwenden Sie diese Formel in Zelle G8:

=AUFRUNDEN((LN(G5)–LN(G3))/LN(1+(G4/12));1)

G8 | =AUFRUNDEN((LN(G5)-LN(G3))/LN(1+(G4/12));1)

	E	F	G	H	I	J
1	**Bis Excel 2010: LN-Funktion**					
2						
3	Einmalanlage		1000			
4	Zinssatz		3,50%			
5	Endkapital		1200			
6						
7	Anlagedauer Jahre:		5,30			
8	Anlagedauer Monate:		62,7			

Zur Erlangung des Zielkapitals ist beim gegebenen Zinssatz also eine Anlagedauer von 5,3 Jahren bzw. 62,7 Monaten erforderlich.

Tipp 20: Verzugszinsberechnung mit wechselnden Basiszinsen

Die Berechnung von Verzugszinsen orientiert sich am Basiszinssatz, der zum 1.1. bzw. 1.7. eines jeden Jahrs gegebenenfalls angepasst wird. Die aktuelle Liste der Basiszinssätze mit den jeweils relevanten Gültigkeitszeiträumen finden Sie auf der Homepage der Bundesbank: *https://www.bundesbank.de/de/bundesbank/organisation/agb-und-regelungen/basiszinssatz-607820.*

Bei der Berechnung muss fallweise unterschieden werden, ob der Forderung ein Verbrauchergeschäft oder ein Handelsgeschäft zugrunde liegt.

Handelt es sich um ein Verbrauchergeschäft, liegt der Verzugszinssatz nach § 288 Abs. 1 BGB um 5 Prozentpunkte über dem Basiszinssatz. Im Fall eines Handelsgeschäfts liegt der Verzugszinssatz nach § 288 Abs. 2 BGB um 8 Prozentpunkte über dem Basiszinssatz.

Zu beachten ist, dass bei der Verzugszinsermittlung üblicherweise die taggenaue Effektivzinssatzmethode (*act/act*) zur Anwendung kommt, das heißt:

- Das Jahr wird nicht mit 360 Tagen, sondern mit 365 Tagen berücksichtigt.
- Der Monat wird nicht pauschal mit 30 Tagen, sondern mit der tatsächlichen Tagesanzahl angesetzt.
- Sowohl bei der Berechnung der Verzugsdauer als auch bei der Berechnung der Jahreszinsen ist es deshalb anders als bei der kaufmännischen Zinsberechnung relevant, ob ein Schaltjahr vorliegt oder nicht.

Ziel ist es, einen Verzugszinsrechner zu erstellen, der folgenden Anforderungen genügt:

- Eingabefelder für den Betrag der Forderung, das Datum des Verzugsbeginns sowie das Datum des Verzugsendes (bzw. das aktuelle Tagesdatum).
- Es muss ausgewählt werden können, ob ein Verbraucher- oder ein Handelsgeschäft vorliegt. Hierfür soll ein ActiveX-Steuerelement verwendet werden (➡ Verweis: siehe Kapitel 5.7, Tipp 2).
- Bei der Berechnung muss der relevante Zinssatz (Verbraucher- oder Handelsgeschäft) automatisch angewendet werden.
- Der Verzugszeitraum kann fallabhängig sowohl innerhalb einer Gültigkeitsperiode der Verzugszinssätze liegen als auch *n* Gültigkeitszeiträume umfassen. Die Verzugsdauer muss daher gegebenenfalls aufgespaltet werden, sodass Zinstage je Gültigkeitszeitraum zu ermitteln und mit dem jeweils relevanten Zinssatz zu verbinden sind.
- Die taggenaue Effektivzinssatzmethode soll angewendet werden.
- Die Zinsen sollen je Gültigkeitszeitraum tabellarisch ausgewiesen werden, als Ergebnis sollen die kumulierten Zinsen und der neue Gesamtbetrag der Forderung berechnet werden.

So geht's:

1 Erstellen Sie eine Tabelle der Verzugszinssätze für den gewünschten Zeitraum in den Spalten A bis D (siehe Abbildung).

	A	B	C	D
1	Gültig ab	Gültig bis	Verzugszinssatz nach § 288 Abs. 1 (Verbrauchergeschäft)	Verzugszinssatz nach § 288 Abs. 2 (Handelsgeschäft)
2	01.07.2008	31.12.2008	8,19%	11,19%
3	01.01.2009	30.06.2009	6,62%	9,62%
4	01.07.2009	31.12.2009	5,12%	8,12%
5	01.01.2010	30.06.2010	5,12%	8,12%
6	01.07.2010	31.12.2010	5,12%	8,12%
7	01.01.2011	30.06.2011	5,12%	8,12%
8	01.07.2011	31.12.2011	5,37%	8,37%
9	01.01.2012	30.06.2012	5,12%	8,12%
10	01.07.2012	31.12.2012	5,12%	8,12%
11	01.01.2013	15.10.2018	4,87%	7,87%

2 Die Datumswerte in Spalte A und B müssen das Zellenformat *Zahlen*, Kategorie *Datum, Typ *TT.MM.JJJJ* aufweisen. Die in Spalte C und D enthaltenen Zinssätze werden formatiert mit dem Zellenformat *Zahlen*, Kategorie *Prozent* mit zwei Dezimalstellen.

3 Erfassen Sie in Zelle A2 *01.07.2008* und in Zelle A3 *01.01.2009*. Markieren Sie die beiden Zellen und ziehen Sie sie mit gedrückter Maustaste nach unten.

4 Erfassen Sie in Zelle B2 folgende Formel:

=WENN(A3<>"";A3–1;HEUTE())

Kopieren Sie sie mittels Doppelklick auf das Ausfüllkästchen bis zur letzten Zeile der Tabelle.

In Spalte B sollten nun abwechselnd der 30.06. und der 31.12. des jeweiligen Jahrs stehen, in der letzten Zelle der Tabelle das Datum des aktuellen Tags. Mit diesem Schritt ist der Gültigkeitsbeginn einer Periode nun ergänzt um das jeweilige Enddatum.

5 Erstellen Sie jetzt den Eingabebereich sowie die Ergebniszellen (siehe Abbildung). Vergeben Sie folgende Namen:

- Zelle C14: *Verzugsbeginn*
- Zelle C15: *Verzugsende*
- Zelle C16: *Art*
- Zelle C17: *Basisforderung*

	A	B	C
14		Verzug seit einschließlich:	01.01.2010
15		Verzug bis einschließlich:	01.02.2018
16		Verbraucher-/Handelsgeschäft	Verbrauchei ▾
17		Basisforderung:	1.000,00 €
18		Verzugszinsen:	402,76 €
19		Gesamtforderung:	1.402,76 €
20			
21	Verbraucher		
22	Handel		

6 Tragen Sie in die Zellen A21 und A22 die Texte *Verbraucher* bzw. *Handel* ein. Fügen Sie in Zelle C16 das ActiveX-Steuerelement *Kombinationsfeld* über das Menü *Entwicklertools/Steuerelemente/Einfügen/Kombinationsfeld* ein.

7 Öffnen Sie das *Eigenschaften*-Fenster und erfassen Sie als *ListFillRange* den Zellbezug A21:A22 und als *LinkedCell* über das Menü *Entwicklertools/Steuerelemente/Eigenschaften* den Zellbezug C16.

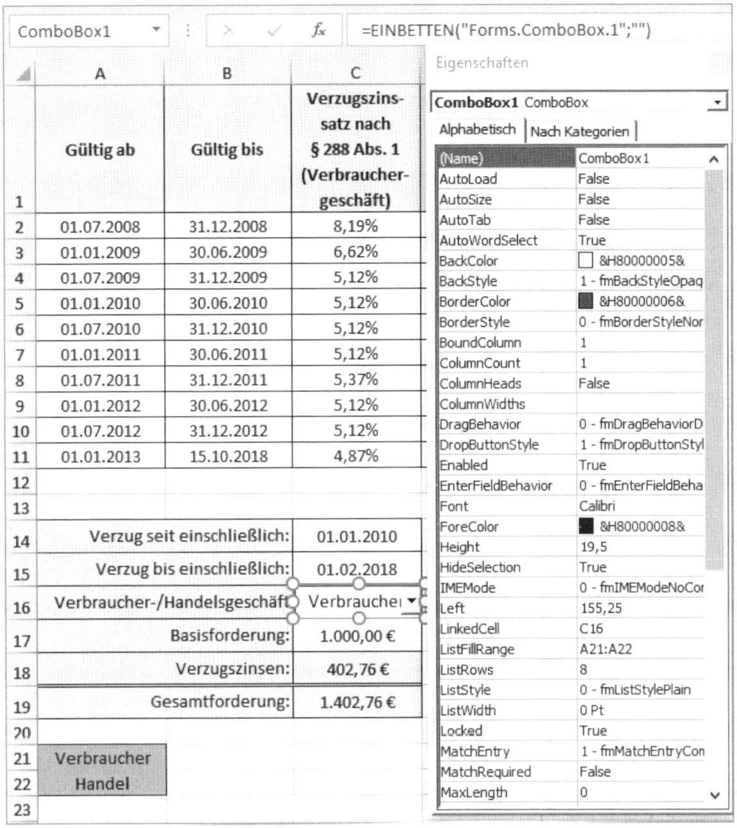

8 Schließen Sie danach das *Eigenschaften*-Fenster über das Schließkreuz und beenden Sie den Entwurfsmodus über die Registerkarte *Entwicklertools*, Gruppe *Steuerelemente*, Schaltfläche *Entwurfsmodus*.

9 Erfassen Sie in den Spalten E bis J folgende Formeln:

Zelle E2: *=WENN(Art="Verbraucher";C2;WENN(Art="Handel";D2;""))*

Formatieren Sie diese Zelle mit dem Zellenformat *Zahlen/Prozent* mit zwei Dezimalstellen.

Zelle F2: *=WENN(REST(JAHR(A2);400)=0;366;WENN(UND(REST(JAHR(A2);4)=0;REST(JAHR(A2);100)<>0);366;365))*

Zelle G2: *=WENN(UND(Verzugsbeginn<A2;Verzugsende>B2);B2–A2+1;0)*

Zelle H2: *=WENN(UND(Verzugsbeginn>=A2;Verzugsende>B2;Verzugsbeginn<=B2);B2–Verzugsbeginn+1;0)*

Zelle I2: =*WENN(UND(Verzugsbeginn<A2;Verzugsende<=B2;Verzugsende>=A2); Verzugsende–A2+1;0)*

Zelle J2: =*WENN(UND(Verzugsbeginn>=A2;Verzugsende<=B2);Verzugsende–Verzugsbeginn+1;0)*

Zelle K2: =*RUNDEN((SUMME(G2:J2)/F2)*E2*Basisforderung;2)*

Formatieren Sie Zelle K2 mit dem Zellenformat *Zahlen/Währung/Euro* mit zwei Nachkommastellen.

10 Markieren Sie den Zellbereich E2:K2 und kopieren Sie ihn mit Doppelklick auf das Ausfüllkästchen nach unten.

	E	F	G	H	I	J	K
1	**Relevanter Zinssatz**	**Anzahl Tage/Jahr (Schaltjahr ja/nein)**	**Fall 1 - Zinstage**	**Fall 2 - Zinstage**	**Fall 3 - Zinstage**	**Fall 4 - Zinstage**	**Zinssumme je Periode**
2	8,19%	366	0	0	0	0	0,00 €
3	6,62%	365	0	0	0	0	0,00 €
4	5,12%	365	0	0	0	0	0,00 €
5	5,12%	365	0	181	0	0	25,39 €
6	5,12%	365	184	0	0	0	25,81 €
7	5,12%	365	181	0	0	0	25,39 €
8	5,37%	365	184	0	0	0	27,07 €
9	5,12%	366	182	0	0	0	25,46 €
10	5,12%	366	184	0	0	0	25,74 €
11	4,87%	365	0	0	1858	0	247,90 €

11 Erfassen Sie nun abschließend folgende Formeln:

Zelle C17: =*SUMMENPRODUKT((G2:J11)*(E2:E11)*Basisforderung/F2:F11)*

Zelle C18: =*SUMME(C16:C17)*

Formatieren Sie den Zellbereich C16:C18 mit dem Zellenformat *Zahlen/Währung/Euro* mit zwei Nachkommastellen.

Tipp 21: Einkommensteuerberechnung mit Formel und benutzerdefinierter Funktion

Der Einkommensteuertarif

Grundlage der Einkommensteuerberechnung ist der in § 32a Einkommensteuergesetz Abs. 1 und 5 festgelegte Grund- und Splittingtarif.

Nach Abs. 1 bemisst sich die **E**inkommen**st**euer (ESt) nach dem **z**u **v**ersteuernden **E**inkommen (zvE) und errechnet sich für 2012 wie folgt:

Stufe 1: zvE bis 8.004 Euro: ESt = 0

Stufe 2: zvE von 8.005 Euro bis 13.469 Euro: ESt = (912,17 * *y* + 1.400) * *y*

Stufe 3: zvE von 13.470 Euro bis 52.881 Euro: ESt = (228,74 * *z* + 2.397) * *z* + 1.038

Stufe 4: zvE von 52.882 Euro bis 250.730 Euro: ESt = (0,42 * *x*) – 8.172

Stufe 5: zvE ab 250.731 Euro: ESt = (0,45 * *x*) – 15.694

wobei

- *y* ein Zehntausendstel des 8.004 Euro übersteigenden Teils des auf einen vollen Euro-Betrag abgerundeten zu versteuernden Einkommens ist:

$$y = \frac{zvE - 8.004}{10.000}$$

- *z* ein Zehntausendstel des 13.469 Euro übersteigenden Teils des auf einen vollen Euro-Betrag abgerundeten zu versteuernden Einkommens ist:

$$z = \frac{zvE - 13.469}{10.000}$$

- *x* das auf einen vollen Euro-Betrag abgerundete zu versteuernde Einkommen ist
- und der sich insgesamt ergebende Steuerbetrag auf den nächsten vollen Euro-Betrag abzurunden ist.

Zur Berechnung der Einkommensteuer nach dem Splittingtarif wird die Summe der beiden zu versteuernden Einkommen halbiert, für den sich ergebenden Betrag die Einkommensteuer gemäß oben dargestelltem Tarif errechnet und das Ergebnis verdoppelt.

Einkommensteuerberechnung mit Excel-Formel

Die Umsetzung des dargestellten Einkommensteuertarifs in eine Formel erfordert die Verschachtelung mehrerer Wenn-dann-Abfolgen. Um die Erstellung dieser Verschachtelung einfach und übersichtlich zu halten, bietet sich ein schrittweises Vorgehen entsprechend den Stufen des Tarifs an.

Für die Berechnung der Einkommensteuer sind folgende Eingaben erforderlich:

- Jahreseinkommen,
- Auswahl Grund-/Splittingtarif (um nicht mit zwei Formeln – einmal für den Grund-, einmal für den Splittingtarif – arbeiten zu müssen, soll der Einkommenswert bereits vor Übergabe an die Formel angepasst werden).

So geht's:

1 Zunächst wird eine Zelle für das Jahreseinkommen – im Beispiel C2 – festgelegt. Zur Kennzeichnung als Eingabefeld können Sie dem Zellhintergrund eine andere Farbe zuweisen.

2 In Feld C4 erfolgt die Abrundung des eingegebenen Werts auf die nächstkleinere ganze Zahl: *=GANZZAHL(C2)*

3 In Feld C5 soll ausgewählt werden können, ob die Berechnung nach Grund- oder Splittingtarif erfolgen soll. Dies soll hier mittels eines Drop-down-Felds in Verbindung mit einer hinterlegten Gültigkeitsliste umgesetzt werden:

Tragen Sie in Zelle H2 *Grundtarif*, in Zelle H3 *Splittingtarif* ein – diese beiden Zellen dienen als Listenbereich für die Gültigkeitsprüfung.

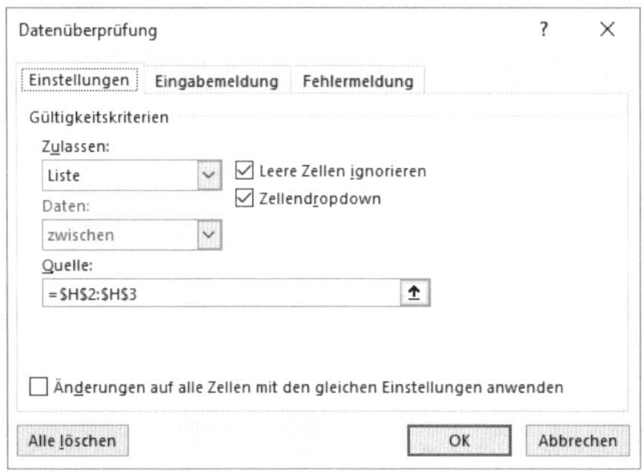

Setzen Sie den Cursor in Zelle C5 und rufen Sie das Menü *Datenüberprüfung* über das Menü *Daten/Datentools/Datenüberprüfung* auf.

Wählen Sie im Register *Einstellungen* bei *Gültigkeitskriterien* den Wert *Liste* aus und setzen Sie bei *Quelle* den Bezug auf den Zellbereich H2:H3. In das Kontrollkästchen *Zellendropdown* setzen Sie einen Haken. Schließen Sie das Fenster per Klick auf die Schaltfläche *OK*.

4 In Zelle C6 tragen Sie folgende Formel ein:

=WENN(C5="Grundtarif";C4;GANZZAHL(C4/2))

Damit wird im Fall von *Grundtarif* der abgerundete Wert aus Zelle C4 übernommen, im Fall von *Splittingtarif* wird der Wert aus C4 halbiert und abgerundet.

Geben Sie dem Feld C6 den Namen *zvE*. Wenn Sie nun testweise *25000* in Zelle C2 eintragen und *Splittingtarif* auswählen, sollte sich das gleiche Bild wie auf der Abbildung ergeben.

	B	C
1		
2	Eingabe Jahres-Einkommen:	65.000,00 €
3		
4	Abgerundetes Einkommen:	65.000,00 €
5	Grund-/Splittingtarif:	Splittingtarif
6	Berechnungsgrundlage zvE :	32.500,00 €

5 Nun folgt der schrittweise Aufbau der Wenn-dann-Formel entsprechend den oben dargestellten Stufen, zunächst noch mit Platzhaltern für die jeweils nächsthöhere Stufe.

Hinweis: Da die Formel relativ umfangreich ist, empfiehlt es sich, vorab den Bearbeitungsbereich durch Klick auf das nach unten gerichtete Pfeilsymbol zu vergrößern.

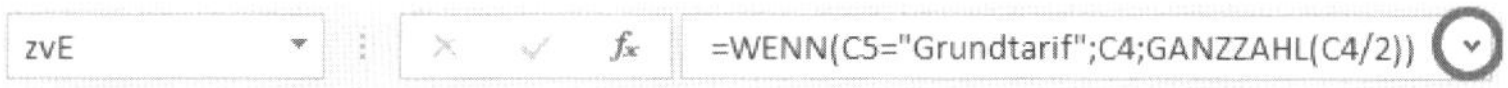

Anmerkung: Anstatt den Excel-Bearbeitungsbereich zu nutzen, werden umfangreiche Formeln wie diese von vielen Anwendern auch häufig zunächst in Word zusammengestellt, dann nach Excel in den Bearbeitungsbereich kopiert und Fehler in der Formel werden erst dort korrigiert – dies kann durchaus eine effiziente Methode darstellen.

- Formel für Stufe 1 in Zelle F2:

  =WENN(zvE<8005;0;"Stufe2")

- Formel für Stufe 2 in Zelle F3:

  =WENN(zvE<13470;GANZZAHL((912,17*((zvE–8004)/10000)+1400)
  *((zvE–8004)/10000));"Stufe3")

  Hinweis: *y* wurde innerhalb der Formel aufgelöst.

- Formel für Stufe 3 in Zelle F4:

  =WENN(zvE<52882;GANZZAHL((228,74*((zvE–13469)/10000)+2397)
  *((zvE–13469)/10000)+1038);"Stufe4")

  Hinweis: *z* wurde innerhalb der Formel aufgelöst.

- Formel für Stufe 4 in Zelle F5:

  =WENN(zvE<250731;GANZZAHL(0,42*zvE–8172);"Stufe5")

  Hinweis: *x* wurde innerhalb der Formel aufgelöst.

- Formel für Stufe 5 in Zelle F6:

  =WENN(250730<zvE;GANZZAHL(0,45*zvE–15694))

  Hinweis: *x* wurde innerhalb der Formel aufgelöst.

6 Jetzt wird die Formel in Zelle F9 zusammengefügt. Kopieren Sie dazu zunächst den Inhalt von Zelle F2 in die Zelle F9. Platzieren Sie dann den Cursor in Zelle F3 und markieren Sie im Bearbeitungsbereich den gesamten Ausdruck mit Ausnahme des =-Zeichens. Drücken Sie die Tasten Strg+C und verlassen Sie den Bearbeitungsbereich mit Taste Esc. Setzen Sie nun den Cursor in F9, markieren Sie den Teil *Stufe 2* durch Doppelklick im Bearbeitungsbereich und fügen Sie den Inhalt der Zwischenablage mittels der Tastenkombination Strg+V ein. Bestätigen Sie mit ↵.

Verfahren Sie analog mit den Inhalten der Zellen F3 bis F6.

In Zelle F9 befindet sich nun die zusammengesetzte Einkommensteuerformel:

=WENN(zvE<8005;0;WENN(zvE<13470;GANZZAHL((912,17*((zvE–8004)/10000)+1400)
((zvE–8004)/10000));WENN(zvE<52882;GANZZAHL((228,74((zvE–13469)/10000)+2397)
*((zvE–13469)/10000)+1038);WENN(zvE<250731;GANZZAHL(0,42*zvE–8172);
WENN(250730<zvE;GANZZAHL(0,45*zvE–15694))))))

7 Tragen Sie in Zelle C8 die Formel *=WENN(Tarif="Grundtarif";F9;F9*2)* und in Zelle C9 gegebenenfalls noch die Berechnung des Solidaritätszuschlags ein: *=C8*5,5%*.

Mit der Formel in C8 wird im Fall des Grundtarifs der berechnete ESt-Wert aus F9 übernommen, im Fall des Splittingtarifs das Ergebnis der Einkommensteuerberechnung – auf Basis des halbiert übergebenen Eingangswerts – verdoppelt (§ 32a Abs. 5 EStG).

	B	C
1		
2	Eingabe Jahres-Einkommen:	54.321,12 €
3		
4	Abgerundetes Einkommen:	54.321,00 €
5	Grund-/Splittingtarif:	Splittingtarif
6	Berechnungsgrundlage zvE :	27.160,00 €
7		
8	Einkommensteuer:	9.496,00 €
9	Solidaritätszuschlag:	522,28 €

Einkommensteuerberechnung mit benutzerdefinierter Funktion

Eine Alternative zur Formellösung ist die Erstellung einer benutzerdefinierten Funktion. Im Folgenden wird der Code für eine solche benutzerdefinierte Funktion dargestellt, die anstelle der Formellösung für die Berechnung der Einkommensteuer in die oben erstellte Tabelle eingebaut werden kann.

So geht's:

1 Wechseln Sie mit Alt+F11 in den VBA-Editor.

2 Fügen Sie dann über das Menü *Einfügen* und den Befehl *Modul* ein neues Modul hinzu und erfassen Sie innerhalb dieses Moduls folgende Codezeilen:

Listing 1:

```
' ** Aufrufen der Prozedur
Public Function Einkommensteuer(zvEx)
' ** mit zvEx wird gerundetes Einkommen aus Zelle C6 an Funktion übergeben
' ** Variablen deklarieren
' ** Grund-/Splittingtarif:
Dim kztab As Integer
' ** y aus Formel:
Dim y As Double
' ** z aus Formel:
Dim z As Double
' ** st für berechnete Steuer
Dim st As Double

' ** Auslesen der Auswahl Grund-/Splittingtarif aus Zelle C5
If ActiveSheet.Range("c5").Value = "Grundtarif" Then
' ** ausgewählt ist Grundtarif, kztab bekommt Wert 1
    kztab = 1
Else
' ** ausgewählt ist Splittingtarif, kztab bekommt Wert 2
    kztab = 2
End If
```

```
' ** Prüfung, welche Stufe relevant ist
Select Case zvEx
' ** Stufe 1:
Case Is < 8005:
    st = 0
' ** Stufe 2:
Case Is < 13470:
' ** Umsetzung der y-Formel
    y = (zvEx - 8004) / 10000
    st = (912.17 * y + 1400) * y
' ** Stufe 3:
Case Is < 52882:
' ** Umsetzung der z-Formel
    z = (zvEx - 13469) / 10000
    st = (228.74 * z + 2397) * z + 1038
' ** Stufe 4:
Case Is < 250731:
    st = (zvEx * 0.42) - 8172
' ** Stufe 5:
Case Is >= 250731:
    st = (zvEx * 0.45) - 15694

End Select

' ** Zuweisung Rückgabewert an Funktion
' ** st wird auf Ganzzahl abgerundet
' ** Multiplikation der berechneten Steuer mit kztab
' **    kztab = 1 -> st = st * 1
' **    kztab = 2 -> st = st * 2, Verdopplung
Einkommensteuer = Int(st) * kztab

End Function
```

3 Wechseln Sie aus der Entwicklungsumgebung zurück auf das Tabellenblatt und geben Sie in Zelle C12 ein:

=Einkommensteuer(C6)

Entsprechend dem eingegebenen Einkommen in Zelle C2 und der Auswahl von Grund- oder Splittingtarif in Zelle C5 wird die berechnete Einkommensteuer ausgegeben.

Ermittlung des Durchschnittsteuersatzes sowie des Differenzsteuersatzes bei Einkommensveränderung

Der Durchschnittsteuersatz drückt aus, welcher Prozentsatz des zu versteuernden Einkommens an Steuern abzuführen ist.

Der Differenzsteuersatz gibt demgegenüber an, welcher Steueranteil bei Erhöhung oder Verringerung des Einkommens auf den Veränderungsbetrag des Einkommens entfällt.

So geht's:

1 Zur Ermittlung des Durchschnittsteuersatzes erfassen Sie in Zelle C14 folgende Formel:

*=WENN(C5="Grundtarif";RUNDEN(C12/C6;4);RUNDEN(C12/(C6*2);4))*

2 Um den Differenzsteuersatz bei Veränderung des bisherigen Einkommens und die Veränderung des Steuerbetrags zu ermitteln, gehen Sie wie folgt vor:

In Zelle C16 tragen Sie als positiven oder negativen Wert die jährliche Einkommensveränderung ein.

In Zelle C17 wird unter Berücksichtigung des in C5 ausgewählten Tarifs die Veränderung des zvE bestimmt. Da sich aufgrund der Nachkommastellen gegebenenfalls ein abweichendes zvE errechnen kann, wird hierbei auf die ungerundeten Eingabewerte zurückgegriffen:

=WENN(C5="Grundtarif";GANZZAHL(C16+C2);GANZZAHL((C16+C2)/2))–zvE.

Das neue zvE ergibt sich in Zelle C18 mit: *=zvE+C17*. Vergeben Sie dieser Zelle den Namen *zvEneu*.

	B	C
1		
2	Eingabe Jahres-Einkommen:	65.000,00 €
3		
4	Abgerundetes Einkommen:	65.000,00 €
5	Grund-/Splittingtarif:	Splittingtarif
6	Berechnungsgrundlage zvE :	32.500,00 €
7		
8	Einkommensteuer:	12.856,00 €
9	Solidaritätszuschlag:	707,08 €
10		
11		
12	Einkommensteuer-Funktion:	12.856,00 €
13		
14	Durchschnittssteuersatz:	19,78%
15		
16	Einkommensveränderung +/-	-5.000,00 €
17	Delta zvE:	-2.500,00 €
18	zvE nach Einkommensveränderung:	30.000,00 €
19	Differenz Einkommensteuer:	-1.606,00 €
20	Differenzsteuersatz:	32,12%

Die Änderung der Steuerlast wird nun in Zelle C19 bestimmt mit:

=(Einkommensteuer(zvEneu)–Einkommensteuer(zvE))

Nun kann in Zelle C20 der Differenzsteuersatz berechnet werden:

=RUNDEN((Einkommensteuer(zvEneu)–Einkommensteuer(zvE))/C16;4).

Tipp 22: Sozialversicherungsbeiträge berechnen

In diesem Tipp erfahren Sie, wie Sie Arbeitgeber- und Arbeitnehmeranteil unter Berücksichtigung der Beitragsbemessungsgrenzen für folgende Sozialversicherungen berechnen können:

- Rentenversicherung
- Krankenversicherung
- Pflegeversicherung
- Arbeitslosenversicherung

Dem folgenden Beispiel sind die Rechengrößen der Sozialversicherung für das Jahr 2013 zugrunde gelegt, die Berechnung erfolgt auf Basis der monatlichen Werte. Diese sind:

	A	B	C	D	E
1	BBG	Alte Bundesländer		Neue Bundesländer	
2	KV und PV monatlich	3.937,50 €		3.937,50 €	
3	allgemeine RV monatlich	5.800,00 €		4.900,00 €	
4	ALV monatlich	5.800,00 €		4.900,00 €	

So geht's:

1 Zunächst legen Sie die Eingabezellen für das Bruttomonatseinkommen (Zelle C6) fest. Erforderlich ist ferner – da Sachsen hinsichtlich der Pflegeversicherung eine abweichende Regelung aufweist – ein entsprechendes *ja/nein*-Auswahlfeld. Da Kinderlose in der Pflegeversicherung einen zusätzlichen Beitrag leisten müssen, ist auch hierfür eine *ja/nein*-Auswahl erforderlich.

6	Brutto-Monatseinkommen (abhängig Beschäftigter, kein Minijob):	2.800,00 €
7		
8	Bundesland Sachsen ja/nein:	nein
9		
10	Kinder ja/nein:	nein

Die Umsetzung der beiden *ja/nein*-Auswahlfelder erfolgt mittels eines Drop-down-Felds in Verbindung mit einer hinterlegten Gültigkeitsliste. Tragen Sie hierzu in zwei beliebige aneinandergrenzende Zellen *ja* bzw. *nein* ein (im Beispiel: H2:H3).

Setzen Sie dann den Cursor in die Zelle C8 und rufen Sie das Menü *Datenüberprüfung* über das Menü *Daten/Datentools/Datenüberprüfung* auf.

Wählen Sie im Register *Einstellungen* bei *Gültigkeitskriterien* den Wert *Liste* aus und setzen Sie bei *Quelle* den Bezug auf den von Ihnen gewählten Zellbereich H2:H3. In das Kontrollkästchen *Zellendropdown* setzen Sie einen Haken. Schließen Sie das Fenster per Klick auf die Schaltfläche *OK*.

Verfahren Sie analog mit Zelle C10 für das Eingabefeld *Kinder*.

2 Erstellen Sie folgende Tabelle:

	A	B	C	D	E
12	**Sozialversicherungswerte**	Alte Bundesländer		Neue Bundesländer	
13		AG-Anteil	AN-Anteil	AG-Anteil	AN-Anteil
14	KV monatlich				
15	PV monatlich				
16	RV monatlich				
17	ALV monatlich				

3 Tragen Sie nun diese Formeln ein:

Krankenversicherung, Zeile 14:

- Zelle B14:

  *=RUNDEN(WENN(C6<3937,5;C6*7,3%;3937,5*7,3%);2)*

- Zelle C14:

  *=RUNDEN(WENN(C6<3937,5;C6*8,2%;3937,5*8,2%);2)*

- Zelle D14: Kopieren Sie die Formel aus Zelle B14.
- Zelle E14: Kopieren Sie die Formel aus Zelle C14.

Pflegeversicherung, Zeile 15:

- Zelle B15:

  *=RUNDEN(WENN(C6<3937,5;C6*1,025%;3937,5*1,025%);2)*

- Zelle C15:

  *=RUNDEN(WENN(C10="ja";WENN(C6<3937,5;C6*1,025%;3937,5*1,025%); WENN(C6<3937,5;C6*1,275%;3937,5*1,275%));2)*

- Zelle D15:

  *=RUNDEN(WENN(C8="ja";WENN(C6<3937,5;C6*0,525%;3937,5*0,525%); WENN(C6<3937,5;C6*1,025%;3937,5*1,025%));2)*

- Zelle E15:

  *=RUNDEN(WENN(UND(C8="ja";C10="nein");WENN(C6<3937,5;C6*1,775%; 3937,5*1,775%);WENN(UND(C8="ja";C10="ja");WENN(C6<3937,5;C6*1,525%; 3937,5*1,525%);WENN(UND(C8="nein";C10="nein");WENN(C6<3937,5;C6*1,275%; 3937,5*1,275%);WENN(C6<3937,5;C6*1,025%;3937,5*1,025%))));2)*

Rentenversicherung, Zeile 16:

- Zelle B16: *=RUNDEN(WENN(C6<5800;C6*9,45%;5800*9,45%);2)*
- Zelle C16: Kopieren Sie die Formel aus Zelle B16.
- Zelle D16: *=RUNDEN(WENN(C6<4900;C6*9,45%;4900*9,45%);2)*
- Zelle E16: Kopieren Sie die Formel aus Zelle D16.

Arbeitslosenversicherung, Zeile 17:

- Zelle B17: *=RUNDEN(WENN(C6<5800;C6*1,5%;5800*1,5%);2)*
- Zelle C17: Kopieren Sie die Formel aus Zelle B17.
- Zelle D17: *=RUNDEN(WENN(C6<4900;C6*1,5%;4900*1,5%);2)*
- Zelle E17: Kopieren Sie die Formel aus Zelle D17.

6	Brutto-Monatseinkommen (abhängig Beschäftigter, kein Minijob):		2.800,00 €		
7					
8	Bundesland Sachsen ja/nein:		ja		
9					
10	Kinder ja/nein:		nein		
11					
12	**Sozialversicherungswerte**	Alte Bundesländer		Neue Bundesländer	
13		AG-Anteil	AN-Anteil	AG-Anteil	AN-Anteil
14	KV monatlich	204,40 €	229,60 €	204,40 €	229,60 €
15	PV monatlich	28,70 €	35,70 €	14,70 €	49,70 €
16	RV monatlich	264,60 €	264,60 €	264,60 €	264,60 €
17	ALV monatlich	42,00 €	42,00 €	42,00 €	42,00 €

Tipp 23: Durchschnittliche jährliche Wachstumsrate (CAGR) berechnen

Die durchschnittliche jährliche Wachstumsrate (CAGR = **C**ompound **A**nnual **G**rowth **R**ate) wird mit folgender mathematischer Formel berechnet:

$$CAGR\ (t_0, t) = \left(\frac{K\ (t)}{K(t_0)}\right)^{\frac{1}{n}} - 1 \quad \text{mit}\, n = t - t_0$$

Ab Excel 2013 steht mit *ZSATZINVEST(Zzr;Bw;Zw)* eine neue Funktion zur Verfügung, mit der eine Berechnung gemäß dieser Formel ausgeführt werden kann. Dabei stehen die Funktionsargumente – verglichen mit obiger Formel – für:

- *Zzr* = *n*
- *Bw* = *K* (t_0)
- *Zw* = *K* (*t*).

So geht's:

1 Gegeben sei der Wert *K(t) = 2500,00 €* in *t = 2013* und der Wert *K* (t_0) *= 500,00 €* in t_0 *= 1999.*

2 Ab Excel 2013: Erfassen Sie folgenden Ausdruck in Zelle C6:

=ZSATZINVEST(C2–C1;C3;C4)

Bis Excel 2010: Hier gibt es zwei Möglichkeiten der Ermittlung mit einer Formel:

Erfassen Sie in Zelle C7 bzw. C8:

=(C4/C3)^(1/(C2–C1))–1

bzw.

=POTENZ(C4/C3;1/(C2–C1))–1

3 Ergebnis: Die durchschnittliche jährliche Wachstumsrate beträgt – gerundet auf zwei Nachkommastellen – 12,18 %.

C6 | *fx* =ZSATZINVEST(C2-C1;C3;C4)

	A	B	C	D
1		t_0:	1999	
2		t:	2013	
3		$K(t_0)$:	500,00 €	
4		K(t):	2.500,00 €	
5				
6	CAGR:	Ab Excel 2013: ZSATZINVEST	0,121828396	12,18%
7		bis Excel 2010: Formellösung Caret	0,121828396	12,18%
8		bis Excel 2010: Formellösung POTENZ	0,121828396	12,18%

4.8 Daten professionell mit Datenbank- und Listenfunktionen verwalten

Eine richtig angeordnete Liste stellt für Excel bereits eine kleine Datenbank dar. Entscheidend ist, dass sich in der obersten Zeile Spaltenüberschriften befinden, die sogenannte Kopfzeile. Alle darunterliegenden Daten müssen den gleichen Aufbau haben, damit von einer Datenbank gesprochen werden kann.

Tipp 1: Grundlagen zur Erstellung einer Excel-Datenbank

Die wesentlichen Aufgaben einer Datenbank bestehen in der Verwaltung und Strukturierung von Daten. Excel bietet verschiedene Möglichkeiten zur Erfassung, Verwaltung und Analyse von Daten.

Da Datenbanken inzwischen hauptsächlich auf Tabellen beruhen, bietet es sich geradezu an, Excel als Datenbank zu verwenden. Im Vergleich zu spezialisierten Datenbankmanagementsystemen wie Access oder Microsoft SQL Server sind die Funktionen von Excel eingeschränkt. Das größte Manko gegenüber Datenbankmanagementsystemen besteht darin, dass Tabellen nicht über Schlüssel, sogenannte Keys, verknüpft werden können. Kleinere Datenmengen von mehreren Hundert Datensätzen, die nicht auf verschiedenen Tabellenblättern liegen und verknüpft werden müssen, können mit Excel ohne Weiteres verwaltet werden.

Als Datenbank wird bereits eine Tabelle bezeichnet, die eine oder mehrere Überschriften mit darunterliegenden Daten beinhaltet. In der Terminologie der Datenbankverwaltung werden diese Überschriften Datenfeldnamen genannt. Unter einem Datenfeldnamen befinden sich in den Spalten immer gleichartige Informationen, zum Beispiel Vornamen, Nachnamen, Straßennamen, die Postleitzahl und der Ort.

	A	B	C	D	E	F
1	Deb-Nr.	Vorname	Nachname	Straße	PLZ	Ort
2	70001	Agnes	Argauer	Prenzlauerstraße 50	76438	Musterau
3	70003	Björn	Paulus	Riestergasse 1	65293	Testmainau
4	70010	Klaus	Weimer	Berghut 19	94773	Musterstadt
5	70015	Anke	Greiner	Hauptweg 22	91772	Testhausen
6	70020	Irmgard	Huber	Burgenweg 92	83008	Musterdorf
7	70025	Adolf	Meier	Bahnhofstraße 4	93881	Testbergheim
8	70027	Wolfgang	Eisenstätt	Trampelpfad 3	93340	Schönmusterstadt
9	70030	Angelika	Maurer	Klaus-Straße 43	82019	Bergtestheim
10	70035	Stefan	Leitner	Schnurstraße 9	74991	Testort

Diese einzelnen Informationen werden Datenfeldinhalte genannt. Eine Zeile einer Tabelle, die sich aus den einzelnen Datenfeldern zusammensetzt, bildet einen Datensatz. Trifft Excel auf eine derart strukturierte Tabelle, wird sie intern als Datenbank erkannt und als solche verwaltet. In diesem Beispiel liegt die Datenbank im Zellbereich A3:F12 vor.

Folgende Punkte müssen Sie beim Aufbau einer Datenbank jedoch beachten:

- Datenfeldnamen müssen eindeutig sein, dürfen sich also nicht wiederholen.

- Die Überschriften (Datenfeldnamen) müssen sich immer in der ersten Zeile der Datenbank befinden.
- Die Datenbank darf keine Leerzeilen enthalten.

Wenn Sie diese Rahmenbedingungen einhalten, steht der Verwendung der Datenverwaltungsfunktionen von Excel nichts mehr im Wege.

Die Daten können Sie wie gewohnt in die Datenbank eingeben. Alternativ stellt Excel den Befehl *Maske* zur Verfügung. Dieser ist aber standardmäßig nicht in der Multifunktionsleiste enthalten, sondern muss manuell in die Schnellstartleiste bzw. das Menüband eingebunden werden.

➡ Verweis: siehe Kapitel 1.1, Tipp 1

Sie sehen, Excel verwendet die Überschriften in der Maske automatisch als Datenfeldbezeichnung. Weitere Features der Datenmaske sind eine Suchfunktion sowie die Möglichkeit, direkt aus der Maske heraus Daten zu löschen. Aber Vorsicht, hier steht keine Rückgängig-Funktion zur Verfügung. Über die Suchfunktion können Sie Datensätze eingrenzen, so kann beispielsweise nach Daten innerhalb eines bestimmten Postleitzahlenkreises gesucht werden. Verwenden Sie dazu die bekannten Suchparameter.

Excel stellt zur Analyse von Datenbanken einige Datenbankfunktionen zur Verfügung. Diese können Sie auf alle Datenbereiche anwenden, die eine Listenstruktur besitzen. Die Datenbankfunktionen eignen sich ausgezeichnet, um statistische Auswertungen und Analysen aufgrund bestimmter Kriterien vorzunehmen.

Nachfolgend erhalten Sie einen Überblick über alle von Excel zur Verfügung gestellten Datenbankfunktionen.

Datenbankfunktion	**Erläuterung**
DBANZAHL(Datenbank, Feld,Kriterien)	Zählt die Anzahl von Zellen in einer Spalte einer Liste oder Datenbank, die den angegebenen Bedingungen entsprechen.
DBANZAHL2(Datenbank, Feld,Kriterien)	Zählt die Anzahl von nicht leeren Zellen in einer Spalte einer Liste oder Datenbank, die den angegebenen Bedingungen entsprechen.
DBAUSZUG(Datenbank, Feld,Kriterien)	Extrahiert einen einzelnen Wert in einer Spalte einer Liste oder Datenbank, der den angegebenen Bedingungen entspricht.
DBMAX(Datenbank, Feld,Kriterien)	Liefert die größte Anzahl in einer Spalte einer Liste oder Datenbank, die den angegebenen Bedingungen entspricht.
DBMIN(Datenbank, Feld,Kriterien)	Liefert die kleinste Anzahl in einer Spalte einer Liste oder Datenbank, die den angegebenen Bedingungen entspricht.
DBMITTELWERT(Datenbank,Feld,Kriterien)	Liefert den Mittelwert aus den Werten einer Listen- oder Datenbankspalte, die den von Ihnen angegebenen Bedingungen entsprechen.
DBPRODUKT(Datenbank, Feld,Kriterien)	Multipliziert die Werte in einer Spalte einer Liste oder Datenbank, die den angegebenen Bedingungen entsprechen.

Datenbankfunktion	Erläuterung
DBSTABW(Datenbank, Feld,Kriterien)	Schätzt die Standardabweichung einer Grundgesamtheit, ausgehend von den Zahlen in einer Spalte einer Liste oder Datenbank, die den angegebenen Bedingungen entsprechen.
DBSTABWN(Datenbank, Feld,Kriterien)	Berechnet die Standardabweichung einer vollständigen Grundgesamtheit, ausgehend von den Zahlen in einer Spalte einer Liste oder Datenbank, die den angegebenen Bedingungen entsprechen.
DBSUMME(Datenbank, Feld,Kriterien)	Fügt die Zahlen in einer Spalte aus einer Liste oder Datenbank hinzu, die den angegebenen Bedingungen entsprechen.
DBVARIANZ(Datenbank, Feld,Kriterien)	Schätzt die Varianz einer Grundgesamtheit, ausgehend von einer Stichprobe mit den Zahlen in einer Spalte einer Liste oder Datenbank, die den angegebenen Bedingungen entsprechen.
DBVARIANZEN(Datenbank,Feld,Kriterien)	Berechnet die Varianz einer vollständigen Grundgesamtheit, ausgehend von den Zahlen in einer Spalte einer Liste oder Datenbank, die den angegebenen Bedingungen entsprechen.

Erläuterung zu den Argumenten:

- Im Argument *Datenbank* ist jeweils der Zellbereich anzugeben, in dem sich die auszuwertenden Daten befinden.
- Das Argument *Feld* gibt an, welches Feld zur Auswertung herangezogen werden soll. Dabei kann sowohl der Zellbezug als auch der Text der Spaltenüberschrift angegeben werden. Die Spaltenüberschrift muss dabei in Anführungszeichen gesetzt werden.
- Im Argument *Kriterium* wird der Zellbereich angegeben, der die Suchbedingungen enthält. Als Suchkriterium kann ein beliebiger Bereich verwendet werden, der mindestens eine Spaltenbeschriftung mit einer darunterliegenden Zeile beinhaltet, in der die Suchbedingung eingegeben werden kann.

Die nachfolgenden Beispiele basieren auf einer Artikel-Lagerübersicht, die wie folgt aufgebaut ist:

	A	B	C	D	E	F	G
1	**Artikel-Lagerübersicht**						
2							
3	**Artikel-Nr.**	**Beschreibung**	**Gruppe**	**Lager**	**Mindestmenge**	**Lagermenge**	**EK netto/Stück**
4	SAN-60853	Artikel A1	A	Hauptlager	50	299	28,88 €
5	SAN-99296	Artikel A2	A	Nebenlager1	70	186	8,43 €
6	SBN-92709	Artikel B1	B	Nebenlager2	40	83	15,05 €
7	SBN-67439	Artikel B2	B	Hauptlager	90	152	8,26 €
8	SCN-92796	Artikel C1	C	Nebenlager2	100	266	18,06 €
9	SDN-58941	Artikel D2	D	Nebenlager1	100	202	30,04 €
10	SCN-50875	Artikel C2	C	Hauptlager	50	60	25,84 €
11	SAN-43180	Artikel A3	A	Nebenlager2	35	31	4,29 €
12	SCN-13421	Artikel C3	C	Nebenlager1	80	159	7,74 €
13	SCN-64761	Artikel C4	C	Nebenlager2	100	281	8,80 €
14	SDN-76839	Artikel D2	D	Hauptlager	70	167	7,40 €
15	SBN-74756	Artikel B3	B	Nebenlager1	50	46	19,88 €
16	SAN-56800	Artikel A4	A	Nebenlager1	50	79	9,95 €
17	SBN-80678	Artikel B4	B	Nebenlager2	80	231	1,73 €
18	SDN-13266	Artikel D2	D	Hauptlager	40	120	22,40 €
19	SAN-80402	Artikel A5	A	Hauptlager	70	202	6,01 €
20	SBN-35317	Artikel B5	B	Hauptlager	10	10	74,56 €

Bevor mit den Auswertungen begonnen werden kann, wird noch ein Kriterienbereich benötigt. Der Kriterienbereich muss mindestens zwei Zeilen hoch sein. Die Breite des Kriterienbereichs muss aber nicht zwingend mit der Breite der Datenbank übereinstimmen, was bedeutet, dass Sie nicht immer alle Datenbankfelder in den Kriterienbereich übernehmen müssen. Zu beachten ist, dass die Bezeichnung der Datenbankfelder im Kriterienbereich exakt mit der Spaltenbeschriftung des Datenbankbereichs übereinstimmen muss.

An welcher Position der Kriterienbereich innerhalb des Tabellenblatts angelegt wird, ist gleichgültig. Sie sollten nur darauf achten, dass der Kriterienbereich an einer Stelle des Tabellenblatts erzeugt wird, an der er bei der Erfassung von weiteren Datensätzen nicht stört.

Es bietet sich an, den Kriterienbereich über der Artikelliste im Zellbereich A4:G5 zu erzeugen. Damit ist gewährleistet, dass er nicht mit neuen Datensätzen kollidiert.

	A	B	C	D	E	F	G
1	**Artikel-Lagerübersicht**						
2							
3							
4	**Artikel-Nr.**	**Beschreibung**	**Gruppe**	**Lager**	**Mindestmenge**	**Lagermenge**	**EK netto/Stück**
5							
6							
7							
8							
9							
10							
11							
12							
13	**Artikel-Nr.**	**Beschreibung**	**Gruppe**	**Lager**	**Mindestmenge**	**Lagermenge**	**EK netto/Stück**
14	SAN-60853	Artikel A1	A	Hauptlager	50	299	28,88 €
15	SAN-99296	Artikel A2	A	Nebenlager1	70	186	8,43 €
16	SBN-92709	Artikel B1	B	Nebenlager2	40	83	15,05 €
17	SBN-67439	Artikel B2	B	Hauptlager	90	152	8,26 €
18	SCN-92796	Artikel C1	C	Nebenlager2	100	266	18,06 €
19	SDN-58941	Artikel D2	D	Nebenlager1	100	202	30,04 €
20	SCN-50875	Artikel C2	C	Hauptlager	50	60	25,84 €
21	SAN-43180	Artikel A3	A	Nebenlager2	35	31	4,29 €
22	SCN-13421	Artikel C3	C	Nebenlager1	80	159	7,74 €
23	SCN-64761	Artikel C4	C	Nebenlager2	100	281	8,80 €
24	SDN-76839	Artikel D2	D	Hauptlager	70	167	7,40 €
25	SBN-74756	Artikel B3	B	Nebenlager1	50	46	19,88 €
26	SAN-56800	Artikel A4	A	Nebenlager1	50	79	9,95 €
27	SBN-80678	Artikel B4	B	Nebenlager2	80	231	1,73 €
28	SDN-13266	Artikel D2	D	Hauptlager	40	120	22,40 €
29	SAN-80402	Artikel A5	A	Hauptlager	70	202	6,01 €
30	SDN-35317	Artikel B5	B	Hauptlager	10	10	74,56 €

Tipp 2: Zählen von Artikeln mithilfe der Datenbankfunktion DBANZAHL()

In diesem Beispiel soll aus der vorliegenden Artikelliste die Anzahl der Datensätze ermittelt werden, die folgende Kriterien aufweisen:

- Lagermenge größer als 200 Stück
- Einkaufspreis kleiner als 10,00 Euro
- Gelagert in Nebenlager2

So geht's:

Zur Lösung dieser Aufgabenstellung kommt die Datenbankfunktion *DBANZAHL(Datenbank; Datenbankfeld;Suchkriterium)* zum Einsatz.

1 Da der Kriterienbereich bereits angelegt ist, können Sie direkt mit der Erfassung der einzelnen Suchkriterien beginnen. Erfassen Sie in Zelle D5 die erste Bedingung, nämlich den Eintrag *Nebenlager2*.

2 In Zelle F5 geben Sie das Kriterium *>200* ein, da eben nur Datensätze gesucht werden sollen, bei denen mehr als 200 Stück vorhanden sind.

3 Als dritte Bedingung legen Sie den Nettoeinkaufspreis in Zelle G5 auf *<10* fest.

	A	B	C	D	E	F	G
1	**Artikel-Lagerübersicht**						
2							
3							
4	**Artikel-Nr.**	**Beschreibung**	**Gruppe**	**Lager**	**Mindestmenge**	**Lagermenge**	**EK netto/Stück**
5				Nebenlager2		>200	<10
6							
7							
8							
9							
10							
11							
12							
13	**Artikel-Nr.**	**Beschreibung**	**Gruppe**	**Lager**	**Mindestmenge**	**Lagermenge**	**EK netto/Stück**
14	SAN-60853	Artikel A1	A	Hauptlager	50	299	28,88 €
15	SAN-99296	Artikel A2	A	Nebenlager1	70	186	8,43 €
16	SBN-92709	Artikel B1	B	Nebenlager2	40	83	15,05 €
17	SBN-67439	Artikel B2	B	Hauptlager	90	152	8,26 €
18	SCN-92796	Artikel C1	C	Nebenlager2	100	266	18,06 €
19	SDN-58941	Artikel D2	D	Nebenlager1	100	202	30,04 €
20	SCN-50875	Artikel C2	C	Hauptlager	50	60	25,84 €
21	SAN-43180	Artikel A3	A	Nebenlager2	35	31	4,29 €
22	SCN-13421	Artikel C3	C	Nebenlager1	80	159	7,74 €
23	SCN-64761	Artikel C4	C	Nebenlager2	100	281	8,80 €
24	SDN-76839	Artikel D2	D	Hauptlager	70	167	7,40 €
25	SBN-74756	Artikel B3	B	Nebenlager1	50	46	19,88 €
26	SAN-56800	Artikel A4	A	Nebenlager1	50	79	9,95 €
27	SBN-80678	Artikel B4	B	Nebenlager2	80	231	1,73 €
28	SDN-13266	Artikel D2	D	Hauptlager	40	120	22,40 €
29	SAN-80402	Artikel A5	A	Hauptlager	70	202	6,01 €
30	SBN-35317	Artikel B5	B	Hauptlager	10	10	74,56 €

4 Zur eigentlichen Auswertung erfassen Sie in Zelle B9 die Funktion *=DBANZAHL (A13:G30;G4;A4:G5)*. Damit wird der Datenbereich A13:G30 auf die im Kriterienbereich A4:G5 angegebenen Kriterien durchsucht und die Datensätze werden in der Spalte *EK netto/Stück* gezählt.

Die Funktion liefert das Ergebnis *2*. Wenn dieses Ergebnis nachkontrolliert werden soll, werden Sie schnell feststellen, dass es bereits bei drei Bedingungen und dieser relativ kleinen Datenmenge keine Freude macht, die Datensätze manuell zu suchen. Es handelt sich um die beiden Datensätze in den Zeilen 23 und 27.

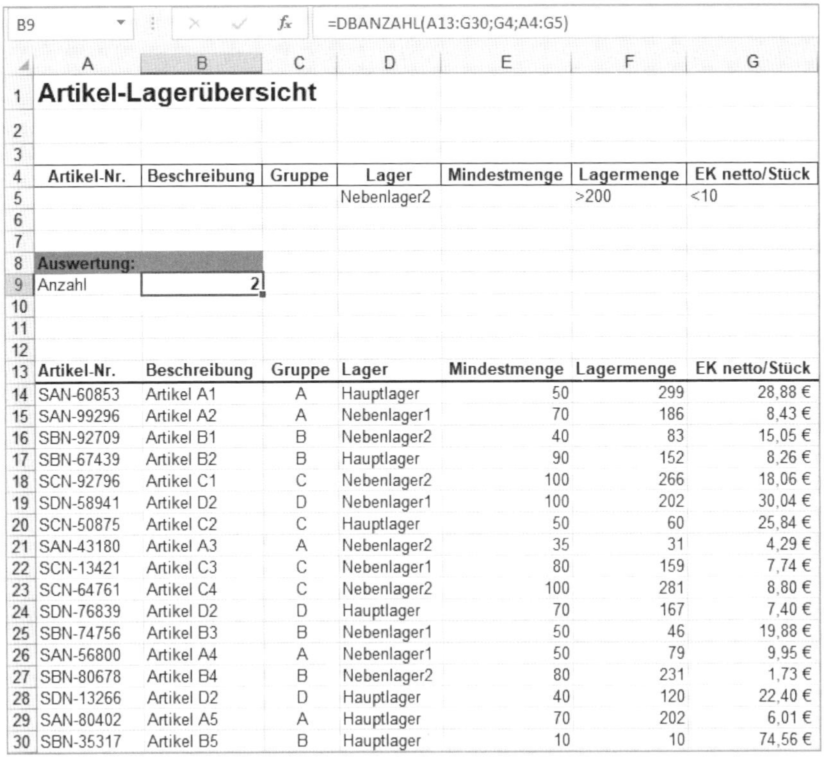
B9 =DBANZAHL(A13:G30;G4;A4:G5)

	A	B	C	D	E	F	G
1	**Artikel-Lagerübersicht**						
2							
3							
4	Artikel-Nr.	Beschreibung	Gruppe	Lager	Mindestmenge	Lagermenge	EK netto/Stück
5				Nebenlager2		>200	<10
6							
7							
8	Auswertung:						
9	Anzahl	2					
10							
11							
12							
13	Artikel-Nr.	Beschreibung	Gruppe	Lager	Mindestmenge	Lagermenge	EK netto/Stück
14	SAN-60853	Artikel A1	A	Hauptlager	50	299	28,88 €
15	SAN-99296	Artikel A2	A	Nebenlager1	70	186	8,43 €
16	SBN-92709	Artikel B1	B	Nebenlager2	40	83	15,05 €
17	SBN-67439	Artikel B2	B	Hauptlager	90	152	8,26 €
18	SCN-92796	Artikel C1	C	Nebenlager2	100	266	18,06 €
19	SDN-58941	Artikel D2	D	Nebenlager1	100	202	30,04 €
20	SCN-50875	Artikel C2	C	Hauptlager	50	60	25,84 €
21	SAN-43180	Artikel A3	A	Nebenlager2	35	31	4,29 €
22	SCN-13421	Artikel C3	C	Nebenlager1	80	159	7,74 €
23	SCN-64761	Artikel C4	C	Nebenlager2	100	281	8,80 €
24	SDN-76839	Artikel D2	D	Hauptlager	70	167	7,40 €
25	SBN-74756	Artikel B3	B	Nebenlager1	50	46	19,88 €
26	SAN-56800	Artikel A4	A	Nebenlager1	50	79	9,95 €
27	SBN-80678	Artikel B4	B	Nebenlager2	80	231	1,73 €
28	SDN-13266	Artikel D2	D	Hauptlager	40	120	22,40 €
29	SAN-80402	Artikel A5	A	Hauptlager	70	202	6,01 €
30	SBN-35317	Artikel B5	B	Hauptlager	10	10	74,56 €

Tipp 3: Welche Möglichkeiten bietet der Kriterienbereich?

Jetzt erfahren Sie anhand einiger Beispiele, welche Möglichkeiten der Kriterienbereich bietet und wie er sich für die unterschiedlichsten Abfragen modifizieren lässt.

So geht's: Und-Verknüpfungen herstellen

Wie sich Und-Verknüpfungen herstellen lassen, haben Sie bereits in Tipp 2 gesehen. Mehrere Suchkriterien in einer Kriterienzeile werden als Und-Abfrage interpretiert. Es besteht hier die Möglichkeit, alle Suchkriterien zu belegen, um eine möglichst genaue Suche durchzuführen.

So geht's: Oder-Verknüpfungen erzeugen

Oder-Abfragen werden erstellt, indem die Suchkriterien in unterschiedlichen Zeilen eingegeben werden.

Sollen beispielsweise die Artikel gezählt werden, die der Artikelgruppe A angehören oder die sich in Nebenlager1 befinden, gehen Sie wie folgt vor:

1. Erfassen Sie in Zelle C5 den Buchstaben *A*. Damit wird das Kriterium für die Artikelgruppe definiert.
2. In Zelle D6 geben Sie das Kriterium für den Lagerort ein. Erfassen Sie den Text *Nebenlager1*.

3 Damit beide Kriterien ausgewertet werden, muss der Kriterienbereich in der Funktion *DBANZAHL()* erweitert werden. Geben Sie dazu in Zelle B9 die Formel *=DBANZAHL(A13:G30;G4;A4:G6)* ein. Sie sehen, das Argument *Kriterien* wurde auf die Zeile 6 ausgedehnt. Damit werden beide Bedingungen in einer Oder-Verknüpfung berücksichtigt.

B9 | =DBANZAHL(A13:G30;G4;A4:G6)

	A	B	C	D	E	F	G
1	**Artikel-Lagerübersicht**						
2							
3							
4	**Artikel-Nr.**	**Beschreibung**	**Gruppe**	**Lager**	**Mindestmenge**	**Lagermenge**	**EK netto/Stück**
5			A				
6				Nebenlager1			
7							
8	**Auswertung:**						
9	Anzahl	8					
10							
11							
12							
13	**Artikel-Nr.**	**Beschreibung**	**Gruppe**	**Lager**	**Mindestmenge**	**Lagermenge**	**EK netto/Stück**
14	SAN-60853	Artikel A1	A	Hauptlager	50	299	28,88 €
15	SAN-99296	Artikel A2	A	Nebenlager1	70	186	8,43 €
16	SBN-92709	Artikel B1	B	Nebenlager2	40	83	15,05 €
17	SBN-67439	Artikel B2	B	Hauptlager	90	152	8,26 €
18	SCN-92796	Artikel C1	C	Nebenlager2	100	266	18,06 €
19	SDN-58941	Artikel D2	D	Nebenlager1	100	202	30,04 €
20	SCN-50875	Artikel C2	C	Hauptlager	50	60	25,84 €
21	SAN-43180	Artikel A3	A	Nebenlager2	35	31	4,29 €
22	SCN-13421	Artikel C3	C	Nebenlager1	80	159	7,74 €
23	SCN-64761	Artikel C4	C	Nebenlager2	100	281	8,80 €
24	SDN-76839	Artikel D2	D	Hauptlager	70	167	7,40 €
25	SBN-74756	Artikel B3	B	Nebenlager1	50	46	19,88 €
26	SAN-56800	Artikel A4	A	Nebenlager1	50	79	9,95 €
27	SBN-80678	Artikel B4	B	Nebenlager2	80	231	1,73 €
28	SDN-13266	Artikel D2	D	Hauptlager	40	120	22,40 €
29	SAN-80402	Artikel A5	A	Hauptlager	70	202	6,01 €
30	SBN-35317	Artikel B5	B	Hauptlager	10	10	74,56 €

Es befinden sich also acht Artikel entweder in Gruppe A oder im Nebenlager1.

So geht's: Mehrere Gruppen von Kriterien müssen erfüllt sein (Und-Oder-Verknüpfung)

Dieses Beispiel zeigt, wie Datenbankauswertungen mit zwei Und-Oder-Verknüpfungen durchgeführt werden können.

So sollen die Artikel gezählt werden, die sich in Artikelgruppe A befinden und deren Lagermenge 100 übersteigt, oder Artikel aus Artikelgruppe B, deren Lagerbestand den Wert von 200 übersteigt.

1 Als erste Kriteriengruppe erfassen Sie in Zelle C5 den Buchstaben *A* und in Zelle F5 die Bedingung *>100*.

2 Das zweite Kriterienpaar definieren Sie durch Eingabe des Buchstabens *B* in Zelle C6 und durch die Bedingung *>200* in Zelle F6.

3 Zur Auswertung der Bedingungen geben Sie in Zelle B9 folgende Formel ein: *=DBANZAHL(A13:G30;G4;A4:G6)*

B9 =DBANZAHL(A13:G30;G4;A4:G6)

	A	B	C	D	E	F	G
1	**Artikel-Lagerübersicht**						
2							
3							
4	Artikel-Nr.	Beschreibung	Gruppe	Lager	Mindestmenge	Lagermenge	EK netto/Stück
5			A			>100	
6			B			>200	
7							
8	**Auswertung:**						
9	Anzahl	4					
10							
11							
12							
13	Artikel-Nr.	Beschreibung	Gruppe	Lager	Mindestmenge	Lagermenge	EK netto/Stück
14	SAN-60853	Artikel A1	A	Hauptlager	50	299	28,88 €
15	SAN-99296	Artikel A2	A	Nebenlager1	70	186	8,43 €
16	SBN-92709	Artikel B1	B	Nebenlager2	40	83	15,05 €
17	SBN-67439	Artikel B2	B	Hauptlager	90	152	8,26 €
18	SCN-92796	Artikel C1	C	Nebenlager2	100	266	18,06 €
19	SDN-58941	Artikel D2	D	Nebenlager1	100	202	30,04 €
20	SCN-50875	Artikel C2	C	Hauptlager	50	60	25,84 €
21	SAN-43180	Artikel A3	A	Nebenlager2	35	31	4,29 €
22	SCN-13421	Artikel C3	C	Nebenlager1	80	159	7,74 €
23	SCN-64761	Artikel C4	C	Nebenlager2	100	281	8,80 €
24	SDN-76839	Artikel D2	D	Hauptlager	70	167	7,40 €
25	SBN-74756	Artikel B3	B	Nebenlager1	50	46	19,88 €
26	SAN-56800	Artikel A4	A	Nebenlager1	50	79	9,95 €
27	SBN-80678	Artikel B4	B	Nebenlager2	80	231	1,73 €
28	SDN-13266	Artikel D2	D	Hauptlager	40	120	22,40 €
29	SAN-80402	Artikel A5	A	Hauptlager	70	202	6,01 €
30	SBN-35317	Artikel B5	B	Hauptlager	10	10	74,56 €

So geht's: Mehrere Kriterien für ein Datenbankfeld müssen erfüllt sein (Und-Verknüpfung)

Sollen mehrere Kriterien für ein einziges Datenbankfeld abgefragt werden, lässt sich das realisieren, indem das gleiche Datenbankfeld mehrmals im Kriterienbereich angegeben wird.

Im Beispiel sollen alle Datensätze mit einem Nettoeinkaufspreis zwischen 10,00 und 20,00 Euro gezählt werden.

1 Erweitern Sie dazu den Kriterienbereich um eine weitere Überschrift. Erfassen Sie in Zelle H4 die Überschrift *EK netto/Stück* ein zweites Mal.

2 Als Kriterien geben Sie in Zelle G5 *>=10* und in Zelle F5 *<=20* ein.

3 Zur Auswertung erfassen Sie in Zelle B9 diese Formel:

=DBANZAHL(A13:G30;G4;A4:H5)

Beachten Sie auch hier die Anpassung des Kriterienbereichs auf A4:H5.

B9 | =DBANZAHL(A13:G30;G4;A4:H5)

	A	B	C	D	E	F	G	H
1	**Artikel-Lagerübersicht**							
2								
3								
4	Artikel-Nr.	Beschreibung	Gruppe	Lager	Mindestmenge	Lagermenge	EK netto/Stück	EK netto/Stück
5							>=10	<=20
6								
7								
8	**Auswertung:**							
9	Anzahl	3						
10								
11								
12								
13	**Artikel-Nr.**	**Beschreibung**	**Gruppe**	**Lager**	**Mindestmenge**	**Lagermenge**	**EK netto/Stück**	
14	SAN-60853	Artikel A1	A	Hauptlager	50	299	28,88 €	
15	SAN-99296	Artikel A2	A	Nebenlager1	70	186	8,43 €	
16	SBN-92709	Artikel B1	B	Nebenlager2	40	83	15,05 €	
17	SBN-67439	Artikel B2	B	Hauptlager	90	152	8,26 €	
18	SCN-92796	Artikel C1	C	Nebenlager2	100	266	18,06 €	
19	SDN-58941	Artikel D2	D	Nebenlager1	100	202	30,04 €	
20	SCN-50875	Artikel C2	C	Hauptlager	50	60	25,84 €	
21	SAN-43180	Artikel A3	A	Nebenlager2	35	31	4,29 €	
22	SCN-13421	Artikel C3	C	Nebenlager1	80	159	7,74 €	
23	SCN-64761	Artikel C4	C	Nebenlager2	100	281	8,80 €	
24	SDN-76839	Artikel D2	D	Hauptlager	70	167	7,40 €	
25	SBN-74756	Artikel B3	B	Nebenlager1	50	46	19,88 €	
26	SAN-56800	Artikel A4	A	Nebenlager1	50	79	9,95 €	
27	SBN-80678	Artikel B4	B	Nebenlager2	80	231	1,73 €	
28	SDN-13266	Artikel D2	D	Hauptlager	40	120	22,40 €	
29	SAN-80402	Artikel A5	A	Hauptlager	70	202	6,01 €	
30	SBN-35317	Artikel B5	B	Hauptlager	10	10	74,56 €	

So geht's: Berechnungsergebnisse aus Formeln als Suchkriterium verwenden

In den vorherigen Beispielen wurden Datenbankauswertungen ausschließlich auf der Basis von fest definierten Kriterien durchgeführt. Dieses Beispiel zeigt, welche Auswertungsmöglichkeiten es auf Basis von dynamischen, also berechneten Suchkriterien gibt.

Zu beachten ist, dass die Formel als Ergebnis immer den Wert *WAHR* oder *FALSCH* zurückliefern muss, damit die Abfrage funktionieren kann.

In dieser Aufgabenstellung sollen alle Datensätze gezählt werden, bei denen die Einkaufspreise über dem Durchschnitt liegen.

1. Erweitern Sie dazu im ersten Schritt den Kriterienbereich, indem Sie in Zelle H4 als Kriterienüberschrift den Eintrag *Berechnung* eingeben.

2. Als Suchkriterium erfassen Sie in Zelle H5 die Formel *=G14>MITTELWERT($G$14:$G$30)*. Damit wird der Durchschnitt im Bereich G14:G30 ermittelt.

3. Zur Berechnung der Menge erfassen Sie in Zelle B9 diese Formel:

   =DBANZAHL(A13:G30;G4;A4:H5)

   Ausgehend von der Funktion zur Ermittlung des Suchkriteriums in Zelle H5, wird nun jede Zelle im Bereich G14:G30, beginnend bei Zelle G14, darauf untersucht, ob der Wert größer oder kleiner als der errechnete Durchschnitt ist.

Die Funktion liefert als Ergebnis sieben Datensätze, die über dem Durchschnitt von 17,49 im Bereich G14:G30 liegen.

	A	B	C	D	E	F	G	H
1	**Artikel-Lagerübersicht**							
2								
3								
4	Artikel-Nr.	Beschreibung	Gruppe	Lager	Mindestmenge	Lagermenge	EK netto/Stück	Berechnung
5								WAHR
6								
7								
8	**Auswertung:**							
9	Anzahl	7						
10								
11								
12								
13	Artikel-Nr.	Beschreibung	Gruppe	Lager	Mindestmenge	Lagermenge	EK netto/Stück	
14	SAN-60853	Artikel A1	A	Hauptlager	50	299	28,88 €	
15	SAN-99296	Artikel A2	A	Nebenlager1	70	186	8,43 €	
16	SBN-92709	Artikel B1	B	Nebenlager2	40	83	15,05 €	
17	SBN-67439	Artikel B2	B	Hauptlager	90	152	8,26 €	
18	SCN-92796	Artikel C1	C	Nebenlager2	100	266	18,06 €	
19	SDN-58941	Artikel D2	D	Nebenlager1	100	202	30,04 €	
20	SCN-50875	Artikel C2	C	Hauptlager	50	60	25,84 €	
21	SAN-43180	Artikel A3	A	Nebenlager2	35	31	4,29 €	
22	SCN-13421	Artikel C3	C	Nebenlager1	80	159	7,74 €	
23	SCN-64761	Artikel C4	C	Nebenlager2	100	281	8,80 €	
24	SDN-76839	Artikel D2	D	Hauptlager	70	167	7,40 €	
25	SBN-74756	Artikel B3	B	Nebenlager1	50	46	19,88 €	
26	SAN-56800	Artikel A4	A	Nebenlager1	50	79	9,95 €	
27	SBN-80678	Artikel B4	B	Nebenlager2	80	231	1,73 €	
28	SDN-13266	Artikel D2	D	Hauptlager	40	120	22,40 €	
29	SAN-80402	Artikel A5	A	Hauptlager	70	202	6,01 €	
30	SBN-35317	Artikel B5	B	Hauptlager	10	10	74,56 €	

Hinweis

Beachten Sie, dass die Formel *=G14>MITTELWERT($G$14:$G$30)* zur Ermittlung des Suchkriteriums in Zelle H5 mit den richtigen absoluten und relativen Formelbezügen erfasst wird.

Tipp 4: Auswertung von Textinformationen einer Artikelliste mit der Datenbankfunktion DBANZAHL2()

Die Funktion *DBANZAHL2()* ist analog zur Funktion *DBANZAHL()* aufgebaut. Der Unterschied besteht darin, dass mit *DBANZAHL2()* im Gegensatz zu *DBANZAHL()* Textinformationen ausgewertet werden können. So sollen in dieser Übung alle Artikel der Artikelgruppe B und D gezählt werden, die sich in den Nebenlagern befinden.

So geht's:

1 Erfassen Sie dazu in Zelle C5 das Kriterium *B* und in Zelle C6 das Kriterium *D*.

2 Damit sowohl *Nebenlager1* als auch *Nebenlager2* gefunden werden, müssen Sie beim Kriterium zur Textsuche mit Jokern arbeiten. Erfassen Sie dazu in Zelle D5 die Bedingung *Neben**. Der Stern bildet hier eine beliebige Anzahl von Zeichen ab.

3 Als Auswertungsformel hinterlegen Sie in Zelle B9 folgende Formel:

=DBANZAHL(A13:G30;G4;A4:G6)

B9 =DBANZAHL(A13:G30;G4;A4:G6)

	A	B	C	D	E	F	G
1	**Artikel-Lagerübersicht**						
2							
3							
4	Artikel-Nr.	Beschreibung	Gruppe	Lager	Mindestmenge	Lagermenge	EK netto/Stück
5			B	Neben*			
6			D				
7							
8	**Auswertung:**						
9	Anzahl	6					
10							
11							
12							
13	**Artikel-Nr.**	**Beschreibung**	**Gruppe**	**Lager**	**Mindestmenge**	**Lagermenge**	**EK netto/Stück**
14	SAN-60853	Artikel A1	A	Hauptlager	50	299	28,88 €
15	SAN-99296	Artikel A2	A	Nebenlager1	70	186	8,43 €
16	SBN-92709	Artikel B1	B	Nebenlager2	40	83	15,05 €
17	SBN-67439	Artikel B2	B	Hauptlager	90	152	8,26 €
18	SCN-92796	Artikel C1	C	Nebenlager2	100	266	18,06 €
19	SDN-58941	Artikel D2	D	Nebenlager1	100	202	30,04 €
20	SCN-50875	Artikel C2	C	Hauptlager	50	60	25,84 €
21	SAN-43180	Artikel A3	A	Nebenlager2	35	31	4,29 €
22	SCN-13421	Artikel C3	C	Nebenlager1	80	159	7,74 €
23	SCN-64761	Artikel C4	C	Nebenlager2	100	281	8,80 €
24	SDN-76839	Artikel D2	D	Hauptlager	70	167	7,40 €
25	SBN-74756	Artikel B3	B	Nebenlager1	50	46	19,88 €
26	SAN-56800	Artikel A4	A	Nebenlager1	50	79	9,95 €
27	SBN-80678	Artikel B4	B	Nebenlager2	80	231	1,73 €
28	SDN-13266	Artikel D2	D	Hauptlager	40	120	22,40 €
29	SAN-80402	Artikel A5	A	Hauptlager	70	202	6,01 €
30	SBN-35317	Artikel B5	B	Hauptlager	10	10	74,56 €

Auf diese Weise können Sie Datenbankfelder nach beliebigen Stichwörtern durchsuchen. Folgende Platzhalterzeichen können zur Kriterienabfrage verwendet werden:

Platzhalter	Suchergebnis
? (Fragezeichen)	Ersetzt ein einzelnes Zeichen (M?ier findet Meier und Maier).
* (Stern)	Ersetzt eine beliebige Anzahl von Zeichen (*schrift findet Überschrift und Unterschrift).
~ (Tilde) gefolgt von ? oder * oder ~	Sucht nach den Platzhalterzeichen selbst (wer~? findet den Text wer?).

Tipp 5: Auswertung für den kleinsten/größten Wert in einer Artikelliste mit den Datenbankfunktionen DBMIN() und DBMAX()

Mit *DBMIN()* wird der kleinste und mit *DBMAX()* der größte Wert, der den angegebenen Suchkriterien entspricht, ermittelt. In dieser Aufgabenstellung soll die geringste Lagermenge innerhalb der Artikelgruppe A ermittelt werden.

So geht's:

1. Erfassen Sie dazu in Zelle C5 das Auswertungskriterium *A*.

2. Zur Ermittlung der geringsten Lagermenge geben Sie in Zelle B9 die Datenbankformel *=DBMIN(A13:G30;F4;A4:G5)* ein. Damit wird aus der Artikelgruppe A der Wert 31 als kleinster Lagerbestand ermittelt.

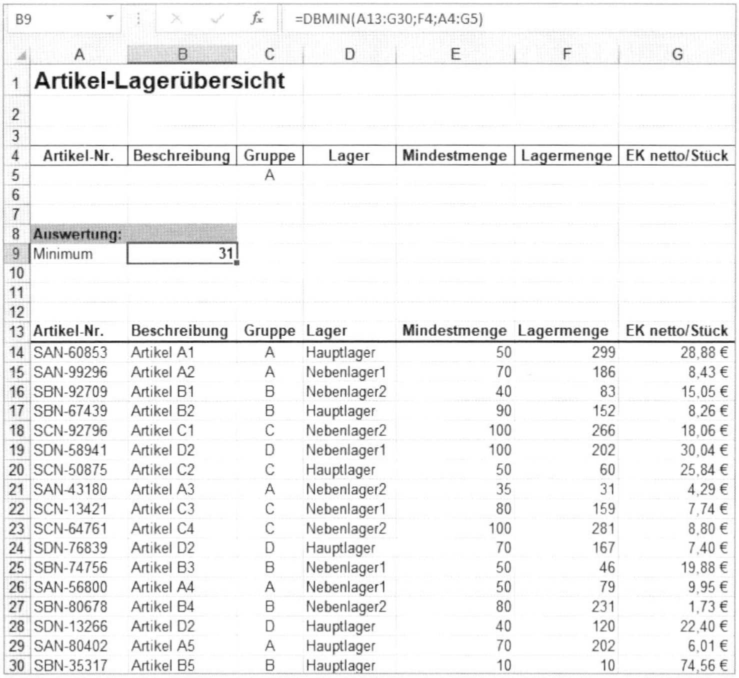

B9 =DBMIN(A13:G30;F4;A4:G5)

	A	B	C	D	E	F	G
1	**Artikel-Lagerübersicht**						
2							
3							
4	Artikel-Nr.	Beschreibung	Gruppe	Lager	Mindestmenge	Lagermenge	EK netto/Stück
5			A				
6							
7							
8	**Auswertung:**						
9	Minimum	31					
10							
11							
12							
13	Artikel-Nr.	Beschreibung	Gruppe	Lager	Mindestmenge	Lagermenge	EK netto/Stück
14	SAN-60853	Artikel A1	A	Hauptlager	50	299	28,88 €
15	SAN-99296	Artikel A2	A	Nebenlager1	70	186	8,43 €
16	SBN-92709	Artikel B1	B	Nebenlager2	40	83	15,05 €
17	SBN-67439	Artikel B2	B	Hauptlager	90	152	8,26 €
18	SCN-92796	Artikel C1	C	Nebenlager2	100	266	18,06 €
19	SDN-58941	Artikel D2	D	Nebenlager1	100	202	30,04 €
20	SCN-50875	Artikel C2	C	Hauptlager	50	60	25,84 €
21	SAN-43180	Artikel A3	A	Nebenlager2	35	31	4,29 €
22	SCN-13421	Artikel C3	C	Nebenlager1	80	159	7,74 €
23	SCN-64761	Artikel C4	C	Nebenlager2	100	281	8,80 €
24	SDN-76839	Artikel D2	D	Hauptlager	70	167	7,40 €
25	SBN-74756	Artikel B3	B	Nebenlager1	50	46	19,88 €
26	SAN-56800	Artikel A4	A	Nebenlager1	50	79	9,95 €
27	SBN-80678	Artikel B4	B	Nebenlager2	80	231	1,73 €
28	SDN-13266	Artikel D2	D	Hauptlager	40	120	22,40 €
29	SAN-80402	Artikel A5	A	Hauptlager	70	202	6,01 €
30	SBN-35317	Artikel B5	B	Hauptlager	10	10	74,56 €

Analog dazu ermittelt die Funktion *=DBMAX(A13:G30;F4;A4:G5)* die größte Lagermenge mit einem Wert von 299 innerhalb der Artikelgruppe A.

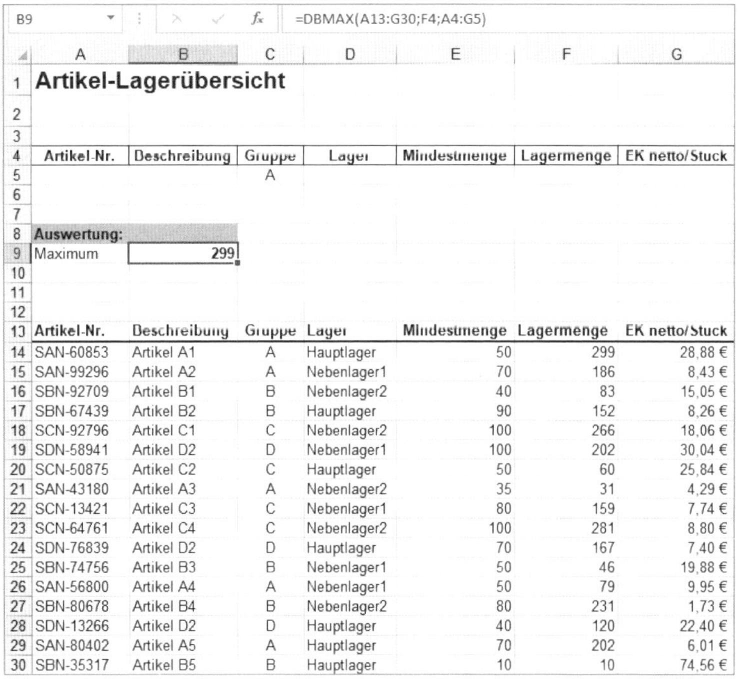

B9 =DBMAX(A13:G30;F4;A4:G5)

	A	B	C	D	E	F	G
1	**Artikel-Lagerübersicht**						
2							
3							
4	Artikel-Nr.	Beschreibung	Gruppe	Lager	Mindestmenge	Lagermenge	EK netto/Stück
5			A				
6							
7							
8	**Auswertung:**						
9	Maximum	299					
10							
11							
12							
13	Artikel-Nr.	Beschreibung	Gruppe	Lager	Mindestmenge	Lagermenge	EK netto/Stück
14	SAN-60853	Artikel A1	A	Hauptlager	50	299	28,88 €
15	SAN-99296	Artikel A2	A	Nebenlager1	70	186	8,43 €
16	SBN-92709	Artikel B1	B	Nebenlager2	40	83	15,05 €
17	SBN-67439	Artikel B2	B	Hauptlager	90	152	8,26 €
18	SCN-92796	Artikel C1	C	Nebenlager2	100	266	18,06 €
19	SDN-58941	Artikel D2	D	Nebenlager1	100	202	30,04 €
20	SCN-50875	Artikel C2	C	Hauptlager	50	60	25,84 €
21	SAN-43180	Artikel A3	A	Nebenlager2	35	31	4,29 €
22	SCN-13421	Artikel C3	C	Nebenlager1	80	159	7,74 €
23	SCN-64761	Artikel C4	C	Nebenlager2	100	281	8,80 €
24	SDN-76839	Artikel D2	D	Hauptlager	70	167	7,40 €
25	SBN-74756	Artikel B3	B	Nebenlager1	50	46	19,88 €
26	SAN-56800	Artikel A4	A	Nebenlager1	50	79	9,95 €
27	SBN-80678	Artikel B4	B	Nebenlager2	80	231	1,73 €
28	SDN-13266	Artikel D2	D	Hauptlager	40	120	22,40 €
29	SAN-80402	Artikel A5	A	Hauptlager	70	202	6,01 €
30	SBN-35317	Artikel B5	B	Hauptlager	10	10	74,56 €

Tipp 6: Durchschnittsauswertung der Artikelliste mit der Datenbankfunktion DBMITTELWERT()

Mit der Funktion *DBMITTELWERT()* soll für das Hauptlager der durchschnittliche Nettoeinkaufspreis pro Stück ermittelt werden.

So geht's:

1 Erfassen Sie zur Auswertung des Hauptlagers das Kriterium *Hauptlager* in Zelle D5.

2 Die Formel zur Ermittlung des durchschnittlichen Einkaufspreises geben Sie wie folgt in Zelle B9 ein:

=DBMITTELWERT(A13:G30;G4;A4:G5)

Wie Sie sehen, beträgt der durchschnittliche Einkaufspreis im Hauptlager 24,76 Euro pro Stück.

B9 | =DBMITTELWERT(A13:G30;G4;A4:G5)

	A	B	C	D	E	F	G
1	**Artikel-Lagerübersicht**						
2							
3							
4	**Artikel-Nr.**	**Beschreibung**	**Gruppe**	**Lager**	**Mindestmenge**	**Lagermenge**	**EK netto/Stück**
5				Hauptlager			
6							
7							
8	**Auswertung:**						
9	Durchschnitt	**24,76**					
10							
11							
12							
13	**Artikel-Nr.**	**Beschreibung**	**Gruppe**	**Lager**	**Mindestmenge**	**Lagermenge**	**EK netto/Stück**
14	SAN-60853	Artikel A1	A	Hauptlager	50	299	28,88 €
15	SAN-99296	Artikel A2	A	Nebenlager1	70	186	8,43 €
16	SBN-92709	Artikel B1	B	Nebenlager2	40	83	15,05 €
17	SBN-67439	Artikel B2	B	Hauptlager	90	152	8,26 €
18	SCN-92796	Artikel C1	C	Nebenlager2	100	266	18,06 €
19	SDN-58941	Artikel D2	D	Nebenlager1	100	202	30,04 €
20	SCN-50875	Artikel C2	C	Hauptlager	50	60	25,84 €
21	SAN-43180	Artikel A3	A	Nebenlager2	35	31	4,29 €
22	SCN-13421	Artikel C3	C	Nebenlager1	80	159	7,74 €
23	SCN-64761	Artikel C4	C	Nebenlager2	100	281	8,80 €
24	SDN-76839	Artikel D2	D	Hauptlager	70	167	7,40 €
25	SBN-74756	Artikel B3	B	Nebenlager1	50	46	19,88 €
26	SAN-56800	Artikel A4	A	Nebenlager1	50	79	9,95 €
27	SBN-80678	Artikel B4	B	Nebenlager2	80	231	1,73 €
28	SDN-13266	Artikel D2	D	Hauptlager	40	120	22,40 €
29	SAN-80402	Artikel A5	A	Hauptlager	70	202	6,01 €
30	SBN-35317	Artikel B5	B	Hauptlager	10	10	74,56 €

Tipp 7: Summenauswertung der Artikelliste mit der Datenbankfunktion DBSUMME()

In diesem Beispiel soll ermittelt werden, wie viele Artikel mit einem Nettoeinkaufspreis von mehr als 10 Euro in Nebenlager1 lagern.

So geht's:

1 Im ersten Schritt müssen die beiden Bedingungen erfasst werden. Geben Sie dazu in Zelle D5 den Text *Nebenlager1* ein. Als zweite Bedingung erfassen Sie in Zelle F5 den Term *>10*.

2 Die Formel zur Auswertung in Zelle B9 lautet:

=DBSUMME(A13:G30;F4;A4:G5)

Die Anzahl der gelagerten Artikel, die mit den Bedingungen übereinstimmen, beträgt 248 Stück. Dabei handelt es sich um die Datensätze aus den Zeilen 19 und 25.

B9 | fx =DBSUMME(A13:G30;F4;A4:G5)

	A	B	C	D	E	F	G
1	**Artikel-Lagerübersicht**						
2							
3							
4	Artikel-Nr.	Beschreibung	Gruppe	Lager	Mindestmenge	Lagermenge	EK netto/Stück
5				Nebenlager1			>10
6							
7							
8	**Auswertung:**						
9	Summe	**248**					
10							
11							
12							
13	**Artikel-Nr.**	**Beschreibung**	**Gruppe**	**Lager**	**Mindestmenge**	**Lagermenge**	**EK netto/Stück**
14	SAN-60853	Artikel A1	A	Hauptlager	50	299	28,88 €
15	SAN-99296	Artikel A2	A	Nebenlager1	70	186	8,43 €
16	SBN-92709	Artikel B1	B	Nebenlager2	40	83	15,05 €
17	SBN-67439	Artikel B2	B	Hauptlager	90	152	8,26 €
18	SCN-92796	Artikel C1	C	Nebenlager2	100	266	18,06 €
19	SDN-58941	Artikel D2	D	Nebenlager1	100	202	30,04 €
20	SCN-50875	Artikel C2	C	Hauptlager	50	60	25,84 €
21	SAN-43180	Artikel A3	A	Nebenlager2	35	31	4,29 €
22	SCN-13421	Artikel C3	C	Nebenlager1	80	159	7,74 €
23	SCN-64761	Artikel C4	C	Nebenlager2	100	281	8,80 €
24	SDN-76839	Artikel D2	D	Hauptlager	70	167	7,40 €
25	SBN-74756	Artikel B3	B	Nebenlager1	50	46	19,88 €
26	SAN-56800	Artikel A4	A	Nebenlager1	50	79	9,95 €
27	SBN-80678	Artikel B4	B	Nebenlager2	80	231	1,73 €
28	SDN-13266	Artikel D2	D	Hauptlager	40	120	22,40 €
29	SAN-80402	Artikel A5	A	Hauptlager	70	202	6,01 €
30	SBN-35317	Artikel B5	B	Hauptlager	10	10	74,56 €

Tipp 8: Ein Suchsystem mit der Funktion DBAUSZUG() einrichten

Dieses Beispiel zeigt, wie mit der Funktion *DBAUSZUG()* ein Suchsystem erstellt werden kann.

Die Funktion kann dazu verwendet werden, aus einer Datenbank oder einer Liste einzelne Werte auszulesen, bei denen die angegebenen Bedingungen erfüllt sind.

Wenn kein Datensatz mit den angegebenen Suchkriterien übereinstimmt, gibt *DBAUSZUG()* den Fehlerwert *#WERT!* zurück. Ergeben die Suchkriterien mehrere Treffer, wird das mit dem Fehlerwert *#ZAHL!* quittiert. Mithilfe der Funktion *DBAUSZUG()* können somit alle eindeutig identifizierbaren Datensätze ausfindig gemacht werden.

So geht's:

1 Damit das Suchsystem flexibel verwendet werden kann, ist ein weiteres Kriterium notwendig. Erfassen Sie dazu in Zelle H4 die Kriterienüberschrift *Rückgabe*. Darunter, also in Zelle H5, kann nun ganz flexibel der Datenfeldname eingetragen werden, aus dem die Funktion den Rückgabewert auslesen soll.

2 Zum Auslesen der Daten erfassen Sie in Zelle B9 folgende Formel:

=DBAUSZUG(A13:G30;H5;A4:G5)

In diesem Beispiel verweist das Argument *Datenbankfeld* auf die in Zelle H5 erfasste Datenfeldbezeichnung.

3 Damit die Funktion einen Datensatz sucht und das Ergebnis zurückgibt, müssen Sie im Kriterienbereich nur noch ein oder mehrere beliebige Suchkriterien eingeben. Möchten Sie beispielsweise wissen, welcher Artikel (Artikelnummer) zu einem Nettoeinkaufspreis von 6,01 Euro bezogen wird, geben Sie in Zelle G5 den Wert *6,01* und in Zelle H5 den Datenfeldnamen *Artikel-Nr.* ein.

Als Ergebnis erhalten Sie die Artikelnummer *SAN-80402*.

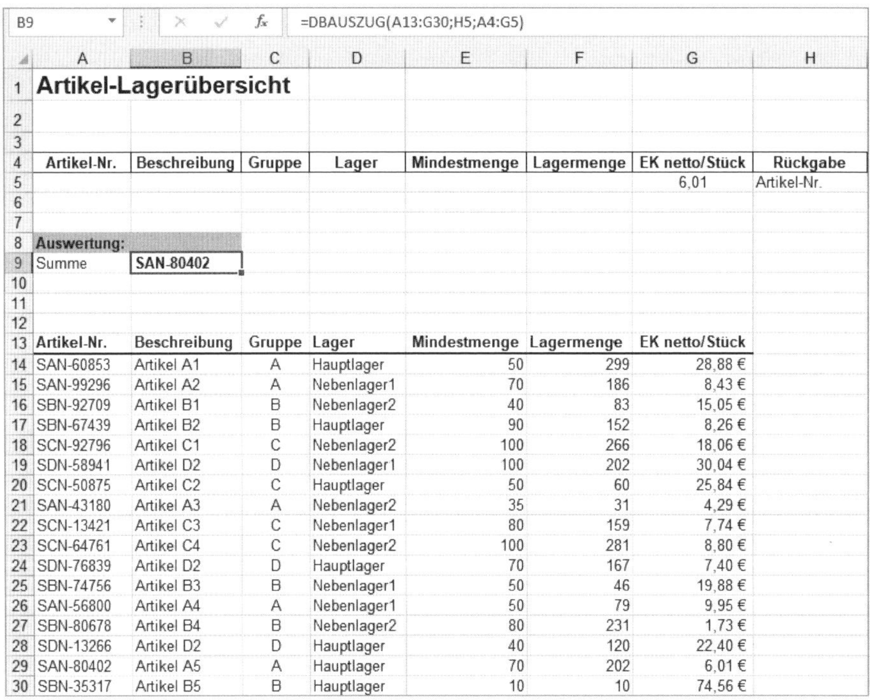

B9 =DBAUSZUG(A13:G30;H5;A4:G5)

	A	B	C	D	E	F	G	H
1	Artikel-Lagerübersicht							
2								
3								
4	Artikel-Nr.	Beschreibung	Gruppe	Lager	Mindestmenge	Lagermenge	EK netto/Stück	Rückgabe
5							6,01	Artikel-Nr.
6								
7								
8	Auswertung:							
9	Summe	SAN-80402						
10								
11								
12								
13	Artikel-Nr.	Beschreibung	Gruppe	Lager	Mindestmenge	Lagermenge	EK netto/Stück	
14	SAN-60853	Artikel A1	A	Hauptlager	50	299	28,88 €	
15	SAN-99296	Artikel A2	A	Nebenlager1	70	186	8,43 €	
16	SBN-92709	Artikel B1	B	Nebenlager2	40	83	15,05 €	
17	SBN-67439	Artikel B2	B	Hauptlager	90	152	8,26 €	
18	SCN-92796	Artikel C1	C	Nebenlager2	100	266	18,06 €	
19	SDN-58941	Artikel D2	D	Nebenlager1	100	202	30,04 €	
20	SCN-50875	Artikel C2	C	Hauptlager	50	60	25,84 €	
21	SAN-43180	Artikel A3	A	Nebenlager2	35	31	4,29 €	
22	SCN-13421	Artikel C3	C	Nebenlager1	80	159	7,74 €	
23	SCN-64761	Artikel C4	C	Nebenlager2	100	281	8,80 €	
24	SDN-76839	Artikel D2	D	Hauptlager	70	167	7,40 €	
25	SBN-74756	Artikel B3	B	Nebenlager1	50	46	19,88 €	
26	SAN-56800	Artikel A4	A	Nebenlager1	50	79	9,95 €	
27	SBN-80678	Artikel B4	B	Nebenlager2	80	231	1,73 €	
28	SDN-13266	Artikel D2	D	Hauptlager	40	120	22,40 €	
29	SAN-80402	Artikel A5	A	Hauptlager	70	202	6,01 €	
30	SBN-35317	Artikel B5	B	Hauptlager	10	10	74,56 €	

Um zu ermitteln, wie hoch die Mindestbestellmenge beim Artikel SCN-13421 ist, erfassen Sie in Zelle A5 die Artikelnummer *SCN-13421* und in Zelle H5 den Datenfeldnamen *Mindestmenge*.

Als Ergebnis erhalten Sie den Wert 80.

B9 =DBAUSZUG(A13:G30;H5;A4:G5)

	A	B	C	D	E	F	G	H
1	**Artikel-Lagerübersicht**							
2								
3								
4	**Artikel-Nr.**	**Beschreibung**	**Gruppe**	**Lager**	**Mindestmenge**	**Lagermenge**	**EK netto/Stück**	**Rückgabe**
5	SCN-13421							Mindestmenge
6								
7								
8	**Auswertung:**							
9	Summe	80						
10								
11								
12								
13	**Artikel-Nr.**	**Beschreibung**	**Gruppe**	**Lager**	**Mindestmenge**	**Lagermenge**	**EK netto/Stück**	
14	SAN-60853	Artikel A1	A	Hauptlager	50	299	28,88 €	
15	SAN-99296	Artikel A2	A	Nebenlager1	70	186	8,43 €	
16	SBN-92709	Artikel B1	B	Nebenlager2	40	83	15,05 €	
17	SBN-67439	Artikel B2	B	Hauptlager	90	152	8,26 €	
18	SCN-92796	Artikel C1	C	Nebenlager2	100	266	18,06 €	
19	SDN-58941	Artikel D2	D	Nebenlager1	100	202	30,04 €	
20	SCN-50875	Artikel C2	C	Hauptlager	50	60	25,84 €	
21	SAN-43180	Artikel A3	A	Nebenlager2	35	31	4,29 €	
22	SCN-13421	Artikel C3	C	Nebenlager1	80	159	7,74 €	
23	SCN-64761	Artikel C4	C	Nebenlager2	100	281	8,80 €	
24	SDN-76839	Artikel D2	D	Hauptlager	70	167	7,40 €	
25	SBN-74756	Artikel B3	B	Nebenlager1	50	46	19,88 €	
26	SAN-56800	Artikel A4	A	Nebenlager1	50	79	9,95 €	
27	SBN-80678	Artikel B4	B	Nebenlager2	80	231	1,73 €	
28	SDN-13266	Artikel D2	D	Hauptlager	40	120	22,40 €	
29	SAN-80402	Artikel A5	A	Hauptlager	70	202	6,01 €	
30	SBN-35317	Artikel B5	B	Hauptlager	10	10	74,56 €	

Tipp 9: Überführung von Kreuztabellen in Datensätze

In Excel werden Daten häufig in sogenannten Kreuztabellen dargestellt. Bei einer Kreuztabelle handelt es sich um eine zweidimensionale Tabelle, in der zu jeder Spaltenüberschrift und zu jeder Zeilenbeschriftung mehrere Informationen vorliegen. Diese Umschreibung wird am deutlichsten, wenn Sie sich folgende Kreuztabelle ansehen.

So können Sie in der Spalte *Region 2* sämtliche Monate des ersten Halbjahrs ablesen und umgekehrt sind für den Monat *März* die Umsätze der drei Regionen ersichtlich.

	A	B	C	D	E
1	**Umsätze 1. HJ - Region 1 bis Region 3**				
2					
3					
4					
5		**Region 1**	**Region 2**	**Region 3**	
6	**Januar**	23.568,50	17.085,52	25.764,29	
7	**Februar**	19.553,25	14.948,56	19.536,87	
8	**März**	34.253,67	24.523,82	21.462,32	
9	**April**	25.364,26	19.467,73	17.497,10	
10	**Mai**	15.469,94	22.414,69	20.370,39	
11	**Juni**	21.649,25	18.594,46	26.835,98	

Ziel dieser Aufgabe ist es nun, aus dieser Kreuztabelle einzelne Datensätze zu erstellen, um sie als Datenbank über die Datenbankfunktionen auswerten zu können.

So geht's:

1 Legen Sie im ersten Schritt fest, welche Breite und Länge der Datenbereich besitzt und in welcher Zeile er beginnt. Erfassen Sie dazu in Zelle H5 für die *Breite* des Datenbereichs den Wert 3 (3 Spalten). Als *Länge* für den Datenbereich geben Sie in Zelle H6 den Wert 6 ein (6 Zeilen). Die *Startzeile* geben Sie in Zelle H7 mit dem Wert 5 (Zeile 5) an.

	A	B	C	D	E	F	G	H
1	Umsätze 1. HJ - Region 1 bis Region 3							
2								
3								
4								
5		Region 1	Region 2	Region 3			Breite	3
6	Januar	23.568,50	17.085,52	25.764,29			Länge	6
7	Februar	19.553,25	14.948,56	19.536,87			Startzeile	5
8	März	34.253,67	24.523,82	21.462,32				
9	April	25.364,26	19.467,73	17.497,10				
10	Mai	15.469,94	22.414,69	20.370,39				
11	Juni	21.649,25	18.594,46	26.835,98				

2 Markieren Sie den Zellbereich J5:J22. Zum Auslesen der Umsatzdaten erfassen Sie in Zelle J5 folgende Formel:

*=WENN(ZEILE(A5)–$H$7+1>H$5*H$6;"";INDEX(B$6:F$24;KÜRZEN((ZEILE(A5) –$H$7+1–1)/$H$5)+1;REST(ZEILE(A5)–$H$7+1–1;$H$5)+1))*

Beenden Sie die Dateneingabe mit der Tastenkombination [Strg]+[↵].

3 Zum Auslesen der Spaltenüberschriften markieren Sie zuerst den Bereich I5:I22 und erfassen in Zelle I5 diese Formel:

=WENN(ZEILE(A1)>$H$5*$H$6;"";INDEX($B$5:$E$5;REST(ZEILE(A1)–1;$H$5)+1))

Schließen Sie die Erfassung mit [Strg]+[↵] ab.

4 Im letzten Schritt muss nun noch die Zeilenbeschriftung, also die Monate zum jeweiligen Umsatz, ausgelesen werden. Markieren Sie dazu den Zellbereich L5:L22 und erfassen Sie in Zelle L5 diese Formel:

=WENN(ZEILE(A1)+($H$5*$H$7–2)–1>$H$5*$H$6+($H$5*$H$7)–1;""; INDEX(A:A;KÜRZEN((ZEILE(A1)+($H$5*$H$7)–2–1–1)/$H$5)+1+1))

Beenden Sie auch diese Eingabe mit der Tastenkombination [Strg]+[↵].

L5 | fx | =WENN(ZEILE(A1)+($H$5*$H$7-2)-1>$H$5*$H$6+($H$5*$H$7)-1;"";INDEX(A:A;KÜRZEN((ZEILE(A1)+($H$5*$H$7)-2-1-1)/$H$5)+1+1))

	A	B	C	D	E	F	G	H	I	J	K	L	M
1	Umsätze 1. HJ - Region 1 bis Region 3												
2													
3													
4										Umsatz	Regionen	Monat	
5		Region 1	Region 2	Region 3			Breite	3		23.568,50	Region 1	Januar	
6	Januar	23.568,50	17.085,52	25.764,29			Länge	6		17.085,52	Region 2	Januar	
7	Februar	19.553,25	14.948,56	19.536,87			Startzeile	5		25.764,29	Region 3	Januar	
8	März	34.253,67	24.523,82	21.462,32						19.553,25	Region 1	Februar	
9	April	25.364,26	19.467,73	17.497,10						14.948,56	Region 2	Februar	
10	Mai	15.469,94	22.414,69	20.370,39						19.536,87	Region 3	Februar	
11	Juni	21.649,25	18.594,46	26.835,98						34.253,67	Region 1	März	
12										24.523,82	Region 2	März	
13										21.462,32	Region 3	März	
14										25.364,26	Region 1	April	
15										19.467,73	Region 2	April	
16										17.497,10	Region 3	April	
17										15.469,94	Region 1	Mai	
18										22.414,69	Region 2	Mai	
19										20.370,39	Region 3	Mai	
20										21.649,25	Region 1	Juni	
21										18.594,46	Region 2	Juni	
22										26.835,98	Region 3	Juni	

Als Ergebnis erhalten Sie eine Datenliste, auf die Sie mit den beschriebenen Datenbankfunktionen nach Belieben zugreifen können.

Tipp 10: Datenblöcke in einer Zeile (einem Datensatz) darstellen

Nach einem Datenimport aus Fremdprogrammen liegen die Daten häufig nicht so vor, wie sie zur Weiterverarbeitung in Excel benötigt werden.

In diesem Beispiel wurde aus einem Buchhaltungsprogramm die Offene-Posten-Liste exportiert und in Excel eingelesen. Das Ergebnis sehen Sie in nebenstehender Abbildung.

Die einzelnen Datenfelder werden einfach untereinander dargestellt. Auf dieser Basis kann natürlich keine sinnvolle Weiterverarbeitung der Daten stattfinden.

Ziel ist es nun, diese Daten in eine gültige Datensatzstruktur zu überführen.

	A	B
1	**Importierte Debitorensaldenliste**	
2		
3		
4		
5		
6		
7	10005	
8	Achim OHG	
9	15436,25	
10	10010	
11	Angelsport Huber KG	
12	2536,25	
13	10013	
14	Angermayr Ludwig GbR	
15	579,94	
16	10017	
17	A-Team GmbH	
18	9756,84	
19	10025	
20	Augustin GmbH	
21	498,65	
22	10030	
23	Bauer Ines e. K.	
24	4326,87	
25	10040	
26	Bavaria e.V.	
27	152,63	
28	10050	
29	Bergler OHG	
30	2466,36	
31	10055	
32	Binder Tobias KG	
33	7025,3	

So geht's:

1 Geben Sie dazu in Zelle D3 die Zeilennummer für die Zelle ein, in der der erste Datensatz steht, im Beispiel also Zeile 7.

2 In Zelle D4 geben Sie die Größe des Datenblocks in Zeilen ein. Im Beispiel umfasst jeder Datenblock drei Zeilen. Nach der dritten Zeile beginnt jeweils ein neuer Datensatz. Erfassen Sie deshalb den Wert 3.

3 Markieren Sie den Zellbereich C7:C15 und tragen Sie in Zelle C7 die Funktion *=INDIREKT("A"&(ZEILE()–$C$3)*3+$C$3)* ein. Schließen Sie die Dateneingabe mit der Tastenkombination [Strg]+[↵] ab.

4 Zum Auswerten der Debitorennamen markieren Sie den Zellbereich D7:D15 und geben in Zelle D7 folgende Funktion ein:

=INDIREKT("a"&(ZEILE()–$D$3)*$D$4+$D$3+1)

Beenden Sie auch diese Formeleingabe mit [Strg]+[↵].

5 Die Beträge werden mit der Funktion *=INDIREKT("A"&(ZEILE()–$D$3)*$D$4+$D$3+2)* ausgelesen. Markieren Sie dazu den Bereich E7:E15 und erfassen Sie die Formel in Zelle E7. Schließen Sie auch diese Eingabe mit der Tastenkombination Strg+↵ ab.

Sie sehen, die einzelnen Datenblöcke werden wie gewünscht zu Datensätzen zusammengesetzt. Auf dieser Basis können Sie nun mit Datenbankfunktionen weiterarbeiten. Die Liste lässt sich darüber hinaus auch wie gewohnt filtern und sortieren.

E7 =INDIREKT("A"&(ZEILE()-$D$3)*$D$4+$D$3+2)

	A	B	C	D	E
1	**Importierte Debitorensaldenliste**				
2					
3			**Startzeile:**	**7**	
4		**Zeilen im Datenblock:**		**3**	
5					
6			**Debitoren-Nr.**	**Name**	**Offene Posten**
7	10005		10005	Achim OHG	15.436,25
8	Achim OHG		10010	Angelsport Huber KG	2.536,25
9	15436,25		10013	Angermayr Ludwig GbR	579,94
10	10010		10017	A-Team GmbH	9.756,84
11	Angelsport Huber KG		10025	Augustin GmbH	498,65
12	2536,25		10030	Bauer Ines e. K.	4.326,87
13	10013		10040	Bavaria e.V.	152,63
14	Angermayr Ludwig GbR		10050	Bergler OHG	2.466,36
15	579,94		10055	Binder Tobias KG	7.025,30
16	10017				
17	A-Team GmbH				
18	9756,84				
19	10025				
20	Augustin GmbH				
21	498,65				
22	10030				
23	Bauer Ines e. K.				
24	4326,87				
25	10040				
26	Bavaria e.V.				
27	152,63				
28	10050				
29	Bergler OHG				
30	2466,36				
31	10055				
32	Binder Tobias KG				
33	7025,3				

Hinweis

Damit die Auswertung mit den beschriebenen Funktionen ordnungsgemäß arbeiten kann, muss der Auswertungsbereich, in dem die Datensätze angezeigt werden, in der gleichen Zeile beginnen wie der importierte Datenbereich. In welcher Spalte die Auswertung eingefügt wird, ist dabei irrelevant.

4.9 Funktionen zur Informationsgewinnung

Excel stellt verschiedene Funktionen zum Auslesen von Informationen über Verzeichnisse, Arbeitsmappen, Tabellen und Zellen zur Verfügung. Dieser Abschnitt zeigt anhand von Beispielen, welche Ergebnisse sich bei geschicktem Einsatz der Funktionen erzielen lassen.

Tipp 1: Auslesen von Systeminformationen

Die Funktion *INFO()* bietet verschiedene Möglichkeiten zur Abfrage der aktuellen Systemumgebung. Aufgebaut ist die Funktion wie folgt: *INFO(Typ)*. Als Argument *Typ* wird der Text angegeben, der bestimmt, welche Art von Informationen ausgelesen werden soll.

So geht's:

Für den Parameter *Typ* stehen folgende Angaben zur Verfügung:

Typ	Rückgabewert
Dateienzahl	Anzahl aktiver Arbeitsblätter in den geöffneten Arbeitsmappen
Berechne	Der aktuelle Berechnungsmodus: *Automatisch* oder *Manuell*
System	Der Name des Betriebssystems: Macintosh = mac Windows = pcdos
Sysversion	Version des aktuellen Betriebssystems als Text
Ursprung	Absoluter Bezug als Text in der A1-Schreibweise mit dem Präfix *$A:*. Letzteres dient dazu, Kompatibilität zu Lotus 1-2-3, Version 3.x, zu gewährleisten. Gibt den Bezug der sichtbaren obersten linken Zelle im aktuellen Fensterbereich zurück.
Version	Die Version von Microsoft Excel als Text
Verzeichnis	Der Pfad des aktuellen Verzeichnisses oder Ordners

Nachfolgend sehen Sie die Funktion im Praxiseinsatz:

	A	B	C
1	**Auslesen von Dateiinformationen**		
2			
3	**Beschreibung**	**Ergebnis**	**Formel**
4	Anzahl Arbeitsblätter	7	=INFO("Dateienzahl")
5	Betriebssystem	Automatisch	=INFO("Berechne")
6	Betriebssystem	pcdos	=INFO("System")
7	Excel-Version	16.0	=INFO("Version")
8	Sysemversion	Windows (64-bit) NT 10.00	=INFO("Sysversion")
9	Ursprung	$A:$A$1	=INFO("Ursprung")
10	Verzeichnis	E:\Excel2019\	=INFO("Verzeichnis")

Leider sind ab Excel 2007 die Datentypen zum Auslesen des Arbeitsspeichers nicht mehr enthalten. Die Größe des Arbeitsspeichers kann aber per VBA ermittelt werden (der nachstehende Code bezieht sich auf Excel-32-Bit-Versionen).

So geht's:

1. Starten Sie mit der Tastenkombination Strg+F11 den VBA-Editor.
2. Fügen Sie über das Menü *Einfügen/Modul* ein neues Codemodul zur Erfassung des VBA-Codes hinzu.
3. In dieses Codemodul kopieren Sie den Code aus Listing 1.

Listing 1: Code zur Ermittlung der Größe des Arbeitsspeichers

```
Private Type MemoryStatus
dwLength As Long
dwMemoryLoad As Long
dwTotalPhys As Long
dwAvailPhys As Long
wTotalPageFile As Long
dwAvailPageFile As Long
dwTotalVirtual As Long
dwAvailVirtual As Long
End Type

Private Declare Sub GlobalMemoryStatus Lib "kernel32" (lpBuffer As MemoryStatus)

Private Sub Memory()
Dim MemoryStatus As MemoryStatus
GlobalMemoryStatus MemoryStatus
MsgBox "Speicher gesamt: " & _
Format(Str$(MemoryStatus.dwTotalPhys / 1024), "#,##0") & _
" Kb;" & vbLf & "davon verfügbar: " & _
Format(Str$(MemoryStatus.dwAvailPhys / 1024), "#,##0") & _
" Kb;" & vbLf & "davon noch frei: " & _
Format(Str$(MemoryStatus.dwAvailPageFile / 1024), "#,##0") & _
" KB;" & vbLf & "virtueller Speicher: " & _
Format(Str$(MemoryStatus.dwTotalVirtual / 1024), "#,##0") & _
" KB;" & vbLf & "davon verfügbar: " & _
Format(Str$(MemoryStatus.dwAvailVirtual / 1024), "#,##0") & _
" KB;"
End Sub
```

Wenn Sie den Code starten, werden verschiedene Informationen zum Arbeitsspeicher in einer Infobox ausgegeben.

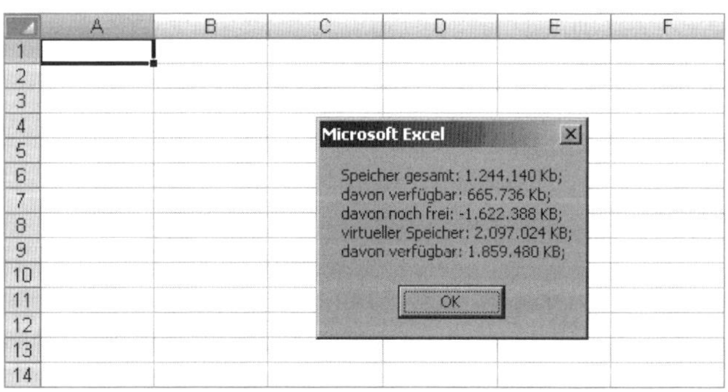

Tipp 2: Auslesen von Dateiinformationen

Im folgenden Beispiel wird eine Lösung vorgestellt, um Dateiinformationen wie beispielsweise den Dateipfad, den Dateinamen oder den Namen des aktuellen Tabellenblatts auszulesen und direkt in eine Zelle zu übertragen. Meist ist es sehr vorteilhaft, wenn auf Ausdrucken der Pfad sowie der Dateiname mit ausgegeben werden. Das spart viel Zeit und Mühe beim Wiederfinden der Datei.

So geht's:

Zum Auslesen und Eintragen der Dateiinformationen kommt die Funktion *=ZELLE()* zum Einsatz. In Verbindung mit dem Infotyp *Dateiname* lassen sich verschiedene Informationen über den Speicherort sowie über Dateinamen abfragen.

Die unterschiedlichen Formeln für die jeweiligen Ergebnisse können Sie der nachfolgenden Tabelle entnehmen:

Ergebnis	Zelle	Funktion
kompletter Pfad mit Tabellenblatt	B5	*=ZELLE("Dateiname";C1)*
kompletter Pfad ohne Tabellenblatt	B7	*=TEIL(ZELLE("Dateiname";C1);1;FINDEN("]";ZELLE("Dateiname";C1)))*
Pfad mit Laufwerk	B9	*=TEIL(ZELLE("Dateiname";C1);1;FINDEN("[";ZELLE("Dateiname";C1))–1)*
Pfad ohne Laufwerk	B11	*=TEIL(ZELLE("Dateiname";C1);4;FINDEN("[";ZELLE("Dateiname";C1))–4)*
Laufwerk	B13	*=LINKS(ZELLE("Dateiname";C1);2)*
Dateiname mit Endung	B15	*=TEIL(ZELLE("Dateiname";C1);FINDEN("[";ZELLE("Dateiname";C1))+1; FINDEN("]";ZELLE("Dateiname";C1))–FINDEN("[";ZELLE("Dateiname";C1))–1)*
Dateiname ohne Endung	B17	*=TEIL(ZELLE("Dateiname";C1);FINDEN("[";ZELLE("Dateiname";C1))+1; FINDEN("]";ZELLE("Dateiname";C1))–FINDEN("[";ZELLE("Dateiname";C1))–5)*
Tabellenblatt	B19	*=TEIL(ZELLE("Dateiname";C1);FINDEN("]";ZELLE("Dateiname";C1))+1; LÄNGE(ZELLE("Dateiname";C1))–FINDEN("]";ZELLE("Dateiname";C1)))*

Tragen Sie die einzelnen Formeln in ein Tabellenblatt ein. Die Ausgabe der Dateiinformationen sieht wie in der folgenden Abbildung aus. Auf diese Weise lassen sich sämtliche Informationen rund um den Dateinamen und die Pfadangabe ermitteln.

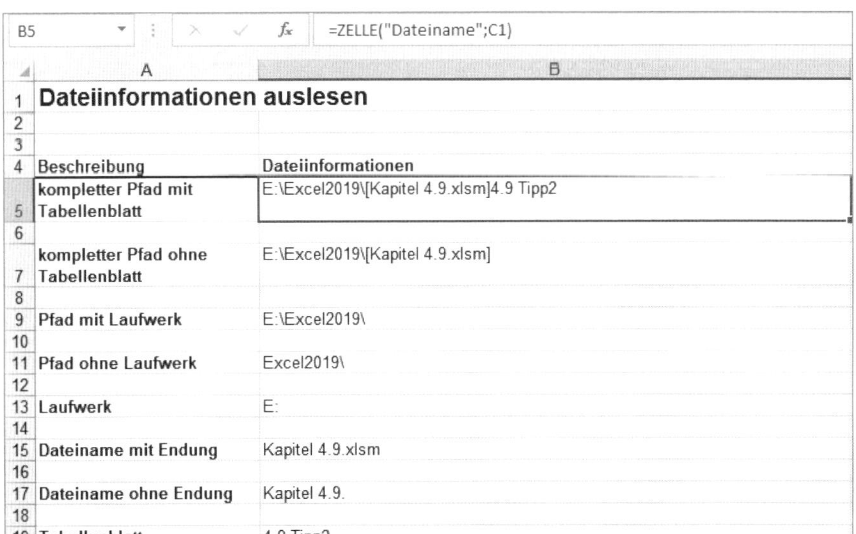

Hinweis

Die so ausgelesenen Dateinamen und Pfadangaben können für weitere Zellverknüpfungen, -bezüge und -verweise verwendet werden.

Tipp 3: Verschiedene Zellinformationen auslesen

In diesem Beispiel sollen verschiedene Informationen über Zellen in Erfahrung gebracht werden. So soll beispielsweise ermittelt werden, ob negative Werte farbig formatiert sind oder ob eine Zelle mit einem Zellschutz belegt ist.

So geht's:

Unter Verwendung der Funktion *ZELLE()* lassen sich unterschiedliche Zellinformationen auslesen. Die Syntax dieser Funktion lautet wie folgt:

=ZELLE(Infotyp;Bezug)

Das Argument *Infotyp* benötigt einen Textwert, der definiert, welche Zellinformationen extrahiert werden sollen. Folgende Zusammenstellung gibt Ihnen einen Überblick darüber, welche Infotypen zur Verfügung stehen:

Infotyp	Rückgabewert
Adresse	Bezug der ersten Zelle in *Bezug* als Text
Breite	Spaltenbreite der Zelle, auf eine ganze Zahl gerundet. Jede Einheit der Spaltenbreite ist gleich der Breite eines Zeichens im Standardschriftgrad.
Dateiname	Dateiname (und vollständiger Pfad) der Datei als Text. Gibt eine leere Textzeichenfolge ("") zurück, wenn das Tabellenblatt noch nicht gespeichert wurde.
Farbe	1, wenn die Zelle für negative Werte farbig formatiert ist. Andernfalls wird 0 zurückgegeben.
Format	Textwert, der dem Zahlenformat der Zelle entspricht. Gibt "-" am Ende des Textwerts zurück, wenn die Zelle für negative Werte farbig formatiert ist. Gibt "()" am Ende des Textwerts zurück, wenn die Zelle für positive oder alle Werte mit Klammern formatiert ist.
Inhalt	Wert der linken obersten Zelle, die zu *Bezug* gehört, keine Formel
Klammern	1, wenn die Zelle als positiver Wert oder als Wert mit Klammern formatiert ist. Andernfalls wird 0 zurückgegeben.
Koord	Absoluter Bezug des Zellbereichs der ersten Zelle in *Bezug* als Text
Präfix	Textwert, der dem Beschriftungspräfix der Zelle entspricht. Gibt ein einfaches Anführungszeichen (‚) zurück, wenn die Zelle linksbündigen Text enthält, ein doppeltes Anführungszeichen ("), wenn die Zelle rechtsbündigen Text enthält, ein Zirkumflexzeichen (^), wenn die Zelle zentrierten Text enthält, einen umgekehrten Schrägstrich (Backslash, \), wenn die Zelle ausgefüllten Text enthält, und eine leere Textzeichenfolge (""), wenn die Zelle etwas anderes enthält.
Schutz	0, wenn die Zelle nicht gesperrt ist, 1, wenn die Zelle gesperrt ist.
Spalte	Spaltennummer der Zelle in *Bezug*

Infotyp	Rückgabewert
Typ	Textwert, der dem Datentyp in der Zelle entspricht. Gibt "b" zurück, wenn die Zelle leer (blank) ist, "l" für Beschriftung (label), wenn die Zelle eine Textkonstante enthält, und "w" für Wert, wenn die Zelle etwas anderes enthält.
Zeile	Zeilennummer der Zelle in *Bezug*

Hinweis

Obwohl die Funktion nur noch aus Kompatibilitätsgründen zu anderen Tabellenkalkulationsprogrammen zur Verfügung gestellt wird, bietet sie im Praxiseinsatz wertvolle Unterstützung.

Tipp 4: Prüfen, ob ein bestimmter Name für einen benannten Bereich vorhanden ist

Um die Lesbarkeit von Formeln zu verbessern, werden häufig Namen für einzelne Zellen oder ganze Zellbereiche vergeben. Möchten Sie bei der Verwendung der Namen sicherstellen, dass diese auch vorhanden sind, können Sie natürlich im Namens-Manager nachsehen. Eine weitere und vor allem effizientere Möglichkeit besteht darin, bei der Verwendung eines Namens zu prüfen, ob dieser gültig ist oder nicht.

So geht's:

Als Ausgangstabelle dient eine Verkaufsübersicht für die Verkaufsregion Süd.

	A	B
1	Verkaufsstatistik	
2		
3		Region Süd
4	Januar	5.763,87 €
5	Februar	2.692,90 €
6	März	4.298,56 €
7	April	2.786,47 €
8	Mai	2.053,81 €
9	Juni	1.321,16 €
10	Juli	588,50 €
11	August	3.987,23 €
12	September	4.631,70 €
13	Oktober	5.964,74 €
14	November	7.297,78 €
15	Dezember	8.630,81 €

1 Legen Sie zunächst für den Bereich B4:B15 den Namen *Rsüd* fest. Den Befehl dazu starten Sie über das Menü *Formeln/Definierte Namen/Namen definieren.*

➡ Verweis: siehe Kapitel 4.3

2 Um nun zu prüfen, ob es den Namen *Rsüd* überhaupt gibt, erfassen Sie in Zelle B17 folgende Formel:

=WENN(ISTBEZUG(Rsüd);SUMME(Rsüd);0)

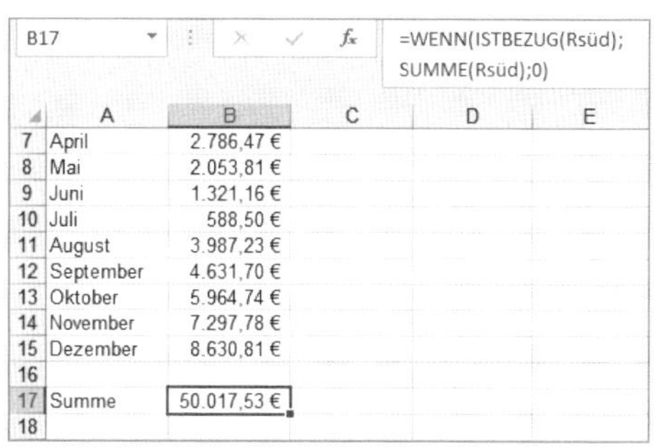

B17 =WENN(ISTBEZUG(Rsüd);SUMME(Rsüd);0)

	A	B	C	D	E
7	April	2.786,47 €			
8	Mai	2.053,81 €			
9	Juni	1.321,16 €			
10	Juli	588,50 €			
11	August	3.987,23 €			
12	September	4.631,70 €			
13	Oktober	5.964,74 €			
14	November	7.297,78 €			
15	Dezember	8.630,81 €			
16					
17	Summe	50.017,53 €			
18					

Diese Formel verwendet die Funktion *ISTBEZUG()* in Verbindung mit der Funktion *WENN()*. Ist der verwendete Name vorhanden, gibt *ISTBEZUG()* den Wert *WAHR* zurück und die Summe wird gebildet. Im anderen Fall wird der Wert *FALSCH* zurückgegeben und es erfolgt entsprechend die Ausgabe des Werts 0.

Tipp 5: Dateien aus Verzeichnis auslesen

Dieses Beispiel zeigt, wie mit der Excel4-Makrofunktion *DATEIEN()* über einen kleinen Trick beliebige Verzeichnisinhalte ohne VBA-Prozedur ausgelesen und in einem Tabellenblatt dargestellt werden können.

So geht's:

1 Legen Sie über das Menü *Formeln/Definierte Namen/Namen definieren* den Namen *File* an. Im Feld *Bezieht sich auf* geben Sie den Dateipfad, in dem gesucht werden soll, sowie das Suchkriterium für die Dateiauswahl an. Im Beispiel lautet der Bezug *=DATEIEN("E:\Excel2019\Beispiele\Kapitel_4*.*")*. Damit wird im Pfad *E:\Excel2019\Beispiele\Kapitel_4* nach allen Dateien gesucht. Soll beispielsweise nur nach Excel-Dateien des Formats *.xlsx* gesucht werden, übergeben Sie der Funktion einfach folgendes Suchkriterium: *"E:\Excel2019\Beispiele\Kapitel_4*.xlsx"*.

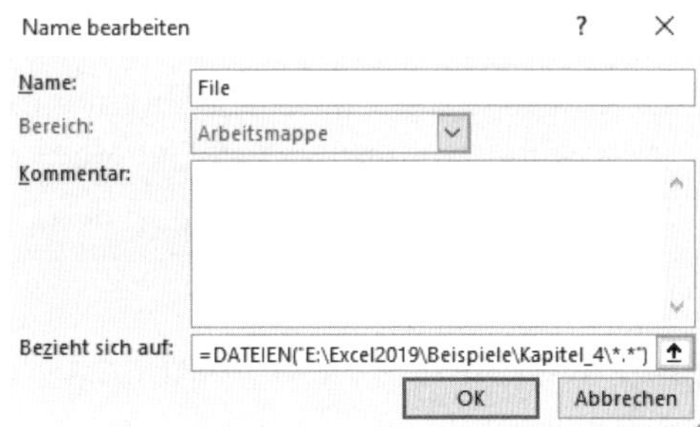

2 Zum Auslesen der Dateinamen erfassen Sie in Zelle A1 folgende Funktion: *=INDEX(File;ZEILE())*. Wenn Sie diese Funktion über das Ausfüllkästchen nach unten kopieren, werden alle Dateien aus dem angegebenen Verzeichnis aufgelistet. Leider ist die Dateianzahl auf 256 Dateien begrenzt, was aber in den meisten Fällen ausreichen sollte.

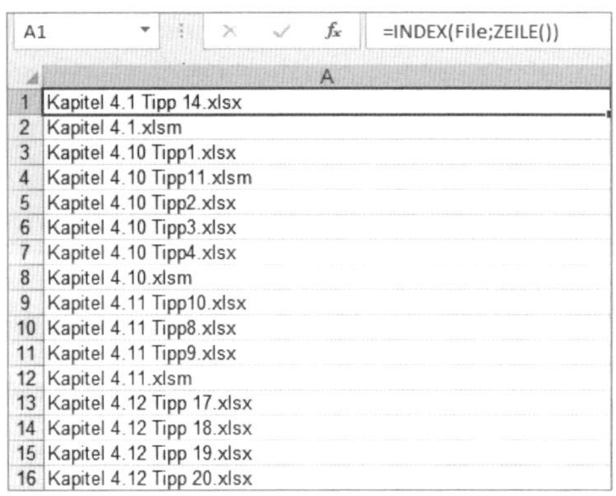

Hinweis

Excel4-Makrofunktionen können nur in Excel-Dateien mit der Endung *.xlsm* (Excel-Arbeitsmappe mit Makros) abgespeichert werden, da Excel4-Makros intern wie VBA-Makros interpretiert werden.

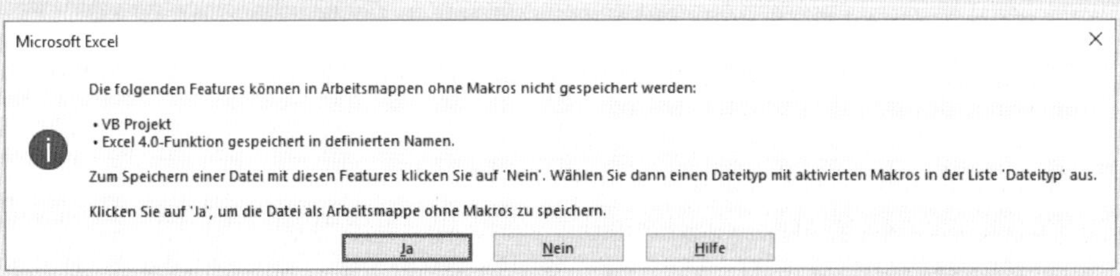

Tipp 6: Zellen auf ihren Inhalt überprüfen

Excel stellt zur Überprüfung von Zellinhalten verschiedene IST-Funktionen zur Verfügung.

➡ Verweis: siehe Kapitel 2.1

Im Folgenden wird anhand einiger kurzer Beispiele dargestellt, welche Möglichkeiten die IST-Funktionen zur Informationsgewinnung bieten.

So geht's: Zahlen von Text mithilfe der Funktion ISTZAHL() trennen

In der Praxis kommt es häufig vor, dass Zahlen, mit denen weitergerechnet werden soll, in einen Text eingebunden sind. Mithilfe der Funktion *ISTZAHL()* lassen sich diese Zahlen aber ohne Schwierigkeiten vom restlichen Text trennen.

Dabei muss allerdings unterschieden werden, an welcher Stelle im Text sich die Zahlen befinden.

Zahlen befinden sich links im Textstring

Wenn sich der Text links, also an erster Stelle, im Textstring befindet, verwenden Sie folgende Funktion zum Auslesen der Zahlenfolge:

=LINKS(A3;SUMME(1(ISTZAHL(LINKS(A3;SPALTE(1:1))*1))))*1*

Da es sich um eine Matrixfunktion handelt, müssen Sie die Dateneingabe mit der Tastenkombination [Strg]+[⇧]+[↵] beenden.

Zahlen befinden sich rechts in der Textfolge

Befindet sich die Zahlenfolge an äußerster rechter Position im Textstring, verwenden Sie zum Auslesen der Ziffern diese Formel:

*=RECHTS(A5;SUMME(N(ISTZAHL(RECHTS(A5;SPALTE(1:1))*1))))*

Beenden Sie auch diese Eingabe mit der Tastenkombination [Strg]+[⇧]+[↵], damit sie als Matrixfunktion ausgezeichnet wird.

Zahlen befinden sich mitten im Textstring

In vielen Fällen befindet sich die auszulesende Ziffer mitten im Textstring. Zum Extrahieren von Zahlen aus der Mitte einer Zeichenfolge kommt folgende Matrixfunktion zum Einsatz:

*=TEIL(LINKS(A7;MAX(WENN(ISTZAHL(TEIL(A7;SPALTE(1:1);1)*1);SPALTE(1:1))));
VERGLEICH(WAHR;ISTZAHL(TEIL(A7;SPALTE(1:1);1)*1);0);LÄNGE(A7))*

Schließen Sie die Formelerfassung wiederum mit der Tastenkombination [Strg]+[⇧]+[↵] ab.

Das Ergebnis sieht wie nebenstehend aus:

B7 {=TEIL(LINKS(A7;MAX(WENN(ISTZAHL(TEIL(A7;SPALTE(1:1);1)*1);SPALTE(1:1))));VERGLEICH(WAHR;ISTZAHL(TEIL(A7;SPALTE(1:1);1)*1);0);LÄNGE(A7))}

	A	B	C	D
1	**Zahlen von Text trennen**			
2				
3	19,95 Euro beträgt die monatliche Pauschale.	19,95		
4				
5	Zahlen Sie den vorstehenden Betrag auf Konto-Nr. 47114712	47114712		
6				
7	Der Kaufpreis beläuft sich auf 133,70 Euro.	133,70		

Hinweis

Die Funktion zum Extrahieren von Ziffern aus der Stringmitte kann auch verwendet werden, um Zahlen links oder rechts vom Textstring zu extrahieren. Diese Funktion ist zwar etwas umfangreicher, deckt aber grundsätzlich alle Möglichkeiten ab.

Mithilfe der Funktion ISTLEER() Auflistungen ohne Leerzeilen erstellen

In diesem Beispiel wird gezeigt, wie mit der Funktion *ISTLEER()* eine Auflistung ohne Leerzeilen erstellt werden kann. In der Ausgangstabelle sind verschiedene Einträge in einer Spalte verteilt. In der Spalte daneben sollen die Einträge ohne Leerzeilen aufgelistet werden.

So geht's:

Nach einem Datenimport aus dem einen Warenwirtschaftsprogramm stehen in einer Excel-Tabelle folgende Lagerdaten zur Verfügung.

Beim Import haben sich Leerzeilen eingeschlichen, die sich wie folgt eliminieren lassen.

	A	B	C	D
1	SAN-60853	299	28,88 €	
2				
3				
4	SAN-99296	186	8,43 €	
5	SBN-92709	83	15,05 €	
6				
7	SBN-67439	152	8,26 €	
8	SCN-92796	266	18,06 €	
9				
10				
11				
12	SDN-58941	202	30,04 €	
13	SCN-50875	60	25,84 €	
14				
15	SAN-43180	31	4,29 €	
16	SCN-13421	159	7,74 €	
17	SCN-64761	281	8,80 €	
18	SDN-76839	167	7,40 €	
19				

1 Zum Auslesen der Artikelnummern aus Spalte A tragen Sie in Zelle E5 folgende Matrixfunktion ein:

=WENN(ZEILE(A1)>ANZAHL2($A$1:$A$100);"";INDEX(A:A;KKLEINSTE(WENN(A$1:A$1004>"";ZEILE($1:$1004));ZEILE(A1))))

Beenden Sie die Dateneingabe mit der Tastenkombination Strg+⇧+↵.

2 Die Lagermenge aus Spalte B wird mit der folgenden Matrixformel aus dem Importbereich extrahiert:

=WENN(ZEILE(B1)>ANZAHL2($B$1:$B$100);"";INDEX(B:B;KKLEINSTE(WENN(A$1:A$1004>""; ZEILE($1:$1004));ZEILE(B1))))

Tragen Sie diese Funktion in Zelle F5 ein und beenden Sie auch diese Formeleingabe mit Strg+⇧+↵.

3 Im letzten Schritt werden die Einkaufspreise aus Spalte C mit dieser Matrixfunktion, die in Zelle G5 eingetragen wird, ausgelesen:

=WENN(ZEILE(C1)>ANZAHL2($C$1:$C$100);"";INDEX(C:C;KKLEINSTE(WENN(A$1:A$1004>""; ZEILE($1:$1004));ZEILE(C1))))

Beenden Sie diese Funktion wiederum mit der Tastenkombination Strg+⇧+↵.

4 Markieren Sie nun den Bereich E5:G5 und kopieren Sie die Formeln bis zur Zeile 15 nach unten.

Als Ergebnis erhalten Sie die Lagerliste ohne die störenden Leerzeilen.

E5 {=WENN(ZEILE(A1)>ANZAHL2($A$1:$A$100);"";INDEX(A:A;KKLEINSTE(WENN(A$1:A$1004>"";ZEILE($1:$1004));ZEILE(A1))))}

	A	B	C	D	E	F	G	H
1	SAN-60853	299	28,88 €		**Überarbeitete Lagerliste**			
2								
3								
4	SAN-99296	186	8,43 €		**Artikel-Nummer**	**Lagermenge**	**EK-Preis**	
5	SBN-92709	83	15,05 €		SAN-60853	299	28,88 €	
6					SAN-99296	186	8,43 €	
7	SBN-67439	152	8,26 €		SBN-92709	83	15,05 €	
8	SCN-92796	266	18,06 €		SBN-67439	152	8,26 €	
9					SCN-92796	266	18,06 €	
10					SDN-58941	202	30,04 €	
11					SCN-50875	60	25,84 €	
12	SDN-58941	202	30,04 €		SAN-43180	31	4,29 €	
13	SCN-50875	60	25,84 €		SCN-13421	159	7,74 €	
14					SCN-64761	281	8,80 €	
15	SAN-43180	31	4,29 €		SDN-76839	167	7,40 €	
16	SCN-13421	159	7,74 €					
17	SCN-64761	281	8,80 €					
18	SDN-76839	167	7,40 €					
19								

Tipp 7: Zellinhalte mithilfe der Funktion TYP() analysieren

Die Tabellenfunktion *TYP()* bietet die Möglichkeit, abhängig vom Datentyp der Zelle die Zahl zurückgeben zu lassen, die den Datentyp des Zellwerts anzeigt.

So geht's:

Zum Analysieren der Zellinhalte muss der Funktion *TYP()* das Argument *Wert* übergeben werden. Die Syntax lautet also *TYP(Wert)*. Das Argument *Wert* kann ein beliebiger Microsoft-Excel-Wert sein, beispielsweise eine Zahl, ein Text, ein Wahrheitswert, ein Datum und so weiter.

Abhängig vom Zellinhalt liefert diese Funktion folgende Rückgabewerte:

Zellinhalt (Wert)	Rückgabewert der Funktion TYP()
Zahl	1
Text	2
Wahrheitswert	4
Fehlerwert	16
Matrix	64

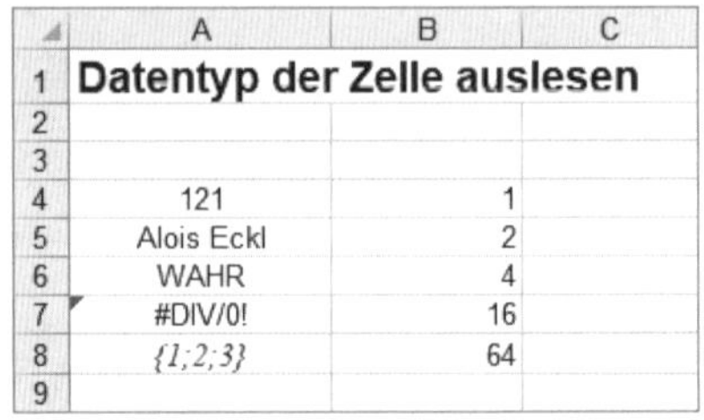

	A	B	C
1	Datentyp der Zelle auslesen		
2			
3			
4	121	1	
5	Alois Eckl	2	
6	WAHR	4	
7	#DIV/0!	16	
8	{1;2;3}	64	
9			

Diese Rückgabewerte können beispielsweise in bedingten Formatierungen oder *WENN*-Abfragen verwendet werden.

4.10 Statistische Funktionen für die Praxis

Für Nichtstatistiker ist dieses Thema oft ein Buch mit sieben, ja fast acht Siegeln. Aus diesem Grund werden anhand einiger Beispiele die wichtigsten Statistikfunktionen für den Praxiseinsatz vorgestellt.

Tipp 1: Mittelwerte

In diesem Tipp werden verschiedene Methoden zur Berechnung von Mittelwerten und ihre Handhabung in Excel dargestellt:

- Arithmetisches Mittel
- Geometrisches Mittel
- Harmonisches Mittel
- Gestutztes Mittel
- Median
- Modalwert
- Quadratisches Mittel
- Kubisches Mittel

Arithmetisches Mittel

Die mathematische Formel für das arithmetische Mittel ist:

$$\bar{x} = \frac{1}{n}\sum_{i=1}^{n} x_i$$

So geht's:

1 Gegeben ist eine Produktliste mit dem jeweiligen Umsatz sowie den jeweiligen Kosten. Für Umsatz und Kosten der Produkte soll das arithmetische Mittel berechnet werden.

2 Erfassen Sie für den Durchschnittsumsatz in B5 folgende Formel:

=MITTELWERT(B2:J2)

und in I5 für die Durchschnittskosten:

=MITTELWERT(B3:J3)

Alternativ könnten Sie diese Werte auch errechnen mit *=SUMME(B2:J2)/ANZAHL2(B1:J1)* (Zelle F7) bzw. *=SUMME(B3:J3)/ANZAHL2(B1:J1)* (Zelle I7).

F7 =SUMME(B2:J2)/ANZAHL2(B1:J1)

	A	B	C	D	E	F	G	H	I	J
1	Produkte	A	B	C	D	E	F	G	H	I
2	Umsatz	1000	1200	1400	1600	1800	2000	2200	2400	2600
3	Kosten	500	600	700	800	900	1000	1100	1200	1300
4										
5	Arithmetisches Mittel, Funktion MITTELWERT:				Umsatz:	1800		Kosten:	900	
6										
7	Arithmetisches Mittel, alternative Berechnung:				Umsatz:	1800		Kosten:	900	

Geometrisches Mittel

Die mathematische Formel für das geometrische Mittel ist:

$$\overline{x} = \sqrt[n]{\prod_{i=0}^{n} x_i}$$

So geht's:

1 Für die Jahre 2002 bis 2010 liegen die Umsatzzahlen eines Produkts und die jährlichen Wachstumsfaktoren des Umsatzes vor. Errechnet werden soll die mittlere Wachstumsrate.

2 Erfassen Sie in F5 folgende Formel:

=GEOMITTEL(C3:J3)

und in H5 zur Darstellung des Zuwachses in Prozent diese Formel:

=F5–100%

Formatieren Sie Zelle H5 als Prozentwert.

Alternativ könnten Sie das geometrische Mittel auch errechnen (Zelle F7):

=PRODUKT(C3:J3)^(1/ANZAHL2(C1:J1))

F7 | =PRODUKT(C3:J3)^(1/ANZAHL2(C1:J1))

	A	B	C	D	E	F	G	H	I	J
1	Jahr	2002	2003	2004	2005	2006	2007	2008	2009	2010
2	Umsatz	1000	1100	1200	1300	1600	1700	1723	1800	2000
3	jährl. Wachstumsfaktor	-	1,1000	1,0909	1,0833	1,2308	1,0625	1,0135	1,0447	1,1111
4										
5	Geometrisches Mittel, Funktion GEOMITTEL:				Umsatz:	1,0905	bzw.	9,05%		
6										
7	Geometrisches Mittel, alternative Berechnung:				Umsatz:	1,0905	bzw.	9,05%		

Harmonisches Mittel

Die mathematische Formel für das harmonische Mittel ist:

$$\bar{x} = \frac{n}{\sum_{i=1}^{n} \frac{1}{x_i}}$$

So geht's:

1 Ein bekanntes Beispiel zur Veranschaulichung des harmonischen Mittels ist folgende Fragestellung:

Herr M. fährt mit dem Auto von A nach B und zurück. Auf dem Hinweg legt er die 100 km mit einer Geschwindigkeit von 150 km/h zurück. Auf dem Rückweg fährt er nur mit einer Geschwindigkeit von 50 km/h. Wie hoch ist seine Durchschnittsgeschwindigkeit?

Mit der Methode des arithmetischen Mittels käme man hier zu folgendem – falschen – Ergebnis: (150 km/h + 50 km/h) / 2 = 100 km/h.

Zu berücksichtigen ist nämlich, dass der Zeitbedarf beim Zurücklegen der beiden Strecken unterschiedlich ist. Gemäß der Geschwindigkeitsformel

$$v = \frac{s}{t} \quad bzw.\ umgeformt \quad t = \frac{s}{v}$$

ergibt sich folgender Zeitbedarf für den Hin- bzw. Rückweg:

$$t_1 = \frac{100\,km}{150\,\frac{km}{h}} = \frac{2}{3}h$$

$$t_2 = \frac{100\,km}{50\,\frac{km}{h}} = 2\,h$$

Dieser Sachverhalt fließt in die Berechnung des harmonischen Mittels ein.

2 Erfassen Sie in I5 folgende Formel:

=HARMITTEL(F1:F2)

Als Ergebnis wird eine Durchschnittsgeschwindigkeit von 75 km/h berechnet.

Kontrollberechnung anhand der Formel v=s/t (Zelle I8):

v = 200 km / 2 $^2/_3$ h = 75 km/h

Da der Kehrwert des harmonischen Mittels dem arithmetischen Mittel der Kehrwerte der Ausgangszahlen (hier: der beiden Geschwindigkeiten) entspricht, kann es auch wie folgt berechnet werden (I7):

=1/(MITTELWERT(1/150;1/50))

I7 | =1/MITTELWERT(1/F1;1/F2)

	A	B	C	D	E	F	G	H	I	J
1	Hinfahrt:	Strecke:	100	km	Geschwindigkeit:	150	km/h	Zeitbedarf:	2/3	h
2	Rückfahrt:	Strecke:	100	km	Geschwindigkeit:	50	km/h	Zeitbedarf:	2	h
3										
4										
5	Harmonisches Mittel, Funktion HARMITTEL, durchschnittliche Geschwindigkeit:								75	km/h
6										
7	Harmonisches Mittel, alternative Berechnung, durchschnittliche Geschwindigkeit:								75	km/h
8					v = s/t: mit s = 100 km + 100 km und t = 2 h + 2/3 h				75	km/h

Gestutztes Mittel

Eine Stutzung um 10 % entspricht bei n = 10 Werten dem Abschneiden je eines Werts (der Ausreißer) am Anfang (x_1) und Ende (x_{10}) der Wertefolge. Das bedeutet: 20 % der Werte bleiben bei der Mittelwertbildung unberücksichtigt. Die mathematische Formel für das gestutzte Mittel ist in diesem Fall:

$$x = \frac{1}{n-2} \sum_{i-2}^{n-1} x_i$$

So geht's:

1 Gegeben sind 10 Werte in einem Bereich von 2 bis 1000. 8 Werte sind gleich oder zwischen 26 und 34.

Arithmetisch berechnet ergibt sich ein – außerhalb des Zahlenbereichs mit den meisten Werten liegender – Mittelwert von 124,2.

Bei der Ermittlung des Mittelwerts sollen die beiden Ausreißerwerte 2 und 1000 daher unberücksichtigt bleiben.

	A	B
1	Wert-Nr.	Wert
2	1	2
3	2	26
4	3	28
5	4	29
6	5	30
7	6	30
8	7	31
9	8	32
10	9	34
11	10	1000

2 Erfassen Sie in F4 folgende Formel:

=GESTUTZTMITTEL(B2:B11;20%)

Ergebnis der Berechnung ist ein 10-%-gestutztes Mittel von 30.

Beachten Sie: Errechnet wurde ein gestutztes Mittel von 10 %, in die Excel-Funktion einzugeben ist aber der Prozentsatz der abgeschnittenen Werte insgesamt (20 % – 2 unberücksichtigte Werte bei n = 10). Anstelle der Prozentzahl – hier 20 % – ist übrigens auch die Eingabe des Anteils – hier: 0,2 – in der Funktion zulässig.

Alternativ lässt sich das gestutzte Mittel für den obigen Fall auch unter Rückgriff auf die Funktionen MIN und MAX errechnen mit folgender Formel (F11):

=(SUMME(B2:B11)–MIN(B2:B11)–MAX(B2:B11))/(ANZAHL(B2:B11)–2)

F11 | =(SUMME(B2:B11)-MIN(B2:B11)-MAX(B2:B11))/(ANZAHL(B2:B11)-2)

	A	B	C	D	E	F
1	Wert-Nr.	Wert				
2	1	2		Arithmetisches Mittel bei n =10:		124,2
3	2	26				
4	3	28		Gestutztmittel bei 10%:		30
5	4	29				
6	5	30		Arithmetisches Mittel bei n = 8		
7	6	30		ohne Werte Nr. 1 und Nr. 10:		30
8	7	31				
9	8	32		Gestutztmittel mit Eingabe n:		
10	9	34		mit n-2 = 8 Werten bzw.		
11	10	1000		ohne den größten und kleinsten Wert:		30

Hinweis

Die Zahlenliste im Beispiel ist aufsteigend sortiert. Für die korrekte Berechnung des gestutzten Mittels mit *GESTUTZTMITTEL* bzw. der Formel ist eine auf- oder absteigende Sortierung der Werte nicht erforderlich.

Median

Für die Bestimmung des Medians ist die vorangehende Sortierung der Werte notwendig. Der Median ist dadurch charakterisiert, dass die Hälfte der Werte einer Wertefolge größer, die andere Hälfte der Werte kleiner als sein Wert ist. Der Median liegt also genau in der Mitte der Wertefolge.

Die mathematische Formel zu seiner Errechnung ist:

$$\overline{x} = \begin{cases} x\left(\frac{n+1}{2}\right) & \textit{für ungerade } n \\ \frac{1}{2}\left(x_{\left(\frac{n}{2}\right)} + x_{\left(\frac{n}{2}+1\right)}\right) & \textit{für gerade } n \end{cases}$$

Median bei ungeradem n

So geht's:

1 Gegeben ist eine ungerade Anzahl von Werten mit n = 7, die Werte sind zwischen 2,1 und 11,2 aufsteigend sortiert.

L3 | =MEDIAN(J3:J9)

	I	J	K	L
1				
2	Wert-Nr.	Median		
3	1	2,1	Median-Funktion:	8,9
4	2	3,4		
5	3	7,3		
6	4	8,9		
7	5	9,3		
8	6	10,1		
9	7	11,2		

2 Erfassen Sie in Zelle L3 folgende Formel:

=MEDIAN(J3:J9)

Als Ergebnis wird 8,9 zurückgegeben.

Die Position des Medians in der Wertefolge lässt sich auf folgende Arten ermitteln:

1) Bei Kenntnis des Medians mittels der Rangfunktion. Erfassen Sie folgende Funktion in Zelle L12:

=RANG.GLEICH(L3;I3:J9)

Zurückgegeben wird die dem Wert von 8,9 zugeordnete Wert-Nr. 4.

2) Ohne Kenntnis des Medians durch folgendes Vorgehen:

Bestimmen Sie zunächst mittels Eingabe der Funktion *=ANZAHL2(J3:J10)* in Zelle J11 den Wert von n. Erfassen Sie dann folgende Funktion in Zelle L11:

*=AUFRUNDEN(J11*0,5;0)*

Auch dieses Vorgehen liefert die korrekte Wert-Nr. 4. Über einen *SVERWEIS* können Sie nun auch den Medianwert ermitteln (Zelle L14):

=SVERWEIS($L$12;I3:J9;2;FALSCH)

	I	J	K	L
1				
2	Wert-Nr.	Median		
3	1	2,1	Median-Funktion:	8,9
4	2	3,4		
5	3	7,3		
6	4	8,9		
7	5	9,3		
8	6	10,1		
9	7	11,2		
10				
11	n:	7	Wert-Nr. alternativ	4
12			Wert-Nr. RANG	4
13				
14			Median:	8,9

Median bei geradem n

So geht's:

1 Gegeben ist eine gerade Anzahl von Werten mit n = 8, die Werte sind zwischen 2,1 und 11,9 aufsteigend sortiert.

	A	B	C	D
1	Wert-Nr.	Median		
2	1	2,1	Median-Funktion:	9,1
3	2	3,4		
4	3	7,3		
5	4	8,9		
6	5	9,3		
7	6	10,1		
8	7	11,2		
9	8	11,9		

2 Erfassen Sie in Zelle E2 folgende Formel:

=MEDIAN(B2:B9)

Als Ergebnis wird 9,1 zurückgegeben, der Median liegt damit zwischen der Wert-Nr. 4 und der Wert-Nr. 5.

3 Alternativ können Sie den Median auch wie folgt bestimmen. Ermitteln Sie zunächst den Wert von n (B11):

=ANZAHL2(B2:B9)

Entsprechend der Formel des Medians für gerade n muss nun das arithmetische Mittel der beiden mittleren Werte errechnet werden. Hierfür benötigt man zunächst die Wert-Nr. bzw. Positionen dieser Werte:

Zelle C14: *=B11*0,5*

Zelle C15: *=B11*0,5+1*

Nun können über *SVERWEIS* die Werte ausgelesen und das arithmetische Mittel gebildet werden:

Zelle D14: *=SVERWEIS($C$14;$A$2:$B$9;2;FALSCH)*

Zelle D15: *=SVERWEIS($C$15;$A$2:$B$9;2;FALSCH)*

Zelle D16: *=SUMME(D14:D15)/2*

D16 =SUMME(D14:D15)/2

	A	B	C	D
1	Wert-Nr.	Median		
2	1	2,1	Median-Funktion:	9,1
3	2	3,4		
4	3	7,3		
5	4	8,9		
6	5	9,3		
7	6	10,1		
8	7	11,2		
9	8	11,9		
10				
11	n:	8		
12				
13	Median-Formel bei geradem n:			
14	Stellenzahl unterer Datenpunkt:		4	8,9
15	Stellenzahl oberer Datenpunkt:		5	9,3
16	Median:			9,1

Modalwert

Unter dem Modalwert oder Modus versteht man den innerhalb einer Wertefolge am häufigsten auftretenden Wert – im engeren Sinne ist der Modalwert daher kein klassischer Mittelwert. Ab Excel 2010 stehen neben der Funktion *MODALWERT*, die aus Kompatibilitätsgründen beibehalten wird, die beiden Funktionen *MODUS.EINF* und *MODUS.VIELF* zur Verfügung.

So geht's:

1 Gegeben ist eine Wertefolge mit Zahlen zwischen 1000 und 1005. Die Zahl mit dem häufigsten Vorkommen soll ermittelt werden.

2 In Excel 2007: Erfassen Sie in Zelle B18 folgende Formel:

=MODALWERT(A1:A16)

Ab Excel 2010: Erfassen Sie in Zelle B19 folgende Formel:

=MODUS.EINF(A1:A16)

Als Ergebnis wird 1005 zurückgegeben.

B19 | =MODUS.EINF(A1:A16)

	A	B	C
1	1003		
2	1005		
3	1008		
4	1005		
5	1008		
6	1005		
7	1002		
8	1001		
9	1006		
10	1005		
11	1000		
12	1004		
13	1002		
14	1008		
15	1005		
16	1005		
17			
18	MODALWERT - in Excel 2007	1005	
19	MODUS.EINF - ab Excel 2010	1005	

Ist in einem vertikalen Zellbereich mehr als ein Wert mit jeweils gleicher Anzahl vorhanden, lässt sich diese Anzahl ab Excel 2010 mit der Matrixfunktion *MODUS.VIELF* bestimmen.

So geht's:

1 Gegeben ist eine Wertefolge mit 16 Zahlen zwischen 101 und 105. Die Zahlen mit dem gleich häufigen Vorkommen sollen ermittelt werden.

2 Markieren Sie einen für die Ausgabe des Ergebnisses ausreichend großen Zellbereich, beispielsweise J1:J5.

3 Setzen Sie den Cursor in die Eingabezeile und erfassen Sie für Zelle J1 folgende Formel:

{= MODUS.VIELF(H1:H16)}

Beachten Sie: Die geschweiften Klammern werden nicht mit eingegeben, sondern entstehen durch die abschließende Bestätigung der Eingabe mittels der Tastenkombination [Strg]+[⇧]+[↵] automatisch.

4 Als Ergebnis werden die Zahlen 105, 103, 102 zurückgegeben, da diese jeweils fünfmal in der Liste der 16 Zahlen vorhanden sind.

J1 | {=MODUS.VIELF(H1:H16)}

	H	I	J	K	L
1	105		105		
2	103		103		
3	102		102		
4	103		#NV		
5	105		#NV		

Möchten Sie die Ausgabe der häufigsten Zahlen nicht vertikal, sondern horizontal darstellen, können Sie die Funktion *MODUS.VIELF* in die Funktion *MTRANS* einbetten.

So geht's:

1 Gegeben ist eine Wertefolge mit 16 Zahlen zwischen 101 und 105. Die Zahlen mit dem gleich häufigen Vorkommen sollen ermittelt werden.

2 Markieren Sie einen für die Ausgabe des Ergebnisses ausreichend großen horizontalen Zellbereich, beispielsweise J16:P16.

3 Setzen Sie den Cursor in die Eingabezeile und erfassen Sie für Zelle J16 folgende Formel:

{= MTRANS(MODUS.VIELF(H1:H16))}

Beachten Sie auch hier, dass die geschweiften Klammern nicht mit einzugeben sind, sondern durch die abschließende Bestätigung der Eingabe mittels Tastenkombination [Strg]+[⇧]+[↵] automatisch gesetzt werden.

J16 | {=MTRANS(MODUS.VIELF($H$1:$H$16))}

	H	I	J	K	L	M	N
1	105		105				
2	103		103				
3	102		102				
4	103		#NV				
5	105		#NV				
6	103						
7	105						
8	101						
9	105						
10	103						
11	105						
12	102						
13	103						
14	102						
15	102						
16	102		105	103	102	#NV	#NV

Analog zu diesem Beispiel lassen sich beliebige Vertikal-/Horizontalanordnungen von Wertebereich und Auswertungsbereich darstellen.

Quadratisches Mittel

Der **q**uadratische **M**ittel**w**ert (QMW) wird gemäß dieser Formel gebildet:

$$\overline{x} = \sqrt{\frac{1}{n}\sum_{i=1}^{n} x_i^2}$$

So geht's:

1 Gegeben sind 10 Werte im Bereich A1:J1, für die das quadratische Mittel berechnet und auf zwei Nachkommastellen gerundet werden soll.

2 Erfassen Sie folgende Formel in J3:

*=RUNDEN(WURZEL(QUADRATESUMME(*A1:J1*)/(ANZAHL(*A1:J1*)));2)*

J3 | =RUNDEN(WURZEL(QUADRATESUMME(A1:J1)/(ANZAHL(A1:AJ1)));2)

	A	B	C	D	E	F	G	H	I	J
1	2	5	8	12	24	36	46	54	66	78
2										
3										41,93

Kubisches Mittel

Der kubische Mittelwert wird gemäß dieser Formel gebildet:

$$\overline{x} = \sqrt[3]{\frac{1}{n}\sum_{i=1}^{n} x_i^3}$$

So geht's:

1 Gegeben sind 10 Werte im Bereich A1:J1, für die das kubische Mittel berechnet und auf zwei Nachkommastellen gerundet werden soll.

2 Erfassen Sie folgende Matrixformel in B3:

{=RUNDEN((SUMME((A1:K1)^3)/ANZAHL(A1:K1))^(1/3);2)}

A3 | {=RUNDEN((SUMME((A1:K1)^3)/ANZAHL(A1:K1))^(1/3);2)}

	A	B	C	D	E	F	G	H	I	J
1	2	5	8	12	24	36	46	54	66	78
2										
3	47,62									

3 Zur Veranschaulichung und als Alternative die schrittweise Berechnung:

J20

	A	B	C	D	E	F	G	H	I	J	K	L
11	2	5	8	12	24	36	46	54	66	78		
12	=A1^3	=B1^3	=C1^3	=D1^3	=E1^3	=F1^3	=G1^3	=H1^3	=I1^3	=J1^3	1079701	=SUMME(A12:J12)
13											10	10
14											107970,1	=L12/L13
15											47,62	=RUNDEN(L14^(1/3);2)

Bilden Sie zunächst – im Bild in Zeile 12 – die 3. Potenz des jeweiligen Werts in Zeile 11.

In Zelle K12 werden die gebildeten Potenzen aufsummiert und durch die Anzahl n = 10 geteilt, das Ergebnis findet sich in Zelle K14.

Nun wird die 3. Wurzel aus dem Ergebnis in Zelle K14 gebildet und auf zwei Nachkommastellen gerundet (K15).

Tipp 2: Varianz und Standardabweichung

In diesem Tipp wird die Berechnung der statistischen Streuungsmaße Standardabweichung und Varianz erläutert.

Bei der Berechnung und Wahl der Funktionen ist zu unterscheiden, ob die verfügbaren Werte auf einer Stichprobe aus der Grundgesamtheit beruhen oder eine Vollerhebung vorliegt.

Schätzung von Varianz und Standardabweichung bei Vorliegen einer Stichprobe

Die mathematische Formel für die Schätzung der Varianz in der Grundgesamtheit ist:

$$\sigma^2 = \frac{1}{n-1}\sum_{i=1}^{n}(x_i - \overline{x})^2$$

Die Standardabweichung wird als Wurzel aus der Varianz errechnet:

$$\sigma = \sqrt{\sigma^2} = \sqrt{\frac{1}{n-1}\sum_{i=1}^{n}(x_i - \overline{x})^2}$$

So geht's:

1 Im Bereich A2:A6 befinden sich 5 Werte, für die Varianz und Standardabweichung – gerundet auf zwei Nachkommastellen – zu schätzen sind.

2 Ab Excel 2010: Erfassen Sie für die Varianz folgende Formel in C8:

=VAR.S(A2:A6)

sowie für die Standardabweichung in E8:

=RUNDEN(STABW.S(A2:A6);2)

E8 =RUNDEN(STABW.S(A2:A6);2)

	A	B	C	D	E
1	Stichprobenwerte:				
2	8				
3	16				
4	12				
5	3				
6	12				
7					
8	ab Excel 2010:	VAR.S	24,2	STABW.S	4,92
9	Excel 2007:	VARIANZ	24,2	STABW	4,92

In Excel 2007: Erfassen Sie für die Varianz folgende Formel in C9:

=VARIANZ(A2:A6)

sowie für die Standardabweichung in E9:

=RUNDEN(STABW(A2:A6);2)

3 Eine alternative Berechnungsmethode mit direkter Umsetzung der mathematischen Formel als Matrixformel findet sich für die Varianz in J8:

{=(QUADRATESUMME((A2:A6)–MITTELWERT(A2:A6)))/(ANZAHL(A2:A6)–1)}

sowie für die Standardabweichung in J9:

{=RUNDEN(((QUADRATESUMME((A2:A6)–MITTELWERT(A2:A6)))/(ANZAHL(A2:A6)–1))^(1/2);2)}

Beachten Sie: Die geschweiften Klammern werden nicht mit eingegeben, sondern entstehen durch die abschließende Bestätigung der Eingabe mittels der Tastenkombination [Strg]+[⇧]+[↵] automatisch.

Das folgende Bild veranschaulicht die Einzelschritte dieser Berechnung:

A18

	A	F	G	H	I	J
1	Stichprobenwerte:	Mittelwert:	10,2	Abweichung Stichprobenwert von Mittelwert	Quadrierte Abweichung	
2	8			2,2	4,84	
3	16			-5,8	33,64	
4	12			-1,8	3,24	
5	3			7,2	51,84	
6	12			-1,8	3,24	
7				Summe quadrierte Abweichung:	96,8	96,8
8				Varianz:	24,2	24,2
9				Standardabweichung:	4,92	4,92

1) Aus den Stichprobenwerten wird der Mittelwert gebildet (Zelle G1).

2) In den Zellen H2:H6 wird die jeweilige Abweichung des Stichprobenwerts vom Mittelwert berechnet.

3) In I2:I6 werden die Abweichungen quadriert, die Summe der quadrierten Abweichungen findet sich in Zelle I7.

4) Mit den Formeln *=I7/(ANZAHL(A2:A6)–1)* in Zelle I8 sowie *=RUNDEN(WURZEL(I8);2)* in Zelle I9 werden Varianz bzw. Standardabweichung errechnet.

Berechnung von Varianz und Standardabweichung bei Vollerhebung

Die mathematische Formel für die Berechnung der Varianz ist:

$$s^2 = \frac{1}{n}\sum_{i=1}^{n}(x_i - \overline{x})^2$$

Die Standardabweichung wird als Wurzel aus der Varianz errechnet:

$$s = \sqrt{s^2} = \sqrt{\frac{1}{n}\sum_{i=1}^{n}(x_i - \overline{x})^2}$$

So geht's:

1 Im Bereich A2:A9 befinden sich 7 Werte, für die Varianz und Standardabweichung – gerundet auf zwei Nachkommastellen – zu errechnen sind.

C11 | =VAR.P(A2:A9)

	A	B	C	D	E
1	Stichprobenwerte:				
2	75				
3	80				
4	85				
5	65				
6	35				
7	45				
8	55				
9	60				
10					
11	ab Excel 2010:	VAR.P	262,5	STABW.N	16,2
12	Excel 2007:	VARIANZEN	262,5	STABWN	16,2

2 Ab Excel 2010: Erfassen Sie für die Varianz folgende Formel in C11:

=VAR.P(A2:A9)

sowie für die Standardabweichung in E11:

=RUNDEN(STABW.N(A2:A9);2)

In Excel 2007: Erfassen Sie für die Varianz folgende Formel in C12:

=VARIANZEN(A2:A9)

sowie für die Standardabweichung in E12:

=RUNDEN(STABWN(A2:A9);2)

3 Analog alternativ berechnet mit direkter Umsetzung der mathematischen Formel als Matrixformel ergibt sich für die Varianz in Zelle J11:

{=(QUADRATESUMME((A2:A9)–MITTELWERT(A2:A9)))/(ANZAHL(A2:A9))}

sowie für die Standardabweichung in Zelle J12:

{=RUNDEN(((QUADRATESUMME((A2:A9)–MITTELWERT(A2:A9)))/(ANZAHL(A2:A9)))^(1/2);2)}

Beachten Sie: Die geschweiften Klammern werden nicht mit eingegeben, sondern entstehen durch die abschließende Bestätigung der Eingabe mittels der Tastenkombination [Strg]+[⇧]+[↵] automatisch.

J11 {=(QUADRATESUMME((A2:A9)-MITTELWERT(A2:A9)))/(ANZAHL(A2:A9))}

	A	F	G	H	I	J	K
1	Stichprobenwerte:	Mittelwert:	62,5	Abweichung Stichprobenwert von Mittelwert	Quadrierte Abweichung		
2	75			-12,5	156,25		
3	80			-17,5	306,25		
4	85			-22,5	506,25		
5	65			-2,5	6,25		
6	35			27,5	756,25		
7	45			17,5	306,25		
8	55			7,5	56,25		
9	60			2,5	6,25		
10				Summe quadrierte Abweichung:	2100	2100	
11				Varianz:	262,5	262,5	
12				Standardabweichung:	16,2	16,2	

Tipp 3: Indexermittlung nach Laspeyres, Paasche und Fisher

Laspeyres-, Paasche- und Fisher-Index sind drei Indizes, mit denen die Veränderung von Preisen für einen statistischen Warenkorb mit mehreren Gütern (also Inflation oder Deflation) berechnet werden kann. Da nicht nur die Preise, sondern auch der Verbrauch in die Berechnung mit einfließen, handelt es sich bei diesen Preisindizes um gewogene arithmetische Mittelwerte.

Ausgangspunkt für die beispielhafte Berechnung der drei Indizes sei ein Warenkorb mit n = 10 Gütern. Für das Basisjahr 0 (2010) und das Berichtsjahr t (2015) liegen die jeweiligen Preise sowie der Verbrauch der einzelnen Güter in der folgenden Tabelle vor.

	A	B	C	D	E
1	**Berechnung von Preisindizes**				
2	*Bereichs-Name:*	*Preis_0*	*Verbrauch_0*	*Preis_t*	*Verbrauch_t*
3		**Basisjahr 0 = 2010**		**Berichtsjahr t = 2015**	
4	**Warenkorb**	**Preis**	**Verbrauch (Gewicht)**	**Preis**	**Verbrauch (Gewicht)**
5	Produkt 1	2,00 €	14	2,12 €	5
6	Produkt 2	6,00 €	12	6,13 €	11
7	Produkt 3	10,00 €	40	11,00 €	35
8	Produkt 4	12,00 €	15	13,50 €	11
9	Produkt 5	5,25 €	23	5,80 €	20
10	Produkt 6	8,70 €	12	8,90 €	10
11	Produkt 7	0,55 €	14	0,66 €	12
12	Produkt 8	0,89 €	16	1,00 €	18
13	Produkt 9	1,12 €	30	1,32 €	23
14	Produkt 10	22,44 €	35	24,45 €	37

Um eine möglichst übersichtliche Darstellung der Formeln zu erreichen, empfiehlt es sich, zunächst den einzelnen Spalten in der Tabelle Namen zuzuweisen. Markieren Sie hierzu nacheinander die einzelnen Bereiche, geben Sie im Drop-down-Feld am linken Ende der Bearbeitungsleiste den Namen ein und bestätigen Sie mit der Taste ⏎:

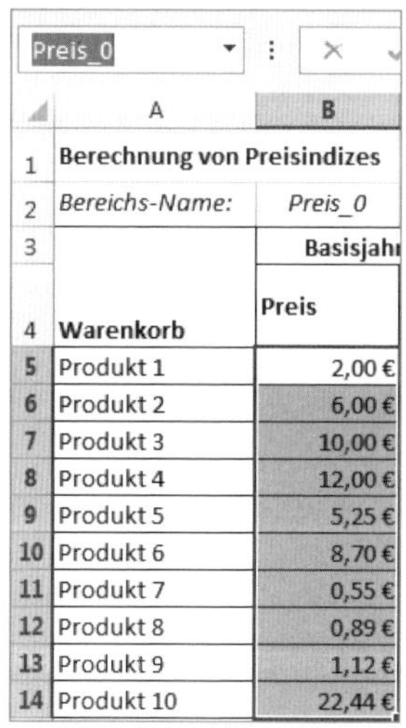

- Bereich B5:B14: *Preis_0*
- Bereich C5:C14: *Verbrauch_0*
- Bereich D5:D14: *Preis_t*
- Bereich E5:E14: *Verbrauch_0*

Der Laspeyres-Index

Die mathematische Formel für die Berechnung des Index ist:

$$I_{La}^{P} = \frac{\sum_{i=1}^{n} p_i^t \times q_i^0}{\sum_{i=1}^{n} p_i^0 \times q_i^0}$$

mit

p_i^0 für die Preise der einzelnen Güter im Basisjahr 0,

p_i^t für die Preise der einzelnen Güter im Berichtsjahr t sowie

q_i^0 für den Verbrauch (das Gewicht) der einzelnen Güter im Basisjahr 0.

So geht's:

1 Erfassen Sie folgende Formel in Zelle I5:

=RUNDEN(SUMMENPRODUKT(Verbrauch_0;Preis_t)/SUMMENPRODUKT(Preis_0;Verbrauch_0);4)

Ergebnis: Der Laspeyres-Index für das Berichtsjahr 2015, berechnet zum Basisjahr 2010, beträgt – gerundet auf vier Nachkommastellen – 1,0919.

2 Um die Inflationsrate in Prozent darzustellen, tragen Sie in Zelle I6 ein:

=I5–100%

Ergebnis: Die Inflationsrate nach Laspeyres, basierend auf dem Vergleich des Jahrs 2015 zum Jahr 2010, beträgt 9,19 %.

I5 =RUNDEN(SUMMENPRODUKT(Verbrauch_0;Preis_t)/SUMMENPRODUKT(Preis_0;Verbrauch_0);4)

	A	B	C	D	E	F	G	H	I
1	**Berechnung von Preisindizes**								
2	*Bereichs-Name:*	*Preis_0*	*Verbrauch_0*	*Preis_t*	*Verbrauch_t*				
3		**Basisjahr 0 = 2010**		**Berichtsjahr t = 2015**					
4	**Warenkorb**	**Preis**	**Verbrauch (Gewicht)**	**Preis**	**Verbrauch (Gewicht)**				
5	Produkt 1	2,00 €	14	2,12 €	5		Laspeyres:	*Index*	1,0919
6	Produkt 2	6,00 €	12	6,13 €	11			*Preisanstieg*	9,19%

Der Paasche-Index

Die mathematische Formel für die Berechnung des Index ist:

$$I_{Pa}^{P} = \frac{\sum_{i=1}^{n} p_i^t \times q_i^t}{\sum_{i=1}^{n} p_i^0 \times q_i^t}$$

mit

p_i^0 für die Preise der einzelnen Güter im Basisjahr 0,

p_i^t für die Preise der einzelnen Güter im Berichtsjahr t sowie

q_i^t für den Verbrauch (das Gewicht) der einzelnen Güter im Berichtsjahr t.

So geht's:

1 Erfassen Sie folgende Formel in Zelle I8:

=RUNDEN(SUMMENPRODUKT(Verbrauch_t;Preis_t)/SUMMENPRODUKT(Preis_0;Verbrauch_t);4)

Ergebnis: Der Paasche-Index für das Berichtsjahr 2015, berechnet zum Basisjahr 2010, beträgt – gerundet auf vier Nachkommastellen – 1,0914.

2 Um die Inflationsrate in Prozent darzustellen, tragen Sie in Zelle I9 ein:

=I8–100%

Ergebnis: Die Inflationsrate nach Paasche, basierend auf dem Vergleich des Jahrs 2015 zum Jahr 2010, beträgt 9,14 %.

I8 =RUNDEN(SUMMENPRODUKT(Verbrauch_t;Preis_t)/SUMMENPRODUKT(Preis_0;Verbrauch_t);4)

	A	B	C	D	E	F	G	H	I
1	**Berechnung von Preisindizes**								
2	*Bereichs-Name:*	*Preis_0*	*Verbrauch_0*	*Preis_t*	*Verbrauch_t*				
3		**Basisjahr 0 = 2010**		**Berichtsjahr t = 2015**					
4	**Warenkorb**	**Preis**	**Verbrauch (Gewicht)**	**Preis**	**Verbrauch (Gewicht)**				
5	Produkt 1	2,00 €	14	2,12 €	5				
6	Produkt 2	6,00 €	12	6,13 €	11				
7	Produkt 3	10,00 €	40	11,00 €	35				
8	Produkt 4	12,00 €	15	13,50 €	11		Paasche:	*Index*	1,0914
9	Produkt 5	5,25 €	23	5,80 €	20			*Preisanstieg*	9,14%

Der Fisher-Index

Der Fisher-Index wird gebildet aus Laspeyres- und Paasche-Index – er ist das geometrische Mittel dieser beiden Indizes. Die mathematische Formel für die Berechnung des Index ist daher:

$$I_{Fi}^{P} = \sqrt{I_{La}^{P} \times I_{Pa}^{P}} = \sqrt{\frac{\sum_{i=1}^{n} p_i^t \times q_i^0}{\sum_{i=1}^{n} p_i^0 \times q_i^0} \times \frac{\sum_{i=1}^{n} p_i^t \times q_i^t}{\sum_{i=1}^{n} p_i^0 \times q_i^t}}$$

mit

p_i^0 für die Preise der einzelnen Güter im Basisjahr 0,

p_i^t für die Preise der einzelnen Güter im Berichtsjahr t,

q_i^0 für den Verbrauch (das Gewicht) der einzelnen Güter im Basisjahr 0,

q_i^t für den Verbrauch (das Gewicht) der einzelnen Güter im Berichtsjahr t.

So geht's:

1 Erfassen Sie folgende Formel in Zelle I11:

=GEOMITTEL(RUNDEN(SUMMENPRODUKT(Verbrauch_0;Preis_t)/ SUMMENPRODUKT(Preis_0;Verbrauch_0);4);RUNDEN(SUMMENPRODUKT (Verbrauch_t;Preis_t)/SUMMENPRODUKT(Preis_0;Verbrauch_t);4))

Ergebnis: Der Fisher-Index für das Berichtsjahr 2015, berechnet zum Basisjahr 2010, beträgt – gerundet auf vier Nachkommastellen – 1,0916.

2 Um die Inflationsrate in Prozent darzustellen, tragen Sie in Zelle I12 ein:

=I11–100%

Ergebnis: Die Inflationsrate nach Fisher, basierend auf dem Vergleich des Jahrs 2015 zum Jahr 2010, beträgt 9,16 %.

I11 =GEOMITTEL(RUNDEN(SUMMENPRODUKT(Verbrauch_0;Preis_t)/SUMMENPRODUKT(Preis_0;Verbrauch_0);4); RUNDEN(SUMMENPRODUKT(Verbrauch_t;Preis_t)/SUMMENPRODUKT(Preis_0;Verbrauch_t);4))

	A	B	C	D	E	F	G	H	I	J
1	**Berechnung von Preisindizes**									
2	*Bereichs-Name:*	*Preis_0*	*Verbrauch_0*	*Preis_t*	*Verbrauch_t*					
3		**Basisjahr 0 = 2010**		**Berichtsjahr t = 2015**						
4	**Warenkorb**	**Preis**	**Verbrauch (Gewicht)**	**Preis**	**Verbrauch (Gewicht)**					
5	Produkt 1	2,00 €	14	2,12 €	5					
6	Produkt 2	6,00 €	12	6,13 €	11					
7	Produkt 3	10,00 €	40	11,00 €	35					
8	Produkt 4	12,00 €	15	13,50 €	11					
9	Produkt 5	5,25 €	23	5,80 €	20					
10	Produkt 6	8,70 €	12	8,90 €	10					
11	Produkt 7	0,55 €	14	0,66 €	12		Fisher:	*Index*	1,0916	
12	Produkt 8	0,89 €	16	1,00 €	18			*Preisanstieg*	9,16%	
13	Produkt 9	1,12 €	30	1,32 €	23					
14	Produkt 10	22,44 €	35	24,45 €	37					

Tipp 4: Kombinatorik – Permutationen, Variationen und Kombinationen

Die Kombinatorik hat als Gegenstand die Frage der möglichen Zusammenstellungen und Anordnungen einer endlichen Anzahl beliebig gegebener Elemente einer Menge. Man unterscheidet hierbei zunächst drei Fälle von Zusammenstellungen:

- **Permutationen:** Zusammenstellungen, in denen alle gegebenen Elemente einer Menge n enthalten sind. Unterschiedliche Anordnungen der Elemente werden als verschiedene Permutationen angesehen.
- **Variationen:** Zusammenstellungen, in denen k Elemente einer Menge n **unter Berücksichtigung ihrer Anordnung** enthalten sind.
- **Kombinationen:** Zusammenstellungen, in denen k Elemente einer Menge n **ohne Berücksichtigung ihrer Anordnung** enthalten sind.

Innerhalb dieser drei Fälle muss dabei jeweils noch zusätzlich unterschieden werden:

- Es findet **eine Wiederholung von Elementen** innerhalb der Zusammenstellung statt.
- Es findet **keine Wiederholung von Elementen** innerhalb der Zusammenstellung statt.

Die sich aus dieser Systematik ergebenden sechs Fälle und ihre Berechnung in Excel werden im Folgenden beispielhaft dargestellt.

Permutationen ohne Wiederholung

Als Beispiel ist die Anzahl unterschiedlicher Zahlen gesucht, die sich aus den Ziffern 1, 2 und 3 bilden lassen. Jede Ziffer darf dabei nur einmal in der zu bildenden Zahl vorkommen (keine Wiederholung).

	A	B	C
1	123	213	312
2	132	231	321

Ergebnis: Wie in der Abbildung veranschaulicht, können aus den Ziffern 1,2 und 3 (also n = 3) sechs unterschiedliche Zahlen gebildet werden (6 Permutationen ohne Wiederholung).

Die Errechnung der Anzahl von Permutationen ohne Wiederholung bei gegebenem n erfolgt gemäß folgender Formel:

$$n!\ (\text{n-Fakultät})$$

So geht's:

1 Die Anzahl der Elemente sei 8, also n = 8.

2 In Excel kann diese Zahl der Permutationen ohne Wiederholung auf zwei Wegen berechnet werden:

Verwendung der Funktion *FAKULTÄT*: *=FAKULTÄT(Zahl)*, in unserem Beispiel: *=FAKULTÄT(8) = 40320.*

Verwendung der Funktion *VARIATIONEN*: *=VARIATIONEN(n;k)*, wobei hier n = k gesetzt werden muss, in unserem Beispiel also: *=VARIATIONEN(8;8) = 40320.*

Im Ergebnis sind also 40.320 Permutationen möglich.

Permutationen ohne Wiederholung			
	n	k	Ergebnis
FAKULTÄT(ZAHL)	8	-	40320
VARIATIONEN(n;k) mit n=k	8	8	40320

Permutationen mit Wiederholung

Als Beispiel ist die Anzahl unterschiedlicher Anordnungen gesucht, die sich aus den Elementen A_1, A_2 und B (n = 3) bilden lassen, wobei $A_1 = A_2 = A$ ist.

Ergebnis: Es gibt 6 Anordnungen, wobei aber aufgrund der Identität von A1 = A2 die Anordnungen nicht unterschieden werden können, bei denen lediglich die Positionen von A_1 und A_2 vertauscht wurden. Damit gibt es – wie die Abbildung zeigt – nur 3 verschiedene Permutationen.

	A	B	C	D	E	F
5	A_1A_2B	A_2A_1B	A_1BA_2	A_2BA_1	BA_1A_2	BA_2A_1
6	AAB		ABA		BAA	

Die Errechnung der Anzahl von Permutationen mit Wiederholung bei gegebenem n und r erfolgt gemäß folgender Formel:

$$\frac{n!}{r!}$$

So geht's:

1 Die Anzahl der Elemente sei n = 4. Davon seien r = 3 Elemente gleich.

2 In Excel kann die Zahl der Permutationen ohne Wiederholung mittels Einsatz der *FAKULTÄT*-Funktion (siehe Abbildung) berechnet werden.

Permutationen mit Wiederholung			
n Elemente, davon r Elemente gleich	n	r	Ergebnis
FAKULTÄT(ZAHL=n)/FAKULTÄT(ZAHL=r)	4	3	4

Im Ergebnis gibt es nur 4 unterscheidbare Permutationen.

Berücksichtigt man den Fall, dass es innerhalb von n mehrere gleiche r-Elemente mit je unterschiedlicher Anzahl geben kann, muss die Berechnung erweitert werden – in der folgenden Abbildung dargestellt für den Fall von 3 r-Elementen mit Anzahl 1, 2, 1 bei n = 4.

Permutationen mit Wiederholung					
n Elemente, davon3 unterschiedliche Elemente mit je unterschiedlicher Anzahl					
FAKULTÄT(ZAHL=n)/(FAKULTÄT(ZAHL=r_1)*FAKULTÄT(ZAHL=r_2)*FAKULTÄT(ZAHL=r_3))					
	n	r_1	r_2	r_3	Ergebnis
	4	1	2	1	12

In diesem Fall sind also 12 unterscheidbare Permutationen gegeben.

Variationen ohne Wiederholung

Die Formel zur Errechnung von Variationen ohne Wiederholung ist:

$$\frac{n\,!}{(n-k)\,!}$$

So geht's:

1 Im Beispiel werden von den Buchstaben A, B, C jeweils 2 Buchstaben gemeinsam entnommen und zusammengestellt.

2 In Excel geben Sie die Formel entweder unter Verwendung der Funktion *FAKULTÄT* ein oder – einfacher – mittels der Funktion *=VARIATIONEN(n;k)*. Im Beispiel entspricht n = 3 und k = 2 mit k < n.

16	**Variationen ohne Wiederholung**			
17	n Elemente, von denen k Elemente unter Berücksichtigung der Anordnung zusammengestellt werden			
18		n	k	Ergebnis
19	VARIATIONEN(n;k) mit n>k	3	2	6

Ergebnis: Es sind 6 Variationen ohne Wiederholung möglich.

Variationen mit Wiederholung

So geht's:

1 Im Beispiel liegen 3 Buchstaben A, B und C vor, von denen zwei nacheinander ausgewählt werden und bei jeder Auswahl auf alle drei Buchstaben zurückgegriffen werden kann.

Die Anordnung der Elemente ist hierbei zu berücksichtigen, das heißt, dass beispielsweise AB und BA nicht als identische Zusammenstellungen angesehen werden.

Ergebnis: Es sind 9 Variationen möglich:

17	AA	AB	AC	BA	BB	BC	CA	CB	CC

2 Die mathematische Formel ist:

$$n^k$$

In Excel lässt sich dies auf drei Wegen errechnen:

Verwendung der Funktion *POTENZ*: *=POTENZ(Zahl;Potenz)*, in unserem Beispiel: *=POTENZ(3;2) = 9*.

Eingabe Potenzierung mittels Verwendung des Caret-Zeichens: = *3^2* (^-Eingabe durch [^]+[Leer]).

Verwendung der Funktion *VARIATIONEN2: =VARIATIONEN2(n;k)*, in unserem Beispiel *VARIATIONEN2(2;3).*

Variationen mit Wiederholung			
n Elemente, von denen k Elemente unter Berücksichtigung der Anordnung zusammengestellt werden			
	n	k	Ergebnis
Potenzierung: = n^k	3	2	9
POTENZ(n;k)	3	2	9
VARIATIONEN2(n;k) , k > n möglich	3	2	9

Kombinationen ohne Wiederholung

So geht's:

1 Im Beispiel werden von den Buchstaben A, B, C jeweils 2 Buchstaben gemeinsam entnommen, wobei die Anordnung unerheblich ist. Das bedeutet, AB wird mit BA gleichgesetzt.

19	AB = BA	AC = CA	BC = CB

Ergebnis: In diesem Fall ergeben sich lediglich 3 unterschiedliche Kombinationsmöglichkeiten.

2 Die mathematische Formel ist:

$$\frac{n\,!}{(n-k)! * k\,!}$$

Auch hier können Sie die Eingabe der Formel mittels Verwendung von *FAKULTÄT* vornehmen, schneller ist allerdings die Nutzung der einschlägigen Funktion *KOMBINATIONEN: =KOMBINATIONEN(n;k)*, im Beispiel mit n = 3 und k = 2.

Kombinationen ohne Wiederholung			
n Elemente, von denen k Elemente ohne Berücksichtigung der Anordnung zusammengestellt werden			
	n	k	Ergebnis
KOMBINATIONEN(n;k)	10	6	210

Kombinationen mit Wiederholung

So geht's:

1 Im Beispiel liegen die 3 Buchstaben A, B und C vor, von denen jeweils zwei zusammengestellt werden.

17	AA	AB	AC	BB	BC	CC

Die Auswahl erfolgt mit Zurücklegen, das heißt, es kann bei jeder Auswahl auf alle drei Buchstaben zurückgegriffen werden. Die Anordnung ist unerheblich, AB wird mit BA gleichgesetzt.

Ergebnis: Es ergeben sich sechs unterschiedliche Kombinationsmöglichkeiten.

2 Die Formel zur Berechnung dieses Falls ist:

$$\frac{(n+k-1)\,!}{(n-k)!*k\,!}$$

In Excel ist für diese Aufgabenstellung die Funktion *KOMBINATIONEN2* vorgesehen: *=KOMBINATIONEN2(n;k)*, im Beispiel mit n = 3 und k = 2.

Kombinationen mit Wiederholung			
n Elemente, von denen k Elemente ohne Berücksichtigung der Anordnung zusammengestellt werden			
	n	k	Ergebnis
KOMBINATIONEN2(Zahl;gewählteZahl)	3	2	6

Tipp 5: Berechnung der Umsatzprovision ausgehend vom Verkaufserfolg

Die Verkaufsprovision für ein Verkaufsteam, bestehend aus sechs Verkäufern, wird monatlich aufgrund der Verkaufszahlen ermittelt. Um den Wettbewerb innerhalb des Teams aufrechtzuerhalten, bekommt nicht jeder Verkäufer die gleiche Umsatzprovision, sondern es wird eine Staffelung nach Verkaufserfolg nach folgendem Verteilungsschema durchgeführt:

- Rang 1: 20 %
- Rang 2: 15 %
- Rang 3: 12,5 %
- Rang 4: 10 %
- Rang 5: 7,5 %
- Rang 6: 5 %

So geht's:

Sehen Sie sich zunächst die Ausgangstabelle etwas näher an. In Spalte B liegen die Umsatzzahlen für die einzelnen Verkaufsmitarbeiter vor, auf deren Basis die Umsatzprovision ermittelt werden soll.

	A	B	C	D
1	**Ermittlung der Umsatzprovision**			
2				
3	**Verkäufer**	**Umsatz**	**Rang**	**Umsatzprovision**
4	Kai Braun	6.800,00 €		
5	Ina Fischer	5.350,00 €		
6	Bernd Körner	6.900,00 €		
7	Klaus Steininger	4.250,00 €		
8	Jana Schneider	4.700,00 €		
9	Susanne Winter	5.700,00 €		

1 Ermitteln Sie dazu im ersten Schritt die Rangfolge für die getätigten Umsätze, indem Sie den Zellbereich C4:C9 markieren.

2 Erfassen Sie in Zelle C4 die Formel *=RANG(B4;$B$4:$B$9;0)* und beenden Sie die Dateneingabe mit der Tastenkombination Strg+↵. Damit wird die Formel in den gesamten markierten Bereich eingetragen und die Rangfolgen werden für alle sechs Verkäufer ermittelt.

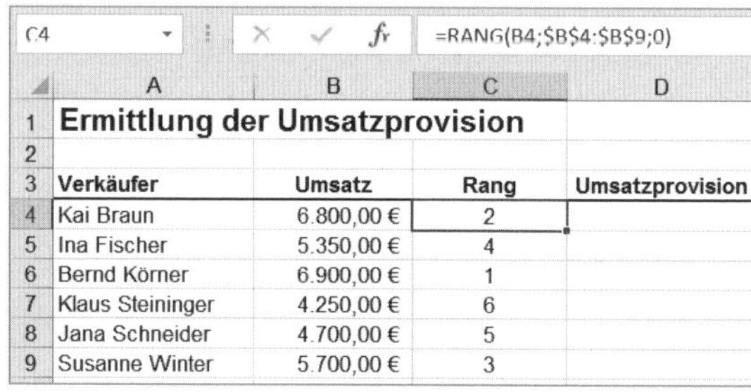
C4 =RANG(B4;$B$4:$B$9;0)

	A	B	C	D
1	Ermittlung der Umsatzprovision			
2				
3	Verkäufer	Umsatz	Rang	Umsatzprovision
4	Kai Braun	6.800,00 €	2	
5	Ina Fischer	5.350,00 €	4	
6	Bernd Körner	6.900,00 €	1	
7	Klaus Steininger	4.250,00 €	6	
8	Jana Schneider	4.700,00 €	5	
9	Susanne Winter	5.700,00 €	3	

3 Zur Ermittlung der Umsatzprovision markieren Sie den Zellbereich D4:D9 und erfassen diese Formel:

*=WAHL(RANG(B4;$B$4:$B$9);20;15;12,5;10;7,5;5)*B4/100*

Der Funktion *WAHL()* wird aus dem Ergebnis der Funktion *RANG()* der entsprechende Wert aus der Liste der Werteargumente übergeben. Die so ermittelten Werte werden mit dem Umsatz aus Spalte B multipliziert, sodass sich daraus die entsprechende Umsatzprovision ergibt.

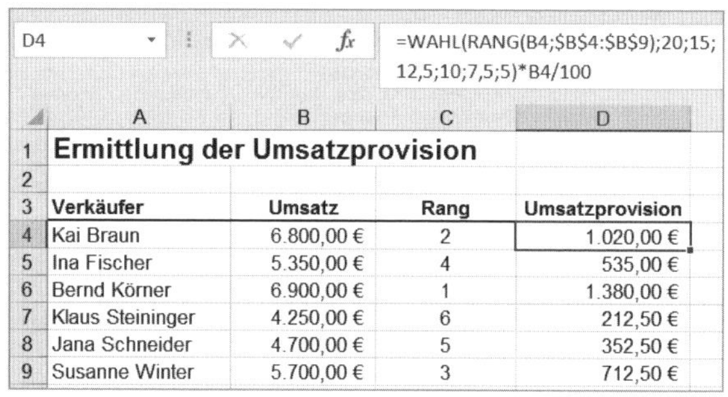
D4 =WAHL(RANG(B4;$B$4:$B$9);20;15;12,5;10;7,5;5)*B4/100

	A	B	C	D
1	Ermittlung der Umsatzprovision			
2				
3	Verkäufer	Umsatz	Rang	Umsatzprovision
4	Kai Braun	6.800,00 €	2	1.020,00 €
5	Ina Fischer	5.350,00 €	4	535,00 €
6	Bernd Körner	6.900,00 €	1	1.380,00 €
7	Klaus Steininger	4.250,00 €	6	212,50 €
8	Jana Schneider	4.700,00 €	5	352,50 €
9	Susanne Winter	5.700,00 €	3	712,50 €

Hinweis

Wenn Sie die in Schritt 3 angegebene Formel verwenden, wird die Spalte *Rang* (Spalte C) nicht benötigt. Möchten Sie die Spalte aber dennoch beibehalten, kann die Funktion für Zelle D2 wie folgt verkürzt werden: *=WAHL(C4:C9;20;15;12,5;10;7,5;5)*B4/100*. Damit bezieht sich die Funktion *WAHL()* direkt auf die bereits ermittelte Rangfolge in Spalte C.

Tipp 6: Rangfolge ohne doppelte Ränge ermitteln

Dieses Beispiel zeigt, wie sich eine Rangfolge ermittelt lässt, ohne dass dabei der gleiche Rang mehrmals vergeben wird. Die Funktion *RANG()* vergibt nämlich bei identischen Ausgangswerten den gleichen Rang mehrmals.

So geht's:

In einer Umsatzübersicht, die nach Produktgruppen gegliedert ist, wurde im Bereich C4:C10 mit der Funktion *RANG()* die Rangfolge eingetragen. Da der Umsatz in den Produktgruppen C und F mit 1,24 Mio. Euro identisch ist, wurde für beide der gleiche Rang vergeben.

C4 =RANG(B4;$B$4:$B$10)

	A	B	C	D	E
1	**Umsatz nach Produktgruppen**				
2					
3	**Gruppe**	**Umsatz in Mio €**	**Rangfolge**	**Rangfolge ohne doppelte**	
4	A	1,72	1		
5	B	0,75	6		
6	C	1,24	3		
7	D	1,41	2		
8	E	0,32	7		
9	F	1,24	3		
10	G	0,87	5		
11					

Zur Ermittlung einer Rangfolge ohne doppelte Ränge gehen Sie nun wie folgt vor:

1 Erfassen Sie in Zelle D4 folgende Matrixfunktion:

=SUMME(1(B4<B$4:B$10))+1+WENN(ZEILE(B4)–ZEILE($B$4)=0;0;SUMME(1*(B4=BEREICH.VERSCHIEBEN($B$4;0;0;INDEX(ZEILE(B4)–ZEILE($B$4)+1;1)–1;1))))*

2 Da es sich um eine Matrixfunktion handelt, müssen Sie die Eingabe mit der Tastenkombination Strg+⇧+↵ abschließen.

3 Kopieren Sie die Formel bis zur Zelle D10 nach unten.

Die Rangfolge, die sich mit dieser Funktion ergibt, enthält keine doppelten Ränge mehr.

D4 {=SUMME(1*(B4<B$4:B$10))+1+WENN(ZEILE(B4)-ZEILE($B$4)=0;0;SUMME(1*(B4=BEREICH.VERSCHIEBEN($B$4;0;0;INDEX(ZEILE(B4)-ZEILE($B$4)+1;1)-1;1))))}

	A	B	C	D	E
1	**Umsatz nach Produktgruppen**				
2					
3	**Gruppe**	**Umsatz in Mio €**	**Rangfolge**	**Rangfolge ohne doppelte**	
4	A	1,72	1	1	
5	B	0,75	6	6	
6	C	1,24	3	3	
7	D	1,41	2	2	
8	E	0,32	7	7	
9	F	1,24	3	4	
10	G	0,87	5	5	
11					

Hinweis

Bei identischen Ausgangswerten entscheidet die Sortierreihenfolge über die Vergabe des Rangs. Den besseren Rang enthält der Eintrag, der als Erster in der Liste steht, im Beispiel die Produktgruppe C.

Tipp 7: Mittelwert ohne Nullwerte ermitteln

Zur Ermittlung des arithmetischen Mittels, also des Durchschnitts, stellt Excel die Funktion *MITTELWERT()* zur Verfügung. Damit wird jeder Wert, auch Nullwerte, in die Berechnung mit einbezogen.

Im folgenden Beispiel sehen Sie anhand einer Gehaltsliste, wie der Durchschnitt der Gehaltszahlungen und der Arbeitgeberanteile zur Sozialversicherung ermittelt wird.

Da sich zwei Mitarbeiter in Elternzeit befinden und deswegen kein Gehalt bekommen, ist dieser Durchschnitt nicht korrekt berechnet. Ziel ist es nun, den Mittelwert ohne die beiden Nullwerte zu bilden.

B16 | =MITTELWERT(B4:B14)

	A	B	C	D
1	**Gehaltsübersicht Juli**			
2				
3	**Mitarbeiter**	**Brutto-Gehalt**	**AGA-Soz.Vers.**	**Anmerkung**
4	Klaus Kleinmann	2.760,00 €	579,60 €	
5	Inge Großmann	2.580,00 €	541,80 €	
6	Nele Augstern	2.410,00 €	506,10 €	
7	Britt Kling		- €	Elternzeit
8	August Walter	2.610,00 €	548,10 €	
9	Silke Zinke	2.730,00 €	573,30 €	
10	Wigbert Nesvadba	2.820,00 €	592,20 €	
11	Simone Reuter		- €	Elternzeit
12	Urs Kramer	2.640,00 €	554,40 €	
13	Stefan Biemann	2.700,00 €	567,00 €	
14	Eva Kunze	1.010,00 €	212,10 €	Azubi
15				
16	**Durchschnittswert**	**2.473,33 €**	**424,96 €**	

So geht's:

1. Erfassen Sie in Zelle B18 die Funktion *=MITTELWERT(WENN(B4:B14<>0;B4:B14))* und schließen die Eingabe mit der Tastenkombination Strg+⇧+↵ ab. Damit wird die Funktion zur Matrixfunktion erklärt.

2. Kopieren Sie die Funktion mit dem Ausfüllkästchen in Zelle C18, um auch den Durchschnitt ohne Nullwerte für den Arbeitgeberanteil zur Sozialversicherung zu ermitteln.

B18 | {=MITTELWERT(WENN(B4:B14<>0;B4:B14))}

	A	B	C	D
1	**Gehaltsübersicht Juli**			
2				
3	**Mitarbeiter**	**Brutto-Gehalt**	**AGA-Soz.Vers.**	**Anmerkung**
4	Klaus Kleinmann	2.760,00 €	579,60 €	
5	Inge Großmann	2.580,00 €	541,80 €	
6	Nele Augstern	2.410,00 €	506,10 €	
7	Britt Kling		- €	Elternzeit
8	August Walter	2.610,00 €	548,10 €	
9	Silke Zinke	2.730,00 €	573,30 €	
10	Wigbert Nesvadba	2.820,00 €	592,20 €	
11	Simone Reuter		- €	Elternzeit
12	Urs Kramer	2.640,00 €	554,40 €	
13	Stefan Biemann	2.700,00 €	567,00 €	
14	Eva Kunze	1.010,00 €	212,10 €	Azubi
15				
16	**Durchschnittswert**	**2.473,33 €**	**424,96 €**	
17				
18	**Durchschnitt ohne Nullwerte**	**2.473,33 €**	**519,40 €**	

In dieser Durchschnittsbetrachtung werden wie gewünscht nur Werte größer 0 berücksichtigt.

Hinweis

Um bei der Durchschnittsberechnung nur Werte größer 2.000 Euro zu berücksichtigen, modifizieren Sie die Funktion wie folgt:

=MITTELWERT(WENN(B4:B14>2000;B4:B14))

Tipp 8: Tendenz einer Zahlenreihe (Umsatzentwicklung) ermitteln

Eine Frage, die sich häufig in der Betriebswirtschaft stellt, ist die Frage nach dem weiteren Geschäftserfolg. Der zentrale Ausgangspunkt ist dabei oft die Umsatzentwicklung. Hier erfahren Sie anhand einer Beispieldatei, wie die Tendenz der Umsatzentwicklung mit Excel berechnet werden kann.

So geht's:

In einer Excel-Tabelle liegen die Umsatzzahlen getrennt nach Filialen für das erste Halbjahr vor.

	A	B	C	D	E	F
1	Umsatzzusammenstellung 1. Halbjahr					
2						
3		Filiale A	Filiale B	Filiale C	Filiale D	Filiale E
4	Jan	12.252,30 €	121.567,32 €	126.039,41 €	124.140,30 €	10.000,00 €
5	Feb	25.974,88 €	100.738,41 €	113.297,02 €	109.462,05 €	20.000,00 €
6	Mrz	33.571,30 €	112.696,66 €	93.668,83 €	98.447,23 €	30.000,00 €
7	Apr	23.646,94 €	71.479,92 €	83.732,22 €	85.067,72 €	20.000,00 €
8	Mai	63.981,51 €	62.842,05 €	70.610,00 €	101.549,51 €	10.000,00 €
9	Jun	75.012,26 €	87.297,64 €	149.343,28 €	185.291,53 €	18.000,00 €

Zur Ermittlung der Tendenz für jede Filiale gehen Sie wie folgt vor:

1 Markieren Sie die Zelle B11 und erfassen Sie dort folgende Funktion:

=WENN(STEIGUNG(B4:B9;ZEILE(4:9))>0;"steigend";WENN(STEIGUNG(B4:B9;ZEILE(4:9))<0; "fallend";"konstant"))

Die Funktion *STEIGUNG()* in Verbindung mit einer *WENN*-Abfrage prüft die Zahlenfolgen, also die Umsatzzahlen, im Bereich B4:B19 und gibt abhängig vom Ergebnis, also von der Tendenz der Zahlenreihe, den Text *steigend*, *fallend* oder *konstant* aus.

2 Kopieren Sie diese Formel bis zur Zelle F11 nach rechts. Damit wird der Trend für alle fünf Filialen ermittelt.

B11 =WENN(STEIGUNG(B4:B9;ZEILE(4:9))>0;"steigend";WENN(STEIGUNG(B4:B9;ZEILE(4:9))<0;"fallend";"konstant"))

	A	B	C	D	E	F	G
1	Umsatzzusammenstellung 1. Halbjahr						
2							
3		Filiale A	Filiale B	Filiale C	Filiale D	Filiale E	
4	Jan	12.252,30 €	121.567,32 €	126.039,41 €	124.140,30 €	10.000,00 €	
5	Feb	25.974,88 €	100.738,41 €	113.297,02 €	109.462,05 €	20.000,00 €	
6	Mrz	33.571,30 €	112.696,66 €	93.668,83 €	98.447,23 €	30.000,00 €	
7	Apr	23.646,94 €	71.479,92 €	83.732,22 €	85.067,72 €	20.000,00 €	
8	Mai	63.981,51 €	62.842,05 €	70.610,00 €	101.549,51 €	10.000,00 €	
9	Jun	75.012,26 €	87.297,64 €	149.343,28 €	185.291,53 €	18.000,00 €	
10							
11	Tendenz	steigend	fallend	fallend	steigend	konstant	

In den Filialen A und D verläuft die Umsatzentwicklung steigend. In den Filialen B und C war die Entwicklung negativ und in Filiale E war ein konstanter Umsatzverlauf zu verzeichnen.

Professioneller und ansprechender wirkt es unter Umständen, wenn Sie die Tendenz anstatt mit einer Textbezeichnung mit Pfeilsymbolen darstellen. Gehen Sie dazu so vor:

1 Formatieren Sie den Zellbereich B13:F13 mit der Schriftart Wingdings.

2 Erfassen Sie in Zelle B13 folgende Formel:

=WENN(STEIGUNG(B4:B9;ZEILE(4:9))>0;ZEICHEN(221);WENN(STEIGUNG(B4:B9;ZEILE(4:9))<0; ZEICHEN(222);ZEICHEN(220)))

Mit der Funktion *ZEICHEN* wird der Code der Pfeilsymbole übergeben und das entsprechende Symbol wird in die Zelle eingetragen.

B13 =WENN(STEIGUNG(B4:B9;ZEILE(4:9))>0;ZEICHEN(221); WENN(STEIGUNG(B4:B9;ZEILE(4:9))<0;ZEICHEN(222); ZEICHEN(220)))

	A	B	C	D	E	F
1	**Umsatzzusammenstellung 1. Halbjahr**					
2						
3		**Filiale A**	**Filiale B**	**Filiale C**	**Filiale D**	**Filiale E**
4	**Jan**	12.252,30 €	121.567,32 €	126.039,41 €	124.140,30 €	10.000,00 €
5	**Feb**	25.974,88 €	100.738,41 €	113.297,02 €	109.462,05 €	20.000,00 €
6	**Mrz**	33.571,30 €	112.696,66 €	93.668,83 €	98.447,23 €	30.000,00 €
7	**Apr**	23.646,94 €	71.479,92 €	83.732,22 €	85.067,72 €	20.000,00 €
8	**Mai**	63.981,51 €	62.842,05 €	70.610,00 €	101.549,51 €	10.000,00 €
9	**Jun**	75.012,26 €	87.297,64 €	149.343,28 €	185.291,53 €	18.000,00 €
10						
11	**Tendenz**	**steigend**	**fallend**	**fallend**	**steigend**	**konstant**
12						
13	**Tendenz**	⇧	⇩	⇩	⇧	⬄

3 Kopieren Sie die Formel bis zur Zelle F13 nach rechts.

Tipp 9: Ermittlung der größten positiven und der größten negativen Differenz in einer Liste

Anhand einer Aktienkurstabelle soll erläutert werden, wie sich der größte Gewinn (die größte positive Differenz) und der größte Verlust (die größte negative Differenz) in einer Liste ermitteln lässt. Als Ausgangstabelle liegt eine Aktienkurstabelle mit Datumsangaben und den entsprechenden Aktienkursen vor.

	A	B
1	**Aktienkurse Nov. 2018**	
2	- Test AG	
3		
4	**Datum**	**Schlusskurs**
5	05.11.2018	40,23 €
6	06.11.2018	40,12 €
7	07.11.2018	39,20 €
8	08.11.2018	39,35 €
9	09.11.2018	39,71 €
10	12.11.2018	39,53 €
11	13.11.2018	40,03 €
12	14.11.2018	39,94 €
13	15.11.2018	40,23 €
14	16.11.2018	40,46 €
15	19.11.2018	41,14 €
16	20.11.2018	41,50 €
17	21.11.2018	42,21 €
18	22.11.2018	41,90 €
19	23.11.2018	42,01 €

So geht's:

1 Im ersten Schritt wird die größte positive Differenz ermittelt. Erfassen Sie dazu in Zelle D5 die Formel *=MAX(B6:B101–B5:B100)*. Da es sich um eine Matrixfunktion handelt, müssen Sie die Eingabe mit der Tastenkombination Strg+⇧+↵ beenden.

2 Im nächsten Schritt wird die größte negative Differenz, also der größte Kursverlust, berechnet. Tragen Sie dazu in Zelle D6 diese Formel ein:

=MIN(B6:INDIREKT("B"&ANZAHL(B:B))–B5:INDIREKT("B"&ANZAHL(B:B)–1))

Da es sich auch bei dieser Formel um eine Matrixfunktion handelt, müssen Sie die Eingabe wieder mit der Tastenkombination Strg+⇧+↵ abschließen.

3 Jetzt wird noch das Datum für den Wert des größten Kursgewinns in Zelle E5 ausgelesen. Tragen Sie dazu in Zelle E5 die Funktion *=INDEX(A:A;VERGLEICH(D5;$B$6:$B$101–$B$5:$B$100;0)+5)* ein und beenden Sie auch diese Matrixfunktion mit Strg+⇧+↵.

4 Kopieren Sie im letzten Schritt diese Funktion nun noch in Zelle E6, damit das Datum auch für den größten Kursverlust ausgelesen wird.

Im Ergebnis erhalten Sie den größten Kursgewinn sowie den größten Kursverlust mit den entsprechenden Datumsangaben.

D6 {=MIN(B6:INDIREKT("B"&ANZAHL(B:B))-B5:INDIREKT("B"&ANZAHL(B:B)-1))}

	A	B	C	D	E	F
1	**Aktienkurse Nov. 2018**					
2	- Test AG					
3						
4	**Datum**	**Schlusskurs**		**Betrag**	**Datum**	
5	05.11.2018	40,23 €		0,71 €	21.11.2018	größter Kursgewinn
6	06.11.2018	40,12 €		- 0,92 €	07.11.2018	größter Kursverlust
7	07.11.2018	39,20 €				
8	08.11.2018	39,35 €				
9	09.11.2018	39,71 €				
10	12.11.2018	39,53 €				
11	13.11.2018	40,03 €				
12	14.11.2018	39,94 €				
13	15.11.2018	40,23 €				
14	16.11.2018	40,46 €				
15	19.11.2018	41,14 €				
16	20.11.2018	41,50 €				
17	21.11.2018	42,21 €				
18	22.11.2018	41,90 €				
19	23.11.2018	42,01 €				

Hinweis

Zur Verprobung erfassen Sie in Zelle C6 die Formel *=B6–B5* und kopieren diese bis zur Zelle B19 nach unten. Sie sehen, der größte Kursgewinn mit 0,71 Euro war am 21.11.2018 und der größte Kursverlust mit –0,92 Euro war am 07.11.2018 zu verzeichnen.

	A	B	C	D	E	F
1	**Aktienkurse Nov. 2018**					
2	- Test AG					
3						
4	**Datum**	**Schlusskurs**		**Betrag**	**Datum**	
5	05.11.2018	40,23 €		0,71 €	21.11.2018	größter Kursgewinn
6	06.11.2018	40,12 €	- 0,11 €	- 0,92 €	07.11.2018	größter Kursverlust
7	07.11.2018	39,20 €	- 0,92 €			
8	08.11.2018	39,35 €	0,15 €			
9	09.11.2018	39,71 €	0,36 €			
10	12.11.2018	39,53 €	- 0,18 €			
11	13.11.2018	40,03 €	0,50 €			
12	14.11.2018	39,94 €	- 0,09 €			
13	15.11.2018	40,23 €	0,29 €			
14	16.11.2018	40,46 €	0,23 €			
15	19.11.2018	41,14 €	0,68 €			
16	20.11.2018	41,50 €	0,36 €			
17	21.11.2018	42,21 €	0,71 €			
18	22.11.2018	41,90 €	- 0,31 €			
19	23.11.2018	42,01 €	0,11 €			

Tipp 10: Umwandeln von verschiedenen Maßeinheiten

Nicht sehr bekannt ist die Funktion *UMWANDELN()*. Mithilfe dieser Funktion lassen sich viele unterschiedliche Maßeinheiten in andere Maßsysteme umwandeln. Dieser Tipp zeigt anhand einiger Beispiele, welche Umrechnungsfunktionen zur Verfügung stehen und wie sie verwendet werden können.

So geht's:

Die Funktion *UMWANDELN()* hat folgende Syntax:

UMWANDELN(Zahl;Von_Maßeinheit;In_Maßeinheit)

Die Funktionsargumente:

- *Zahl*: Ist der Wert des Parameters *Von_Maßeinheit*, der umgewandelt werden soll.
- *Von_Maßeinheit*: Sind die Einheiten für die Zahl.
- *In_Maßeinheit*: Sind die Einheiten für das Ergebnis. *UMWANDELN()* akzeptiert die im Folgenden aufgeführten Textwerte (in Anführungszeichen) für *Von_Maßeinheit* und *In_Maßeinheit*.

1. Umrechnung Inch in Meter

Das erste Beispiel zeigt, wie Inch in Meter umgerechnet werden können. Die Angabe der Länge in Inch steht mit einem Wert von 47,5 in Zelle A5. Erfassen Sie zur Umrechnung in Zelle B5 diese Funktion:

=UMWANDELN(A5;"in";"m")

47,5 Inch ergeben 1,21 Meter.

2. Umrechnung Liter in Esslöffel

Nun soll ein Liter in die Messangabe Esslöffel umgerechnet werden. 1 Liter entspricht dabei 67,61 Esslöffeln. Erfassen Sie zur Umrechnung in Zelle B8 die Formel *=UMWANDELN(A8;"l";"tbs")*.

3. Umrechnung Grad Fahrenheit in Grad Celsius

Das letzte Beispiel zeigt, wie Grad Fahrenheit in Grad Celsius umgerechnet werden kann. Die Angabe der Temperatur in Grad Fahrenheit befindet sich in Zelle A11. Zur Umrechnung in Grad Celsius verwenden Sie folgende Formel in Zelle B11:

=UMWANDELN(A11;"F";"C")

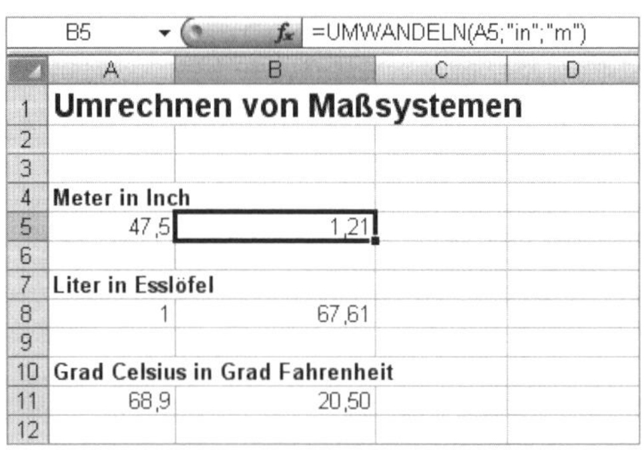

Die nachfolgende Zusammenstellung gibt einen Überblick über alle verfügbaren Umrechnungsparameter der Funktion *UMWANDELN()*.

Gewicht und Masse	**Von_Maßeinheit oder In_Maßeinheit**
Gramm	"g"
Stück	"sg"
Pfund (Handelsgewicht)	"lbm"
U (Atommasseeinheit)	"u"
Unze (Handelsgewicht)	"ozm"
Entfernung	**Von_Maßeinheit oder In_Maßeinheit**
Meter	"m"
Feste Meile	"mi"
Seemeile	"Nmi"
Zoll	"in"
Fuß	"ft"
Yard	"yd"
Ångstrom	"ang"
Pica (1/72 Zoll)	"Pica"
Zeit	**Von_Maßeinheit oder In_Maßeinheit**
Jahr	"yr"
Tag	"day"
Stunde	"hr"
Minute	"mn"
Sekunde	"sec"
Druck	**Von_Maßeinheit oder In_Maßeinheit**
Pascal	"Pa" (oder "p")
Atmosphäre	"atm" (oder "at")
mm Quecksilber	"mmHg"
Kraft	**Von_Maßeinheit oder In_Maßeinheit**
Newton	"N"
Dyne	"dyn" (oder "dy")
Pound-Kraft	"lbf"
Energie	**Von_Maßeinheit oder In_Maßeinheit**
Joule	"J"
Erg	"e"

Thermodynamische Kalorie	"c"
IT-Kalorie	"cal"
Energie	**Von_Maßeinheit oder In_Maßeinheit**
Elektrovolt	"eV" (oder "ev")
Pferdestärke/Stunde	"HPh" (oder "hh")
Wattstunde	"Wh" (oder "wh")
Fuß-Pound	"flb"
BTU	"BTU" (oder "btu")
Potenziell	**Von_Maßeinheit oder In_Maßeinheit**
Pferdestärke	"HP" (oder "h")
Watt	"W" (oder "w")
Magnetismus	**Von_Maßeinheit oder In_Maßeinheit**
Tesla	"T"
Gauss	"ga"
Temperatur	**Von_Maßeinheit oder In_Maßeinheit**
Grad Celsius	"C" (oder "cel")
Grad Fahrenheit	"F" (oder "fah")
Kelvin	"K" (oder "kel")
Flüssigmaße	**Von_Maßeinheit oder In_Maßeinheit**
Teelöffel	"tsp"
Esslöffel	"tbs"
Flüssigunze	"oz"
Tasse	"cup"
U.S. Pint	"pt" (oder "us_pt")
U.K. Pint	"uk_pt"
Quart	"qt"
Gallone	"gal"
Liter	"l" (oder "lt")

Tipp 11: Zeichen auf Knopfdruck tiefer stellen

Gerade in chemischen Formeln kann es erforderlich werden, Zeichen, wenn möglich auch automatisch, tiefer zu stellen. Dies kann jedoch nur über ein Makro realisiert werden. Das Makro, das Sie nachfolgend kennenlernen werden, ist so „gestrickt", dass hierbei alle markierten Zellen nacheinander richtig formatiert werden.

So geht's:

1. Drücken Sie die Tastenkombination [Alt]+[F11], um in die Entwicklungsumgebung, also zum VBA-Editor, von Excel zu gelangen.

2. Fügen Sie über das Menü *Einfügen*, Befehl *Modul* ein neues, noch leeres Modul ein und erfassen Sie den nachfolgenden Code.

Listing 1:

```
Sub ChemischeFormel()
Dim i As Integer
Dim cell As Range
For Each cell In Selection
  With cell
       If IsNull(.Font.Subscript) Then
      .Font.Subscript = False
      .Font.Superscript = False
      Exit Sub
    End If
      For i = 1 To .Characters.Count
      If IsNumeric(Mid(.Value, i, 1)) Then
      .Characters(i, 1).Font.Subscript = True
    ElseIf InStr(1, "+-", Mid(.Value, i, 1), 0) > 0 Then
      .Characters(i, 1).Font.Superscript = True
      End If
    Next i
  End With
  Next cell
End Sub
```

3. Wechseln Sie nun zurück in die Excel-Umgebung und erfassen Sie ein paar typische chemische Formeln, z. B. *H2O* oder *CO2*.

4. Markieren Sie dann diese Einträge und rufen Sie über *Ansicht/Makros/Makros anzeigen* das Makro mit dem Namen *ChemischeFormel* auf.

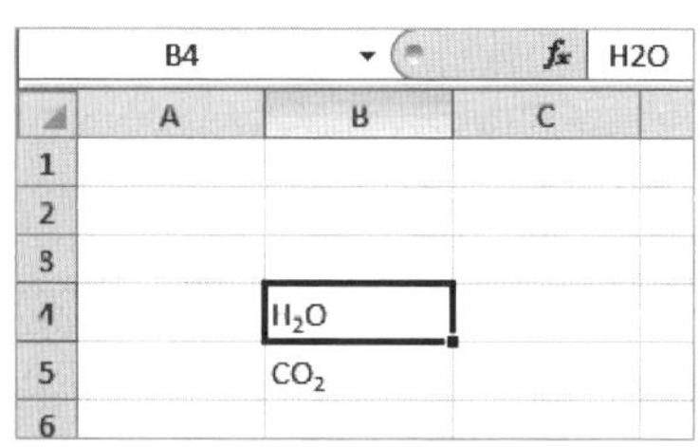

Hinweis

In der Makroschleife werden alle markierten Zellen durchlaufen. Innerhalb dieser Schleife wird wiederum über eine weitere Schleife Zeichen für Zeichen durchforstet und dann wird definiert, ob die Ziffer entweder höher oder tiefer gesetzt wird. Die Eigenschaft *Subscript* ist dabei verantwortlich für das Tieferstellen eines Zeichens, die Eigenschaft *Superscript* setzt ein Zeichen nach oben.

4.11 Mathematische Funktionen für den Alltag

Dieser Abschnitt soll Ihnen einen kleinen Überblick darüber verschaffen, welche Möglichkeiten Excel im Umgang mit alltäglichen mathematischen Funktionen bietet. Dazu werden einige Lösungen für den Praxiseinsatz vorgestellt und erläutert.

Tipp 1: Auslesen der ersten Nachkommastelle einer Dezimalzahl

Aus einer Dezimalzahl mit beliebigen Nachkommastellen soll eine definierte Nachkommastelle extrahiert werden.

So geht's:

Zum Auslesen der ersten Nachkommastelle der Zahl aus Zelle A4 erfassen Sie in Zelle B4 die Funktion *=WERT(RECHTS(KÜRZEN(A4;1)))*.

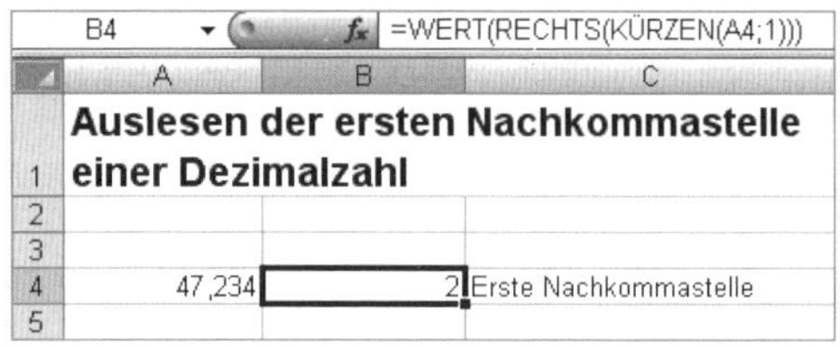

Soll die dritte Dezimalstelle extrahiert werden, muss die Funktion wie folgt modifiziert werden:

=WERT(RECHTS(KÜRZEN(A6;3)))

Auf diese Weise lassen sich beliebige Dezimalstellen auslesen.

Hinweis

Das Ganze funktioniert auch bei Brüchen, da Brüche intern natürlich ebenfalls als Dezimalzahlen verwaltet werden. Zum Auslesen der zweiten Dezimalstelle des Bruchs 2¾ verwenden Sie die Formel *=WERT(RECHTS(KÜRZEN(A8;2)))*. Das Ergebnis lautet 5 (2¾ = 2,75).

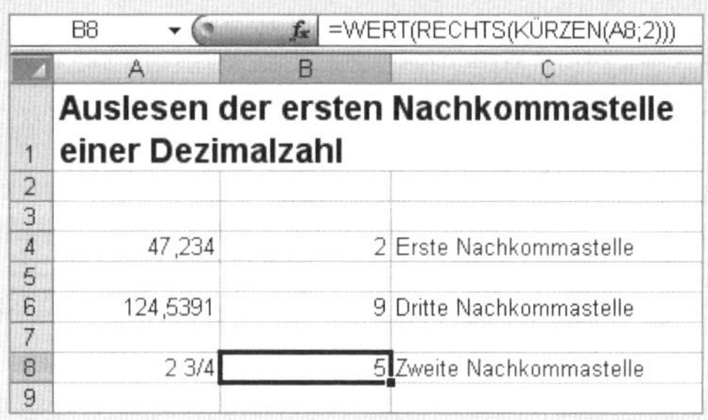

➡ Verweis: siehe Kapitel 9.5, Tipp 1

Tipp 2: Ermittlung von Primzahlen

Eine Primzahl ist eine natürliche Zahl mit genau zwei natürlichen Teilern, nämlich 1 und sie selbst.

Im folgenden Beispiel sehen Sie, wie mithilfe einer Excel-Formel beliebige Zahlen darauf geprüft werden können, ob es sich um eine Primzahl handelt oder nicht. Die derzeit größte Primzahl wurde am 26. Dezember 2017 berechnet. Sie lautet $2^{77.232.917} - 1$, das ist eine Zahl mit rund 23,2 Millionen Dezimalziffern.

So geht's:

Als Ausgangstabelle liegt eine Auflistung von Ziffern vor. Im Beispiel sollen die Zahlen 3 bis 23 daraufhin geprüft werden, ob es sich jeweils um eine Primzahl handelt.

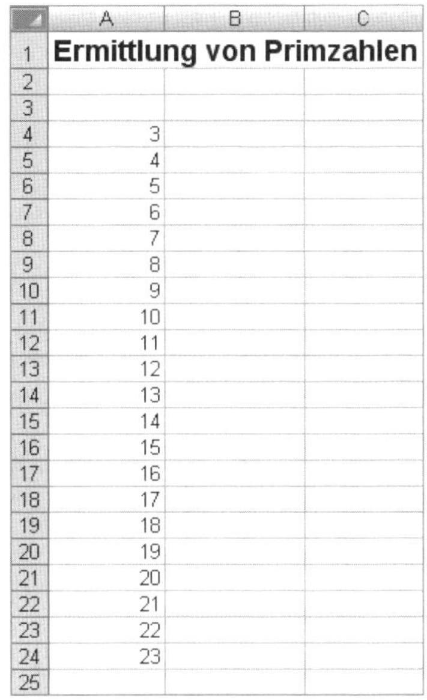

	A	B	C
1	Ermittlung von Primzahlen		
2			
3			
4	3		
5	4		
6	5		
7	6		
8	7		
9	8		
10	9		
11	10		
12	11		
13	12		
14	13		
15	14		
16	15		
17	16		
18	17		
19	18		
20	19		
21	20		
22	21		
23	22		
24	23		
25			

1 Markieren Sie dazu die Zelle B4 und erfassen Sie folgende Matrixfunktion:

=WENN(SUMME(WENN(REST(A4;ZEILE(INDIREKT("2:" &A4–1)));0;1));"";"Primzahl")

Diese Funktion gibt neben einer erkannten Primzahl den Text *Primzahl* aus.

2 Beenden Sie die Funktion mit der Tastenkombination Strg+⇧+↵. Damit wird die Funktion als Matrixfunktion mit geschweiften Klammern eingetragen.

3 Kopieren Sie die Funktion bis zur Zelle B24 nach unten.

Im Ergebnis sehen Sie, bei welchen Zahlen es sich um Primzahlen handelt.

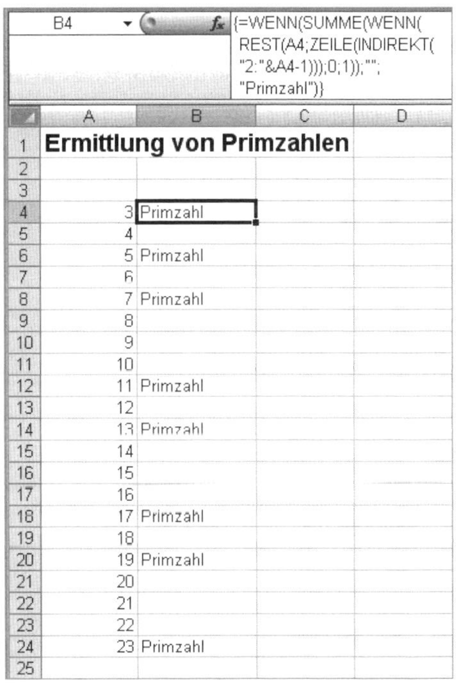

B4 {=WENN(SUMME(WENN(REST(A4;ZEILE(INDIREKT("2:"&A4-1)));0;1));"";"Primzahl")}

	A	B	C	D
1	Ermittlung von Primzahlen			
2				
3				
4	3	Primzahl		
5	4			
6	5	Primzahl		
7	6			
8	7	Primzahl		
9	8			
10	9			
11	10			
12	11	Primzahl		
13	12			
14	13	Primzahl		
15	14			
16	15			
17	16			
18	17	Primzahl		
19	18			
20	19	Primzahl		
21	20			
22	21			
23	22			
24	23	Primzahl		
25				

Tipp 3: Ermittlung der Quersumme

Dieses Beispiel zeigt, wie sich mit einer Excel-Formel die Quersumme einer beliebig langen Zahlenfolge ermitteln lässt. Quersummen werden häufig als Prüfsummen verwendet.

So geht's:

1 Erfassen Sie dazu in Zelle B4 folgende Formel zur Ermittlung der Quersumme:

=SUMMENPRODUKT(WERT(TEIL(A4;ZEILE(INDIREKT("1:"&LÄNGE(A4)));1)))

Damit wird für die Zahl aus Zelle A4 die Quersumme berechnet.

2 Kopieren Sie die Formel über das Ausfüllkästchen bis zur Zelle B6 nach unten.

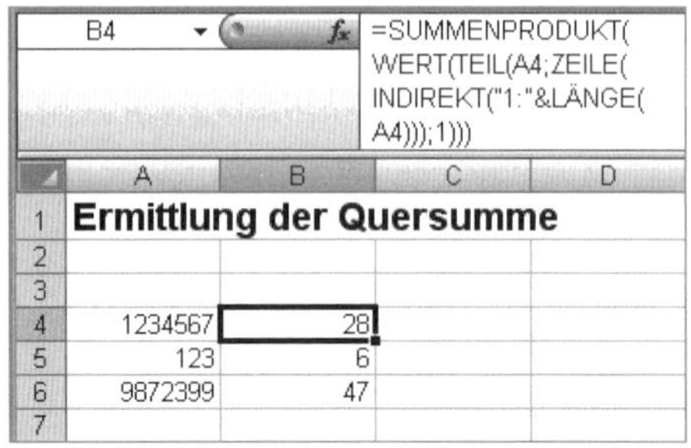

Auf diese Weise können Sie beliebige Zahlenreihen als Quersumme berechnen.

Neben der herkömmlichen und allgemein bekannten Quersumme gibt es die sogenannte einstellige oder iterierte Quersumme. Dabei wird von der einfachen Quersumme so lange die Quersumme gebildet, bis nur noch eine einstellige Zahl übrig bleibt.

So geht's:

1 Wenn die Ausgangszahl in Zelle A10 steht, erfassen Sie in Zelle B10 diese Formel:

=(A10>0)(REST(SUMME((0&TEIL(A10;SPALTE(1:1);1))*1)–1;9)+1)*

2 Da es sich um eine Matrixfunktion handelt, müssen Sie die Eingabe mit der Tastenkombination Strg+⇧+↵ beenden.

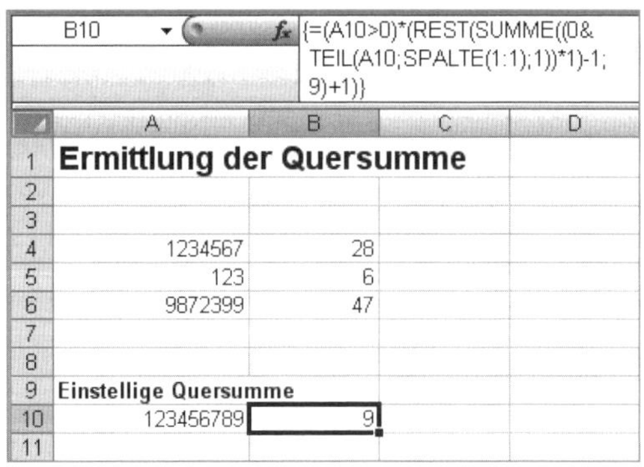

Hinweis

Das Ergebnis können Sie ganz einfach verproben, indem Sie in Zelle B13 die herkömmliche Quersumme berechnen. Das Ergebnis lautet 45. Wenn Sie nun in der nächsten Zeile die Quersumme von 45 ermitteln, ergibt sich der Wert 9. Die Formel zur Ermittlung der einstelligen Quersumme rechnet also korrekt.

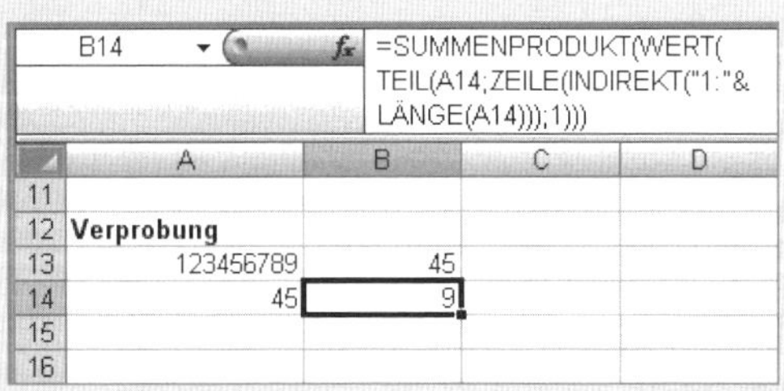

Tipp 4: Bestimmung der Fibonacci-Folge

Die Fibonacci-Folge ist eine mathematische Folge von positiven ganzen Zahlen. Diese Bedingungen gelten für die Fibonacci-Folge:

- Für die beiden ersten Zahlen werden die Werte 0 und 1 vorgegeben.
- Jede weitere Zahl ist die Summe ihrer beiden Vorgänger.

Auf dieser Basis soll nun die Fibonacci-Folge ermittelt werden, die sich in vielen Naturgesetzen zeigt, sich aber auch unter Börsianern zur Ermittlung und Analyse von Börsenzyklen herumgesprochen hat.

So geht's über die Tabellenlösung:

1 Erfassen Sie in Zelle A4 die Zahl 0 und in Zelle A5 die 1.

2 In Zelle B5 geben Sie nun die Formel =*A4+A5* ein.

3 Stellen Sie in Zelle A6 den Bezug zur Zelle B5 durch die Bezugsformel =*B5* her.

4 Kopieren Sie die Formel aus Zelle A6 bis zur Zelle A20 nach unten.

5 Die Formel aus Zelle B5 kopieren Sie ebenfalls bis zur Zelle B20 nach unten.

A6 fx =B5

	A	B	C	D
1	Ermittlung der Fibonacci-Zahlen			
2				
3	Tabellenlösung:			
4	0			
5	1	1		
6	1			
7				
8				

	A	B	C	D
1	Ermittlung der Fibonacci-Zahlen			
2				
3	Tabellenlösung:			
4	0			
5	1	1		
6	1	2		
7	2	3		
8	3	5		
9	5	8		
10	8	13		
11	13	21		
12	21	34		
13	34	55		
14	55	89		
15	89	144		
16	144	233		
17	233	377		
18	377	610		
19	610	987		
20	987	1597		
21				

Als Ergebnis erhalten Sie die Fibonacci-Folge im umrandeten Zellbereich A4:A20.

So geht's mit einer rekursiven Formel:

Damit zur Ermittlung der Fibonacci-Reihe nicht jedes Mal eine Tabelle aufgebaut werden muss, können Sie folgende Formel verwenden:

1 In Zelle A24 steht eine Zahl, die bestimmt, welche Fibonacci-Zahl berechnet werden soll. Wenn dort beispielsweise die Zahl 6 steht, wird in der Reihe die sechste Fibonacci-Zahl ermittelt.

2 Erfassen Sie in Zelle B24 zur Ermittlung der Fibonacci-Zahl folgende Formel:

=(1/(5^0,5))(((1+5^0,5)/2)^A24–((1–5^0,5) /2)^A24)*

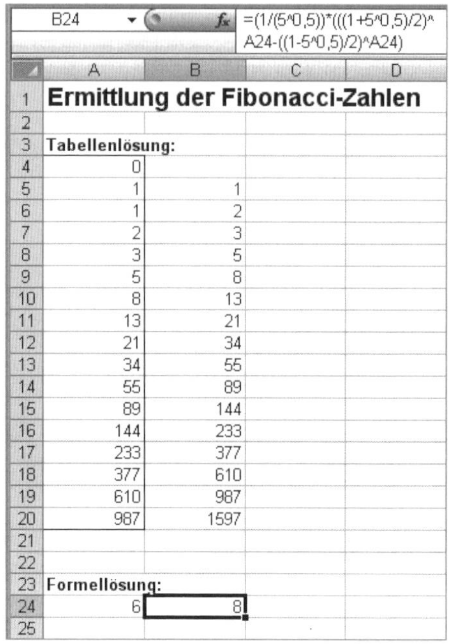

B24 =(1/(5^0,5))*(((1+5^0,5)/2)^A24-((1-5^0,5)/2)^A24)

	A	B	C	D
1	Ermittlung der Fibonacci-Zahlen			
2				
3	Tabellenlösung:			
4	0			
5	1	1		
6	1	2		
7	2	3		
8	3	5		
9	5	8		
10	8	13		
11	13	21		
12	21	34		
13	34	55		
14	55	89		
15	89	144		
16	144	233		
17	233	377		
18	377	610		
19	610	987		
20	987	1597		
21				
22				
23	Formellösung:			
24	6	8		
25				

Tipp 5: Rechnen mit Brüchen

Dieses Beispiel zeigt, wie Sie ganz einfach das kleinste gemeinsame Vielfache zweier Zahlen sowie den größten gemeinsamen Teiler ermitteln können. Beide mathematischen Begriffe gehören eng zusammen und finden unter anderem in der Bruchrechnung Anwendung.

So geht's: Ermittlung des größten gemeinsamen Teilers

Der größte gemeinsame Teiler ist die größte natürliche, also ganze Zahl, durch die sowohl die erste als auch die zweite Zahl ohne Rest teilbar sind.

Angenommen, in Zelle A5 befindet sich die erste und in Zelle B5 die zweite Zahl, aus denen der größte gemeinsame Teiler ermittelt werden soll. Erfassen Sie dazu in Zelle C5 folgende Formel:

=MAX(WENN((REST(B5;ZEILE(INDIREKT("1:"&A5)))&REST(A5;ZEILE(INDIREKT("1:"&A5))))="00"; ZEILE(INDIREKT("1:"&A5))))

Da es sich um eine Matrixfunktion handelt, müssen Sie die Dateneingabe mit der Tastenkombination Strg+⇧+↵ abschließen.

Der größte gemeinsame Teiler für die Zahlen 66 und 255 lautet 3. Das heißt, 255 sowie 66 sind jeweils durch 3, aber durch keine höhere Zahl ohne Rest teilbar.

C5 {=MAX(WENN((REST(B5;ZEILE(INDIREKT("1:"&A5)))&REST(A5;ZEILE(INDIREKT("1:"&A5))))="00";ZEILE(INDIREKT("1:"&A5))))}

	A	B	C	D
1	Rechnen mit Brüchen			
2				
3				
4	Ermittlung des größten gemeinsamen Teilers			
5	66	255	3	
6				

So geht's: Ermittlung des kleinsten gemeinsamen Vielfachen

Das kleinste gemeinsame Vielfache ist die kleinste positive ganze Zahl, die durch beide Zahlen teilbar ist.

In diesem Beispiel befinden sich die beiden Zahlen in den Zellen A8 und B8. In Zelle C8 soll mit folgender Formel das kleinste gemeinsame Vielfache ermittelt werden:

*=B8*VERGLEICH(0;REST(B8*ZEILE(INDIREKT("1:"&A8));A8);0)*

Auch diese Formel müssen Sie mit der Tastenkombination Strg+⇧+↵ abschließen, damit sie als Matrixfunktion behandelt wird.

C8 fx {=B8*VERGLEICH(0;REST(B8*ZEILE(INDIREKT("1:"&A8));A8);0)}

	A	B	C	D
1	**Rechnen mit Brüchen**			
2				
3				
4	**Ermittlung des größten gemeinsamen Teilers**			
5	66	255	**3**	
6				
7	**Ermittlung des kleinsten gemeinsamen Vielfachen**			
8	7	9	**63**	
9				

Das kleinste gemeinsame Vielfache der Zahlen 7 und 9 beträgt 63. 63 ist somit die kleinste Zahl, die durch die Werte 7 und 9 ohne Rest teilbar ist.

➡ Verweis: siehe Kapitel 2.2, Tipp 12

Tipp 6: Alle möglichen Teiler einer Zahl berechnen

Im folgenden Beispiel sollen für eine beliebige Zahl alle möglichen Teiler ermittelt werden.

So geht's:

Als Teiler wird eine ganze Zahl bezeichnet, wenn die Ausgangszahl durch den Teiler teilbar ist und bei der Division kein Rest bleibt.

1. Erfassen Sie in Zelle B4 folgende Formel zur Ermittlung der Teiler:1

   =KKLEINSTE(WENN(REST(A$4;ZEILE(INDIREKT("1:"&KÜRZEN(A$4^0,5))))=0;ZEILE(INDIREKT("1:"&KÜRZEN(A$4^0,5))));ZEILE()-3)

2. Beenden Sie die Eingabe der Formel mit der Tastenkombination Strg+⇧+↵, da es sich um eine Matrixfunktion handelt.

3. Kopieren Sie die Formel über das Ausfüllkästchen so weit nach unten, bis der Fehlerwert *#ZAHL!* ausgegeben wird. Löschen Sie die erzeugten Fehlerwerte wieder aus der Tabelle. In diesem Beispiel enden die Teiler in Zeile 17.

4 Markieren Sie nun den Bereich C4:C17 und erfassen Sie die Formel *=WENN(B4^2=A$4;"";A$4/B4)*. Damit werden die restlichen Teiler für die Ausgangszahl berechnet.

5 Beenden Sie die Dateneingabe mit der Tastenkombination Strg+↵.

Für die Zahl 19776 ergeben sich somit 28 mögliche Teiler.

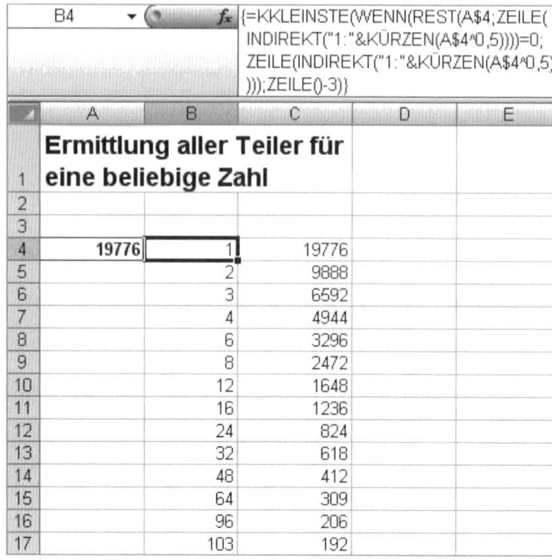

	A	B	C	D	E
1	Ermittlung aller Teiler für eine beliebige Zahl				
2					
3					
4	19776	1	19776		
5		2	9888		
6		3	6592		
7		4	4944		
8		6	3296		
9		8	2472		
10		12	1648		
11		16	1236		
12		24	824		
13		32	618		
14		48	412		
15		64	309		
16		96	206		
17		103	192		

Tipp 7: EAN-Prüfzifferncode ermitteln

In diesem Beispiel soll die Prüfziffer einer EAN-Nummer ermittelt werden.

EAN steht für International Article Number (früher für **E**uropean **A**rticle **N**umber) und ist eine Produktbezeichnung für Handelsartikel. Die EAN ist eine 13-stellige Zahl, die zentral verwaltet und bei Bedarf an Hersteller vergeben wird. Die 13. Stelle der EAN ist die Prüfziffer, die wie folgt ermittelt wird:

So geht's:

Die Prüfziffer der EAN (letzte Ziffer) errechnet sich, indem die einzelnen Ziffern von rechts nach links, beginnend mit der vorletzten, abwechselnd mit 3 und 1 multipliziert werden, wobei immer mit dem Faktor 3 begonnen wird. Anschließend werden diese Produkte addiert und zur Prüfziffer verdichtet. Wenn die Prüfziffer durch 10 teilbar ist, wird ihr Wert mit 0 ausgegeben.

1 Erfassen Sie in Zelle A4 die ersten zwölf Stellen der EAN (ohne Prüfziffer).

2 Zur Berechnung der Prüfziffer in Zelle B4 verwenden Sie diese Formel:

=10–REST(SUMMENPRODUKT(TEIL(A4;ZEILE(1:12);1)(1+2*REST(ZEILE(2:13);2)));10)*

Als Ergebnis erhalten Sie die berechnete Prüfziffer, im Beispiel die Zahl 6, die nun als 13. Ziffer an die EAN angehängt wird.

	A	B	C	D
1	Ermittlung der EAN-Prüfziffer			
2				
3	EAN-Nummer	Prüfziffer		
4	514970109684	6		
5				

Hinweis

Wenn Sie in Zelle A4 eine EAN mit mehr als zwölf Stellen erfassen, ist das unerheblich, da die Funktion ausschließlich die ersten zwölf Stellen auswertet.

Alternativ können Sie bei einer bestehenden 13-stelligen EAN prüfen, ob deren 13. Stelle, also die Prüfziffer, korrekt ist. Gehen Sie dazu wie folgt vor:

1 Geben Sie in Zelle A4 eine beliebige EAN mit Prüfziffer ein.

2 In Zelle B6 erfassen Sie diese Formel:

=WENN(0=REST(SUMMENPRODUKT(TEIL(A4;ZEILE(1:13);1)(1+2*REST(ZEILE(2:14);2)));10);"OK";"Fehler")*

Damit wird die Prüfziffer kontrolliert und bei Übereinstimmung wird der Text *OK*, ansonsten der Text *Fehler* ausgegeben.

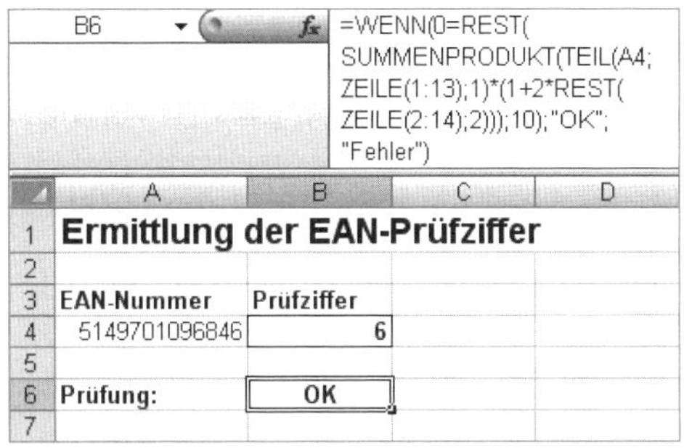

Tipp 8: Berechnen und Umwandeln von Dezimal-, Dual-, Hexadezimal- und Oktalzahlen

Die folgende Tabelle soll – für einen ersten Einstieg – die Unterschiede der vier Zahlensysteme beispielhaft anhand der Zahlen 1 bis 10 in Erinnerung rufen.

Dezimalsystem	0	1	2	3	4	5	6	7	8	9	10
Dualsystem	0	1	10	11	100	101	110	111	1000	1001	1010
Oktalsystem	0	1	2	3	4	5	6	7	10	11	12
Hexadezimalsystem	0	1	2	3	4	5	6	7	8	9	A

Excel stellt folgende Funktionen zur Umwandlung von Zahlen zwischen Dezimal-, Dual-, Hexadezimal- und Oktalzahlensystem zur Verfügung:

- *BININDEZ*: Wandelt Binärzahlen in Dezimalzahlen um.
- *BININHEX*: Wandelt Binärzahlen in Hexadezimalzahlen um.
- *BININOKT*: Wandelt Binärzahlen in Oktalzahlen um.
- *DEZINBIN*: Wandelt Dezimalzahlen in Binärzahlen um.
- *DEZINOKT*: Wandelt Dezimalzahlen in Oktalzahlen um.
- *DEZINHEX*: Wandelt Dezimalzahlen in Hexadezimalzahlen um.
- *OKTINDEZ:* Wandelt Oktalzahlen in Dezimalzahlen um.
- *OKTINBIN:* Wandelt Oktalzahlen in Binärzahlen um.
- *OKTINHEX:* Wandelt Oktalzahlen in Hexadezimalzahlen um.

- *HEXINBIN:* Wandelt Hexadezimalzahlen in Binärzahlen um.
- *HEXINOKT:* Wandelt Hexadezimalzahlen in Oktalzahlen um.
- *HEXINDEZ*: Wandelt Hexadezimalzahlen in Dezimalzahlen um.

Ab Excel 2013 wurde diese Liste um die beiden folgenden Funktionen ergänzt:

- *DEZIMAL(Text;Basis)*
- *BASIS(Zahl;Basis;[Mindestlänge]).*

Für die Umrechnung zwischen Dezimal- und einem der anderen Zahlensysteme muss damit ab Excel 2013 nicht mehr notwendigerweise eine der sechs speziellen Funktionen verwendet werden – es genügt nun, der *DEZIMAL*- bzw. *BASIS*-Funktion die Basis des Ausgangs- bzw. Zielzahlensystems als Argument mitzugeben.

Für Excel 2007 und 2010 allerdings sind diese Funktionen nach wie vor wesentlich.

Eine beliebte Aufgabenstellung in Schule und Studium ist es, ohne Verwendung einschlägiger Funktionen Umrechnungen zwischen Zahlensystemen vorzunehmen. Im Folgenden soll daher – ohne Verwendung der Funktion *BININDEZ* (bzw. *OKTINDEZ* sowie *HEXINDEZ*) – die Methodik der Umrechnung von Dual- (bzw. Oktal- und Hexadezimalzahlen) in Dezimalzahlen und vice versa „zu Fuß" dargestellt werden.

Umwandlung von Dual- in Dezimalzahlen – zu Fuß

Das Dual- oder auch Binärsystem hat als Basis den Wert 2, das heißt, der Stellenwert einer Ziffer innerhalb einer Zahl ergibt sich durch Berechnung von 2^m, wobei m mit 0 beginnend von rechts nach links aufsteigend gezählt wird und der Stellennummer entspricht:

Stellennummer	m	...	4	3	2	1	0
Stellenwert	2^m	...	16	8	4	2	1

Der Dezimalwert beispielsweise der Dualzahl 1010 errechnet sich durch Aufsummierung der Produkte der Wertepaare Stellenwert und Stellenziffer:

$$\begin{aligned}1010_2 &= 1 * 2^3 + 0 * 2^2 + 1 * 2^1 + 0 * 2^0 \\ &= 1 * 8 + 0 * 4 + 1 * 2 + 0 * 1 \\ &= 10\end{aligned}$$

So geht's:

1. Um – ohne Verwendung der Funktion *BININDEZ* – eine fünfstellige Dualzahl umzurechnen, erstellen Sie zunächst eine Tabellenzeile mit den ersten fünf Stellenwerten [16, 8, 4, 2, 1]. Markieren Sie diese fünf Zellen und geben Sie diesem Bereich den Namen *Stellenwert.*

2. Legen Sie ein Eingabefeld links der Tabelle fest und geben Sie diesem den Namen *Eingabe.* Tragen Sie unterhalb der bereits eingefügten Tabellenzeile in die erste Zelle unterhalb der Zahl 16 folgende Formel ein:

=TEIL(Eingabe;1;1)

In die daneben liegenden Zellen tragen Sie ein:

=TEIL(Eingabe;2;1)

=TEIL(Eingabe;3;1)

=TEIL(Eingabe;4;1)

=TEIL(Eingabe;5;1)

Markieren Sie diese fünf Zellen und geben Sie diesem Zellbereich den Namen *Stellenziffer*.

3 Geben Sie eine fünfstellige Dualzahl in das Eingabefeld ein, beispielsweise 11010; die einzelnen Ziffern der eingegebenen Zahl werden nun durch die *TEIL*-Formeln isoliert und automatisch in die Spalten 1 bis 5 eingetragen.

		Stellenwert:	16	8	4	2	1
Dualzahl:	11010	->	1	1	0	1	0

4 Erfassen Sie die folgende Matrixformel in einem neuen Feld:

*{=SUMME(Stellenwert*Stellenziffer)}*

Beachten Sie: Die geschweiften Klammern werden nicht mit eingegeben, sondern entstehen durch die abschließende Bestätigung der Eingabe mittels der Tastenkombination Strg+⇧+↵ automatisch.

{=SUMME(Stellenwert*Stellenziffer)}

B	C	D	E	F	G	H	I
	Stellenwert:		16	8	4	2	1
Dualzahl:	11010	->	1	1	0	1	0
Dez.-Ergebnis:	26	=	16*1 +	8*1 +	4*0 +	2*1 +	1*0

Mittels der Matrixfunktion werden die jeweiligen Paare aus Stellenwert und Stellenziffer miteinander multipliziert und danach addiert.

Umwandlung von Oktal- und Hexadezimalzahlen in Dezimalzahlen – zu Fuß

Für die Umrechnung von Oktal- und Hexadezimalzahlen in Dezimalzahlen kann dies als Vorlage verwendet werden, es müssen lediglich folgende Anpassungen vorgenommen werden:

- Oktalsystem: Stellenwerte errechnen sich durch Potenzierung der Basis 8 mit der Stellenziffer.
- Hexadezimalsystem: Stellenwerte errechnen sich durch Potenzierung der Basis 16 mit der Stellenziffer.

Umwandlung ins Dezimalsystem mittels Excel-Funktionen

Mittels der Excel-Funktionen wird – selbstverständlich ungleich schneller und komfortabler – wie folgt umgerechnet:

- Excel 2007 und 2010:

  =BININDEZ(Zahl)

  =OKTINDEZ(Zahl)

  =HEXINDEZ(Zahl)

  Für *Zahl* kann direkt eine Zahl oder ein Zellbezug eingegeben werden.

- Ab Excel 2013:

  =DEZIMAL(Text;Basis), wobei für *Text* und *Basis* direkt eine Zahl oder ein Zellbezug eingegeben werden kann. Zur Umrechnung ins Dualsystem verwenden Sie als Basis 2, zur Umrechnung ins Oktalsystem die Basis 8, zur Umrechnung ins Hexadezimalsystem die Basis16.

  Grundsätzlich können in der Funktion *DEZIMAL* als Basis Werte von 2 bis 32 eingetragen werden.

Umwandlung von Dezimal- ins Hexadezimalsystem – zu Fuß

Die beispielhafte Umrechnung vom Dezimalsystem in andere Systeme „zu Fuß" soll anhand des Hexadezimalsystems dargestellt werden. Dieses hat die Besonderheit, dass neben den Ziffern 1 bis 9 auch die Buchstaben A bis F eine Rolle spielen, was bei der Ergebnisnotation zu berücksichtigen ist. Zur Umrechnung der Systeme wird die Divisionsmethode eingesetzt.

So geht's:

1 Um – ohne Verwendung der Funktion *DEZINHEX* – eine dreistellige Dezimalzahl umzurechnen, erstellen Sie zunächst die abgebildeten Tabellen:

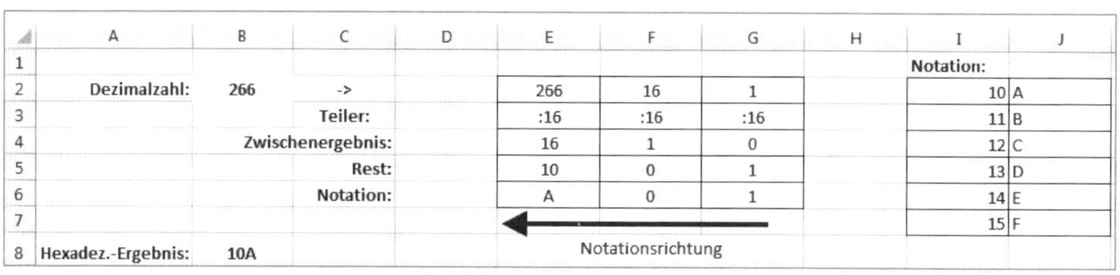

	A	B	C	D	E	F	G	H	I	J
1									Notation:	
2	Dezimalzahl:	266	->		266	16	1		10	A
3			Teiler:		:16	:16	:16		11	B
4			Zwischenergebnis:		16	1	0		12	C
5			Rest:		10	0	1		13	D
6			Notation:		A	0	1		14	E
7									15	F
8	Hexadez.-Ergebnis:	10A				Notationsrichtung				

2 In Zelle E2 setzen Sie einen Bezug auf die Eingabezelle B2 (*=B2*). Als Teiler wird die Zahl 16 in Zeile 3 eingetragen.

3 Markieren Sie die Zellen E4:G4 und tragen Sie für E4 *=ABRUNDEN(E2/E3;0)* ein. Bestätigen Sie mit Strg+↵.

4 Verfahren Sie in der nächsten Zeile analog mit Eingabe von *=REST(E2;E3)* in Zelle E5.

5 Gleiches Verfahren in Zeile 6 mit folgender Eingabe in Zelle E6: *=WENNNV(SVERWEIS(E5; $I$2:$J$7;2;);E5)*.

6 In Zelle F2 setzen Sie einen Bezug auf E4 und kopieren die Formel in Zelle G2.

7 Um das Ergebnis in korrekter Notationsrichtung in der Ergebniszelle B8 darzustellen, erfassen Sie folgende Formel: *=VERKETTEN(G6;F6;E6)*.

Umwandlung von Dezimal- ins Oktal-/Dualsystem – zu Fuß

Eine Umrechnung von Dezimal- in Oktal- und Dualzahlen wird mit folgenden Anpassungen möglich:

- Oktalsystem: Als Teiler ist die Zahl 8 zu verwenden.
- Dualsystem: Als Teiler ist die Zahl 2 zu verwenden.

Für beide Systeme entfällt darüber hinaus die Zeile *Notation* – die Bezüge aus der Ergebniszelle können direkt auf die Restzeile gesetzt werden.

Umwandlung vom Dezimal- ins Hexadezimal-, Oktal-/Dualsystem mittels Excel-Funktionen

Im Normalfall ist das Mittel der Wahl natürlich auch hier die schnelle Umrechnung mittels Excel-Funktionen:

- Excel 2007 und 2010:

  =DEZINBIN(Zahl;[Stellen])

  =DEZINOKT(Zahl;[Stellen])

  =DEZINHEX (Zahl;[Stellen])

  Für *Zahl* kann direkt eine Zahl oder ein Zellbezug eingegeben werden. Die Maximalzahl für die Umrechnung ins Dualsystem ist dabei auf 511 festgelegt.

- Ab Excel 2013:

  =BASIS(Zahl;Basis;[Mindestlänge])

  Für *Zahl* und *Basis* kann analog direkt eine Zahl oder ein Zellbezug eingegeben werden. Als *Basis* können Werte von 2 bis 32 eingetragen werden.

	A	B	C	D
1	**Excel 2007, 2013:**			
2	BININDEZ	1010	10	=BININDEZ(B2)
3	BININHEX	1010	A	=BININHEX(B3)
4	BININOKT	1010	12	=BININOKT(B4)
5				
6	DEZINBIN	10	1010	=DEZINBIN(B6)
7	DEZINOKT	10	12	=DEZINOKT(B7)
8	DEZINHEX	10	A	=DEZINHEX(B8)
9				
10	OKTINDEZ	12	10	=OKTINDEZ(B10)
11	OKTINBIN	12	1010	=OKTINBIN(B11)
12	OKTINHEX	12	A	=OKTINHEX(B12)
13				
14	HEXINBIN	A	1010	=HEXINBIN(B14)
15	HEXINOKT	A	12	=HEXINOKT(B15)
16	HEXINDEZ	A	10	=HEXINDEZ(B16)
17				
18	**Ab Excel 2013:**			
19	DEZIMAL Basis 2	1010	10	=DEZIMAL(B19;2)
20	DEZIMAL Basis 8	12	10	=DEZIMAL(B20;8)
21	DEZIMAL Basis 16	A	10	=DEZIMAL(B21;16)
22				
23	BASIS (Basis 2)	10	1010	=BASIS(B23;2)
24	BASIS (Basis 8)	10	12	=BASIS(B24;8)
25	BASIS (Basis 16)	10	A	=BASIS(B25;16)

Durchführung von Berechnungen in Hexadezimal-, Oktal-und Dualsystem

Um Grundrechenarten innerhalb des Dual-, Oktal- oder Hexadezimalsystems pragmatisch durchzuführen, empfiehlt es sich, den Zwischenschritt über eine Rückrechnung der Ausgangsdaten ins Dezimalsystem und der Wiederumrechnung des Ergebnisses in das Ausgangszahlensystem zu gehen.

Als Beispiel sollen die Dualzahlen 11010 und 11 addiert werden.

Erfassen Sie folgende Formel:

=DEZINBIN(BININDEZ(11010)+(BININDEZ(11)))

Das Ergebnis der Berechnung ist *11101.*

Analog können Addition, Subtraktion, Division und Multiplikation in allen drei Zahlensystemen durchgeführt werden.

	A	B	C	D	E	F	G
1	**Grundrechenarten im Dualsystem:**						
2							
3	**Addition:**	11010	+	11	=	11101	=DEZINBIN(BININDEZ(B3)+(BININDEZ(D3)))
4	**Subtraktion:**	10001	-	101	=	1100	=DEZINBIN(BININDEZ(B4)-(BININDEZ(D4)))
5	**Division:**	110	/	10	=	11	=DEZINBIN(BININDEZ(B5)/(BININDEZ(D5)))
6	**Multiplikation:**	11100	*	111	=	100011	=DEZINBIN(BININDEZ(B6)+(BININDEZ(D6)))
7							
8							
9	**Grundrechenarten im Oktalsystem:**						
10							
11	**Addition:**	11010	+	11	=	10777	=DEZINOKT(OKTINDEZ(B11)-(OKTINDEZ(D11)))
12	**Subtraktion:**	10001	-	101	=	7700	=DEZINOKT(OKTINDEZ(B12)-(OKTINDEZ(D12)))
13	**Division:**	110	/	10	=	11	=DEZINOKT(OKTINDEZ(B13)/(OKTINDEZ(D13)))
14	**Multiplikation:**	11100	*	111	=	1232100	=DEZINOKT(OKTINDEZ(B14)*(OKTINDEZ(D14)))
15							
16							
17	**Grundrechenarten im Hexadezimalsystem:**						
18							
19	**Addition:**	1208	+	9	=	1211	=DEZINHEX(HEXINDEZ(B19)+(HEXINDEZ(D19)))
20	**Subtraktion:**	1001	-	41	=	FC0	=DEZINHEX(HEXINDEZ(B20)-(HEXINDEZ(D20)))
21	**Division:**	48	/	8	=	9	=DEZINHEX(HEXINDEZ(B21)/(HEXINDEZ(D21)))
22	**Multiplikation:**	1240	*	49	=	53440	=DEZINHEX(HEXINDEZ(B22)*(HEXINDEZ(D22)))

Tipp 9: Römische in arabische Zahlen umwandeln (und vice versa)

Excel stellt für die Umwandlung von römischen in arabische Zahlen die Funktion *RÖMISCH (Zahl;[Typ])* zur Verfügung. Mit dieser Funktion ist eine Konvertierung von Zahlen im Bereich von 1 bis 3999 möglich.

A4

	A	B	C	D	E	F	G	H
1	Arabische Zahl:	1	5	10	50	100	500	1000
2	Römische Zahl:	I	V	X	L	C	D	M

Bei der Umwandlung kann mittels Variation des optionalen Arguments *Typ* zwischen mehreren Schreibweisen der römischen Zahlen gewählt werden:

- Wird als *Typ* 0 angegeben oder leer gelassen, wird die eingegebene Zahl in klassischer römischer Schreibweise zurückgegeben.
- Wählt man als *Typ* dagegen eine Zahl zwischen 1 und 4, wird das Ergebnis in römischer Schreibweise umso kürzer/vereinfachter gestaltet, je höher die Typzahl ist.

Die folgende Abbildung zeigt anhand der Zahl 499 diese unterschiedlichen Darstellungen in Abhängigkeit vom gewählten Typ:

	A	B	C	D	E	F
12	Arabisch	Römisch Typ 0	Römisch Typ 1	Römisch Typ 2	Römisch Typ 3	Römisch Typ 4
13	499	CDXCIX	LDVLIV	XDIX	VDIV	ID

Umrechnung von arabischen in römische Zahlen

Im folgenden Beispiel ist eine Liste zu erstellen, die alle arabischen Zahlen des zulässigen Wertebereichs aufweist; jeder Zahl soll die umgewandelte römische Ziffer in den verschiedenen Schreibweisen vergleichend gegenübergestellt werden.

So geht's:

1 Tragen Sie in Zelle A1 die Zahl 1 ein.

2 Zum automatischen Auffüllen der Zahlen bis 3999 verwenden Sie die Reihenfunktion, die über das Menü *Start/Bearbeiten/Füllbereich/Reihe* aufgerufen wird.

3 Im Dialogfenster *Reihe* wählen Sie die Option *Spalten* sowie als Typ *Linear.*

Im Feld *Inkrement* belassen Sie den Wert 1 und geben im Feld *Endwert* die Zahl 3999 ein.

Der abschließende Klick auf die Schaltfläche *OK* befüllt Spalte A mit den gewünschten Werten.

4 Erfassen Sie nun folgende Formeln:

- Zelle B1: *=RÖMISCH($A1;0)*
- Zelle C1: *=RÖMISCH($A1;1)*
- Zelle D1: *=RÖMISCH($A1;2)*
- Zelle E1: *=RÖMISCH($A1;3)*
- Zelle F1: *=RÖMISCH($A1;4)*.

5 Markieren Sie die Zellen B1:F1.

6 Setzen Sie den Mauszeiger auf das Ausfüllkästchen an der rechten unteren Ecke des markierten Bereichs und kopieren Sie die erfassten Formeln durch Doppelklick bis Zeile 3999.

	A	B	C	D	E	F
486	486	CDLXXXVI	LDXXXVI	LDXXXVI	LDXXXVI	LDXXXVI
487	487	CDLXXXVII	LDXXXVII	LDXXXVII	LDXXXVII	LDXXXVII
488	488	CDLXXXVIII	LDXXXVIII	LDXXXVIII	LDXXXVIII	LDXXXVIII
489	489	CDLXXXIX	LDXXXIX	LDXXXIX	LDXXXIX	LDXXXIX
490	490	CDXC	LDXL	XD	XD	XD
491	491	CDXCI	LDXLI	XDI	XDI	XDI
492	492	CDXCII	LDXLII	XDII	XDII	XDII
493	493	CDXCIII	LDXLIII	XDIII	XDIII	XDIII
494	494	CDXCIV	LDXLIV	XDIV	XDIV	XDIV
495	495	CDXCV	LDVL	XDV	VD	VD
496	496	CDXCVI	LDVLI	XDVI	VDI	VDI
497	497	CDXCVII	LDVLII	XDVII	VDII	VDII
498	498	CDXCVIII	LDVLIII	XDVIII	VDIII	VDIII
499	499	CDXCIX	LDVLIV	XDIX	VDIV	ID
500	500	D	D	D	D	D
501	501	DI	DI	DI	DI	DI

Umrechnung von römischen in arabische Zahlen

Für die Umrechnung römischer in arabische Zahlen steht seit Excel 2013 erstmals eine dedizierte Funktion zur Verfügung: *ARABISCH(Text)*. Mit dieser Funktion können römische Zahlen – ungeachtet der Art der verwendeten römischen Schreibweise – in arabische Zahlen umgerechnet werden.

In den Versionen Excel 2007 und 2010 ist die Umrechnung römischer Zahlen dagegen nur mittels rekursiver Verwendung der Funktion *RÖMISCH* möglich. Abhängig von der verwendeten Schreibweise der römischen Ausgangszahlen muss hier der entsprechende Typ als Argument beigegeben werden, um ein korrektes Ergebnis zu erhalten.

So geht's:

1 Kopieren Sie die in den Spalten B bis F ermittelten Zahlen als Werte auf ein neues Tabellenblatt in die Spalten A bis E. In den Spalten A bis E befinden sich nun die Zahlen 1 bis 4999 in jeweils unterschiedlicher Schreibweise.

2 Ab Excel 2013: Erfassen Sie in Zelle F1 die Formel *=ARABISCH(A1)*.

Markieren Sie Zelle F1, setzen Sie den Mauszeiger auf das Ausfüllkästchen und ziehen Sie die Markierung nach rechts bis zur Zelle J1. In dieser Zelle sollte nun die Formel *=ARABISCH(E1)* stehen.

Markieren Sie die Zellen F1:J1 und kopieren Sie diese mittels Doppelklick auf das Ausfüllkästchen bis Zeile 3999. Unabhängig von der verwendeten Ausgangsschreibweise erhalten Sie die korrekte arabische Zahl.

In Excel 2007 und 2010: Erfassen Sie folgende Matrixformeln:

- Zelle F1: *{=VERGLEICH(A1;RÖMISCH(ZEILE(INDIREKT("1:3999"));0);0)}*
- Zelle G1: *{=VERGLEICH(B1;RÖMISCH(ZEILE(INDIREKT("1:3999"));1);0)}*
- Zelle H1: *{=VERGLEICH(C1;RÖMISCH(ZEILE(INDIREKT("1:3999"));2);0)}*

- Zelle I1: *{=VERGLEICH(D1;RÖMISCH(ZEILE(INDIREKT("1:3999"));3);0)}*
- Zelle J1: *{=VERGLEICH(E1;RÖMISCH(ZEILE(INDIREKT("1:3999"));4);0)}*.

	A	B	C	D	E	F	G	H	I	J
486	CDLXXXV	LDXXXV	LDXXXV	LDXXXV	LDXXXV	485	485	485	485	485
487	CDLXXXVI	LDXXXVI	LDXXXVI	LDXXXVI	LDXXXVI	486	486	486	486	486
488	CDLXXXVII	LDXXXVII	LDXXXVII	LDXXXVII	LDXXXVII	487	487	487	487	487
489	CDLXXXVIII	LDXXXVIII	LDXXXVIII	LDXXXVIII	LDXXXVIII	488	488	488	488	488
490	CDLXXXIX	LDXXXIX	LDXXXIX	LDXXXIX	LDXXXIX	489	489	489	489	489
491	CDXC	LDXL	XD	XD	XD	490	490	490	490	490
492	CDXCI	LDXLI	XDI	XDI	XDI	491	491	491	491	491
493	CDXCII	LDXLII	XDII	XDII	XDII	492	492	492	492	492
494	CDXCIII	LDXLIII	XDIII	XDIII	XDIII	493	493	493	493	493
495	CDXCIV	LDXLIV	XDIV	XDIV	XDIV	494	494	494	494	494
496	CDXCV	LDVL	XDV	VD	VD	495	495	495	495	495
497	CDXCVI	LDVLI	XDVI	VDI	VDI	496	496	496	496	496
498	CDXCVII	LDVLII	XDVII	VDII	VDII	497	497	497	497	497
499	CDXCVIII	LDVLIII	XDVIII	VDIII	VDIII	498	498	498	498	498
500	CDXCIX	LDVLIV	XDIX	VDIV	ID	499	499	499	499	499
501	D	D	D	D	D	500	500	500	500	500
502	DI	DI	DI	DI	DI	501	501	501	501	501

Beachten Sie: Die geschweiften Klammern werden nicht mit eingegeben, sondern entstehen durch die abschließende Bestätigung der Eingabe mittels der Tastenkombination Strg+⇧+↵ automatisch.

Markieren Sie nun die Zellen F1:J1 und kopieren Sie diese mittels Doppelklick auf das Ausfüllkästchen bis Zeile 3999.

Tipp 10: Rund ums Runden

Excel bietet eine Vielzahl an Formeln an, um diverse Rundungen von Werten vornehmen zu können. Die klassischen Formeln, die zum Runden benutzt werden können, sind *RUNDEN()*, *ABRUNDEN()*, *AUFRUNDEN()*, *KÜRZEN()*, *FEST()*, *GANZZAHL()*, *GERADE()*, *UNGERADE()*, *OBERGRENZE()*, *UNTERGRENZE()* und *VRUNDEN()*. Es gibt aber auch noch einige andere Möglichkeiten zum Runden. So können unter anderem auch Formeln wie *TEXT()*, *DM()* oder die nicht dokumentierte Funktion *USDOLLAR()* eingesetzt werden.

A1 fx Beschreibung

	A	B	C	D	E
1	Beschreibung	Wert	Ergebnis		Formel
2	Auf zwei Nachkommastellen runden	5,2749	5,27		=RUNDEN(B2;2)
3	Auf zwei Nachkommastellen aufrunden	5,2749	5,28		=AUFRUNDEN(B3;2)
4	Auf Ganzzahl runden	1,2649	1		=RUNDEN(B4;0)
5	Auf nächsten 10er runden	334,254	330		=RUNDEN(B5;-1)
6	Auf nächsten 10er aufrunden	334,254	340		=AUFRUNDEN(B6;-1)
7	Auf nächsten 1000er runden	312789123	312789000		=RUNDEN(B7;-3)
8	Auf nächste Million runden mit einer Nachkommastelle	312789123	312,8		=RUNDEN(B8/1000000;1)
9	Auf die nächste Multiple von 2 runden	43	44		=VRUNDEN(B9;2)
10	Auf die nächste Multiple von 5 runden	93	95		=VRUNDEN(B10;5)
11	Auf den nächsten 100er abrunden	301	300		=UNTERGRENZE(B11;100)
12	Schneidet die Nachkommastellen ab	-23,34	-23		=KÜRZEN(B12;0)
13	Rundet auf die nächste gerade ganze Zahl auf	42,1	44		=GERADE(B13)
14	Rundet auf die nächste ungerade ganze Zahl auf	44,93	45		=UNGERADE(B14)
15	Rundet auf die 2te Nachkommastelle ab	3,446	3,44		=ABRUNDEN(B15;2)
16	Rundet auf die nächst kleinere ganze Zahl ab	3,446	3		=GANZZAHL(B16)
17	Wandelt den Wert in ein Währungsformat um	1	1,00 €		=DM(B17;2)
18	Wandelt den Wert in ein Währungsformat um	1,31	1,31 €		=USDOLLAR(B18;2)
19	Wandelt den Wert in ein Textformat um	1,31	1,3		=TEXT(B19;"#.##0,0")

4.12 Sofort einsetzbare Summierungsfunktionen und bedingte Berechnungen

In diesem Abschnitt erfahren Sie anhand verschiedener Praxistipps, welche Summierungsmöglichkeiten Excel bietet und wie leistungsstarke Auswertungs- und Summierungsformeln erstellt werden können.

Tipp 1: Summierung jeder x-ten Zeile

Im Beispiel liegen Messwerte einer Produktionsanlage vor. Zu Analysezwecken darf nur jeder vierte Wert der Zahlenreihe herangezogen werden. Die anderen Werte sollen unberücksichtigt bleiben.

So geht's:

Sehen Sie sich zunächst die Ausgangstabelle an. Diese Messwerte stammen aus einem Analyseprogramm und wurden nach Excel importiert.

	A	B	C
1	**Messwerte Produktionsanlage A**		
2			
3			
4	Wert 1	42,9888	
5	Wert 2	38,2382	
6	Wert 3	52,9594	
7	Wert 4	37,8102	
8	Wert 5	42,5746	
9	Wert 6	42,3606	
10	Wert 7	32,1466	
11	Wert 8	51,9326	
12	Wert 9	41,7186	
13	Wert 10	44,5046	
14	Wert 11	45,2906	
15	Wert 12	36,0766	
16	Wert 13	51,8626	
17	Wert 14	43,5819	
18	Wert 15	41,1107	
19	Wert 16	52,6345	
20	Wert 17	42,1685	
21			

1 Zum Auslesen jedes vierten Werts erfassen Sie in Zelle B22 folgende Formel:

   =SUMME(WENN(REST(ZEILE(B4:B20);4)=0;B4:B20))

   Damit wird jede vierte Zelle aus dem Bereich B4:B20 addiert. Alle anderen Messwerte bleiben unberücksichtigt.

2 Da es sich um eine Matrixfunktion handelt, müssen Sie die Formel mit der Tastenkombination Strg+⇧+↵ abschließen.

Die mit Pfeilen gekennzeichneten Werte fließen in die Summe ein.

B22 {=SUMME(WENN(REST(ZEILE(B4:B20);4)=0;B4:B20))}

	A	B	C
1	**Messwerte Produktionsanlage A**		
2			
3			
4	Wert 1	42,9888	←
5	Wert 2	38,2382	
6	Wert 3	52,9594	
7	Wert 4	37,8102	
8	Wert 5	42,5746	←
9	Wert 6	42,3606	
10	Wert 7	32,1466	
11	Wert 8	51,9326	
12	Wert 9	41,7186	←
13	Wert 10	44,5046	
14	Wert 11	45,2906	
15	Wert 12	36,0766	
16	Wert 13	51,8626	←
17	Wert 14	43,5819	
18	Wert 15	41,1107	
19	Wert 16	52,6345	
20	Wert 17	42,1685	←
21			
22	**Summe**	**221,3131**	
23			

Hinweis

Soll beispielsweise jede dritte Zeile summiert werden, passen Sie die Formel entsprechend an: *=SUMME(WENN(REST(ZEILE(B4:B20);3)=0;B4:B20))*

Tipp 2: Summierung von absoluten Zahlen

In diesem Beispiel sollen alle Zahlen als absolute Zahlen behandelt und addiert werden. Als absolute Zahl wird eine Zahl ohne Vorzeichen bezeichnet. Ziel ist es also, dass alle Zahlen unabhängig vom Vorzeichen addiert werden.

So geht's:

Erfassen Sie zur Summierung des Bereichs A4:A9 in Zelle A11 die Formel *=SUMME(ABS(A4:A9))*. Damit Excel die Formel als Matrixformel interpretiert, müssen Sie die Eingabe mit der Tastenkombination Strg+⇧+↵ abschließen.

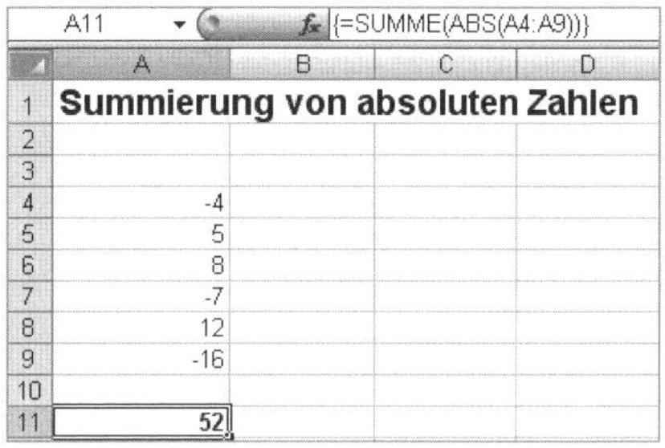

Im Ergebnis werden nun alle Zahlen addiert, unabhängig davon, welches Vorzeichen die jeweilige Zahl besitzt.

Tipp 3: Gerundete Zahlen richtig summieren

Diese Aufgabenstellung zeigt, welche Fallstricke im Umgang mit gerundeten Zahlen bestehen und wie sie umgangen werden können.

So geht's:

Im Beispiel soll das Ergebnis einer Berechnung auf ganze Zahlen, also Zahlen ohne Nachkommastellen, gerundet werden. Sehen Sie sich zunächst die Ausgangswerte in nebenstehender Abbildung an.

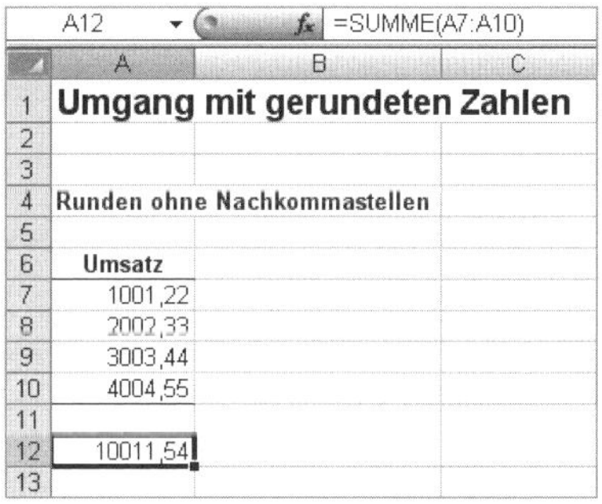

Bei der Addition der Werte im Bereich A7:A10 mit der Funktion *=SUMME(A7:A10)* ergibt sich ein Betrag von 10011,54.

Um nun die Summe zu runden, stehen zwei verschiedene Methoden zur Verfügung:

1 Bei der ersten Möglichkeit wird nur das Ergebnis gerundet. Dies erreichen Sie durch die Formel *=RUNDEN(SUMME(A7:A10);0)* in Zelle B14. Als Ergebnis erhalten Sie den Wert 10012.

2 Sollen hingegen bereits die einzelnen Umsatzbeträge gerundet werden, können Sie das durch folgende Matrixformel in Zelle B16 erreichen:

=SUMME(RUNDEN(A7:A10;0))

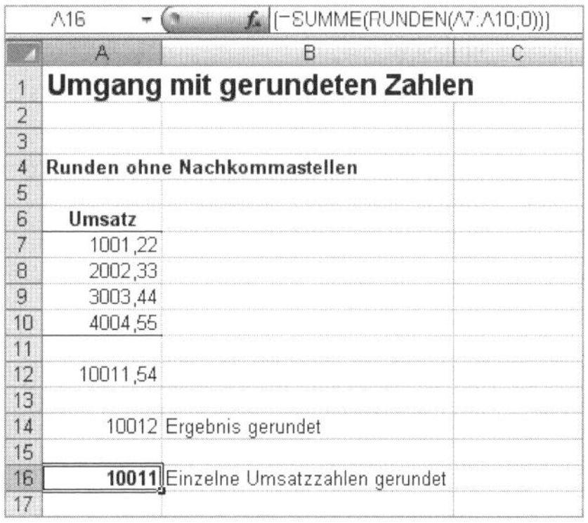

Schließen Sie die Array-Funktion mit der Tastenkombination Strg+⇧+↵ ab. Das Ergebnis lautet 10011.

Das Ergebnis von 10011 lässt sich ganz leicht verproben, indem in der Nebenspalte B7:B10 die einzelnen Umsätze gerundet und die gerundeten Umsätze addiert werden.

1 Markieren Sie dazu den Zellbereich B7:B14 und erfassen Sie in Zelle B7 die Formel *=RUNDEN(A7;0)*. Beenden Sie die Dateneingabe mit der Tastenkombination Strg+↵.

2 In Zelle B12 wird die Summe der vier Umsätze ganz einfach mithilfe der Formel *=SUMME(B7:B10)* ermittelt.

Als Ergebnis wird ebenfalls die Summe der einzelnen gerundeten Umsätze zurückgegeben.

Auf diese Weise können Sie auch Zahlen auf volle Tausend oder volle Millionen runden.

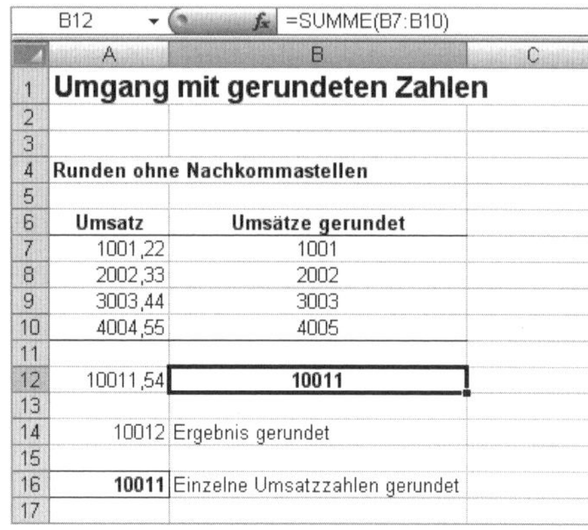

Tipp 4: Beschränkung intelligent umgehen – Summierung von mehr als 255 Argumenten

Die Summenfunktion, wie die meisten Funktionen, waren in alten Excel-Versionen auf 30 Argumente beschränkt. Dadurch kam es hin und wieder zu Problemen und Fehlerhinweisen bei der Berechnung. Seit Excel 2007 stehen 255 Argumente zur Verfügung, sodass die beschriebene Problematik in der Praxis nur äußerst selten auftreten sollte. Für den Fall, dass aber auch 255 Argumente nicht ausreichen, hilft der folgende Tipp weiter.

So geht's:

Das Problem ergibt sich dadurch, dass Bereiche summiert werden sollen, die nicht zusammenhängen. Bei zusammenhängenden Zellbereichen lässt sich die Anzahl der Argumente dadurch reduzieren, dass der gesamte Bereich als ein einziges Argument übergeben wird. Mit einem kleinen Trick lassen sich aber auch mehr als 255 Argumente übergeben. Der Trick besteht darin, die Argumente mit Klammern zu Gruppen zusammenzufassen.

Die folgende Funktion zeigt, wie verschiedene Zellbereiche als Gruppenargumente übergeben werden:

=SUMME((A10;A12;A15;A17;A21);(B11;B15;B21);(C15:C23);(D1;D5;D20)

Ohne den Klammertrick wären mit dieser Funktion bereits 13 Argumente verbraucht. Mithilfe dieses Tricks handelt es sich im Beispiel um lediglich 4 Argumente. Klammerausdrücke werden nämlich jeweils als ein Argument gewertet. Somit lässt sich die Begrenzung auf 255 Argumente leicht umgehen.

Tipp 5: Summierung der drei Kunden mit dem höchsten Jahresumsatz

In der folgenden Aufgabenstellung sollen die drei höchsten Kundenumsätze ermittelt werden. Diese sollen als Grundlage zur Ermittlung des Verhältnisses der Topkundenumsätze zum Gesamtumsatz verwendet werden. Als Datenbasis dient dabei eine Debitorensaldenliste.

So geht's:

Sehen Sie sich zunächst die Ausgangstabelle etwas näher an.

Die Umsätze befinden sich in Spalte *JVZ-Soll* in der Debitorenliste. Daraus sollen nun die höchsten drei Umsätze summiert werden.

Erfassen Sie in Zelle B24 folgende Formel:

=KGRÖSSTE(C5:C21;1)
+KGRÖSSTE(C5:C21;2)
+KGRÖSSTE(C5:C21;3)

	A	B	C	D
1	**Debitorensaldenliste**			
2				
3				
4	**Deb.-Nr.**	**Name**	**JVZ-Soll**	**JVZ-Haben**
5	10005	Achim OHG	1.456,82 €	1.456,82 €
6	10010	Angelsport Huber KG	35.732,88 €	34.763,22 €
7	10013	Angermayr Ludwig GbR	4.123,54 €	3.823,83 €
8	10017	A-Team GmbH	27.653,09 €	24.519,70 €
9	10025	Augustin GmbH	15.223,32 €	14.671,71 €
10	10030	Bauer Ines e. K.	652,33 €	652,33 €
11	10040	Bavaria e.V.	4.759,69 €	4.338,78 €
12	10050	Bergler OHG	5.972,81 €	4.965,30 €
13	10055	Binder Tobias KG	3.198,35 €	3.198,35 €
14	10057	Blindenwerkstatt e.G.	3.930,86 €	3.178,13 €
15	10060	Bringservice Ag	3.808,73 €	2.650,07 €
16	10065	Burger-Transporte e.K.	8.894,62 €	1.057,04 €
17	10072	B-Zentrale e.V.	1.734,98 €	1.734,98 €
18	10080	CD AG	616,71 €	616,71 €
19	10085	Central-Sport GmbH	617,16 €	- €
20	10090	China e.V.	9.596,68 €	9.119,75 €
21	10100	Cisco	5.348,29 €	5.348,29 €
22		**Gesamtumsatz**	**133.320,86 €**	

Mit der Funktion *KGRÖSSTE()* wird zunächst der größte Wert ermittelt. Anschließend werden der zweitgrößte und zuletzt der drittgrößte Umsatz ermittelt und addiert.

C24 =KGRÖSSTE(C5:C21;1)+KGRÖSSTE(C5:C21;2)+KGRÖSSTE(C5:C21;3)

	A	B	C	D
1	**Debitorensaldenliste**			
2				
3				
4	**Deb.-Nr.**	**Name**	**JVZ-Soll**	**JVZ-Haben**
5	10005	Achim OHG	1.456,82 €	1.456,82 €
6	10010	Angelsport Huber KG	35.732,88 €	34.763,22 €
7	10013	Angermayr Ludwig GbR	4.123,54 €	3.823,83 €
8	10017	A-Team GmbH	27.653,09 €	24.519,70 €
9	10025	Augustin GmbH	15.223,32 €	14.671,71 €
10	10030	Bauer Ines e. K.	652,33 €	652,33 €
11	10040	Bavaria e.V.	4.759,69 €	4.338,78 €
12	10050	Bergler OHG	5.972,81 €	4.965,30 €
13	10055	Binder Tobias KG	3.198,35 €	3.198,35 €
14	10057	Blindenwerkstatt e.G.	3.930,86 €	3.178,13 €
15	10060	Bringservice Ag	3.808,73 €	2.650,07 €
16	10065	Burger-Transporte e.K.	8.894,62 €	1.057,04 €
17	10072	B-Zentrale e.V.	1.734,98 €	1.734,98 €
18	10080	CD AG	616,71 €	616,71 €
19	10085	Central-Sport GmbH	617,16 €	- €
20	10090	China e.V.	9.596,68 €	9.119,75 €
21	10100	Cisco	5.348,29 €	5.348,29 €
22		**Gesamtumsatz**	**133.320,86 €**	
23				
24		Die drei größten Umsätze	78.609,29 €	

Hinweis

Die Funktion wird etwas unübersichtlich und lang, wenn mehrere Umsätze berechnet werden sollen. Mit dieser verkürzten Formel erhalten Sie das gleiche Ergebnis:

=SUMME(KGRÖSSTE(A1:A100;{1;2;3}))

Tipp 6: Summierung von Zahlen mit vorangestelltem oder nachfolgendem Text

In diesem Beispiel wurde jeder Zahl die Bezeichnung *EURO* vorangestellt. Solche Daten entstehen entweder durch Datenimporte aus Fremdsystemen oder durch die manuelle Eingabe nicht versierter Anwender. Ziel ist es nun, auf Basis dieser Zahlen die Summe der Werte zu berechnen.

	A	B
1	**Verkaufsstatistik**	
2		
3		**Summe**
4	Januar	EURO 20.388,55
5	Februar	EURO 16.287,16
6	März	EURO 16.400,70
7	April	EURO 13.704,29
8	Mai	EURO 11.710,36
9	Juni	EURO 15.164,71
10	Juli	EURO 12.972,49
11	August	EURO 16.625,45
12	September	EURO 17.524,15
13	Oktober	EURO 24.500,67
14	November	EURO 25.819,63
15	Dezember	EURO 30.101,53
16		
17	**Summe Jahr**	**221.199,69**

So geht's:

Die Ausgangstabelle ist rechts abgebildet.

1 Zur Summierung der Werte aus den Zellen B4 bis B15 erfassen Sie in Zelle B17 folgende Formel:

=SUMME(WERT(ERSETZEN(B4:B15;1;5;"")))

2 Da es sich um eine Matrixfunktion handelt, müssen Sie die Dateneingabe mit der Tastenkombination Strg+⇧+↵ abschließen.

B17 {=SUMME(WERT(ERSETZEN(B4:B15;1;5;"")))}

	A	B	C
1	**Verkaufsstatistik**		
2			
3		**Summe**	
4	Januar	EURO 20.388,55	
5	Februar	EURO 16.287,16	
6	März	EURO 16.400,70	
7	April	EURO 13.704,29	
8	Mai	EURO 11.710,36	
9	Juni	EURO 15.164,71	
10	Juli	EURO 12.972,49	
11	August	EURO 16.625,45	
12	September	EURO 17.524,15	
13	Oktober	EURO 24.500,67	
14	November	EURO 25.819,63	
15	Dezember	EURO 30.101,53	
16			
17	**Summe Jahr**	**221.199,69**	

Mit der Funktion *ERSETZEN()* werden, beginnend beim ersten bis zum fünften Zeichen, die Zeichen E, U, R und O sowie das Leerzeichen entfernt.

Die Syntax der Funktion *ERSETZEN()* ist wie folgt aufgebaut:

ERSETZEN(Alter_Text;Erstes_Zeichen; Anzahl_Zeichen;Neuer_Text)

Hinweis

Wäre statt des Textes *EURO* nur das Euro-Zeichen (€) vorangestellt worden, kann die Summe mit folgender Formel gebildet werden:

=SUMME(WERT(ERSETZEN(C4:C15;1;2;"")))

Beenden Sie auch diese Formel mit der Tastenkombination Strg+⇧+↵.

D17 {=SUMME(WERT(ERSETZEN(D4:D15;1;2;"")))}

	A	B	C	D
1	**Verkaufsstatistik**			
2				
3		**Summe**		**Summe**
4	Januar	EURO 20.388,55		€ 20.388,55
5	Februar	EURO 16.287,16		€ 16.287,16
6	März	EURO 16.400,70		€ 16.400,70
7	April	EURO 13.704,29		€ 13.704,29
8	Mai	EURO 11.710,36		€ 11.710,36
9	Juni	EURO 15.164,71		€ 15.164,71
10	Juli	EURO 12.972,49		€ 12.972,49
11	August	EURO 16.625,45		€ 16.625,45
12	September	EURO 17.524,15		€ 17.524,15
13	Oktober	EURO 24.500,67		€ 24.500,67
14	November	EURO 25.819,63		€ 25.819,63
15	Dezember	EURO 30.101,53		€ 30.101,53
16				
17	**Summe Jahr**	**221.199,69**		**221.199,69**

Ist der Text nicht vorangestellt, sondern wurde er rechts an die Zahl angefügt, können Sie die Summe mit dieser Matrixfunktion ermitteln:

=SUMME(WERT(LINKS(B4:B15;LÄNGE(B4:B15)–5)))

Beenden Sie die Formel anschließend mit Strg+⇧+↵.

B17 {=SUMME(WERT(LINKS(B4:B15;LÄNGE(B4:B15)-5)))}

	A	B	C	D
1	**Verkaufsstatistik**			
2				
3		**Summe**		
4	Januar	20.388,55 EURO		
5	Februar	16.287,16 EURO		
6	März	16.400,70 EURO		
7	April	13.704,29 EURO		
8	Mai	11.710,36 EURO		
9	Juni	15.164,71 EURO		
10	Juli	12.972,49 EURO		
11	August	16.625,45 EURO		
12	September	17.524,15 EURO		
13	Oktober	24.500,67 EURO		
14	November	25.819,63 EURO		
15	Dezember	30.101,53 EURO		
16				
17	**Summe Jahr**	**221.199,69**		

➡ Verweis: siehe Kapitel 4.4, Tipp 5

Tipp 7: Dynamische Summierung der ausgewählten Zellen

Die Excel-Statusleiste bietet u. a. die Möglichkeit, sich die Summe, den Mittelwert, die Anzahl, den Maximal- sowie den Minimalwert eines im Tabellenblatt markierten Bereichs anzeigen zu lassen. (Zur Anzeige der Anpassungsoptionen klicken Sie mit der rechten Maustaste auf die Statusleiste.)

In diesem Beispiel erfahren Sie, wie sich diese Funktion zur Verwendung in einer Excel-Zelle nachahmen lässt.

So geht's:

Hier kommt wieder einmal eine Excel4-Makrofunktion zum Einsatz.

1 Erfassen Sie über das Menü *Formeln/Definierte Namen/Namen definieren* den Namen *aus*. Im Feld *Bezieht sich auf* geben Sie die Funktion *=AUSWAHL()* ein.

2 Erfassen Sie auf dem gleichen Weg einen zweiten Namen mit der Bezeichnung *Markierung*. Im Feld *Bezieht sich auf* geben Sie folgende Formel ein:

*=ADRESSE(ZEILE(aus)+JETZT()*0;SPALTE(aus))&":"&ADRESSE(ZEILE(aus)+ZEILEN(aus)–1;SPALTE(aus)+SPALTEN(aus)–1)*

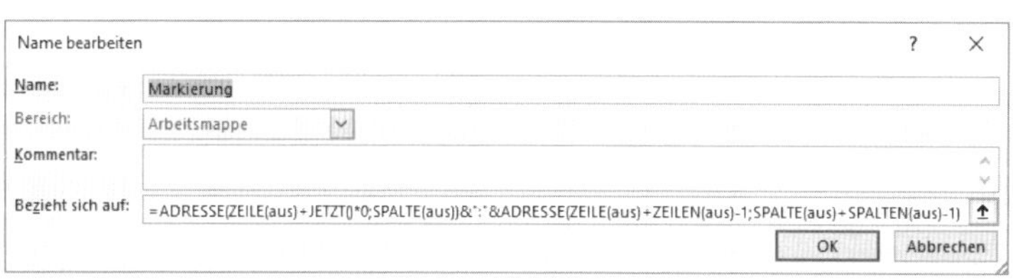

3 Zur Berechnung der Summe des markierten Bereichs setzen Sie in eine beliebige Zelle die Formel *=SUMME(INDIREKT(Markierung))*.

Wenn bei der Erfassung der Formel ein Zirkelbezug auftritt, weil die Zelle, in der sich die Formel befindet, mit in die Berechnung der markierten Zellen einbezogen wird, bestätigen Sie die Warnmeldung mit der Schaltfläche *Abbrechen* und verlassen Sie die Zelle. Vermeiden Sie, die Zelle künftig mit in die Markierung zur Summenberechnung einzubeziehen.

C6 | fx 35732,88

	A	B	C	D	E	F	G
1	**Debitorensaldenliste**						
2							
3							
4	**Deb.-Nr.**	**Name**	**JVZ-Soll**	**JVZ-Haben**			
5	10005	Achim OHG	1.456,82 €	1.456,82 €			
6	10010	Angelsport Huber KG	35.732,88 €	34.763,22 €			
7	10013	Angermayr Ludwig GbR	4.123,54 €	3.823,83 €			
8	10017	A-Team GmbH	27.653,09 €	24.519,70 €			
9	10025	Augustin GmbH	15.223,32 €	14.671,71 €			
10	10030	Bauer Ines e. K.	652,33 €	652,33 €			
11	10040	Bavaria e.V.	4.759,69 €	4.338,78 €			
12	10050	Bergler OHG	5.972,81 €	4.965,30 €		94117,66	**Summe**
13	10055	Binder Tobias KG	3.198,35 €	3.198,35 €			
14	10057	Blindenwerkstatt e.G.	3.930,86 €	3.178,13 €			
15	10060	Bringservice Ag	3.808,73 €	2.650,07 €			
16	10065	Burger-Transporte e.K.	8.894,62 €	1.057,04 €			
17	10072	B-Zentrale e.V.	1.734,98 €	1.734,98 €			
18	10080	CD AG	616,71 €	616,71 €			
19	10085	Central-Sport GmbH	617,16 €	- €			
20	10090	China e.V.	9.596,68 €	9.119,75 €			
21	10100	Cisco	5.348,29 €	5.348,29 €			

Wird ein Bereich selektiert, der über die Funktion summiert werden soll, muss zur Neuberechnung die Funktionstaste F9 gedrückt werden.

Hinweis

Mithilfe dieser Funktion lassen sich auch weitere Berechnungen durchführen:

Mittelwert: *=MITTELWERT(INDIREKT(Markierung))*

Anzahl: *=ANZAHL(INDIREKT(Markierung))*

Größter Wert: *=MAX(INDIREKT(Markierung))*

Kleinster Wert: *=MIN(INDIREKT(Markierung))*

	A	B	C	D	E	F	G
1	**Debitorensaldenliste**						
2							
3							
4	**Deb.-Nr.**	**Name**	**JVZ-Soll**	**JVZ-Haben**			
5	10005	Achim OHG	1.456,82 €	1.456,82 €			
6	10010	Angelsport Huber KG	35.732,88 €	34.763,22 €			
7	10013	Angermayr Ludwig GbR	4.123,54 €	3.823,83 €			
8	10017	A-Team GmbH	27.653,09 €	24.519,70 €			
9	10025	Augustin GmbH	15.223,32 €	14.671,71 €			
10	10030	Bauer Ines e. K.	652,33 €	652,33 €			
11	10040	Bavaria e.V.	4.759,69 €	4.338,78 €			
12	10050	Bergler OHG	5.972,81 €	4.965,30 €		=SUMME(INDIREKT(Markierung))	**Summe**
13	10055	Binder Tobias KG	3.198,35 €	3.198,35 €		=MITTELWERT(INDIREKT(Markierung))	**Mittelwert**
14	10057	Blindenwerkstatt e.G.	3.930,86 €	3.178,13 €		=ANZAHL(INDIREKT(Markierung))	**Anzahl**
15	10060	Bringservice Ag	3.808,73 €	2.650,07 €		=MAX(INDIREKT(Markierung))	**Max-Wert**
16	10065	Burger-Transporte e.K.	8.894,62 €	1.057,04 €		=MIN(INDIREKT(Markierung))	**Min-Wert**
17	10072	B-Zentrale e.V.	1.734,98 €	1.734,98 €			
18	10080	CD AG	616,71 €	616,71 €			
19	10085	Central-Sport GmbH	617,16 €	- €			
20	10090	China e.V.	9.596,68 €	9.119,75 €			
21	10100	Cisco	5.348,29 €	5.348,29 €			

Verweis: siehe Kapitel 9.1, Tipp 3

Tipp 8: Bedingte Summierung mit verschiedenen Suchkriterien

In diesem Beispiel sollen die offenen Posten addiert werden, die den vorgegebenen Suchkriterien entsprechen. Als Ausgangstabelle dient dabei eine Liste aller offenen Forderungen mit Angabe der Debitorennummer, des Kundennamens und der offenen Forderung in Euro.

	A	B	C
1	**Offene-Posten-Liste**		
2			
3			
4	**Deb.-Nr.**	**Name**	**Offene Posten**
5	10005	Achim OHG	1.456,82 €
6	10010	Angelsport Huber KG	35.732,88 €
7	10013	Angermayr Ludwig GbR	4.123,54 €
8	10017	A-Team GmbH	27.653,09 €
9	10025	Augustin GmbH	15.223,32 €
10	10030	Bauer Ines e. K.	652,33 €
11	10040	Bavaria e.V.	4.759,69 €
12	10050	Bergler OHG	5.972,81 €
13	10055	Binder Tobias KG	3.198,35 €
14	10057	Blindenwerkstatt e.G.	3.930,86 €
15	10060	Bringservice Ag	3.808,73 €
16	10065	Burger-Transporte e.K.	8.894,62 €
17	10072	B-Zentrale e.V.	1.734,98 €
18	10080	CD AG	616,71 €
19	10085	Central-Sport GmbH	617,16 €
20	10090	China e.V.	9.596,68 €
21	10100	Cisco	5.348,29 €

So geht's:

1 Um beispielsweise die offenen Posten aller GmbHs zu addieren, erfassen Sie in Zelle B24 das Suchkriterium **GmbH*.

2 Verwenden Sie dazu in Zelle B25 folgende Formel:

=SUMMEWENN(B5:B21;B24;C5:C21)

Damit wird der Bereich B5:B21 auf das Suchkriterium **GmbH* hin durchsucht und die Werte aus dem Bereich C5:C21, auf die das Suchkriterium zutrifft, werden addiert.

B25 fx =SUMMEWENN(B5:B21;B24;C5:C21)

	A	B	C	D
1	**Offene-Posten-Liste**			
2				
3				
4	**Deb.-Nr.**	**Name**	**Offene Posten**	
5	10005	Achim OHG	1.456,82 €	
6	10010	Angelsport Huber KG	35.732,88 €	
7	10013	Angermayr Ludwig GbR	4.123,54 €	
8	10017	A-Team GmbH	27.653,09 €	
9	10025	Augustin GmbH	15.223,32 €	
10	10030	Bauer Ines e. K.	652,33 €	
11	10040	Bavaria e.V.	4.759,69 €	
12	10050	Bergler OHG	5.972,81 €	
13	10055	Binder Tobias KG	3.198,35 €	
14	10057	Blindenwerkstatt e.G.	3.930,86 €	
15	10060	Bringservice Ag	3.808,73 €	
16	10065	Burger-Transporte e.K.	8.894,62 €	
17	10072	B-Zentrale e.V.	1.734,98 €	
18	10080	CD AG	616,71 €	
19	10085	Central-Sport GmbH	617,16 €	
20	10090	China e.V.	9.596,68 €	
21	10100	Cisco	5.348,29 €	
22				
23		**Kriterien**		
24		*GmbH		
25		**43.493,57 €**		

Als Ergebnis werden die drei Werte aus Zelle C8, C9 und C19 summiert, da sich in den Namen das Kürzel GmbH befindet.

Sollen beispielsweise alle offenen Posten über 10.000 Euro addiert werden, um einen Überblick über die größten Positionen zu bekommen, gehen Sie wie folgt vor:

1 Erfassen Sie in Zelle C24 das Suchkriterium >*10000*.

2 Ausgewertet wird das Suchkriterium in Zelle C25 mit folgender Formel:

=SUMMEWENN(C5:C21;C24;C5:C21)

Die Suchkriterien der Funktion *SUMMEWENN()* sind sehr flexibel einsetzbar.

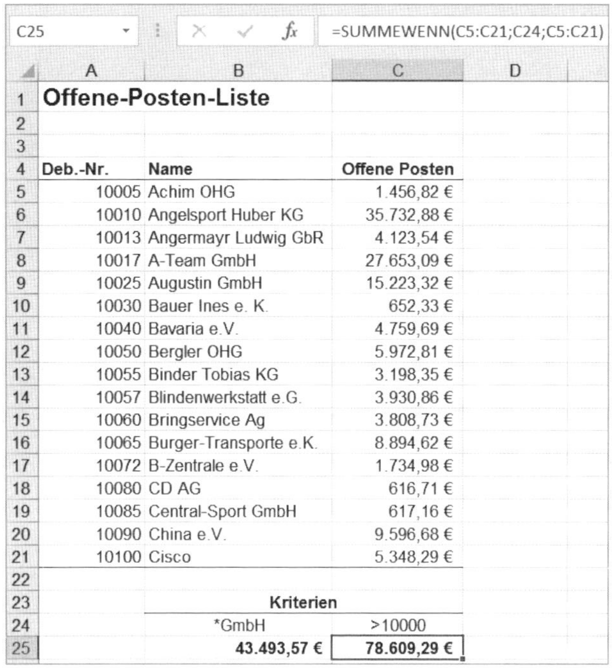

C25 =SUMMEWENN(C5:C21;C24;C5:C21)

	A	B	C	D
1	Offene-Posten-Liste			
2				
3				
4	Deb.-Nr.	Name	Offene Posten	
5	10005	Achim OHG	1.456,82 €	
6	10010	Angelsport Huber KG	35.732,88 €	
7	10013	Angermayr Ludwig GbR	4.123,54 €	
8	10017	A-Team GmbH	27.653,09 €	
9	10025	Augustin GmbH	15.223,32 €	
10	10030	Bauer Ines e. K.	652,33 €	
11	10040	Bavaria e.V.	4.759,69 €	
12	10050	Bergler OHG	5.972,81 €	
13	10055	Binder Tobias KG	3.198,35 €	
14	10057	Blindenwerkstatt e.G.	3.930,86 €	
15	10060	Bringservice Ag	3.808,73 €	
16	10065	Burger-Transporte e.K.	8.894,62 €	
17	10072	B-Zentrale e.V.	1.734,98 €	
18	10080	CD AG	616,71 €	
19	10085	Central-Sport GmbH	617,16 €	
20	10090	China e.V.	9.596,68 €	
21	10100	Cisco	5.348,29 €	
22				
23		Kriterien		
24		*GmbH	>10000	
25		43.493,57 €	78.609,29 €	

Folgende Tabelle gibt einen kleinen Überblick über mögliche Suchkriterien:

Kriterium	Ergebnis
>10000	Addiert alle Werte über 10.000 Euro.
Bergler OHG	Addiert nur Werte, wenn der Ausdruck genau übereinstimmt.
Be*	Addiert alle Werte, die mit Be beginnen. Der Stern dient als Suchjoker für eine beliebig lange Zeichenfolge.
ind	Addiert alle Werte, in denen der Teilstring ind enthalten ist.
M?ier	Addiert Werte wie Maier oder Meier. Das Fragezeichen ersetzt ein Zeichen.

Leider kann mit der Funktion *SUMMEWENN()* nur ein einziges Suchkriterium verarbeitet werden. Wenn mehrere Kriterien berücksichtigt werden sollen, müssen Sie einen anderen Lösungsansatz wählen.

➡ Verweis: siehe Kapitel 4.12, Tipp 9

Tipp 9: Summierung auf der Basis mehrerer Bedingungen

In diesem Beispiel liegt die Verkaufsstatistik für den Monat Juli getrennt nach Kalenderwoche, Produktgruppe und Verkaufsteam vor.

Auf dieser Basis soll für das Team 1 der Umsatz ermittelt werden, der mit der Produktgruppe B erzielt wurde. Die Verkaufsstatistik ist der Abbildung entsprechend aufgebaut.

So geht's:

In Zelle B22 befindet sich die Produktgruppe und in Zelle B23 das Verkaufsteam, für das die Auswertung vorgenommen werden soll.

	A	B	C	D
1	**Verkaufsstatistik Juli**			
2				
3	**Kalenderwoche**	**Produktgruppe**	**Verkaufsteam**	**Umsatz**
4	27	A	Team 1	10.807,79 €
5	27	B	Team 2	14.908,13 €
6	27	A	Team 1	9.130,16 €
7	27	C	Team 2	10.267,42 €
8	28	D	Team 1	11.960,90 €
9	28	B	Team 1	3.447,33 €
10	28	C	Team 1	6.872,91 €
11	28	D	Team 2	4.767,66 €
12	29	C	Team 2	14.740,86 €
13	29	D	Team 1	12.191,42 €
14	29	B	Team 1	13.271,98 €
15	29	A	Team 1	7.620,91 €
16	30	B	Team 1	1.756,89 €
17	30	A	Team 2	3.690,69 €
18	30	D	Team 2	3.317,58 €
19	30	C	Team 1	7.390,51 €
20				
21				
22	**Produktgruppe:**	B		
23	**Team:**	Team 1		

Zur Summierung der Umsätze auf Basis der beiden Auswertungsparameter erfassen Sie in Zelle B25 diese Formel:

=SUMMENPRODUKT((B4:B19=B22)(C4:C19=B23)*D4:D19)*

Im Ergebnis werden nun ausschließlich die Umsätze aus Spalte D addiert, bei denen in Spalte B der Eintrag *B* und in Spalte C der Eintrag *Team 1* vorhanden ist.

Zur Summierung auf der Basis mehrerer Auswertungskriterien wird aber auch die Funktion *=SUMMEWENNS()* angeboten. Die Syntax der Funktion lautet wie folgt:

SUMMEWENNS(Summe_Bereich;Kriterium_Bereich1;Kriterium1;Kriterium_Bereich2;Kriterium2;...)

Tragen Sie in Zelle B27 folgende Formel ein:

=SUMMEWENNS(D4:D19;B4:B19;B22;C4:C19;B23)

Damit erhalten Sie das gleiche Ergebnis wie mit der Funktion *SUMMENPRODUKT()*.

B27 · =SUMMEWENNS(D4:D19;B4:B19;B22;C4:C19;B23)

	A	B	C	D	E
1	**Verkaufsstatistik Juli**				
2					
3	**Kalenderwoche**	**Produktgruppe**	**Verkaufsteam**	**Umsatz**	
4	27	A	Team 1	10.807,79 €	
5	27	B	Team 2	14.908,13 €	
6	27	A	Team 1	9.130,16 €	
7	27	C	Team 2	10.267,42 €	
8	28	D	Team 1	11.960,90 €	
9	28	B	Team 1	3.447,33 €	
10	28	C	Team 1	6.872,91 €	
11	28	D	Team 2	4.767,66 €	
12	29	C	Team 2	14.740,86 €	
13	29	D	Team 1	12.191,42 €	
14	29	B	Team 1	13.271,98 €	
15	29	A	Team 1	7.620,91 €	
16	30	B	Team 1	1.756,89 €	
17	30	A	Team 2	3.690,69 €	
18	30	D	Team 2	3.317,58 €	
19	30	C	Team 1	7.390,51 €	
20					
21					
22	**Produktgruppe:**	B			
23	**Team:**	Team 1			
24					
25	**Summe**	**18.476,20 €**			
26					
27	**Summe**	**18.476,20 €**	SUMMEWENNS()		

Hinweis

Die Reihenfolge der Argumente ist in *SUMMEWENNS()* eine andere als in *SUMMEWENN()*. Das Argument *Summe_Bereich* ist in *SUMMEWENNS()* das erste Argument, während es in *SUMMEWENN* als drittes Argument angegeben werden muss. Beim Kopieren und Bearbeiten dieser ähnlichen Funktionen müssen Sie auf die richtige Reihenfolge der Argumente achten.

Hinweis

Noch kürzer geht's mit der Funktion *=SUMME((B4:B19=B22)*(C4:C19=B23)*D4:D19)*. Schließen Sie diese Formel mit der Tastenkombination Strg+⇧+↵ ab.

B29 | {=SUMME((B4:B19=B22)*(C4:C19=B23)*D4:D19)}

	A	B	C	D	E
1	**Verkaufsstatistik Juli**				
2					
3	**Kalenderwoche**	**Produktgruppe**	**Verkaufsteam**	**Umsatz**	
4	27	A	Team 1	10.807,79 €	
5	27	B	Team 2	14.908,13 €	
6	27	A	Team 1	9.130,16 €	
7	27	C	Team 2	10.267,42 €	
8	28	D	Team 1	11.960,90 €	
9	28	B	Team 1	3.447,33 €	
10	28	C	Team 1	6.872,91 €	
11	28	D	Team 2	4.767,66 €	
12	29	C	Team 2	14.740,86 €	
13	29	D	Team 1	12.191,42 €	
14	29	B	Team 1	13.271,98 €	
15	29	A	Team 1	7.620,91 €	
16	30	B	Team 1	1.756,89 €	
17	30	A	Team 2	3.690,69 €	
18	30	D	Team 2	3.317,58 €	
19	30	C	Team 1	7.390,51 €	
20					
21					
22	**Produktgruppe:**	B			
23	**Team:**	Team 1			
24					
25	**Summe**	**18.476,20 €**			
26					
27	**Summe**	**18.476,20 €**	SUMMEWENNS()		
28					
29	**Summe**	**18.476,20 €**	Matrixfunktion		

Das Ergebnis stimmt selbstverständlich mit den Ergebnissen der Funktionen *SUMMENPRODUKT()* und *SUMMEWENNS()* überein.

Soll zusätzlich zur Produktgruppe und dem Verkaufsteam als weiteres Kriterium die Kalenderwoche als Auswertungskriterium herangezogen werden, sieht die Lösung wie folgt aus.

1 Erfassen Sie in Zelle B26 diese Matrixfunktion:

=SUMME((B4:B19=B22)(C4:C19=B23)*(A4:A19=B24)*D4:D19)*

2 Schließen Sie die Eingabe mit der Tastenkombination Strg+⇧+↵ ab.

Nun werden nur noch die Umsatzzahlen der Produktgruppe B innerhalb des Verkaufsteams 1 in der Kalenderwoche 29 summiert.

B26 {=SUMME((B4:B19=B22)*(C4:C19=B23)*(A4:A19=B24)*D4:D19)}

	A	B	C	D	E
1	Verkaufsstatistik Juli				
2					
3	Kalenderwoche	Produktgruppe	Verkaufsteam	Umsatz	
4	27	A	Team 1	10.807,79 €	
5	27	B	Team 2	14.908,13 €	
6	27	A	Team 1	9.130,16 €	
7	27	C	Team 2	10.267,42 €	
8	28	D	Team 1	11.960,90 €	
9	28	B	Team 1	3.447,33 €	
10	28	C	Team 1	6.872,91 €	
11	28	D	Team 2	4.767,66 €	
12	29	C	Team 2	14.740,86 €	
13	29	D	Team 1	12.191,42 €	
14	29	B	Team 1	13.271,98 €	
15	29	A	Team 1	7.620,91 €	
16	30	B	Team 1	1.756,89 €	
17	30	A	Team 2	3.690,69 €	
18	30	D	Team 2	3.317,58 €	
19	30	C	Team 1	7.390,51 €	
20					
21					
22	Produktgruppe:	B			
23	Team:	Team 1			
24	Kalenderwoche:	29			
25					
26	Summe	13.271,98 €			

Tipp 10: Variable Summierung mit Vorjahresvergleich

In einem Tabellenblatt sollen die kumulierten Umsatzzahlen verschiedener Kalenderjahre bis zu einem bestimmten Monat miteinander verglichen werden. Als Kriterium für die Summierung soll jeweils der Monat des aktuellen Jahrs herangezogen werden, in dem der letzte Monatsumsatz eingetragen ist.

In der Abbildung sehen Sie, wie die Ausgangstabelle aufgebaut ist.

In den Jahren 2015 bis 2017 sind die Umsatzzahlen komplett für alle zwölf Monate vorhanden. Im Jahr 2018 sind die Umsätze erst bis August eingetragen. Zur Erstellung eines sinnvollen Vorjahresvergleichs auf Monatsbasis sollen nun auch nur die Umsätze von Januar bis August der Jahre 2015 bis 2017 mit dem kumulierten Umsatz Januar bis August 2018 verglichen werden.

	A	B	C	D	E
1	Umsatzdaten im Jahresvergleich				
2					
3					
4	Jahre	2015	2016	2017	2018
5	Januar	10.374,61	6.585,05	8.528,96	5.730,52
6	Februar	513,24	7.322,83	11.125,19	9.470,44
7	März	9.104,51	4.794,55	2.914,45	5.473,86
8	April	14.198,78	13.453,24	10.560,69	8.524,80
9	Mai	12.424,00	2.025,34	8.751,80	9.253,55
10	Juni	2.972,17	11.034,39	4.838,13	7.635,36
11	Juli	5.277,65	5.885,91	10.085,53	10.395,25
12	August	6.878,79	8.680,12	6.280,21	7.530,81
13	September	2.954,10	10.379,76	4.414,31	
14	Oktober	3.280,25	1.741,16	13.460,52	
15	November	5.885,82	12.646,69	9.055,84	
16	Dezember	10.146,28	12.380,38	2.255,95	
17					
18	Summe	61.743,75	59.781,43	63.084,96	64.014,59

So geht's:

1 Erfassen Sie in Zelle B18 diese Formel:

=SUMME(BEREICH.VERSCHIEBEN(B5;0;0;ANZAHL($E$5:$E$16);1))

Damit werden ausschließlich die Werte der Zellen B5:B12 summiert, da sich in Zelle E12 der letzte Umsatz im Jahr 2018 befindet.

2 Kopieren Sie die Formel bis zur Zelle E18 über das Ausfüllkästchen nach rechts.

B18 =SUMME(BEREICH.VERSCHIEBEN(B5;0;0;ANZAHL($E$5:$E$16);1))

	A	B	C	D	E	F
1	**Umsatzdaten im Jahresvergleich**					
2						
3						
4	Jahre	2015	2016	2017	2018	
5	Januar	10.374,61	6.585,05	8.528,96	5.730,52	
6	Februar	513,24	7.322,83	11.125,19	9.470,44	
7	März	9.104,51	4.794,55	2.914,45	5.473,86	
8	April	14.198,78	13.453,24	10.560,69	8.524,80	
9	Mai	12.424,00	2.025,34	8.751,80	9.253,55	
10	Juni	2.972,17	11.034,39	4.838,13	7.635,36	
11	Juli	5.277,65	5.885,91	10.085,53	10.395,25	
12	August	6.878,79	8.680,12	6.280,21	7.530,81	
13	September	2.954,10	10.379,76	4.414,31		
14	Oktober	3.280,25	1.741,16	13.460,52		
15	November	5.885,82	12.646,69	9.055,84		
16	Dezember	10.146,28	12.380,38	2.255,95		
17						
18	Summe	61.743,75	59.781,43	63.084,96	64.014,59	

Diese Formel nutzt die Funktion *BEREICH.VERSCHIEBEN()*. Die Syntax dieser Funktion lautet wie folgt:

BEREICH.VERSCHIEBEN(Bezug;Zeilen;Spalten;Höhe;Breite)

Argument	Beschreibung
Bezug	Ist der Bezug, der als Ausgangspunkt des Verschiebevorgangs dienen soll. *Bezug* muss ein Bezug zu einer Zelle oder einem Bereich aus angrenzenden Zellen sein.
Zeilen	Ist die Anzahl der Zeilen, um die Sie die obere linke Eckzelle des Bereichs nach oben oder nach unten verschieben möchten. Ist das Argument *Zeilen* beispielsweise gleich 5, bedeutet dies, dass die obere linke Ecke des neuen Bezugs fünf Zeilen unterhalb von *Bezug* liegt. Das Argument *Zeilen* kann sowohl einen positiven (unterhalb des Ausgangsbezugs liegend) als auch einen negativen Wert annehmen (oberhalb des Ausgangsbezugs liegend).
Spalten	Ist die Anzahl der Spalten, um die Sie die obere linke Eckzelle des Bereichs nach links oder nach rechts verschieben möchten. Ist das Argument *Spalten* beispielsweise gleich 5, bedeutet dies, dass die obere linke Ecke des neuen Bezugs fünf Spalten rechts von *Bezug* liegt. Das Argument *Spalten* kann sowohl einen positiven (rechts des Ausgangsbezugs liegend) als auch einen negativen Wert annehmen (links des Ausgangsbezugs liegend).
Höhe	Ist die Höhe des neuen Bezugs in Zeilen. Für *Höhe* muss ein positiver Wert angegeben werden.
Breite	Ist die Breite des neuen Bezugs in Spalten. Für *Breite* muss ein positiver Wert angegeben werden.

Die Höhe des Bezugs wird über die Funktion *ANZAHL($E$5:$E$16)* ermittelt. Sobald also ein weiterer Monatswert, z. B. der Septemberumsatz, in die Umsatzspalte 2018 eingegeben wird, erfolgt automatisch die Anpassung der Höhe des Bezugs und die Werte werden in allen Jahren bis einschließlich September addiert.

E18 =SUMME(BEREICH.VERSCHIEBEN(E5;0;0; ANZAHL($E$5:$E$16);1))

	A	B	C	D	E	F
1	Umsatzdaten im Jahresvergleich					
2						
3						
4	Jahre	2015	2016	2017	2018	
5	Januar	10.374,61	6.585,05	8.528,96	5.730,52	
6	Februar	513,24	7.322,83	11.125,19	9.470,44	
7	März	9.104,51	4.794,55	2.914,45	5.473,86	
8	April	14.198,78	13.453,24	10.560,69	8.524,80	
9	Mai	12.424,00	2.025,34	8.751,80	9.253,55	
10	Juni	2.972,17	11.034,39	4.838,13	7.635,36	
11	Juli	5.277,65	5.885,91	10.085,53	10.395,25	
12	August	6.878,79	8.680,12	6.280,21	7.530,81	
13	September	2.954,10	10.379,76	4.414,31		
14	Oktober	3.280,25	1.741,16	13.460,52		
15	November	5.885,82	12.646,69	9.055,84		
16	Dezember	10.146,28	12.380,38	2.255,95		
17						
18	Summe	61.743,75	59.781,43	63.084,96	64.014,59	

Tipp 11: Summierung mit indirekter Zellreferenzierung

Zum Aufbau größerer Kalkulationsmodelle ist es oft unerlässlich, auf indirekte Zellreferenzen zurückzugreifen. In diesem Beispiel erfahren Sie, wie mithilfe der Funktion *INDIREKT()* eine variable Summierungsfunktion aufgebaut werden kann.

So geht's:

1 Zuerst müssen die Zellbezüge für die Start- und die Endzelle definiert werden. Geben Sie dazu in Zelle B19 den Zellbezug für die Startzelle ein. In diesem Beispiel lautet dieser *C7*. Den Zellbezug *C14* für die Endzelle erfassen Sie in Zelle B20.

2 In Zelle D19 soll die Summe des Bereichs C7:C14 (Startzelle: Endzelle) ermittelt werden. Das erreichen Sie mit der Formel *=SUMME(INDIREKT(B19&":"&B20))*.

	A	B	C	D	E
1	Zellbereiche indirekt summieren				
2					
3					
4	Jahre	2015	2016	2017	2018
5	Januar	10.374,61	6.585,05	8.528,96	5.730,52
6	Februar	513,24	7.322,83	11.125,19	9.470,44
7	März	9.104,51	4.794,55	2.914,45	5.473,86
8	April	14.198,78	13.453,24	10.560,69	8.524,80
9	Mai	12.424,00	2.025,34	8.751,80	9.253,55
10	Juni	2.972,17	11.034,39	4.838,13	7.635,36
11	Juli	5.277,65	5.885,91	10.085,53	10.395,25
12	August	6.878,79	8.680,12	6.280,21	7.530,81
13	September	2.954,10	10.379,76	4.414,31	8.324,92
14	Oktober	3.280,25	1.741,16	13.460,52	
15	November	5.885,82	12.646,69	9.055,84	
16	Dezember	10.146,28	12.380,38	2.255,95	
17					
18					
19	Startzelle:	C7	Ergebnis:	57.994,47	
20	Endzelle:	C14			

Sobald die Angaben der Bezüge in den Zellen B19 und B20 verändert werden, wird in Zelle D19 sofort die geänderte Summe ermittelt.

Hinweis

Diese Methode können Sie für alle Excel-Funktionen anwenden, in denen Bereichsangaben gemacht werden können.

Tipp 12: Summierung bis zu einem bestimmten Monat durchführen

In einer Verkaufsliste sollen die Umsätze zu Analysezwecken bis zu einem bestimmten Monat ausgewertet werden. Die Verkaufsliste, die ausgewertet werden soll, sehen Sie in der Abbildung.

	A	B
1	**Verkaufsübersicht**	
2	Verkäufer: Klaus Brugmann	
3		
4	**Jahre**	**Umsatz**
5	**Januar**	5.730,52 €
6	**Februar**	9.470,44 €
7	**März**	5.473,86 €
8	**April**	8.524,80 €
9	**Mai**	9.253,55 €
10	**Juni**	7.635,36 €
11	**Juli**	10.395,25 €
12	**August**	7.530,81 €
13	**September**	8.324,92 €
14	**Oktober**	6.679,00 €
15	**November**	5.644,83 €
16	**Dezember**	4.609,66 €

So geht's:

1 Im ersten Schritt muss das Kriterium eingegeben werden, das besagt, bis zu welchem Monat addiert werden soll. Erfassen Sie dazu in Zelle D5 die Monatsbezeichnung *Juli*.

2 In Zelle E5 soll nun die Summe der Werte Januar bis Juli gebildet werden. Das erreichen Sie, indem Sie in Zelle E5 folgende Formel eingeben:

=SUMME(BEREICH.VERSCHIEBEN(B5;0;0;VERGLEICH(D5;A5:A16;0);1))

E5 | fx | =SUMME(BEREICH.VERSCHIEBEN(B5;0;0;VERGLEICH(D5;A5:A16;0);1))

	A	B	C	D	E	F
1	**Verkaufsübersicht**					
2	Verkäufer: Klaus Brugmann					
3						
4	**Jahre**	**Umsatz**		**Monat**	**Ergebnis**	
5	**Januar**	5.730,52 €		Juli	**56.483,78 €**	
6	**Februar**	9.470,44 €				
7	**März**	5.473,86 €				
8	**April**	8.524,80 €				
9	**Mai**	9.253,55 €				
10	**Juni**	7.635,36 €				
11	**Juli**	10.395,25 €				
12	**August**	7.530,81 €				
13	**September**	8.324,92 €				
14	**Oktober**	6.679,00 €				
15	**November**	5.644,83 €				
16	**Dezember**	4.609,66 €				

Sobald der Monatsname in Zelle D5 geändert wird, erfolgt die Neuberechnung der Summe in Zelle E5. Auf diese Weise lässt sich sehr schnell eine flexible Summierung aufbauen.

Tipp 13: Dynamische Ermittlung von Zwischensummen

In einer Excel-Tabelle sind alle Verkäufe eines Tags unsortiert aufgelistet. Artikel mit gleicher Artikelnummer wurden mehrmals verkauft. Ziel ist es nun, die Verkaufssumme pro Artikelnummer zu ermitteln. Dabei sollen die Zwischensummen bei der jeweils letzten mehrfach vorkommenden Artikelnummer angezeigt werden.

So geht's:

Die Liste der Tagesverkäufe ist wie nebenstehend aufgebaut.

	A	B	C	D
1	**Tagesverkäufe**			
2				
3				
4	**Artikel-Nr.**	**Anzahl**	**VK pro Stück**	**Umsatz**
5	47116	9	72,9	656,10 €
6	47125	8	75,01	600,08 €
7	47015	1	58,3	58,30 €
8	47116	5	72,9	364,50 €
9	47018	4	131,44	525,76 €
10	47125	4	75,01	300,04 €
11	47015	7	58,3	408,10 €
12	47116	1	72,9	72,90 €
13	47223	1	114,45	114,45 €
14	47223	1	114,45	114,45 €
15	47020	8	97,76	782,08 €
16	47116	6	72,9	437,40 €
17	47015	3	58,3	174,90 €
18	47223	15	114,45	1.716,75 €
19	47116	12	72,9	874,80 €
20	47020	12	97,76	1.173,12 €
21	47015	5	58,3	291,50 €
22				
23				**8.665,23 €**

1 Markieren Sie den Zellbereich E5:E21.

2 Geben Sie in Zelle E5 folgende Formel zur Ermittlung der Zwischensummen ein:

=WENN(ZÄHLENWENN(A5:A21;A5)>1; "";SUMMEWENN($A$5:$A$21;A5;$D$5: $D$21))

3 Beenden Sie die Dateneingabe mit der Tastenkombination Strg+↵.

Sie sehen, dass bei der letzten mehrfach vorkommenden Artikelnummer jeweils die Gruppensumme für die betreffende Artikelnummer eingetragen wird. Wenn Sie nun in Zelle E23 die Zwischensummen aufaddieren, sehen Sie, dass sich das gleiche Ergebnis wie bei der Addition aller Umsatzzahlen in Zelle D23 ergibt.

E5 =WENN(ZÄHLENWENN(A5:A21;A5)>1;""; SUMMEWENN($A$5:$A$21;A5;$D$5: $D$21))

	A	B	C	D	E
1	**Tagesverkäufe**				
2					
3					
4	**Artikel-Nr.**	**Anzahl**	**VK pro Stück**	**Umsatz**	**Gruppensumme**
5	47116	9	72,9	656,10 €	
6	47125	8	75,01	600,08 €	
7	47015	1	58,3	58,30 €	
8	47116	5	72,9	364,50 €	
9	47018	4	131,44	525,76 €	525,76 €
10	47125	4	75,01	300,04 €	900,12 €
11	47015	7	58,3	408,10 €	
12	47116	1	72,9	72,90 €	
13	47223	1	114,45	114,45 €	
14	47223	1	114,45	114,45 €	
15	47020	8	97,76	782,08 €	
16	47116	6	72,9	437,40 €	
17	47015	3	58,3	174,90 €	
18	47223	15	114,45	1.716,75 €	1.945,65 €
19	47116	12	72,9	874,80 €	2.405,70 €
20	47020	12	97,76	1.173,12 €	1.955,20 €
21	47015	5	58,3	291,50 €	932,80 €
22					
23				**8.665,23 €**	**8.665,23 €**

Hinweis

Achten Sie bei der Formel auf die korrekte Angabe der relativen und absoluten Zellreferenzen.

Tipp 14: Summierung bei doppelt vorkommenden Werten

In einer Excel-Tabelle werden die Teilzahlungen von Kunden erfasst. Dabei werden zu jeder Teilzahlung der Zahlungstag, die Kundennummer, der Kundenname, die Gesamtforderung sowie der Teilzahlungsbetrag eingegeben.

	A	B	C	D	E
1	Geldeingänge Juni				
2					
3					
4	Zahlungstag	Deb.-Nr.	Name	Gesamtforderung	Teilbetrag
5	04.06.2018	10005	Achim OHG	1.456,82 €	435,00 €
6	05.06.2018	10010	Angelsport Huber KG	35.732,88 €	8.350,00 €
7	08.06.2018	10013	Angermayr Ludwig GbR	4.123,54 €	1.100,00 €
8	11.06.2018	10005	Achim OHG	1.456,82 €	350,00 €
9	12.06.2018	10005	Achim OHG	1.456,82 €	100,00 €
10	14.06.2018	10010	Angelsport Huber KG	35.732,88 €	9.500,00 €
11	18.06.2018	10013	Angermayr Ludwig GbR	4.123,54 €	500,00 €
12	19.06.2018	10010	Angelsport Huber KG	35.732,88 €	6.500,00 €
13	26.06.2018	10013	Angermayr Ludwig GbR	4.123,54 €	500,00 €
14	28.06.2018	10013	Angermayr Ludwig GbR	4.123,54 €	500,00 €

Ausgehend von diesem Datenbestand soll in Zelle E16 die Summe aller Teilzahlungen ermittelt werden. Darüber hinaus soll in Zelle D16 die Summe der Gesamtforderungen berechnet werden. Mit einer klassischen Summenfunktion ist es aber hier nicht getan, da die Werte im Bereich D5:D14 mehrfach vorhanden sind.

So geht's:

1 Zur Summierung der Teilbeträge erfassen Sie in Zelle E16 einfach die Summenformel *=SUMME(E5:E14)*.

2 Etwas schwieriger wird es bei der Ermittlung der Gesamtforderungen, da keine Duplikate berücksichtigt werden dürfen. Erfassen Sie zu diesem Zweck folgende Formel in Zelle D16:

*=SUMME((ZÄHLENWENN(BEREICH.VERSCHIEBEN(B5;0;0;ZEILE(5:14)–4);B5:B14)=1)*D5:D14)*

D16 {=SUMME((ZÄHLENWENN(BEREICH.VERSCHIEBEN(B5;0;0;ZEILE(5:14)-4);B5:B14)=1)*D5:D14)}

	A	B	C	D	E	F
1	Geldeingänge Juni					
2						
3						
4	Zahlungstag	Deb.-Nr.	Name	Gesamtforderung	Teilbetrag	
5	04.06.2018	10005	Achim OHG	1.456,82 €	435,00 €	
6	05.06.2018	10010	Angelsport Huber KG	35.732,88 €	8.350,00 €	
7	08.06.2018	10013	Angermayr Ludwig GbR	4.123,54 €	1.100,00 €	
8	11.06.2018	10005	Achim OHG	1.456,82 €	350,00 €	
9	12.06.2018	10005	Achim OHG	1.456,82 €	100,00 €	
10	14.06.2018	10010	Angelsport Huber KG	35.732,88 €	9.500,00 €	
11	18.06.2018	10013	Angermayr Ludwig GbR	4.123,54 €	500,00 €	
12	19.06.2018	10010	Angelsport Huber KG	35.732,88 €	6.500,00 €	
13	26.06.2018	10013	Angermayr Ludwig GbR	4.123,54 €	500,00 €	
14	28.06.2018	10013	Angermayr Ludwig GbR	4.123,54 €	500,00 €	
15						
16				**41.313,24 €**	**27.835,00 €**	

Diese Formel prüft den Bereich B5:B14 auf identische Debitorennummern. Bei identischen Nummern wird der Betrag im Bereich D5:D14 nur jeweils einmal berücksichtigt.

In diesem Beispiel wird nicht die Wertspalte, sondern eine weitere Spalte zur Ermittlung von Duplikaten verwendet. Ebenso gut könnte hier die Spalte *Gesamtforderung* zu Ermittlung der Duplikate verwendet werden. Die Formel dafür lautet wie folgt:

*=SUMME((ZÄHLENWENN(BEREICH.VERSCHIEBEN(D5;0;0;ZEILE(5:14)–4);D5:D14)=1)*D5:D14)*

Damit wird in diesem Beispiel das gleiche Ergebnis erzielt.

➡ Verweis: siehe Kapitel 2.1, Tipp 8

Tipp 15: Summierung von farbigen Zellen

Standardmäßig bietet Excel keine Funktion, um bedingte Summierungen nach Schriftfarben durchzuführen. Häufig werden in der Praxis Farben zur Kennzeichnung bestimmter Tatbestände verwendet. Sollen nun die markierten Zellen addiert werden, fehlt die passende Funktion. Mit VBA lässt sich aber ganz leicht eine benutzerdefinierte Funktion zur Lösung der Fragestellung programmieren.

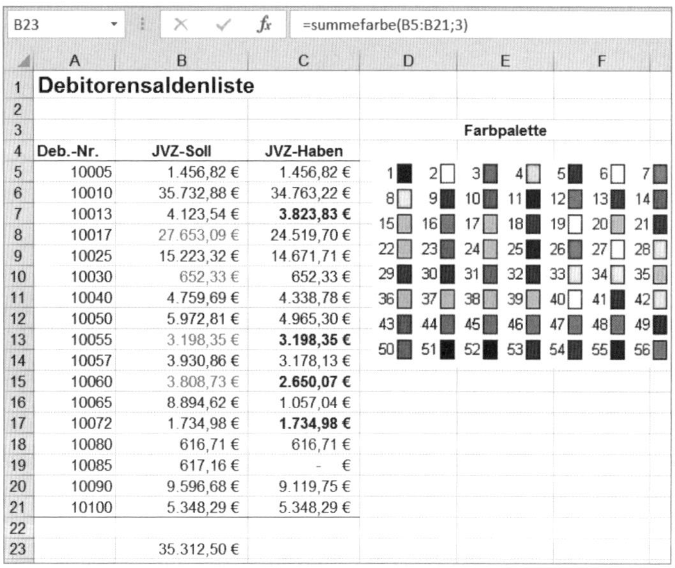

B23 =summefarbe(B5:B21;3)

	A	B	C
1	Debitorensaldenliste		
2			
3			
4	Deb.-Nr.	JVZ-Soll	JVZ-Haben
5	10005	1.456,82 €	1.456,82 €
6	10010	35.732,88 €	34.763,22 €
7	10013	4.123,54 €	**3.823,83 €**
8	10017	27.653,09 €	24.519,70 €
9	10025	15.223,32 €	14.671,71 €
10	10030	652,33 €	652,33 €
11	10040	4.759,69 €	4.338,78 €
12	10050	5.972,81 €	4.965,30 €
13	10055	3.198,35 €	**3.198,35 €**
14	10057	3.930,86 €	3.178,13 €
15	10060	3.808,73 €	**2.650,07 €**
16	10065	8.894,62 €	1.057,04 €
17	10072	1.734,98 €	**1.734,98 €**
18	10080	616,71 €	616,71 €
19	10085	617,16 €	- €
20	10090	9.596,68 €	9.119,75 €
21	10100	5.348,29 €	5.348,29 €
22			
23		35.312,50 €	

Hinweis

Bis Excel 2003 standen 56 Farben zur Verfügung. So steht beispielsweise der Index 3 für Rot, 5 steht für Blau und 4 für Grün. Ab Excel 2007 stehen rund 4,3 Milliarden Farben zur Verfügung. Aus Vereinfachungsgründen wird im vorliegenden Beispiel mit der „alten" Farbpalette aus Excel 2003 gearbeitet.

So geht's:

1 Starten Sie mit der Tastenkombination Alt+F11 den VBA-Editor.

2 Fügen Sie über das Menü *Einfügen/Modul* ein neues Codeblatt hinzu.

3 Kopieren Sie den Code aus Listing 1 in das Codeblatt.

4 Der neuen Funktion *SUMMEFARBE()* müssen zwei Parameter übergeben werden. Der erste Parameter ist wie gewohnt der Zellbereich, der summiert werden soll. Als zweiter Parameter wird die Farbnummer übergeben. Um nun alle Zahlen mit roter Schriftfarbe zu markieren, erfassen Sie die Formel *=SUMMEFARBE(B5:B21;3)*.

Sie sehen nun, dass ausschließlich die rot markierten Zahlen der Zellen B8, B13 und B15 addiert werden.

Listing 1:

```
Function summefarbe(bereich As Range, farbindex As Integer)
'** Zellen mit entsprechender Schriftfarbe werden summiert
'** Volatilität der Funktion einschalten
Application.Volatile
'** Farbsumme auf null setzen
summefarbe = 0
For Each zelle In bereich
    If zelle.Font.ColorIndex = farbindex Then
        summefarbe = summefarbe + zelle.Value
    End If
Next
End Function
```

Durch eine geringfügige Modifikation der benutzerdefinierten Funktion können auch alle fett markierten Zellen addiert werden. Den Code dazu sehen Sie in Listing 2.

Listing 2:

```
Function summefett(bereich As Range, Optional fett As Integer)
'** Zellen mit fett markierten Werten werden summiert

'** Volatilität der Funktion einschalten
Application.Volatile
'** Farbsumme auf null setzen
summefett = 0
For Each zelle In bereich
  If fett = 1 Then
    If zelle.Font.Bold = True Then
      summefett = summefett + zelle.Value
    End If
  ElseIf fett = 0 Then
    If zelle.Font.Bold = False Then
      summefett = summefett + zelle.Value
    End If
  End If
Next
End Function
```

Die Funktion *SUMMEFETT()* besitzt darüber hinaus noch folgendes Feature: Wenn nach der Bereichsangabe der Parameter 1 übergeben wird, werden alle fett markierten Zellen addiert. Wird der Parameter 0 übergeben, werden hingeben nur die nicht fett formatierten Zellen summiert.

C23 | =summefett(C5:C21;1)

	A	B	C
1	**Debitorensaldenliste**		
2			
3			
4	**Deb.-Nr.**	**JVZ-Soll**	**JVZ-Haben**
5	10005	1.456,82 €	1.456,82 €
6	10010	35.732,88 €	34.763,22 €
7	10013	4.123,54 €	**3.823,83 €**
8	10017	27.653,09 €	24.519,70 €
9	10025	15.223,32 €	14.671,71 €
10	10030	652,33 €	652,33 €
11	10040	4.759,69 €	4.338,78 €
12	10050	5.972,81 €	4.965,30 €
13	10055	3.198,35 €	**3.198,35 €**
14	10057	3.930,86 €	3.178,13 €
15	10060	3.808,73 €	**2.650,07 €**
16	10065	8.894,62 €	1.057,04 €
17	10072	1.734,98 €	**1.734,98 €**
18	10080	616,71 €	616,71 €
19	10085	617,16 €	- €
20	10090	9.596,68 €	9.119,75 €
21	10100	5.348,29 €	5.348,29 €
22			
23		35.312,50 €	11.407,23 €

Farbpalette

1	2	3	4	5	6	7
8	9	10	11	12	13	14
15	16	17	18	19	20	21
22	23	24	25	26	27	28
29	30	31	32	33	34	35
36	37	38	39	40	41	42
43	44	45	46	47	48	49
50	51	52	53	54	55	56

Tipp 16: Bereiche per Shortcuts summieren

Dieses Beispiel zeigt einen wenig bekannten, aber in der Praxis nützlichen Trick, um in einer Kreuztabelle Spalten und Zeilensummen mit einem einzigen Shortcut einzufügen.

So geht's:

1 Markieren Sie den Zellbereich, der summiert werden soll, zuzüglich einer leeren Spalte, in der die Zeilenergebnisse eingefügt werden sollen, und einer oder zwei leeren Zeilen, in denen die Spaltensummen ausgegeben werden sollen. Im Beispiel wird der Bereich C4:I17 markiert.

	A	B	C	D	E	F	G	H	I
1	**Sonstiger Betrieblicher Aufwand**								
2									
3	**Konto**	**Bezeichnung**	**Jan**	**Feb**	**Mrz**	**Apr**	**Mai**	**Jun**	
4	4360	Versicherungen	1.520,00	1.520,00	1.520,00	1.815,00	1.520,00	1.520,00	
5	4540	KFZ-Leasing	1.105,00	1.105,00	1.105,00	1.105,00	1.105,00	1.105,00	
6	4610	Werbekosten	1.288,49	4.217,24	3.683,63	3.033,99	1.340,84	2.767,56	
7	4712	Raumkosten	622,94	1.296,87	1.844,31	733,38	1.930,28	1.728,68	
8	4810	Reisekosten	742,67	1.493,87	1.921,04	966,30	671,41	1.474,37	
9	4820	Porto	212,42	253,38	252,54	94,65	291,72	285,43	
10	4920	Telefon	1.075,98	1.365,47	632,70	511,22	697,28	1.484,98	
11	4930	Bürobedarf	298,13	443,35	545,48	188,62	842,14	495,76	
12	4945	Fortbildungskosten	434,18	1.730,47	677,99	749,31	1.719,43	1.365,27	
13	4955	Buchführungskosten	900,00	900,00	900,00	900,00	900,00	900,00	
14	4960	Mieten für Einrichtungen	1.250,00	1.250,00	1.250,00	1.250,00	1.250,00	1.250,00	
15	4980	Betriebsbedarf	136,57	437,89	1.882,76	924,38	836,41	962,98	
16									

2 Drücken Sie die Tastenkombination Alt+⇧+0. Dieser Shortcut bewirkt, dass die Summenfunktion jeweils in die letzte markierte Zeile und Spalte eingetragen wird.

	A	B	C	D	E	F	G	H	I
1	**Sonstiger Betrieblicher Aufwand**								
2									
3	**Konto**	**Bezeichnung**	**Jan**	**Feb**	**Mrz**	**Apr**	**Mai**	**Jun**	
4	4360	Versicherungen	1.520,00	1.520,00	1.520,00	1.815,00	1.520,00	1.520,00	9.415,00
5	4540	KFZ-Leasing	1.105,00	1.105,00	1.105,00	1.105,00	1.105,00	1.105,00	6.630,00
6	4610	Werbekosten	1.288,49	4.217,24	3.683,63	3.033,99	1.340,84	2.767,56	16.331,75
7	4712	Raumkosten	622,94	1.296,87	1.844,31	733,38	1.930,28	1.728,68	8.156,46
8	4810	Reisekosten	742,67	1.493,87	1.921,04	966,30	671,41	1.474,37	7.269,66
9	4820	Porto	212,42	253,38	252,54	94,65	291,72	285,43	1.390,14
10	4920	Telefon	1.075,98	1.365,47	632,70	511,22	697,28	1.484,98	5.767,63
11	4930	Bürobedarf	298,13	443,35	545,48	188,62	842,14	495,76	2.813,48
12	4945	Fortbildungskosten	434,18	1.730,47	677,99	749,31	1.719,43	1.365,27	6.676,65
13	4955	Buchführungskosten	900,00	900,00	900,00	900,00	900,00	900,00	5.400,00
14	4960	Mieten für Einrichtungen	1.250,00	1.250,00	1.250,00	1.250,00	1.250,00	1.250,00	7.500,00
15	4980	Betriebsbedarf	136,57	437,89	1.882,76	924,38	836,41	962,98	5.180,99
16									
17			9.586,38	16.013,54	16.215,45	12.271,85	13.104,51	15.340,03	82.531,76

Auf diese Weise werden die Summenfunktionen für sämtliche Zeilen und Spalten in Sekundenschnelle eingetragen.

➡ Verweis: siehe Anhang, Abschnitt 4

Tipp 17: Summierung identischer Zellen über verschiedene Tabellen hinweg

Sie kennen sicherlich die Situation, dass Sie zwölf identische Monatstabellen haben und nun mit einer einzigen Formel alle gleichen Zellen in diesen Tabellenblättern kumuliert addieren möchten. Wie sich das mithilfe der Funktion *SUMME()* bewerkstelligen lässt, erfahren Sie in diesem Tipp.

So geht's:

1 Öffnen Sie eine neue Arbeitsmappe und legen Sie zwölf Tabellen an. Erfassen Sie dann jeweils in Zelle A1 einen Wert.

2 Hinterlegen Sie nun in der 12. Tabelle in Zelle B1 die Formel *=SUMME(Tabelle1:Tabelle12!A1)*.

3 Jetzt werden alle Werte aus den Zellen A1 der jeweiligen Tabelle in der Zelle B1 von *Tabelle12* kumuliert.

B1 | fx =SUMME(Tabelle1:Tabelle12!A1)

	A	B	C	D	E	F	G	H	I
1	100	1200							
2									
3									
4									

... | Tabelle9 | Tabelle10 | Tabelle11 | **Tabelle12**

Hinweis

Beachten Sie, dass hier die Berechnung nicht von einem vermeintlichen Zähler nach der Tabellenblattbezeichnung abhängig ist, sondern der Reihe nach erfolgt. Es wird also eine Summe für alle Tabellenblätter gebildet, die sich – in der Reihenfolge von links nach rechts betrachtet – im Bereich zwischen *Tabelle1* und *Tabelle12* befinden. Würden Sie also eines der Tabellenblätter aus dieser Anordnung verschieben, also beispielsweise „hinter" *Tabelle12* anordnen, würde diese Tabelle nicht mehr in die Summierung mit einbezogen.

Tipp 18: Verschobene Bereiche summieren

Die Funktion *BEREICH.VERSCHIEBEN()* bietet hervorragende Möglichkeiten, Bereiche dynamisch zu summieren. Nachdem Sie bereits in einem der vorherigen Kapitel gesehen haben, wie die Funktion arbeitet, soll nun anhand eines Zahlenbeispiels der praktische Nutzen gezeigt werden.

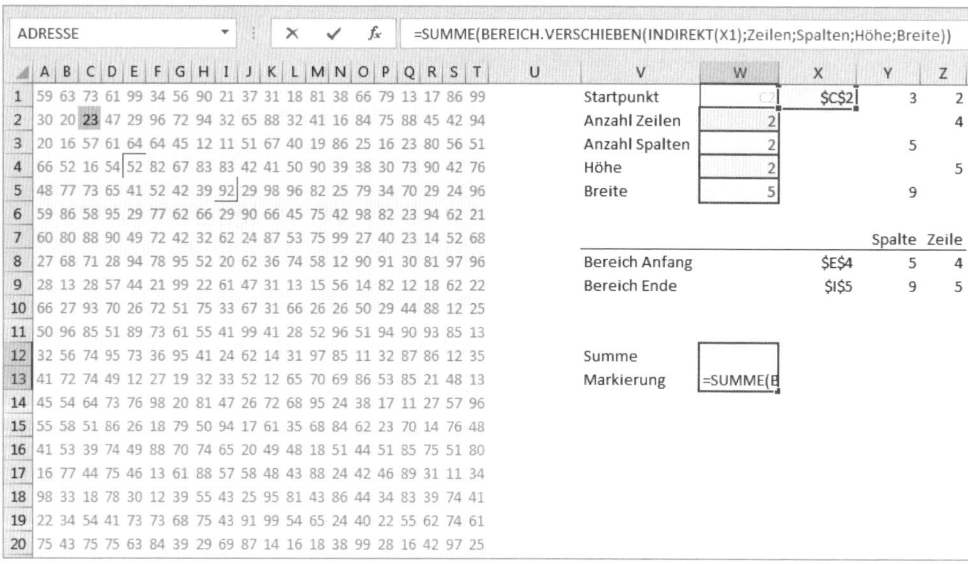

	A	B	C	D	E	F	G	H	I	J	K	L	M	N	O	P	Q	R	S	T
1	59	63	73	61	99	34	56	90	21	37	31	18	81	38	66	79	13	17	86	99
2	30	20	23	47	29	96	72	94	32	65	88	32	41	16	84	75	88	45	42	94
3	20	16	57	61	64	64	45	12	11	51	67	40	19	86	25	16	23	80	56	51
4	66	52	16	54	52	82	67	83	83	42	41	50	90	39	38	30	73	90	42	76
5	48	77	73	65	41	52	42	39	92	29	98	96	82	25	79	34	70	29	24	96
6	59	86	58	95	29	77	62	66	29	90	66	45	75	42	98	82	23	94	62	21
7	60	80	88	90	49	72	42	32	62	24	87	53	75	99	27	40	23	14	52	68
8	27	68	71	28	94	78	95	52	20	62	36	74	58	12	90	91	30	81	97	96
9	28	13	28	57	44	21	99	22	61	47	31	13	15	56	14	82	12	18	62	22
10	66	27	93	70	26	72	51	75	33	67	31	66	26	26	50	29	44	88	12	25
11	50	96	85	51	89	73	61	55	41	99	41	28	52	96	51	94	90	93	85	13
12	32	56	74	95	73	36	95	41	24	62	14	31	97	85	11	32	87	86	12	35
13	41	72	74	49	12	27	19	32	33	52	12	65	70	69	86	53	85	21	48	13
14	45	54	64	73	76	98	20	81	47	26	72	68	95	24	38	17	11	27	57	96
15	55	58	51	86	26	18	79	50	94	17	61	35	68	84	62	23	70	14	76	48
16	41	53	39	74	49	88	70	74	65	20	49	48	18	51	44	51	85	75	51	80
17	16	77	44	75	46	13	61	88	57	58	48	43	88	24	42	46	89	31	11	34
18	98	33	18	78	30	12	39	55	43	25	95	81	43	86	44	34	83	39	74	41
19	22	34	54	41	73	73	68	75	43	91	99	54	65	24	40	22	55	62	74	61
20	75	43	75	75	63	84	39	29	69	87	14	16	18	38	99	28	16	42	97	25

	V	W	X	Y	Z
1	Startpunkt	C2	$C$2	3	2
2	Anzahl Zeilen	2			4
3	Anzahl Spalten	2		5	
4	Höhe	2			5
5	Breite	5		9	
7				Spalte	Zeile
8	Bereich Anfang		$E$4	5	4
9	Bereich Ende		$I$5	9	5
12	Summe				
13	Markierung	=SUMME(B			

So geht's:

1 Grundlage für das nachfolgende Beispiel bildet der oben genannte Tipp, nun jedoch mit dem Unterschied, dass im Tabellenbereich A1:T20 Werte stehen und Sie einen gewissen Bereich aus dieser Wertetabelle mithilfe der Funktion *BEREICH.VERSCHIEBEN()* von einem bestimmten Ausgangspunkt aus dynamisch summieren möchten.

2 Erfassen Sie zuerst in Zelle W12 die Formel *=SUMME(BEREICH.VERSCHIEBEN(INDIREKT(X1); Zeilen;Spalten;Höhe;Breite))*. Mithilfe dieser Formel werden alle Werte summiert, die sich durch die Funktion *BEREICH.VERSCHIEBEN()* ergeben.

3 In Zelle X8 wird dann ermittelt, wo der Bereich beginnt, der summiert werden soll, und in Zelle X9 wird ermittelt, wo er endet. Dies geschieht über zusätzliche Berechnungen zu Spalten- und Zeilenkoordinaten in den Spalten Y und Z. Die Zellen X8 und X9 dienen als „Markierungszellen", die über die bedingte Formatierung sichtbar gemacht werden.

4 Wenn Sie nun also im Zellbereich W1:W5 die erforderlichen Parameter für die Summierung via *BEREICH.VERSCHIEBEN()* hinterlegen, wird Ihnen in Zelle W12 das Ergebnis und im Zellbereich A1:T20 der Startpunkt angezeigt. Es werden Ihnen aber auch die zu summierenden Zellen per blauer Randmarkierung verdeutlicht.

➡ Verweis: siehe Kapitel 1.3, Tipp 8

Tipp 19: Vorzeichenabhängig addieren

Im Zellbereich A2:A5 des Beispiels befinden sich positive und negative Zahlen. Sowohl die Summe der positiven Zahlen als auch die Summe der negativen Zahlen sollen als Ergebnis ausgegeben werden.

So geht's:

1 Erfassen Sie in Zelle B6 folgende Formel zur Aufsummierung nur der negativen Werte:

=SUMMEWENN(B2:B5;"<0")

Alternativ können Sie dieses Ergebnis auch mit Nutzung der Funktion *VORZEICHEN* erzielen. Geben Sie dafür dieses in Zelle E6 ein:

{=SUMME(WENN(VORZEICHEN(B2:B5)=–1;B2:B5))}

2 Um nur die positiven Werte zu summieren, erfassen Sie in Zelle B7 folgende Formel:

=SUMMEWENN(B2:B5;">0")

und alternativ mit *VORZEICHEN*-Funktion:

={SUMME(WENN(VORZEICHEN(B2:B5)=1;B2:B5))}

Beachten Sie: Bei den beiden Formeln mit Verwendung der *VORZEICHEN*-Funktion handelt es sich um Matrixformeln; die geschweiften Klammern werden nicht mit eingegeben, sondern entstehen durch die abschließende Bestätigung der Eingabe mittels der Tastenkombination Strg+⇧+↵ automatisch.

E7 | {=SUMME(WENN(VORZEICHEN(B2:B5)=1;B2:B5))}

	A	B	C	D	E	F	G
1		*Werte*					
2		2					
3		-1					
4		3					
5		-2					
6	Summe negativ 1:	-3		Summe negativ 2:	-3		
7	Summe positiv 1:	5		Summe positiv 2:	5		

Tipp 20: Summenerhaltendes Runden

Problemstellung

Häufig treten bei Rundungen von Zwischenergebnissen und deren anschließender Summierung kleine Differenzen auf gegenüber dem alternativen Vorgehen, bei dem zunächst aufsummiert und dann berechnet bzw. gerundet wird. Als Beispiel soll hier eine Rechnung mit Einzelausweis der positionsbezogenen Umsatzsteuer dienen.

Die Rechnung besteht aus fünf Positionen, für die jeweils Menge und Preis sowie die sich ergebenden Nettobeträge aufgelistet sind. Aus dem Nettobetrag wird je Position die Umsatzsteuer mit 19 % berechnet und auf zwei Nachkommastellen gerundet. Die Rundung erfolgt dabei mittels *=RUNDEN(Zahl;2)*, womit im Ergebnis eine nach kaufmännischen Regeln korrekte Rundung erzielt wird.

Wie im Bild dargestellt, summiert sich die gerundete Umsatzsteuer der einzelnen Positionen auf einen Betrag von 885,86 Euro.

F7 =RUNDEN($E7*0,19;2)

	B	C	D	E	F
2	Nr.	Menge	Netto-Preis	Summe netto	Umsatzsteuer Rundung auf 2 Nachkommastellen
3	1	23	0,12	2,76 €	0,52 €
4	2	45	14,32	644,40 €	122,44 €
5	3	56	54,65	3.060,40 €	581,48 €
6	4	77	12,33	949,41 €	180,39 €
7	5	12	0,45	5,40 €	1,03 €
8				4.662,37 €	885,86 €

Berechnet man nun vergleichend die gesamte Umsatzsteuer ausgehend von den aufsummierten Nettobeträgen in Höhe von 4662,37 Euro, ergibt sich demgegenüber – wiederum gerundet auf zwei Nachkommastellen – ein Wert von 885,85 Euro, d. h. eine Abweichung in Höhe von 1 Cent.

Umsatzsteuer, Summe der Ust-Einzelpositionen:	885,86 €		
Umsatzsteuer berechnet auf Basis Summe netto:	885,85 €	Abweichung:	0,01 €

In der nebenstehenden Abbildung ist veranschaulicht, wie sich diese Abweichung zusammensetzt:

	F	G	H	I
2	Umsatzsteuer Rundung auf 2 Nachkommastellen	Umsatzsteuer Rundung auf 4 Nachkommastellen	Rundungsfehler	Rundungsfehler kumuliert
3	0,52 €	0,5244 €	0,0044 €	0,0044 €
4	122,44 €	122,4360 €	-0,0040 €	0,0004 €
5	581,48 €	581,4760 €	-0,0040 €	-0,0036 €
6	180,39 €	180,3879 €	-0,0021 €	-0,0057 €
7	1,03 €	1,0260 €	-0,0040 €	-0,0097 €
8	885,86 €	885,85 €		

- Spalte G weist die Umsatzsteuerbeträge aus, die sich bei Rundung auf vier Nachkommastellen ergeben würden.
- In Spalte H sehen Sie den *Rundungsfehler*, der sich durch Subtraktion der beiden jeweiligen Umsatzsteuerbeträge in Spalte H und G ergibt.
- Kumuliert man die zeilenspezifischen Rundungsfehler (Spalte I), ergibt sich insgesamt eine Abweichung von 0,0097 Euro, gerundet auf zwei Nachkommastellen also 1 Cent.

Summenerhaltendes Runden umsetzen

Diese Abweichung lässt sich durch das im Folgenden dargestellte Vorgehen, das summenerhaltende Runden, vermeiden.

So geht's:

1 Fügen Sie neben der Spalte mit den kaufmännisch gerundeten Umsatzsteuerbeträgen eine Hilfsspalte *Rundungsfehler kumuliert* ein. In Zelle G15, also der Zeile der ersten Rechnungsposition, tragen Sie folgende Formel ein:

*=RUNDEN(E15*0,19;4)-RUNDEN(E15*0,19;2)*

2 Markieren Sie die restlichen Zellen der Spalte bis zur letzten Rechnungsposition, klicken Sie in die Bearbeitungsleiste und tragen Sie folgende Formel ein:

*=RUNDEN(E16*0,19;4)–RUNDEN(G15+E16*0,19;2)+G15*

Bestätigen Sie die Eingabe mit Strg+↵, sodass alle Zellen – im Beispiel der Zellbereich G16:G19 – mit der Formel (bei automatischer Anpassung der Zellbezüge) befüllt werden.

3 In Zelle F15, der Zeile der ersten Rechnungsposition, tragen Sie ein:

*=RUNDEN($E15*0,19;2)*

4 Markieren Sie die restlichen Zellen der Spalte bis zur letzten Rechnungsposition, klicken Sie in die Bearbeitungsleiste und tragen Sie folgende Formel ein:

*=RUNDEN(RUNDEN(E16*0,19;4)+G15;2)*

Bestätigen Sie die Eingabe mit Strg+↵, sodass alle Zellen – im Beispiel der Zellbereich F16:F19 – mit der Formel (bei automatischer Anpassung der Zellbezüge) befüllt werden.

5 In der Tabelle ist nun ersichtlich, dass sich der Umsatzsteuerbetrag in Zelle F18 um einen Cent verringert hat. Gegenüber der ursprünglichen Tabelle haben sich auch die Werte der kumulierten Rundungsfehler in den Zellen G18 und G19 verändert.

Die Summe der gerundeten Umsatzsteuer der einzelnen Positionen entspricht nun der Umsatzsteuer, die auf Basis der Summe der Nettobeträge errechnet worden ist. Der kumulierte Rundungsfehler beträgt nun 0,0003 Euro statt vorher 0,0097 Euro.

	A	B	C	D	E	F	G	H
13								
14		Nr.	Menge	Netto-Preis	Summe netto	Umsatzsteuer Rundung auf 2 Nachkommastellen	Rundungsfehler kumuliert	
15		1	23	0,12	2,76 €	0,52 €	0,0044 €	
16		2	45	14,32	644,40 €	122,44 €	0,0004 €	
17		3	56	54,65	3.060,40 €	581,48 €	-0,0036 €	
18		4	77	12,33	949,41 €	180,38 €	0,0043 €	
19		5	12	0,45	5,40 €	1,03 €	0,0003 €	
20					4.662,37 €	885,85 €		
21								
22		Umsatzsteuer berechnet auf Basis Summe netto:				885,85 €	Abweichung:	0,00 €

Erläuterung

Bei der Berechnung der Umsatzsteuer in Spalte F wird – in der zweiten Rechnungsposition – der Rundungsfehler der ersten Rechnungsposition zur auf vier Nachkommastellen gerundeten errechneten Umsatzsteuer der zweiten Rechnungsposition hinzugezählt. Das Ergebnis dieser Berechnung wird auf zwei Nachkommastellen gerundet und als Umsatzsteuer in Zelle E16 eingetragen.

Auch bei dieser Berechnung entsteht wieder ein Rundungsfehler, der mit dem Rundungsfehler aus der vorangegangenen Zeile – Zelle G15 – zusammengerechnet und als kumulierter Rundungsfehler in Zelle G16 eingetragen wird. Der kumulierte Rundungsfehler wird also von Position zu Position weitergegeben.

An der vierten Rechnungsposition entsteht dadurch nun ein abweichendes Rechenergebnis:

- Der ursprüngliche Wert war hier 180,3879, kaufmännisch gerundet 180,39.
- Durch Hinzurechnung des kumulierten Rundungsfehlers in Höhe von -0,0036 zu diesem Betrag – vor Durchführung der Rundung – ergibt sich nun ein kaufmännisch abzurundender Betrag von 180,3843, also 180,38.

4.13 Nützliche Zählfunktionen

Analog zu den Summierungsfunktionen bietet Excel auch umfassende Möglichkeiten, Datensätze zu zählen. Dieser Abschnitt zeigt anhand von Praxisbeispielen, wie Sie Zählfunktionen mit Mehrwert aufbauen und verwenden können.

Tipp 1: ANZAHL, ANZAHL2 und ANZAHLLEEREZELLEN

Mit *ANZAHL*, *ANZAHL2* und *ANZAHLLEEREZELLEN* stellt Excel drei nützliche und häufig anwendbare Standardfunktionen zur Verfügung, wenn es darum geht, die Zahl von Argumenten bzw. Zellen innerhalb einer Liste bzw. eines Zellbereichs zu ermitteln. Welche der Funktionen zur Erlangung der gewünschten Aussage anzuwenden ist, hängt dabei von der Art der Argumente bzw. Zellinhalte ab.

So geht's:

1 In unserem Beispiel liegt eine Tabelle mit einem Zellbereich vor, in dem Tabellenüberschriften, Text innerhalb der Tabelle, Zahlen, Formeln sowie leere Zellen enthalten sind. Gesucht ist:

   - die Anzahl der Zellen, die Zahlen oder Formeln enthalten.
   - die Anzahl der leeren Zellen.
   - die Anzahl der nicht leeren Zellen.
   - die Gesamtzahl aller leeren oder nicht leeren Zellen im Bereich.

	A	B	C	D	E	F	G	H	I	J	K
1	Tabelle	AA	AB	AC	AD	AA	AB	AC	AD	AA	AB
2	A	3877	5282	8450	5577	6391	1007	6430	8261	8047	2744
3	B	6864	7637	3680	3469	2679	7815	3936	7651	1153	2143
4	C	2456	3819	498	3654	6167	1175	7217	4690	3557	857
5	D	8124	6560	8343	Text 1	8741	5017	4956	Text 4	2264	Text 5
6	E	4998		2782	2726	6024	6891	164	940	5533	2101
7	F	3236		1584	2146	1205	304	5803	2742	4775	487
8	G	6681	7784	3233	Text 2	6473	9776	105	Text 3	8510	4083
9	H	7713	5813	4694	1964	5961	5549	7880	3837	9197	7952
10	I	7215					1115	2632	4455	6732	2751
11	J	2108	4941	4287	6779	8635	4010	5183	266	9391	4490

2 Um die Anzahl der Zellen zu ermitteln, die Zahlen oder Formeln enthalten, erfassen Sie folgende Formel:

=ANZAHL(A1:K11)

die als Ergebnis den Wert 89 zurückgibt.

3 Um die Anzahl der leeren Zellen im Bereich zu ermitteln, erfassen Sie folgende Formel:

=ANZAHLLEEREZELLEN(A1:K11)

mit dem Ergebnis 6.

4 Zur Ermittlung der Zahl der nicht leeren Zellen verwenden Sie diese Formel:

=ANZAHL2(A1:K11)

Das Ergebnis ist 115, bei der Zählung berücksichtigt sind hier sowohl Zahlen und Formeln als auch Text.

5 Die Gesamtzahl schließlich (Ergebnis 121) kann aus der Summe von Schritt 3 und 4 berechnet werden und alternativ direkt mit folgender Formel:

=ANZAHLLEEREZELLEN(A1:K11)+ANZAHL2(A1:K11).

Tipp 2: Ermittlung von Zellen mit enthaltener Formel

Um zu ermitteln, ob in einer bestimmten Zelle eine Formel enthalten ist bzw. um die Anzahl von Zellen innerhalb eines Bereichs zu ermitteln, in denen eine Formel enthalten ist, kann ab Excel 2013 auf die Funktion *ISTFORMEL* zurückgegriffen werden.

In den Excel-Versionen 2007 und 2010 können diese Werte mittels einer benutzerdefinierten Funktion bzw. eines Makros bestimmt werden.

So geht's ab Excel 2013:

Prüfung, ob eine bestimmte Zelle eine Formel enthält

Zelle D1 enthält eine Formel. Erfassen Sie zur Prüfung in E1 die Formel *=ISTFORMEL(D1)*. Als Rückgabewert erhalten Sie in diesem Fall *WAHR* (wenn keine Formel enthalten wäre: *FALSCH*).

=ISTFORMEL(D1)

D	E
1000	WAHR

Ermittlung der Anzahl von Zellen mit Formel innerhalb eines Bereichs

1 Der Bereich A1:K11 enthält Text, Zahlen und Formeln; die Anzahl der Zellen mit darin enthaltener Formel soll berechnet werden.

2 Erfassen Sie folgende Formel in Zelle A13:

{=SUMME(WENN(ISTFORMEL(A1:K11);1;0))}

Beachten Sie: Es handelt sich hierbei um eine Matrixformel; die geschweiften Klammern werden nicht mit eingegeben, sondern entstehen durch die abschließende Bestätigung der Eingabe mittels der Tastenkombination [Strg]+[⇧]+[↵] automatisch.

Ergebnis: Im Bereich befinden sich sechs Zellen mit Formel.

A13 | {=SUMME(WENN(ISTFORMEL(A1:K11);1;0))}

	A	B	C	D	E	F	G	H	I	J	K
1	Tabelle	Ü1	Ü2	Ü3	Ü4	Ü5	Ü6	Ü7	Ü8	Ü9	Ü10
2	Z1	3877	5282	8450	5577	6391	1007	6430	8261	8047	2744
3	Z2	6864	7637	3680	3469	2679	7815	3877	7651	1153	2143
4	Z3	2456	3819	14410	10623	13164	10167	20000	10337	10561	13850
5	Z4	8124	3469	14024	18928	18713	12740	20070	15118	14176	18501
6	Z5	3877	3654	15253	19923	9357	11205	14345	14954	16517	12681
7	Z6	3236	3469	18003	19742	19506	19058	12490	16513	14755	18607
8	Z7	6681	3654	12818	12355	14394	18785	10674	13859	14875	12973
9	Z8	7713	8450	17928	12263	12590	14338	16130	10117	17563	19793
10	Z9	7215	12241	15107	19584	11988	14778	18451	13632	17928	14464
11	Z10	2108	4941	4287	6779	8635	4010	5183	266	9391	4490
12											
13	6										

So geht's in Excel 2007/2010:

Prüfung, ob eine bestimmte Zelle eine Formel enthält

Um die Funktionalität analog zu *ISTFORMEL* ab Excel 2013 auch in den Vorversionen zu erhalten, kann eine benutzerdefinierte Funktion erstellt werden.

So geht's:

1 Wechseln Sie über die Tastenkombination [Alt]+[F11] zum VBA-Editor und fügen Sie ein neues Modul ein.

2 Erfassen Sie die folgende benutzerdefinierte Funktion:

Listing 1:

```
Function MarkierteZelleIstFormel(Zelle)
MarkierteZelleIstFormel = Zelle.HasFormula
End Function
```

3 Wechseln Sie zurück auf das Tabellenblatt, setzen Sie den Cursor in Zelle E15 und geben Sie ein:

=MarkierteZelleIstFormel(H3)

Als Ergebnis erhalten Sie in Zelle E15 den Ausdruck *WAHR*, in H3 befindet sich also eine Formel (bei Rückgabewert *FALSCH* enthält die angesprochene Zelle keine Formel).

Ermittlung der Anzahl von Zellen mit Formel innerhalb eines Bereichs

1 Der Bereich A1:K11 enthält Text, Zahlen und Formeln; die Anzahl der Zellen mit darin enthaltener Formel soll berechnet werden.

2 Wechseln Sie über die Tastenkombination [Alt]+[F11] zum VBA-Editor und fügen Sie ein neues Modul ein.

3 Erfassen Sie das folgende Makro:

Listing 2:

```
Sub ZellenMitFormelnZaehlen()
Dim zellen As Range
Dim zaehler As Integer
zaehler = 0
  For Each zellen In Selection
    If zellen.HasFormula Then
    zaehler = zaehler + 1
    End If
  Next
ActiveWorkbook.ActiveSheet.Range("A15").Value = zaehler
End Sub
```

4 Wechseln Sie zurück auf das Tabellenblatt. Markieren Sie den Bereich, für den Sie die Zahl der Formelzellen ermitteln wollen.

5 Starten Sie das Makro *ZellenMitFormelnZaehlen* über das Menü *Entwicklertools/Code/Makros*.

Das Ergebnis der Zählung wird in Zelle A15 geschrieben.

Tipp 3: Zählen mit mehreren Bedingungen – doppelte Datensätze ermitteln

Folgendes Praxisbeispiel zeigt eine Kundenliste, in der die Nachnamen der Kunden sowie deren Geburtsdaten aufgelistet sind. Aufgrund dieser Liste sollen nun alle Datensätze mit doppelten Namen und doppelten Geburtstagen sowie identische Namens- und Geburtstagskonstellationen ermittelt werden.

So geht's:

1 Zur Ermittlung der doppelten Namen und der identischen Geburtsdaten markieren Sie den Zellbereich C5:C17 und erfassen folgende Formel in Zelle C5:

=ZÄHLENWENN($A$5:$A$17;A5)

Beenden Sie die Eingabe mit [Strg]+[↵].

2 Markieren Sie anschließend den Bereich D5:D17 und geben Sie die Formel *=ZÄHLENWENN($B$5:$B$17;B5)* in Zelle D5 ein. Schließen Sie auch diese Eingabe mit der Tastenkombination Strg+↵ ab.

D5 — =ZÄHLENWENN($B$5:$B$17;B5)

	A	B	C	D
1	**Kundenliste**			
2				
3				
4	**Debitor-Namen**	**Geburtsdatum**	**Doppelte Namen**	**Doppelte Geburtsdaten**
5	Nesvadba	05.02.1971	1	1
6	Crommer	18.03.1950	1	1
7	Wiegandt	15.05.1975	1	3
8	Kraus	15.05.1975	3	3
9	Noelt	01.06.1979	1	1
10	Schlosser	04.09.1969	2	2
11	Kalina	03.07.1976	2	1
12	Kraus	15.05.1975	3	3
13	Müller	28.02.1977	1	1
14	Schmidt	13.08.1955	1	1
15	Schlosser	04.09.1969	2	2
16	Kraus	08.01.1947	3	1
17	Kalina	05.09.1984	2	1
18				

Mithilfe der Funktion *ZÄHLENWENN()* werden jeweils die doppelten Namen bzw. Geburtsdaten ermittelt. Zur Auswertung der Einträge, bei denen sowohl der Name als auch das Geburtsdatum übereinstimmen, kann *ZÄHLENWENN()* nicht verwendet werden, da mit dieser Funktion nur ein einziges Kriterium ausgewertet werden kann. Zur Auswertung von mehreren Zählkriterien gehen Sie wie folgt vor:

1 Markieren Sie die Zelle E5 und erfassen Sie dort diese Formel:

=SUMME(WENN(($A$5:$A$17=A5)*($B$5:$B$17=B5);1))

2 Da es sich um eine Matrixfunktion handelt, müssen Sie die Formeleingabe mit der Tastenkombination Strg+⇧+↵ abschließen.

3 Kopieren Sie die Formel mit dem AutoAusfüllkästchen bis zur Zelle E17 nach unten. Im Ergebnis wird jeweils die Anzahl der Datensätze angezeigt, bei denen sowohl der Name als auch das Geburtsdatum übereinstimmen.

E5 — {=SUMME(WENN(($A$5:$A$17=A5)*($B$5:$B$17=B5);1))}

	A	B	C	D	E
1	**Kundenliste**				
2					
3					
4	**Debitor-Namen**	**Geburtsdatum**	**Doppelte Namen**	**Doppelte Geburtsdaten**	**Doppelte Namen und Geburtsdaten**
5	Nesvadba	05.02.1971	1	1	1
6	Crommer	18.03.1950	1	1	1
7	Wiegandt	15.05.1975	1	3	1
8	Kraus	15.05.1975	3	3	2
9	Noelt	01.06.1979	1	1	1
10	Schlosser	04.09.1969	2	2	2
11	Kalina	03.07.1976	2	1	1
12	Kraus	15.05.1975	3	3	2
13	Müller	28.02.1977	1	1	1
14	Schmidt	13.08.1955	1	1	1
15	Schlosser	04.09.1969	2	2	2
16	Kraus	08.01.1947	3	1	1
17	Kalina	05.09.1984	2	1	1
18					

Hinweis

Die Array-Funktion kann wie folgt verkürzt werden:

=SUMME(($A$5:$A$17=A5)*($B$5:$B$17=B5))

Diese Funktion liefert das gleiche Ergebnis, nachdem Sie die Eingabe mit der Tastenkombination Strg+⇧+↵ abgeschlossen haben.

Ab Excel 2007 steht die Funktion *ZÄHLENWENNS()* zur Verfügung.

1 Markieren Sie den Zellbereich F5:F17.

2 Erfassen Sie folgende Formel in Zelle F5:

=ZÄHLENWENNS($A$5:$A$17;A5;$B$5:$B$17;B5)

3 Beenden Sie die Dateneingabe mit der Tastenkombination Strg+↵.

F5 | =ZÄHLENWENNS($A$5:$A$17;A5;$B$5:$B$17;B5)

	A	B	C	D	E	F
1	**Kundenliste**					
2						
3						
4	Debitor-Namen	Geburtsdatum	Doppelte Namen	Doppelte Geburtsdaten	Doppelte Namen und Geburtsdaten	Funktion ZÄHLENWENNS
5	Nesvadba	05.02.1971	1	1	1	1
6	Crommer	18.03.1950	1	1	1	1
7	Wiegandt	15.05.1975	1	3	1	1
8	Kraus	15.05.1975	3	3	2	2
9	Noelt	01.06.1979	1	1	1	1
10	Schlosser	04.09.1969	2	2	2	2
11	Kalina	03.07.1976	2	1	1	1
12	Kraus	15.05.1975	3	3	2	2
13	Müller	28.02.1977	1	1	1	1
14	Schmidt	13.08.1955	1	1	1	1
15	Schlosser	04.09.1969	2	2	2	2
16	Kraus	08.01.1947	3	1	1	1
17	Kalina	05.09.1984	2	1	1	1

Wie Sie sehen, liefert die Funktion *ZÄHLENWENNS()* das gleiche Ergebnis.

Tipp 4: Datensätze in gefilterter Liste nach Suchkriterium auswerten

In diesem Beispiel sollen in einer gefilterten Artikelliste die Artikel gezählt werden, die einem vorgegebenen Suchkriterium entsprechen. Die Artikelliste ist dabei wie folgt aufgebaut:

I27 |

	A	B	C	D	E	F	G
1	**Artikelliste nach Artikelgruppen**						
2							
3							
4	Artikel-Nr.	Beschreibung	Gruppe	Lager	Mindestmenge	Lagermenge	
5	SAN-60853	Artikel A1	A	Hauptlager	50	299	
6	SAN-99296	Artikel A2	A	Nebenlager1	70	186	
7	SBN-92709	Artikel B1	B	Nebenlager2	40	83	
8	SBN-67439	Artikel B2	B	Hauptlager	90	152	
9	SCN-92796	Artikel C1	C	Nebenlager2	100	266	
10	SDN-58941	Artikel D2	D	Nebenlager1	100	202	
11	SCN-50875	Artikel C2	C	Hauptlager	50	60	
12	SAN-43180	Artikel A3	A	Nebenlager2	35	31	
13	SCN-13421	Artikel C3	C	Nebenlager1	80	159	
14	SCN-64761	Artikel C4	C	Nebenlager2	100	281	
15	SDN-76839	Artikel D2	D	Hauptlager	70	167	
16	SBN-74756	Artikel B3	B	Nebenlager1	50	46	
17	SAN-56800	Artikel A4	A	Nebenlager1	50	79	
18	SBN-80678	Artikel B4	B	Nebenlager2	80	231	
19	SDN-13266	Artikel D2	D	Hauptlager	40	120	
20	SAN-80402	Artikel A5	A	Hauptlager	70	202	
21	SBN-35317	Artikel B5	B	Hauptlager	10	10	

Ziel ist es nun, zu ermitteln, wie oft die Artikelgruppe C im Nebenlager2 vorhanden ist.

So geht's:

1 Markieren Sie im ersten Schritt den Zellbereich A4:F4 und setzen Sie den AutoFilter über das Menü *Daten/Sortieren und Filtern/Filtern.*

2 Aktivieren Sie den Filtereintrag in Spalte D für das Kriterium *Nebenlager2*. Damit werden ausschließlich Artikel aus Nebenlager2 angezeigt.

	A	B	C	D	E	F	G
1	**Artikelliste nach Artikelgruppen**						
2							
3							
4	Artikel-Nr.	Beschreibung	Gruppe	Lager	Mindestmenge	Lagermenge	
7	SBN-92709	Artikel B1	B	Nebenlager2	40	83	
9	SCN-92796	Artikel C1	C	Nebenlager2	100	266	
12	SAN-43180	Artikel A3	A	Nebenlager2	35	31	
14	SCN-64761	Artikel C4	C	Nebenlager2	100	281	
18	SBN-80678	Artikel B4	B	Nebenlager2	80	231	

3 Um nun zu ermitteln, wie häufig die Artikelgruppe C in der gefilterten Liste vorkommt, kann die Funktion *ZÄHLENWENN()* nicht verwendet werden, da sie nicht zwischen ein- und ausgeblendeten Zellen unterscheiden kann. Erfassen Sie deswegen in Zelle C24 folgende Formel:

=SUMMENPRODUKT(TEILERGEBNIS(3;INDIREKT("C"&ZEILE(5:21)))($C$5:$C$21="C"))*

Die Funktion *SUMMENPRODUKT()* in Verbindung mit der Funktion *TEILERGEBNIS()* ermöglicht die Auswertung von gefilterten Zeilen.

4 In Zelle B24 müssen Sie nun noch die Artikelgruppe eingeben, die ausgewertet werden soll, im Beispiel die Artikelgruppe *C*.

C24 =SUMMENPRODUKT(TEILERGEBNIS(3;INDIREKT("C"&ZEILE(5:21)))*($C$5:$C$21=B24))

	A	B	C	D	E	F	G
2							
3							
4	Artikel-Nr.	Beschreibung	Gruppe	Lager	Mindestmenge	Lagermenge	
7	SBN-92709	Artikel B1	B	Nebenlager2	40	83	
9	SCN-92796	Artikel C1	C	Nebenlager2	100	266	
12	SAN-43180	Artikel A3	A	Nebenlager2	35	31	
14	SCN-64761	Artikel C4	C	Nebenlager2	100	281	
18	SBN-80678	Artikel B4	B	Nebenlager2	80	231	
22							
23							
24	Kriterium:	C	2				

Als Ergebnis erhalten Sie den Wert 2. Die Artikelgruppe C befindet sich also zweimal in Nebenlager2.

Die Funktion *TEILERGEBNIS()* hat folgende Syntax:

TEILERGEBNIS(Funktion;Bezug1;Bezug2;...)

Das Argument *Funktion* ist eine Zahl von 1 bis 11 (bezieht ausgeblendete Werte ein) oder von 101 bis 111 (ignoriert ausgeblendete Werte), die festlegt, welche Funktion bei der Berechnung des Teilergebnisses innerhalb einer Liste verwendet werden soll.

Funktion (bezieht ausgeblendete Werte mit ein)	Funktion (ignoriert ausgeblendete Werte)	Funktion
1	101	MITTELWERT
2	102	ANZAHL
3	103	ANZAHL2
4	104	MAX
5	105	MIN
6	106	PRODUKT
7	107	STABW
8	108	STABWN
9	109	SUMME
10	110	VARIANZ
11	111	VARIANZEN

➡ Verweis: siehe Kapitel 5.1, Tipp 8

Tipp 5: Lagerbestände nach Alter auswerten

Ausgangsbasis für die Altersbestimmung der Lagerbestände ist eine Lagerliste per 31.12.2018. Darin befindet sich neben den Artikelstammdaten auch das jeweils letzte Anschaffungsdatum für jeden Artikel. Auf dieser Basis soll die Anzahl der Artikel ermittelt werden, bei denen innerhalb eines definierten Zeitkorridors Einkäufe stattgefunden haben.

So geht's:

Die Ausgangstabelle zeigt die Lagerbestände sowie die Auswertungsparameter. So soll die Anzahl der Datensätze ermittelt werden, deren Anschaffungsdatum 0 bis 60 Tage vor dem 31.12.2018 gelegen hat.

	A	B	C	D	E
1	**Lagerliste per 31.12.2018**				
2					
3	**Artikel-Nr.**	**Beschreibung**	**Gruppe**	**Lager**	**Datum Anschaffung**
4	SAN-60853	Artikel A1	A	Hauptlager	27.08.2018
5	SAN-99296	Artikel A2	A	Nebenlager1	13.07.2018
6	SBN-92709	Artikel B1	B	Nebenlager2	16.10.2018
7	SBN-67439	Artikel B2	B	Hauptlager	27.11.2018
8	SCN-92796	Artikel C1	C	Nebenlager2	19.12.2014
9	SDN-58941	Artikel D2	D	Nebenlager1	19.08.2018
10	SCN-50875	Artikel C2	C	Hauptlager	03.11.2018
11	SAN-43180	Artikel A3	A	Nebenlager2	23.10.2018
12	SCN-13421	Artikel C3	C	Nebenlager1	17.07.2018
13	SCN-64761	Artikel C4	C	Nebenlager2	08.12.2018
14	SDN-76839	Artikel D2	D	Hauptlager	16.09.2018
15	SBN-74756	Artikel B3	B	Nebenlager1	08.09.2018
16	SAN-56800	Artikel A4	A	Nebenlager1	22.12.2018
17	SBN-80678	Artikel B4	B	Nebenlager2	19.08.2018
18	SDN-13266	Artikel D2	D	Hauptlager	28.09.2018
19	SAN-80402	Artikel A5	A	Hauptlager	12.10.2018
20	SBN-35317	Artikel B5	B	Hauptlager	18.11.2018
21					
22					
23	**Auswertungskriterien:**				
24	**Stichtag:**	31.12.2018			
25	**Alter (in Tagen) von:**	0			
26	**Alter (in Tagen) bis:**	60			

1. Die Auswertungsparameter befinden sich im Zellbereich B24:B26.
2. Erfassen Sie zur Auswertung in Zelle B28 folgende Formel:

   =SUMME((DATEDIF(E4:E20;B24;"d")<=B26)(DATEDIF(E4:E20;B24;"d")>B25))*

   Mithilfe der Funktion *DATEDIF()* werden die Tagesdifferenzen zwischen dem 31.12.2018 und dem jeweiligen Anschaffungsdatum ermittelt und mit der Funktion *SUMME()* addiert.
3. Beenden Sie die Erfassung dieser Formel mit der Tastenkombination [Strg]+[⇧]+[↵], da es sich um eine Matrixfunktion handelt.

Es sind also fünf Artikel in der Liste vorhanden, deren Anschaffungsdaten im definierten Zeitkorridor liegen. Sie können die Auswertungskriterien nach Belieben verändern. Die Excel-Funktion liefert jeweils das entsprechende Ergebnis.

B28 {=SUMME((DATEDIF(E4:E20;B24;"d")<=B26)*(DATEDIF(E4:E20;B24;"d")>B25))}

	A	B	C	D	E	F
2						
3	Artikel-Nr.	Beschreibung	Gruppe	Lager	Datum Anschaffung	
4	SAN-60853	Artikel A1	A	Hauptlager	27.08.2018	
5	SAN-99296	Artikel A2	A	Nebenlager1	13.07.2018	
6	SBN-92709	Artikel B1	B	Nebenlager2	16.10.2018	
7	SBN-67439	Artikel B2	B	Hauptlager	27.11.2018	
8	SCN-92796	Artikel C1	C	Nebenlager2	19.12.2014	
9	SDN-58941	Artikel D2	D	Nebenlager1	19.08.2018	
10	SCN-50875	Artikel C2	C	Hauptlager	03.11.2018	
11	SAN-43180	Artikel A3	A	Nebenlager2	23.10.2018	
12	SCN-13421	Artikel C3	C	Nebenlager1	17.07.2018	
13	SCN-64761	Artikel C4	C	Nebenlager2	08.12.2018	
14	SDN-76839	Artikel D2	D	Hauptlager	16.09.2018	
15	SBN-74756	Artikel B3	B	Nebenlager1	08.09.2018	
16	SAN-56800	Artikel A4	A	Nebenlager1	22.12.2018	
17	SBN-80678	Artikel B4	B	Nebenlager2	19.08.2018	
18	SDN-13266	Artikel D2	D	Hauptlager	28.09.2018	
19	SAN-80402	Artikel A5	A	Hauptlager	12.10.2018	
20	SBN-35317	Artikel B5	B	Hauptlager	18.11.2018	
21						
22						
23	Auswertungskriterien:					
24	Stichtag:	31.12.2018				
25	Alter (in Tagen) von:	0				
26	Alter (in Tagen) bis:	60				
27						
28	Anzahl Datensätze:	5				

Hinweis

Beachten Sie, dass sich in der Liste kein Anschaffungsdatum befinden darf, das nach dem Auswertungsparameter *Stichtag* liegt, da die Matrixfunktion ansonsten den Fehlerwert *#ZAHL!* zurückgibt.

Tipp 6: Anzahl unterschiedlicher Einträge in einer Liste ermitteln (Ermittlung von Unikaten)

In einer Tagesverkaufsliste werden täglich die verkauften Artikel mit allen notwendigen Informationen eingetragen. Am Tagesende soll gezählt werden, wie viele Verkäufe insgesamt stattgefunden haben und wie viele unterschiedliche Artikel verkauft wurden.

So geht's:

1 Zur Ermittlung der Gesamtzahl verkaufter Artikel kann ganz einfach die Funktion *=ANZAHL(A5:A21)* verwendet werden. Erfassen Sie die Formel in Zelle A23. Damit wird die Gesamtmenge in der Spalte *Artikel-Nr.* ermittelt.

2 Etwas schwieriger wird es bei der Ermittlung der Anzahl der unterschiedlichen verkauften Artikel (Artikelnummern). Erfassen Sie dazu in Zelle A25 folgende Array-Formel:

=SUMME(1/ZÄHLENWENN(A5:A21;A5:A21))

3 Beenden Sie die Formeleingabe mit [Strg]+[⇧]+[↵]. Damit wird die Funktion zur Matrixfunktion qualifiziert.

Insgesamt fanden also am 21.01.2019 17 Verkäufe statt, wobei sechs verschiedene Artikel verkauft wurden.

A25 {=SUMME(1/ZÄHLENWENN(A5:A21;A5:A21))}

	A	B	C	D	E	F
1	**Tagesverkäufe**					
2	**Datum:**	21.01.2019				
3						
4	**Artikel-Nr.**	**Anzahl**	**VK pro Stück**	**Umsatz**		
5	47116	9	72,9	656,10 €		
6	47125	8	75,01	600,08 €		
7	47015	1	58,3	58,30 €		
8	47116	5	72,9	364,50 €		
9	47018	4	131,44	525,76 €		
10	47125	4	75,01	300,04 €		
11	47015	7	58,3	408,10 €		
12	47116	1	72,9	72,90 €		
13	47223	1	114,45	114,45 €		
14	47223	1	114,45	114,45 €		
15	47020	8	97,76	782,08 €		
16	47116	6	72,9	437,40 €		
17	47015	3	58,3	174,90 €		
18	47223	15	114,45	1.716,75 €		
19	47116	12	72,9	874,80 €		
20	47020	12	97,76	1.173,12 €		
21	47015	5	58,3	291,50 €		
22						
23	17	**Anzahl Verkäufe gesamt**				
24						
25	6	**Anzahl unterschiedliche Einträge (Unikate)**				
26						
27	6	**Anzahl unterschiedliche Einträge (Unikate) mit Leerzellen**				

Hinweis

Wenn sich im Auswertungsbereich leere Zellen befinden, müssen Sie diese etwas komplexere Formel verwenden:

=SUMME(1/WENN(ZÄHLENWENN(A5:A21;A5:A21)=0;1;ZÄHLENWENN(A5:A21;A5:A21))) -ANZAHLLEEREZELLEN(A5:A21)

Damit werden Leerzellen nicht berücksichtigt und die Auswertung liefert das korrekte Ergebnis. Schließen Sie diese Formeleingabe mit der Tastenkombination [Strg]+[⇧]+[↵] ab.

➡ Verweis: siehe Kapitel 5.1, Tipp 11

Tipp 7: Anzahl einzelner, doppelter, dreifacher ... Einträge ermitteln

Angenommen, in einer Tabelle gibt es einzeln, doppelt oder dreifach vorkommende Artikel etc. Wenn es nun von Interesse ist, zu ermitteln, wie viele Artikel einmal, zweimal etc. vorkommen, können Sie das sehr rasch über eine Formel ermitteln, die eine Kombination aus den beiden Funktionen *SUMMENPRODUKT* und *ZÄHLENWENN* darstellt.

D2 fx =SUMMENPRODUKT((ZÄHLENWENN($A$1:$A100;$A$1:$A100)=1)/1)

	A	B	C	D	E	F	G	H
1	Artikel A		Häufigkeit des Vorkommens von Artikeln					
2	Artikel A		einfaches Vorkommen	1	Artikel C und D kommen nur 1x vor			
3	Artikel B		zweifaches Vorkommen	1	Artikel B kommt 2x mal vor			
4	Artikel B		dreifaches Vorkommen	1	Artikel D kommt 3x mal vor			
5	Artikel A		vierfaches Vorkommen	0	kein Artikel kommt 4x mal vor			
6	Artikel A		fünfaches Vorkommen	0	kein Artikel kommt 5x mal vor			
7	Artikel C		sechfsaches Vorkommen	1	Artikel A kommt 6x mal vor			
8	Artikel A							
9	Artikel D							
10	Artikel D							
11	Artikel D							
12	Artikel A							

So geht's:

1 Öffnen Sie eine neue Arbeitsmappe und tragen Sie beispielhaft in Spalte A diverse Artikel ein. Achten Sie darauf, einzelne Artikel nicht nur einmal, sondern auch mehrfach einzutragen.

2 Erfassen Sie nun in Zelle D2 die Formel *=SUMMENPRODUKT((ZÄHLENWENN($A$1:$A100;$A$1:$A100)=1)/1)*, um zu ermitteln, wie viele Artikel einmalig in der Liste in Spalte A vorhanden sind.

3 Erfassen Sie anschließend in Zelle D3 die Formel *=SUMMENPRODUKT((ZÄHLENWENN($A$1:$A100;$A$1:$A100)=2)/2)*, um festzustellen, wie viele Artikel zweimal in der Liste in Spalte A auftauchen, und führen Sie diese Formel je nach Bedarf in den darunterliegenden Zellen weiter fort.

Tipp 8: Datensätze nach ihrer Häufigkeit auswerten und entsprechend sortieren

In diesem Beispiel liegt eine Verkaufsliste mit verschiedenen Artikelnummern vor. Ziel ist es nun, die Artikelnummern nach ihrer Häufigkeit auszuwerten und in absteigend sortierter Reihenfolge auszugeben.

So geht's:

1 Zur Ausgabe der Artikelnummern geben Sie in Zelle F5 folgende Formel ein:

=MODALWERT(A5:A21)

MODALWERT() gibt den häufigsten Wert einer Datengruppe zurück.

2 Zur Ermittlung des zweithäufigsten Werts erfassen Sie in Zelle F6 diese Matrixformel:

=MODALWERT(WENN(ZÄHLENWENN($F$5:F5;$A$5:$A$21)=0;$A$5:$A$21))

3 Beenden Sie die Dateneingabe mit der Tastenkombination Strg+⇧+↵.

4 Damit auch die dritt- und vierthäufigsten Werte etc. ausgelesen werden, kopieren Sie diese Funktion so lange über das AutoAusfüllkästchen nach unten, bis der Fehlerwert *#NV* angezeigt wird.

Im Zellbereich F5:F9 werden nun die Artikelnummern in der Reihenfolge der Häufigkeit angezeigt, mit der sie im Zellbereich A5:A21 vorhanden sind. Die Auflistung erfolgt dabei in absteigender Reihenfolge.

F6 | {=MODALWERT(WENN(ZÄHLENWENN($F$5:F5;$A$5:$A$21)=0;$A$5:$A$21))}

	A	B	C	D	E	F
1	**Tagesverkäufe**					
2	Datum:	21.01.2019				
3						
4	Artikel-Nr.	Anzahl	VK pro Stück	Umsatz		Reihenfolge
5	47116	9	72,9	656,10 €		47116
6	47125	8	75,01	600,08 €		47015
7	47015	1	58,3	58,30 €		47223
8	47116	5	72,9	364,50 €		47125
9	47018	4	131,44	525,76 €		47020
10	47125	4	75,01	300,04 €		
11	47015	7	58,3	408,10 €		
12	47116	1	72,9	72,90 €		
13	47223	1	114,45	114,45 €		
14	47223	1	114,45	114,45 €		
15	47020	8	97,76	782,08 €		
16	47116	6	72,9	437,40 €		
17	47015	3	58,3	174,90 €		
18	47223	15	114,45	1.716,75 €		
19	47116	12	72,9	874,80 €		
20	47020	12	97,76	1.173,12 €		
21	47015	5	58,3	291,50 €		

Zur Verprobung gehen Sie wie folgt vor:

1 Markieren Sie den Zellbereich G5:G9.

2 Geben Sie in Zelle G5 die Formel *=ZÄHLENWENN($A$5:$A$21;F5)* ein.

3 Beenden Sie die Dateneingabe mit der Tastenkombination Strg+↵.

Damit wird ermittelt, wie oft die jeweilige Artikelnummer im Auswertungsbereich vorhanden ist.

G5 | =ZÄHLENWENN($A$5:$A$21;F5)

	A	B	C	D	E	F	G
1	**Tagesverkäufe**						
2	Datum:	21.01.2019					
3							
4	Artikel-Nr.	Anzahl	VK pro Stück	Umsatz		Reihenfolge	Anzahl
5	47116	9	72,9	656,10 €		47116	5
6	47125	8	75,01	600,08 €		47015	4
7	47015	1	58,3	58,30 €		47223	3
8	47116	5	72,9	364,50 €		47125	2
9	47018	4	131,44	525,76 €		47020	2
10	47125	4	75,01	300,04 €			
11	47015	7	58,3	408,10 €			
12	47116	1	72,9	72,90 €			
13	47223	1	114,45	114,45 €			
14	47223	1	114,45	114,45 €			
15	47020	8	97,76	782,08 €			
16	47116	6	72,9	437,40 €			
17	47015	3	58,3	174,90 €			
18	47223	15	114,45	1.716,75 €			
19	47116	12	72,9	874,80 €			
20	47020	12	97,76	1.173,12 €			
21	47015	5	58,3	291,50 €			

Tipp 9: Ermittlung aller Zellen mit Text

Dieses Beispiel zeigt, wie sich die Anzahl der Zellen, in denen Text erfasst wurde, ermitteln lässt. In einer Datei stehen Messwerte einer Produktionsanlage, die nach bestimmten Kriterien manuell ausgewertet werden. Wenn bei einem Messwert Unklarheiten oder Fehler auftreten, wird das mit einem entsprechenden Hinweis gekennzeichnet. Der Anwender gibt dann einen beliebigen Text ein, wie in nebenstehender Abbildung zu sehen ist.

	A	B	C	D
1	**Kontrolle der Messwerte Produktionsanlage A**			
2				
3	**Uhrzeit**	**Wert**	**Ergebnis**	Auswertung
4	07:15	Wert 1	42,9888	2
5	07:30	Wert 2	38,2382	1
6	07:45	Wert 3	55,3665	Fehler
7	08:00	Wert 4	37,8102	1
8	08:15	Wert 5	42,5746	???
9	08:30	Wert 6	42,3606	1
10	08:45	Wert 7	32,1466	1
11	09:00	Wert 8	51,9326	2
12	09:15	Wert 9	41,7186	1
13	09:30	Wert 10	565,336	Fehler
14	09:45	Wert 11	45,2906	1
15	10:00	Wert 12	36,0766	2
16	10:15	Wert 13	51,8626	1
17	10:30	Wert 14	15,2365	Vorsicht
18	10:45	Wert 15	41,1107	1
19	11:00	Wert 16	52,6345	1
20	11:15	Wert 17	42,1685	2

Ziel ist es nun, die Anzahl der Einträge zu ermitteln, in denen in Spalte D ein beliebiger Text eingetragen wurde.

So geht's:

1 Erfassen Sie in Zelle D4 folgende Formel:

=SUMME(WENN(ISTTEXT(D4:D20);1;0))

Damit wird der Zähler um den Wert 1 erhöht, wenn eine Zelle mit Texteintrag im angegebenen Bereich gefunden wird.

2 Da es sich um eine Matrixfunktion handelt, müssen Sie die Formeleingabe mit der Tastenkombination Strg+⇧+↵ beenden.

Sie sehen, es werden alle Zellen gezählt, in denen Text eingetragen wurde.

➡ Verweis: siehe Kapitel 1.4, Tipp 4

D22 | {=SUMME(WENN(ISTTEXT(D4:D20);1;0))}

	A	B	C	D	E	F
1	**Kontrolle der Messwerte Produktionsanlage A**					
2						
3	**Uhrzeit**	**Wert**	**Ergebnis**	Auswertung		
4	07:15	Wert 1	42,9888	2		
5	07:30	Wert 2	38,2382	1		
6	07:45	Wert 3	55,3665	Fehler		
7	08:00	Wert 4	37,8102	1		
8	08:15	Wert 5	42,5746	???		
9	08:30	Wert 6	42,3606	1		
10	08:45	Wert 7	32,1466	1		
11	09:00	Wert 8	51,9326	2		
12	09:15	Wert 9	41,7186	1		
13	09:30	Wert 10	565,336	Fehler		
14	09:45	Wert 11	45,2906	1		
15	10:00	Wert 12	36,0766	2		
16	10:15	Wert 13	51,8626	1		
17	10:30	Wert 14	15,2365	Vorsicht		
18	10:45	Wert 15	41,1107	1		
19	11:00	Wert 16	52,6345	1		
20	11:15	Wert 17	42,1685	2		
21						
22			Anzahl Zellen mit Text	**4**		
23						

Tipp 10: Wie oft ist ein Teilstring in einer Textfolge vorhanden?

In der vorliegenden Inventurliste sollen die Artikelnummern daraufhin analysiert werden, wie oft sich ein bestimmter Teilstring darin befindet. Da jede Stelle der Artikelnummer eine Bedeutung hat, können aus der Analyse der Nummer der Stellplatz, das Anschaffungsjahr sowie der Lagerort bestimmt werden. Dafür ist es entscheidend, wie oft sich ein String in der Nummer befindet.

So geht's:

Sehen Sie sich zunächst die Inventurliste näher an.

Die zu analysierenden Artikelnummern liegen im Zellbereich A4:A20 vor.

	A	B	C	D	E
1	**Stammdaten - Inventurliste per 31.12.2018**				
2					
3	**Artikel-Nr.**	**Beschreibung**	**Gruppe**	**Lager**	
4	SANH-60853	Artikel A1	A	Hauptlager	
5	SANN-99296	Artikel A2	A	Nebenlager1	
6	SBNN-92709	Artikel B1	B	Nebenlager2	
7	SBNH-67439	Artikel B2	B	Hauptlager	
8	SCNN-92796	Artikel C1	C	Nebenlager2	
9	SDNN-58941	Artikel D2	D	Nebenlager1	
10	SCNH-50875	Artikel C2	C	Hauptlager	
11	SANN-43180	Artikel A3	A	Nebenlager2	
12	SCNN-13421	Artikel C3	C	Nebenlager1	
13	SCNN-64761	Artikel C4	C	Nebenlager2	
14	SDNH-76839	Artikel D2	D	Hauptlager	
15	SBNN-74756	Artikel B3	B	Nebenlager1	
16	SANN-56800	Artikel A4	A	Nebenlager1	
17	SBNN-80678	Artikel B4	B	Nebenlager2	
18	SDNH-13266	Artikel D2	D	Hauptlager	
19	SANH-80402	Artikel A5	A	Hauptlager	
20	SBNH-35317	Artikel B5	B	Hauptlager	

1 Geben Sie zunächst das Kriterium in Zelle F4 ein, nach dem gesucht werden soll. In diesem Beispiel soll nach dem Teilstring *9* gefragt werden.

2 Zur Ermittlung, wie oft die Ziffer 9 in der jeweiligen Artikelnummer vorkommt, markieren Sie den Bereich G4:G20 und erfassen in Zelle G4 diese Formel:

=(LÄNGE(A4)–LÄNGE(WECHSELN(A4;$F$4;"")))/LÄNGE($F$4)

3 Beenden Sie die Formeleingabe mit der Tastenkombination Strg+↵. Damit wird die Formel in den gesamten markierten Bereich eingetragen.

Die Artikelnummer in Zelle A5 beinhaltet beispielsweise die Ziffer 9 dreimal.

➡ Verweis: siehe Kapitel 4.4, Tipp 7

G4 =(LÄNGE(A4)-LÄNGE(WECHSELN(A4;$F$4;"")))/LÄNGE($F$4)

	A	B	C	D	E	F	G	H
1	**Stammdaten - Inventurliste per 31.12.2018**							
2								
3	**Artikel-Nr.**	**Beschreibung**	**Gruppe**	**Lager**		**Kriterium**	**Anzahl**	
4	SANH-60853	Artikel A1	A	Hauptlager		9	0	
5	SANN-99296	Artikel A2	A	Nebenlager1			3	
6	SBNN-92709	Artikel B1	B	Nebenlager2			2	
7	SBNH-67439	Artikel B2	B	Hauptlager			1	
8	SCNN-92796	Artikel C1	C	Nebenlager2			2	
9	SDNN-58941	Artikel D2	D	Nebenlager1			1	
10	SCNH-50875	Artikel C2	C	Hauptlager			0	
11	SANN-43180	Artikel A3	A	Nebenlager2			0	
12	SCNN-13421	Artikel C3	C	Nebenlager1			0	
13	SCNN-64761	Artikel C4	C	Nebenlager2			0	
14	SDNH-76839	Artikel D2	D	Hauptlager			1	
15	SBNN-74756	Artikel B3	B	Nebenlager1			0	
16	SANN-56800	Artikel A4	A	Nebenlager1			0	
17	SBNN-80678	Artikel B4	B	Nebenlager2			0	
18	SDNH-13266	Artikel D2	D	Hauptlager			0	
19	SANH-80402	Artikel A5	A	Hauptlager			0	
20	SBNH-35317	Artikel B5	B	Hauptlager			0	

Tipp 11: Zufallszahlen ohne doppelte Werte erzeugen

In diesem Beispiel sollen 20 Zufallszahlen ohne doppelte Werte ermittelt werden. Die zufälligen Zahlenfolgen sollen im Wertebereich zwischen 21 und 40 berechnet werden. Wenn Sie die Formel *=RUNDEN(ZUFALLSZAHL()*20;0)+20* in eine beliebige Zelle eintragen und 20 Zeilen nach unten kopieren, erhalten Sie 20 Zufallszahlen, aber mit großer Wahrscheinlichkeit auch mehrfach vorkommende Zahlen, wie in der Abbildung zu sehen.

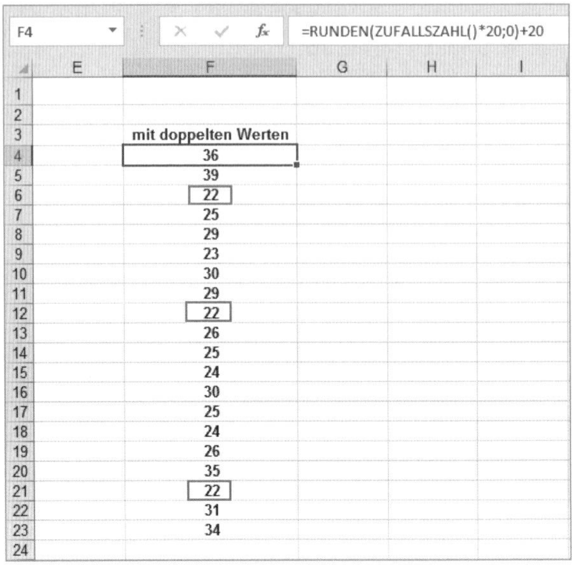
F4 =RUNDEN(ZUFALLSZAHL()*20;0)+20

	E	F	G	H	I
1					
2					
3		mit doppelten Werten			
4		36			
5		39			
6		22			
7		25			
8		29			
9		23			
10		30			
11		29			
12		22			
13		26			
14		25			
15		24			
16		30			
17		25			
18		24			
19		26			
20		35			
21		22			
22		31			
23		34			
24					

Mithilfe eines kleinen Tricks lassen sich doppelte Zahlen aber leicht vermeiden.

So geht's:

1 Markieren Sie einen beliebigen Zellbereich mit einer Zeilenanzahl von 20, beispielsweise den Bereich A4:A23.

2 Tragen Sie in Zelle A4 die Formel *=ZUFALLSZAHL()* ein und beenden Sie die Eingabe mit Strg+↵.

3 Markieren Sie nun in der Nebenspalte den Zellbereich B4:B23 und erfassen Sie in Zelle B4 die Formel *=RANG(A4;$A$4:$A$23)+20.*

4 Beenden Sie die Eingabe wiederum mit der Tastenkombination Strg+↵. Damit wird für jede ermittelte Zufallszahl in Spalte A ein Rang ermittelt. Auf diese Weise ist sichergestellt, dass keine doppelten Werte vorkommen.

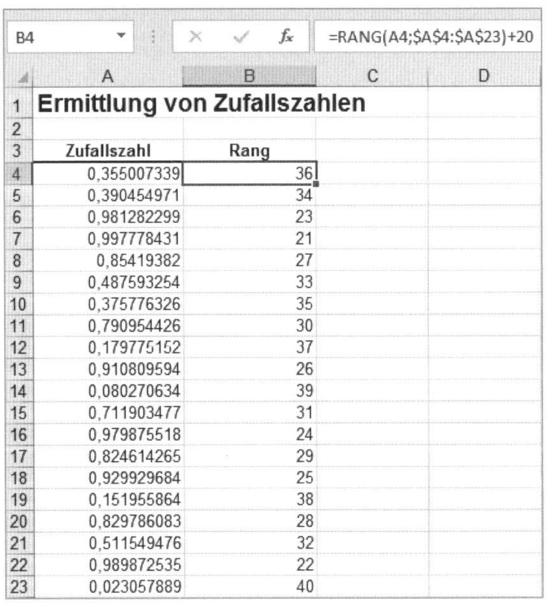
B4 =RANG(A4;$A$4:$A$23)+20

	A	B	C	D
1	Ermittlung von Zufallszahlen			
2				
3	Zufallszahl	Rang		
4	0,355007339	36		
5	0,390454971	34		
6	0,981282299	23		
7	0,997778431	21		
8	0,85419382	27		
9	0,487593254	33		
10	0,375776326	35		
11	0,790954426	30		
12	0,179775152	37		
13	0,910809594	26		
14	0,080270634	39		
15	0,711903477	31		
16	0,979875518	24		
17	0,824614265	29		
18	0,929929684	25		
19	0,151955864	38		
20	0,829786083	28		
21	0,511549476	32		
22	0,989872535	22		
23	0,023057889	40		

➡ Verweis: siehe Kapitel 4.10, Tipp 6

Tipp 12: Erzeugung von Passwörtern mit zufälligen Buchstaben-Zahlen-Kombinationen

Wenn Sie ein sicheres Passwort benötigen, ist es manchmal gar nicht einfach, sich auf die Schnelle ein absolut zufälliges Passwort zu überlegen. In diesem Beispiel sehen Sie, wie Sie schnell und einfach beliebige Passwörter erzeugen können.

So geht's:

1 Erfassen Sie in Zelle A3 folgende ziemlich umfangreiche Formel:

*=LINKS(ADRESSE(1;RUNDEN(ZUFALLSZAHL()*26;0);4);1)&RUNDEN(ZUFALLSZAHL()*10;0)*
*&LINKS(ADRESSE(1;RUNDEN(ZUFALLSZAHL()*26;0);4);1)&RUNDEN(ZUFALLSZAHL()*10;0)*
*&LINKS(ADRESSE(1;RUNDEN(ZUFALLSZAHL()*26;0);4);1)&RUNDEN(ZUFALLSZAHL()*10;0)*
*&LINKS(ADRESSE(1;RUNDEN(ZUFALLSZAHL()*26;0);4);1)&RUNDEN(ZUFALLSZAHL()*10;0)*

2 Kopieren Sie die Formel so viele Zeilen nach unten, wie Sie unterschiedliche Passwörter benötigen. Alternativ können Sie auch auf die Kopieraktion verzichten, denn bei jedem Drücken der Funktionstaste F9 wird ein neues Passwort generiert.

	A	B	C
1	**Zufallskombinationen**		
2			
3	C2F5F9K2		
4	O5Q4L6Q3		
5	K5F4U6O3		
6	J5X4Y8X6		
7	M10V8T5Z6		
8	W2Y7N4T3		
9	Y1X8Z5A6		
10	B6L9P0W1		
11	G7K6K1D10		
12	T2B3I2V7		
13			

Das Passwort enthält abwechselnd einen Buchstaben gefolgt von einer Zahl und ist acht Stellen lang.

Tipp 13: Beträge in Anzahl Scheine und Anzahl Münzen aufteilen

Dieses Beispiel zeigt, wie sich Beträge in die Anzahl notwendiger Scheine und die Anzahl notwendiger Münzen aufteilen lassen. Ziel ist es, dass immer der größtmögliche Schein bzw. die größtmögliche Münze verwendet wird. Der Betrag von 100,00 Euro soll sich also nicht aus zwei 50-Euro-Scheinen oder fünf 20-Euro-Scheinen zusammensetzen, sondern aus einem einzigen 100-Euro-Schein.

So geht's:

Der aufzuteilende Betrag steht in unserem Beispiel in Zelle B3. Für die Berechnung der Anzahl an Scheinen und Münzen sind zwei Hilfsspalten notwendig.

1 Erzeugen Sie zunächst ab Zelle A6 eine Hilfsspalte, in der die Werte der Scheine und Münzen eingetragen werden. Erfassen Sie dazu in Zelle A6 den Wert 500 für den größten Euro-Schein und anschließend 200 für den 200-Euro-Schein. Den letzten Wert für die 1-Cent-Münze erfassen Sie in Zelle A20, indem Sie dort den Wert 0,01 eintragen.

2 Die zweite Hilfsspalte ab Zelle B6 enthält eine Umrechnung des aufzuteilenden Betrags aus Zelle B3. Geben Sie in Zelle B6 die Funktion *=RUNDEN(REST(B3;A6);2)* ein. Damit wird der Rest aus der Division aus Zelle B3 und A6 auf ein zweistelliges Ergebnis gerundet.

3 Erfassen Sie weiterhin in Zelle B7 die Formel *=RUNDEN(REST(B6; A7);2)* und kopieren Sie sie mit dem Ausfüllkästchen bis zur Zelle B20 nach unten.

4 Zur Ermittlung der tatsächlichen Anzahl notwendiger Scheine und Münzen geben Sie in Zelle C6 die Formel *=GANZZAHL(B3/A6)* ein. Kopieren Sie diese ebenfalls über das Ausfüllkästchen bis zur Zelle C20 nach unten.

5 Geben Sie nun noch zur Identifikation der einzelnen Werte einen sprechenden Namen im Zellbereich D6:D20 ein. Der erste Eintrag lautet hier *500 Euro-Schein*, der zweite *200 Euro-Schein* und der letzte in Zelle D20 *1 Cent-Münze*.

B6 =RUNDEN(REST(B3;A6);2)

	A	B	C	D
1	**Betrag in Anzahl Scheine und Anzahl Münzen aufteilen**			
2				
3	Betrag	**1.247,36 €**		
4				
5	**Hilfsspalte 1**	**Hilfsspalte 2**	**Anzahl**	**Scheine/Münzen**
6	500	247,36	2	500 Euro-Schein
7	200	47,36	1	200 Euro-Schein
8	100	47,36	0	100 Euro-Schein
9	50	47,36	0	50 Euro-Schein
10	20	7,36	2	20 Euro-Schein
11	10	7,36	0	10 Euro-Schein
12	5	2,36	1	5 Euro-Schein
13	2	0,36	1	2 Euro-Münze
14	1	0,36	0	1 Euro-Münze
15	0,5	0,36	0	50 Cent-Münze
16	0,2	0,16	1	20 Cent-Münze
17	0,1	0,06	1	10 Cent-Münze
18	0,05	0,01	1	5 Cent-Münze
19	0,02	0,01	0	2 Cent-Münze
20	0,01	0	1	1 Cent-Münze
21				

Nachdem alle Formeln eingetragen sind, wird für jeden beliebigen Betrag, den Sie in Zelle B3 eingeben, die Anzahl der optimalen Stückelung ermittelt.

Hinweis

Zur Verprobung des Ergebnisses gehen Sie wie folgt vor: Erfassen Sie in Zelle E6 die Formel *=C6*A6* und kopieren Sie sie bis zur Zelle E20 nach unten.

Wenn Sie nun die Summe der Zellen E6 bis E20 bilden, werden Sie feststellen, dass diese mit dem Betrag aus Zelle B3 identisch ist.

Die Hilfsspalten A und B können jederzeit ausgeblendet werden.

E21 =SUMME(E6:E20)

	A	B	C	D	E
1	**Betrag in Anzahl Scheine und Anzahl Münzen aufteilen**				
2					
3	Betrag	**1.247,36 €**			
4					
5	**Hilfsspalte 1**	**Hilfsspalte 2**	**Anzahl**	**Scheine/Münzen**	**Kontrolle**
6	500	247,36	2	500 Euro-Schein	1.000,00 €
7	200	47,36	1	200 Euro-Schein	200,00 €
8	100	47,36	0	100 Euro-Schein	- €
9	50	47,36	0	50 Euro-Schein	- €
10	20	7,36	2	20 Euro-Schein	40,00 €
11	10	7,36	0	10 Euro-Schein	- €
12	5	2,36	1	5 Euro-Schein	5,00 €
13	2	0,36	1	2 Euro-Münze	2,00 €
14	1	0,36	0	1 Euro-Münze	- €
15	0,5	0,36	0	50 Cent-Münze	- €
16	0,2	0,16	1	20 Cent-Münze	0,20 €
17	0,1	0,06	1	10 Cent-Münze	0,10 €
18	0,05	0,01	1	5 Cent-Münze	0,05 €
19	0,02	0,01	0	2 Cent-Münze	- €
20	0,01	0	1	1 Cent-Münze	0,01 €
21					1.247,36 €

Tipp 14: Anzahl farbiger Zellen ermitteln

Wenn Sie in Tabellen mit farbigen Zellen arbeiten, kann es durchaus von Interesse sein, wie viele Zellen mit einer bestimmten Hintergrundfarbe versehen sind – werden doch nicht selten bestimmte Werte farblich hervorgehoben. Wie Sie das mithilfe eines zu vergebenden Namens und einiger weniger Formeln bewerkstelligen können, erfahren Sie in diesem Tipp.

So geht's:

1 Versehen Sie zuerst einige Zellen in Spalte A mit der Hintergrundfarbe Rot (die Zellen müssen nicht unbedingt einen Wert enthalten).

2 Rufen Sie nun über *Formeln/Definierte Namen* den Befehl *Namen definieren* auf.

3 Erfassen Sie jetzt im Feld *Name* den Eintrag *Farbe* und im Feld *Bezieht sich auf* die Formel *=ZELLE.ZUORDNEN(63;INDIREKT("ZS(–1)";))*.

4 Tragen Sie dann in Zelle B1 *=Farbe* ein und kopieren Sie diesen Eintrag in die darunterliegenden Zellen. Wie Sie unschwer erkennen können, schreibt Excel jetzt eine *3* in die Zellen, deren linke Nachbarzelle die Hintergrundfarbe Rot aufweist.

5 Hinterlegen Sie abschließend in Zelle E1 die Formel *=ZÄHLENWENN(B:B;3)*, um die Zellen zu zählen, die in Hilfsspalte B eine 3 aufweisen und somit kenntlich machen, dass die links liegende Zelle rot ist.

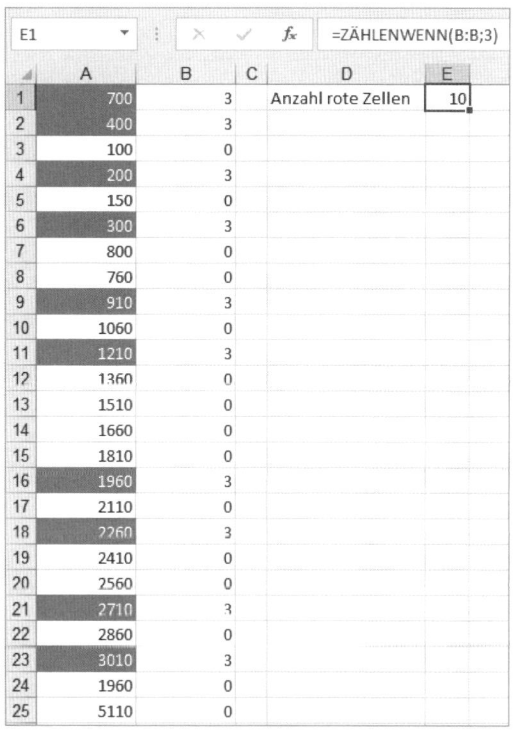

E1 =ZÄHLENWENN(B:B;3)

	A	B	C	D	E
1	700	3		Anzahl rote Zellen	10
2	400	3			
3	100	0			
4	200	3			
5	150	0			
6	300	3			
7	800	0			
8	760	0			
9	910	3			
10	1060	0			
11	1210	3			
12	1360	0			
13	1510	0			
14	1660	0			
15	1810	0			
16	1960	3			
17	2110	0			
18	2260	3			
19	2410	0			
20	2560	0			
21	2710	3			
22	2860	0			
23	3010	3			
24	1960	0			
25	5110	0			

Hinweis

Beim Speichern der Arbeitsmappe werden Sie gefragt, ob die Arbeitsmappe mit Makros gespeichert werden soll. Das hängt damit zusammen, dass die Funktion, die sich hinter dem Namen *Farbe* verbirgt, zu den Excel4-Makrofunktionen gehört.

4.14 Maßgeschneiderte Verweisfunktionen

In umfangreichen Datenmengen ist es oft unerlässlich, über sogenannte Verweisfunktionen einzelne oder mehrere Datensätze in einen anderen Tabellenbereich zu extrahieren. Dies erhöht die Übersichtlichkeit enorm und schafft die Grundlage für weitere Berechnungen auf Basis der extrahierten Daten.

Tipp 1: Verweisfunktionen im Überblick

Das bekannteste und in der Praxis am häufigsten eingesetzte Beispiel für eine Verweisfunktion ist sicherlich der *SVERWEIS*. Neben diesem existieren weitere allgemeine und spezielle Verweisfunktionen, die nutzbringende Einsatzmöglichkeiten bieten. Dieser Tipp verschafft Ihnen einen Überblick und zeigt Anwendungsgebiete und Grenzen der wichtigsten Funktionen auf.

Erläuterung wichtiger Begriffe

Erforderlich für das Verständnis der Funktionen sind folgende Begriffe:

- *Bereich*: Unter einem Bereich werden zwei oder mehr Zellen auf einem Tabellenblatt verstanden. Bereiche können entweder mit einem Namen versehen sein bzw. über den Namen identifiziert werden oder auch als Zellbezug (*"A1:A2"*) angesprochen werden.
- *Vektor*: Unter einem Vektor wird ein Bereich verstanden, der nur aus einer Spalte oder nur aus einer Zeile besteht.
- *Matrix*: Eine Matrix ist ein Bereich, der aus mehr als einer Spalte und mehr als einer Zeile besteht.

	A	B	C	D	E	F	G	H
1	Horizontaler Vektor:	A	B	C	D		Vertikaler Vektor:	1
2								2
3	Matrix:	1	AA	BA	CA			3
4		2	AB	BB	CB			4
5		3	AC	BC	CC			
6		4	AD	BD	CD			
7		5	AE	BE	CE			

- *Suchkriterium*: Eine Zahl, ein Text oder ein Wahrheitswert, nach dem innerhalb eines (Such-)Bereichs gesucht werden soll. Neben der direkten Verwendung dieser Werte ist auch die Angabe eines Zellbezugs bzw. des Namens eines Zellbezugs, der solche Werte enthält, möglich.

Die Funktion VERWEIS bei einzelnen Spalten/Zeilen (Vektorversion)

Mit der Funktion *VERWEIS* können Sie in einem Vektor (Suchbereich) nach einem Wert suchen und sich den zugehörigen Wert aus einem zweiten Vektor (Ergebnisbereich) zurückgeben lassen. Die Syntax der Funktion ist:

=VERWEIS (Suchkriterium;Suchvektor;[Ergebnisvektor])

Wichtig bei der Verwendung ist, dass:

- die Zahl der Zellen im Suchbereich identisch ist mit der Zahl der Zellen im Ergebnisbereich,
- einander zuzuordnende Werte innerhalb der Wertelisten der beiden Bereiche an derselben Position stehen.

So geht's:

1 Die Werteliste des Suchvektors befindet sich in den Zellen B2:B6, der Ergebnisvektor in den Zellen C2:C6. Die zusammengehörenden Wertepaare sind in derselben Reihenfolge angeordnet, zum Wert 1,11 gehört also der Wert *Alpha*, zu 2,22 der Wert *Bravo* etc.

	A	B	C
1	Rückgabewert:	Suchvektor	Ergebnisvektor
2	Bravo	1,11	Alpha
3		2,22	Bravo
4		3,33	Charly
5		4,44	Delta
6		5,55	Echo

2 Um beispielsweise für den Suchwert 2,22 den zugehörigen Wert darzustellen, erfassen Sie in Zelle A2 die Funktion *=VERWEIS(2,22;B2:B6;C2:C6)*.

Alternativ können Sie sowohl für das Suchkriterium als auch Such- und Ergebnisvektor Namen verwenden. In diesem Beispiel wurde Zelle C2 mit *Eingabefeld* benannt, den Bereichen D2:D6 bzw. E2:E6 wurden die Namen *Wertesuchen* bzw. *Wertefinden* zugewiesen und in der Funktion *VERWEIS* angesprochen.

C3 | =VERWEIS(Eingabefeld;Wertesuchen;Wertefinden)

	C	D	E
1	Rückgabe:	Suchvektor	Ergebnisvektor
2	2,22	1,11	Alpha
3	Bravo	2,22	Bravo
4		3,33	Charly
5		4,44	Delta
6		5,55	Echo

Das Suchkriterium muss im Übrigen nicht exakt einem Wert im Suchvektor entsprechen. Liegt keine Übereinstimmung vor, verwendet die *VERWEIS*-Funktion den im Vergleich zum eingegebenen Wert nächstkleineren Wert im Suchbereich als Suchkriterium und liefert den diesem zugeordneten Ergebniswert zurück.

Gibt es einen solchen kleineren Wert nicht im Suchbereich, wird *#NV* zurückgegeben. Im folgenden Beispiel wird nach dem Wert 4,89 gesucht, zurückgegeben wird der dem nächstkleineren Wert 4,44 zugeordnete Begriff *Delta*.

C3 | =VERWEIS(Eingabefeld;Wertesuchen;Wertefinden)

	C	D	E
1	Rückgabe:	Suchvektor	Ergebnisvektor
2	4,89	1,11	Alpha
3	Delta	2,22	Bravo
4		3,33	Charly
5		4,44	Delta
6		5,55	Echo

Aus Gründen der einfacheren Handhabung werden Such- und Ergebnisvektor üblicherweise nebeneinander positioniert und beide Bereiche werden jeweils als Teile von Spalten bzw. Teile von Zeilen definiert.

Dies ist aber für eine Auswertung mittels *VERWEIS* keineswegs eine notwendige Bedingung, wie die folgenden Beispiele zeigen.

Beispiel 1: Der Suchvektor befindet sich in Spalte G in den Zellen G2:G6, der Ergebnisvektor befindet sich in Zeile 8 in den Zellen B8:F8, das Eingabefeld ist in B10 und die Funktion in E10.

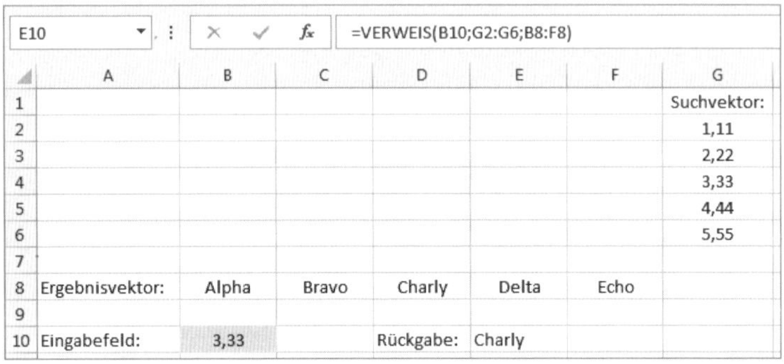

E10 =VERWEIS(B10;G2:G6;B8:F8)

	A	B	C	D	E	F	G
1							Suchvektor:
2							1,11
3							2,22
4							3,33
5							4,44
6							5,55
7							
8	Ergebnisvektor:	Alpha	Bravo	Charly	Delta	Echo	
9							
10	Eingabefeld:	3,33		Rückgabe:	Charly		

Beispiel 2: Mit Einschränkung kann auch eine komplette Spalte als Suchbereich und eine ganze Zeile als Ergebnisbereich verwendet werden. Die Namen *Suchen1* bzw. *Finden1* beziehen sich auf Spalte B bzw. Zeile 7, der zum Suchkriterium 4,44 gehörende Begriff *Delta* wird korrekt zurückgegeben.

Aber beachten Sie, dass den jeweiligen Werten in Zeile 7 bzw. Spalte B jeweils genau eine leere Zelle vorangeht. Differiert nämlich die Zahl vorangehender leerer Zellen in der festgelegten Spalte/Zeile, wird *VERWEIS* nicht das richtige Ergebnis liefern, da – wie oben erwähnt – die identische Position der Werte innerhalb der auszulesenden Bereiche relevant ist.

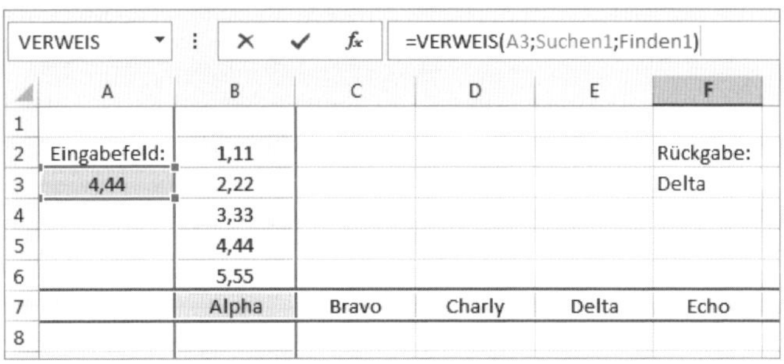

VERWEIS =VERWEIS(A3;Suchen1;Finden1)

	A	B	C	D	E	F
1						
2	Eingabefeld:	1,11				Rückgabe:
3	4,44	2,22				Delta
4		3,33				
5		4,44				
6		5,55				
7		Alpha	Bravo	Charly	Delta	Echo
8						

Die Funktion VERWEIS bei mehreren Spalten/Zeilen (Matrixversion)

Vorab: Excel stellt aus Kompatibilitätsgründen mit anderen Tabellenkalkulationsprogrammen die Funktion *VERWEIS* auch in einer Matrixversion zur Verfügung. In den meisten Fällen wird es aber sinnvoll sein, statt der Matrixversion von *VERWEIS* die originären Excel-Funktionen *SVERWEIS* bzw. *WVERWEIS* zu verwenden.

Mit der Funktion *VERWEIS* können Sie in einer Matrix nach einem bestimmten Wert suchen und sich den ebenfalls in der Matrix befindlichen zugehörigen Ergebniswert zurückgeben lassen – im Vergleich zum *VERWEIS* in der Vektorversion müssen also nicht sowohl Such- als auch Ergebnisbereich angegeben werden, sondern es gibt nur einen (gemeinsamen) Bereich.

Die Syntax der Funktion ist:

=*VERWEIS (Suchkriterium;Matrix)*

Diese Version von *VERWEIS* kann allerdings nur dann benutzt werden, wenn die Matrix wie folgt aufgebaut ist:

- Der Suchwert befindet sich in der ersten Zeile und der Ergebniswert in der letzten Zeile der Matrix.

Oder:

- Der Suchwert befindet sich in der ersten Spalte und der Ergebniswert in der letzten Spalte der Matrix.

Wichtig bei der Verwendung ist außerdem, dass die Werte der Matrix in aufsteigender Reihenfolge angeordnet sind, da sonst gegebenenfalls ein falscher Wert zurückgegeben wird.

Interessant und beachtenswert ist bei dieser Funktion schließlich, dass sie anhand der Struktur der Matrix „entscheidet“, ob sie bei der Suche nach dem als Suchkriterium eingegebenen Wert zeilen- oder spaltenweise vorgeht. Dies geschieht nach folgendem Regelwerk:

- Ist die Zahl der Zeilen größer als oder gleich der Spaltenanzahl, wird die erste Spalte nach dem Suchkriterium durchsucht.
- Ist die Zahl der Spalten größer als die Zahl der Zeilen, wird die erste Zeile nach dem Suchkriterium durchsucht.

So geht's:

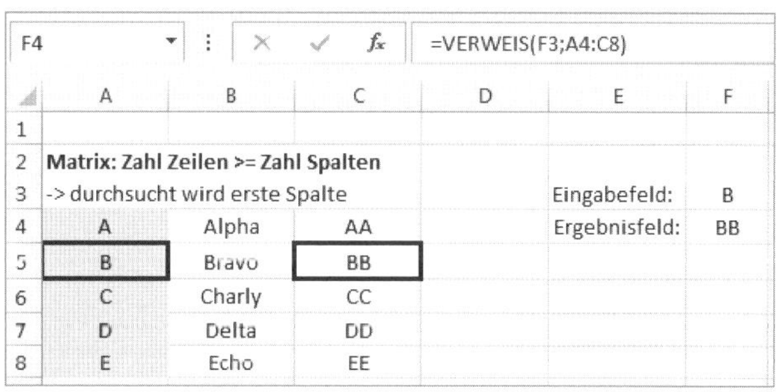

1. Die Matrix befindet sich im Bereich A4:C8, das Eingabefeld soll in Zelle F3 sein.
2. Erfassen Sie als Funktion in Zelle F4 =*VERWEIS(F3;A4:C8)*.
3. Da die Matrix mehr Zeilen (fünf) als Spalten (drei) aufweist, durchsucht die Funktion die erste Spalte nach dem Suchwert *B*, findet diesen an zweiter Position der Spalte und gibt im Ergebnis aus der letzten Spalte den in derselben Zeile stehenden zugehörigen Wert *BB* zurück.

Auch bei der Verweisfunktion in der Matrixversion ist eine exakte Übereinstimmung des Suchkriteriums mit einem Wert in der Matrix nicht erforderlich, um ein Ergebnis zurückzugeben.

Liegt keine Übereinstimmung vor, verwendet die *VERWEIS*-Funktion den im Vergleich zum eingegebenen Wert nächstkleineren Wert in der Suchzeile bzw. -spalte als Suchkriterium und liefert den diesem zugeordneten Ergebniswert zurück.

Gibt es einen solchen kleineren Wert nicht in der Suchzeile/-spalte, wird *#NV* zurückgegeben. Betrachten wir den Fall der Rückgabe des nächstkleineren Werts innerhalb einer Matrix, die mehr Spalten als Zeilen aufweist.

So geht's:

1 Die Matrix befindet sich im Bereich A18:D20, das Eingabefeld in F17.

2 Erfassen Sie als Funktion in Zelle F18 = *VERWEIS(F17;A18:D20)*.

3 Als Suchkriterium geben Sie *2,5* in das Eingabefeld ein.

4 Die Matrix hat eine größere Spalten- als Zeilenanzahl, sodass die Funktion die erste Zeile auswertet. Mit *1,5* wird der im Vergleich zur Eingabe nächstkleinere Wert in der ersten Zeile identifiziert. Zurückgegeben wird der Wert aus der letzten Zeile der Matrix in derselben Spalte – *Charly*.

Bei der Matrixversion der Funktion *VERWEIS* ist ebenfalls die Vergabe eines Namens für die Ansprache der Matrix möglich. Beachten Sie, dass grundsätzlich ein zusammenhängender Bereich festgelegt werden muss.

Hier wurde beispielsweise für die Matrix in den Zellen A18:H20 als Name *Matrixbereich3* festgelegt und in der Funktion zur Ansprache verwendet.

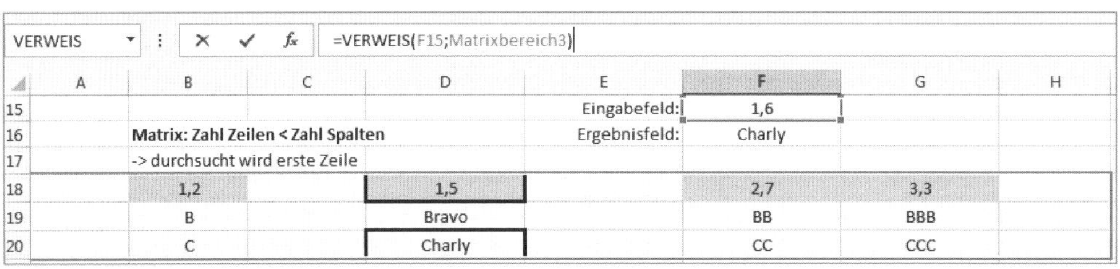

Auch die Verwendung ganzer Zeilen oder Spalten als Matrix ist funktional. Hierbei muss allerdings beachtet werden, dass die Festlegung in Übereinstimmung mit dem von der Funktion verwendeten Regelwerk – s. o. – für die Identifikation des Suchbereichs (Zeile oder Spalte) erfolgen muss:

- Ergibt die Regel, dass die erste Spalte nach dem Suchkriterium durchsucht wird – die Zahl der Zeilen ist größer als oder gleich der Spaltenanzahl –, müssen ganze Spalten als Matrixbereich markiert und zugeordnet werden.
- Ergibt die Regel, dass die erste Zeile nach dem Suchkriterium durchsucht wird – die Zahl der Spalten ist größer als die Zahl der Zeilen –, müssen ganze Zeilen als Matrixbereich markiert und zugeordnet werden.

Die Funktion SVERWEIS

Mit der Funktion *SVERWEIS* können Sie innerhalb einer Matrix nach einem Wert suchen und sich einen zugehörigen Wert aus derselben Matrix zurückgeben lassen. Die Funktion folgt dieser Syntax:

=SVERWEIS(Suchkriterium;Matrix;Spaltenindex;[Bereich_Verweis])

Nach dem Suchkriterium durchsucht wird dabei die erste Spalte der Matrix (das S in *SVERWEIS* steht für **S**enkrecht). Im Unterschied zur *VERWEIS*-Funktion, die obligatorisch den Wert der letzten Spalte zurückgibt, kann bei *SVERWEIS* mittels Angabe eines Spaltenindex festgelegt werden, aus welcher Spalte der Rückgabewert kommen soll.

Der Spaltenindex wird hierbei mittels einer Zahl angegeben, wobei die 1 der ersten Spalte zugeordnet ist und die Spaltenzählung nach rechts aufsteigend erfolgt.

So geht's:

1 Die Matrix befindet sich im Bereich B1:E5, das Eingabefeld für das Suchkriterium in C7. Gesucht ist der dem Eingabewert zugehörige Wert aus Spalte D.

2 Erfassen Sie in Zelle C8 die Funktion:

=SVERWEIS(C7;B1:E5;3)

3 Als Suchkriterium geben Sie *C* in das Eingabefeld ein.

4 *C* wird in Spalte B gefunden und aus der dritten Spalte der Matrix wird *Charly* zurückgegeben.

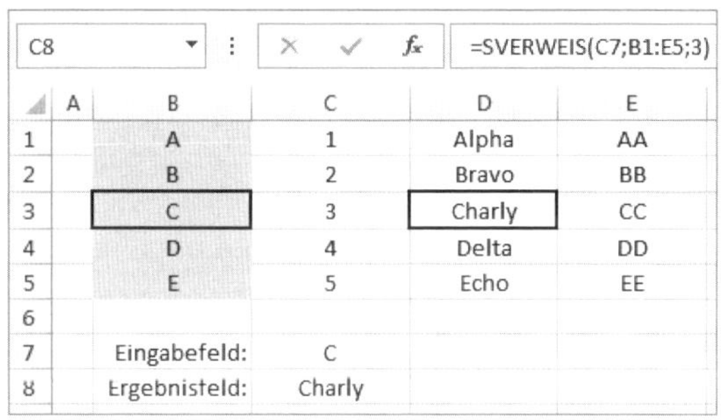

In diesem Beispiel wurde das optionale Argument *[Bereich_Verweis]* nicht angegeben. In der Praxis empfiehlt es sich allerdings, dieses Argument immer anzugeben, um Irritationen durch unabsichtlich bzw. unwissentlich falsch ausgelesene Werte zu vermeiden.

Bei *Bereich_Verweis* handelt es sich um einen Wahrheitswert, mit dem Sie festlegen, ob eine genaue Entsprechung gesucht und zurückgegeben werden soll oder auch eine ungefähre Entsprechung geliefert werden kann.

Tatsächlich ist dies nun das große Plus im Vergleich zur Funktion *VERWEIS*, bei der diese Vorabentscheidung nicht möglich ist. Wenn das Argument *Bereich_Verweis* nicht befüllt wird, verwendet Excel als Default – leider – *WAHR*, was bedeutet, dass auch eine ungefähre Entsprechung zurückgegeben wird.

Dies ist unschädlich, wenn wie in unserem obigen Beispiel die Werte aufsteigend sortiert sind. Ist das nicht der Fall und wird eine genaue Übereinstimmung gesucht, muss unbedingt *FALSCH* als Argument mitgegeben werden, wie die folgenden Beispiele zeigen.

So geht's:

1 Ausgangspunkt ist die Matrix aus dem vorangegangenen Beispiel, jedoch mit dem Unterschied, dass die Suchspalte B unsortiert ist.

	A	B	C	D	E
1		D	1	Alpha	AA
2		B	2	Bravo	BB
3		A	3	Charly	CC
4		C	4	Delta	DD
5		E	5	Echo	EE
6					
7		Eingabefeld:	D		
8		Ergebnisfeld:	Delta	[Bereich_Verweis: WAHR]	
9		Ergebnisfeld:	Alpha	[Bereich_Verweis: FALSCH	

2 Erfassen Sie *SVERWEIS* in Zelle C8 mit dem Argument *WAHR*:

=SVERWEIS(C7;B1:E5;3;WAHR)

Erfassen Sie *SVERWEIS* in Zelle C9 mit dem Argument *FALSCH*:

=SVERWEIS(C7;B1:E5;3;FALSCH)

3 Bei Eingabe von *D* als Suchwert liefert *SVERWEIS* mit *WAHR* als Rückgabewert *Delta*, *SVERWEIS* mit *FALSCH* liefert das korrekte Ergebnis *Alpha*.

	G	H	I	J
1	1,30	1,00	Alpha	AA
2	5,20	2,00	Bravo	BB
3	1,30	3,00	Charly	CC
4	1,60	4,00	Delta	DD
5	1,70	5,00	Echo	EE
6				
7	Eingabefeld:	5,20		
8	Ergebnisfeld:	5,00	[Bereich_Verweis: WAHR]	
9	Ergebnisfeld:	2,00	[Bereich_Verweis: FALSCH	

4 Analoge Ergebnisse bei der Suche und Auswertung von Zahlen: In Spalte G befindet sich eine unsortierte Zahlenfolge, als Suchspalte werden die Zahlen in Spalte H verwendet, gesucht wird nach dem Wert *5,12*.

Zelle H8: *=SVERWEIS(H7;G1:J5;2;WAHR)*, Rückgabewert ist *5,00*

Zelle H9: *=SVERWEIS(H7;G1:J5;2;FALSCH)*, der korrekte Rückgabewert ist *2,00*

Die Funktion WVERWEIS

Die Funktion *WVERWEIS* ist das Pendant zu *SVERWEIS*, wenn Sie innerhalb einer Matrix nicht vertikal (spaltenweise), sondern horizontal (zeilenweise) nach einem Wert suchen und sich den zugehörigen Wert aus derselben Matrix zurückgeben lassen möchten. Die Funktion folgt dieser Syntax:

=WVERWEIS (Suchkriterium;Matrix;Zeilenindex;[Bereich_Verweis])

Nach dem Suchkriterium durchsucht wird dabei die erste Zeile der Matrix (das W in *WVERWEIS* steht für **W**aagerecht). Über die Angabe des Zeilenindex kann festgelegt werden, aus welcher Zeile der Rückgabewert kommen soll.

Wie bei *SVERWEIS* erfolgt die Festlegung dieses Zeilenindex mittels einer Zahl, wobei die 1 der ersten Zeile zugeordnet ist und die Zeilenzählung nach unten aufsteigend erfolgt.

So geht's:

1 Die Matrix befindet sich im Bereich B1:E5, das Eingabefeld für das Suchkriterium in C7. Gesucht ist der dem Eingabewert zugehörige Wert aus Zeile 4.

2 Erfassen Sie als Funktion in Zelle C7:

=WVERWEIS(C6;B1:E4;4;FALSCH)

3 Als Suchkriterium geben Sie *C* in das Eingabefeld ein.

4 *C* wird in Zeile 1 in Spalte D gefunden, der Rückgabewert *CC* wird aus der vierten Zeile der Spalte ausgelesen.

C7 | =WVERWEIS(C6;B1:E4;4;FALSCH)

	A	B	C	D	E	F
1		A	B	C	D	E
2		1	2	3	4	5
3		Alpha	Bravo	Charly	Delta	Echo
4		AA	BB	CC	DD	EE
5						
6		Eingabefeld:	C			
7		Ergebnisfeld:	CC			

Tipp 2: Vergleich der Verweisfunktionen SVERWEIS() und INDEX()

Der Hauptunterschied der beiden Funktionen liegt in der Tatsache, dass bei der Funktion *SVERWEIS()* die Daten so angeordnet sein müssen, dass das Suchfeld in der äußersten linken Spalte der Matrix vorhanden sein muss. Bei der Funktion *INDEX()* spielt es hingegen keine Rolle, in welcher Spalte der Matrix sich das Suchfeld befindet.

	A	B	C	D	E	F
1	**Telefonliste**					
2						
3						
4	**Mitarb.-Nr.**	**Name**	**Durchwahl**	**Abteilung**		**Suchkriterium:**
5	35	Harmsen	-33	Technik		**29**
6	12	Becker	-45	Vertrieb		
7	5	Schuller	-23	Rewe		
8	95	Kurt	-92	Vertrieb		
9	64	Schindler	-45	Rewe		
10	22	Eckl	-31	Technik		
11	14	Maier	-9	Technik		
12	29	Ricksen	-22	Vertrieb		
13	50	Huber	-56	Rewe		
14	18	Kleinlein	-70	Vertrieb		
15	38	Hollederer	-51	Technik		
16	27	Bergmann	-90	Controlling		
17	10	Klausfeld	-89	Rewe		
18	56	Schneider	-22	Vertrieb		
19	20	Berger	-38	Technik		
20	32	Kling	-43	Controlling		
21	7	Braun	-41	Vertrieb		
22						

Das Beispiel zeigt die beiden Funktionen im Vergleich. Die Mitarbeiternummer, nach der gesucht werden soll, befindet sich dabei in der Zelle F5.

So geht's mit der Funktion SVERWEIS():

Die Syntax von *SVERWEIS()* lautet wie folgt:

SVERWEIS(Suchkriterium;Matrix;Spaltenindex;Bereich_Verweis)

Argument	Beschreibung
Suchkriterium	Ist der in der ersten Spalte der Tabellenmatrix zu suchende Wert. *Suchkriterium* kann einen Wert oder einen Bezug darstellen. Wenn *Suchkriterium* kleiner als der kleinste Wert in der ersten Spalte von *Matrix* ist, wird von *SVERWEIS* der Fehlerwert *#NV* zurückgegeben.
Matrix	Mindestens zwei Datenspalten. Verwenden Sie einen Bezug auf einen Bereich oder einen Bereichsnamen. Die Werte in der ersten Spalte von *Matrix* sind die vom Suchkriterium gesuchten Werte und können Zeichenfolgen (Texte), Zahlen oder Wahrheitswerte darstellen. Bei Zeichenfolgen (Texten) wird nicht zwischen Groß- und Kleinschreibung unterschieden.
Spaltenindex	Ist die Spaltennummer in *Matrix*, aus der der entsprechende Wert zurückgegeben werden muss. Der Spaltenindex 1 gibt den Wert in der ersten Spalte in *Matrix* zurück, der Spaltenindex 2 gibt den Wert in der zweiten Spalte in *Matrix* zurück etc.
Bereich_Verweis	Ist ein Wahrheitswert, der angibt, ob *SVERWEIS* eine genaue Entsprechung oder eine ungefähre Entsprechung suchen soll.

Zum Auslesen der Telefondurchwahl für die Mitarbeiternummer 29 tragen Sie folgende Formel in Zelle F7 ein:

=SVERWEIS(F5;A5:D21;3;0)

Damit wird das Suchkriterium aus Zelle F5 in der linken Spalte der Matrix A5:D21 gesucht und die Entsprechung der gleichen Zeile aus der dritten Spalte wird zurückgegeben.

So geht's mit der Funktion INDEX():

Die Funktion *INDEX()* ist wie folgt aufgebaut: *INDEX(Matrix;Zeile;Spalte)*.

Argument	Beschreibung
Matrix	*Matrix* ist ein Zellbereich oder eine Matrixkonstante. Besteht das Argument *Matrix* aus nur einer Zeile oder Spalte, ist das entsprechende Argument *Zeile* bzw. *Spalte* optional. Erstreckt sich *Matrix* über mehrere Zeilen und Spalten und ist nur eines der Argumente, also *Zeile* oder *Spalte*, angegeben, liefert *INDEX* eine Matrix, die der gesamten zugehörigen Zeile oder Spalte von *Matrix* entspricht.
Zeile	Markiert die Zeile in der Matrix, aus der ein Wert zurückgegeben werden soll. Wird *Zeile* nicht angegeben, muss *Spalte* angegeben werden.
Spalte	Markiert die Spalte in der Matrix, aus der ein Wert zurückgegeben werden soll. Wird *Spalte* nicht angegeben, muss *Zeile* angegeben werden. Werden die beiden Argumente *Zeile* und *Spalte* gleichzeitig angegeben, gibt *INDEX* den Wert der Zelle zurück, in der sich *Zeile* und *Spalte* schneiden.

Erfassen Sie diese Funktion in Zelle F9:

=INDEX(A5:D21;VERGLEICH(F5;A5:A21;0);VERGLEICH(B5;B5:B21;0)+2)

Damit wird ebenso wie mit *SVERWEIS()* die dem Suchbegriff entsprechende Telefonnummer zurückgegeben. Die Spalten- und Zeilennummer wird dabei mithilfe der Funktion *VERGLEICH()* ermittelt:

VERGLEICH(Suchkriterium;Suchmatrix;Vergleichstyp)

Diese Funktion ermittelt die Position, also die Zeilen- und Spaltennummer, des angegebenen Suchbegriffs.

Immer häufiger wird in der Praxis anstelle der Funktion *SVERWEIS()* oder *WVERWEIS()* die Funktion *INDEX()* verwendet, da diese in vielen Fällen flexibler einsetzbar ist.

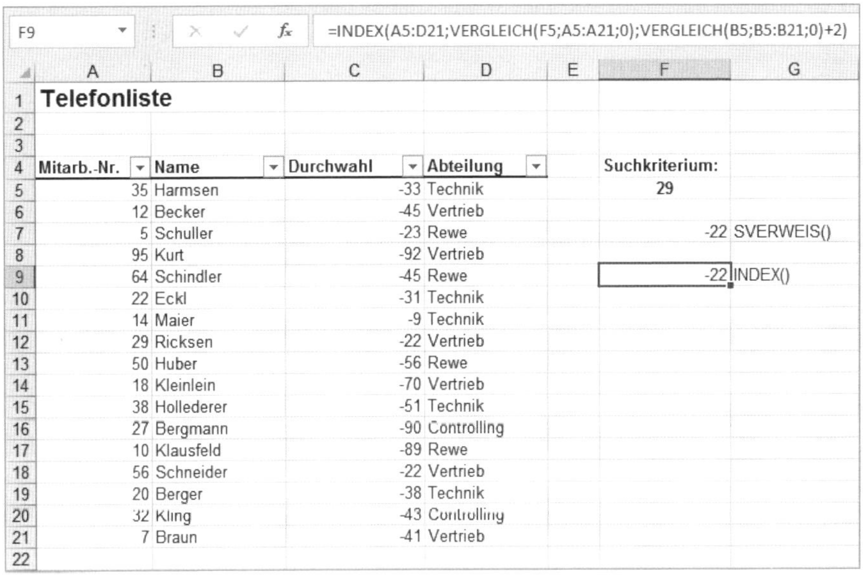

F9 =INDEX(A5:D21;VERGLEICH(F5;A5:A21;0);VERGLEICH(B5;B5:B21;0)+2)

	A	B	C	D	E	F	G
1	Telefonliste						
2							
3							
4	Mitarb.-Nr.	Name	Durchwahl	Abteilung		Suchkriterium:	
5	35	Harmsen	-33	Technik		29	
6	12	Becker	-45	Vertrieb			
7	5	Schuller	-23	Rewe		-22	SVERWEIS()
8	95	Kurt	-92	Vertrieb			
9	64	Schindler	-45	Rewe		-22	INDEX()
10	22	Eckl	-31	Technik			
11	14	Maier	-9	Technik			
12	29	Ricksen	-22	Vertrieb			
13	50	Huber	-56	Rewe			
14	18	Kleinlein	-70	Vertrieb			
15	38	Hollederer	-51	Technik			
16	27	Bergmann	-90	Controlling			
17	10	Klausfeld	-89	Rewe			
18	56	Schneider	-22	Vertrieb			
19	20	Berger	-38	Technik			
20	32	Kling	-43	Controlling			
21	7	Braun	-41	Vertrieb			
22							

Tipp 3: Daten lückenlos aus einer Liste auslesen

Aus einer Auftragsliste sollen alle Auftragsnummern, bei denen der Versand bereits durchgeführt wurde, ausgelesen und lückenlos in einer neuen Spalte zusammengestellt werden. Der Versand wird durch das entsprechende Versanddatum gekennzeichnet.

So geht's:

1 Zum Auslesen der ersten Auftragsnummer, die versendet wurde, tragen Sie in Zelle D4 folgende Formel ein:

=WENN(ISTFEHLER(WENN(ZEILEN($4:4)>ANZAHL2(A:A);"";INDEX(A:A;KKLEINSTE(WENN(B$4:B$103<>"";ZEILE($4:$103));ZEILEN($4:4)))));"";WENN(ZEILEN($4:4)>ANZAHL2(A:A);""; INDEX(A:A;KKLEINSTE(WENN(B$4:B$103<>"";ZEILE($4:$103));ZEILEN($4:4)))))

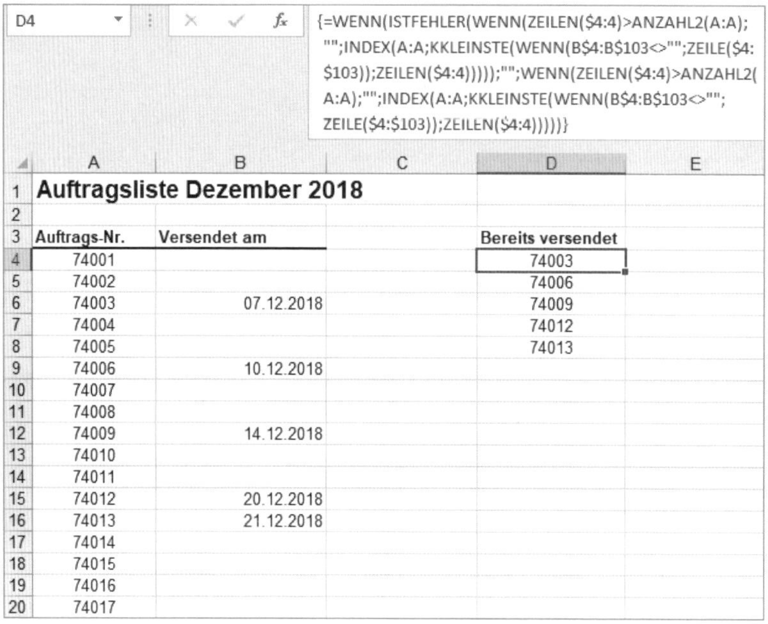

D4 {=WENN(ISTFEHLER(WENN(ZEILEN($4:4)>ANZAHL2(A:A);"";INDEX(A:A;KKLEINSTE(WENN(B$4:B$103<>"";ZEILE($4:$103));ZEILEN($4:4)))));"";WENN(ZEILEN($4:4)>ANZAHL2(A:A);"";INDEX(A:A;KKLEINSTE(WENN(B$4:B$103<>"";ZEILE($4:$103));ZEILEN($4:4)))))}

	A	B	C	D	E
1	**Auftragsliste Dezember 2018**				
2					
3	**Auftrags-Nr.**	**Versendet am**		**Bereits versendet**	
4	74001			74003	
5	74002			74006	
6	74003	07.12.2018		74009	
7	74004			74012	
8	74005			74013	
9	74006	10.12.2018			
10	74007				
11	74008				
12	74009	14.12.2018			
13	74010				
14	74011				
15	74012	20.12.2018			
16	74013	21.12.2018			
17	74014				
18	74015				
19	74016				
20	74017				

2 Beenden Sie die Formeleingabe mit der Tastenkombination Strg+⇧+↵, da es sich um eine Matrixfunktion handelt.

3 Kopieren Sie diese Formel über das AutoAusfüllkästchen so weit wie nötig nach unten. Im Beispiel genügt es, wenn Sie die Formel bis zur Zelle D10 kopieren.

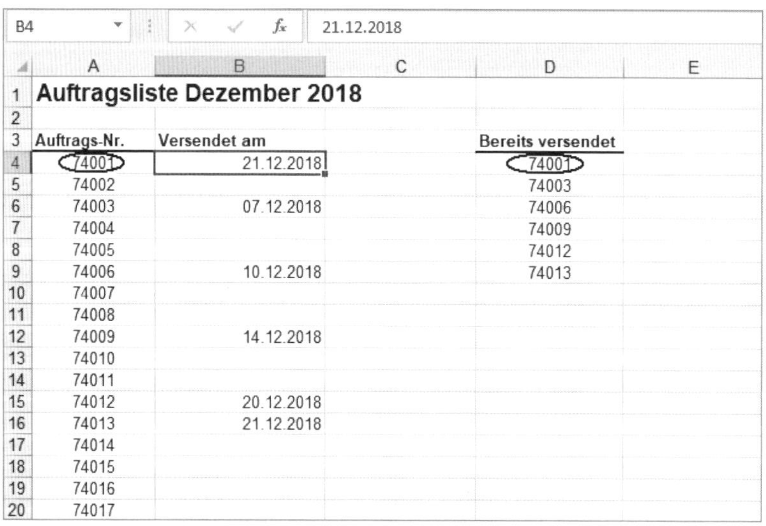

B4 21.12.2018

	A	B	C	D	E
1	**Auftragsliste Dezember 2018**				
2					
3	**Auftrags-Nr.**	**Versendet am**		**Bereits versendet**	
4	74001	21.12.2018		74001	
5	74002			74003	
6	74003	07.12.2018		74006	
7	74004			74009	
8	74005			74012	
9	74006	10.12.2018		74013	
10	74007				
11	74008				
12	74009	14.12.2018			
13	74010				
14	74011				
15	74012	20.12.2018			
16	74013	21.12.2018			
17	74014				
18	74015				
19	74016				
20	74017				

Nach der Erfassung eines neuen Versandkennzeichens in Spalte B wird die entsprechende Auftragsnummer sofort in den Auswertungsbereich übernommen und korrekt einsortiert. Das sehen Sie an dem neu eingetragenen Versanddatum in Zelle B4.

Tipp 4: Auslesen von Daten mit mehreren Bedingungen

Aus einer Preisliste soll der Preis für einen bestimmten Artikel mit einer bestimmten Farbangabe ausgelesen werden. Die Artikel sind jeweils in verschiedenen Farben vorhanden, wobei die Artikelnummer bei den unterschiedlichen Farbmustern nicht wechselt, nur der Farbzusatz ändert sich. Ziel ist es nun, für die Artikelnummer 1002 den Preis für die Farbe Orange zu ermitteln.

	A	B	C	D
1	**Preisliste**			
2				
3				
4	**Artikel-Nr.**	**Farbe**	**Betrag**	
5	1001	Blau	43,90 €	
6	1001	Grün	43,90 €	
7	1002	Gelb	44,85 €	
8	1002	Grau	19,95 €	
9	1002	Orange	20,45 €	
10	1003	Schwarz	18,70 €	
11	1003	Rot	45,95 €	
12	1003	Grün	44,95 €	
13	1003	Gelb	46,95 €	
14	1004	Blau	79,90 €	
15	1004	Schwarz	78,90 €	
16				

So geht's:

1 Legen Sie zunächst die Kriterien fest. Das erste Kriterium, also die Artikelnummer, erfassen Sie in Zelle E5. Tragen Sie dort *1002* ein.

2 Das zweite Abfragekriterium erfassen Sie in Zelle F5. Tragen Sie dort die Farbe *Orange* ein.

3 Zur Ermittlung des Verkaufspreises erfassen Sie folgende Formel in Zelle G5:

=INDEX($C$5:$C$15;VERGLEICH(E5&F5;$A$5:$A$15&$B$5:$B$15;0))

Diese Formel ermittelt anhand der beiden vorgegebenen Kriterien den zugehörigen Verkaufspreis.

4 Beenden Sie die Eingabe mit der Tastenkombination Strg+⇧+↵. Damit werden die geschweiften Klammern hinzugefügt und die Funktion wird zur Array-Funktion.

G5 fx {=INDEX($C$5:$C$15;VERGLEICH(E5&F5;$A$5:$A$15&$B$5:$B$15;0))}

	A	B	C	D	E	F	G	H
1	**Preisliste**							
2								
3								
4	**Artikel-Nr.**	**Farbe**	**Betrag**		**Artikel-Nr**	**Farbe**	**Ergebnis**	
5	1001	Blau	43,90 €		1002	Orange	**20,45 €**	
6	1001	Grün	43,90 €					
7	1002	Gelb	44,85 €					
8	1002	Grau	19,95 €					
9	1002	Orange	20,45 €					
10	1003	Schwarz	18,70 €					
11	1003	Rot	45,95 €					
12	1003	Grün	44,95 €					
13	1003	Gelb	46,95 €					
14	1004	Blau	79,90 €					
15	1004	Schwarz	78,90 €					

Als Ergebnis wird der Wert 20,45 Euro zurückgegeben.

Hinweis

Wenn beide Kriterienpaare mehrmals im Datenbestand enthalten sind, liefert die Funktion den Wert für das erste Kriterienpaar.

Tipp 5: Verweise nach links bzw. nach oben herstellen

Wie bereits geschildert, ist es mit der Funktion *SVERWEIS()* nicht möglich, Ergebnisse aus Spalten zu extrahieren, die links von der Suchspalte stehen. Das gleiche Problem tritt bei der Funktion *WVERWEIS()* auf. Auch hier besteht keine Möglichkeit, Daten aus Zeilen oberhalb der Suchzeile auszulesen. In diesem Beispiel erfahren Sie, mit welchen Funktionen diese Aufgabenstellung einfach und komfortabel zu lösen ist.

So geht's: Verweise nach links realisieren

In der Ausgangstabelle steht in der ersten Spalte die Bezeichnung der Buchhaltungskonten und in der zweiten Spalte die Kontonummer. Ausgehend von der Kontonummer soll nun die zugehörige Bezeichnung ermittelt werden. Das Suchkriterium, also die Kontonummer, nach der gesucht werden soll, steht in Zelle B19.

Zum Auslesen der zugehörigen Bezeichnung erfassen Sie in Zelle A19 diese Formel:

=WENN(ISTNV(INDEX(A5:A16;VERGLEICH(B19;B5:B16;0)));"kein Treffer";INDEX(A5:A16;VERGLEICH(B19;B5:B16;0)))

Auf diese Weise lassen sich Werte extrahieren, die links von der Suchspalte stehen.

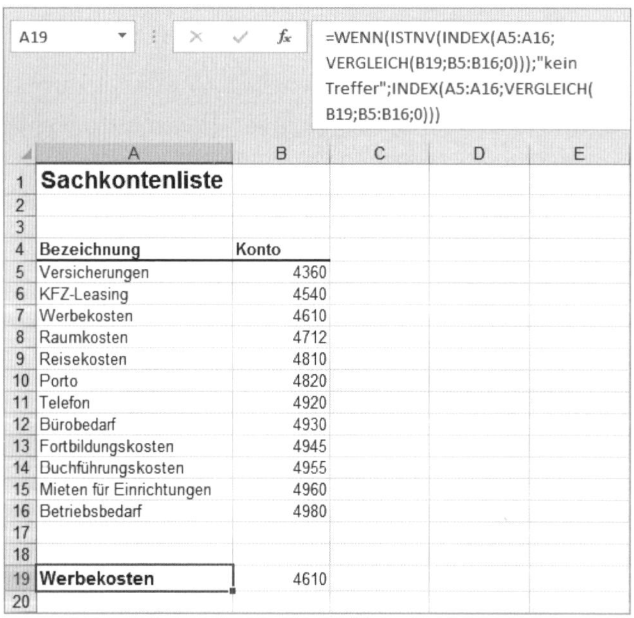

So geht's: Verweise nach oben realisieren

Auf die gleiche Weise lassen sich Verweise nach oben realisieren. Die Sachkontenliste ist in diesem Beispiel nicht vertikal, sondern horizontal aufgebaut. Zeile 3 beinhaltet die Kontobezeichnung und in Zeile 4 ist die Kontonummer eingetragen.

Ausgehend vom Suchkriterium *Konto-Nr.* soll die Kontobezeichnung ausgelesen werden. Erfassen Sie dazu in Zelle B6 diese Formel:

=WENN(ISTNV(INDEX(B3:K3;VERGLEICH(A6;B4:K4)));"kein Treffer";INDEX(B3:K3;VERGLEICH (A6;B4:K4)))

B6 =WENN(ISTNV(INDEX(B3:K3;VERGLEICH(A6;B4:K4)));"kein Treffer";INDEX(B3:K3;VERGLEICH(A6;B4:K4)))

	A	B	C	D	E	F	G	H	I	J	K
1	**Sachkontenliste**										
2											
3	Bezeichnung	Versicherungen	KFZ-Leasing	Werbekosten	Raumkosten	Reisekosten	Porto	Telefon	Bürobedarf	Fortbildungskosten	Buchführungskosten
4	Konto-Nr.	4360	4540	4610	4712	4810	4820	4920	4930	4945	4955
5											
6	4610	**Werbekosten**									
7											

Verweis: siehe Kapitel 4.14, Tipp 2

Tipp 6: Zeitabhängige Verweise erstellen

In einer Excel-Tabelle werden die Zuordnungen der Kostenstellen zu einer bestimmten Produktionsanlage geführt. Aus abrechnungstechnischen Gründen ändert sich die Zuordnung der Kostenstelle zu einer bestimmten Produktionsanlage dann, wenn ein Auftrag abgeschlossen ist, der mit der entsprechenden Produktionsanlage durchgeführt wurde. Ziel ist es nun, zu ermitteln, welche Kostenstelle einer Maschine an einem bestimmten Datum zugeordnet war.

So geht's:

Die Kostenstellenzuordnungstabelle ist wie nebenstehend aufgebaut.

In Spalte A befinden sich die jeweiligen Kostenstellen. Spalte B beinhaltet die verschiedenen Produktionsanlagen und in Spalte C sind die Datumswerte eingetragen, die den Zeitpunkt zeigen, an dem der Produktionsanlage eine neue Kostenstelle zugeordnet wurde.

	A	B	C
1	**Zuordnung der Kostenstellen**		
2			
3	**Kostenstellen**	**Produktionsanlagen**	**Gültig seit**
4	1001	Anlage A	01.01.2018
5	1002	Anlage A	01.06.2018
6	1005	Anlage D	01.09.2017
7	1006	Anlage D	01.03.2018
8	1007	Anlage D	01.01.2019
9	1010	Anlage B	01.01.2018
10	1011	Anlage B	01.07.2018
11			
12			
13	**Auswertung**		
14	**Anlage:**	Anlage D	
15	**Datum:**	17.12.2018	

Ziel ist es nun, die Kostenstelle zu ermitteln, die der Anlage D am 17.12.2018 zugeordnet war.

Tragen Sie dazu in Zelle B17 diese Formel ein:

*=WENN(ISTNV(INDEX(A4:A13;VERGLEICH(B14&MAX((B4:B13=B14)*WENN(C4:C13<=B15; C4:C13));B4:B13&C4:C13;0)));"kein Treffer";INDEX(A4:A13;VERGLEICH(B14&MAX((B4:B13=B14) *WENN(C4:C13<=B15;C4:C13));B4:B13&C4:C13;0)))*

Da es sich um eine Matrixfunktion handelt, müssen Sie die Eingabe mit der Tastenkombination Strg+⇧+↵ abschließen.

Die Auswertung ergibt, dass die Anlage D am 17.12.2018 der Kostenstelle 1006 zugeordnet war.

B17

```
{=WENN(ISTNV(INDEX(A4:A13;VERGLEICH(B14&MAX((B4:B13=B14)*WENN(C4:C13<=B15;C4:C13));B4:B13&C4:C13;0)));"kein Treffer";INDEX(A4:A13;VERGLEICH(B14&MAX((B4:B13=B14)*WENN(C4:C13<=B15;C4:C13));B4:B13&C4:C13;0)))}
```

	A	B	C	D	E
1	**Zuordnung der Kostenstellen**				
2					
3	**Kostenstellen**	**Produktionsanlagen**	**Gültig seit**		
4	1001	Anlage A	01.01.2018		
5	1002	Anlage A	01.06.2018		
6	1005	Anlage D	01.09.2017		
7	1006	Anlage D	01.03.2018		
8	1007	Anlage D	01.01.2019		
9	1010	Anlage B	01.01.2018		
10	1011	Anlage B	01.07.2018		
11					
12					
13	**Auswertung**				
14	**Anlage:**	Anlage D			
15	**Datum:**	17.12.2018			
16					
17	**Kostenstelle:**	**1006**			

Tipp 7: Ermittlung des Datums, an dem der höchste Tagesumsatz getätigt wurde

Die Liste der Tagesumsätze beinhaltet das Datum sowie den zugehörigen Tagesumsatz. Ziel ist es, aus dieser Liste das Datum zu ermitteln, an dem der höchste Umsatz getätigt wurde.

So geht's:

1. Zur Ermittlung des Datums geben Sie in Zelle B23 folgende Formel ein:

   =INDEX(A4:A19;VERGLEICH (MAX(B4:B19);B4:B19;0))

2. Damit das Ergebnis richtig angezeigt wird, müssen Sie Zelle B23 mit einem beliebigen Datumsformat belegen.

B23

```
=INDEX(A4:A19;VERGLEICH(MAX(B4:B19);B4:B19;0))
```

	A		B	C	D
1	**Zusammenstellung der Tagesumsätze per Dezember 2018**				
2					
3	**Tagesdatum**		**Umsatz**		
4	Mo	03.12.2018	7.437,48 €		
5	Di	04.12.2018	7.713,21 €		
6	Mi	05.12.2018	13.839,86 €		
7	Do	06.12.2018	6.415,79 €		
8	Fr	07.12.2018	11.089,66 €		
9	Mo	10.12.2018	4.722,33 €		
10	Di	11.12.2018	8.674,77 €		
11	Mi	12.12.2018	9.459,99 €		
12	Do	13.12.2018	12.591,60 €		
13	Fr	14.12.2018	12.876,97 €		
14	Mo	17.12.2018	4.760,98 €		
15	Di	18.12.2018	6.078,09 €		
16	Mi	19.12.2018	9.244,05 €		
17	Do	20.12.2018	10.108,67 €		
18	Fr	21.12.2018	9.306,30 €		
19	Mo	24.12.2018	6.997,14 €		
20					
21					
22			**Höchster Umsatz**		
23			**05.12.2018**		
24					

Die Funktion *VERGLEICH()* in Kombination mit der Funktion *MAX()* ermittelt den höchsten Umsatz aus Spalte B. Über die Funktion *INDEX()* wird aus Spalte A das Datum für den höchsten Umsatz ausgelesen und zurückgegeben.

Im Ergebnis sehen Sie, dass der höchste Tagesumsatz am 05.12.2018 gemacht wurde.

Hinweis

Diese Funktion ist natürlich nicht auf das Auslesen von Datumswerten beschränkt. So kann die Funktion beispielsweise auch verwendet werden, um den höchsten Umsatz aus der Aufstellung verschiedener Verkaufsfilialen zu ermitteln.

Tipp 8: Ermittlung der letzten benutzten Zeilen- und Spaltennummern sowie der entsprechenden Zellinhalte

In diesem Beispiel erfahren Sie, wie sich die letzte benutzte Zeilen- und Spaltennummer eines beliebigen Bereichs ermitteln lässt. Darüber hinaus wird dargestellt, welche Möglichkeiten es gibt, um aus den letzten Zeilen und Spalten die entsprechenden Zellinhalte auszulesen.

Die Musterdaten liegen im Zellbereich B4:F15 vor und sollen entsprechend ausgewertet werden.

So geht's: Ermittlung der letzten benutzten Zeile

1 Die letzte benutzte Zeile im Bereich B4:F15 kann mit folgender Formel ermittelt werden:

=MAX(WENN(B4:F15<>"";ZEILE(B4:F15)))

2 Geben Sie diese Formel in Zelle C20 ein und schließen Sie die Eingabe mit Strg+⇧+↵ ab, da es sich um eine Matrixfunktion handelt.

So geht's: Ermittlung der letzten benutzten Spalte

1 Analog zur Ermittlung der letzten benutzten Zeile erfassen Sie in Zelle C21 diese Formel:

=MAX(WENN(B4:F15>"";SPALTE(B4:F15)))

2 Auch diese Funktion muss als Matrixfunktion eingegeben werden. Beenden Sie deshalb die Eingabe mit der Tastenkombination Strg+⇧+↵.

So geht's: Auslesen des letzten Eintrags aus Zeile 10

1 Mit dieser Formel wird der letzte Eintrag aus Zeile 10 ausgelesen:

*=INDEX(10:10;MAX(NICHT(ISTLEER(10:10))*SPALTE(10:10)))*

2 Erfassen Sie die Formel in Zelle C22 und beenden Sie die Eingabe mit Strg+⇧+↵.

So geht's: Auslesen des letzten Eintrags aus Spalte D

1 Auch aus definierten Spalten lässt sich der letzte Eintrag ermitteln. Geben Sie dazu in Zelle C23 folgende Formel ein:

*=INDEX(D4:D15;MAX(NICHT(ISTLEER(D4:D15))*ZEILE(4:15)–3))*

2 Um das gewünschte Ergebnis zu erhalten, muss auch diese Formel mit Strg+⇧+↵ zur Matrixfunktion umgewandelt werden.

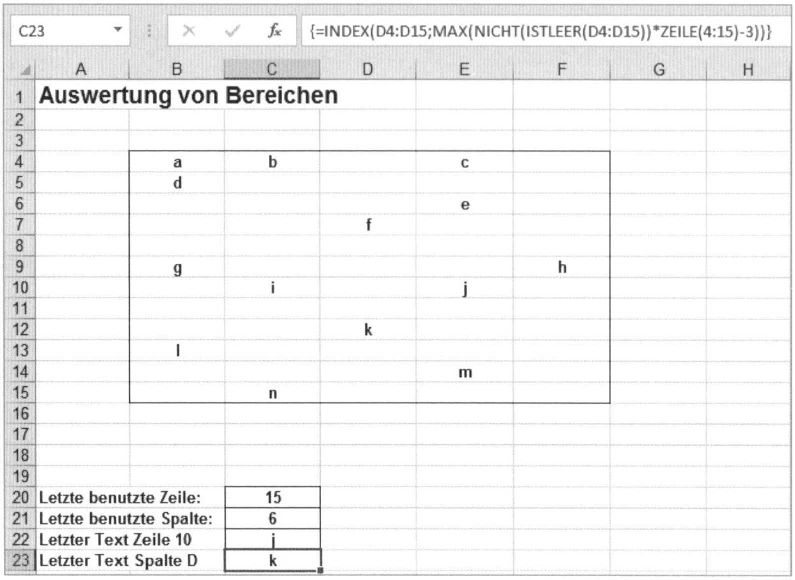

C23 {=INDEX(D4:D15;MAX(NICHT(ISTLEER(D4:D15))*ZEILE(4:15)-3))}

	A	B	C	D	E	F	G	H
1	Auswertung von Bereichen							
2								
3								
4		a	b		c			
5		d						
6					e			
7				f				
8								
9		g				h		
10			i		j			
11								
12				k				
13		l						
14					m			
15			n					
16								
17								
18								
19								
20	Letzte benutzte Zeile:		15					
21	Letzte benutzte Spalte:		6					
22	Letzter Text Zeile 10		j					
23	Letzter Text Spalte D		k					

Tipp 9: Provision anhand einer Rabattstaffel ermitteln

Die Vertriebsmitarbeiter werden nach einem variablen Provisionssystem entlohnt. Abhängig vom erzielten Monatsumsatz ergibt sich ein entsprechender Provisionssatz. Im Beispiel liegt eine Tabelle vor, in der die Vertriebsmitarbeiter mit ihrem Monatsumsatz aufgelistet sind. Darüber hinaus befindet sich auf dem Arbeitsblatt eine Übersicht zu den jeweiligen Provisionsschlüsseln. Aus dieser Tabelle soll abhängig vom Monatsumsatz der entsprechende Provisionssatz ausgelesen werden.

So geht's:

Nebenstehend sehen Sie den Aufbau der Provisionstabelle.

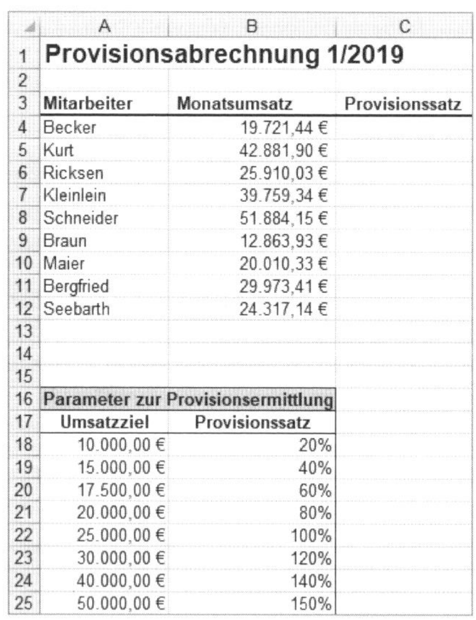

	A	B	C
1	Provisionsabrechnung 1/2019		
2			
3	Mitarbeiter	Monatsumsatz	Provisionssatz
4	Becker	19.721,44 €	
5	Kurt	42.881,90 €	
6	Ricksen	25.910,03 €	
7	Kleinlein	39.759,34 €	
8	Schneider	51.884,15 €	
9	Braun	12.863,93 €	
10	Maier	20.010,33 €	
11	Bergfried	29.973,41 €	
12	Seebarth	24.317,14 €	
13			
14			
15			
16	Parameter zur Provisionsermittlung		
17	Umsatzziel	Provisionssatz	
18	10.000,00 €	20%	
19	15.000,00 €	40%	
20	17.500,00 €	60%	
21	20.000,00 €	80%	
22	25.000,00 €	100%	
23	30.000,00 €	120%	
24	40.000,00 €	140%	
25	50.000,00 €	150%	

1. Markieren Sie im ersten Schritt den Bereich C4:C12. In diesen Bereich sollen die Provisionssätze eingetragen werden.

2. Tragen Sie in Zelle C4 folgende Formel ein:

   =SVERWEIS(B4;$A$18:$B$25;2;WAHR)

   Wichtig ist, dass das Argument *Bereich_Verweis* als *WAHR* angegeben wird. Wenn dieses Argument *WAHR* oder nicht belegt ist, wird eine ungefähre Entsprechung zurückgegeben. Wird also keine genaue Entsprechung gefunden, wird der nächstgrößere Wert zurückgegeben, der kleiner als das Suchkriterium ist.

3 Damit die Formel in den gesamten markierten Bereich eingetragen wird, müssen Sie die Eingabe mit der Tastenkombination Strg+↵ abschließen.

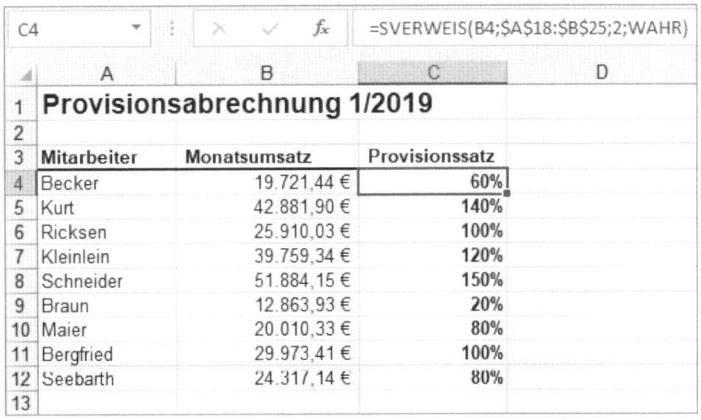

C4 =SVERWEIS(B4;$A$18:$B$25;2;WAHR)

	A	B	C	D
1	**Provisionsabrechnung 1/2019**			
2				
3	**Mitarbeiter**	**Monatsumsatz**	**Provisionssatz**	
4	Becker	19.721,44 €	**60%**	
5	Kurt	42.881,90 €	**140%**	
6	Ricksen	25.910,03 €	**100%**	
7	Kleinlein	39.759,34 €	**120%**	
8	Schneider	51.884,15 €	**150%**	
9	Braun	12.863,93 €	**20%**	
10	Maier	20.010,33 €	**80%**	
11	Bergfried	29.973,41 €	**100%**	
12	Seebarth	24.317,14 €	**80%**	
13				

Tipp 10: Daten gezielt über Koordinaten aus einer Kreuztabelle auslesen

In diesem Beispiel liegen verschiedene Messdaten für eine Produktionsanlage in Tabellenform vor. Die Tabellen besitzen Koordinaten, wobei die x-Achse mit den Koordinaten A bis G und die y-Achse mit S bis Z bezeichnet ist. Die gewünschten Koordinaten sollen nun in Suchfelder eingegeben werden und die Messzahl, die sich im Schnittpunkt der beiden Koordinaten befindet, soll ausgegeben und zusätzlich in der Matrix umrahmt werden.

So geht's:

Die Matrix mit den Messwerten ist wie abgebildet aufgebaut.

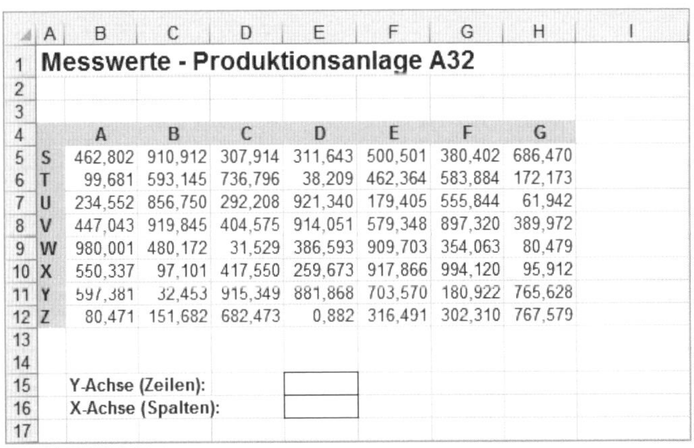

	A	B	C	D	E	F	G	H	I
1	**Messwerte - Produktionsanlage A32**								
2									
3									
4		A	B	C	D	E	F	G	
5	**S**	462,802	910,912	307,914	311,643	500,501	380,402	686,470	
6	**T**	99,681	593,145	736,796	38,209	462,364	583,884	172,173	
7	**U**	234,552	856,750	292,208	921,340	179,405	555,844	61,942	
8	**V**	447,043	919,845	404,575	914,051	579,348	897,320	389,972	
9	**W**	980,001	480,172	31,529	386,593	909,703	354,063	80,479	
10	**X**	550,337	97,101	417,550	259,673	917,866	994,120	95,912	
11	**Y**	597,381	32,453	915,349	881,868	703,570	180,922	765,628	
12	**Z**	80,471	151,682	682,473	0,882	316,491	302,310	767,579	
13									
14									
15		**Y-Achse (Zeilen):**							
16		**X-Achse (Spalten):**							
17									

In Zelle E15 ist die Koordinatenbezeichnung für die y-Achse einzugeben, in Zelle E16 die Bezeichnung für die x-Achse.

1 Nachdem die Koordinaten in die Zellen E15 bis E16 eingetragen wurden, kann die Formel zum Auslesen des entsprechenden Messwerts eingetragen werden. Erfassen Sie dazu in Zelle D18 folgende Formel:

=INDEX(A4:H12;VERGLEICH(E15;A4:A12;0);VERGLEICH(E16;A4:H4;0))

D18 =INDEX(A4:H12;VERGLEICH(E15;A4:A12;0);VERGLEICH(E16;A4:H4;0))

	A	B	C	D	E	F	G	H	I
1	**Messwerte - Produktionsanlage A32**								
2									
3									
4		A	B	C	D	E	F	G	
5	S	462,802	910,912	307,914	311,643	500,501	380,402	686,470	
6	T	99,681	593,145	736,796	38,209	462,364	583,884	172,173	
7	U	234,552	856,750	292,208	921,340	179,405	555,844	61,942	
8	V	447,043	919,845	404,575	914,051	579,348	897,320	389,972	
9	W	980,001	480,172	31,529	386,593	909,703	354,063	80,479	
10	X	550,337	97,101	417,550	259,673	917,866	994,120	95,912	
11	Y	597,381	32,453	915,349	881,868	703,570	180,922	765,628	
12	Z	80,471	151,682	682,473	0,882	316,491	302,310	767,579	
13									
14									
15		Y-Achse (Zeilen):			V				
16		X-Achse (Spalten):			E				
17									
18		Ergebnis:		579,348					
19									

Damit wird der Wert ausgelesen, der den angegebenen Koordinaten entspricht.

2 Zur Kennzeichnung des ermittelten Ergebnisses mit einer Umrahmung in der Matrix wird die bedingte Formatierung verwendet. Markieren Sie dazu im ersten Schritt den Zellbereich B5:H12.

3 Starten Sie über das Menü *Start/Formatvorlagen/Bedingte Formatierung/Neue Regel* das Dialogfenster *Neue Formatierungsregel*. Wählen Sie den Regeltyp *Nur Zellen formatieren, die enthalten* aus.

4 Legen Sie folgende Einträge fest: *Zellwert – gleich – $D$18.*

5 Über die Schaltfläche *Formatieren* gelangen Sie zum Dialogfenster *Zellen formatieren.*

6 Wechseln Sie zur Registerkarte *Rahmen* und legen Sie die Zellumrandung *Außen* fest.

	A	B	C	D	E	F	G	H	I
1	**Messwerte - Produktionsanlage A32**								
2									
3									
4		A	B	C	D	E	F	G	
5	S	462,802	910,912	307,914	311,643	500,501	380,402	686,470	
6	T	99,681	593,145	736,796	38,209	462,364	583,884	172,173	
7	U	234,552	856,750	292,208	921,340	179,405	555,844	61,942	
8	V	447,043	919,845	404,575	914,051	579,348	897,320	389,972	
9	W	980,001	480,172	31,529	386,593	909,703	354,063	80,479	
10	X	550,337	97,101	417,550	259,673	917,866	994,120	95,912	
11	Y	597,381	32,453	915,349	881,868	703,570	180,922	765,628	
12	Z	80,471	151,682	682,473	0,882	316,491	302,310	767,579	
13									
14									
15		Y-Achse (Zeilen):			V				
16		X-Achse (Spalten):			E				
17									
18		Ergebnis:		579,348					
19									

7 Nachdem Sie beide Dialogfenster jeweils mit einem Klick auf die Schaltfläche *OK* beendet haben, wird die in Zelle D18 ermittelte Zahl auch in der Koordinatenmatrix mit einem Rahmen hervorgehoben.

Bei jeder Änderung der Zellkoordinaten wird nun das entsprechende Messergebnis ausgelesen und in Zelle D18 dargestellt. Gleichzeitig wird der Wert in der Matrix hervorgehoben.

➡ Verweis: siehe Kapitel 4.8, Tipp 9

Tipp 11: Flexibel Bezug auf Koordinaten in einem anderen Arbeitsblatt nehmen

Sie können über eine einzige Funktion einen hochvariablen Bezug auf Koordinaten eines anderen Arbeitsblatts nehmen. Das heißt, Sie können sich ganz gezielt Daten dynamisch aus anderen Tabellen anzeigen lassen, egal, wo diese Daten dort in einer Zelle stehen. An einem einfachen Beispiel lässt sich dieser dynamische Bezug am besten darstellen.

So geht's:

1 Öffnen Sie eine neue Arbeitsmappe und belegen Sie die Zellbereiche A1:C3 von *Tabelle2* und *Tabelle3* mit Werten.

2 Hinterlegen Sie nun über eine Gültigkeitsliste in Zelle A2 der *Tabelle1* die Einträge *Tabelle2* und *Tabelle3*. Aus diesen beiden Tabellen soll der Wert angezeigt werden.

3 Erfassen Sie dann, ebenfalls in einer Gültigkeitsliste, in Zelle B2 von *Tabelle1* die Einträge *A;B;C*, um die Spalte variabel auswählen zu können, aus der der Wert kommen muss.

4 Gehen Sie analog in Zelle C2 für die Zeilenauswahl vor. Erfassen Sie also auch hier eine Gültigkeitsliste, nun jedoch mit den Einträgen *1;2;3*.

5 Tragen Sie dann in Zelle D2 die Formel *=INDIREKT(A2&"!"&B2&C2)* ein.

6 Wenn Sie nun über die Zellen A2, B2 und C3 die gewünschten Einträge ausgewählt haben, werden Ihnen in Zelle D2 die gewünschten Werte aus der jeweiligen Tabelle angezeigt.

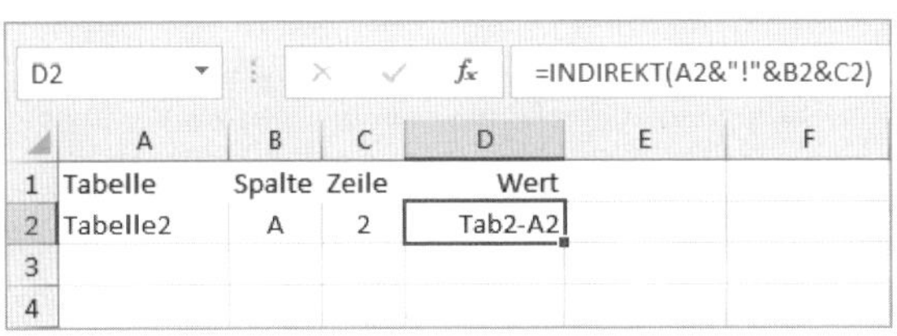
D2 | =INDIREKT(A2&"!"&B2&C2)

	A	B	C	D	E	F
1	Tabelle	Spalte	Zeile	Wert		
2	Tabelle2	A	2	Tab2-A2		
3						
4						

Funktionsübersicht

Funktion	Erläuterung
ABRUNDEN(Zahl;Anzahl_Stellen)	Rundet die Zahl auf *Anzahl_Stellen* ab.
ADRESSE(Zeile;Spalte;Abs;A1;Tabellenname)	Liefert einen Bezug auf eine Zelle als Text.
ANZAHL(Wert1;Wert2;...)	Ermittelt, wie viele Zellen Zahlen enthalten und wie viele Zahlen eine Liste von Argumenten enthält.
ANZAHL2(Wert1;Wert2;...)	Ermittelt, wie viele Zellen in einem Bereich nicht leer sind.
ANZAHLLEEREZELLEN(Bereich)	Zählt die leeren Zellen in einem Zellbereich.
ARABISCH(Text)	Wandelt eine römische Zahl in eine arabische Zahl um.
ARBEITSTAG(Ausgangsdatum;Tage;Freie_Tage)	Gibt die Datumsangabe als fortlaufenden Tag im Jahr vor oder nach einer bestimmten Anzahl von Arbeitstagen zurück. Nicht zu den Arbeitstagen gezählt werden Wochenenden sowie die Tage, die als Ferien (*Freie_Tage*) angegeben sind. *ARBEITSTAG* ermöglicht es Ihnen, Wochenenden oder Ferien auszuschließen.
AUFRUNDEN(Zahl;Anzahl_Stellen)	Rundet die Zahl auf *Anzahl_Stellen* auf.
BASIS(Zahl;Basis;[Mindestlänge])	Wandelt eine Zahl in eine Textdarstellung mit der angegebenen Basis um.
BEREICH.VERSCHIEBEN(Bezug;Zeilen;Spalten;Höhe;Breite)	Gibt einen Bezug zurück, der gegenüber dem angegebenen Bezug versetzt ist. Der zurückgegebene Bezug kann eine einzelne Zelle oder ein Zellbereich sein. Sie können die Anzahl der zurückzugebenden Zeilen und Spalten festlegen.
BININDEZ(Zahl)	Wandelt eine binäre Zahl (Dualzahl) in eine dezimale Zahl um.
BININHEX(Zahl;[Stellen])	Wandelt eine binäre Zahl (Dualzahl) in eine hexadezimale Zahl um.
BININOKT(Zahl;[Stellen])	Wandelt eine binäre Zahl (Dualzahl) in eine oktale Zahl um.
BW(Zins;Anzahl_Zahlungszeiträume;Regelmäßige_Zahlung;Endwert;Fälligkeit)	Gibt den Barwert einer Investition zurück.
DATEDIF(Ausgangsdatum;Enddatum;Einheit)	Ermittelt die Differenz zwischen zwei Datumswerten. *DATEDIF* steht aus Kompatibilitätsgründen zu Lotus 1-2-3 zur Verfügung.
DATUM(Jahr;Monat;Tag)	Gibt die fortlaufende Zahl zurück, die ein bestimmtes Datum darstellt. Wenn für das Zellenformat vor der Eingabe der Funktion die Option *Allgemein* eingestellt war, wird das Ergebnis als Datum formatiert.
DATWERT(Datumstext)	Wandelt ein als Text vorliegendes Datum in eine fortlaufende Zahl um. Verwenden Sie *DATWERT*, wenn Sie ein in Textform vorliegendes Datum in eine fortlaufende Zahl umwandeln möchten.

Funktion	Erläuterung
DBANZAHL(Datenbank,Feld, Kriterien)	Zählt die Anzahl von Zellen in einer Spalte einer Liste oder Datenbank, die den angegebenen Bedingungen entsprechen.
DBANZAHL2(Datenbank,Feld, Kriterien)	Zählt die Anzahl von Zellen in einer Spalte einer Liste oder Datenbank, die den angegebenen Bedingungen entsprechen.
DBAUSZUG(Datenbank,Feld, Kriterien)	Extrahiert einen einzelnen Wert in einer Spalte einer Liste oder Datenbank, der den angegebenen Bedingungen entspricht.
DBMAX(Datenbank,Feld, Kriterien)	Liefert die größte Anzahl in einer Spalte einer Liste oder Datenbank, die den angegebenen Bedingungen entspricht.
DBMIN(Datenbank,Feld, Kriterien)	Liefert die kleinste Anzahl in einer Spalte einer Liste oder Datenbank, die den angegebenen Bedingungen entspricht.
DBMITTELWERT(Datenbank,Feld, Kriterien)	Liefert den Mittelwert aus den Werten einer Listen- oder Datenbankspalte, die den von Ihnen angegebenen Bedingungen entsprechen.
DBPRODUKT(Datenbank,Feld, Kriterien)	Multipliziert die Werte in einer Spalte einer Liste oder Datenbank, die den angegebenen Bedingungen entsprechen.
DBSTABW(Datenbank,Feld, Kriterien)	Schätzt die Standardabweichung einer Grundgesamtheit, ausgehend von den Zahlen in einer Spalte einer Liste oder Datenbank, die den angegebenen Bedingungen entsprechen.
DBSTABWN(Datenbank,Feld, Kriterien)	Berechnet die Standardabweichung einer vollständigen Grundgesamtheit, ausgehend von den Zahlen in einer Spalte einer Liste oder Datenbank, die den angegebenen Bedingungen entsprechen.
DBSUMME(Datenbank,Feld, Kriterien)	Fügt die Zahlen in einer Spalte aus einer Liste oder Datenbank hinzu, die den angegebenen Bedingungen entsprechen.
DBVARIANZ(Datenbank,Feld, Kriterien)	Schätzt die Varianz einer Grundgesamtheit, ausgehend von einer Stichprobe mit den Zahlen in einer Spalte einer Liste oder Datenbank, die den angegebenen Bedingungen entsprechen.
DBVARIANZEN(Datenbank,Feld, Kriterien)	Berechnet die Varianz einer vollständigen Grundgesamtheit, ausgehend von den Zahlen in einer Spalte einer Liste oder Datenbank, die den angegebenen Bedingungen entsprechen.
DEZIMAL(Text;Basis)	Konvertiert eine Textdarstellung einer Zahl mit einer angegebenen Basis in eine Dezimalzahl.
DEZINBIN(Zahl;[Stellen])	Wandelt eine dezimale Zahl in eine binäre Zahl (Dualzahl) um.
DEZINHEX(Zahl;[Stellen])	Wandelt eine dezimale Zahl in eine hexadezimale Zahl um.
DEZINOKT(Zahl;[Stellen])	Wandelt eine dezimale Zahl in eine oktale Zahl um.
DM(Zahl;[Dezimalstellen])	Wandelt eine Zahl in einen Text im Währungsformat um.

Funktion	Erläuterung
EDATUM(Ausgangsdatum; Monate)	Gibt die fortlaufende Zahl des Datums zurück, das eine bestimmte Anzahl von Monaten vor bzw. nach dem angegebenen Datum (Ausgangsdatum) liegt. Mit *EDATUM* können Sie Rückzahlungs- oder Fälligkeitstermine berechnen, die auf denselben Tag eines Monats fallen wie der jeweilige Emissionstermin.
EFFEKTIV(Nominalzins;Perioden)	Gibt die jährliche Effektivverzinsung zurück.
ERSETZEN(Alter_Text; Erstes_Zeichen;Anzahl_Zeichen; Neuer_Text)	Ersetzt auf der Grundlage der von Ihnen angegebenen Anzahl von Zeichen einen Teil einer Zeichenfolge durch eine andere Zeichenfolge.
EXP(Zahl)	Gibt *e* potenziert mit einer angegebenen Zahl zurück. Die Konstante *e* entspricht 2,71828182845904, d. h. der Basis des natürlichen Logarithmus.
FEST(Zahl;[Dezimalstellen]; [Keine_Punkte])	Rundet eine Zahl auf die angegebene Anzahl von Dezimalstellen und gibt das Ergebnis als Text zurück. Sie können angeben, dass das Ergebnis mit oder ohne Punkte zurückgegeben wird.
FINDEN(Suchtext;Text; Erstes_Zeichen)	Mithilfe von *FINDEN* können Sie eine Textzeichenfolge innerhalb einer zweiten Textzeichenfolge suchen und die Anfangsposition der ersten Textzeichenfolge, vom ersten Zeichen der zweiten Textzeichenfolge aus gezählt, zurückgeben.
GANZZAHL(Zahl)	Rundet eine Zahl auf die nächstkleinere ganze Zahl ab.
GEOMITTEL(Zahl1;[Zahl2];...)	Gibt das geometrische Mittel einer Menge positiver Zahlen zurück.
GERADE(Zahl)	Rundet eine Zahl auf die nächste gerade ganze Zahl auf.
GESTUTZTMITTEL(Matrix;Prozent)	Gibt den Mittelwert einer Datengruppe zurück, ohne die Randwerte zu berücksichtigen.
GLÄTTEN(Text)	Löscht Leerzeichen in einem Text, die nicht als jeweils einzelne zwischen Wörtern stehende Trennzeichen dienen.
GROSS(Text)	Wandelt Text in Großbuchstaben um.
GROSS2(Text)	Wandelt den ersten Buchstaben aller Wörter einer Zeichenfolge in Großbuchstaben um. Wandelt alle anderen Buchstaben in Kleinbuchstaben um.
HARMITTEL(Zahl1;[Zahl2];...)	Gibt das harmonische Mittel einer Datenmenge zurück. Ein harmonisches Mittel ist der Kehrwert eines aus Kehrwerten berechneten arithmetischen Mittels.
HEUTE()	Gibt die fortlaufende Zahl des heutigen Datums zurück.
HEXINBIN(Zahl;[Stellen])	Wandelt eine hexadezimale Zahl in eine Binärzahl um.
HEXINDEZ(Zahl)	Wandelt eine hexadezimale Zahl in eine dezimale Zahl um.
HEXINOKT(Zahl;[Stellen])	Wandelt eine hexadezimale Zahl in eine oktale Zahl um.

Funktion	Erläuterung
IDENTISCH(Text1;Text2)	Prüft, ob zwei Zeichenfolgen identisch sind. In diesem Fall wird *WAHR* zurückgegeben. Andernfalls gibt die Funktion den Wert *FALSCH* zurück. *IDENTISCH* beachtet die Groß- und Kleinschreibung, ignoriert aber Formatierungsunterschiede.
INDEX(Matrix;Zeile;Spalte) INDEX(Bezug;Zeile;Spalte; Bereich)	Gibt einen Wert oder den Bezug zu einem Wert aus einer Tabelle oder einem Bereich zurück. Die Funktion *INDEX()* gibt es in zwei Versionen: der Matrixversion und der Bezugsversion. Die Matrixversion gibt immer einen Wert oder eine Matrix aus Werten zurück, die Bezugsversion gibt immer einen Bezug zurück.
INDIREKT(Bezug;A1)	Gibt den Bezug eines Textwerts zurück. Bezüge werden sofort ausgewertet, sodass die zu ihnen gehörenden Werte angezeigt werden. Verwenden Sie die *INDIREKT*-Funktion, um den Bezug auf eine in einer Formel befindliche Zelle zu ändern, ohne die Formel selbst zu ändern
INFO(Typ)	Gibt Informationen zur aktuellen Betriebssystemumgebung zurück.
ISTBEZUG(Wert)	*Wert* bezieht sich auf einen Bezug.
ISTFEHLER(Wert)	*Wert* bezieht sich auf einen beliebigen Fehlerwert (*#NV*, *#WERT!*, *#BEZUG!*, *#DIV/0!*, *#ZAHL!*, *#NAME?* oder *#NULL!*).
ISTFORMEL(Bezug)	Überprüft, ob ein Bezug auf eine Zelle verweist, die eine Formel enthält, und gibt *WAHR* oder *FALSCH* zurück.
ISTLEER(Wert)	Prüft, ob eine Zelle leer ist, und gibt entsprechend *WAHR* zurück.
ISTNV(Wert)	*Wert* bezieht sich auf den Fehlerwert *#NV* (Wert nicht verfügbar).
ISTTEXT(Wert)	Prüft, ob sich in einer Zelle Text befindet, und gibt entsprechend *WAHR* zurück.
ISTZAHL(Wert)	Prüft, ob sich in einer Zelle eine Zahl befindet, und gibt entsprechend *WAHR* zurück.
JAHR(Zahl)	Wandelt eine fortlaufende Zahl in eine Jahreszahl um. Das Jahr wird als ganze Zahl zurückgegeben, die einen Wert von 1900 bis 9999 annehmen kann.
JETZT( )	Liefert die fortlaufende Zahl des aktuellen Datums und der aktuellen Uhrzeit. Wenn für das Zellenformat vor der Eingabe der Funktion die Option *Allgemein* festgelegt war, wird das Ergebnis als Datum formatiert.
KALENDERWOCHE (Datum;Rückgabe)	Bei der Funktion *KALENDERWOCHE* wird die Woche mit dem 1. Januar als erste Woche des Jahrs angesehen. Nach einer europäischen Norm gilt jedoch die erste Woche als die Woche mit den meisten Tagen im neuen Jahr (mindestens vier). Deshalb gibt die Funktion *KALENDERWOCHE* in Jahren, in denen die erste Januarwoche drei Tage oder weniger enthält, Ergebnisse zurück, die nach der europäischen Norm falsch sind.

Funktion	Erläuterung
KAPZ(Zins;Zahlungszeitraum; Anzahl_Zahlungszeiträume; Barwert;Endwert;Fälligkeit)	Gibt die Kapitalrückzahlung einer Investition für eine angegebene Periode zurück. Es werden konstante periodische Zahlungen und ein konstanter Zinssatz vorausgesetzt.
KGRÖSSTE(Matrix;k)	Gibt den *k*-größten Wert einer Datengruppe zurück. Mit dieser Funktion können Sie eine Zahl auf Basis ihrer relativen Größe ermitteln. Beispielsweise können Sie mit *KGRÖSSTE* den Punktestand des Erst-, Zweit- oder Drittplatzierten ermitteln.
KKLEINSTE(Matrix;k)	Gibt den *k*-kleinsten Wert einer Datengruppe zurück. Mit dieser Funktion können Sie Werte ermitteln, die innerhalb einer Datenmenge eine bestimmte relative Größe haben.
KLEIN(Text)	Wandelt einen Text in Kleinbuchstaben um.
KOMBINATIONEN(n;k)	Gibt die Anzahl der Kombinationen ohne Wiederholung von *k* Elementen aus einer Menge von *n* Elementen zurück. Verwenden Sie *KOMBINATIONEN*, um zu berechnen, wie viele Gruppen aus einer bestimmten Anzahl von Elementen gebildet werden können.
KOMBINATIONEN2(Zahl; gewählte_Zahl)	Gibt die Anzahl von Kombinationen (mit Wiederholungen) für eine bestimmte Anzahl von Elementen zurück.
KUMKAPITAL(Zins; Anzahl_Zahlungszeiträume; Barwert;Zeitraum_Anfang; Zeitraum_Ende;Fälligkeit)	Berechnet die aufgelaufene Tilgung eines Darlehens, die zwischen zwei Perioden zu zahlen ist.
KUMZINSZ(Zins; Anzahl_Zahlungszeiträume; Barwert;Zeitraum_Anfang; Zeitraum_Ende;Fälligkeit)	Berechnet die kumulierten Zinsen, die zwischen zwei Perioden zu zahlen sind.
KÜRZEN(Zahl;Anzahl_Stellen)	Schneidet die Kommastellen der Zahl ab und gibt als Ergebnis eine ganze Zahl zurück.
LÄNGE(Text)	Gibt die Anzahl der Zeichen einer Zeichenfolge zurück.
LINKS(Text;Anzahl_Zeichen)	Gibt auf der Grundlage der Anzahl von Zeichen, die Sie angeben, das oder die erste(n) Zeichen in einer Textzeichenfolge zurück.
LN(Zahl)	Gibt den natürlichen Logarithmus einer Zahl zurück. Basis der natürlichen Logarithmen ist die Konstante *e* (2.71828182845904).
MAX(Zahl1;Zahl2;...)	Gibt den größten Wert innerhalb einer Argumentliste zurück.
MEDIAN(Zahl1;[Zahl2];...)	Gibt den Median der angegebenen Zahlen zurück. Der Median ist die Zahl, die in der Mitte einer Zahlenreihe liegt.
MIN(Zahl1;Zahl2;...)	Gibt den kleinsten Wert innerhalb einer Argumentliste zurück.
MINUTE(Zahl)	Wandelt eine fortlaufende Zahl in eine Minute um. Die Minute wird als ganze Zahl ausgegeben, die einen Wert von 0 bis 59 annehmen kann.

Funktion	Erläuterung
MITTELWERT(Zahl1;Zahl2;...)	Gibt den Mittelwert der angegebenen Argumente zurück.
MODALWERT(Zahl1;Zahl2;...)	Gibt den häufigsten Wert einer Matrix oder eines Datenbereichs zurück.
MODUS.EINF(Zahl1;[Zahl2];...)	Gibt den häufigsten Wert einer Matrix oder eines Datenbereichs zurück.
MODUS.VIELF((Zahl1;[Zahl2];...)	Gibt ein vertikales Array der am häufigsten vorkommenden oder wiederholten Werte in einem Array oder Datenbereich zurück.
MONAT(Zahl)	Wandelt eine fortlaufende Zahl in einen Monat um. Der Monat wird als ganze Zahl ausgegeben, die einen Wert von 1 (Januar) bis 12 (Dezember) annehmen kann.
MONATSENDE(Ausgangsdatum; Monate)	Gibt die fortlaufende Zahl des letzten Tags des Monats zurück, der eine bestimmte Anzahl von Monaten vor bzw. nach dem Ausgangsdatum liegt. Mit *MONATSENDE* können Sie Rückzahlungs- oder Fälligkeitstermine berechnen, die auf den letzten Tag eines Monats fallen.
MTRANS(Matrix)	Mit der Funktion *MTRANS* wird ein vertikaler Zellbereich als horizontaler Bereich zurückgegeben oder umgekehrt.
NETTOARBEITSTAGE (Ausgangsdatum;Enddatum; Freie_Tage)	Gibt die Anzahl der Arbeitstage in einem Zeitintervall zurück. Nicht zu den Arbeitstagen gezählt werden Wochenenden sowie die Tage, die als Ferien (Feiertage) angegeben sind.
NICHT(Wahrheitswert)	Kehrt den Wert eines Arguments um. *NICHT* können Sie immer dann verwenden, wenn Sie sicherstellen möchten, dass ein Wert nicht mit einem bestimmten Wert übereinstimmt.
NOMINAL(Effektiver_Zins; Perioden)	Gibt die jährliche Nominalverzinsung zurück, ausgehend vom effektiven Zinssatz sowie der Anzahl der Verzinsungsperioden innerhalb eines Jahrs.
OBERGRENZE(Zahl;Schritt)	Rundet eine Zahl betragsmäßig auf das kleinste Vielfache von *Schritt* auf.
OKTINBIN(Zahl;[Stellen])	Wandelt eine oktale Zahl in eine binäre Zahl (Dualzahl) um.
OKTINDEZ(Zahl)	Wandelt eine oktale Zahl in eine dezimale Zahl um.
OKTINHEX(Zahl;[Stellen])	Wandelt eine oktale Zahl in eine hexadezimale Zahl um.
PDURATION(Zins;Bw;Zw)	Gibt die Anzahl von Perioden zurück, die erforderlich sind, bis eine Investition einen angegebenen Wert erreicht hat.
POTENZ(Zahl;Potenz)	Gibt als Ergebnis eine potenzierte Zahl zurück.
PRODUKT(Zahl1; [Zahl2];...)	Mit der Funktion *PRODUKT* werden alle als Argumente angegebenen Zahlen multipliziert und das Produkt wird zurückgegeben.

Funktion	Erläuterung
QUADRATESUMME(Zahl1;[Zahl2];...)	Summiert die quadrierten Argumente.
RANG(Zahl;Bezug;Reihenfolge)	Gibt den Rang zurück, den eine Zahl innerhalb einer Liste von Zahlen einnimmt. Als Rang einer Zahl wird deren Größe, bezogen auf die anderen Werte der jeweiligen Liste, bezeichnet.
RANG.GLEICH(Zahl;Bezug;Reihenfolge)	Gibt den Rang zurück, den eine Zahl innerhalb einer Liste von Zahlen einnimmt: die Größe relativ zu anderen Werten in der Liste. Wenn mehrere Werte die gleiche Rangzahl aufweisen, wird der oberste Rang dieser Gruppe von Werten zurückgegeben.
RECHTS(Text;Anzahl_Zeichen)	Gibt das letzte oder die letzten Zeichen einer Textzeichenfolge auf der Grundlage der von Ihnen angegebenen Anzahl von Zeichen zurück.
REST(Zahl;Divisor)	Gibt den Rest einer Division zurück. Das Ergebnis hat dasselbe Vorzeichen wie der Divisor.
RMZ(Zinssatz;Anzahl_der_Raten;Kreditbetrag;Restwert;Fälligkeit)	Gibt die konstante Zahlung einer Annuität pro Periode zurück, wobei konstante Zahlungen und ein konstanter Zinssatz vorausgesetzt werden.
RÖMISCH(Zahl; [Typ])	Wandelt eine arabische Zahl in eine römische Zahl als Text um.
RUNDEN(Zahl;Anzahl_Stellen)	Rundet eine Zahl auf eine bestimmte Anzahl von Dezimalstellen.
SEKUNDE(Zahl)	Wandelt eine fortlaufende Zahl in eine Sekunde um. Die Sekunde wird als ganze Zahl ausgegeben, die einen Wert von 0 (null) bis 59 annehmen kann.
SPALTE(Bezug)	Gibt die Spaltennummer eines Bezugs zurück.
STABW(Zahl1;Zahl2;...)	Schätzt die Standardabweichung ausgehend von einer Stichprobe. Die Standardabweichung ist ein Maß dafür, wie weit die jeweiligen Werte um den Mittelwert (Durchschnitt) streuen.
STABWN(Zahl1;Zahl2;...)	Berechnet die Standardabweichung ausgehend von der Grundgesamtheit. Es wird vorausgesetzt, dass alle Werte als Argumente angegeben werden. Die Standardabweichung ist ein Maß dafür, wie weit die jeweiligen Werte um den Mittelwert (Durchschnitt) streuen.
STABW.N(Zahl1;[Zahl2];...)	Berechnet die Standardabweichung ausgehend von einer als Argumente angegebenen Grundgesamtheit (logische Werte und Text werden ignoriert).
STEIGUNG(Y_Werte;X_Werte)	Gibt die Steigung der Regressionsgeraden zurück, die an die in *Y_Werte* und *X_Werte* abgelegten Datenpunkte angepasst ist. Die Steigung entspricht dem Quotienten aus dem jeweiligen vertikalen und dem horizontalen Abstand zweier beliebiger Punkte der Geraden und ist ein Maß für die Änderung entlang der Regressionsgeraden.

Funktion	Erläuterung
STUNDE(Zahl)	Gibt die Stunde einer Zeitangabe zurück. Die Stunde wird als ganze Zahl ausgegeben, die einen Wert von 0 (0 Uhr) bis 23 (23 Uhr) annehmen kann.
SUCHEN(Suchtext;Text; Erstes_Zeichen)	Gibt, beginnend mit *Erstes_Zeichen*, die Nummer des Zeichens zurück, an der das zu suchende Zeichen oder die zu suchende Textzeichenfolge erstmals gefunden wurde.
SUMME(Zahl1;Zahl2;...)	Summiert die Argumente.
SUMMENPRODUKT(Matrix1; Matrix2;Matrix3;...)	Multipliziert die einander entsprechenden Komponenten der angegebenen Matrizen miteinander und gibt die Summe dieser Produkte zurück.
SUMMEWENN(Bereich; Kriterien;Summe_Bereich)	Addiert Zahlen, die mit den Suchkriterien übereinstimmen.
SUMMEWENNS(Summe_Bereich; Kriterium_Bereich1;Kriterium1; Kriterium_Bereich2;Kriterium2;...)	Fügt die Zellen einem Bereich hinzu, die mehrere Kriterien erfüllen.
SVERWEIS(Suchkriterium;Matrix; Spaltenindex;Bereich_Verweis)	Sucht in der ersten Spalte einer Tabellenmatrix nach einem Wert und gibt in der gleichen Zeile einen Wert aus einer anderen Spalte in der Tabellenmatrix zurück.
TAG(Zahl)	Gibt den Tag eines Datums als fortlaufende Zahl zurück. Der Tag wird als ganze Zahl im Bereich von 1 bis 31 ausgegeben.
TAGE360(Ausgangsdatum; Enddatum;Methode)	Berechnet, ausgehend von einem Jahr, das 360 Tage umfasst, die Anzahl der zwischen zwei Tagesdaten liegenden Tage. Sie können diese Funktion als Hilfe für die Berechnung von Zahlungen verwenden, wenn Ihr Buchführungssystem auf 12 Monaten mit je 30 Tagen basiert.
TEIL(Text;Erstes_Zeichen; Anzahl_Zeichen)	Liefert auf der Grundlage der angegebenen Anzahl von Zeichen eine bestimmte Anzahl von Zeichen einer Zeichenfolge ab der von Ihnen angegebenen Position.
TEILERGEBNIS(Funktion; Bezug1;Bezug2;...)	Gibt ein Teilergebnis für eine Liste oder Datenbank zurück.
TEXT(Wert;Textformat)	Formatiert eine Zahl und wandelt sie in Text um.
TYP(Wert)	Gibt eine Zahl zurück, die den Datentyp des angegebenen Werts anzeigt. Die Funktion *TYP* können Sie immer dann verwenden, wenn das weitere Verhalten einer Funktion vom Typ des in einer bestimmten Zelle enthaltenen Werts abhängt.
UMWANDELN(Zahl; Von_Maßeinheit;In_Maßeinheit)	Wandelt eine Zahl von einem Maßsystem in ein anderes um. Beispielsweise kann *UMWANDELN* eine Tabelle mit Entfernungen in Meilen in eine Tabelle mit Entfernungen in Kilometern umwandeln.

Funktion	Erläuterung
UND(Wahrheitswert1; Wahrheitswert2;...)	Gibt *WAHR* zurück, wenn alle Argumente *WAHR* sind. Sind die Aussagen eines oder mehrerer Argumente *FALSCH*, gibt diese Funktion den Wert *FALSCH* zurück.
UNGERADE(Zahl)	Rundet eine Zahl auf die nächste ungerade ganze Zahl auf.
UNTERGRENZE(Zahl;Schritt)	Rundet eine Zahl betragsmäßig auf das kleinste Vielfache von *Schritt* ab.
USDOLLAR(Zahl;Dezimalstellen)	Wandelt eine Zahl in einen Text im Währungsformat um. Dabei werden die Dezimalstellen entsprechend der angegebenen Stelle gerundet. Als Format wird $#.##0,00_;$#.##0,00 verwendet.
VARIANZEN(Zahl1;[Zahl2];...)	Berechnet die Varianz auf der Grundlage der Grundgesamtheit.
VARIATIONEN(n;k)	Gibt die Anzahl der Möglichkeiten zurück, um *k* Elemente aus einer Menge von *n* Elementen ohne Zurücklegen zu ziehen.
VARIATIONEN2(Zahl; gewählte_Zahl)	Gibt die Anzahl der Permutationen für eine angegebene Anzahl von Objekten zurück (mit Wiederholungen), die aus der Gesamtmenge der Objekte ausgewählt werden können.
VAR.P(Zahl1;[Zahl2];...)	Berechnet die Varianz auf der Grundlage der Grundgesamtheit.
VAR.S(Zahl1;[Zahl2];...)	Schätzt die Varianz auf der Grundlage einer Stichprobe.
VDB(Ansch_Wert;Restwert; Nutzungsdauer;Anfang;Fertigstellen;Faktor;Nicht_wechseln)	Gibt die degressive Doppelratenabschreibung eines Wirtschaftsguts für eine bestimmte Periode oder Teilperiode zurück.
VERGLEICH(Suchkriterium; Suchmatrix;Vergleichstyp)	Sucht Werte innerhalb eines Bezugs oder einer Matrix. Verwenden Sie *VERGLEICH* statt einer der *VERWEIS*-Funktionen immer dann, wenn Sie die Position eines Elements in einem Bereich und nicht das Element selbst benötigen.
VERKETTEN(Text1;Text2;...)	Verknüpft zwei oder mehr Textzeichenfolgen zu einer Textzeichenfolge.
VERWEIS(Suchkriterium; Suchvektor;[Ergebnisvektor])	Vektorversion. Gibt Wert aus einem Bereich mit einer Zeile oder einer Spalte zurück.
VERWEIS(Suchkriterium;Matrix)	Matrixversion. Gibt Wert aus einer Matrix zurück.
VORZEICHEN(Zahl)	Gibt das Vorzeichen einer Zahl zurück. Die Funktion gibt folgende Werte zurück: 1, wenn die Zahl positiv ist, 0 (null), wenn die Zahl 0 ist, -1, wenn die Zahl negativ ist.
VRUNDEN(Zahl;Vielfaches)	Gibt eine auf das gewünschte Vielfache gerundete Zahl zurück.
WAHL(Index;Wert1;Wert2;...)	Verwendet *Index*, um einen Wert aus der Liste der Werteargumente zurückzugeben. Verwenden Sie *WAHL*, um bis zu 254 Werte auf der Grundlage der Indexnummer auszuwählen. Wenn beispielsweise *Wert1* bis *Wert7* Tage der Woche sind, gibt *WAHL* einen der Tage zurück, wenn eine Zahl zwischen 1 und 7 als Index verwendet wird.

Funktion	Erläuterung
WECHSELN(Text;Alter_Text; Neuer_Text;Ntes_Auftreten)	Ersetzt alten Text durch neuen Text in einer Zeichenfolge. *WECHSELN* können Sie immer dann verwenden, wenn Sie innerhalb eines Textes eine bestimmte Zeichenfolge austauschen möchten. *ERSETZEN* sollten Sie dann verwenden, wenn Sie innerhalb eines Textes eine an einer bestimmten Position beginnende Zeichenfolge ersetzen möchten.
WENN(Prüfung;Dann_Wert; Sonst_Wert)	Prüft, ob eine Bedingung zutrifft, also *WAHR* oder *FALSCH* ist, und macht das Ergebnis vom Resultat der Prüfung abhängig.
WERT(Text)	Wandelt ein als Text angegebenes Argument in eine Zahl um.
WIEDERHOLEN(Text; Multiplikator)	Wiederholt einen Text so oft wie angegeben. Verwenden Sie *WIEDERHOLEN*, um eine Zeichenfolge in einer bestimmten Häufigkeit in eine Zelle einzugeben.
WOCHENTAG(Zahl,Typ)	Wandelt eine fortlaufende Zahl in einen Wochentag um. Der Tag wird standardmäßig als ganze Zahl ausgegeben, die einen Wert von 1 (Sonntag) bis 7 (Samstag) annehmen kann.
WURZEL(Zahl)	Gibt die Quadratwurzel einer Zahl zurück.
WVERWEIS(Suchkriterium;Matrix; Zeilenindex;Bereich_Verweis)	Sucht in der obersten Zeile einer Tabelle oder eines Arrays nach Werten und gibt dann in der gleichen Spalte einen Wert aus einer Zeile zurück, die Sie in der Tabelle oder im Array angeben.
ZÄHLENWENN(Bereich;Kriterien)	Zählt die nicht leeren Zellen eines Bereichs, deren Inhalte mit den Suchkriterien übereinstimmen.
ZÄHLENWENNS(Bereich1; Kriterien1;Bereich2;Kriterien2;...)	Zählt die Anzahl der Zellen eines Bereichs, die mehreren Kriterien entsprechen. Neu ab Excel 2007.
ZEICHEN(Zahl)	Gibt das der Codezahl entsprechende Zeichen zurück.
ZEILE(Bezug)	Liefert die Zeilennummer eines Bezugs.
ZEIT(Stunde;Minute;Sekunde)	Gibt die Dezimalzahl einer bestimmten Uhrzeit zurück.
ZELLE(Infotyp;Bezug)	Gibt Informationen zur Formatierung, der Position oder dem Inhalt der Zelle links oben in einem Bezug zurück.
ZINS(Anzahl_Zahlungszeiträume; Regelmäßige_Zahlung;Barwert; Endwert;Fälligkeit;Schätzwert)	Gibt den Zinssatz einer Annuität pro Periode zurück. *ZINS()* verwendet zur Berechnung eines Zinssatzes ein Iterationsverfahren. Es ist möglich, dass es keine Lösungen gibt. Wenn die Differenzen aufeinanderfolgender Ergebnisse nach 20 Iterationsschritten nicht gegen 0,0000001 gehen, gibt *ZINS()* den Fehlerwert *#ZAHL!* zurück.
ZINSZ(Zins;Zahlungszeitraum; Anzahl_Zahlungszeiträume; Barwert;Endwert;Fälligkeit)	*ZINSZ()* gibt die Zinszahlung einer Investition für die angegebene Periode ausgehend von regelmäßigen, konstanten Zahlungen und einem konstanten Zinssatz zurück.
ZSATZINVEST(Zzr;Bw;Zw)	Gibt den effektiven Jahreszins für den Wertzuwachs einer Investition zurück.

Funktion	Erläuterung
ZUFALLSZAHL( )	Gibt eine gleichmäßig verteilte reelle Zufallszahl größer oder gleich 0 und kleiner als 1 zurück. Bei jeder Neuberechnung des jeweiligen Arbeitsblatts wird eine neue Zufallszahl berechnet.
ZW(Zins;Anzahl_Zahlungszeiträume;Regelmäßige_Zahlung;Barwert;Fälligkeit)	Gibt den zukünftigen Endwert einer Kapitalanlage oder Investition zurück. Die Berechnung basiert auf regelmäßigen, konstanten Zahlungen und einem konstanten Zinssatz.
ZW2(Kapital;Zinsen)	Gibt den aufgezinsten Wert des Anfangskapitals für eine Reihe periodisch unterschiedlicher Zinssätze zurück. Mit *ZW2()* können Sie den Endwert einer Investition oder Kapitalanlage berechnen, für die ein variabler oder wechselnder Zinssatz vereinbart wurde.
ZZR(Zins;Regelmäßige_Zahlung;Barwert;Endwert;Fälligkeit)	Gibt die Anzahl der Zahlungsperioden einer Investition zurück, die auf periodischen, gleichbleibenden Zahlungen sowie einem konstanten Zinssatz basieren.

5 Daten bearbeiten, auswerten und analysieren für die tägliche Praxis

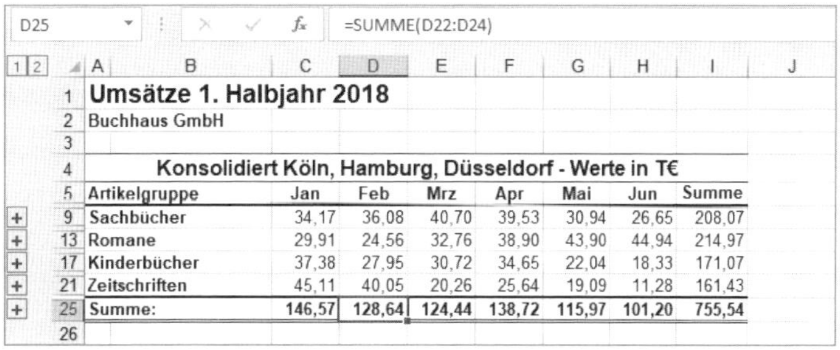

D25	=SUMME(D22:D24)

	B	C	D	E	F	G	H	I
1	Umsätze 1. Halbjahr 2018							
2	Buchhaus GmbH							
3								
4	Konsolidiert Köln, Hamburg, Düsseldorf - Werte in T€							
5	Artikelgruppe	Jan	Feb	Mrz	Apr	Mai	Jun	Summe
9	Sachbücher	34,17	36,08	40,70	39,53	30,94	26,65	208,07
13	Romane	29,91	24,56	32,76	38,90	43,90	44,94	214,97
17	Kinderbücher	37,38	27,95	30,72	34,65	22,04	18,33	171,07
21	Zeitschriften	45,11	40,05	20,26	25,64	19,09	11,28	161,43
25	Summe:	146,57	128,64	124,44	138,72	115,97	101,20	755,54
26								

In klar umrissenen und strukturierten Beispielen informiert Sie dieses Kapitel über den Umgang mit großen Datenmengen. Sie erfahren, welche Werkzeuge, Assistenten und Features Excel zur professionellen Datenauswertung und Datenanalyse bereitstellt. Die Beispiele sind so aufgebaut, dass sie leicht an Ihre persönlichen Bedürfnisse angepasst werden können.

5.1 Daten suchen, sortieren und filtern

In diesem Abschnitt erfahren Sie anhand von praxisorientierten Beispielen und Aufgabenstellungen, welche Möglichkeiten und Features Excel zu den Themen Suchen und Finden sowie zum Sortieren und Filtern bietet. Denn nur in geordneten Datenbeständen kann Excel seine volle Leistungsfähigkeit entfalten. Die Weisheit „Wer Ordnung hält, ist zu faul zum Suchen" trifft im Umgang mit Excel nicht zu.

Tipp 1: Analyse und Verwaltung einer Gruppe – der einfache Umgang mit Tabellen

Wenn Sie das Verwalten und Analysieren einer Gruppe verwandter Daten einfacher gestalten möchten, können Sie einen Zellbereich in eine Microsoft-Excel-Tabelle umwandeln. Nachfolgend erhalten Sie einen Überblick über den Funktionsumfang dieser Tabellen.

So geht's:

Zur Erstellung einer Tabelle gehen Sie wie folgt vor:

1 Setzen Sie den Zellzeiger auf eine beliebige Datenzelle innerhalb des Datenbestands.

2 Starten Sie über das Menü *Einfügen/Tabellen/Tabelle* den Befehl zur Erstellung von Tabellen.

3 Der Tabellenbereich wird automatisch erkannt und der Bezug wird automatisch im Dialogfenster *Tabelle erstellen* eingetragen. Im Beispiel sollte der Zellbereich A4:D20 eingetragen werden. Achten Sie auch darauf, dass das Kontrollkästchen *Tabelle hat Überschriften* aktiviert ist.

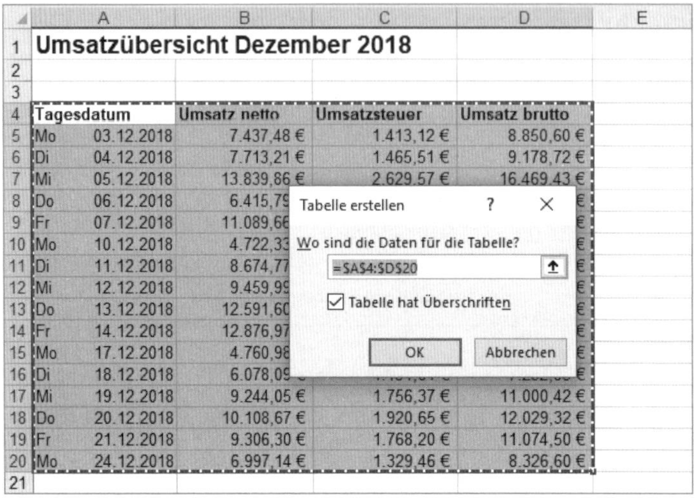

4 Nachdem Sie das Dialogfenster mit einem Klick auf die Schaltfläche *OK* beendet haben, wird die Excel-Tabelle erzeugt.

Sie erkennen die Tabelle an der Zuweisung einer Tabellenformatvorlage und der Anzeige der Filtersymbole neben den Überschriften.

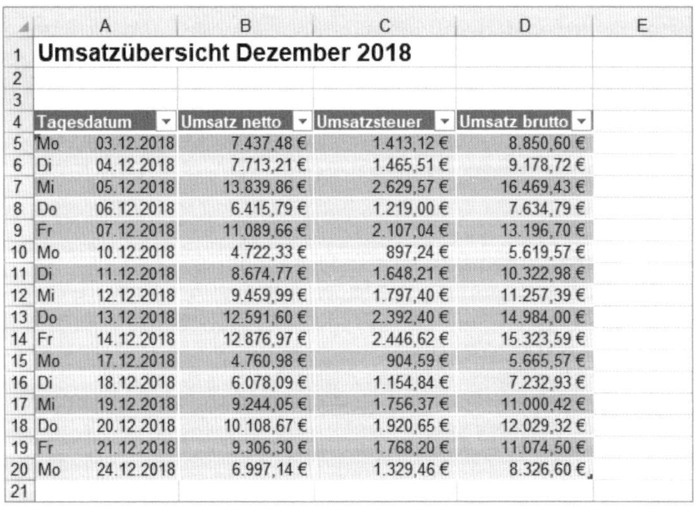

Umsatzübersicht Dezember 2018

Tagesdatum		Umsatz netto	Umsatzsteuer	Umsatz brutto
Mo	03.12.2018	7.437,48 €	1.413,12 €	8.850,60 €
Di	04.12.2018	7.713,21 €	1.465,51 €	9.178,72 €
Mi	05.12.2018	13.839,86 €	2.629,57 €	16.469,43 €
Do	06.12.2018	6.415,79 €	1.219,00 €	7.634,79 €
Fr	07.12.2018	11.089,66 €	2.107,04 €	13.196,70 €
Mo	10.12.2018	4.722,33 €	897,24 €	5.619,57 €
Di	11.12.2018	8.674,77 €	1.648,21 €	10.322,98 €
Mi	12.12.2018	9.459,99 €	1.797,40 €	11.257,39 €
Do	13.12.2018	12.591,60 €	2.392,40 €	14.984,00 €
Fr	14.12.2018	12.876,97 €	2.446,62 €	15.323,59 €
Mo	17.12.2018	4.760,98 €	904,59 €	5.665,57 €
Di	18.12.2018	6.078,09 €	1.154,84 €	7.232,93 €
Mi	19.12.2018	9.244,05 €	1.756,37 €	11.000,42 €
Do	20.12.2018	10.108,67 €	1.920,65 €	12.029,32 €
Fr	21.12.2018	9.306,30 €	1.768,20 €	11.074,50 €
Mo	24.12.2018	6.997,14 €	1.329,46 €	8.326,60 €

Darüber hinaus wird die kontextbezogene Registerkarte *Tabellentools* eingeblendet.

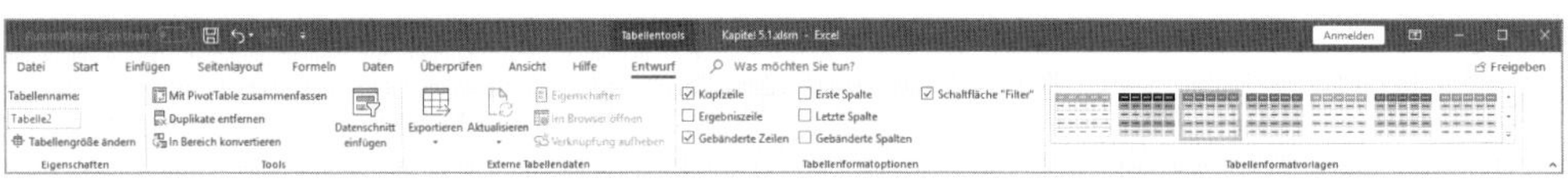

Auf dieser Registerkarte finden Sie alle Befehle zur Bearbeitung von Excel-Tabellen.

Zum Verwalten von Datentabellen stellt Excel folgende Features zur Verfügung:

Features	**Beschreibung**
Sortieren und Filtern	Tabellen können in auf- oder absteigender Reihenfolge oder nach Farben sortiert werden. Sie können auch eine benutzerdefinierte Sortierreihenfolge erstellen. Tabellen können so gefiltert werden, dass nur Daten angezeigt werden, die die angegebenen Kriterien erfüllen, oder Sie können eine Sortierung nach Farben vornehmen.
Formatieren	Datentabellen lassen sich schnell formatieren, indem Sie ein vordefiniertes oder benutzerdefiniertes Tabellenformat anwenden. Darüber hinaus können Sie Schnellformatvorlagen auswählen, um eine Tabelle mit oder ohne Kopf- und Ergebniszeile anzuzeigen.
Einfügen und Löschen von Zeilen und Spalten	Einer Tabelle können Zeilen und Spalten auf verschiedene Weisen hinzugefügt werden. Wie gewohnt können Spalten und Zeilen aus der Tabelle auch wieder gelöscht werden.
Berechnete Spalte	Wenn Sie eine einzelne Formel verwenden möchten, die an jede Zeile in einer Tabelle angepasst wird, können Sie eine berechnete Spalte erstellen. Eine berechnete Spalte wird automatisch erweitert, um zusätzliche Zeilen aufzunehmen, sodass die Formel sofort auf diese Zeilen ausgeweitet wird.
Anzeigen und Berechnen von Gesamtergebnissen	Sie können die Daten in einer Tabelle schnell zusammenfassen, indem Sie am Ende der Tabelle eine Ergebniszeile anzeigen lassen und entsprechend die Funktionen verwenden, die in den Drop-down-Listen für die einzelnen Zellen bereitgestellt werden.
Datenintegrität	Bei Tabellen, die nicht mit SharePoint-Listen verknüpft sind, können Sie die integrierten Features zur Gültigkeitsprüfung in Excel verwenden. So können Sie beispielsweise auswählen, dass ausschließlich Zahlen oder Texte in einer Spalte einer Tabelle zugelassen sind.
Exportieren in eine SharePoint-Liste	Sie können eine Tabelle in eine SharePoint-Liste exportieren, damit andere Personen die Tabellendaten anzeigen, bearbeiten und aktualisieren können.

Ergebniszeile einfügen

Über das Menü *Tabellentools/Entwurf/Optionen für Tabellenformat/Ergebniszeile* können Sie am Ende der Tabelle eine Ergebniszeile einfügen, indem Sie das Kontrollkästchen *Ergebniszeile* aktivieren.

Die Ergebniszeile verwendet die Funktion *TEILERGEBNIS()*. Sobald die Ergebniszeile eingefügt ist, stehen über das Drop-down-Menü innerhalb der Ergebniszeile verschiedene Berechnungsfunktionen wie beispielsweise *Summe*, *Mittelwert*, *Anzahl*, *Minimum*, *Maximum* etc. zur Verfügung.

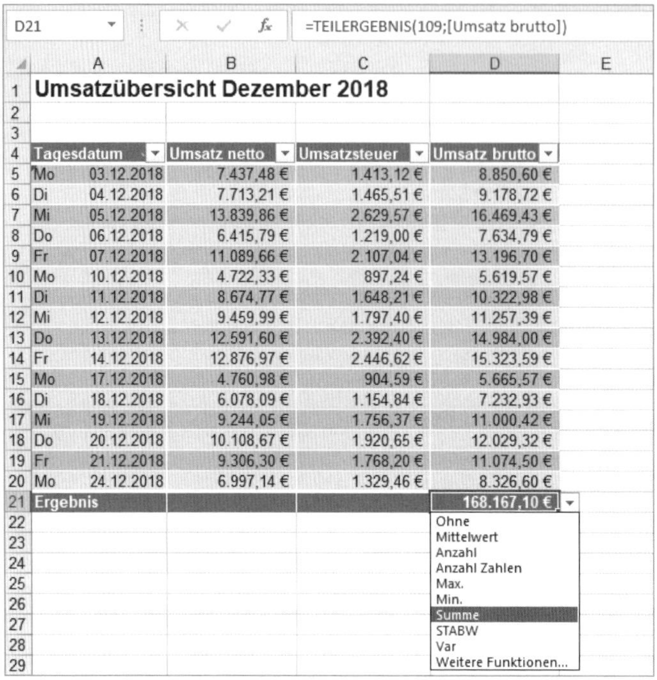

D21 =TEILERGEBNIS(109;[Umsatz brutto])

	A		B	C	D	E
1	Umsatzübersicht Dezember 2018					
2						
3						
4	Tagesdatum		Umsatz netto	Umsatzsteuer	Umsatz brutto	
5	Mo	03.12.2018	7.437,48 €	1.413,12 €	8.850,60 €	
6	Di	04.12.2018	7.713,21 €	1.465,51 €	9.178,72 €	
7	Mi	05.12.2018	13.839,86 €	2.629,57 €	16.469,43 €	
8	Do	06.12.2018	6.415,79 €	1.219,00 €	7.634,79 €	
9	Fr	07.12.2018	11.089,66 €	2.107,04 €	13.196,70 €	
10	Mo	10.12.2018	4.722,33 €	897,24 €	5.619,57 €	
11	Di	11.12.2018	8.674,77 €	1.648,21 €	10.322,98 €	
12	Mi	12.12.2018	9.459,99 €	1.797,40 €	11.257,39 €	
13	Do	13.12.2018	12.591,60 €	2.392,40 €	14.984,00 €	
14	Fr	14.12.2018	12.876,97 €	2.446,62 €	15.323,59 €	
15	Mo	17.12.2018	4.760,98 €	904,59 €	5.665,57 €	
16	Di	18.12.2018	6.078,09 €	1.154,84 €	7.232,93 €	
17	Mi	19.12.2018	9.244,05 €	1.756,37 €	11.000,42 €	
18	Do	20.12.2018	10.108,67 €	1.920,65 €	12.029,32 €	
19	Fr	21.12.2018	9.306,30 €	1.768,20 €	11.074,50 €	
20	Mo	24.12.2018	6.997,14 €	1.329,46 €	8.326,60 €	
21	Ergebnis				168.167,10 €	

Hinweis

Die Tabellenfunktion bietet ein sehr praktisches Feature. Bei langen Tabellen tritt regelmäßig das Problem auf, dass beim Scrollen nach unten die Überschriften nach oben verschwinden und nicht mehr nachvollzogen werden kann, welche Spalte welche Überschrift besitzt.

Wird der betreffende Datenbereich aber in eine Tabelle umgewandelt, werden Tabellenüberschriften direkt in die Spaltenköpfe übernommen, wenn diese nach oben herausscrollen, sodass sie immer zur Verfügung stehen.

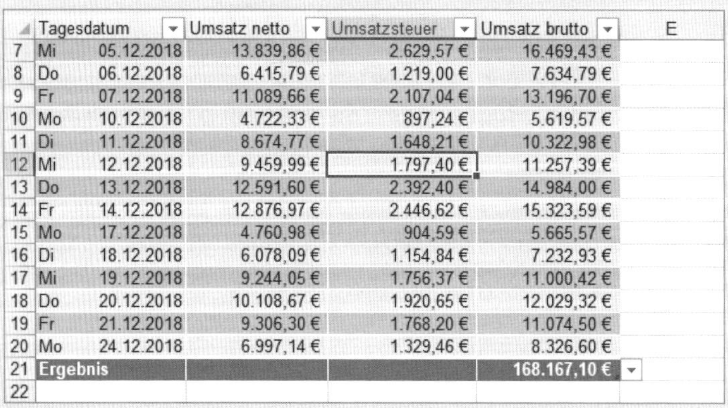

	Tagesdatum		Umsatz netto	Umsatzsteuer	Umsatz brutto	E
7	Mi	05.12.2018	13.839,86 €	2.629,57 €	16.469,43 €	
8	Do	06.12.2018	6.415,79 €	1.219,00 €	7.634,79 €	
9	Fr	07.12.2018	11.089,66 €	2.107,04 €	13.196,70 €	
10	Mo	10.12.2018	4.722,33 €	897,24 €	5.619,57 €	
11	Di	11.12.2018	8.674,77 €	1.648,21 €	10.322,98 €	
12	Mi	12.12.2018	9.459,99 €	1.797,40 €	11.257,39 €	
13	Do	13.12.2018	12.591,60 €	2.392,40 €	14.984,00 €	
14	Fr	14.12.2018	12.876,97 €	2.446,62 €	15.323,59 €	
15	Mo	17.12.2018	4.760,98 €	904,59 €	5.665,57 €	
16	Di	18.12.2018	6.078,09 €	1.154,84 €	7.232,93 €	
17	Mi	19.12.2018	9.244,05 €	1.756,37 €	11.000,42 €	
18	Do	20.12.2018	10.108,67 €	1.920,65 €	12.029,32 €	
19	Fr	21.12.2018	9.306,30 €	1.768,20 €	11.074,50 €	
20	Mo	24.12.2018	6.997,14 €	1.329,46 €	8.326,60 €	
21	Ergebnis				168.167,10 €	
22						

Tabelle in einen Bereich zurückverwandeln

Wird die Funktionalität für den Tabellenbereich nicht mehr benötigt, können Sie die Excel-Tabelle wieder in einen herkömmlichen Bereich zurückverwandeln.

1 Markieren Sie dazu eine beliebige Zelle in der Tabelle.

2 Starten Sie den Befehl *Tabellentools/Entwurf/Tools/In Bereich konvertieren* und bestätigen Sie die Sicherheitsabfrage mit *Ja*. Damit wird die Tabelle in einen herkömmlichen Bereich zurückverwandelt.

Mehr zum Thema Tabellen finden Sie in der Onlinehilfe von Excel.

Tipp 2: Daten suchen und finden unter Verwendung von Platzhalterzeichen (Jokern)

Dieses Beispiel zeigt, welche Möglichkeiten Excel bietet, um komfortabel und flexibel nach bestimmten Daten auf einem Tabellenblatt oder in einer Arbeitsmappe suchen zu können.

So geht's:

1 Starten Sie den Suchbefehl mit der Tastenkombination Strg+F.

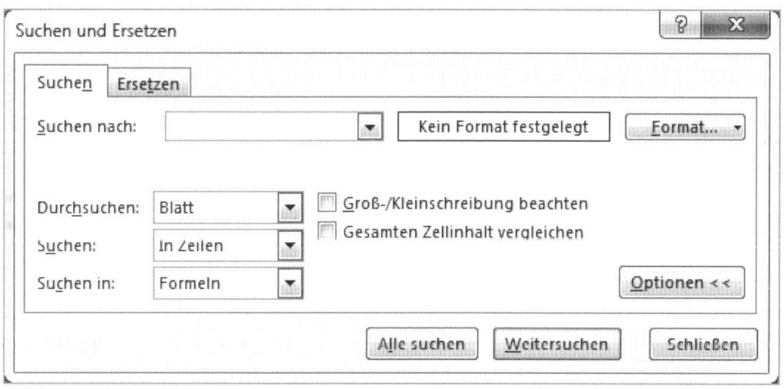

2 In das Feld *Suchen nach* können beliebige Zeichenfolgen unter Verwendung von Platzhalterzeichen eingegeben werden. Dafür stehen einige Joker zur Verfügung (siehe Tabelle).

3 Wenn Sie die Suchoptionen eingeblendet haben, können Sie festlegen, ob die Suche auf dem aktuellen Arbeitsblatt oder in der gesamten Arbeitsmappe durchgeführt und ob in Formeln, Werten oder Kommentaren gesucht werden soll.

Platzhalter (Joker)	Suchergebnis
? (Fragezeichen)	Ersetzt ein einzelnes Zeichen (M?ier findet Meier und Maier).
* (Stern)	Ersetzt eine beliebige Anzahl Zeichen (*schrift findet Überschrift und Unterschrift).
~ (Tilde) gefolgt von ? oder * oder ~	Sucht nach den Platzhalterzeichen selbst (wer~? findet den Text wer?).

Diese Platzhalterzeichen können neben der Suchfunktion auch in folgenden Tabellenfunktionen verwendet werden:

- Funktion *SUCHEN()*
- Funktion *SUMMEWENN()* bzw. *SUMMENWENNS()*
- Funktion *SUMMENPRODUKT()*
- Funktion *ZÄHLENWENN()* bzw. *ZÄHLENWENNS()*
- Funktion *SVERWEIS()*
- Funktion *VERGLEICH()*
- Funktion *WENN()*
- Funktion *DBSUMME()*
- AutoFilter und Spezialfilter

➡ Verweis: siehe Kapitel 4.8, Tipp 4

Tipp 3: Grundlagen der Datensortierung

Hier erfahren Sie, wie Excel Daten sortiert und welche Kriterien und Rahmenbedingungen dabei Beachtung finden.

So geht's:

In Excel stehen 64 Sortierbedingungen zur Verfügung. Sämtliche Sortierinformationen werden in der Arbeitsmappe gespeichert. Das bedeutet, dass die Informationen beim erneuten Öffnen einer Mappe unverändert zur Verfügung stehen.

Gestartet wird der Sortierbefehl über das Menü *Start/Bearbeiten/Sortieren und Filtern*. Hier können Sie zwischen auf- und absteigender Sortierreihenfolge wählen.

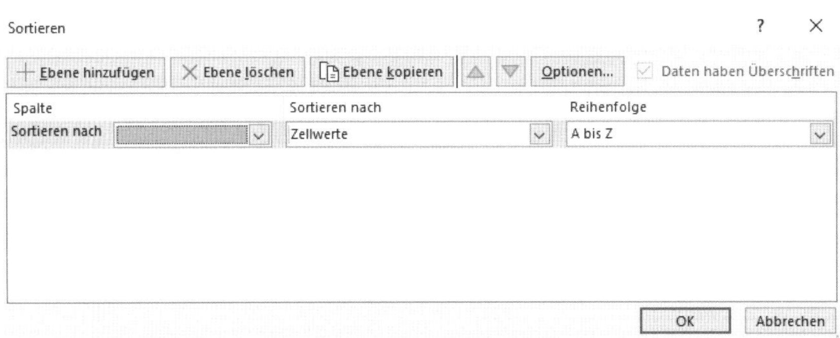

> **Hinweis**
>
> Die grundlegenden Einstellungen zum Sortierverhalten werden über die Regions- und Sprachoptionen von Windows gesteuert.

Beim Sortieren von Daten bietet Excel folgende Sortierreihenfolgen für die unterschiedlichen Datentypen an:

Datentyp	Sortierreihenfolge bei aufsteigender Sortierung
Numerische Werte	Sortiert wird vom kleinsten negativen zum größten positiven Wert.
Datum	Sortiert wird vom frühesten zum spätesten Datum.
Text	Textstrings werden von links nach rechts sortiert. Dabei wird folgende Reihenfolge eingehalten: Leerzeichen, Sonderzeichen, als Text erfasste Zahlen und zuletzt herkömmliche Buchstaben. Wenn die Option *Groß- und Kleinschreibung unterscheiden* aktiviert ist, wird jeweils erst der Klein- und anschließend der Großbuchstabe ausgewertet, also beispielsweise a, A, b, B etc.
Logische Wahrheitswerte	Zuerst wird der Wert *FALSCH*, anschließend der Wert *WAHR* aufgelistet.
Fehlerwerte	Fehlerwerte werden in der Reihenfolge aufgelistet, in der sie gefunden werden.
Leere Zellen	Egal, in welcher Sortierreihenfolge (auf- oder absteigend) ausgewertet wird, Leerzellen werden immer zuletzt aufgelistet.

Tipp 4: Sortieren auf der Basis von benutzerdefinierten Listen

Nicht immer ist gewünscht, dass Daten nach den vorgegebenen Sortierreihenfolgen sortiert werden. In diesem Beispiel sollen Filialen nicht alphabetisch, sondern nach deren Bedeutung für das Unternehmen aufgelistet werden.

So geht's:

Individuelle Sortierreihenfolgen lassen sich ganz einfach über benutzerdefinierte Listen erzeugen. Dazu muss im ersten Schritt die benutzerdefinierte Liste erstellt werden. Gehen Sie dazu wie folgt vor:

1. Erfassen Sie die Filialen in der gewünschten Reihenfolge in einem beliebigen Zellbereich. Im Beispiel wurden die Filialenbezeichnungen im Bereich A5:A14 erfasst.
2. Markieren Sie nun diesen Bereich und starten Sie den Dialog *Benutzerdefinierte Listen:*
   - ab Excel 2010: Menü *Datei/Optionen/Erweitert* im Bereich *Allgemein* über die Schaltfläche *Benutzerdefinierte Listen bearbeiten,*
   - in Excel 2007: Menü *Office/Excel-Optionen/Häufig verwendet.*
3. Klicken Sie auf die Schaltfläche *Importieren* und beenden Sie das Dialogfenster mit einem Klick auf die Schaltfläche *OK*. Damit werden die Filialen als benutzerdefinierte Listeneinträge aufgenommen.

   Alternativ können Sie die Listeneinträge auch über die Schaltfläche *Hinzufügen* manuell eintragen.

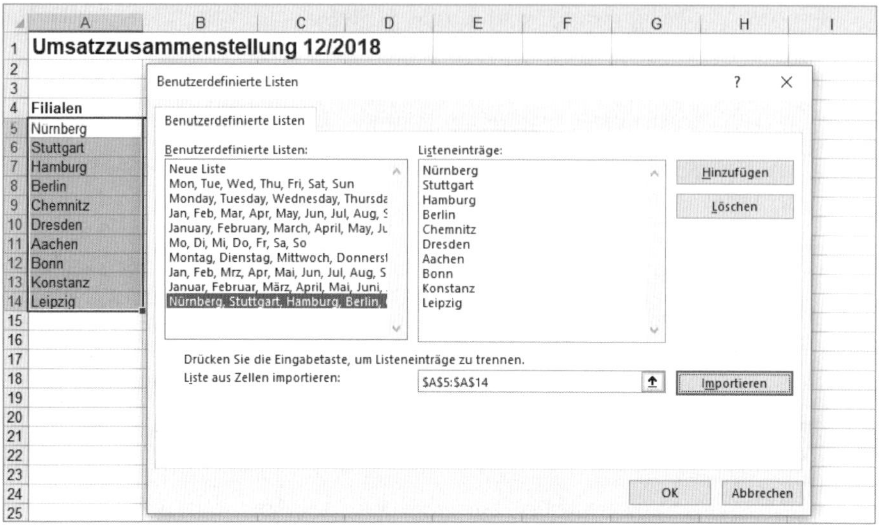

Nachdem die benutzerdefinierte Liste erstellt ist, können Sie die Daten auf der Basis dieser Liste sortieren.

1 Markieren Sie dazu den zu sortierenden Bereich inklusive Überschrift. Im Beispiel befinden sich die Daten im Bereich A4:B14.

2 Starten Sie den Befehl über das Menü *Daten/Sortieren und Filtern/Sortieren*.

3 Im Dialogfenster *Sortieren* aktivieren Sie die Checkbox *Daten haben Überschriften*. Wählen Sie dann die Spalte, nach der sortiert werden soll. Im Beispiel soll nach der Spalte *Filialen* sortiert werden. Im Feld *Sortieren nach* legen Sie den Eintrag *Werte* (bis Excel 2013) bzw. *Zellwerte* (ab Excel 2016) fest. Im Feld *Reihenfolge* selektieren Sie den Eintrag *Benutzerdefinierte Liste*.

4 Daraufhin öffnet sich ein weiteres bereits bekanntes Dialogfenster, in dem Sie die gerade definierte benutzerdefinierte Liste auswählen können.

5 Selektieren Sie die Liste mit den Filialnamen und bestätigen Sie das Dialogfenster mit einem Klick auf *OK*. Das Dialogfenster *Sortieren* sollte nun wie folgt aussehen:

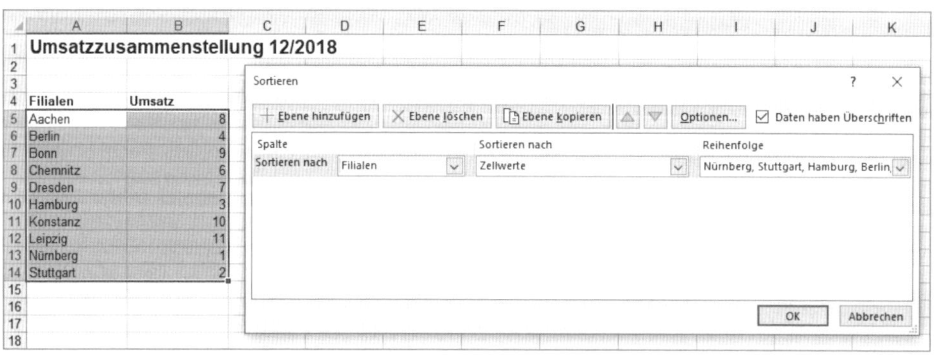

6 Nachdem Sie den Sortierbefehl mit einem Klick auf die Schaltfläche *OK* beendet haben, wird die Liste mit den Filialen nach der benutzerdefinierten Sortierreihenfolge aufgelistet.

➡ Verweis: siehe Kapitel 1.1, Tipp 7

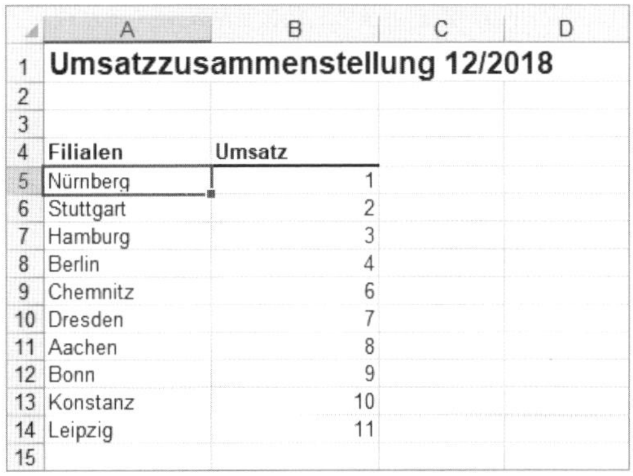

Tipp 5: Daten nach Farben sortieren

Daten können nach Zellhintergrund- bzw. Schriftfarbe sortiert werden. Dabei ist es gleichgültig, ob die Daten manuell oder über die bedingte Formatierung farblich hervorgehoben wurden. In diesem Beispiel wurden die Bezeichnungen der Filialen nach ihrer strategischen Bedeutung farblich gekennzeichnet. Grün bedeutet sehr wichtig, Orange wichtig und Rot weniger wichtig. Ziel ist es nun, die Liste nach der Farbmarkierung zu sortieren.

So geht's:

1 Markieren Sie im ersten Schritt den zu sortierenden Zellbereich A3:C13.

2 Starten Sie den Sortierbefehl über das Menü *Daten/Sortieren und Filtern/Sortieren.*

3 Ergänzen Sie die Vorgaben zum Sortieren wie nachfolgend dargestellt. Dabei sollen zuerst die grün formatierten Zellen, anschließend die Zellen mit der Farbe Orange und zuletzt alle rot markierten Zellen aufgelistet werden.

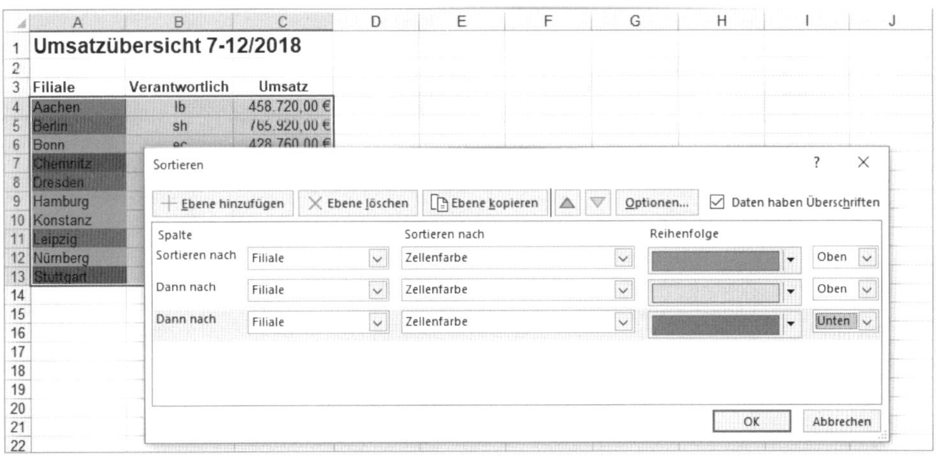

4 Nachdem Sie das Dialogfenster mit einem Klick auf die Schaltfläche *OK* beendet haben, werden die Filialen in der definierten Farbreihenfolge sortiert.

➡ Verweis: siehe Kapitel 4.12, Tipp 15

	A	B	C	D
1	Umsatzübersicht 7-12/2018			
2				
3	Filiale	Verantwortlich	Umsatz	
4	Berlin	sh	765.920,00 €	
5	Dresden	rb	684.430,00 €	
6	Leipzig	ri	397.760,00 €	
7	Bonn	ec	428.760,00 €	
8	Hamburg	hu	755.610,00 €	
9	Konstanz	sp	391.490,00 €	
10	Nürnberg	pa	452.990,00 €	
11	Aachen	lb	458.720,00 €	
12	Chemnitz	kt	85.490,00 €	
13	Stuttgart	kn	126.650,00 €	
14				

Tipp 6: Farbpalette ändern

Sie können in Excel verschiedene benutzerdefinierte sowie integrierte Designfarben auswählen. Sollten Ihnen diese vielfältigen Möglichkeiten nicht ausreichen, weil beispielsweise Ihr Berichtswesen einer individuellen Farbnotation unterliegt, können Sie die Farben individuell anpassen.

So geht's:

1 Starten Sie Excel und öffnen Sie anschließend eine neue Arbeitsmappe.

2 Starten Sie den Dialog *Neue Designfarben erstellen*:

- ab Excel 2013: Menü *Seitenlayout/Designs/Farben*, Befehl *Farben anpassen*,
- in Excel 2007/2010: Menü *Seitenlayout/Designs/Farben*, Befehl *Neue Designfarben erstellen*.

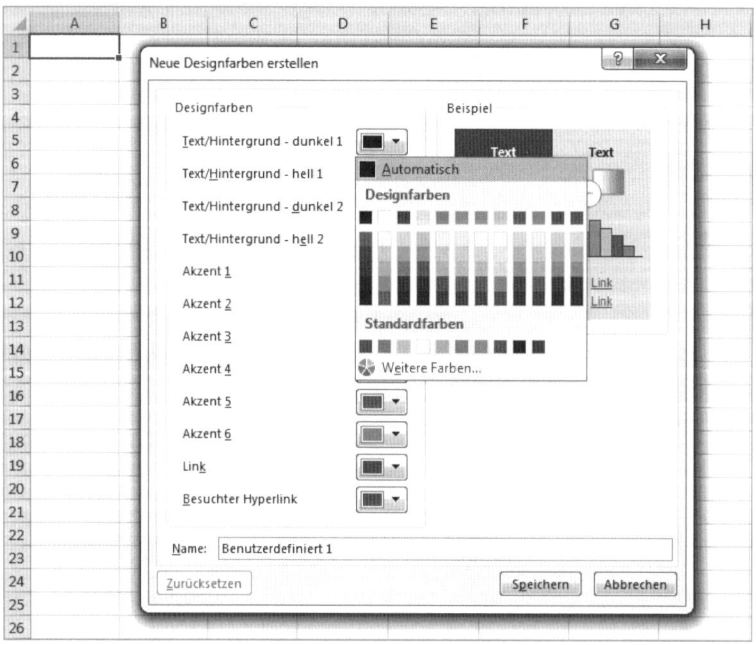

3 Im Dialog *Neue Designfarben erstellen* können Sie nun zwölf Designfarben definieren und im Feld *Name* eine Bezeichnung hinterlegen.

4 Wenn Sie dann die Schaltfläche *Speichern* anklicken, wird dieses Farbprofil gespeichert und steht Ihnen über *Seitenlayout/Designs/Farben* unter der Rubrik *Benutzerdefiniert* zur Verfügung.

Hinweis

Bei Auswahl einer der zwölf Designfarben werden von Excel automatisch unterschiedliche Helligkeitsstufen vergeben, wobei zwei Farben nur für Hyperlinks zur Verfügung stehen und nicht für andere Zwecke ausgewählt werden können. Eine Palette mit Designfarben hat also 60 (10 x 6) unterschiedliche Farben mit 10 zusätzlichen Standardfarben. Sie können mit mehreren Farbpaletten pro Arbeitsmappe arbeiten.

Tipp 7: Sortieren von Geburtstagslisten

In der Praxis tritt immer wieder die Frage nach der Sortierung von Geburtstagslisten auf. Wird nach dem Datum sortiert, tritt das Problem auf, dass ausgehend von der Jahreszahl auf- oder absteigend sortiert wird. Geburtstagslisten sollen aber üblicherweise nicht nach dem Jahr, sondern ausschließlich nach Monats- und Tagesangaben sortiert werden.

So geht's:

1 Als Sortierkriterium wird eine Hilfsspalte benötigt, die die Jahreszahl ausklammert. Markieren Sie dazu den Zellbereich E4:E15.

2 Erfassen Sie in Zelle E4 folgende Formel:

=DATUM(JAHR(HEUTE());MONAT(D4);TAG(D4))

Diese Formel verlegt alle Geburtstage ins aktuelle Jahr. Dadurch wird die Jahresangabe irrelevant und beim Sortieren werden nun nur noch die Monats- und Tagesangaben berücksichtigt.

3 Beenden Sie die Formeleingabe mit der Tastenkombination Strg+↵. Damit wird die Formel in den gesamten markierten Zellbereich eingetragen.

4 Markieren Sie nun den Zellbereich A3:E15 und starten Sie über das Menü *Daten/Sortieren und Filtern/Sortieren* den Sortierbefehl.

5 Im Feld *Sortieren nach* wählen Sie die Hilfsspalte E4:E15 aus. Als Reihenfolge legen Sie den Eintrag *Nach Alter (absteigend)* fest.

Hinweis

Die Hilfsspalte E können Sie nach dem Sortiervorgang ausblenden oder ganz entfernen.

6 Nachdem Sie das Dialogfenster mit einem Klick auf die Schaltfläche *OK* beendet haben, wird die Geburtstagsliste wie gewünscht nach Monats- und Tagesangaben sortiert.

E4 =DATUM(JAHR(HEUTE());MONAT(D4);TAG(D4))

	A	B	C	D	E	F	G
1	**Geburtstagsübersicht**						
2							
3	**Nachname**	**Vorname**	**KZ**	**Geburtstag**	Hilfsspalte		
4	Berger	Timo	bt	09.01.1979	09.01.2018		
5	Schwab	Ilona	si	01.03.1985	01.03.2018		
6	Bayer	Max	bm	15.03.1957	15.03.2018		
7	Siegel	Günther	sg	13.04.1965	13.04.2018		
8	Bergmann	Franz	bf	28.05.1960	28.05.2018		
9	Burg	Sandra	bs	21.07.1984	21.07.2018		
10	Neusinger	Helga	ns	23.07.1976	23.07.2018		
11	Engelmayr	Bernd	eb	02.08.1958	02.08.2018		
12	Blume	Norbert	bn	13.09.1980	13.09.2018		
13	Gast	Hubert	gh	17.10.1972	17.10.2018		
14	Frimberger	Stefan	fs	10.11.1969	10.11.2018		
15	Braut	Gustav	bg	30.12.1950	30.12.2018		

Tipp 8: Die AutoFilter-Funktion im Praxiseinsatz

Der AutoFilter stellt ein Instrument dar, das mit wenigen Mausklicks Datenbestände auf das gerade Wichtige und Wesentliche beschränken kann.

So geht's: Aktivieren des AutoFilter

Zum Starten des AutoFilter gehen Sie wie folgt vor:

1 Markieren Sie im ersten Schritt den Datenbereich, der über den AutoFilter gefiltert werden soll. Im Beispiel befinden sich die Daten im Zellbereich A4:D20. Sie können entweder den gesamten Datenbereich markieren, alternativ genügt es aber auch, nur die Überschriftenzeile zu markieren, also die Zellen A4:D4.

2 Gestartet wird der AutoFilter über das Menü *Daten/Sortieren und Filtern/Filtern*. Nach der Aktivierung des AutoFilter werden neben den Überschriften Drop-down-Pfeile eingeblendet, über die die Filteroptionen ausgewählt werden können.

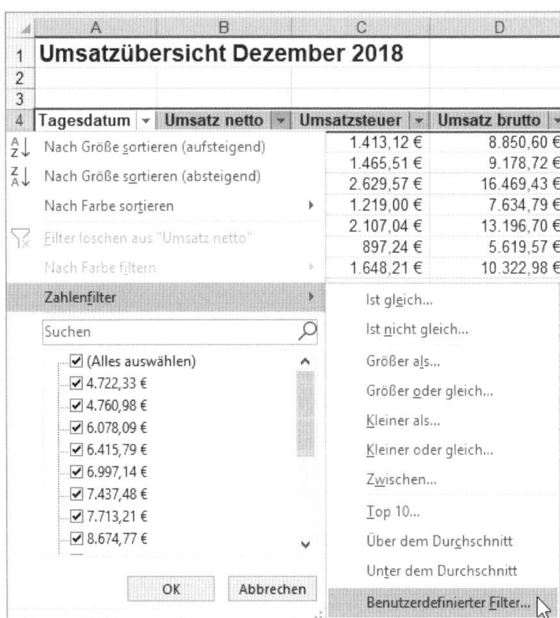

3 Die weiteren Filtereinstellungen werden über die Einträge *Zahlenfilter*, *Textfilter* und *Datumsfilter* sowie über weitere Untermenüs aufgerufen. Abhängig davon, ob eine Spalte mit Zahlen, Texten oder Datumswerten gefiltert werden soll, wird die entsprechende Filtermöglichkeit eingeblendet.

So geht's: Verwenden des AutoFilter

In diesem Beispiel sollen alle Bruttoumsätze über 10.000 Euro und unter 15.000 Euro herausgefiltert werden. Die Ausgangstabelle enthält eine Zusammenstellung der Umsätze pro Tag.

1 Aktivieren Sie nun den AutoFilter über das Drop-down-Menü neben der Überschrift *Umsatz brutto*.

	A	B	C	D
1	**Umsatzübersicht Dezember 2018**			
2				
3				
4	Tagesdatum	Umsatz netto	Umsatzsteuer	Umsatz brutto
5	01.12.2018	7.437,48 €	1.413,12 €	8.850,60 €
6	03.12.2018	7.713,21 €	1.465,51 €	9.178,72 €
7	04.12.2018	13.839,86 €	2.629,57 €	16.469,43 €
8	05.12.2018	6.415,79 €	1.219,00 €	7.634,79 €
9	06.12.2018	11.089,66 €	2.107,04 €	13.196,70 €
10	07.12.2018	4.722,33 €	897,24 €	5.619,57 €
11	08.12.2018	8.674,77 €	1.648,21 €	10.322,98 €
12	10.12.2018	9.459,99 €	1.797,40 €	11.257,39 €
13	11.12.2018	12.591,60 €	2.392,40 €	14.984,00 €
14	12.12.2018	12.876,97 €	2.446,62 €	15.323,59 €
15	13.12.2018	4.760,98 €	904,59 €	5.665,57 €
16	14.12.2018	6.078,09 €	1.154,84 €	7.232,93 €
17	15.12.2018	9.244,05 €	1.756,37 €	11.000,42 €
18	17.12.2018	10.108,67 €	1.920,65 €	12.029,32 €
19	18.12.2018	9.306,30 €	1.768,20 €	11.074,50 €
20	19.12.2018	6.997,14 €	1.329,46 €	8.326,60 €

2 Klicken Sie auf den Eintrag *Zahlenfilter* und anschließend auf den Menüeintrag *Zwischen*. Daraufhin wird das Dialogfenster *Benutzerdefinierter AutoFilter* geöffnet.

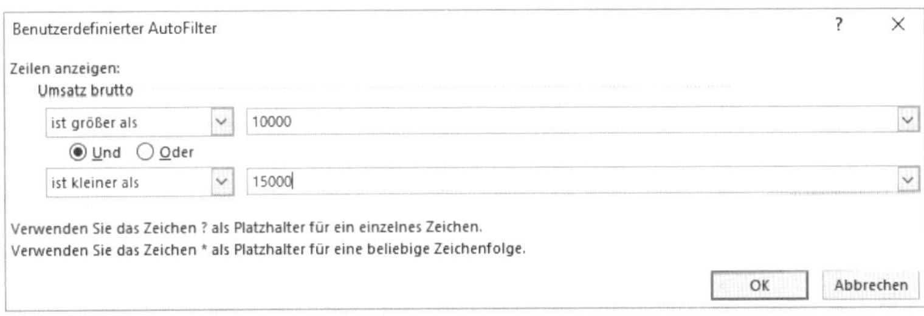

3 Die Filterkriterien können Sie der rechten Abbildung entnehmen.

4 Nachdem Sie das Dialogfenster mit einem Klick auf die Schaltfläche *OK* beendet haben, werden nur noch die Datensätze angezeigt, die den vorgegebenen Kriterien entsprechen.

Auf diese Art und Weise lassen sich beliebige Filtereinstellungen vornehmen.

	A	B	C	D
1	**Umsatzübersicht Dezember 2018**			
2				
3				
4	Tagesdatum	Umsatz netto	Umsatzsteuer	Umsatz brutto
9	06.12.2018	11.089,66 €	2.107,04 €	13.196,70 €
11	08.12.2018	8.674,77 €	1.648,21 €	10.322,98 €
12	10.12.2018	9.459,99 €	1.797,40 €	11.257,39 €
13	11.12.2018	12.591,60 €	2.392,40 €	14.984,00 €
17	15.12.2018	9.244,05 €	1.756,37 €	11.000,42 €
18	17.12.2018	10.108,67 €	1.920,65 €	12.029,32 €
19	18.12.2018	9.306,30 €	1.768,20 €	11.074,50 €
21				

Hinweis

Anhand des Filtersymbols erkennen Sie, dass in Spalte D ein Filter gesetzt ist und deswegen nicht alle Daten angezeigt werden.

➡ Verweis: siehe Kapitel 4.13, Tipp 4

Tipp 9: Duplikate aus einer Liste entfernen

In diesem Beispiel liegt eine Kundenliste mit mehreren identischen Einträgen vor. Ziel ist es nun, alle doppelten Einträge zu entfernen, damit ausschließlich Unikate angezeigt werden. Hierzu können Sie alternativ den Spezialfilter oder die Funktion *Duplikate entfernen* verwenden.

Nachfolgend werden beide Methoden dargestellt.

So geht's: Doppelte Einträge beseitigen über die Funktion Duplikate entfernen

Sehen Sie sich zunächst die Ausgangstabelle an. Sie enthält einige doppelte Debitorennamen.

1 Markieren Sie im ersten Schritt den Zellbereich A4:A18, in dem sich die Daten befinden.

2 Starten Sie den Befehl zum Entfernen von doppelten Datensätzen über das Menü *Daten/Datentools/Duplikate entfernen*. Das Dialogfenster *Duplikate entfernen* zeigt die Spalte bzw. die Spalten an, aus denen Duplikate entfernt werden können. Aktivieren Sie die von Ihnen gewünschten Spalten.

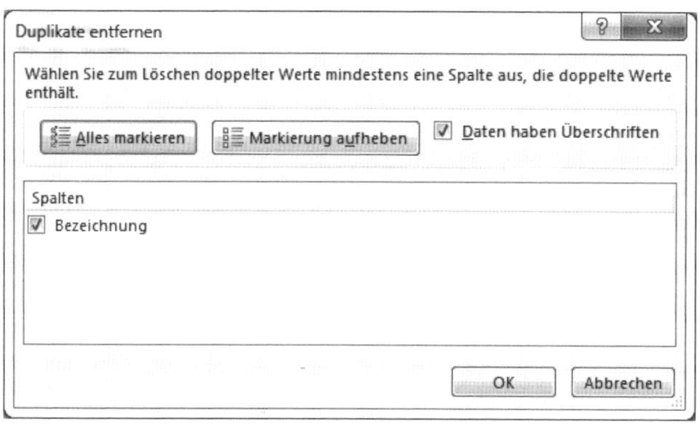

3 Nach einem Klick auf die Schaltfläche *OK* werden aus den definierten Spalten alle doppelten Einträge entfernt. Anschließend werden die Anzahl der doppelten Werte sowie die Anzahl der verbleibenden Unikate in einer Meldung zusammengefasst.

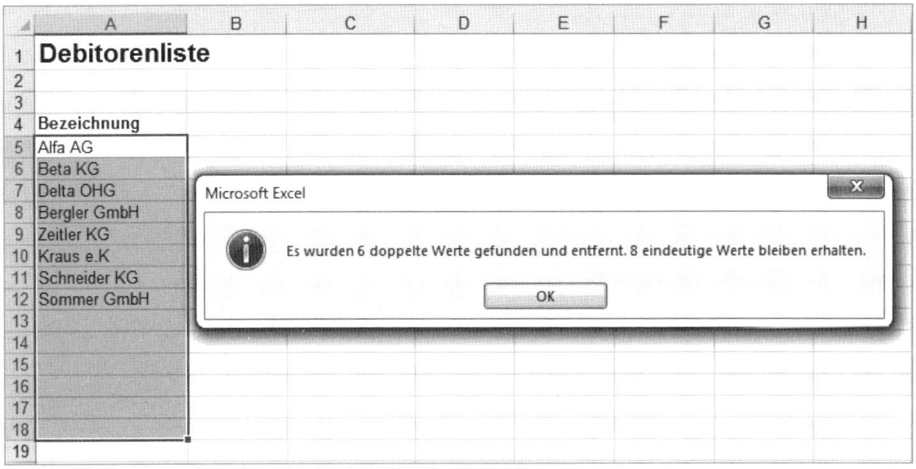

So geht's: Duplikate über den Spezialfilter entfernen

Der Vorteil des Spezialfilters besteht darin, dass die Liste der Unikate in einen anderen Zellbereich kopiert werden kann.

1 Aktivieren Sie dazu den Spezialfilter über das Menü *Daten/Sortieren und Filtern/Erweitert*.

2 Im Dialogfenster *Spezialfilter* wählen Sie die Option *An eine andere Stelle kopieren*. Dadurch wird das Feld *Kopieren nach* aktiviert.

3 Geben Sie im Feld *Listenbereich* den Zellbereich A4:A18 an.

4 Im Feld *Kopieren nach* erfassen Sie die Zelle, ab der die Liste der Unikate ausgegeben werden soll, im Beispiel Zelle C4.

5 Entscheidend für den Erfolg ist das Kontrollkästchen *Keine Duplikate*. Nur wenn der Haken gesetzt ist, werden keine doppelten Einträge in den neuen Zellbereich übertragen.

6 Nachdem Sie den Dialog mit einem Klick auf die Schaltfläche *OK* beendet haben, wird die Liste der Unikate ab Zelle C4 eingefügt.

➡ Verweis: siehe Kapitel 4.13, Tipp 6

Tipp 10: So lässt sich eine Tabelle mit Bildern korrekt sortieren

Häufig werden in der Praxis auch Bilder in Excel verwaltet. Es bietet sich geradezu an, zur Artikelliste, die in Excel geführt wird, auch das zugehörige Bild des Artikels einzubinden. Dabei werden die Bilder im Normalfall in eine Zelle eingebunden.

Da Excel allerdings nicht als Bilddatenbank konzipiert wurde, sind dem Ganzen natürlich Grenzen gesetzt. So stößt Excel beim Sortieren von Datensätzen mit Bildern bereits an diese Grenzen. Nach dem Sortieren verbleiben manche Bilder an ihrem alten Platz. Dieser Fehler tritt sporadisch auf und lässt sich auch nicht im Detail nachvollziehen. Für eine professionelle Bearbeitung ist diese Vorgehensweise somit nicht geeignet. Aus diesem Grund stellen wir Ihnen hier eine alternative Lösung vor.

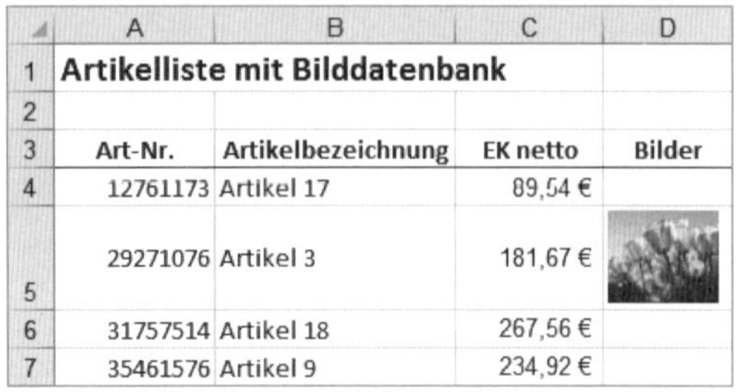

	A	B	C	D
1	Artikelliste mit Bilddatenbank			
2				
3	Art-Nr.	Artikelbezeichnung	EK netto	Bilder
4	12761173	Artikel 17	89,54 €	
5	29271076	Artikel 3	181,67 €	
6	31757514	Artikel 18	267,56 €	
7	35461576	Artikel 9	234,92 €	

➡ Verweis: siehe Kapitel 5.6, Tipp 3

So geht's:

1 Anstatt die Bilder direkt in eine Zelle einzufügen, verwenden Sie hier einen Trick. Die Bilder werden als Hintergrund in ein Kommentarfenster eingebunden.

2 Fügen Sie dazu im ersten Schritt in Zelle B5 einen neuen Kommentar über das Menü *Überprüfen/Neuer Kommentar* ein.

3 Klicken Sie mit der rechten Maustaste auf die Umrandung des Zellkommentars und wählen Sie im Kontextmenü den Eintrag *Kommentar formatieren*.

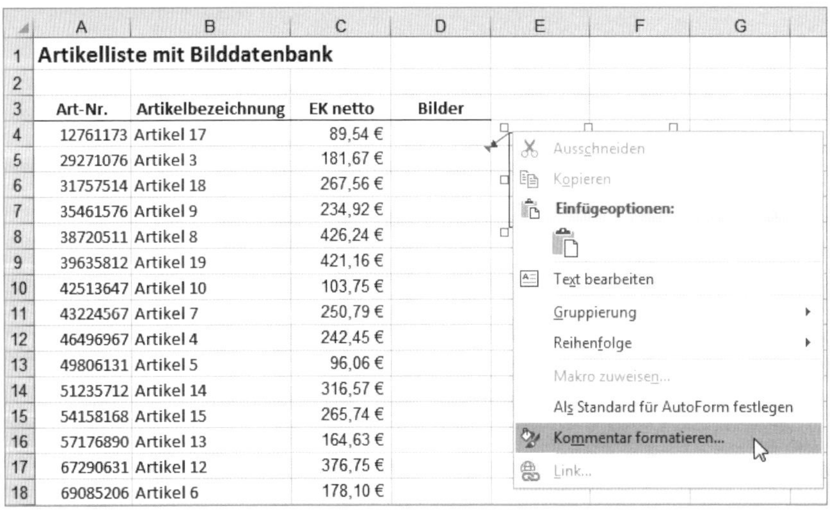

	A	B	C	D
1	Artikelliste mit Bilddatenbank			
2				
3	Art-Nr.	Artikelbezeichnung	EK netto	Bilder
4	12761173	Artikel 17	89,54 €	
5	29271076	Artikel 3	181,67 €	
6	31757514	Artikel 18	267,56 €	
7	35461576	Artikel 9	234,92 €	
8	38720511	Artikel 8	426,24 €	
9	39635812	Artikel 19	421,16 €	
10	42513647	Artikel 10	103,75 €	
11	43224567	Artikel 7	250,79 €	
12	46496967	Artikel 4	242,45 €	
13	49806131	Artikel 5	96,06 €	
14	51235712	Artikel 14	316,57 €	
15	54158168	Artikel 15	265,74 €	
16	57176890	Artikel 13	164,63 €	
17	67290631	Artikel 12	376,75 €	
18	69085206	Artikel 6	178,10 €	

4 Damit öffnet sich das Dialogfenster *Kommentare formatieren*. Wechseln Sie dort zu Registerkarte *Farben und Linien*.

5 Klicken Sie im Bereich *Ausfüllen* auf das Kombinationsfeld *Farbe* und wählen Sie dort den Eintrag *Fülleffekte*.

6 Wechseln Sie nun im Dialogfenster *Fülleffekte* zur Registerkarte *Grafik*.

7 Klicken Sie anschließend auf die Schaltfläche *Grafik auswählen* und fügen Sie die gewünschte Grafik über die Schaltfläche *Einfügen* zum Kommentar hinzu.

8 Beenden Sie dann die Dialogfenster *Fülleffekte* und *Kommentar formatieren* jeweils mit einem Klick auf die Schaltfläche *OK*.

9 Damit steht das Bild als Kommentarhintergrund zur Verfügung.

	A	B	C	D
1	**Artikelliste mit Bilddatenbank**			
2				
3	**Art-Nr.**	**Artikelbezeichnung**	**EK netto**	**Bilder**
4	12761173	Artikel 17	89,54 €	
5	29271076	Artikel 3	181,67 €	
6	31757514	Artikel 18	267,56 €	
7	35461576	Artikel 9	234,92 €	

Auf diese Weise können beliebige Bilder den Artikeln hinzugefügt werden. Da ein Kommentar fest mit einer Zelle verknüpft ist, können die Daten nun beliebig sortiert, gefiltert oder verschoben werden, ohne dass die Bilder ein Eigenleben entwickeln.

Hinweis

Ein weiterer Vorteil bei dieser Vorgehensweise liegt darin, dass Bilder keinen Platz in der Excel-Liste in Anspruch nehmen. Die Anzeigegröße der Bilder kann beliebig variiert werden. Dazu muss das Kommentarfeld nur in der Größe verändert werden. Die Einstellung der Größe des Kommentarfelds kann im *Bearbeiten*-Modus des Kommentars vorgenommen werden.

Tipp 11: Duplikate mittels einer Funktion in einer einspaltigen Liste finden

Im Beispiel liegt eine Debitorenliste mit identischen Debitorennamen vor. Ziel ist es nun, alle doppelt vorkommenden Namen in einer weiteren Spalte mit der Bezeichnung *Duplikat* zu versehen.

	A	D
1	**Debitorenliste**	
2		
3		
4	**Bezeichnung**	
5	Alfa AG	
6	Beta KG	
7	Delta OHG	
8	Bergler GmbH	
9	Zeitler KG	
10	Delta OHG	
11	Kraus e.K	
12	Schneider KG	
13	Bergler GmbH	
14	Zeitler KG	
15	Sommer GmbH	
16	Schneider KG	
17	Beta KG	
18	Sommer GmbH	
19		

So geht's:

1 Erfassen Sie in Zelle C5 die Formel *=WENN(ZÄHLENWENN($A$5:A5;A5)>1;"Duplikat";"")*. Damit wird über die Funktion *WENN()* in Verbindung mit der Funktion *ZÄHLENWENN()* ermittelt, welche Einträge doppelt vorhanden sind.

Wichtig ist, dass die Angabe der Zellreferenz korrekt mit absoluten und relativen Bezügen vorgenommen wird.

2 Kopieren Sie diese Formel bis ans Ende der Liste über das AutoAusfüllkästchen nach unten.

Wie gewünscht, werden nun alle doppelten Einträge in Spalte C mit dem Vermerk *Duplikat* versehen.

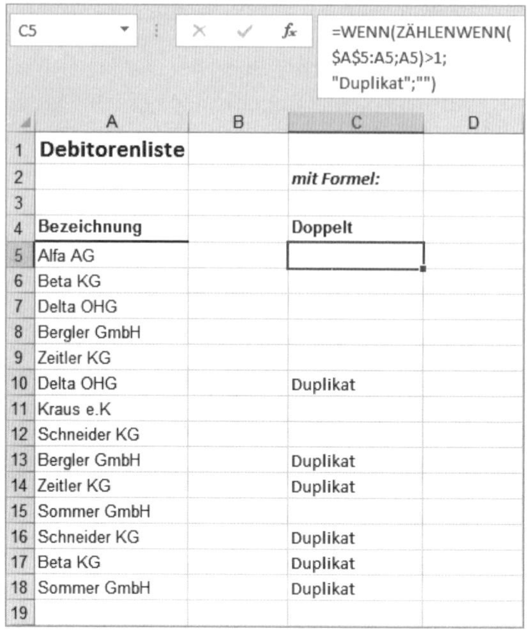
C5 =WENN(ZÄHLENWENN($A$5:A5;A5)>1;"Duplikat";"")

	A	B	C	D
1	**Debitorenliste**			
2			*mit Formel:*	
3				
4	**Bezeichnung**		**Doppelt**	
5	Alfa AG			
6	Beta KG			
7	Delta OHG			
8	Bergler GmbH			
9	Zeitler KG			
10	Delta OHG		Duplikat	
11	Kraus e.K			
12	Schneider KG			
13	Bergler GmbH		Duplikat	
14	Zeitler KG		Duplikat	
15	Sommer GmbH			
16	Schneider KG		Duplikat	
17	Beta KG		Duplikat	
18	Sommer GmbH		Duplikat	
19				

Alternativ zur Formel können Sie diese Aufgabe auch per Makro lösen – sinnvoll insbesondere bei umfangreichen Listen.

So geht's:

1 Ausgangspunkt ist wie oben die Debitorenliste mit teilweise mehrfach vorkommenden Debitorennamen. Ziel ist es, ab dem zweiten Vorkommen eines Werts in die Zelle rechts des Werts einen entsprechenden Vermerk zu schreiben.

Außerdem soll die Liste an eine andere Stelle kopiert und alphabetisch aufsteigend sortiert werden.

2 Wechseln Sie über Alt+F11 in die Entwicklungsumgebung, also den VBA-Editor.

3 Fügen Sie dann über das Menü *Einfügen* und den Befehl *Modul* ein neues Modul hinzu und erfassen Sie innerhalb dieses Moduls folgende Codezeilen:

Listing 1:

```
Sub KopierenSortierenDuplikate()
Dim Startzelle As Range
Dim Zielzelle As Range
Dim Vermerk As String
Dim ZahlZeilen As Integer
Dim KorrekturZeilenzahl As Integer
  Set Startzelle = Range("A4")
  Set Zielzelle = Range("E4")
  KorrekturZeilenzahl = 4
  Vermerk = "Duplikat"
  ActiveSheet.Select
  Startzelle.Select
  ZahlZeilen = ActiveWorkbook.ActiveSheet.UsedRange.Rows.Count
```

```
Range(ActiveCell(), ActiveCell.Offset(ZahlZeilen - _
  KorrekturZeilenzahl, 0)).Select
Selection.Copy
Zielzelle.Select
ActiveSheet.Paste
Selection.Sort Key1:=Zielzelle, Order1:=xlAscending, Header:=xlGuess,
  OrderCustom:=1, MatchCase:=False, Orientation:=xlTopToBottom
Zielzelle.Select
ActiveCell.Offset(1, 0).Select
 Do Until ActiveCell.Value = ""
 If ActiveCell.Value = _ActiveCell.Offset(1,0).Value Then
   ActiveCell.Offset(1, 1).Value = Vermerk
 End If
 ActiveCell.Offset(1, 0).Select
 Loop
End Sub
```

4 Wechseln Sie aus der Entwicklungsumgebung zurück auf das Tabellenblatt mit der zu bearbeitenden Liste und starten Sie das Makro *KopierenSortierenDuplikate* über das Menü *Entwicklertools/Code/Makros*.

Sie können das Makro schnell auf Ihren speziellen Fall anpassen, indem Sie folgende Variablen ändern:

- *Startzelle*: Ersetzen Sie den Wert *A4* mit der Zelladresse, in der sich Überschrift oder erster Wert Ihrer Liste befinden.
- *Zielzelle*: Ersetzen Sie den Wert *E4* mit der Zelladresse, in der sich Überschrift oder erster Wert der kopierten Liste befinden soll.
- *KorrekturZeilenzahl*: Ersetzen Sie die Zahl *4* durch die Zeilenzahl oberhalb der Überschrift bzw. des ersten Werts Ihrer Liste.
- *Vermerk*: Ersetzen Sie den Text *Duplikat* durch einen beliebigen Text.

E	F
	mit Makro:
Bezeichnung	**Doppelt**
Alfa AG	
Bergler GmbH	
Bergler GmbH	Duplikat
Beta KG	
Beta KG	Duplikat
Delta OHG	
Delta OHG	Duplikat
Kraus e.K	
Schneider KG	
Schneider KG	Duplikat
Sommer GmbH	
Sommer GmbH	Duplikat
Zeitler KG	
Zeitler KG	Duplikat

Tipp 12: Duplikate mittels einer Funktion in einer mehrspaltigen Liste finden

Genau wie im vorherigen Tipp liegt wieder eine Debitorenliste mit identischen Einträgen vor. Im Unterschied zum vorangegangenen Tipp besitzt die Debitorenliste jedoch neben dem Debitorennamen noch einen Ansprechpartner und eine Telefonnummer.

Auf dieser Basis sollen nun alle Duplikate ermittelt werden, bei denen die Einträge in sämtlichen Spalten identisch sind. Unterscheidet sich eine Spalte, handelt es sich nicht um einen identischen Datensatz.

	A	B	C	D
1	**Debitorenliste**			
2				
3				
4	**Bezeichnung**	**Ansprechpartner**	**Telefonnummer**	
5	Alfa AG	Frau Meier	29882028	
6	Beta KG	Herr Bogner	47912753	
7	Delta OHG	Herr Frieser	61491359	
8	Bergler GmbH	Herr Fronius	77310157	
9	Zeitler KG	Frau Görel	47451682	
10	Delta OHG	Frau Klein	90483507	
11	Kraus e.K	Herr Kraus	81445213	
12	Schneider KG	Herr Lin	94113579	
13	Bergler GmbH	Herr Fronius	77310157	
14	Zeitler KG	Frau Klattke	96734512	
15	Sommer GmbH	Frau Sommer	89815455	
16	Schneider KG	Herr Deuter	29399229	
17	Beta KG	Herr Bogner	47912753	
18	Sommer GmbH	Frau Sommer	89815455	
19	Delta OHG	Herr Frieser	61491359	

So geht's:

Wenn ein Duplikat erkannt wird, soll in Spalte E die Bezeichnung *Duplikat* geschrieben werden.

1 Um die Duplikate über alle drei Spalten zu ermitteln, geben Sie in Zelle E5 diese Formel ein:

*{=WENN(MAX(WENN(ZEILE($5:$19)=ZEILE();1;MMULT(($A$5:$C$19=A5:C5)*1; WENN(ZEILE($5:$7);1))))=3;"Duplikat";"")}*

Damit Excel die Funktion als Matrixfunktion interpretiert, müssen Sie sie mit der Tastenkombination Strg+⇧+↵ abschließen.

2 Kopieren Sie diese Formel bis zur Zelle E19 mit dem AutoAusfüllkästchen nach unten.

E5 | fx {=WENN(MAX(WENN(ZEILE($5:$19)=ZEILE();1;MMULT(($A$5:$C$19=A5:C5)*1;WENN(ZEILE($5:$7);1))))=3;"Duplikat";"")}

	A	B	C	D	E	F
1	**Debitorenliste**					
2						
3						
4	**Bezeichnung**	**Ansprechpartner**	**Telefonnummer**		**Doppelte**	
5	Alfa AG	Frau Meier	29882028			
6	Beta KG	Herr Bogner	47912753		Duplikat	
7	Delta OHG	Herr Frieser	61491359		Duplikat	
8	Bergler GmbH	Herr Fronius	77310157		Duplikat	
9	Zeitler KG	Frau Görel	47451682			
10	Delta OHG	Frau Klein	90483507			
11	Kraus e.K	Herr Kraus	81445213			
12	Schneider KG	Herr Lin	94113579			
13	Bergler GmbH	Herr Fronius	77310157		Duplikat	
14	Zeitler KG	Frau Klattke	96734512			
15	Sommer GmbH	Frau Sommer	89815455		Duplikat	
16	Schneider KG	Herr Deuter	29399229			
17	Beta KG	Herr Bogner	47912753		Duplikat	
18	Sommer GmbH	Frau Sommer	89815455		Duplikat	
19	Delta OHG	Herr Frieser	61491359		Duplikat	
20						

Wie Sie sehen, werden nur die Datensätze gekennzeichnet, bei denen die Spalten A, B und C identische Inhalte besitzen.

Wenn lediglich die Duplikate markiert werden sollen, also nicht die Originale, müssen Sie die Formel leicht modifizieren. Die geänderte Formel für die Zelle F5 sieht wie folgt aus:

*{=WENN(MAX(WENN(ZEILE($5:$19)>=ZEILE();1;MMULT(($A$5:$C$19=A5:C5)*1; WENN(ZEILE($5:$7);1))))=3;"Duplikat";"")}*

Da es sich auch bei dieser Formel um eine Matrixfunktion handelt, muss sie wiederum mit der Tastenkombination Strg+⇧+↵ abgeschlossen werden.

F5 | {=WENN(MAX(WENN(ZEILE($5:$19)>=ZEILE();1;MMULT(($A$5:$C$19=A5:C5)*1;WENN(ZEILE($5:$7);1))))=3;"Duplikat";"")}

	A	B	C	D	E	F
1	**Debitorenliste**					
2						
3						
4	**Bezeichnung**	**Ansprechpartner**	**Telefonnummer**		**Doppelte**	**Doppelte**
5	Alfa AG	Frau Meier	29882028			
6	Beta KG	Herr Bogner	47912753		Duplikat	
7	Delta OHG	Herr Frieser	61491359		Duplikat	
8	Bergler GmbH	Herr Fronius	77310157		Duplikat	
9	Zeitler KG	Frau Görel	47451682			
10	Delta OHG	Frau Klein	90483507			
11	Kraus e.K	Herr Kraus	81445213			
12	Schneider KG	Herr Lin	94113579			
13	Bergler GmbH	Herr Fronius	77310157		Duplikat	Duplikat
14	Zeitler KG	Frau Klattke	96734512			
15	Sommer GmbH	Frau Sommer	89815455		Duplikat	
16	Schneider KG	Herr Deuter	29399229			
17	Beta KG	Herr Bogner	47912753		Duplikat	Duplikat
18	Sommer GmbH	Frau Sommer	89815455		Duplikat	Duplikat
19	Delta OHG	Herr Frieser	61491359		Duplikat	Duplikat

Tipp 13: Mehrere Filterkriterien mit dem Spezialfilter auswerten

Da in der AutoFilter-Funktion maximal zwei Filterkriterien berücksichtigt werden, kann bei mehreren Filterkriterien der AutoFilter nicht verwendet werden. Aber auch für diese Zwecke bietet Excel eine Lösung. Verwenden Sie zum Filtern nach mehreren Kriterien den Spezialfilter. Anhand einer umfangreicheren Artikelliste sehen Sie, welche Möglichkeiten der Spezialfilter zur Verfügung stellt.

So geht's:

➡ Verweis: siehe Kapitel 4.8, Tipp 3

Zur Verwendung des Spezialfilters müssen Sie folgende Voraussetzungen schaffen. Es wird ein Kriterienbereich benötigt, der mindestens zwei Zeilen umfasst. Die Breite des Kriterienbereichs muss aber nicht zwingend mit der Breite der Liste übereinstimmen, was bedeutet, dass Sie nicht immer alle Listenfelder in den Kriterienbereich übernehmen müssen. Zu beachten ist, dass die Bezeichnung der Datenbankfelder im Kriterienbereich exakt mit der Spaltenbeschriftung des Listenbereichs übereinstimmen muss.

Im Beispiel sollen nun aus der nachfolgend dargestellten Artikelliste alle Einträge gefiltert werden, die folgende Kriterien aufweisen:

- Lager: *Hauptlager*
- Mindestmenge: *>=50*
- EK netto/Stück: *<=20*

Erfassen Sie dazu die Kriterien, wie in der Abbildung zu sehen, im Kriterienbereich.

	A	B	C	D	E	F	G
1	**Artikel-Lagerübersicht**						
2							
3							
4	**Artikel-Nr.**	**Beschreibung**	**Gruppe**	**Lager**	**Mindestmenge**	**Lagermenge**	**EK netto/Stück**
5				Hauptlager	>=50		<=20
6							
7							
8	**Artikel-Nr.**	**Beschreibung**	**Gruppe**	**Lager**	**Mindestmenge**	**Lagermenge**	**EK netto/Stück**
9	SAN-60853	Artikel A1	A	Hauptlager	50	299	28,88 €
10	SAN-99296	Artikel A2	A	Nebenlager1	70	186	8,43 €
11	SBN-92709	Artikel B1	B	Nebenlager2	40	83	15,05 €
12	SBN-67439	Artikel B2	B	Hauptlager	90	152	8,26 €
13	SCN-92796	Artikel C1	C	Nebenlager2	100	266	18,06 €
14	SDN-58941	Artikel D2	D	Nebenlager1	100	202	30,04 €
15	SCN-50875	Artikel C2	C	Hauptlager	50	60	25,84 €
16	SAN-43180	Artikel A3	A	Nebenlager2	35	31	4,29 €
17	SCN-13421	Artikel C3	C	Nebenlager1	80	159	7,74 €
18	SCN-64761	Artikel C4	C	Nebenlager2	100	281	8,80 €
19	SDN-76839	Artikel D2	D	Hauptlager	70	167	7,40 €
20	SBN-74756	Artikel B3	B	Nebenlager1	50	46	19,88 €
21	SAN-56800	Artikel A4	A	Nebenlager1	50	79	9,95 €
22	SBN-80678	Artikel B4	B	Nebenlager2	80	231	1,73 €
23	SDN-13266	Artikel D2	D	Hauptlager	40	120	22,40 €
24	SAN-80402	Artikel A5	A	Hauptlager	70	202	6,01 €
25	SBN-35317	Artikel B5	B	Hauptlager	10	10	74,56 €
26							

Damit die Daten nach den vorgegebenen Kriterien gefiltert werden, sind folgende Schritte notwendig:

1. Starten Sie den Spezialfilter über das Menü *Daten/Sortieren und Filtern/Erweitert*.
2. Im Regelfall erkennt Excel den Listenbereich und trägt diesen automatisch in das Feld *Listenbereich* ein. Wenn nicht, müssen Sie den Listenbereich A8:G25 manuell in das Feld eintragen.
3. In das Feld *Kriterienbereich* geben Sie den Zellbereich A4:G5 ein.
4. Nach einem Klick auf die Schaltfläche *OK* werden nun nur noch die Datensätze angezeigt, die den vorgegebenen Kriterien entsprechen.

Die Filterkriterien lassen beliebige Und-Verknüpfungen, Oder-Verknüpfungen bzw. Und-Oder-Verknüpfungen zu. Nähere Information dazu erhalten Sie in der Onlinehilfe sowie in Kapitel 4.8, Tipp 3.

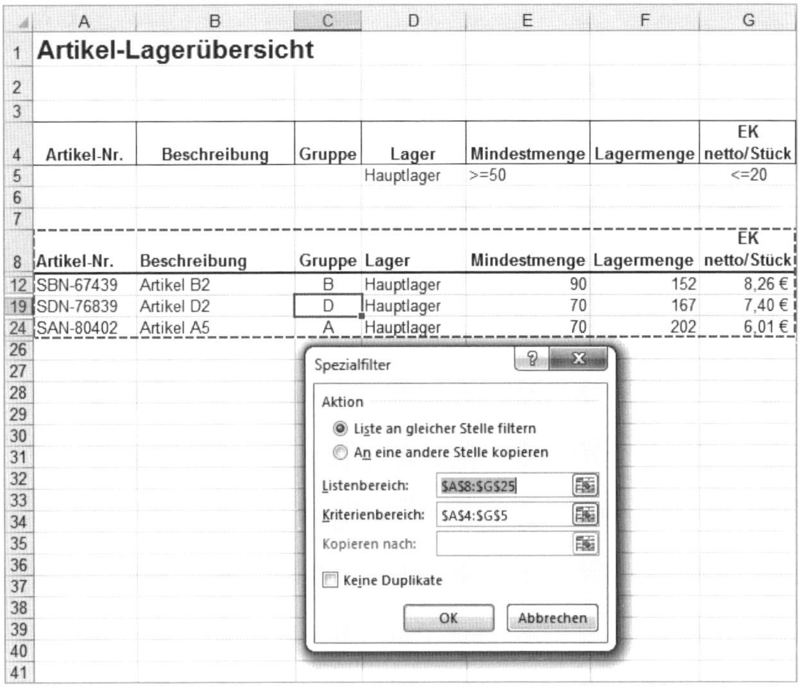

Tipp 14: Fortlaufende Nummerierung in gefilterten Listen

In einer Inventurliste soll jeder Artikel eine fortlaufende Nummer in Spalte A erhalten. So weit besteht auch kein Problem, denn diese fortlaufende Nummerierung lässt sich ganz einfach über das AutoAusfüllkästchen herstellen. In gefilterten Listen sieht das jedoch etwas anders aus. Die Anforderung besteht darin, dass auch in gefilterten Listen, obwohl Datensätze ausgeblendet sind, eine fortlaufende Nummerierung gewährleistet wird.

So geht's:

1. Markieren Sie den Zellbereich A5:A20. Dabei handelt es sich um den Bereich, in den die fortlaufende Nummerierung eingetragen werden soll.

2. Geben Sie in Zelle A5 folgende Formel ein:

   =TEILERGEBNIS(3;BEREICH.VERSCHIEBEN($B$5;0;0;ZEILE()-4;1))

3. Beenden Sie die Eingabe der Formel mit der Tastenkombination [Strg]+[↵]. Als Ergebnis wird die fortlaufende Nummerierung von 1 bis 16 eingetragen.

4. Starten Sie nun für die Inventurliste den AutoFilter, indem Sie den Bereich A4:E4 markieren und über das Menü *Daten/Sortieren und Filtern/Filtern* die Funktion aufrufen.

A5 =TEILERGEBNIS(3;BEREICH.VERSCHIEBEN($B$5;0;0;ZEILE()-4;1))

	A	B	C	D	E	F
1	**Inventurliste per 31.12.2018**					
2						
3						
4	lfd-Nr.	Artikel-Nr.	Artikel-Gruppe	Bezeichnung	Menge	
5	1	10002	10	Artikel 1-1	243	
6	2	30003	30	Artikel 3-2	243	
7	3	30002	30	Artikel 3-3	167	
8	4	20001	20	Artikel 2-4	125	
9	5	90003	90	Artikel 9-5	94	
10	6	90001	90	Artikel 9-6	86	
11	7	20002	20	Artikel 2-7	63	
12	8	30001	30	Artikel 3-8	48	
13	9	90005	90	Artikel 9-9	47	
14	10	90002	90	Artikel 9-10	34	
15	11	70002	70	Artikel 7-11	28	
16	12	70001	70	Artikel 7-12	19	
17	13	10001	10	Artikel 1-13	15	
18	14	90004	90	Artikel 9-14	7	
19	15	80001	80	Artikel 8-15	4	
20	16	20003	20	Artikel 2-16	3	

5 Wählen Sie über den AutoFilter in Spalte C (*Artikel-Gruppe*) den Eintrag *30*, damit nur Artikel der Artikelgruppe 30 angezeigt werden.

	A	B	C	D	E
1	**Inventurliste per 31.12.2018**				
2					
3					
4	lfd-Nr.	Artikel-Nr.	Artikel-Gruppe	Bezeichnung	Menge
6	1	30003	30	[illegible]	243
7	2	30002	30	Artikel-Gruppe: Ist gleich "30"	167
12	3	30001	30	[illegible]	48
21					

Sie sehen, die fortlaufende Nummerierung wird dynamisch angepasst und es werden ausschließlich sichtbare Datensätze mit einer Nummer versehen. Ausgeblendete Datensätze werden bei der Nummernvergabe nicht berücksichtigt.

Hinweis

Diese Formel können Sie auch bei der Datensortierung anwenden. Wenn also nur die Daten und nicht die fortlaufende Nummerierung in eine andere Reihenfolge gebracht werden sollen, verwenden Sie anstatt einer statischen fortlaufenden Nummerierung diese dynamische Variante.

Tipp 15: Mehrere unabhängige AutoFilter in einer Tabelle setzen

Ab Excel 2007 können Sie sehr einfach innerhalb derselben Tabelle mehrere voneinander unabhängige AutoFilter setzen.

So geht's:

1 Öffnen Sie zuerst eine leere Tabelle und erfassen Sie in dieser Tabelle in drei unterschiedlichen, d. h. voneinander unabhängigen Bereichen ein paar Überschriften und einige Datensätze.

2 Wenn Sie jetzt jedoch vermuten, dass Sie, wie nachfolgend dargestellt, lediglich die Spaltenüberschriften markieren müssen und dann über *Daten/Sortieren und Filtern* gleichzeitig einen AutoFilter für alle drei Bereiche setzen können, werden Sie eine Fehlermeldung erhalten.

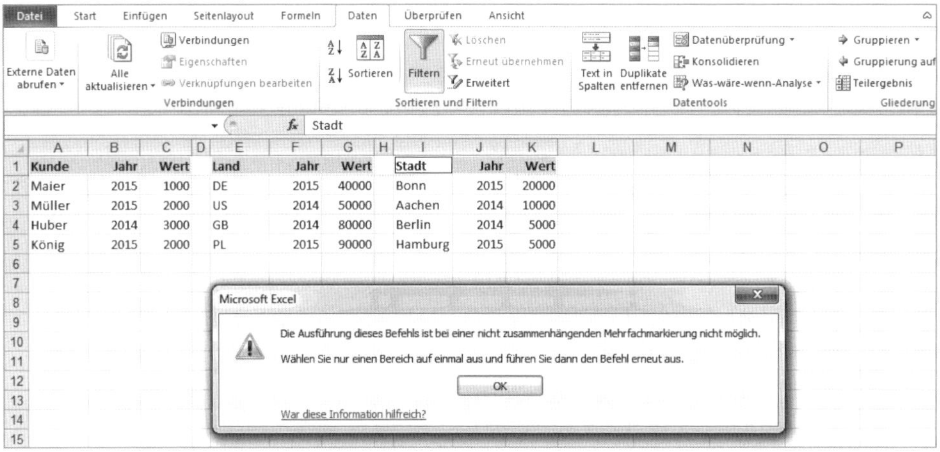

3 Markieren Sie stattdessen zuerst die erste Tabelle, also den Bereich A1:C5, und rufen Sie über *Einfügen/Tabellen* den Befehl *Tabelle* auf.

4 Belassen Sie die Einstellungen im sich nun öffnenden Dialog *Tabelle erstellen* und bestätigen Sie mit *OK*.

5 Nun wird augenblicklich die Tabelle mit Filtermöglichkeiten und einem von Excel vorgegebenen Format angezeigt, das sich übrigens über *Tabellentools/Tabellenformatvorlage* verändern lässt.

6 Wiederholen Sie diese Schritte für die beiden anderen Tabellen und Sie erhalten dann drei voneinander unabhängige Tabellen, die separat gefiltert werden können.

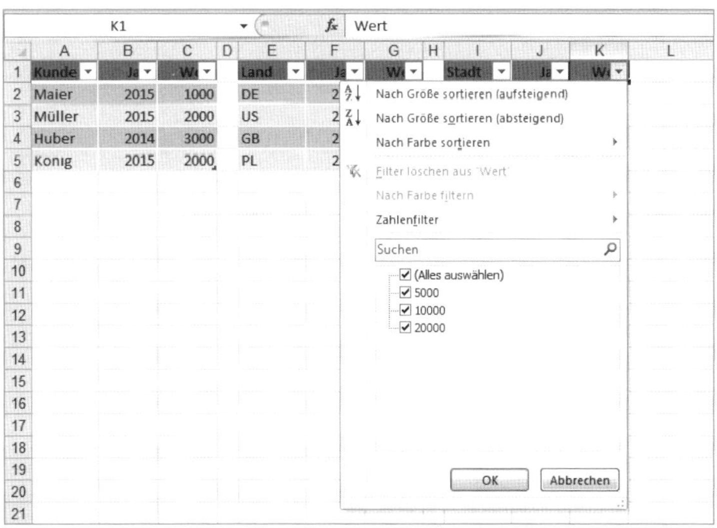

Tipp 16: Die erweiterte Filterfunktion ab Excel 2010 – Finden leicht gemacht

Das schnelle und effiziente Auffinden gesuchter Informationen ist von größter Bedeutung. Dies gilt besonders für umfangreiche Datenbestände, bei denen Suchläufe in Tausenden, wenn nicht sogar in Millionen von Elementen ausgeführt werden.

Mit Excel 2010 wurde ein neuer Suchfilter eingeführt. Dieser steht beim Filtern von Excel-Tabellen, von PivotTables und von PivotCharts gleichermaßen zur Verfügung.

Im Beispiel liegt ein Artikelkatalog mit 500 Artikelnummern und entsprechenden Artikelbezeichnungen vor. Ziel ist es, alle Artikel zu suchen, bei denen in der Artikelkurzbezeichnung die Buchstabenfolge *LG* enthalten ist. Dieser Tipp zeigt Ihnen, wie Sie ab Excel 2010 die Datensätze noch einfacher durchsuchen und die gewünschten Informationen finden können.

➡ Verweis: siehe Kapitel 5.1, Tipp 8

So geht's:

1 Fügen Sie zunächst den AutoFilter zum Artikelkatalog hinzu. Stellen Sie dazu den Zellzeiger auf eine beliebige Zelle innerhalb des Datenbestands und aktivieren Sie den AutoFilter über das Menü *Daten/Filtern*.

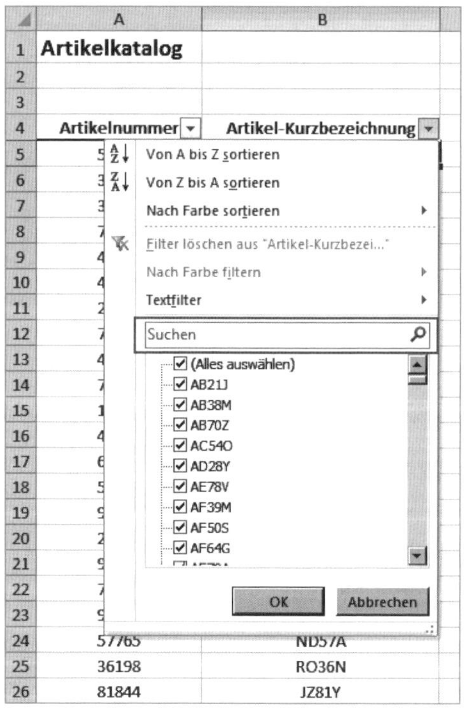

2 Klicken Sie in der Spalte *Artikel-Kurzbezeichnung* auf den AutoFilter. Damit öffnen Sie wie gewohnt die AutoFilter-Optionen. Darin befindet sich das neue Feld mit der Bezeichnung *Suchen*.

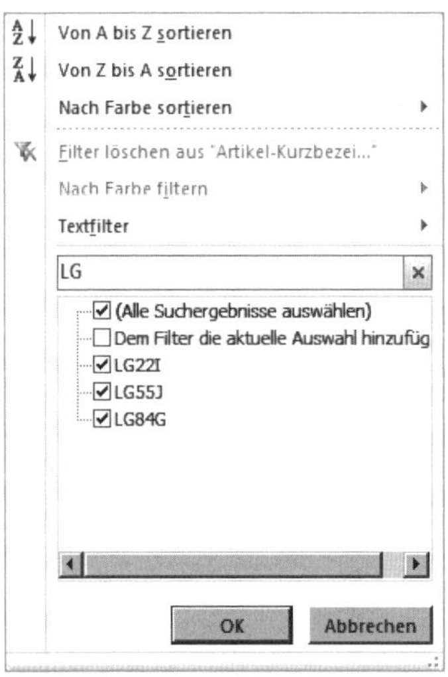

3 Haben Sie in diesem Feld den Suchbegriff *LG* erfasst, werden die gefundenen Datensätze automatisch in der Trefferliste angezeigt. Dort besteht die Möglichkeit, die Trefferliste weiter einzuschränken, indem der Haken beim entsprechenden Datensatz entfernt wird.

4 Mit einem Klick auf die Schaltfläche *OK* wird der Artikelkatalog auf die gefundenen Treffer eingeschränkt und nur noch die Datensätze mit dem Suchbegriff *LG* werden angezeigt. Dass der AutoFilter aktiv ist, lässt sich daran erkennen, dass der Drop-down-Pfeil als Symbol einen Trichter besitzt.

	A	B
1	**Artikelkatalog**	
2		
3		
4	Artikelnummer	Artikel-Kurzbezeichnung
5	55423	LG55J
111	22158	LG22I
353	84821	LG84G

Tipp 17: Listen mithilfe von Formeln sortieren

Sie können Listen sehr einfach mithilfe einiger weniger Formeln sortieren. Angenommen, in Spalte B befindet sich eine unsortierte Kontenliste, die in der rechts befindlichen Spalte C entweder auf- oder absteigend sortiert angezeigt werden soll.

So geht's:

1 Erfassen Sie zuerst in Zelle B2 eine Gültigkeitsliste mit zwei Einträgen (*aufsteigend* und *absteigend*). Diese beiden Bedingungen werden in einem der folgenden Schritte abgefragt.

2 Tragen Sie dann in Spalte A beginnend mit A5 die Formel *=WENN($B$2="aufsteigend"; ZÄHLENWENN($B$5:$B$9;"<="&B5);ZÄHLENWENN($B$5:$B$9;">="&B5))* ein. Diese Formel prüft, welche Bedingung in Zelle B2 vorliegt. Sie ermittelt dann über die Funktion *ZÄHLENWENN*, wie viele Einträge im Zellbereich B5:B9 größer bzw. kleiner sind als der Eintrag in der rechts daneben liegenden Zelle, im ersten Fall also der Zelle B5.

3 Jetzt liegt die Sortierreihenfolge fest und über die Funktion *SVERWEIS* kann nun die Sortierung der Liste erfolgen. Dazu müssen Sie in Spalte C beginnend mit Zelle C5 die Formel *=SVERWEIS(ZEILE()-ZEILE($C$4);$A$5:$B$9;2;FALSCH)* erfassen. Die Funktion *SVERWEIS* sucht nun im Bereich A5:B9 über den Formelteil *ZEILE()-ZEILE($C$4)* – im Fall einer absteigenden Sortierung – für die Zelle C5 den Wert 1 in Spalte A und liefert über den Spaltenindex 2, d. h. aus Spalte B, den gewünschten Eintrag zurück.

4 Nun können Sie über das Drop-down Feld in Zelle B2 einstellen, ob Sie eine auf- oder eine absteigende Sortierung anzeigen lassen möchten.

C5 | fx =SVERWEIS(ZEILE()-ZEILE($C$4);$A$5:$B$9;2;FALSCH)

	A	B	C
1			
2		aufsteigend	
3			
4	Reihenfolge	ohne Sortierung	Mit Sortierung
5	2	5012 Erlöse Artikel A	5000 Erlöse Artikel E
6	5	5017 Erlöse Artikel B	5012 Erlöse Artikel A
7	4	5013 Erlöse Artikel C	5012 Erlöse Artikel D
8	3	5012 Erlöse Artikel D	5013 Erlöse Artikel C
9	1	5000 Erlöse Artikel E	5017 Erlöse Artikel B
10			

Tipp 18: Liste ohne Leerzeilen mithilfe von Formeln erzeugen

Sie können die Ergebnisse aus einer Liste, die in zwei Spalten Daten sowie Leereinträge beinhaltet, in zwei weiteren Spalten ohne Leereinträge darstellen lassen, ohne dass dabei ein manueller Eingriff notwendig ist.

So geht's:

1 Erfassen Sie zuerst in den Spalten A und B beginnend mit Zeile 5 einige Daten und bauen Sie bewusst zwischen den erfassten Daten Leerräume ein.

2 Tragen Sie nun in die Zelle D5 die Formel *=INDIREKT(ADRESSE(KKLEINSTE(WENN($A$5:$A$100<>0;ZEILE($5:$100);96);ZEILE()-4);1))* ein. Schließen Sie die Eingabe mit der Tastenkombination [Strg]+[⇧]+[↵] ab, um das Ganze mit geschweiften Klammern zu versehen und somit als Matrixformel zu hinterlegen.

3 Erfassen Sie dann in Zelle E5 diese Matrixformel:

=INDIREKT(ADRESSE(KKLEINSTE(WENN($B$5:$B$100<>0;ZEILE($B$5:$IV$100);96);ZEILE()-4);2))

Kopieren Sie nun beide Formeln nach unten.

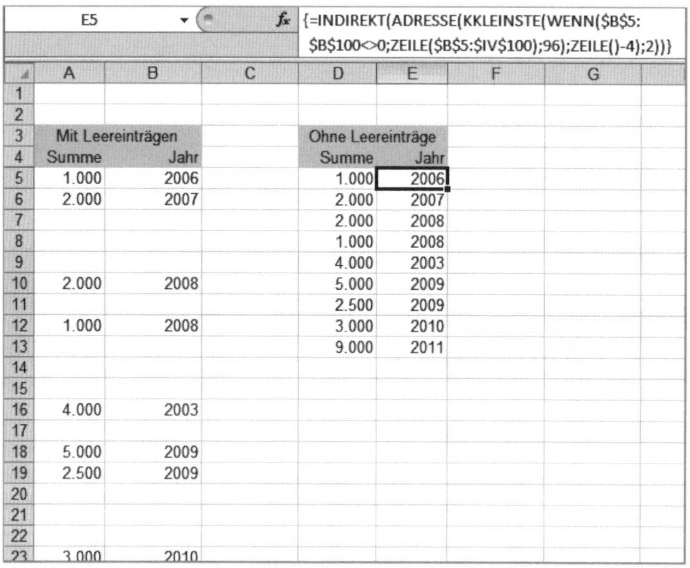
E5 | {=INDIREKT(ADRESSE(KKLEINSTE(WENN($B$5:$B$100<>0;ZEILE($B$5:$IV$100);96);ZEILE()-4);2))}

	A	B	C	D	E	F	G
1							
2							
3	Mit Leereinträgen			Ohne Leereinträge			
4	Summe	Jahr		Summe	Jahr		
5	1.000	2006		1.000	2006		
6	2.000	2007		2.000	2007		
7				2.000	2008		
8				1.000	2008		
9				4.000	2003		
10	2.000	2008		5.000	2009		
11				2.500	2009		
12	1.000	2008		3.000	2010		
13				9.000	2011		
14							
15							
16	4.000	2003					
17							
18	5.000	2009					
19	2.500	2009					
20							
21							
22							
23	3.000	2010					

Die Funktionsargumente:

- *INDIREKT:* Diese Funktion liefert den Bezug zur ersten Zelle der ersten Spalte (im Beispiel Spalte A), die einen Wert enthält.
- *ADRESSE*: Über diese Funktion wird der Zeilenbezug (in Beispiel Zeile 5) und der Spaltenbezug (in Beispiel Spalte A) geliefert. Während der Spaltenbezug als Wert im zweiten Argument dieser Funktion gesetzt werden kann, muss der Zeilenbezug, der dynamisch ist, mithilfe der Funktion *KKLEINSTE* und einer *WENN*-Bedingung ermittelt werden.
- *KKLEINSTE*: Über diese Funktion wird die Zeile mit dem kleinsten Wert zurückgegeben und bezogen auf Zelle D5 die Zeile, die sich hierbei auf Rang 1 befindet (in D6 wird ebenfalls die Zeilennummer mit dem kleinsten Wert gesucht, hier aber die Zeilennummer, die sich auf Rang 2 befindet, etc.).

- *WENN:* Über das erste Argument dieser Funktion wird zusätzlich geprüft, welche Zeilen überhaupt in Betracht kommen, und das sind eben nur die Zeilen, deren Zellwert in Spalte B ungleich null ist.

➡ Verweis: siehe Kapitel 4.9, Tipp 6

Tipp 19: Dynamische Liste mit Grafiken

Es gibt eine Vielzahl von Anwendungsgebieten, bei denen grafisch unterlegte Listen einen ungemeinen Vorteil bieten, weil die Grafik oder das Bild innerhalb der Liste sofort erkennbar macht, um wen oder was es sich bei der Listenposition handelt. So ermöglichen in Personallisten die Bilder der Personen sehr gute visuelle Zusatzinformationen.

So geht's:

1 Erfassen Sie in einer neuen Tabelle eine kleine Personalliste mit drei Spalten (*PersNr., Person, Notiz*).

2 Tragen Sie in die Spalte *Person* die Namen der Personen ein, die ausgewählt werden sollen, und machen Sie die Schrift über die Schriftfarbe Weiß unsichtbar. Achten Sie darauf, dass die Zellen in dieser Spalte groß genug sind, um ein Personalbild „aufnehmen" zu können.

3 Kopieren Sie dann das Personalbild in die Zelle und passen Sie auf, dass das Bildobjekt nicht über den Zellenrand hinausreicht.

4 Markieren Sie nun Bild für Bild und klicken Sie dabei mit der rechten Maustaste, um den Befehl *Größe und Eigenschaften* aufzurufen und den gleichnamigen Dialog zu starten. Wechseln Sie nun zum Register *Eigenschaften* und wählen Sie als *Objektpositionierung* die Option *Von Zellposition und -größe abhängig*.

5 Markieren Sie zum Schluss die Überschriftenzeile und rufen Sie dann über *Daten/Sortieren und Filtern* den Befehl *Filtern* auf, um die Liste mit Filtermöglichkeiten auszustatten.

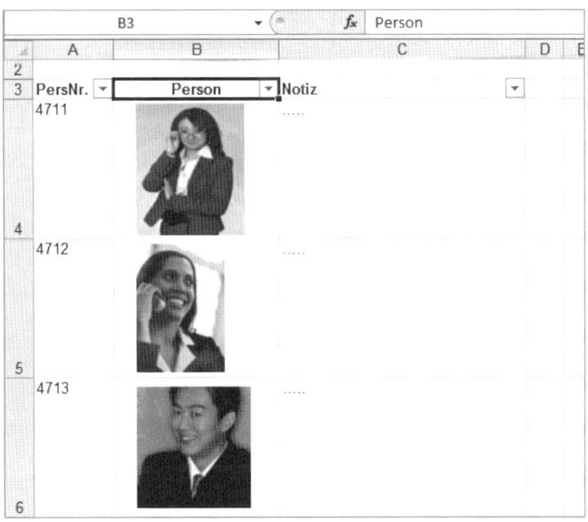

6 Filtern Sie nun über die Spalte mit den Namen die Personen aus, die Sie in der Liste sehen möchten, und beobachten Sie, dass Excel nun nur noch die entsprechenden Personen anzeigt. Das heißt, die übrigen Bilder werden einfach ausgeblendet.

➡ Verweis: siehe Kapitel 5.1, Tipp 10

Tipp 20: Letzten Wert einer Spalte ermitteln

In einigen meist umfangreichen Listen ist es manchmal von Vorteil, wenn der letzte Wert in einer Spalte auf den ersten Blick ersichtlich wird. Das lässt sich am besten über eine selbst programmierte Funktion realisieren. Dieser Funktion wird die Spaltennummer übergeben, in der der letzte Wert innerhalb dieser Spalte auftaucht.

So geht's:

1 Öffnen Sie eine neue Arbeitsmappe und erstellen Sie eine Tabelle mit diversen Werten.

2 Drücken Sie die Tastenkombination Alt+F11, um in die Entwicklungsumgebung – den VBA-Editor – von Excel zu gelangen.

3 Dort wählen Sie aus dem Menü *Einfügen* den Befehl *Modul* und erfassen die folgende benutzerdefinierte Funktion:

Listing 1:

```
Function LeSp(Spalte As Integer)
Application.Volatile
   LeSp = Cells(Cells(14, Spalte).End(xlUp).Row, Spalte).Value
End Function
```

Listing 2:

```
Function LeZe(Zeile As Integer)
Application.Volatile
   LeZe = Cells(Zeile, Cells(Zeile, 16).End(xlToLeft).Column).Value
End Function
```

4 Wechseln Sie wieder zurück in Ihre Excel-Tabelle. Erfassen Sie dann in einer Spalte, die Werte enthält, unterhalb der Einträge die Formel *=leSp(SPALTE())* und schließen Sie die Eingabe mit der Tastenkombination Strg+↵ ab.

5 Wie Sie unschwer erkennen können, gibt die benutzerdefinierte Funktion nun den letzten Wert innerhalb der Spalte zurück.

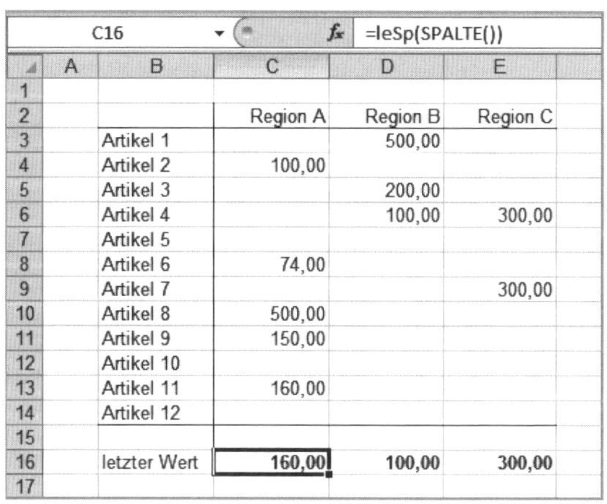

C16 =leSp(SPALTE())

	A	B	C	D	E
1					
2			Region A	Region B	Region C
3		Artikel 1		500,00	
4		Artikel 2	100,00		
5		Artikel 3		200,00	
6		Artikel 4		100,00	300,00
7		Artikel 5			
8		Artikel 6	74,00		
9		Artikel 7			300,00
10		Artikel 8	500,00		
11		Artikel 9	150,00		
12		Artikel 10			
13		Artikel 11	160,00		
14		Artikel 12			
15					
16		letzter Wert	**160,00**	**100,00**	**300,00**
17					

5.2 Was-wäre-wenn-Analysen, Zielwertsuche und Solver

Die Excel-Zielwertsuche und der Excel-Solver sind leistungsfähige Instrumente, um veränderbare Zellen an einen bestimmten Zielwert anzupassen. Dieser Abschnitt beschäftigt sich mit dem sinnvollen Einsatz der beiden Instrumente und erläutert sie anhand einiger Praxisbeispiele.

Tipp 1: Endkapital einer Geldanlage über die Zielwertsuche ermitteln

Die Zielwertsuche arbeitet iterativ, indem der zu variierende Parameter zuerst in größeren und dann in immer kleiner werdenden Schritten verändert wird. Nachdem die Veränderung vorgenommen wurde, wird die gesamte Tabelle neu berechnet und der Inhalt der Zielzelle mit dem gewünschten Zielwert verglichen. Die Zielzelle wird so lange verändert, bis der gewünschte Zielwert erreicht ist.

In diesem Beispiel soll mithilfe der Zielwertsuche ermittelt werden, welcher Betrag heute zu einem Zinssatz von 4,40 % angelegt werden muss, damit in 15 Jahren ein Rückzahlungsbetrag von 75.000 Euro erreicht wird.

So geht's:

Sehen Sie sich zunächst die Ausgangsdaten etwas näher an.

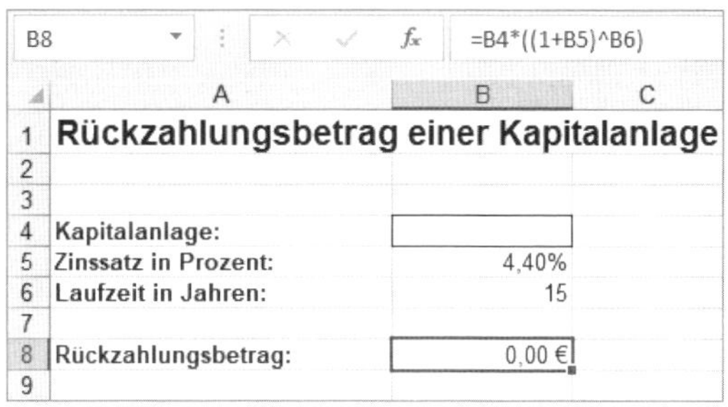

Ausgehend von den fixen Eckdaten Zinssatz und Laufzeit in Jahren soll der Kapitalanlagebetrag ermittelt werden, der als Rückzahlungsbetrag 75.000 Euro erzielt. Die Formel in Zelle B8 zur Ermittlung des Rückzahlungsbetrags (Endwerts) lautet wie folgt: *=B4*((1+B5)^B6)*.

1 Starten Sie dazu die Zielwertsuche über das Menü *Daten/Datentools/Was-wäre-wenn-Analyse/Zielwertsuche*. Ab Excel 2016 verwenden Sie das Menü *Daten/Prognose/Was-wäre-wenn-Analyse/Zielwertsuche*.

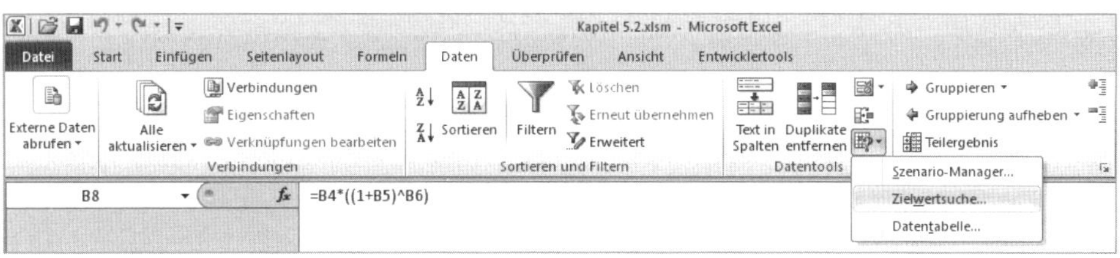

2 Im sich öffnenden Dialogfenster *Zielwertsuche* geben Sie im Feld *Zielzelle* den Bezug zu Zelle B8, im Feld *Zielwert* den Wert 75000 und im Feld *Veränderbare Zelle* den Bezug zu Zelle B4 ein.

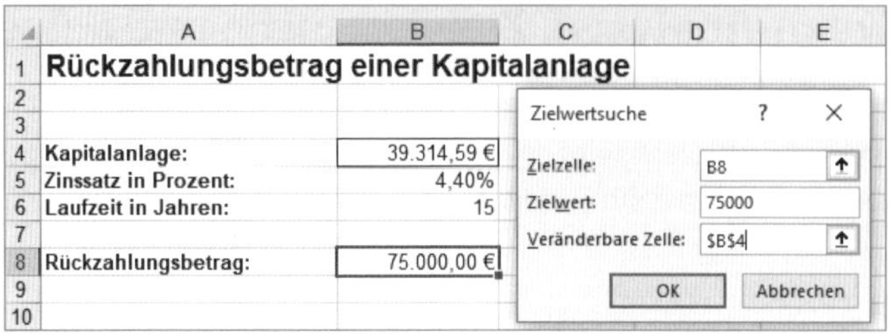

3 Nachdem Sie das Dialogfenster mit einem Klick auf die Schaltfläche *OK* beendet haben, wird als Anlagebetrag der Wert 39.314,59 Euro ermittelt. Das bedeutet, Sie müssen diesen Betrag heute anlegen, um in 15 Jahren bei einem gleichbleibenden Zinssatz von 4,40 % ein Endkapital von 75.000 Euro zu erzielen.

Hinweis

Alternativ können Sie zur Ermittlung des Rückzahlungsbetrags auch die Tabellenfunktion *ZW()* verwenden. Tragen Sie dazu in Zelle B8 folgende Formel ein:

=ZW(B5;B6;0;-B4)

Tipp 2: Break-even-Analyse mithilfe der Zielwertsuche

Dieses Beispiel zeigt, wie mit der Zielwertsuche eine Break-even-Analyse durchgeführt werden kann. Es soll ermittelt werden, wie hoch der Verkaufspreis bei einer angenommenen Verkaufsmenge von 12.000 Stück sein muss, wenn folgende Kosten abgedeckt werden müssen: variable Kosten pro Stück in Höhe von 18,63 Euro und Fixkosten in Höhe von 125.000,00 Euro. Die entsprechenden Formeln zur Ermittlung der Ergebnisse sehen Sie in Spalte D.

So geht's:

1 Starten Sie den Befehl über das Menü *Daten/Datentools/Was-wäre-wenn-Analyse/Zielwertsuche*. Ab Excel 2016 verwenden Sie das Menü *Daten/Prognose/Was-wäre-wenn-Analyse/Zielwertsuche*.

2 Im Dialogfenster *Zielwertsuche* erfassen Sie die Parameter, wie in nebenstehender Abbildung zu sehen.

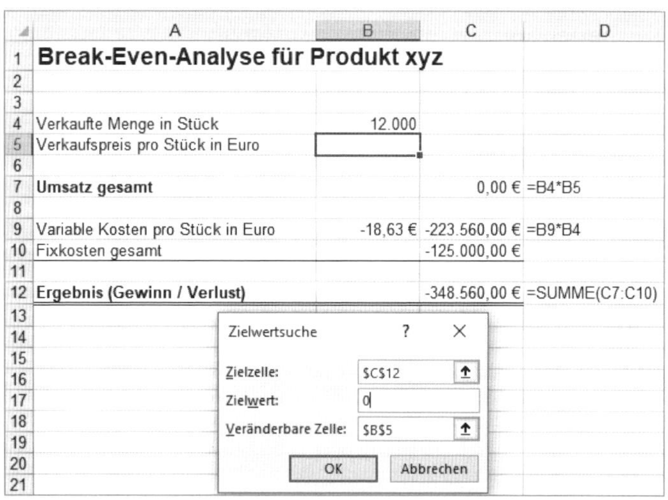

3 Beenden Sie das Dialogfenster mit einem Klick auf die Schaltfläche *OK*.

Das iterative Verfahren der Zielwertsuche ermittelt bei einer Verkaufsmenge von 12.000 Stück einen Stückverkaufspreis von 29,05 Euro bei gegebener Kostensituation. Damit wird ein ausgeglichenes Ergebnis (Break-even) erzielt. Jeder weitere Verkauf erhöht den Gewinn um 29,05 Euro.

	A	B	C	D
1	**Break-Even-Analyse für Produkt xyz**			
2				
3				
4	Verkaufte Menge in Stück	12.000		
5	Verkaufspreis pro Stück in Euro	29,05 €		
6				
7	**Umsatz gesamt**		348.560,00 €	=B4*B5
8				
9	Variable Kosten pro Stück in Euro	-18,63 €	-223.560,00 €	=B9*B4
10	Fixkosten gesamt		-125.000,00 €	
11				
12	**Ergebnis (Gewinn / Verlust)**		0,00 €	=SUMME(C7:C10)
13				

Tipp 3: Komplexe Rechnungen „lösen“: Grundlagen des Solvers

Der Begriff Solver entstammt dem englischen Wort „to solve“, was so viel wie „lösen“ bedeutet. Genau das beschreibt die Funktion des Solvers. Er löst Rechnungen mit mehreren Variablen unter Berücksichtigung verschiedener Nebenbedingungen. Er forscht nach den bestmöglichen Werten für die Zielzelle. Dies schafft er, indem er die Zielzelle so lange variiert, bis das gewünschte Ergebnis erreicht ist. Bei der Zielwertsuche kann nur eine einzige veränderliche Zelle variiert werden, beim Solver geht das mit mehreren gleichzeitig. Der Solver schließt also die einfache Zielwertsuche ein.

So lassen sich mit dem Solver Probleme mit bis zu 200 Unbekannten (Variablen) und einer unbegrenzten Anzahl von Nebenbedingungen lösen. Die Anzahl der Nebenbedingungen ist nur vom verfügbaren Arbeitsspeicher abhängig. In der Praxis sollte das in den allermeisten Fällen ausreichend sein.

Seit Excel 2010 steht eine völlig neu überarbeitete Solver-Version zur Verfügung. Dieser beinhaltet im Vergleich zu früheren Versionen folgende neue Funktionen:

- eine verbesserte Benutzeroberfläche,
- eine evolutionäre Solver-Engine, die auf genetischen Algorithmen basiert und Modelle mit beliebigen Excel-Funktionen verarbeitet,
- neue globale Optimierungsoptionen,
- verbesserte lineare Programmierungsoptionen,
- neue Berichte zu Linearität und Machbarkeit,
- der Solver steht auch in einer 64-Bit-Version in Excel 64 Bit zur Verfügung.

So geht's: Aktivieren des Solvers

Sollten Sie das Add-in *Solver* noch nicht eingebunden haben, holen Sie das jetzt nach. Gehen Sie dazu wie folgt vor.

1 Starten Sie den Add-Ins-Manager:

- ab Excel 2010: Menü *Datei/Optionen/Add-Ins*,
- in Excel 2007: Menü *Office/Excel-Optionen/Add-Ins*.

Wählen Sie im Drop-down-Menü *Verwalten* den Eintrag *Excel-Add-Ins* und klicken Sie auf die Schaltfläche *Gehe zu* (bis Excel 2013) bzw. die Schaltfläche *Los* (ab Excel 2016).

2 Setzen Sie im Dialogfenster *Add-Ins* beim Eintrag *Solver* einen Haken.

3 Mit einem Klick auf die Schaltfläche *OK* wird der Solver in Excel eingebunden und steht für alle weiteren Aktionen zur Verfügung.

So geht's: Die Grundfunktionalitäten des Solvers

Gestartet wird der Solver über das Menü *Daten/Analyse/Solver*.

Wie die Abbildung zeigt, muss zuerst die Zielzelle angegeben werden, die das gewünschte Ergebnis enthält. Die Zielzelle muss stets eine Formel enthalten, in der mindestens eine veränderbare Zelle mitwirkt.

Als Zielwert, den die Zielzelle annehmen soll, können Sie zwischen den Extremwerten *Max.* (Maximum), *Min.* (Minimum) und einem frei einzugebenden *Wert* auswählen. In betriebswirtschaftlichen Aufgabenstellungen sind das sehr oft der Gewinn, das Betriebsergebnis, der Deckungsbeitrag, die Kosten etc.

Anschließend legen Sie die veränderbaren Zellen fest, die Excel variieren soll, um das gewünschte Ergebnis (Zielwert) in der Zielzelle zu erreichen. Im Gegensatz zur Zielwertsuche können hier bis zu 200 veränderbare Zellen angegeben werden. Dabei können Sie sowohl ganze Zellbereiche als auch einzelne Zellen als veränderbare Zellen festlegen.

Das Listenfeld *Nebenbedingungen* dient der Festlegung von Beschränkungen, die Excel bei der Lösungsfindung berücksichtigen soll. Nebenbedingungen stellen somit Wertebereiche dar, die bei der Ergebnisermittlung nicht über- bzw. unterschritten werden dürfen. Geben Sie Excel über die Möglichkeit der Nebenbedingungen bekannt, in welchen Grenzen der jeweilige Parameter variiert werden darf. Unter *Nebenbedingungen* können Sie übrigens nicht nur Konstanten, sondern auch Zellbezüge angeben.

Die über die Schaltfläche *Optionen* erreichbaren Einstellungen können in den meisten Fällen ohne Veränderungen übernommen werden.

Tipp 4: Optimierungsrechnung – Ermittlung des optimalen Deckungsbeitrags unter Berücksichtigung von Engpässen

Dieses Beispiel zeigt anhand einer Deckungsbeitragsrechnung, wie der Solver in der Praxis eingesetzt werden kann. Ein Unternehmen stellt zwei verschiedene Produkte mit unterschiedlichen Stückdeckungsbeiträgen her. Zur Produktion werden jeweils drei unterschiedliche Maschinen benötigt. Natürlich haben die Maschinen Auslastungsgrenzen, die nicht überschritten werden können und dürfen. Diese Auslastungsgrenzen stellen auch den limitierenden Faktor dar. Das bedeutet, es können nicht beliebig viele Produkte erzeugt werden. Die Kunst besteht nun darin, die optimale Produktionsmenge für Produkt A und Produkt B zu ermitteln, bei der der größte Gesamtdeckungsbeitrag erzielt wird.

So geht's:

Zur Verdeutlichung der Problematik sehen Sie sich zunächst die Ausgangstabelle etwas näher an. Die Tabelle auf der nächsten Seite gibt einen Überblick über alle Formeln des Kalkulationsmodells.

	A	B	C	D
1	**Maximierung des Deckungsbeitrages**			
2				
3				
4		**Produkt A**	**Produkt B**	
5	Erlös pro Einheit	320,00 €	490,00 €	
6	variable Stückkosten	250,00 €	435,00 €	
7	= DB pro Stück	70,00 €	55,00 €	
8				
9				
10	produzierte Menge in Stück	75	80	
11	Deckungsbeitrag gesamt je Produkt	5.250,00	4.400,00	
12				
13	**Gesamter Deckungsbeitrag**		**9.650,00**	
14				
15				
16	**Fertigungszeiten in Stunden [h]**	**Produkt A**	**Produkt B**	
17	Maschine 1	1,25	2,00	
18	Maschine 2	1,50	1,00	
19	Maschine 3	1,00	2,00	
20				
21	**Kapazitäten**	**genutzt**	**verfügbare**	
22	Maschine 1	253,75	255,00	
23	Maschine 2	192,50	220,00	
24	Maschine 3	235,00	240,00	
25				

Zelle	Formel
B7	=B5-B6
C7	=C5-C6
B11	=B7*B10
C11	=B7*B10

Zelle	Formel
C13	=SUMME(B11:C11)
B22	=B17*$B$10+C17*$C$10
B23	=B18*$B$10+C18*$C$10
B24	=B19*$B$10+C19*$C$10

Ziel ist es nun, zu ermitteln, ob bei der Verteilung von 75 Stück Produkt A und 80 Stück Produkt B der optimale Deckungsbeitrag erzielt wird oder ob eine andere Verteilung zu einem höheren Deckungsbeitrag führt. Dabei muss immer bedacht werden, dass die genutzten Maschinenstunden im Bereich B22:B24 niemals die maximal verfügbaren Stunden im Bereich C22:C24 übersteigen dürfen. Zur Lösung dieser Fragestellung bietet sich der Solver geradezu an.

1 Starten Sie den Solver über das Menü *Daten/Analyse/Solver.*

2 Erfassen Sie folgende Solver-Parameter: Als Zielzelle erfassen Sie den Zellbezug *C13*, als Zielwert aktivieren Sie die Option *Max*. Als *Variablenzellen* geben Sie den Zellbezug B10:C10 ein; die *Nebenbedingungen* können Sie eingeben, indem Sie auf die Schaltfläche *Hinzufügen* klicken und folgende Nebenbedingungen definieren: *B22:B24<=C22:C24* und *B10:C10 = Ganzzahlig*.

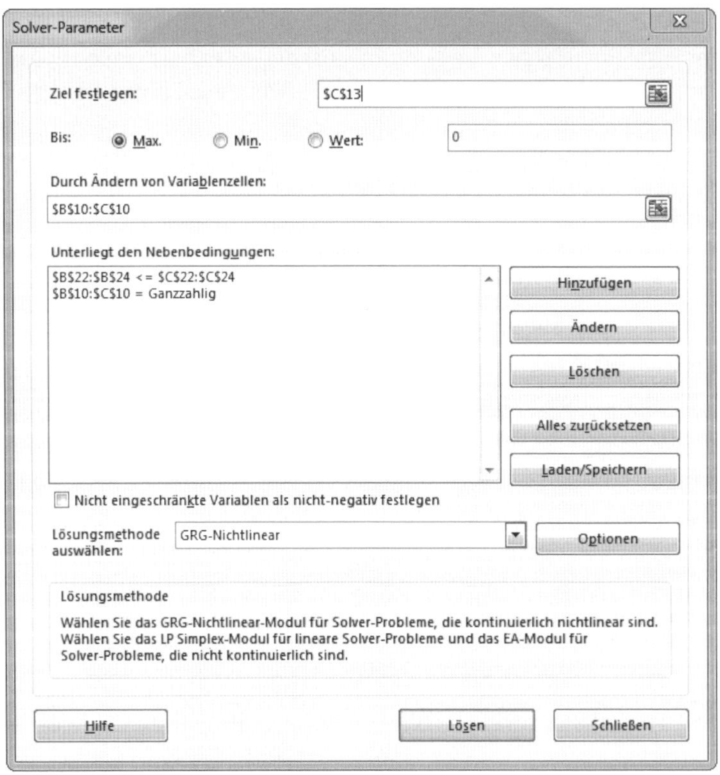

Hinweis

Die eingetragenen Solver-Parameter lassen sich auch speichern. Gehen Sie dazu wie folgt vor:

1. Klicken Sie auf die Schaltfläche *Laden/Speichern*.
2. Wählen Sie im Dialogfenster *Modell laden/speichern* einen Zellbereich aus, in dem die Parameter abgelegt werden sollen.
3. Nachdem Sie das Dialogfenster über die Schaltfläche *Speichern* beendet haben, werden sämtliche Parameter auf das Tabellenblatt übertragen.
4. Wenn Sie ein so gespeichertes Modell wieder laden möchten, können Sie das erreichen, indem Sie im Dialogfenster *Modell laden/speichern* auf die Schaltfläche *Laden* klicken.

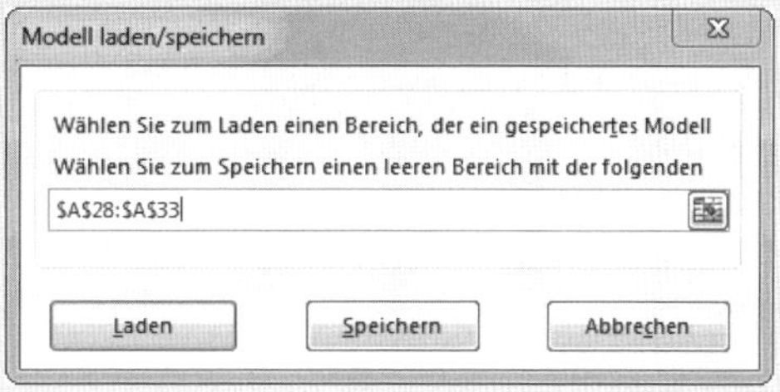

Mehr zu den Optionen finden Sie in der Onlinehilfe von Excel.

3 Nachdem alle Parameter ordnungsgemäß erfasst sind, klicken Sie auf die Schaltfläche *Lösen*. Damit berechnet Excel den Maximalwert für den Deckungsbeitrag in Zelle C13 unter Berücksichtigung der definierten Nebenbedingungen.

Durch die Optimierung konnte der Deckungsbeitrag von 9.650,00 Euro auf 10.775,00 Euro erhöht werden. Die optimalen Produktionsmengen betragen somit 106 Stück Produkt A und 61 Stück Produkt B. Wenn Sie sich nun noch den Bereich der genutzten Produktionsstunden ansehen, stellen Sie fest, dass sämtliche Nebenbedingungen eingehalten wurden.

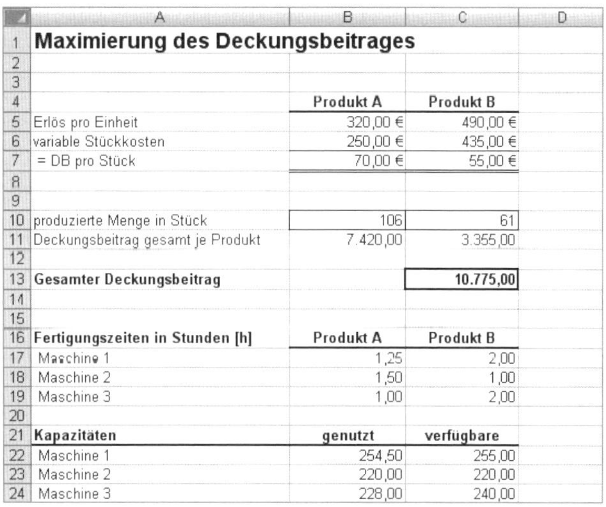

	A	B	C	D
1	**Maximierung des Deckungsbeitrages**			
2				
3				
4		**Produkt A**	**Produkt B**	
5	Erlös pro Einheit	320,00 €	490,00 €	
6	variable Stückkosten	250,00 €	435,00 €	
7	= DB pro Stück	70,00 €	55,00 €	
8				
9				
10	produzierte Menge in Stück	106	61	
11	Deckungsbeitrag gesamt je Produkt	7.420,00	3.355,00	
12				
13	**Gesamter Deckungsbeitrag**		**10.775,00**	
14				
15				
16	**Fertigungszeiten in Stunden [h]**	**Produkt A**	**Produkt B**	
17	Maschine 1	1,25	2,00	
18	Maschine 2	1,50	1,00	
19	Maschine 3	1,00	2,00	
20				
21	**Kapazitäten**	**genutzt**	**verfügbare**	
22	Maschine 1	254,50	255,00	
23	Maschine 2	220,00	220,00	
24	Maschine 3	228,00	240,00	

Hinweis

Die Nebenbedingung *Ganzzahlig* für die Zellen B10 und C10 ist notwendig, da nur ganze Produkte und keine Teile davon hergestellt werden können. Es dürfen also keine Dezimalzahlen in diesem Bereich ermittelt werden.

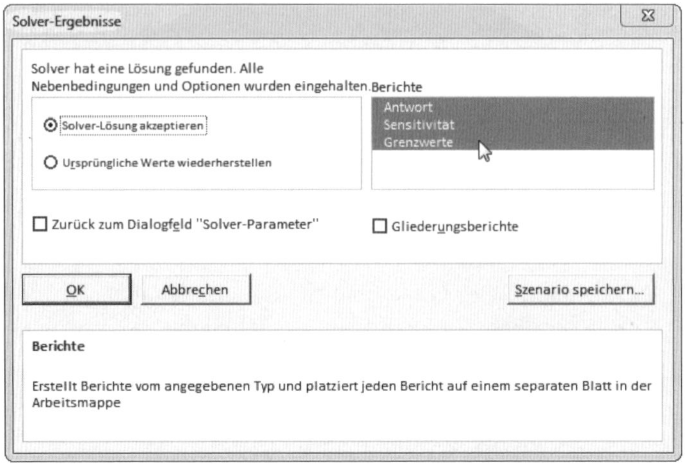

Sobald die Lösung gefunden ist, erhalten Sie noch einen kurzen Überblick über die Berichte, die der Solver zu bieten hat. Zur endgültigen Übernahme des Ergebnisses blendet der Solver ein Dialogfenster ein, in dem Sie entscheiden können, ob die Lösung verwendet werden soll oder ob die Ausgangswerte wiederhergestellt werden sollen. Bevor Sie das Fenster mit *OK* beenden, können Sie im Listenfeld *Berichte* drei verschiedene Berichte auswählen.

1. Antwortbericht

Die *Antwort* enthält alle relevanten Informationen zur gefundenen Lösung. So finden Sie dort den Ausgangs- und Lösungswert für die Zielzelle. Im zweiten Abschnitt des Antwortberichts erhalten Sie Informationen zu den veränderbaren Zellen. Auch hier sind jeweils der Ausgangs- und der Lösungswert der veränderbaren Zellen dargestellt. Im dritten und letzten Abschnitt dieses Berichts finden Sie einen Überblick über die Nebenbedingungen, die zur Ermittlung der Lösung erforderlich sind. Sie sehen dort den Zellwert der Nebenbedingung nach dem Lösungsvorschlag des Solvers. Das Feld *Status* gibt Auskunft darüber, ob die Lösung den vorgegebenen Grenzwert erreicht hat (*Einschränkend*) oder nicht.

Microsoft Excel 16.0 Antwortbericht
Arbeitsblatt: [Kapitel 5.2.xlsm]5.2 Tipp4
Bericht erstellt: 22.11.2015 14:45:24
Ergebnis: Solver hat eine Lösung gefunden. Alle Nebenbedingungen und Optionen wurden eingehalten.
Solver-Modul
Modul: GRG-Nichtlinear
Lösungszeit: 0,016 Sekunden
Iterationen: 2 Teilprobleme: 0
Solver-Optionen
Hochstzeit 100 Sek., Iterationen 100, Precision 0,000001
Konvergenz 0,0001, Größe der Grundgesamtheit 100, Zufälliger Ausgangswert 0, Vorwärtsableitungen, Grenzwerte vorschreiben
Höchstzahl der Teilprobleme Unbegrenzt, Max. Ganzzahllösungen Unbegrenzt, Ganzzahltoleranz 5%, Ohne ganzzahlige Nebenbedingungen lösen

Zielzelle (Max.)

Zelle	Name	Ursprünglicher Wert	Lösungswert
$C$13	Gesamter Deckungsbeitrag Produkt B	10.775,00	10.778,57

Variablenzellen

Zelle	Name	Ursprünglicher Wert	Lösungswert	Integer
$B$10	produzierte Menge in Stück Produkt A	106	106	Integer
$C$10	produzierte Menge in Stück Produkt B	61	61	Integer

Nebenbedingungen

Zelle	Name	Zellwert	Formel	Status	Puffer
$B$22	Maschine 1 genutzt	255,00	$B$22<=$C$22	Einschränkend	0
$B$23	Maschine 2 genutzt	220,00	$B$23<=$C$23	Einschränkend	0
$B$24	Maschine 3 genutzt	228,57	$B$24<=$C$24	Nicht einschränkend	11,42857143
$B$10:$C$10=Integer					

2. Grenzwertbericht

Der *Grenzwert*bericht gibt Auskunft über die Zielzelle und die gefundene Lösung. Darüber hinaus zeigt der Bericht, welche Grenzwerte für die veränderbaren Zellen gelten und wie sich das Zielergebnis bei Betrachtung dieser Grenzwerte darstellt.

Microsoft Excel 16.0 Grenzwertbericht
Arbeitsblatt: [Kapitel 5.2.xlsm]5.2 Tipp4
Bericht erstellt: 22.11.2015 14:45:24

	Ziel	
Zelle	**Name**	**Endwert**
$C$1:	Gesamter	10.778,57

	Variable		Unterer	Ziel	Oberer	Ziel
Zelle	**Name**	**Endwert**	**Grenzwert**	**Ergebnis**	**Grenzwert**	**Ergebnis**
$B$1(	produziert	106	#NV	#NV	#NV	#NV
$C$1(	produziert	61	#NV	#NV	#NV	#NV

3. Sensitivitätsbericht

Die Sensitivitätsanalyse ist ein Verfahren zur Abschätzung des Risikos durch Variation einzelner (oder mehrerer) ungewisser Input-Größen. Der *Sensitivitätsbericht* zeigt den Lösungsendwert aller variierbaren Zellen sowie den reduzierten Gradienten an.

Microsoft Excel 16.0 Sensitivitätsbericht
Arbeitsblatt: [Kapitel 5.2.xlsm]5.2 Tipp4
Bericht erstellt: 22.11.2015 14:45:24

Variablenzellen

Zelle	**Name**	**Endgültig Endwert**	**Reduziert Gradient**
$B$10	produzierte Menge in Stück Produkt A	105,7142857	0
$C$10	produzierte Menge in Stück Produkt B	61,42857143	0

Nebenbedingungen

Zelle	**Name**	**Endgültig Endwert**	**Lagrange Multiplikator**
$B$22	Maschine 1 genutzt	255	7,142857143
$B$23	Maschine 2 genutzt	220	40,71428571
$B$24	Maschine 3 genutzt	228,5714286	0

Tipp 5: Verschiedene Berechnungsmodelle über die Funktion Mehrfachoperation vergleichen

Mehrfachoperationen bieten die Möglichkeit, Berechnungen mit einer oder zwei Variablen durchzuführen. In diesem Beispiel sollen ausgehend von einem definierten Startkapital verschiedene Rückzahlungsbeträge (Endwerte) für unterschiedliche Zinssätze und unterschiedliche Laufzeiten berechnet werden.

So geht's:

1. Legen Sie im ersten Schritt das Modell zur Berechnung des Endkapitals an. Erfassen Sie dazu die Parameter *Startkapital*, *Laufzeit* und *Zinssatz*. Die Formel zur Ermittlung des Endkapitals in Zelle B8 lautet *=ZW(B6;B5;0;-B4)*.

2. Erfassen Sie in den Zellen C8 bis K8 Zinssätze von 4,00 bis 6,00 % in Schritten von 0,25 % und im Bereich B9:B19 Jahresangaben von 7,5 bis 12,5 Jahren in Schritten von 0,5 Jahren.

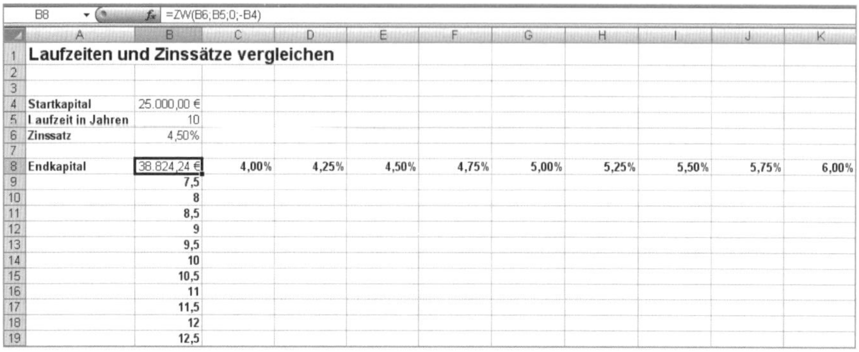

B8 | =ZW(B6;B5;0;-B4)

	A	B	C	D	E	F	G	H	I	J	K
1	**Laufzeiten und Zinssätze vergleichen**										
2											
3											
4	Startkapital	25.000,00 €									
5	Laufzeit in Jahren	10									
6	Zinssatz	4,50%									
7											
8	Endkapital	38.824,24 €	4,00%	4,25%	4,50%	4,75%	5,00%	5,25%	5,50%	5,75%	6,00%
9		7,5									
10		8									
11		8,5									
12		9									
13		9,5									
14		10									
15		10,5									
16		11									
17		11,5									
18		12									
19		12,5									

3 Zur Ermittlung der Berechnungsergebnisse für alle Schnittpunkte in der Matrix müssen Sie den gesamten Zellbereich von Zelle B8 bis K19 markieren.

4 Starten Sie den Befehl *Datentabelle* über das Menü *Daten/Datentools/Was-wäre-wenn-Analyse/Datentabelle*. Ab Excel 2016 wählen Sie den Befehl *Daten/Prognose/Was-wäre-wenn-Analyse/Datentabelle*.

5 Im Feld *Werte aus Zeile* erfassen Sie den Bezug B6 (*Zinssatz*). In das Feld *Werte aus Spalten* geben Sie den Bezug B5 (*Laufzeit in Jahren*) ein.

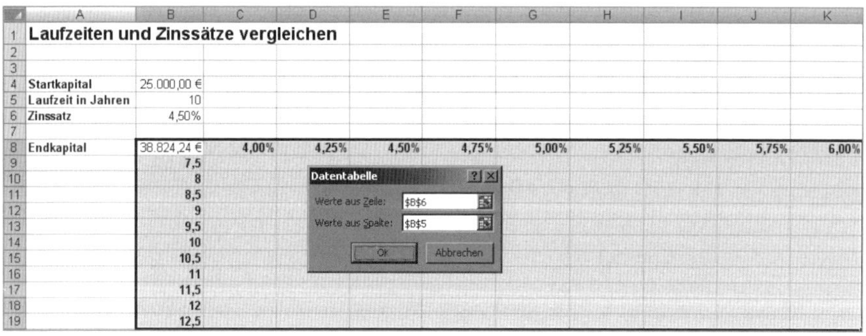

6 Wenn Sie das Dialogfenster mit einem Klick auf die Schaltfläche *OK* beenden, wird die Berechnungslogik aus Zelle B8 in den gesamten Zellbereich als Mehrfachoperation eingefügt. Das Ergebnis sieht wie folgt aus:

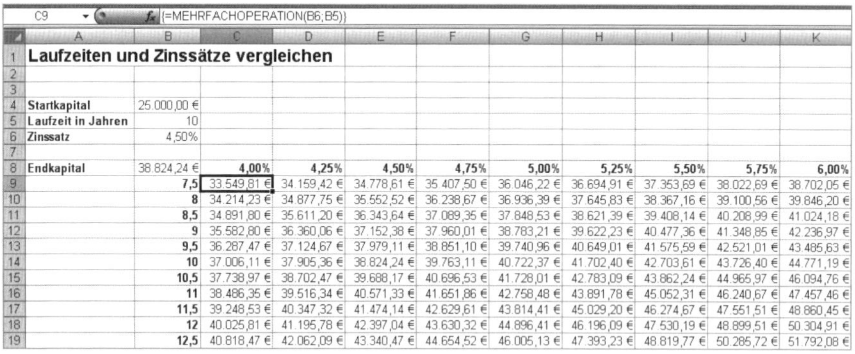

C9 | {=MEHRFACHOPERATION(B6;B5)}

	A	B	C	D	E	F	G	H	I	J	K
1	**Laufzeiten und Zinssätze vergleichen**										
2											
3											
4	Startkapital	25.000,00 €									
5	Laufzeit in Jahren	10									
6	Zinssatz	4,50%									
7											
8	Endkapital	38.824,24 €	4,00%	4,25%	4,50%	4,75%	5,00%	5,25%	5,50%	5,75%	6,00%
9		7,5	33.549,81 €	34.159,42 €	34.778,61 €	35.407,50 €	36.046,22 €	36.694,91 €	37.353,69 €	38.022,69 €	38.702,05 €
10		8	34.214,23 €	34.877,75 €	35.552,52 €	36.238,67 €	36.936,39 €	37.645,83 €	38.367,16 €	39.100,56 €	39.846,20 €
11		8,5	34.891,80 €	35.611,20 €	36.343,64 €	37.089,35 €	37.848,53 €	38.621,39 €	39.408,14 €	40.208,99 €	41.024,18 €
12		9	35.582,80 €	36.360,06 €	37.152,38 €	37.960,01 €	38.783,21 €	39.622,23 €	40.477,36 €	41.348,85 €	42.236,97 €
13		9,5	36.287,47 €	37.124,67 €	37.979,11 €	38.851,10 €	39.740,96 €	40.649,01 €	41.575,59 €	42.521,01 €	43.485,63 €
14		10	37.006,11 €	37.905,36 €	38.824,24 €	39.763,11 €	40.722,37 €	41.702,40 €	42.703,61 €	43.726,40 €	44.771,19 €
15		10,5	37.738,97 €	38.702,47 €	39.688,17 €	40.696,53 €	41.728,01 €	42.783,09 €	43.862,24 €	44.965,97 €	46.094,76 €
16		11	38.486,35 €	39.516,34 €	40.571,33 €	41.651,86 €	42.758,48 €	43.891,78 €	45.052,31 €	46.240,67 €	47.457,46 €
17		11,5	39.248,53 €	40.347,32 €	41.474,14 €	42.629,61 €	43.814,41 €	45.029,20 €	46.274,67 €	47.551,51 €	48.860,45 €
18		12	40.025,81 €	41.195,78 €	42.397,04 €	43.630,32 €	44.896,41 €	46.196,09 €	47.530,19 €	48.899,51 €	50.304,91 €
19		12,5	40.818,47 €	42.062,09 €	43.340,47 €	44.654,52 €	46.005,13 €	47.393,23 €	48.819,77 €	50.285,72 €	51.792,08 €

Beachten Sie, dass in die Matrix nicht die angepasste Formel aus Zelle B8 eingetragen wird, sondern die Berechnung mit der Tabellenfunktion *MEHRFACHOPERATIONEN()* durchgeführt wird.

Auf diese Weise haben Sie nun einen guten Überblick über alle möglichen Varianten zur Anlage des Startkapitals.

Hinweis

Da es sich bei der Funktion *MEHRFACHOPERATIONEN()* um eine Matrixfunktion handelt, können einzelne Teile daraus nicht gelöscht werden.

5.3 PivotTables zeitsparend und nutzbringend einsetzen

Die PivotTable ist ein sehr leistungsstarkes und überaus flexibel einsetzbares Werkzeug, wenn es darum geht, große dynamische Datenmengen zu organisieren und zu analysieren. Durch die interaktive Darstellungsweise von PivotTables lassen sich über den Datenbestand verschiedene Berechnungsmethoden und Sichtweisen legen. Dabei ist es gleichgültig, ob die Quelldaten in einer Excel-Tabelle oder in einer Datenbank gespeichert sind.

Der Begriff Pivot kommt aus dem Französischen, „se pivoter" bedeutet „sich drehen". Damit ist gemeint, dass Zeilen und Spalten in einer PivotTable beliebig gedreht, umgestellt und positioniert werden können, um unterschiedliche Darstellungs- und Analysesichten für komplexe Datenbestände zu ermöglichen.

Dieser Abschnitt geht auf die wesentlichen Funktionalitäten von PivotTables ein. Es wird nicht der Anspruch gestellt, den gesamten Funktionsumfang im Detail zu erläutern, sondern Sie erfahren anhand von klar umrissenen Praxisbeispielen, welche grundsätzlichen Möglichkeiten PivotTable-Berichte bieten.

➡ Verweis: siehe Kapitel 5.3, Tipp 12

Tipp 1: Allgemeine Regeln im Umgang mit einer PivotTable

Zur Erstellung einer PivotTable sind einige grundsätzliche Regeln zu beachten, die nachfolgend erläutert werden.

So geht's: Allgemeines zur PivotTable

- Eine PivotTable bietet sich an, wenn es um die Auswertung von großen Datenmengen geht.
- Über einen PivotTable-Assistenten lassen sich PivotTables schnell und leicht aufbauen.
- Durch die Flexibilität lassen sich Zeilen und Spalten beliebig verschieben. Damit werden unterschiedliche Sichtweisen über den Quellbereich gelegt.

- Daten sollten möglichst in ihrer Rohform vorliegen, es sollten noch keine Formelergänzungen, Verdichtungen oder andere Aufbereitungen durchgeführt worden sein.
- Die Datenliste darf nur eine Überschrift haben, wobei die Überschriften eindeutig sein müssen, das heißt, es dürfen keine doppelten Überschriften vorhanden sein.
- Die Datenliste sollte keine Teilergebnisse, keine leeren Zeilen oder leeren Spalten besitzen.

So geht's: Arbeiten mit verschiedenen Excel-Versionen

In jeder neuen Excel-Version wurden weitere Features für PivotTable-Berichte hinzugefügt. So unterscheiden sich PivotTable-Berichte in den Versionen 2019, 2016, 2013, 2010, 2007 und älteren Versionen voneinander. Wichtig zu wissen ist, dass die Funktion bis Excel 2010 grundsätzlich abwärtskompatibel ist. Das bedeutet, in Excel 2010 lassen sich alle Features älterer Versionen ohne Probleme nutzen. Sie können PivotTables der aktuellen Versionen ebenfalls im gewünschten Vorgängerformat abspeichern. Damit lassen sich PivotTable-Berichte, die mit Excel 2010 bearbeitet wurden, auch hinterher mit den Vorgängerversionen öffnen und bearbeiten.

Mit Excel 2013 wurden die PowerPivot-Funktionen stärker integriert.

➡ Verweis: siehe Kapitel 5.3, Tipp 12

Mit Excel 2010 und dem PowerPivot-Add-in 2010 erstellte Arbeitsmappen müssen daher zur Verwendung in Excel-Versionen ab 2013 gegebenenfalls upgegradet werden.

Eine Anleitung zur Durchführung dieses Upgrades für Excel-Versionen ab Excel 2013 finden Sie unter folgendem Link:

http://office.microsoft.com/de-de/excel-help/aktualisieren-von-powerpivot-datenmodellen-auf-excel-2013-HA103356104.aspx?CTT=3

Tipp 2: Die verbesserten PivotTable-Funktionen ab Excel 2010

Mit Excel 2010 wurden die PivotTable-Funktionen im Detail verbessert. Die nachfolgende Auflistung gibt einen Überblick über die Änderungen seit Excel 2010.

Verbesserte Leistung

Das Multithreading sorgt seit Excel 2010 für eine verbesserte Gesamtleistung der PivotTables. Beim Arbeiten mit großen Datenmengen werden schnellere Ergebnisse erzielt. So werden Sortier- und Filtervorgänge schneller abgearbeitet.

PivotTable-Beschriftungen

Seit Excel 2010 können Beschriftungen in einer PivotTable nach unten ausgefüllt werden. Darüber hinaus besteht die Möglichkeit, Beschriftungen zu wiederholen, um so Elementbeschriftungen von geschachtelten Feldern in allen Zeilen und Spalten anzuzeigen.

Erweiterte Filterung

Die Filterfunktion wurde verbessert, um auch die Analyse großer Datenmengen zu ermöglichen. Seit Excel 2010 wurde das Filtern auf mehrere Elemente erheblich beschleunigt und es werden auch nicht sichtbare Daten wie beispielsweise ausgeblendete Elemente in Summen in den Filtervorgang eingeschlossen.

Mithilfe der seit Excel 2010 verfügbaren Datenschnittfunktion können Daten in einer PivotTable mit einem Klick gefiltert werden, ohne dass dafür weitere Menüs geöffnet werden müssen.

➡ Verweis: siehe Kapitel 5.3. Tipp 10

Elementsuche

Seit Excel 2010 ist das Suchen von Elementen in PivotTables möglich, sodass der Benutzer mit Feldern und Spalten arbeiten kann, die eine große Anzahl von Elementen aufweisen. Mit der Elementsuche kann der Benutzer die relevanten Elemente in Tausenden oder sogar Millionen von Zeilen in einer PivotTable finden.

Zurückschreiben

Zurückschreiben ist eine wichtige Funktion für die Arbeit mit Daten in Analysis-Services-Cubes oder anderen OLAP-Cubes. Die Zurückschreibfunktion wird in einer Vielzahl unterschiedlicher Szenarien benötigt, wozu beispielsweise die Erfassung von Planungsdaten oder die Budgeterstellung zählen.

Seit Excel 2010 können Sie die Werte von PivotTables ändern und veranlassen, dass diese Werte in den Daten-Cube auf dem OLAP-Server zurückgeschrieben werden. Danach können Sie die Zurückschreibfunktion im „Was-wäre-wenn-Modus" verwenden und anschließend ein Rollback der Änderungen durchführen, wenn Sie sie nicht mehr benötigen, oder Sie können die Daten übernehmen, indem Sie die Änderungen speichern. Die Funktion *Zurückschreiben* kann in Verbindung mit jedem OLAP Provider verwendet werden, der die Anweisung *UPDATE CUBE* unterstützt.

Feature Werte anzeigen als

Diese Features erlauben, eine Reihe von Berechnungen automatisch durchgeführt zu lassen. Dazu zählen z. B.:

- % des Vorgängerzeilen-Gesamtergebnisses
- % des Vorgängerspalten-Gesamtergebnisses
- % des Vorgänger-Gesamtergebnisses
- % Ergebnis
- Rangfolge nach Größen aufsteigend
- Rangfolge nach Größen absteigend

PivotChart-Verbesserungen

Das direkte Filtern von Daten in einem PivotChart-Bericht und die Neuanordnung des Diagrammlayouts durch Hinzufügen und Entfernen von Feldern sind seit Excel 2010 einfacher geworden. Darüber hinaus können mit einem einzigen Mausklick alle Feldschaltflächen im PivotChart-Bericht ausgeblendet werden.

Tipp 3: Erstellung der ersten einfachen PivotTable

Verkaufsliste Juli 2018

Kunde	Region	Großhändler	Artikelgruppe	Artikelnummer	Einzelpreis	Menge	Umsatz
Kaiser	Nord	Ja	Art.Gr. E	1636E	45,23	15	678,45
Kaiser	Nord	Nein	Art.Gr. E	2769E	77,21	35	2.702,35
Wiesner	Ost	Ja	Art.Gr. C	1328C	113,94	2	227,88
Kling	Mitte	Ja	Art.Gr. E	4458E	15,98	23	367,54
Schmidt	Ost	Ja	Art.Gr. A	7248A	163,41	22	3.595,02
Kaiser	Mitte	Ja	Art.Gr. A	1044A	112,07	47	5.267,29
Kaiser	West	Ja	Art.Gr. C	9452C	27,28	3	81,84
Nesvadba	Mitte	Ja	Art.Gr. E	9667E	124,02	4	496,08
Klein	West	Nein	Art.Gr. B	1381B	18,45	28	516,60
Walter	Süd	Nein	Art.Gr. E	3654E	21,75	17	369,75
Kaiser	West	Ja	Art.Gr. B	9885B	82,00	4	328,00
Bergler	West	Ja	Art.Gr. A	3524A	29,27	40	1.170,80
Schneider	Süd	Nein	Art.Gr. A	1248A	73,59	5	367,95
Kleichlich	Nord	Nein	Art.Gr. B	1251B	23,65	46	1.087,90
Schmidt	Ost	Ja	Art.Gr. C	7087C	21,40	28	599,20
Krüger	Nord	Nein	Art.Gr. B	8799B	148,28	27	4.003,56
Maurer	Mitte	Ja	Art.Gr. E	9517E	96,63	37	3.575,31
Walter	Süd	Nein	Art.Gr. C	4238C	193,14	23	4.442,22
Baumann	West	Nein	Art.Gr. C	4834C	153,25	13	1.992,25
Klein	West	Nein	Art.Gr. D	5004D	79,09	22	1.739,98
Kaiser	Nord	Ja	Art.Gr. C	3367C	123,80	9	1.114,20
Kling	Nord	Ja	Art.Gr. C	7016C	6,10	42	256,20
Wiesner	Ost	Ja	Art.Gr. C	1369C	47,79	25	1.194,75
Baumann	West	Nein	Art.Gr. A	3477A	71,43	9	642,87
Walter	Süd	Nein	Art.Gr. B	4854B	137,35	23	3.159,05
Braun	Ost	Ja	Art.Gr. B	2289B	178,61	34	6.072,74
Mertens	West	Nein	Art.Gr. B	9079B	137,75	39	5.372,25
Clausen	Süd	Nein	Art.Gr. B	8381B	53,13	26	1.381,38
Nesvadba	Mitte	Ja	Art.Gr. C	1109C	150,87	2	301,74
Schmidt	Ost	Ja	Art.Gr. B	4549B	113,61	24	2.726,64
Duck	West	Ja	Art.Gr. B	4657B	81,43	10	814,30

Quelldaten

Als Beispieltabelle dient eine Verkaufsliste (siehe obige Abbildung), die analysiert und ausgewertet werden soll. Die Verkaufsliste beinhaltet folgende Datenfelder:

Datenfeld	Erläuterung
Kunde	Name des Kunden
Region	Verkaufsregion
Großhändler	Großhändler (*Ja/Nein*) – bezieht sich auf jeden einzelnen Verkauf
Artikelgruppe	Bezeichnung der Artikelgruppe, zu der der Artikel gehört
Artikelnummer	eindeutige Nummer für den jeweiligen Artikel
Einzelpreis	Verkaufspreis pro Stück
Menge	Anzahl verkaufte Stücke
Umsatz	Umsatz gesamt (Verkaufsmenge x Verkaufspreis pro Stück)

Ziel ist es nun, zu ermitteln, welche Umsätze mit den jeweiligen Kunden gemacht wurden. Die Verkaufsliste dient als Grundlage für alle weiteren Beispiele in diesem Abschnitt.

So geht's:

1 Setzen Sie den Zellzeiger auf eine beliebige Zelle innerhalb der Datenliste. Alternativ können Sie auch die Datenliste inklusive Überschrift markieren. Die Datenliste befindet sich im Beispiel im Zellbereich A3:H60.

2 In Excel 2007 oder Excel 2010 starten Sie den Befehl zur Erstellung einer PivotTable über das Menü *Einfügen/Tabellen/PivotTable/PivotTable*. Ab Excel 2013 lässt sich der Befehl über das Menü *Einfügen/Tabellen/PivotTable* aufrufen.

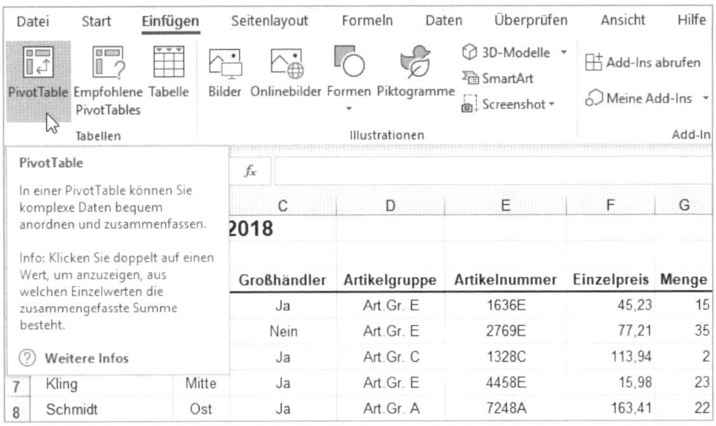

3 Im Dialogfenster *PivotTable erstellen* wurde in das Feld *Tabelle/Bereich* der korrekte Zellbereich eingetragen. Sollte das nicht der Fall sein, können Sie dies hier manuell nachholen. In diesem Beispiel soll der Pivot-Bericht in einem neuen Tabellenblatt angelegt werden. Aktivieren Sie deswegen die Option *Neues Arbeitsblatt*.

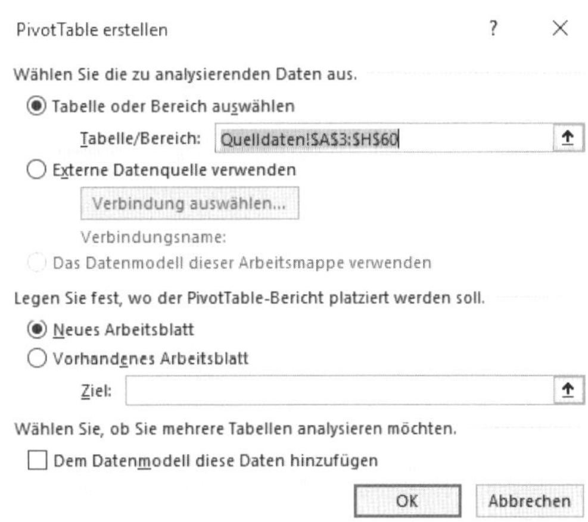

4 Nach einem Klick auf die Schaltfläche *OK* wird das neue Arbeitsblatt mit der PivotTable und dem Aufgabenbereich (der Task Pane) *PivotTable-Feldliste* angezeigt.

5 Ziehen Sie nun bei gedrückter linker Maustaste den Feldnamen *Kunde* in den Bereich *Zeilenbeschriftungen* und den Feldnamen *Umsatz* in den Bereich *Werte*. Seit Excel 2013 wurde der Bereich zu den Zeilenbeschriftungen bei gleicher Funktionalität in *Zeilen* umbenannt.

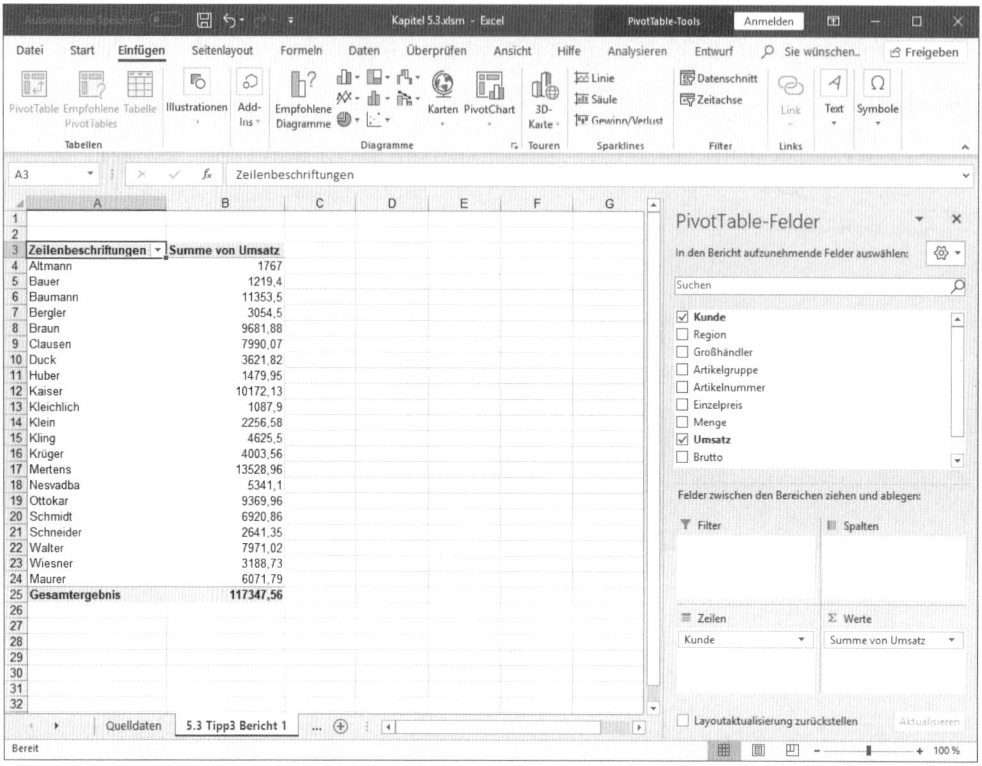

Das war es auch schon. Wie gewünscht, werden nun Umsatzsummen kumuliert für jeden Kunden angezeigt.

> **Hinweis**
>
> Sobald sich der Zellzeiger in der PivotTable befindet, wird die kontextbezogene Registerkarte *PivotTable-Tools* oberhalb der Registerkarte *Optionen* eingeblendet. Über diese Registerkarte stehen sämtliche Befehle zu PivotTable-Berichten zur Verfügung.

So geht's: Erweiterung des Beispiels

Der eben erstellte PivotTable-Bericht soll nun etwas erweitert werden. So sollen neben dem Umsatzbetrag pro Kunde auch der Umsatz pro verkauften Artikel sowie die Artikelgruppe, zu der der verkaufte Artikel gehört, angezeigt werden.

1 Setzen Sie dazu den Cursor auf eine beliebige Zelle im Datenbereich.

2 Ziehen Sie mit der Maus den Feldnamen *Artikelnummer* in den Bereich *Zeilenbeschriftungen* und das Datenfeld *Artikelgruppe* in den Bereich *Spaltenbeschriftungen*. Seit Excel 2013 wurden die jeweiligen Bereiche in *Zeilen* und *Spalten* umbenannt.

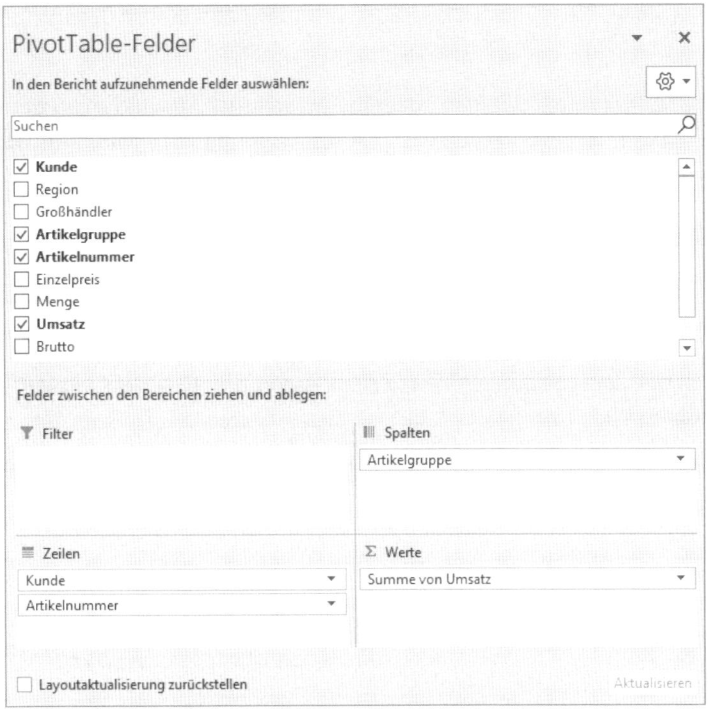

Als Ergebnis erhalten Sie folgenden PivotTable-Bericht:

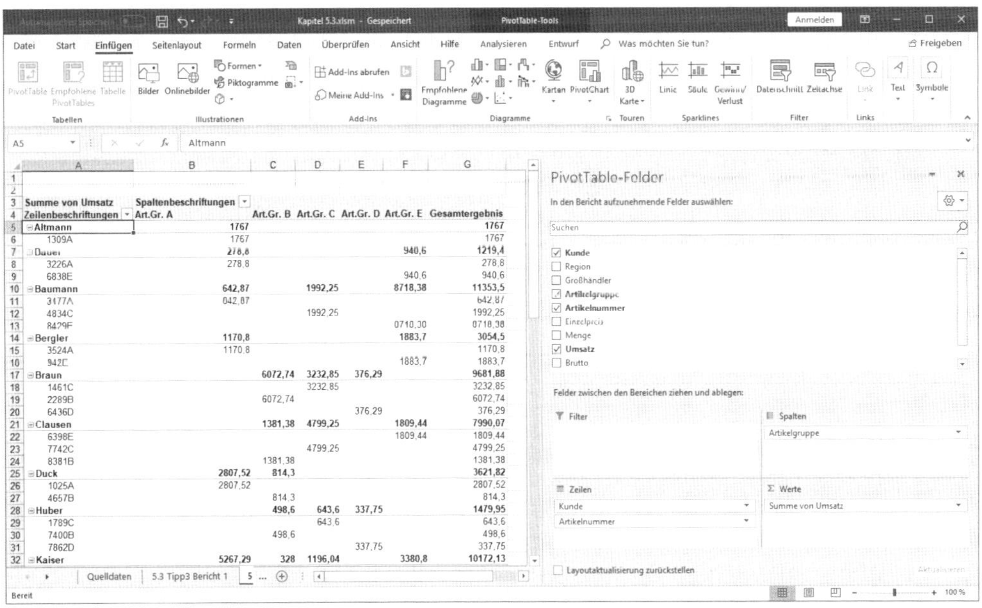

Zusätzlich zum Gesamtumsatz in Spalte G werden nun auch die Summen für die Artikelgruppen A bis E angezeigt.

Zudem werden pro Kunde alle verkauften Artikel angezeigt. Beispielsweise wurden an den Kunden Baumann drei Artikel aus den Artikelgruppen A, C und E mit einer Gesamtsumme von 11.353,50 Euro verkauft. Die Detaildaten zu den Artikelnummern lassen sich anhand des Minussymbols vor jedem Kundennamen ausblenden. Das Symbol wandelt sich anschließend in ein Plussymbol, womit Sie die Detaildaten wieder einblenden können.

Damit Sie die Detaildaten nicht für jeden Kunden separat einblenden müssen, gehen Sie wie folgt vor:

1 Setzen Sie den Cursor in der Zelle A4 auf das Wort *Zeilenbeschriftungen*. Dabei verwandelt sich der Cursor in einen Pfeil.

2 Wenn Sie nun einen Klick mit der linken Maustaste ausführen, wird die gesamte Spalte A im PivotTable-Bericht markiert.

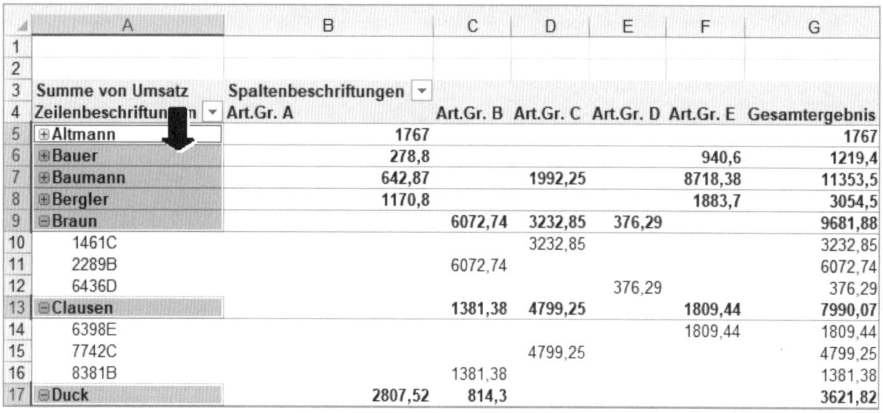

	A	B	C	D	E	F	G
1							
2							
3	**Summe von Umsatz**	**Spaltenbeschriftungen**					
4	**Zeilenbeschriftungen**	**Art.Gr. A**	**Art.Gr. B**	**Art.Gr. C**	**Art.Gr. D**	**Art.Gr. E**	**Gesamtergebnis**
5	⊞Altmann	**1767**					**1767**
6	⊞**Bauer**	**278,8**				**940,6**	**1219,4**
7	⊞**Baumann**	**642,87**		**1992,25**		**8718,38**	**11353,5**
8	⊞**Bergler**	**1170,8**				**1883,7**	**3054,5**
9	⊟**Braun**		**6072,74**	**3232,85**	**376,29**		**9681,88**
10	1461C			3232,85			3232,85
11	2289B		6072,74				6072,74
12	6436D				376,29		376,29
13	⊟**Clausen**		**1381,38**	**4799,25**		**1809,44**	**7990,07**
14	6398E					1809,44	1809,44
15	7742C			4799,25			4799,25
16	8381B		1381,38				1381,38
17	⊟**Duck**	**2807,52**	**814,3**				**3621,82**

3 Über das Menü *PivotTable-Tools/Optionen/Aktives Feld/Gesamtes Feld erweitern* können Sie in Excel 2007 oder Excel 2010 sämtliche Detaildaten einblenden lassen. Ausgeblendet werden können die Detaildaten über das Menü *PivotTable-Tools/Optionen/Aktives Feld/Gesamtes Feld reduzieren*. Seit Excel 2013 wurde die Registerkarte zu den Optionen in *Analysieren* umbenannt. Sie finden dort die Befehle zum Ein- und Ausblenden von Detaildaten im Menü *PivotTable-Tools/Analysieren/Aktives Feld*.

Tipp 4: Weitere Teilergebnisse zur PivotTable hinzufügen

In diesem Beispiel soll der PivotTable-Bericht noch erweitert und ergänzt werden. In der PivotTable soll verdichtet auf einzelne Kunden und Artikelgruppen der Umsatz gegliedert nach Regionen dargestellt werden. Dazu sollen zusätzlich zu jeder Artikelgruppe auch der Einzelpreis, die Bestellmenge und der Umsatz pro Artikelnummer angezeigt werden. Die Verkaufsliste aus Tipp 3 liefert die Basisdaten.

So geht's:

1 Setzen Sie den Cursor auf eine beliebige Zelle im Datenbereich.

2 Falls noch nicht geschehen, blenden Sie die Feldliste ein:

- ab Excel 2016: Menü *PivotTable-Tools/Analysieren/Einblenden/Feldliste,*
- in Excel 2013: Menü *PivotTable-Tools/Analysieren/Anzeigen/Feldliste,*
- in Excel 2010: Menü *PivotTable-Tools/Optionen/Anzeigen/Feldliste,*
- in Excel 2007: Menü *PivotTable-Tools/Optionen/Einblenden, Ausblenden/Feldliste.*

3 Ziehen Sie mit gedrückter linker Maustaste die Felder wie nachfolgend dargestellt in die einzelnen Bereiche.

Beachten Sie die Reihenfolge der Felder.
Die Reihenfolge im Bereich *Zeilenbeschriftungen* ist ausschlaggebend für die Darstellung der Verdichtungsebenen.

	A	B	C	D	E	F	G	H	I	J	K
1											
2											
3		Spaltenb									
4		Mitte			Nord			Ost			Süd
5	Zeilenbeschriftungen	Summe vo	Summe vo	Summe vo	Summe vo	Summe vo	Summe vo	Summe vo	Summe vo	Summe vo	Summe vo
6	⊞Altmann	1767	70,68	25							
7	⊞Bauer										1219,4
8	⊞Baumann										
9	⊞Bergler										
10	⊞Braun							9681,88	358,93	90	
11	⊞Clausen										7990,07
12	⊞Duck										
13	⊟Huber							1479,95	166,74	51	
14	⊟Art.Gr. B										
15	7400B							498,6	83,1	6	
16	⊟Art.Gr. C										
17	1789C							643,6	16,09	40	
18	⊟Art.Gr. D										
19	7862D							337,75	67,55	5	
20	⊞Kaiser	5267,29	112,07	47	4495	246,24	59				
21	⊞Kleichlich				1087,9	23,65	46				
22	⊞Klein										
23	⊞Kling	3876,34	119,18	57	749,16	67,72	50				
24	⊞Krüger				4003,56	148,28	27				
25	⊞Mertens				2445,76	76,43	32				
26	⊞Nesvadba	5341,1	572,24	31							
27	⊞Ottokar										
28	⊞Schmidt							6920,86	298,42	74	
29	⊞Schneider										2641,35
30	⊞Walter										7971,02
31	⊞Wiesner							3188,73	338,34	37	
32	⊞Maurer	6071,79	250,59	84							
33	Gesamtergebnis	22323,52	1124,76	244	12781,38	562,32	214	21271,42	1162,43	252	19821,84
34											

In diesem Beispiel wird zuerst der Kunde, dann die Artikelgruppe und anschließend die einzelne Artikelnummer dargestellt. Dies ist auch gleichzeitig die Reihenfolge der Verdichtung.

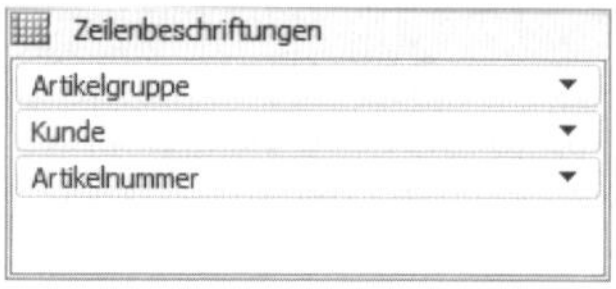

Soll beispielsweise nicht nach dem Kundennamen an erster Stelle, sondern nach der Artikelgruppe verdichtet werden, lässt sich das mit einem einzigen Klick erreichen. Klicken Sie im Bereich *Zeilenbeschriftungen* auf den Eintrag *Artikelgruppe* und ziehen Sie diesen bei gedrückter linker Maustaste vor den Eintrag *Kunde*.

Das war es auch schon. Nun wird anstatt nach Kunden nach Artikelgruppen in der ersten Ebene verdichtet. Als Ergebnis erhalten Sie folgenden PivotTable-Bericht.

	A	B	C	D	E	F
1						
2						
3		Spaltenbeschriftungen				
4		Mitte			Nord	
5	Zeilenbeschriftungen	Summe von Umsatz	Summe von Einzelpreis	Summe von Menge	Summe von Umsatz	Summe von Einzelpreis
6	⊟Art.Gr. A					
7	⊟Altmann	1767	70,68	25		
8	1309A	1767	70,68	25		
9	⊞Bauer					
10	⊞Baumann					
11	⊞Bergler					
12	⊞Duck					
13	⊞Kaiser	5267,29	112,07	47		
14	⊞Kling				492,96	61,62
15	⊞Nesvadba	315,54	105,18	3		
16	⊞Ottokar					
17	⊞Schmidt					
18	⊞Schneider					
19	⊞Wiesner					
20	⊞Maurer	1185,2	118,52	10		
21	⊟Art.Gr. B					
22	⊞Braun					
23	⊞Clausen					
24	⊞Duck					
25	⊟Huber					
26	7400B					
27	⊞Kaiser					
28	⊞Kleichlich				1087,9	23,65
29	⊞Klein					
30	⊞Krüger				4003,56	148,28
31	⊞Mertens				2445,76	76,43
32	⊞Nesvadba	4227,74	192,17	22		

Sie sehen, die PivotTable (Drehtabelle) macht ihrem Namen alle Ehre. Der Bericht wurde wie gewünscht gedreht, die Gruppierung erfolgt nun nach den Artikelgruppen A bis E.

Tipp 5: Verwendung des Bereichsfilters im PivotTable-Bericht

Über den Bereichsfilter können Datensätze aus- oder eingeblendet werden, die bestimmten Kriterien entsprechen. In diesem Beispiel sollen nur Datensätze der Artikelgruppen A und C angezeigt werden. Die anderen Artikelgruppen sollen ausgeblendet werden.

So geht's:

1 Aktivieren Sie den PivotTable-Bericht, indem Sie den Zellzeiger in den Bericht setzen.

2 Ordnen Sie die Felder wie folgt an:

- *Berichtsfilter: Artikelgruppe*
- *Spaltenbeschriftungen: Region*
- *Zeilenbeschriftungen: Kunde* und *Artikelnummer*
- *Werte: Umsatz (Summe von)*

3 Durch die Festlegung der Artikelgruppe als Berichtsfilter wird im PivotTable-Bericht das Filterkriterium *Artikelgruppe* im Zellbereich A1:B1 angezeigt.

4 Nach einem Klick auf das Drop-down-Menü in Zelle B1 wird das Menü eingeblendet, in dem Sie festlegen können, welche Artikelgruppen angezeigt werden sollen und welche nicht. Standardmäßig ist der Eintrag *Alle* aktiviert.

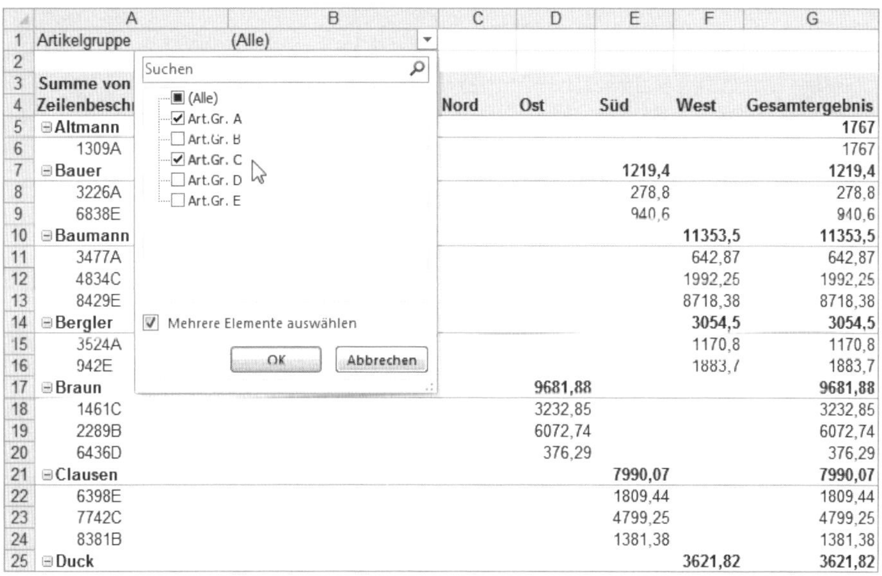

5 Aktivieren Sie das Kontrollkästchen *Mehrere Elemente auswählen* und entfernen Sie die Haken bei *Art.Gr. B, D* und *E*, sodass nur noch die Artikelgruppen A und C aktiviert sind.

6 Nach einem Klick auf die Schaltfläche *OK* werden im PivotTable-Bericht nur noch Daten der Artikelgruppen A und C angezeigt.

	A	B	C	D	E	F	G
1	Artikelgruppe	(Mehrere Elemente)					
2							
3	**Summe von Umsatz**	**Spaltenbeschriftungen**					
4	**Zeilenbeschriftungen**	**Mitte**	**Nord**	**Ost**	**Süd**	**West**	**Gesamtergebnis**
5	**⊟Altmann**	**1767**					**1767**
6	1309A	1767					1767
7	**⊟Bauer**				**278,8**		**278,8**
8	3226A				278,8		278,8
9	**⊟Baumann**					**2635,12**	**2635,12**
10	3477A					642,87	642,87
11	4834C					1992,25	1992,25
12	**⊟Bergler**					**1170,8**	**1170,8**
13	3524A					1170,8	1170,8
14	**⊟Braun**			**3232,85**			**3232,85**
15	1461C			3232,85			3232,85
16	**⊟Clausen**				**4799,25**		**4799,25**
17	7742C				4799,25		4799,25
18	**⊟Duck**					**2807,52**	**2807,52**
19	1025A					2807,52	2807,52
20	**⊟Huber**			**643,6**			**643,6**
21	1789C			643,6			643,6
22	**⊟Kaiser**	**5267,29**	**1114,2**			**81,84**	**6463,33**
23	1044A	5267,29					5267,29
24	3367C		1114,2				1114,2
25	9452C					81,84	81,84
26	**⊟Kling**		**749,16**				**749,16**

Hinweis

Ab Excel 2010 steht im Auswahlfenster zu den Zeilen- und Spaltenbeschriftungen eine Suchfunktion zur Verfügung, über die nach beliebigen Datensätzen gesucht werden kann. Die gefundenen Datensätze werden dort entsprechend angezeigt. In diesem Beispiel wird nach der Zeichenfolge *Ba* am Wortanfang gesucht. Das wird erreicht, indem nach der Zeichenfolge das *-Platzhalterzeichen eingegeben wird. Ohne das Platzhalterzeichen würden alle Einträge mit der Zeichenfolge *ba* gefunden werden, gleichgültig an welcher Position im Suchbegriff diese vorkommt.

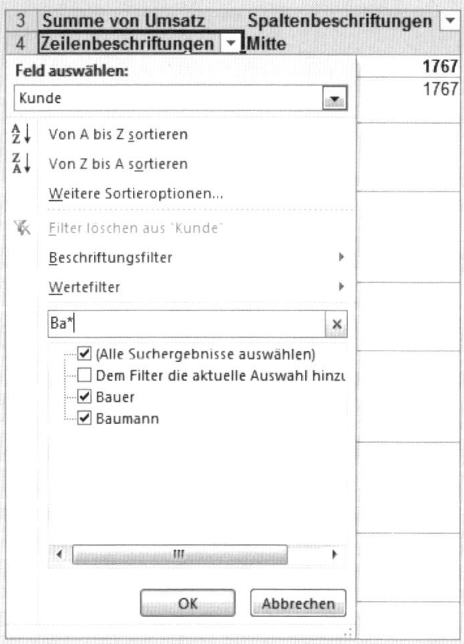

Tipp 6: Erzeugen der Top-5-Kundenliste

Dieses Praxisbeispiel zeigt, wie in einem PivotTable-Bericht mit wenigen Mausklicks die Daten so gefiltert werden können, dass nur noch die fünf Topkunden mit den größten Umsätzen angezeigt werden.

So geht's:

1 Erstellen Sie auf Basis der Verkaufsliste vom Juli 2018 (Quelldaten) einen PivotTable-Bericht mit folgender Datenfeldzuordnung.

- *Berichtsfilter*: kein Angabe
- *Spaltenbeschriftungen: Region*
- *Zeilenbeschriftungen: Kunde, Artikelgruppe*
- *Werte: Umsatz (Summe von)*

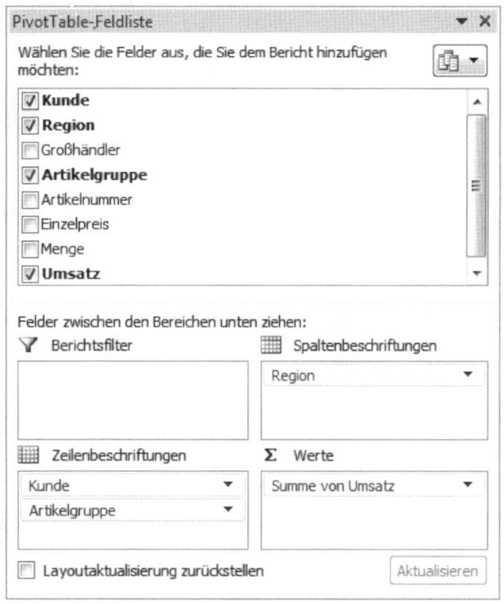

2 Als Ergebnis erhalten Sie eine PivotTable mit sämtlichen Kundenumsätzen, aufgeschlüsselt nach Vertriebsgebiet (Regionen). Ein Klick auf das Plussymbol vor dem Kundennamen blendet das weitere Kriterium *Artikelgruppe* ein.

	A	B	C	D	E	F	G
1							
2							
3	**Summe von Umsatz**	**Spaltenbeschriftungen**					
4	**Zeilenbeschriftungen**	**Mitte**	**Nord**	**Ost**	**Süd**	**West**	**Gesamtergebnis**
5	**⊞Altmann**	1767					1767
6	**⊟Bauer**				**1219,4**		**1219,4**
7	Art.Gr. A				278,8		278,8
8	Art.Gr. E				940,6		940,6
9	**⊞Baumann**					**11353,5**	**11353,5**
10	**⊞Bergler**					**3054,5**	**3054,5**
11	**⊟Braun**			**9681,88**			**9681,88**
12	Art.Gr. B			6072,74			6072,74
13	Art.Gr. C			3232,85			3232,85
14	Art.Gr. D			376,29			376,29
15	**⊟Clausen**				**7990,07**		**7990,07**
16	Art.Gr. B				1381,38		1381,38
17	Art.Gr. C				4799,25		4799,25
18	Art.Gr. E				1809,44		1809,44
19	**⊟Duck**					**3621,82**	**3621,82**
20	Art.Gr. A					2807,52	2807,52
21	Art.Gr. B					814,3	814,3
22	**⊟Huber**			**1479,95**			**1479,95**
23	Art.Gr. B			498,6			498,6
24	Art.Gr. C			643,6			643,6
25	Art.Gr. D			337,75			337,75
26	**⊟Kaiser**	**5267,29**	**4495**			**409,84**	**10172,13**

3 Zur Anzeige der fünf Datensätze mit dem größten Umsatz klicken Sie auf das Drop-down-Menü in Zelle A4 (*Zeilenbeschriftungen)* und wählen dort den Menüpunkt *Wertefilter/ Top 10*.

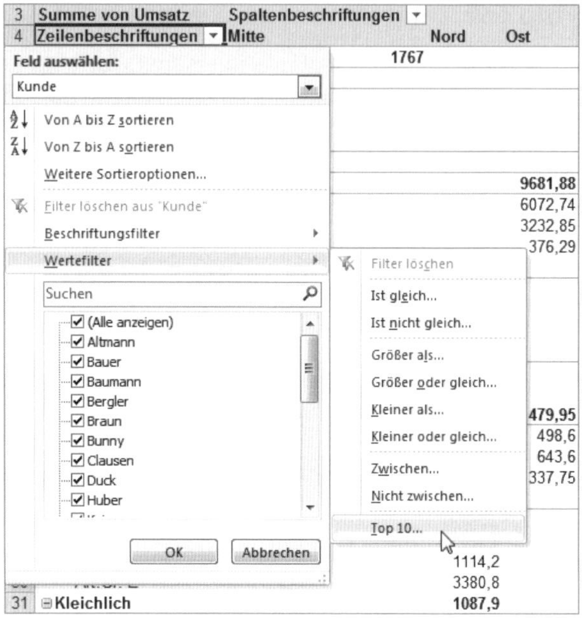

4 Im Dialogfenster *Top-10-Filter* wählen Sie die Einstellungen *Obersten 5 Elemente nach Summe von Umsatz* und beenden das Dialogfenster mit einem Klick auf die Schaltfläche *OK*.

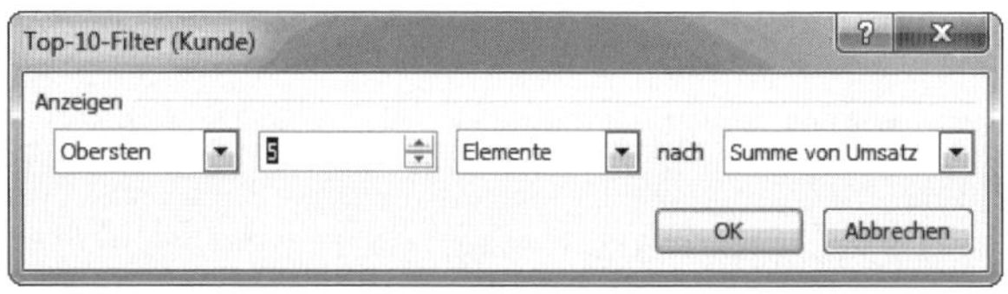

5 Im PivotTable-Bericht werden nun die fünf Datensätze angezeigt, die den eingegebenen Filterkriterien entsprechen.

	A	B	C	D	E	F	G
1							
2							
3	**Summe von Umsatz**	**Spaltenbeschriftungen**					
4	**Zeilenbeschriftungen**	**Mitte**	**Nord**	**Ost**	**Süd**	**West**	**Gesamtergebnis**
5	**⊞Baumann**					**11353,5**	**11353,5**
6	**⊞Braun**			**9681,88**			**9681,88**
7	**⊟Kaiser**	**5267,29**	**4495**			**409,84**	**10172,13**
8	Art.Gr. A	5267,29					5267,29
9	Art.Gr. B					328	328
10	Art.Gr. C		1114,2			81,84	1196,04
11	Art.Gr. E		3380,8				3380,8
12	**⊞Mertens**		**2445,76**			**11083,2**	**13528,96**
13	**⊞Ottokar**					**9369,96**	**9369,96**
14	**Gesamtergebnis**	**5267,29**	**6940,76**	**9681,88**		**32216,5**	**54106,43**

Tipp 7: Berechnende Felder zum PivotTable-Bericht hinzufügen

Über berechnende Felder können PivotTable-Berichte beliebig erweitert und ergänzt werden. In diesem Beispiel soll der Bruttoumsatz inklusive 19 % Umsatzsteuer ermittelt werden.

So geht's:

1 Setzen Sie dazu den Zellzeiger auf eine beliebige Zelle im PivotTable-Bericht.

2 Öffnen Sie das Dialogfenster *Berechnetes Feld einfügen*:

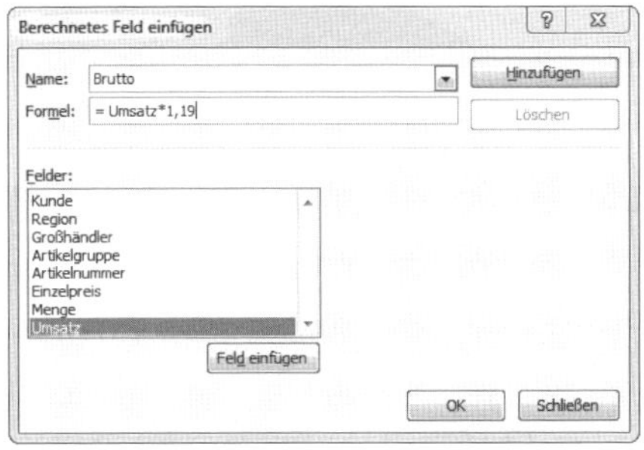

- ab Excel 2013: Menü *PivotTable-Tools/Analysieren/Berechnungen/Felder, Elemente und Gruppen/Berechnetes Feld,*
- in Excel 2010: Menü *PivotTable-Tools/Optionen/Berechnungen/Felder, Elemente und Gruppen/Berechnetes Feld,*
- in Excel 2007: Menü *PivotTable-Tools/Optionen/Tools/Formeln/Berechnetes Feld.*

3 Erfassen Sie im Feld *Name* die Bezeichnung *Brutto*. Als Formel erfassen Sie *=Umsatz*1,19* und klicken auf die Schaltfläche *Hinzufügen*.

4 Nachdem Sie die Eingabe mit einem Klick auf die Schaltfläche *OK* beendet haben, wird das berechnende Feld in den PivotTable-Bericht aufgenommen.

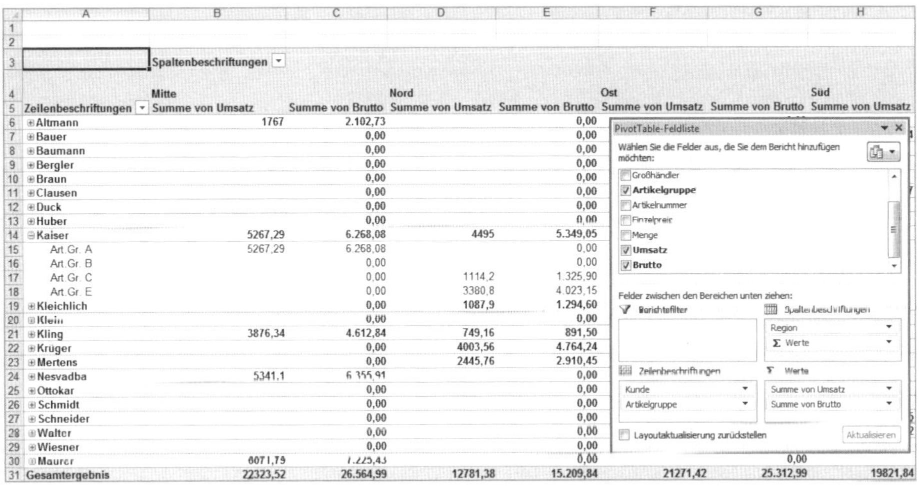

	A	B	C	D	E	F	G	H
1								
2								
3		Spaltenbeschriftungen						
4		Mitte		Nord		Ost		Süd
5	Zeilenbeschriftungen	Summe von Umsatz	Summe von Brutto	Summe von Umsatz	Summe von Brutto	Summe von Umsatz	Summe von Brutto	Summe von Umsatz
6	Altmann	1767	2.102,73		0,00			
7	Bauer		0,00		0,00			
8	Baumann		0,00		0,00			
9	Bergler		0,00		0,00			
10	Braun		0,00		0,00			
11	Clausen		0,00		0,00			
12	Duck		0,00		0,00			
13	Huber		0,00		0,00			
14	Kaiser	5267,29	6.268,08	4495	5.349,05			
15	Art.Gr. A	5267,29	6.268,08		0,00			
16	Art.Gr. B		0,00		0,00			
17	Art.Gr. C		0,00	1114,2	1.325,90			
18	Art.Gr. E		0,00	3380,8	4.023,15			
19	Kleichlich		0,00	1087,9	1.294,60			
20	Klein		0,00		0,00			
21	Kling	3876,34	4.612,84	749,16	891,50			
22	Krüger		0,00	4003,56	4.764,24			
23	Mertens		0,00	2445,76	2.910,45			
24	Nesvadba	5341,1	6.355,91		0,00			
25	Ottokar		0,00		0,00			
26	Schmidt		0,00		0,00			
27	Schneider		0,00		0,00			
28	Walter		0,00		0,00			
29	Wiesner		0,00		0,00			
30	Maurer	6071,79	7.225,43		0,00		0,00	
31	Gesamtergebnis	22323,52	26.564,99	12781,38	15.209,84	21271,42	25.312,99	19821,84

Auf diese Weise können beliebige, auch komplexe Berechnungsvorgänge zum PivotTable-Bericht hinzugefügt werden.

Tipp 8: Gezielt Daten aus einer PivotTable auslesen

Eine in der Praxis meist wenig genutzte Funktion ist die Tabellenfunktion *PIVOTDATENZUORDNEN()*. Mit dieser Funktion können Sie einzelne Datenfelder gezielt aus einer PivotTable auslesen. Diese Funktion ermöglicht es, gleichzeitig Daten aus mehreren unterschiedlichen PivotTable-Berichten auszulesen und daraus einen neuen Bericht zu erstellen. Dazu ist es allerdings nicht erforderlich, dass die Dateien mit den PivotTable-Berichten geöffnet sind.

In diesem Beispiel sollen einige Detaildaten aus einer PivotTable extrahiert werden, ohne dabei die PivotTable selbst zu modifizieren.

So geht's:

Sehen Sie sich zunächst die Syntax der Funktion etwas näher an:

PIVOTDATENZUORDNEN(Datenfeld;PivotTable;Feld1;Element1;Feld2;Element2;...)

- *Datenfeld*: Bezeichnet den Namen für das Datenfeld, das die Daten enthält, die Sie abrufen möchten.
- *PivotTable*: Stellt einen Bezug auf eine Zelle, einen Zellbereich oder einen benannten Zellbereich in einem PivotTable-Bericht dar. Diese Informationen werden dazu verwendet zu ermitteln, welcher PivotTable-Bericht die Daten enthält, die Sie abrufen möchten.
- *Feld1, Element1, Feld2, Element2*: Stehen für Paare aus Feld- und Elementnamen (zwischen 1 und 126), die die Daten beschreiben, die Sie abrufen möchten. Diese Paare können in einer beliebigen Reihenfolge auftreten. Feld- und Elementnamen, die nicht aus Datumsangaben oder Zahlen bestehen, werden in Anführungszeichen eingeschlossen.

Nachfolgend sehen Sie, wie sich mit der Funktion *PIVOTDATENZORDNEN()* beliebige Datensätze extrahieren lassen. Als Ausgangstabelle dient folgender PivotTable-Bericht:

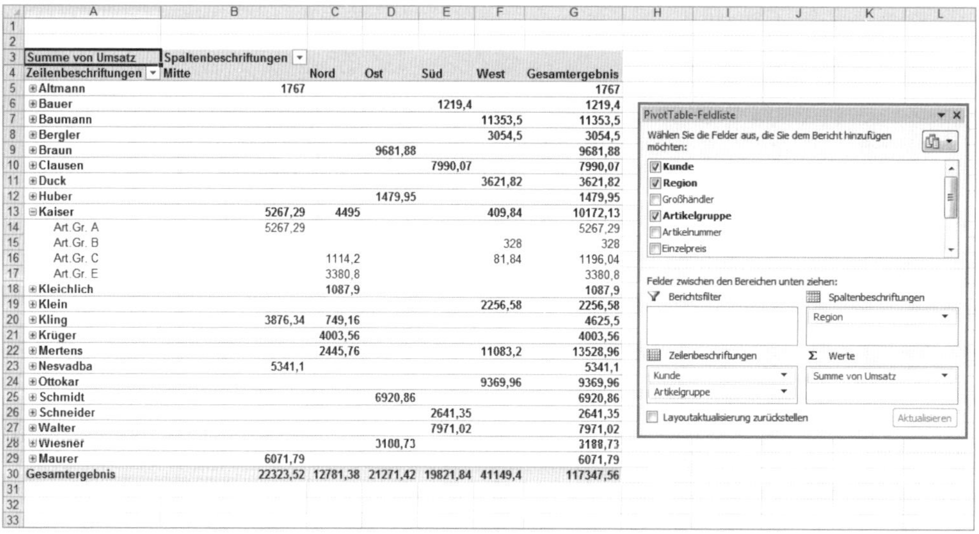

Summe von Umsatz	Spaltenbeschriftungen					
Zeilenbeschriftungen	Mitte	Nord	Ost	Süd	West	Gesamtergebnis
⊞ Altmann	1767					1767
⊞ Bauer				1219,4		1219,4
⊞ Baumann					11353,5	11353,5
⊞ Bergler					3054,5	3054,5
⊞ Braun			9681,88			9681,88
⊞ Clausen				7990,07		7990,07
⊞ Duck					3621,82	3621,82
⊞ Huber			1479,95			1479,95
⊟ Kaiser	5267,29	4495			409,84	10172,13
Art.Gr. A	5267,29					5267,29
Art.Gr. B					328	328
Art.Gr. C		1114,2			81,84	1196,04
Art.Gr. E		3380,8				3380,8
⊞ Kleichlich		1087,9				1087,9
⊞ Klein					2256,58	2256,58
⊞ Kling	3876,34	749,16				4625,5
⊞ Krüger		4003,56				4003,56
⊞ Mertens		2445,76			11083,2	13528,96
⊞ Nesvadba	5341,1					5341,1
⊞ Ottokar					9369,96	9369,96
⊞ Schmidt			6920,86			6920,86
⊞ Schneider				2641,35		2641,35
⊞ Walter				7971,02		7971,02
⊞ Wiesner			3188,73			3188,73
⊞ Maurer	6071,79					6071,79
Gesamtergebnis	22323,52	12781,38	21271,42	19821,84	41149,4	117347,56

Basierend auf dieser Tabelle sollen nun verschiedene Datensätze extrahiert werden.

Auslesen des Gesamtumsatzes für den Kunden Kaiser

Erfassen Sie dazu in Zelle C34 diese Formel:

=PIVOTDATENZUORDNEN("Umsatz";$A$3;"Kunde";"Kaiser")

Das Ergebnis lautet 10.172,13.

Auslesen der Summe Umsatz Art.Gr. C für den Kunden Kaiser

Diesen Wert können Sie mit dieser Formel extrahieren:

=PIVOTDATENZUORDNEN("Umsatz";$A$3;"Kunde";"Kaiser";"Artikelgruppe";"Art.Gr. C")

Erfassen Sie diese Formel in Zelle C36. Das Ergebnis lautet 1.196,04.

Auslesen der Summe Umsatz Art.Gr. C in der Region Nord für den Kunden Kaiser

Die Formel zum Extrahieren dieses Werts lautet wie folgt:

=PIVOTDATENZUORDNEN("Umsatz";$A$3;"Kunde";"Kaiser";"Artikelgruppe";"Art.Gr. C"; "Region";"Nord")

Tragen Sie diese Formel in Zelle C38 ein. Das Ergebnis lautet 1.114,20.

C38 =PIVOTDATENZUORDNEN("Umsatz";$A$3;"Kunde";"Kaiser";"Artikelgruppe"; "Art.Gr. C";"Region";"Nord")

	A	B	C	D	E	F	G	H
12	⊞Huber			1479,95			1479,95	
13	⊟Kaiser	5267,29	4495			409,84	10172,13	
14	Art.Gr. A	5267,29					5267,29	
15	Art.Gr. B					328	328	
16	Art.Gr. C		1114,2			81,84	1196,04	
17	Art.Gr. E		3380,8				3380,8	
18	⊞Kleichlich		1087,9				1087,9	
19	⊞Klein					2256,58	2256,58	
20	⊞Kling	3876,34	749,16				4625,5	
21	⊞Krüger		4003,56				4003,56	
22	⊞Mertens		2445,76			11083,2	13528,96	
23	⊞Nesvadba	5341,1					5341,1	
24	⊞Ottokar					9369,96	9369,96	
25	⊞Schmidt			6920,86			6920,86	
26	⊞Schneider				2641,35		2641,35	
27	⊞Walter				7971,02		7971,02	
28	⊞Wiesner			3188,73			3188,73	
29	⊞Maurer	6071,79					6071,79	
30	Gesamtergebnis	22323,52	12781,38	21271,42	19821,84	41149,4	117347,56	
31								
32								
33								
34	1. Gesamtergebnis für Kunde "Kaiser"		10.172,13					
35								
36	2. Kunde "Kaiser", Summe Umsatz "Art.Gr. C"		1.196,04					
37								
38	3. Kunde "Kaiser" Umsatz "Art.Gr. C", Region "Nor		1.114,20					
39								
40								

Auf diese Weise können Sie gezielt einzelne Datensätze aus beliebigen PivotTable-Berichten auslesen.

Hinweis

Wenn Sie die Felder in der PivotTable verschieben, also anders anordnen, hat das keine Auswirkung auf die Ergebnisse der Funktion *PIVOTDATENZUORDNEN()*.

Tipp 9: Filtern von PivotTables mithilfe der Datenschnittfunktion

Die mit Excel 2010 eingeführte Datenschnittfunktion bietet eine höchst visuelle Möglichkeit, die Daten in PivotTables zu filtern. Mithilfe von Datenschnitten können die einzelnen Daten anhand von Schaltflächen schnell segmentiert und gefiltert werden.

In früheren Versionen von Microsoft Excel können Bereichsfilter verwendet werden, um Daten in einem PivotTable-Bericht zu filtern. Es war aber nicht leicht, den aktuellen Filterstatus zu erkennen, wenn mehrere Elemente gefiltert waren.

Wenden Sie in den Excel-Versionen ab 2010 mehrere Filter auf die PivotTable an, müssen Sie nicht länger eine Liste öffnen, um die auf die Daten angewendeten Filter anzuzeigen. Stattdessen sehen Sie das direkt auf dem Bildschirm im Datenschnitt.

Datenschnitte können auch an die Formatierung der Arbeitsmappe angepasst werden, sodass sie sich als Bedienelement nahtlos einbinden lassen. Darüber hinaus lassen sie sich auch in anderen PivotTables, PivotCharts und Cube-Funktionen auf einfache Weise wiederverwenden.

Als Ausgangsbasis dient die Quelldatentabelle mit der Verkaufsliste vom Juli 2018. Da die Datenschnittfunktion nur ab Excel 2010 zur Verfügung steht, bezieht sich dieser Tipp auch ausschließlich auf diese Versionen.

	A	B	C	D	E	F	G	H
1	**Verkaufsliste Juli 2018**							
2								
3	**Kunde**	**Region**	**Großhändler**	**Artikelgruppe**	**Artikelnummer**	**Einzelpreis**	**Menge**	**Umsatz**
4	Kaiser	Nord	Ja	Art.Gr. E	1636E	45,23	15	678,45
5	Kaiser	Nord	Nein	Art.Gr. E	2769E	77,21	35	2.702,35
6	Wiesner	Ost	Ja	Art.Gr. C	1328C	113,94	2	227,88
7	Kling	Mitte	Ja	Art.Gr. E	4458E	15,98	23	367,54
8	Schmidt	Ost	Ja	Art.Gr. A	7248A	163,41	22	3.595,02
9	Kaiser	Mitte	Ja	Art.Gr. A	1044A	112,07	47	5.267,29
10	Kaiser	West	Ja	Art.Gr. C	9452C	27,28	3	81,84
11	Nesvadba	Mitte	Ja	Art.Gr. E	9667E	124,02	4	496,08
12	Klein	West	Nein	Art.Gr. B	1381B	18,45	28	516,60
13	Walter	Süd	Nein	Art.Gr. E	3654E	21,75	17	369,75
14	Kaiser	West	Ja	Art.Gr. B	9885B	82,00	4	328,00
15	Bergler	West	Ja	Art.Gr. A	3524A	29,27	40	1.170,80
16	Schneider	Süd	Nein	Art.Gr. A	1248A	73,59	5	367,95
17	Kleichlich	Nord	Nein	Art.Gr. B	1251B	23,65	46	1.087,90
18	Schmidt	Ost	Ja	Art.Gr. C	7087C	21,40	28	599,20
19	Krüger	Nord	Nein	Art.Gr. B	8799B	148,28	27	4.003,56
20	Maurer	Mitte	Ja	Art.Gr. E	9517E	96,63	37	3.575,31
21	Walter	Süd	Nein	Art.Gr. C	4238C	193,14	23	4.442,22
22	Baumann	West	Nein	Art.Gr. C	4834C	153,25	13	1.992,25
23	Klein	West	Nein	Art.Gr. D	5004D	79,09	22	1.739,98
24	Kaiser	Nord	Ja	Art.Gr. C	3367C	123,80	9	1.114,20
25	Kling	Nord	Ja	Art.Gr. C	7016C	6,10	42	256,20
26	Wiesner	Ost	Ja	Art.Gr. C	1369C	47,79	25	1.194,75
27	Baumann	West	Nein	Art.Gr. A	3477A	71,43	9	642,87
28	Walter	Süd	Nein	Art.Gr. B	4854B	137,35	23	3.159,05

So geht's:

1 Erstellen Sie im ersten Schritt eine PivotTable. Setzen Sie den Zellzeiger an eine beliebige Zelle in der Verkaufsliste, z. B. Zelle B5.

2 Rufen Sie über das Menü *Einfügen/ PivotTable* den Assistenten zur PivotTable-Erstellung auf. Die relevanten Informationen werden automatisch ausgelesen und im Assistenten angezeigt. Achten Sie darauf, dass die Option *Neues Arbeitsblatt* aktiviert ist.

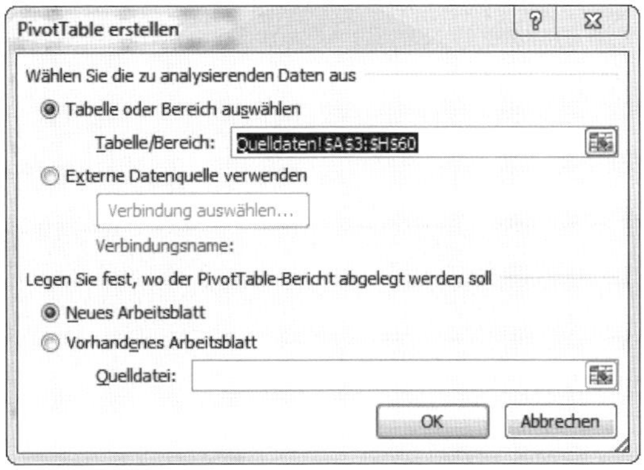

3 Nachdem Sie das Dialogfenster mit einem Klick auf die Schaltfläche *OK* beendet haben, wird ein neues Tabellenblatt für die PivotTable eingefügt und die PivotTable-Feldliste wird im Aufgabenbereich angezeigt. Darüber hinaus werden in Excel 2010 die Registerkarten *Optionen* und *Entwurf* bzw. ab Excel 2013 die Registerkarten *Analysieren* und *Entwurf* aus dem Bereich *PivotTable-Tools* eingeblendet. Folgende Abbildung zeigt Excel 2016 mit dem an der rechten Seite angedockten Aufgabenbereich.

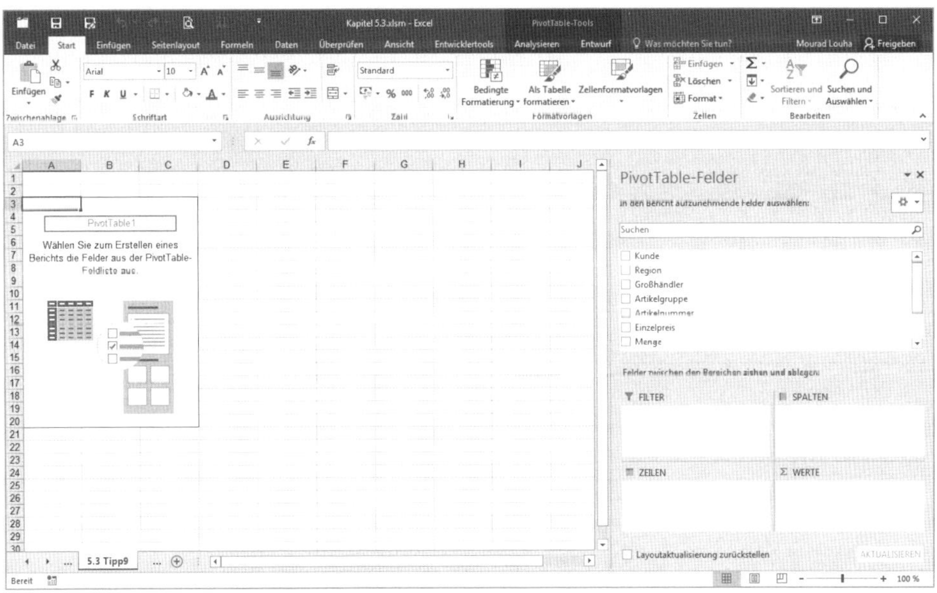

4 Ziehen Sie, wie in der Abbildung gezeigt, die Felder aus der Feldliste in die Bereiche *Spalten*, *Zeilen* und *Werte*. In Excel 2010 heißen die jeweiligen Bereiche respektive *Spaltenbeschriftungen*, *Zeilenbeschriftungen* und *Werte*.

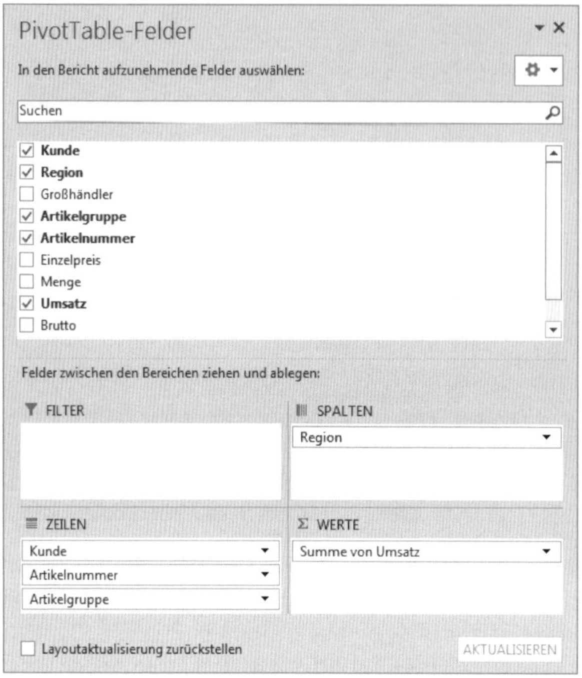

5 Direkt nach dem Verschieben der Felder in die einzelnen Bereiche wird die PivotTable aufgebaut und entsprechend gegliedert. Das Ergebnis sehen Sie in der folgenden Abbildung. Damit die Begriffe *Zeilenbeschriftung* und *Spaltenbeschriftung* in der Kopfzeile der PivotTable nicht mehr angezeigt werden, müssen sie noch ausgeblendet werden. Das wird wie folgt erreicht:

- ab Excel 2016 über das Menü *PivotTable-Tools/Analysieren/Einblenden/Feldkopfzeilen,*
- in Excel 2013 über das Menü *PivotTable-Tools/Analysieren/Anzeigen/Feldkopfzeilen,*
- in Excel 2010 über das Menü *PivotTable-Tools/Optionen/Anzeigen/Feldkopfzeilen.*

	A	B	C	D	E	F	G	H
1								
2								
3	**Summe von Umsatz**							
4		**Mitte**	**Nord**	**Ost**	**Süd**	**West**	**Gesamtergebnis**	
5	⊟**Altmann**	**1767**					**1767**	
6	⊟**1309A**	**1767**					**1767**	
7	Art.Gr. A	1767					1767	
8	⊟**Bauer**				**1219,4**		**1219,4**	
9	⊟**3226A**				**278,8**		**278,8**	
10	Art.Gr. A				278,8		278,8	
11	⊟**6838E**				**940,6**		**940,6**	
12	Art.Gr. E				940,6		940,6	
13	⊟**Baumann**					**11353,5**	**11353,5**	
14	⊟**3477A**					**642,87**	**642,87**	
15	Art.Gr. A					642,87	642,87	
16	⊟**4834C**					**1992,25**	**1992,25**	
17	Art.Gr. C					1992,25	1992,25	
18	⊟**8429E**					**8718,38**	**8718,38**	
19	Art.Gr. E					8718,38	8718,38	
20	⊟**Bergler**					**3054,5**	**3054,5**	
21	⊟**3524A**					**1170,8**	**1170,8**	

6 Im nächsten Schritt wird ein Datenschnitt eingefügt. Markieren Sie dazu eine beliebige Zelle innerhalb der PivotTable und wählen Sie ab Excel 2013 den Befehl *PivotTable-Tools/Analysieren/Filtern/Datenschnitt einfügen* bzw. *PivotTable-Tools/Optionen/Sortieren und Filtern/Datenschnitt einfügen* in Excel 2010. Dieser Befehl öffnet ein Dialogfenster, über das festgelegt wird, für welches Feld/welche Felder der Datenschnitt erzeugt werden soll.

Wählen Sie in diesem Beispiel den Eintrag *Kunde* und beenden Sie den Dialog mit einem Klick auf die Schaltfläche *OK*.

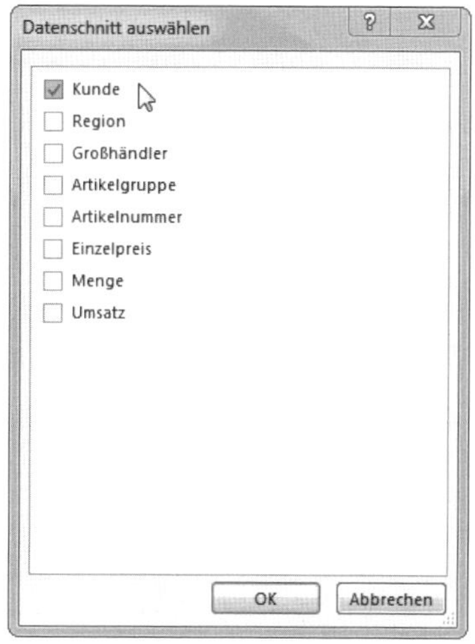

7 Damit haben Sie für das Feld *Kunde* einen Datenschnitt erzeugt. Das bedeutet, dass ein Fenster mit den Feldinhalten des Felds *Kunde* erstellt wird. Dabei kann jeder Kunde individuell angeklickt werden und so wird in der PivotTable die Anzeige auf den gewählten Kunden eingeschränkt.

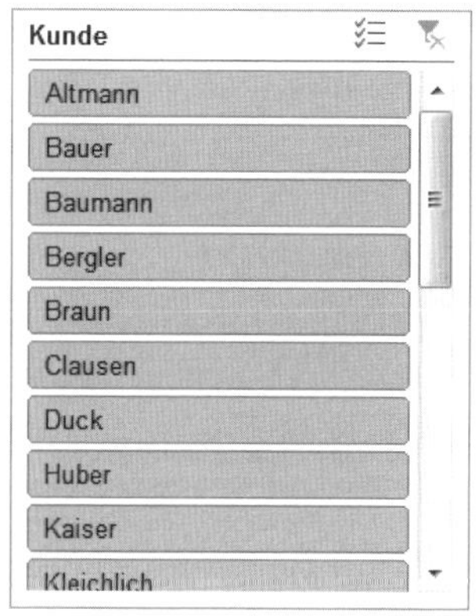

8 In diesem Beispiel sollen nun nur die Daten des Kunden *Kling* angezeigt werden. Suchen Sie dazu aus der alphabetischen Liste des Datenschnitts den Eintrag *Kling* heraus und klicken Sie ihn an. Dadurch wird der Filter auf diesen Datensatz gesetzt und die PivotTable wird auf den Kunden *Kling* eingegrenzt.

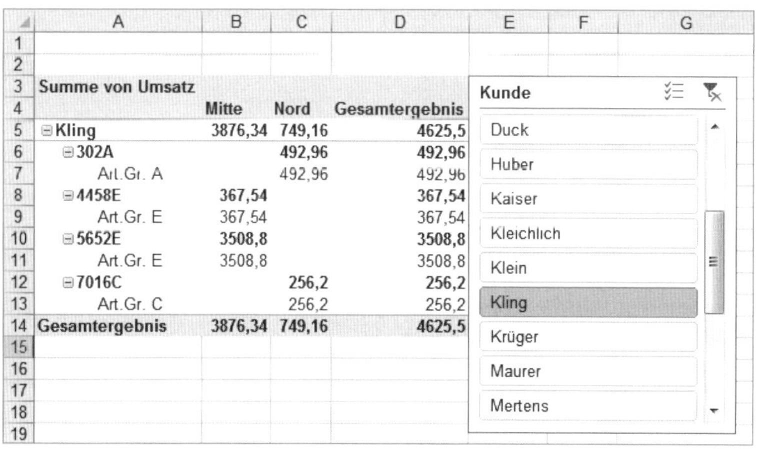

9 Natürlich können auch mehrere individuell ausgewählte Kunden gefiltert werden. Markieren Sie dazu mehrere Einträge im Datenschnitt gleichzeitig. Bei gedrückter [Strg]-Taste können Sie einzelne Kunden selektiv mit der linken Maustaste auswählen, bei gedrückter ⇧-Taste können zusammenhängende Bereiche gewählt werden. Im Beispiel sollen die Kunden *Clausen*, *Huber*, *Kleichlich* und *Klein* angezeigt werden.

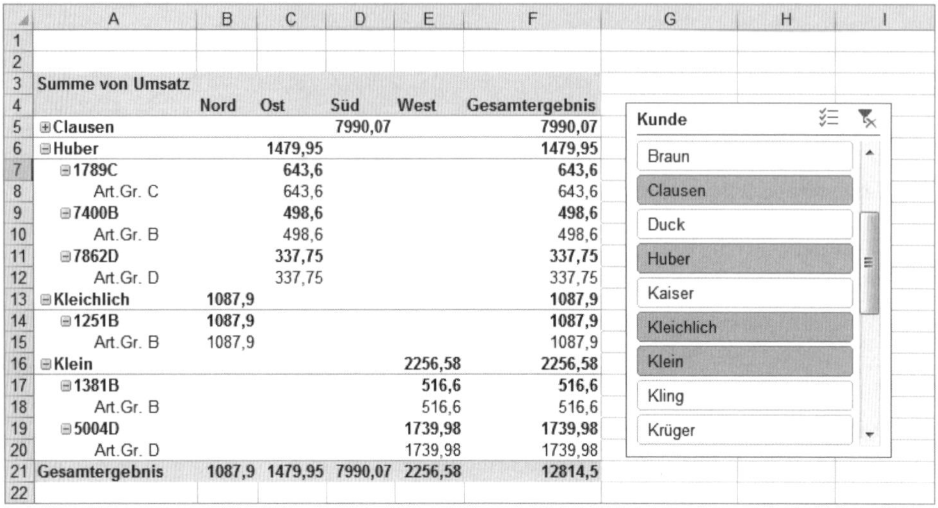

Summe von Umsatz					
	Nord	Ost	Süd	West	Gesamtergebnis
⊞Clausen			7990,07		7990,07
⊟Huber		1479,95			1479,95
⊟1789C		643,6			643,6
Art.Gr. C		643,6			643,6
⊟7400B		498,6			498,6
Art.Gr. B		498,6			498,6
⊟7862D		337,75			337,75
Art.Gr. D		337,75			337,75
⊟Kleichlich	1087,9				1087,9
⊟1251B	1087,9				1087,9
Art.Gr. B	1087,9				1087,9
⊟Klein				2256,58	2256,58
⊟1381B				516,6	516,6
Art.Gr. B				516,6	516,6
⊟5004D				1739,98	1739,98
Art.Gr. D				1739,98	1739,98
Gesamtergebnis	1087,9	1479,95	7990,07	2256,58	12814,5

Hinweis

Am Filtersymbol rechts oben im Datenschnittfenster ist zu erkennen, ob ein Filter aktiv ist oder nicht. Das Symbol wird angezeigt, wenn der Filter aktiv ist. Mit einem Klick darauf wird der Filter gelöscht und es werden wieder alle Datensätze angezeigt.

Ab Excel 2016 ist im Datenschnitt ein zweites Symbol links neben dem Filtersymbol zu finden, das einen Mehrfachauswahlmodus aktiviert bzw. deaktiviert. Ist der Modus aktiv, lassen sich mehrere Einträge im Datenschnitt ohne das gleichzeitige Drücken der Steuerungstaste auswählen.

Mit dieser Funktion lässt sich die PivotTable sehr leicht und elegant auf die gewünschten Datensätze filtern.

➡ Verweis: siehe Kapitel 5.3, Tipp 12

Tipp 10: Die Datenschnittfunktion in der Praxis – Ideen und Anregungen

Der vorherige Tipp zeigt den grundsätzlichen Umgang mit der Datenschnittfunktion. In diesem Tipp erfahren Sie, wie Sie diese Funktion als Bedien- und Anzeigeelement in der Praxis einsetzen können und wie sich mehrere Datenschnitte sinnvoll einsetzen und kombinieren lassen.

So geht's:

Nachfolgend wird das Beispiel aus dem vorherigen Tipp verwendet und entsprechend erweitert. Im ersten Schritt soll nun die Formatierung des Datenschnitts an die PivotTable angepasst werden.

1 Markieren Sie dazu das Datenschnittfenster *Kunde* und wählen Sie über das Menü *Datenschnitttools/Optionen* eine entsprechende Datenschnittformatvorlage aus, die zur farblichen Gestaltung der PivotTable passt.

2 Auch die Überschrift des Datenschnitts kann verändert werden. Markieren Sie dazu das Datenschnittfenster und öffnen Sie über den Befehl *Datenschnitttools/Optionen/Datenschnitteinstellungen* das entsprechende Dialogfenster. Dort können Sie im Bereich *Kopfzeile* eine Beschriftung eintragen bzw. die Anzeige von Kopfzeilen deaktivieren. In unserem Beispiel soll anstelle der Überschrift *Kunde* der Text *Kundenname* erscheinen. Hinweis: Das Feld *Name* im Dialogfenster dient dazu, dem Datenschnitt einen eindeutigen internen Bezeichner zu geben.

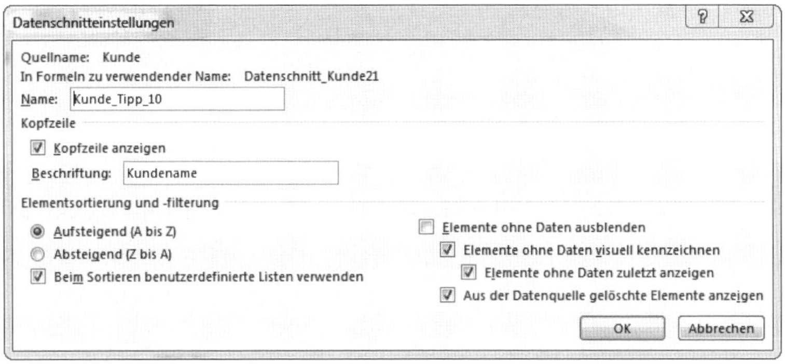

3 Nachdem Sie das Dialogfenster mit *OK* beendet haben, wird das Datenschnittfenster entsprechend angezeigt.

4 Im nächsten Schritt fügen Sie einen zweiten Datenschnitt für das Feld *Großhändler* hinzu. Setzen Sie den Zellzeiger dazu auf eine beliebige Zelle in der PivotTable und fügen Sie ab Excel 2013 über das Menü *PivotTable-Tools/Analysieren/Filtern/Datenschnitt einfügen* einen Datenschnitt für das Feld *Großhändler* ein. In Excel 2010 finden Sie den Befehl im Menü *PivotTable-Tools/Optionen/Sortieren und Filtern/Datenschnitt einfügen*.

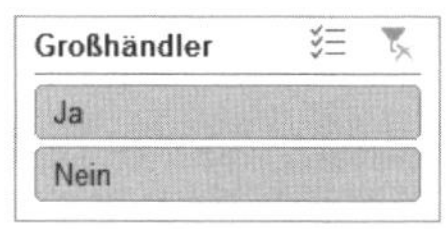

5 Dieser Datenschnitt enthält die Werte *Ja* und *Nein*, abhängig davon, ob es sich beim ausgewählten Kunden um einen Großhändler handelt oder nicht. Passen Sie diesen Datenschnitt wieder farblich an.

6 Wenn Sie nun die einzelnen Kunden auswählen, wird automatisch der entsprechende Eintrag *Ja* oder *Nein* im Datenschnittfenster *Großhändler* angezeigt. Damit können Sie Informationen der PivotTable über den zweiten Datenschnitt elegant anzeigen lassen.

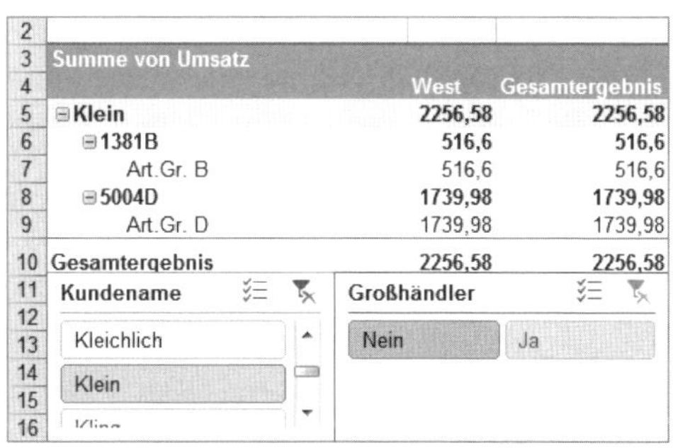

7 Damit der Datenschnitt *Großhändler* wie in der vorstehenden Abbildung zweispaltig angezeigt wird, muss die entsprechende Einstellung vorgenommen werden. Markieren Sie zunächst den Datenschnitt und rufen Sie über das Kontextmenü, das Sie mit der rechten Maustaste aufrufen, den Befehl *Größe und Eigenschaften* auf. Legen Sie im Aufgabenbereich (ab Excel 2013) oder Dialogfenster (Excel 2010) unter der Rubrik *Position und Layout* die *Anzahl der Spalten* auf *2* fest. Nebenstehende Abbildung zeigt den Aufgabenbereich für Excel 2016.

Tipp 11: Mehrere Datenquellen in PivotTables anbinden, ab Excel 2013

Seit Excel 2013 lassen sich mehrere Datenquellen in PivotTables verwenden, womit die PivotTable-Funktion noch praxisorientierter wird. Auswertungen lassen sich damit übersichtlicher und einfacher realisieren.

In diesem Beispiel liegt, wie in der Abbildung zu sehen, eine Bestellliste vor. Diese Liste enthält die meisten Informationen für die Auswertung. Auf einem anderen Tabellenblatt steht aber noch eine weitere Tabelle zur Verfügung, in der eine Beziehung zwischen der Artikelgruppe und dem Lagerort über die Artikelgruppe dargestellt wird.

Mehrere Datenquellen in einer PivotTable

Bestelliste

Nr.	Bestelldatum	Artikel-Nr.	Artikel-Gruppe	Umsatz
1	01.01.2016	1005	1000	29.474,46
2	02.01.2016	2051	2000	17.340,23
3	03.01.2016	1076	1000	38.982,79
4	04.01.2016	3513	3000	38.976,54
5	05.01.2016	3428	3000	25.755,49
6	06.01.2016	2347	2000	11.411,98
7	07.01.2016	1430	1000	31.209,15
8	08.01.2016	2747	2000	31.316,69
9	09.01.2016	1948	1000	17.944,19
10	10.01.2016	3009	3000	19.653,65

Die zu erstellende PivotTable-Auswertung in diesem Tipp soll nun Informationen aus beiden Tabellen enthalten, indem neben der Artikelgruppennummer auch die Bezeichnung des Lagers aus der zweiten Tabelle angezeigt wird. Dies kann erreicht werden, wenn beide Datenbereiche zur PivotTable-Auswertung hinzugefügt werden.

Mehrere Datenquellen in einer PivotTable

Lagerliste

Lager	Art.-Gruppe
Hauptlager 1	1000
Hauptlager 2	2000
Nebenlager A	3000
Nebenlager B	4000

So geht's:

1 Markieren Sie dazu im ersten Schritt in der *Bestellliste* den Bereich A5:E15.

2 Erzeugen Sie nun über den Befehl *Einfügen/Tabellen/PivotTable* eine neue PivotTable. Achten Sie darauf, dass das Kontrollkästchen *Dem Datenmodell diese Daten hinzufügen* aktiviert ist, wie die Abbildung zeigt. Dies ist notwendig, damit mehrere Tabellen bzw. Datenbereiche analysiert und ausgewertet werden können.

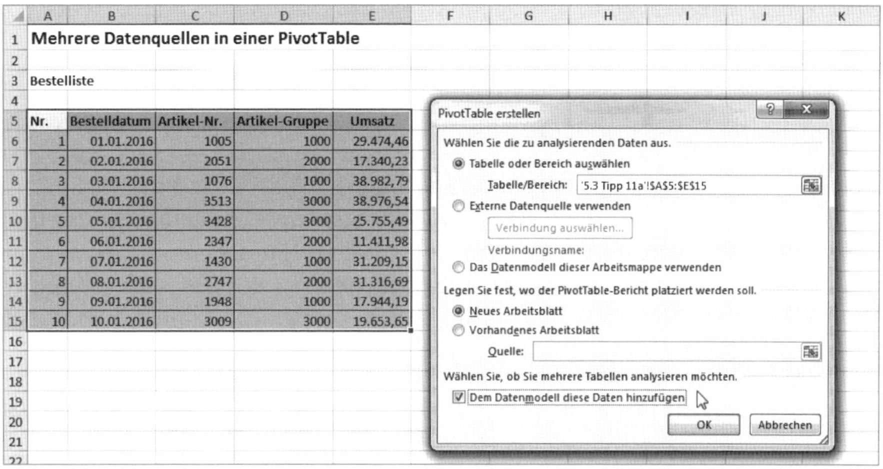

3 Bestätigen Sie dieses Dialogfenster mit *OK*. Damit wird ein neues Tabellenblatt mit einer PivotTable erzeugt.

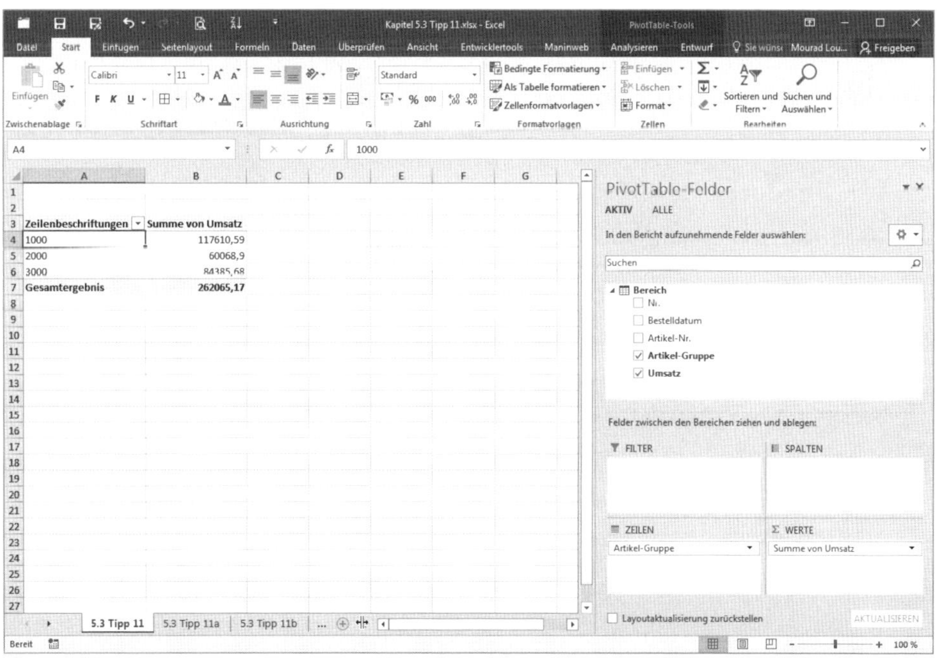

4 Im nächsten Schritt muss nun der Pivot-Bericht generiert werden. Ziehen Sie dazu das relevante Berichtsfeld *Artikel-Gruppe* in den Zeilenbereich und das Feld *Umsatz* in den Wertebereich.

5 Um nun die zweite Tabelle *Lagerliste* dem Pivot-Bericht hinzuzufügen, wiederholen Sie Schritt 2 einfach. Markieren Sie dazu in der *Lagerliste* den Zellbereich A5:B9 und starten Sie den PivotTable-Befehl über das Menü *Einfügen/Tabellen/PivotTable*. Achten Sie darauf, dass hier ebenfalls der Haken im Kontrollkästchen *Dem Datenmodell diese Daten hinzufügen* gesetzt wird, und beenden Sie das Dialogfenster mit einem Klick auf die Schaltfläche *OK*.

6 Damit sind beide Datentabellen im Datenmodell vorhanden und können verwendet werden. Um die Daten miteinander zu verknüpfen, ist noch ein weiterer Schritt notwendig.

In diesem Beispiel müssen das Feld *Artikel-Gruppe* aus der *Bestellliste* sowie das Feld *Art.-Gruppe* aus der *Lagerliste* zueinander in Beziehung gesetzt werden. Wechseln Sie zu dem Arbeitsblatt mit der (ersten) PivotTable und klicken Sie auf eine Zelle innerhalb der PivotTable. Öffnen Sie anschließend auf der Registerkarte *PivotTable-Tools/Analysieren/Berechnungen/Beziehungen* den Befehl *Beziehungen*, um eine Relation zwischen den beiden Datenfeldern herzustellen.

Klicken Sie in diesem Dialogfenster auf die Schaltfläche *Neu* und ordnen Sie im darauffolgend erscheinenden zweiten Dialogfenster die beiden Datenfelder einander zu. Als *Tabellen* werden in dem Dialogfenster die von Excel automatisch vergebenen Namen *Bereich* und *Bereich1* angezeigt. Bestätigen Sie Ihre Angaben mit einem Klick auf *OK*.

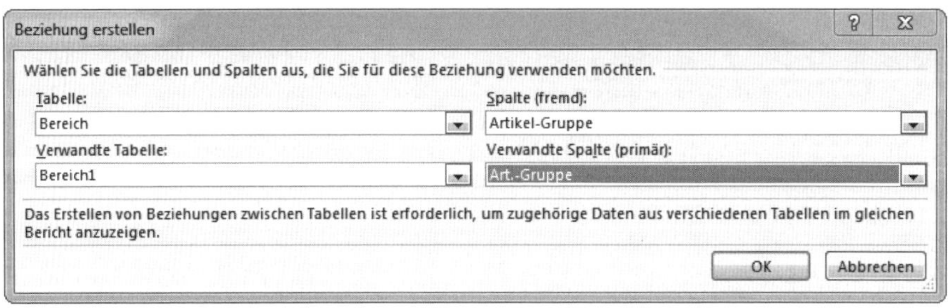

Sie gelangen wieder zurück zum ersten Dialog, den Sie mit *Schließen* beenden.

Somit stehen im erzeugten PivotTable-Bericht auch die Felder aus der Lagerliste zur Verfügung und die Felder sind entsprechend verknüpft, sodass über die Artikelgruppe die Beziehung zwischen den beiden Datenbereichen hergestellt ist.

7 Um die neuen Datenfelder allerdings zu sehen und verwenden zu können, muss die Anzeigeoption in Aufgabenbereich *PivotTable-Felder*-Seitenleiste von *AKTIV* auf die Option *ALLE* umgestellt werden. Damit wird *Bereich1* eingeblendet und Sie können die Felder aus der zweiten Datentabelle wie gewohnt verwenden.

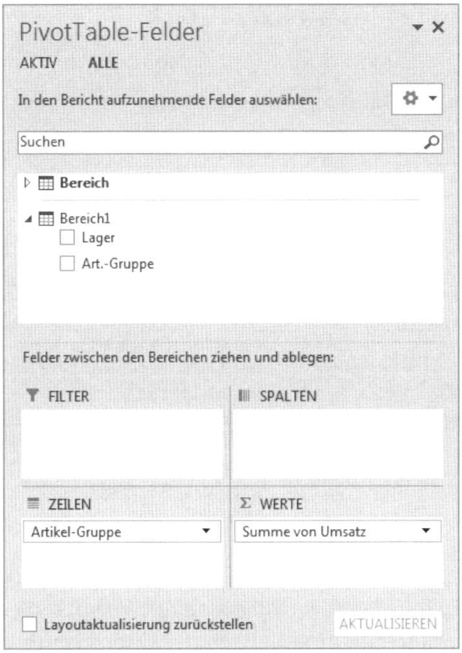

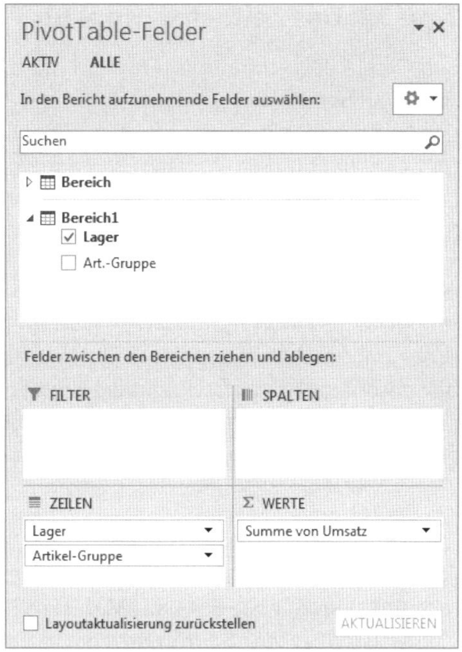

8 Um nun den PivotTable-Bericht um die Lagerinformationen zu ergänzen, ziehen Sie das Datenfeld *Lager* aus *Bereich1* einfach in den Zeilenbereich der PivotTable. Achten Sie darauf, dass dieses Feld vor dem Feld *Artikel-Gruppe* eingefügt wird.

Damit ist der PivotTable-Bericht fertig und die Auswertung steht wie gewünscht zur Verfügung. Gegebenenfalls können Sie nun abschließend das von Excel angelegte Arbeitsblatt mit der zweiten PivotTable zu den Lagern löschen.

	A	B	C
1			
2			
3	**Zeilenbeschriftungen**	**Summe von Umsatz**	
4	**⊟Hauptlager 1**	**117610,59**	
5	1000	117610,59	
6	**⊟Hauptlager 2**	**60068,9**	
7	2000	60068,9	
8	**⊟Nebenlager A**	**84385,68**	
9	3000	84385,68	
10	**Gesamtergebnis**	**262065,17**	
11			

Hinweis

Beachten Sie, dass die Bezeichnung der Datenfelder, über die die Beziehung hergestellt werden soll, nicht identisch sein muss. Es können damit beliebige Berichte miteinander in Relation gesetzt werden, ohne dass sie vorher angepasst werden müssen.

Tipp 12: Das Zeitachsentool für PivotTables ab Excel 2013

Seit Excel 2013 enthält die Anwendung ein Zeitachsentool, das in Kombination mit PivotTables eingesetzt werden kann. In diesem Tipp erfahren Sie, wie dieses Tool verwendet werden kann. Das Zeitachsentool ist als Filterinstrument für Zeitbetrachtungen gedacht und entspricht in der Logik der in Excel 2010 eingeführten Datenschnittfunktion.

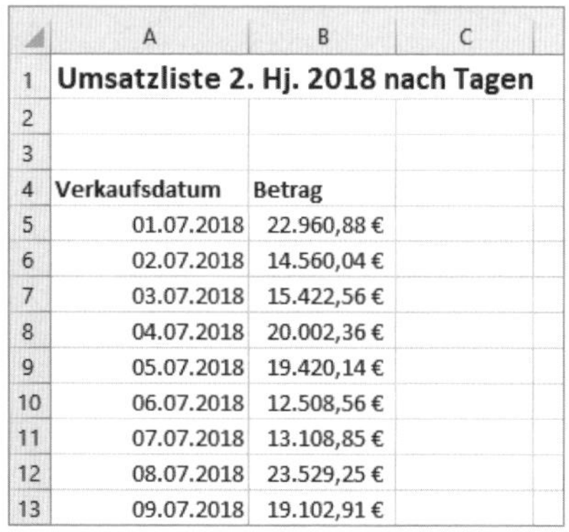

	A	B	C
1	Umsatzliste 2. Hj. 2018 nach Tagen		
2			
3			
4	Verkaufsdatum	Betrag	
5	01.07.2018	22.960,88 €	
6	02.07.2018	14.560,04 €	
7	03.07.2018	15.422,56 €	
8	04.07.2018	20.002,36 €	
9	05.07.2018	19.420,14 €	
10	06.07.2018	12.508,56 €	
11	07.07.2018	13.108,85 €	
12	08.07.2018	23.529,25 €	
13	09.07.2018	19.102,91 €	

Als Ausgangsbasis dient eine einfache Umsatztabelle für das zweite Halbjahr 2018, also für den Zeitraum Juli bis Dezember. Diese Umsatztabelle enthält chronologisch aufsteigend die Umsätze pro Tag. Ziel ist nun, die Umsätze über das Zeitachsentool zu filtern.

So geht's:

1 Setzen Sie im ersten Schritt den Zellzeiger auf eine beliebige Zelle in der Umsatztabelle und erzeugen Sie über das Menü *Einfügen/Tabellen/PivotTable* eine neue PivotTable. Der Assistent erkennt automatisch den Datenbereich einschließlich der Überschriftenzeile und schlägt ihn entsprechend vor.

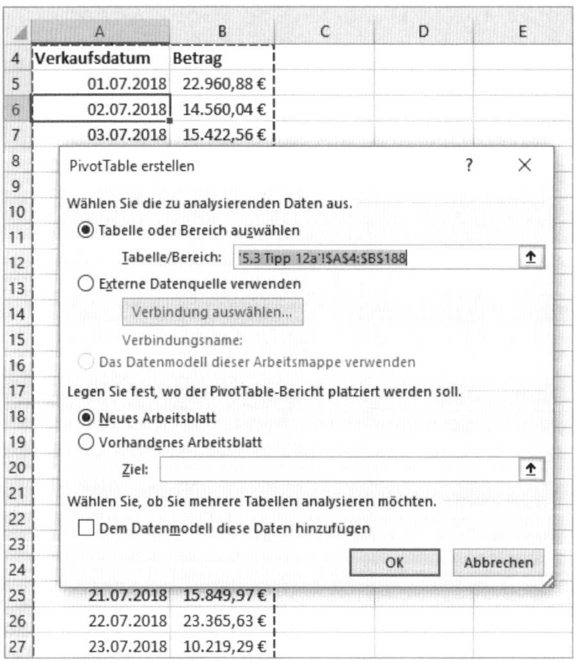

2 Mit einem Klick auf die Schaltfläche *OK* wird die PivotTable auf einem neuen Arbeitsblatt erstellt.

3 Ziehen Sie nun das Feld *Verkaufsdatum* in den *Zeilen*-Bereich und das Feld *Betrag* in den *Werte*-Bereich. Damit wird die entsprechende PivotTable erzeugt.

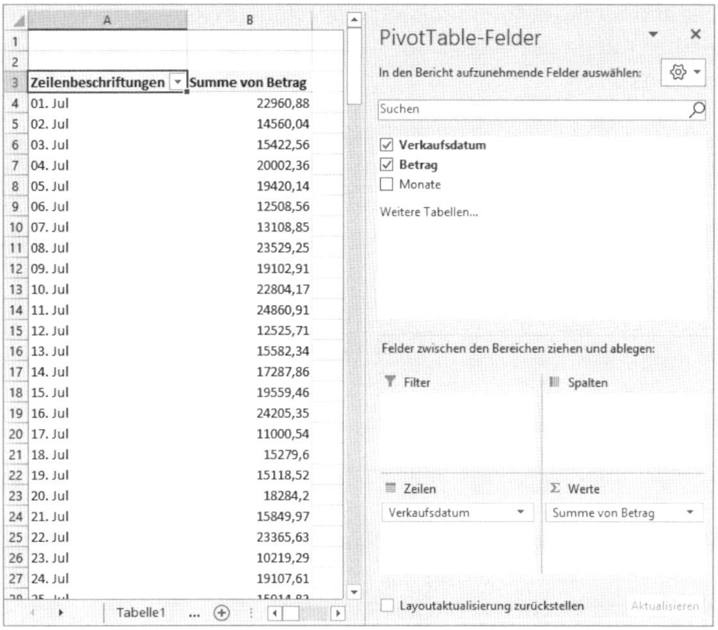

4 Im nächsten Schritt kann nun die Zeitachse eingefügt werden. Setzen Sie dazu den Zellzeiger in die eben erstellte PivotTable und führen Sie den Befehl *PivotTable-Tools/Analysieren/Filtern/Zeitachse einfügen* aus. Excel erkennt automatisch das Feld *Verkaufsdatum* als Datumsfeld. Damit dieses in der Zeitachse verwendet wird, setzen Sie den Haken vor dem Feld und beenden Sie den Dialog mit *OK*.

5 Damit wird auf Basis der vorliegenden PivotTable für den Zeitraum Juli bis Dezember 2018 eine Zeitachse eingefügt.

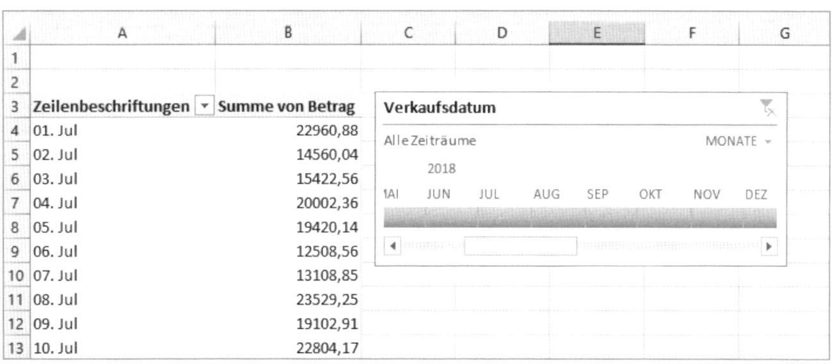

6 Um nun die Anzeige auf beliebige Monate einzuschränken, markieren Sie einfach den entsprechenden Monat bzw. Monatsbereich.

Die folgende Abbildung zeigt die Beschränkung der Datenanzeige auf die Monate November und Dezember. Auf diese Weise lassen sich Daten schnell und einfach nach beliebigen Zeiträumen filtern.

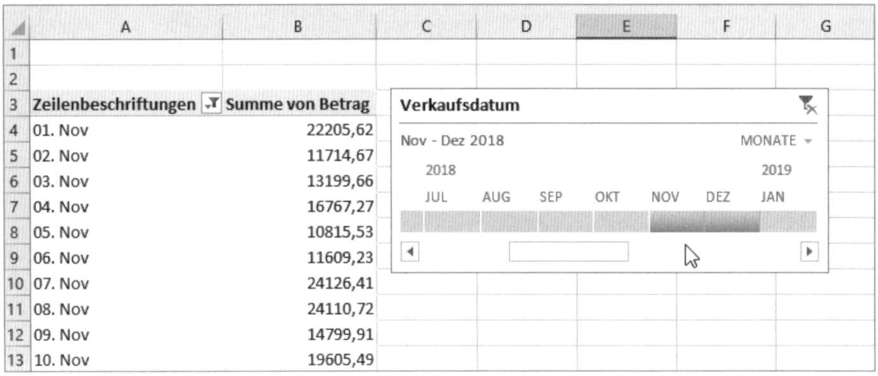

7 Nachdem das Zeitachsentool eingefügt und markiert ist, steht zudem die kontextsensitive Registerkarte *Zeitachsentools* zur Verfügung. Darüber kann das Layout der Zeitachse den eigenen Wünschen entsprechend angepasst werden.

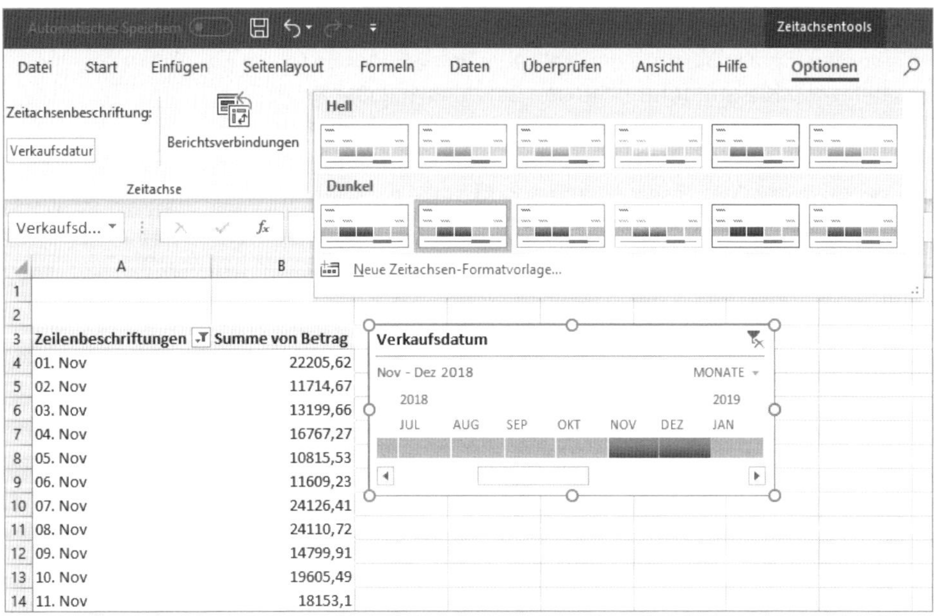

5.4 Teilergebnisse sinnvoll einsetzen

Die Funktion *Teilergebnisse* bietet eine schnelle und einfache Möglichkeit, um Datenbestände zu strukturieren und zu gliedern.

Beim Thema Teilergebnisse müssen zwei grundsätzliche Sachverhalte unterschieden werden. Zum einen bietet Excel einen Teilergebnis-Assistenten, über den Zwischensummen, also Teilergebnisse, zu einer Datenliste automatisch hinzugefügt werden können. Zum anderen stellt Excel die Tabellenfunktion *TEILERGEBNIS()* zur Verfügung, über die sich Teilergebnisse manuell einfügen lassen.

Der Teilergebnis-Assistent bietet sich zur Lösung folgender Aufgabenstellungen an:

- Gruppierung und Gliederung von Daten,
- Einfügen von Teil- und Gesamtergebnissen in eine Datenliste.

Tipp 1: Allgemeine Informationen zum Teilergebnis-Assistenten

Zum Gruppieren und Gliedern stellt Excel den Teilergebnis-Assistenten zur Verfügung. Dieser wird über das Menü *Daten/Gliederung/Teilergebnis* aufgerufen.

So geht's:

Damit der Assistent brauchbare Ergebnisse liefern kann, muss der Datenbestand folgende Grundvoraussetzungen erfüllen:

- Die Datenliste muss homogen sein, das bedeutet, alle Datensätze der Liste müssen gleich aufgebaut sein.
- Die Datenfelder müssen eine Spaltenbeschriftung besitzen, damit sie der Konvention von Excel-Tabellen entsprechen.
- Die Liste muss in einer sortierten Form vorliegen. Dabei kommt der Sortierung eine besondere Bedeutung zu. Die Liste muss nach der Spalte (Datenfeld) sortiert sein, für die die Teilergebnisse eingefügt werden sollen.

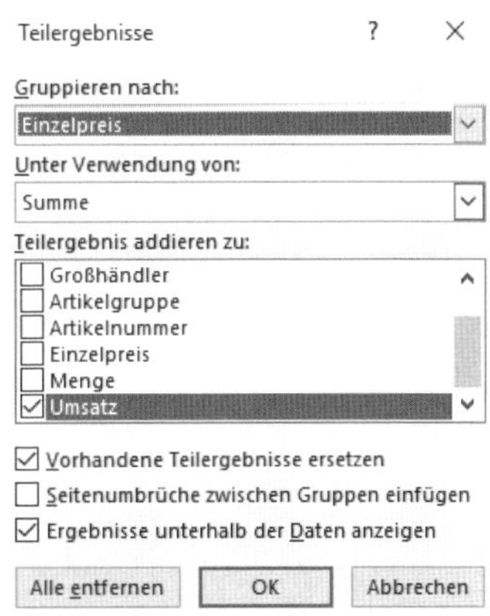

Wenn diese Voraussetzungen erfüllt sind, steht der Verwendung des Teilergebnis-Assistenten nichts mehr im Wege.

Nach dem Aufruf des Assistenten wird das Dialogfenster *Teilergebnisse* eingeblendet. Wenn die Daten ordnungsgemäß aufgebaut sind, erkennt Excel die Datentabelle in der Regel automatisch und wendet die Funktion darauf an.

Die Optionen des Assistenten bieten verschiedene Einstellungs- und somit Auswertungsmöglichkeiten.

Optionsfeld	Beschreibung
Gruppieren nach	In diesem Kombinationsfeld stehen alle Datenfeldüberschriften zur Verfügung. Über dieses Feld legen Sie fest, nach welchen Spalten gruppiert werden soll.
Unter Verwendung von	In diesem Kombinationsfeld können Sie zwischen den verschiedenen Berechnungsmethoden *Summe, Anzahl, Mittelwert, Maximum, Minimum, Produkt, Anzahl Zahlen, Standardabweichung (Stichprobe), Standardabweichung (Grundgesamtheit), Varianz (Stichprobe)* und *Varianz (Grundgesamtheit)* wählen.
Teilergebnis addieren zu	In diesem Listenfeld können Sie über Kontrollkästchen die Spalten festlegen, für die die Teilergebnisberechnung ausgeführt werden soll.
Vorhandene Teilergebnisse ersetzen	Wenn dieses Kontrollkästchen aktiviert ist, werden alle bestehenden Teilergebnisse bei erneuter Ausführung des Befehls ersetzt.
Seitenumbrüche zwischen Gruppen einfügen	Aktivieren Sie dieses Kontrollkästchen, wenn Sie Datengruppen auf jeweils eigenen Tabellenblättern ausdrucken möchten.
Ergebnisse unterhalb der Daten anzeigen	Das Aktivieren dieses Kontrollkästchens sorgt dafür, dass die Teilergebnisse unter der jeweiligen Datengruppe angezeigt werden. Wenn diese Option deaktiviert ist, werden die Ergebnisse oberhalb angezeigt.
Alle entfernen	Ein Klick auf diese Schaltfläche entfernt sämtliche Teilergebnisse aus der Datentabelle.

Hinweis

Sobald Sie Änderungen am Datenbestand vornehmen, werden die Teilergebnisse automatisch neu berechnet.

Tipp 2: Teilergebnisse schnell und zielgerichtet erzeugen

Als Ausgangstabelle dient die Verkaufsliste per Juli 2018, die Sie bereits aus Kapitel 5.3 zu den PivotTables kennen.

Ziel ist es nun, die Verkaufsdaten nach Regionen zusammenzufassen. Dabei sollen für die einzelnen Regionen Zwischensummen gebildet werden.

So geht's:

1. Markieren Sie den Zellbereich A3:H60 (Daten inklusive Überschriften). Am einfachsten erreichen Sie das mit der Tastenkombination Strg+A. Bevor Sie die Tastenkombination ausführen, muss sich der Zellzeiger auf einer beliebigen Zelle in der Datenliste befinden.

2. Sortieren Sie die Datenliste nach der der Spalte *Region* (Spalte B) aufsteigend. Den Sortierbefehl starten Sie über das Menü *Start/Bearbeiten/Sortieren und Filtern/Benutzerdefiniertes Sortieren.*

3. Als Sortierkriterium wählen Sie den Eintrag *Region* im Feld *Sortieren nach* und aktivieren die Reihenfolge *A bis Z.*

4 Beenden Sie das Dialogfenster *Sortieren* mit einem Klick auf die Schaltfläche *OK*. Die Daten stehen nun in der neu sortierten Reihenfolge zur Verfügung.

5 Starten Sie anschließend über das Menü *Daten/Gliederung/Teilergebnis* den Teilergebnis-Assistenten. Achten Sie wiederum darauf, dass entweder der gesamte Zellbereich markiert ist oder sich der Zellzeiger innerhalb der Datenliste befindet.

6 Wählen Sie im Feld *Gruppieren nach* den Eintrag *Region*. Im Kombinationsfeld *Unter Verwendung von* legen Sie den Eintrag *Summe* fest. Aktivieren Sie im letzten Schritt im Listenfeld *Teilergebnis addieren zu* den Eintrag *Umsatz*, da die Spalte *Umsatz* addiert werden soll. Bei den weiteren Einstellungen können Sie die Vorgaben übernehmen.

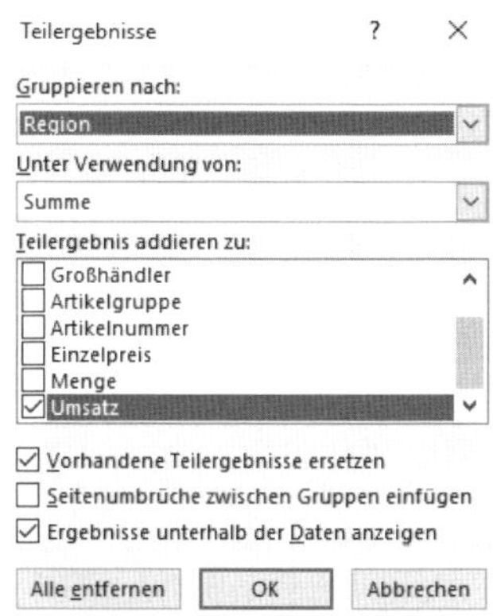

7 Nachdem Sie das Dialogfenster mit einem Klick auf die Schaltfläche *OK* beendet haben, werden die Daten nach der Spalte *Regionen* gruppiert. Nach jeder Gruppe wird ein Teilergebnis in der Spalte *Umsatz* eingefügt.

	A	B	C	D	E	F	G	H
1	**Verkaufsliste Juli 2018**							
2								
3	**Kunde**	**Region**	**Großhändler**	**Artikelgruppe**	**Artikelnummer**	**Einzelpreis**	**Menge**	**Umsatz**
4	Altmann	Mitte	Nein	Art.Gr. A	1309A	70,68	25	1.767,00
5	Kaiser	Mitte	Ja	Art.Gr. A	1044A	112,07	47	5.267,29
6	Maurer	Mitte	Ja	Art.Gr. A	8242A	118,52	10	1.185,20
7	Nesvadba	Mitte	Ja	Art.Gr. A	3093A	105,18	3	315,54
8	Maurer	Mitte	Ja	Art.Gr. B	3526B	35,44	37	1.311,28
9	Nesvadba	Mitte	Ja	Art.Gr. B	7334B	192,17	22	4.227,74
10	Nesvadba	Mitte	Ja	Art.Gr. C	1109C	150,87	2	301,74
11	Kling	Mitte	Ja	Art.Gr. E	4458E	15,98	23	367,54
12	Kling	Mitte	Ja	Art.Gr. E	5652E	103,20	34	3.508,80
13	Maurer	Mitte	Ja	Art.Gr. E	9517E	96,63	37	3.575,31
14	Nesvadba	Mitte	Ja	Art.Gr. E	9667E	124,02	4	496,08
15		**Mitte Ergebnis**						22.323,52
16	Kling	Nord	Ja	Art.Gr. A	302A	61,62	8	492,96
17	Kleichlich	Nord	Nein	Art.Gr. B	1251B	23,65	46	1.087,90
18	Krüger	Nord	Nein	Art.Gr. B	8799B	148,28	27	4.003,56
19	Mertens	Nord	Nein	Art.Gr. b	6341A	76,43	32	2.445,76
20	Kaiser	Nord	Ja	Art.Gr. C	3367C	123,80	9	1.114,20
21	Kling	Nord	Ja	Art.Gr. C	7016C	6,10	42	256,20
22	Kaiser	Nord	Ja	Art.Gr. E	1636E	45,23	15	678,45
23	Kaiser	Nord	Nein	Art.Gr. E	2769E	77,21	35	2.702,35
24		**Nord Ergebnis**						12.781,38
37		**Ost Ergebnis**						21.271,42
48		**Süd Ergebnis**						19.821,84
65		**West Ergebnis**						41.149,40
66		**Gesamtergebnis**						117.347,56

Hinweis

Über die Plus- und Minussymbole (Gliederungssymbole) am linken Tabellenrand können die Detaildaten für die Spalte *Region* ein- bzw. ausgeblendet werden. Alternativ können Sie die Gruppendetails auch über die Zahlen 1, 2, 3 in der linken oberen Ecke ein- und ausblenden. Mit dem Shortcut Strg+7 lassen sich die Gruppierungssymbole komplett ausblenden. Eingeblendet werden die Symbole über die gleiche Tastenkombination.

Tipp 3: Mehrere Teilergebnisse verschachteln

Dieses Beispiel zeigt, wie mehrere Teilergebnisse zu einer Liste hinzugefügt werden können. Ziel ist es, wie bereits in Beispiel 2 gezeigt, die Summe für jede Region hinzuzufügen. Darüber hinaus sollen innerhalb der Regionengruppierung für die verschiedenen Artikelgruppen A, B, C, D die Umsatzsumme sowie die durchschnittliche Bestellmenge ermittelt werden.

So geht's:

1 Grundlage zum Einfügen der Teilergebnisse ist eine korrekt sortierte Liste. Starten Sie dazu den Sortierbefehl und sortieren Sie die Datenliste zuerst nach der Spalte *Region* und anschließend nach der Spalte *Artikelgruppe*.

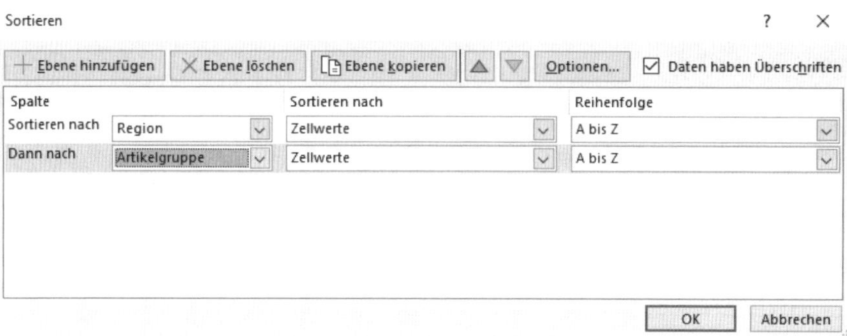

2 Starten Sie über das Menü *Daten/Gliederung/Teilergebnis* den Assistenten zum Einfügen von Teilergebnissen.

3 Im ersten Schritt werden die Teilergebnisse für die Gruppe *Region* eingefügt. Legen Sie die Optionen dazu wie dargestellt fest und beenden Sie anschließend das Dialogfenster mit einem Klick auf die Schaltfläche *OK*.

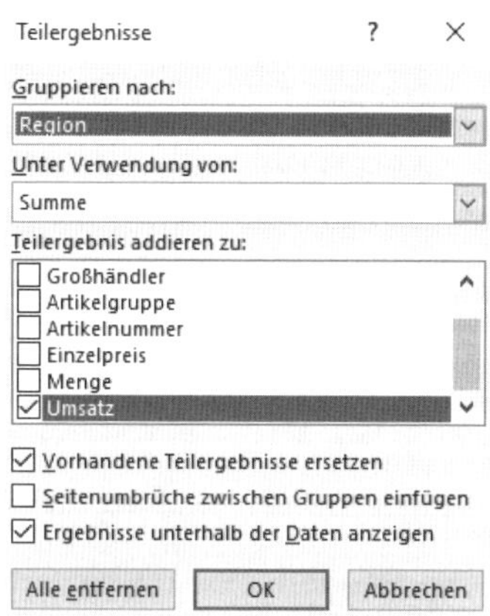

4 Da dieses Dialogfenster keine Möglichkeit bietet, mehrere Gruppierungen anzugeben, müssen Sie den Teilergebnis-Assistenten erneut aufrufen und folgende Optionseinstellungen vornehmen:

- *Gruppieren nach: Artikelgruppe*
- *Unter Verwendung von: Summe*
- *Teilergebnis addieren zu: Menge* und *Umsatz*
- *Vorhandene Teilergebnisse ersetzen: deaktivieren*

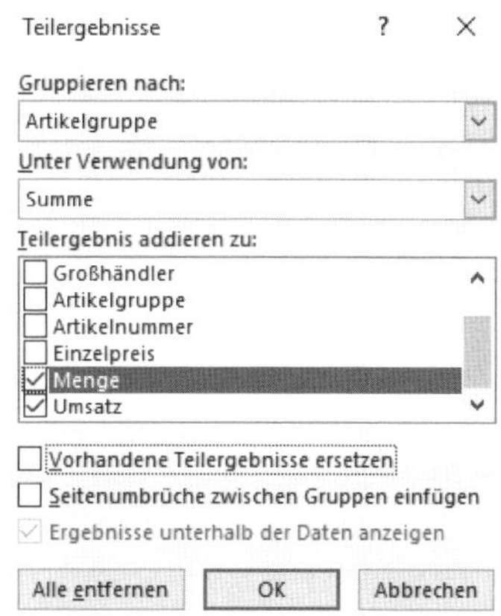

Hinweis

Achten Sie darauf, dass bei allen weiteren Teilergebnissen die Option *Vorhandene Teilergebnisse ersetzen* deaktiviert ist.

5 Nach einem Klick auf die Schaltfläche *OK* werden zu den Teilergebnissen der Regionen die Teilergebnisse der Artikelgruppen hinzugefügt.

Das Ergebnis sehen Sie in folgender Abbildung.

	A	B	C	D	E	F	G	H
1	**Verkaufsliste Juli 2018**							
2								
3	**Kunde**	**Region**	**Großhändler**	**Artikelgruppe**	**Artikelnummer**	**Einzelpreis**	**Menge**	**Umsatz**
4	Altmann	Mitte	Nein	Art.Gr. A	1309A	70,68	25	1.767,00
5	Kaiser	Mitte	Ja	Art.Gr. A	1044A	112,07	47	5.267,29
6	Maurer	Mitte	Ja	Art.Gr. A	8242A	118,52	10	1.185,20
7	Nesvadba	Mitte	Ja	Art.Gr. A	3093A	105,18	3	315,54
8				**Art.Gr. A Ergebnis**			85	8.535,03
9	Maurer	Mitte	Ja	Art.Gr. B	3526B	35,44	37	1.311,28
10	Nesvadba	Mitte	Ja	Art.Gr. B	7334B	192,17	22	4.227,74
11				**Art.Gr. B Ergebnis**			59	5.539,02
12	Nesvadba	Mitte	Ja	Art.Gr. C	1109C	150,87	2	301,74
13				**Art.Gr. C Ergebnis**			2	301,74
14	Kling	Mitte	Ja	Art.Gr. E	4458E	15,98	23	367,54
15	Kling	Mitte	Ja	Art.Gr. E	6662E	103,20	34	3.508,80
16	Maurer	Mitte	Ja	Art.Gr. E	9517E	96,63	37	3.575,31
17	Nesvadba	Mitte	Ja	Art.Gr. E	9667E	124,02	4	496,08
18				**Art.Gr. E Ergebnis**			98	7.947,73
19		**Mitte Ergebnis**						22.323,52
20	Kling	Nord	Ja	Art.Gr. A	302A	61,62	8	492,96
21				**Art.Gr. A Ergebnis**			8	492,96
22	Kleichlich	Nord	Nein	Art.Gr. B	1251B	23,65	46	1.087,90
23	Krüger	Nord	Nein	Art.Gr. B	8799B	148,28	27	4.003,56
24	Mertens	Nord	Nein	Art.Gr. B	6341A	76,43	32	2.445,76
25				**Art.Gr. B Ergebnis**			105	7.537,22
26	Kaiser	Nord	Ja	Art.Gr. C	3367C	123,80	9	1.114,20
27	Kling	Nord	Ja	Art.Gr. C	7016C	6,10	42	256,20
28				**Art.Gr. C Ergebnis**			51	1.370,40
29	Kaiser	Nord	Ja	Art.Gr. E	1636E	45,23	15	678,45
30	Kaiser	Nord	Nein	Art.Gr. E	2789E	77,21	35	2.702,35
31				**Art.Gr. E Ergebnis**			50	3.380,80
32		**Nord Ergebnis**						12.781,38
49		**Ost Ergebnis**						21.271,42
64		**Süd Ergebnis**						19.821,84
86		**West Ergebnis**						41.149,40
87				**Gesamtergebnis**			1332	
88		**Gesamtergebnis**						117.347,56

Hinweis

Ab Excel 2007 bietet sich Ihnen zur Formatierung von Tabellen und Datenlisten eine Vielzahl von Formatvorlagen. Damit die Teilsummenergebnisse besser hervorgehoben werden, bietet es sich an, der Datenliste per Knopfdruck eine Formatvorlage zuzuweisen.

Tipp 4: Teilergebnisse aus der Datenliste entfernen

Die vorherigen Beispiele haben gezeigt, wie Teilergebnisse ganz einfach zu Datenlisten hinzugefügt werden können. Nachfolgend sehen Sie, wie sich die eingefügten Teilergebnisse wieder entfernen lassen.

So geht's:

1 Setzen Sie dazu den Zellzeiger auf eine beliebige Zelle im Datenbestand.

2 Starten Sie über das Menü *Daten/Gliederung/Teilergebnis* das Dialogfenster *Teilergebnisse*.

3 Nach einem Klick auf die Schaltfläche *Alle entfernen* werden sämtliche Teilergebnisse aus der Datentabelle entfernt.

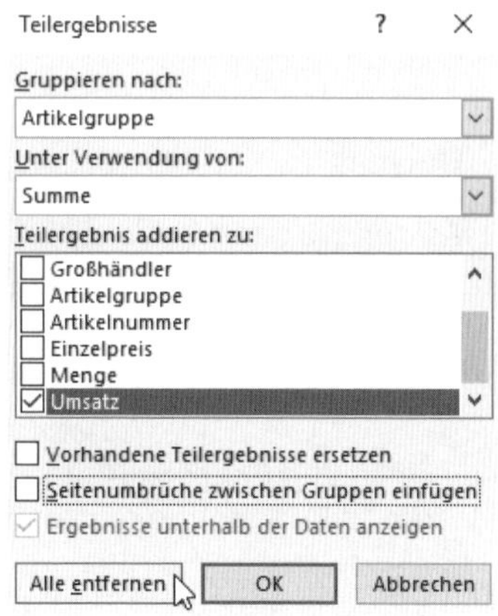

Tipp 5: Automatischen Seitenwechsel nach einzelnen Teilergebnissen einfügen

Dieses Beispiel zeigt, wie nach jeder Teilergebnisgruppe ein Seitenumbruch eingefügt werden kann. Ziel ist es, dass jede Artikelgruppe auf einem eigenen Blatt ausgedruckt wird.

So geht's:

1 Sortieren Sie im ersten Schritt die Datentabelle nach der Spalte *Artikelgruppe*.

2 Öffnen Sie den Teilergebnis-Assistenten über das Menü *Daten/Gliederung/Teilergebnis*.

3 Legen Sie die Optionen wie folgt fest. Achten Sie darauf, dass die Option *Seitenumbrüche zwischen Gruppen einfügen* aktiviert ist.

- *Gruppieren nach: Artikelgruppe*
- *Unter Verwendung von: Summe*
- *Teilergebnis addieren zu: Umsatz*
- *Vorhandene Teilergebnisse ersetzen* aktivieren
- *Seitenumbrüche zwischen Gruppen einfügen* aktivieren

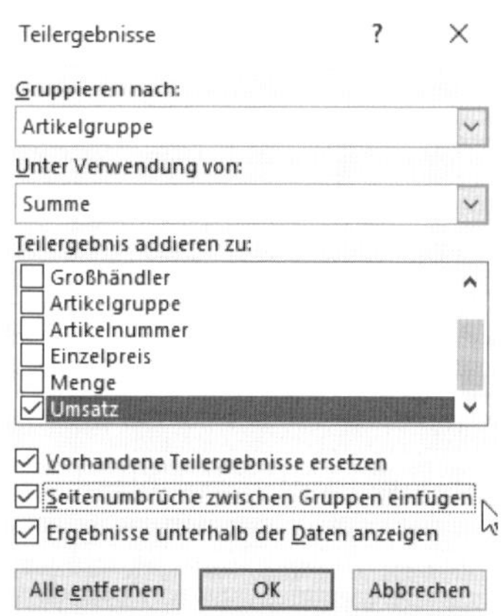

4 Beenden Sie das Dialogfenster mit einem Klick auf die Schaltfläche *OK*. Sie sehen, dass jetzt nach jeder Gruppe ein Seitenumbruch angezeigt wird. Dies erkennen Sie an den gestrichelten Linien.

	A	B	C	D	E	F	G	H	I
1	**Verkaufsliste Juli 2018**								
2									
3	**Kunde**	**Region**	**Großhändler**	**Artikelgruppe**	**Artikelnummer**	**Einzelpreis**	**Menge**	**Umsatz**	
4	Altmann	Mitte	Nein	Art.Gr. A	1309A	70,68	25	1.767,00	
5	Kaiser	Mitte	Ja	Art.Gr. A	1044A	112,07	47	5.267,29	
6	Maurer	Mitte	Ja	Art.Gr. A	8242A	118,52	10	1.185,20	
7	Nesvadba	Mitte	Ja	Art.Gr. A	3093A	105,18	3	315,54	
8	Kling	Nord	Ja	Art.Gr. A	302A	61,62	8	492,96	
9	Schmidt	Ost	Ja	Art.Gr. A	7248A	163,41	22	3.595,02	
10	Wiesner	Ost	Ja	Art.Gr. A	3225A	176,61	10	1.766,10	
11	Bauer	Süd	Nein	Art.Gr. A	3226A	16,40	17	278,80	
12	Schneider	Süd	Nein	Art.Gr. A	1248A	73,59	5	367,95	
13	Baumann	West	Nein	Art.Gr. A	3477A	71,43	9	642,87	
14	Bergler	West	Ja	Art.Gr. A	3524A	29,27	40	1.170,80	
15	Duck	West	Ja	Art.Gr. A	1025A	58,49	48	2.807,52	
16	Ottokar	West	Nein	Art.Gr. A	5622A	171,43	15	2.571,45	
17				**Art.Gr. A Ergebnis**				22.228,50	
18	Maurer	Mitte	Ja	Art.Gr. B	3526B	35,44	37	1.311,28	
19	Nesvadba	Mitte	Ja	Art.Gr. B	7334B	192,17	22	4.227,74	
20	Kleichlich	Nord	Nein	Art.Gr. B	1251B	23,65	46	1.087,90	
21	Krüger	Nord	Nein	Art.Gr. B	8799B	148,28	27	4.003,56	
22	Mertens	Nord	Nein	Art.Gr. b	6341A	76,43	32	2.445,76	
23	Braun	Ost	Ja	Art.Gr. B	2289B	178,61	34	6.072,74	
24	Huber	Ost	Ja	Art.Gr. B	7400B	83,10	6	498,60	
25	Schmidt	Ost	Ja	Art.Gr. B	4549B	113,61	24	2.726,64	
26	Clausen	Süd	Nein	Art.Gr. B	8381B	53,13	26	1.381,38	
27	Walter	Süd	Nein	Art.Gr. B	4854B	137,35	23	3.159,05	
28	Duck	West	Ja	Art.Gr. B	4657B	81,43	10	814,30	
29	Kaiser	West	Ja	Art.Gr. B	9885B	82,00	4	328,00	
30	Klein	West	Nein	Art.Gr. B	1381B	18,45	28	516,60	
31	Mertens	West	Nein	Art.Gr. B	9079B	137,75	39	5.372,25	
32	Ottokar	West	Nein	Art.Gr. B	4900B	176,04	21	3.696,84	
33				**Art.Gr. B Ergebnis**				37.642,64	
34	Nesvadba	Mitte	Ja	Art.Gr. C	1109C	150,87	2	301,74	
35	Kaiser	Nord	Ja	Art.Gr. C	3367C	123,80	9	1.114,20	

Tipp 6: Teilergebnisse in gleichförmige Listen manuell eintragen

Für diese Aufgabenstellung liegt eine Excel-Tabelle mit den Umsätzen des ersten Quartals 2018 für die Regionen Nord, Süd, Ost und West vor. Nach jedem Quartal ist eine Leerzeile vorhanden. In diese Leerzeilen sollen die Summen für den *Umsatz netto*, für die *Umsatzsteuer* und für den *Umsatz brutto* eingetragen werden. Nachfolgend sehen Sie eine Möglichkeit, wie sich diese Teilsummen schnell und komfortabel eintragen lassen.

So geht's:

In der Abbildung sehen Sie die Ausgangstabelle. Ziel ist es, in den Zeilen 9, 14 und 19 die Summen der Quartale 1 bis 3 zu berechnen.

	A	B	C	D
1	**Umsatzübersicht 1. Quartal 2018**			
2				
3				
4	**Artikelgruppe**	**Umsatz netto**	**Umsatzsteuer**	**Umsatz brutto**
5	Region Nord 1/2018	7.437,48 €	1.413,12 €	8.850,60 €
6	Region Süd 1/2018	7.713,21 €	1.465,51 €	9.178,72 €
7	Region Ost 1/2018	13.839,86 €	2.629,57 €	16.469,43 €
8	Region West 1/2018	6.415,79 €	1.219,00 €	7.634,79 €
9	**Summe Quartal 1**			
10	Region Nord 2/2018	11.089,66 €	2.107,04 €	13.196,70 €
11	Region Süd 2/2018	4.722,33 €	897,24 €	5.619,57 €
12	Region Ost 2/2018	8.674,77 €	1.648,21 €	10.322,98 €
13	Region West 2/2018	9.459,99 €	1.797,40 €	11.257,39 €
14	**Summe Quartal 2**			
15	Region Nord 3/2018	12.591,60 €	2.392,40 €	14.984,00 €
16	Region Süd 3/2018	12.876,97 €	2.446,62 €	15.323,59 €
17	Region Ost 3/2018	4.760,98 €	904,59 €	5.665,57 €
18	Region West 3/2018	6.078,09 €	1.154,84 €	7.232,93 €
19	**Summe Quartal 3**			

1 Markieren Sie dazu den Zellbereich A9:D19. Wichtig ist, dass Sie die Zeile, in der das Teilergebnis für das dritte Quartal eingetragen werden soll, mit markieren.

2 Starten Sie das Dialogfenster *Gehe zu* über das Menü *Start/Bearbeiten/Suchen und Auswählen/Gehe zu* oder über die Funktionstaste F5.

3 Klicken Sie auf die Schaltfläche *Inhalte* und wählen Sie im Dialogfenster die Option *Leerzellen* aus.

4 Nach einem Klick auf die Schaltfläche *OK* werden die Zeilen markiert, in die die Teilergebnisse eingefügt werden sollen.

5 Wechseln Sie nun in den Bearbeitungsmodus, indem Sie die Funktionstaste F2 drücken.

6 Erfassen Sie in Zelle B9 die Formel *=TEILERGEBNIS(9;B5:B8)*. Beenden Sie die Formeleingabe mit der Tastenkombination Strg+↵.

	A	B	C	D
1	**Umsatzübersicht 1. Quartal 2018**			
2				
3				
4	**Artikelgruppe**	**Umsatz netto**	**Umsatzsteuer**	**Umsatz brutto**
5	Region Nord 1/2018	7.437,48 €	1.413,12 €	8.850,60 €
6	Region Süd 1/2018	7.713,21 €	1.465,51 €	9.178,72 €
7	Region Ost 1/2018	13.839,86 €	2.629,57 €	16.469,43 €
8	Region West 1/2018	6.415,79 €	1.219,00 €	7.634,79 €
9	**Summe Quartal 1**			
10	Region Nord 2/2018	11.089,66 €	2.107,04 €	13.196,70 €
11	Region Süd 2/2018	4.722,33 €	897,24 €	5.619,57 €
12	Region Ost 2/2018	8.674,77 €	1.648,21 €	10.322,98 €
13	Region West 2/2018	9.459,99 €	1.797,40 €	11.257,39 €
14	**Summe Quartal 2**			
15	Region Nord 3/2018	12.591,60 €	2.392,40 €	14.984,00 €
16	Region Süd 3/2018	12.876,97 €	2.446,62 €	15.323,59 €
17	Region Ost 3/2018	4.760,98 €	904,59 €	5.665,57 €
18	Region West 3/2018	6.078,09 €	1.154,84 €	7.232,93 €
19	**Summe Quartal 3**			

Wie gewünscht, werden die Teilergebnisse für die einzelnen Quartale berechnet.

	A	B	C	D
1	**Umsatzübersicht 1. Quartal 2018**			
2				
3				
4	**Artikelgruppe**	**Umsatz netto**	**Umsatzsteuer**	**Umsatz brutto**
5	Region Nord 1/2018	7.437,48 €	1.413,12 €	8.850,60 €
6	Region Süd 1/2018	7.713,21 €	1.465,51 €	9.178,72 €
7	Region Ost 1/2018	13.839,86 €	2.629,57 €	16.469,43 €
8	Region West 1/2018	6.415,79 €	1.219,00 €	7.634,79 €
9	**Summe Quartal 1**	**35.406,34 €**	**6.727,20 €**	**42.133,54 €**
10	Region Nord 2/2018	11.089,66 €	2.107,04 €	13.196,70 €
11	Region Süd 2/2018	4.722,33 €	897,24 €	5.619,57 €
12	Region Ost 2/2018	8.674,77 €	1.648,21 €	10.322,98 €
13	Region West 2/2018	9.459,99 €	1.797,40 €	11.257,39 €
14	**Summe Quartal 2**	**33.946,75 €**	**6.449,89 €**	**40.396,64 €**
15	Region Nord 3/2018	12.591,60 €	2.392,40 €	14.984,00 €
16	Region Süd 3/2018	12.876,97 €	2.446,62 €	15.323,59 €
17	Region Ost 3/2018	4.760,98 €	904,59 €	5.665,57 €
18	Region West 3/2018	6.078,09 €	1.154,84 €	7.232,93 €
19	**Summe Quartal 3**	**36.307,64 €**	**6.898,45 €**	**43.206,09 €**

Der Vorteil bei der Verwendung der Tabellenfunktion *TEILERGEBNIS()* besteht darin, dass Sie nun in Zeile 21 auf einfache Weise die Gesamtsumme berechnen können. Wären die Zwischensummen über die Funktion *SUMME()* berechnet worden, ergäbe sich in der Gesamtsumme der doppelte Wert, da die einzelnen Umsätze sowie die jeweiligen Zwischensummen in das Ergebnis einfließen würden.

Die Funktion *TEILERGEBNIS()* hingegen bezieht Ergebnisse, die mit dieser Funktion berechnet wurden, in weitere Teilergebnisberechnungen nicht mit ein.

Deswegen liefert die Formel *=TEILERGEBNIS(9;B5:B19)* auch das korrekte Ergebnis und nicht den doppelten Wert zurück. Erfassen Sie die Formel in Zelle B21 und kopieren Sie sie über das AutoAusfüllkästchen bis zur Zelle D21 nach rechts.

➡ Verweis: siehe Kapitel 4.13, Tipp 4

	A	B	C	D
1	**Umsatzübersicht 1. Quartal 2018**			
2				
3				
4	**Artikelgruppe**	**Umsatz netto**	**Umsatzsteuer**	**Umsatz brutto**
5	Region Nord 1/2018	7.437,48 €	1.413,12 €	8.850,60 €
6	Region Süd 1/2018	7.713,21 €	1.465,51 €	9.178,72 €
7	Region Ost 1/2018	13.839,86 €	2.629,57 €	16.469,43 €
8	Region West 1/2018	6.415,79 €	1.219,00 €	7.634,79 €
9	**Summe Quartal 1**	**35.406,34 €**	**6.727,20 €**	**42.133,54 €**
10	Region Nord 2/2018	11.089,66 €	2.107,04 €	13.196,70 €
11	Region Süd 2/2018	4.722,33 €	897,24 €	5.619,57 €
12	Region Ost 2/2018	8.674,77 €	1.648,21 €	10.322,98 €
13	Region West 2/2018	9.459,99 €	1.797,40 €	11.257,39 €
14	**Summe Quartal 2**	**33.946,75 €**	**6.449,89 €**	**40.396,64 €**
15	Region Nord 3/2018	12.591,60 €	2.392,40 €	14.984,00 €
16	Region Süd 3/2018	12.876,97 €	2.446,62 €	15.323,59 €
17	Region Ost 3/2018	4.760,98 €	904,59 €	5.665,57 €
18	Region West 3/2018	6.078,09 €	1.154,84 €	7.232,93 €
19	**Summe Quartal 3**	**36.307,64 €**	**6.898,45 €**	**43.206,09 €**
20				
21	**Gesamtsumme**	**105.660,73 €**	**20.075,54 €**	**125.736,27 €**

5.5 Zielgerichtete Datenkonsolidierung

Datenkonsolidierung bedeutet, dass gleichartige Daten aus verschiedenen Tabellen zu Auswertungszwecken zu einem Bericht zusammengefasst werden. Für diesen Zweck stellt Excel die Funktion *Konsolidieren* zur Verfügung. Dieser Abschnitt zeigt, welche Möglichkeiten diese Funktion bietet und wie Sie damit schnell und praxisorientiert zum Ziel kommen.

Tipp 1: Allgemeine Informationen zum Konsolidieren von Daten

Bevor mit der Datenkonsolidierung begonnen werden kann, sollten Sie ein paar Dinge über die Datenkonsolidierungsfunktion wissen. Die Daten müssen folgenden Aufbau besitzen:

- Die Struktur der zu konsolidierenden Datenlisten muss weitgehend identisch sein.
- Die Spaltenüberschriften und die Zeilenbeschriftungen müssen in allen Datenlisten identisch sein. Die Konsolidierung orientiert sich nämlich an den Beschriftungen.
- Nicht identisch muss hingegen die Spalten- und Zeilenzahl sein.
- Die Zelleinträge müssen numerische Werte (Zahlen) beinhalten, damit sie konsolidiert werden können.

Bei Verwendung der Datenkonsolidierung ist es unerheblich, ob sich die zu verdichtenden Daten auf einem oder auf verschiedenen Tabellenblättern befinden. Ausschlaggebend sind nur die oben dargestellten Grundvoraussetzungen.

Gestartet wird der Befehl über das Menü *Daten/ Datentools/Konsolidieren*.

Nach dem Start der Funktion wird nebenstehendes Dialogfenster eingeblendet.

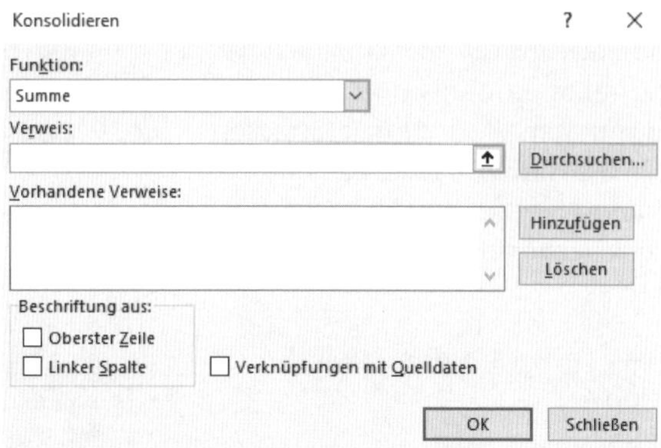

In der nachfolgenden Zusammenstellung erhalten Sie einen Überblick über die verschiedenen Optionen und Einstellungsmöglichkeiten der Funktion *Konsolidieren*.

Dialogfeld	Beschreibung
Funktion	Aus diesem Kombinationsfeld können Sie zwischen den verschiedenen Berechnungsmethoden *Summe, Anzahl, Mittelwert, Maximum, Minimum, Produkt, Anzahl Zahlen, Standardabweichung (Stichprobe), Standardabweichung (Grundgesamtheit), Varianz (Stichprobe)* und *Varianz (Grundgesamtheit)* wählen.
Verweis	Im Feld *Verweis* wird definiert, auf welchem Tabellenblatt und in welchem Zellbereich sich die zu konsolidierenden Daten befinden. Die Verweisangaben können Sie durch Zeigen mit der Maus eintragen.
Durchsuchen	Über die Schaltfläche *Durchsuchen* können Sie eine beliebige Excel-Datei öffnen und einen Verweis auf die geöffnete Datei herstellen.
Hinzufügen	Es werden die im Feld *Verweis* definierten Zellbezüge in das Listenfeld *Vorhandene Verweise* eingetragen.
Löschen	Die im Listenfeld *Vorhandene Verweise* markierten Verweise werden gelöscht.
Beschriftung aus: Oberster Zeile	Mit dieser Option wird festgelegt, dass Excel die Spaltenbeschriftungen als Konsolidierungskriterium für übereinstimmende Spaltenbezeichnungen heranzieht.
Beschriftung aus: Linker Spalte	Über diese Option legen Sie fest, dass Excel die Zeilenbeschriftung am linken Rand des Verweisbezugs als Kriterium für die Datenkonsolidierung heranzieht.
Verknüpfungen mit Quelldaten	Wenn dieses Kontrollkästchen aktiviert ist, werden die Daten dynamisch konsolidiert (verknüpft), was bedeutet, dass sich Änderungen im Quellbereich sofort auf den konsolidierten Zielbereich auswirken.

Tipp 2: Daten einfach konsolidieren anhand eines Praxisbeispiels

Dieses Praxisbeispiel zeigt, wie Daten auf einfache Weise konsolidiert werden können. Für drei Filialen der Buchhaus GmbH liegen die Umsatzübersichten des ersten Halbjahrs vor. Die Daten befinden sich auf verschiedenen Tabellenblättern, sind aber identisch aufgebaut und entsprechen somit den Voraussetzungen für eine Datenkonsolidierung.

Filiale Köln: Die Daten befinden sich auf dem Tabellenblatt *Umsatz Köln*.

Umsätze 1. Halbjahr
Buchhaus GmbH

Filiale Köln - Werte in T€

Artikelgruppe	Jan	Feb	Mrz	Apr	Mai	Jun	Summe
Sachbücher	12,59	15,32	11,59	13,04	8,62	13,62	74,78
Romane	1,88	1,09	7,86	19,32	18,17	13,07	61,39
Kinderbücher	9,72	5,91	16,99	18,10	13,36	9,90	73,98
Zeitschriften	15,32	10,72	8,68	3,20	6,68	3,01	47,61
Summe:	**39,51**	**33,04**	**45,12**	**53,66**	**46,83**	**39,60**	**257,76**

Filiale Hamburg: Die Daten befinden sich auf dem Tabellenblatt *Umsatz Hamburg*.

Umsätze 1. Halbjahr
Buchhaus GmbH

Filiale Hamburg - Werte in T€

Artikelgruppe	Jan	Feb	Mrz	Apr	Mai	Jun	Summe
Sachbücher	13,22	11,32	10,44	14,69	10,26	5,96	65,89
Romane	16,73	8,00	13,32	4,15	7,84	18,71	68,75
Kinderbücher	19,65	3,73	5,14	10,58	6,39	5,22	50,71
Zeitschriften	11,90	19,20	5,90	7,33	5,23	3,37	52,93
Summe:	**61,50**	**42,25**	**34,80**	**36,75**	**29,72**	**33,26**	**238,28**

Filiale Düsseldorf: Die Daten befinden sich auf dem Tabellenblatt *Umsatz Düsseldorf*.

Umsätze 1. Halbjahr
Buchhaus GmbH

Filiale Düsseldorf - Werte in T€

Artikelgruppe	Jan	Feb	Mrz	Apr	Mai	Jun	Summe
Sachbücher	8,36	9,44	18,67	11,80	12,06	7,07	67,40
Romane	11,30	15,47	11,58	15,43	17,89	13,16	84,83
Kinderbücher	8,01	18,31	8,59	5,97	2,29	3,21	46,38
Zeitschriften	17,89	10,13	5,68	15,11	7,18	4,90	60,89
Summe:	**45,56**	**53,35**	**44,52**	**48,31**	**39,42**	**28,34**	**259,50**

Ziel ist es nun, die Umsatzdaten der drei Filialen auf einem eigenen Tabellenblatt zu verdichten, sodass für die jeweiligen Monate und Artikelgruppen der Gesamtumsatz aller drei Filialen berechnet werden kann.

So geht's:

1 Damit die konsolidierten Daten im gleichen Layout wie die Quelldaten ausgegeben werden, müssen Sie im ersten Schritt eine Vorlage für die Datenkonsolidierung erstellen. Diese konnte wie folgt aussehen:

Umsätze 1. Halbjahr
Buchhaus GmbH

Konsolidiert Köln, Hamburg, Düsseldorf - Werte in T€

Artikelgruppe	Jan	Feb	Mrz	Apr	Mai	Jun	Summe
Sachbücher							
Romane							
Kinderbücher							
Zeitschriften							
Summe:							

2 Nachdem die Vorlage erstellt ist, markieren Sie Zelle A5 und starten über das Menü *Daten/Datentools/Konsolidieren* das Dialogfenster zur Datenkonsolidierung.

3 Wählen Sie im Feld *Funktion* den Eintrag *Summe*, da die Zahlen addiert werden sollen. Wie bereits beschrieben, stehen hier verschiedene Konsolidierungsfunktionen zur Verfügung.

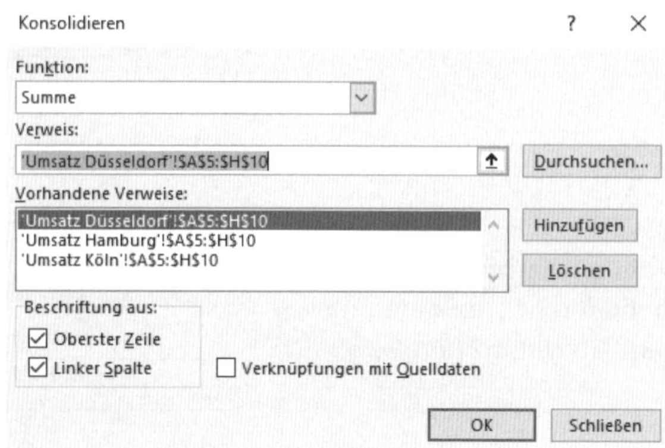

4 Fügen Sie über die Schaltfläche *Hinzufügen* folgende Verweise hinzu:

'Umsatz Köln'!$A$5:$H$10

'Umsatz Hamburg'!$A$5:$H$10

'Umsatz Düsseldorf'!$A$5:$H$10

5 Die Einstellungen für *Beschriftung aus: Oberster Zeile* sowie *Linker Spalte* können Sie übernehmen. Das Kontrollkästchen *Verknüpfungen mit Quelldaten* ist zu deaktivieren, da im ersten Schritt eine statische Konsolidierung durchgeführt werden soll.

6 Nachdem Sie die Konsolidierung mit einem Klick auf die Schaltfläche *OK* abgeschlossen haben, werden die verdichteten Daten im Zielbereich ausgegeben. Das Ergebnis sieht wie folgt aus.

	A	B	C	D	E	F	G	H	I
1	**Umsätze 1. Halbjahr**								
2	Buchhaus GmbH								
3									
4	**Konsolidiert Köln, Hamburg, Düsseldorf - Werte in T€**								
5	Artikelgruppe	Jan	Feb	Mrz	Apr	Mai	Jun	Summe	
6	Sachbücher	34,17	36,08	40,70	39,53	30,94	26,65	208,07	
7	Romane	29,91	24,56	32,76	38,90	43,90	44,94	214,97	
8	Kinderbücher	37,38	27,95	30,72	34,65	22,04	18,33	171,07	
9	Zeitschriften	45,11	40,05	20,26	25,64	19,09	11,28	161,43	
10	**Summe:**	**146,57**	**128,64**	**124,44**	**138,72**	**115,97**	**101,20**	**755,54**	
11									
12									

Wie Sie sehen, wurden die Umsatzzahlen der drei Filialen korrekt addiert und die Summen in den Zielbereich eingetragen.

Auf diese Weise werden statische Verknüpfungen erzeugt, was bedeutet, dass sich Änderungen im Quellbereich nicht automatisch im Zielbereich auswirken.

Die Datenkonsolidierung bietet aber auch die Möglichkeit, die Datenverknüpfung dynamisch zu gestalten, sodass Änderungen des Quellbereichs sofort im Zielbereich (Konsolidierungsbereich) aktualisiert werden.

Dies erreichen Sie ganz einfach, indem Sie die Schritte 2 bis 6 wiederholen, dabei aber im Dialogfenster *Konsolidieren* das Kontrollkästchen *Verknüpfungen mit Quelldaten* diesmal aktivieren. Beachten Sie, dass dynamische Daten nicht auf dem Tabellenblatt erstellt werden können, auf dem sich die Quelldaten befinden. Es ist somit zwingend erforderlich, dass Sie die dynamische Datenkonsolidierung auf einem neuen Tabellenblatt durchführen.

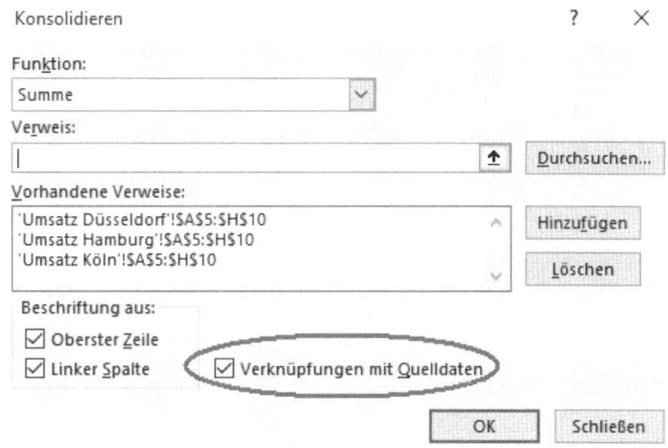

Nach dem Schließen des Dialogfensters über die Schaltfläche *OK* wird die Datenkonsolidierung dynamisch durchgeführt. Dies erkennen Sie daran, dass im konsolidierten Zellbereich nicht die konsolidierten Werte, sondern die Bezüge zu den entsprechenden Zellen sowie Berechnungsformeln eingefügt wurden.

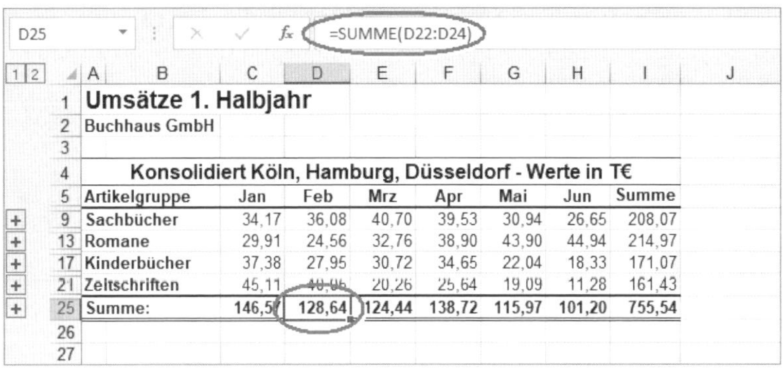

D25 =SUMME(D22:D24)

Umsätze 1. Halbjahr
Buchhaus GmbH

Konsolidiert Köln, Hamburg, Düsseldorf - Werte in T€							
Artikelgruppe	Jan	Feb	Mrz	Apr	Mai	Jun	Summe
Sachbücher	34,17	36,08	40,70	39,53	30,94	26,65	208,07
Romane	29,91	24,56	32,76	38,90	43,90	44,94	214,97
Kinderbücher	37,38	27,95	30,72	34,65	22,04	18,33	171,07
Zeitschriften	45,11	40,05	20,26	25,64	19,09	11,28	161,43
Summe:	146,57	128,64	124,44	138,72	115,97	101,20	755,54

Am linken Rand werden Gliederungssymbole eingeblendet, über die Sie die konsolidierten Datensätze ein- und ausblenden können.

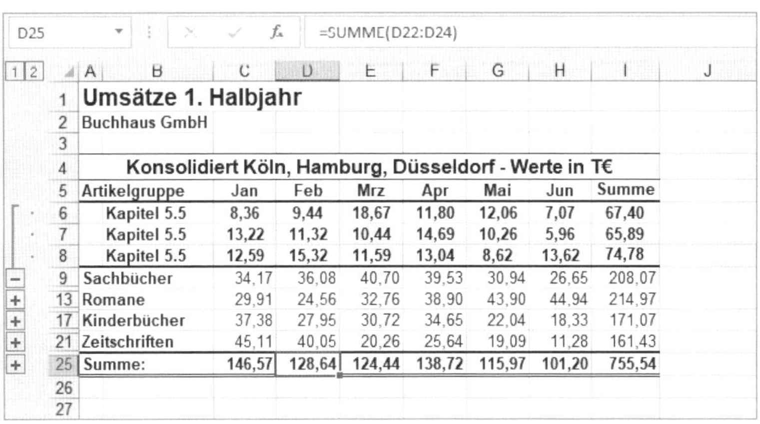

D25 =SUMME(D22:D24)

Umsätze 1. Halbjahr
Buchhaus GmbH

Konsolidiert Köln, Hamburg, Düsseldorf - Werte in T€							
Artikelgruppe	Jan	Feb	Mrz	Apr	Mai	Jun	Summe
Kapitel 5.5	8,36	9,44	18,67	11,80	12,06	7,07	67,40
Kapitel 5.5	13,22	11,32	10,44	14,69	10,26	5,96	65,89
Kapitel 5.5	12,59	15,32	11,59	13,04	8,62	13,62	74,78
Sachbücher	34,17	36,08	40,70	39,53	30,94	26,65	208,07
Romane	29,91	24,56	32,76	38,90	43,90	44,94	214,97
Kinderbücher	37,38	27,95	30,72	34,65	22,04	18,33	171,07
Zeitschriften	45,11	40,05	20,26	25,64	19,09	11,28	161,43
Summe:	146,57	128,64	124,44	138,72	115,97	101,20	755,54

Hinweis

Bei dynamischen Verknüpfungen gibt es wie bereits erwähnt die Einschränkung, dass sich der Zielbereich (Konsolidierungsbereich) nicht auf dem gleichen Tabellenblatt wie der Quellbereich befinden darf. Das heißt, dynamisch erzeugte Konsolidierungsberichte müssen zwingend in einem neuen Tabellenblatt erstellt werden.

Tipp 3: Konsolidieren mit unterschiedlichen Überschriften und Zeilenbeschriftungen

In diesem Beispiel liegt für drei Lagerstätten eine Lagerbestandsverwaltung vor, die im Wesentlichen zwar identisch aufgebaut sind, die Anzahl der Zeilen und Spalten in den jeweiligen Bestandslisten differiert jedoch.

Wie bereits beschrieben, ist das unerheblich. Excel konsolidiert die Daten aufgrund der Zeilen- und Spaltenbeschriftung sehr intelligent und erstellt deshalb im konsolidierten Zielbereich eine Komplettliste aller Daten.

Excel konsolidiert die Zahlen dabei so weit wie möglich und notwendig. Ziel ist es, in einem neuen Tabellenblatt eine dynamische Konsolidierung der drei Bestandslisten aufzubauen, wobei identische Bezeichnungen konsolidiert werden sollen.

So geht's:

Die Ausgangsdaten stellen sich wie folgt dar:

	A	B	C	D	E	F	G
1	**Lager-Bestandsverwaltung**						
2							
3							
4	**Lager 1**	**Art-Nr. 4711**	**Art-Nr. 4712**	**Art-Nr. 4713**	**Art-Nr. 4714**	**Art-Nr. 4715**	
5	Lagermenge alt	423	723	354	241	29	
6	- Entnahmen	-334	-845	-45	-231	-17	
7	+ Zukäufe	155	953	12	197	55	
8	= Lagermenge neu	244	831	321	207	67	
9							
10							
11	**Lager 2**	**Art-Nr. 4716**	**Art-Nr. 4713**	**Art-Nr. 4714**	**Art-Nr. 4717**		
12	Lagermenge alt	146	1542	694	153		
13	- Entnahmen	-59	-869	-714	-128		
14	+ Zukäufe	87	1123	962	128		
15	= Lagermenge neu	174	1796	942	153		
16							
17							
18	**Lager 3**	**Art-Nr. 4711**	**Art-Nr. 4712**	**Art-Nr. 4716**	**Art-Nr. 4717**	**Art-Nr. 4718**	
19	Lagermenge alt	150	549	233	523	55	
20	- Entnahmen	-15	-394	-147	-17	-54	
21	- Verschrottung		-350		-275		
22	+ Zukäufe	23	512	214	245	0	
23	= Lagermenge neu	158	317	300	476	1	
24							

In den Lagern befinden sich unterschiedliche Artikel, wobei für jeden Artikel *Lagermenge alt*, *Entnahmen*, *Zukäufe* sowie *Lagermenge neu* aufgeführt sind. In Lager 3 ist zusätzlich die

Zeile *Verschrottung* vorhanden, da nach einem Wasserschaden Artikel ausgemustert werden mussten.

Zur Konsolidierung der Daten gehen Sie wie nachfolgend dargestellt vor.

1 Fügen Sie ein neues Tabellenblatt ein, auf dem die Datenkonsolidierung durchgeführt werden soll.

2 Markieren Sie die Zelle A4 in dem neu eingefügten Tabellenblatt und starten Sie über das Menü *Daten/Datentools/Konsolidieren* den Befehl zum Konsolidieren.

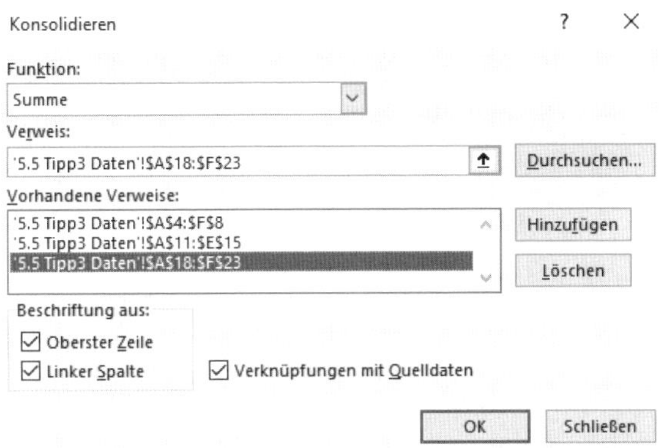

3 Legen Sie als Funktion den Eintrag *Summe* fest und definieren Sie folgende Verweise auf die Listen der Lager 1 bis 3:

'5.5 Tipp3 Daten'!$A$4:$F$8

'5.5 Tipp3 Daten'!$A$11:$E$15

'5.5 Tipp3 Daten'!$A$18:$F$23

4 Beachten Sie auch, dass das Kontrollkästchen *Verknüpfungen mit Quelldaten* aktiviert ist. Nach einem Klick auf die Schaltfläche *OK* wird die Konsolidierung wie gewünscht durchgeführt. Das Ergebnis sehen Sie in folgender Abbildung.

	A	B	C	D	E	F	G	H	I	J
1										
2										
3										
4			Art-Nr. 4711	Art-Nr. 4712	Art-Nr. 4716	Art-Nr. 4713	Art-Nr. 4714	Art-Nr. 4715	Art-Nr. 4717	Art-Nr. 4718
8	Lagermenge alt		573	1272	379	1896	935	29	676	55
12	- Entnahmen		-349	-1239	-206	-914	-945	-17	-145	-54
14	- Verschrottung			-350					-275	
18	+ Zukäufe		178	1465	301	1135	1159	55	373	0
22	= Lagermenge neu		402	1148	474	2117	1149	67	629	1
23										

Wie gewünscht, wird die Konsolidierung über alle Artikelnummern durchgeführt. Die konsolidierte Liste wird sozusagen aus allen Detaildaten der einzelnen Lagerlisten zusammengesetzt und so weit wie möglich und notwendig konsolidiert.

Tipp 4: Nur bestimmte Informationen konsolidieren: Durchführen von Teilkonsolidierungen

In den bisherigen Beispielen wurde jeweils der gesamte Datenbestand konsolidiert. Dieses Beispiel geht nun auf ein Szenario ein, in dem nur bestimmte Informationen einer Datenliste konsolidiert werden sollen. So liegen als Ausgangstabellen zwei Artikellisten mit identischen Artikelnummern, der Angabe der Lagermengen sowie der Verkaufspreise vor. Da sich die Verkaufspreise voneinander unterscheiden, sollen sie unverändert dargestellt werden. Nur die Lagermenge der Artikel soll zusammengefasst werden.

So geht's:

Die Ausgangstabelle ist wie hier gezeigt aufgebaut.

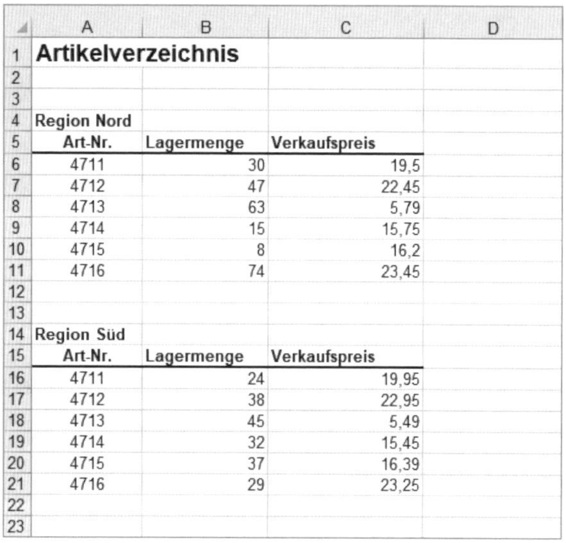

	A	B	C	D
1	Artikelverzeichnis			
2				
3				
4	Region Nord			
5	Art-Nr.	Lagermenge	Verkaufspreis	
6	4711	30	19,5	
7	4712	47	22,45	
8	4713	63	5,79	
9	4714	15	15,75	
10	4715	8	16,2	
11	4716	74	23,45	
12				
13				
14	Region Süd			
15	Art-Nr.	Lagermenge	Verkaufspreis	
16	4711	24	19,95	
17	4712	38	22,95	
18	4713	45	5,49	
19	4714	32	15,45	
20	4715	37	16,39	
21	4716	29	23,25	
22				
23				

Zur Konsolidierung der Lagermenge bei unveränderter Anzeige der Verkaufspreise gehen Sie nun so vor:

1. Ändern Sie die Spaltenüberschrift bei den Verkaufspreisen. Erfassen Sie dazu in Zelle C5 die Überschrift *Verkaufspreis Nord* und in Zelle C15 *Verkaufspreis Süd*.
2. Selektieren Sie eine beliebige Zelle, ab der die konsolidierten Zahlen eingefügt werden sollen, beispielsweise Zelle A25.
3. Fügen Sie die beiden zu konsolidierenden Tabellen, wie in den bisherigen Beispielen beschrieben, im Dialogfenster *Konsolidieren* als Verweise hinzu, zu sehen auf nebenstehender Abbildung.

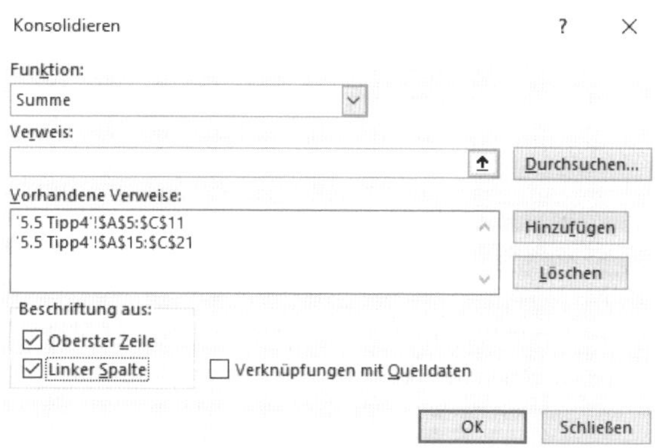

4. Nachdem Sie das Dialogfenster mit einem Klick auf die Schaltfläche *OK* beendet haben, werden die Zahlen wie folgt konsolidiert.

Sie sehen, es wird wie gewünscht nur die Lagermenge konsolidiert. Aufgrund der unterschiedlichen Überschriften der Verkaufspreise erfolgt keine Konsolidierung der Verkaufspreiszahlen.

	A	B	C	D	E
1	Artikelverzeichnis				
2					
3					
4	Region Nord				
5	Art-Nr.	Lagermenge	Verkaufspreis Nord		
6	4711	30	19,5		
7	4712	47	22,45		
8	4713	63	5,79		
9	4714	15	15,75		
10	4715	8	16,2		
11	4716	74	23,45		
12					
13					
14	Region Süd				
15	Art-Nr.	Lagermenge	Verkaufspreis Süd		
16	4711	24	19,95		
17	4712	38	22,95		
18	4713	45	5,49		
19	4714	32	15,45		
20	4715	37	16,39		
21	4716	29	23,25		
22					
23					
24					
25		Lagermenge	Verkaufspreis Nord	Verkaufspreis Süd	
26	4711	54	19,5	19,95	
27	4712	85	22,45	22,95	
28	4713	108	5,79	5,49	
29	4714	47	15,75	15,45	
30	4715	45	16,2	16,39	
31	4716	103	23,45	23,25	
32					
33					

5.6 Professioneller Umgang mit Zellkommentaren

Zellkommentare sind für die tägliche Arbeit fast unentbehrlich. Arbeiten Sie mit umfangreichen Kalkulationsmodellen oder arbeiten mehrere Personen mit derselben Tabelle, kommen Sie am Thema Zellkommentar kaum vorbei. Das Schöne an dieser Funktion ist, dass sie sehr leicht zu verstehen und zu bedienen ist. Dieser Abschnitt geht deswegen auf die Besonderheiten und die Features der Zellkommentierung ein und erläutert diese anhand von Praxisbeispielen.

Tipp 1: Zellkommentare auf einen Blick – eine kurze Einführung

Excel bietet die Möglichkeit, zu jeder Zelle eine Information, einen sogenannten Zellkommentar, abzulegen.

Mit Kommentaren können unter anderem folgende Ziele erreicht werden:

- Benutzungshinweise für andere Anwender können zur Verfügung gestellt werden.
- Formeln und Kalkulationsbeziehungen können kommentiert werden.
- Die Namen der Bearbeiter und das Datum bei Aktualisierung von Zellinhalten können dokumentiert werden. Und vieles mehr.

Zum Einfügen von Zellkommentaren stellt Excel verschiedene Möglichkeiten zur Verfügung.

So geht's:

1 Kommentare lassen sich über das Menü *Überprüfen/Kommentare/Neuer Kommentar* einfügen.

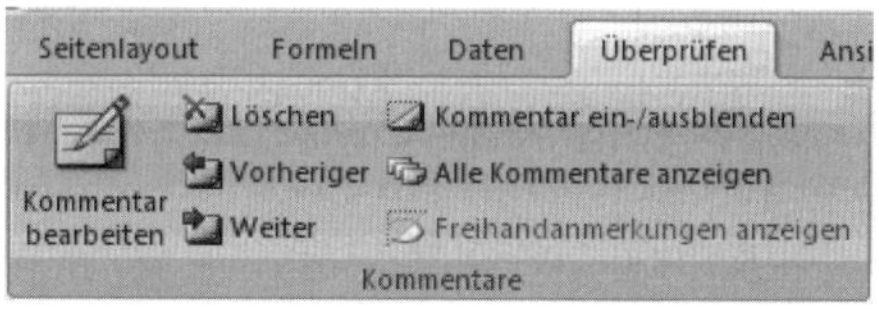

2 Alternativ können Sie den Befehl über das Kontextmenü aufrufen. Führen Sie dazu einen Rechtsklick auf die entsprechende Zelle aus und wählen Sie im Kontextmenü den Eintrag *Kommentar einfügen*.

3 Am schnellsten können Sie neue Kommentare mit der Tastenkombination ⇧+F2 einfügen.

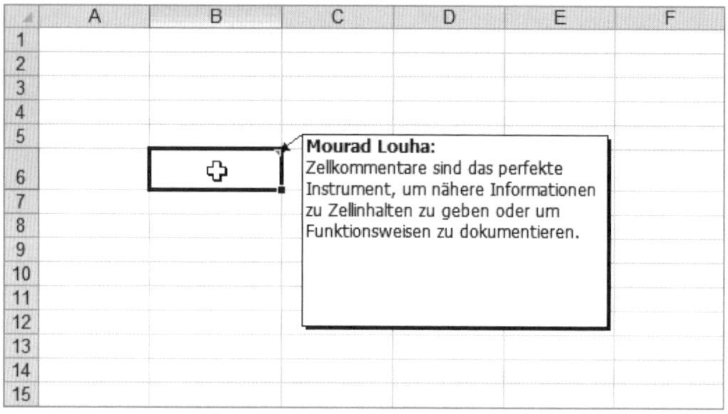

Anzeige der Zellkommentare

Bei der Anzeige von Zellkommentaren stehen drei verschiedene Optionen zur Verfügung. Die Optionseinstellung können Sie wie folgt aufrufen:

- ab Excel 2010: *Datei/Optionen/Erweitert*, Abschnitt *Anzeige*,
- in Excel 2007: Menü *Office/Excel-Optionen*.

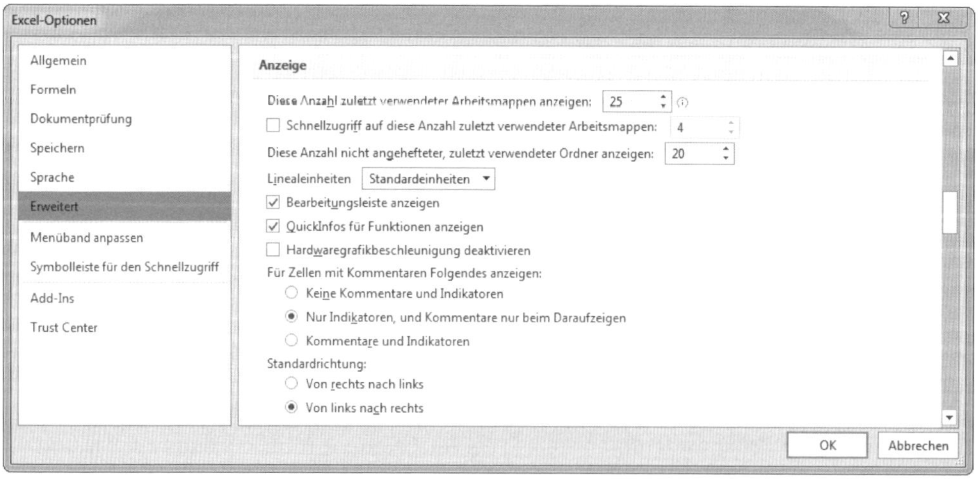

Optionen	**Beschreibung**
Keine Kommentare und Indikatoren	Wenn die Option *Keine Kommentare und Indikatoren* gewählt ist, werden weder die Indikatordreiecke noch der Kommentar angezeigt. Auf den ersten Blick deutet nichts auf einen hinterlegten Kommentar hin.
Nur Indikatoren, und Kommentare nur beim Daraufzeigen	In der rechten oberen Zellecke wird ein rotes Indikatordreieck angezeigt. Wenn Sie den Mauszeiger über die betreffende Zelle bewegen, wird der Kommentar automatisch eingeblendet.
Kommentare und Indikatoren	Bei dieser Option werden sowohl die Indikatoren als auch die Kommentare dauerhaft eingeblendet.

Zellen mit Kommentaren markieren

Zellen, die einen Kommentar enthalten, können Sie markieren, indem Sie den Befehl dazu über das Menü *Start/Bearbeiten/Suchen und Auswählen/Kommentare* aufrufen. Alternativ können Sie alle Zellkommentare auch über den Dialog *Inhalte auswählen* markieren. Dieser kann durch Drücken der Funktionstaste F5 und durch einen Klick auf die Schaltfläche *Inhalte* aufgerufen werden. Im Dialogfenster *Inhalte auswählen* aktivieren Sie die Option *Kommentare* und beenden das Dialogfenster mit einem Klick auf die Schaltfläche *OK*.

Kommentare löschen

Zum Löschen von Kommentaren gibt es wiederum mehrere Möglichkeiten. Am schnellsten können Kommentare wie folgt gelöscht werden:

1 Markieren Sie die Zelle oder die Zellen, aus denen Kommentare entfernt werden sollen.

2 Führen Sie im markierten Bereich einen Rechtsklick mit der Maus durch und wählen Sie im Kontextmenü den Eintrag *Kommentar löschen*. Damit werden sämtliche Kommentare ohne Sicherheitsabfrage gelöscht.

Tipp 2: Formatieren von Zellkommentaren

Kommentare können auf verschiedene Art und Weise formatiert werden. So besteht die Möglichkeit, die Schriftart oder Hintergrundfarbe anzupassen. Auch Rahmenfarbe und Rahmenstärke können verändert werden. Es können Schatten oder 3D Effekte hinzugefügt werden. Darüber hinaus lässt sich die Form des Kommentars verändern.

So geht's: Ändern von Schriftart, Hintergrundfarbe und Rahmen

1 Markieren Sie die Zelle, die den Kommentar beinhaltet, und aktivieren Sie mit der Tastenkombination ⇧+F2 den Bearbeitungsmodus für den Kommentar.

2 Klicken Sie auf den Rahmen des Kommentars. Öffnen Sie über einen Klick mit der rechten Maustaste das Kontextmenü und wählen Sie darin den Eintrag *Kommentar formatieren*.

3 In diesem Dialogfenster können Sie wie gewohnt sämtliche Formateinstellungen wie Schriftart, Ausrichtung, Farben, Linieneinstellungen etc. vornehmen.

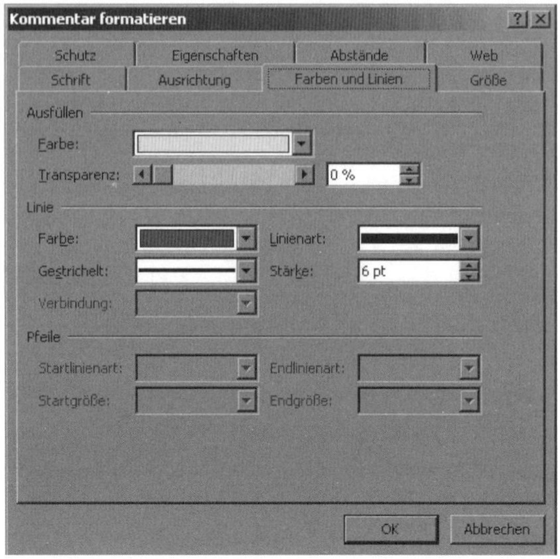

4 Wählen Sie beispielsweise die Schriftart Script MT Bold mit dem Schriftgrad 18. Auf der Registerkarte *Farben und Linien* bestimmen Sie einen grünen Hintergrund. Die Rahmenbreite legen Sie auf 6 Pixel mit roter Farbe fest. Nach einem Klick auf die Schaltfläche *OK* erhalten Sie folgendes Ergebnis:

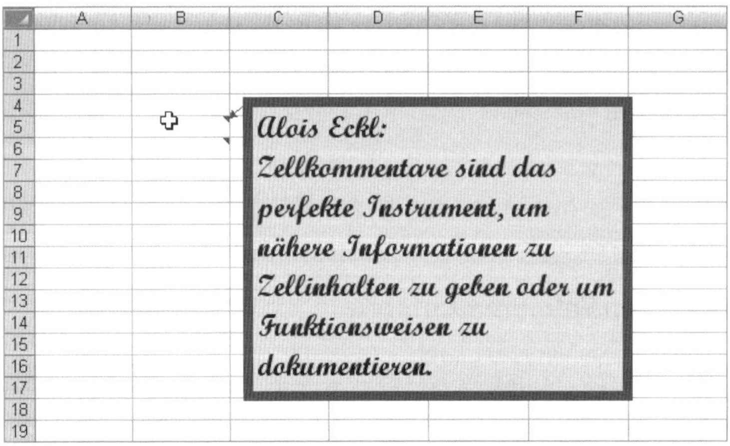

So geht's: Ändern der Form von Kommentaren

Eine wenig bekannte Funktion besteht darin, die Form von Kommentaren zu verändern. So können Sie Kommentaren sämtliche zur Verfügung stehende AutoFormen zuweisen.

1 Markieren Sie die Zelle, die den Kommentar beinhaltet, und aktivieren Sie mit der Tastenkombination ⇧+F2 den Bearbeitungsmodus für den Kommentar.

2 Klicken Sie auf den Rahmen des Kommentars, sodass aus der gestrichelten Zellumrandung eine gepunktete Umrandung wird.

3 Über das Menü *Einfügen/ Illustrationen/Formen* steht Ihnen die Möglichkeit zur Verfügung, dem Kommentar beliebige AutoFormen zuzuweisen.

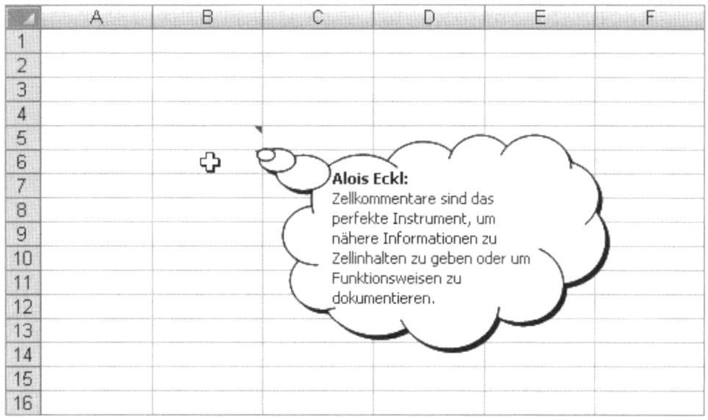

Auf diese Weise lassen sich Kommentare nach Belieben anpassen.

Tipp 3: Bilder in Zellkommentare einbinden

Dieses Beispiel zeigt, wie Sie beliebige Bilder, Diagramme, Grafiken etc. in einen Kommentar einbinden können. So sollen in einer Umsatzliste für die Jahre 2017 und 2018 die Daten für die Jahre 2015 und 2016 nicht direkt im Arbeitsblatt, sondern zu Vergleichszwecken in einem Kommentarfenster dargestellt werden.

So geht's:

Im ersten Schritt müssen Sie die Grafik erstellen, die Sie in dem Kommentar als Bild hinterlegen möchten.

1 Markieren Sie dazu den Zellbereich A1:D19, der kopiert werden soll.

2 Kopieren Sie den markierten Zellbereich mit der Tastenkombination Strg+C in die Zwischenablage.

3 Starten Sie ein beliebiges Zeichenprogramm, wie beispielsweise das in Windows enthaltene Programm Paint.

4 Fügen Sie den Inhalt der Zwischenablage mit der Tastenkombination Strg+V in das Zeichenprogramm ein.

5 Speichern Sie das Bild im Format TIF, JPG, GIF oder einem ähnlichen Bildformat ab.

Umsatzdaten im Jahresvergleich

Jahre	2015	2016
Januar	10.374,61	6.585,05
Februar	513,24	7.322,83
März	9.104,51	4.794,55
April	14.198,78	13.453,24
Mai	12.424,00	2.025,34
Juni	2.972,17	11.034,39
Juli	5.277,65	5.885,91
August	6.878,79	8.680,12
September	2.954,10	10.379,76
Oktober	3.280,25	1.741,16
November	5.885,82	12.646,69
Dezember	10.146,28	12.380,38
Summe	61.743,75	59.781,43

Ist das Bild erstellt, können Sie es einem Kommentar hinzufügen. Gehen Sie dazu wie folgt vor.

1 Fügen Sie der Zelle C4 in der Tabelle zu den Umsatzdaten 2017/2018 einen neuen Kommentar hinzu.

2 Markieren Sie die Zelle C4 und wählen Sie im Kontextmenü den Befehl *Kommentar bearbeiten.*

3 Klicken Sie mit rechts auf die Umrandung des Kommentars und wählen Sie im Kontextmenü den Befehl *Kommentar formatieren*.

4 Wechseln Sie zur Registerkarte *Farben und Linien*.

5 Öffnen Sie das Kombinationsfeld *Farbe* und wählen Sie dort den Eintrag *Fülleffekte*.

6 Klicken Sie nun auf *Grafik auswählen* auf der Registerkarte *Grafik*.

7 Dort können Sie das soeben erstellte Bild auswählen und mit einem Klick auf die Schaltfläche *Einfügen* einsetzen.

8 Nachdem Sie die beiden offenen Dialogfenster mit je einem Klick auf die Schaltfläche *OK* geschlossen haben, wird die Grafik der Umsätze 2015 und 2016 in einem Kommentar angezeigt.

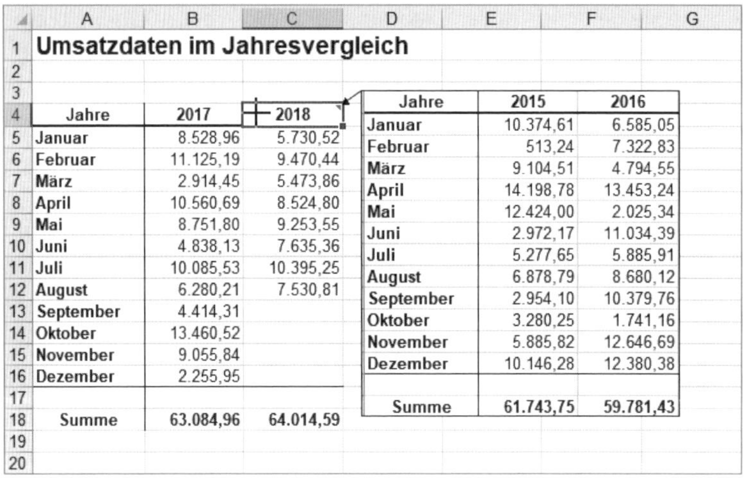

Umsatzdaten im Jahresvergleich

Jahre	2017	2018
Januar	8.528,96	5.730,52
Februar	11.125,19	9.470,44
März	2.914,45	5.473,86
April	10.560,69	8.524,80
Mai	8.751,80	9.253,55
Juni	4.838,13	7.635,36
Juli	10.085,53	10.395,25
August	6.280,21	7.530,81
September	4.414,31	
Oktober	13.460,52	
November	9.055,84	
Dezember	2.255,95	
Summe	63.084,96	64.014,59

Jahre	2015	2016
Januar	10.374,61	6.585,05
Februar	513,24	7.322,83
März	9.104,51	4.794,55
April	14.198,78	13.453,24
Mai	12.424,00	2.025,34
Juni	2.972,17	11.034,39
Juli	5.277,65	5.885,91
August	6.878,79	8.680,12
September	2.954,10	10.379,76
Oktober	3.280,25	1.741,16
November	5.885,82	12.646,69
Dezember	10.146,28	12.380,38
Summe	61.743,75	59.781,43

Auf diese Weise können nun bei Bedarf die Jahre 2015 und 2016 eingeblendet werden, indem Sie einfach den Mauszeiger auf die Zelle C4 setzen.

➡ Verweis: siehe Kapitel 5.1, Tipp 10

Tipp 4: Kommentare drucken

Wenn Kommentare wichtige Informationen enthalten, ist es hin und wieder notwendig, die Kommentare eines Tabellenblatts auszudrucken.

So geht's:

1 Starten Sie dazu das Dialogfenster *Seite einrichten*:

- ab Excel 2010: über das Startprogramm des Registers *Seitenlayout/Blattoptionen*,
- in Excel 2007: *Seitenlayout/Tabellenblattoptionen*.

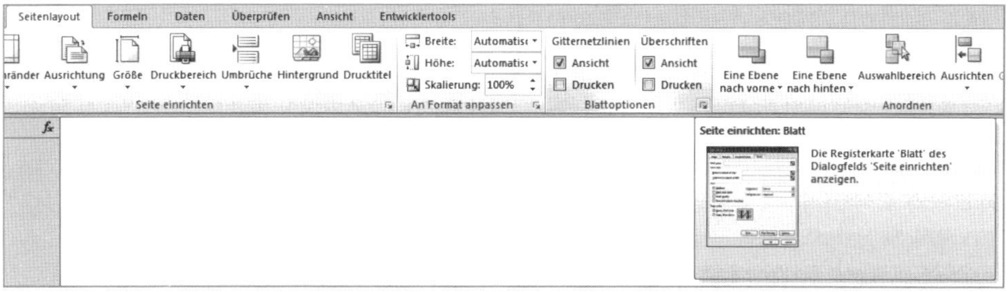

2 Auf der Registerkarte *Blatt* (Excel 2007: *Tabelle*) im Dialogfenster *Seite einrichten* stehen im Kombinationsfeld *Kommentare* drei Optionen zur Auswahl.

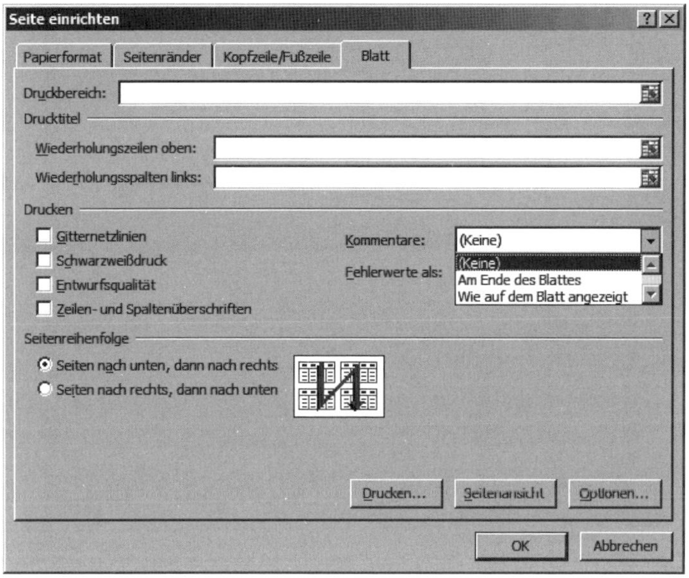

- *(Keine)*: Kommentare werden nicht gedruckt.
- *Am Ende des Blattes*: Nach dem Ausdruck der Tabelle werden die Kommentare ausgegeben.
- *Wie auf dem Blatt angezeigt*: Die Kommentare werden genau so gedruckt, wie sie auf dem Blatt dargestellt werden. Dabei besteht allerdings das Problem, dass möglicherweise Zahlen oder wichtige Informationen von Kommentarfenstern überdeckt werden.

Hinweis

Die Einstellung zum Ausdruck von Kommentaren wird in der Arbeitsmappe gespeichert. Wenn Sie die Einstellung rückgängig machen möchten, müssen Sie sie manuell zurücksetzen.

Tipp 5: Anpassen des Benutzernamens

Bei jedem neu eingefügten Kommentar wird Ihr Benutzername eingefügt. Statt des Benutzernamens soll nun die Abteilungsbezeichnung im Kommentar ausgegeben werden.

So geht's:

1 Starten Sie den Befehl zum Ändern des Benutzernamens:

- ab Excel 2010: Menü *Datei/Optionen/Allgemein*,
- in Excel 2007: Menü *Office/Excel-Optionen/Häufig verwendet*.

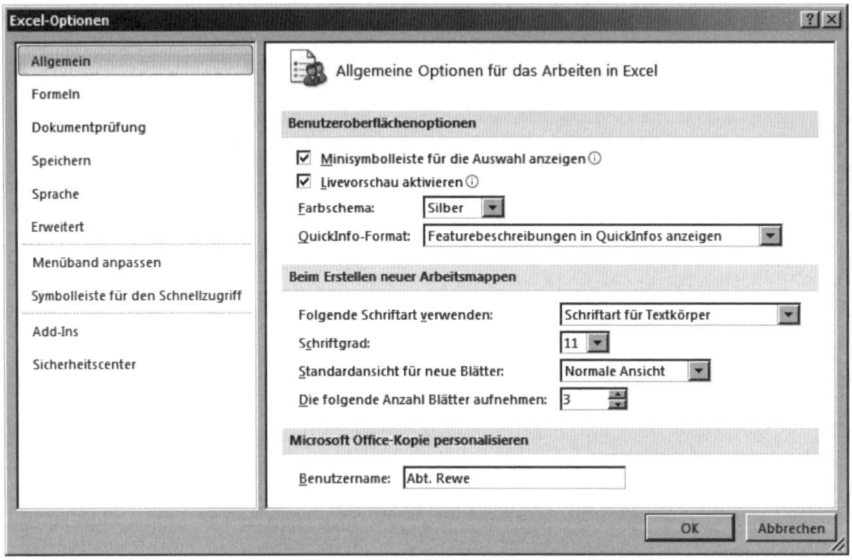

2 Im Abschnitt *Microsoft Office-Kopie personalisieren* können Sie beliebige Bezeichnungen eintragen. Erfassen Sie in diesem Beispiel den Eintrag *Abt. Rewe* und beenden Sie das Dialogfenster mit einem Klick auf die Schaltfläche.

Wenn Sie nun einen neuen Kommentar hinzufügen, wird statt Ihres Benutzernamens die Abteilungsbezeichnung *Abt. Rewe* angezeigt.

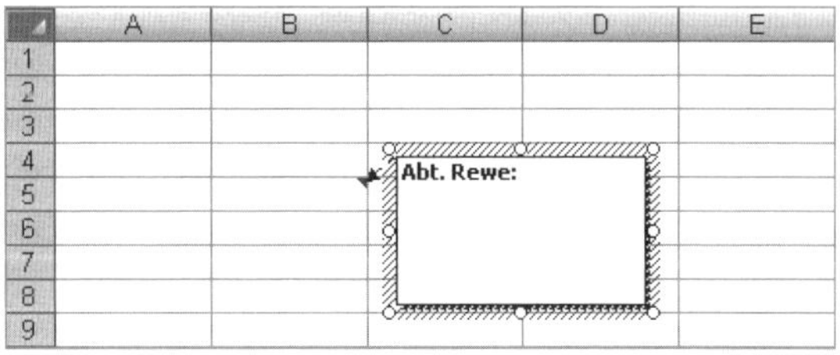

Hinweis

Sollen immer wieder die gleichen Standardtexte als Kommentar eingefügt werden, können Sie diese als Benutzernamen eintragen. Die Zeichenanzahl ist allerdings auf 52 Stellen begrenzt.

Tipp 6: Zellkommentare per Funktion auslesen

Wenn Sie einen möglichst schnellen Weg suchen, um auf die Kommentare innerhalb einer Excel-Tabelle zugreifen zu können, kommen Sie um ein paar Zeilen Code nicht herum. Das Makro ist allerdings äußerst überschaubar.

So geht's:

1 Öffnen Sie ein neues Arbeitsblatt und wechseln Sie über [Alt]+[F11] in den VBA-Editor.

2 Fügen Sie dann über das Menü *Einfügen* und den Befehl *Modul* ein neues Modul hinzu und erfassen Sie innerhalb dieses Moduls folgende Codezeilen:

Listing 1:

```
Public Function KommentarAbfragen(Zelle As Range) As String
 On Error Resume Next
 KommentarAbfragen = Zelle.Comment.Text
End Function
```

3 Schreiben Sie jetzt in eine beliebige Zelle einen Kommentar.

4 Erfassen Sie dann beispielsweise in Zelle B6 die Formel *=KommentarAbfragen(A2)* und beenden Sie die Erfassung mit der [↵]-Taste. Beobachten Sie, wie jetzt umgehend über diese Funktion der Excel-Kommentar in diese Zelle geschrieben wird.

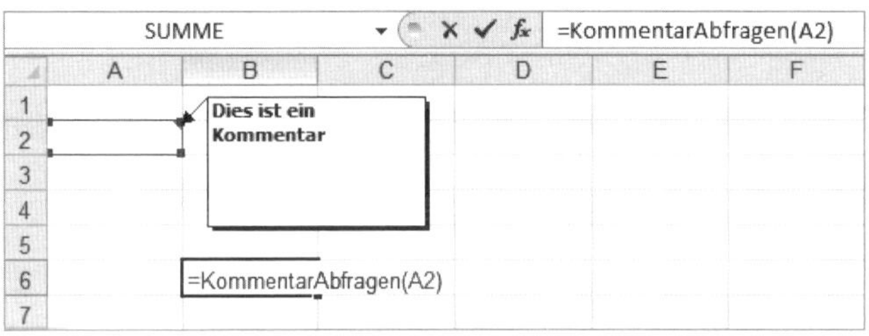

Tipp 7: Alle Zellkommentare eines Tabellenblatts per Makro formatieren

Verschobene oder uneinheitlich gestaltete Zellkommentare manuell zu formatieren, kann bei einer Vielzahl vorhandener Kommentare eine äußerst mühsame und zeitraubende Tätigkeit sein. Sparen Sie sich diese Arbeit und verwenden Sie dafür ein Makro.

Vollständige Anzeige der Zellkommentare herstellen

So geht's:

1 Ausgangspunkt ist ein Tabellenblatt, auf dem Kommentare nicht oder nur unvollständig angezeigt werden. Ziel ist es, den Inhalt aller Kommentarfelder vollständig sichtbar zu machen.

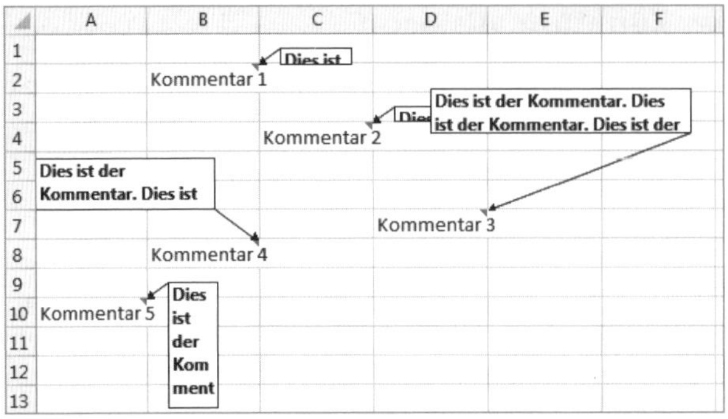

2 Wechseln Sie über Alt+F11 in die Entwicklungsumgebung, den VBA-Editor also.

3 Fügen Sie dann über das Menü *Einfügen* und den Befehl *Modul* ein neues Modul hinzu und erfassen Sie innerhalb dieses Moduls folgende Codezeilen:

Listing 1:

```
Sub KommentareFormatieren1()
  Dim objKommentar As Comment
 For Each objKommentar In ActiveSheet.Comments
  With objKommentar
    .Shape.TextFrame.AutoSize = True
  End With
 Next
End Sub
```

4 Wechseln Sie aus der Entwicklungsumgebung zurück auf das Tabellenblatt mit den zu bearbeitenden Kommentaren und starten Sie das Makro *KommentareFormatieren1* über das Menü *Entwicklertools/Code/Makros*. Nun wird der Inhalt aller Kommentarfelder vollständig angezeigt.

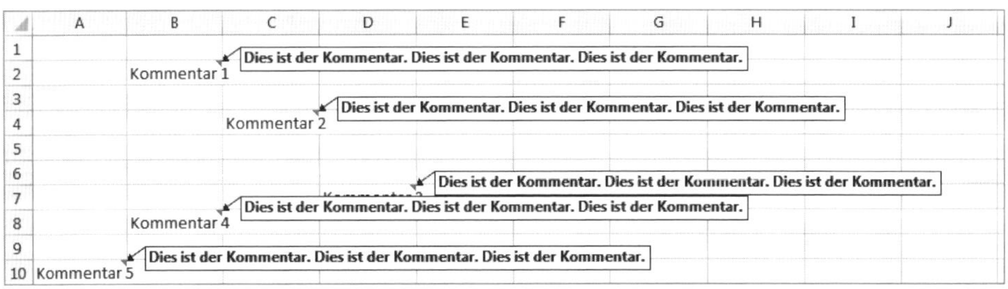

Hinweis

Standardmäßig ist nach einer Installation von Excel die Registerkarte zu den Entwicklertools ausgeblendet. Um diese einzublenden, klicken Sie mit der rechten Maustaste auf eine freie Fläche im Menüband und wählen Sie im Kontextmenü den Befehl *Menüband anpassen*. Aktivieren Sie anschließend im Dialogfenster das Kontrollkästchen *Entwicklertools*, um die entsprechende Registerkarte im Menüband anzuzeigen.

Schrift in Zellkommentaren automatisch formatieren

Falls Sie zusätzlich Schriftart, Schriftschnitt und Schriftfarbe ändern wollen, können Sie dies mithilfe des Makros aus *Listing 2* tun. In diesem Listing wird als Schriftart Arial in der Schriftgröße 8 festgelegt, der Schriftschnitt wird von fett auf normal, die Schriftfarbe auf Blau geändert.

Listing 2:

```
Sub KommentareFormatieren2()
Dim objKommentar As Comment
 For Each objKommentar In ActiveSheet.Comments
  With objKommentar
  .Shape.TextFrame.Characters.Font.Name = Arial
  .Shape.TextFrame.Characters.Font.Size = 8
  .Shape.TextFrame.Characters.Font.ColorIndex = 32
  .Shape.TextFrame.Characters.Font.Bold = False
  .Shape.TextFrame.AutoSize = True
  End With
 Next
End Sub
```

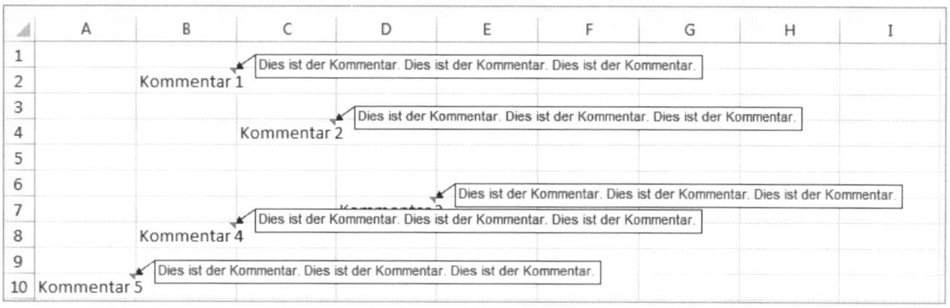

5.7 Umgang mit Steuerelementen und Formularen

Mit Steuerelementen lassen sich professionelle und leicht zu bedienende Kalkulationsmodelle aufbauen. Steuerelemente können verwendet werden, um vordefinierte Auswahlmöglichkeiten und Optionen zur Verfügung zu stellen. Damit werden die Eingabemöglichkeiten begrenzt und die Fehlerquellen reduziert.

Tipp 1: Grundlegende Informationen zu Steuerelementen

Excel unterscheidet zwei unterschiedliche Typen von Steuerelementen. Formularsteuerelemente sind im Wesentlichen auf ihre eigentliche Funktionalität beschränkt und bieten darüber hinaus nur wenige Anpassungsmöglichkeiten. ActiveX-Steuerelemente bieten dagegen umfangreiche Einstellungs- und Formatierungsmöglichkeiten. Die folgenden Beispiele beziehen sich aufgrund des größeren Leistungsumfangs deshalb im Wesentlichen auf ActiveX-Steuerelemente.

Damit Sie Zugriff auf die Steuerelemente bekommen, müssen Sie die Registerkarte *Entwicklertools* einblenden. Die Aktivierung erfolgt über das Menü *Datei/Optionen/Menüband anpassen*. Setzen Sie den Haken im Auswahlfeld *Hauptregisterkarten* bei *Entwicklertools* (Excel 2007: Menü *Office/Excel-Optionen/Häufig verwendet*, Kontrollkästchen *Entwicklerregisterkarte in der Multifunktionsleiste anzeigen*).

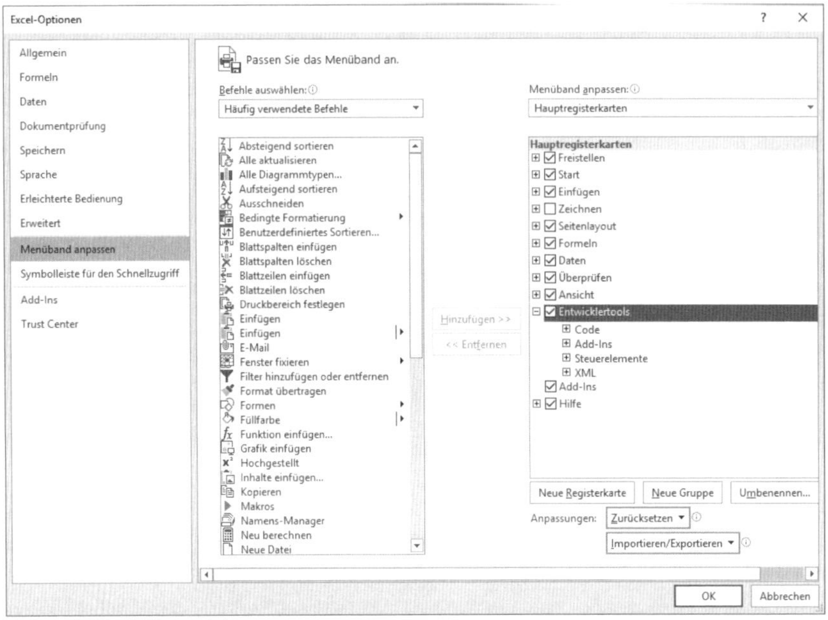

Daraufhin steht die Registerkarte *Entwicklertools* zur Verfügung und Sie haben über das Menü *Entwicklertools/Steuerelemente/Einfügen* Zugriff auf Formularsteuerelemente und ActiveX-Steuerelemente. Die nachfolgende Tabelle gibt Ihnen einen kurzen Überblick über die in Excel zur Verfügung stehenden ActiveX-Steuerelemente.

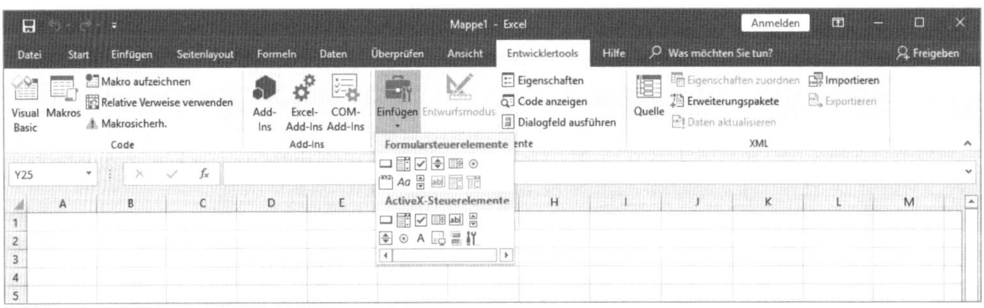

ActiveX-Steuerelement	Erläuterung
Befehlsschaltfläche	Über die Befehlsschaltfläche können Makros gestartet werden. Alternativ können Sie als Beschriftung der Schaltfläche eine Internetadresse angeben, die damit im Internetbrowser geöffnet werden kann.
Kombinationsfeld	Das Kombinationsfeld ermöglicht eine Auflistung von vorgegebenen Einträgen. Bei der Auswahl eines Eintrags wird seine Nummer zurückgegeben.

ActiveX-Steuerelement	Erläuterung
Kontrollkästchen	Mit Kontrollkästchen können Wahrheitswerte abgefragt werden. So kann das Kontrollkästchen aktiviert sein (*WAHR*) oder es kann deaktiviert sein (*FALSCH*).
Drehfeld	Über das Drehfeld können Zahlenwerte vermindert oder erhöht werden.
Listenfeld	Das Listenfeld zeigt ebenso wie das Kombinationsfeld eine Auflistung von vorgegebenen Einträgen, die durch Scrollen in der Liste ausgewählt werden können.
Optionsfeld	Ähnlich wie beim Kontrollkästchen können im Optionsfeld Wahrheitswerte ausgelesen werden: aktiviert = *WAHR*, deaktiviert = *FALSCH*. Das Optionsfeld bietet darüber hinaus die Möglichkeit, zusammenhängende Optionsgruppen zu definieren.
Bezeichnung	Über dieses Steuerelement können zu einem Formular erläuternde Texte und Hinweise hinzugefügt werden.
Bildlaufleiste	Ähnlich dem Drehfeld können Zahlenwerte über die Bildlaufleiste vermindert oder erhöht werden.
Textfeld	Im Textfeld können beliebige Informationen erfasst werden.
Umschaltfläche	Die Umschaltfläche stellt einen Schalter mit Einrastfunktion zur Verfügung: eingeschaltet = *WAHR*, ausgeschaltet = *FALSCH*.
Bild	Über dieses Steuerelement können beliebige Bilder und Grafiken in eine Excel-Tabelle oder ein Dialogfenster eingebunden werden.

Nachfolgend sehen Sie anhand verschiedener Beispiele, wie sich Steuerelemente gewinnbringend in der Praxis einsetzen lassen. Bei der Erläuterung wird dabei auf Zusammenhänge verzichtet, die für die Praxis nur geringe Bedeutung haben oder keiner zusätzlichen Erklärung bedürfen.

Tipp 2: Das Kombinationsfeld für vordefinierte Einträge

Das Kombinationsfeld bietet die Möglichkeit, vordefinierte Einträge zur Verfügung zu stellen. Im Beispiel soll ein Kombinationsfeld erzeugt werden, über das die vordefinierten Niederlassungen eines Unternehmens ausgewählt werden können.

So geht's:

1 Fügen Sie im ersten Schritt ein ActiveX-Kombinationsfeld über das Menü *Entwicklertools/Steuerelemente/Einfügen/Kombinationsfeld* ein. Der Mauszeiger verwandelt sich in ein Kreuz. Jetzt können Sie das Kombinationsfeld auf dem Tabellenblatt aufziehen.

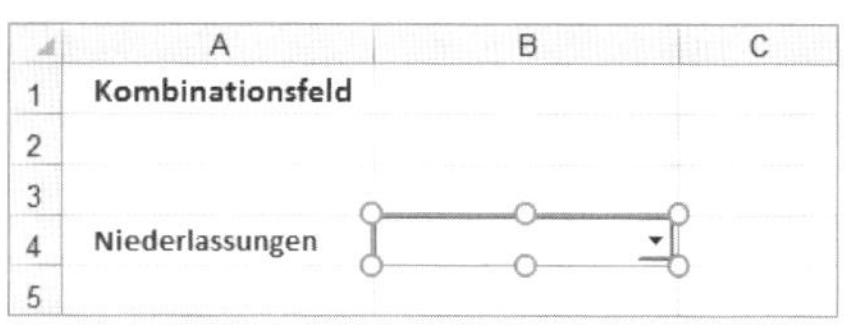

2 Nach dem Einfügen ist das Steuerelement aktiviert und der Entwurfsmodus ist eingeschaltet. Das erkennen Sie an den acht Anfasspunkten rund um das Steuerelement. Über diese Anfasser können Sie die Größe des Steuerelements beliebig verändern.

3 Bevor die Niederlassungen dem Kombinationsfeld zugewiesen werden können, müssen Sie diese in einem freien, nicht benutzten Tabellenbereich eingeben. Im Beispiel liegen die Niederlassungen im Zellbereich E4:E9 vor.

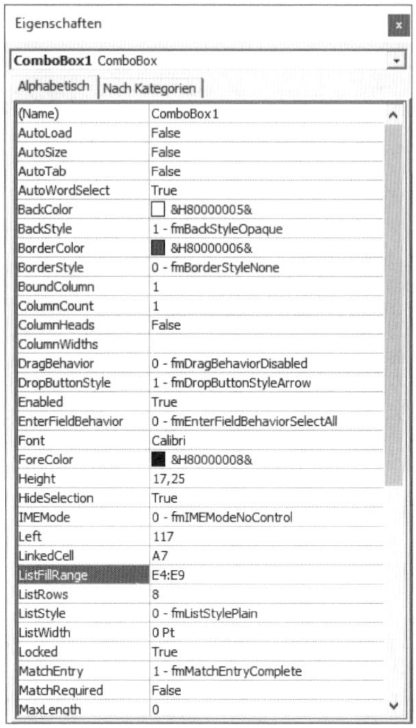

4 Um nun diese Liste im Kombinationsfeld zu hinterlegen, müssen Sie das *Eigenschaften*-Fenster öffnen. Dieses können Sie über das Menü *Entwicklertools/Steuerelemente/Eigenschaften* oder über das Kontextmenü für das Kombinationsfeld aufrufen.

5 Erfassen Sie unter der Eigenschaft *ListFillRange* den Zellbezug E4:E9.

6 Die über das Kombinationsfeld ausgewählte Niederlassung soll in Zelle A7 ausgegeben werden. Erfassen Sie dazu im Eigenschaftsfeld *LinkedCell* den Zellbezug *A7*.

7 Damit das Kombinationsfeld funktionieren kann, müssen Sie den Entwurfsmodus beenden. Klicken Sie dazu auf die Schaltfläche *Entwurfsmodus* in der Gruppe *Steuerelemente* auf der Registerkarte *Entwicklertools*.

8 Die im Zellbereich E4:E9 vorgegebenen Niederlassungen stehen nun im Kombinationsfeld zur Verfügung.

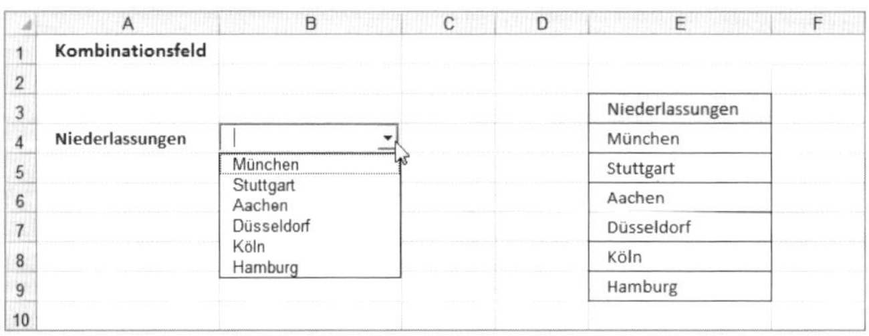

9 Wenn Sie jetzt einen Eintrag auswählen, wird dieser in Zelle A7 (*LinkedCell*) ausgegeben. Wählen Sie beispielsweise den Eintrag *Aachen*, erhalten Sie das Ergebnis in der Abbildung.

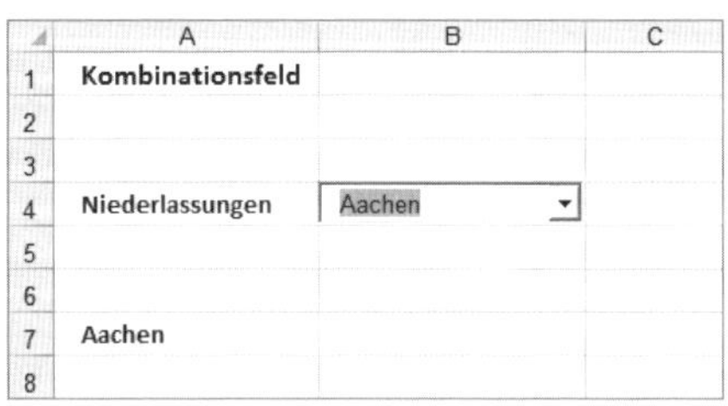

Tipp 3: Verwendung des Kontrollkästchens in einem Praxisbeispiel

Das Kontrollkästchen bietet die Möglichkeit, eine vorgegebene Option zu aktivieren oder zu deaktivieren. In diesem Beispiel liegt eine Umsatzliste für die Jahre 2016 bis 2018 vor. Dabei soll das Jahr 2018 immer angezeigt werden. Die Anzeige der Jahre 2016 und 2017 soll jeweils über ein Kontrollkästchen gesteuert werden. Die Daten sollen nur angezeigt werden, wenn das jeweilige Kontrollkästchen aktiviert ist.

So geht's:

Sehen Sie sich zunächst die Ausgangstabelle etwas näher an.

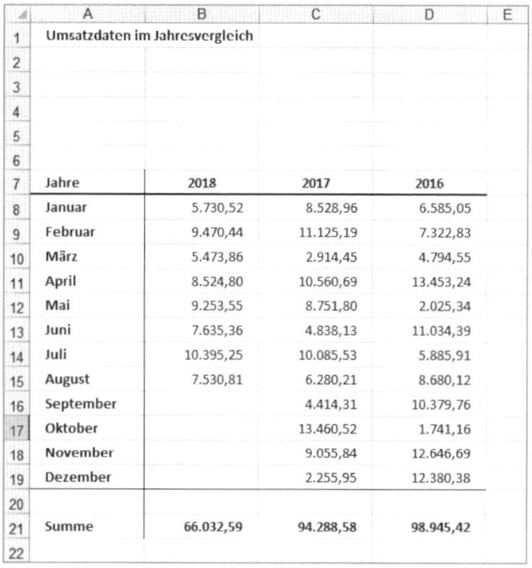

	A	B	C	D	E
1	Umsatzdaten im Jahresvergleich				
2					
3					
4					
5					
6					
7	Jahre	2018	2017	2016	
8	Januar	5.730,52	8.528,96	6.585,05	
9	Februar	9.470,44	11.125,19	7.322,83	
10	März	5.473,86	2.914,45	4.794,55	
11	April	8.524,80	10.560,69	13.453,24	
12	Mai	9.253,55	8.751,80	2.025,34	
13	Juni	7.635,36	4.838,13	11.034,39	
14	Juli	10.395,25	10.085,53	5.885,91	
15	August	7.530,81	6.280,21	8.680,12	
16	September		4.414,31	10.379,76	
17	Oktober		13.460,52	1.741,16	
18	November		9.055,84	12.646,69	
19	Dezember		2.255,95	12.380,38	
20					
21	Summe	66.032,59	94.288,58	98.945,42	
22					

In die Zellen A4 und A5 sollen zwei Kontrollkästchen eingefügt werden, über die die Jahre 2017 und 2016 aus- und eingeblendet werden können.

1 Fügen Sie dazu über das Menü *Entwicklertools/Steuerelemente/Einfügen* ein ActiveX-Kontrollkästchen zur Zelle A4 hinzu. Wiederholen Sie den Vorgang und fügen Sie ein zweites Kontrollkästchen zur Zelle A5 hinzu.

2 Markieren Sie das Kontrollkästchen in Zelle A4 und rufen Sie über das Menü *Entwicklertools/Steuerelemente/Eigenschaften* das *Eigenschaften*-Fenster auf.

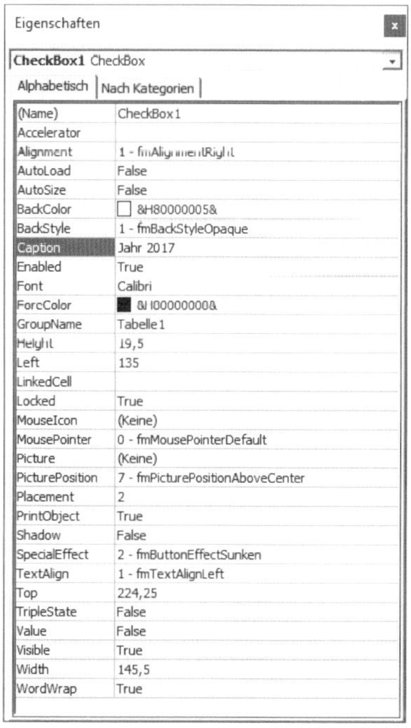

(Name)	CheckBox1
Accelerator	
Alignment	1 - fmAlignmentRight
AutoLoad	False
AutoSize	False
BackColor	&H80000005&
BackStyle	1 - fmBackStyleOpaque
Caption	Jahr 2017
Enabled	True
Font	Calibri
ForeColor	&H80000008&
GroupName	Tabelle1
Height	19,5
Left	135
LinkedCell	
Locked	True
MouseIcon	(Keine)
MousePointer	0 - fmMousePointerDefault
Picture	(Keine)
PicturePosition	7 - fmPicturePositionAboveCenter
Placement	2
PrintObject	True
Shadow	False
SpecialEffect	2 - fmButtonEffectSunken
TextAlign	1 - fmTextAlignLeft
Top	224,25
TripleState	False
Value	False
Visible	True
Width	145,5
WordWrap	True

3 Geben Sie für das erste Kontrollkästchen über die Eigenschaft *Caption* die Beschreibung des Kontrollkästchens ein. Erfassen Sie den Text *Jahr 2017*. Unter der Eigenschaft *LinkedCell* erfassen Sie den Zellbezug *C4*.

4 Wiederholen Sie den Vorgang ab Schritt 2 auch für das zweite Kontrollkästchen in Zelle A5. Als *Caption* erfassen Sie dort die Bezeichnung *Jahr 2016* und als Eigenschaft für *LinkedCell* geben Sie den Zellbezug *C5* ein.

5 Damit die Steuerelemente funktionsfähig werden, müssen Sie den Entwurfsmodus über das Menü *Entwicklertools/Steuerelemente/Entwurfsmodus* beenden.

	A	B	C	D	E
1	Umsatzdaten im Jahresvergleich				
2					
3	Vorjahre einblenden				
4	☑ Jahr 2017		WAHR		
5	☑ Jahr 2016		WAHR		
6					
7	Jahre	2018	2017	2016	
8	Januar	5.730,52	8.528,96	6.585,05	
9	Februar	9.470,44	11.125,19	7.322,83	
10	März	5.473,86	2.914,45	4.794,55	
11	April	8.524,80	10.560,69	13.453,24	
12	Mai	9.253,55	8.751,80	2.025,34	
13	Juni	7.635,36	4.838,13	11.034,39	
14	Juli	10.395,25	10.085,53	5.885,91	
15	August	7.530,81	6.280,21	8.680,12	
16	September		4.414,31	10.379,76	
17	Oktober		13.460,52	1.741,16	
18	November		9.055,84	12.646,69	
19	Dezember		2.255,95	12.380,38	
20					
21	Summe	66.032,59	94.288,58	98.945,42	
22					

Durch die Angabe der Zellen C4 und C5 in der Eigenschaft *LinkedCell* wird nun der Wahrheitswert der Kontrollkästchen in diesen Zellen ausgegeben. Wenn das Kontrollkästchen aktiviert ist, wird der Wahrheitswert *WAHR* ausgegeben. Ist das Kontrollkästchen hingegen deaktiviert, erscheint in der verlinkten Zelle der Wahrheitswert *FALSCH*.

Diese Informationen können nun genutzt werden, um abhängig von der gewählten Option über die bedingte Formatierung die Jahre 2017 und 2016 ein- oder auszublenden.

1 Markieren Sie dazu für die Option *Jahr 2017* den Zellbereich C7:C21.

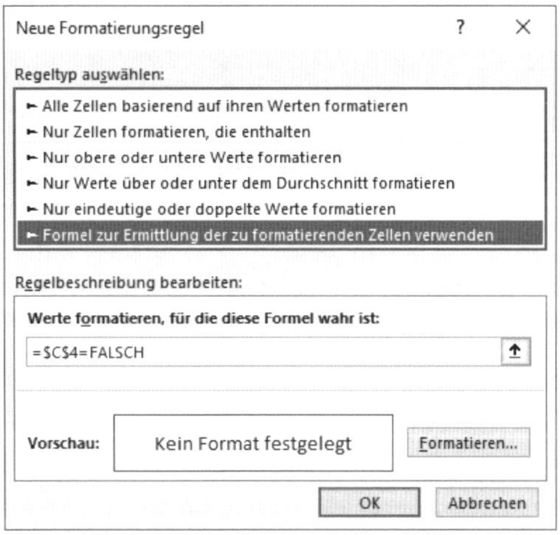

2 Starten Sie über das Menü *Start/Formatvorlagen/Bedingte Formatierung/Neue Regel* das Dialogfenster zur Erfassung einer neuen bedingten Formatierung.

3 Wählen Sie als Regeltyp den Eintrag *Formel zur Ermittlung der zu formatierenden Zellen verwenden* aus. Als Formel erfassen Sie *=$C$4=FALSCH*.

4 Öffnen Sie über die Schaltfläche *Formatieren* das Dialogfenster *Zellen formatieren*. Legen Sie auf der Registerkarte *Schrift* eine weiße Schriftfarbe fest. Auf der Registerkarte *Rahmen* löschen Sie alle Rahmen, indem Sie auf die Schaltfläche *Keine* klicken.

Hinweis

Die Wahrheitswerte, die sich in den Zellen C4 und C5 befinden, können mit weißer Schriftfarbe formatiert werden, sodass sie nicht mehr angezeigt werden. Praktischer ist es aber, wenn Sie die Wahrheitswerte direkt unterhalb der Kontrollkästchen, also in den Zellen A4 und A5, ausgeben lassen, sodass die Kontrollkästchen die Werte verdecken. Verändern Sie dazu die Zellbezüge der Eigenschaft *LinkedCell* entsprechend.

5 Beenden Sie beide Dialogfenster jeweils mit einem Klick auf die Schaltfläche *OK*.

6 Wiederholen Sie nun die Schritte 1 bis 5 für den Zellbereich D7:D21. In Schritt 3 erfassen Sie die leicht modifizierte Formel *=$C$5=FALSCH*.

Sobald Sie nun beispielsweise das Kontrollkästchen *Jahr 2016* deaktivieren, werden die Werte des Jahrs 2016 über die bedingte Formatierung ausgeblendet.

	A	B	C	D	E
1	Umsatzdaten im Jahresvergleich				
2					
3	Vorjahre einblenden				
4	☑ Jahr 2017		WAHR		
5	☐ Jahr 2016		FALSCH		
6					
7	Jahre	2018	2017		
8	Januar	5.730,52	8.528,96		
9	Februar	9.470,44	11.125,19		
10	März	5.473,86	2.914,45		
11	April	8.524,80	10.560,69		
12	Mai	9.253,55	8.751,80		
13	Juni	7.635,36	4.838,13		
14	Juli	10.395,25	10.085,53		
15	August	7.530,81	6.280,21		
16	September		4.414,31		
17	Oktober		13.460,52		
18	November		9.055,84		
19	Dezember		2.255,95		
20					
21	Summe	66.032,59	94.288,58		
22					

Tipp 4: Verwendung des Optionsfelds in einem Praxisbeispiel

In diesem Beispiel liegt eine Preisliste für verschiedene Artikelnummern vor. Die Preisliste enthält den Listenverkaufspreis, eine Spalte mit den Rabatten sowie die Nettoverkaufspreise. Abhängig davon, in welcher Umsatzklasse sich ein Kunde befindet, erhält er 3 %, 5 % oder 8,5 % Mengenrabatt. Um einen schnellen Überblick zu bekommen, sollen die Nettoverkaufspreise per Knopfdruck unter Berücksichtigung der korrekten Rabatte ermittelt werden.

So geht's:

Die Preisliste ist hier zur Ansicht aufgebaut.

Im Zellbereich A3:A5 sollen drei Optionsfelder eingefügt werden, über die festgelegt werden kann, ob der Nettoverkaufspreis auf der Basis von 3 %, 5 % oder 8,5 % berechnet werden soll.

	A	B	C	D	E
1	Artikelpreisliste per 01.07.2018				
2					
3					
4					
5					
6					
7	Art-Nr.	Listen-verkaufspreis	Rabatt	Netto-Verkaufspreis	
8	1044A	112,07 €			
9	1248A	73,59 €			
10	1251D	23,65 €			
11	1328C	113,94 €			
12	1381B	18,45 €			
13	1636E	45,23 €			
14	2769E	77,21 €			
15	3524A	29,27 €			
16	3654E	21,75 €			
17	4238C	193,14 €			
18	4458E	15,98 €			
19	7087C	21,40 €			
20	7248A	163,41 €			
21	8799B	148,28 €			
22	9452C	27,28 €			
23	9517E	96,63 €			
24	9667E	124,02 €			
25	9885B	82,00 €			
26					

1 Fügen Sie im ersten Schritt drei ActiveX-Optionsfelder über das Menü *Entwicklertools/Steuerelemente/Einfügen* in die Zellen A3, A4 und A5 ein.

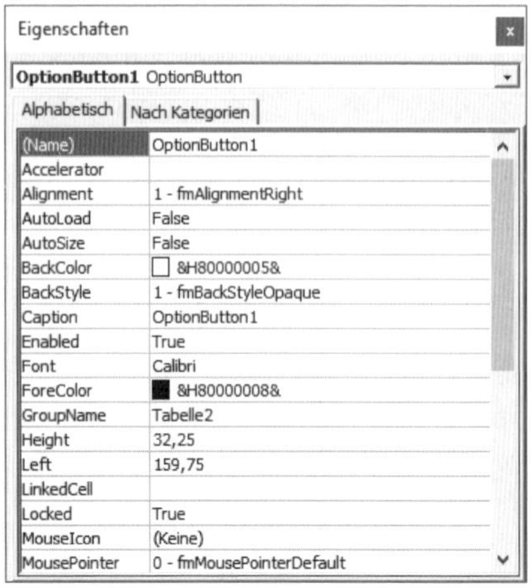

Eigenschaften

OptionButton1 OptionButton

Alphabetisch | Nach Kategorien

(Name)	OptionButton1
Accelerator	
Alignment	1 - fmAlignmentRight
AutoLoad	False
AutoSize	False
BackColor	&H80000005&
BackStyle	1 - fmBackStyleOpaque
Caption	OptionButton1
Enabled	True
Font	Calibri
ForeColor	&H80000008&
GroupName	Tabelle2
Height	32,25
Left	159,75
LinkedCell	
Locked	True
MouseIcon	(Keine)
MousePointer	0 - fmMousePointerDefault

2 Legen Sie die Optionsfeldeigenschaften im *Eigenschaften*-Fenster, das Sie über das Menü *Entwicklertools/Steuerelemente/Eigenschaften* aufrufen können, für die drei Optionsfelder wie folgt fest:

Optionsfeld	Eigenschaft Caption	Eigenschaft LinkedCell
Optionsfeld 1	*3 Prozent*	*C3*
Optionsfeld 2	*5 Prozent*	*C4*
Optionsfeld 3	*8,5 Prozent*	*C5*

3 Erfassen Sie in Zelle D3 die Ziffer *3*, in Zelle D4 die Ziffer *5* und in Zelle D5 die Ziffer *8,5*. Damit weisen Sie den einzelnen Optionen die richtigen Prozentangaben zu.

4 Nachdem Sie den Entwicklungsmodus über das Menü *Entwicklertools/Steuerelemente/Entwurfsmodus* beendet haben, sieht das Zwischenergebnis wie in der Abbildung gezeigt aus.

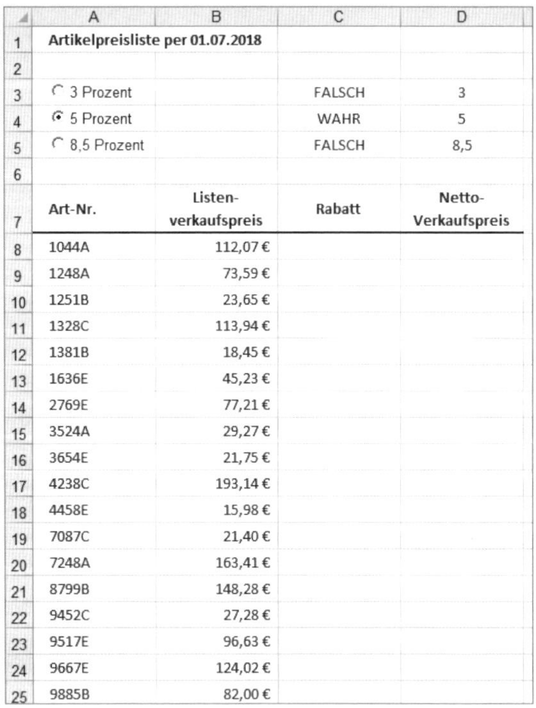

	A	B	C	D
1	Artikelpreisliste per 01.07.2018			
2				
3	3 Prozent		FALSCH	3
4	5 Prozent		WAHR	5
5	8,5 Prozent		FALSCH	8,5
6				
7	Art-Nr.	Listen-verkaufspreis	Rabatt	Netto-Verkaufspreis
8	1044A	112,07 €		
9	1248A	73,59 €		
10	1251B	23,65 €		
11	1328C	113,94 €		
12	1381B	18,45 €		
13	1636E	45,23 €		
14	2769E	77,21 €		
15	3524A	29,27 €		
16	3654E	21,75 €		
17	4238C	193,14 €		
18	4458E	15,98 €		
19	7087C	21,40 €		
20	7248A	163,41 €		
21	8799B	148,28 €		
22	9452C	27,28 €		
23	9517E	96,63 €		
24	9667E	124,02 €		
25	9885B	82,00 €		

5 Jetzt muss noch abhängig von der gewählten Option der entsprechende Prozentwert aus dem Zellbereich D3:D5 ausgelesen werden. Erfassen Sie dazu in Zelle C6 die Formel *=SVERWEIS(WAHR;C3:D5;2;0)*.

6 Zur Ermittlung des Rabatts markieren Sie den Zellbereich C8:C25 und erfassen in Zelle C8 die Formel *=B8*$C$6/100*. Damit die Formel in den gesamten Zellbereich eingetragen wird, beenden Sie die Formeleingabe mit der Tastenkombination [Strg]+[↵].

7 Im letzten Schritt wird der Nettoverkaufspreis berechnet. Markieren Sie dazu den Zellbereich D8:D25 und erfassen Sie in Zelle D8 die Formel *=B8-C8*. Beenden Sie die Eingabe ebenfalls mit der Tastenkombination Strg+↵.

Das Ergebnis sieht wie das in der Abbildung gezeigte aus.

Sobald nun ein anderes Optionsfeld ausgewählt wird, werden die Rabattbedingungen in Zelle C6 automatisch angepasst und der Nettoverkaufspreis wird auf Basis des gewählten Rabattsatzes ermittelt.

	A	B	C	D	E
1	**Artikelpreisliste per 01.07.2018**				
2					
3	○ 3 Prozent		FALSCH	3	
4	◉ 5 Prozent		WAHR	5	
5	○ 8,5 Prozent		FALSCH	8,5	
6			5		
7	**Art-Nr.**	**Listen-verkaufspreis**	**Rabatt**	**Netto-Verkaufspreis**	
8	1044A	112,07 €	5,60 €	106,47 €	
9	1248A	73,59 €	3,68 €	69,91 €	
10	1251B	23,65 €	1,18 €	22,47 €	
11	1328C	113,94 €	5,70 €	108,24 €	
12	1381B	18,45 €	0,92 €	17,53 €	
13	1636E	45,23 €	2,26 €	42,97 €	
14	2769E	77,21 €	3,86 €	73,35 €	
15	3524A	29,27 €	1,46 €	27,81 €	
16	3654E	21,75 €	1,09 €	20,66 €	
17	4238C	193,14 €	9,66 €	183,48 €	
18	4458E	15,98 €	0,80 €	15,18 €	
19	7087C	21,40 €	1,07 €	20,33 €	
20	7248A	163,41 €	8,17 €	155,24 €	
21	8799B	148,28 €	7,41 €	140,87 €	
22	9452C	27,28 €	1,36 €	25,92 €	
23	9517E	96,63 €	4,83 €	91,80 €	
24	9667E	124,02 €	6,20 €	117,82 €	
25	9885B	82,00 €	4,10 €	77,90 €	
26					

Hinweis

Die Einträge im Zellbereich C3:D6 können ausgeblendet werden, indem sie mit weißer Schriftfarbe formatiert werden. Alternativ können Sie die Hilfsspalten auch auf einem weniger exponierten Teil auf dem Tabellenblatt unterbringen, wo sie weniger stören.

Funktionsübersicht

Funktion	**Erläuterung**
ADRESSE(Zeile;Spalte;Abs;A1;Tabellenname)	Liefert einen Bezug auf eine Zelle als Text.
BEREICH.VERSCHIEBEN(Bezug;Zeilen;Spalten;Höhe;Breite)	Gibt einen Bezug zurück, der gegenüber dem angegebenen Bezug versetzt ist. Der zurückgegebene Bezug kann eine einzelne Zelle oder ein Zellbereich sein. Sie können die Anzahl der zurückzugebenden Zeilen und Spalten festlegen.
DATUM(Jahr;Monat;Tag)	Gibt die fortlaufende Zahl zurück, die ein bestimmtes Datum darstellt. Wenn für das Zellenformat vor der Eingabe der Funktion die Option *Allgemein* eingestellt war, wird das Ergebnis als Datum formatiert.

Funktion	Erläuterung
HEUTE()	Gibt die fortlaufende Zahl des heutigen Datums zurück.
INDIREKT(Bezug;A1)	Gibt den Bezug eines Textwerts zurück. Bezüge werden sofort ausgewertet, sodass die zu ihnen gehörenden Werte angezeigt werden. Verwenden Sie die *INDIREKT*-Funktion, um den Bezug auf eine in einer Formel befindliche Zelle zu ändern, ohne die Formel selbst anzupassen.
JAHR(Zahl)	Wandelt eine fortlaufende Zahl in eine Jahreszahl um. Das Jahr wird als ganze Zahl zurückgegeben, die einen Wert von 1900 bis 9999 annehmen kann.
KKLEINSTE(Matrix;k)	Gibt den *k*-kleinsten Wert einer Datengruppe zurück. Mit dieser Funktion können Sie Werte ermitteln, die innerhalb einer Datenmenge eine bestimmte relative Größe haben.
MONAT(Zahl)	Wandelt eine fortlaufende Zahl in einen Monat um. Der Monat wird als ganze Zahl ausgegeben, die einen Wert von 1 (Januar) bis 12 (Dezember) annehmen kann.
PIVOTDATENZUORDNEN (Datenfeld;PivotTable;Feld1; Element1;Feld2;Element2;...)	Gibt Daten aus einem PivotTable-Bericht zurück. Sie können *PIVOTDATENZUORDNEN* verwenden, um Datenzusammenfassungen aus einem PivotTable-Bericht abzurufen.
SUMME(Zahl1;Zahl2;...)	Summiert die Argumente.
SVERWEIS(Suchkriterium; Matrix;Spaltenindex; Bereich_Verweis)	Sucht in der ersten Spalte einer Tabellenmatrix nach einem Wert und gibt in der gleichen Zeile einen Wert aus einer anderen Spalte in der Tabellenmatrix zurück.
TAG(Zahl)	Gibt den Tag eines Datums als fortlaufende Zahl zurück. Der Tag wird als ganze Zahl im Bereich von 1 bis 31 ausgegeben.
TEILERGEBNIS(Funktion; Bezug1;Bezug2;...)	Gibt ein Teilergebnis in einer Liste oder Datenbank zurück.
WENN(Prüfung;Dann_Wert; Sonst_Wert)	Prüft, ob eine Bedingung zutrifft, also *WAHR* oder *FALSCH* ist, und macht das Ergebnis vom Resultat der Prüfung abhängig.
ZÄHLENWENN(Bereich; Kriterien)	Zählt die nicht leeren Zellen eines Bereichs, deren Inhalte mit den Suchkriterien übereinstimmen.
ZEILE(Bezug)	Liefert die Zeilennummer eines Bezugs.
ZW(Zins;Anzahl_Zahlungszeiträume;Regelmäßige_ Zahlung;Barwert;Fälligkeit)	Gibt den zukünftigen Endwert einer Kapitalanlage oder Investition zurück. Die Berechnung basiert auf regelmäßigen, konstanten Zahlungen und einem konstanten Zinssatz.

6 Professionelle Diagramme, Charts und Präsentationen

In diesem Kapitel geht es um die Darstellung von Daten in Diagrammen. Ein Bild sagt mehr als tausend Worte. Dieser Spruch trifft häufig den Nagel auf den Kopf. Umfangreiche Datenlisten sind meistens etwas unübersichtlich und auf den ersten Blick schwer verständlich.

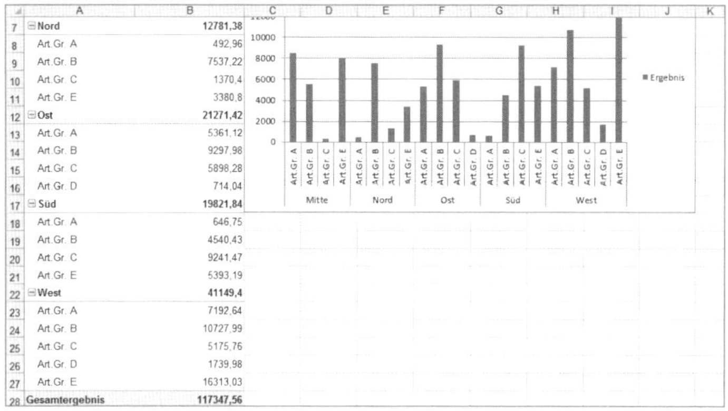

Werden die Daten hingegen intelligent in ein Diagramm verpackt, lassen sich auch komplexe Sachverhalte relativ einfach erfassen und verstehen.

Bereits in älteren Excel-Versionen war es relativ leicht möglich, ein Diagramm zu erstellen. Mit Excel 2007 wurden die Diagrammfunktionalitäten erheblich erweitert. Der in älteren Excel-Versionen vorhandene Diagramm-Assistent ist seitdem nicht mehr integriert. Die Schritte bis zum fertigen Diagramm wurden auf ein Minimum reduziert. Seit Excel 2013 wird der Anwender unter anderem durch die Diagrammfunktion *Empfohlene Diagramme* noch stärker unterstützt. Ab Excel 2016 sind zudem neue Diagrammtypen hinzugekommen.

Mit jeder neuen Excel-Version seit Excel 2007 wurden im Menüband Umgruppierungen einzelner Befehle vorgenommen, wovon auch die Diagrammbefehle betroffen sind.

Tipp 1: Überblick zu den Unterschieden der Benutzeroberfläche in den verschiedenen Excel-Versionen

In diesem Beispiel erfahren Sie, welche wesentlichen Unterschiede in der Benutzeroberfläche zwischen den verschiedenen Excel-Versionen seit Excel 2007 bestehen.

Sobald Sie ein Diagramm in Excel anklicken, sodass ein Rahmen mit Anfasspunkten zu sehen ist, werden je nach Excel-Version zwei oder drei kontextsensitive Registerkarten im Menüband eingeblendet. Jede dieser Registerkarten beinhaltet eine Reihe von Befehlen, wie beispielsweise zum Formatieren, zur Auswahl von Formatvorlagen oder zum Hinzufügen und Entfernen von Diagrammelementen. Die folgende Abbildung zeigt ein Diagramm mit den drei kontextsensitiven Registerkarten *Entwurf*, *Layout* und *Format* in Excel 2010.

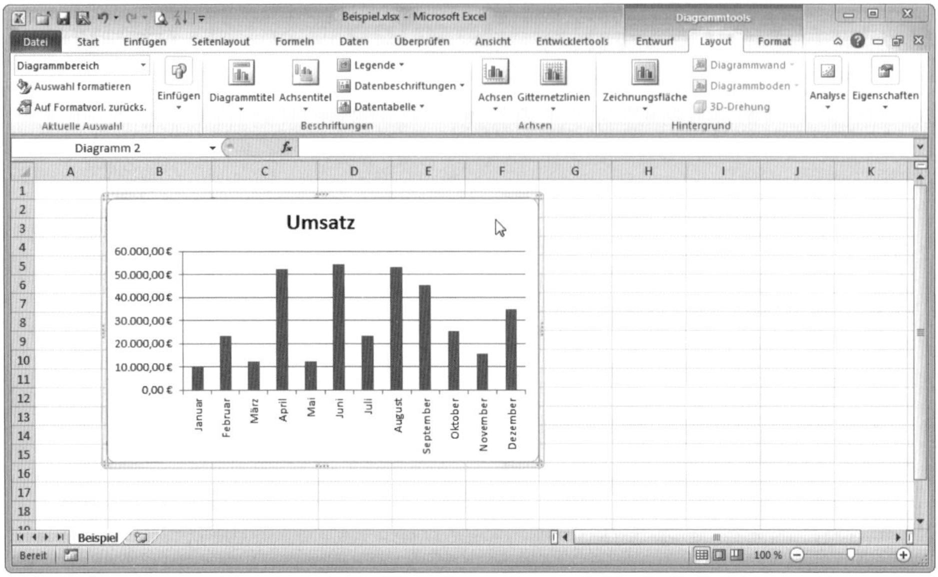

Seit Excel 2013 steht die Registerkarte *Layout* nicht mehr zur Verfügung. Die Befehle der ehemaligen Registerkarte *Layout*, die sich auf Diagrammelemente beziehen, wurden hierbei in das Menü *Diagrammtools/Entwurf/Diagrammelement hinzufügen* verschoben. Die Befehle zum Einfügen von Formen sind ab Excel 2013 in der Registerkarte *Format* zu finden.

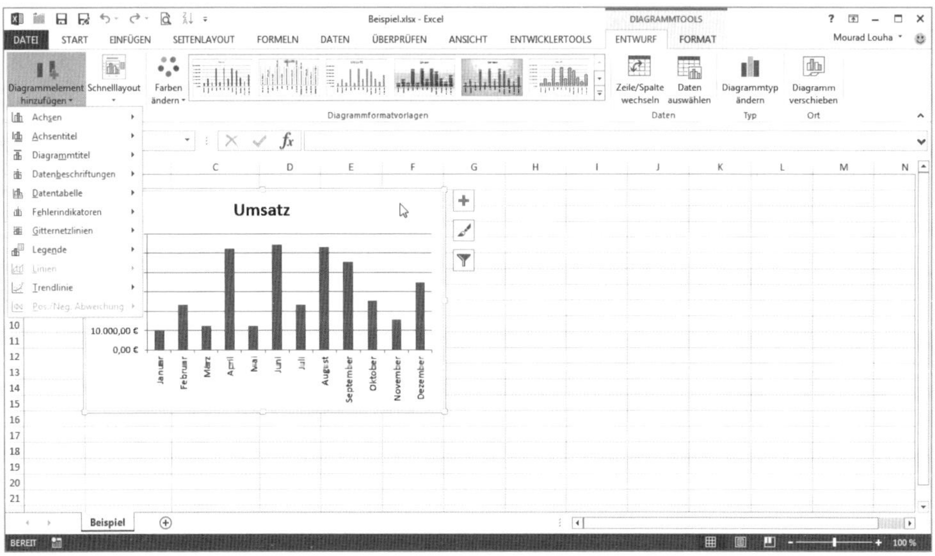

Zudem sind ab Excel 2013 drei Symbole rechts neben dem Diagramm zu finden, die einen noch schnelleren Zugriff auf einzelne Funktionen gewähren. Mit dem Plussymbol blenden Sie blitzschnell einzelne Diagrammelemente ein oder aus. Mit dem Stiftsymbol wählen Sie eine Farbpalette oder Formatvorlage aus. Und mit dem Trichtersymbol können Sie mit nur wenigen Mausklicks einzelne Datensätze herausfiltern.

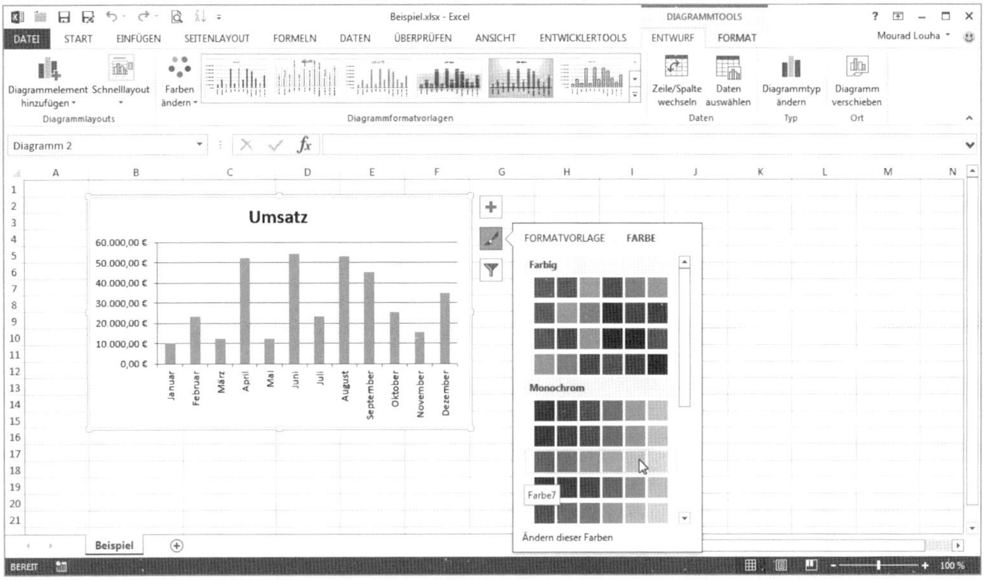

Ein wesentlicher Unterschied der Benutzeroberfläche zwischen Excel 2007/2010 und 2013/2016/2019 besteht in der Anzeige einzelner Formatierungsoptionen. In den Excel-Versionen vor Excel 2013 werden diese Optionen in einem separaten Dialogfenster angezeigt.

Der einfachste Weg, ein Dialogfenster zur Formatierung eines Diagrammelements aufzurufen, besteht darin, das Diagrammelement anzuklicken und anschließend per rechter Maustaste das Kontextmenü und den entsprechenden Befehl aufzurufen. In der nachfolgenden Abbildung wurde das Dialogfenster zur Formatierung der vertikalen Achse in Excel 2010 aufgerufen.

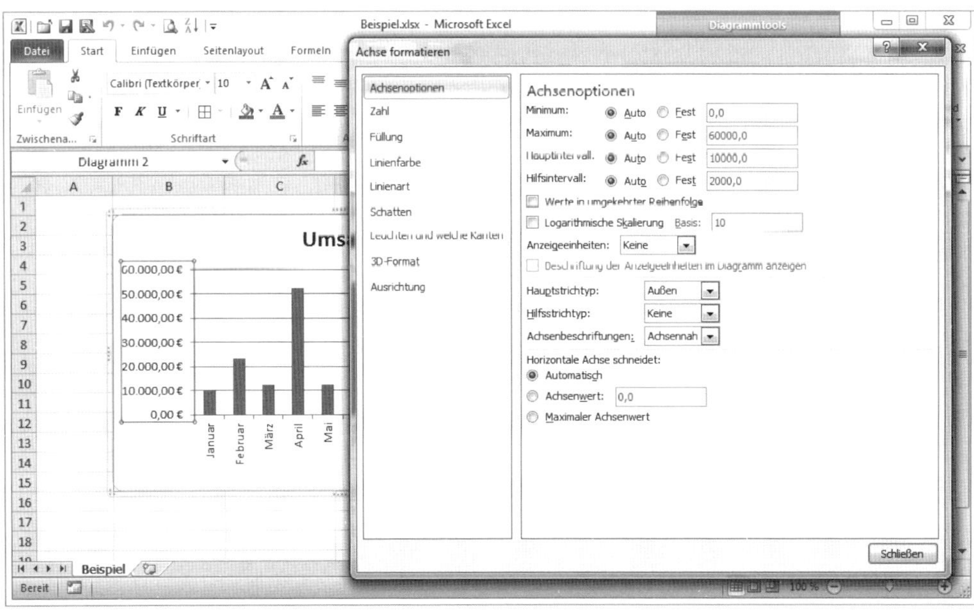

Je nach Diagrammelement bieten diese Dialoge unterschiedliche Rubriken, wie beispielsweise *Zahl* oder *Ausrichtung* an. Wenn eine Rubrik ausgewählt ist, erscheinen auf der rechten Seite im Dialogfenster die entsprechenden Optionen.

Seit Excel 2013 stehen diese Dialogfenster nicht mehr zur Verfügung und wurden in Aufgabenbereiche ausgelagert. Die Vorgehensweise zum Aufruf des Aufgabenbereichs ist dieselbe wie in den Vorversionen: Markieren Sie das zu formatierende Diagrammelement und wählen Sie im Kontextmenü den entsprechenden Befehl.

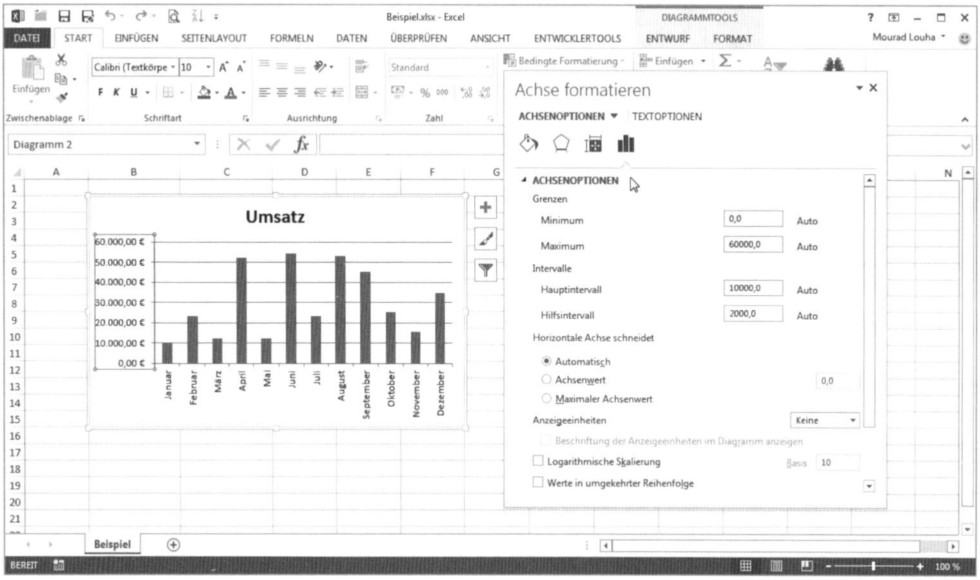

Die Aufgabenbereiche sind ein wenig anders organisiert als die ehemaligen Dialogfenster. Im oberen Bereich sind in Textform einzelne anklickbare Kategorien zu finden, wie z. B. in der oberen Abbildung zu sehen die *Achsenoptionen* und *Textoptionen*. Sobald Sie eine dieser Kategorien auswählen, erscheinen direkt unterhalb einzelne Symbole, die verschiedene Rubriken darstellen, wie z. B. zu den Füllfarben, Effekten oder der Ausrichtung. Wenn Sie eine dieser Rubriken anklicken, erscheinen die einzelnen Optionen im darunterliegenden Bereich des Aufgabenbereichs, wobei diese wiederum in einzelne Unterrubriken zusammengefasst sind. Mit den Pfeilen links neben dem Titel der Unterrubrik lassen sich die Optionen ein- und ausblenden.

Ist der Aufgabenbereich sichtbar, passt er sich automatisch und kontextsensitiv an das markierte Diagrammelement an. Ab Excel 2016 haben diese Aufgabenbereiche einige kosmetische Änderungen erhalten, wie beispielsweise eine graue Hintergrundfarbe statt Weiß.

Tipp 2: Mit Excel ganz einfach ein Diagramm erstellen

In diesem Beispiel erfahren Sie, wie mit Excel ganz einfach ein Diagramm erstellt werden kann. Das Diagramm soll für eine monatliche Umsatzübersicht der Jahre 2016 bis 2018 erstellt werden.

So geht's: Einfügen eines Diagramms auf dem Tabellenblatt

Als Ausgangsdaten für das Diagramm dienen die Daten der nebenstehenden Umsatzzusammenstellung.

	A	B	C	D	E
1	**Umsatzübersicht 2016 bis 2018**				
2					
3					
4	**Zeitraum**	**2018**	**2017**	**2016**	
5	**Januar**	5.730,52	8.528,96	6.585,05	
6	**Februar**	9.470,44	11.125,19	7.322,83	
7	**März**	5.473,86	2.914,45	4.794,55	
8	**April**	8.524,80	10.560,69	13.453,24	
9	**Mai**	9.253,55	8.751,80	2.025,34	
10	**Juni**	7.635,36	4.838,13	11.034,39	
11	**Juli**	10.395,25	10.085,53	5.885,91	
12	**August**	7.530,81	6.280,21	8.680,12	
13	**September**		4.414,31	10.379,76	
14	**Oktober**		13.460,52	1.741,16	
15	**November**		9.055,84	12.646,69	
16	**Dezember**		2.255,95	12.380,38	
17					

Um das erste Diagramm in Excel zu erstellen, gehen Sie wie folgt vor:

1 Setzen Sie den Zellzeiger auf eine beliebige Zelle innerhalb der Umsatzübersicht.

2 Starten Sie den Befehl zur Erstellung des Diagramms über das Menü *Einfügen/Diagramme/Säule*. Wählen Sie aus der Kategorie *3D-Säule* das erste 3D-Säulendiagramm aus.

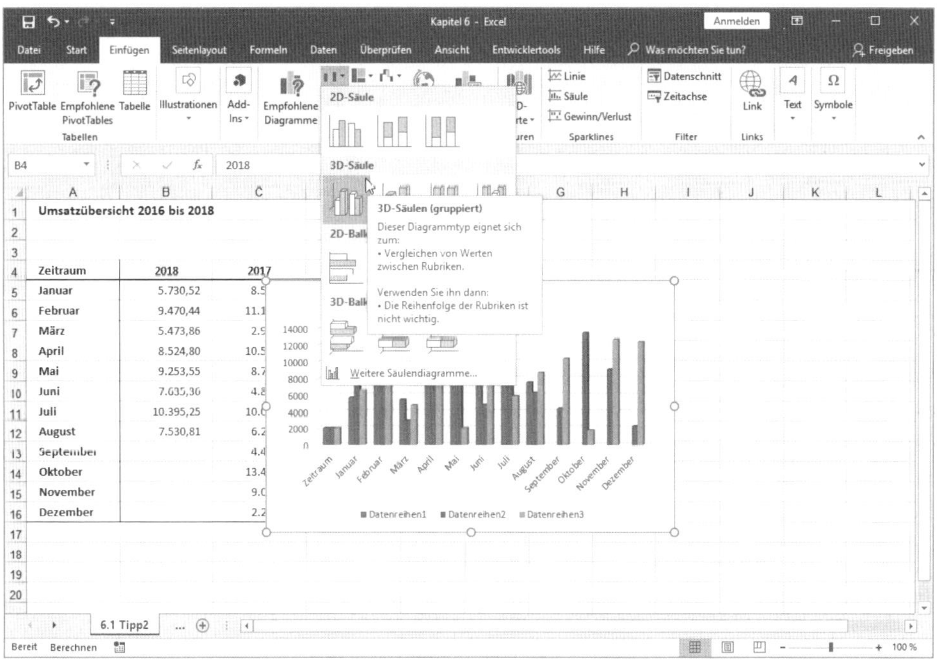

3 Nach dem Klick auf die Diagrammschaltfläche wird das Diagramm sofort auf dem Tabellenblatt erstellt.

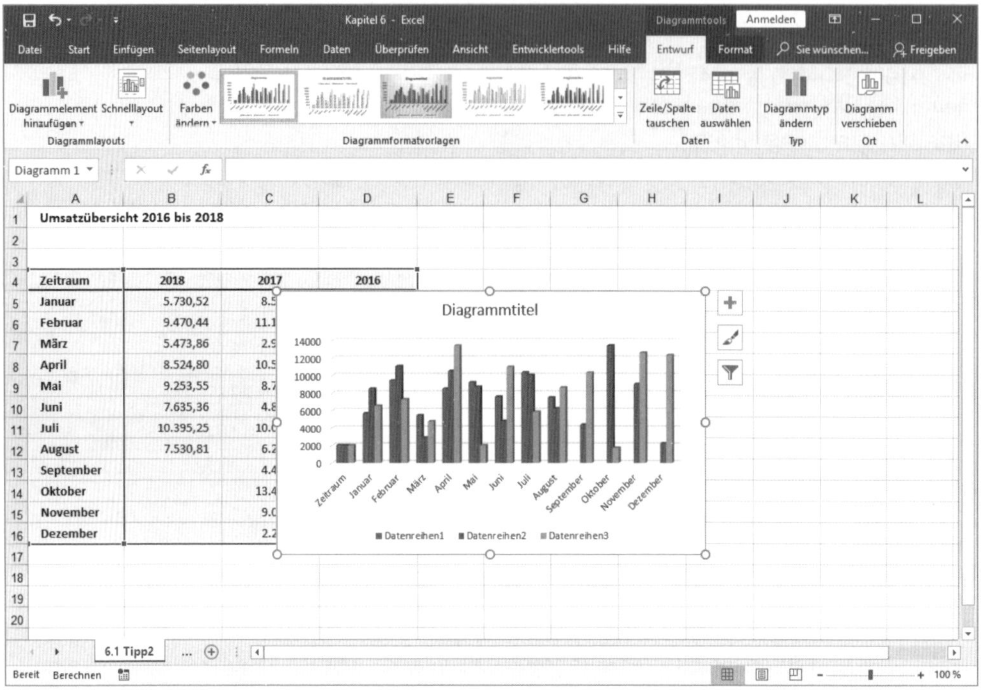

Sie sehen, es bedarf nur weniger Mausklicks, um das erste Diagramm in Excel zu erstellen.

Hinweis

Noch schneller geht's, wenn Sie die Tastenkombination Alt+F1 drücken, die Ihnen ein einfaches Säulendiagramm in die Tabelle einfügt. Die Taste F11 erstellt das Diagramm in einem neuen Diagrammblatt.

So geht's: Diagramm formatieren und layouten

Wenn das neu eingefügte Diagramm aktiviert ist, zeigt Ihnen Excel je nach Version zwei (Excel 2013, Excel 2016 und höher) oder drei (Excel 2007/2010) kontextsensitive Registerkarten im Menüband an. In Excel 2013 ist die Registerkarte *Layout* entfallen, die darin enthaltenen Funktionen wurden den Registerkarten *Entwurf* und *Format* hinzugefügt. In Tipp 1 zu diesem Kapitel werden die Unterschiede detaillierter erläutert.

➡ Verweis: siehe Kapitel 6, Tipp 1

Die folgende Funktionsübersicht bezieht sich auf Excel 2007/2010. Die Diagrammtools stellen dabei folgende Funktionen zur Verfügung:

Registerkarte/Gruppe	Erläuterung
Registerkarte *Entwurf*	
Gruppe *Typ*	Es besteht die Möglichkeit, den Diagrammtyp zu ändern sowie das erstellte Diagramm mit allen Formatierungen und Vorgaben als Vorlage für weitere Diagramme abzuspeichern.
Gruppe *Daten*	Über die Schaltfläche *Zeile/Spalte wechseln* können Sie einfach den Datenbestand transponieren. Aus Zeilen werden Spalten und aus Spalten Zeilen. Diese Funktion hat nur Auswirkungen auf das Diagramm. Der Datenbestand bleibt natürlich unangetastet. Über den Befehl *Daten auswählen* können Sie festlegen, welche Spalten und Zeilen in die Diagrammerstellung mit einbezogen werden sollen.
Gruppe *Diagrammlayouts*	Hier besteht die Möglichkeit, aus vordefinierten Layouts einen beliebigen Vorschlag auszuwählen. Sie können festlegen, wo sich die Diagrammlegenden befinden sollen, ob die Anzeige mit oder ohne Tabellendaten erfolgen soll etc.
Gruppe *Diagrammformatvorlagen*	*Diagrammformatvorlagen* bieten eine bunte Sammlung verschiedener Diagrammvorlagen.
Gruppe *Ort*	Über die Schaltfläche *Diagramm verschieben* können Sie festlegen, ob das Diagramm in einem eigenen Tabellenblatt dargestellt werden soll oder nicht.
Registerkarte *Layout*	
Gruppe *Aktuelle Auswahl*	Hier können Sie verschiedene Diagrammelemente aufrufen und gezielt darauf zugreifen.
Schaltfläche *Einfügen*	Hierüber können Sie Textfelder, Grafiken und Formen dem Diagramm hinzufügen.
Gruppe *Beschriftungen*	Hierüber haben Sie Zugriff auf den Diagrammtitel, Achsenbeschriftungen, Legenden etc.
Gruppe *Achsen*	Es besteht die Möglichkeit, die Skalierung von Achsen etc. zu verändern. Auch die Gitternetzlinien können hier angepasst werden.
Schaltfläche *Hintergrund*	Hierüber können Sie den Hintergrund des Diagramms festlegen und verändern.
Schaltfläche *Analyse*	Über diese Schaltfläche können Sie Trendanalysen sowie Fehlerindikatoren in das Diagramm aufnehmen.
Schaltfläche *Eigenschaften*	Hiermit lässt sich der Name des Diagramms verändern.

Registerkarte/Gruppe	Erläuterung
Registerkarte *Format*	
Gruppe *Aktuelle Auswahl*	Hier können Sie verschiedene Diagrammelemente aufrufen und gezielt darauf zugreifen.
Gruppe *Formenarten*	In der Gruppe *Formenarten* sind die Befehle zum Festlegen individueller Formen, Farben, Konturen und Effekte für das ausgewählte Diagrammelement zusammengefasst.
Gruppe *WordArt-Formate*	Darin finden Sie verschiedene Formatierungsmöglichkeiten für Diagrammbeschriftungen wie Legenden, Achsenbeschriftungen oder Diagrammtitel.
Gruppe *Anordnen*	Hier können Diagramme ausgeblendet werden. Außerdem können die Diagramme am Raster ausgerichtet sowie gedreht und gruppiert werden.
Gruppe *Größe*	Diese Gruppe bietet die Möglichkeit, die Breite und Höhe des Diagramms exakt den Erfordernissen anzupassen.

Die folgende Funktionsübersicht bezieht sich auf zu Excel 2007/2010 abweichende Befehle in den Diagrammtools in Excel 2013, Excel 2016 und höher:

Registerkarte/Gruppe	Erläuterung
Registerkarte *Entwurf*	
Gruppe *Typ*	Der Befehl zum Abspeichern des Diagramms als Vorlage wurde entfernt.
Gruppe *Diagrammlayouts*	Die neue Befehlsgruppe *Diagrammelement hinzufügen* enthält ehemals in der Registerkarte *Layout* vorhandene Befehle.
Registerkarte *Format*	
Gruppe *Formen einfügen*	Diese Gruppe enthält ehemals in der Registerkarte *Layout* vorhandene Befehle.

Sie sehen, Excel bietet auf den drei bzw. zwei kontextsensitiven *Diagrammtools*-Registerkarten alle Befehle übersichtlich gruppiert und zusammengefasst.

Hinweis

Beachten Sie, dass nicht alle Funktionen bei allen Diagrammtypen zur Verfügung stehen. Die Anzeige erfolgt kontextsensitiv, also abhängig vom gewählten Diagrammtyp bzw. Diagrammelement.

Tipp 3: Datenbereiche für Diagramme dynamisieren

In diesem Beispiel liegt eine Auflistung der produzierten Stückzahlen für die Jahre 2010 bis 2017 vor. Diese Zahlen sollen nun in einem Diagramm dargestellt werden. So weit dürfte das kein Problem darstellen. Da zu dieser Tabelle jedes Jahr ein neuer Wert hinzukommt, soll das Diagramm aber so aufgebaut werden, dass es sich, sobald ein neuer Produktionswert eingetragen wird, automatisch erweitert und anpasst.

So geht's:

Als Ausgangsbasis dient die abgebildete Produktionsübersicht.

In Spalte A befinden sich die einzelnen Jahresangaben und Spalte B zeigt die zugehörige Produktionsmenge.

Zur Erstellung eines dynamischen Diagramms sind einige Schritte notwendig, die nachfolgend beschrieben werden.

	A	B	C
1	**Produktionsmenge in Stück**		
2			
3			
4	**Jahr**	**Menge**	
5	2010	124.789	
6	2011	127.892	
7	2012	134.172	
8	2013	133.769	
9	2014	138.665	
10	2015	146.849	
11	2016	152.398	
12	2017	165.334	
13			

1 Im ersten Schritt müssen Sie einen Namen definieren, dem der dynamische Zellbereich übergeben wird. Starten Sie dazu über das Menü *Formeln/Definierte Namen/Namen definieren* das Dialogfenster zur Erfassung eines neuen Namens.

2 Im Feld *Name* erfassen Sie die Bezeichnung *Menge*. Im Feld *Bezieht sich auf* geben Sie folgende Formel ein:

=BEREICH.VERSCHIEBEN(‚6.1 Tipp3'!$B$5;0;0;ANZAHL2(‚6.1 Tipp3'!$B$5:$B$99))

Sobald Sie in der nächsten freien Zeile des Bereichs in der Spalte einen neuen Wert zur Angabe einer Menge erfassen, wird der Bereich dynamisch vergrößert. Dies bis maximal zu Zeile 99, die in diesem Beispiel willkürlich gewählt wurde.

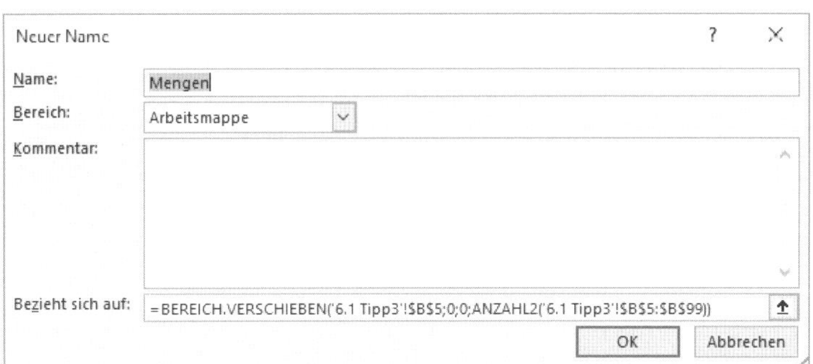

3 Wenn Sie das Dialogfenster mit einem Klick auf die Schaltfläche *OK* beenden, wird der Name *Mengen* erstellt.

4 Wiederholen Sie die Vorgehensweise aus Schritt 2 und 3 für die Spalte A zur Jahresangabe. Geben Sie als Namen die Bezeichnung *Jahre* an. Verwenden Sie folgende Formel:

=BEREICH.VERSCHIEBEN('6.1 Tipp3'!$A$5;0;0;ANZAHL2('6.1 Tipp3'!$A$5:$A$99))

5 Markieren Sie den Bereich B4:B12 in der Tabelle und fügen Sie über das Menü *Einfügen/Diagramme/Säule* das 2D-Diagrammm *Gruppierte Säulen* ein.

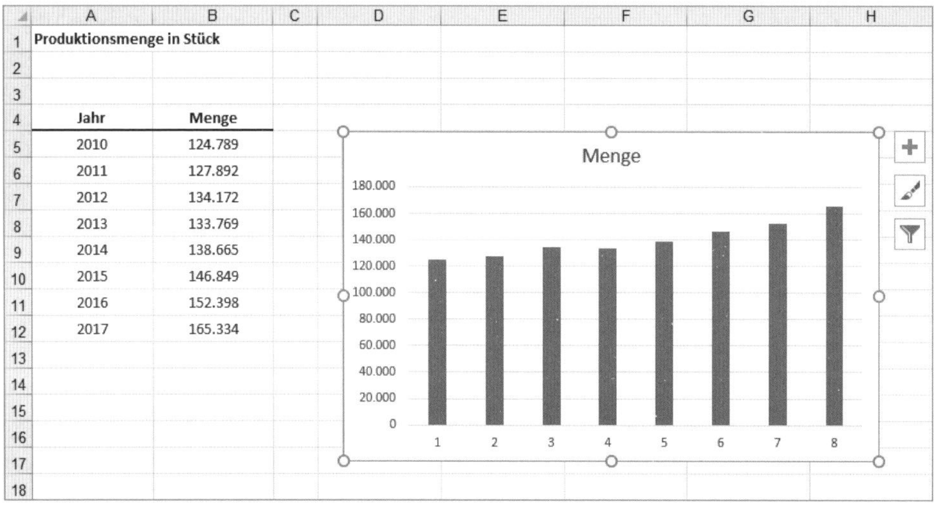

6 Klicken Sie anschließend das Diagramm an und rufen Sie über das Menü *Diagrammtools/Entwurf/Daten/Daten auswählen* das Dialogfenster *Datenquelle auswählen* auf.

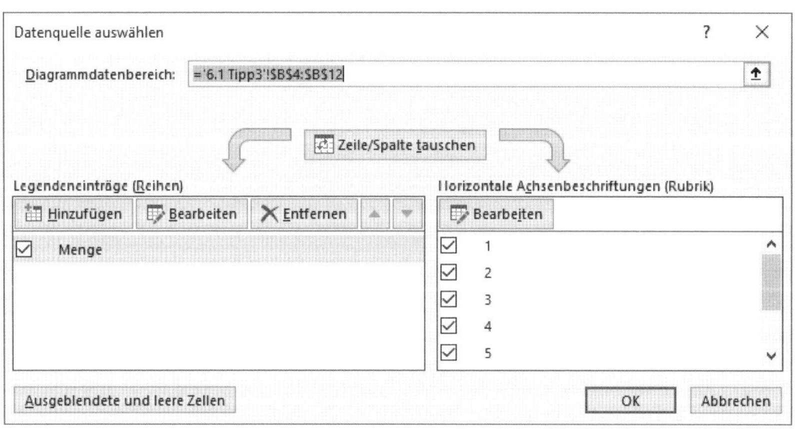

7 Selektieren Sie im Listenfeld *Legendeneinträge (Reihen)* den Eintrag *Menge* und klicken Sie auf die Schaltfläche *Bearbeiten* im linken Fensterbereich. Damit wird das Dialogfenster *Datenreihe bearbeiten* geöffnet.

8 Erfassen Sie darin im Feld *Reihenwerte* folgenden Bezug: =*'Kapitel 6.xlsm'!Mengen*. Durch diese Eingabe weisen Sie der Reihe zu den Produktionsmengen den über den Namen *Mengen* erzeugten dynamischen Zellbezug zu. Beenden Sie das Dialogfenster mit einem Klick auf die Schaltfläche *OK*. Sie gelangen zurück zum Dialogfenster *Datenquelle auswählen*.

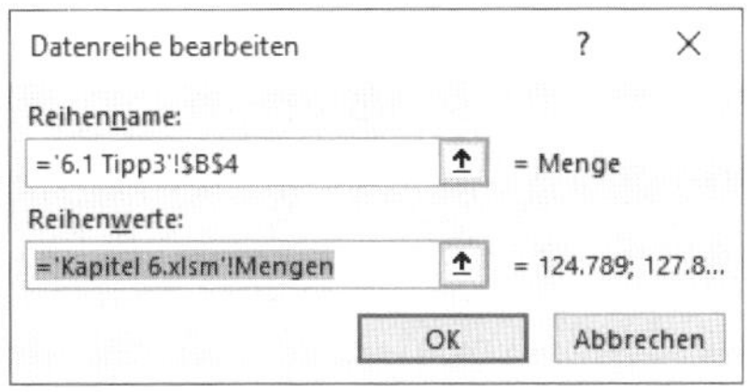

9 Klicken Sie nun auf die Schaltfläche *Bearbeiten* zum Listenfeld *Horizontale Achsenbeschriftungen (Rubrik)*. Damit wird das Dialogfenster *Achsenbeschriftungen* geöffnet.

10 Erfassen Sie darin im Feld *Achsenbeschriftungsbereich* folgenden Bezug: =*'Kapitel 6.xlsm'!Jahre*. Durch diese Eingabe weisen Sie den Achsenbeschriftungen den über den Namen *Jahre* erzeugten dynamischen Zellbezug zu. Beenden Sie das Dialogfenster mit einem Klick auf die Schaltfläche *OK*.

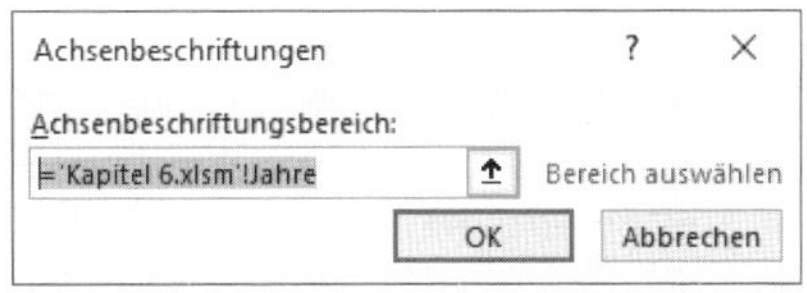

11 Sie gelangen zurück zum Dialogfenster *Datenquelle auswählen*, das Sie abschließend auch mit einem Klick auf die Schaltfläche *OK* beenden.

Sobald Sie nun in Spalte B einen Wert erfassen, wird das Diagramm sofort aktualisiert und um den neuen Wert inklusive der Jahresangabe erweitert.

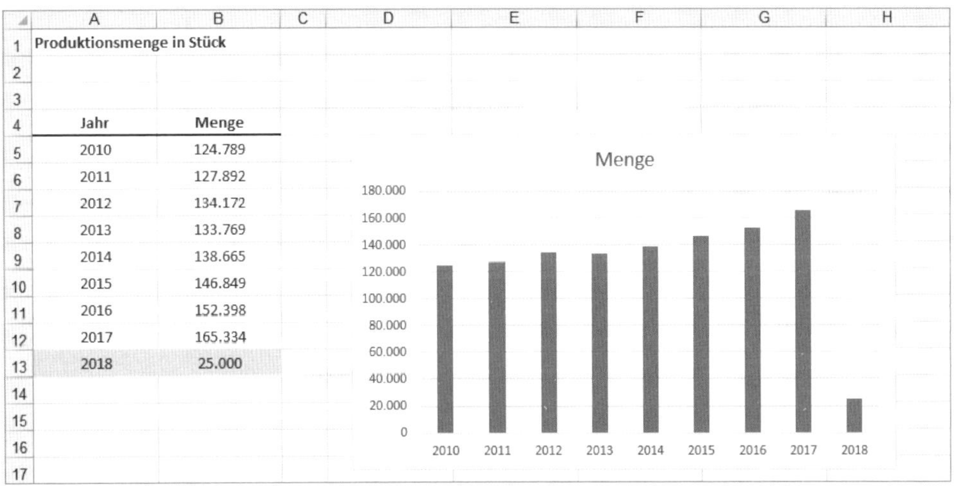

Tipp 4: Einzelne Werte dynamisch hervorheben

Dieser Aufgabenstellung liegt eine Umsatzzusammenstellung der letzten 15 Tage zugrunde. Ziel ist es nun, den jeweils größten Tagesumsatz im Diagramm dynamisch hervorzuheben. Das bedeutet, Excel soll automatisch den größten Betrag ermitteln und die entsprechende Datenreihe im Diagramm kennzeichnen.

So geht's:

Sehen Sie sich zunächst die Ausgangstabelle an. In Spalte A sind die Datumswerte und in Spalte B ist der Umsatz am jeweiligen Kalendertag angegeben.

	A	B	C
1	**Auflistung der Tagesumsätze**		
2			
3			
4		**Betrag**	
5	01.07.2018	2.191,42 €	
6	02.07.2018	9.479,11 €	
7	03.07.2018	10.137,59 €	
8	04.07.2018	2.910,34 €	
9	05.07.2018	11.174,34 €	
10	06.07.2018	11.429,41 €	
11	07.07.2018	8.427,85 €	
12	08.07.2018	1.243,89 €	
13	09.07.2018	1.454,52 €	
14	10.07.2018	6.680,90 €	
15	11.07.2018	8.077,04 €	
16	12.07.2018	7.234,93 €	
17	13.07.2018	9.709,28 €	
18	14.07.2018	5.903,90 €	
19	15.07.2018	8.601,22 €	
20			

1 Zur Dynamisierung des Diagramms werden zwei Hilfsspalten benötigt. Fügen Sie dazu zwischen Spalte A und Spalte B zwei leere Spalten ein, sodass die Umsatzangaben im Bereich D5:D19 stehen.

2 Markieren Sie nun den Zellbereich B5:B19 und erfassen Sie diese Formel:

=WENN(D5=MAX($D$5:$D$19);NV();D5)

Beenden Sie die Formeleingabe mit der Tastenkombination Strg+↵.

3 Markieren Sie in der zweiten Hilfsspalte den Zellbereich C5:C19 und geben Sie in Zelle C5 folgende Formel ein

=WENN(D5=MAX($D$5:$D$19);D5;NV())

Schließen Sie auch diese Dateneingabe mit der Tastenkombination Strg+↵ ab.

4 Erfassen Sie nun noch in den Zellen B4 und C4 eine Überschrift für die beiden Hilfsspalten. Beispielsweise können Sie hier jeweils die Bezeichnung *Umsatz* eintragen. Das Zwischenergebnis sieht wie abgebildet aus.

Wie Sie sehen, wurde der größte Tagesumsatz am 06.07.2018 gemacht, das bedeutet, dass dieser Wert im Diagramm hervorgehoben werden soll.

	A	B	C	D	E
1	**Auflistung der Tagesumsätze**				
2					
3					
4		Umsatz	Umsatz	**Betrag**	
5	01.07.2018	2191,42	#NV	2.191,42 €	
6	02.07.2018	9479,11	#NV	9.479,11 €	
7	03.07.2018	10137,59	#NV	10.137,59 €	
8	04.07.2018	2910,34	#NV	2.910,34 €	
9	05.07.2018	11174,34	#NV	11.174,34 €	
10	06.07.2018	#NV	11429,41	11.429,41 €	
11	07.07.2018	8427,85	#NV	8.427,85 €	
12	08.07.2018	1243,89	#NV	1.243,89 €	
13	09.07.2018	1454,52	#NV	1.454,52 €	
14	10.07.2018	6680,9	#NV	6.680,90 €	
15	11.07.2018	8077,04	#NV	8.077,04 €	
16	12.07.2018	7234,93	#NV	7.234,93 €	
17	13.07.2018	9709,28	#NV	9.709,28 €	
18	14.07.2018	5903,9	#NV	5.903,90 €	
19	15.07.2018	8601,22	#NV	8.601,22 €	

5 Zu Erstellung des Diagramms markieren Sie nun den Zellbereich A5:C19. Achten Sie darauf, dass Spalte D nicht markiert wird.

6 Fügen Sie über das Menü *Einfügen/Diagramme/Säulen* ein gruppiertes 2D-Säulendiagramm ein. Sie erhalten folgendes Zwischenergebnis.

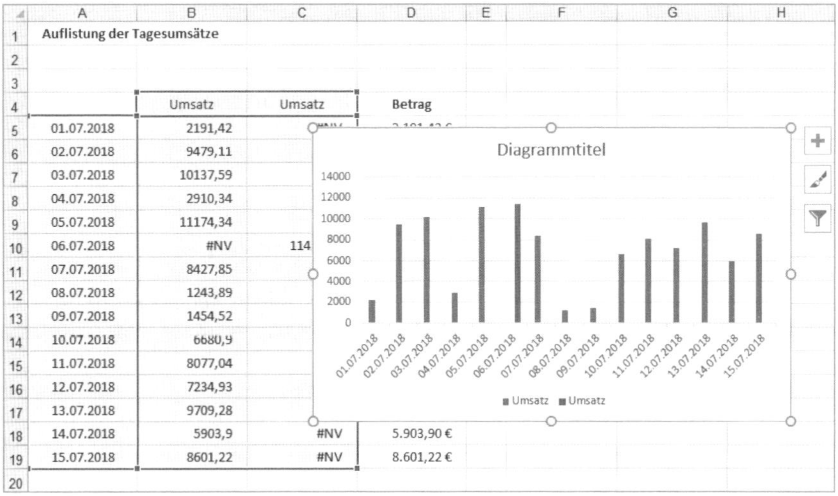

7 Nun können Sie das Diagramm beliebig formatieren. Sie können beispielsweise die Legende anpassen oder die Breite der Diagrammbalken bzw. deren Farbe verändern. Die beiden Hilfsspalten können auch ausgeblendet werden.

8 Damit ausgeblendete Werte im Diagramm dargestellt werden, müssen Sie das explizit einstellen. Öffnen Sie dazu über das Menü *Diagrammtools/Entwurf/Daten/Daten auswählen* das Dialogfenster *Datenquelle auswählen*.

9 Klicken Sie auf die Schaltfläche *Ausgeblendete und leere Zellen*. Im folgenden Dialogfenster müssen Sie nur noch das Kontrollkästchen *Daten in ausgeblendeten Zeilen und Spalten anzeigen* aktivieren.

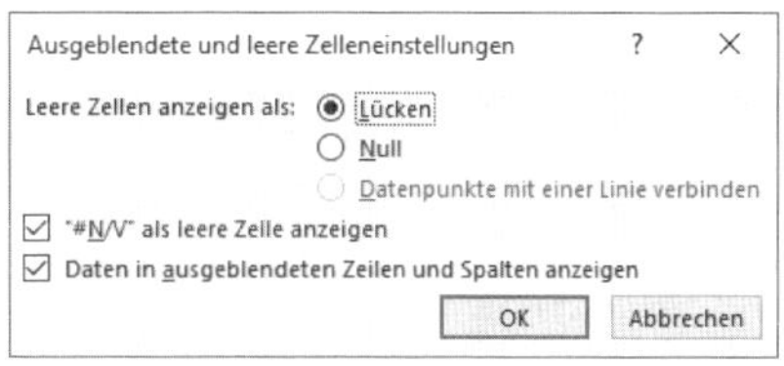

10 Nachdem Sie beide geöffneten Dialogfenster mit jeweils einem Klick auf die Schaltfläche *OK* beendet haben, könnte das Ergebnis wie folgt aussehen.

In diesem Diagramm wird nun wie gewünscht der höchste Wert farbig hervorgehoben.

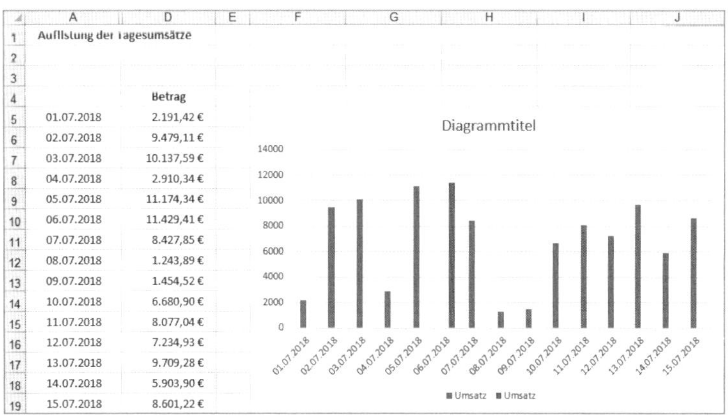

Tipp 5: Diagramme als statische Bilder einfügen

In diesem Beispiel erfahren Sie, wie aus Diagrammen Bilder erzeugt werden können. Damit wird die Dynamik aus den Diagrammen entfernt. Das Diagramm soll sich nicht mehr verändern, auch wenn die Ausgangsdaten angepasst werden.

So geht's:

1 Markieren Sie das Diagramm, indem Sie es mit der Maus anklicken.

2 Öffnen Sie über das Menü *Start/Zwischenablage/Kopieren/Als Bild kopieren* das Dialogfenster *Bild kopieren* (Excel 2007: Menü *Start/Zwischenablage/Einfügen/Als Bild/Als Grafik einfügen).*

3 Aktivieren Sie die Optionen *Wie angezeigt* und *Bild*. Durch Beenden des Dialogfensters mit einem Klick auf die Schaltfläche *OK* wird das Diagramm in die Zwischenablage kopiert.

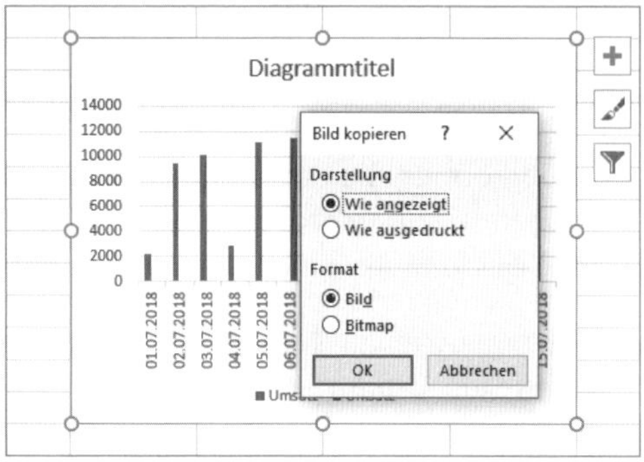

4 Wechseln Sie nun auf ein leeres Tabellenblatt oder zu einem freien Tabellenbereich und markieren Sie die Zelle, ab der das Diagrammbild eingefügt werden soll.

5 Über das Menü *Start/Zwischenablage/Einfügen* wird das Diagramm als statisches Bild eingefügt. Zum gleichen Ergebnis gelangen Sie auch mit der Tastenkombination Strg+V (Excel 2007: Menü *Start/Zwischenablage/Einfügen/Als Bild/Als Grafik einfügen*).

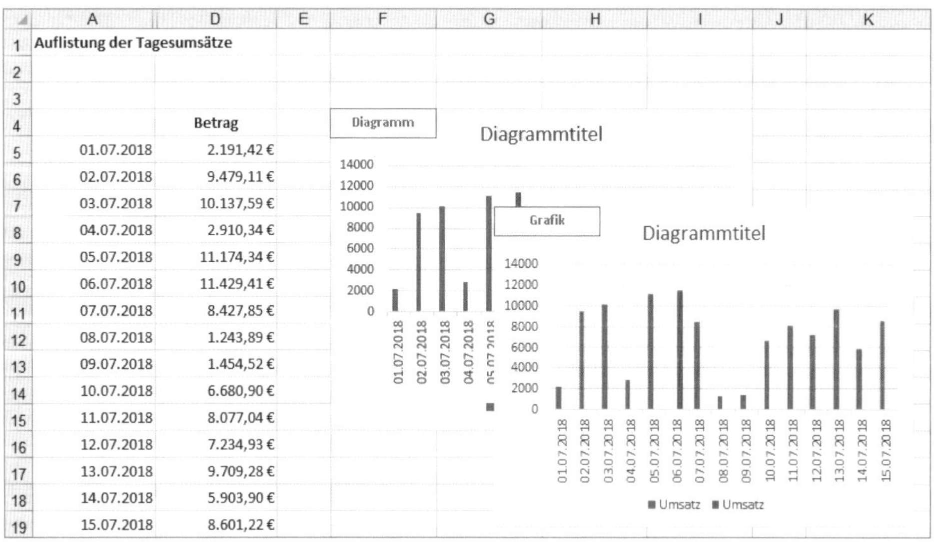

Auf den ersten Blick unterscheiden sich die beiden Grafiken nicht voneinander. Werden aber die Umsatzzahlen in der Tagesumsatzliste verändert, hat das nur Auswirkungen auf das Diagramm, nicht auf die eingefügte Grafik.

Tipp 6: Zellen ohne Inhalte bei der Diagrammerstellung ignorieren

Diesem Beispiel liegt die Auflistung der Arbeitsstunden eines Mitarbeiters nach Wochentagen zugrunde. Die Höhe der Wochenarbeitsstunden soll in einem Liniendiagramm optisch dargestellt werden. Allerdings sind die Arbeitszeiten erst bis Kalenderwoche 13 eingetragen.

So geht's:

In der Ausgangstabelle sind die Arbeitsstunden für jeden Tag sowie in der Gesamtsumme der gesamten Woche aufgelistet. Die Wochenstunden in Zelle G6 wurden mit der folgenden Formel summiert:

=WENN(SUMME(B6:F6)<>0;SUMME(B6:F6);"")

Die anderen Wochenstunden wurden mit der identischen Summenformel berechnet. Mit der *WENN*-Abfrage wird verhindert, dass ab KW 14 Nullwerte durch die Summenfunktion eingetragen werden.

1 Zur Erstellung des Diagramms markieren Sie den Zellbereich G6:G25.

2 Fügen Sie über das Menü *Einfügen/Diagramm/Linie* ein 2D-Liniendiagramm ein. Das Ergebnis stellt sich wie folgt dar:

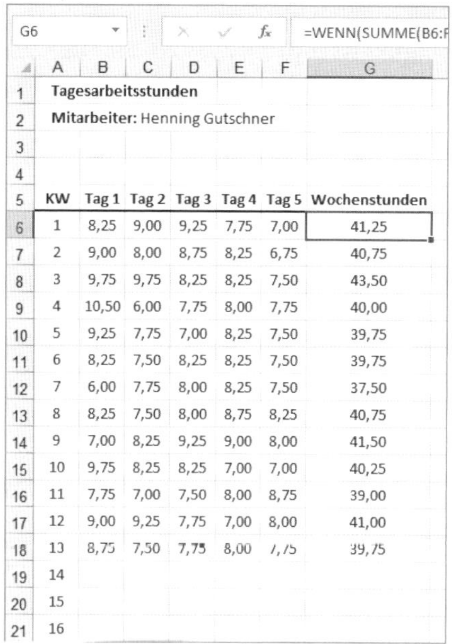

G6 =WENN(SUMME(B6:F

Tagesarbeitsstunden

Mitarbeiter: Henning Gutschner

KW	Tag 1	Tag 2	Tag 3	Tag 4	Tag 5	Wochenstunden
1	8,25	9,00	9,25	7,75	7,00	41,25
2	9,00	8,00	8,75	8,25	6,75	40,75
3	9,75	9,75	8,25	8,25	7,50	43,50
4	10,50	6,00	7,75	8,00	7,75	40,00
5	9,25	7,75	7,00	8,25	7,50	39,75
6	8,25	7,50	8,25	8,25	7,50	39,75
7	6,00	7,75	8,00	8,25	7,50	37,50
8	8,25	7,50	8,00	8,75	8,25	40,75
9	7,00	8,25	9,25	9,00	8,00	41,50
10	9,75	8,25	8,25	7,00	7,00	40,25
11	7,75	7,00	7,50	8,00	8,75	39,00
12	9,00	9,25	7,75	7,00	8,00	41,00
13	8,75	7,50	7,75	8,00	7,75	39,75
14						
15						
16						

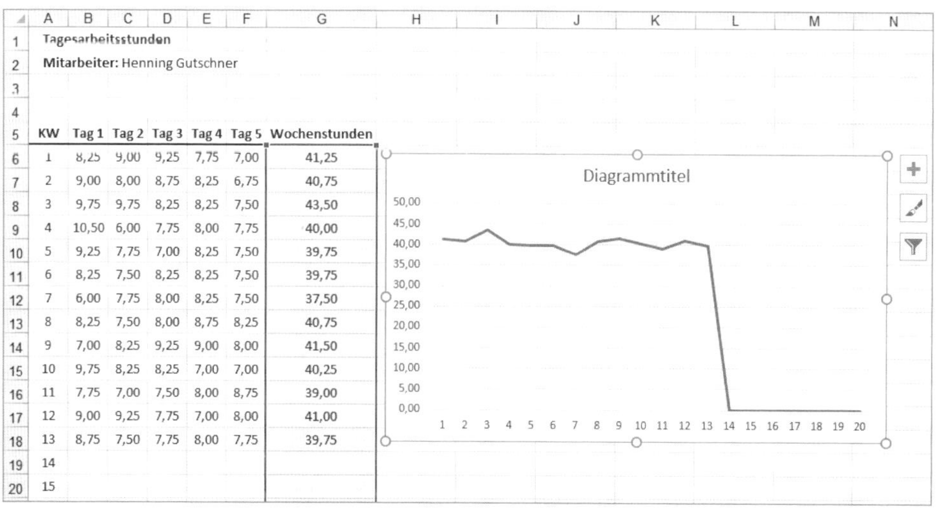

Tagesarbeitsstunden

Mitarbeiter: Henning Gutschner

KW	Tag 1	Tag 2	Tag 3	Tag 4	Tag 5	Wochenstunden
1	8,25	9,00	9,25	7,75	7,00	41,25
2	9,00	8,00	8,75	8,25	6,75	40,75
3	9,75	9,75	8,25	8,25	7,50	43,50
4	10,50	6,00	7,75	8,00	7,75	40,00
5	9,25	7,75	7,00	8,25	7,50	39,75
6	8,25	7,50	8,25	8,25	7,50	39,75
7	6,00	7,75	8,00	8,25	7,50	37,50
8	8,25	7,50	8,00	8,75	8,25	40,75
9	7,00	8,25	9,25	9,00	8,00	41,50
10	9,75	8,25	8,25	7,00	7,00	40,25
11	7,75	7,00	7,50	8,00	8,75	39,00
12	9,00	9,25	7,75	7,00	8,00	41,00
13	8,75	7,50	7,75	8,00	7,75	39,75
14						
15						

Wie Sie sehen, fällt ab Kalenderwoche 14 die Linie auf null ab, obwohl ab KW 14 keine Nullwerte in der Tabelle vorhanden sind. Dies liegt daran, dass die Nullwerte über die *WENN*-Abfrage abgefangen wurden. Ziel ist es, dass die Linie in KW 13 einfach endet und nicht auf den Nullpunkt absinkt.

Damit das Diagramm nicht auf die Nulllinie abfällt, müssen Sie die Formel im Bereich G6:G25 abändern.

1 Markieren Sie dazu den Zellbereich G6:G25 und erfassen Sie in Zelle G6 diese Formel:

   =WENN(SUMME(B6:F6)<>0;SUMME(B6:F6);NV())

2 Beenden Sie die Formeleingabe mit der Tastenkombination Strg+↵.

Damit Excel die ab KW 14 fehlenden Werte nicht als Nullwerte interpretiert, muss der Fehlerwert *#NV* (**N**icht **V**orhanden) übergeben werden.

Nun wird ab Zelle G19 der Fehlerwert *#NV* eingetragen. Im Ergebnis werden wie gewünscht keine Nullwerte mehr abgebildet.

G6 =WENN(SUMME(B6:F6)<>0;SUMME(B6:F6);NV())

Tagesarbeitsstunden

Mitarbeiter: Henning Gutschner

KW	Tag 1	Tag 2	Tag 3	Tag 4	Tag 5	Wochenstunden
1	8,25	9,00	9,25	7,75	7,00	41,25
2	9,00	8,00	8,75	8,25	6,75	40,75
3	9,75	9,75	8,25	8,25	7,50	43,50
4	10,50	6,00	7,75	8,00	7,75	40,00
5	9,25	7,75	7,00	8,25	7,50	39,75
6	8,25	7,50	8,25	8,25	7,50	39,75
7	6,00	7,75	8,00	8,25	7,50	37,50
8	8,25	7,50	8,00	8,75	8,25	40,75
9	7,00	8,25	9,25	9,00	8,00	41,50
10	9,75	8,25	8,25	7,00	7,00	40,25
11	7,75	7,00	7,50	8,00	8,75	39,00
12	9,00	9,25	7,75	7,00	8,00	41,00
13	8,75	7,50	7,75	8,00	7,75	39,75
14						#NV
15						#NV
16						#NV
17						#NV

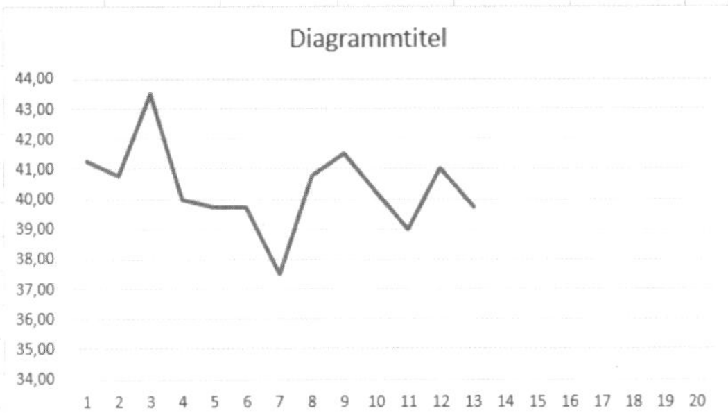

Hinweis

Den Fehler *#NV* können Sie über die bedingte Formatierung ausblenden. Markieren Sie dazu den Zellbereich G6:G25. Tragen Sie die Formel *=ISTNV(G6)* ein und definieren Sie eine weiße Schriftfarbe. Damit werden alle *#NV*-Fehlerwerte im markierten Bereich unsichtbar (siehe Kapitel 2.1 „Bedingte Formatierungen sinnvoll einsetzen").

Tipp 7: Kleine und große Zahlen gleichzeitig in einem Diagramm darstellen

Ein häufig vorkommendes Problem bei der Darstellung von Diagrammen tritt dann auf, wenn die Spannweite der darzustellenden Zahlen relativ groß ist bzw. bestimmte Zahlen im Vergleich zu den anderen relativ klein sind. Im Beispiel liegt eine Aufwandsübersicht aus dem Jahr 2018 vor, die in einem Diagramm dargestellt werden soll.

	A	B	C
1	**Kostenübersicht**		
2			
3			
4	Materialaufwand	2.435.751,00 €	
5	Personalaufwand	1.769.794,00 €	
6	Betriebsaufwand	1.249.710,00 €	
7	Verwaltungsaufwand	275.813,00 €	
8	Vertriebsaufwand	976.071,00 €	
9	übriger Aufwand	38.319,00 €	
10	Zinsaufwand	23.893,00 €	
11	Sonstige Steuern	17.374,00 €	

So geht's:

1 Setzen Sie den Zellzeiger auf eine beliebige Zelle im Datenbereich.

2 Fügen Sie über das Menü *Einfügen/Diagramme/Kreis* den Diagrammtyp *Kreis aus Kreis* ein.

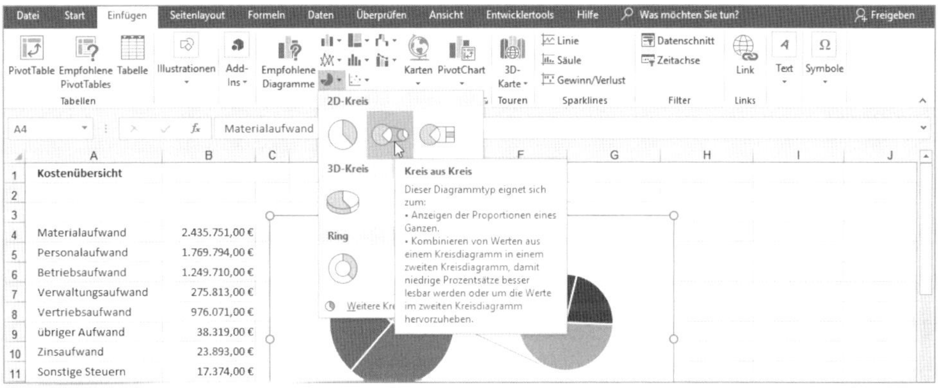

3 Excel fügt das Diagramm in die Tabelle ein und erkennt und analysiert dabei die Daten automatisch. In nachfolgender Abbildung wurde dem Diagramm zudem ein Layout aus der Auswahlliste zum Menü *Diagrammtools/Entwurf/Diagrammlayouts* zugewiesen.

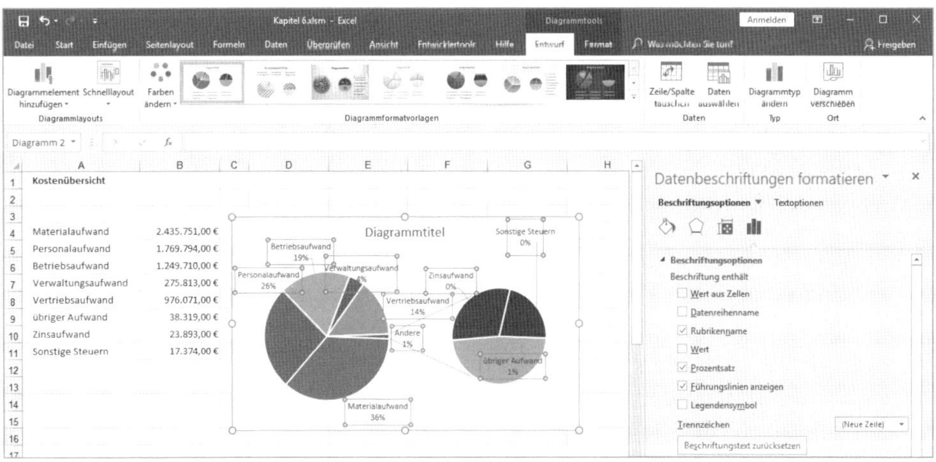

Sie sehen, dieser Diagrammtyp ist sehr gut geeignet, um unterschiedlich große Zahlen übersichtlich darzustellen. In der Abbildung wurde in den Datenbeschriftungen neben dem Namen der Rubrik eine prozentuale Darstellung der Werte gewählt.

Tipp 8: Informationen in Diagrammen ein- und ausblenden

Dieses Beispiel zeigt, wie sich Informationen für die Darstellung in einem Diagramm beliebig ein- und ausblenden lassen. Als Beispieltabelle dient eine Umsatzübersicht für vier verschiedene Niederlassungen.

Über ein Kontrollkästchen zu jeder Niederlassung soll es möglich sein, die Informationen im Diagramm anzuzeigen oder auszublenden.

	A	B	C	D	E	F
1	Umsatzliste Januar - September					
2						
3						
4						
5		Nürnberg	Köln	Hamburg	Düsseldorf	
6	Jan	5.496,89 €	2.927,98 €	9.513,55 €	6.173,79 €	
7	Feb	7.417,72 €	450,78 €	655,89 €	701,76 €	
8	Mrz	9.902,17 €	9.286,56 €	3.173,10 €	7.170,13 €	
9	Apr	141,01 €	5.643,43 €	7.322,25 €	3.941,90 €	
10	Mai	5.557,90 €	1.300,77 €	5.889,97 €	465,70 €	
11	Jun	4.228,99 €	2.233,24 €	9.333,08 €	4.337,26 €	
12	Jul	2.651,68 €	9.974,45 €	424,24 €	1.033,44 €	
13	Aug	5.743,66 €	3.165,06 €	2.632,10 €	6.448,76 €	
14	Sep	7.392,83 €	6.392,98 €	3.892,33 €	5.393,04 €	
15						

So geht's:

1 Im ersten Schritt werden in Zeile 4 die Kontrollkästchen zu jeder Niederlassung eingefügt. Starten Sie den Befehl dazu über das Menü *Entwicklertools/Steuerelemente/ActiveX-Steuerelemente/Einfügen/Kontrollkästchen*. Fügen Sie so vier Kontrollkästchen ein und positionieren Sie sie jeweils zentral über dem Ortsnamen.

2 Rufen Sie über das Menü *Entwicklertools/Steuerelemente/Eigenschaften* das *Eigenschaften*-Fenster auf.

3 Markieren Sie das erste Kontrollkästchen und entfernen Sie aus der Eigenschaft *Caption* die Beschriftung für das Kontrollkästchen. Wiederholen Sie den Vorgang für die restlichen drei Kontrollkästchen.

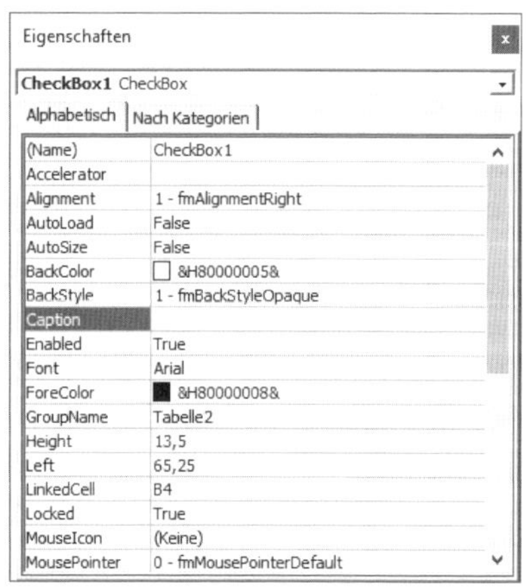

4 Geben Sie im Eigenschaftsfeld *LinkedCell* den Zellbezug B4 ein. Für das zweite Kontrollkästchen in Zelle C4 legen Sie die Eigenschaft *LinkedCell* auf die Zelle C4 fest. Ändern Sie diese Einstellungen analog für alle vier Kontrollkästchen.

5 Beenden Sie den Entwurfsmodus über das Menü *Entwicklertools/Steuerelemente/Entwurfsmodus*.

6 Beim Aktivieren der Kontrollkästchen wird in den Zellen B4, C4, D4 und E4 der Wahrheitswert *WAHR* eingetragen, beim Deaktivieren der Wahrheitswert *FALSCH*. Damit diese Information nicht stört, formatieren Sie die betreffenden Zellen mit der Schriftfarbe Weiß.

Das vorläufige Zwischenergebnis sieht wie hier abgebildet aus.

	A	B	C	D	E
1	**Umsatzliste Januar - September**				
2					
3					
4		☑	☑	☑	☑
5		**Nürnberg**	**Köln**	**Hamburg**	**Düsseldorf**
6	**Jan**	5.496,89 €	2.927,98 €	9.513,55 €	6.173,79 €
7	**Feb**	7.417,72 €	450,78 €	655,89 €	701,76 €
8	**Mrz**	9.902,17 €	9.286,56 €	3.173,10 €	7.170,13 €
9	**Apr**	141,01 €	5.643,43 €	7.322,25 €	3.941,90 €
10	**Mai**	5.557,90 €	1.300,77 €	5.889,97 €	465,70 €
11	**Jun**	4.228,99 €	2.233,24 €	9.333,08 €	4.337,26 €
12	**Jul**	2.651,68 €	9.974,45 €	424,24 €	1.033,44 €
13	**Aug**	5.743,66 €	3.165,06 €	2.632,10 €	6.448,76 €
14	**Sep**	7.392,83 €	6.392,98 €	3.892,33 €	5.393,04 €
15					

7 Im nächsten Schritt müssen die Daten, auf die sich das Diagramm beziehen soll, in einem eigenen Hilfsdatenbereich erstellt werden. Erfassen Sie dazu im Zellbereich A18:A26 die Monatseinträge *Jan* bis *Sep*.

8 Abhängig davon, ob das Kontrollkästchen aktiviert ist, sollen im Bereich B17:B26 die Umsatzdaten der betreffenden Monate angezeigt werden. Markieren Sie dazu den Zellbereich B17:B26 und erfassen Sie in Zelle B17 die Formel: *=WENN(B$4=WAHR;B6;"")*. Schließen Sie die Formeleingabe mit der Tastenkombination Strg+↵ ab.

9 Verfahren Sie auf gleiche Weise mit den Formeln für die anderen Niederlassungen:

- Formel für Zellbereich C17:C26: *=WENN(C$4=WAHR;C6;"")*
- Formel für Zellbereich D17:D26: *=WENN(D$4=WAHR;D6;"")*
- Formel für Zellbereich E17:E26: *=WENN(E$4=WAHR;E6;"")*

Diese Formeln sorgen dafür, dass die Werte aus dem jeweiligen Quellbereich nur dann übernommen werden, wenn in den Zellen B4 bis E6 der Wert *WAHR* eingetragen ist, wenn also das betreffende Kontrollkästchen aktiviert ist. Im anderen Fall wird ein leerer Zeichenstring übergeben.

	A	B	C	D	E	F
1	**Umsatzliste Januar - September**					
2						
3						
4		☑	☑	☑	☑	
5		**Nürnberg**	**Köln**	**Hamburg**	**Düsseldorf**	
6	**Jan**	5.496,89 €	2.927,98 €	9.513,55 €	6.173,79 €	
7	**Feb**	7.417,72 €	450,78 €	655,89 €	701,76 €	
8	**Mrz**	9.902,17 €	9.286,56 €	3.173,10 €	7.170,13 €	
9	**Apr**	141,01 €	5.643,43 €	7.322,25 €	3.941,90 €	
10	**Mai**	5.557,90 €	1.300,77 €	5.889,97 €	465,70 €	
11	**Jun**	4.228,99 €	2.233,24 €	9.333,08 €	4.337,26 €	
12	**Jul**	2.651,68 €	9.974,45 €	424,24 €	1.033,44 €	
13	**Aug**	5.743,66 €	3.165,06 €	2.632,10 €	6.448,76 €	
14	**Sep**	7.392,83 €	6.392,98 €	3.892,33 €	5.393,04 €	
15						
16						
17		Nürnberg	=WENN(C$4=WAHR;C5;"")		Düsseldorf	
18	**Jan**	5496,89	2927,98	9513,55	6173,79	
19	**Feb**	7417,72	450,78	655,89	701,76	
20	**Mrz**	9902,17	9286,56	3173,1	7170,13	
21	**Apr**	141,01	5643,43	7322,25	3941,9	
22	**Mai**	5557,9	1300,77	5889,97	465,7	
23	**Jun**	4228,99	2233,24	9333,08	4337,26	
24	**Jul**	2651,68	9974,45	424,24	1033,44	
25	**Aug**	5743,66	3165,06	2632,1	6448,76	
26	**Sep**	7392,83	6392,98	3892,33	5393,04	

10 Im letzten Schritt wird nun die Grafik eingefügt. Da die Grafik auf dem Hilfsbereich A17:E26 basiert, setzen Sie den Zellzeiger auf eine beliebige Zelle im Hilfsbereich.

11 Fügen Sie über das Menü *Einfügen/Diagramme/Linie* eine 2D-Linie ein. Für dieses Beispiel ist am besten der Typ ganz links oben im Auswahlmenü geeignet.

12 Verschieben Sie das Diagramm noch an den gewünschten Platz auf dem Tabellenblatt und passen Sie es Ihren Wünschen und Vorstellungen an.

Sobald nun ein Kontrollkästchen deaktiviert wird, werden die Daten im Hilfsbereich ausgeblendet und die Linie wird aus dem Diagramm entfernt.

	A	B	C	D	E
1	Umsatzliste Januar - September				
2					
3					
4		☑	☑	☑	☑
5		Nürnberg	Köln	Hamburg	Düsseldorf
6	Jan	5.496,89 €	2.927,98 €	9.513,55 €	6.173,79 €
7	Feb	7.417,72 €	450,78 €	655,89 €	701,76 €
8	Mrz	9.902,17 €	9.286,56 €	3.173,10 €	7.170,13 €
9	Apr	141,01 €	5.643,43 €	7.322,25 €	3.941,90 €
10	Mai	5.557,90 €	1.300,77 €	5.889,97 €	465,70 €
11	Jun	4.228,99 €	2.233,24 €	9.333,08 €	4.337,26 €
12	Jul	2.651,68 €	9.974,45 €	424,24 €	1.033,44 €
13	Aug	5.743,66 €	3.165,06 €	2.632,10 €	6.448,76 €
14	Sep	7.392,83 €	6.392,98 €	3.892,33 €	5.393,04 €
15					
16					
17		Nürnberg	Köln	Hamburg	Düsseldorf
18	Jan	5496,89	2927,98	9513,55	6173,79
19	Feb	7417,72	450,78	655,89	701,76
20	Mrz	9902,17	9286,56	3173,1	7170,13
21	Apr	141,01	5643,43	7322,25	3941,9
22	Mai	5557,9	1300,77	5889,97	465,7
23	Jun	4228,99	2233,24	9333,08	4337,26
24	Jul	2651,68	9974,45	424,24	1033,44
25	Aug	5743,66	3165,06	2632,1	6448,76
26	Sep	7392,83	6392,98	3892,33	5393,04
27					

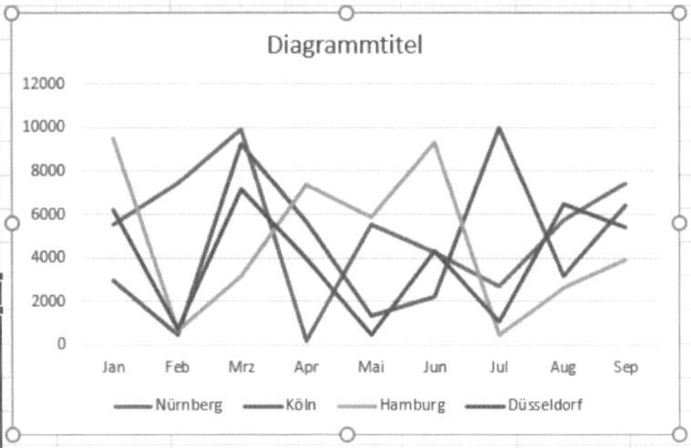

Tipp 9: Ein PivotChart einfach erstellen

In Kapitel 5.3 haben Sie bereits einiges über PivotTable-Berichte erfahren. Dieses Beispiel zeigt, wie auf Basis der Pivot-Funktion ein PivotChart gewohnt einfach erstellt werden kann. Als Ausgangsdatei dient eine Verkaufsliste mit verschiedenen Informationen.

Auf dieser Grundlage soll nun ein PivotChart erstellt werden, das die Verkäufe nach Regionen und Artikelgruppen aufgeteilt darstellt.

	A	B	C	D	E	F	G	H
1	Verkaufsliste Juli 2018							
2								
3	Kunde	Region	Großhändler	Artikelgruppe	Artikelnummer	Einzelpreis	Menge	Umsatz
4	Kaiser	Nord	Ja	Art.Gr. E	1636E	45,23	15	678,45
5	Kaiser	Nord	Nein	Art.Gr. E	2769E	77,21	35	2.702,35
6	Wiesner	Ost	Ja	Art.Gr. C	1328C	113,94	2	227,88
7	Kling	Mitte	Ja	Art.Gr. E	4458E	15,98	23	367,54
8	Schmidt	Ost	Ja	Art.Gr. A	7248A	163,41	22	3.595,02
9	Kaiser	Mitte	Ja	Art.Gr. A	1044A	112,07	47	5.267,29
10	Kaiser	West	Ja	Art.Gr. C	9452C	27,28	3	81,84
11	Nesvadba	Mitte	Ja	Art.Gr. E	9667E	124,02	4	496,08
12	Klein	West	Nein	Art.Gr. B	1381B	18,45	28	516,60
13	Walter	Süd	Nein	Art.Gr. E	3654E	21,75	17	369,75
14	Kaiser	West	Ja	Art.Gr. B	9885B	82,00	4	328,00
15	Bergler	West	Ja	Art.Gr. A	3524A	29,27	40	1.170,80

So geht's:

1 Setzen Sie den Zellzeiger auf eine beliebige Zelle in der Datenliste.

2 Fügen Sie über das Menü *Einfügen/Tabellen/PivotTable/PivotChart* (Excel 2007/2010) bzw. *Einfügen/Diagramme/PivotChart/PivotChart* (Excel 2013/2016) ein neues Tabellenblatt ein, auf dem das PivotChart aufgebaut werden kann.

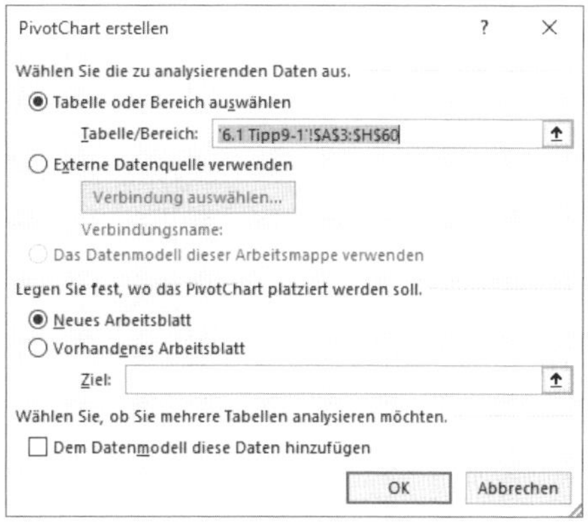

Da das PivotChart auf einem neuen Tabellenblatt eingefügt werden soll, müssen Sie die Option *Neues Arbeitsblatt* aktivieren.

3 Nach einem Klick auf die Schaltfläche *OK* wird das neue Arbeitsblatt mit dem PivotChart und dem Aufgabenbereich (Task Pane) *PivotTable-Feldliste* angezeigt. Darüber hinaus werden je nach Excel-Version drei bis vier kontextsensitive Registerkarten eingeblendet. Die letzte kontextsensitive Registerkarte enthält die Funktionen für das PivotChart. Die anderen zwei bzw. drei Registerkarten enthalten die Pivot- und Diagrammfunktionen. In Excel 2007/2010 sind dies die Registerkarten *Entwurf*, *Layout* und *Format*, in Excel 2013 die Registerkarten *Entwurf* und *Format* und ab Excel 2016 die Registerkarten *Analysieren, Entwurf* und *Format*.

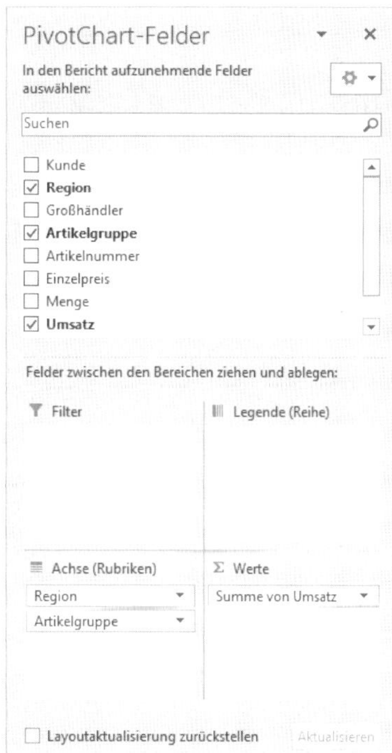

4 Ziehen Sie nun bei gedrückter linker Maustaste den Feldnamen *Region* in den Bereich *Achsenfelder (Rubriken)*. Wiederholen Sie den Vorgang analog für den Feldnamen *Artikelgruppe*. Den Feldnamen *Umsatz* ziehen Sie in den Bereich *Werte*. Die Bezeichnungen der einzelnen Bereiche in der Feldliste unterscheiden sich zwischen den Excel-Versionen. In Excel 2013 ist der Bereich zu den Achsenfeldern als *Achse (Kategorien)* und ab Excel 2016 als *Achse (Rubriken)* benannt.

5 Durch das Zuweisen der Datenfelder wurden automatisch sowohl ein PivotTable-Bericht als auch das darauf basierende PivotChart erstellt.

Sie sehen, es ist relativ einfach, ein PivotChart zu erstellen. PivotCharts können genauso wie Diagramme bearbeitet und modifiziert werden.

	A	B
7	⊟Nord	**12781,38**
8	Art.Gr. A	492,96
9	Art.Gr. B	7537,22
10	Art.Gr. C	1370,4
11	Art.Gr. E	3380,8
12	⊟Ost	**21271,42**
13	Art.Gr. A	5361,12
14	Art.Gr. B	9297,98
15	Art.Gr. C	5898,28
16	Art.Gr. D	714,04
17	⊟Süd	**19821,84**
18	Art.Gr. A	646,75
19	Art.Gr. B	4540,43
20	Art.Gr. C	9241,47
21	Art.Gr. E	5393,19
22	⊟West	**41149,4**
23	Art.Gr. A	7192,64
24	Art.Gr. B	10727,99
25	Art.Gr. C	5175,76
26	Art.Gr. D	1739,98
27	Art.Gr. E	16313,03
28	**Gesamtergebnis**	**117347,56**

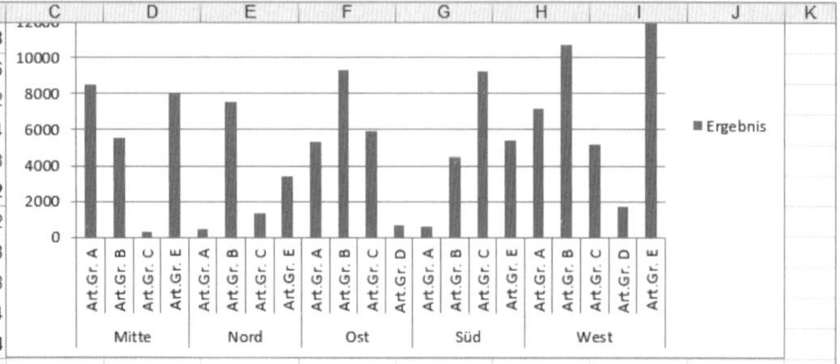

Tipp 10: Mehrere Diagrammtypen kombinieren

In der Praxis kommt es häufig vor, dass verschiedene Informationen in einem Diagramm dargestellt werden sollen. Im Beispiel liegt eine Verkaufsliste aus dem vergangenen Jahr mit Umsatz- und Mengenangaben vor.

	A	B	C
1	**Verkaufszahlen**		
2			
3			
4		**Umsatz in T€**	**in Stück**
5	**Januar**	380	2636
6	**Februar**	332	5225
7	**März**	394	7423
8	**April**	136	2706
9	**Mai**	492	16200
10	**Juni**	673	1876
11	**Juli**	436	3970
12	**August**	135	2614
13	**September**	143	7500
14	**Oktober**	121	829
15	**November**	253	2890
16	**Dezember**	321	2047

Beide Angaben sollen in einem einzigen Diagramm angezeigt werden, obwohl sich die Wertebereiche doch relativ stark unterscheiden. Ziel ist es, die Umsatzzahlen als Balkendiagramm und die Verkaufsmenge als Liniendiagramm darzustellen.

So geht's:

1 Fügen Sie zunächst ein neues Diagramm ein. Markieren Sie dazu den Zellbereich A4:C16 und wählen Sie über das Menü *Einfügen/Diagramme/Säulendiagramme* eine gestapelte 2D-Säule aus.

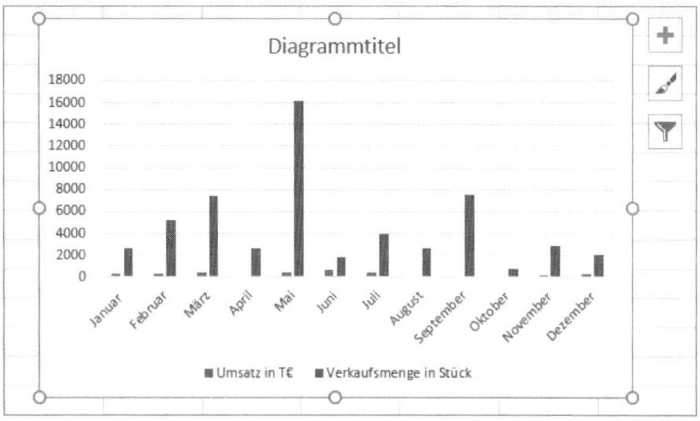

2 Wie nicht anders zu erwarten war, werden alle Werte als Balken dargestellt. Um nun die Verkaufszahlen als Linien anzuzeigen, markieren Sie die Balken, die die Verkaufsmenge repräsentieren, indem Sie sie mit einem Mausklick auf einen der Verkaufsbalken auswählen.

3 Öffnen Sie jetzt mit einem Rechtsklick auf die ausgewählten Balken das Kontextmenü und wählen Sie darin den Eintrag *Datenreihen-Diagrammtyp ändern*.

4 Wählen Sie dort ein Liniendiagramm aus und beenden Sie das Dialogfenster mit einem Klick auf die Schaltfläche *OK*.

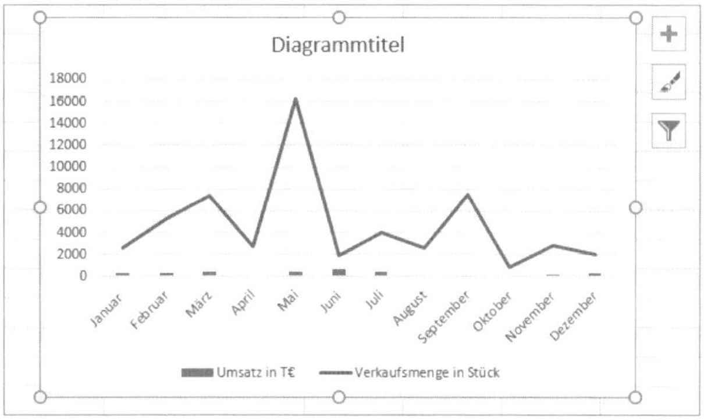

5 Die Darstellung der beiden Wertebereiche *Umsatz* und *Verkaufsmenge* in einem Diagramm führt dazu, dass die Balken für den Umsatz relativ klein im Verhältnis zur Verkaufsmenge angezeigt werden. Um dieses Problem zu beheben, muss eine zweite y-Achse für die Verkaufsmenge eingefügt werden. Markieren Sie dazu die Linie und führen Sie einen Rechtsklick darauf aus. Aus dem Kontextmenü wählen Sie den Eintrag *Datenreihen formatieren*.

6 Wählen Sie im Dialogfenster *Datenreihen formatieren* unter dem Punkt *Reihenoptionen* den Eintrag *Sekundärachse*. Seit Excel 2013 wird statt des Dialogfensters ein Aufgabenbereich angezeigt, der dieselbe Funktionalität bietet.

7 Nach dem Schließen des Dialogs bzw. Aktivieren der Option wird die Grafik für die Verkaufszahlen korrekt angezeigt. Die Umsatzgröße bezieht sich auf die linke Achse und die Verkaufsmenge auf die rechte Achse des Diagramms. Beide Werte werden in den jeweiligen relativen Verhältnissen angezeigt.

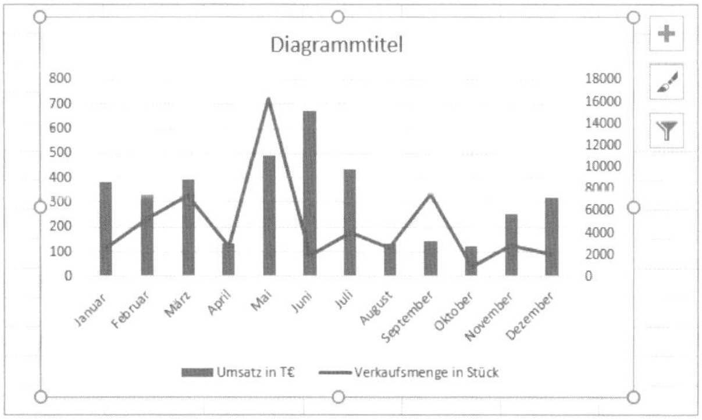

➡ Verweis: siehe Kapitel 6, Tipp 19

Tipp 11: Erweiterte Diagrammfunktionen seit Excel 2010

Dieser Tipp gibt einen kurzen Überblick über die erweiterten Diagrammfunktionen seit Excel 2010.

1 Bis Excel 2007 war die Anzahl der Datenpunkte in 2D-Diagrammen auf 32.000 und in 3D-Diagrammen auf 4.000 begrenzt. Mehr Daten konnten also nicht in einem Excel-Diagramm dargestellt werden. Seit Excel 2010 ist die Anzahl der Datenpunkte nur noch durch die Größe des verfügbaren Speichers begrenzt. Damit wird der Verarbeitung von großen Datenmengen Rechnung getragen.

2 Seit Excel 2010 können Sie wieder mit einem Doppelklick auf einzelne Diagrammelemente das entsprechende Dialogfenster bzw. den Aufgabenbereich aufrufen. Dieser Zugriff war zwar schon in Excel-Versionen vor Excel 2007 möglich, jedoch in Excel 2007 abgeschaltet worden.

3 In Excel 2007 erzeugt die Aufzeichnung eines Makros während des Formatierens eines Diagramms oder eines anderen Objekts keinen Makrocode. Ab Excel 2010 steht die Makroaufzeichnung für die Änderung und Erstellung verschiedener Diagrammobjekte wieder zur Verfügung.

4 Die Performance, selbst bei mehr als einer Million Datenpunkten, ist gut und genügt in jeder Hinsicht den Anforderungen der Praxis.

5 Seit Excel 2013 wurden mit *Empfohlene Diagramme*, *Hervorhebung von Top-/Low-Werten* und den neuen Verbunddiagrammtypen weitere hilfreiche Diagrammfunktionen eingeführt.

6 Seit Excel 2016 stehen neue Diagrammtypen, wie Wasserfall- oder Pareto-Diagramme zur Verfügung. Zwar lassen sich diese auch über Umwege in älteren Excel-Versionen erstellen, benötigen dann aber recht umfangreiche Formelberechnungen.

➡ Verweis: siehe Kapitel 6, Tipp 17, 18, 19

Alles in allem ist Excel in den Versionen seit Excel 2010 für die Erstellung professioneller Diagramme sehr gut gerüstet.

Tipp 12: Diagramme in PowerPoint integrieren

Es gibt einen einfachen und schnellen Weg, Excel-Objekte in PowerPoint einzubinden. Das Excel-Objekt wird hierbei als Bild in die Folie eingefügt. Diese Art, Excel-Schaubilder in PowerPoint zu integrieren, wird sehr oft praktiziert, ist jedoch nicht dynamisch und bietet sich nur für Grafiken an, die einmalig in einer PowerPoint-Präsentation verwendet werden.

So geht's:

1 Öffnen Sie eine neue Excel-Datei und erstellen Sie ein beliebiges Diagramm.

2 Öffnen Sie nun ein neues PowerPoint-Dokument und kehren Sie zurück zur Excel-Anwendung.

3 Klicken Sie auf das Excel-Diagramm und befördern Sie es mit der Tastenkombination Strg+C in die Zwischenablage.

4 Wechseln Sie wieder zum PowerPoint-Dokument und fügen Sie das Diagramm aus der Zwischenablage per Kontextmenü der rechten Maustaste und *Einfügeoptionen* über das Symbol *Grafik (G)* in das PowerPoint-Dokument ein.

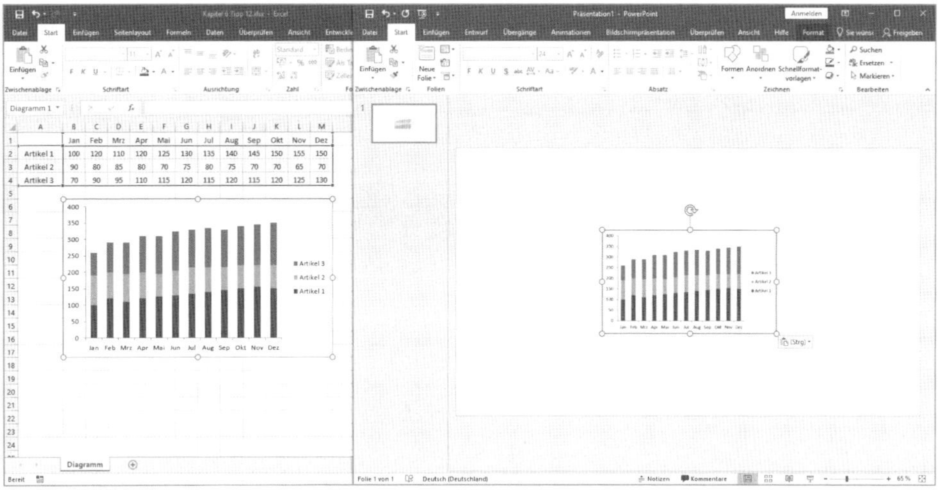

Tipp 13: Diagramme dynamisch mit PowerPoint verknüpfen

Es gibt aber noch einen weiteren Weg, Excel-Objekte in PowerPoint einzubinden. Das Excel-Objekt wird hierbei als dynamisches Objekt in PowerPoint eingefügt. Diese Möglichkeit, Excel-Schaubilder in PowerPoint zu integrieren, ist dann sinnvoll, wenn das Schaubild in der Präsentation immer wieder verwendet wird und sich die Daten dynamisch anpassen müssen.

So geht's:

1 Öffnen Sie erneut eine neue Excel Datei und erstellen Sie noch einmal ein beliebiges Diagramm.

2 Öffnen Sie jetzt ein neues PowerPoint-Dokument und kehren Sie zur Excel-Anwendung zurück.

3 Klicken Sie nun auf das Excel-Diagramm und befördern Sie es auch hier wieder mit der Tastenkombination Strg+C in die Zwischenablage.

4 Wechseln Sie dann zum PowerPoint-Dokument und fügen Sie nun das Diagramm aus der Zwischenablage über das Kontextmenü der rechten Maustaste und hier über *Einfügeoptionen* und das Symbol *Zieldesign verwenden und Daten verknüpfen (L)* in das PowerPoint-Dokument ein.

5 Markieren Sie nun in PowerPoint das eingebettete Diagramm und klicken Sie dann im Kontextmenü auf den *Befehl Daten bearbeiten*.

6 Nun werden Sie automatisch zurück zur Excel-Datei geführt. Ändern Sie hier beispielsweise in Zelle A1 den Wert und beobachten Sie, wie sich zunächst das Diagramm in Excel verändert.

7 Wechseln Sie erneut zu PowerPoint und klicken Sie dort über *Diagrammtools/Daten* auf das Symbol *Daten aktualisieren*.

8 Wie Sie nun unschwer erkennen können, werden die Daten auch im Diagramm der PowerPoint-Folie aktualisiert und die Grafik wird angepasst.

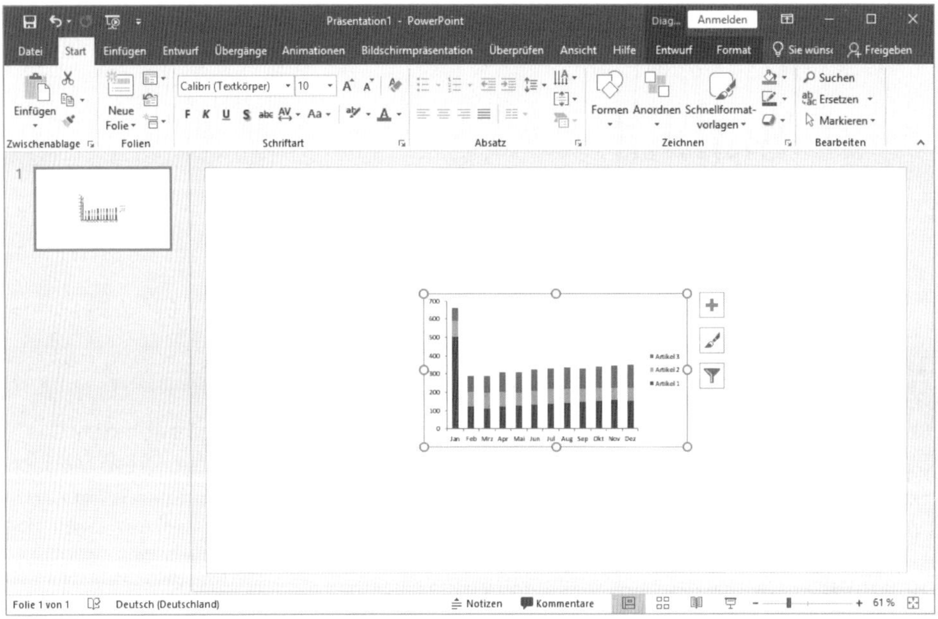

Tipp 14: Diagramme mit Formeln erzeugen

Grafiken müssen betriebswirtschaftliche Zusammenhänge einfach und verständlich darstellen und sollen auch möglichst einfach gehalten sein, damit sie schnell verstanden werden. Hierbei sind die Excel-Grafikfunktionen nicht immer die erste Wahl, da sie nicht selten zuerst von unnötigen Grafikdekorationen befreit werden müssen, um die Aussagekraft zu erhöhen. Gute, einfache Grafiken, die Abweichungen darstellen sollen, können diese auch über die weniger bekannte Funktion *Wiederholen* in Kombination mit diversen Symbolen hervorragend abbilden.

So geht's:

1 Öffnen Sie eine neue Arbeitsmappe und erfassen Sie einige Ist- und Plan-Werte sowie deren Abweichungen.

2 Berechnen Sie die Differenz zwischen dem Ist- und Planwert in der Zelle H5 anhand der Formel *=F5-E5*. Erfassen Sie nun in Zelle I5 die Formel *=WENN(H5<0;H5;"")*, die, je nachdem, welches Vorzeichen die Abweichung in Spalte H aufweist, entweder den Wert aus dieser Spalte übernimmt oder nicht. Kopieren Sie beide Formeln nach unten.

3 Erfassen Sie dann in Zelle J5 die Formel *=WENN(H5>0;ABS(H5);"")*, die ebenfalls in Abhängigkeit vom Vorzeichen der Abweichung in Spalte H entweder den Wert aus dieser Spalte übernimmt oder nicht.

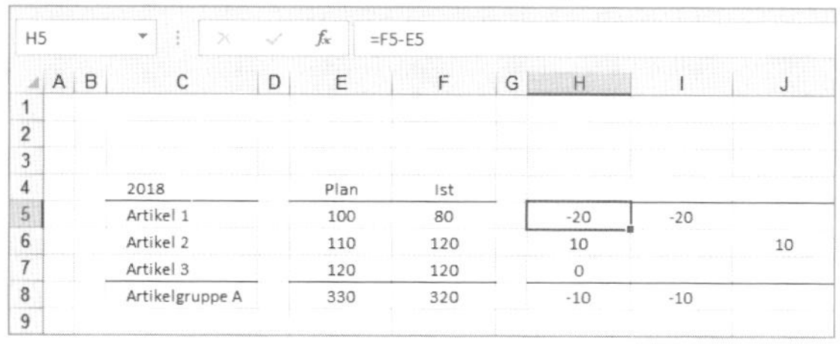

4 Blenden Sie nun die Spalten H bis J aus.

5 Schaffen Sie sich im Zellbereich C11:E18 einen Bereich zur Steuerung der Grafik, indem Sie im Zellbereich E12:E16 die Symbole hinterlegen, über die der Grafiktyp gesteuert wird, um in Zelle E11 über eine Gültigkeitsliste auf diese Symbole zugreifen zu können. Hinterlegen Sie nun noch in Zelle E18 einen Skalierungsfaktor, über den die Grafik gestreckt oder gestaucht werden kann.

6 Erfassen Sie dann in Zelle K5 die erste Formel der Grafik, indem Sie in diese Zelle *=WENN(I5<>"";TEXT(I5;"#")&" "&WIEDERHOLEN($E$11;ABS(I5)*$E$18);"")* eintragen. Diese Formel zeigt die negativen Abweichungen an, d. h. die Abweichungen, die dann entstehen, wenn Plan > Ist ist.

7 Erfassen Sie des Weiteren in Zelle L5 die zweite Formel der Grafik, indem Sie in diese Zelle *=WENN(J5<>"";WIEDERHOLEN($E$11;ABS(J5)*$E$18)&" "&TEXT(J5;"#");"")* eintragen. Diese Formel zeigt die positiven Abweichungen an, d. h. die Abweichungen, die entstehen, wenn Plan < Ist ist.

8 Kopieren Sie dann beide Formeln nach unten und stellen Sie in Zelle E11 den gewünschten Grafiktyp ein bzw. in Zelle E18 den Skalierungsfaktor, der der Grafik zum gewünschten Größenverhältnis verhilft.

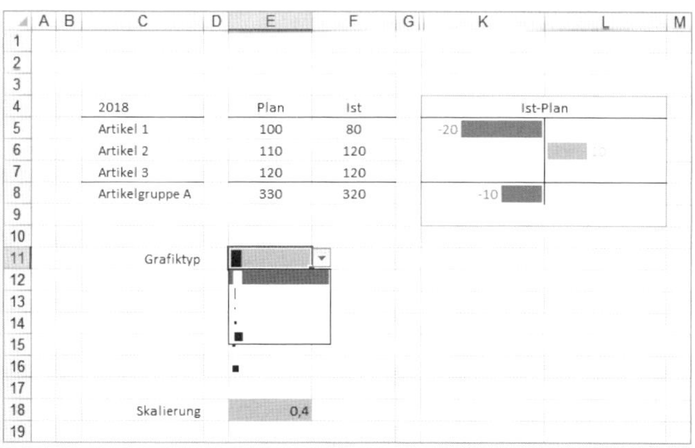

Tipp 15: Sparklines ab Excel 2010 – klein, aber fein

Mit Sparklines, auch Wortgrafiken genannt, können Zahlenverläufe in einem Text oder einer Excel-Zelle auf platzsparende Weise dargestellt werden. In der Form eines stark verkleinerten Zeitreihendiagramms zeigen Sparklines die historische Entwicklung eines Werteverlaufs und geben ihm so den Kontext, der für seine Interpretation wichtig ist. So sagt beispielsweise der aktuelle absolute Kurs einer Aktie für sich nichts aus. Erst die Betrachtung des Kursverlaufs gibt Aufschluss darüber, ob der aktuelle Kurs eher hoch oder doch eher niedrig einzustufen ist.

Mit Sparklines lassen sich beispielsweise saisonale Auf- und Abschwünge oder Wirtschaftszyklen grafisch hervorheben und darstellen. Um die größtmögliche Wirkung zu erzielen, sollten Sparklines in der Regel in der direkten Nähe der zugehörigen Daten positioniert werden. Wenn Sparklines in einem Text angewendet werden, ist der direkte Bezug zu den Daten natürlich nicht möglich.

Das Konzept der verdichteten Wortgrafiken wurde von Edward Tufte, einem ehemaligen Professor der bekannten Yale-Universität, entwickelt.

Da Sparklines erst ab Excel 2010 zur Verfügung stehen, gelten sämtliche Erläuterungen auch nur ab dieser Version.

So geht's:

Seit Excel 2010, 2013 sowie ab Excel 2016 stehen drei verschiedene Sparkline-Typen zur Verfügung:

- **Linien:** Die Linien-Sparkline wird in einer Excel-Zelle als relativ zur Entwicklung der Werte skalierte Linie dargestellt.
- **Balken:** Die Balken-Sparkline wird wie die Linien-Sparkline dargestellt, jedoch als Balken.
- **Gewinn/Verlust:** Diese Sparkline visualisiert einen Gewinn oder Verlust, jedoch ohne relative Skalierung, das heißt, die Balken sind immer gleich hoch.

Im ersten Beispiel liegt eine Umsatzliste für unterschiedliche Verkaufsbereiche vor. Neben den einzelnen Verkaufsbereichen werden die Summe aller Verkaufsbereiche sowie die monatliche Abweichung (Gewinn/Verlust zum Vormonat) dargestellt.

	A	B	C	D	E	F	G	H	I	J	K	L	M	N
1	**Umsatzübersicht**													
2														
3														
4														
5		**Jan**	**Feb**	**Mrz**	**Apr**	**Mai**	**Jun**	**Jul**	**Aug**	**Sep**	**Okt**	**Nov**	**Dez**	
6	Bekleidung	273	228	236	345	329	214	356	307	356	362	250	355	
7	Lebensmittel	864	765	648	632	606	708	754	755	719	744	638	696	
8	Technik	108	221	265	186	217	278	236	266	429	379	259	285	
9	Baumarkt	527	333	313	458	445	344	424	473	347	384	354	497	
10	Summe	1772	1547	1462	1621	1597	1544	1770	1801	1851	1869	1501	1833	
11														
12	**Abweichung (+/-)**	0	-225	-85	159	-24	-53	226	31	50	18	-368	332	
13														

Ziel ist es hier, für die einzelnen Verkaufsbereiche sowie für die Summenzeile Sparklines vom Typ *Linie* zu erzeugen. Die Abweichungen soll hingegen mit Sparklines vom Typ *Gewinn/Verlust* dargestellt werden.

1 Markieren Sie den Zellbereich B6:M10.

2 Starten Sie über das Menü *Einfügen/Linie* (aus der Gruppe *Sparklines*) das Dialogfenster mit der Bezeichnung *Sparklines erstellen*.

3 Der Datenbereich wurde automatisch eingetragen. Als Positionsbereich geben Sie den Zellbereich N6:N10 ein.

4 Nachdem Sie das Dialogfenster mit einem Klick auf die Schaltfläche *OK* geschlossen haben, werden die Sparklines in den angegebenen Zellbereich eingefügt.

5 Zum Einfügen der Sparklines vom Typ *Gewinn/Verlust* in Zelle N12 gehen Sie genauso vor. Markieren Sie zunächst den Zellbereich B12:M12. Öffnen Sie über das Menü *Einfügen/Gewinn/Verlust* das Dialogfenster *Sparklines erstellen*. Erfassen Sie im Feld *Positionsbereich* den Zellbezug N12, in dem die Zellgrafik eingetragen werden soll.

6 Beenden Sie auch dieses Dialogfenster mit einem Klick auf die Schaltfläche *OK*. Damit sind alle Sparklines in das Tabellenblatt eingetragen. Die Sparklines *Gewinn/Verlust* setzen für jede positive Abweichung einen Punkt oberhalb der Zellmitte in Blau, für negative Abweichungen zum Vormonat wird ein Punkt unterhalb der Zellmitte in Rot eingefügt.

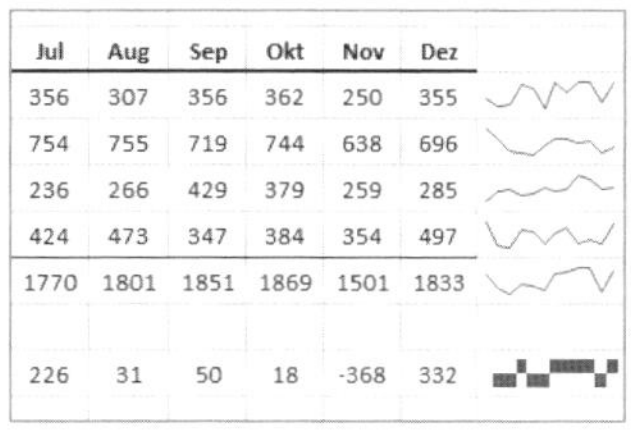

Jul	Aug	Sep	Okt	Nov	Dez	
356	307	356	362	250	355	
754	755	719	744	638	696	
236	266	429	379	259	285	
424	473	347	384	354	497	
1770	1801	1851	1869	1501	1833	
226	31	50	18	-368	332	

➡ Verweis: siehe Kapitel 15, Tipp 1

Tipp 16: So können Sparklines modifiziert und an die jeweilige Situation angepasst werden

Die enthaltenen Sparklines sollen auf unterschiedliche Arten dargestellt werden. Wir zeigen Ihnen die verschiedenen Möglichkeiten, die die Sparkline-Funktionen bieten. Als Basis dient die Beispieldatei aus Tipp 15.

So geht's:

Wenn Sie eine Sparkline auf dem Tabellenblatt anklicken, wird die Registerkarte *Sparklinetools* angezeigt. Diese Registerkarte stellt alle für die Formatierung von Sparklines notwendigen Funktionen zur Verfügung.

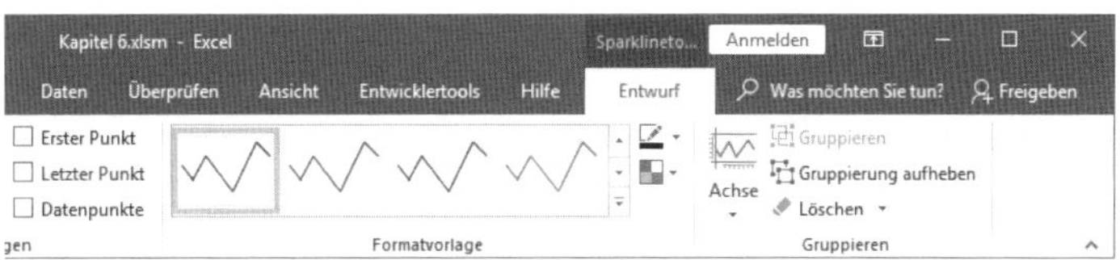

Die nachfolgenden Punkte geben einen Überblick über die Darstellungsmöglichkeiten der neuen Wortgrafiken.

1 **Ändern des Typs vorhandener Sparklines:** Markieren Sie dazu die entsprechende Sparkline und wählen Sie einfach über das Menü *Sparklinetools* einen der drei möglichen Typen *Linie*, *Balken* oder *Gewinn/Verlust* aus. In diesem Beispiel wurden die Linien-Sparklines in Balken-Sparklines umgewandelt.

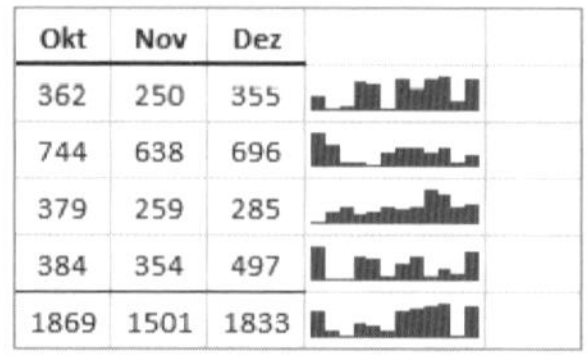

2 **Hervorheben verschiedener Datenpunkte innerhalb einer Sparkline:** Folgende Punkte können in einer Sparkline hervorgehoben werden: *Höchstpunkt*, *Tiefpunkt*, *Negative Punkte*, *Erster Punkt*, *Letzter Punkt* und alle vorhandenen Datenpunkte.

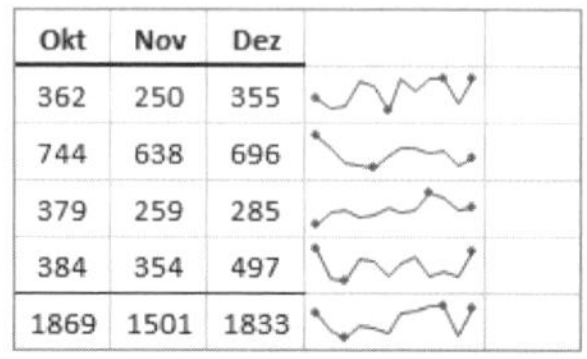

3 **Ändern der Sparkline-Farbe:** Über Formatvorlagen, siehe rechte Abbildung, stehen verschiedene vordefinierte Formate zur Verfügung, über die die Sparkline-Farbe einfach verändert werden kann.

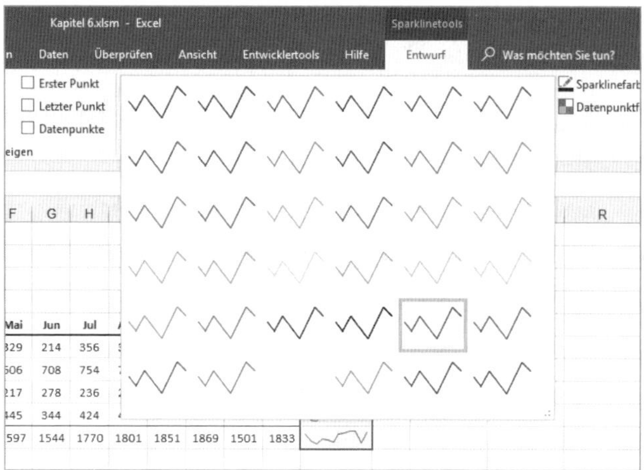

Darüber hinaus kann über den Befehl *Sparklinetools/Sparklinefarbe* und *Sparklinetools/Datenpunktfarbe* die Darstellung beliebig und individuell unabhängig von den Formatvorlagen festgelegt werden.

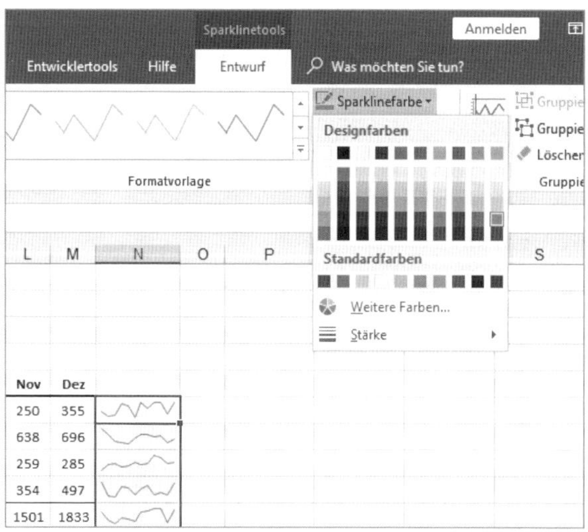

4 **Ändern der Größe von Sparklines:** Die Größe der Sparklines kann ganz einfach durch Verändern der Zellgröße erreicht werden. In diesem Beispiel wurde die Spalte verbreitert.

Alternativ kann auch die Zeilenhöhe vergrößert werden. Durch die Vergrößerung der y-Achse werden die Abweichungen im Zeitverlauf deutlicher dargestellt.

Okt	Nov	Dez
362	250	355
744	638	696
379	259	285
384	354	497
1869	1501	1833

5 **Sparklines mit Zusatzinformationen versehen:** Sparklines werden als Zellhintergrund eingefügt. Damit besteht die Möglichkeit, zusätzlich zur Wortgrafik noch Text in die jeweilige Zelle einzugeben. Damit der Text gut zu erkennen ist, empfiehlt es sich, eine helle Farbe für die Sparklines zu verwenden und die Schrift entsprechend zu verkleinern.

Okt	Nov	Dez	
362	250	355	Bekleidung
744	638	696	Lebensmittel
379	259	285	Technik
384	354	497	Baumarkt
1869	1501	1833	Summe

Tipp 17: Empfohlene Diagramme ab Excel 2013 verwenden

In Excel 2013 wurden einige Änderungen an den Diagrammfunktionen vorgenommen. In diesem Tipp zeigen wir Ihnen, was die Funktion *Empfohlene Diagramme* bietet.

Als Datenbasis für das Diagramm dient eine Auflistung der monatlichen Euribor-Zinssätze.

Wenn Sie die Registerkarte *Einfügen/Diagramme* näher betrachten, fällt als Erstes die Schaltfläche *Empfohlene Diagramme* ins Auge.

Um diese Funktion zu testen, gehen Sie wie folgt vor:

	A	B	C
1	**Euribor-Zinssätze**		
2			
3			
4	**Monat**	**Durchschnitt pro Monat**	
5	Januar	0,689%	
6	Februar	0,830%	
7	März	0,809%	
8	April	1,070%	
9	Mai	1,185%	
10	Juni	1,107%	
11	Juli	1,324%	
12	August	1,166%	
13	September	1,134%	
14	Oktober	1,166%	
15	November	0,954%	
16	Dezember	0,817%	
17			

So geht's:

1 Setzen Sie zuerst den Zellzeiger auf eine beliebige Zelle im Datenbereich und klicken Sie auf die neue Schaltfläche *Empfohlene Diagramme*. Excel analysiert anschließend automatisch die Daten und schlägt auf Basis der vorliegenden Daten passende Diagrammtypen vor.

2 In unserem Beispiel, das wir mit Excel 2019 erstellt haben, werden vier verschiedene Diagrammtypen empfohlen. Mit einem Klick auf das entsprechende Diagramm in der linken Leiste kann dieses ausgewählt werden. Schön ist an dieser Stelle, dass die Daten direkt in einer Livevorschau im rechten Fensterbereich angezeigt werden.

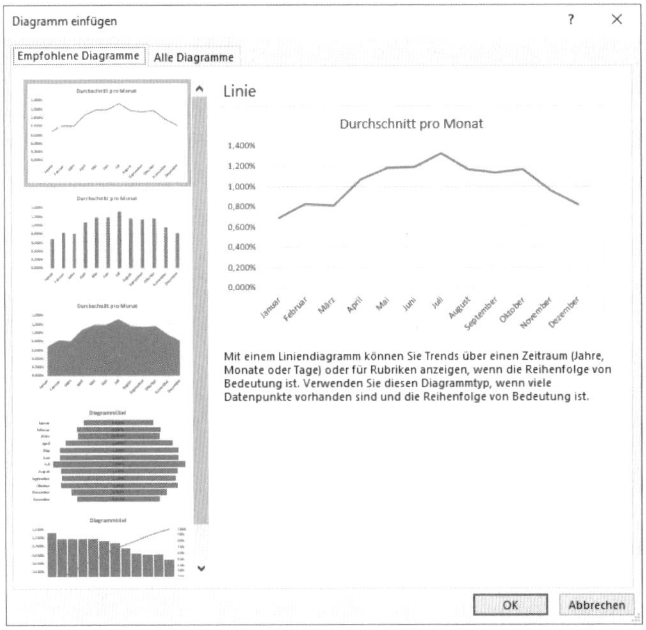

3 Wählen Sie beispielsweise das Liniendiagramm aus und fügen Sie es über einen Klick auf die Schaltfläche *OK* in Ihr Tabellenblatt ein.

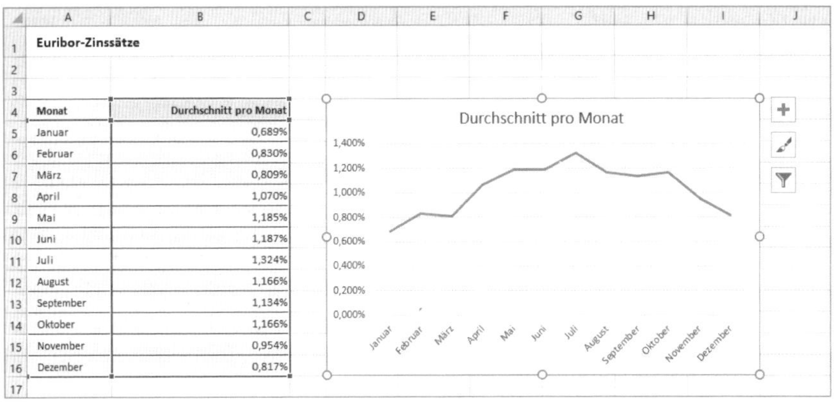

Neben jedem Diagramm werden in Excel 2013 bzw. ab Excel 2016 drei Schaltflächen angezeigt, sobald das Diagramm aktiviert bzw. markiert wurde. Über diese Schaltflächen sind die wichtigsten Diagrammfunktionen einfach und schnell erreichbar.

Mithilfe des Plussymbols können verschiedene Diagrammelemente ein- und ausgeblendet werden. Beispielsweise können der *Diagrammtitel* und die *Gitternetzlinien* entsprechend angepasst werden.

Das Pinselsymbol enthält verschiedene Diagrammformatvorlagen sowie Einstellungsmöglichkeiten für die Farbverwaltung.

Über das Filtersymbol kann definiert werden, welche Daten im Diagramm angezeigt werden sollen.

Die Einstellungsmöglichkeiten beziehen sich auf ganze Datenreihen oder auf einzelne Elemente unter *Datenreihe* und *Kategorien*.

Weitere Einstellungsmöglichkeiten sind aber auch wie gewohnt über die beiden kontextsensitiven Registerkarten *Diagrammtools/Entwurf* und *Diagrammtools/Format* erreichbar.

Da im Vergleich zu Excel 2010 die Registerkarte *Layout* ab Excel 2013 entfallen ist, wurden die Layoutfunktionen in den verbleibenden beiden Registerkarten untergebracht.

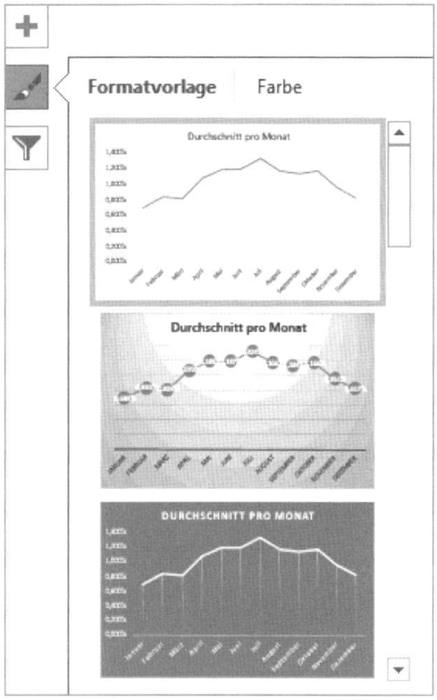

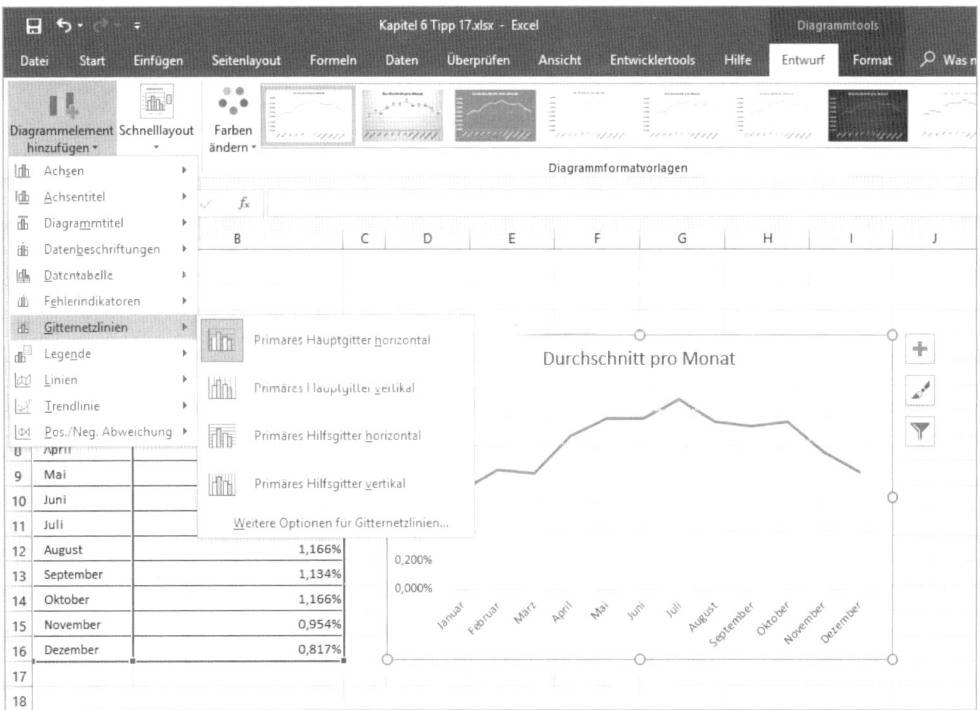

Tipp 18: Topwerte in Diagrammen ab Excel 2013 hervorheben

In diesem Beispiel zeigen wir Ihnen, wie dynamische Informationen in Diagrammen ab Excel 2013 angezeigt werden können. Als Datenbasis dient wieder unsere Zinstabelle aus Tipp 17. In diesem Beispiel soll der höchste Wert mit dem Zusatz *Top* und der niedrigste Wert mit dem Zusatz *Low* versehen werden.

So geht's:

1 Zunächst muss der Datenbereich um eine weitere Spalte ergänzt werden. Erfassen Sie dazu in Zelle C5 die Formel *=WENN(B5=MAX($B$5:$B$16);"Top";WENN(B5=MIN($B$5:$B$16); "Low";""))*. Achten Sie auf die korrekte Verwendung der $-Zeichen zur Erstellung von absoluten Zellbezügen. Diese Formel ermittelt im angegebenen Zellbereich B5:B16 mithilfe der Funktionen *MAX()* und *MIN()* den höchsten und den niedrigsten Wert und gibt entsprechend den Text *Top* oder *Low* aus.

2 Kopieren Sie diese Formel bis zur Zelle C16 nach unten, damit alle Monatswerte analysiert werden.

Sie sehen, dass der niedrigste Zinssatz im Januar den Zusatz *Low* und der höchste Wert im Monat *Juli* den Zusatz *Top* bekommt. Ändern sich die Werte in Spalte B, wird die Info in Spalte C völlig dynamisch angepasst.

Euribor-Zinssätze

Monat	Durchschnitt pro Monat	Info
Januar	0,689%	Low
Februar	0,830%	
März	0,809%	
April	1,070%	
Mai	1,185%	
Juni	1,187%	
Juli	1,324%	Top
August	1,166%	
September	1,134%	
Oktober	1,166%	
November	0,954%	
Dezember	0,817%	

Um nun diese Information in das Diagramm zu übernehmen, sind folgende Schritte notwendig:

1 Fügen Sie zunächst ein Diagramm für den Datenbereich A4:B16 ein, indem Sie diesen Bereich markieren und über die Schaltfläche *Empfohlene Diagramme* ein Liniendiagramm einfügen, Näheres dazu in Tipp 17.

2 Nachdem das Diagramm eingefügt wurde, markieren Sie das Diagramm und blenden Sie über das Plussymbol und *Datenbeschriftung/Weitere Optionen* den Aufgabenbereich für die Datenbeschriftungen ein. Das Häkchen bei den Datenbeschriftungen sollte gesetzt sein.

3 Wechseln Sie im Aufgabenbereich gegebenenfalls zu den *Beschriftungsoptionen*, indem Sie die Überschrift direkt unter der Überschrift des Aufgabenbereichs anklicken. Klicken Sie danach auf das kleine Diagrammsymbol in der Zeile unterhalb der Überschritt. Schließlich klicken Sie einmal auf den Text *Beschriftungsoptionen* oder den daneben positionierten Pfeil, um die Optionen zu der entsprechenden Rubrik einzublenden.

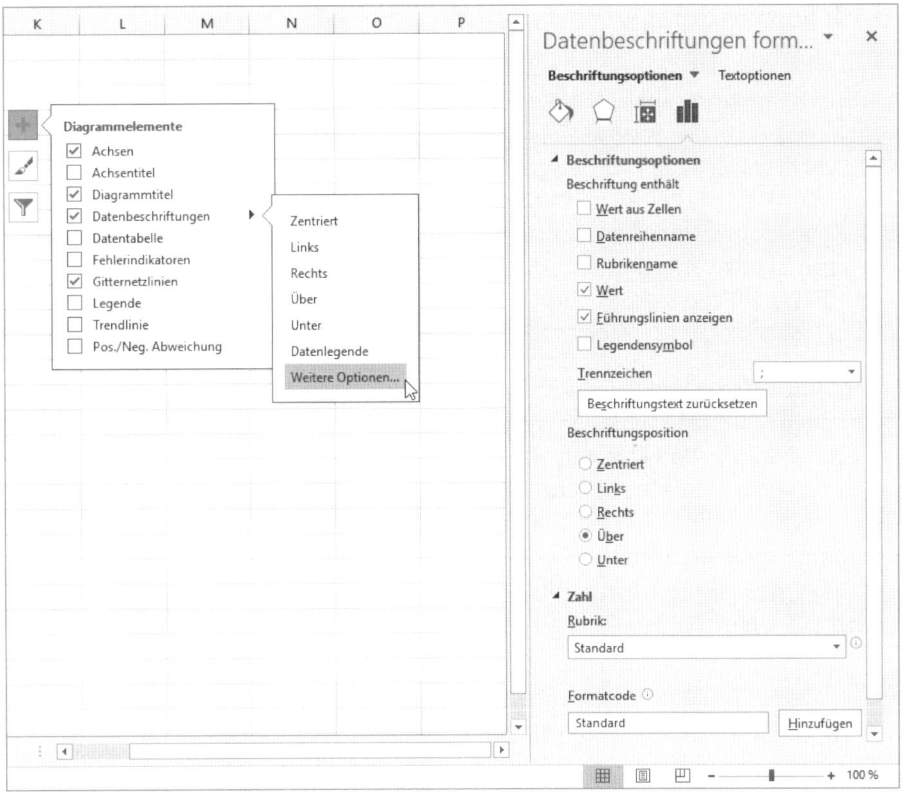

4 Aktivieren Sie anschließend das Kontrollkästchen *Wert aus Zellen*. Damit öffnet sich ein Dialogfenster, in dem der Bereich angegeben werden muss, der zusätzlich im Diagramm angezeigt werden soll. In unserem Beispiel sollen die Infos *Top* und *Low*, also der Zellbereich C5 bis C16, angezeigt werden. Tragen Sie deshalb in das Dialogfenster diesen Zellbezug ein und bestätigen Sie die Eingabe mit einem Klick auf die Schaltfläche *OK*.

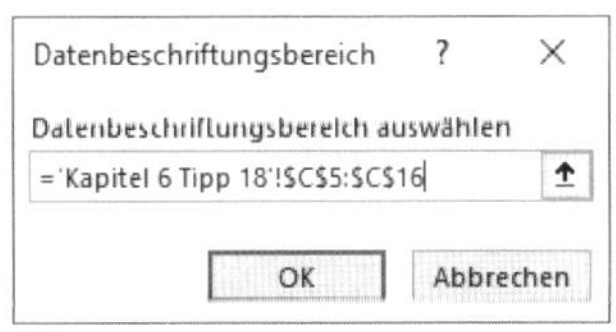

5 Entfernen Sie im Aufgabenbereich noch den Haken bei *Wert*, sodass die %-Angaben nicht im Diagramm erscheinen. Fertig! Mit dieser Einstellung werden nun die Zusätze *Top* und *Low* wie gewünscht im Diagramm automatisch und völlig dynamisch angezeigt.

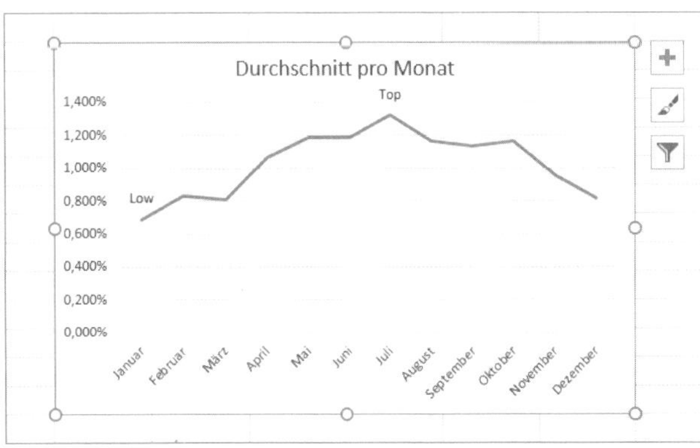

Tipp 19: Verbunddiagrammtypen ab Excel 2013 verwenden

Eine sehr schöne Neuerung seit Excel 2013 sind die Verbunddiagrammtypen. Mit diesen Diagrammtypen können Sie Werte auf verschieden skalierten Achsen auftragen sowie verschiedene Diagrammtypen wie Balken und Linien in einem einzigen Diagramm zusammenfügen. Als Datenbasis für das Verbunddiagramm dient eine Artikelliste mit Verkaufspreis und Margenangabe in Prozent.

In diesem Tipp soll der Verkaufspreis sowie die Marge in einem einzigen Diagramm dargestellt werden. Dabei soll der Verkaufspreis als Balkendiagramm und die Marge als Liniendiagramm darübergelegt werden. Zwar ist dies auch in den Vorgängerversionen möglich, lässt sich aber mithilfe des neuen Verbunddiagrammtyps erheblich eleganter realisieren.

	A	B	C	D
1	**Artikelliste**			
2				
3				
4				
5	**Art.-Nr.**	**VK**	**Marge %**	
6	707238A	3.189,00 €	4,92%	
7	708937A	1.280,00 €	10,94%	
8	701665A	3.496,00 €	4,81%	
9	707648A	1.247,00 €	12,51%	
10	703071A	3.579,00 €	7,69%	
11	707704A	3.762,00 €	2,74%	
12	708645A	2.035,00 €	3,16%	
13	707023A	1.700,00 €	4,03%	
14	707149A	3.666,00 €	1,71%	
15	707552A	2.995,00 €	6,30%	
16	709730A	2.676,00 €	3,12%	
17	708022A	2.612,00 €	5,27%	
18	701890A	2.096,00 €	2,45%	
19	709761A	1.680,00 €	11,48%	
20	708591A	1.441,00 €	6,24%	
21				

So geht's:

1 Markieren Sie zunächst den relevanten Datenbereich A5 bis C20.

2 Fügen Sie nun über das Menü *Einfügen/Diagramme/Verbunddiagramme* ein gruppiertes Säulen-Linien-Diagramm ein. Nachfolgender Screenshot wurde mit Excel 2016 erstellt. In Excel 2013 sind weniger Diagrammtypen vorhanden. Die Position des Befehls zum Erstellen von Verbunddiagrammen ist genau dieselbe wie ab Excel 2016.

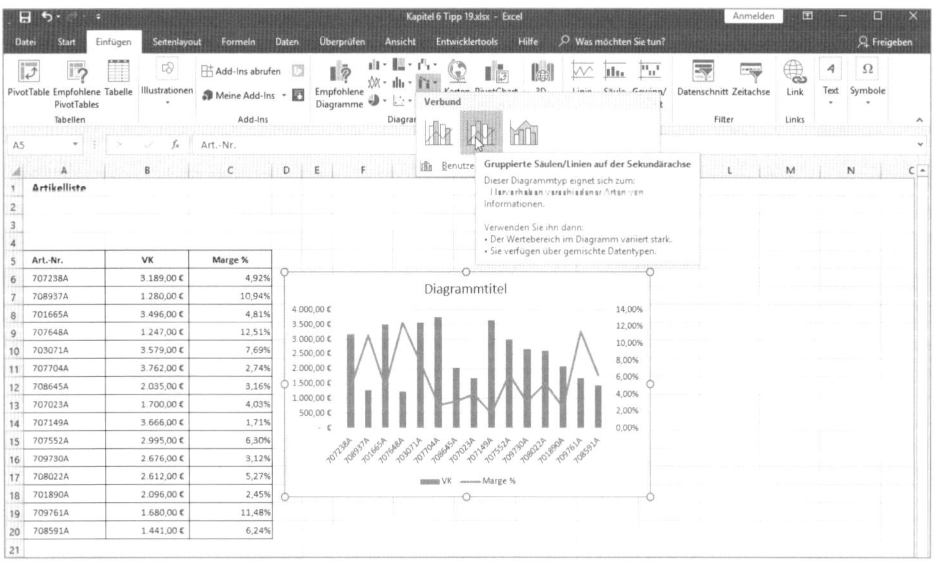

3 Als Ergebnis erhalten Sie das gewünschte Diagramm, in dem der Verkaufspreis als Säule und die Marge als Linie angezeigt werden. Auf der linken vertikalen Achse (Primärachse) werden die Verkaufspreise in Euro und auf der rechten vertikalen Achse (Sekundärachse) wird die Marge in % abgetragen.

Tipp 20: Wasserfalldiagramme ab Excel 2016 erstellen

Seit Excel 2016 und somit auch in Excel 2019 wurden einige neue Diagrammtypen eingeführt. Dieser sowie die nachfolgenden Tipps gehen auf diese Neuerungen ein und stellen jeweils einen neuen Diagrammtyp vor. Wasserfalldiagramme sind eine Art von Säulendiagrammen, wo ein Anfangswert durch eine Serie von weiteren Werten verringert oder erhöht wird. Diese Form von Diagrammen lässt sich auch mit älteren Excel-Versionen realisieren, ist dann aber deutlich komplexer umzusetzen als seit Excel 2016. In älteren Versionen sind eine oder mehrere Hilfsspalten für Berechnungen mit den Quelldaten anzulegen und anschließend einzelne sich überlagernde Säulendiagramme zu erstellen. Ab Excel 2016 sind für Wasserfalldiagramme nur wenige Mausklicks notwendig.

So geht's:

1 Angenommen, Sie möchten die Nettoeinnahmen nach Abzug aller Kosten in einem Diagramm darstellen, in dem die negativen Werte – also die Kosten – als Säulen angezeigt werden, und zwar so, dass erkennbar ist, wie diese den Umsatz und die Bruttoeinnahmen verringern.

	A	B
1	**Rubrik**	**Umsatz**
2	Umsatz	75.000,00 €
3	Einkauf	-30.000,00 €
4	Bruttoeinnahmen	45.000,00 €
5	Verwaltungskosten	-10.000,00 €
6	Personalkosten	-25.000,00 €
7	Nettoeinnahmen	10.000,00 €

Markieren Sie den Bereich A1:B7 und rufen Sie anschließend den Befehl *Einfügen/Diagramme/Wasserfall-, Trichter-, Kurs-, Oberflächen- oder Netzdiagramm einfügen//Wasserfall* auf.

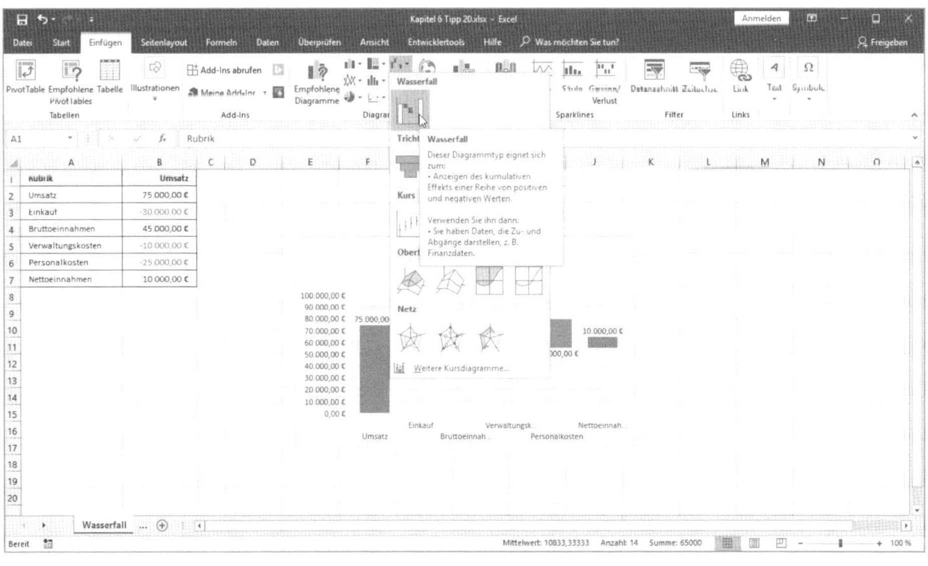

An dieser Stelle zeigt sich im Verhältnis zu früheren Excel-Versionen bereits ein kleiner Unterschied bei den Diagrammtypen: Wenn Sie mit der Maus über dem Befehl zu den Wasserfalldiagrammen verharren, erscheint zwar die Vorschau, die Markierung der Daten wird jedoch nicht angezeigt.

2 Excel ermittelt nicht automatisch, bei welchen Beträgen es sich um Zwischensummen handelt. Dies müssen Sie manuell festlegen. Doppelklicken Sie dazu auf das Diagramm, um den Aufgabenbereich zur Formatierung einzublenden. Markieren Sie anschließend nur die Säule zu den Bruttoeinnahmen und aktivieren Sie die Option *Als Summe festlegen* in der Rubrik zu den *Reihenoptionen*. In der Standardeinstellung von Excel wird die Säule zu den Bruttoeinnahmen nun in Grau dargestellt und die Säule auf die Nulllinie verschoben. Verfahren Sie in derselben Art und Weise für die Säule zu den Nettoeinnahmen.

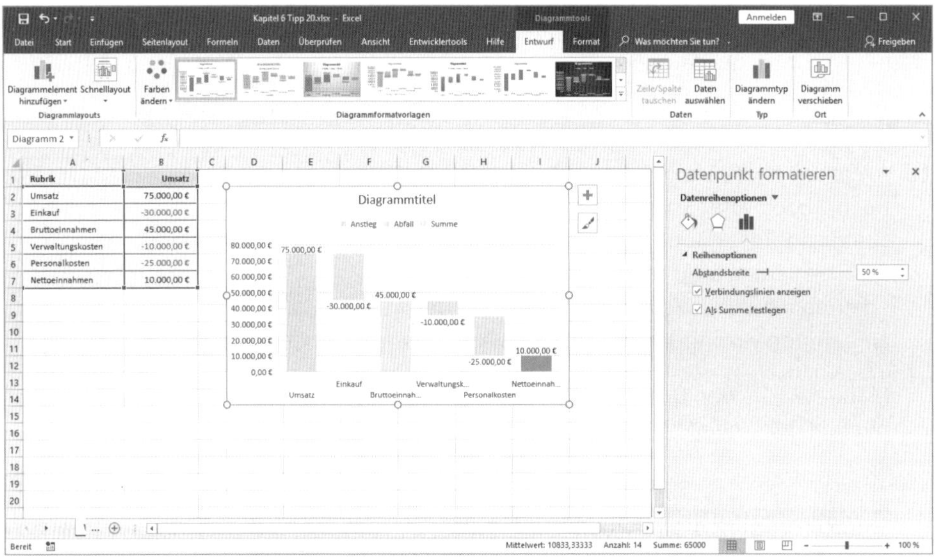

3 Vielleicht haben Sie es schon nach der Erstellung des Diagramms gemerkt: Wenn Sie die Säulen anklicken, ist im Gegensatz zu den früheren Diagrammtypen keine Formel in der Bearbeitungsleiste zu sehen. Somit lassen sich auch keine Anpassungen des Quelldatenbereichs in der Bearbeitungsleiste vornehmen, sondern diese müssen über den Dialog zur Auswahl der Datenquelle erfolgen. Das Fehlen der Formel in der Bearbeitungsleiste ist in allen neuen Diagrammtypen ab Excel 2016 zu beobachten.

Tipp 21: Treemap-Diagramme ab Excel 2016 erstellen

Anhand sogenannter Treemap-Diagramme lassen sich gut hierarchische Daten visualisieren. Dabei wird der Fokus auf die Größenverhältnisse der Daten gesetzt.

So geht's:

1 In dem Beispiel sollen die Größenverhältnisse der Anzahl der verkauften Autos verschiedener Typen und Modelle visualisiert werden.

Markieren Sie den Bereich A1:C9 und rufen Sie anschließend den Befehl *Einfügen/Diagramme/Hierarchiediagramm einfügen/Treemap* auf.

	A	B	C
1	**Kategorie**	**Titel**	**Stück (Tausend)**
2	Kleinwagen	Model Small-1	750
3	Mittelklasse	Model MX-1	225
4	Kleinwagen	Model Small-2	25
5	Kleinwagen	Model Small-3	150
6	Mittelklasse	Model MX-2	100
7	Luxusklasse	Model Large 1	15
8	Mittelklasse	Model MX-3	75
9	Luxusklasse	Model Large 2	35

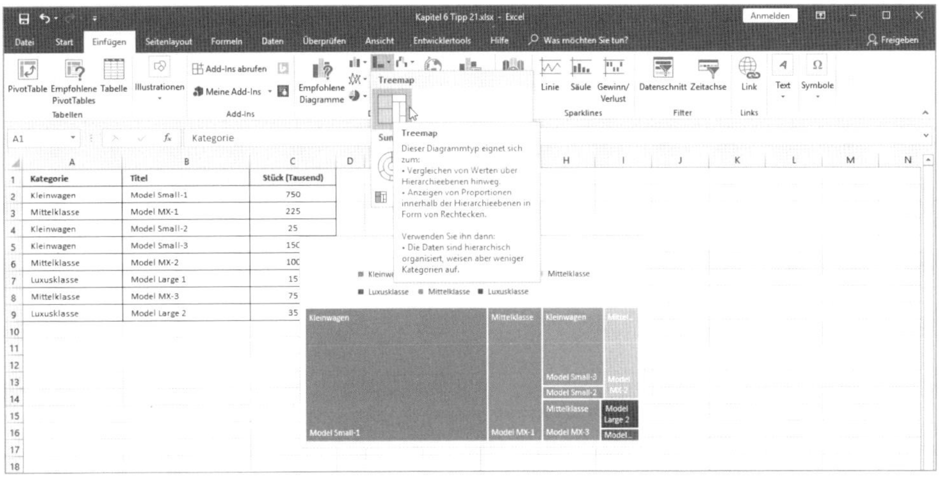

2 Anhand eines Doppelklicks auf das Diagramm blenden Sie den Aufgabenbereich zur Formatierung von Diagrammen ein, wo Ihnen einige Optionen, z. B. eine Darstellung mit Bannern, zur Verfügung stehen.

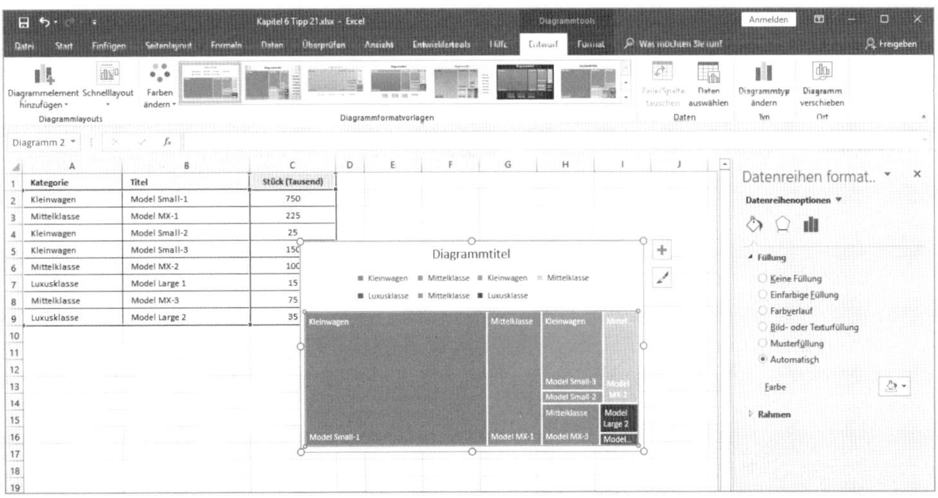

Tipp 22: Sunburst-Diagramme ab Excel 2016 erstellen

Wie Treemap-Diagramme eignen sich Sunburst-Diagramme inbesondere zur Darstellung von Größenverhältnissen. Die Daten werden bei diesem Diagrammtyp jedoch nicht als Rechtecke, sondern kreisförmig dargestellt.

So geht's:

1 In dem Beispiel sollen die Größenverhältnisse des Umsatzes für einzelne Quartale, Monate und gegebenenfalls verschiedene Produkte dargestellt werden.

	A	B	C	D
1	Quartal	Monat	Produkt	Umsatz
2	Q1	Januar	Produkt A	63.741,00 €
3			Produkt B	59.351,00 €
4			Produkt C	72.188,00 €
5		Februar		55.797,00 €
6		März		74.059,00 €
7	Q2	April		68.774,00 €
8				60.697,00 €
9				88.984,00 €
10		Mai		37.471,00 €
11				89.140,00 €
12				13.795,00 €
13		Juni	Produkt A	77.046,00 €
14			Produkt B	30.919,00 €
15			Produkt C	19.059,00 €

Markieren Sie den Bereich A1:D15 und rufen Sie anschließend den Befehl *Einfügen/Diagramme/Hierarchiediagramm einfügen/Sunburst* auf.

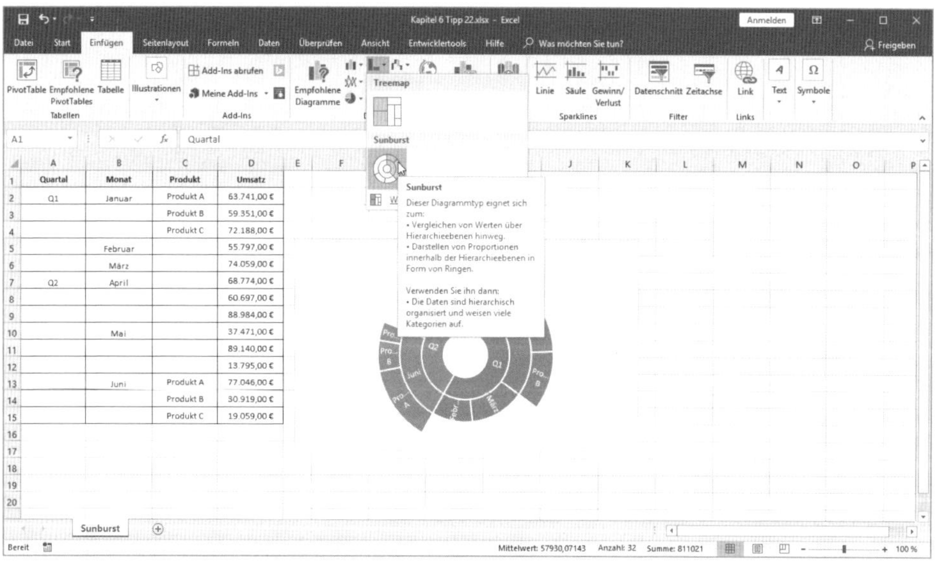

2 Im Aufgabenbereich zur Formatierung der einzelnen Elemente stehen Ihnen diverse Optionen zur Verfügung, wie beispielsweise die Füllfarbe der Datenreihen.

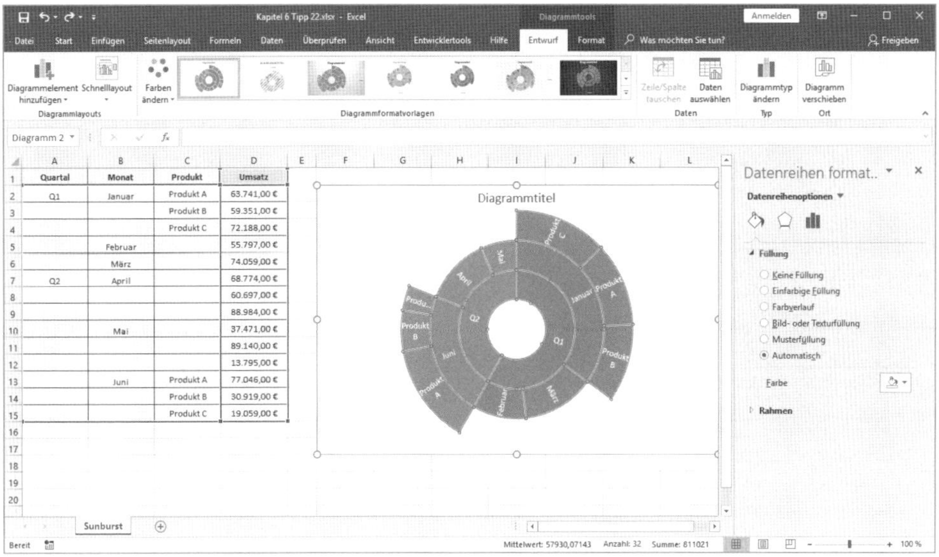

Tipp 23: Kastengrafikdiagramme ab Excel 2016 erstellen

Sogenannte Kastengrafikdiagramme oder auch in Englisch Box-Plots bzw. Box-Whisker-Plots visualisieren die Verteilung von Daten in Quartilen und werden üblicherweise in statistischen Analysen verwendet.

Anhand solcher Diagramme soll ein Eindruck darüber vermittelt werden, in welchem Bereich die Daten liegen und wie diese sich verteilen. Mittelwerte und Ausreißer werden dabei hervorgehoben. Verbindungslinien zu den Ausreißern werden als Antennen oder Whisker bezeichnet.

So geht's:

1 In dem Beispiel sollen die Messwerte zweier Messungen in einer Kastengrafik dargestellt werden. Die Messwerte enthalten deutliche Ausreißer. In dem Beispiel sind nur wenige Daten abgelegt, in realen Szenarien werden deutlich mehr Daten vorhanden sein.

Markieren Sie den Bereich A1:C13 und rufen Sie anschließend den Befehl *Einfügen/Diagramme/Statistikdiagramm einfügen/Kastengrafik* auf.

	B	C
1	**Messwerte 1**	**Messwerte 2**
2	5	1.067
3	800	667
4	1.500	711
5	500	889
6	785	1.222
7	2	25
8	273	1.200
9	234	589
10	653	654
11	876	782
12	345	541
13	453	256
14		

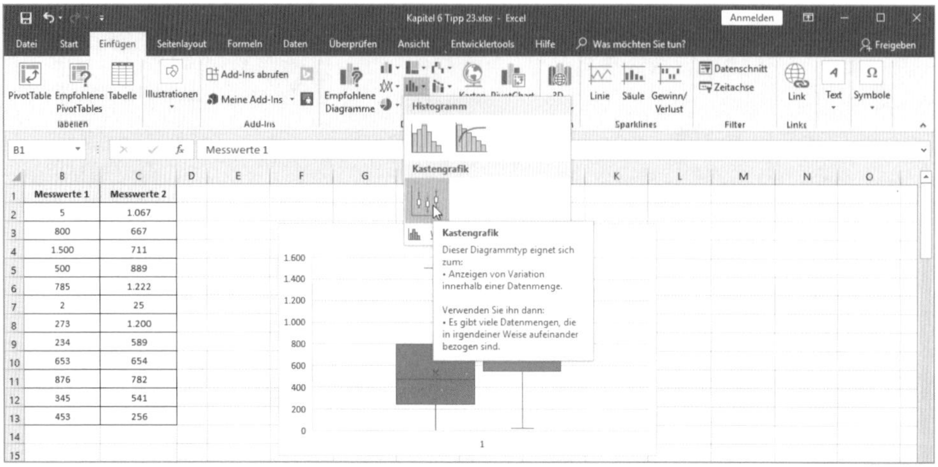

2 In den *Reihenoptionen* des Aufgabenbereichs zur Formatierung von Diagrammen stehen pro Datenreihe diverse Optionen zur Verfügung, wie z. B. das Anzeigen der inneren Punkte, Ausreißer oder Mittelwerte.

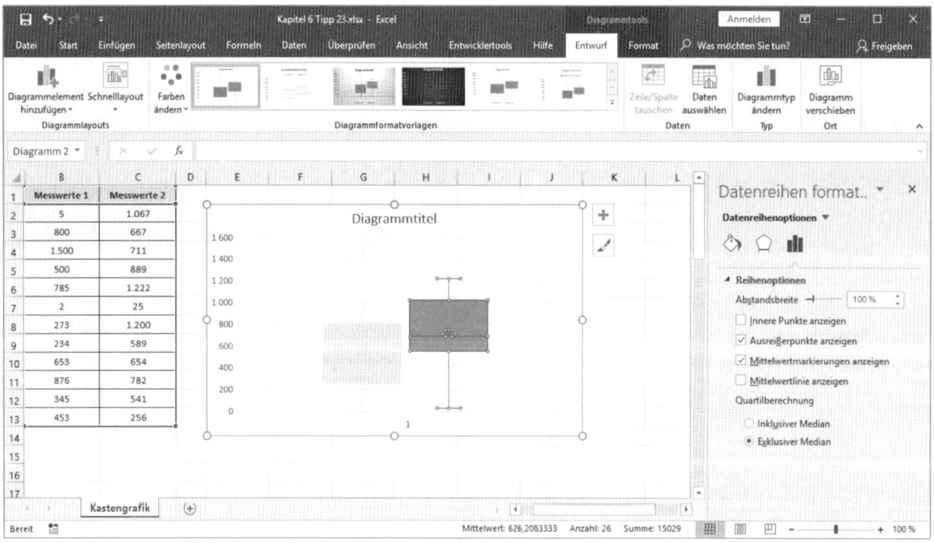

Tipp 24: Histogramme ab Excel 2016 erstellen

Anhand von Histogrammen lassen sich Häufigkeiten grafisch darstellen, wie beispielsweise die Ergebnisse von Messwerten. Hierbei werden die Messwerte in Klassen unterteilt, die meist gleich breiten Intervallen des Wertebereichs entsprechen. Die Breite einer Säule entspricht der Breite eines Intervalls und die Höhe der Säule der Häufigkeit der im Intervall vorkommenden Werte. Standardmäßig verwendet Excel 2016/2019 die sogenannte *Regel nach Scott*, um die Anzahl der Klassen und somit die Intervalle automatisch zu ermitteln. Die einzelnen Klassen lassen sich aber manuell festlegen.

So geht's:

	A
1	Messwerte
2	66
3	23
4	25
5	33
6	87
7	75
8	46
9	71

1 In dem Beispiel soll eine große Anzahl an Messwerten in einem Histogramm dargestellt werden. In dem Beispiel bewegen sich alle Werte in einem Wertebereich von 10 bis maximal 90.

Markieren Sie alle 2000 Werte in der Spalte A inklusive der Überschrift und rufen Sie anschließend den Befehl *Einfügen/Diagramme/Statistikdiagramm einfügen/Histogramm* auf. Aufgrund der großen Datenmenge wird in diesem Fall keine Livevorschau angezeigt.

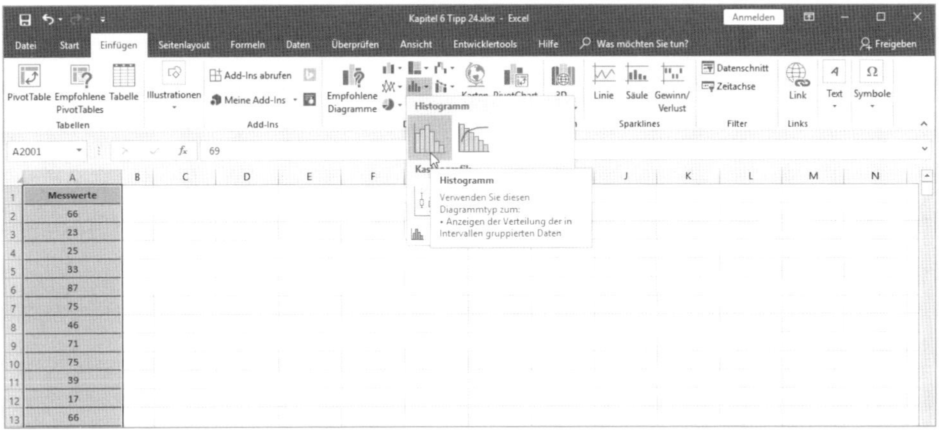

2 Excel legt nach dem Einfügen des Histogramms automatisch die Klassen bzw. die Containerbreite in Form von Intervallen fest. In dem Beispiel sind somit 178 Messwerte im Intervall 56 bis 62 enthalten. In nachfolgender Abbildung haben wir zur besseren Visualisierung die Abstandbreite zwischen den Säulen verändert sowie Datenbeschriftungen hinzugefügt.

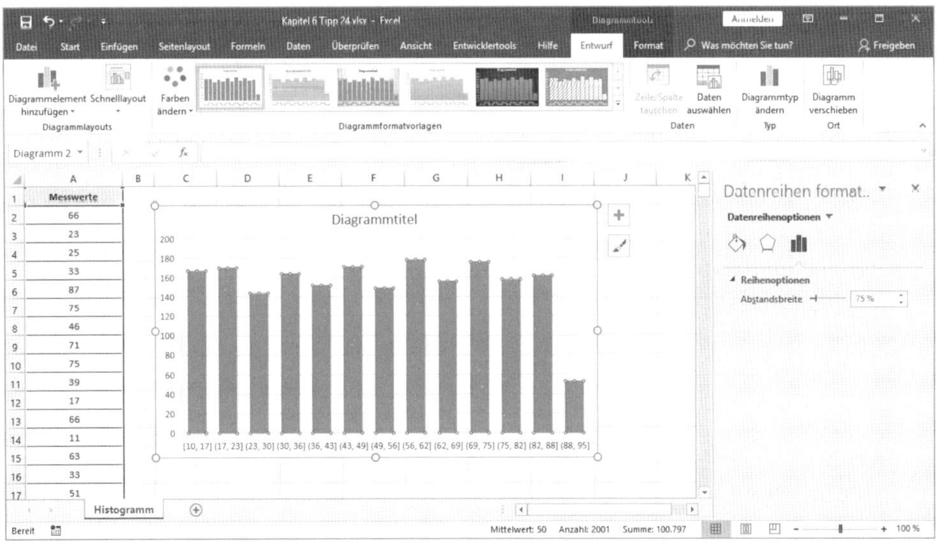

3 Die Containergröße lässt sich aber auch individuell festlegen. Klicken Sie dazu die horizontale Achse an, wählen Sie im Aufgabenbereich zur Formatierung der Achse die Rubrik *Achsenoptionen* und geben Sie einen Wert, z. B. 10, im Eingabefeld zur *Intervallbreite* ein.

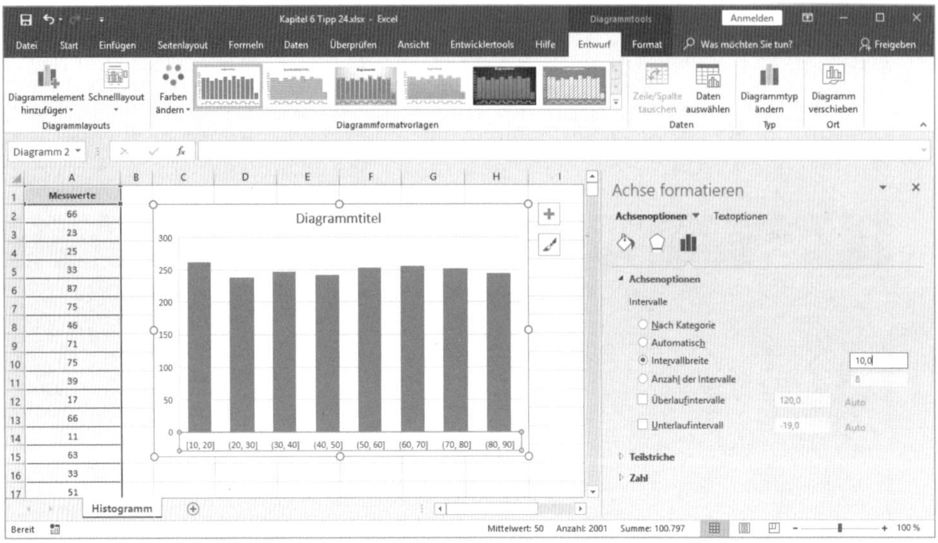

Tipp 25: Pareto-Diagramme ab Excel 2016 erstellen

Das sogenannte Pareto-Prinzip oder auch die 80/20-Regel wurde nach Vilfredo Pareto benannt und besagt, dass 80 % der Ergebnisse mit 20 % des Gesamtaufwandes erreicht werden. Die restlichen 20 % der Ergebnisse benötigen wiederum mit 80 % die meiste Arbeit.

Ein Pareto-Diagramm visualisiert dieses Prinzip und besteht aus einem absteigend nach Klassen sortierten Histogramm sowie einer Kennlinie zur Darstellung des kumulierten gesamten Prozentsatzes. Pareto-Diagramme lassen sich zwar auch durch die Kombination eines Säulen- und Liniendiagramms in älteren Excel-Versionen erstellen, setzen dann aber Hilfsspalten mit weiteren Berechnungen voraus.

So geht's:

1 Im Beispiel wurden die Häufigkeiten der Gründe für eine nicht termingerechte Fertigstellung bei der Produktion von Maschinen erfasst. Diese Daten sollen in einem Pareto-Diagramm visualisiert werden. Der Vereinfachung und dem besseren Verständnis halber beträgt die Summe der Werte in diesem Beispiel genau 100.

	A	B
1	**Gründe**	**Anzahl**
2	Defekte Komponente	22
3	Nicht lieferbare Komponente	8
4	Falsche Komponente	48
5	Nacharbeit	15
6	Sonstiges	7
7	Summe	100

Markieren Sie den Bereich A1:C6 **ohne** die Summenzeile und rufen Sie anschließend den Befehl *Einfügen/Diagramme/Statistikdiagramm einfügen/Pareto* auf.

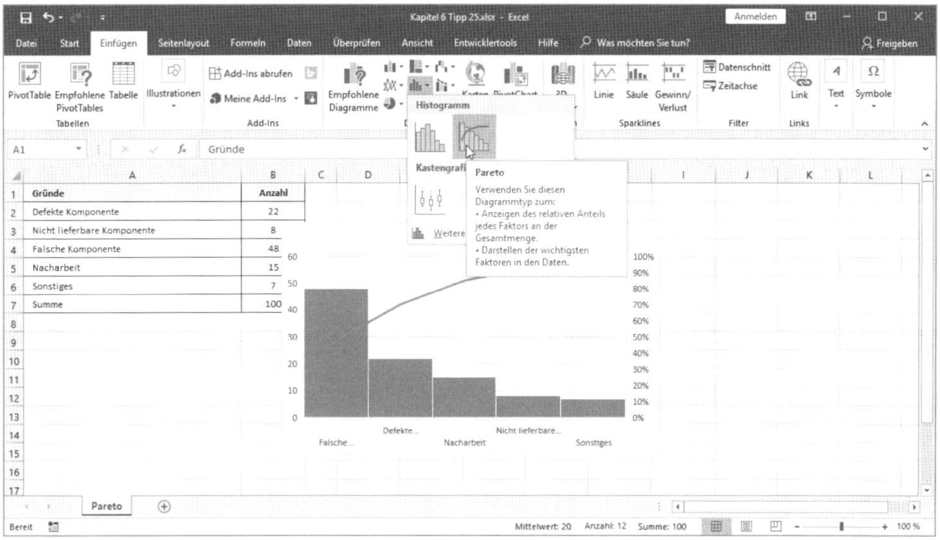

2 Da ein Pareto-Diagramm ein Liniendiagramm mit einem Histogramm kombiniert, stehen auch hier die Optionen z. B. zu Angaben der Intervallbreite in den Optionen zur Formatierung der Achse zur Verfügung. Sinnvollerweise definiert hier Excel automatisch die Container nach Kategorien, die den Gründen entsprechen.

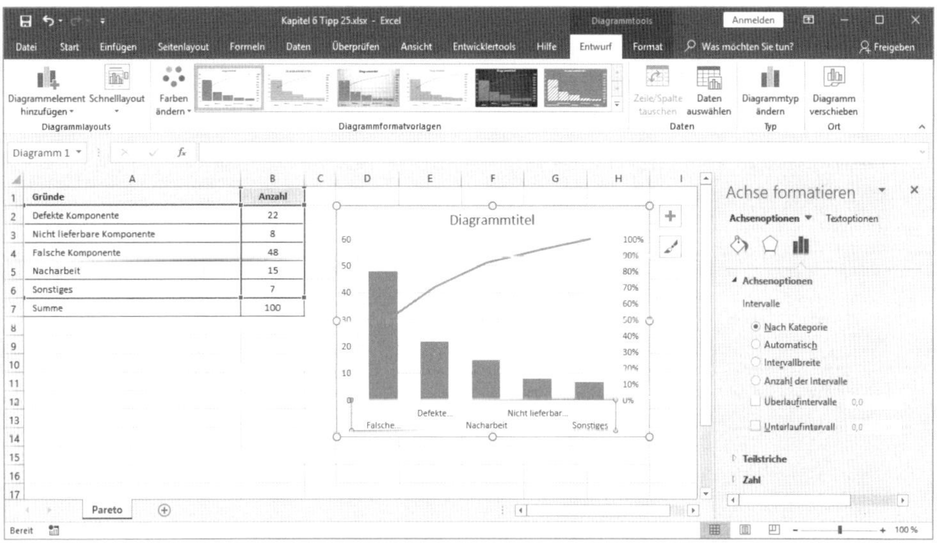

Das Pareto-Diagramm zeigt, dass bei einer Behebung der beiden Ursachen „Falsche Komponente" und „Defekte Komponente" bereits knapp 80 % mehr termingerecht produziert werden könnte.

Tipp 26: Das Prognosearbeitsblatt ab Excel 2016 verwenden

Seit Excel 2016 steht anhand der neuen Funktion *PROGNOSE.ETS* erstmalig der ETS-Algorithmus als Prognoseverfahren zur Verfügung, das auf Exponential Triple Smoothing bzw. exponentiellem Glätten basiert. Die Neuerung wurde auch aus dem Grund eingeführt, da sich die ehemalige Funktion *SCHÄTZER* aufgrund des linearen Algorithmus als zu ungenau erwiesen hat. Parallel dazu wurden weitere vier Prognose-Funktionen eingeführt, die verschiedene Fälle abdecken. Die Funktion *SCHÄTZER* wurde wiederum zur Sicherstellung der Kompatibilität mit älteren Excel-Versionen in die Kategorie *Kompatibilität* verschoben.

Zur Vereinfachung des Umgangs mit den neuen Prognosefunktionen wurde in Excel 2016 ein Assistent hinzugefügt, anhand dessen Sie komfortabel Prognosen inklusive grafischer Darstellung erzeugen können.

	A	B
1	Monat	Umsatz
2	Januar 2018	138.624,00 €
3	Februar 2018	147.658,00 €
4	März 2018	121.783,00 €
5	April 2018	145.238,00 €
6	Mai 2018	121.860,00 €
7	Juni 2018	142.894,00 €
8	Juli 2018	146.015,00 €
9	August 2018	144.798,00 €
10	September 2018	118.951,00 €
11	Oktober 2018	107.126,00 €
12	November 2018	140.464,00 €
13	Dezember 2018	127.907,00 €
14	Januar 2019	
15	Februar 2019	
16	März 2019	
17		

So geht's:

1. In dem Beispiel sollen die Umsatzzahlen zum ersten Quartal auf Basis der Vorjahreswerte prognostiziert werden. Ziel ist es hierbei, sowohl eine Tabelle mit den prognostizierten Werten als auch eine grafische Darstellung zu erhalten. Beachten Sie, dass die Werte einer Spalte ein Datum enthalten, welches über eine benutzerdefinierte Formatierung als Monat angezeigt wird.

   Markieren Sie den Bereich A1:B16 und rufen Sie den Befehl *Daten/Prognose/Prognoseblatt* auf.

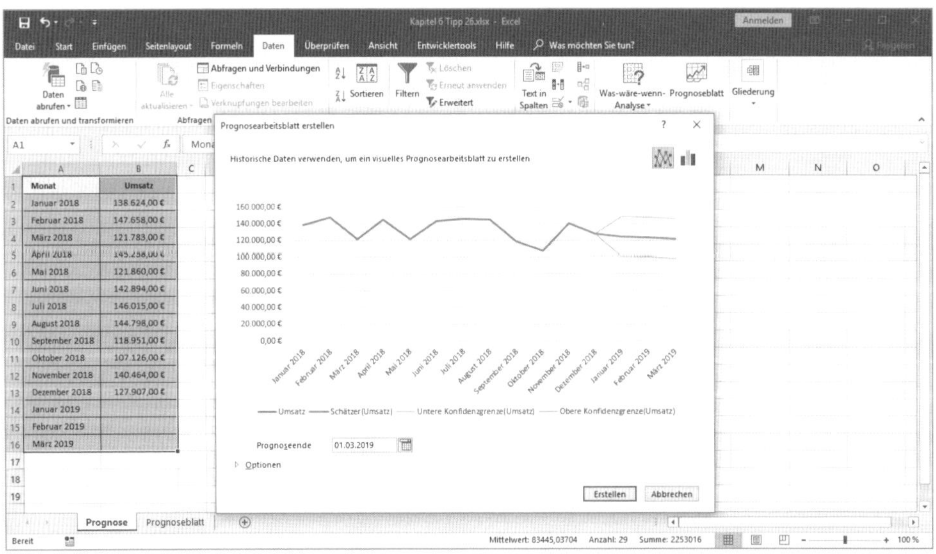

2 Ist der Assistent in der Lage, die Daten korrekt zu erkennen, wird Ihnen im Assistenten eine Diagrammvorschau angezeigt. Im unteren Bereich des Assistenten lassen sich verschiedene Optionen einstellen, wie z. B. das Konfidenzintervall oder die Saisonalität.

3 Sobald Sie den Assistenten mit *Erstellen* beenden, wird ein neues Arbeitsblatt in die Arbeitsmappe eingefügt.

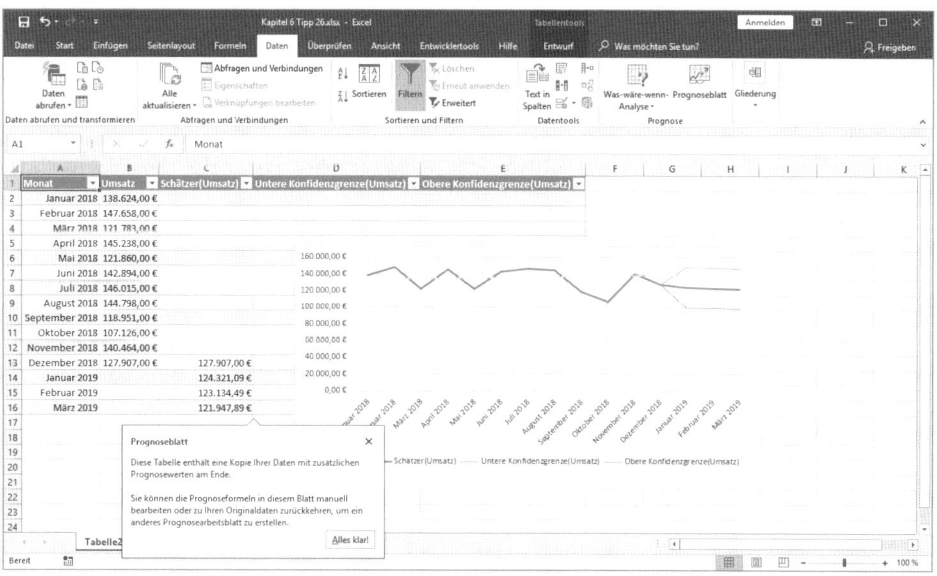

In dem neuen Arbeitsblatt ist eine intelligente Tabelle enthalten, die in den ersten beiden Spalten eine Kopie der Ursprungsdaten enthält. Die Werte sind dabei jedoch nicht mit den Originaldaten verknüpft, sondern es wurden nur die Werte übernommen. Es folgen drei weitere Spalten, wo die Berechnungen für die Prognose durchgeführt werden. Dabei werden für den prognostizierten Zeitraum automatisch die passenden Formeln eingesetzt.

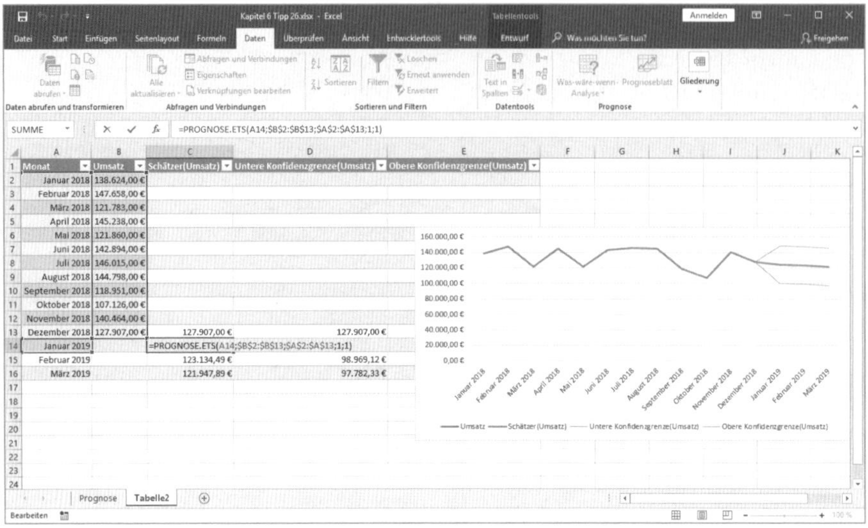

Funktionsübersicht

Funktion	Erläuterung
ABS(Zahl)	Liefert den Absolutwert einer Zahl ohne Vorzeichen.
ANZAHL2(Wert1; Wert2;...)	Berechnet, wie viele Werte eine Liste von Argumenten enthält. Verwenden Sie *ANZAHL2*, wenn Sie wissen möchten, wie viele zu einem Bereich oder einer Matrix gehörende Zellen Daten enthalten.
BEREICH.VERSCHIEBEN (Bezug;Zeilen;Spalten; Höhe;Breite)	Gibt einen Bezug zurück, der gegenüber dem angegebenen Bezug versetzt ist. Der zurückgegebene Bezug kann eine einzelne Zelle oder ein Zellbereich sein. Sie können die Anzahl der zurückzugebenden Zeilen und Spalten festlegen.
ISTNV(Wert)	*Wert* bezieht sich auf den Fehlerwert *#NV* (Wert nicht verfügbar).
MAX(Zahl1;Zahl2;...)	Gibt den größten Wert innerhalb einer Argumentliste zurück.
NV( )	Gibt den Fehlerwert *#NV* zurück. Der Fehlerwert *#NV* besagt, dass kein Wert verfügbar ist. Verwenden Sie *NV*, um leere Zellen zu kennzeichnen.
SUMME(Zahl1;Zahl2;...)	Summiert die Argumente.
TEXT(Wert;Textformat)	Formatiert eine Zahl und wandelt sie in Text um.
WENN(Prüfung;Dann_Wert;Sonst_Wert)	Prüft, ob eine Bedingung zutrifft, also wahr oder falsch ist, und macht das Ergebnis vom Resultat der Prüfung abhängig.
WIEDERHOLEN(Text; Multiplikator)	Wiederholt einen Text so oft wie angegeben. Verwenden Sie *WIEDERHOLEN*, um eine Zeichenfolge in einer bestimmten Häufigkeit in eine Zelle einzugeben.

7 Interne und externe Schnittstellen nutzen

Microsoft Excel ist zwar ein sehr mächtiges Programm, aber alle Probleme und Fragestellungen lassen sich damit natürlich nicht lösen. So liegt es in der Natur der Sache, dass Daten zwischen verschiedenen Programmen ausgetauscht werden müssen. Dieses Kapitel geht auf unterschiedliche Schnittstellenbereiche ein und erläutert diese anhand verschiedener Praxisbeispiele. Betrachtet wird dabei sowohl der Datenimport als auch der Datenexport. Denn es ist genauso wichtig, Daten in Excel einzulesen und damit in Excel weiterzuarbeiten, wie auch Daten für andere Anwendungen zu exportieren.

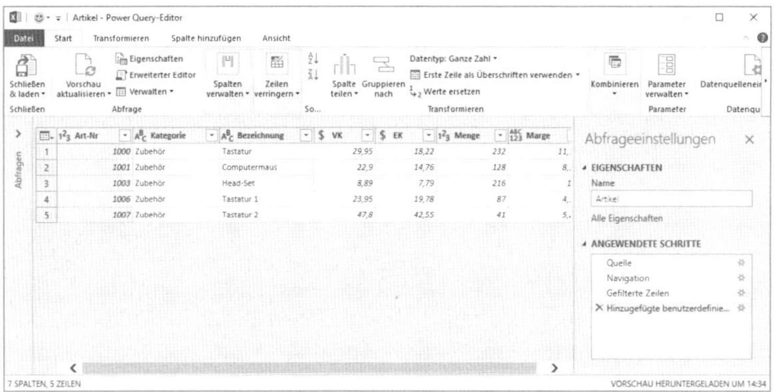

7.1 Importieren, Exportieren, Verknüpfen

Dieser Abschnitt zeigt, welche Möglichkeiten Excel bietet, um Daten intelligent zwischen verschiedenen Excel-Tabellen und -Arbeitsmappen zu verknüpfen. Darüber hinaus erfahren Sie, wie Daten in Excel eingelesen werden können und wie sie sich zur Weiterverarbeitung aufbereiten lassen.

Tipp 1: Schnelles Arbeiten mit dem Textkonvertierungs-Assistenten

In diesem Beispiel soll eine Datei mit Aktienkursen aus einer ASCII-Textdatei in Excel eingelesen werden, um die Daten in Excel auswerten und analysieren zu können. Die Textdatei mit dem Dateinamen *Aktie.txt* ist dabei wie hier gezeigt aufgebaut.

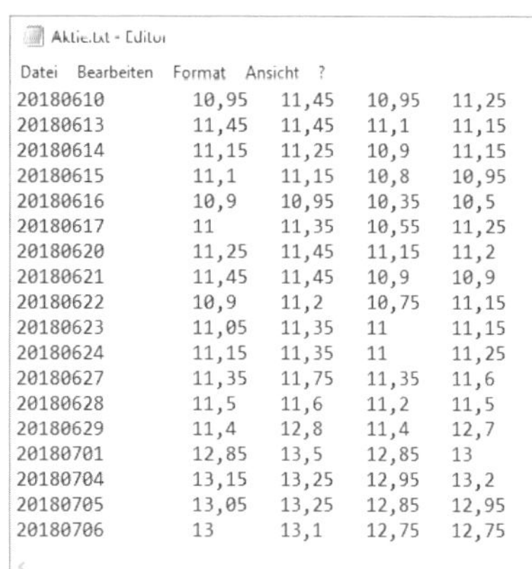
Aktie.txt - Editor

Datei Bearbeiten Format Ansicht ?

20180610	10,95	11,45	10,95	11,25
20180613	11,45	11,45	11,1	11,15
20180614	11,15	11,25	10,9	11,15
20180615	11,1	11,15	10,8	10,95
20180616	10,9	10,95	10,35	10,5
20180617	11	11,35	10,55	11,25
20180620	11,25	11,45	11,15	11,2
20180621	11,45	11,45	10,9	10,9
20180622	10,9	11,2	10,75	11,15
20180623	11,05	11,35	11	11,15
20180624	11,15	11,35	11	11,25
20180627	11,35	11,75	11,35	11,6
20180628	11,5	11,6	11,2	11,5
20180629	11,4	12,8	11,4	12,7
20180701	12,85	13,5	12,85	13
20180704	13,15	13,25	12,95	13,2
20180705	13,05	13,25	12,85	12,95
20180706	13	13,1	12,75	12,75

In der ersten Spalte befindet sich das Kursdatum. Die nachfolgenden Spalten beinhalten folgende Kursangaben: Öffnungskurs, Höchstkurs, Tiefstkurs und Schlusskurs. Ziel ist es nun, diese Daten in Excel einzulesen und zur Weiterverarbeitung zur Verfügung zu stellen.

So geht's:

1. Starten Sie den *Öffnen*-Dialog über das Menü *Datei/Öffnen* (in Excel 2007 über das Menü *Office/Öffnen*) und wählen Sie die Datei *Aktie.txt* im entsprechenden Verzeichnis aus.

2. Nach einem Klick auf die Schaltfläche *Öffnen* wird automatisch der Textkonvertierungs-Assistent gestartet. Dieser wird immer gestartet, wenn Excel das geöffnete Datenformat nicht erkennt und die Datei nicht automatisch geöffnet werden kann.

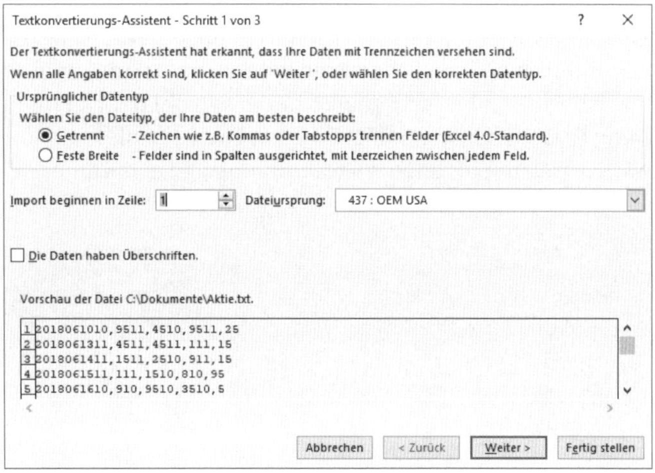

3. Wählen Sie für dieses Beispiel die Option *Getrennt*, da die Daten in der Textdatei in Spalten angeordnet sind. Alle anderen Einstellungen können Sie unverändert übernehmen.

4. Nach einem Klick auf die Schaltfläche *Weiter* wird die zweite Seite des Assistenten aufgerufen. Setzen Sie dort den Haken im Kontrollkästchen *Tabstopp*. Damit wird der Tabulator als Trennzeichen für die Textdatei definiert. Sobald Sie diese Einstellung vorgenommen haben, werden im Vorschaufenster die Trennstriche an den entsprechenden Positionen eingetragen.

   Diese zeigen an, wo Excel die Spalten trennt. Erst wenn im Vorschaufenster das gewünschte Ergebnis zu sehen ist, sollten Sie auf die Schaltfläche *Weiter* klicken, um zum dritten und letzten Schritt des Assistenten zu wechseln.

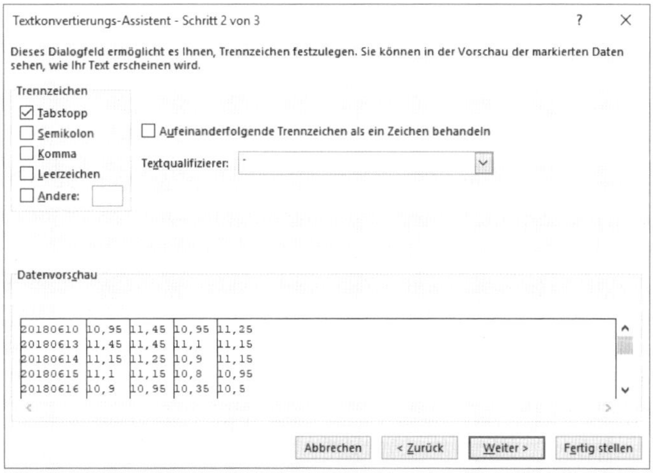

5 Im dritten Schritt werden die Datenformate für die zu importierenden Spalten definiert. Wählen Sie dazu im Listenfeld *Datenvorschau* die einzelnen Spalten aus, indem Sie mit der Maus darauf klicken. Legen Sie für die jeweiligen Spalten das gewünschte Datenformat fest.

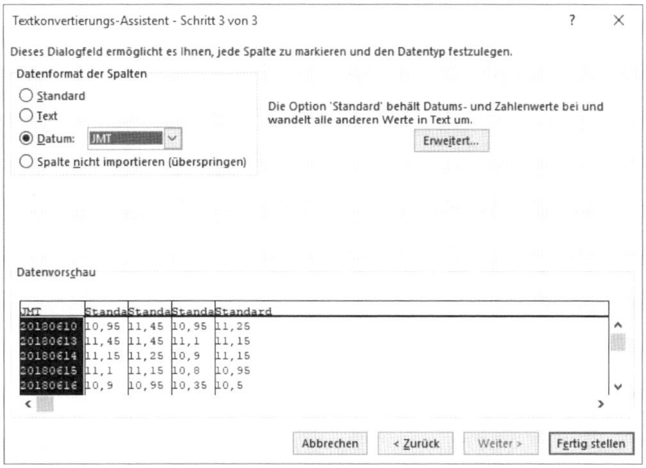

In diesem Beispiel legen Sie für die erste Spalte als Datenformat *Datum* fest und wählen in der Auswahlliste das Format *JMT* aus. Für die restlichen Spalten können Sie das Format *Standard* übernehmen. Über die Schaltfläche *Weitere* stehen Optionen zur Verfügung, über die die zu importierenden Daten noch genauer spezifiziert werden können. So können Sie darüber zum Beispiel definieren, welche Zeichen als Dezimaltrennzeichen und welche als Tausendertrennzeichen verwendet werden sollen und wie mit Minuszeichen verfahren werden soll.

6 Sind alle Einstellungen vorgenommen worden, können Sie den Assistenten mit einem Klick auf die Schaltfläche *Fertig stellen* beenden. Damit werden die Daten aus der Textdatei nach Excel übertragen. Die importierten Aktienkurse stehen nun wie gewünscht zur Verfügung.

	A	B	C	D	E
1	Datum	Eröffnungskurs	Höchstkurs	Tiefstkurs	Schlusskurs
2	10.06.2018	10,95 €	11,45 €	10,95 €	11,25 €
3	13.06.2018	11,45 €	11,45 €	11,10 €	11,15 €
4	14.06.2018	11,15 €	11,25 €	10,90 €	11,15 €
5	15.06.2018	11,10 €	11,15 €	10,80 €	10,95 €
6	16.06.2018	10,90 €	10,95 €	10,35 €	10,50 €
7	17.06.2018	11,00 €	11,35 €	10,55 €	11,25 €
8	20.06.2018	11,25 €	11,45 €	11,15 €	11,20 €
9	21.06.2018	11,45 €	11,45 €	10,90 €	10,90 €
10	22.06.2018	10,90 €	11,20 €	10,75 €	11,15 €

7 Fügen Sie abschließend eine Titelzeile mit den entsprechenden Überschriften ein und formatieren Sie die Kurswerte mit einem beliebigen Währungsformat.

Hinweis

Wenn die Quelldaten, also die Daten, die importiert werden sollen, bereits so gut aufbereitet sind, dass sie direkt und ohne den Textkonvertierungs-Assistenten importiert werden können, hilft folgender Trick weiter. Halten Sie beim Öffnen der Textdatei die ⇧-Taste gedrückt. Damit werden die Daten sofort importiert, ohne dass der Assistent gestartet wird.

Tipp 2: Bereinigen von Daten nach dem Importvorgang

Beim Importieren von Daten, egal auf welche Weise, kommt es regelmäßig zu Problemen bei der Erkennung der Daten. So werden Zahlen als Text interpretiert, Zahlen mit nachgestelltem Minuszeichen werden nicht als Zahlen erkannt, in Texten oder Ziffern befinden sich unnötige Leerzeichen oder die importierten Daten enthalten Sonderzeichen, die nicht erkannt werden. Anhand einiger Beispiele erfahren Sie, welche Möglichkeiten es gibt, diese Probleme in den Griff zu bekommen.

So geht's: Eine Zahl wird beim Datenimport als Text interpretiert

Wenn eine Zahl als Text interpretiert wird, erkennen Sie das in der Regel daran, dass die Zahl nicht wie gewohnt rechtsbündig, sondern linksbündig in der Zelle dargestellt wird. Das Problem kann wie folgt gelöst werden:

- **Möglichkeit 1** – Verwenden Sie die Funktion *WERT(Text)*. Diese Funktion wandelt ein als Text angegebenes Argument in eine Zahl um. Wenden Sie diesen Befehl in einer Hilfsspalte auf alle betroffenen Werte aus dem Datenimport an.
- **Möglichkeit 2** – Markieren Sie die betreffenden Zellen, wechseln Sie mit der Funktionstaste F2 in den Bearbeitungsmodus und drücken Sie die ↵-Taste. Das genügt meistens schon, um den importierten Wert in eine Zahl zu verwandeln. Diese manuelle Vorgehensweise lässt sich natürlich nur auf kleinere Datenmengen anwenden.
- **Möglichkeit 3** – Ein weiterer Weg besteht darin, die importierten Zahlen mit dem Wert 1 zu multiplizieren. Erfassen Sie dazu in einer beliebigen Zelle die Ziffer *1*. Kopieren Sie sie mit der Tastenkombination Strg+C in die Zwischenablage. Markieren Sie nun die als Text erkannten Werte und rufen Sie über das Menü *Start/Einfügen/Inhalte einfügen* den Befehl zum Einfügen von Inhalten auf. Wählen Sie die Option *Werte* im Bereich *Einfügen* und unter *Vorgang* die Option *Multiplizieren*. Durch diesen Multiplikationsvorgang werden die Werte als Zahlen erkannt und auch als solche dargestellt.

So geht's: Bereinigung von Zahlen mit nachgestelltem Minuszeichen

Im folgenden Beispiel ist aus einem Buchhaltungssystem eine Liste mit Ausgangsrechnungen an Excel übergeben worden. Dabei wird das Minuszeichen bei Gutschriften nicht vorangestellt, sondern rechts an die Zahl angehängt, also nachgestellt. Mit dieser Darstellungsweise kann Excel nicht umgehen und interpretiert die negativen Werte als Text, zu erkennen in der Abbildung.

	A	B	C
1	Datenimport Ausgangsrechnungen		
2			
3			
4	Re-Nr.	Betrag netto	
5	4711a	153,25	
6	4712a	2.413,60	
7	4713a	24,85-	
8	4714a	15.473,00	
9	4715a	2.436,89	
10	4716a	159,50-	
11	4717a	3.691,25	
12	4718a	594,60	
13	4719a	1236,95-	
14	4720a	4.599,75	
15			

Damit Excel mit den Zahlen rechnen kann, muss das Minuszeichen vorangestellt, also links vor die Zahl gesetzt werden. Gehen Sie dazu wie folgt vor:

1 Markieren Sie den Zellbereich C5:C14.

2 Erfassen Sie in Zelle C5 folgende Formel:

=WENN(ISTTEXT(B5);WERT(RECHTS(B5;1)&LINKS(B5;LÄNGE(B5)-1));B5)

Diese Formel liest das rechtsbündige Minuszeichen aus und stellt es linksbündig voran.

	A	B	C	D	E	F	G
1	**Datenimport Ausgangsrechnungen**						
2							
3							
4	**Re-Nr.**	**Betrag netto**	**Betrag netto korrigiert**				
5	4711a	153,25	=WENN(ISTTEXT(B5);WERT(RECHTS(B5;1)&LINKS(B5;LÄNGE(B5)-1));B5)				
6	4712a	2.413,60	2.413,60				
7	4713a	24,85-	-24,85				
8	4714a	15.473,00	15.473,00				
9	4715a	2.436,89	2.436,89				
10	4716a	159,50-	-159,50				
11	4717a	3.691,25	3.691,25				
12	4718a	594,60	594,60				
13	4719a	1236,95-	-1.236,95				
14	4720a	4.599,75	4.599,75				

3 Beenden Sie die Formeleingabe mit der Tastenkombination [Strg]+[↵].

So geht's: Unnötige Leerzeichen und Sonderzeichen nach einem Datenimport entfernen

In diesem Beispiel wurden aus einem Buchhaltungssystem die Debitorenstammdaten nach Excel übertragen. Excel zeigt beim Vor- und Nachnamen ein Sonderzeichen an. Auch bei der Übergabe der Straßenangaben scheint etwas schiefgegangen zu sein. Vor der Straße und vor der Hausnummer befinden sich jeweils unnötige Leerzeichen.

	A	B	C	D
1	**Debitoren-Stammdaten**			
2				
3				
4	**Deb-Nr.**	**Vorname**	**Nachname**	**Straße**
5	70001	▯Agnes	▯Argauer	Prenzlauerstraße 50
6	70003	▯Björn	▯Paulus	Riestergasse 1
7	70010	▯Klaus	▯Weimer	Berghut 19
8	70015	▯Anke	▯Greiner	Hauptweg 22
9	70020	▯Irmgard	▯Huber	Burgenweg 92
10	70025	▯Adolf	▯Meier	Bahnhofstraße 4
11	70027	▯Wolfgang	▯Eisenstätt	Trampelpfad 3
12	70030	▯Angelika	▯Maurer	Klaus-Straße 43
13	70035	▯Stefan	▯Leitner	Schnurstraße 9

Zur Bereinigung der Daten gehen Sie wie folgt vor:

1 Markieren Sie den Zellbereich E5:F13 und erfassen Sie folgende Funktion in Zelle E5: *=SÄUBERN(B5)*. Beenden Sie die Formeleingabe mit der Tastenkombination [Strg]+[↵]. Die Funktion *SÄUBERN()* löscht alle nicht druckbaren Zeichen aus einem Text.

2 Markieren Sie anschließend den Zellbereich G5:G13 und geben Sie in Zelle G5 die Funktion *=GLÄTTEN(D5)* ein. Schließen Sie auch diese Formeleingabe mit der Tastenkombination [Strg]+[↵] ab. Mit der Funktion *GLÄTTEN()* werden alle Leerzeichen aus Texten entfernt, die nicht als Trennzeichen zwischen einzelnen Wörtern dienen.

Als Ergebnis erhalten Sie die Debitorenstammdatenliste ohne störende Sonderzeichen und überzählige Leerzeichen.

	A	B	C	D	E	F	G	H
1	Debitoren-Stammdaten							
2								
3					Bereinigte Daten			
4	Deb-Nr.	Vorname	Nachname	Straße	Vorname	Nachname	Straße	
5	70001	▯Agnes	▯Argauer	Prenzlauerstraße 50	Agnes	Argauer	Prenzlauerstraße 50	
6	70003	▯Björn	▯Paulus	Riestergasse 1	Björn	Paulus	Riestergasse 1	
7	70010	▯Klaus	▯Weimer	Berghut 19	Klaus	Weimer	Berghut 19	
8	70015	▯Anke	▯Greiner	Hauptweg 22	Anke	Greiner	Hauptweg 22	
9	70020	▯Irmgard	▯Huber	Burgenweg 92	Irmgard	Huber	Burgenweg 92	
10	70025	▯Adolf	▯Meier	Bahnhofstraße 4	Adolf	Meier	Bahnhofstraße 4	
11	70027	▯Wolfgang	▯Eisenstätt	Trampelpfad 3	Wolfgang	Eisenstätt	Trampelpfad 3	
12	70030	▯Angelika	▯Maurer	Klaus-Straße 43	Angelika	Maurer	Klaus-Straße 43	
13	70035	▯Stefan	▯Leitner	Schnurstraße 9	Stefan	Leitner	Schnurstraße 9	

Tipp 3: Interne Schnittstelle – Update von verlinkten Arbeitsmappen

Beim Öffnen einer Excel-Arbeitsmappe, die Zellverknüpfungen zu anderen Arbeitsmappen enthält, erfolgt bei jedem Start eine Prüfung mit der Abfrage, ob die Verknüpfungen aktualisiert werden sollen oder nicht.

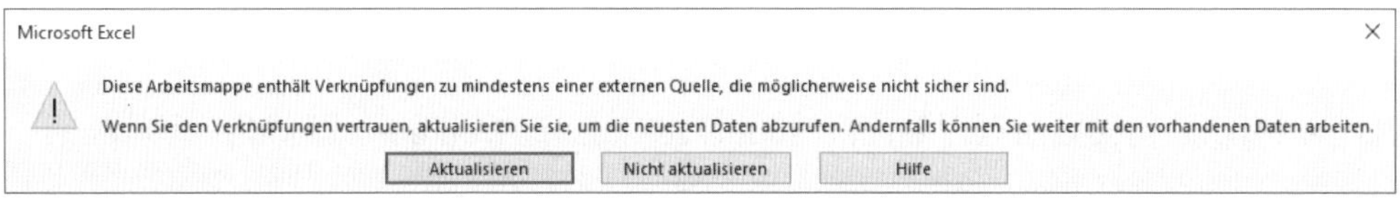

Mit einem Klick auf die Schaltfläche *Aktualisieren* werden die Daten im Zielbereich aktualisiert. Ein Klick auf die Schaltfläche *Nicht aktualisieren* hingegen prüft die verknüpften Zellen nicht auf ihre Aktualität. Gibt es eine Möglichkeit, um diese Abfrage zu unterdrücken bzw. zu definieren, wie Excel ohne Zwischenfrage mit externen Verknüpfungen umgehen soll?

So geht's: Unterdrücken der Abfrage für bestimmte Arbeitsmappen

Excel bietet die Möglichkeit, explizit für eine Arbeitsmappe vorzugeben, wie externe Verknüpfungen behandelt werden sollen.

1. Starten Sie den Befehl dazu über das Menü *Daten/Verbindungen/Verknüpfungen bearbeiten*.
2. Indem Sie auf die Schaltfläche *Eingabeaufforderung beim Start* klicken, können Sie folgende Einstellungen für die aktuelle Arbeitsmappe vornehmen:
   - *Benutzer entscheidet, ob eine Warnung angezeigt wird*
   - *Keine Warnung anzeigen und Verknüpfung nicht aktualisieren*
   - *Keine Warnung anzeigen und Verknüpfung aktualisieren*

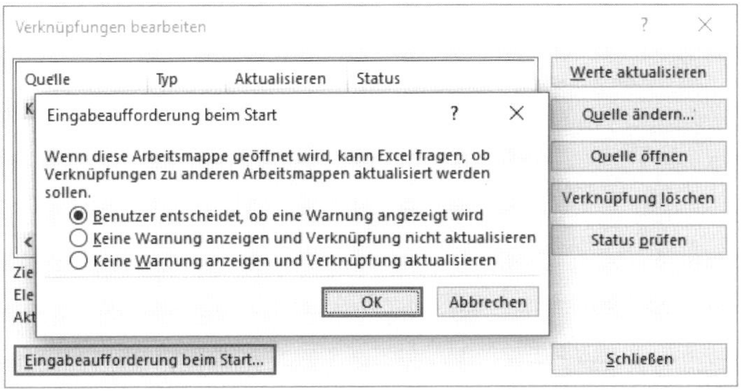

Hinweis

Wenn Sie die Quelldatei unter einem anderen Namen abspeichern möchten, öffnen Sie beide Dateien, also die Quell- und die Zieldatei. Dadurch werden die Bezüge in der Zieldatei automatisch angepasst. Eine manuelle Nachbearbeitung entfällt damit.

So geht's: Generelles Unterdrücken der Abfrage

Ab Excel 2007 können Sie die Option zur generellen Unterdrückung der automatischen Aktualisierung wie folgt festlegen:

1 Starten Sie die Einstellungen für die Dokumentensicherheit:

- ab Excel 2013: Menü *Datei/Optionen*, Kategorie *Trust Center*,
- in Excel 2010: Menü *Datei/Optionen*, Kategorie *Sicherheitscenter*,
- in Excel 2007: Menü *Office/Excel-Optionen*, Kategorie *Vertrauensstellungscenter*.

2 Klicken Sie, je nach Excel-Version, auf folgende Schaltfläche:

- ab Excel 2013: *Einstellungen für das Trust Center*,
- in Excel 2010: *Einstellungen für das Sicherheitscenter*,
- in Excel 2007: *Einstellungen für das Vertrauensstellungscenter*.

3 Wechseln Sie in die Kategorie *Externer Inhalt*. Dort können Sie sich für eine der drei Optionen entscheiden. Wenn Sie die Option *Automatische Aktualisierung aller Arbeitsmappenverknüpfungen aktivieren (nicht empfohlen)* wählen, wird zukünftig keine Abfrage bezüglich der Datenaktualisierung bei verknüpften Arbeitsmappen mehr durchgeführt.

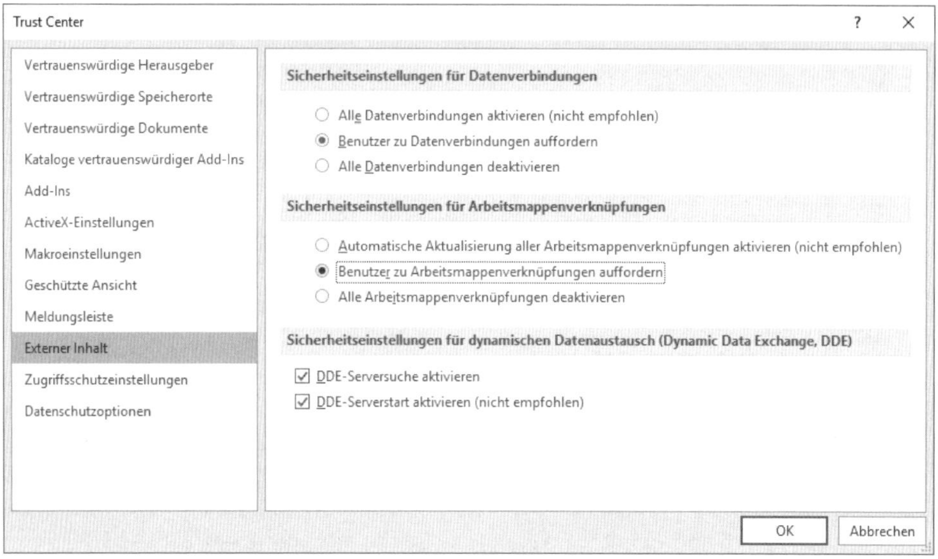

Tipp 4: Externe Links in einer Arbeitsmappe finden und entfernen

In diesem Beispiel sollen alle Verknüpfungen zu externen Arbeitsmappen entfernt werden. Excel stellt dazu zwei verschiedene Methoden zur Verfügung.

So geht's: Methode 1

1. Starten Sie über das Menü *Daten/Verbindungen/Verknüpfungen bearbeiten* das Dialogfenster *Verknüpfungen bearbeiten*.

2. Wählen Sie die Verknüpfungen aus, die entfernt werden sollen, und klicken Sie auf *Verknüpfungen löschen*.

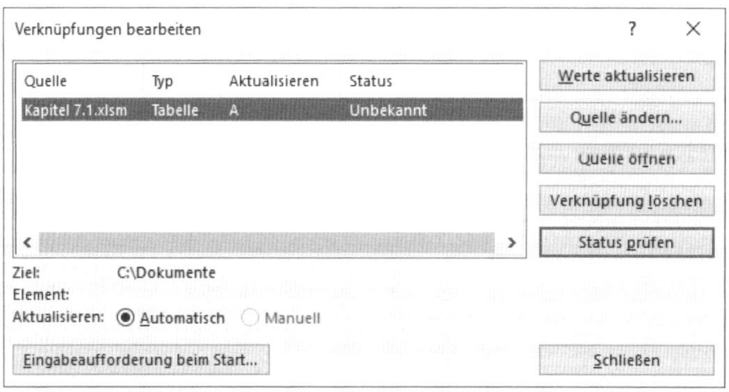

Damit werden alle externen Verknüpfungen aus der Arbeitsmappe entfernt.

So geht's: Methode 2

1 Öffnen Sie mit der Tastenkombination Strg+F den *Suchen*-Dialog.

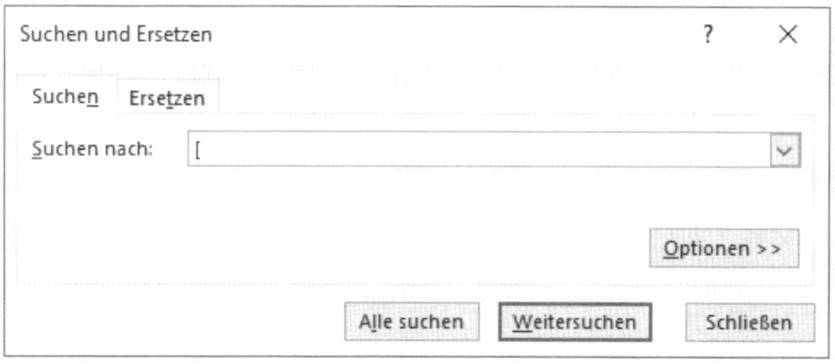

2 Erfassen Sie im Feld *Suchen nach* die eckige Klammer *[*. Dieses Zeichen bietet sich an, da es bei externen Verknüpfungen immer vorhanden ist.

3 Durch einen Klick auf die Schaltfläche *Weitersuchen* werden nacheinander alle externen Verknüpfungen anhand der Klammer gesucht und gefunden. So können Sie ganz individuell Verknüpfungen bearbeiten oder entfernen.

Tipp 5: Hyperlinks, die besondere Verknüpfung – Start von VBA-Makros über Hyperlinks

Hyperlinks werden in der Praxis häufig unterschätzt. Dieses Beispiel zeigt, was mit Hyperlinks möglich ist und wie Sie diese Funktion sinnvoll einsetzen können.

1 Starten Sie den Befehl über das Menü *Einfügen/Hyperlinks/Hyperlink*.

2 Das Dialogfenster *Hyperlink einfügen* wird geöffnet.

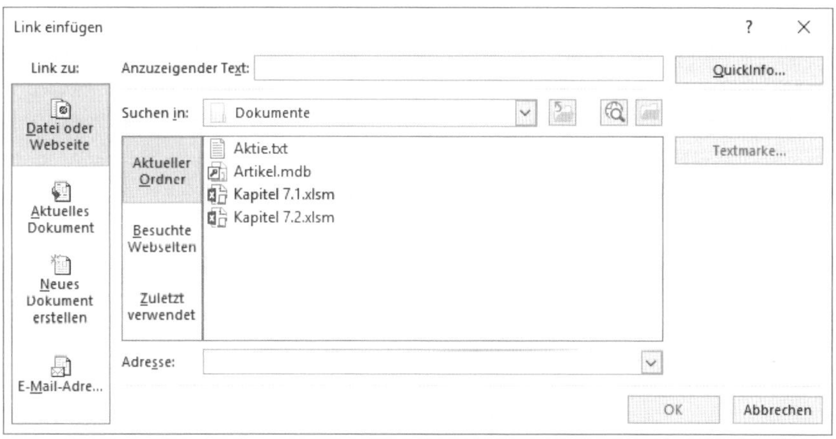

3 In diesem Dialog können Sie Links zu folgenden Objekten herstellen:

- zu lokalen Dateien oder Webseiten, lokal oder im Internet,
- zu Objekten im aktuellen Dokument.
- Darüber hinaus können neue Dokumente erstellt und Links zu E-Mail-Adressen hergestellt werden.

Sehr praktisch ist auch die Möglichkeit, über Hyperlinks VBA-Makros aufzurufen. Gehen Sie dazu wie folgt vor:

1 Markieren Sie die Zelle, in der der Hyperlink dargestellt werden soll, im Beispiel Zelle B4. Fügen Sie anschließend einen Hyperlink auf das aktuelle Dokument ein.

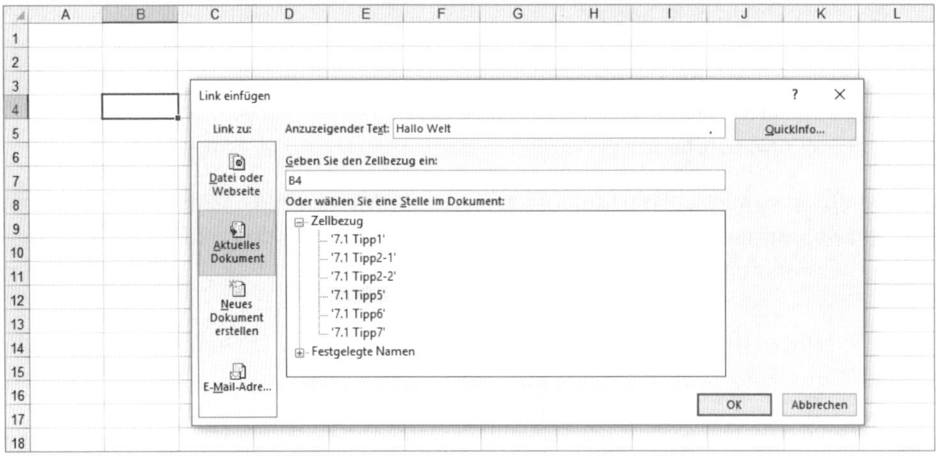

2 Im Feld *Text anzeigen als* geben Sie die Bezeichnung *Hallo Welt* ein. Als Zellbezug erfassen Sie den Zellbezug *B4*. Wenn Sie hier einen anderen Zellbezug eingeben, springt der Zellzeiger nach einem Klick auf den Hyperlink zur angegebenen Zelle.

3 Beenden Sie das Dialogfenster mit einem Klick auf die Schaltfläche *OK*.

4 Aktivieren Sie nun den VBA-Editor, indem Sie mit der rechten Maustaste auf die Registerkarte des aktuellen Tabellenblatts klicken. Wählen Sie im Kontextmenü den Eintrag *Code anzeigen*.

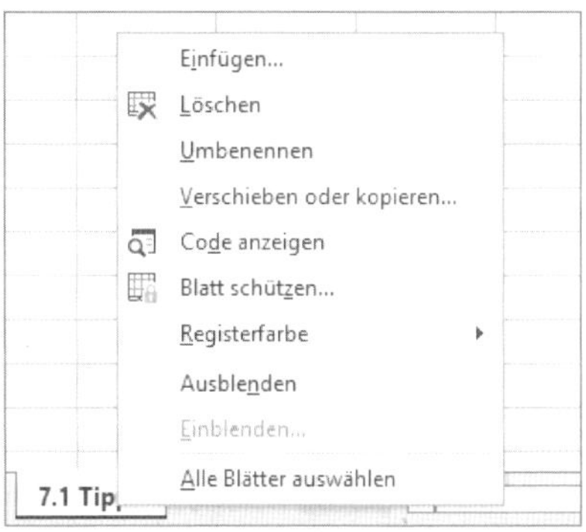

5 Erfassen Sie im geöffneten Codeblatt den Code aus Listing 1.

Listing 1:

```
Private Sub Worksheet_FollowHyperlink(ByVal Target As Hyperlink)
MsgBox "Hallo Welt"
End Sub
```

Ein Klick auf den Hyperlink startet nun das angegebene Makro. Das Ergebnis sieht wie nebenstehend gezeigt aus. Auf diese Weise lassen sich beliebige VBA-Prozeduren starten.

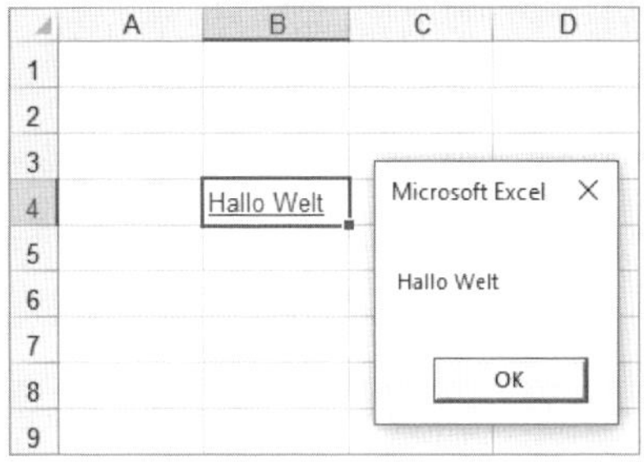

Tipp 6: Daten in verschiedene Formate exportieren

Hier erfahren Sie, welche Möglichkeiten es gibt, Daten so zu exportieren, dass mit den Daten in anderen Programmen weitergearbeitet werden kann.

So geht's:

Die unverbindlichste Art des Datenexports aus Excel stellen das Textformat und das CSV-Format dar. In Excel ist es absolut simpel, Daten in diesen Formaten auszugeben. Gehen Sie dazu wie folgt vor:

1. Starten Sie die zu exportierende Datei.
2. Rufen Sie das *Speichern unter*-Dialogfenster auf:
   - ab Excel 2010: Menü *Datei/Speichern unter*,
   - in Excel 2007: Menü *Office/Speichern unter*,
   - in Excel 2003: Menü *Datei/Speichern unter*.
3. Wählen Sie als Dateityp *Text (Tabstopp-getrennt) (*.txt)* oder *CSV (Trennzeichen-getrennt) (*.csv)* aus.
4. Mit einem Klick auf die Schaltfläche *Speichern* wird das aktuelle Tabellenblatt im angegebenen Dateiformat abgelegt. Beachten Sie, dass diese Formate nur ein Tabellenblatt unterstützen. Deshalb wird auch bei jedem Speichervorgang eine Meldung ausgegeben, die darauf hinweist, dass der Dateityp keine Arbeitsmappen unterstützt, die mehrere Tabellenblatter enthalten. Diese Meldung müssen Sie mit einem Klick auf die Schaltfläche *OK* bestätigen.

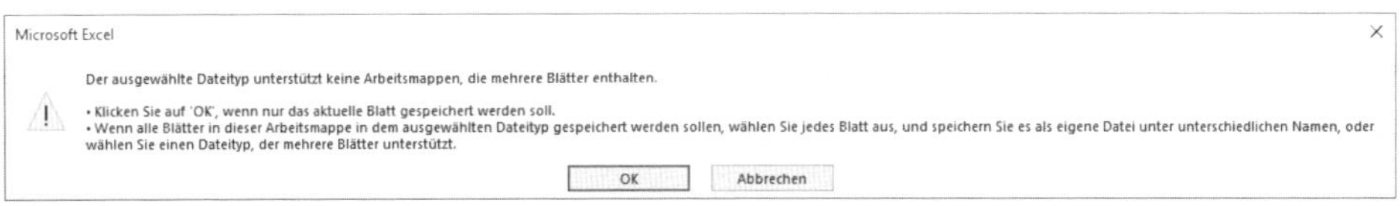

5. Daraufhin gibt Excel noch eine Warnmeldung aus, die besagt, dass Daten enthalten sein können, die mit dem CSV- oder Textformat nicht kompatibel sind. Wenn Sie diesen Warnhinweis ebenfalls mit einem Klick auf die Schaltfläche *Ja* bestätigen, wird das Tabellenblatt im gewünschten Format abgelegt.

Tipp 7: Daten aus dem Internet einlesen und verarbeiten

Das Internet ist aus dem heutigen Geschäftsleben in den allermeisten Branchen nicht mehr wegzudenken. Auch Excel ist für das Internet gerüstet. So lassen sich über Webabfragen Informationen aus dem Internet auslesen und weiterverarbeiten. Im nachfolgenden Beispiel sollen die Aktienkurse der 30 DAX-Unternehmen ausgelesen und in ein Tabellenblatt übernommen werden.

In älteren Excel-Versionen, z. B. Excel 2007 oder Excel 2010, stehen zum Import externer Daten diverse Assistenten unter dem Menü *Daten/Externe Daten abrufen* zur Verfügung. Diese Assistenten stammen jedoch aus früheren Zeiten von Excel und sind somit nicht mehr zeitgemäß. Ein Grund, warum Microsoft diese Assistenten in aktuellen Excel-Versionen durch eine modernere und wesentlich leistungsfähigere Version ersetzt hat.

Im März 2013 veröffentlichte Microsoft erstmals den sogenannten Data Explorer in einer Vorschauversion. Mit dem Add-in ließen sich vielfältige externe Datenquellen anzapfen und in Excel importieren, beispielsweise Daten aus dem Web, aus Datenbanken oder aus Text- und CSV-Dateien. Aus diesem Tool ist später *Microsoft Power Query* hervorgegangen, das in Excel ebenfalls als externes Add-in eingebunden werden musste und seine Features über einen eigenen Menübandreiter zur Verfügung stellte.

Seit Excel 2016 ist *Microsoft Power Query* nun vollständig in Excel integriert und stellt alle Funktionen unter dem Menü *Daten/Daten abrufen und transformieren* zur Verfügung. Eine explizite Aktivierung eines Add-ins ist somit nicht mehr notwendig. Falls Sie jedoch noch Excel 2010 Professional Plus oder Excel 2013 verwenden, steht Ihnen *Power Query* weiterhin als externes Add-in zum Download unter dem Link *https://www.microsoft.com/de-de/download/details.aspx?id=39379* zur Verfügung. Zu beachten ist hier allerdings, dass hierfür nicht so häufig Aktualisierungen stattfinden wie für die in Excel 2016 integrierte Version.

So geht's:

1 Starten Sie im ersten Schritt das Dialogfenster *Webabfrage* über das Menü *Daten/Daten abrufen und transformieren/Aus dem Web*.

2 Geben Sie *https://www.boerse.de/kurse/Dax-Aktien/DE0008469008* als URL an, um die DAX-Kurse von der entsprechende Website abzurufen.

3 Der Assistent wird gegebenenfalls nachfragen, wie Sie sich mit der Website verbinden möchten. Da Sie hier anonym auf die Website zugreifen, bestätigen Sie die Voreinstellung mit *Verbinden*.

4 Im Anschluss zeigt Ihnen der Assistent ein Fenster an, das auf der linken Seite eine Struktur der abgerufenen Webseite anzeigt. Sobald Sie auf eines der angezeigten Elemente klicken, erscheint rechts eine Vorschau. In der Webansicht wird der entsprechende Bereich ebenfalls markiert. Die DAX-Kurse sind im letzten Element zu finden.

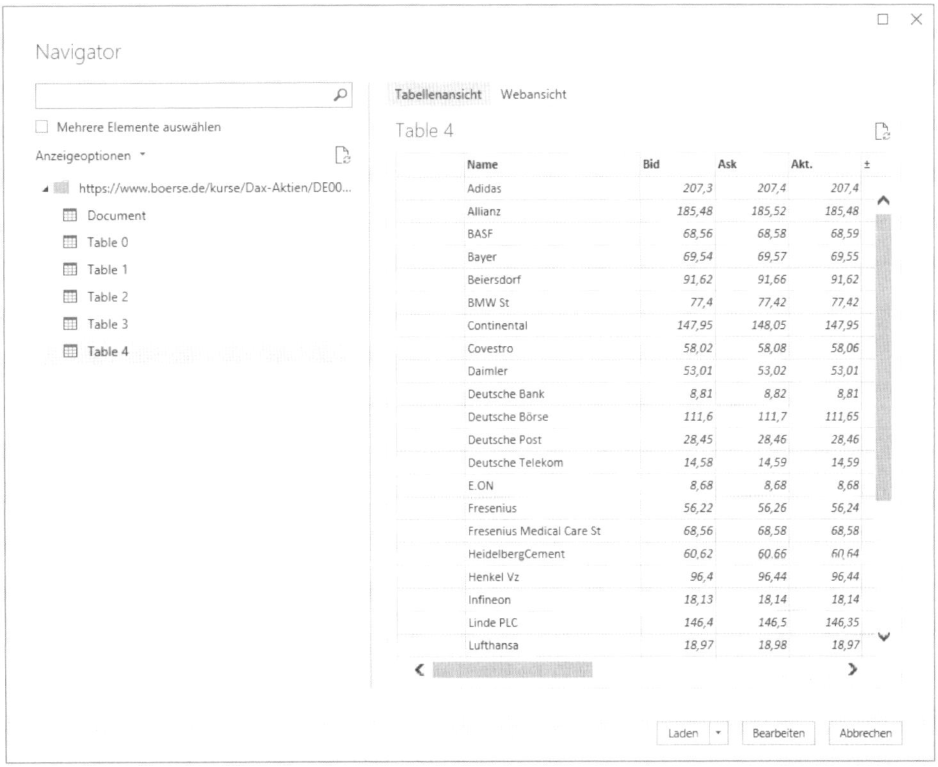

5 Die Vorschau enthält einige leere Spalten, die optimalerweise entfernt werden müssten. Zudem ist sicherzustellen, dass auch die Zahlen korrekt als Zahlen erkannt werden. Klicken Sie auf *Bearbeiten*, um den sogenannten Power Query-Editor aufzurufen. Es öffnet sich ein neues Fenster mit einem eigenen Menüband, in dem vielfältige Optionen zum Transformieren der Daten angeboten werden. Im mittleren Bereich wird Ihnen eine Vorschau der Daten angezeigt. Auf der rechten Seite befindet sich ein Aufgabenbereich, der Ihnen die einzelnen Schritte auflistet, die Sie auf die Daten angewendet haben. *Power*

Query versucht jedoch schon beim Einlesen der Daten z. B. die Datentypen zu erkennen, weshalb der Schritt *Geänderter Typ* bereits automatisch angewendet wurde.

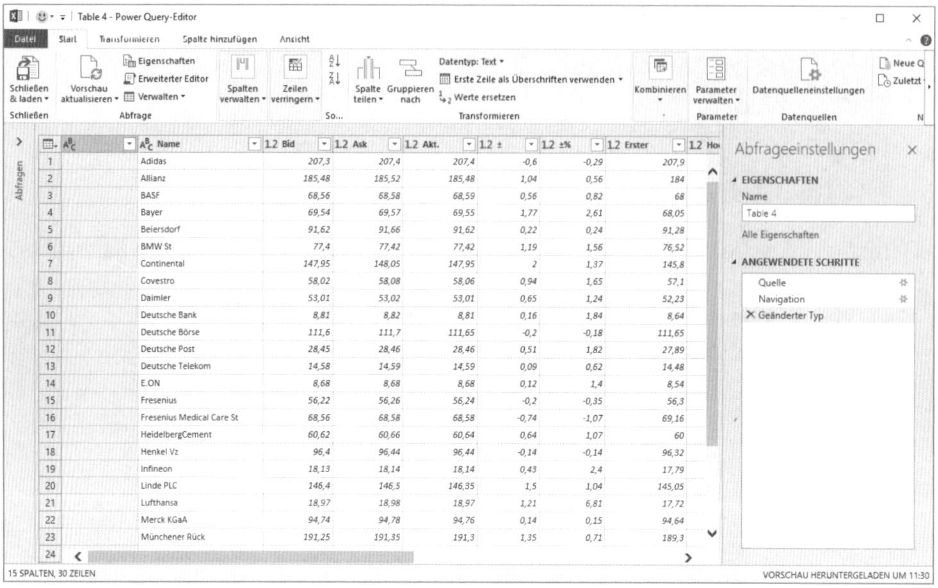

6 Um die erste leere Spalte zu entfernen, klicken Sie den Spaltenkopf mit der rechten Maustaste an und wählen den Befehl *Entfernen* aus dem Kontextmenü aus.

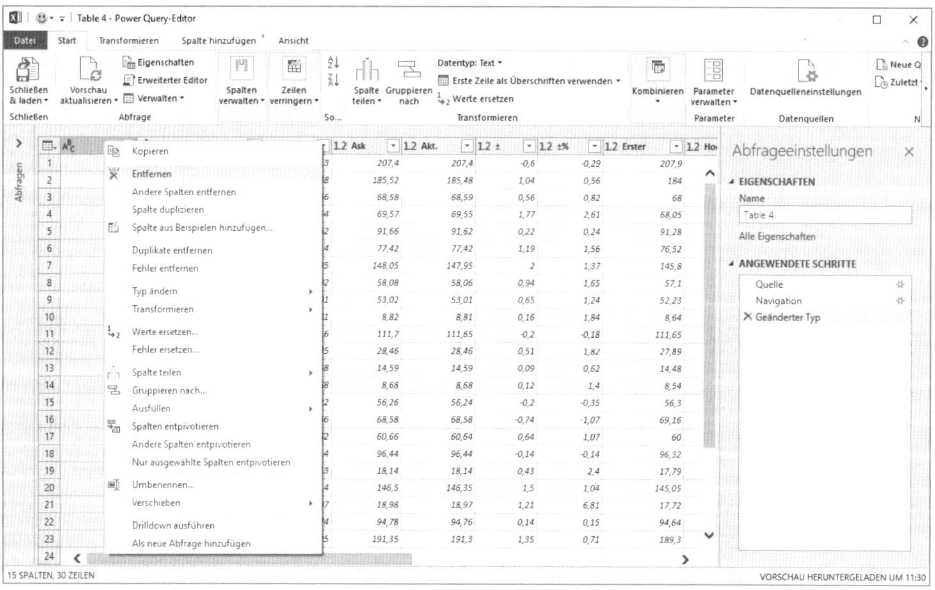

7 Entfernen Sie die letzte Spalte, die ebenfalls keine Daten enthält. *Power Query* wird beide Schritte zum Entfernen der Spalten in einem Schritt zusammenfassen, sodass Sie in der Liste der angewendeten Schritte nur den einzelnen Eintrag *Entfernte Spalten* sehen.

8 Beenden Sie den Power Query-Editor, indem Sie den Befehl *Start/Schließen und laden in* aufrufen. Excel fragt Sie im Anschluss, wie die Abfrage in der Mappe hinterlegt werden soll. In diesem Fall haben wir uns für die Zelle A1 im aktiven Arbeitsblatt entschieden.

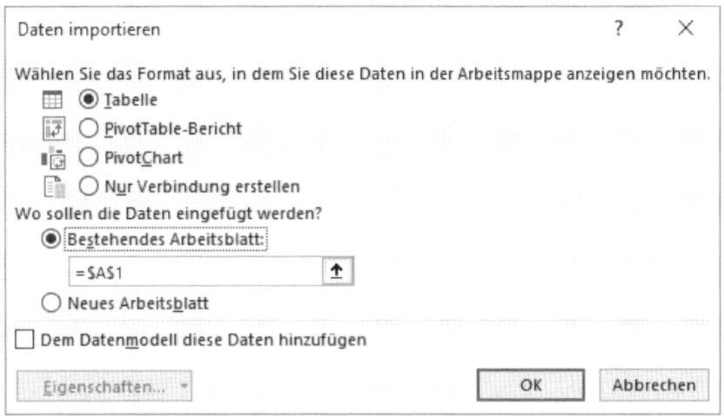

Nun werden die DAX-Werte mit dem Kurs und dem Handelsvolumen von der Internetseite ausgelesen und nach Excel übertragen. Zudem erscheint ein Aufgabenbereich, in dem z. B. ein Doppelklick auf die Abfrage den Power Query-Editor wieder aufruft.

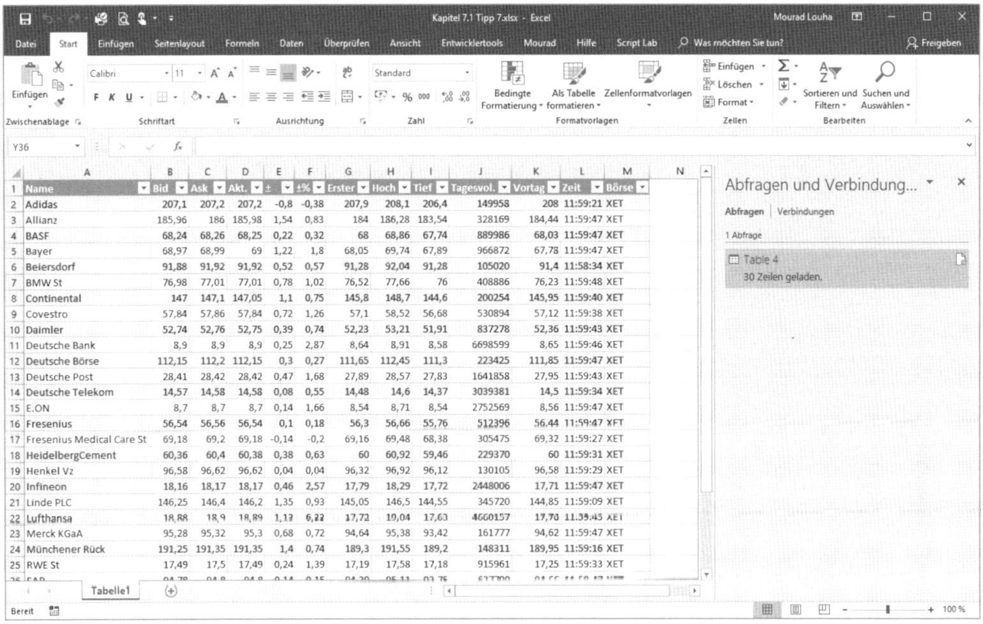

Zur Aktualisierung der Daten genügt ein Klick auf die Schaltfläche *Aktualisieren*, die etwa über das Menü *Daten/Verbindungen/Alle aktualisieren* aufgerufen werden kann. Auf diese Weise stehen Ihnen somit per Knopfdruck die aktuellsten Aktienkurse zur Verfügung.

Tipp 8: Ab Excel 2016 die ehemaligen Importassistenten wieder zum Vorschein bringen

Seit Excel 2016 wurden die ehemaligen Assistenten zum Import externer Daten durch *Power Query* ersetzt. *Power Query* wartet mit einer moderneren Oberfläche und wesentlich leistungsfähigeren Features auf, wie etwa dem Filtern, Sortieren oder Transformieren der Importdaten. Zudem bietet *Power Query* deutlich mehr Schnittstellen zur Anbindung von Datenbanken oder weiteren Onlinequellen.

Dennoch gibt es Situationen, in denen ein ehemaliger Assistent gute Dienste leistet, wie z. B. der ehemalige Textkonvertierungs-Assistent, der für viele Fälle ausreichend ist. Bei einer Neuinstallation von Excel 2016 oder höher sind die ehemaligen Assistenten standardmäßig ausgeblendet, lassen sich aber über die Excel-Optionen wieder zum Vorschein bringen.

So geht's:

1 Öffnen Sie die Excel-Optionen über das Menü *Datei/Optionen* und wählen Sie im Dialogfenster die Kategorie *Daten* aus. Setzen Sie ein Häkchen vor allen Assistenten, die Sie wieder zum Vorschein bringen möchten.

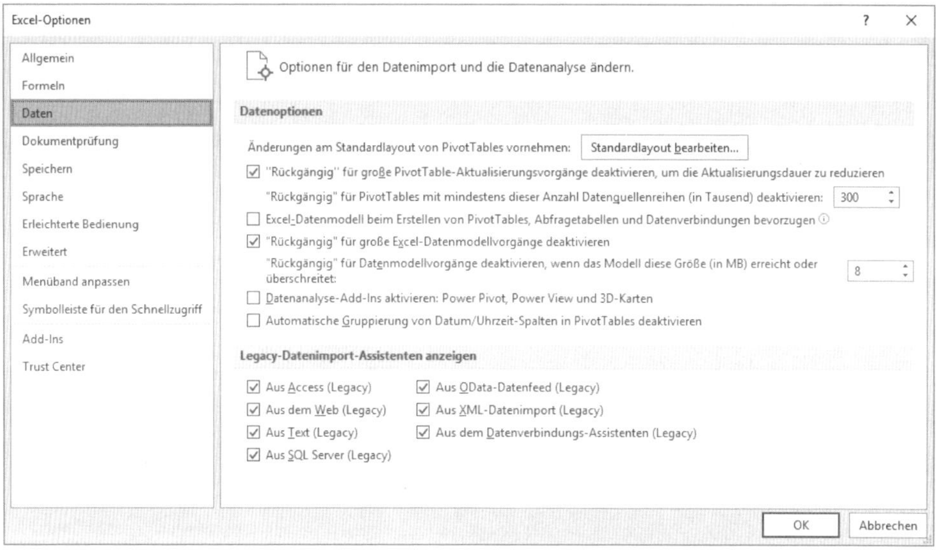

2 Die ausgewählten ehemaligen Assistenten lassen sich nun über das Menü *Daten/Daten abrufen und transformieren/Daten abrufen/Legacy-Assistenten* wieder aufrufen.

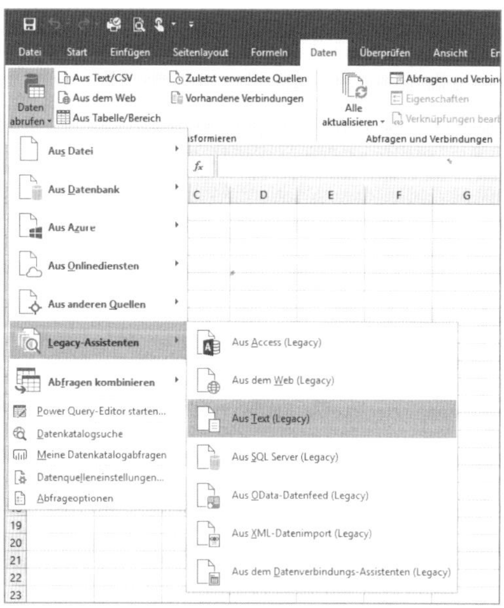

7.2 Excel im Office-Umfeld

Gerade im Zusammenspiel mit anderen Office-Anwendungen wie Access, Word oder Outlook bietet Excel einige Möglichkeiten zum Datenaustausch an. Dieser Abschnitt geht auf einige Schnittstellen innerhalb der Office-Familie ein und gibt einen Überblick über mögliche Szenarien zum Datenaustausch.

Tipp 1: Mit Power Query ausgewählte Datensätze aus Microsoft Access importieren

Diesem Beispiel liegt eine Artikeldatenbank im Access-Format zugrunde. Sie erfahren, wie Sie komfortabel mit *Power Query* eine Tabelle aus Access abfragen, die Daten filtern und in eine Excel-Tabelle einbinden. *Power Query* ist seit Excel 2016 standardmäßig in Excel integriert. Für Excel 2010 Professional Plus und Excel 2013 steht Ihnen *Power Query* als separates Add-in zur Verfügung.

➡ Verweis: siehe Kapitel 7.1, Tipp 7

Sehen Sie sich zunächst die Access-Datenbank etwas näher an. Die Tabelle *Artikel* enthält 6 Spalten, darunter eine Spalte zur Angabe einer Kategorie sowie zum Verkaufs- und Einkaufspreis (VK und EK). Ziel ist es, nur die Datensätze der Kategorie *Zubehör* nach Excel zu übertragen und parallel die Differenz zwischen Einkaufs- und Verkaufspreis zu ermitteln.

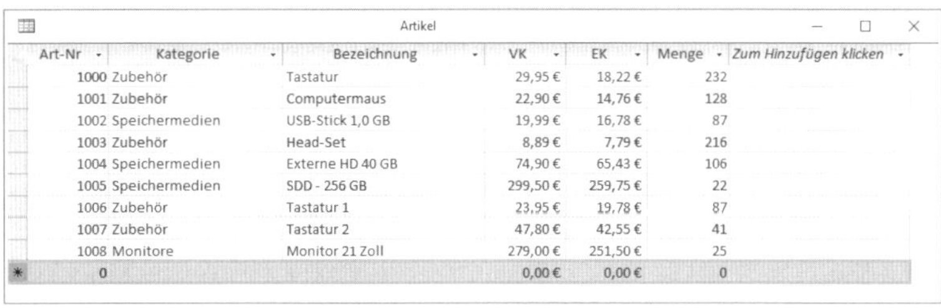
Artikel

Art-Nr	Kategorie	Bezeichnung	VK	EK	Menge	Zum Hinzufügen klicken
1000	Zubehör	Tastatur	29,95 €	18,22 €	232	
1001	Zubehör	Computermaus	22,90 €	14,76 €	128	
1002	Speichermedien	USB-Stick 1,0 GB	19,99 €	16,78 €	87	
1003	Zubehör	Head-Set	8,89 €	7,79 €	216	
1004	Speichermedien	Externe HD 40 GB	74,90 €	65,43 €	106	
1005	Speichermedien	SDD - 256 GB	299,50 €	259,75 €	22	
1006	Zubehör	Tastatur 1	23,95 €	19,78 €	87	
1007	Zubehör	Tastatur 2	47,80 €	42,55 €	41	
1008	Monitore	Monitor 21 Zoll	279,00 €	251,50 €	25	
0			0,00 €	0,00 €	0	

So geht's:

1 Wählen Sie die Access-Datenbank über das Menü *Daten/Daten abrufen und transformieren/Daten abrufen/Aus Datenbank/Aus Microsoft Access-Datenbank* aus. In unserem Fall befindet sich die Datenbank im Ordner *C:\Dokumente*.

2 Sobald *Power Query* die Verbindung hergestellt hat, erscheint ein Dialogfenster, das Ihnen links eine Liste der verfügbaren Tabellen anzeigt. Wenn Sie die Tabelle zu den Artikeln auswählen, erscheint rechts im Fenster eine Vorschau zu den Daten. Unsere Datenbank beinhaltet nur die Tabelle zu den Artikeln, weshalb sich die Auswahl entsprechend einfach gestaltet.

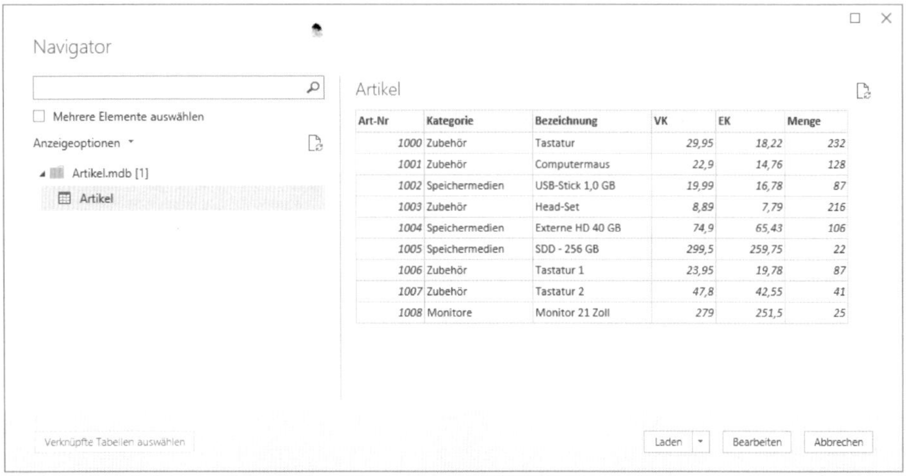

3 Klicken Sie auf *Bearbeiten*, um den Power Query-Editor aufzurufen. Dieser zeigt nun ebenfalls die Vorschau Ihrer Daten an sowie die bereits angewandten Schritte im Aufgabenbereich auf der rechten Seite des Fensters.

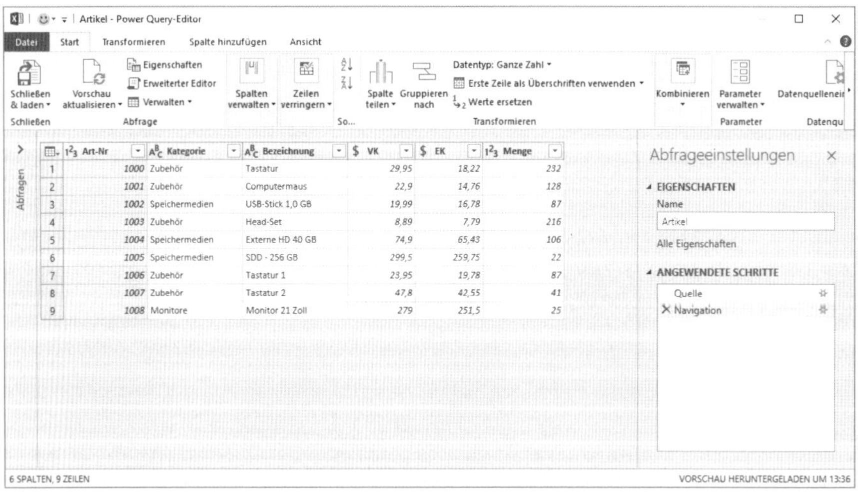

4 *Power Query* hat bereits alle Datentypen korrekt erkannt. Sie erkennen dies am Datentypsymbol jeweils links in den Spaltenüberschriften. Zahlen werden durch *123*, Texte durch *ABC* und Währungen durch *$* gekennzeichnet. Angenommen, dies wäre nicht der Fall, können Sie das Format sehr komfortabel ändern. Klicken Sie dazu auf das Symbol neben der Spaltenüberschrift, um eine Auswahl zu erhalten. Oder klicken Sie mit der rechten

Maustaste auf die Spaltenüberschrift, um ein Kontextmenü mit mehr Möglichkeiten anzuzeigen.

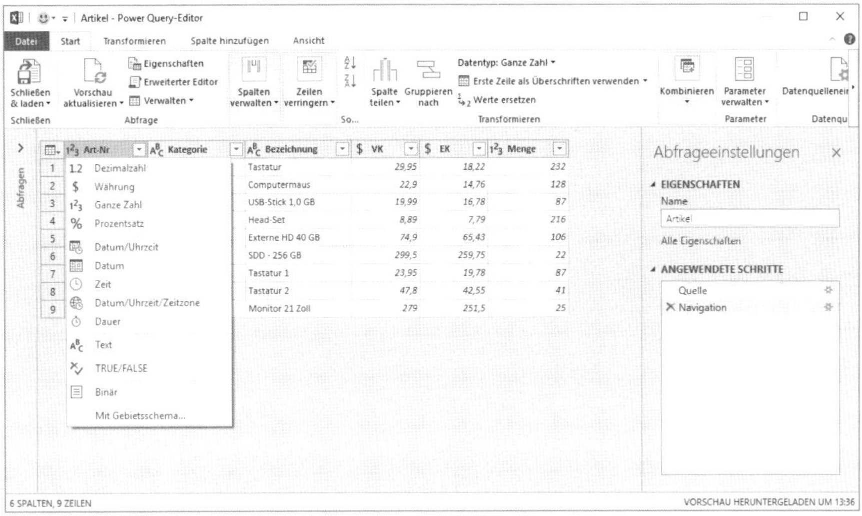

5 Um nur die Kategorie *Zubehör* nach Excel zu übernehmen, bietet es sich an, die Daten entsprechend zu filtern. Klicken Sie dazu auf den Pfeil neben der Überschrift in der Spalte *Kategorie* und entfernen Sie den Haken zu allen Einträgen außer *Zubehör*. Beenden Sie Ihre Ausahl mit *OK*. Die Vorschau reduziert sich anschließend auf insgesamt 5 Zeilen und die Aktion wird dem Aufgabenbereich als neuer Schritt zu den angewendeten Schritten hinzugefügt sowie mit *Gefilterte Zeilen* benannt.

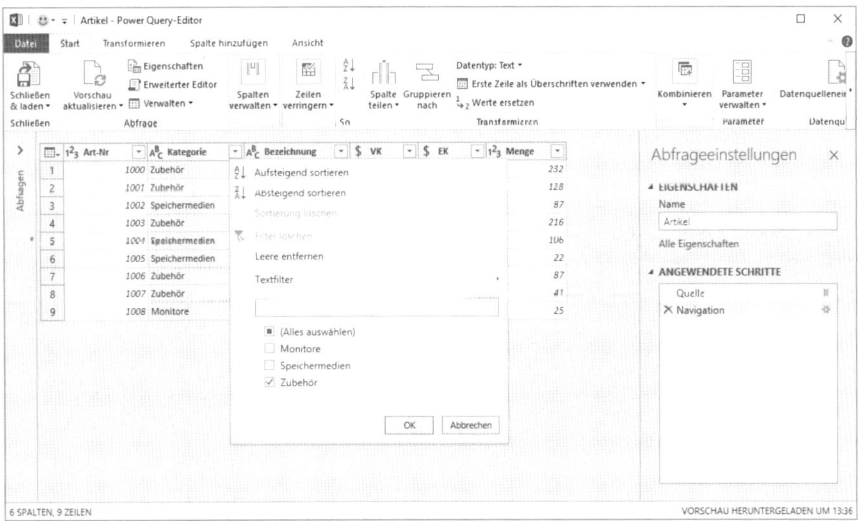

6 Um die Differenz zwischen Verkaufs- und Einkaufspreis in einer neuen Spalte innerhalb der Abfrage zu berechnen, rufen Sie im Menüband des Power Query-Editors den Befehl *Spalte hinzufügen/Benutzerdefinierte Spalte* auf.

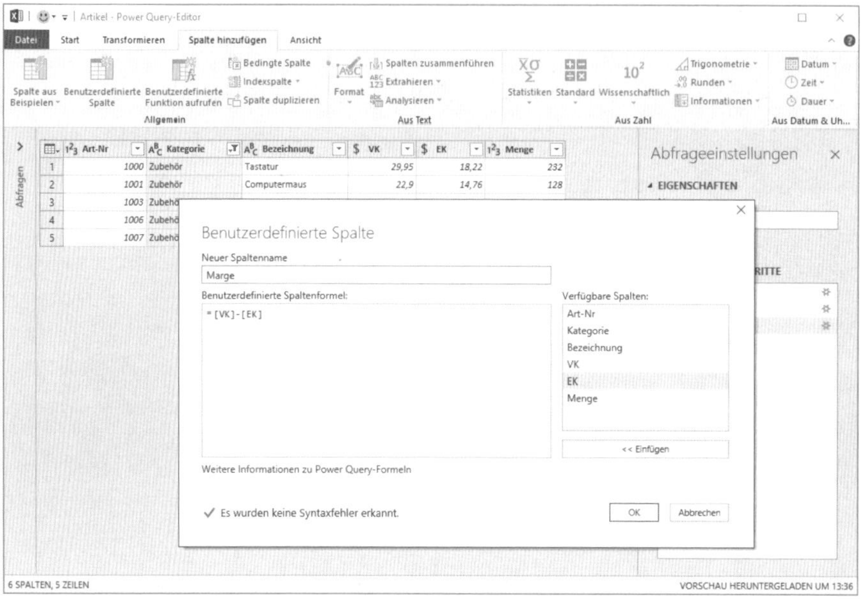

Es erscheint ein Dialogfenster, in dem Sie eine Bezeichnung für die neue Spalte angeben können – in unserem Beispiel haben wir die Spalte in *Marge* benannt. Die Berechnung selbst erfolgt über die einfache Formel *=[VK]-[EK]*, wobei *[VK]* und *[EK]* die jeweiligen Bezeichnungen der Spalten zum Verkaufs- und Einkaufspreis darstellen, die durch eckige Klammern umschlossen sein müssen. Das Dialogfenster listet zudem alle verfügbaren Spalten in der entsprechenden Liste auf. Die Einträge lassen sich mit einem Doppelklick in den Formeleditor übernehmen. Sobald Sie das Dialogfenster mit *OK* beenden, wird die neue Spalte angelegt und die Berechnung auf *jede Zeile* innerhalb der Tabelle angewandt. Berechnungen in benutzerdefinierten Spalten wirken sich somit auf jede Zeile der Datensätze aus.

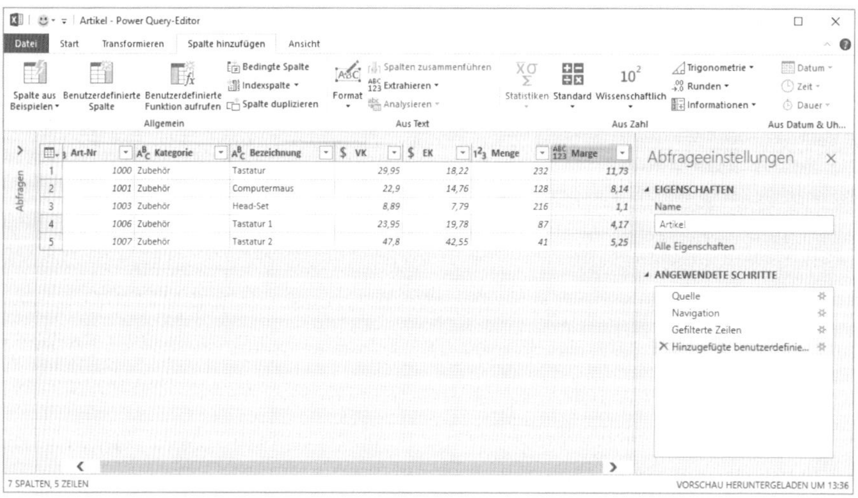

7 Beenden Sie nun den Power Query-Editor über den Befehl *Start/Schließen & laden/Schließen & laden*. Excel bietet Ihnen dann verschiedene Möglichkeiten an, wie mit der Abfrage verfahren werden soll. In diesem Fall soll das Abfrageergebnis in einer intelligenten Tabelle im aktiven Arbeitsblatt erscheinen, weshalb hier die entsprechenden Optionen gewählt wurden.

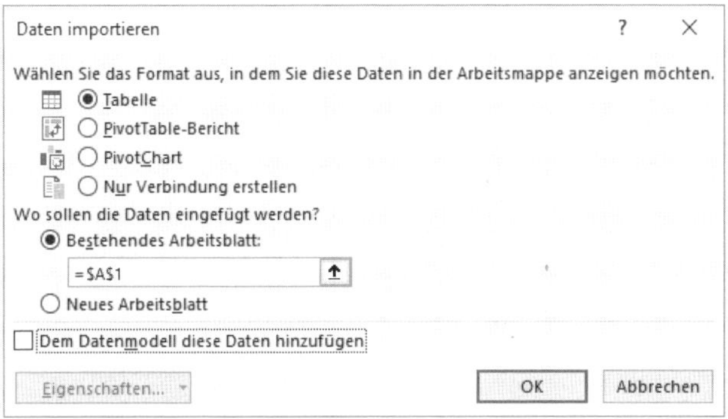

Hiermit steht Ihnen nun das Ergebnis der Abfrage als Tabelle in einem Arbeitsblatt zur Verfügung. Um den Power Query-Editor wieder aufzurufen, führen Sie einen Doppelklick auf die Abfrage im Aufgabenbereich aus. Den Aufgabenbereich selbst blenden Sie anhand des Befehls *Daten/Abfragen und Verbindungen* ein und aus.

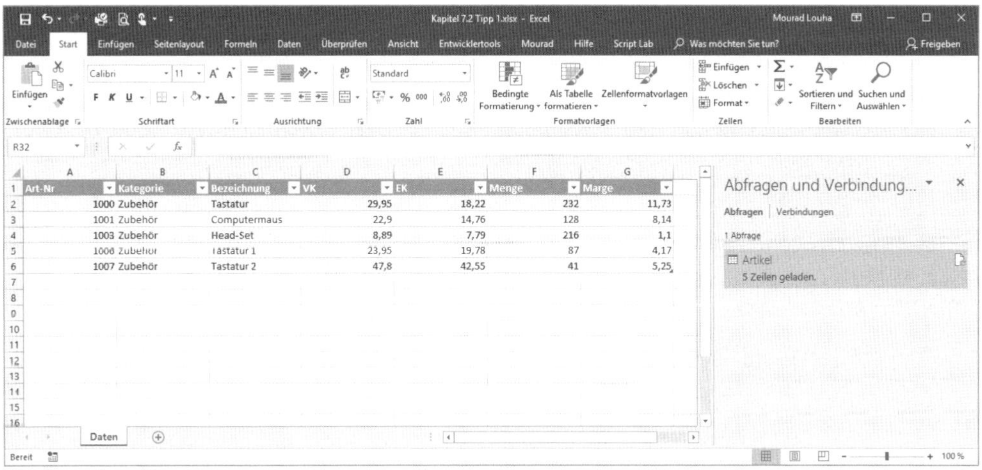

Abfragen lassen sich natürlich auch nachträglich wieder anpassen. Wenn Sie die Beispieldatei zu diesem Tipp auf Ihrem Computer öffnen, wird in den meisten Fällen der Pfad zur Access-Datei nicht mehr stimmen. *Power Query* merkt sich die Pfade statisch und kann auch keine relativen Pfade verwenden. Sie müssen die Abfrage jedoch nicht neu erstellen – solange sich nichts an der Struktur der Artikeltabelle in der Access-Datenbank ändert, auf die die Power-Query-Abfrage zugreift.

So geht's:

Um den Pfad zur Access-Datenbank in der Abfrage nachträglich anzupassen, gehen Sie wie folgt vor:

1 Blenden Sie den Aufgabenbereich zu den Abfragen über den Befehl *Daten/Abfragen und Verbindungen* ein und doppelklicken Sie auf den Eintrag *Artikel im Aufgabenbereich*. Excel öffnet den Power Query-Editor und markiert den letzten Schritt im Aufgabenbereich zu den angewendeten Schritten.

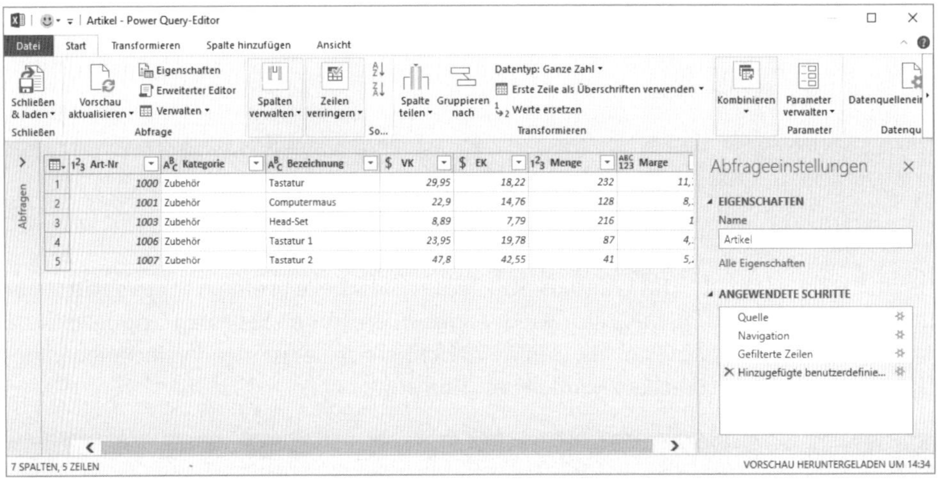

2 Klicken Sie nun auf das Zahnradsymbol rechts neben dem ersten Schritt *Quelle*. Es öffnet sich ein Dialogfenster, in dem Sie die Access-Datenbankdatei an ihrem neuen Ort auswählen können.

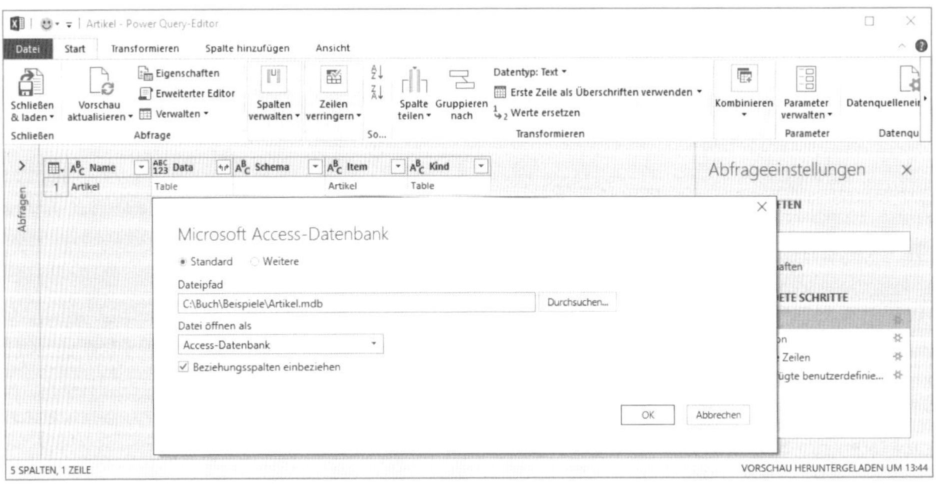

3 Beenden Sie den Power Query-Editor mit *Start/Schließen & laden/Schließen & laden*, um die Änderungen zu übernehmen.

Tipp 2: Daten an Microsoft Word übergeben

In diesem Beispiel erfahren Sie, wie Sie ganz einfach Excel-Daten an Word übergeben können. Grundsätzlich muss hier zwischen einem statischen und einem dynamischen Datenaustausch unterschieden werden.

Beim dynamischen Datenaustausch werden Änderungen in der Excel-Tabelle automatisch nach Word übertragen. Beim statischen Austausch unterbleibt hingegen die automatische Aktualisierung der Daten in Word.

So geht's: Statische Datenübernahme nach Word

Dieses Beispiel zeigt, wie eine Umsatzübersicht aus Excel nach Word übertragen werden kann. Die Daten sollen in einen Bericht eingebunden werden und dürfen sich auch bei Veränderung der Excel-Daten in Word nicht mehr ändern. Die Lösung dafür ist ganz einfach.

1 Markieren Sie den Zellbereich, den Sie nach Word übertragen wollen, im Beispiel den Bereich A4:D11, und kopieren Sie ihn mit der Tastenkombination Strg+C in die Zwischenablage.

	A	B	C
1	Umsätze Brutto - Netto Januar bis Juli		
2			
3			
4	Monat	Netto	Brutto
5	Januar	39.829,45 €	47.397,05 €
6	Februar	68.739,79 €	81.800,35 €
7	März	87.639,62 €	104.291,15 €
8	April	63.923,90 €	76.069,44 €
9	Mai	77.641,00 €	92.392,79 €
10	Juni	58.293,44 €	69.369,19 €
11	Juli	102.893,35 €	122.443,09 €
12			

2 Öffnen Sie das gewünschte Dokument in Word und fügen Sie über das Menü *Start/Zwischenablage/Inhalte einfügen* den Inhalt der Zwischenablage ein. Es öffnet sich das Dialogfenster *Inhalte einfügen*. Achten Sie dabei darauf, dass die Option *Einfügen* aktiviert ist. Dabei ist es Ihnen überlassen, in welchem Format die Daten eingefügt werden.

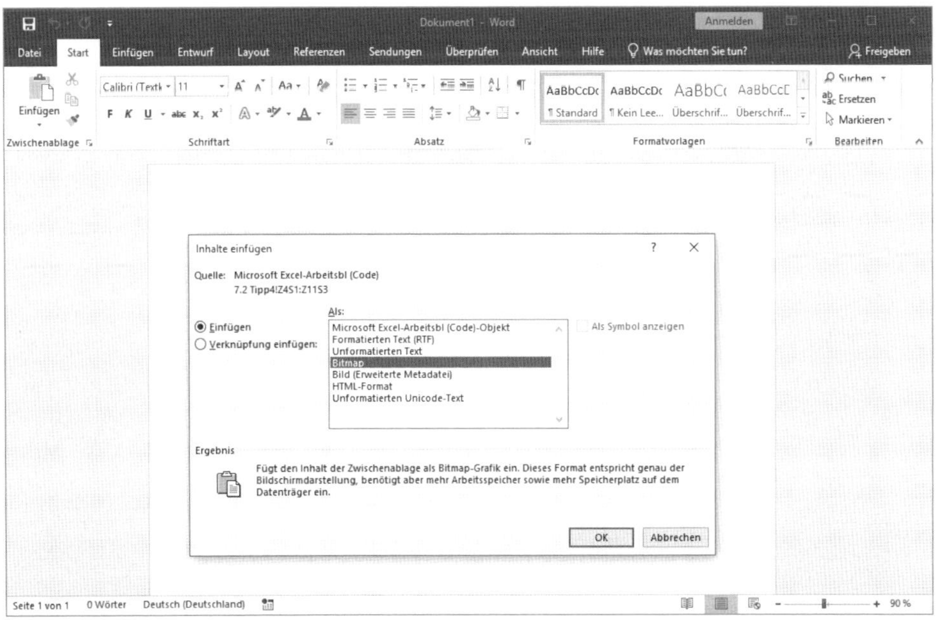

Durch die Option *Einfügen* ist gewährleistet, dass sich Änderungen in der Excel-Tabelle nicht auf das Word-Dokument auswirken. In Word sieht das Ergebnis aus, wie hier gezeigt.

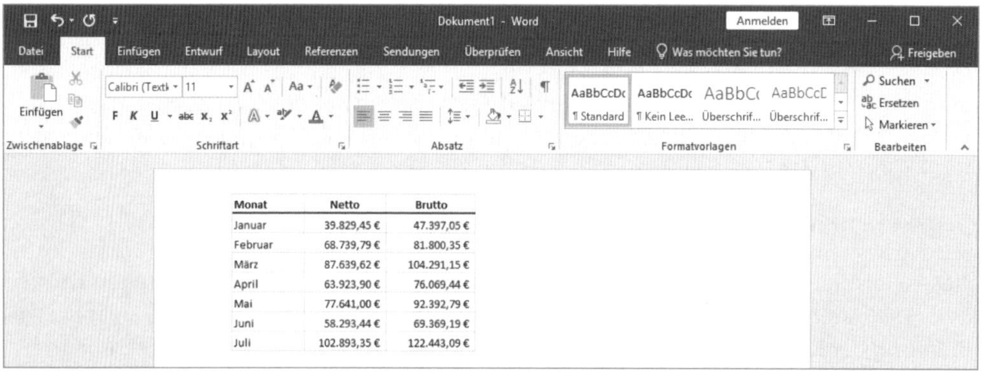

So geht's: Daten mit dynamischer Verknüpfung in Word einfügen

Ausgangsbasis für dieses Beispiel ist ein Diagramm, das auf der Umsatztabelle von Januar bis Juli basiert. Ziel ist es nun, das Diagramm in Word einzufügen, wobei Änderungen in der Excel-Tabelle und somit Änderungen im Diagramm direkte Auswirkungen auf das in Word eingefügte Diagramm haben sollen.

1 Markieren Sie das Diagramm in Excel und kopieren Sie es mit der Tastenkombination Strg+C in die Zwischenablage.

2 Öffnen Sie in Word das gewünschte Dokument und fügen Sie das Diagramm über das Menü *Start/Zwischenablage/Inhalte einfügen* in Word ein. Aktivieren Sie im Dialogfenster *Inhalte einfügen* die Option *Verknüpfungen einfügen*, und als Einfügetyp wählen Sie *Microsoft Office Excel-Diagramm-Objekt* aus.

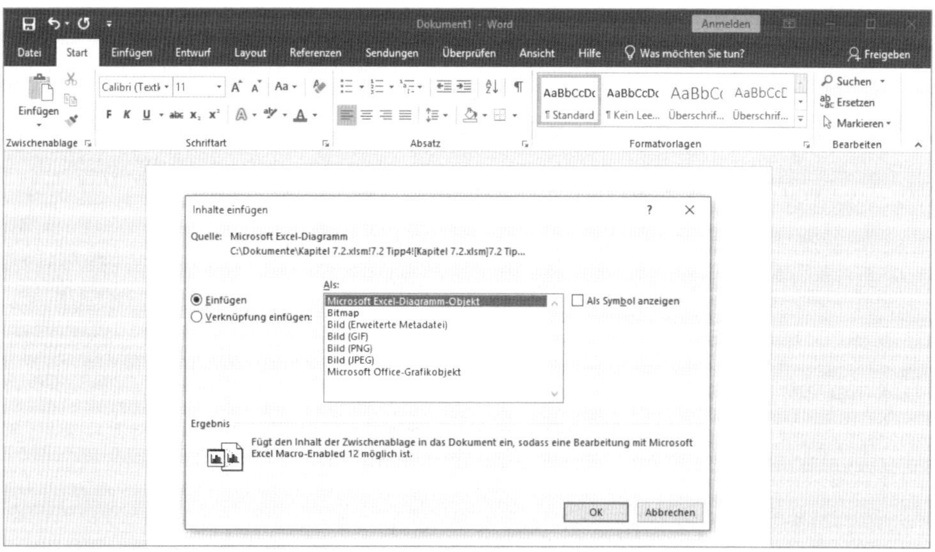

3 Nachdem Sie das Dialogfenster mit einem Klick auf die Schaltfläche *OK* beendet haben, wird das Diagramm wie gewünscht in Word eingebunden. Sobald nun Änderungen in der Umsatzliste vorgenommen werden, die Auswirkungen auf das Diagramm haben, werden diese Änderungen sofort auch in das in Word verknüpfte Diagramm übernommen. Beachten Sie, dass es je nach Excel-Version vorkommen kann, dass Excel zur Aktivierung der Datenverbindung auffordert, was Sie zulassen müssen.

Auf diese Weise lassen sich schnell und einfach dynamische Verknüpfungen in Word erzeugen.

Tipp 3: Automatische Wiedervorlage von Excel-Dateien in Outlook

Haben Sie sich schon einmal gewünscht, automatisch eine Erinnerung darüber zu erhalten, dass Sie an einer Excel-Tabelle Veränderungen vornehmen müssen? Gerade im Rechnungswesen müssen viele Arbeiten monatlich wiederkehrend erledigt werden. Um nichts zu vergessen, ist eine Wiedervorlagefunktion hierfür die optimale Lösung. Auf den ersten Blick sieht es zunächst etwas kompliziert aus, tatsächlich lässt sich aber diese Funktion durch eine geschickte Kombination von Excel und Outlook relativ einfach realisieren.

So geht's:

1 Im ersten Schritt muss der dafür notwendige Befehl in die Schnellstartleiste eingebunden werden. Starten Sie die entsprechende Funktion über das Menü *Datei/Optionen/Symbolleiste für den Schnellzugriff/Alle Befehle/Microsoft Office Outlook-Aufgabe erstellen* und fügen Sie diese über die Schaltfläche *Hinzufügen* der Schnellstartleiste hinzu.

   Nachdem Sie das *Optionen*-Fenster mit einem Klick auf die Schaltfläche *OK* beendet haben, steht der Befehl in der Schnellstartleiste zur Verfügung.

2 Wenn Sie nun an einer Arbeitsmappe arbeiten, für die eine Wiedervorlage erstellt werden soll, aktivieren Sie die Wiedervorlage über den neu eingefügten Befehl in der Schnellstartleiste.

3 Dadurch öffnet sich das bekannte Outlook-Fenster zur Erstellung einer neuen Aufgabe. Entscheidend für die Erinnerungsfunktion ist, dass die Option *Erinnerung* aktiviert wird und dass das Datum sowie die Uhrzeit festgelegt werden.

4 Wenn Sie nun diese Aufgabe über die Schaltfläche *Speichern & schließen* beenden, wird zum definierten Termin die Aufgabenerinnerung automatisch eingeblendet. Durch einen Klick auf die Verknüpfung zur Excel-Mappe können Sie sie wie gewohnt starten. Voraussetzung für die Anzeige der Erinnerungsfunktion ist natürlich, dass Outlook gestartet ist.

Hinweis

Da Outlook als „Wecker" verwendet wird, stehen alle bekannten Funktionen von Outlook zur Verfügung. So lassen sich Serientermine, Status, Prioritäten und Erledigungskennzeichen festlegen.

Funktionsübersicht

Funktion	Erläuterung
DATUM(Jahr;Monat;Tag)	Gibt die fortlaufende Zahl zurück, die ein bestimmtes Datum darstellt. Wenn für das Zellenformat vor der Eingabe der Funktion die Option *Allgemein* eingestellt war, wird das Ergebnis als Datum formatiert.
GLÄTTEN(Text)	Löscht Leerzeichen aus einem Text, die nicht als jeweils einzelne zwischen Wörtern stehende Trennzeichen dienen.
ISTTEXT(Wert)	Prüft, ob sich in einer Zelle Text befindet, und gibt entsprechend *WAHR* zurück.
LÄNGE(Text)	Gibt die Anzahl der Zeichen einer Zeichenfolge zurück.
LINKS(Text;Anzahl_Zeichen)	Gibt auf der Grundlage der Anzahl von Zeichen, die Sie angeben, das oder die erste(n) Zeichen in einer Textzeichenfolge zurück.
RECHTS(Text;Anzahl_Zeichen)	Gibt das letzte oder die letzten Zeichen einer Textzeichenfolge auf der Grundlage der von Ihnen angegebenen Anzahl von Zeichen zurück.
SÄUBERN(Text)	Löscht alle nicht druckbaren Zeichen aus einem Text. Verwenden Sie *SÄUBERN* für Texte, die aus anderen Anwendungen importiert wurden und eventuell Zeichen enthalten, die das von Ihnen verwendete Betriebssystem nicht drucken kann.
TEIL(Text;Erstes_Zeichen; Anzahl_Zeichen)	Liefert auf der Grundlage der angegebenen Anzahl von Zeichen eine bestimmte Anzahl von Zeichen einer Zeichenfolge ab der von Ihnen angegebenen Position.
WENN(Prüfung;Dann_Wert; Sonst_Wert)	Prüft, ob eine Bedingung zutrifft, also wahr oder falsch ist, und macht das Ergebnis vom Resultat der Prüfung abhängig.
WERT(Text)	Wandelt ein als Text angegebenes Argument in eine Zahl um.

8 Nützliche Druck- und Mailfunktionen

Der nächste Schritt nach der Erstellung von Kalkulationsmodellen ist häufig der Ausdruck auf Papier. Viele denken, ein Knopfdruck genügt. Oft ist es leider in der Praxis nicht ganz so einfach. Dieses Kapitel geht auf spezielle Druck- und Mailfunktionen ein und zeigt, welche Möglichkeiten Excel über die allgemein bekannten Funktionen hinaus bietet.

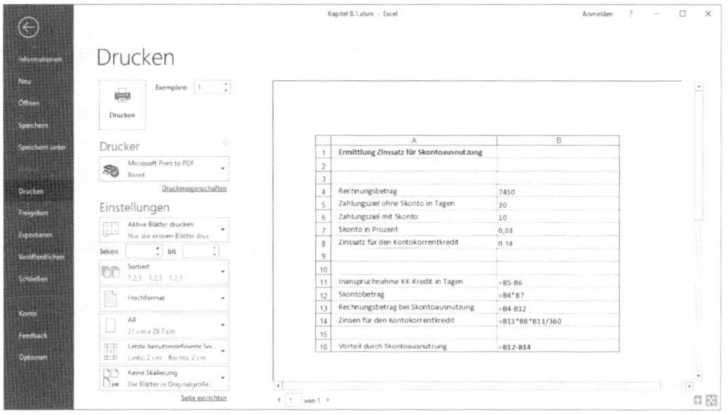

8.1 Drucklayout – die besten Tipps und Tricks

In diesem Abschnitt werden spezielle Druckfunktionen vorgestellt. Anhand kurzer Praxisbeispiele erfahren Sie, wie sich professionelle Ausdrucke ohne großen Aufwand erstellen lassen.

Tipp 1: Daten beim Ausdruck verbergen

In manchen Situationen ist es erforderlich, dass bestimmte Informationen, die auf einem Excel-Tabellenblatt vorhanden sind, auf dem Ausdruck nicht erscheinen. Nachfolgend erhalten Sie mehrere Lösungsvorschläge für diese Aufgabenstellung.

So geht's: Ganze Zeilen und Spalten verstecken

1. Markieren Sie die betroffenen Zeilen oder Spalten. Das erreichen Sie am schnellsten durch einen Klick auf den Spaltenkopf bzw. auf die Zeilenbeschriftung.
2. Klicken Sie mit rechts auf den markierten Bereich und wählen Sie im Kontextmenü den Eintrag *Ausblenden*.

Die so ausgeblendeten Zeilen oder Spalten erscheinen weder in der Bildschirmansicht noch auf dem Ausdruck.

So geht's: Einzelne Zellen verbergen

Einzelne Zellinhalte können Sie verbergen, indem Sie die Schriftfarbe auf die Farbe des Zellhintergrunds setzen. Diese Zellen werden dann zwar gedruckt, sind aber aufgrund der identischen Zellhintergrundfarbe nicht zu lesen.

So geht's: Negative Zahlen unterdrücken

Sollen alle negativen Zahlen unterdrückt werden, verwenden Sie das folgende benutzerdefinierte Zellenformat:

#.##0,00_ ;;

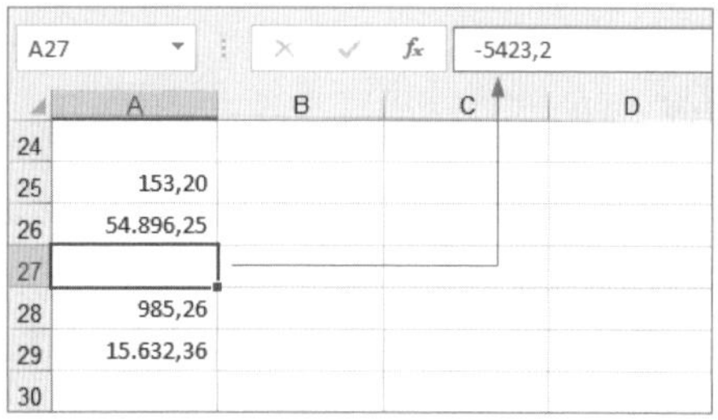

Sie sehen, der negative Wert wird durch dieses benutzerdefinierte Format in der Zelle nicht angezeigt und somit auch nicht gedruckt. Dass ein Wert vorhanden ist, lässt sich nur an der Bearbeitungsleiste erkennen.

➡ Verweis: siehe Kapitel 2.2, Tipp 11

So geht's: Einen ganzen Zellbereich unterdrücken

Einen oder mehrere beliebige Zellbereiche können Sie für den Ausdruck verbergen, wenn Sie einfach ein Textfeld mit weißer Hintergrundfarbe und ohne Rahmen über die betroffenen Bereiche legen.

	A	B	C	D
1	Umsatzdaten im Jahresvergleich			
2				
3				
4				
5	Jahre	2018	2017	2016
6	Januar	5.730,52	8.528,96	6.585,05
7	Februar	9.470,44	11.125,19	7.322,83
8	März	5.473,86	2.914,45	4.794,55
9	April	8.524,80	10.560,69	13.453,24
10	Mai	9.253,55	8.751,80	2.025,34
11	Juni	7.635,36	4.838,13	11.034,39
12	Juli	10.395,25	10.085,53	5.885,91
13	August	7.530,81	6.280,21	8.680,12
14	September			
15	Oktober			
16	November			
17	Dezember			
18				
19	Summe	64.014,59	92.271,58	96.929,42

Ein Textfeld lässt sich über das Menü *Einfügen/Illustrationen/Formen/Textfeld* einfügen. Stellen Sie sicher, dass die Farbe des Textfelds mit der des Hintergrunds übereinstimmt und dass keine Zellumrandung vorhanden ist.

Die Monate September bis Dezember der Jahre 2016 und 2017 werden nun von einem Textfeld überlagert.

Hinweis

Damit das Textfeld nicht stört, ist es erforderlich, dass der Ausdruck der Gitternetzlinien deaktiviert ist, da sonst die Gitternetzlinien durch das Textfeld überlagert werden.

Tipp 2: Den Ausdruck von Steuerelementen verhindern

In vielen Fällen werden Steuerelemente in Excel verwendet, um bestimmte Funktionalitäten für den Anwender bereitzustellen. Meistens ist es nicht gewünscht, dass diese Steuerelemente beim Drucken der Tabelle mit ausgegeben werden.

So geht's:

1 Abhängig davon, ob es sich um ein ActiveX-Steuerelement oder um ein Formularsteuerelement handelt, müssen Sie im ersten Schritt in den Entwurfsmodus wechseln. Auf die Eigenschaften von ActiveX-Steuerelementen besteht nur dann Zugriff, wenn der Entwurfsmodus aktiviert ist. Der Entwurfsmodus lässt sich über das Menü *Entwicklertools/Steuerelemente/Entwurfsmodus* aufrufen.

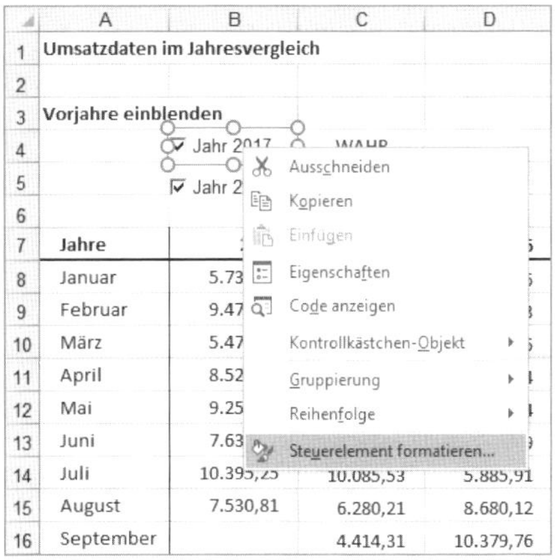

2 Klicken Sie mit der rechten Maustaste auf das ActiveX-Steuerelement oder auf das Formularsteuerelement und wählen Sie im Kontextmenü den Eintrag *Steuerelement formatieren*.

3 Wechseln Sie nun im Dialogfenster auf die Registerkarte *Eigenschaften* und deaktivieren Sie das Kontrollkästchen *Objekt drucken*.

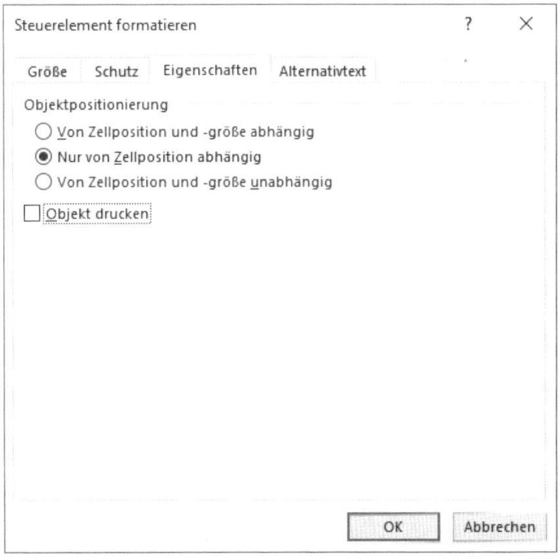

Damit werden die Steuerelemente zwar angezeigt und stehen für den Anwender zur Verfügung, beim Drucken werden sie hingegen nicht mehr berücksichtigt.

➡ Verweis: siehe Kapitel 5.7, Tipp 1

Tipp 3: Wasserzeichen einfügen

In diesem Beispiel sehen Sie, wie auf bestimmten Tabellenblättern Wasserzeichen eingeblendet werden können. Wasserzeichen können als Kopierschutz oder als Botschaft für wichtige Informationen verwendet werden.

So geht's:

Viele Drucker bieten mittlerweile Möglichkeiten, Wasserzeichen komfortabel einzufügen. Die Einstellungen dafür finden Sie im *Eigenschaften*-Fenster Ihres Druckers.

Die nebenstehende Abbildung zeigt beispielhaft das Dialogfenster zu den Eigenschaften eines Laserdruckers und ein weiteres Dialogfenster zum Festlegen eines Wasserzeichens.

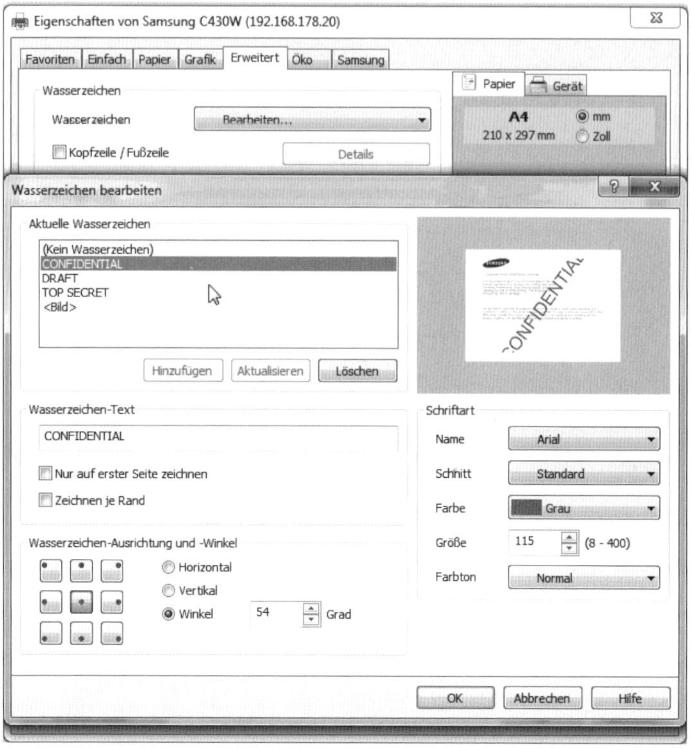

Wenn Ihr Drucker diese Funktion nicht zur Verfügung stellt, können Sie sich wie folgt behelfen:

1 Fügen Sie im ersten Schritt über das Menü *Einfügen/Text/WordArt* eine WordArt-Grafik mit dem Text *Entwurf* ein. Verwenden Sie im Auswahlfenster die WordArt-Variante aus der linken oberen Ecke.

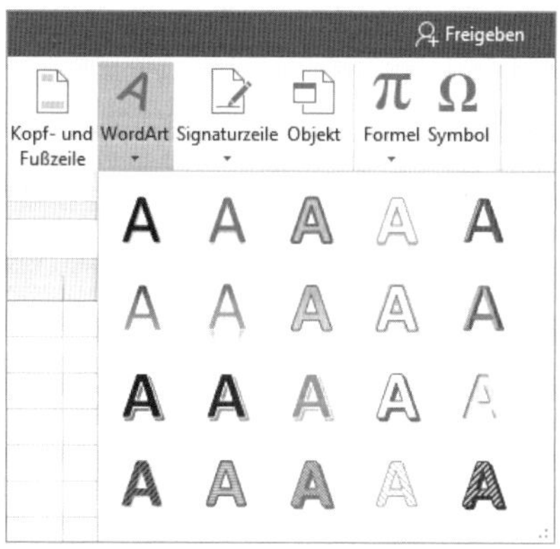

2 Markieren Sie die WordArt-Grafik und legen Sie über das Menü *Format/WordArt-Formate/Textfüllung* den Eintrag *Keine Füllung* fest. Klicken Sie im gleichen Menü auf den Eintrag *Textgliederung* und wählen Sie einen hellen Grauton aus. Im letzten Schritt klicken Sie auf die Schaltfläche *Texteffekt* und legen im Untermenü *Schatten* fest, dass kein Schatten angezeigt werden soll.

3 Jetzt müssen Sie die WordArt-Grafik nur noch richtig positionieren und gegebenenfalls die Schriftgröße anpassen. Verändern Sie dazu über das Menü *Start/Schriftart* die Größe der Schrift.

	A	B	C	D	E
1	**Verkaufsstatistik**				
2					
3					
4		**Region Süd**	**Region Nord**	**Region West**	**Region Ost**
5	Januar	5.763,87 €	2.983,48 €	6.652,40 €	4.988,80 €
6	Februar	2.692,90 €	873,73 €	9.832,99 €	2.887,54 €
7	März	4.298,56 €	3.951,30 €	4.984,95 €	3.165,89 €
8	April	2.786,47 €	3.570,66 €	5.489,33 €	1.857,83 €
9	Mai	2.053,81 €	4.054,57 €	4.655,61 €	946,38 €
10	Juni	1.321,16 €	4.538,48 €	3.821,88 €	5.483,20 €
11	Juli	588,50 €	5.022,39 €	2.988,16 €	4.373,44 €
12	August	3.987,23 €	5.506,30 €	2.154,43 €	4.977,49 €
13	September	4.631,70 €	5.990,21 €	1.320,71 €	5.581,54 €
14	Oktober	5.964,74 €	6.474,12 €	5.876,23 €	6.185,59 €
15	November	7.297,78 €	4.893,30 €	6.838,92 €	6.789,63 €
16	Dezember	8.620,81 €	5.377,21 €	8.699,82 €	7.393,68 €
17					

Tipp 4: Wiederholungszeilen auf bestimmte Blätter beschränken

Als Wiederholungszeilen werden die Drucktitel bezeichnet, die als Überschrift zu jedem Tabellenblatt festgelegt werden können. Sobald Sie Wiederholungszeilen definiert haben, werden diese auf allen Seiten ausgegeben. In diesem Beispiel erfahren Sie, welche Möglichkeiten es gibt, die Ausgabe von Wiederholungszeilen auf die ersten beiden Seiten zu beschränken.

So geht's:

In Excel werden Wiederholungszeilen über das Menü *Seitenlayout/Seite einrichten/Drucktitel* definiert. Leider bietet Excel keine Standardmöglichkeit, um zu definieren, auf welchen Seiten die Wiederholungszeilen ausgedruckt werden sollen und auf welchen nicht.

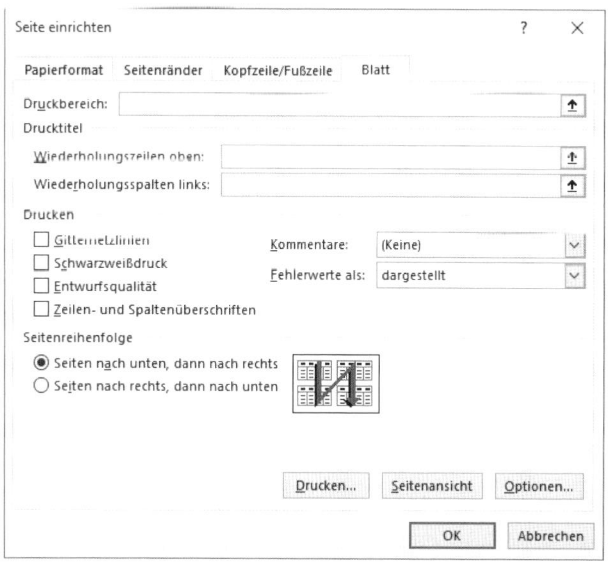

Um nun zu erreichen, dass nur auf den ersten zwei Seiten Wiederholungszeilen ausgegeben werden, bedarf es einer VBA-Prozedur. Gehen Sie dazu wie folgt vor:

1 Starten Sie mit der Tastenkombination Alt+F11 den VBA-Editor.

2 Fügen Sie über das Menü *Einfügen/Modul* ein neues VBA-Codeblatt ein.

3 Erfassen Sie in diesem Modul den Code aus Listing 1.

Wenn Sie den Code nun starten, werden die Wiederholungszeilen aus Zeile 1 des Arbeitsblatts nur auf den Seiten 1 und 2 ausgegeben.

Listing 1:

```
Sub Bedingte_Wiederholungszeilen()
'** Dimensionierung der Variablen
Dim x As Long
Dim y As Long
'** Nur auf den ersten zwei Seiten einblenden
x = ExecuteExcel4Macro("Get.Document(50)")
If x = 1 Then Exit Sub

ActiveSheet.PageSetup.Order = xlDownThenOver
'** Definition der Wiederholungszeilen
ActiveSheet.PageSetup.PrintTitleRows = "$1:$1"
'** In Schleife Seiten durchlaufen
For y = 1 To x
'** Festlegen der Seiten mit Wiederholungszeilen
  If y > 2 Then
    ActiveSheet.PageSetup.PrintTitleRows = ""
  End If

'** Ausdruck der einzelnen Seiten
  ActiveWindow.SelectedSheets.PrintOut From:=y, To:=y, Copies:=1, Collate:=True

Next

End Sub
```

Tipp 5: Ausdruck auf den sichtbaren Bereich beschränken

Dieses Beispiel zeigt, wie der Ausdruck auf den sichtbaren Bereich beschränkt werden kann. Sie müssen also nur noch zu dem Bereich scrollen, der ausgedruckt werden soll. Beim Ausdruck oder bei der Anzeige der Seitenansicht wird ausschließlich der am Bildschirm sichtbare Teil der Tabelle ausgegeben.

So geht's:

1 Erstellen Sie über das Menü *Formeln/Definierte Namen/Namen definieren* den Namen *Druckbereich*.

2 In das Textfeld *Bezieht sich auf* geben Sie folgende Formel ein:

=BEREICH.VERSCHIEBEN(INDIREKT(TEIL(INFO("Ursprung");4;9));;;45;7)

Über die letzten beiden Parameter *45* und *7* der Funktion *BEREICH.VERSCHIEBEN()* wird die Größe des maximal sichtbaren Bereichs definiert. 45 steht dabei für die Anzahl der Zeilen, die auf Ihrem Bildschirm angezeigt werden. Diesen Wert ermitteln Sie am einfachsten, indem Sie eine neue Tabelle aufrufen und die letzte sichtbare Zeilennummer ablesen. Der Wert 7 steht für die Spaltenanzahl. Abhängig davon, wie breit die Spalten sind und welche Seitenrandeinstellungen vorgenommen wurden, differiert dieser Wert und muss individuell angepasst werden.

3 Nachdem Sie die beiden Parameter auf Ihre Bedürfnisse angepasst haben, können Sie das Dialogfenster *Neuer Name* (Excel 2007: *Namen definieren*) mit einem Klick auf die Schaltfläche *OK* wieder beenden.

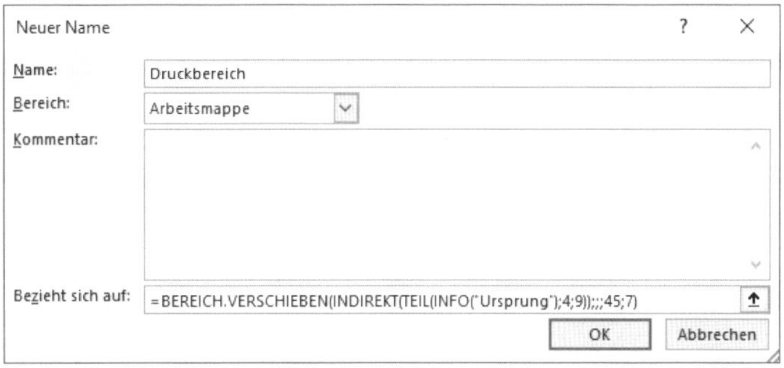

Wird jetzt der Druckbefehl ausgeführt oder die Seitenansicht aktiviert, erfolgt wie gewünscht nur die Ausgabe des sichtbaren Bereichs. So lassen sich einfach und schnell die gewünschten Bereiche ausdrucken.

Hinweis

Der Name *Druckbereich* gilt jeweils für ein Tabellenblatt. Sie müssen diesen Namen somit wie beschrieben in allen Tabellenblättern definieren, in denen die Funktionalität benötigt wird.

Tipp 6: Dynamisieren von Druckbereichen

Im folgenden Beispiel liegt eine Wareneingangsliste vor, in der täglich alle Wareneingänge verzeichnet werden. Die Liste besitzt sechs Spalten, wovon nur die ersten vier ausgegeben werden sollen. Zur Beschränkung des Druckumfangs stellt Excel die Funktion *Druckbereich festlegen* zur Verfügung. Die so manuell definierten Druckbereiche sind jedoch statisch, was bedeutet, dass der Druckbereich täglich angepasst werden muss, sobald sich die Länge der Wareneingangsliste ändert. Die nachfolgend dargestellte Lösung zeigt, wie Sie einen Druckbereich dynamisieren können. Sobald eine neue Zeile erfasst wird, soll sich der Druckbereich automatisch den neuen Gegebenheiten anpassen.

So geht's:

1 Legen Sie einen Druckbereich fest, falls dies noch nicht geschehen ist. Wählen Sie dazu den Befehl *Seitenlayout/Seiten einrichten/Druckbereich/Druckbereich festlegen*.

2 Rufen Sie über das Menü *Formeln/Namensmanager* das Dialogfenster zum Namensmanager auf. Der festgelegte Druckbereich erscheint in der Namensliste. Gegebenenfalls sind mehrere gleichnamige Druckbereiche in der Namensliste enthalten. In der Spalte *Bereich* ist aufgeführt, auf welches Arbeitsblatt sich der Druckbereich bezieht.

3 Markieren Sie in der Namensliste den gewünschten Druckbereich und erfassen Sie im Feld *Bezieht sich auf* die Formel *=INDIREKT("$A$1:D"&ANZAHL2('8.1 Tipp6'!$D:$D)+2)*.

4 Nachdem Sie das Dialogfenster mit einem Klick auf die Schaltfläche *OK* beendet haben, wird der Druckbereich automatisch erzeugt. Die Anpassung erfolgt, sobald zur Spalte D ein weiterer Eintrag hinzugefügt wird.

Wie gewünscht werden jetzt nur die Spalten A bis D ausgedruckt. Den Druckbereich erkennen Sie an gestrichelten bzw. dunkelgrauen Linien rund um den entsprechenden Zellbereich.

	A	B	C	D	E	F
1	**Wareneingangsliste Juni**					
2						
3	Warenlieferung	Artikel-Nr.	Beschreibung	Gruppe	Prüfung	Lager
4	01.06.2018	SAN-60853	Artikel A1	A	ok	Hauptlager
5	01.06.2018	SAN-99296	Artikel A2	A	ok	Nebenlager1
6	01.06.2018	SBN-92709	Artikel B1	B	ok	Nebenlager2
7	04.06.2018	SBN-67439	Artikel B2	B	ok	Hauptlager
8	04.06.2018	SCN-92796	Artikel C1	C	ok	Nebenlager2
9	04.06.2018	SDN-58941	Artikel D2	D	ok	Nebenlager1
10	05.06.2018	SCN 50875	Artikel C2	C	ok	Hauptlager
11	05.06.2018	SAN-43180	Artikel A3	A	ok	Nebenlager2
12	05.06.2018	SCN-13421	Artikel C3	C	ok	Nebenlager1
13	05.06.2018	SCN-64761	Artikel C4	C	ok	Nebenlager2
14	06.06.2018	SDN-76839	Artikel D2	D	ok	Hauptlager
15	06.06.2018	SBN-74756	Artikel B3	B	offen	Nebenlager1
16	06.06.2018	SAN-56800	Artikel A4	A	offen	Nebenlager1
17	08.06.2018	SBN-80678	Artikel B4	B	ok	Nebenlager2
18	08.06.2018	SDN-13266	Artikel D2	D	offen	Hauptlager
19	08.06.2018	SAN-80402	Artikel A5	A	ok	Hauptlager
20	08.06.2018	SBN-35317	Artikel B5	B	offen	Hauptlager
21	11.06.2018	SCN-64861	Artikel C4	C	ok	Nebenlager2
22	11.06.2018	SDN-54269	Artikel D2	D	offen	Hauptlager
23	11.06.2018	SBN-58968	Artikel B3	B	offen	Nebenlager1
24	11.06.2018	SAN-95128	Artikel A4	A	ok	Nebenlager1

Hinweis

Beachten Sie, dass sich in Spalte D keine leeren Zellen befinden dürfen, damit die dynamische Anpassung des Druckbereichs ordnungsgemäß funktionieren kann.

Tipp 7: Fehlerwerte beim Drucken ausblenden

Als Ausgangstabelle für dieses Beispiel dient eine Übersicht der Tagesverkäufe. Diese Liste beinhaltet einige Fehler, die sich aus der Datenübernahme aus einem Fremdsystem ergeben haben. Ziel ist es nun, die Tabelle zu drucken, ohne dass die Fehlerwerte angezeigt werden.

	A	B	C	D
1	**Tagesverkäufe**			
2	Datum:	01.09.2018		
3				
4	Artikel-Nr.	Anzahl	VK pro Stück	Umsatz
5	47116	9	72,9	656,1
6	47125	8	75,01	600,08
7	47015	#DIV/0!	58,3	#DIV/0!
8	47116	5	72,9	364,5
9	#NV	0	131,44	0
10	47125	4	75,01	300,04
11	47015	7	58,3	408,1
12	47116	#NV	72,9	#NV
13	47223	1	114,45	114,45
14	47223	1	114,45	114,45
15	47020	8	97,76	782,08
16	47116	6	72,9	437,4
17	47015	3	58,3	174,9
18	47223	15	114,45	1716,75
19	47116	#NV	72,9	#NV
20	47020	12	97,76	1173,12
21	47015	5	58,3	291,5

So geht's:

Excel stellt für diesen Zweck eine eigene Funktion zur Verfügung.

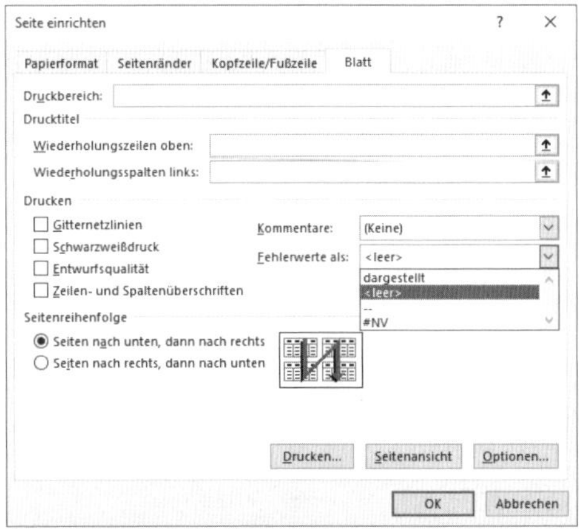

1 Öffnen Sie über das Menü *Seitenlayout/Seite einrichten/Drucktitel* das Dialogfenster *Seite einrichten*.

2 Im Listenfeld *Fehlerwert als* wählen Sie den Eintrag *<leer>*. Damit wird beim Ausdruck anstatt des Fehlerwerts eine leere Zeichenfolge ausgegeben.

Im Ergebnis werden nun sämtliche Fehlerwerte wie gewünscht unterdrückt. Am schnellsten können Sie sich das Ergebnis über die Druckvorschau ansehen. Diese aktivieren Sie wie folgt:

- ab Excel 2010: Menü *Datei/Drucken*,
- in Excel 2007: Menü *Office/Drucken/Seitenansicht*.

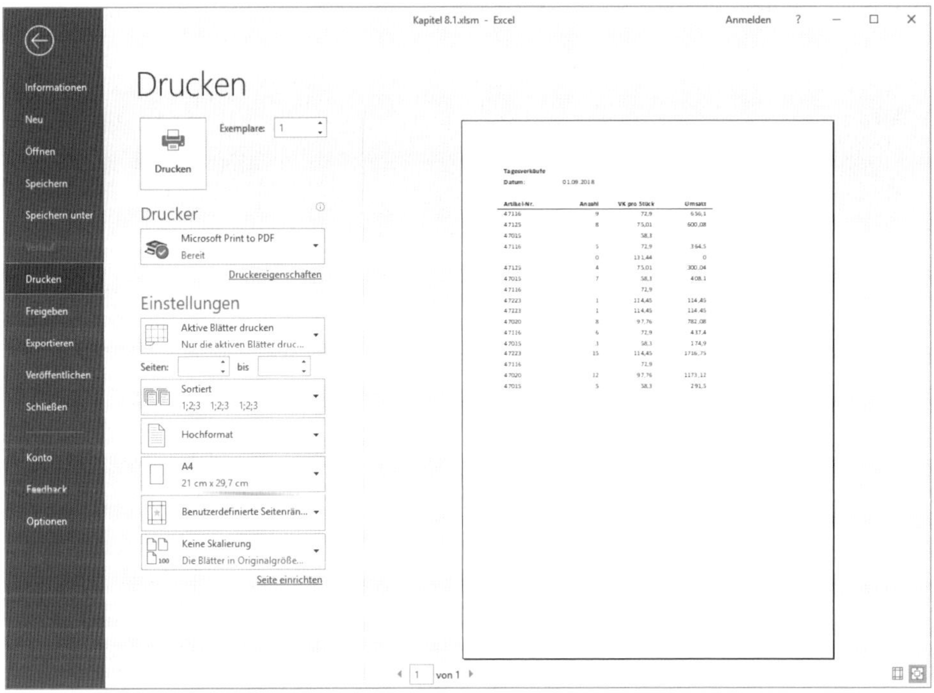

Hinweis

Die Druckdarstellung hat jedoch keine Auswirkung auf die Anzeige im Tabellenblatt. Dort stehen die Fehlerwerte unverändert zur Verfügung.

Tipp 8: Drucklayouts für zukünftige Ausdrucke abspeichern

Eine sehr komfortable, aber in der Praxis wenig genutzte Funktion ist die Funktion *Benutzerdefinierte Ansichten*. Über diese Funktion lassen sich beliebige Seiten-, Druck- und Layouteinstellungen abspeichern und zu einem späteren Zeitpunkt ohne großen Aufwand aktivieren.

So geht's:

1 Im ersten Schritt müssen Sie das Tabellenblatt Ihren Wünschen entsprechend einrichten. Legen Sie dazu folgende Einstellungen nach Belieben fest:

- Hoch- oder Querformat
- Seitenränder
- Kopf- und Fußzeilen
- Druckbereiche
- Wiederholungszeilen
- Gitternetzlinien
- Filtereinstellungen
- u. v. m.

2 Nachdem Sie das Blatt wie gewünscht eingerichtet haben, starten Sie den Befehl *Benutzerdefinierte Ansichten* über das Menü *Ansicht/Arbeitsmappenansichten/Benutzerdef. Ansichten.*

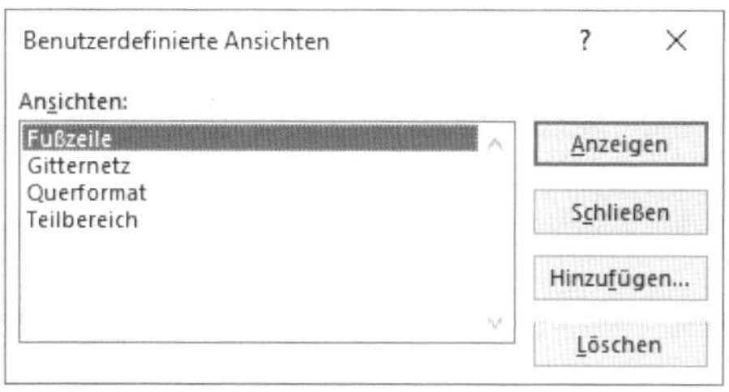

3 Mit einem Klick auf die Schaltfläche *Hinzufügen* kann für die aktuellen Seiteneinstellungen ein Name vergeben und gleichzeitig definiert werden, ob in der benutzerdefinierten Ansicht *Druckereinstellungen* und/oder *Ausgeblendete Zeilen-, Spalten- und Filtereinstellungen* berücksichtigt werden sollen.

4 Nachdem Sie das Dialogfenster mit *OK* beendet haben, steht die neu definierte Ansicht zur Verfügung und kann entsprechend über die Schaltfläche *Anzeigen* im Dialogfenster *Benutzerdefinierte Ansichten* aufgerufen und verwendet werden.

Tipp 9: Erzeugung einer Formelübersicht

Um sich in umfangreichen Kalkulationsmodellen zurechtzufinden und um sich einen Überblick über die enthaltenen Formeln und Funktionen zu verschaffen, bietet es sich an, anstatt der Formelergebnisse die Formeln selbst auszudrucken.

So geht's:

1 Aktivieren Sie im ersten Schritt über das Menü *Formeln/Formelüberwachung/Formeln anzeigen* die Formelansicht. Beachten Sie, dass ab Excel 2010 die im Hilfstext zum Befehl angegebene Tastenkombination Strg+# aufgrund eines Bugs **nicht** funktioniert. Die Tastenkombination Strg+# setzt für die markierten Zellen ein Datumsformat. Erst ab Excel 2016 wurde der Fehler korrigiert und die neue Tastenkombination Strg+⇧+F12 zur Anzeige der Formelansicht definiert.

2 Nachdem die Formelansicht eingeschaltet ist, müssen Sie nur noch die Druckoptionen definieren. Öffnen Sie dazu über das Menü *Seitenlayout/Seite einrichten/Drucktitel* das Dialogfenster zur Einrichtung der Seite.

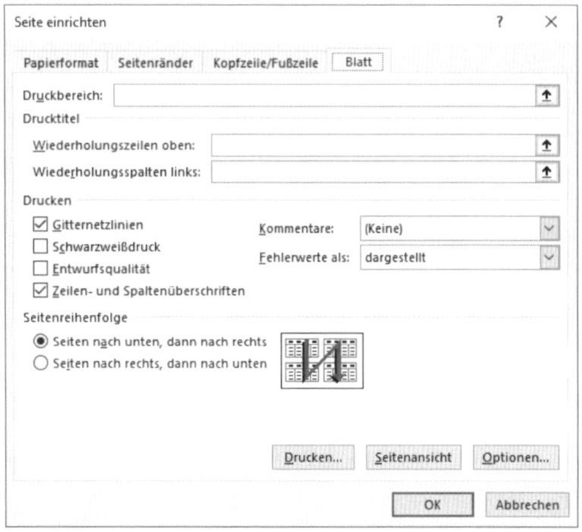

3 Wechseln Sie zur Registerkarte *Blatt* und aktivieren Sie die Kontrollkästchen *Gitternetzlinien* sowie *Zeilen- und Spaltenüberschriften*.

4 Beenden Sie das Dialogfenster *Seite einrichten* mit einem Klick auf die Schaltfläche *OK*. Durch die eingeblendeten Zeilen- und Spaltenüberschriften sehen Sie beim Ausdruck oder in der Seitenansicht des betreffenden Tabellenblatts sehr schnell, in welcher Zelle sich welche Formel befindet. Die Seitenansicht aktivieren Sie wie folgt:

- ab Excel 2010: Menü *Datei/Drucken*,
- in Excel 2007: Menü *Office/Drucken/Seitenansicht*.

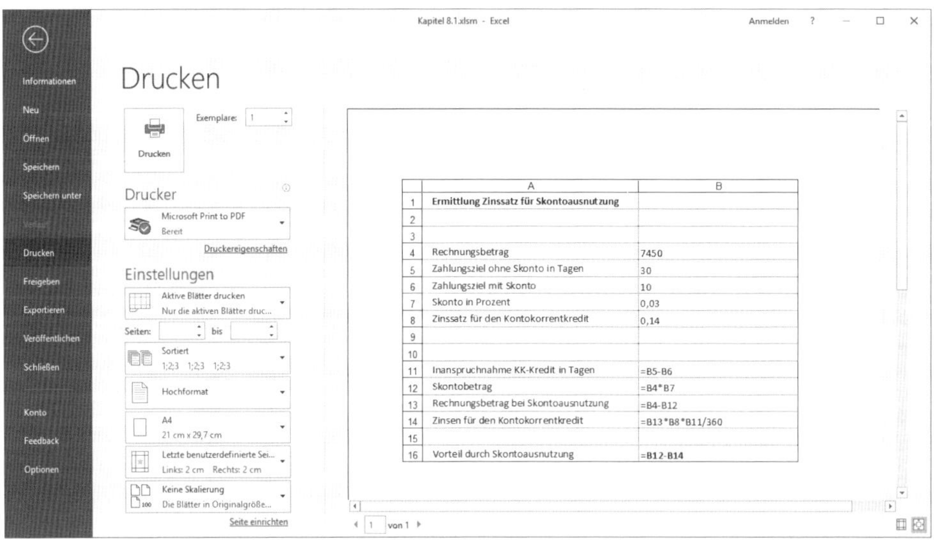

Tipp 10: Druck von Tabellen unterbinden

Es gibt eine sehr einfache und effektive Möglichkeit, seine Daten vor dem unbefugten Drucken zu schützen. Per VBA können in Excel sogenannte Ereignisse genutzt werden, um gewisse Aktionen auszulösen oder auch zu unterbinden. Es gibt ein Ereignis, das unmittelbar vor dem Druckvorgang ausgelöst wird, und dieses Ereignis können Sie für Ihre Zwecke nutzen.

So geht's:

1 Öffnen Sie die Arbeitsmappe, die nicht gedruckt werden darf.

2 Drücken Sie die nun die Tastenkombination Alt+F11, um in den VBA-Editor von Excel zu gelangen.

3 Im Projekt-Explorer, der sich meist auf der linken Seite befindet, müssen Sie jetzt auf den Eintrag *DieseArbeitsmappe* doppelklicken.

4 Wählen Sie nun im Codefenster aus dem ersten Drop-down-Feld oben den Eintrag *Workbook* und anschließend im zweiten Drop-down-Feld das Ereignis *BeforePrint* aus.

5 Ergänzen Sie den noch leeren Rahmen mit dem nachfolgenden Code.

Listing 1:

```
Private Sub Workbook_BeforePrint(Cancel As Boolean)
  MsgBox "Das Drucken ist in dieser Mappe verboten!", vbInformation
  Cancel = True
End Sub
```

6 Speichern Sie zum Schluss die Arbeitsmappe und versuchen Sie dann einmal, eine beliebige Tabelle auszudrucken. Vergeblich, denn es erscheint lediglich eine entsprechende Meldung am Bildschirm und der Druckvorgang wird abgebrochen.

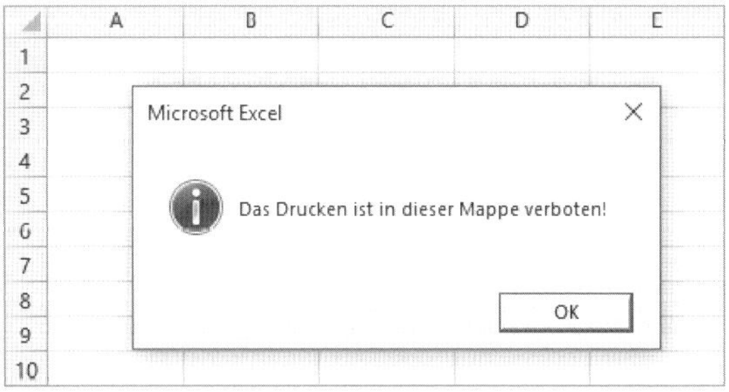

Hinweis

Das Makro für das Verhindern des Drucks basiert auf dem Argument *Cancel*, das auf *True* gesetzt wird und damit bewirkt, dass das Druckereignis abgebrochen wird. Auf diese simple Art und Weise können Daten aus der so eingestellten Arbeitsmappe nicht mehr gedruckt werden. Voraussetzung für diesen Schutz ist allerdings die Aktivierung der Makros.

8.2 E-Mail-Funktionen in Excel nutzen

Zum heutigen Geschäftsleben gehört der E-Mail-Verkehr genauso dazu wie die herkömmliche Briefpost. Dieser Abschnitt zeigt, wie Sie geschickt E-Mails versenden können und welche Features Excel zu diesem Thema bereithält.

Tipp 1: Arbeitsmappe und Tabellenblatt aus Excel per E-Mail versenden

Dieses Beispiel zeigt, wie sich ganze Arbeitsmappen oder auch einzelne Tabellenblätter per E-Mail versenden lassen.

So geht's: Versenden der gesamten Arbeitsmappe

Zum Versenden der gesamten Arbeitsmappe gehen Sie wie folgt vor:

1 Öffnen Sie die Arbeitsmappe, die per Mail versandt werden soll.

2 Starten Sie den Befehl zum E-Mail-Versand:

- ab Excel 2013: Menü *Datei/Freigeben/E-Mail*,
- in Excel 2010: Menü *Datei/Speichern und Senden/Per E-Mail senden*,
- in Excel 2007: Menü *Office/Senden/E-Mail*.

3 Es öffnet sich ein E-Mail-Fenster, in dem Sie wie gewohnt die Empfängeradresse, einen Betreff und einen Mailtext eintragen können. Die Arbeitsmappe ist der E-Mail bereits als Anhang beigefügt.

4 Mit einem Klick auf die Schaltfläche *Senden* wird die E-Mail wie gewohnt verschickt.

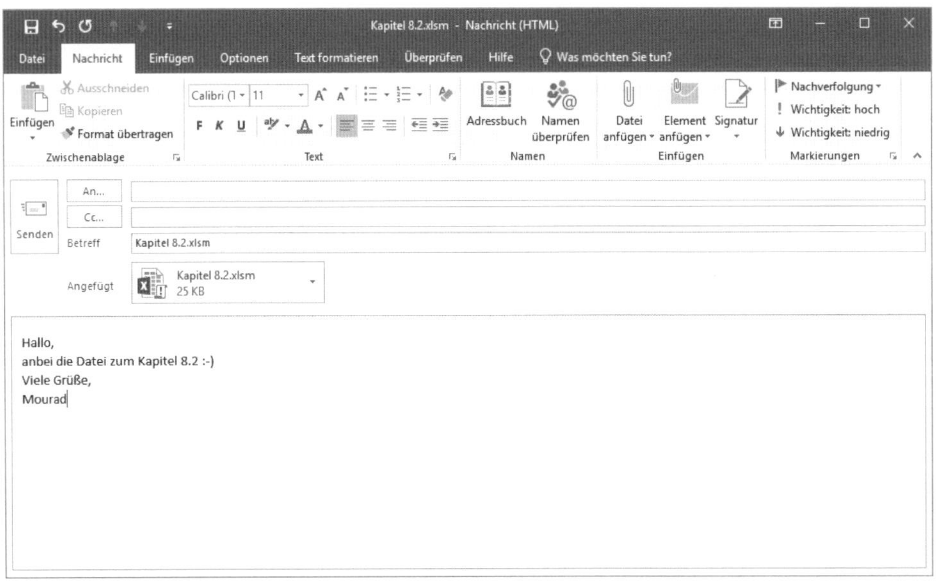

Hinweis

Vor dem E-Mail-Versand müssen Sie gegebenenfalls ein Microsoft-Outlook-Profil erstellen bzw. ein E-Mail-Konto einrichten.

So geht's: Einzelnes Tabellenblatt versenden

Einzelne Tabellenblätter werden nicht als Anhang an die Mail angehängt, sondern direkt als Text in die E-Mail eingefügt.

1 Bevor Sie die Funktion nutzen können, müssen Sie der Schnellstartleiste den Befehl *An E-Mail-Empfänger senden* hinzufügen. Führen Sie dazu einen Klick mit der rechten Maustaste auf die *Symbolleiste für den Schnellzugriff* aus und wählen Sie aus dem Kontextmenü den Eintrag *Symbolleiste für den Schnellzugriff anpassen*.

2 Wählen Sie dort den Eintrag *Alle Befehle* aus und scrollen Sie nach unten bis zum Eintrag *An E-Mail-Empfänger senden*. Mit einem Klick auf die Schaltfläche *Hinzufügen* und der anschließenden Bestätigung mit *OK* wird der Befehl der Schnellstartleiste hinzugefügt.

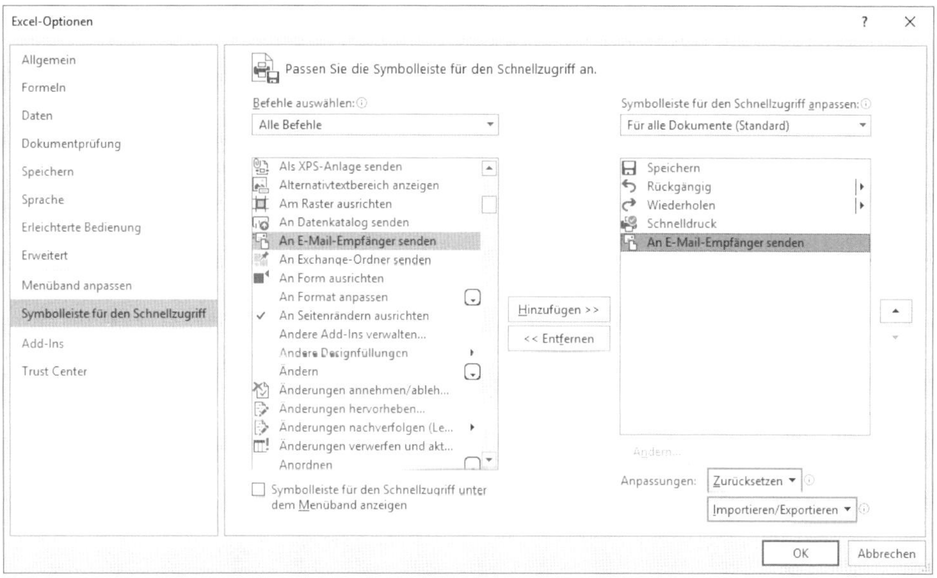

3 Wenn Sie nun auf das E-Mail-Symbol in der Schnellstartleiste klicken, öffnet sich ein E-Mail-Fenster, in dem das gerade aktive Tabellenblatt bereits als Mailtext eingefügt ist. Gegebenenfalls werden Sie zuvor gefragt, ob die gesamte Mappe als Anlage oder nur das aktuelle Blatt als Textkörper versendet werden soll.

4 Auch hier können Sie wie gewohnt die Mailadresse sowie den Betreff eintragen. Im Feld *Einleitung* kann noch ein zusätzlicher Text eingegeben werden.

5 Mit einem Klick auf die Schaltfläche *Dieses Blatt senden* wird die Mail verschickt.

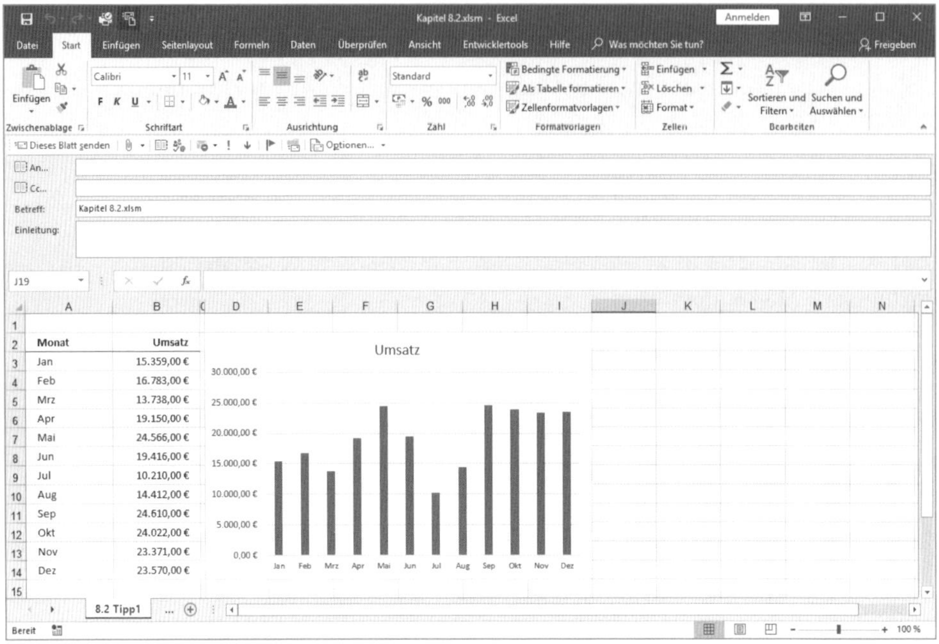

Tipp 2: Markierten Bereich per E-Mail versenden

In diesem Beispiel soll ein definierter Teilbereich eines Tabellenblatts per E-Mail versendet werden. Leider bietet Excel dafür keine Standardfunktion an, was aber kein größeres Problem darstellt, da sich diese Aufgabenstellung über eine kleinere VBA-Prozedur leicht lösen lässt.

So geht's:

1 Starten Sie im ersten Schritt mit der Tastenkombination Alt+F11 den VBA-Editor.

2 Fügen Sie über das Menü *Einfügen/Modul* ein neues Codeblatt hinzu, in das Sie den VBA-Code aus Listing 1 kopieren.

3 Aktivieren Sie nun das Tabellenblatt, aus dem der Zellbereich per Mail versendet werden sollen.

4 Starten Sie das VBA-Makro über den Befehl *Entwicklertools/Code/Makros*. Daraufhin öffnet sich ein Dialogfenster mit allen zur Verfügung stehenden VBA-Makros.

5 Selektieren Sie im Dialogfenster *Makro* die VBA-Prozedur mit der Bezeichnung *RangeMail* und starten Sie diese über die Schaltfläche *Ausführen*.

Listing 1:

```
Sub RangeMail()

'** Dimensionierung der Variablen
Dim strRecipient As String
Dim strHeader As String
Dim strRange As Range

'** Fehlerhandling
On Error GoTo errorhandling

'** Standardmailadresse
strRecipient = "help@excel-inside.de"
strHeader = "Ausschnitt aus Tabelle " & ActiveWorkbook.Name

'** Bereich definieren
Set strRange = Application.InputBox("Markieren Sie den E-Mail-Bereich:", Type:=8)

'** Mailadresse definieren
strRecipient = Application.InputBox("Geben Sie die Mailadresse an:")

'** Markierung kopieren und in Sheet übertragen
Range(strRange.Address).Select
Selection.Copy
Workbooks.Add
ActiveSheet.Paste
With Selection
  .PasteSpecial Paste:=xlPasteValues
  .PasteSpecial Paste:=xlPasteFormats
  .Columns.AutoFit
End With

ActiveSheet.Range("A1").Select
'** Mappe mit Bereich abspeichern
Application.DisplayAlerts = False
ActiveWorkbook.SaveAs ThisWorkbook.Path & "\" & "Range.xlsx"
Application.DisplayAlerts = True

'** Bereich an Mail anhängen und versenden
Application.Dialogs(xlDialogSendMail).Show strRecipient, strHeader

Exit Sub

'** Fehlerhandling
errorhandling:

End Sub
```

6 Nun öffnet sich ein Dialogfenster, über das Sie den Zellbereich, der per Mail versendet werden soll, markieren können. Setzen Sie dazu den Zellzeiger in das Textfeld und mar-

kieren Sie den Zellbereich mit der Maus auf dem Tabellenblatt. Die Zelladressen werden automatisch in das Textfeld übernommen.

7 Bestätigen Sie Ihre Auswahl mit einem Klick auf die Schaltfläche *OK*. Nun öffnet sich ein zweites Fenster, in das Sie die E-Mail-Adresse eingeben können.

8 Wenn Sie die E-Mail-Adresse eingetragen und das Dialogfenster mit einem Klick auf die Schaltfläche *OK* geschlossen haben, wird eine neue E-Mail erstellt. Diese enthält die erfasste E-Mail-Adresse, den Betreff und die angehängte Excel-Datei *Range.xlsx*.

9 Die Datei *Range.xlsx* enthält ein Tabellenblatt, auf dem sich der markierte Tabellenausschnitt befindet.

10 Mit einem Klick auf die Schaltfläche *Senden* wird die Mail wie gewohnt verschickt.

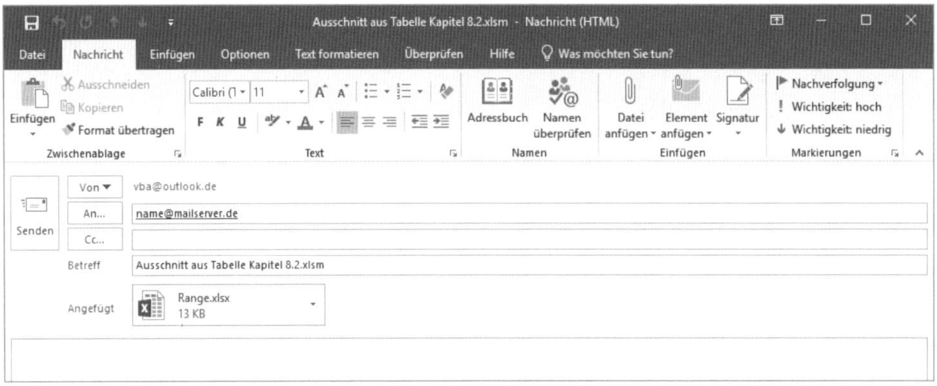

Tipp 3: Kontakte von Outlook nach Excel übertragen

Kontakte werden in der Praxis häufig in Outlook verwaltet. In manchen Situationen kann es aber erforderlich sein, dass die Adressdaten in Excel zur Verfügung stehen, beispielsweise wenn Sie über Word einen Serienbrief schreiben und Excel als Datenbasis für die Anschriften verwenden möchten. In diesem Beispiel erfahren Sie, wie sich Outlook-Kontakte nach Excel übertragen lassen.

So geht's:

Da Excel zum Auslesen von Outlook-Kontakten keine Standardfunktion zur Verfügung stellt, muss die Aufgabenstellung über ein VBA-Makro gelöst werden.

1 Starten Sie im ersten Schritt mit der Tastenkombination Alt+F11 den VBA-Editor.

2 Fügen Sie über das Menü *Einfügen/Modul* ein neues Codeblatt hinzu.

3 Kopieren Sie in das Codeblatt den VBA-Code aus Listing 1.

4 Fügen Sie ein leeres Tabellenblatt hinzu, in das die Kontakte ab Zeile A1 eingetragen werden sollen.

5 Öffnen Sie das Dialogfenster *Makro* über das Menü *Entwicklertools/Code/Makros*.

Wählen Sie nun im Dialogfenster *Makro* die Prozedur *OutlookKontakte* und starten Sie das Makro über die Schaltfläche *Ausführen*.

6 Als Ergebnis werden in diesem Beispiel folgende Informationen aus Outlook übertragen und zeilenweise als Datensatz dargestellt. Aus datenschutzrechtlichen Gründen wird auf die Abbildung des Ergebnisses verzichtet.

- Vorname
- Nachname
- Telefonnummer geschäftlich
- Faxnummer geschäftlich
- E-Mail-Adresse

Listing 1:

```
Sub OutlookKontakte()

'** Dimensionierung der Variablen
Dim lngCount As Long
Dim strMail As New Outlook.Application

'** Fehlerhandling
On Error Resume Next

'** Vorbereitung
Range("A1").Select
Set strContact = strMail.GetNamespace("MAPI").GetDefaultFolder(olFolderContacts)

'** Durchlaufen aller Kontakte und Übernehmen nach Excel
For lngCount = 1 To strContact.Items.Count
  Set strOutlook = strContact.Items(lngCount)

  With strOutlook
    ActiveCell.Value = .LastName
    ActiveCell.Offset(0, 1).Value = .FirstName
    ActiveCell.Offset(0, 2).Value = .BusinessTelephoneNumber
    ActiveCell.Offset(0, 3).Value = .BusinessFaxNumber
    ActiveCell.Offset(0, 4).Value = .Email1Address
  End With
  ActiveCell.Offset(1, 0).Select

Next lngCount
```

```

'** Spaltenbreite
ActiveSheet.Columns("A:F").EntireColumn.AutoFit

'** Objektvariablen zurücksetzen
Set strOutlook = Nothing
Set strContact = Nothing
Set strMail = Nothing

End Sub
```

Hinweis

Über dieses Makro lassen sich sämtliche in Outlook verfügbare Kontaktdaten auslesen und nach Excel übertragen. Die Bezeichnung der Outlook-Objekte finden Sie im Objektkatalog von Outlook. Aufgerufen wird der Objektkatalog im VBA-Editor, indem Sie die Funktionstaste F2 drücken. Im Suchfenster kann nach den benötigten Objekten gesucht werden.

Beachten Sie, dass in diesem Beispiel zur Verwendung der Outlook-VBA-Funktionen in Excel-VBA ein Verweis auf die Outlook-Bibliothek gesetzt sein muss. Sie setzen einen Verweis auf die Bibliothek, indem Sie im VBA-Editor den Befehl *Extras/Verweise* aufrufen und in der Liste zu den Bibliotheken einen Haken vor dem Eintrag *Microsoft Outlook X Object Library* setzen. X bezeichnet die Versionsnummer Ihrer Office-Installation, z. B. 16.0 bei Office 2016.

Funktionsübersicht

Funktion	Erläuterung
ANZAHL2(Wert1;Wert2;...)	Berechnet, wie viele Werte eine Liste von Argumenten enthält. Verwenden Sie *ANZAHL2*, wenn Sie wissen möchten, wie viele zu einem Bereich oder einer Matrix gehörende Zellen Daten enthalten.
BEREICH.VERSCHIEBEN(Bezug; Zeilen;Spalten;Höhe;Breite)	Gibt einen Bezug zurück, der gegenüber dem angegebenen Bezug versetzt ist. Der zurückgegebene Bezug kann eine einzelne Zelle oder ein Zellbereich sein. Sie können die Anzahl der zurückzugebenden Zeilen und Spalten festlegen.
INDIREKT(Bezug;A1)	Gibt den Bezug eines Textwerts zurück. Bezüge werden sofort ausgewertet, sodass die zu ihnen gehörenden Werte angezeigt werden. Verwenden Sie die *INDIREKT*-Funktion, um den Bezug auf eine in einer Formel befindliche Zelle zu ändern, ohne die Formel selbst zu ändern.
INFO(Typ)	Gibt Informationen zur aktuellen Betriebssystemumgebung zurück.
TEIL(Text;Erstes_Zeichen; Anzahl_Zeichen)	Gibt eine bestimmte Anzahl von Zeichen einer Zeichenfolge ab der von Ihnen angegebenen Position zurück.

9 Die Benutzeroberfläche und Features von Excel

Mit der Einführung von Office 2007 hat Microsoft ein neues Kapitel in der Geschichte der Office-Anwendungen aufgeschlagen.

In diesem Kapitel beginnen wir mit einer Übersicht zu den wichtigsten Fakten der verschiedenen Excel-Versionen seit Excel 2007. Anschließend stellen wir Ihnen das Menüband sowie den Backstage-Bereich vor und erläutern Ihnen, wie Sie eine Reihe ausgewählter Features von Excel am effektivsten nutzen können. Schließlich zeigen wir Ihnen, wie Sie Excel an Ihre eigenen Bedürfnisse anpassen und um nützliche Zusatztools erweitern können.

9.1 Fakten zu Excel

Mit Office 2007 wurde eine ganze Reihe an Erweiterungen und Neuerungen in Excel eingeführt, wie z. B. XML-basierte Dateiformate, verbesserte Sicherheitseinstellungen oder das Anheben von Grenzwerten. In diesem Abschnitt stellen wir Ihnen die wichtigsten Fakten zu Excel seit Office 2007 vor.

Tipp 1: Fakten zu Excel 2007

In diesem Tipp erhalten Sie einen Überblick über die wichtigsten Fakten zu Excel 2007.

- Das Menüband wurde erstmalig eingeführt und trug in Excel 2007 noch die Bezeichnung Multifunktionsleiste. Als zentrale Schaltstelle dient in Excel 2007 die sogenannte Office-Schaltfläche.
- Die XML-basierten Dateiformate wurden ebenfalls erstmalig eingeführt und ermöglichen hierbei auch eine Trennung zwischen Dateien ohne und mit Makros.
- Die Grenzwerte zu den Limitationen von Excel wurden deutlich erhöht, wie z. B. eine 16-fach höhere Anzahl an Zeilen im Verhältnis zur Vorversion.
- Das Kontextmenü wurde erweitert und sogenannte Minikontextmenüs eingeführt, was den Arbeitsfluss deutlich vereinfacht.
- Mit Excel 2007 wurden Designs und Formatkataloge eingeführt, die zur Formatierung von Dokumenten, Tabellen, Diagrammen usw. dienen.
- Erstmalig tauchen in Excel 2007 intelligente Tabellen auf, die zudem das Verwenden von strukturierten Verweisen in Formeln erlauben.
- Die Sicherheitsoptionen wurden in Excel 2007 im Verhältnis zur Vorversion deutlich erweitert.

Tipp 2: Fakten zu Excel 2010

In diesem Tipp erhalten Sie einen Überblick über die wichtigsten Fakten zu Excel 2010.

- Das Menüband wurde in Excel 2010 im Verhältnis zu Excel 2007 verfeinert und weiter ausgebaut.
- Der in Excel 2007 vorhandene sogenannte Office-Button verschwand zugunsten des Backstage-Bereichs, der sich bei einem Aufruf über die gesamte Programmoberfläche erstreckt und den Sie über einen Klick auf die Registerkarte *Datei* erreichen.
- Excel 2010 beinhaltet im Verhältnis zur Vorversion eine ganze Reihe an neuen Features, wie z. B. Funktionen zur Bildbearbeitung, neue Excel-Funktionen oder neue Sicherheitsoptionen.
- Office 2010 und damit auch Excel 2010 wurde erstmals als 64-Bit-Version angeboten. Ein Update einer vorhandenen 32-Bit-Version auf eine 64-Bit-Version ist allerdings nicht möglich.
- Excel 2010 läuft unter Windows 10, Windows 8.x, Windows 7, Windows Vista und Windows XP SP3.
- Eine Parallelinstallation von z. B. Excel 2007 und Excel 2010 ist problemlos möglich.

Tipp 3: Fakten zu Excel 2013

In diesem Tipp erhalten Sie einen Überblick über die wichtigsten Fakten zu Excel 2013.

- Office 2013 läuft nicht mehr unter Windows XP oder Windows Vista. Voraussetzung für die Installation von Office 2013 und damit für Excel 2013 sind die Betriebssysteme Windows 7, Windows 8.x, Windows 10, Windows Server 2008 R2 oder Windows Server 2012 sowie höhere Versionen.
- Der Backstage-Bereich wurde in Excel 2013 modifiziert und wirkt nun deutlich aufgeräumter. Features zur Anbindung an die Cloud wurden prominenter platziert.
- Eine ganze Reihe an Dialogfenstern zur Formatierung wurde durch sogenannte Aufgabenbereiche ersetzt, wie z. B. zur Formatierung von Diagrammen oder zu AutoFormen.
- Excel 2013 beinhaltet um die 50 neue Funktionen sowie die neuen Features Blitzvorschau und Schnellanalyse oder Erweiterungen zu Pivot-Tabellen und neue Diagrammfunktionen.
- Zum Unmut vieler User werden in Excel 2013 und den anderen Office-Anwendungen die Überschriften der Registerkarten sowie weiterer Elemente in Großschrift angezeigt.
- Mit Excel 2013 wurde der sogenannte MDI-Modus (Multiple Document Interface) abgeschafft. Pro geöffnetem Dokument wird ein Anwendungsfenster geladen, das jeweils ein Menüband und die anderen Elemente, wie Bearbeitungs- und Statusleiste, enthält. Es können somit nicht mehr mehrere Dokumente in ein Anwendungsfenster geladen werden.
- Die Parallelinstallation von Excel 2013 mit den Vorgängerversionen ist wie bereits in den vorherigen Versionen möglich.

- Erstmalig können sogenannte Office-Apps angebunden werden, eine neue Art von Add-ins, die aus dem Microsoft Store bezogen werden können.

Tipp 4: Fakten zu Excel 2016 und höher

In diesem Tipp erhalten Sie einen Überblick über die wichtigsten Fakten zu Excel 2016 und höher.

- Der Backstage-Bereich wurde in Excel 2016 leicht modifiziert und um neue Features ergänzt bzw. bestehende Features in den Backstage-Bereich übernommen.
- Die Überschriften der einzelnen Registerkarten sowie in weiteren Elementen, wie Aufgabenbereichen, erscheinen nicht mehr in Großschrift.
- Excel 2016 enthält Erweiterungen und Verbesserungen in Bezug zur Freigabe und gemeinsamen Bearbeitung von Dokumenten.
- Neue Diagrammtypen sowie einige neue Funktionen und Assistenten wurden in Excel 2016 integriert.
- *Power Query* wurde in Excel 2016 vollständig integriert. Mit *Power Query* erstellen Sie auf sehr komfortable Weise Abfragen zu verschiedensten Datenquellen, von Datenbanken über Textdateien, SharePoint-Servern bis hin zu Websites. Die Oberfläche von *Power Query* sowie die integrierte Formelsprache erlauben vielfältige Operationen mit den Abfragen.
- Der Aufruf der Hilfe über die klassische Schaltfläche mit einem Fragezeichen ist weggefallen und dafür die Funktion *„Was möchten Sie tun"* hinzugekommen.
- Eine Parallelinstallation ist seit Excel 2016 **nicht** mehr problemlos möglich, denn Microsoft stellt kein sogenanntes MSI-Setup mehr zur Verfügung, wo Installationsordner und Anwendungen ausgesucht und konfiguriert werden konnten. Die Installation von Office 2016 wird von einem Server gestreamt oder lokal anhand eines Abbilds des Streams installiert. Eine Auswahl der Komponenten ist zudem nicht mehr möglich. Möchten Sie Excel 2016 mit weiteren Excel-Versionen parallel betreiben, empfiehlt sich in jedem Fall der Einsatz einer virtuellen Maschine.
- Abonnenten von Office 365 erhalten regelmäßig Updates zu den einzelnen Office-Anwendungen, die oft auch neue Features beinhalten. So wurde Excel 2016 im Zuge dieser Updates mehrfach um neue Funktionen ergänzt. Seit der Version 1810 sind beispielsweise in den einzelnen Office-Anwendungen neue Icons im Menüband zu finden. Der Backstage-Bereich wurde erneut überarbeitet.
- Office 2019 entspricht einer Office-2016-Version mit einem Update-Stand von September 2018.

Tipp 5: XML-basierte Dateiformate in Excel

Seit Office 2007 werden standardmäßig Dokumente in Form von XML-Dateien abgespeichert. Hierbei handelt es sich um komprimierte Archivdateien im ZIP-Format, die eine ausgeklügelte Struktur besitzen. Die Daten werden dabei in Teildateien abgelegt, die untereinander in Beziehung stehen.

Das neue XML-Speicherformat bietet folgende Vorteile:

- Bessere Wiederherstellungsmöglichkeit für beschädigte Dateien.
- Geringerer Speicherbedarf aufgrund der Komprimierung.
- Anbindbarkeit von Fremdanwendungen.

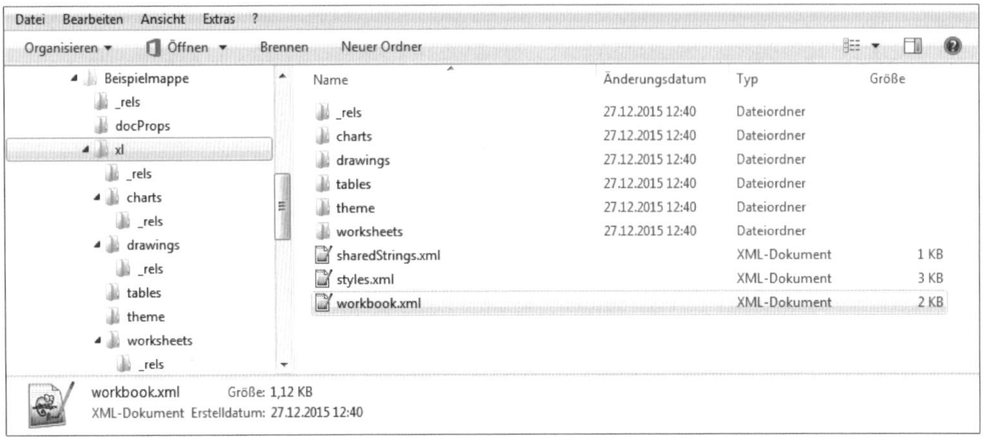

Die folgende Tabelle gibt einen Überblick darüber, welche Speicherformate seit Excel 2007 verwendet werden.

Dateityp ab Excel 2007	**Erläuterung**	**Dateityp bis Excel 2003**
.xlsx	Ist das XML-basierte Standarddateiformat für Excel-Dateien. Kann weder VBA-Makrocode noch Excel-4.0-Makrovorlagen (XLM) speichern.	.xls
.xlsm	Dieses XML-basierte Dateiformat speichert VBA-Makrocode sowie Excel-4.0-Makrovorlagen (XLM).	.xls
.xltx	Excel-Arbeitsmappenvorlage, die weder VBA-Makrocode noch Excel-4.0-Makrovorlagen (XLM) speichern kann.	.xlt
.xltm	Excel-Arbeitsmappenvorlage zum Speichern von VBA-Makrocode sowie Excel-4.0-Makrovorlagen (XLM)	.xlt
.xlam	Excel-Add-in	.xla
.xlsb	Excel-Arbeitsmappe, die einen Teil der Daten, wie z. B. Arbeitsblätter, in einem Binärformat abspeichert. VBA-Code darf in diesem Dateityp enthalten sein.	.xls

Darüber hinaus stehen, wie gewohnt, verschiedene Datenbank-, Text-, HTML- und XML-Formate für den Datenexport zur Verfügung. Das ehemalige Dateiformat XLS ist weiterhin verfügbar, um die Kompatibilität zu älteren Excel-Versionen zu gewährleisten. Ein Kompatibilitätsassistent ermöglicht vor dem Speichern einer Arbeitsmappe im alten Format die Überprüfung auf eventuelle Probleme.

Tipp 6: Limitationen in Excel seit Excel 2007

Die folgende Tabelle gibt einen Überblick über die wichtigsten Limitationen von Excel ab der Version 2007 im Vergleich zu der Vorgängerversion Excel 2003.

Neben der deutlich erhöhten Anzahl der Zeilen und Spalten sind insbesondere die Anzahl der bedingten Formatierungen, Sortierkriterien und Funktionsargumente hervorzuheben.

Feature	Bis Excel 2003	Ab Excel 2007
Anzahl der Zeilen	65.536	1.048.576
Anzahl der Spalten	255	16.384
Anzahl der Zellen pro Blatt	16.777.216	17.179.869.184
Anzahl der Farben	56	4.294.967.296 (32 Bit)
Regeln für bedingte Formatierungen	3	Beschränkung nur durch verfügbaren Arbeitsspeicher
Sortierkriterien	3	64
Anzahl der Einträge im AutoFilter-Kombinationsfeld	1.000	10.000
Eindeutige Zellenformate	4.000	65.536
Anzahl der Zeichen in einer Zelle	1.024	32.767
Anzahl der Zeichen in einer Formel	1.024	16.384
Anzahl der Formelverschachtelungen	7	64
Anzahl der Funktionsargumente	30	255
Anzahl der Operanden pro Formel	40	1.024
Anzahl der Matrixformeln zu externen Arbeitsmappen	65.536 (Excel 97: 32.704)	Beschränkung nur durch verfügbaren Arbeitsspeicher
Eindeutige Einträge in Pivotfeldern	32.768	1.048.576
Anzahl der Kategorien für benutzerdefinierte Funktionen	32	255
Anzahl der Namen in einer Arbeitsmappe	32.704	Beschränkung nur durch verfügbaren Arbeitsspeicher
Anzahl der externen Verknüpfungen	ca. 16.000	Beschränkung nur durch verfügbaren Arbeitsspeicher

9.2 Das Menüband in Excel

Ein zentrales Element der Benutzeroberfläche ist seit Excel 2007 das Menüband. Microsoft hat im Testlabor viel Zeit darauf verwendet, die Arbeitsweise von Benutzern zu analysieren sowie das Feedback der User auszuwerten und als Anlass zu nehmen, die Bedienelemente und Funktionsaufrufe nicht mehr in herkömmlichen Menüstrukturen und Symbolleisten, sondern über das Menüband zur Verfügung zu stellen. Ein Grund war, dass im Laufe der Zeit die Menüs mit immer mehr Features überfrachtet wurden und es somit für den User immer schwieriger wurde, den Durchblick zu behalten.

In das Design der Benutzeroberfläche sind laut Microsoft-Designer folgende Philosophien eingeflossen:

- **Fokus:** Die Aufmerksamkeit des Benutzers soll auf dem Inhalt, nicht auf der Benutzeroberfläche liegen. Der ergebnisorientierte Ansatz ermöglicht es dem Benutzer, anspruchsvolle Formatierungen anzuwenden und erweiterte Aufgaben durchzuführen, ohne seine Aufmerksamkeit von Dokument oder Inhalt abzulenken, an dem er gerade arbeitet.
- **Kontext:** Dem Benutzer soll das Gefühl gegeben werden, die Materie zu beherrschen, indem die Anzahl der zur Verfügung stehenden Auswahlmöglichkeiten verringert wird. Der Befehlsbereich soll dadurch reduziert werden, dass überflüssige oder selten genutzte Funktionen entfernt werden.
- **Effizienz:** Die Konzentration liegt auf der Effizienz anstatt auf dem Umfang. Benutzer müssen in der Lage sein, die leistungsfähigsten Funktionen für eine Aufgabe schnell und einfach zu finden.
- **Konsistenz:** Um eine ergebnisorientierte Benutzerfunktionalität zu gewährleisten, müssen zur Lösung unterschiedlicher Probleme intuitive Wege bereitgestellt werden. Wenn Tools auf Aufgaben angewendet werden, ist eine flexible Folgerichtigkeit wünschenswert, Homogenität hingegen nicht.
- **Beständigkeit:** Ein klar definierter Zugriff auf Werkzeuge garantiert ihre bessere Verwendung. Unklarheiten werden vermieden, indem für Gruppen von Funktionen ein definierter Ort geschaffen wird. Eine solche Benutzeroberfläche ist einer „smarten" Benutzeroberfläche vorzuziehen.
- **Vorhersagbarkeit:** Durch ein unkompliziertes Design werden Benutzerkomfort und optimale Ergebnisse sichergestellt. Das Vorhersagbare soll gegenüber dem Neuen bevorzugt werden.

Das Menüband wurde in den einzelnen Excel-Versionen seit Excel 2007 laufend weiterentwickelt und optimiert. So beinhaltete das Menüband in Excel 2007 das sogenannte Office-Menü in Form einer runden Schaltfläche am oberen linken Rand des Excel-Anwendungsfensters. Diese Schaltfläche wurde in Excel 2010 durch die Registerkarte *Datei* ersetzt, dessen Aufruf allerdings nicht die Befehle wie in den anderen Registerkarten unterhalb der Registerkarte anzeigt. Stattdessen wird ein sogenannter Backstage-Bereich eingeblendet.

Die folgende Abbildung gibt einen Überblick über die wichtigsten Bedienelemente im Menüband von Excel 2019. Die Elemente sind, bis auf die Optik, in früheren Excel-Versionen in gleicher Form angeordnet.

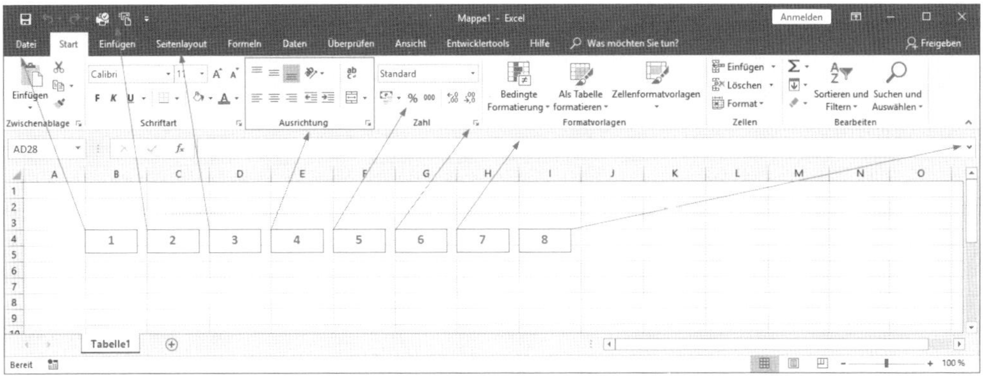

Nr.	Element	Erläuterung
1	Backstage-Bereich	Der Backstage-Bereich ab Excel 2010 bietet Zugriff auf zentrale Aufgaben. Dieser wird über die Registerkarte *Datei* aufgerufen. Über einen Pfeil gelangen Sie wieder zur Normalansicht. Excel 2007 enthielt statt der Registerkarte eine runde Schaltfläche, die ein Untermenü in Form eines Fensters einblendete.
2	Symbolleiste für den Schnellzugriff	Die Symbolleiste für den Schnellzugriff bietet die Möglichkeit, Befehle individuell anzuordnen. Die Befehle der Schnellzugriffsleiste stehen unabhängig von der aktuellen Arbeitssituation ständig zur Verfügung.
3	Registerkarte	Excel stellt die Registerkarten *Start*, *Einfügen*, *Seitenlayout*, *Formeln*, *Daten*, *Überprüfen*, *Ansicht* und bei Bedarf die Registerkarte *Entwicklertools* zur Verfügung. Darüber hinaus werden Registerkarten kontextsensitiv, also abhängig von der Arbeitssituation, zur Verfügung gestellt.
4	Befehlsgruppe	Als Befehlsgruppen werden zusammengehörige Befehle innerhalb einer Registerkarte bezeichnet.
5	Befehl	Auf einzelne Befehle wird über Symbolschaltflächen zugegriffen. Einige Befehle beinhalten zudem Auswahllisten, wo weitere Befehle enthalten sind.
6	Startprogramm für Dialogfelder	Über das Startprogramm für Dialogfelder kann das entsprechende Dialogfenster mit allen weiteren Einstellungen geöffnet werden.
7	Bearbeitungsleiste	Die Bearbeitungsleiste beinhaltet die Eingabezeile, das Namensfeld sowie die Schaltfläche *Funktion einfügen*.
8	Bearbeitungsleiste erweitern	Der Pfeil rechts neben der Eingabezeile bietet die Möglichkeit, die Bearbeitungsleiste zu erweitern und zu reduzieren, sodass längere Texte oder Formeln bequem angezeigt werden können.

Die Größe und die Anordnung der Symbole und Schaltflächen im Menüband sind nicht zufällig entstanden. Große Schaltflächen kennzeichnen die am häufigsten verwendeten Befehle. Kleine Schaltflächen, die in Gruppen zusammengefasst sind, verdeutlichen demgegenüber die Beziehung zwischen weniger wichtigen Funktionen, die für die gemeinsame Verwendung gedacht sind. Befehle innerhalb einer Registerkarte wurden so angeordnet, dass eine visuelle Hierarchie gegeben ist, die das Durchsuchen des Menübands erleichtern soll. Es ist daher kein Zufall, dass die erste Registerkarte die am häufigsten verwendeten Funktionen zur Formatierung, zum Filtern und zum Suchen enthält.

Das Menüband wird übrigens automatisch für verschiedene Bildschirmauflösungen skaliert und optimiert. So wird abhängig von der Bildschirmauflösung und von der Größe des Anwendungsfensters die Anzeige optimal dargestellt. Das Skalierverhalten lässt sich jedoch nicht kontrollieren. Es ist somit nicht möglich anzugeben, welche Steuerelemente in ihrer Größe verändert werden sollen und welche nicht.

In allen Excel-Versionen seit Excel 2007 lässt sich das Menüband anhand eines Doppelklicks auf eine beliebige Registerkarte auf eine Zeile reduzieren. Ein erneuter Doppelklick blendet das Menüband wieder vollständig ein. Seit Excel 2013 wird zusätzlich am rechten Rand des Menübands ein Pfeil eingeblendet, der ebenfalls die Funktion des Ausblendens übernimmt.

Ist das Menüband reduziert, blendet ein einfacher Klick auf eine Registerkarte die Befehle ein und nach Auswahl eines Befehls wieder aus.

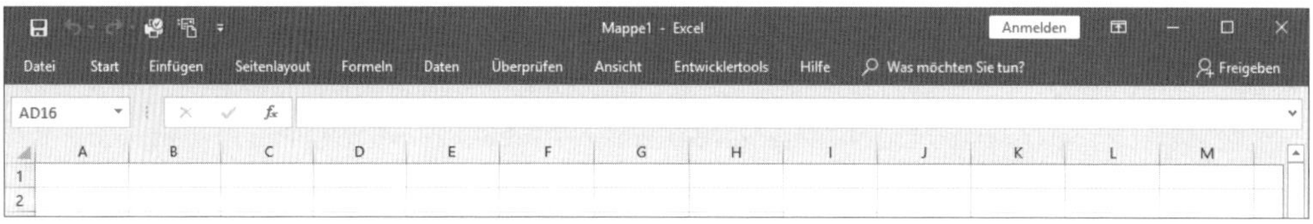

Über die Tastenkombination Strg+F1 kann das Menüband ebenfalls minimiert und maximiert werden.

In älteren Excel-Versionen vor Excel 2007 wurden bis auf wenige Ausnahmen alle verfügbaren Befehle angezeigt, unabhängig davon, ob es in einer bestimmten Arbeitssituation möglich ist, einen Befehl zu benutzen oder nicht. Stand der Befehl nicht zur Verfügung, wurde der Menüeintrag grau, also inaktiv, dargestellt.

Im Gegensatz dazu baut das Menüband auf einem kontextsensitiven Konzept auf. Das bedeutet, dass einige Befehle nur dann angezeigt werden, wenn sie gebraucht werden. Wird ein Objekt, z. B. ein Diagramm, ausgewählt, werden im Menüband zusätzlich eine oder mehrere Registerkarten angezeigt, die sogenannten kontextbezogenen Registerkarten.

Diese Registerkarten werden zusätzlich dadurch gekennzeichnet, dass eine Überschrift über den kontextsensitiven Registerkarten eingeblendet wird, sodass Sie sie auf einen Blick erkennen können. Durch dieses Konzept wird das Menüband übersichtlicher und es wird der Eindruck erweckt, dass die Befehle der kontextbezogenen Registerkarten zielgerichteter und relevanter sind.

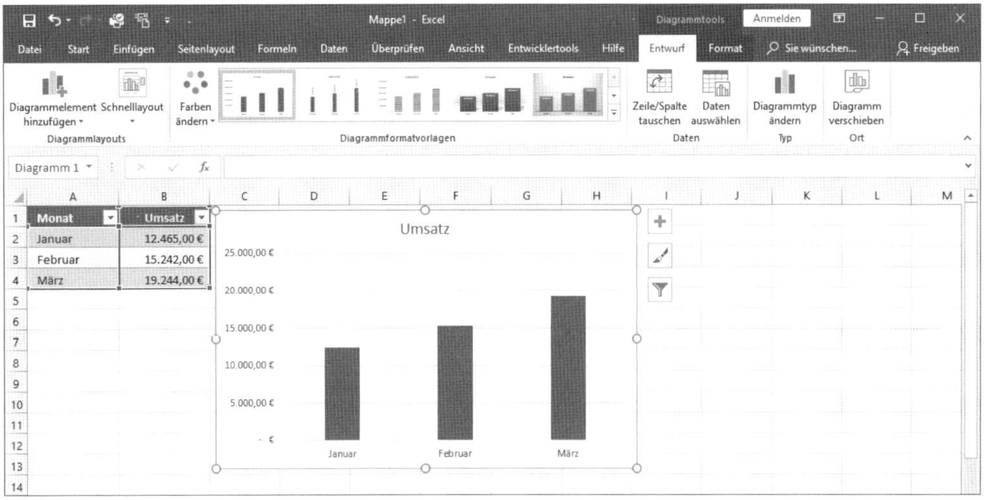

Viele Anwender verwenden anstelle der Maus lieber Tastenkombinationen oder Shortcuts. Damit lassen sich diverse „Mauskilometer" sparen und in der Regel geht es über die Tastatur auch noch schneller. Das Menüband lässt sich auch ausschließlich mit der Tastatur steuern. Damit Sie sich nicht jeden Tastaturbefehl merken müssen, können über die [Alt]-Taste Tastaturtipps eingeblendet werden. Seit Office 2007 unterstützen Excel, Word & Co. ein neues Zugriffssystem für das Menüband. Tastenkombinationen werden als „Überlagerungen" auf den Steuerelementen und Registerkarten des Menübands angezeigt. Register werden über Zahlenangaben und Steuerelemente über Buchstaben angesprochen.

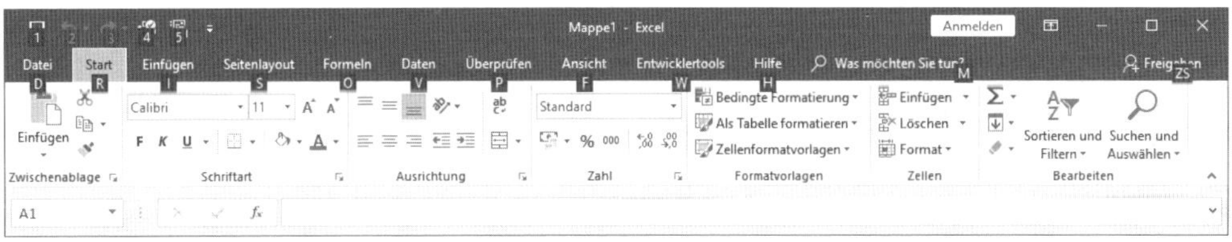

Über diesen Ansatz wird sichergestellt, dass alle Steuerelemente mithilfe von Tastenkombinationen jederzeit zugänglich sind.

Häufig wird die einem Befehl im Menüband entsprechende Tastenkombination im Hinweisfenster zum Befehl angezeigt. Um dieses Hinweisfenster anzuzeigen, positionieren Sie den Mauszeiger über den Befehl und verharren dort einen Moment.

Hinweis

In Excel 2010 ist leider ein Fehler im Hinweisfenster zu der Tastenkombination für die Anzeige der Formeln innerhalb eines Arbeitsblatts enthalten. Dort wird die Tastenkombination [Strg]+[#] aufgeführt. Diese Tastenkombination wechselt nicht wie erwartet zu der Formelansicht, sondern setzt das Zellformat auf ein Datumsformat für die markierten Zellen.

9.3 Der Backstage-Bereich in Excel

Nachfolgend erläutern wir die am häufigsten verwendeten Funktionen des Backstage-Bereichs im Detail, die Sie in allen Versionen ab Excel 2010 finden. Ist die Funktionalität auch in Excel 2007 enthalten, wird inklusive eventuell vorhandener Unterschiede darauf hingewiesen.

Tipp 1: Die Evolution des Backstage-Bereichs in Excel

Mit Excel 2010 tauchte erstmalig der Begriff „Backstage" auf, der seitdem in Excel als zentrale Anlaufstelle dient. Aber auch in Excel 2007 gibt es eine solche Anlaufstelle in Form des Office-Menüs – und kann somit quasi als der Vorläufer des Backstage-Bereichs betrachtet werden.

In Excel 2007 ruft das Office-Menü ein Untermenü auf, von wo aus Sie einzelne oder in Kategorien abgelegte Befehle komfortabel per Mausklick aufrufen können.

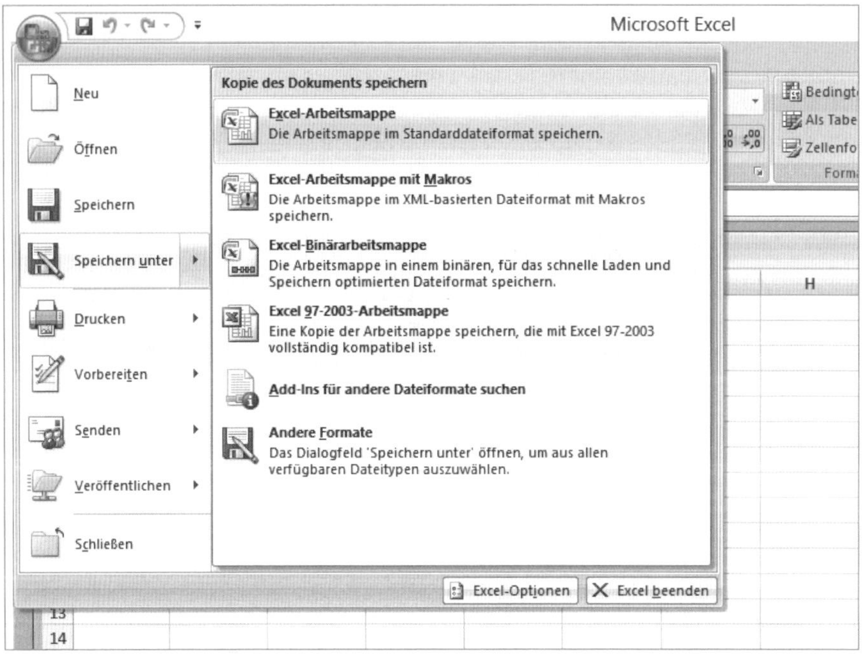

In Excel 2010 wurde das Office-Menü entfernt und durch die Registerkarte *Datei* ersetzt. Im Gegensatz zu den anderen Registerkarten öffnet ein Klick auf die Registerkarte eine sich über das gesamte Anwendungsfenster erstreckende Ansicht. Einzelne Befehle aus dem ehemaligen Office-Menü wurden umpositioniert und neue hinzugefügt. Im Gegensatz zu Excel 2007 ruft z. B. der Befehl *Speichern unter* kein Untermenü mehr auf, sondern öffnet direkt das Dialogfenster zur Vergabe eines Dateinamens.

Neue Befehle hingegen, wie der Befehl *Informationen*, liefern innerhalb einer Ansicht alle relevanten Informationen zu einer Arbeitsmappe. Um in Excel 2010 zu der Ansicht mit der Arbeitsmappe zurückzukehren, klicken Sie auf eine der anderen Registerkarten.

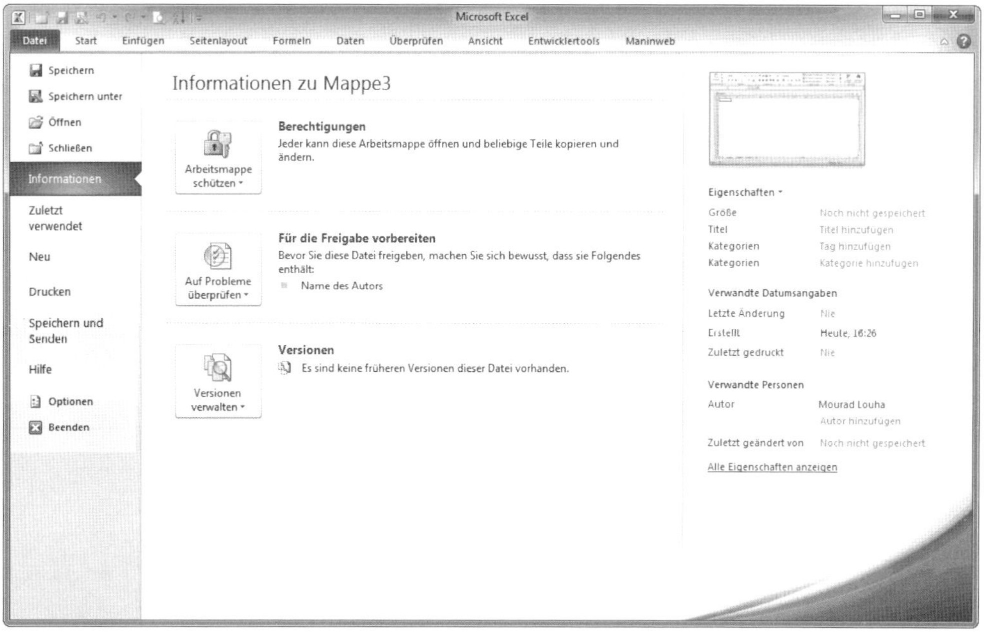

In Excel 2013 wurde die Backstage-Ansicht erneut geändert und zudem auch farblich umgestaltet.

Der Backstage-Bereich verdeckt in Excel 2013 vollständig die Programmoberfläche. Um zur Ansicht mit der Arbeitsmappe zurückzukehren, klicken Sie auf den Pfeil oben links. Zudem wurden in Excel 2013 ebenfalls Umgruppierungen der Befehle vorgenommen und der Befehl *Speichern unter* ruft nunmehr nicht das Dialogfenster zum Speichern von Dateien auf, sondern zeigt wieder eine Ansicht mit weiteren Optionen an. Unter anderem die möglichen Speicherorte in der Cloud.

Zu guter Letzt, auch in Excel 2016 wurde der Backstage-Bereich verändert. Für Abonnenten von Office 2016 wurde der Backstage-Bereich im Zuge von Updates mehrfach aktualisiert. Beispielsweise sind in Excel 2019 – das einem Stand von Excel 2016 im September 2018 entspricht – neben neuen Symbolen im Verhältnis zu Excel 2013 die Befehle *Verlauf, Veröffentlichen* und *Feedback* hinzugekommen.

Tipp 2: Der Startbildschirm ab Excel 2013

Wenn Sie Excel ab der Version 2013 starten, wird Ihnen als Erstes der Startbildschirm angezeigt. Dieser ermöglicht Ihnen, eine der zuletzt verwendeten Arbeitsmappen zu öffnen oder eine neue, leere oder vorlagenbasierte Arbeitsmappe zu erstellen.

Die Onlinevorlagen können nach Stichworten oder über die Kategorien durchsucht werden. Wenn Sie eine der angebotenen Vorlagen anklicken, erscheint eine Vorschau mit zusätzlichen Informationen, wie z. B. zum Hersteller.

Die Anzahl der angebotenen Vorlagen unterscheidet sich übrigens je nach Sprachversion von Excel. Ist z. B. eine englische Excel-Version installiert, stehen zusätzliche oder andere Vorlagen zur Verfügung. So kommt es, dass z. B. in einer englischen Excel-Version Microsoft-Vorlagen auftauchen, die in anderen Sprachen noch nicht verfügbar sind. Seit Excel 2016 sind die Sprachpakete, sogenannte Language Packs, kostenlos. Sie können somit mehrere Sprachversionen von Excel installieren und bei Bedarf von einer Sprache zu der anderen wechseln.

Der Startbildschirm lässt sich in den Excel-Optionen abschalten, sodass Excel dann beim Aufruf sofort eine neue Arbeitsmappe anzeigt.

➡ Verweis: siehe Kapitel 9.5, Tipp 1, Letzter Abschnitt

Tipp 3: Neue Arbeitsmappen erstellen

Wenn Sie sich in einer Excel-Sitzung befinden und den Befehl *Datei/Neu* aufrufen, gelangen Sie zu einer dem Startbildschirm ähnlichen Ansicht im Backstage-Bereich. Sie können von dort aus eine neue Arbeitsmappe erstellen oder eine Vorlage wählen.

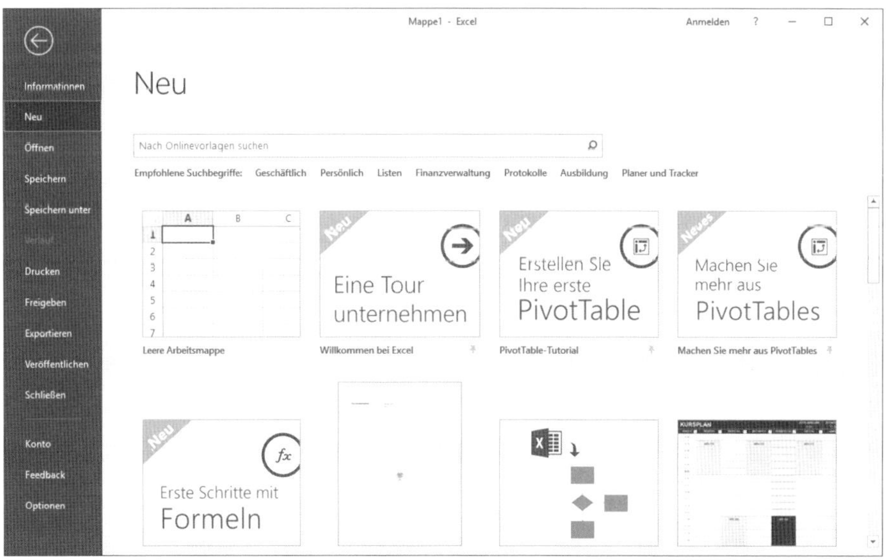

Die Ansicht im Backstage-Bereich unterscheidet sich optisch zwischen Excel 2010 und höheren Versionen, bietet aber letztlich dieselbe Funktionalität. In Excel 2007 wird beim Aufruf des Befehls *Neu* im Office-Menü ein eigenständiges Fenster eingeblendet.

Tipp 4: Öffnen von Arbeitsmappen

Wenn Sie in Excel 2007 den Befehl *Öffnen* über das *Office-Menü* oder in Excel 2010 über die Registerkarte *Datei* aufrufen, erscheint sofort das Dialogfenster zur Auswahl einer Datei. Seit Excel 2013 wird jedoch statt des Dialogfensters eine Seite in der Backstage-Ansicht eingeblendet, die Ihnen den Zugriff auf bereits zuvor geöffnete Dateien sowie eine Liste von Speicherorten anbietet, inklusive OneDrive als Ablageort auf einem Server in der Cloud.

Die Ansicht wurde seit Excel 2016 einige Male überarbeitet, so wurden z. B. die Ordnersymbole ausgetauscht und eine zeitliche Gruppierung der zuletzt geöffneten Dateien hinzugefügt. Die Funktionalität ist aber dieselbe wie in Excel 2013. Elemente in der Dateiliste zu den zuletzt geöffneten Arbeitsmappen lassen sich an- und abheften, indem Sie auf den Pin rechts neben dem Dateinamen klicken. Im Gegensatz zu nicht angehefteten Dateien, die nach dem Überschreiten einer bestimmten Anzahl von geöffneten Dateien aus der Liste verschwinden, verbleiben diese so lange in der Liste, bis Sie sie wieder abheften.

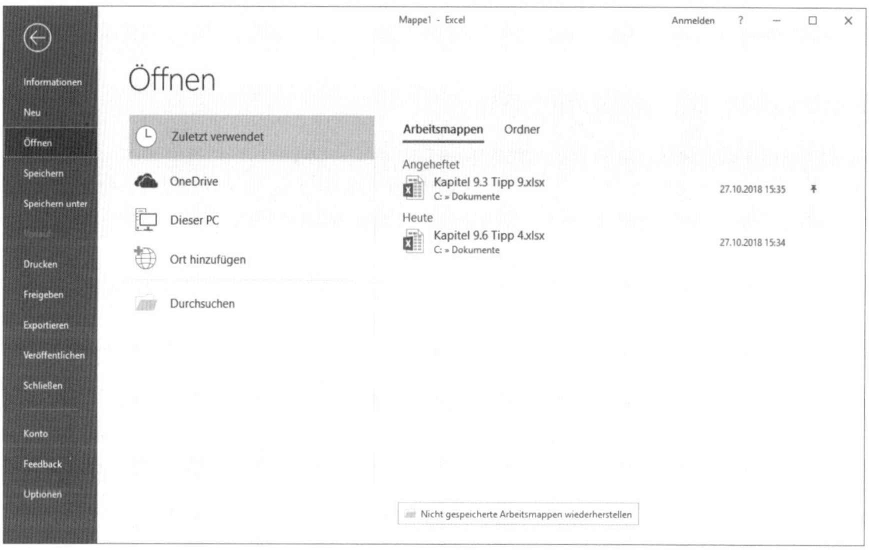

Um das Dialogfenster zur Auswahl einer Datei aufzurufen, klicken Sie in Excel 2016 und höher auf die Schaltfläche *Durchsuchen*. In Excel 2013 wird die Schaltfläche zum Durchsuchen erst nach einem Klick auf einen Speicherort sichtbar, wie z. B. *Computer*.

Tipp 5: Speichern von Arbeitsmappen

Die Benutzerführung beim erstmaligen Speichern von Dateien oder explizitem Speichern einer Datei unter einem anderen Namen unterscheidet sich in den verschiedenen Excel-Versionen.

In Excel 2007 wird nach dem Aufruf des Befehls *Speichern unter* im Office-Menü ein Untermenü aufgerufen, in dem Sie ein Dateiformat auswählen können. Anschließend erscheint ein Dialogfenster zur Angabe eines Namens für die Datei, wo das Format entsprechend der zuvor getroffenen Auswahl voreingestellt ist.

In Excel 2010 wird beim Aufruf des Befehls *Speichern unter* in der Registerkarte *Datei* der Dialog zur Angabe eines Dateinamens sofort aufgerufen. Als Voreinstellung zum Dateiformat ist die Einstellung aus den Excel-Optionen eingestellt. Eine Änderung des Dateiformats kann im Dialogfenster erfolgen.

Seit Excel 2013 ruft der Befehl *Speichern unter* in der Registerkarte *Datei* eine Ansicht im Backstage-Bereich auf. Seit dem Erscheinen von Excel 2016 wurden in der Ansicht im Zuge von Updates einige Male optische Veränderungen vorgenommen sowie z. B. eine zeitliche Gruppierung von bereits verwendeten Ordnern vorgenommen. Die Funktionalität ist seit Excel 2013 letztlich jedoch dieselbe.

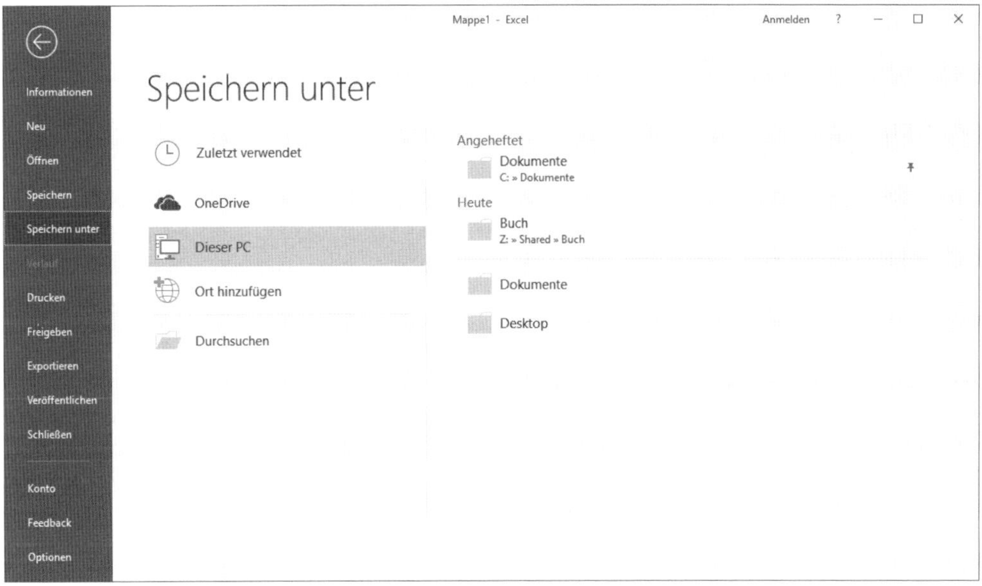

Wie in der Backstage-Ansicht zum Öffnen von Dateien lassen sich einzelne Elemente an- und abheften. Die Schaltfläche zum Durchsuchen und somit dem Aufruf des Dialogfensters zur Angabe eines Dateinamens ist seit Excel 2016 prominent platziert, in Excel 2013 wählen Sie dazu zuerst einen Speicherort.

Tipp 6: Informationen zu der Arbeitsmappe abrufen

Das Informationscenter erreichen Sie in der Backstage-Ansicht ab Excel 2010, indem Sie auf den Befehl *Informationen* klicken.

In Excel 2007 ist der Befehl nicht direkt enthalten, sondern Informationen lassen sich über das Office-Menü über den Befehl *Vorbereiten/Eigenschaften* abrufen und festlegen.

Je nach Excel-Version präsentiert sich die Backstage-Ansicht ab Excel 2010 zu den Informationen leicht unterschiedlich. Links in der Ansicht finden Sie eine Reihe von Befehlen, wie z. B. zum Schützen der Arbeitsmappe und Arbeitsblätter, zur Überprüfung der Arbeitsmappe oder zur Verwaltung von Versionen. Im rechten Bereich der Ansicht lassen sich die Eigenschaften des Dokuments festlegen bzw. einsehen.

Informationen lassen sich direkt durch das Eintippen in die entsprechenden Felder eingeben, sofern diese nicht gesperrt sind, wie z. B. das Erstelldatum der Datei. Möchten Sie eine erweiterte Ansicht zu den Eigenschaften anzeigen lassen, klicken Sie auf *Alle Eigenschaften anzeigen* bzw. auf *Weniger Eigenschaften anzeigen*, um zu der kompakteren Ansicht zurückzukehren.

Tipp 7: Arbeitsmappen und Arbeitsblätter schützen

Eine Möglichkeit, die Arbeitsmappe und/oder Arbeitsblätter zu schützen und mit einem Kennwort zu versehen, ist, die Befehle aus der Gruppe *Änderungen* in der Registerkarte *Überprüfen* zu verwenden.

Dies geht ab Excel 2010 auch über die Backstage-Ansicht zu den Informationen, die Sie über einen Klick auf die Registerkarte *Datei* und den Befehl *Informationen* erreichen. Die Ansicht gruppiert zudem an zentraler Stelle weitere Möglichkeiten, die Arbeitsmappe zu schützen bzw. zu kennzeichnen. Klicken Sie in der Backstage-Ansicht auf den Befehl *Arbeitsmappe schützen*, um eine Liste der verfügbaren Befehle anzuzeigen.

Mithilfe des Befehls *Als abgeschlossen kennzeichnen* setzen Sie den Status des Dokuments auf *Endgültig* und verhindern somit, dass Bearbeiter oder Leser aus Versehen Änderungen an dem Dokument vornehmen. Wenn eine Datei als abgeschlossen gekennzeichnet wird, werden Eingaben, Bearbeitungsbefehle und Rechtschreibprüfungsmarkierungen deaktiviert und die Datei ist schreibgeschützt.

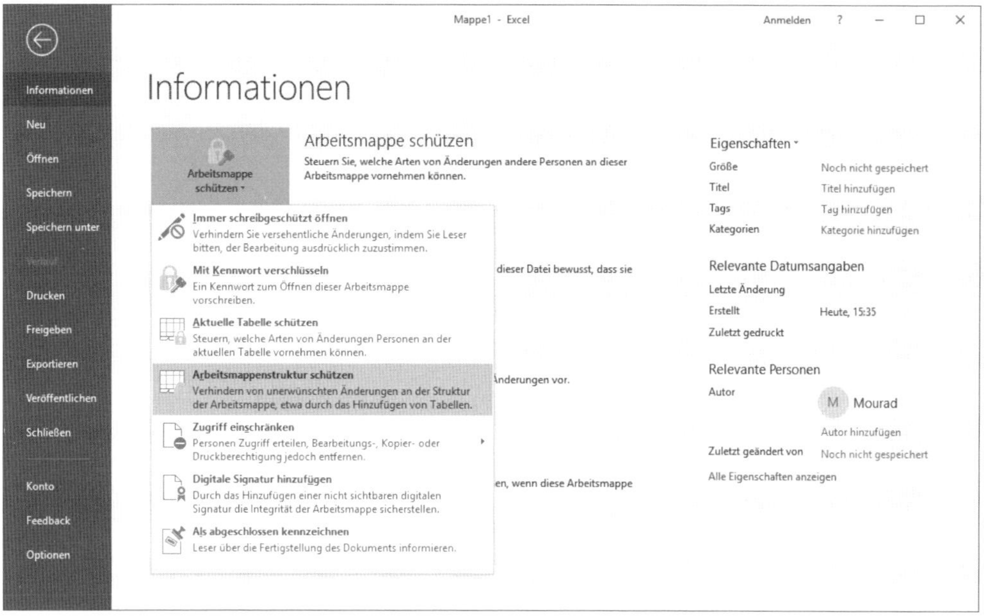

Der Befehl *Mit Kennwort verschlüsseln* sorgt dafür, dass die Datei nur durch Eingabe des Kennworts geöffnet werden kann. Mit der Funktion *Aktuelle Tabelle schützen* wird gesteuert, welche Aktionen ein Benutzer auf einem Tabellenblatt ausführen darf.

Die Funktion *Arbeitsmappenstruktur schützen* sorgt dafür, dass keine unerwünschten Änderungen an der Tabellenstruktur wie beispielsweise das Einfügen eines neuen Arbeitsblatts durchgeführt werden können.

Über den Befehl *Zugriff einschränken* lassen sich auf Personen oder Personengruppen Rechte an der Mappe vergeben. Der Befehl ist eher für Unternehmen gedacht und setzt einen Rechteverwaltungsserver voraus.

Über den Befehl *Digitale Signatur hinzufügen* kann zu einem Makro oder einem Dokument eine digitale Signatur hinzugefügt werden. Eine digitale Signatur ist ein verschlüsseltes, elektronisches Authentifizierungszeichen. Die Signatur bestätigt, dass das Makro bzw. das Dokument von der Person stammt, die es signiert hat, und nicht verändert wurde. Digitale Signaturen werden von einer Zertifizierungsstelle ausgestellt, verlieren wie andere Ausweisdokumente mit dem Ablaufdatum ihre Gültigkeit und können durch Widerrufen eingezogen werden.

In Excel 2007 finden Sie die Befehle zum Setzen eines Kennworts für die Mappe, Hinzufügen einer digitalen Signatur und zur Kennzeichnung als *Abgeschlossen* im Untermenü zum Befehl *Vorbereiten* im Office-Menü.

Tipp 8: Arbeitsmappen auf persönliche Informationen prüfen

Das Informationscenter bietet, neben allgemeinen Informationen zu der Mappe, auch Features zur Überprüfung der Arbeitsmappe an. Unter anderem auch die Überprüfung auf persönliche Informationen, die Thema dieses Tipps sind.

Wechseln Sie dazu in Excel 2010 und höher zu der Backstage-Ansicht und klicken Sie auf den Befehl *Informationen*. Klicken Sie anschließend auf die Schaltfläche *Auf Probleme überprüfen* und wählen Sie dort den Befehl *Dokument prüfen*. In Excel 2007 finden Sie den Befehl innerhalb des Untermenüs zum Befehl *Vorbereiten* im Office-Menü.

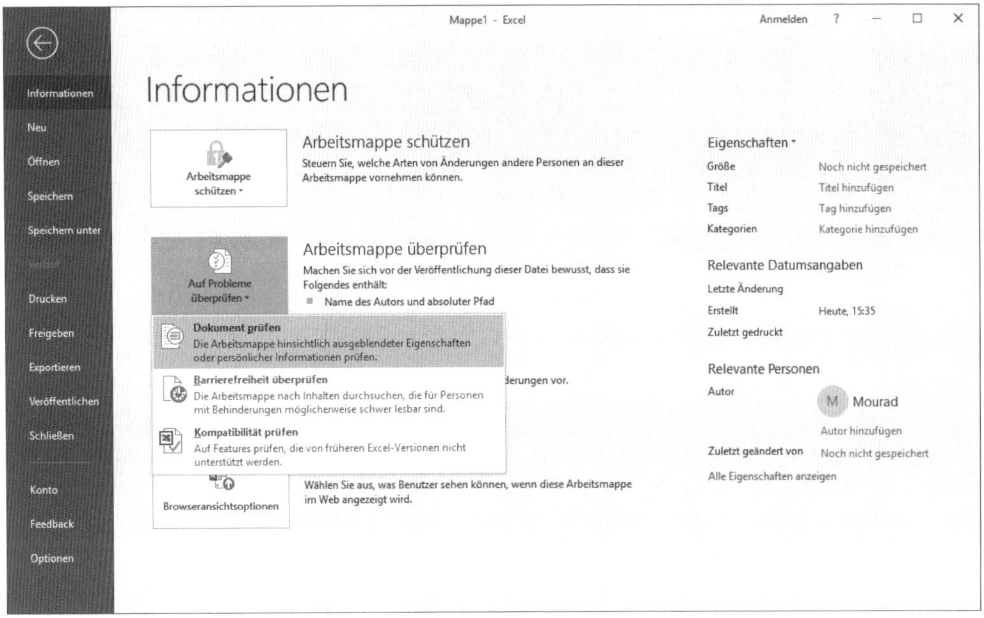

Der Aufruf des Befehls öffnet das Dialogfenster *Dokumentprüfung*, wo Sie eine Reihe von Überprüfungen in einer Liste aktivieren bzw. deaktivieren können. Der Inhalt der angebotenen Überprüfungsmöglichkeiten variiert zwischen den Excel-Versionen, weshalb Sie z. B. in Excel 2010 keine Überprüfung des Datenmodells angeboten bekommen.

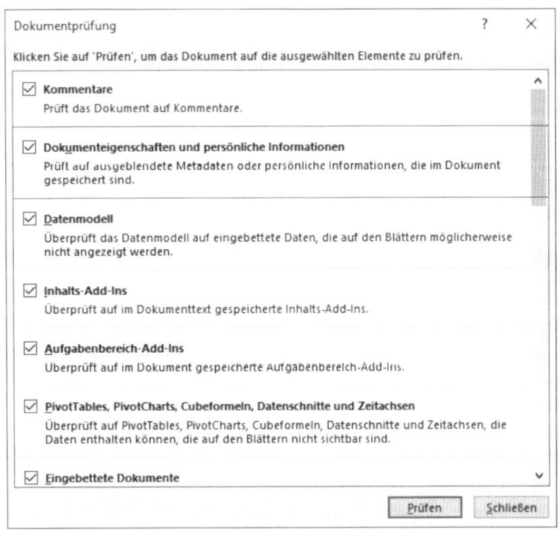

Um eine Überprüfung auf persönliche Informationen durchzuführen, lassen Sie den Haken im entsprechenden Eintrag in der Liste gesetzt und klicken auf die Schaltfläche *Prüfen*.

Excel präsentiert Ihnen das Ergebnis im selben Fenster und blendet bei Bedarf Schaltflächen an, um die Informationen zu entfernen.

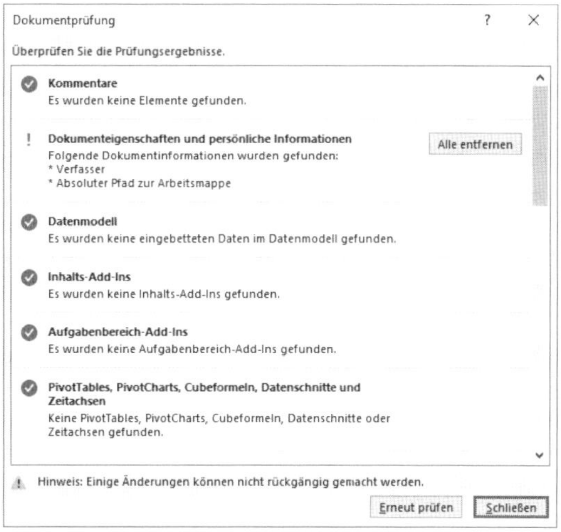

Tipp 9: Arbeitsmappen auf Barrierefreiheit prüfen

Seit Excel 2010 ist in Excel eine sogenannte Überprüfung auf Barrierefreiheit enthalten. Barrierefreie Dokumente ermöglichen es Menschen mit Behinderungen, einfacher auf die im Dokument enthaltenen Informationen zuzugreifen. Um z. B. Menschen mit stark eingeschränktem Sehvermögen das Erfassen des Dokumenteninhalts zu erleichtern, stehen u. a. Screen-Reader als Hilfsmittel zur Verfügung, die den Inhalt des Dokuments vorlesen. Diese erkennen auch Metadaten innerhalb des Dokuments, wie Beschreibungstexte zu Tabellen, Grafiken oder Diagrammen – vorausgesetzt, diese Metadaten sind auch vorhanden, was im Normalfall jedoch recht selten der Fall ist.

Um ein Dokument auf Barrierefreiheit zu überprüfen, navigieren Sie zum Backstage-Bereich durch einen Klick auf die Registerkarte *Datei* und rufen die Ansicht zu den *Informationen* auf. Klicken Sie anschließend auf die Schaltfläche *Auf Probleme überprüfen* und wählen Sie den Befehl *Barrierefreiheit überprüfen*.

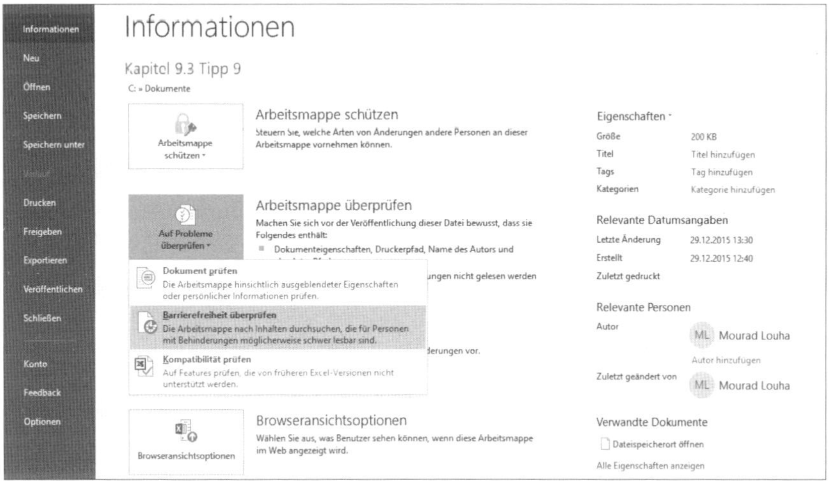

Excel überprüft das Dokument und zeigt Ihnen die Ergebnisse in einem Aufgabenbereich an. In dem nachfolgend abgebildeten Arbeitsblatt sind eine Grafik sowie verbundene Zellen enthalten. Ein Screen-Reader könnte die Grafik nicht interpretieren, weshalb der Aufgabenbereich darauf hinweist und empfiehlt, der Grafik einen Alternativtext hinzuzufügen. Im unteren Bereich des Aufgabenbereichs erscheint einerseits eine Erläuterung zu dem Problem sowie eine Anleitung, wie Sie das Problem beheben können. Verbundene Zellen werden nicht als so gravierend eingestuft, weshalb nur eine Warnung eingeblendet wird.

Sobald Sie eine Korrektur vornehmen, verschwindet auch der Eintrag im Aufgabenbereich.

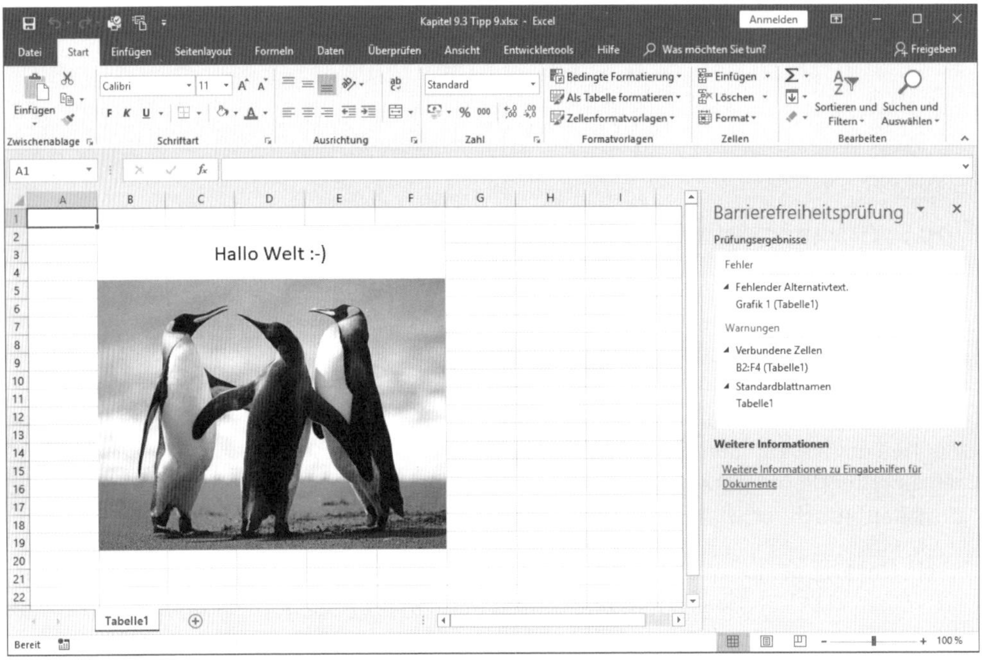

Durch die Überprüfung der Barrierefreiheit stellen Sie ein Mindestmaß an Lesbarkeit des Dokuments für Screen-Reader und andere Hilfsmittel zur Verfügung. Meist sind nur wenige Schritte dafür erforderlich.

Tipp 10: Kompatibilität von Arbeitsmappen überprüfen

Werden Dateien an Dritte weitergegeben und ist nicht bekannt, welche Excel-Version der Empfänger verwendet, bietet es sich an, eine Kompatibilitätsprüfung durchzuführen. Liegen solche Kompatibilitätsprobleme vor, kann das zu Funktionalitätsverlusten mit unvorhersehbaren Auswirkungen führen.

Angenommen, Sie bearbeiten eine Arbeitsmappe in Excel 2013 oder höher und möchten die Mappe auf Kompatibilität zu älteren Excel-Versionen prüfen, da Sie sich nicht sicher sind, ob alle von Ihnen verwendeten Excel-Funktionen auch in den älteren Versionen zur Verfügung stehen.

Wechseln Sie dazu in den Backstage-Bereich durch einen Klick auf die Registerkarte *Datei* und rufen Sie die Ansicht zu den *Informationen* auf. Klicken Sie auf die Schaltfläche *Auf Probleme überprüfen* und wählen Sie den Befehl *Kompatibilität prüfen*. In Excel 2007 wählen Sie den Befehl *Kompatibilitätsprüfung ausführen* aus dem Untermenü *Vorbereiten* im Office-Menü.

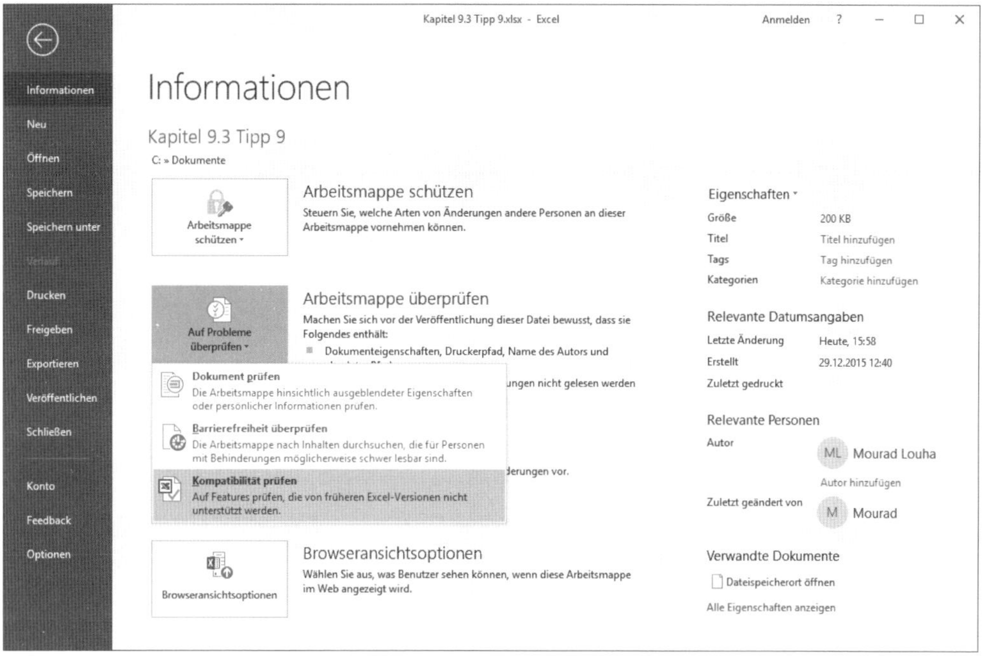

Sobald Sie den Befehl ausgelöst haben, erscheint ein Dialogfenster, das Ihnen eine Liste der gefundenen Probleme anzeigt. In der Auswahlliste im linken oberen Bereich des Fensters können Sie die Excel-Version auswählen, die auf Kompatibilität geprüft werden soll. Im Gegensatz zu Excel 2007 kann ab Excel 2010 dieses Fenster mithilfe des Anfassers am unteren rechten Rand auch vergrößert werden.

Excel bewertet die gefundenen Probleme nach Schweregrad. Ist beispielsweise nur eine Farbangabe das Problem und würde diese in einer älteren Version durch eine andere Farbe ersetzt, wird das Problem als *Geringer Genauigkeitsverlust* gewertet. Ist das Problem schwerwiegend, wird das Problem als *Erheblicher Funktionalitätsverlust* bewertet.

Neben den Einträgen in der Liste der Probleme werden zudem die betroffene Excel-Version, ein Link zur *Hilfe* und gegebenenfalls ein Link mit dem Text *Suchen* angezeigt, z. B. dann, wenn inkompatible Excel-Funktionen verwendet werden. Ein Klick auf diesen Link springt zu der entsprechenden Zelle. Leider wird dabei auch das Fenster geschlossen, weshalb Sie für einen weiteren Durchlauf die Kompatibilitätsüberprüfung erneut durchführen müssen – gegebenenfalls bis alle Einträge aus der Liste verschwunden sind.

Hinweis

Wird die Arbeitsmappe bereits im Kompatibilitätsmodus bearbeitet, da diese als XLS-Datei im Format *Excel 97-2003-Arbeitsmappe* vorliegt, wird die Kompatibilitätsprüfung automatisch bei jedem Speichervorgang durchgeführt.

Tipp 11: Drucken von Arbeitsmappen

Seit Excel 2010 ist im Backstage-Bereich auch eine Druckvorschau integriert, die Ihnen einen sehr komfortablen Zugriff auf die Auswahl eines Druckers, Papierformate und weitere Einstellungen erlaubt. Wechseln Sie zum Aufruf dieser Ansicht in den Backstage-Bereich und klicken Sie auf den Befehl *Drucken*.

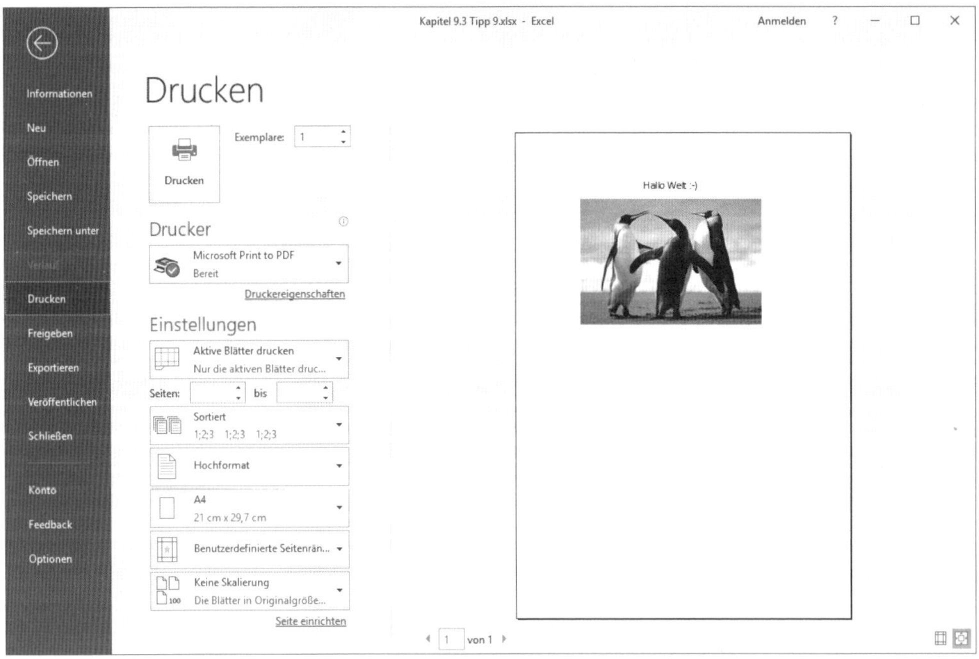

Tipp 12: Arbeitsmappen freigeben

Seit Excel 2010 besteht die Möglichkeit, Arbeitsmappen freizugeben. Hiermit ist jedoch nicht die Freigabe zur Bearbeitung durch mehrere Personen gemeint, die Sie über die Registerkarte *Überprüfen* mit dem Befehl *Arbeitsmappe freigeben* durchführen können, sondern das Speichern der Mappe auf einem Server oder Versenden per E-Mail.

Rufen Sie den Backstage-Bereich auf und klicken Sie in Excel 2013 oder ab Excel 2016 auf den Befehl *Freigeben*. Sie gelangen zu einer Ansicht, die Ihnen im linken Bereich die Freigabeoptionen anzeigt.

Der Befehl zur Freigabe im Backstage-Bereich wurde erst mit Excel 2013 eingeführt. In Excel 2010 finden Sie ähnliche Funktionalitäten unter der Ansicht zum Befehl *Speichern und Senden*.

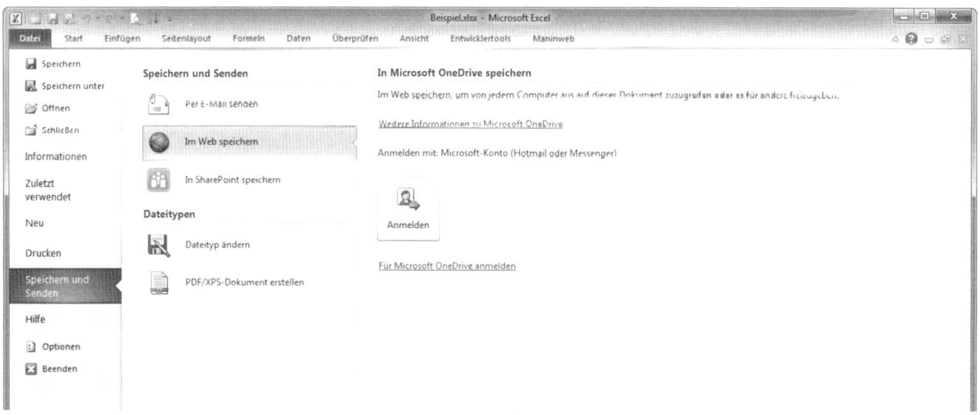

In Excel 2007 sind hingegen nur rudimentäre Möglichkeiten enthalten. So finden Sie einen Befehl zum Versand per E-Mail im Office-Menü unter dem Befehl *Senden*.

Tipp 13: Arbeitsmappen per E-Mail versenden

Wenn Sie in Excel 2013 oder ab Excel 2016 im Backstage-Bereich auf den Befehl *Freigeben* klicken, gelangen Sie zu einer Ansicht, die Ihnen in der Rubrik *E-Mail* verschiedene Möglichkeiten anbietet, die Arbeitsmappe per E-Mail zu versenden.

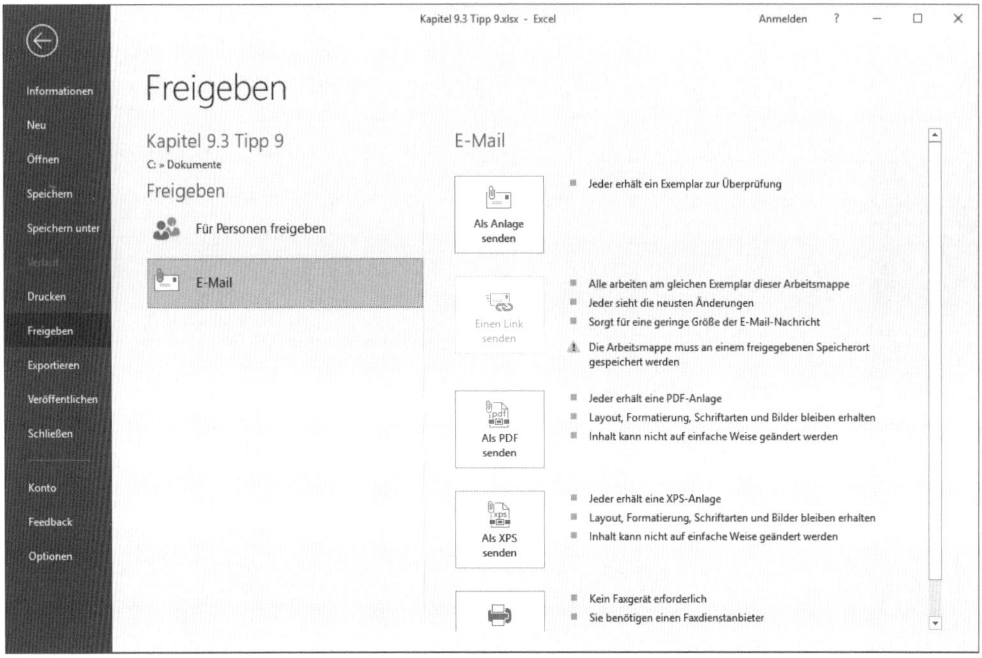

Möchten Sie einer oder mehreren Personen die Arbeitsmappe im Anhang einer E-Mail zusenden, wählen Sie den ersten Befehl *Als Anlage senden* im rechten Bereich der Ansicht aus. Soll die Arbeitsmappe vor dem Versand in ein PDF-Dokument oder XPS-Dokument konvertiert und dieses an die E-Mail angehängt werden, wählen Sie einen der entsprechenden Befehle aus. Seit Excel 2013 steht ebenfalls die Möglichkeit zur Verfügung, nur einen Link zu der Arbeitsmappe in der E-Mail zu versenden, vorausgesetzt, die Mappe wurde auf einem freigegebenen Speicherort gespeichert.

In Excel 2010 steht in der Backstage-Ansicht der Befehl zur Freigabe noch nicht zur Verfügung. Dieselbe Funktionalität finden Sie jedoch in der Ansicht zum Befehl *Speichern und Senden* unter der Rubrik *E-Mail*.

Excel 2007 ist nur in der Lage, die Arbeitsmappe an die E-Mail anzuhängen oder ein Internetfax zu versenden. Die Befehle dazu finden Sie im Office-Menü unter dem Befehl *Senden*.

Tipp 14: Arbeitsmappen als PDF-Datei exportieren

Seit Excel 2010 können Arbeitsmappen bzw. ein oder mehrere Arbeitsblätter als PDF exportiert werden. Somit ist seit Excel 2010 kein spezieller Treiber oder externes Programm hierfür erforderlich. Die integrierte PDF-Exportfunktion steht unter Excel 2007 nicht zur Verfügung.

Klicken Sie in Excel 2013 oder höher auf den Befehl *Exportieren* im Backstage-Bereich und wählen Sie in der darauf erscheinenden Ansicht die Rubrik *PDF/XPS-Dokument erstellen*.

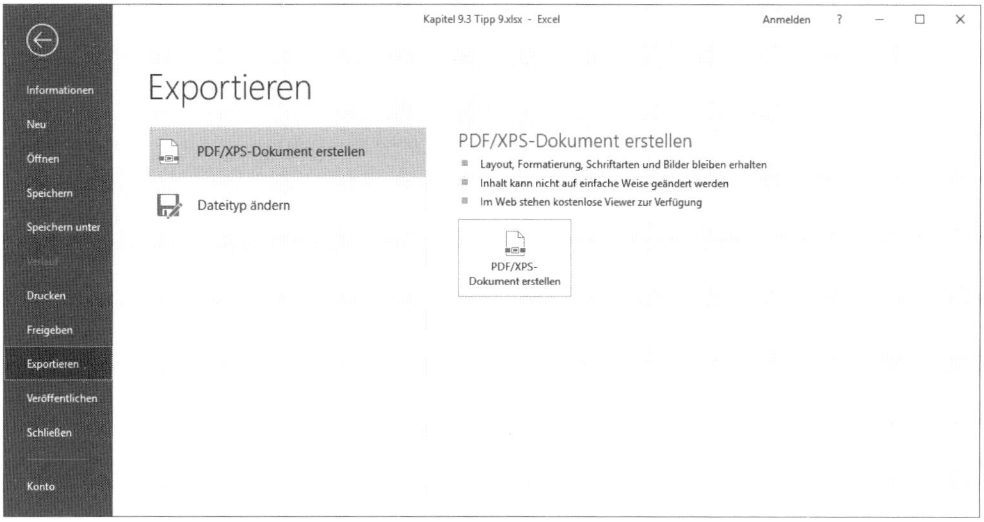

In Excel 2010 verbirgt sich die Exportfunktion im Backstage-Bereich unter dem Befehl *Speichern und Senden* und ebenfalls unter der Rubrik *PDF/XPS-Dokument erstellen*.

Sobald Sie auf die gleichnamige Schaltfläche im rechten Bereich der Ansicht klicken, öffnet sich das Dialogfenster *Als PDF oder XPS veröffentlichen*, wo Sie einen Dateinamen vergeben können.

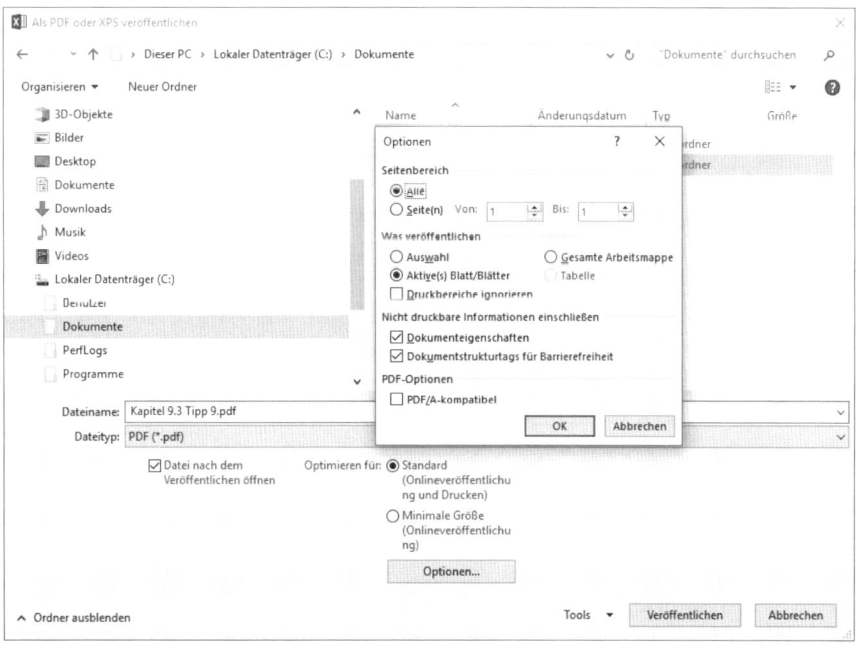

Über die Schaltfläche *Optionen* im Dialogfenster gelangen Sie zu den Einstellungen für den Export, z. B. ob nur das aktive Arbeitsblatt oder die komplette Arbeitsmappe exportiert werden soll oder ob die Dokumenteigenschaften dem exportierten Dokument hinzugefügt werden sollen.

Tipp 15: Benutzer- und Produktinformationen abrufen

Seit Excel 2013 steht im Backstage-Bereich der Befehl *Konto* zur Verfügung, der eine Ansicht aufruft, in der Sie eine Übersicht zu Ihren Benutzerinformationen sowie zur Excel-Version finden. Die nachfolgende Abbildung zeigt Excel 2016 aus einem Abonnement von Microsoft Office 365 Pro Plus und in der Version 1810 vom Oktober 2018. Je nachdem, welche Version Sie einsetzen, kann sich die Ansicht anders darstellen.

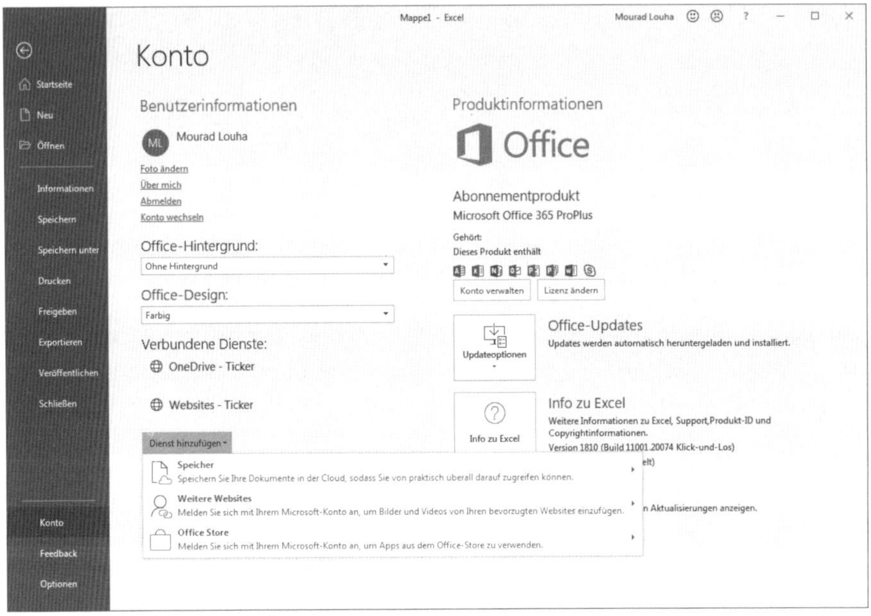

Sie haben im linken Bereich der Ansicht die Möglichkeit, sich mit Ihrem Microsoft-Konto an- und abzumelden oder einzelne Dienste zu konfigurieren, wie z. B. SharePoint oder OneDrive. Je nachdem, ob Sie angemeldet sind oder nicht, erscheinen weniger oder mehr Optionen im linken Fensterbereich. So lässt sich kein Office-Hintergrund auswählen, wenn Sie nicht angemeldet sind. Im rechten Bereich des Fensters finden Sie Informationen zum aktuellen Produkt, die Schaltfläche *Info zu Excel* zum Abruf detaillierter Versionsangaben sowie je nach Produkttyp – Abonnement oder Einzelplatzversion – die Schaltfläche *Updateoptionen* zum Abruf von Updates.

In Excel 2010 ist der Befehl zu den Kontoinformationen im Backstage-Bereich nicht vorhanden, da Excel 2010 noch nicht so stark mit einem Microsoft-Konto verzahnt ist. Informationen zu Excel sowie Updates lassen sich über den Befehl *Hilfe* erreichen. In Excel 2007 muss der Dialog zu den Excel-Optionen aufgerufen und dort die Rubrik *Ressourcen* gewählt werden, um die Informationen zum Produkt oder Updates abzurufen.

9.4 Features der Benutzeroberfläche effektiv nutzen

In den nachfolgenden Abschnitten erläutern wir Ihnen, wie Sie einige ausgewählte Features der Benutzeroberfläche effektiv und zeitsparend nutzen. Einige der Tipps gelten nur für höhere Excel-Versionen, die wir entsprechend gekennzeichnet haben.

Tipp 1: Das Kontextmenü in Excel

Kontextmenüs wurden erstmalig mit Microsoft Windows 95 eingeführt. Sie sind deshalb so erfolgreich, weil sie eine Teilmenge der verfügbaren Befehle darstellen, die auf das ausgewählte Objekt angewendet werden können.

Die Vorteile der kontextsensitiven Anzeige von Befehlen werden in der gesamten neuen Benutzeroberfläche institutionalisiert. Dies spiegelt sich in der Modalität der Multifunktionsleisten, in kontextbezogenen Registerkarten und in den Kontextmenüs einschließlich der Minisymbolleisten wider.

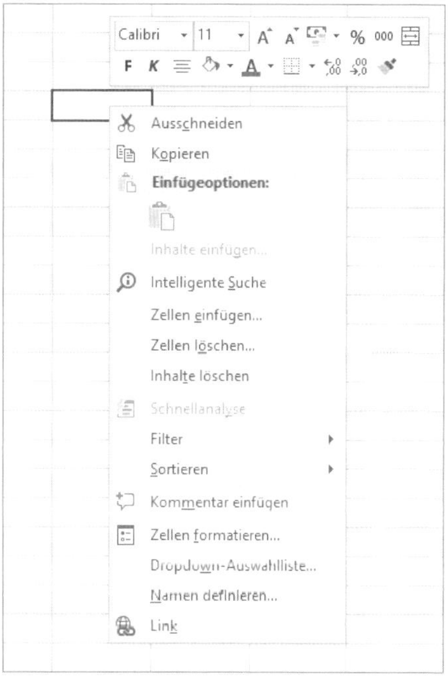

Ein Klick mit der rechten Maustaste auf ein ausgewähltes Objekt öffnet das Kontextmenü und es wird neben dem Mauszeiger eingeblendet. Kontextmenüs können die gleichen Befehle enthalten wie das Menüband. So können über Kontextmenüs selbst Kataloge mit der Livevorschauansicht eingeblendet werden.

Für manche Tätigkeiten ist das Kontextmenü nicht geeignet. Müssen Befehle mehrfach ausgeführt werden oder sollen mehrere Formatierungen gleichzeitig geändert werden, bietet sich die Minisymbolleiste des Kontextmenüs an.

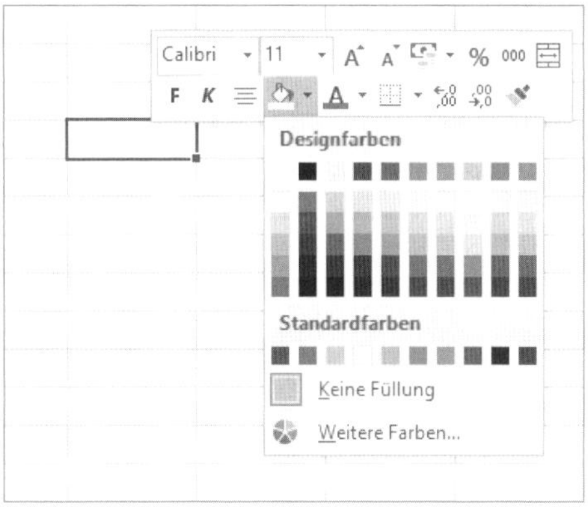

Wenn Sie auf die Minisymbolleiste oberhalb des Kontextmenüs klicken, wird das Kontextmenü ausgeblendet, während die Minisymbolleiste als kleine Symbolleiste sichtbar bleibt.

Die Minisymbolleiste stellt die am häufigsten verwendeten Befehle direkt neben dem Mauszeiger zur Verfügung. Damit werden Mausbewegungen minimiert und die Effizienz wird somit erheblich gesteigert.

Die Minisymbolleiste wird eingeblendet, wenn innerhalb einer Zelle oder über die Bearbeitungsleiste Texte, Zahlen oder Formeln mit der Maus markiert werden. Sie wird teilweise transparent in der Nähe des Mauszeigers eingeblendet. Wenn Sie den Cursor in Richtung der Minisymbolleiste bewegen, wird sie richtig dargestellt und es stehen die am häufigsten verwendeten Formatierungsbefehle zur Verfügung.

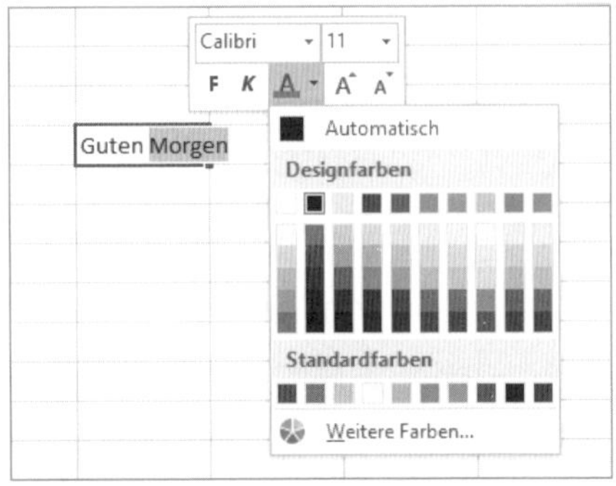

Tipp 2: Die Symbolleiste für den Schnellzugriff

Die Symbolleiste für den Schnellzugriff steht dauerhaft und unabhängig von der jeweiligen Arbeitssituation zur Verfügung und kann sowohl über als auch unter der Multifunktionsleiste dargestellt werden.

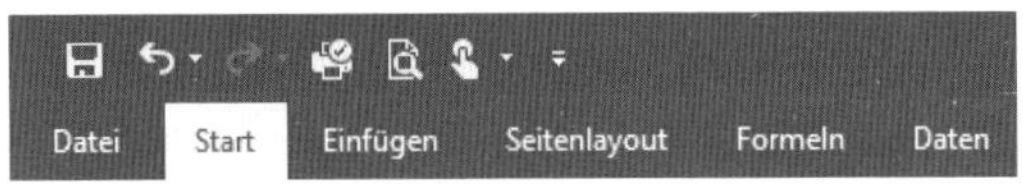

Die Schnellstartleiste kann beliebig nach den individuellen Bedürfnissen angepasst werden. In Laufe der Excel-Versionen seit Excel 2007 wurde die Optik dieser Symbolleiste entsprechend der Optik der Hauptanwendung angepasst. Beispielsweise erscheinen ihre Symbole in Excel 2016 größer als in den Vorversionen.

Wenn Sie die Symbolleiste individuell nach Ihren Bedürfnissen anpassen, besteht die Möglichkeit, diese Anpassungen für Excel insgesamt oder nur für eine bestimmte Arbeitsmappe vorzunehmen. Wird eine Arbeitsmappe mit angepasster Symbolleiste für den Schnellzugriff geschlossen, wird automatisch der Ursprungszustand der Symbolleiste wiederhergestellt.

➡ Verweis: siehe Kapitel 9.5, Tipp 2

Tipp 3: Das Startprogramm für Dialogfenster

Auf der einen Seite bieten Dialogfenster eine Vielzahl an Steuerungsmöglichkeiten komprimiert und zusammengefasst in einem Fenster. Auf der anderen Seite kann die Ausführung von Routineaufgaben dadurch unnötig erschwert werden, beispielsweise dann, wenn der Dialog modal ausgeführt wird und Sie zuerst den Dialog schließen müssen, um zur Bearbeitung der Arbeitsmappe zurückzukehren.

Das Menüband zielt darauf ab, die Abhängigkeit der Benutzer von Dialogfenstern zu verringern, aber es auch gleichzeitig zu vereinfachen, das gewünschte Dialogfenster zu finden und aufzurufen. Selbstverständlich sind Dialogfenster weiterhin ein wichtiger Bestandteil des Anwendungskonzepts. Ihre Bedeutung als primärer Mechanismus zum Formatieren von Inhalten wurde jedoch reduziert und im Wesentlichen auf das Menüband verlagert.

Dennoch werden Dialogfenster weiterhin verwendet, um Zugriff auf mehrere zusammenhängende Einstellungsmöglichkeiten und z. B. auf selten benötigte Einstellungen zu haben.

Das Menüband bietet für jede Befehlsgruppe ein Startprogramm für das zugehörige Dialogfeld an. Dadurch wird eine feste Verknüpfung zwischen dem effizienten Funktionsaufruf über das Menüband und der erweiterten Dialogfeldversion bereitgestellt.

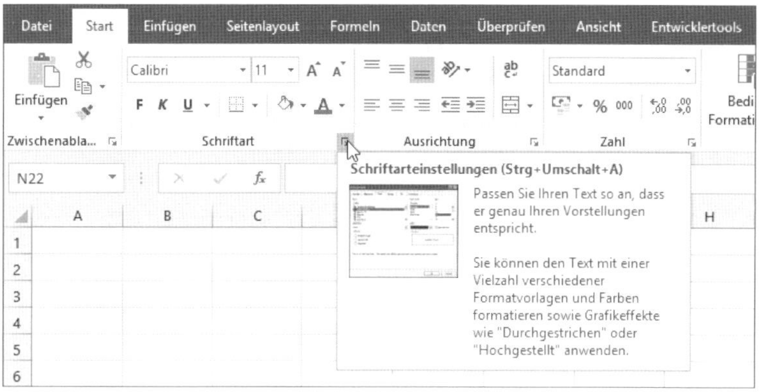

Ein Klick auf den Pfeil in der rechten unteren Ecke einer Befehlsgruppe genügt, um das jeweils zugehörige Dialogfenster zu starten.

Seit Excel 2013 wurden zudem einige der Dialoge in Aufgabenbereiche ausgelagert, was z. B. den parallelen Zugriff auf die Einstellungen und das Arbeitsblatt und auch die Handhabung enorm erleichtert. Zumal Dialoge meist eine feste Größe haben und auf dem Bildschirm störend wirken. Die nachfolgende Abbildung zeigt einen solchen Aufgabenbereich in Excel 2019.

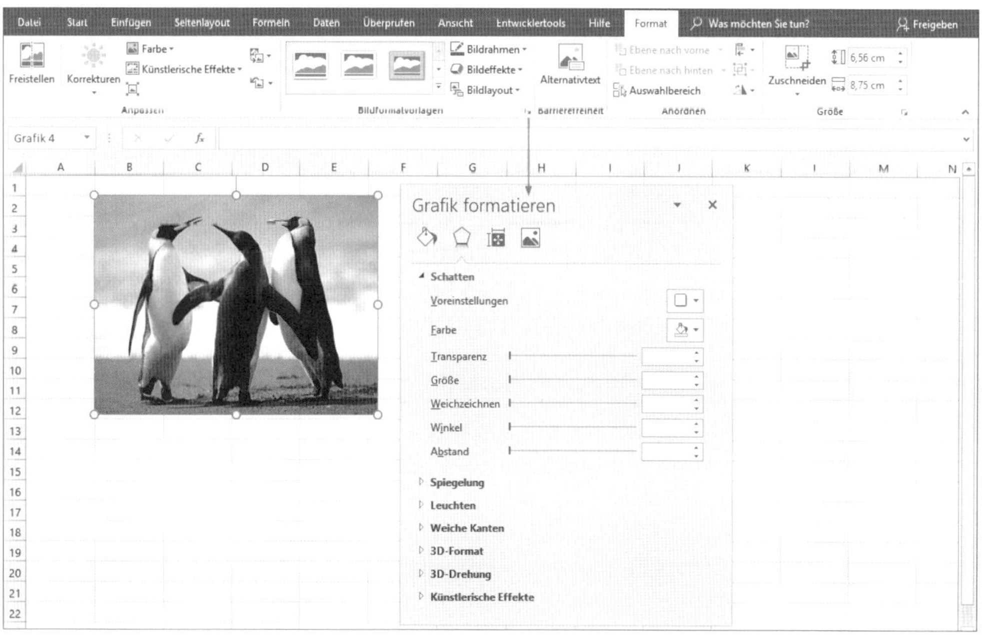

Tipp 4: Die Bearbeitungsleiste in Excel

Die Bearbeitungsleiste stellt neben der eigentlichen Zelle ein zentrales Element in Excel dar. Die Bearbeitungsleiste ist schon seit der ersten Excel-Version enthalten und ermöglicht die Erfassung von Texten, Zahlen und Formeln. Außerdem lassen sich anhand der Bearbeitungsleiste schnell Korrekturen an den Werten und Formeln vornehmen.

Die Bearbeitungsleiste enthält zudem auf der linken Seite das Namensfeld, gefolgt von der Funktionsschaltfläche zum Einfügen von Funktionen und einer Eingabezeile. Rechts befindet sich eine Schaltfläche zur Veränderung der Zeilenanzahl.

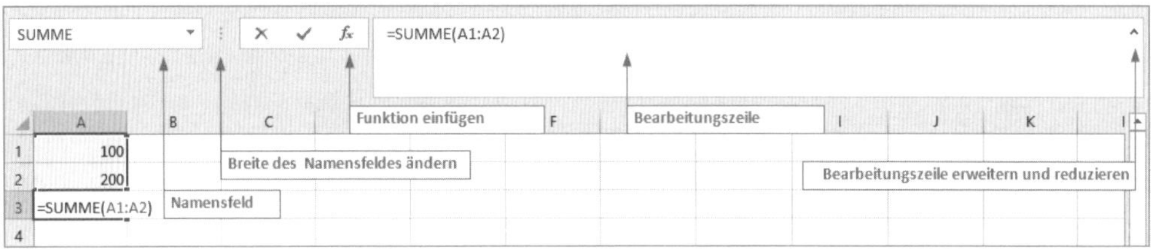

Durch die Änderung der Breite des Namensfelds können auch längere Namen vollständig angezeigt werden. Zur Veränderung der Zeilenhöhe genügt ein Klick auf die untere Begrenzung der Bearbeitungsleiste. Mit gedrückter linker Maustaste lässt sich die Zeilenhöhe beliebig variieren.

Mit dem Pfeil seit Excel 2010 oder dem Doppelpfeil in Excel 2007 am rechten Rand kann zwischen der erweiterten und der einzeiligen Ansicht hin- und hergewechselt werden.

Tipp 5: Die Statusleiste in Excel

Die Statusleiste wurde ab Version 2007 zu einem kleinen Informationszentrum ausgebaut. So lassen sich darüber verschiedene Informationen wie Summe, Minimum- und Maximumwerte, Anzahl, Mittelwert etc. einblenden.

Über den Zoomregler am rechten Rand der Statuszeile haben Sie einen schnellen Zugriff auf die Zoomeinstellungen. So kann die Auflösung zwischen 10 und 400 % stufenlos eingestellt werden. Direkt links vom Zoomregler finden Sie drei Schaltflächen zum Ändern des Ansichtsmodus. Ganz links in der Statuszeile wird Ihnen das Feld *Modus* angezeigt, das den aktuellen Modus anzeigt. Dieser kann zwischen *Bereit*, *Eingeben* und *Bearbeiten* wechseln. Rechts neben dem Feld zum Modus befindet sich eine Schaltfläche, um die Aufzeichnung eines Makros zu starten.

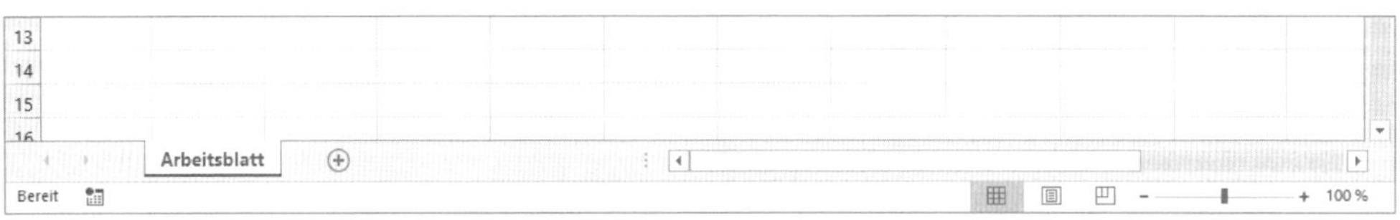

Wenn Sie mit der rechten Maustaste einen Klick auf die Statusleiste ausführen, wird ein Kontextmenü eingeblendet, über das die Symbolleiste den eigenen Gewohnheiten und Bedürfnissen angepasst werden kann. Die Anzahl der im Kontextmenü vorhandenen Einträge variiert zwischen den verschiedenen Excel-Versionen.

Hinweis

Änderungen der Statusleiste werden für Excel in der Registry im Schlüssel *HKEY_CURRENT_USER\Software\Microsoft\Office\xyz\Excel\StatusBar* gespeichert, wobei *xyz* als Platzhalter für die verschiedenen Excel-Versionen zu verstehen ist. Für Excel 2007 verwenden Sie statt des Platzhalters den Text *12.0*, für Excel 2010 den Text *14.0*, für Excel 2013 den Text *15.0* und für Excel 2016/2019 den Text *16.0*.

Tipp 6: Designs in Excel verwenden

Seit Office 2007 sind in Excel und den weiteren Anwendungen sogenannte *Designs* verfügbar. Dabei wird eine Vielzahl fertiger Designs bereits mitgeliefert, die sich aber jederzeit individuell anpassen lassen. Zu einem Design gehören sämtliche Farben, die Schriftarten, Schriftgrößen für Texte und Zahlen sowie verschiedene Formeffekte.

In Excel 2007/2010 ist einer neu erstellten Arbeitsmappe das Standarddesign „Larissa" und seit Excel 2013 das Design „Office" zugewiesen. Sie ändern das Design einer Arbeitsmappe, indem Sie auf die Registerkarte *Seitenlayout* klicken und ein Design über die Schaltfläche *Designs* auswählen.

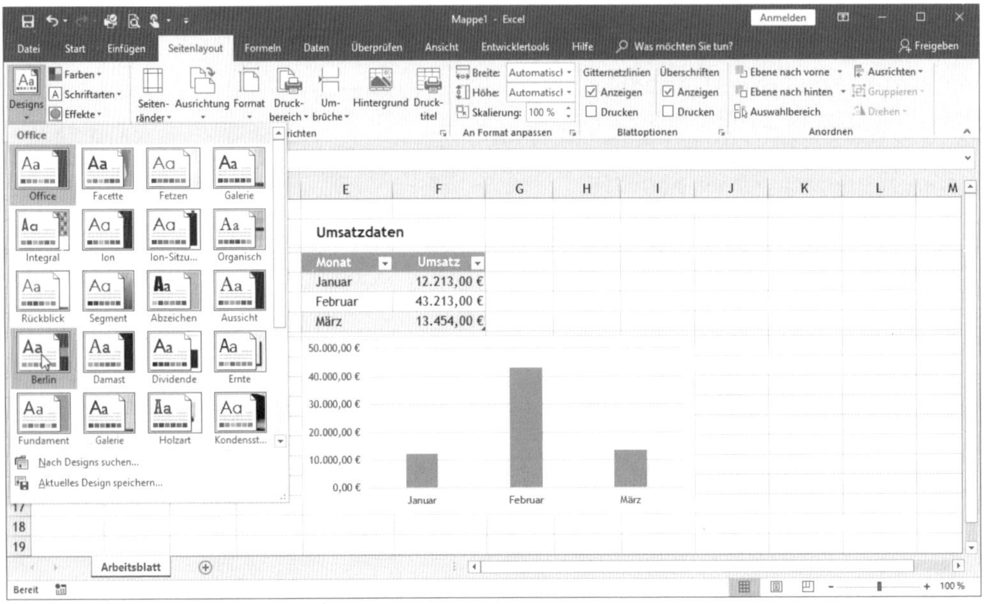

Da die Verwendung von Designs tief in die Gestaltung einer Excel-Tabelle eingreift, bietet es sich an, die Livevorschau ausgiebig zu nutzen, bevor Sie das Design auf die Tabelle anwenden. Die Livevorschau wird beim Überfahren des Designs mit der Maus aktiv und zeigt Ihnen eine Vorschau auf die einzelnen Elemente an.

Hinweis

Wenn die Livevorschau nicht angezeigt wird, müssen Sie in den Excel-Optionen in der Rubrik *Allgemein* das Kontrollkästchen zur Livevorschau aktivieren. In Excel 2007 finden Sie die Einstellung in der Rubrik *Häufig verwendet*.

Tipp 7: Formatkataloge in Excel verwenden

Ein weiterer Meilenstein seit Excel 2007 stellt die Verwendung von Vorlagen bzw. Katalogen dar. Es steht eine Vielzahl von z. B. Dokumentvorlagen, Farbvorlagen oder Tabellenvorlagen zur Verfügung. Wenn Sie mit der Maus über einem Element eines Formatkataloges verharren, wird Ihnen eine Livevorschau angezeigt, sodass Sie den Effekt sofort sehen und beurteilen können. Erst mit einem Klick auf die entsprechende Auswahl wird die gewählte Formatierung in die Tabelle übernommen.

In der nachfolgenden Abbildung wurde eine intelligente Tabelle in Excel 2016 mit dem Format „Tabellenformat – Mittel 3" formatiert. Sie finden den Formatvorlagenkatalog unter dem Menü *Start/Als Tabelle formatieren*.

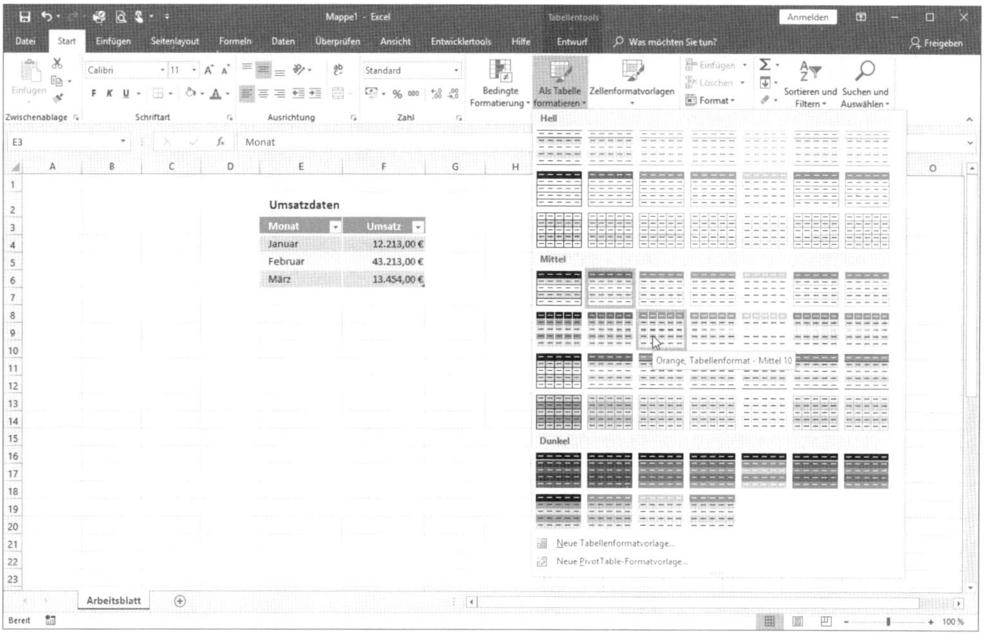

Tipp 8: Erweitertes Kopieren und Einfügen ab Excel 2010

Die Funktion *Einfügen* wurde mit Excel 2010 um neue Symbole erweitert, was seitdem die Handhabung der Funktion deutlich vereinfacht. Wenn Daten aus der Zwischenablage eingefügt werden sollen, genügt es, den Mauszeiger auf den entsprechenden Einfügebefehl zu stellen. Damit wird direkt im Zielbereich die Vorschau darauf, wie das Ergebnis des Einfügevorgangs aussehen würde, angezeigt. Die Darstellung der Symbole unterscheidet sich leicht zwischen den verschiedenen Excel-Versionen. Die nachfolgenden Abbildungen zeigen die Symbole in Excel 2019.

Die Symbole entsprechen im Wesentlichen den Funktionen, die über das Dialogfenster *Inhalte einfügen* erreichbar sind. In der nachfolgenden Auflistung erhalten Sie einen Überblick über die zur Verfügung stehenden Einfügeoptionen.

Die Symbole stehen auch im Kontextmenü zur Verfügung, was den Zugriff nochmals vereinfacht.

- Kopiert die Werte und alle Formatierungen an die neue Position.
- Kopiert nur Formeln der Quelldaten, ohne Formatierungen zu übernehmen.
- Kopiert Formeln und Zahlenformate.
- Kopieren mit ursprünglichen Formatierungen

- Formatierungen werden behalten, eventuell vorhandene Rahmen werden entfernt.
- Die Breite der Ursprungsspalte wird beibehalten.
- Werte werden beim Einfügen transponiert.
- Es werden nur Werte eingefügt.
- Eingefügt werden Werte und Zahlenformate.
- Eingefügt werden Werte und Zellenformatierungen.
- Kopiert werden nur die Formatierungen des Quellbereichs.
- Eingefügt werden Verknüpfungen als Formeln zum Quellbereich.
- Eingefügt wird ein Bild, also ein Screenshot des Quellbereichs.
- Eingefügt wird ein Bild des Quellbereichs, das über Formeln verknüpft ist.

Tipp 9: Erweiterte Löschen-Schaltfläche ab Excel 2010

Die Schaltfläche *Löschen* in der Gruppe *Bearbeiten* aus der Registerkarte *Start* ist um die Funktion zum Entfernen von Hyperlinks erweitert worden. Damit ist der Zugriff auf diese Funktion wesentlich schneller erreichbar als in früheren Versionen.

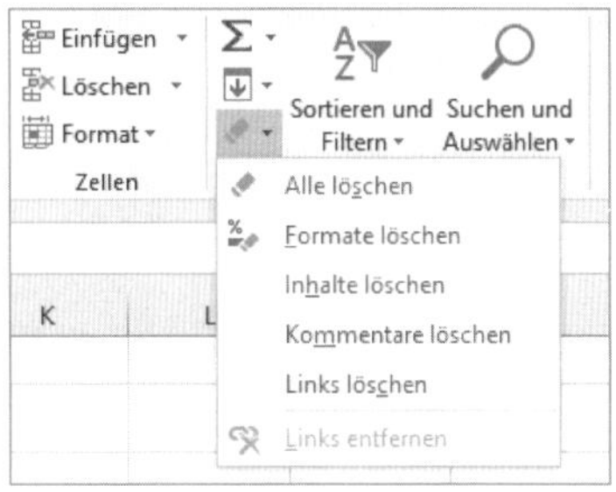

Tipp 10: Screenshots ab Excel 2010 spielend leicht in ein Arbeitsblatt einfügen

Diese Funktion, die ab Excel 2010 zur Verfügung steht, eignet sich sehr gut, um Sachverhalte schnell und einfach zu illustrieren. Der Befehl *Screenshot* befindet sich in der Registerkarte *Einfügen* in der Programmgruppe *Illustrationen*.

Wenn Sie auf die Schaltfläche *Screenshot* klicken, erhalten Sie eine Vorschau aller verfügbaren Anwendungen. Allerdings dürfen diese nicht auf die Taskleiste minimiert worden sein, sondern müssen als Fenster im Hintergrund geöffnet sein.

Im Beispiel stehen Vorschauelemente von zwei im Hintergrund geöffneten Anwendungen zur Verfügung. Sobald Sie auf ein Vorschaubild klicken, wird der Screenshot des gesamten Anwendungsfensters

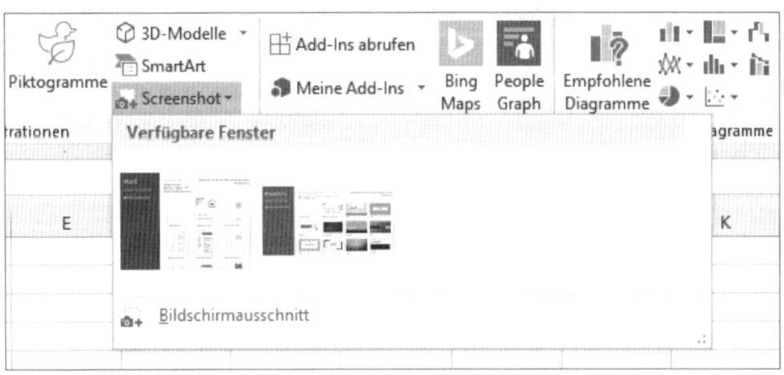

in die Tabelle eingefügt. Darüber hinaus besteht die Möglichkeit, einen beliebigen Bildschirmausschnitt auszuwählen.

So geht's:

1 Öffnen Sie den Befehl über das Menü *Screenshot/Bildschirmausschnitt*.

2 Excel wird damit automatisch verkleinert, sodass der Desktop mit den restlichen geöffneten Fenstern angezeigt wird.

3 Zur Auswahl des gewünschten Bildausschnitts wird ein Auswahlkreuz eingeblendet, über das Sie durch Ziehen mit gedrückter linker Maustaste den gewünschten Bereich markieren können.

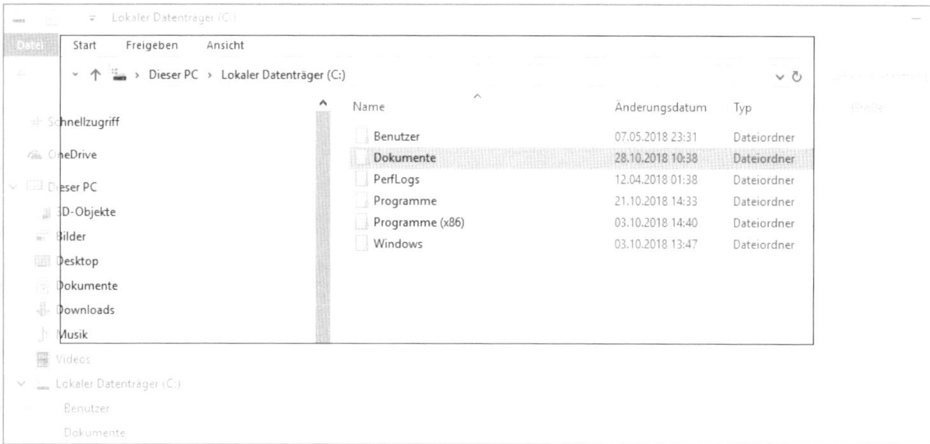

4 Wenn Sie die linke Maustaste loslassen, wird der gewählte Bildausschnitt automatisch in der aktuell geöffneten Excel-Tabelle angezeigt. Dort kann die Grafik beliebig positioniert und verändert werden.

Tipp 11: Die Schnellanalysefunktionen ab Excel 2013 verwenden

Wie der Name schon sagt, können mit dieser Funktion ab Excel 2013 Daten einfach und schnell analysiert und mit zusätzlichen Informationen automatisch angereichert werden. Die Schnellanalysefunktion kann auf beliebige zusammenhängende Datenbereiche angewendet werden. Es spielt dabei keine Rolle, ob der Datenbereich als Datentabelle formatiert wurde oder nicht.

So geht's:

Um die Funktion nutzen zu können, müssen zuerst die Zellen, die ausgewertet werden sollen, entsprechend markiert werden. Ist der gewünschte Zellbereich ausgewählt, erscheint sofort neben der rechten unteren Zelle im ausgewählten Bereich ein Symbol.

Mit einem Klick auf das Schnellanalysesymbol bzw. mithilfe der Tastenkombination Strg+Q öffnet sich ein Fenster, das die Analysefunktionen in Kategorien zusammenfasst. Pro Kategorie ermittelt Excel die am besten passenden Funktionen.

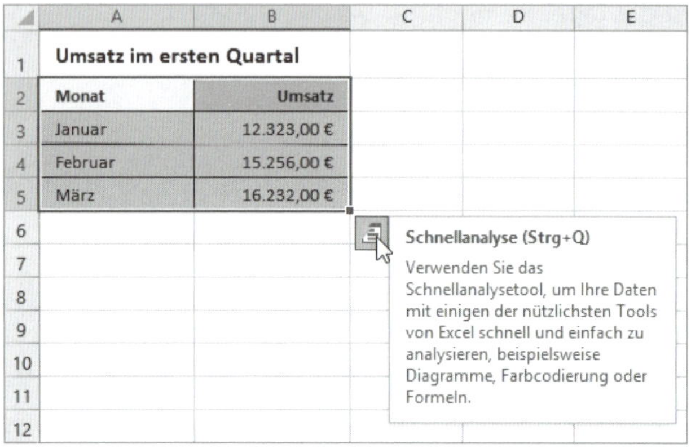

Folgende Kategorien werden angeboten:

- *Formatierung*: Beinhaltet Funktionen zur bedingten Formatierung wie z. B. Datenbalken, Farbskalen oder Symbolsätze.
- *Diagramme*: Bietet eine Reihe passender Diagrammtypen an, wie z. B. Balken- oder Liniendiagramme.
- *Ergebnisse*: Beinhaltet mögliche Formelberechnungen, wie z. B. das Einfügen einer Summenzeile.
- *Tabellen*: Beinhaltet Funktionen zu intelligenten Tabellen, wie z. B. die Konvertierung des Bereichs in eine solche Tabelle.
- *Sparklines:* Beinhaltet eine Liste der möglichen anwendbaren Sparklines.

Die folgende Abbildung zeigt den Aufbau der Schnellanalysefunktion.

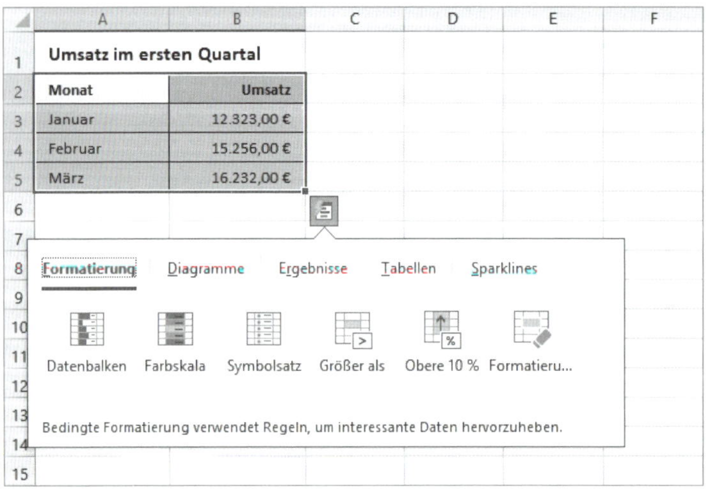

Nach Auswahl einer Kategorie und Überfahren eines der angebotenen Einträge in der Kategorie wird Ihnen eine Vorschau angeboten. Wählen Sie z. B. in der Kategorie *Formatierung* den Eintrag *Datenbalken*, erscheinen diese in der Datentabelle als Vorschau.

Positionieren Sie z. B. in der Kategorie *Diagramme* auf den Diagrammtyp *Gruppierte Balken*, erscheint dieses zunächst als Vorschau in einem separaten Fenster, wie in nebenstehender Abbildung zu sehen.

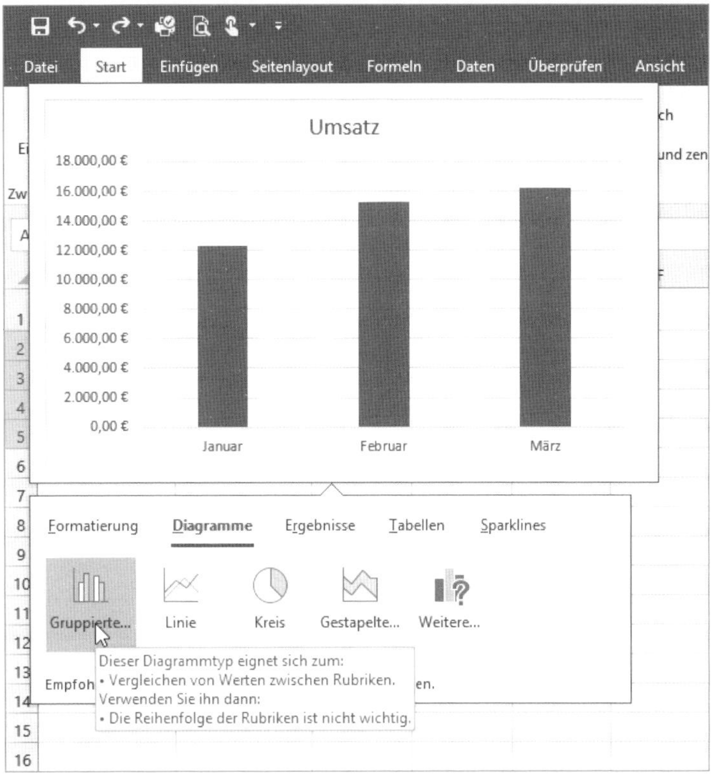

Zur Übernahme der Auswahl klicken Sie einfach auf den entsprechenden Eintrag.

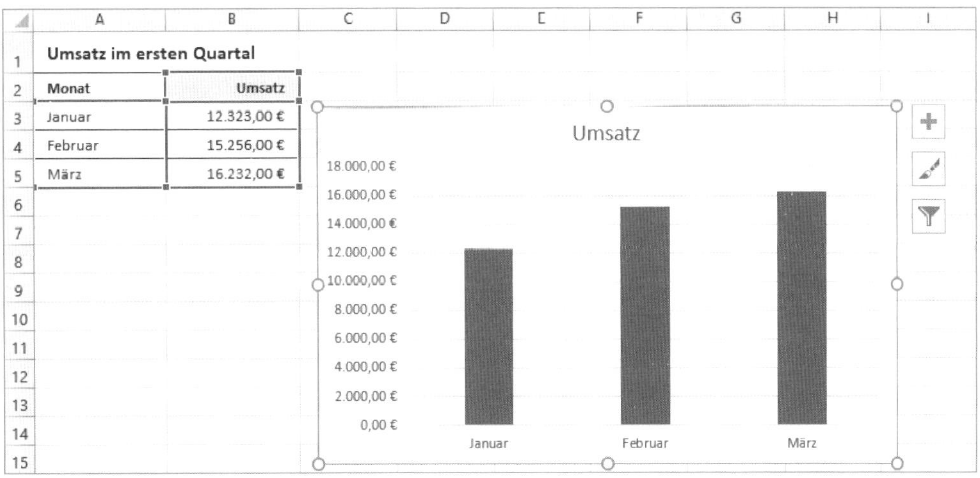

Sie sehen, mithilfe der Schnellanalysefunktion lassen sich Daten mit wenigen Mausklicks erfolgreich auswerten und ansprechend aufbereiten.

Tipp 12: Die Blitzvorschaufunktion ab Excel 2013 verwenden

Mithilfe der Blitzvorschaufunktion ab Excel 2013 können Daten auf intelligente Art und Weise extrahiert werden. Zum Extrahieren von Daten genügt es, dass das gewünschte Extraktionsmuster rechts oder links neben die auszuwertende Liste geschrieben wird. Wenn Sie anschließend die Blitzvorschaufunktion ausführen, versucht Excel anhand des vorgegebenen Musters, alle weiteren Einträge in der Liste zu erkennen, auszulesen und in die entsprechenden Zellen zu schreiben.

Am besten lässt sich die Funktion anhand von Beispielen erläutern. Im ersten Beispiel soll aus einer Liste mit E-Mail-Adressen jeweils der Nachname ausgelesen werden. Die Liste mit den E-Mail-Adressen sehen Sie in der nebenstehenden Abbildung.

	A
1	Beispiel zur Blitzvorschau
2	
3	E-Mail Adressen
4	gerd.mueller@mustertest.info
5	wibke.huber@mustertest.info
6	sven.koenig@mustertest.info
7	klara.kraus@mustertest.info
8	otto.bergner@mustertest.info
9	doris.hansen@mustertest.info
10	klaus.raum@mustertest.info
11	olga.toenges@mustertest.info

So geht's:

1 Schreiben Sie zunächst das gewünschte Extraktionsmuster in die Zelle rechts oder links neben der Datentabelle. In diesem Beispiel schreiben wir als Muster den Nachnamen *mueller* rechts neben die erste Datenzeile der Liste, also in Zelle B4.

	A	B	C
1	Beispiel zur Blitzvorschau		
2			
3	E-Mail Adressen		
4	gerd.mueller@mustertest.info	mueller	
5	wibke.huber@mustertest.info		
6	sven.koenig@mustertest.info		
7	klara.kraus@mustertest.info		
8	otto.bergner@mustertest.info		
9	doris.hansen@mustertest.info		
10	klaus.raum@mustertest.info		
11	olga.toenges@mustertest.info		
12			

2 Markieren Sie nun den gesamten Bereich von B4 bis B11, also einschließlich der Musterzelle. Nur wenn die Musterzeile in die Markierung eingeschlossen wird, kann die Blitzvorschaufunktion korrekt arbeiten.

3 Starten Sie nun über das Menü *Start/Bearbeiten/Füllbereich/Blitzvorschau* die Blitzvorschaufunktion.

4 Sobald Sie die Funktion ausgeführt haben, werden die Nachnamen dem vorgegebenen Extraktionsmuster entsprechend in die markierten Zellen rechts neben der Liste eingetragen.

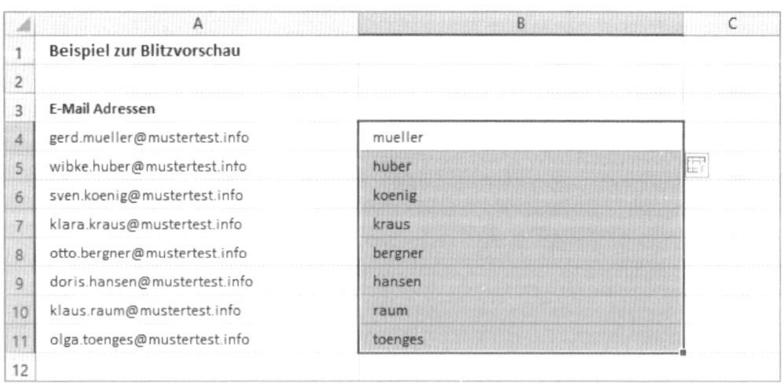

	A	B	C
1	Beispiel zur Blitzvorschau		
2			
3	E-Mail Adressen		
4	gerd.mueller@mustertest.info	mueller	
5	wibke.huber@mustertest.info	huber	
6	sven.koenig@mustertest.info	koenig	
7	klara.kraus@mustertest.info	kraus	
8	otto.bergner@mustertest.info	bergner	
9	doris.hansen@mustertest.info	hansen	
10	klaus.raum@mustertest.info	raum	
11	olga.toenges@mustertest.info	toenges	
12			

Zusätzlich wird rechts neben dem ersten ausgelesenen Namen das Symbol *Blitzvorschauoptionen* angezeigt. Wenn Sie darauf klicken, öffnet sich ein Optionsfenster, in dem Sie verschiedene Aktionen ausführen können.

Über die erste Option *Rückgängig* können Sie die Funktion einfach wieder zurücksetzen. Die Option *Vorschläge akzeptieren* sorgt dafür, dass die ausgelesenen Inhalte fest in die Zellen eingetragen werden. Damit verschwindet auch das *Blitzvorschauoptionen*-Symbol.

Solange Sie aber die Daten mit der Option *Vorschläge akzeptieren* nicht angenommen haben, können Sie das Extraktionsmuster in Zelle B4 jederzeit ändern. Wenn Sie beispielsweise statt des Nachnamens *mueller* den Vornamen *gerd* eintragen, wird dieser automatisch in die Zellen B4 bis B11 übernommen. Das Ergebnis der Änderung des Extraktionsmusters auf den Vornamen sehen Sie in der folgenden Abbildung.

Wie gewünscht, werden nun anstatt der Nachnamen die Vornamen aus der E-Mail-Liste ausgelesen.

Tipp 13: Weitere Extraktionsmöglichkeiten mithilfe der Blitzvorschaufunktion

Dieser Tipp zeigt weitere Möglichkeiten der Blitzvorschaufunktion, um Daten aus einer Auflistung auszulesen und in separaten Zellen darzustellen.

Als Basis für diesen Tipp dient erneut die Liste mit den E-Mail-Adressen aus Tipp 11. Nun sollen die Vor- und Nachnamen gleichzeitig extrahiert werden.

So geht's:

1. Um den Vor- und den Nachnamen auszulesen, tragen Sie in Zelle B4 einfach *Gerd Mueller* ein.
2. Markieren Sie anschließend den Zellbereich B4:B11.
3. Starten Sie nun über das Menü *Start/Bearbeiten/Füllbereich/Blitzvorschau* die Blitzvorschaufunktion.

4 Als Ergebnis wird aus allen E-Mail-Adressen der Vor- und Nachname korrekt ausgelesen. Selbst der Punkt, der den Vor- und Zunamen in der E-Mail-Adresse trennt, wird aus den ausgelesenen Daten entfernt.

	A	B	C
1	**Beispiel zur Blitzvorschau**		
2			
3	**E-Mail Adressen**		
4	gerd.mueller@mustertest.info	Gerd Müller	
5	wibke.huber@mustertest.info	Wibke Müller	
6	sven.koenig@mustertest.info	Sven Müller	
7	klara.kraus@mustertest.info	Klara Müller	
8	otto.bergner@mustertest.info	Otto Müller	
9	doris.hansen@mustertest.info	Doris Müller	
10	klaus.raum@mustertest.info	Klaus Müller	
11	olga.toenges@mustertest.info	Olga Müller	
12			

Beachten Sie, dass die Anfangsbuchstaben auch alle korrekt als Großbuchstaben ausgegeben werden. Dies liegt daran, dass das vorgegebene Muster, also der Name *Gerd Mueller*, auch mit den entsprechenden Großbuchstaben vorgegeben wurde.

Im nächsten Beispiel zeigen wir Ihnen, welche Möglichkeiten die Blitzvorschaufunktion noch bietet. Dazu wurde die E-Mail-Liste etwas modifiziert. Die **T**op-**L**evel-**D**omain (TLD) *.info* wurde bei den einzelnen E-Mail-Adressen auf eine jeweils andere TLD abgeändert.

	A
1	**Beispiel zur Blitzvorschau**
2	
3	**E-Mail Adressen**
4	gerd.mueller@mustertest.info
5	wibke.huber@mustertest.de
6	sven.koenig@mustertest.com
7	klara.kraus@mustertest.net
8	otto.bergner@mustertest.eu
9	doris.hansen@mustertest.tv
10	klaus.raum@mustertest.at
11	olga.toenges@mustertest.org

Das Ziel ist nun, neben den Vor- und Nachnamen die Top-Level-Domains mit dem Zusatz *TLD:* auslesen zu lassen. Vorname und Nachname sollen dabei vertauscht werden.

So geht's:

1 Tragen Sie in Zelle B4 Folgendes ein: *Mueller Gerd – TLD: .info.*

	A	B	C
1	**Beispiel zur Blitzvorschau**		
2			
3	**E-Mail Adressen**		
4	gerd.mueller@mustertest.info	Mueller Gerd – TLD: .info	
5	wibke.huber@mustertest.de		
6	sven.koenig@mustertest.com		
7	klara.kraus@mustertest.net		
8	otto.bergner@mustertest.eu		
9	doris.hansen@mustertest.tv		
10	klaus.raum@mustertest.at		
11	olga.toenges@mustertest.org		
12			

2 Markieren Sie nun wie gewohnt den kompletten Zellbereich, also B4 bis B11.

3 Starten Sie schließlich die Blitzvorschaufunktion über das Menü *Start/Bearbeiten/Füllbereich/Blitzvorschau.*

4 Als Ergebnis werden die vertauschten Vor- und Zunamen ausgegeben. Außerdem wird der Zusatz – *TLD:* gefolgt von der entsprechenden Top-Level-Domain extrahiert.

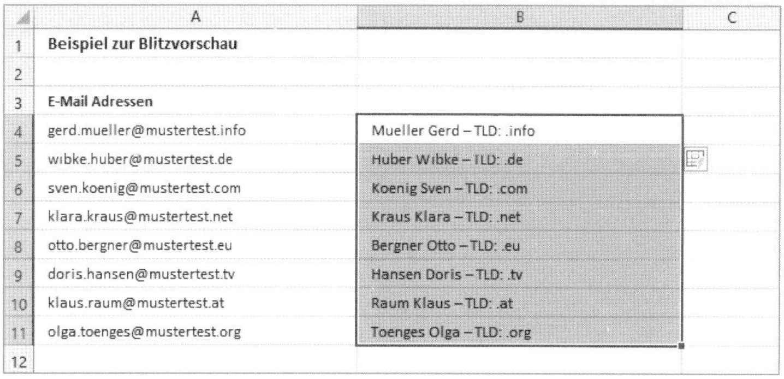

	A	B	C
1	**Beispiel zur Blitzvorschau**		
2			
3	**E-Mail Adressen**		
4	gerd.mueller@mustertest.info	Mueller Gerd – TLD: .info	
5	wibke.huber@mustertest.de	Huber Wibke – TLD: .de	
6	sven.koenig@mustertest.com	Koenig Sven – TLD: .com	
7	klara.kraus@mustertest.net	Kraus Klara – TLD: .net	
8	otto.bergner@mustertest.eu	Bergner Otto – TLD: .eu	
9	doris.hansen@mustertest.tv	Hansen Doris – TLD: .tv	
10	klaus.raum@mustertest.at	Raum Klaus – TLD: .at	
11	olga.toenges@mustertest.org	Toenges Olga – TLD: .org	
12			

Sie sehen, diese neue Vorschaufunktion ist ziemlich mächtig.

Tipp 14: Der Formeleditor ab Excel 2010

Seit Excel 2010 steht jetzt ein mathematischer Formeleditor, ähnlich wie in Word, zur Verfügung. Damit lassen sich mathematische Gleichungen auch in Excel einfach darstellen.

So geht's:

1 Den Befehl *Formel* zum Starten des Formeleditors finden Sie auf der Registerkarte *Einfügen* in der Programmgruppe *Symbole*.

2 Zum Einfügen von Formeln stehen zwei Möglichkeiten zur Verfügung. Wenn Sie auf die untere Hälfte, also auf den Pfeil der Schaltfläche *Formel* klicken, öffnet sich eine Liste mit vordefinierten Formeln, von denen Sie eine auswählen können. Zur Verfügung stehen hier beispielsweise Formeln zur Berechnung der Kreisoberfläche, der Binomische Lehrsatz, der Satz des Pythagoras und so weiter.

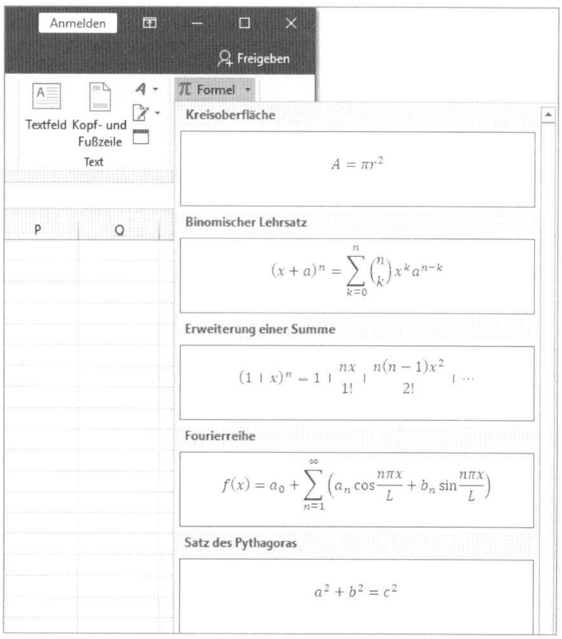

3 Sollten Sie eine andere als die vordefinierte Formel erstellen wollen, was in den meisten Fällen auch der Fall sein dürfte, klicken Sie auf die obere Hälfte der Schaltfläche *Formeln*. Excel fügt Ihnen ein Textfeld in die Arbeitsmappe ein, der den vordefinierten Text *Geben Sie hier eine Formel ein* enthält. Sobald Sie das Textfeld anklicken, wird die kontextsensitive Registerkarte *Formeltools* sichtbar, die Ihnen eine Reihe an Hilfsmitteln zur Verfügung stellt.

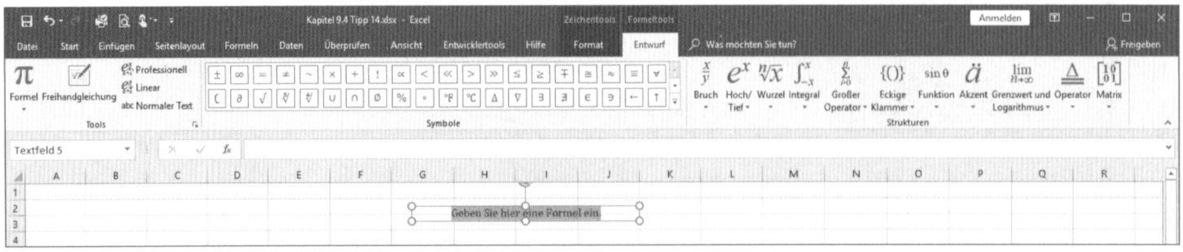

Über diese Registerkarte können Sie Formeln nach Ihren individuellen Bedürfnissen zusammenbauen und gestalten. So können Sie Vorlagen für Brüche, Skripten, Wurzeln, Integrale, Klammern etc. einfügen und anschließend mit Werten befüllen. Im Beispiel sehen Sie die Zinsformel Kapital (*k*) * Zinssatz (*p*) * Zinstage (*t*) dividiert durch *100 * 360*, dargestellt als allgemeingültige Formel. Mit dieser Formel wird der Zinsbetrag ermittelt.

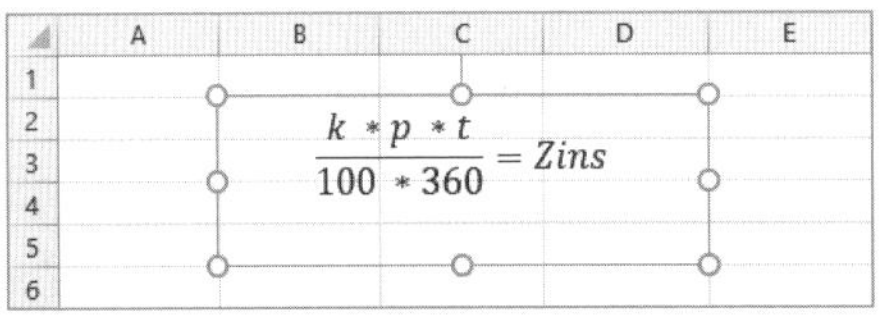

Hinweis

In frühen Versionen von Excel 2010 ohne Service-Packs musste noch das Textfeld manuell eingefügt werden, damit der Befehl zum Einfügen einer Formel aktiv wurde. Um ein Textfeld einzufügen, verwenden Sie den Befehl *Einfügen/Illustrationen/Formen/Textbox*.

Tipp 15: Funktionen zur Bildbearbeitung ab Excel 2010 verwenden

Die Kommunikation von Ideen in Excel umfasst nicht immer nur die Anzeige von Zahlen oder Diagrammen. Seit Excel 2010 müssen Sie kein Grafikdesigner sein, um elegant aussehende Bilder zu erstellen.

Seit Excel 2010 stehen Funktionen zur Bildbearbeitung zur Verfügung. Anhand eines Beispielbilds wollen wir die einzelnen Funktionen etwas genauer unter die Lupe nehmen.

Fügen Sie zunächst ein Bild über das Menü *Einfügen/Grafik* ein. Wir haben uns für die Pinguine aus dem Bilderordner von Windows 7 entschieden.

Sobald das Bild eingefügt und markiert ist, wird die Registerkarte *Bildtools* angezeigt. Diese Registerkarte enthält die für die Bearbeitung von Bildern relevanten Befehle.

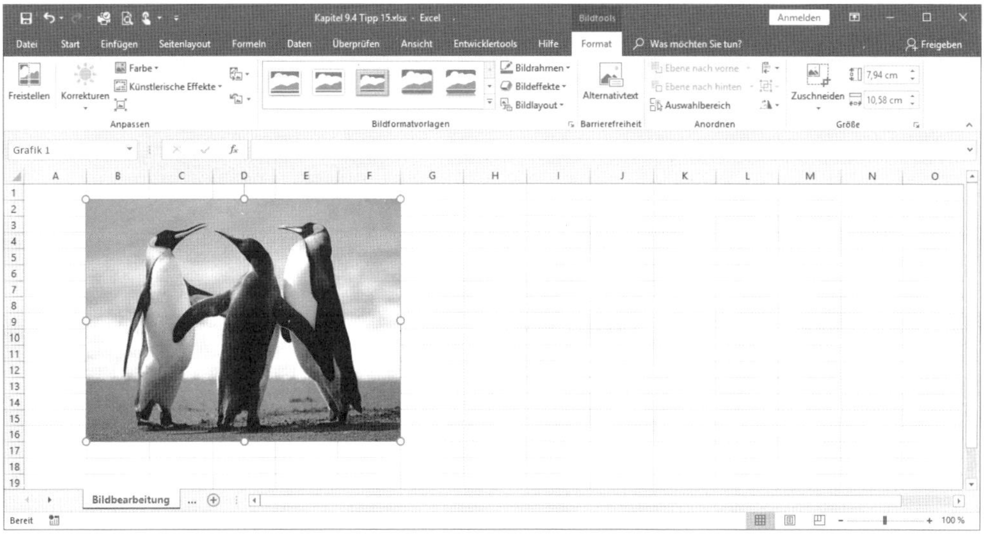

Mithilfe der Funktion *Freistellen* können Objekte freigestellt, also vom Hintergrund befreit werden. Wer sich etwas intensiver mit Bildbearbeitungsprogrammen beschäftigt, wird wissen, dass für diese Funktion relativ aufwendige Algorithmen notwendig sind. Nach einem Klick auf die Schaltfläche *Freistellen* wird die Registerkarte *Freistellen* mit verschiedenen Befehlen eingeblendet und der Bildhintergrund, also der Bereich, der entfernt werden soll, wird automatisch farbig gekennzeichnet.

Das Freistellen einzelner Bildbereiche unterscheidet sich zwischen den Excel-Versionen. In Excel 2010 ziehen Sie die Markierung um Ihre freizustellenden Objekte, im Beispiel um die drei Pinguine. Damit legen Sie fest, welcher Hintergrundbereich behalten werden soll und welcher entfernt wird. Die Vorschau wird live im eingefügten Bild angezeigt. Ab Excel 2016 lassen sich Freihandformen bzw. -linien zeichnen und es wird versucht, anhand der Position der Linien die zu entfernenden oder beizubehaltenden Bereiche automatisch zu erkennen.

Wenn Sie mit der Auswahl fertig sind und auf die Schaltfläche *Änderungen beibehalten* klicken, wird der farbig markierte Hintergrund entfernt und es bleiben nur noch die Pinguine übrig.

Wie Sie sehen, wurde beim linken Pinguin im Halsbereich etwas zu viel entfernt. Das kann aber leicht korrigiert werden. Dazu soll der rechte Pinguin aus dem Bild entfernt werden.

So geht's:

1 Markieren Sie zunächst das Bild.

2 Klicken Sie auf die Schaltfläche *Freistellen*, damit wird der Hintergrund wieder farbig eingefärbt.

3 Im nächsten Schritt müssen Sie über die Schaltflächen *Zu behaltende Bereiche markieren* und *Zu entfernende Bereiche markieren* die entsprechenden Bereiche des Bilds markieren. In Excel-Versionen vor der Version 2016 werden die Markierungen als Linien dargestellt, zu behaltende Bereiche mit einem Plus- und zu entfernende Bereiche mit einem Minuszeichen versehen. Ab Excel 2016 werden die Markierungen als Freihandlinien dargestellt und diese beim Zeichnen rot für zu entfernende Bereiche und grün für zu beibehaltende Bereiche eingefärbt.

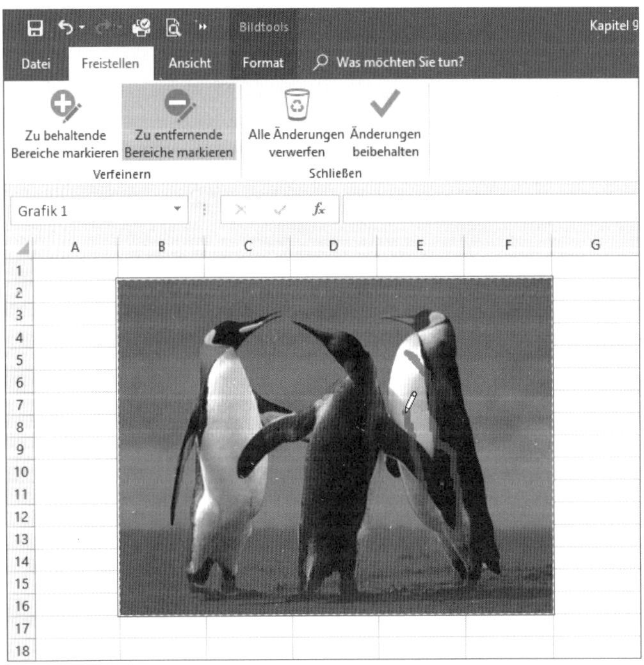

4 Nach einem Klick auf die Schaltfläche *Änderungen beibehalten* wird das Bild ohne Hintergrund und ohne den rechten Pinguin angezeigt.

Für ein Tabellenkalkulationsprogramm ist die Leistungsfähigkeit dieses Freistellungstools wirklich sehr beachtlich.

Die Bildbearbeitungsfunktionen bieten aber noch mehr. So bietet die Funktion *Künstlerische Effekte* jede Menge Möglichkeiten, Bilder zu verändern und zu optimieren.

Markieren Sie dazu das Bild und öffnen Sie mit dem Befehl *Bildtools/Künstlerische Effekte* den entsprechenden Bereich. Hier können Sie verschiedene Vorlagen ausprobieren bzw. die Effekte nach Ihren Bedürfnissen anpassen.

Die nebenstehende Abbildung zeigt die Pinguine, wobei der künstlerische Effekt *Bleistift: Graustufen* auf das Bild angewandt wurde.

Eine weitere Funktion kombiniert SmartArts mit der eingefügten Grafik. Den Befehl starten Sie bei aktivierter Grafik über das Menü *Bildtools/Bildlayout*. Aus der Galerie können Sie eine beliebige vordefinierte Vorlage auswählen und diese mit einem beliebigen Text versehen.

Natürlich können Sie auch die SmartArts an Ihre Bedürfnisse und Vorstellungen anpassen; lassen Sie Ihren künstlerischen Fähigkeiten freien Lauf.

Tipp 16: Die erweiterten Sicherheitsoptionen seit Excel 2010

In Excel 2010 wurden nicht nur erweiterte Sicherheitsoptionen zur Verfügung gestellt, sondern vielmehr wurde das ganze Sicherheitskonzept überarbeitet und verfeinert.

Öffnen Sie die Excel-Optionen, indem Sie in der Registerkarte *Datei* den Befehl *Optionen* anklicken. Wählen Sie im Dialogfenster die letzte Rubrik und klicken Sie in der Ansicht auf die im rechten Bereich einzig verfügbare Schaltfläche. Die Rubrik und die Schaltfläche tragen in den verschiedenen Excel-Versionen unterschiedliche Namen. So heißt die Rubrik in Excel 2010 *Sicherheitscenter* und ab Excel 2013 *Trust Center*. Dementsprechend ist auch die Beschriftung der Schaltfläche in den Excel-Versionen unterschiedlich: *Einstellungen für das Sicherheitscenter* in Excel 2010 und ab Excel 2013 *Einstellungen für das Trust Center*.

Nach einem Klick auf die Schaltfläche öffnet sich ein weiteres Dialogfenster, das wiederum im linken Bereich des Dialogs Rubriken und pro Rubrik entsprechende Einstellungen im rechten Bereich anzeigt.

Die Rubriken unterscheiden sich leicht durch unterschiedliche Bezeichnungen, wie z. B. die Rubrik *Statusleiste* in Excel 2010, die ab Excel 2013 *Meldungsleiste* heißt. Excel 2016 enthält im Vergleich zu Excel 2013 die zusätzliche Rubrik *Kataloge vertrauenswürdiger Add-Ins*.

Nachfolgende Abbildung zeigt die Einstellungen zur Ausführung von Makros, die in allen Versionen seit Excel 2007 gleich geblieben ist.

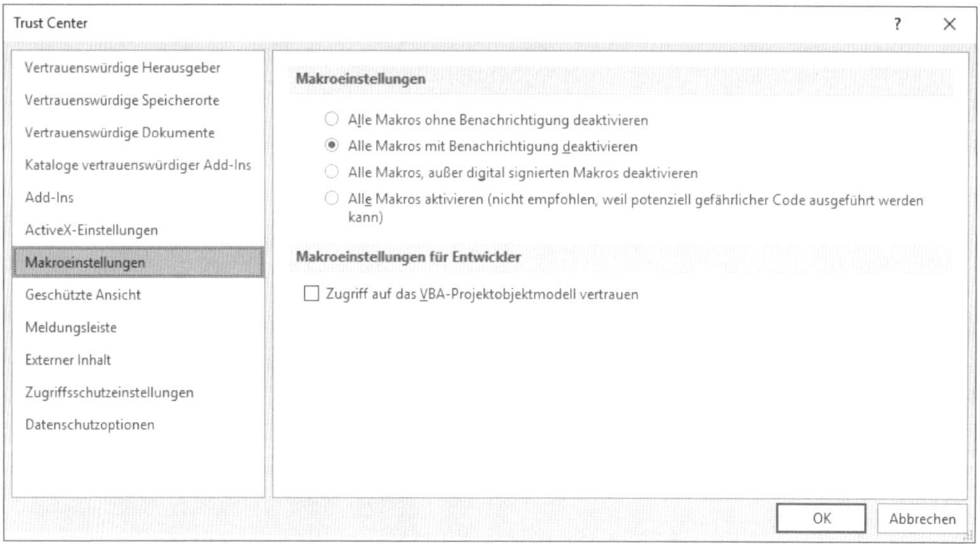

In den nachfolgenden Abschnitten erläutern wir Ihnen die wesentlichsten Änderungen und Erweiterungen der Sicherheitsmechanismen seit Excel 2010.

Vertrauenswürdige Dokumente

Neben den Rubriken *Vertrauenswürdige Herausgeber* und *Vertrauenswürdige Speicherorte* ist in Excel 2010 die Rubrik *Vertrauenswürdige Dokumente* hinzugekommen. Damit kann unabhängig vom Speicherort und vom Herausgeber ganz speziell für eine Datei festgelegt werden, dass sie als vertrauenswürdig eingestuft werden soll. Wenn eine Datei als vertrauenswürdig eingestuft wurde, werden Makros, ActiveX-Steuerelemente und andere aktive Inhalte ohne Sicherheitsabfrage geöffnet. Es erfolgt auch keine Abfrage, wenn neuer aktiver Inhalt zum Dokument hinzugefügt wird oder bestehende Inhalte verändert werden.

Im Dialogfenster haben Sie die Möglichkeit, diese Funktion zu deaktivieren oder alle als vertrauenswürdig eingestuften Dokumente zu löschen. Dies erreichen Sie über die Schaltfläche *Bereinigen* in Excel 2010/2013 und *Löschen* in Excel 2016.

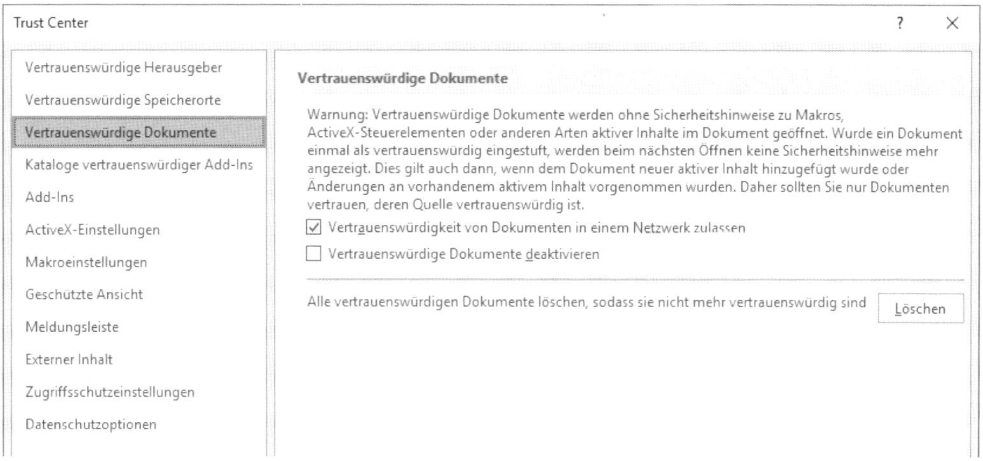

Geschützte Ansicht

Microsoft hat anscheinend akzeptiert, dass es auf absehbare Zeit nicht gelingen wird, alle Schwachstellen in den Dateiformaten des Office-Pakets zu beseitigen, die zum Einschleusen von Schädlingen genutzt werden können.

Aus diesem Grund steht seit Office 2010 der sogenannte Sandbox-Modus zur Verfügung, der Office-Anwendungen und darin geöffnete Dokumente daran hindern soll, auf lokal gespeicherte Dateien zuzugreifen.

Es kann detailliert festgelegt werden, welche Dokumente nur in der geschützten Ansicht geöffnet werden dürfen. Folgende Optionen für die geschützte Ansicht stehen zur Verfügung:

- *Geschützte Ansicht für Dateien aus dem Internet aktivieren,*
- *Geschützte Ansicht für Dateien an potenziell unsicheren Speicherorten aktivieren,*
- *Geschützte Ansicht für Outlook-Anlagen aktivieren.*

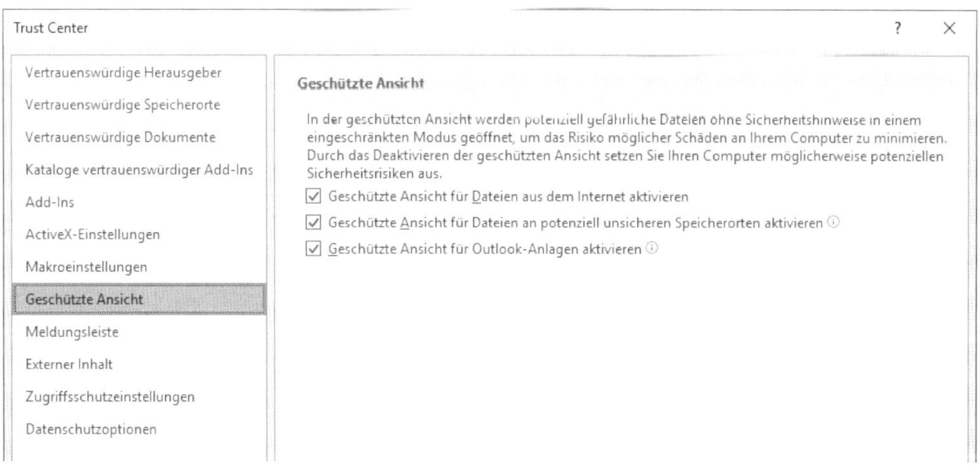

Einstellungen für den Zugriffsschutz

Hier finden Sie die Einstellungen, um das Verhalten von Excel für das Öffnen und Speichern bestimmter Dateitypen zu definieren.

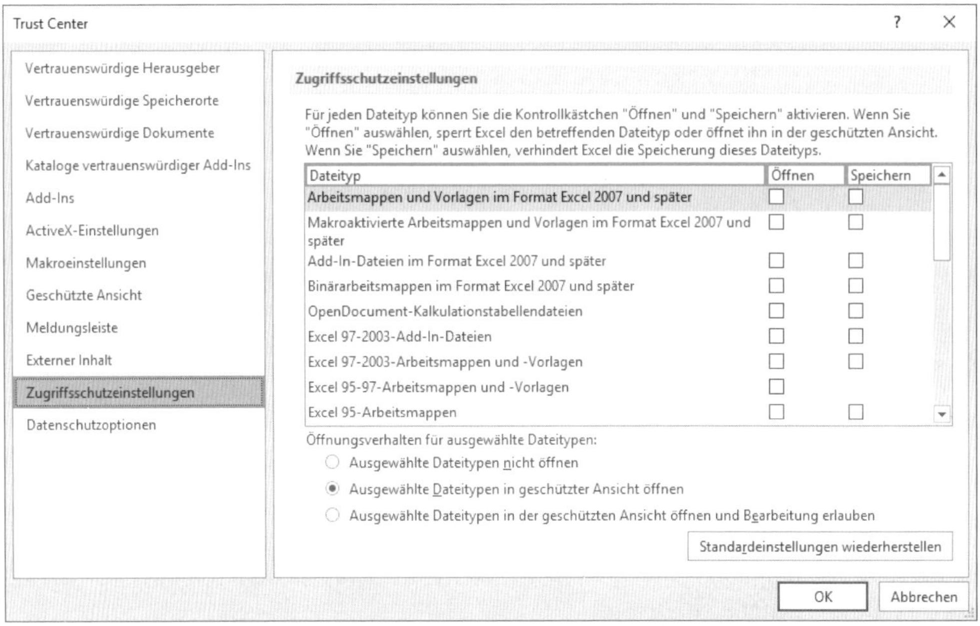

So können für alle Dateitypen, beginnend bei den Dateiformaten für Excel 2007 und höher über ältere Excel-Formate bis hin zu dBase und OpenOffice-Formaten, detaillierte Vorgaben zum Öffnen und Speichern festgelegt werden.

Nachdem der entsprechende Dateityp in der Spalte *Öffnen* und/oder *Speichern* mit einem Haken aktiviert wurde, kann über die Optionsfelder das *Öffnungsverhalten der ausgewählten Dateitypen* festgelegt werden. Folgende Optionen stehen dabei zur Verfügung:

- *Ausgewählte Dateitypen nicht öffnen,*
- *Ausgewählte Dateitypen in geschützter Ansicht öffnen,*
- *Ausgewählte Dateitypen in der geschützten Ansicht öffnen und Bearbeitung erlauben.*

Abhängig von den gewählten Einstellungen wird beim Öffnen von Dateien ein Hinweis unterhalb des Menübands mit einem entsprechenden Hinweis angezeigt. Dort haben Sie gegebenenfalls auch direkt die Möglichkeit, die geblockten Inhalte zu aktivieren. Das ist jedoch abhängig von den eingestellten Datenschutzoptionen.

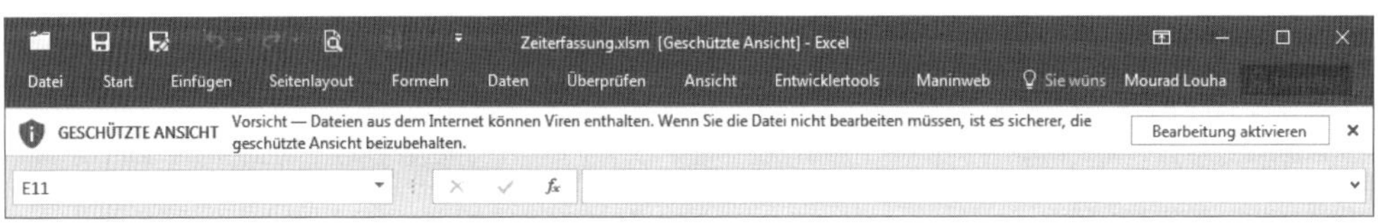

Die gleiche Logik wie für das Öffnen von Dateien gilt auch für das Speichern des entsprechenden Dokuments. Sollte das Speichern aufgrund der definierten Speicheroptionen nicht möglich sein, wird eine entsprechende Meldung ausgegeben.

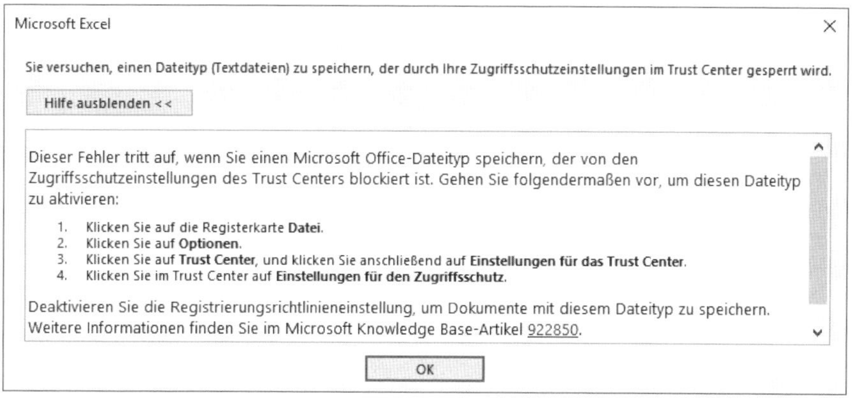

Zusammen sollen diese Maßnahmen einen mehrschichtigen Schutz vor Angriffen durch schädliche Dateien bieten, ohne das Arbeiten mit Office 2010 bzw. höheren Versionen allzu sehr zu behindern.

Tipp 17: Den Touch-Modus ab Excel 2013 verwenden

Da Office seit der Version 2013 auch für die Verwendung auf Touch-PCs, Tablet-Computern und Smartphones optimiert wurde, gibt es einen speziellen Touch-Modus. Dieser kann ganz einfach durch einen Klick auf das entsprechende Symbol ein- und ausgeschaltet werden. Der Fingereingabemodus kann aber auch auf Desktopcomputern ohne Touchscreen aktiviert werden. Damit der Fingereingabemodus angeschaltet werden kann, muss gegebenenfalls zunächst die Symbolleiste für den Schnellzugriff um diese Option ergänzt werden.

So geht's:

1 Öffnen Sie zunächst über den kleinen Pfeil, der sich rechts neben der Symbolleiste für den Schnellzugriff befindet, das Menü zur Auswahl weiterer Symbole.

2 Aktivieren Sie in diesem Menü ab Excel 2016 den Eintrag *Touch-/Mausmodus* oder in Excel 2013 den Eintrag *Fingereingabe-/Mausmodus*.

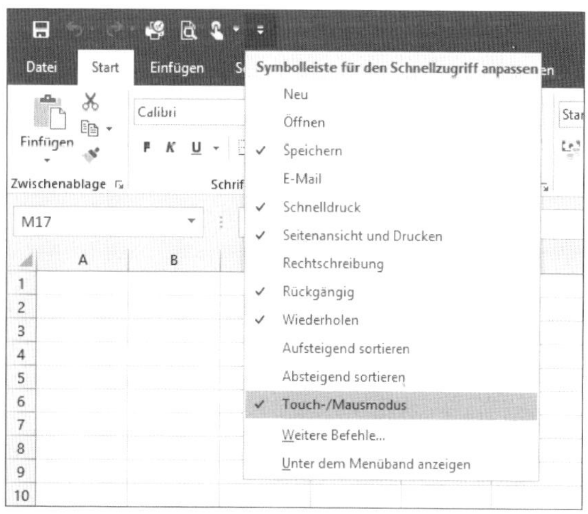

3 Nachdem Sie den Eintrag angeklickt haben, erscheint ein neues Icon in der Symbolleiste für den Schnellzugriff, das ein Fingersymbol enthält.

4 Über dieses neue Symbol kann zwischen dem Fingereingabe- und dem Mausmodus umgeschaltet werden.

Der Fingereingabemodus sorgt dafür, dass die Schaltflächen in der Menüleiste sowie andere Bedienelemente etwas größer dargestellt werden. Dadurch soll die Bedienung mit den Fingern erleichtert werden.

Die folgenden Abbildungen zeigen die Größe der Schaltfläche bei gleichem Fensterzoom in den beiden Modi.

Menüband im Mausmodus:

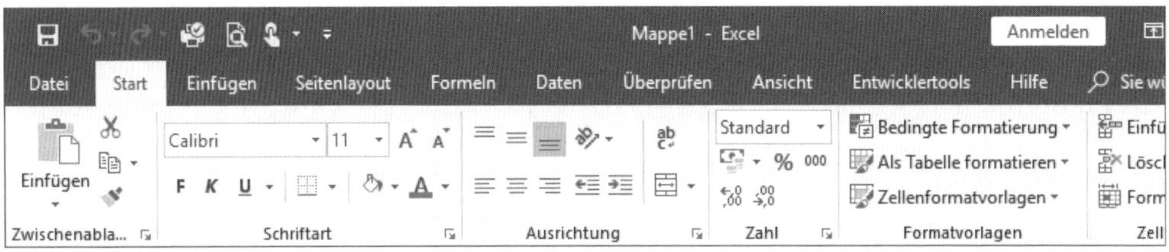

Menüband im Fingereingabemodus (Touch-Modus):

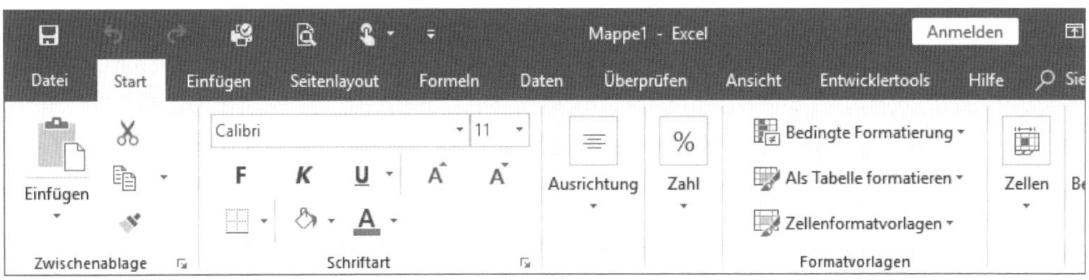

Man sieht ganz deutlich die Größenunterschiede der Schaltflächen und Bedienelemente.

Tipp 18: Die Excel-Hilfefunktion verwenden

In Excel 2007/2010 steht eine umfangreiche und aussagekräftige Hilfefunktion zur Verfügung, die Sie mit der Funktionstaste F1 oder auch über das Fragezeichensymbol aufrufen können.

In Excel 2010 präsentiert sich das Hilfefenster wie in folgender Abbildung zu sehen. Wenn Sie in Excel 2010 auf die Schaltfläche am unteren rechten Rand des Hilfefensters klicken, können Sie festlegen, ob die Hilfefunktion nur offline arbeiten oder auch online nach Inhalten suchen soll.

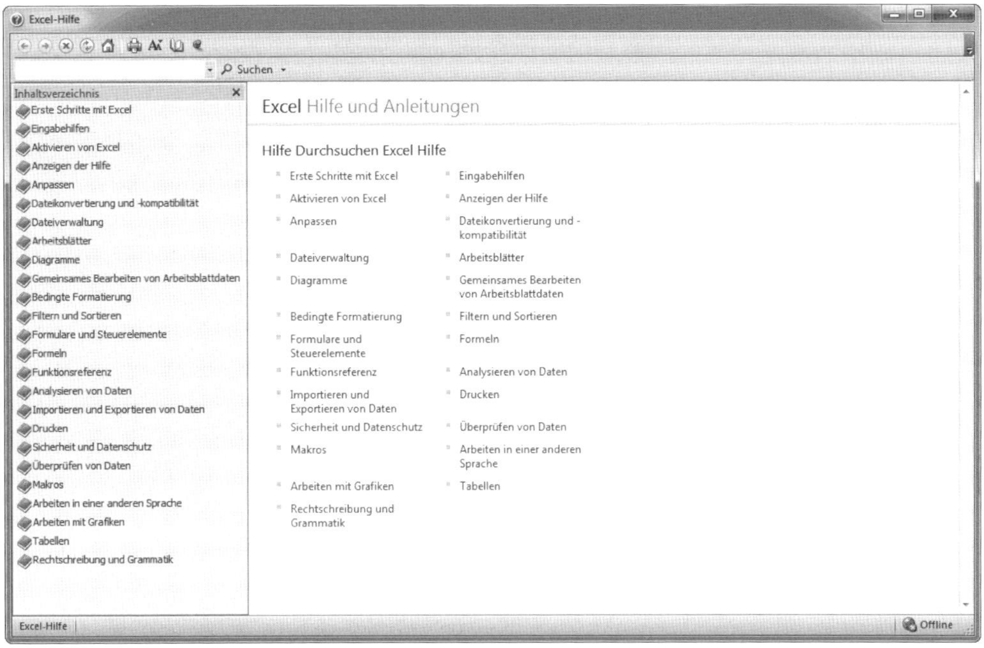

In Excel 2013 ist die Ansicht zu der Hilfe modifiziert worden. Auffälligste Änderung ist, dass das Inhaltsverzeichnis weggefallen ist, was das Durchstöbern der Hilfe erschwert. Standardmäßig bindet die Hilfefunktion Inhalte aus dem Internet ein.

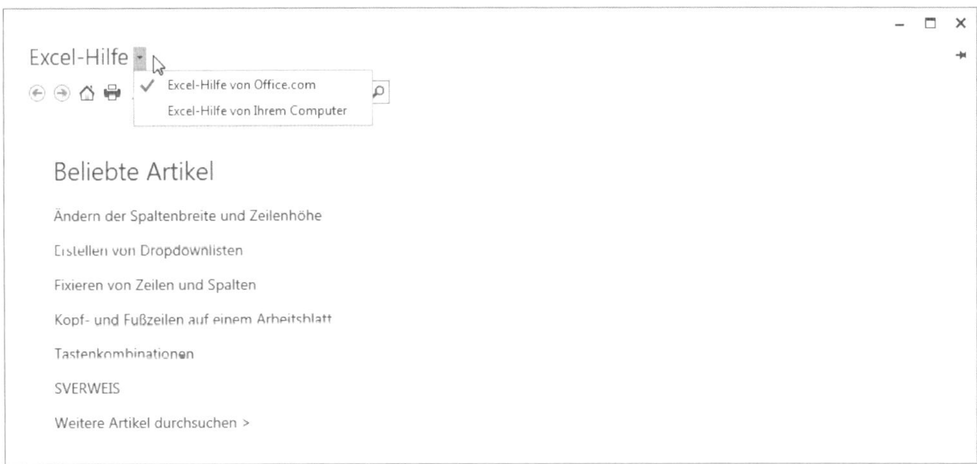

Seit Excel 2016 steht die Hilfefunktion nur noch online zur Verfügung und benötigt somit zwingend eine Internetverbindung. Die Hilfe lässt sich zwar noch mit der Funktionstaste F1 aufrufen, jedoch wurde die Schaltfläche mit dem Fragezeichen-Symbol aus dem Menüband entfernt. Dafür wurde das Feature *„Was möchten Sie tun"* in Excel integriert. In der frühen Version von Excel 2016 wurde die Onlinehilfe noch in einem separaten Fenster aufgerufen. Im Laufe der Aktualisierung von Excel 2016 und somit auch dem Erscheinen von Excel 2019 wird die Onlinehilfe in einem eigenen Aufgabenbereich angezeigt. Zudem wurde dem Menüband ein neuer Reiter hinzugefügt. Das Hilfefenster präsentiert sich in Excel 2019 wie folgt, wenn Sie die F1-Taste drücken.

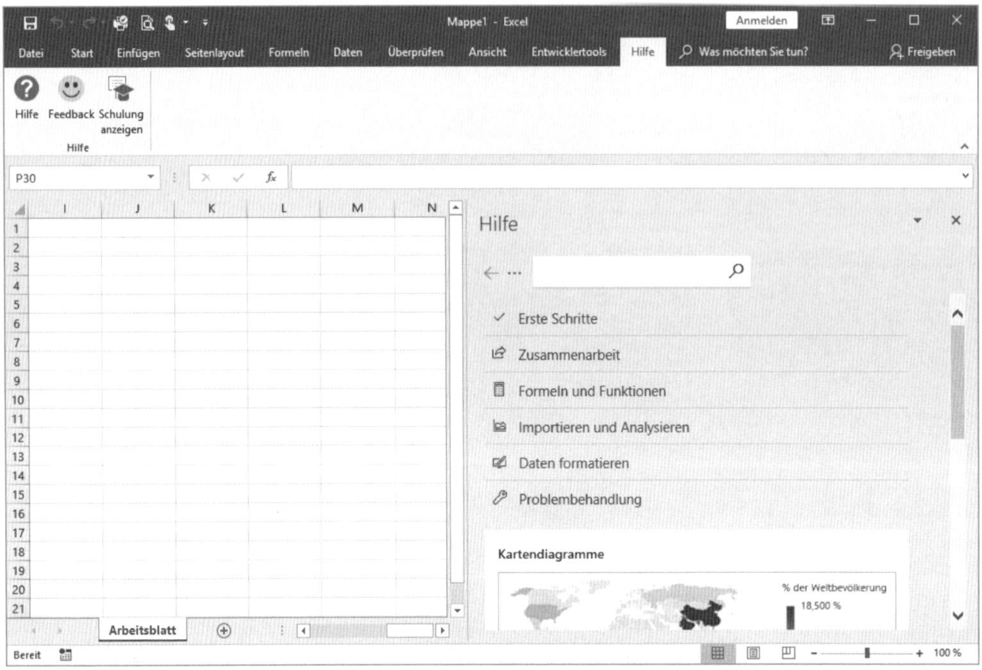

Verweis: siehe Kapitel 9.4, Tipp 18

Tipp 19: Das Feature „Was möchten Sie tun" ab Excel 2016

Seit Excel 2016 wurde die Schaltfläche im Menüband zum Aufruf der Hilfefunktion durch das Feature *„Was möchten Sie tun"* ersetzt. Das Feature besteht aus einer Eingabezeile, die im Menüband integriert ist und jederzeit verwendet werden kann. Sobald Sie einen Suchbegriff in diese Eingabezeile eingeben, reagiert diese kontextsensitiv und bietet Ihnen eine Liste von Befehlen an, die dem Suchbegriff entsprechen könnten.

Ist der gewünschte Befehl nicht in der Liste enthalten, können Sie in der Onlinehilfe anhand des Befehls *Hilfe zu ... erhalten* nach Artikeln zu dem Suchbegriff suchen.

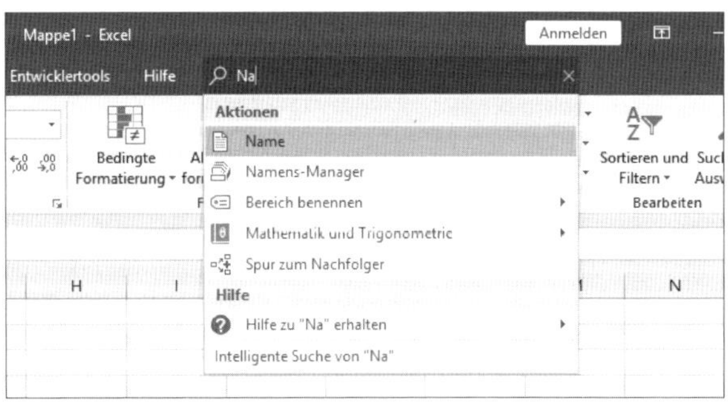

Der letzte Befehl *Intelligentes Nachschlagen von...* ruft einen Aufgabenbereich auf, der eine Internetsuche zum Suchbegriff durchführt.

Verweis: siehe Kapitel 9.4, Tipp 20

Tipp 20: Die intelligente Suche ab Excel 2016 verwenden

Seit Office 2016 steht die sogenannte *Intelligente Suche* zur Verfügung, die es Ihnen auch ab Excel 2016 ermöglicht, über z. B. das Kontextmenü eine Internetrecherche zu einem Begriff bzw. Text durchzuführen. Dies funktioniert im Editiermodus innerhalb einer Zelle. In dem nachfolgend abgebildeten Beispiel wurde der Text „Johann Sebastian Bach war ein Komponist" eingegeben.

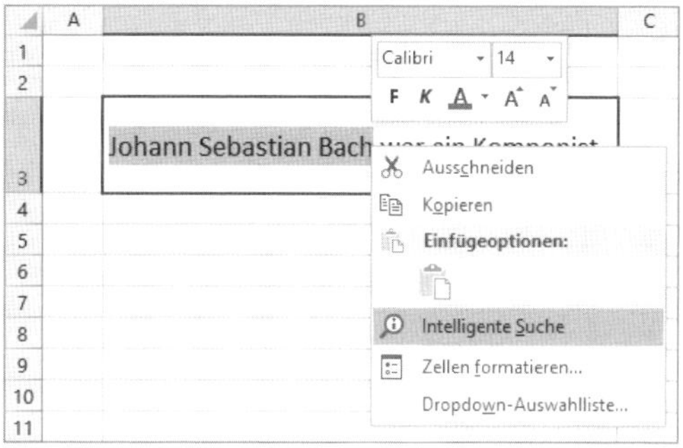

Angenommen, der Text soll um das Geburtsdatum ergänzt werden, das jedoch unbekannt ist. Markieren Sie den Suchtext und rufen Sie über das Kontextmenü den Befehl *Intelligente Suche* auf. Excel öffnet einen Aufgabenbereich und führt eine Internetsuche zum Suchbegriff durch, in diesem Beispiel wird der Inhalt der Wikipedia als Erstes angezeigt. Beachten Sie, dass Excel Sie gegebenenfalls fragt, ob Sie die intelligenten Dienste aktivieren möchten, da diese die Voraussetzung für das Feature sind.

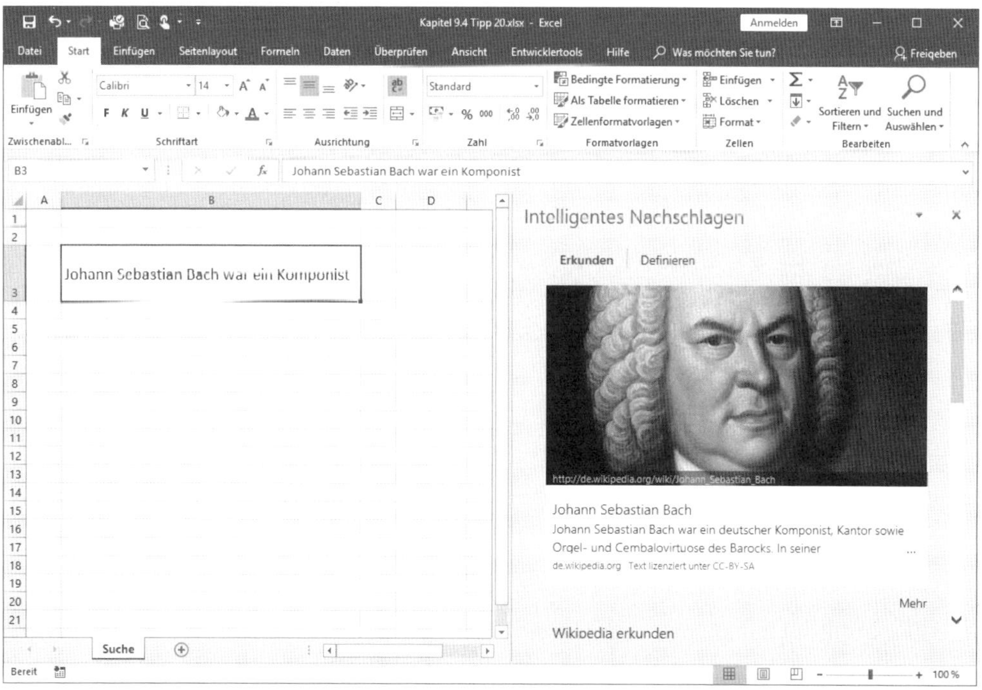

9.5 Excel den individuellen Bedürfnissen anpassen

Excel ist ein sehr mächtiges und umfangreiches Tabellenkalkulationsprogramm. Es wird in den verschiedensten Branchen und von den unterschiedlichsten Anwendern zur Erledigung diverser Aufgaben weltweit eingesetzt. Da ist es natürlich sehr wichtig, dass sich das Programm den unterschiedlichen Anforderungen und Bedürfnissen individuell anpassen lässt. Dieser Abschnitt gibt einen Überblick über die wichtigsten Einstellungen und die damit verbundenen Optimierungseffekte.

Viele der Einstellungen werden innerhalb des Dialogfensters zu den Excel-Optionen vorgenommen. Um diesen Dialog aufzurufen, verwenden Sie in Excel 2007 das Menü *Office/Excel-Optionen* und ab Excel 2010 das Menü *Datei/Optionen*. Beachten Sie, dass Sie ab Excel 2013 nach dem Start der Anwendung gegebenenfalls zunächst ein Dokument öffnen oder ein leeres Dokument erstellen müssen, bevor Sie den Dialog zu den Excel-Optionen aufrufen können.

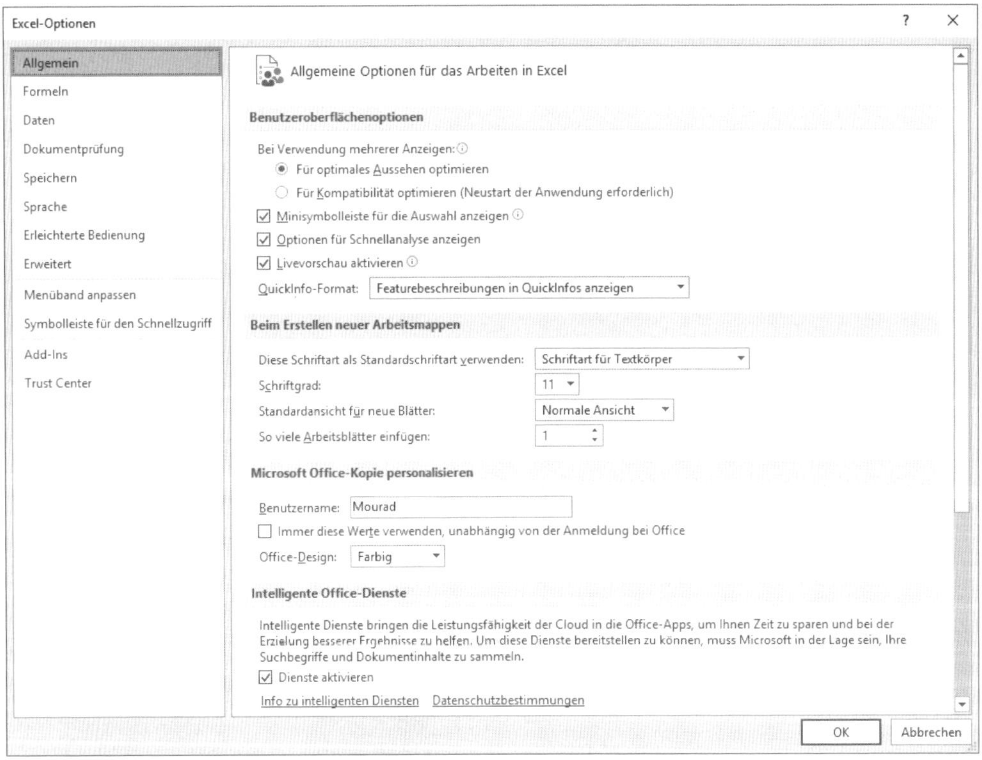

In allen Versionen seit Excel 2007 ist der Dialog zu den Excel-Optionen ähnlich strukturiert: Im linken Bereich des Dialogfensters befinden sich Rubriken, die Sie per Mausklick auswählen können. Rechts von den Rubriken erscheinen die entsprechenden Einstellungsmöglichkeiten. Allerdings wurden die Optionen seit Excel 2007 erweitert, weshalb Sie z. B. in Office 2007 keine eigene Rubrik zu den Spracheinstellungen finden werden. Ab Excel 2010 integriert Excel die Sprachauswahl in der Rubrik *Sprache*.

Zudem wurden mit den verschiedenen Excel-Versionen einige Rubriken und Einstellungen umbenannt. Dies ist beispielsweise der Fall für die Rubrik zu den Sicherheitseinstellungen. In Excel 2007 heißt diese Rubrik *Vertrauensstellungscenter*, in Excel 2010 *Sicherheitscenter* und seit Excel 2013 *Trust Center*. Ebenso sind zwischen den Excel-Versionen Unterschiede in der Benennung einzelner Optionen vorhanden.

In den nachfolgenden Tipps nehmen wir Bezug auf die aktuellste Excel-Version. Ist ein Tipp für eine der Excel-Versionen nicht anwendbar, weisen wir explizit darauf hin.

Tipp 1: Verschiedene Standardeinstellungen für Excel individuell vorgeben

In diesem Beispiel erhalten Sie einen Überblick über die wichtigsten Einstellungsmöglichkeiten im Umgang mit Excel.

So geht's: Verschieben des Zellzeigers nach Drücken der Enter-Taste

Standardmäßig ist der Zellzeiger in Excel so eingestellt, dass beim Drücken der ↵-Taste der Zellzeiger eine Zelle nach unten verschoben wird. Manchmal kann es erforderlich sein, dass der Zellzeiger nach rechts, links oder auch nach oben verschoben werden muss. Müssen Sie viele Einträge in einer Zeile vornehmen, bietet es sich an, die Option so einzustellen, dass die Eingabemarke nach jeder Eingabe nach rechts verschoben wird.

1 Öffnen Sie dazu das Dialogfenster *Excel-Optionen*.

2 Auf der Registerkarte *Erweitert* finden Sie die Einstellung für den Zellzeiger. Aktivieren Sie das Kontrollkästchen *Markierung nach Drücken der Eingabetaste verschieben* und im Kombinationsfeld *Richtung* wählen Sie den Eintrag *Rechts* aus.

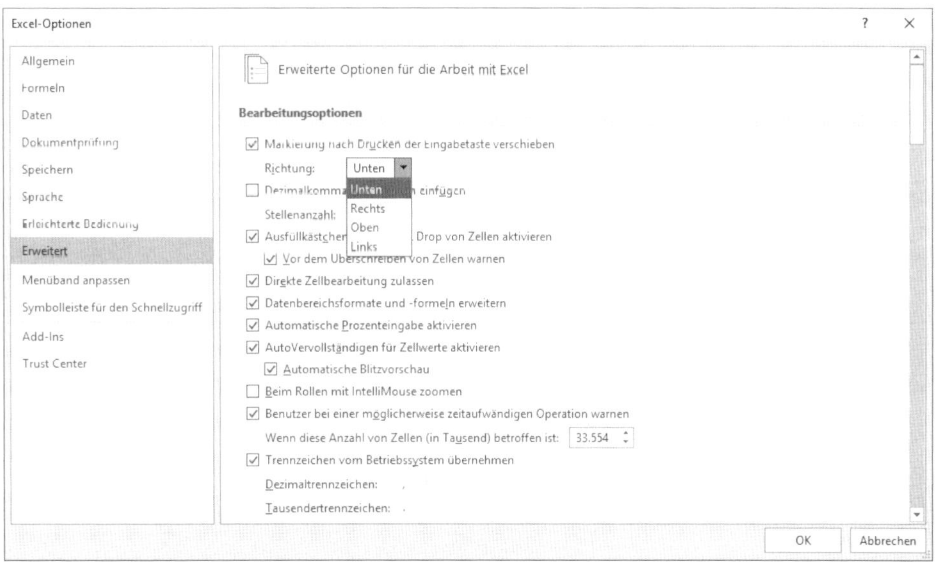

3 Mit einem Klick auf die Schaltfläche *OK* wird die Optionseinstellung geschlossen und die Zellmarkierung wird wie gewünscht nach rechts verschoben.

So geht's: AutoAusfüllkästchen sowie das Ziehen mit der Maus deaktivieren

So praktisch das AutoAusfüllkästchen auch sein mag: In manchen Situationen oder an manchen Arbeitsplätzen ist es nicht zu gebrauchen. Deaktivieren Sie diese Funktion wie folgt:

1 Starten Sie das Dialogfenster *Excel-Optionen*.

2 Das Ausfüllkästchen lässt sich im Abschnitt *Erweitert* über das Kontrollkästchen *Ausfüllkästchen und Drag & Drop von Zellen aktivieren* abschalten, indem der Haken entfernt wird.

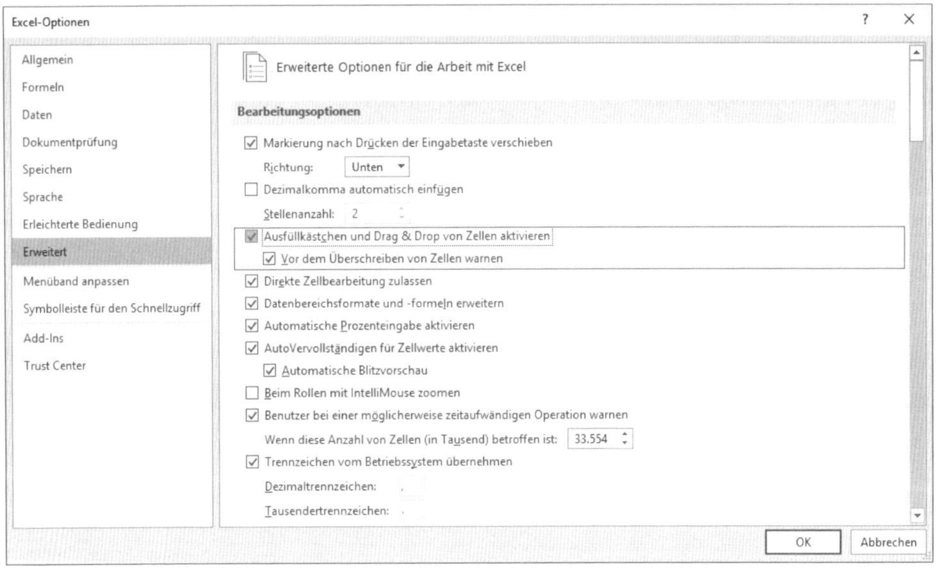

Damit besteht nun nicht mehr die Gefahr, mit unbeabsichtigten Mausbewegungen den Datenbestand zu beschädigen.

➡ Verweis: siehe Kapitel 1.1, Tipp 5

So geht's: Vorgabe fixer Dezimalstellen

In verschiedenen Buchhaltungsprogrammen müssen Zahlen nicht mit Dezimalkomma getrennt erfasst werden, da unterstellt wird, dass die Mehrzahl der Beträge Nachkommastellen besitzen.

In diesen Programmen wird der Betrag von beispielsweise 155,37 Euro einfach ohne Dezimaltrennzeichen im Format 15537 eingegeben. Das Programm setzt automatisch vor den letzten beiden Zeichen ein Dezimaltrennzeichen. Genau diese Funktion stellt Excel ebenfalls zur Verfügung.

1 Auch diese Einstellung finden Sie im Dialogfenster *Excel-Optionen* im Abschnitt *Erweitert*.

2 Zum Aktivieren dieser Option müssen Sie nur den Haken in das Kontrollkästchen *Dezimalkomma automatisch einfügen* setzen und die Anzahl der Dezimalstellen auf den Wert *2* einstellen.

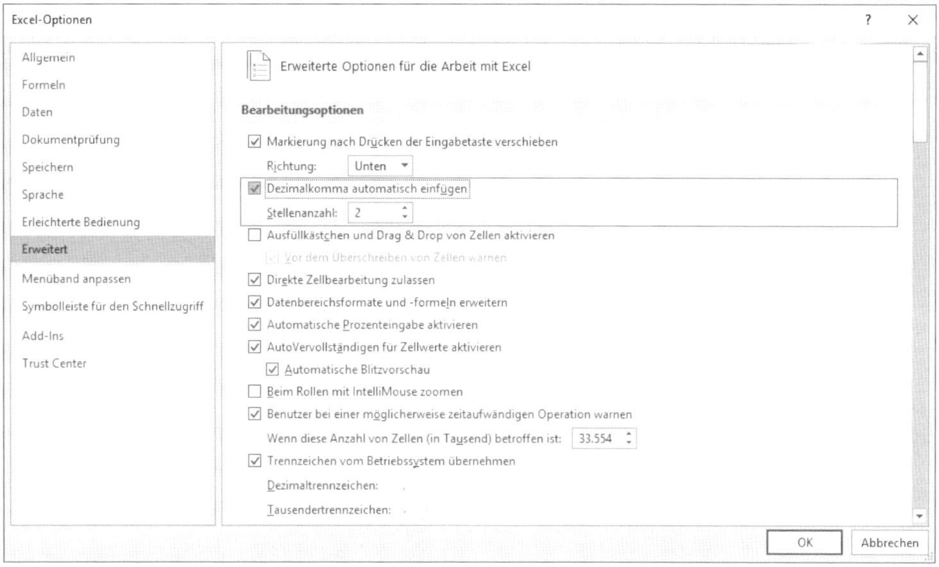

Mit dieser Einstellung ist es nun nicht mehr notwendig, das Komma als Dezimaltrennzeichen zu erfassen.

So geht's: Festlegen des Standardspeicherpfads und des Standardspeichertyps

Arbeiten Sie an längeren Projekten oder gibt es ein Abteilungslaufwerk, auf dem sämtliche Excel-Dateien abgespeichert werden sollen, bietet es sich an, den Standardspeicherpfad für alle Excel-Dateien auf ein gewünschtes Verzeichnis fest einzustellen.

1 Starten Sie dazu das Dialogfenster *Excel-Optionen* und wechseln Sie zum Abschnitt *Speichern*.

2 In das Textfeld zum Standardspeicherort können Sie den Pfad eingeben, der geöffnet werden soll, wenn Sie eine neue Arbeitsmappe über den Befehl *Speichern* oder *Speichern unter* ablegen möchten.

3 Der Standardspeichertyp wird im gleichen *Optionen*-Fenster im Kombinationsfeld *Dateien in diesem Format speichern* festgelegt. Als Standardspeichertypen können Sie alle in Excel verfügbaren Datentypen festlegen. Das reicht von einer herkömmlichen Excel-Arbeitsmappe mit der Endung **.xlsx* bzw. **.xls* bis hin zum XML-Format mit der Endung **.xml*.

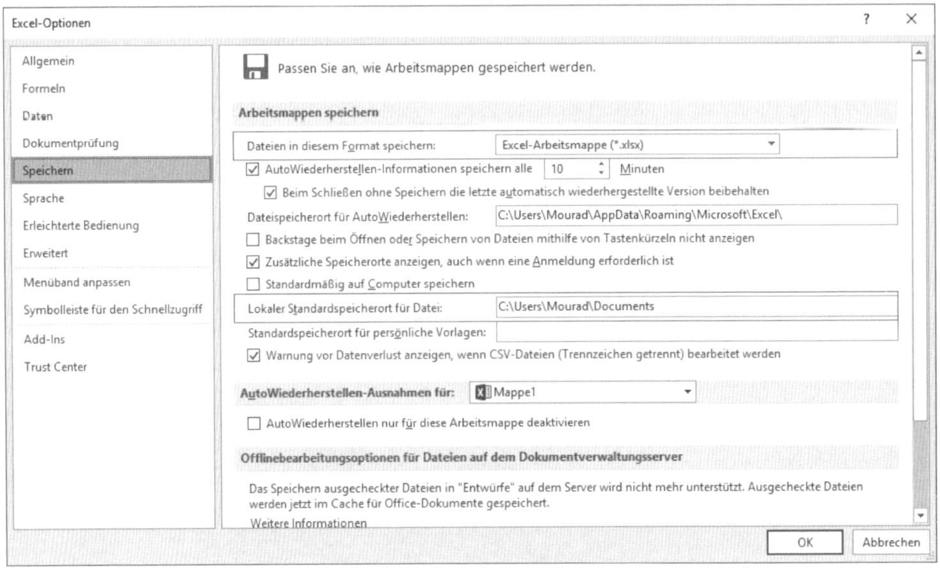

So geht's: Festlegen des Dezimal- und Tausendertrennzeichens

Standardmäßig wird die Vorgabe für das Dezimaltrennzeichen und für das Tausendertrennzeichen aus den Regions- und Spracheinstellungen des Betriebssystems übernommen. In Deutschland wird das Komma als Dezimal- und der Punkt als Tausendertrennzeichen verwendet.

Arbeiten Sie hin und wieder mit Dateien aus anderen Ländern, beispielsweise aus der Schweiz oder Liechtenstein, in denen als Dezimaltrennzeichen der Punkt und als Tausendertrennzeichen das Hochkomma (') verwendet wird, ist es nicht notwendig, gleich die Einstellungen des Betriebssystems für eine korrekte Anzeige zu ändern. Es genügt die Modifikation der Trennzeichen in Excel.

1 Starten Sie dazu das Dialogfenster *Excel-Optionen*.

2 Wechseln Sie zum Abschnitt *Erweitert*. Im ersten Bereich zu den Bearbeitungsoptionen finden Sie das Kontrollkästchen *Trennzeichen vom Betriebssystem übernehmen*. Entfernen Sie dort den Haken und erfassen Sie die gewünschten Trennzeichen für das Dezimalzeichen und für das Tausendertrennzeichen.

Im Beispiel wurde als Dezimaltrennzeichen der Punkt und als Tausendertrennzeichen das Hochkomma eingetragen. Nach einem Klick auf die Schaltfläche *OK* werden die Daten im Tabellenblatt mit den geänderten Trennzeichen dargestellt.

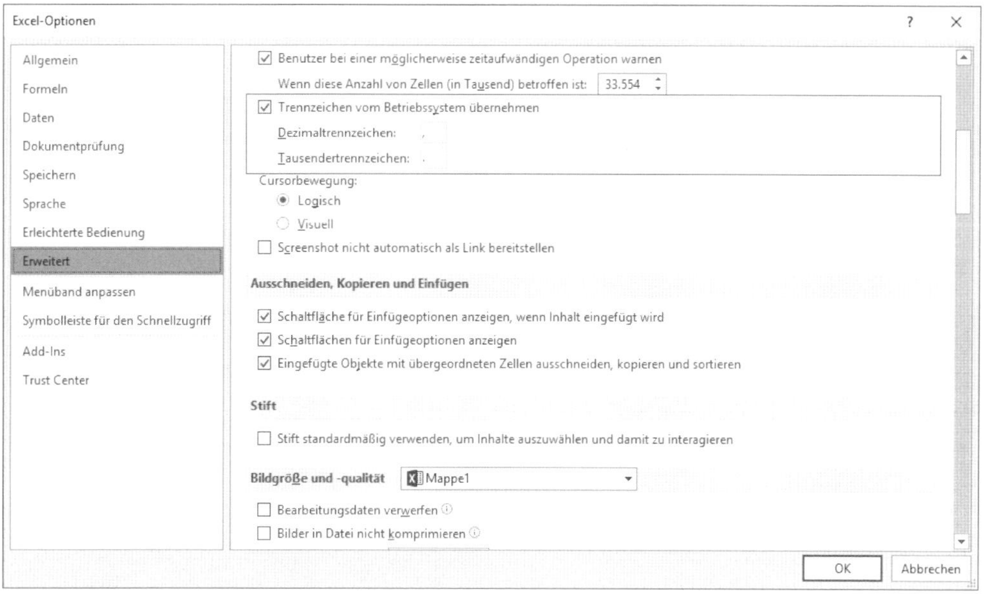

So geht's: Manuelle Berechnung erzwingen

Wenn mit großen Datenmengen und vielen komplexen Formeln und Funktionen gearbeitet wird, kommt es schon mal vor, dass die Performance nach unten geht. Um dennoch schnell arbeiten zu können, bietet Excel die Möglichkeit, die automatische Berechnung zu deaktivieren.

1 Diese Einstellung finden Sie im Dialogfenster *Excel-Optionen* auf der Registerkarte *Formeln*. Alternativ können Sie die Einstellung ab Excel 2007 über das Menü *Formeln/Berechnung/Berechnungsoptionen* vornehmen.

2 Wenn Sie dort den Eintrag *Manuell* aktivieren, wird nicht bei jeder Zelländerung eine Neuberechnung der Tabelle durchgeführt.

3 Über folgende Tastenkürzel lassen sich bei Bedarf Neuberechnungen durchführen, obwohl die Berechnungsoption auf *Manuell* steht.

- Die Funktionstaste F9 berechnet das aktive Tabellenblatt neu.
- Die Tastenkombination ⇧+F9 berechnet die gesamte Arbeitsmappe neu.
- Mit der Tastenkombination Strg+Alt+F9 werden alle Formeln in allen geöffneten Arbeitsmappen neu berechnet.
- Noch einen Schritt weiter geht der Shortcut Strg+⇧+Alt+F9. Damit werden vor der Neuberechnung aller Arbeitsmappen auch alle abhängigen Formeln erneut überprüft.

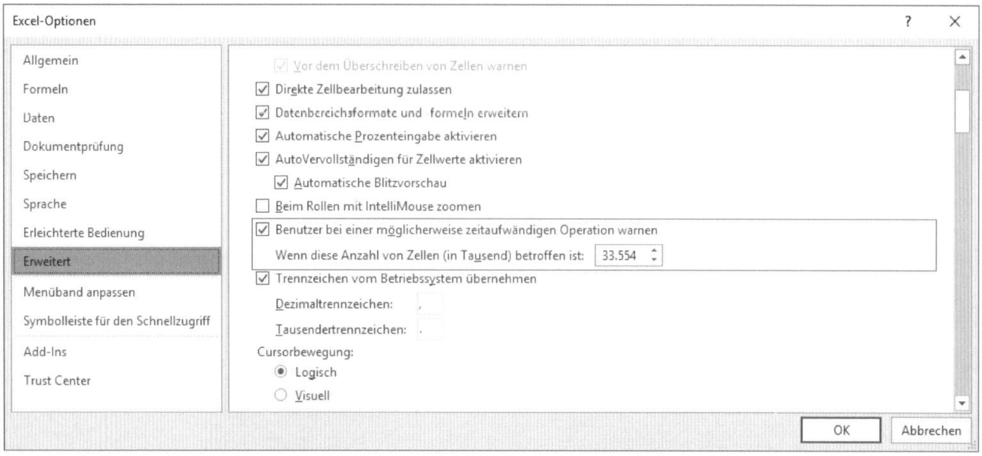

Hinweis

Seit Excel 2007 steht eine Funktion zur Verfügung, die einen Warnhinweis anzeigt, wenn eine bestimmte Anzahl Zellen neu berechnet werden müsste. Die Einstellung finden Sie unter *Excel-Optionen* auf der Registerkarte *Erweitert*. Der Standardeintrag lautet hier *33554*. Bei diesem Wert handelt es sich um eine Angabe in Tausend, was bedeutet, dass die Meldung erscheint, wenn 33.554.000 Zellen neu berechnet werden müssten.

So geht's: Excel 2013/2016 ohne Startbildschirm ausführen

Seit Office 2013 starten alle Anwendungen, und damit auch Excel, mit einer Startseite, auf der verschiedene Optionen ausgewählt werden können.

Darüber können die zuletzt verwendeten Arbeitsmappen sowie leere Arbeitsblätter und Vorlagen geöffnet werden. Viele Anwender möchten allerdings beim Neustart von Excel sofort mit einem leeren Arbeitsblatt beginnen. In diesem Tipp zeigen wir Ihnen, welche Einstellungen Sie vornehmen müssen, damit Excel 2013 und höher wie gewohnt mit einem leeren Tabellenblatt starten.

1 Öffnen Sie über das Menü *Datei/Optionen* die Registerkarte *Allgemein*.

2 Entfernen Sie den Haken beim Eintrag *Startbildschirm beim Starten dieser Anwendung anzeigen*.

3 Beenden Sie das Dialogfeld mit einem Klick auf die Schaltfläche *OK*.

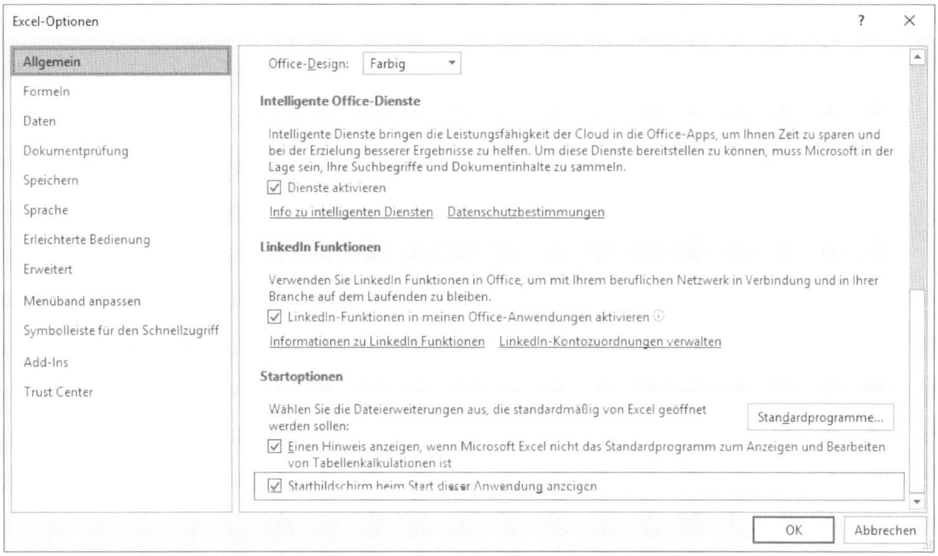

Beim nächsten Start von Excel wird nun direkt ein leeres Tabellenblatt angezeigt und Sie können sofort mit der Arbeit beginnen.

Tipp 2: Anpassen der Symbolleiste für den Schnellzugriff

Die Symbolleiste für den Schnellzugriff lässt sich in Excel anpassen und somit um zusätzliche Befehle erweitern.

So geht's:

1 Klicken Sie auf den Pfeil neben der Symbolleiste zum Schnellzugriff. Excel zeigt eine Liste an, in der bereits vordefinierte Befehle enthalten sind. Durch einen Klick auf einen dieser Befehle fügen Sie diesen der Symbolleiste für den Schnellzugriff hinzu oder entfernen ihn. Möchten Sie weitere, nicht in der Liste enthaltene Befehle der Symbolleiste für den Schnellzugriff hinzufügen, klicken Sie im Menü auf den Befehl *Weitere Befehle*. Dadurch

rufen Sie den Dialog zu den Excel-Optionen auf, in dem bereits die entsprechende Rubrik ausgewählt ist.

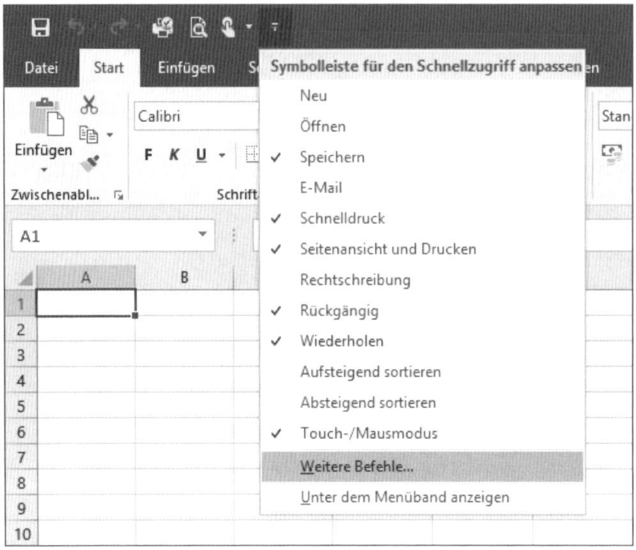

2 Im Einstellungsbereich des Dialogfensters finden Sie auf der linken Seite eine Liste der zur Verfügung stehenden Befehle. Diese Liste lässt sich auch anhand der darüber liegenden Auswahlliste filtern. Auf der rechten Seite wird eine Liste der Befehle aufgeführt, die bereits in der Symbolleiste für den Schnellzugriff enthalten sind.

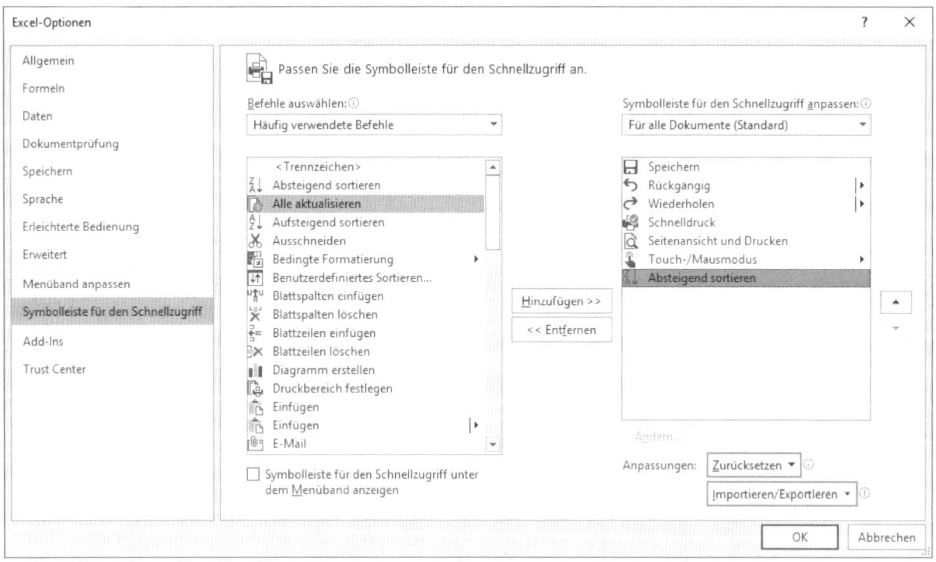

3 Diese Befehle werden mit einem Klick auf die Schaltfläche *Hinzufügen* in den rechten Fensterbereich verschoben und damit in die Symbolleiste für den Schnellzugriff übernommen.

4 Mittels der Pfeile am rechten Fensterrand können die jeweiligen Befehle nach oben bzw. unten verschoben werden, auf diese Weise legen Sie die Reihenfolge in der Symbolleiste fest.

Wenn das Kontrollkästchen *Symbolleiste für den Schnellzugriff unter dem Menüband anzeigen* aktiviert ist, wird zuerst das Menüband und darunter die Schnellstartleiste dargestellt.

Hinweis

Wenn eine individuell gestaltete Symbolleiste für den Schnellzugriff nur für eine bestimmte Arbeitsmappe gelten soll, können Sie das einfach erreichen, indem Sie in der Auswahlliste oberhalb der Befehlsliste zu der Symbolleiste für den Schnellzugriff die gewünschte Arbeitsmappe auswählen.

Tipp 3: So passen Sie das Menüband ab Excel 2010 an

Seit Excel 2007 steht in Excel das sogenannte Menüband zur Verfügung, anhand dessen Sie Befehle und Features schnell und einfach finden können, die in früheren Versionen häufig in komplexen Menüs und Symbolleisten versteckt waren.

In Excel 2007 kann allerdings nur die Symbolleiste für den Schnellzugriff um Befehle erweitert werden. Eine Modifikation des Menübands kann zwar per XML-Programmierung vorgenommen werden, dies ist jedoch für den Normaluser in der Regel zu umständlich und setzt tiefere Kenntnisse in XML voraus. Diese Einschränkung hatte nach dem Erscheinen von Office 2007 zu heftigen Protesten der User geführt, zumal in älteren Versionen eigene Symbolleisten erstellt werden konnten.

Microsoft hat auf diese Proteste reagiert und ab Excel 2010 über die Excel-Optionen eine Möglichkeit geschaffen, auch das Menüband um neue Registerkarten und Befehle zu ergänzen. Dadurch können Sie den Arbeitsbereich gemäß Ihren Vorstellungen anpassen, wiederkehrende Aufgaben zügiger ausführen und schneller auf bevorzugte Befehle zugreifen.

Zur Anpassung des Menübands gehen Sie ab Excel 2010 wie folgt vor:

1 Starten Sie das Dialogfenster *Excel-Optionen* und wechseln Sie zu der Rubrik *Menüband anpassen*. Alternativ klicken Sie mit der rechten Maustaste auf eine beliebige freie Fläche im Menüband und wählen im Kontextmenü den Befehl *Menüband anpassen*.

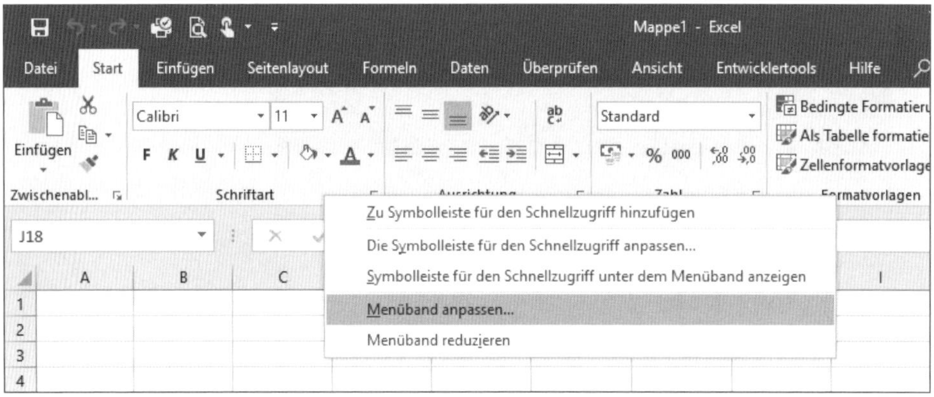

2 Im linken Bereich des Dialogfensters finden Sie eine Liste aller verfügbaren Befehle, die Sie auch anhand der darüber liegenden Auswahlliste filtern können. Auf der rechten Seite befinden sich die einzelnen Registerkarten, deren Gruppen und Befehle in einer Art Baumstruktur organisiert sind. Auch hier können Sie anhand der darüber liegenden Auswahlliste den angezeigten Inhalt filtern.

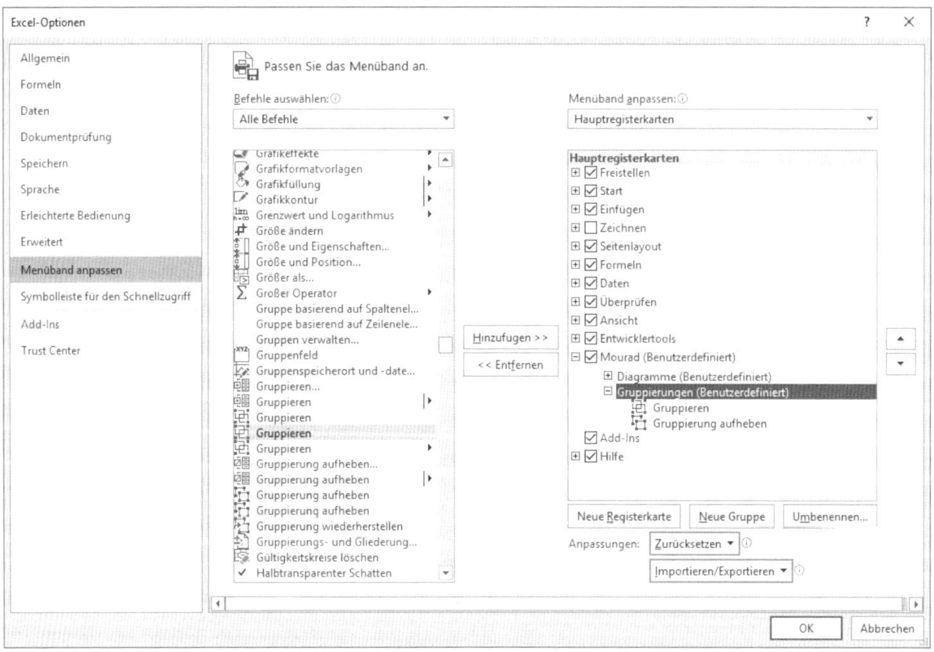

3 Zum Einfügen einer neuen Registerkarte klicken Sie auf die Schaltfläche *Neue Registerkarte*. Damit fügen Sie eine neue Registerkarte ein, der Sie jetzt nur noch Ihren Wünschen entsprechend über die Schaltfläche *Umbenennen* einen Namen geben müssen.

4 Auf die gleiche Art können Sie neue Gruppen einfügen. Klicken Sie dazu auf die Schaltfläche *Neue Gruppe* und geben Sie der eingefügten Gruppe eine beliebige Bezeichnung. Das Erstellen mindestens einer Gruppe in Ihrer neuen Registerkarte ist zwingend erforderlich, weshalb mit der Erstellung der Registerkarte direkt eine neue Gruppe angelegt wird.

5 Um nun Befehle der Gruppe hinzuzufügen, suchen Sie in der linken Liste mit den Bezeichnungen die gewünschte Programmfunktion aus und klicken Sie anschließend auf die Schaltfläche *Hinzufügen*. Diesen Vorgang wiederholen Sie so oft, bis alle gewünschten Befehle in der neu erstellten Registerkarte und den entsprechenden Gruppen enthalten sind.

6 Über die beiden kleinen Pfeile am rechten Fensterrand können die Registerkarten sowie die Programmgruppen innerhalb der Registerkarten beliebig nach oben bzw. unten verschoben werden. Die folgende Abbildung zeigt eine benutzerdefinierte Registerkarte mit einigen Befehlen zur Ausrichtung und Positionierung von Objekten im Arbeitsblatt, wie z. B. AutoFormen. Die Befehle sind zwar auch in den Zeichentools enthalten, dort aber nur verschachtelt verfügbar, was bei häufiger Verwendung zu vielen unnötigen Klicks führt.

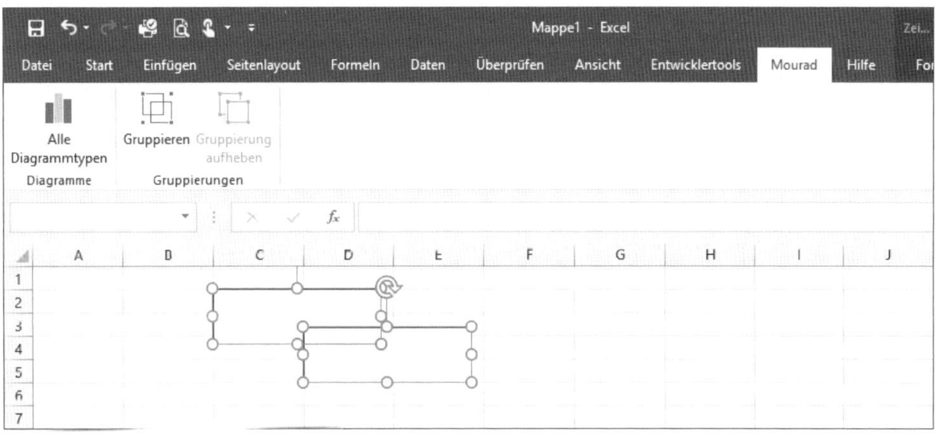

Hinweis

Um den Ursprungszustand wiederherzustellen, genügt im Dialogfenster zur Anpassung des Menübands ein Klick auf die Schaltfläche *Zurücksetzen*. Dort können Sie entscheiden, ob alle Änderungen verworfen und der Standard für sämtliche Registerkarten wiederhergestellt werden soll oder ob nur die Änderungen der gewählten Registerkarte rückgängig gemacht werden sollen.

Damit aber nicht genug. Links neben den Hauptregisterkarten befinden sich Kontrollkästchen. Darüber lassen sich sowohl benutzerdefinierte Registerkarten als auch die Standardregisterkarten per Klick ein- und ausblenden.

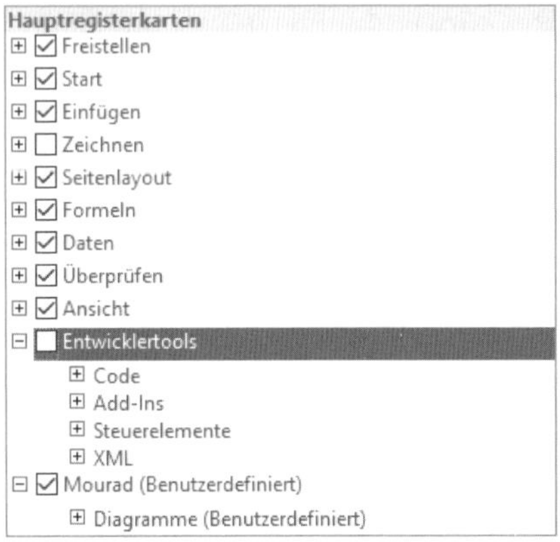

So ist die Registerkarte zu den Entwicklertools standardmäßig ausgeblendet. Möchten Sie z. B. Steuerelemente in Ihr Arbeitsblatt einfügen, benötigen Sie diese Registerkarte, da dort die entsprechenden Befehle enthalten sind.

Tipp 4: So exportieren und importieren Sie Anpassungen zum Menüband und zur Symbolleiste für den Schnellzugriff

Wenn Sie beispielsweise mit mehreren Computern arbeiten und auf allen Geräten mit dem gleichen individuell angepassten Menüband und/oder der Symbolleiste zum Schnellzugriff arbeiten möchten, können Sie das ab Excel 2010 wie folgt realisieren:

So geht's:

1 Starten Sie das Dialogfenster *Excel-Optionen* und wechseln Sie zu der Rubrik *Menüband anpassen*.

2 Über *Importieren/Exportieren* können Sie die benutzerdefinierte Menüleiste exportieren und an einem anderen Computer wieder importieren.

Wenn Sie die Anpassungsdatei exportieren, wird eine Datei mit der Endung *exportedUI* erzeugt. Diese können Sie an einem anderen Arbeitsplatz, auf dem ebenfalls Excel ab der Version 2010 installiert ist, auf dem gleichen Weg wieder importieren. Excel 2007 erlaubt keine Anpassungen am Menüband, weshalb Sie nur die Anpassungen an der Symbolleiste für den Schnellzugriff auf einen anderen Rechner übertragen können. Die Anpassungen werden in Excel 2007 in der Datei *Excel.qat* gespeichert. Diese Datei befindet sich auf einem Windows-7-Betriebssystem im Verzeichnis *C:\Users\%username%\AppData\Local\Microsoft\Office*. Bei anderen Betriebsystemen kann sich der Ort unterscheiden. Kopieren Sie diese Datei vom Quellrechner auf den Zielrechner. Erstellen Sie sicherheitshalber zuvor von der Datei auf dem Zielrechner eine Sicherungskopie, die im Ernstfall wieder eingespielt werden kann.

Tipp 5: Excel individuell starten

Dieses Beispiel zeigt, welche Möglichkeiten für den Excel-Start zur Verfügung stehen. Beispielsweise kann Excel durch die Angabe eines Startparameters immer mit einer bestimmten schreibgeschützten Datei gestartet werden. Oder Sie müssen Excel einmalig im abgesicherten Modus starten, um ein fehlerhaftes Add-in vom Laden beim Start auszuschließen.

So geht's:

Jedes Mal, wenn Sie Excel starten, wird die Datei *Excel.exe* ausgeführt. Dieser Datei können Sie Startoptionen übergeben. Eine Option wird immer in folgender Syntax eingegeben: *Excel.exe /r "C:\Verzeichnis\Datei.xlsx"*. Wichtig ist dabei, dass die Pfad- und Dateiangabe in Anführungsstriche eingeschlossen wird. Die folgende Auflistung gibt einen Überblick über die wichtigsten Startparameter:

Parameter	**Beschreibung**
Excel.exe "Pfad und Dateiname"	Öffnet Excel mit der angegebenen Datei.
Excel.exe /r "Pfad und Dateiname"	Öffnet die angegebene Arbeitsmappe schreibgeschützt.
Excel.exe /t "Pfad und Dateiname"	Startet Excel und öffnet die angegebene Datei als Vorlage.
Excel.exe /e	Verhindert das Anzeigen des Excel-Startbildschirms und das Öffnen einer neuen leeren Arbeitsmappe.
Excel.exe /p "Pfad und Dateiname"	Gibt einen Ordner als Standardordner an, auf den beispielsweise über den Befehl *Speichern unter* zugegriffen wird. Beispiel: *Excel.exe /p "C:\EXCELORDNER"*
Excel.exe /x	Öffnet eine neue, von anderen bereits geöffneten Instanzen unabhängige Instanz von Excel.
Excel.exe /s	Öffnet Excel im abgesicherten Modus.

Wenn Sie Excel nur einmal mit dem entsprechenden Parameter aufrufen möchten, können Sie das über die Eingabeaufforderung tun.

1 Die Eingabeaufforderung starten Sie unter Windows 7, indem Sie im Suchfeld den Befehl *cmd* eintippen und ↵ drücken. Unter Windows 8 tippen Sie in der Startansicht einfach drauflos und geben den Befehl *cmd* gefolgt von ↵ ein. Ab Windows 10 nutzen Sie wie in Windows 7 das Suchfeld bzw. Cortana.

2 Wechseln Sie in das Verzeichnis, in dem Excel installiert ist. Nutzen Sie in der Eingabeaufforderung dazu die Befehle *cd* zum Verzeichniswechsel und *dir* zur Anzeige eines Verzeichnisinhalts. Der Befehl *help* listet alle in der Eingabeaufforderung verfügbaren Befehle auf.

3 Geben Sie den gewünschten Startparameter gefolgt vom Pfad- sowie Dateinamen an. Im Beispiel wird die Datei *Muster.xlsx* im Verzeichnis *C:\Dokumente* schreibgeschützt geöffnet.

Möchten Sie den parametergesteuerten Excel-Aufruf häufiger nutzen, legen Sie auf dem Desktop einfach eine Verknüpfung mit der entsprechenden Befehlszeile an.

9.6 Zusatztools in Excel

Seit Excel 2010 ist das Microsoft Office Upload Center enthalten. Seit Excel 2013 sind zudem weitere Tools, wie Spreadsheet Compare oder Database Compare dazugekommen. Zudem lässt sich Excel durch Apps erweitern. Einige dieser Apps sind kostenlos im Microsoft Office Store verfügbar.

Tipp 1: Das Microsoft Office Upload Center

Mithilfe des Upload Centers behält der Anwender den Überblick über die in der Cloud (Onlinespeicher) abgelegten Dateien. Da Office ab 2013 sehr eng mit der Cloud, also mit OneDrive und SharePoint, verzahnt ist, stellt das Upload Center eine zentrale Anlaufstelle für alle online verfügbaren Daten dar.

Das Tool wird bei der Installation von Office ab der Version 2010 automatisch eingebunden und steht unter Windows im Startmenü unter dem Eintrag *Office Upload Center* in dem Ordner zu den Microsoft Office Tools zur Verfügung. Gegebenenfalls kann das Upload Center auch über die Tray-Leiste geöffnet werden, falls es beim Start von Windows ausgeführt wird.

Sobald das Upload Center geöffnet ist, präsentiert es sich in der Ausgangsposition (siehe Abbildung).

Wird eine Datei über Excel oder ein anderes Office-Programm bei OneDrive oder SharePoint abgelegt, kann der Speichervorgang live im Upload Center verfolgt werden.

Sobald die Datei korrekt gespeichert ist, verschwindet sie wieder aus dieser Anzeige. Die Dauer des Uploads variiert dabei abhängig von der Größe der Datei und der Geschwindigkeit des Internetzugangs.

Soll eine Datei hochgeladen werden, obwohl kein Internetzugang vorhanden ist, geht die Datei nicht verloren. Sie steht offline zur Verfügung und wird so lange im Upload Center angezeigt, bis sie zum entsprechenden Cloud-Dienst hochgeladen werden kann. Bei bestehendem Internetzugang werden alle offline vorhandenen Daten mit den Onlineversionen synchronisiert, sodass immer die aktuellsten Versionen sowohl offline als auch online verfügbar sind.

Über die Schaltfläche *Ausstehende Uploads* kann zwischen den Ansichten gewechselt werden; so kann dort zwischen der Anzeige von ausstehenden Uploads, den zuletzt hochgeladenen Dateien und der Anzeige der zwischengespeicherten Dateien umgeschaltet werden.

Neben jedem Eintrag befindet sich rechts die Schaltfläche *Aktionen*. Diese Schaltfläche stellt abhängig davon, ob die Datei hochgeladen ist oder noch nicht, verschiedene Befehle zur Verfügung. Die folgende Abbildung zeigt die verfügbaren Befehle für eine noch nicht hochgeladene Datei.

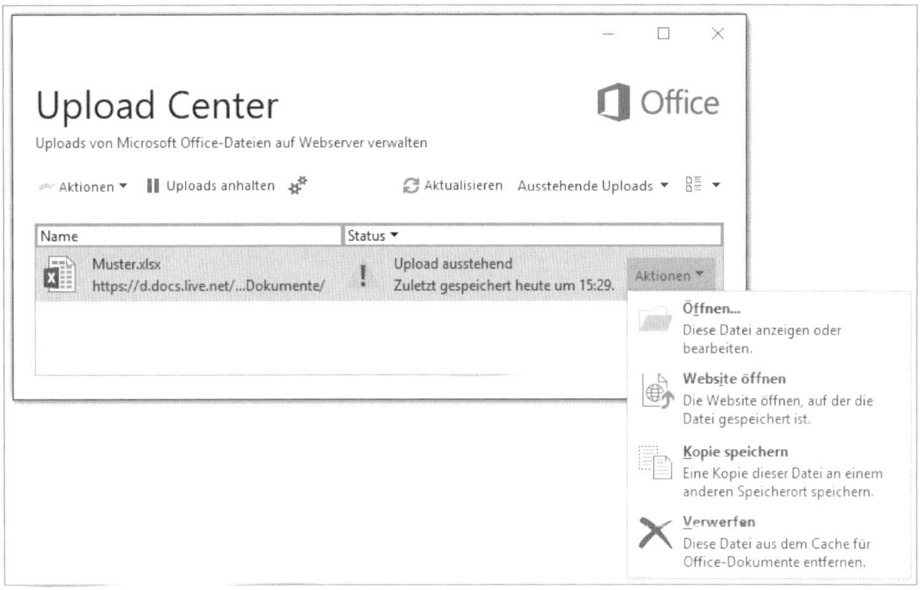

- Über die Schaltfläche *Öffnen* kann die Datei in der entsprechenden Office-Anwendung, wie hier im Beispiel in Excel, geöffnet werden.
- Die Schaltfläche *Website öffnen* startet einen Internetbrowser und öffnet den Cloud-Speicher, auf dem die Datei gespeichert wurde, also beispielsweise die OneDrive- oder SharePoint-Seite.
- Wenn Sie auf *Kopie speichern* klicken, können Sie eine Kopie der Datei an einem anderen Speicherort, lokal oder online, ablegen.
- Über die Schaltfläche *Verwerfen* werden die Änderungen an der lokalen Datei verworfen.

Tipp 2: Spreadsheet Compare – Tabellen ab Excel 2013 vergleichen

Seit Office 2013 ist das Tool mit der Bezeichnung Spreadsheet Compare enthalten. Wie der Name andeutet, ist das Tool nur in englischer Sprache verfügbar. Da es aber sehr übersichtlich aufgebaut ist, sollte die englische Sprache für die allermeisten Anwender kein Hindernis sein.

Mithilfe des Tools können zwei Arbeitsmappen miteinander verglichen und die Abweichungen übersichtlich dargestellt werden. Dies war früher zwar schon durch externe Tools oder Add-ins möglich, seit Office 2013 wird dieses Produkt aber von Microsoft kostenlos mitgeliefert.

Bei dem Tool Spreadsheet Compare handelt es sich um ein eigenständiges Programm, das nicht direkt in Excel integriert ist. Sie finden es unter Windows im Startmenü unter dem Eintrag *Spreadsheet Compare* in dem Ordner der Microsoft Office Tools.

Sie können auch das in Windows integrierte Suchfeld verwenden, um das Tool zu finden. Geben Sie in das Suchfeld den Namen des Tools ein. Das Suchfeld reagiert auf jede Eingabe eines Buchstabens, grenzt die Suchergebnisse immer weiter ein und zeigt Ihnen die Programmsymbole der gefundenen Anwendungen an. Nach dem Start des Programms zeigt sich ein Fenster mit zwei nebeneinander angeordneten Bereichen.

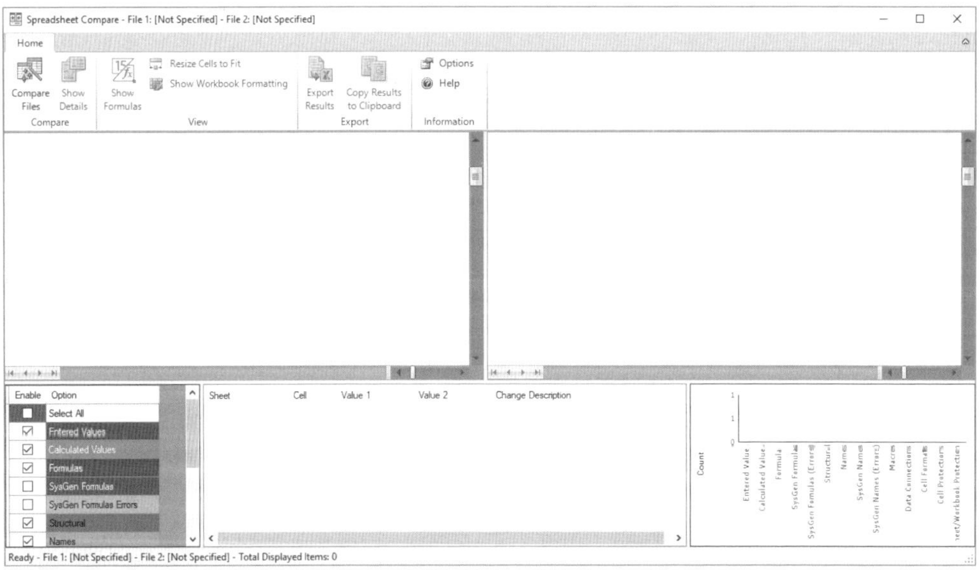

Im linken oberen Teilfenster wird die erste und im rechten Teilfenster die zweite zu vergleichende Arbeitsmappe angezeigt. Im rechten Fenster werden die Änderungen gegenüber der ersten Arbeitsmappe farblich hervorgehoben.

Im unteren Bereich werden die Abweichungen noch einmal explizit beschrieben und in einer kleinen Statistik aufbereitet. Als Beispiel dienen zwei Arbeitsmappen mit einer kleinen Artikelübersicht. Auf den ersten Blick unterscheiden sich die beiden Dateien kaum.

Artikelübersicht 1 – Datei *Compare_1.xlsx*:

	A	B	C	D	E	F
1	**Artikelübersicht - 1**					
2						
3						
4						
5	**Artikel-Nr**	**Einkaufspreis**	Gewinnspanne	**Verkaufspreis**		
6	3896D	114,38 €	5,72	120,92 €		
7	2034C	298,25 €	14,91	342,72 €		
8	7762I	165,40 €	8,27	179,08 €		
9	4474U	176,56 €	8,83	192,15 €		
10	5204X	66,00 €	3,30	68,18 €		
11	6640A	62,00 €	3,10	63,92 €		
12	8867O	253,58 €	12,68	285,73 €		
13	1907J	196,40 €	9,82	215,69 €		
14	2904X	14,60 €	0,73	14,71 €		
15	5994N	23,08 €	1,15	23,35 €		
16	5771G	210,55 €	10,53	232,72 €		
17	**Summe**	**1.580,80 €**	**79,04**	**1.739,16 €**		

Artikelübersicht 2 – Datei *Compare_2.xlsx*:

	A	B	C	D	E	F
1	**Artikelübersicht - 2**					
2						
3						
4						
5	**Artikel-Nr**	**Einkaufspreis**	Gewinnspanne	**Verkaufspreis**		**Endergebnis**
6	3896D	114,38 €	5,72	120,92 €		1.753,60 €
7	2034C	298,25 €	14,91	342,72 €		
8	7762I	165,40 €	17,00	193,52 €		
9	4474U	176,56 €	8,83	192,15 €		
10	5204X	66,00 €	3,30	68,18 €		
11	6640a	62,00 €	3,10	63,92 €		
12	8867O	253,58 €	12,68	285,73 €		
13	1907J	196,40 €	9,82	215,69 €		
14	2904X	14,60 €	0,73	14,71 €		
15	5994N	23,08 €	1,15	23,35 €		
16	5771G	210,55 €	10,53	232,72 €		
17	**Summe**	**1.580,80 €**	**87,77**	**1.753,60 €**		

Ein paar Unterschiede gibt es aber dennoch, die wir mit Spreadsheet Compare 2013 aufspüren möchten.

So geht's:

1 Starten Sie dazu zunächst das Vergleichsprogramm Spreadsheet Compare.

2 Legen Sie nun über die Schaltfläche *Compare Files* fest, welche beiden Dateien miteinander verglichen werden sollen. In unserem Beispiel vergleichen wir die Dateien *Compare_1.xlsx* und *Compare_2.xlsx*.

3 Nachdem Sie die beiden Dateien ausgewählt haben, beenden Sie dieses Fenster einfach mit einem Klick auf die Schaltfläche *OK*. Damit startet der Vergleichsvorgang sofort und die Ergebnisse werden entsprechend angezeigt.

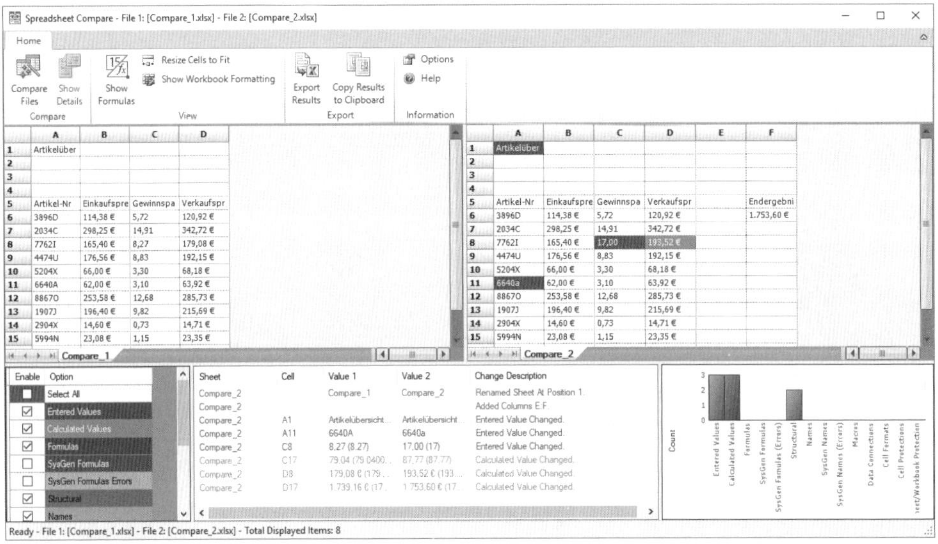

Das linke obere Fenster zeigt die Datei *Compare_1.xlsx*, also die Ausgangsdatei. Im rechten oberen Fenster wird die Datei *Compare_2.xlsx* dargestellt. Dabei werden Abweichungen gegenüber der linken Datei farblich hervorgehoben. Jede Farbe hat dabei ihre eigene Bedeutung. Die Beschreibung dazu, welche Bedeutung die einzelnen Farben haben, finden Sie im Fenster links unten. Dort können Sie auch festlegen, welche Änderungen hervorgehoben werden sollen und welche nicht. Setzen Sie einfach den Haken bei der entsprechenden Option.

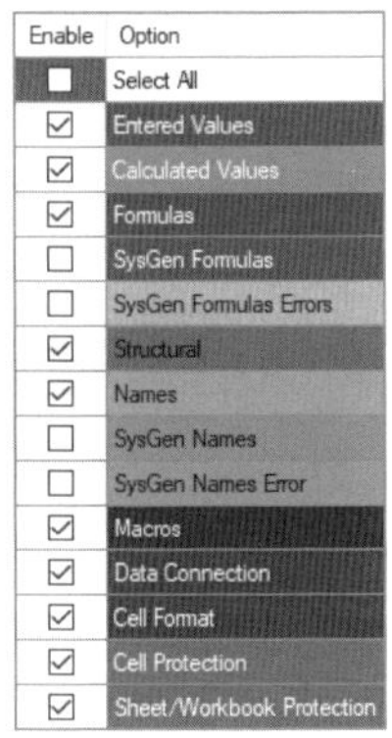

Der mittlere Fensterbereich in der unteren Programmhälfte listet alle Abweichungen nach Zellen getrennt auf. So kann sehr einfach und übersichtlich nachvollzogen werden, in welchen Zellen es Unterschiede gibt.

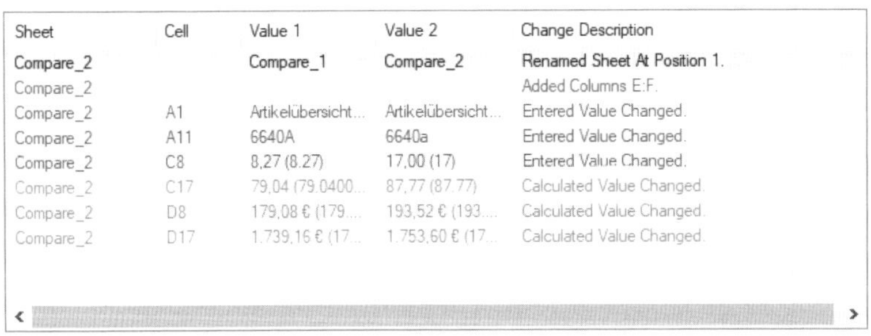

Sheet	Cell	Value 1	Value 2	Change Description
Compare_2		Compare_1	Compare_2	Renamed Sheet At Position 1.
Compare_2				Added Columns E:F.
Compare_2	A1	Artikelübersicht...	Artikelübersicht...	Entered Value Changed.
Compare_2	A11	6640A	6640a	Entered Value Changed.
Compare_2	C8	8,27 (8.27)	17,00 (17)	Entered Value Changed.
Compare_2	C17	79,04 (79.0400...	87,77 (87.77)	Calculated Value Changed.
Compare_2	D8	179,08 € (179....	193,52 € (193....	Calculated Value Changed.
Compare_2	D17	1.739,16 € (17...	1.753,60 € (17...	Calculated Value Changed.

Wie Sie sehen, unterscheidet sich die Artikelnummer in Zelle A11. In der ersten Datei hat die Artikelnummer ein großes A und in der zweiten Tabelle ein kleines a. Da es sich dabei um eine Abweichung des Werts handelt, wird diese Abweichung grün hervorgehoben. Unterschiede in der Formatierung werden türkis markiert. Dies sehen Sie beispielsweise in Zelle A17. Diese Zelle besitzt in der zweiten Datei einen grauen Zellhintergrund und in der ersten Datei nicht.

Im rechten unteren Fenster wird eine kleine Statistik angezeigt, in der die Anzahl aller Abweichungen getrennt nach Abweichungsgrund aufgelistet wird. Damit erhalten Sie auf den ersten Blick einen Eindruck davon, wie stark sich zwei Dateien unterscheiden. Über die Menüleiste lassen sich darüber hinaus noch ein paar zusätzliche Funktionen aufrufen.

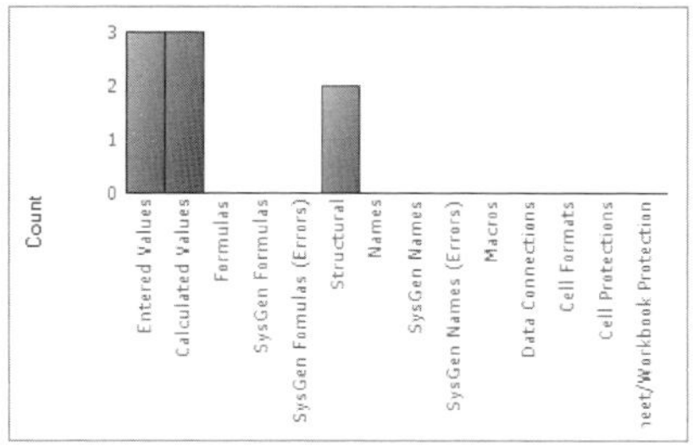

- *Show Formulas*: Darüber kann die Anzeige der beiden oberen Fenster geändert werden. So lässt sich über diesen Befehl zwischen der Formelansicht und der Ergebnisansicht umschalten.
- *Resize Cells to Fit*: Ein Klick auf diese Schaltfläche sorgt dafür, dass die Spaltenbreite in den oberen Datenfenstern auf die optimale Breite eingestellt wird.
- *Show Workbook Formating*: Mithilfe dieses Befehls kann die farbliche Hervorhebung der Abweichungen im rechten oberen Fenster ein- und ausgeschaltet werden.
- *Export Results*: Dieser Befehl sorgt dafür, dass die Abweichungen in eine separate Excel-Tabelle gespeichert werden.

	A	B	C	D	E	F
1	*Differences*					
2	Sheet	Range	Old Value	New Value	Description	
3	Compare_2		Compare_1	Compare_2	Renamed Sheet At Position 1.	
4	Compare_2				Added Columns E:F.	
5	Compare_2	A1	Artikelübersicht - 1	Artikelübersicht - 2	Entered Value Changed.	
6	Compare_2	A11	6640A	6640a	Entered Value Changed.	
7	Compare_2	C8	8,27 (8.27)	17,00 (17)	Entered Value Changed.	
8	Compare_2	C17	79,04 (79.040000000000006)	87,77 (87.77)	Calculated Value Changed.	
9	Compare_2	D8	179,08 € (179.07858000000002)	193,52 € (193.518)	Calculated Value Changed.	
10	Compare_2	D17	1.739,16 € (1739.1637780000003)	1.753,60 € (1753.6031980000002)	Calculated Value Changed.	

Neben den Abweichungen werden die getroffenen Einstellungen zusätzlich auf das Blatt *Setup* übertragen. Mit dieser Info können die gefundenen Differenzen entsprechend abgestimmt werden.

	A	B
1	*Compare Setup*	
2	Setting	Value
3	File 1	C:\Dokumente\Compare_1.xlsx
4	File 2	C:\Dokumente\Compare_2.xlsx
5	Compare Date	28.10.2018 15:55:55
6	Compared by	DESKTOP-MUKTL24\Mourad
7	Entered Values	True
8	Calculated Values	True
9	Formulas	True
10	System Generated Formulas	False
11	System Generated Formulas with Errors	False
12	Structural	True
13	Named Items	True
14	System Generated Named Items	False
15	System Generated Named Items with Errors	False

- *Copy Results to Clipboard*: Dieser Befehl kopiert die Abweichungsergebnisse in die Zwischenablage.

Das Programm Spreadsheet Compare macht einen wirklich guten Eindruck und lässt sich intuitiv bedienen. Dabei liefert es übersichtlich und nachvollziehbar die gewünschten Abweichungen der analysierten Arbeitsmappen.

Tipp 3: So lässt sich Excel um Apps aus dem App-Store erweitern

Seit Office 2013 hat Microsoft die Möglichkeit eingeführt, verschiedene Office-Programme, wie Excel, Outlook, Word, Project etc., mit sogenannten Apps erweitern zu können. Dazu hat Microsoft auch einen App-Store entwickelt, der unter der Adresse *https://store.office.com/de-de* verfügbar ist. Am einfachsten lassen sich Apps direkt über die Office-Anwendung einbinden.

So geht's:

1 Neue Apps lassen sich ab Excel 2013 über das Menü *Einfügen/Add-Ins/Add-Ins abrufen* einfügen. Um bereits eingebundene Apps anzuzeigen, verwenden Sie das Menü *Einfügen/Add-Ins/Meine Add-Ins*. Beide Befehle, die sich in ihrer Bezeichnung leicht zwischen den verschiedenen Excel-Versionen ab Excel 2013 unterscheiden können, führen zum selben Dialogfenster, in dem jeweils eine der Rubriken *Store* und *Meine Apps* bzw. *Meine Add-Ins* vorselektiert ist.

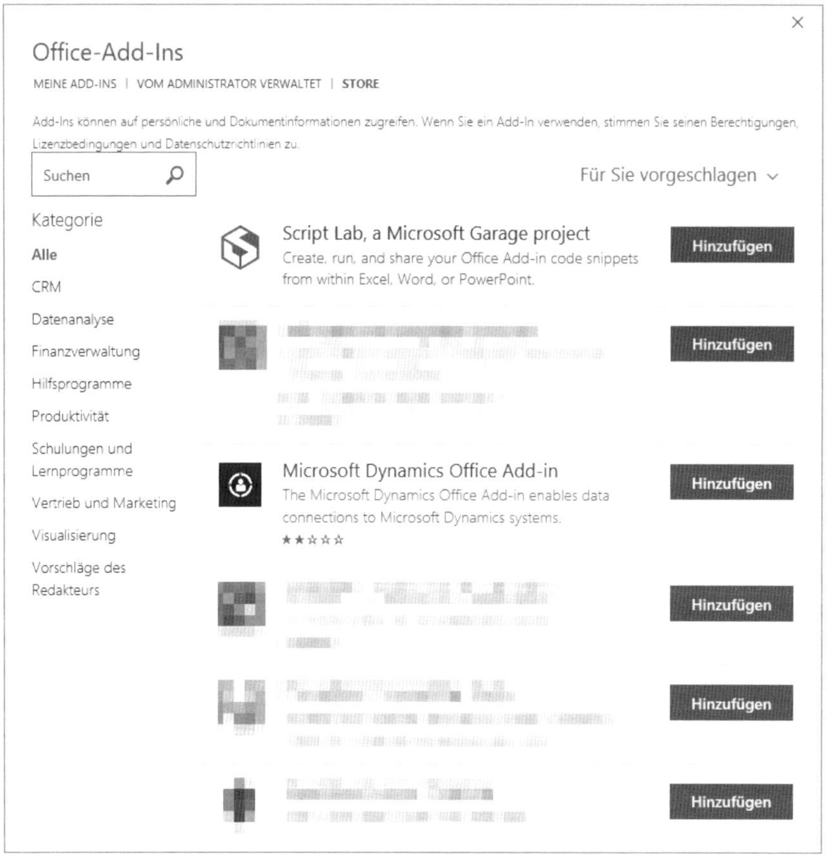

2 Um eine neue App hinzuzufügen, wechseln Sie ggf. zu der Ansicht zum *Store* und durchstöbern Sie z. B. die Kategorien. Apps lassen sich aber auch nach Stichwörtern suchen. Angenommen, Sie möchten die Bing-App zur Visualisierung von Geodaten in Excel einbinden. Geben Sie als Suchbegriff *Bing* ein und drücken Sie ⏎.

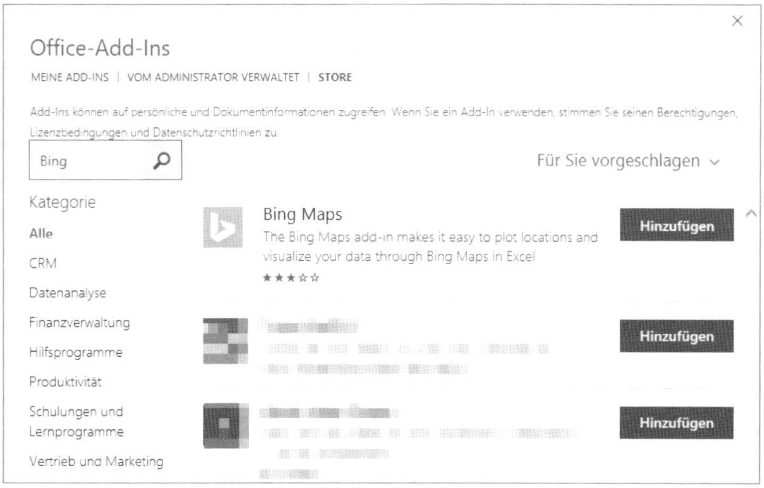

3 Klicken Sie anschließend auf das Symbol links vom Eintrag *Bing Maps*, um Details zu der App zu erfahren. In den Details sind auch Informationen zu den von der App benötigten Rechten enthalten, z. B. ob die App Ihr Dokument lesen darf.

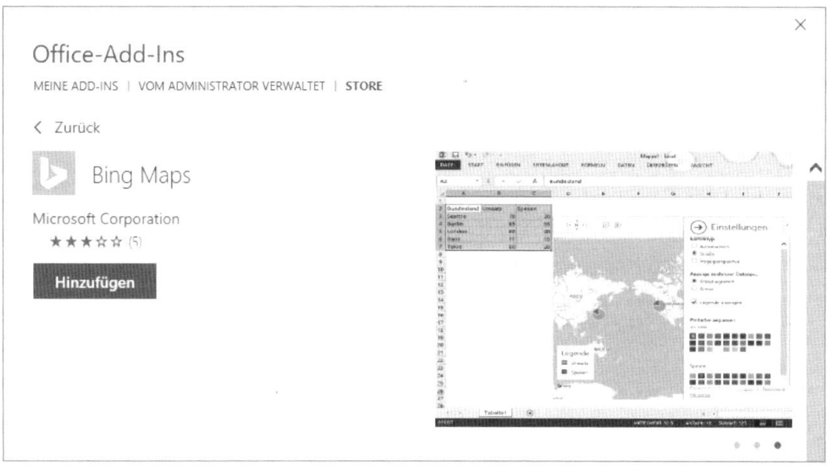

4 Wenn Sie mit den Bedingungen einverstanden sind, klicken Sie auf die Schaltfläche *Hinzufügen*, um die App hinzuzufügen. Im Fall der Bing-App wird diese nach Abschluss des Dialogs in die aktive Tabelle eingefügt. Wie Sie die App verwenden, ist Inhalt des nachfolgenden Tipps. Wenn Sie das Dialogfenster zu den installierten Apps erneut aufrufen, befindet sich nun die Bing-App in der Liste Ihrer Apps.

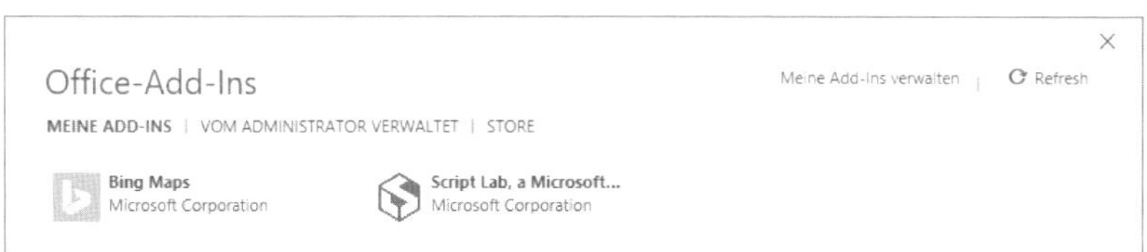

Tipp 4: Bing Maps als App in Excel 2013/2016 verwenden

Im vorherigen Tipp wurde erläutert, wie Sie die Office-App *Bing Maps* installieren. In diesem Tipp zeigen wir Ihnen, wie Sie sie verwenden können und welche Möglichkeiten sie bietet. Mit der App lassen sich geografische Angaben auf einer Landkarte visualisieren.

So geht's:

1 Im ersten Schritt muss die Landkarte (Map) auf einem Excel-Tabellenblatt eingebunden werden. Rufen Sie in Excel 2013 über das Menü *Einfügen/Add-Ins/Meine Apps* den Dialog mit der Liste Ihrer Apps auf. Ab Excel 2016 verwenden Sie dazu das Menü *Einfügen/Add-Ins/Meine Add-Ins*. Klicken Sie auf die App *Bing Maps* und anschließend auf die Schaltfläche *Einfügen*. Haben Sie die App bereits öfter verwendet, können Sie auch, ohne den Dialog aufzurufen, die App direkt aus der Auswahlliste zum Befehl *Meine Apps* bzw. *Meine Add-Ins* in das Arbeitsblatt einfügen.

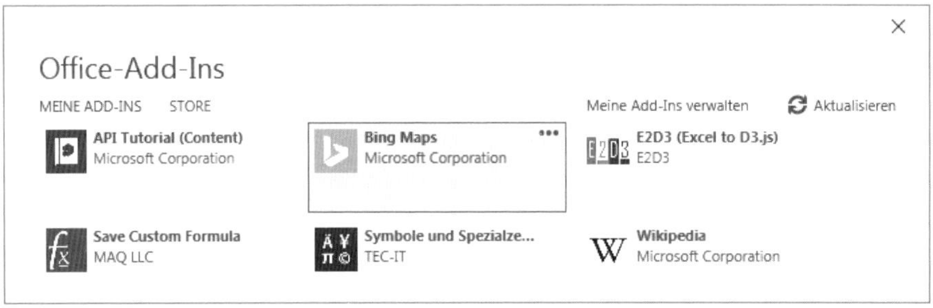

2 Sobald Sie die App eingefügt haben, erscheint sie als Objekt in Ihrem Arbeitsblatt. An den Anfassern lässt sich die App wie beispielsweise eine AutoForm verschieben, verkleinern oder vergrößern.

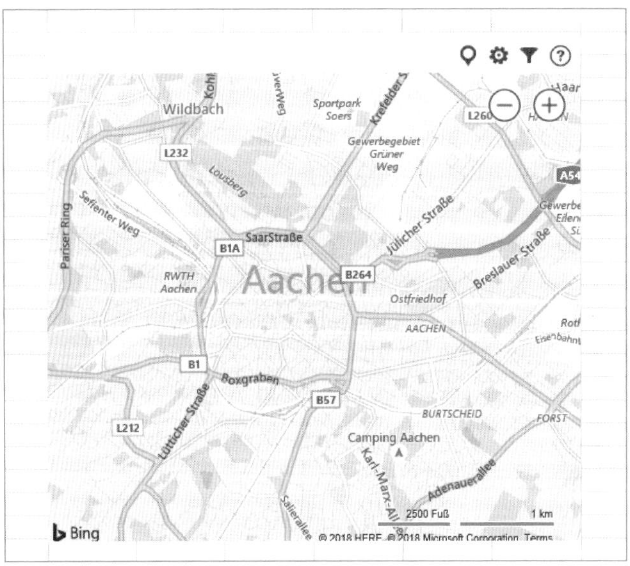

3 Um nun entsprechende Adressen in der Karte anzuzeigen, müssen die relevanten Adressangaben zunächst in einer Zelle eingetragen werden. Im Beispiel liegen zwei Adressen im Zellbereich A4:A5 vor. Wichtig ist, dass dieser Adressbereich eine Überschrift in Zelle A3 bekommt. Nur so werden die darunter stehenden Adressen korrekt in der Karte angezeigt.

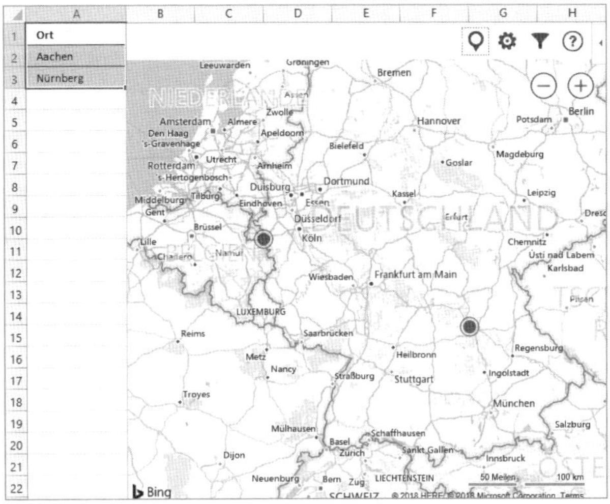

4 Ist der Zellbereich A3:A5, also einschließlich der Zelle mit der Überschrift, markiert, klicken Sie einfach auf den Pin in der Titelleiste der Bing Map.

5 Damit werden die eingegebenen Adressen mit einem rötlichen Pin in der Karte markiert.

6 Mit der Maus können Sie den Kartenausschnitt nach oben, unten, rechts oder links verschieben. Die Lupen mit dem Plus- und Minussymbol in der Titelleiste dienen zur Skalierung der Kartenauflösung.

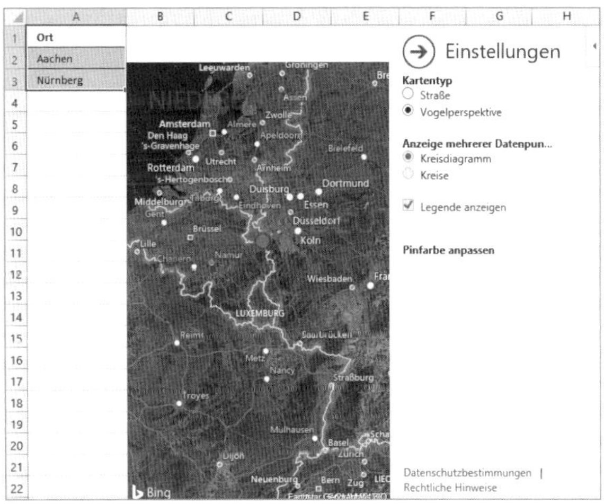

7 Über die Schaltfläche *Einstellungen* (Zahnradsymbol) können Sie zwischen der Kartenansicht (*Straße*) und der Satellitenansicht (*Vogelperspektive*) umschalten. Die folgende Abbildung zeigt einen vergrößerten Kartenabschnitt in der Satellitenansicht.

Das ist aber noch nicht alles, *Bing Maps* kann noch mehr. So lassen sich neben der einfachen Anzeige eines Orts mit einer Pinnnadel auch ganze Regionen wie beispielsweise Länder oder Bundesländer auswählen und mit weiteren Informationen versehen.

In diesem Beispiel soll der Ausländeranteil in Prozent nach Bundesländern dargestellt werden.

So geht's:

1 Erfassen Sie zunächst die relevanten Daten in einer Excel-Tabelle. In diesem Beispiel liegen die Daten in Form einer Tabelle im Zellbereich G1:I17 vor.

Bundesland	Ausländer	Deutsche
Berlin	14	86
Hamburg	13,7	86,3
Bremen	12,6	87,4
Baden-Württemberg	12,1	87,9
Hessen	11,4	88,6
Nordrhein-Westfalen	10,7	89,3
Bayern	9,8	90,2
Saarland	8,2	91,8
Rheinland-Pfalz	7,9	92,1
Niedersachsen	6,9	93,1
Schleswig-Holstein	5,2	94,8
Sachsen	2,8	97,2
Brandenburg	2,7	97,3
Mecklenburg-Vorpommerr	2,5	97,5
Thüringen	2,3	97,7
Sachsen-Anhalt	1,9	98,1

2 Markieren Sie nun den Datenbereich einschließlich Überschrift und klicken Sie in der Bing Map auf das Pinsymbol in der Titelleiste der Karte.

3 Wie gewünscht, werden die Orte (Bundesländer) mit einem Tortendiagramm markiert. Mit einem Klick auf ein Tortendiagramm öffnet sich ein kleines Dialogfenster, in dem das Bundesland sowie die Prozentangaben für die Anteile der Ausländer und Deutschen ausgegeben werden.

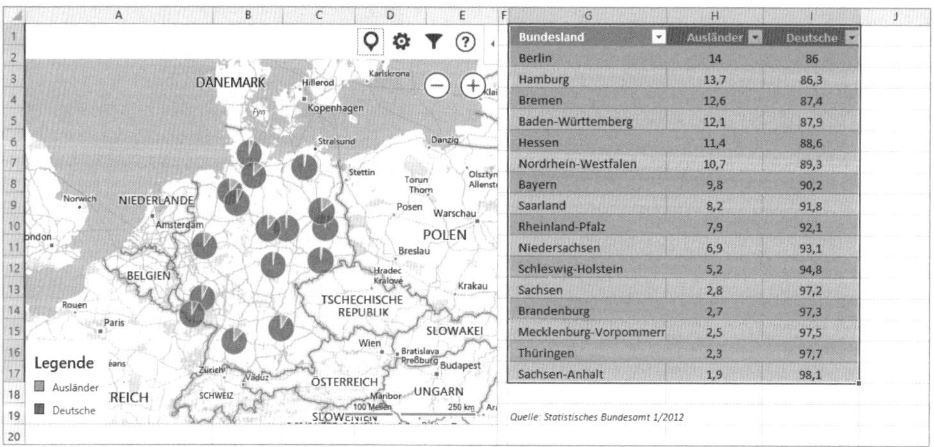

10 So bekommen Sie Fehler problemlos in den Griff

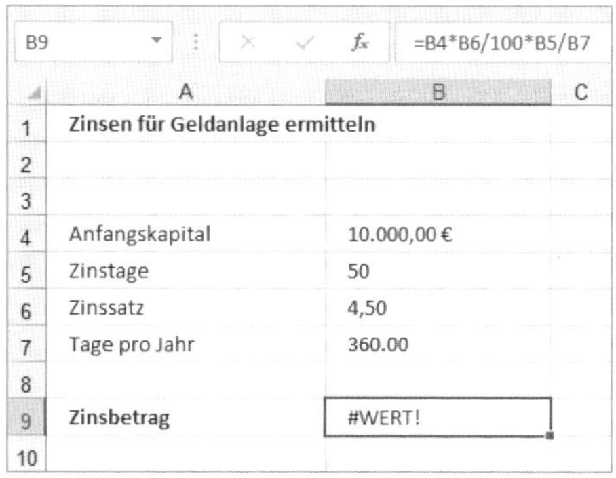

Fehler stellen in Kalkulationsmodellen ein nicht zu unterschätzendes Problem dar. So können Fehler grundsätzlich in zwei verschiedene Arten eingeteilt werden. Zum einen gibt es die allgemeinen Fehler, deren Vorhandensein meist bereits auf den ersten Blick erkannt wird. Diese Fehler bildet Excel in der Regel auch mit entsprechenden Fehlermeldungen ab. Bei der anderen Sorte, den Logikfehlern, wird es schon etwas schwieriger. Logikfehler sind Fehler, die zwar falsche Ergebnisse liefern, aber von Excel nicht und vom Anwender meist nur schwer erkannt werden können. Dieser Abschnitt geht auf die Vermeidung und Behebung von Fehlern ein und erläutert dies anhand praxisbezogener Beispiele.

Tipp 1: Fehler suchen und finden

Als Ausgangsdatei für dieses Beispiel dient eine Vertriebszusammenstellung, die manuell von verschiedenen Mitarbeitern gepflegt wird. Dabei kommt es natürlich vor, dass sich der eine oder andere Fehler einschleicht. Dieses Beispiel zeigt, wie Sie die Fehler am schnellsten finden können.

So geht's: Fehler markieren

1 Starten Sie das Dialogfenster *Gehe zu* mit der Funktionstaste F5 und öffnen Sie über die Schaltfläche *Inhalte* das Dialogfenster *Inhalte auswählen*. Alternativ können Sie das Dialogfenster auch über das Menü *Start/Bearbeiten/Suchen und Auswählen/Inhalte auswählen* aufrufen.

2 Aktivieren Sie im Dialogfenster *Inhalte auswählen* die Option *Formeln* und setzen Sie den Haken im Kontrollkästchen *Fehler*. Die anderen Kontrollkästchen müssen deaktiviert sein.

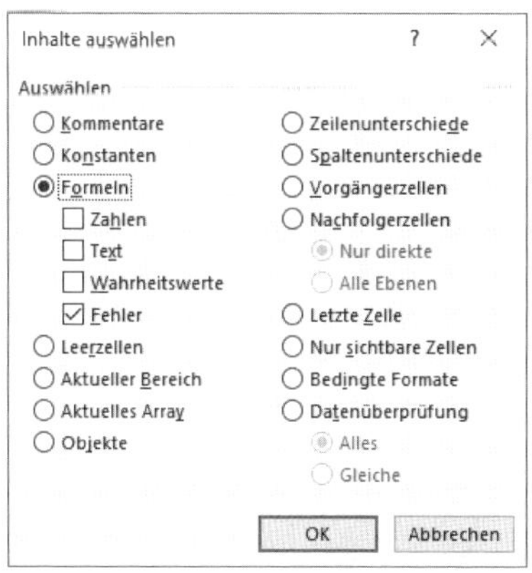

3 Nachdem Sie das Dialogfenster mit einem Klick auf die Schaltfläche *OK* beendet haben, werden alle Zellen markiert, die einen Fehler enthalten.

	A	B	C	D	E	F	G
1	Vertriebszusammenstellung						
2							
3							
4	Datum	Artikel	Mitarb. Nr.	Mitarbeiter	Menge	Umsatz gesamt	Durchschnitt pro Stück
5	26.06.2018	4712	3	Schneider	45	1.053,50 €	23,41 €
6	26.06.2018	4734	1	Pfaffenstein	0	243,24 €	#DIV/0!
7	26.06.2018	4821	9	#NV	23	342.12	#WERT!
8	26.06.2018	5325	4	Kramer	143	1.324,32 €	9,26 €
9	27.06.2018	4613	6	Nesvadba	23	3.243,23 €	141,01 €
10	27.06.2018	5324	3	Schneider	7	502,33 €	71,76 €
11	27.06.2018	6542	4	Kramer	34	1.055,13 €	31,03 €
12	27.06.2018	4254		#NV	52	2.603,33 €	50,06 €
13	28.06.2018	3099	1	Pfaffenstein	76	1.954,87 €	25,72 €
14	28.06.2018	3951	6	Nesvadba	12	2.829,07 €	235,76 €
15	28.06.2018	3903	8	Engstein	4	833,89 €	208,47 €
16	28.06.2018	4997	5	Lauterbach		1.069,23 €	#DIV/0!
17	28.06.2018	5727	7	Klaus	23	1.475,06 €	64,13 €
18	29.06.2018	5858	2	Linke	22	2.240,59 €	101,85 €
19	29.06.2018	5893	1	Pfaffenstein	43	1.544,85 €	35,93 €
20	29.06.2018	1855	8	Engstein	56	1.903,65 €	33,99 €
21	29.06.2018	2207	0	#NV	71	2.966,94 €	41,79 €
22	29.06.2018	5167	3	Schneider	34	2.747,35 €	80,80 €
23	02.07.2018	2908	6	Nesvadba	42	2.428,66 €	57,83 €
24	02.07.2018	5162	8	Engstein	61	2.296,10 €	37,64 €
25	02.07.2018	1339	4	Kramer	24	2.182,26 €	90,93 €

So geht's: Fehler filtern

In diesem Beispiel soll eine Liste der Datensätze dargestellt werden, die in einer beliebigen Spalte einen Fehler enthalten.

1 Markieren Sie den Zellbereich H5:H25 und erfassen Sie in Zelle H5 die Formel *=WENN (ISTFEHLER(D5&E5&F5&G5);"Fehler";"")*. Diese Formel prüft in den Zellen D5, E5, F5 und G5, ob sich ein Fehler darin befindet. Enthält eine der vier Zellen einen Fehler, wird der Text *FEHLER* ausgegeben.

2 Beenden Sie die Formeleingabe mit der Tastenkombination Strg+↵. Damit wird die Formel in den gesamten markierten Bereich eingetragen.

H6 =WENN(ISTFEHLER(C6&D6&E6&F6&G6);"FEHLER";"")

	A	B	C	D	E	F	G	H
1	Vertriebszusammenstellung							
2								
3								
4	Datum	Artikel	Mitarb. Nr.	Mitarbeiter	Menge	Umsatz gesamt	Durchschnitt pro Stück	Fehler
5	26.06.2018	4712	3	Schneider	45	1.053,50 €	23,41 €	
6	26.06.2018	4734	1	Pfaffenstein	0	243,24 €	#DIV/0!	FEHLER
7	26.06.2018	4821	9	#NV	23	342.12	#WERT!	FEHLER
8	26.06.2018	5325	4	Kramer	143	1.324,32 €	9,26 €	
9	27.06.2018	4613	6	Nesvadba	23	3.243,23 €	141,01 €	
10	27.06.2018	5324	3	Schneider	7	502,33 €	71,76 €	
11	27.06.2018	6542	4	Kramer	34	1.055,13 €	31,03 €	
12	27.06.2018	4254		#NV	52	2.603,33 €	50,06 €	FEHLER
13	28.06.2018	3099	1	Pfaffenstein	76	1.954,87 €	25,72 €	
14	28.06.2018	3951	6	Nesvadba	12	2.829,07 €	235,76 €	
15	28.06.2018	3903	8	Engstein	4	833,89 €	208,47 €	
16	28.06.2018	4997	5	Lauterbach		1.069,23 €	#DIV/0!	FEHLER
17	28.06.2018	5727	7	Klaus	23	1.475,06 €	64,13 €	
18	29.06.2018	5858	2	Linke	22	2.240,59 €	101,85 €	
19	29.06.2018	5893	1	Pfaffenstein	43	1.544,85 €	35,93 €	
20	29.06.2018	1855	8	Engstein	56	1.903,65 €	33,99 €	
21	29.06.2018	2207	0	#NV	71	2.966,94 €	41,79 €	FEHLER
22	29.06.2018	5167	3	Schneider	34	2.747,35 €	80,80 €	
23	02.07.2018	2908	6	Nesvadba	42	2.428,66 €	57,83 €	
24	02.07.2018	5162	8	Engstein	61	2.296,10 €	37,64 €	
25	02.07.2018	1339	4	Kramer	24	2.182,26 €	90,93 €	

3 Im nächsten Schritt wird nun der AutoFilter hinzugefügt. Markieren Sie dazu den Bereich A4:H4 und fügen Sie den Filter über das Menü *Daten/Sortieren und Filtern/Filtern* hinzu.

4 Blenden Sie nun über den Filter in Spalte H alle Zeilen aus, die nicht den Eintrag *FEHLER* enthalten. Damit werden ausschließlich Datensätze angezeigt, in denen in den Spalten C bis G ein Fehlerwert enthalten ist.

Tipp 2: Überblick über die Fehlerarten in Excel

Excel unterscheidet bei der Fehlererkennung zwischen verschiedenen Fehlerwerten. Nachfolgend erhalten Sie einen Überblick über die verschiedenen Fehlertypen.

So geht's:

Fehlerwert	Erläuterung
#BEZUG!	Wird angezeigt, wenn ein Bezug auf eine Zelle ungültig ist.
#DIV/0!	Wird angezeigt, wenn ein Wert durch null dividiert wird.
#NULL!	Wird bei der Angabe der Schnittmenge von zwei Bereichen angezeigt, wenn sich die Bereiche nicht überschneiden.
#NV	Wird angezeigt, wenn ein Wert weder in einer Formel oder Funktion noch in einer Datenmatrix vorhanden ist.
#NAME?	Wird angezeigt, wenn Excel eine Formel oder Funktion nicht kennt.
#WERT!	Wird angezeigt, wenn für einen Wert ein falscher Datentyp verwendet wurde.
#ZAHL!	Wird bei Fehlern bezüglich der Zahlenangaben in Formeln oder Funktionen angezeigt.
# über die gesamte Zellenbreite	Wird angezeigt, wenn die Spalte zu schmal für die Anzeige des Textes oder der Zahl ist. Wird auch bei negativen Zeitberechnungen ausgegeben.

Anhand der Fehlerwerte können Sie den entstandenen Fehler eingrenzen und somit eine erste Diagnose stellen.

Tipp 3: Ermitteln, welcher Fehlertyp vorliegt

Da Excel verschiedene Fehlertypen unterscheidet, ist es möglich, den vorliegenden Fehler eindeutig zu bestimmen. Mit diesem Wissen kann man entsprechend auf verschiedene Fehler reagieren.

So geht's:

Zum Auslesen der Fehlertypen stellt Excel die Tabellenfunktion *FEHLER.TYP(Fehlerwert)* zur Verfügung. Über diese Funktion erhalten Sie eine Zahl als Rückgabewert, die bestimmt, welcher Fehlertyp vorliegt.

Die folgende Beispieltabelle zeigt, welchem Fehler welcher Rückgabewert zugeordnet ist:

Fehlerwert	Rückgabewert
#NULL!	1
#DIV/0!	2
#WERT!	3
#BEZUG!	4

Fehlerwert	Rückgabewert
#ZAHL!	6
#NV	7
#GETTING_DATA	8

Den Rückgabewert können Sie verwenden, um in *WENN*-Abfragen adäquat auf den Fehler reagieren zu können.

Tipp 4: Fehler abfragen und unterdrücken

In vielen Situationen kann es sinnvoll sein, Fehler unterdrücken zu lassen. Anhand der folgenden Beispiele sehen Sie, welche Möglichkeiten Excel dafür zur Verfügung stellt.

So geht's: Fehler generell unterdrücken

Im vorliegenden Beispiel wird der Durchschnittswert pro verkauftes Stück anhand der Formel *=RUNDEN(F5/E5;2)* in Zelle G5 ermittelt.

	A	B	C	D	E	F	G	H
1	Vertriebszusammenstellung							
2								
3								
4	Datum	Artikel	Mitarb. Nr.	Mitarbeiter	Menge	Umsatz gesamt	Durchschnitt pro Stück	
5	26.06.2018	4712	3	Schneider	0	1.053,50 €	#DIV/0!	
6	26.06.2018	4821	9	#NV	23	342.12	#WERT!	
7								

Da sich in Zelle E5 der Wert 0 befindet, wird der Umsatz aus Zelle F5 durch 0 dividiert. Diese Berechnung erzeugt den Fehler *#DIV/0!*. Der Fehler *#WERT!* in Zelle G6 entsteht durch die fehlerhafte Zahl in Zelle F6. Dort wurde als Dezimaltrennzeichen versehentlich ein Punkt anstelle eines Kommas verwendet.

Zur Unterdrückung der beiden Fehler gehen Sie wie folgt vor:

1. Markieren Sie den Zellbereich G5:G6.

2. Erfassen Sie in Zelle G5 folgende Formel:

   =WENN(ISTFEHLER(RUNDEN(F5/E5;2));"-";RUNDEN(F5/E5;2))

   Diese *WENN*-Abfrage verhindert die Ausgabe sämtlicher Fehlerhinweise.

3. Schließen Sie die Formeleingabe mit der Tastenkombination Strg+↵ ab.

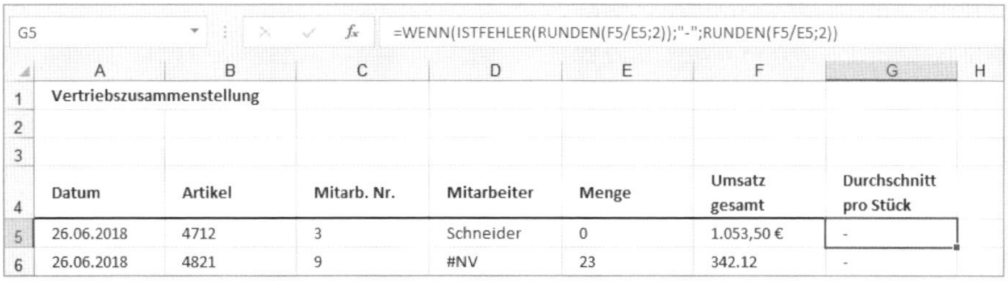

G5 =WENN(ISTFEHLER(RUNDEN(F5/E5;2));"-";RUNDEN(F5/E5;2))

	A	B	C	D	E	F	G	H
1	Vertriebszusammenstellung							
2								
3								
4	Datum	Artikel	Mitarb. Nr.	Mitarbeiter	Menge	Umsatz gesamt	Durchschnitt pro Stück	
5	26.06.2018	4712	3	Schneider	0	1.053,50 €	-	
6	26.06.2018	4821	9	#NV	23	342.12	-	

Seit Excel 2007 steht die Tabellenfunktion *WENNFEHLER(Wert;Wert_falls_Fehler)* zur Verfügung. Diese Funktion ist sehr nützlich, denn wenn Sie sich die Formel in Schritt 2 etwas näher ansehen, werden Sie feststellen, dass die Berechnung des Durchschnittswerts zweimal durchgeführt werden muss: einmal, um über die Funktion *ISTFEHLER()* zu prüfen, ob die Formel einen Fehler erzeugt, und zum zweiten Mal dann, wenn kein Fehler vorhanden ist, um das tatsächliche Ergebnis zu ermitteln.

Mithilfe der Funktion *WENNFEHLER()* wird die Fehlerabfrage ein ganzes Stück einfacher.

1 Markieren Sie dazu den Zellbereich H5:H6.

2 Erfassen Sie in Zelle H5 folgende Formel:

=WENNFEHLER(RUNDEN(F5/E5;2);"")

3 Beenden Sie die Dateneingabe mit der Tastenkombination Strg+↵.

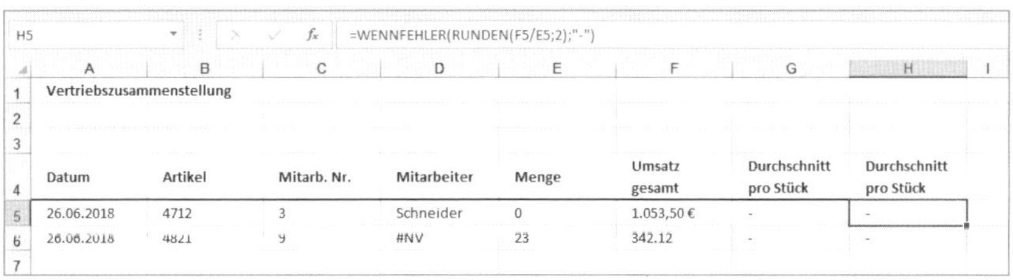

H5 =WENNFEHLER(RUNDEN(F5/E5;2);"-")

	A	B	C	D	E	F	G	H	I
1	Vertriebszusammenstellung								
2									
3									
4	Datum	Artikel	Mitarb. Nr.	Mitarbeiter	Menge	Umsatz gesamt	Durchschnitt pro Stück	Durchschnitt pro Stück	
5	26.06.2018	4712	3	Schneider	0	1.053,50 €	-	-	
6	26.06.2018	4821	9	#NV	23	342.12	-	-	
7									

Sie sehen, diese Formel liefert das gleiche Ergebnis, ist dabei aber wesentlich kürzer und deshalb auch besser verständlich. Tauschen Sie jedoch Arbeitsmappen mit Kollegen aus, die eine ältere Excel-Version als Excel 2007 nutzen, verwenden Sie die erste Variante der Formel, da sonst nicht interpretiert werden kann.

So geht's: Fehler gezielt unterdrücken

Nicht jeder Fehlerwert in einer Kalkulation ist unerwünscht. So ist es in diesem Beispiel sinnvoll, den Fehlerwert *#WERT!* nicht zu unterdrücken, da faktisch ein Fehler vorliegt. Der Fehlerwert *#DIV/0!* hingegen kann ausgeblendet werden, da das Ergebnis 0 lautet.

1 Markieren Sie den Zellbereich G5:G6.

2 Geben Sie in Zelle G5 folgende Formel ein:

=WENN(FEHLER.TYP(RUNDEN(F5/E5;2))=2;0;RUNDEN(F5/E5;2))

Mithilfe der Funktion *FEHLER.TYP()* wird geprüft, ob der Rückgabewert 2 für *#DIV/0!* geliefert wird. Nur wenn das der Fall ist, wird anstatt des Fehlerwerts der Wert 0 ausgegeben. Bei allen anderen Fehlerwerten werden die Fehlerwerte selbst angezeigt.

3 Beenden Sie die Datenerfassung mit der Tastenkombination Strg+↵.

G5 =WENN(FEHLER.TYP(RUNDEN(F5/E5;2))=2;0;RUNDEN(F5/E5;2))

	A	B	C	D	E	F	G	H
1	Vertriebszusammenstellung							
2								
3								
4	Datum	Artikel	Mitarb. Nr.	Mitarbeiter	Menge	Umsatz gesamt	Durchschnitt pro Stück	
5	26.06.2018	4712	3	Schneider	0	1.053,50 €	0,00 €	
6	26.06.2018	4821	9	#NV	23	342.12	#WERT!	

Im Ergebnis werden wie gewünscht alle Fehlerwerte bis auf den Fehlerwert *#DIV/0!* angezeigt.

➡ Verweis: siehe Kapitel 8.1, Tipp 7

Tipp 5: Unerwartete Fehler bei der Funktion SVERWEIS() unterdrücken

Liefert die Funktion *SVERWEIS()* den Fehlerwert *#NV*, obwohl die gesuchten Daten in der Matrix vorhanden sind, kann das unterschiedliche Ursachen haben. Dieses Beispiel zeigt, wie sich die Ursachen eliminieren lassen, sodass *SVERWEIS()* die Daten korrekt auslesen kann.

So geht's:

Sehen Sie sich zunächst die Ausgangstabelle einschließlich der Datenmatrix etwas näher an.

In Zelle D14 wird der Befehl *SVERWEIS()* verwendet, um für das Suchkriterium *Kramer* aus Zelle B14 die Artikelnummer aus Spalte D auszulesen. Auf die gleiche Art wird in Zelle D16 die Funktion *SVERWEIS()* eingesetzt, um für das Suchkriterium *342,12* die Artikelnummer zu ermitteln.

	A	B	C	D	E
1	Verkaufsliste				
2					
3	Mitarbeiter	Menge	Umsatz	Artikel	
4	Schneider	45	1.053,50	4712	
5	Pfaffenstein	0	243,24	4734	
6	Eckert	23	342,12	4821	
7	Lauterbach	143	1.324,32	5325	
8	Nesvadba	23	3.243,23	4613	
9	Schneider	7	502,33	5324	
10	Kramer	34	1.055,13	6542	
11	Klaus	52	2.603,33	4254	
12					
13					
14	Suchkriterium	Kramer		#NV	=SVERWEIS(B14;$A$4:$D$11;4;0)
15					
16	Suchkriterium	342,12		#NV	=SVERWEIS(B16;$C$4:$D$11;2;0)
17					

Wie Sie sehen, ergeben beide Abfragen den Fehlerwert *#NV*, was bedeutet, dass die gesuchten Werte in der Matrix anscheinend nicht vorhanden sind. Dem ist aber nicht so. Das Suchkriterium *Kramer* befindet sich in Zelle A10 und der Wert 342,12 in Zelle C6. Warum werden die Werte nun nicht gefunden?

Dafür kann es mehrere Gründe geben. Zum einen können offensichtliche Schreibfehler dafür verantwortlich sein, was in diesem Fall jedoch nicht zutrifft. Zum anderen genügen aber auch schon kleine Abweichungen wie ein Leerzeichen oder eine Unterscheidung in der Anzahl der Dezimalstellen, damit der Suchbegriff nicht gefunden wird.

Um auf Nummer sicher zu gehen und um solche Probleme ausschließen zu können, empfiehlt es sich, die Datenmatrix zu bereinigen. Gehen Sie dazu wie folgt vor:

1. Zur besseren Übersicht kopieren Sie die Spaltentitel aus Zeile 3 in Zeile 20.
2. Markieren Sie im nächsten Schritt den Zellbereich A21:A28 und geben Sie die Formel *=GLÄTTEN(A4)* in Zelle A21 ein. Mithilfe der Funktion *GLÄTTEN()* werden alle Leerzeichen aus Zelle A4 entfernt. Schließen Sie die Dateneingabe mit der Tastenkombination Strg+↵ ab.
3. Markieren Sie nun den Bereich B21:B28 und übernehmen Sie die Mengenangaben durch den einfachen Bezug *=B4*, den Sie in Zelle B21 erfassen. Beendet wird die Datenübernahme mit Strg+↵.
4. Zum Übertragen der Umsatzzahlen markieren Sie den Zellbereich C21:C28 und geben in Zelle C21 die Formel *=RUNDEN(C4;2)* ein. Die Funktion *RUNDEN()* stellt sicher, dass tatsächlich nur zwei Nachkommastellen berücksichtigt werden, selbst wenn im Originaldatenbestand mehr als zwei vorhanden sind. Auch diese Eingabe wird mit Strg+↵ beendet.
5. Im letzten Schritt müssen Sie nur noch die Artikelnummern über die Bezugsformel *=D4* übernehmen. Markieren Sie dazu den Zellbereich D21:D28 und geben Sie den Zellbezug in Zelle D21 ein. Mit der Tastenkombination Strg+↵ wird der Bezug in den gesamten markierten Zellbereich übertragen.

Damit ist es geschafft. Der bereinigte Datenbestand steht wie gewünscht im Zellbereich A21:D28 zur Verfügung.

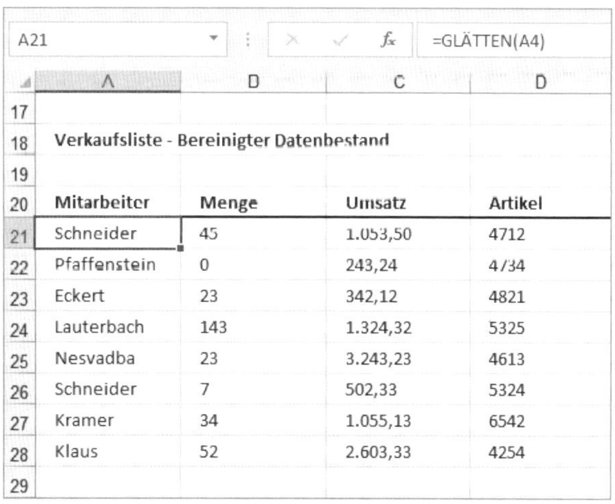

	A	B	C	D
17				
18	Verkaufsliste - Bereinigter Datenbestand			
19				
20	Mitarbeiter	Menge	Umsatz	Artikel
21	Schneider	45	1.053,50	4712
22	Pfaffenstein	0	243,24	4734
23	Eckert	23	342,12	4821
24	Lauterbach	143	1.324,32	5325
25	Nesvadba	23	3.243,23	4613
26	Schneider	7	502,33	5324
27	Kramer	34	1.055,13	6542
28	Klaus	52	2.603,33	4254
29				

Auf den ersten Blick hat sich nichts verändert. Aber durch die eingesetzten Formeln wird sichergestellt, dass sich in der Spalte *Mitarbeiter* keine unnötigen oder überzähligen Leerzeichen sowie in der Spalte *Umsatz* keine Zahlen mit mehr als zwei Nachkommastellen befinden.

Erstellen Sie nun im Bereich A31:D33 die bereits bekannte Abfrage des Mitarbeiters Kramer und des Betrags von 342,12 noch einmal, jedoch mit dem Unterschied, dass die Werte nicht aus der Matrix A4:D11, sondern aus dem bereinigten Bereich A21:D28 ausgelesen werden sollen (siehe die nachfolgende Abbildung).

	A	B	C	D	E
17					
18	**Verkaufsliste - Bereinigter Datenbestand**				
19					
20	**Mitarbeiter**	**Menge**	**Umsatz**	**Artikel**	
21	Schneider	45	1.053,50	4712	
22	Pfaffenstein	0	243,24	4734	
23	Eckert	23	342,12	4821	
24	Lauterbach	143	1.324,32	5325	
25	Nesvadba	23	3.243,23	4613	
26	Schneider	7	502,33	5324	
27	Kramer	34	1.055,13	6542	
28	Klaus	52	2.603,33	4254	
29					
30					
31	**Suchkriterium**	Kramer		6542	=SVERWEIS(B31;$A$21:$D$28;4;0)
32					
33	**Suchkriterium**	342,12		4821	=SVERWEIS(B33;$C$21:$D$28;2;0)
34					

Sie sehen, dass nun die Artikelnummern in beiden Abfragen korrekt ausgelesen werden.

Wenn Sie also unerklärliche Fehlermeldungen im Umgang mit *SVERWEIS()* oder *WVERWEIS()* erhalten, prüfen Sie den Datenbestand der Matrix und übertragen Sie ihn unter Umständen wie dargestellt in einen neuen Zellbereich. Dabei hängt es natürlich vom Quelldatenbestand und von den Fehlermöglichkeiten ab, welche Formeln für die Datenbereinigung zum Einsatz kommen müssen.

➡ Verweis: siehe Kapitel 4.14, Tipp 2

Tipp 6: Vorhandene Fehlerwerte analysieren

Ausgehend von einer Tabelle mit verschiedenen Fehlern soll ermittelt werden, in welcher Zeile und in welcher Zelladresse sich der erste Fehler bzw. der erste Fehler eines bestimmten Fehlertyps befindet. Zudem soll geklärt werden, wie viele Fehler in der Tabelle insgesamt und wie viele eines bestimmten Typs vorhanden sind. Diese Fragestellung wird anhand verschiedener Beispiele erläutert.

So geht's: Ermittlung der Fehleranzahl insgesamt

1. Erfassen Sie in Zelle D27 diese Formel:

   *=SUMME(ISTFEHLER(A5:G25)*1)*

2. Beenden Sie die Formeleingabe mit der Tastenkombination [Strg]+[⇧]+[↵], da es sich um eine Matrixfunktion handelt.

Diese Formel zählt alle Fehler im Zellbereich A5:G25 und gibt das Ergebnis als Wert zurück. In der Beispieltabelle befinden sich sechs Fehler.

	A	B	C	D	E	F	G
1	Vertriebszusammenstellung						
2							
3							
4	Datum	Artikel	Mitarb. Nr.	Mitarbeiter	Menge	Umsatz gesamt	Durchschnitt pro Stück
5	26.06.2018	4712	3	Schneider	45	1.053,50 €	23,41 €
6	26.06.2018	4734	1	Pfaffenstein	0	243,24 €	#DIV/0!
7	26.06.2018	4821	7	Klaus	23	342.12	#WERT!
8	26.06.2018	5325	4	Kramer	143	1.324,32 €	9,26 €
9	27.06.2018	4613	6	Nesvadba	23	3.243,23 €	141,01 €
10	27.06.2018	5324	3	Schneider	7	502,33 €	71,76 €
11	27.06.2018	6542	4	Kramer	34	1.055,13 €	31,03 €
12	27.06.2018	4254	9	#NV	52	2.603,33 €	50,06 €
13	28.06.2018	3099	1	Pfaffenstein	76	1.954,87 €	25,72 €
14	28.06.2018	3951	6	Nesvadba	12	2.829,07 €	235,76 €
15	28.06.2018	3903	8	Engstein	4	833,89 €	208,47 €
16	28.06.2018	4997	5	Lauterbach		1.069,23 €	#DIV/0!
17	28.06.2018	5727	7	Klaus	23	1.475,06 €	64,13 €
18	29.06.2018	5858	2	Linke	22	2.240,59 €	101,85 €
19	29.06.2018	5893	1	Pfaffenstein	43	1.544,85 €	35,93 €
20	29.06.2018	1855	8	Engstein	56	1.903,65 €	33,99 €
21	29.06.2018	2207	0	#NV	71	2.966,94 €	41,79 €
22	29.06.2018	5167	3	Schneider	34	2.747,35 €	80,80 €
23	02.07.2018	2908	6	Nesvadba	0	2.428,66 €	#DIV/0!
24	02.07.2018	5162	8	Engstein	61	2.296,10 €	37,64 €
25	02.07.2018	1339	4	Kramer	24	2.182,26 €	90,93 €
26							
27	Anzahl Fehler insgesamt			6	Formel in D27 : {=SUMME(ISTFEHLER(A5:G25)*1)}		

So geht's: Zählen des Fehlerwerts #NV

In diesem Beispiel soll gezählt werden, wie oft ein bestimmter Fehlerwert, also beispielsweise der Typ *#NV*, im Zellbereich A5:G25 vorkommt.

1 Erfassen Sie dazu in Zelle D28 folgende Formel:

=ZÄHLENWENN(A5:G25;#NV)

Mithilfe der Funktion *ZÄHLENWENN()* wird im angegebenen Bereich gezählt, wie häufig der Eintrag *#NV* vorkommt.

	A	B	C	D	E	F	G
4	Datum	Artikel	Mitarb. Nr.	Mitarbeiter	Menge	Umsatz gesamt	Durchschnitt pro Stück
5	26.06.2018	4712	3	Schneider	45	1.053,50 €	23,41 €
6	26.06.2018	4734	1	Pfaffenstein	0	243,24 €	#DIV/0!
7	26.06.2018	4821	7	Klaus	23	342.12	#WERT!
8	26.06.2018	5325	4	Kramer	143	1.324,32 €	9,26 €
9	27.06.2018	4613	6	Nesvadba	23	3.243,23 €	141,01 €
10	27.06.2018	5324	3	Schneider	7	502,33 €	71,76 €
11	27.06.2018	6542	4	Kramer	34	1.055,13 €	31,03 €
12	27.06.2018	4254	9	#NV	52	2.603,33 €	50,06 €
13	28.06.2018	3099	1	Pfaffenstein	76	1.954,87 €	25,72 €
14	28.06.2018	3951	6	Nesvadba	12	2.829,07 €	235,76 €
15	28.06.2018	3903	8	Engstein	4	833,89 €	208,47 €
16	28.06.2018	4997	5	Lauterbach		1.069,23 €	#DIV/0!
17	28.06.2018	5727	7	Klaus	23	1.475,06 €	64,13 €
18	29.06.2018	5858	2	Linke	22	2.240,59 €	101,85 €
19	29.06.2018	5893	1	Pfaffenstein	43	1.544,85 €	35,93 €
20	29.06.2018	1855	8	Engstein	56	1.903,65 €	33,99 €
21	29.06.2018	2207	0	#NV	71	2.966,94 €	41,79 €
22	29.06.2018	5167	3	Schneider	34	2.747,35 €	80,80 €
23	02.07.2018	2908	6	Nesvadba	0	2.428,66 €	#DIV/0!
24	02.07.2018	5162	8	Engstein	61	2.296,10 €	37,64 €
25	02.07.2018	1339	4	Kramer	24	2.182,26 €	90,93 €
26							
28	Anzahl Fehlerwert #NV			2	Formel in D28 : {=ZÄHLENWENN(A5:G25;#NV)}		

2 Beenden Sie die Funktion mit der Tastenkombination Strg+⇧+↵, damit die Formel als Matrixformel eingetragen wird.

Die Formel ermittelt nun die korrekte Anzahl der Fehlerwerte *#NV*.

So geht's: Ermittlung der Zeilennummer des ersten Fehlers

Möchten Sie ermitteln, in welcher Zeile sich der erste Fehler befindet, gehen Sie wie folgt vor:

1 Erfassen Sie in Zelle D29 folgende Formel:

=MIN(WENN(ISTFEHLER(A5:H25);ZEILE(5:25)))

2 Beenden Sie die Dateneingabe mit der Tastenkombination Strg+⇧+↵, damit die Formel als Matrixformel behandelt wird.

Als Zeile mit dem ersten Fehlerwert wird die Zeile 6 ermittelt, da sich in Zelle G6 der Fehlerwert *#DIV/0!* befindet.

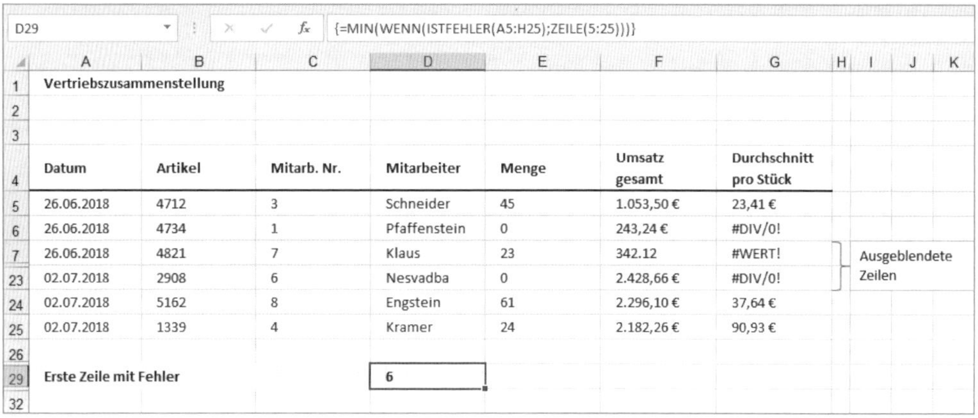
D29 {=MIN(WENN(ISTFEHLER(A5:H25);ZEILE(5:25)))}

	A	B	C	D	E	F	G	H	I	J	K
1	Vertriebszusammenstellung										
2											
3											
4	Datum	Artikel	Mitarb. Nr.	Mitarbeiter	Menge	Umsatz gesamt	Durchschnitt pro Stück				
5	26.06.2018	4712	3	Schneider	45	1.053,50 €	23,41 €				
6	26.06.2018	4734	1	Pfaffenstein	0	243,24 €	#DIV/0!				
7	26.06.2018	4821	7	Klaus	23	342.12	#WERT!		Ausgeblendete Zeilen		
23	02.07.2018	2908	6	Nesvadba	0	2.428,66 €	#DIV/0!				
24	02.07.2018	5162	8	Engstein	61	2.296,10 €	37,64 €				
25	02.07.2018	1339	4	Kramer	24	2.182,26 €	90,93 €				
26											
29	Erste Zeile mit Fehler			6							
32											

So geht's: Zeilennummer ermitteln, in der ein bestimmter Fehlertyp das erste Mal auftritt

Ziel dieser Formellösung ist es zu ermitteln, in welcher Zeile der Fehlerwert *#NV* das erste Mal vorkommt. Gehen Sie dazu wie folgt vor:

1 Erfassen Sie in Zelle D30 diese Formel:

=MIN(WENN(ISTZAHL(FEHLER.TYP(A5:G25));WENN(FEHLER.TYP(A5:G25)=7;ZEILE(5:25))))

2 Da es sich auch bei dieser Formel um eine Matrixfunktion handelt, muss die Dateneingabe mit der Tastenkombination Strg+⇧+↵ abgeschlossen werden.

Die Formel liefert im Beispiel Zeilennummer 12, in der der Fehler *#NV* das erste Mal auftritt.

D30 {=MIN(WENN(ISTZAHL(FEHLER.TYP(A5:G25));WENN(FEHLER.TYP(A5:G25)=7;ZEILE(5:25))))}

	A	B	C	D	E	F	G	H	I	J	K
1	**Vertriebszusammenstellung**										
2											
3											
4	**Datum**	**Artikel**	**Mitarb. Nr.**	**Mitarbeiter**	**Menge**	**Umsatz gesamt**	**Durchschnitt pro Stück**				
5	26.06.2018	4712	3	Schneider	45	1.053,50 €	23,41 €				
6	26.06.2018	4734	1	Pfaffenstein	0	243,24 €	#DIV/0!				
7	26.06.2018	4821	7	Klaus	23	342.12	#WERT!		Ausgeblendete Zeilen		
23	02.07.2018	2908	6	Nesvadba	0	2.428,66 €	#DIV/0!				
24	02.07.2018	5162	8	Engstein	61	2.296,10 €	37,64 €				
25	02.07.2018	1339	4	Kramer	24	2.182,26 €	90,93 €				
26											
30	**Erste Zeile mit Fehler #NV**			**12**							
32											

So geht's: Ermittlung der Zelladresse des ersten Fehlerwerts

Das letzte Beispiel zeigt, wie sich die Zelladresse des ersten Fehlerwerts im Zellbereich A5:G25 ermitteln lässt.

1 Erfassen Sie dazu in Zelle D31 diese etwas längere Formel:

=ADRESSE(MIN(WENN(ISTFEHLER(A5:G25);ZEILE(A5:A25)));MIN(WENN(ISTFEHLER (INDIREKT("A"&MIN(WENN(ISTFEHLER(A5:G25);ZEILE(A5:A25)))):INDIREKT("H"&MIN (WENN(ISTFEHLER (A5:G25);ZEILE(A5:A25)))));SPALTE(A:H))))

2 Beenden Sie die Formeleingabe mit der Tastenkombination Strg+⇧+↵. Damit wird auch diese Formel als Matrixfunktion qualifiziert.

So lässt sich jeweils die Zelladresse ermitteln, in der der nächste Fehler zu finden ist, der noch beseitigt werden muss.

D31 {=ADRESSE(MIN(WENN(ISTFEHLER(A5:G25);ZEILE(A5:A25)));MIN(WENN(ISTFEHLER(INDIREKT("A"&MIN(WENN(ISTFEHLER(A5:G25);ZEILE(A5:A25)))):INDIREKT("H"&MIN(WENN(ISTFEHLER(A5:G25);ZEILE(A5:A25)))));SPALTE(A:H))))}

	A	B	C	D	E	F	G	H	I	J	K
1	**Vertriebszusammenstellung**										
2											
3											
4	**Datum**	**Artikel**	**Mitarb. Nr.**	**Mitarbeiter**	**Menge**	**Umsatz gesamt**	**Durchschnitt pro Stück**				
5	26.06.2018	4712	3	Schneider	45	1.053,50 €	23,41 €				
6	26.06.2018	4734	1	Pfaffenstein	0	243,24 €	#DIV/0!				
7	26.06.2018	4821	7	Klaus	23	342.12	#WERT!		Ausgeblendete Zeilen		
23	02.07.2018	2908	6	Nesvadba	0	2.428,66 €	#DIV/0!				
24	02.07.2018	5162	8	Engstein	61	2.296,10 €	37,64 €				
25	02.07.2018	1339	4	Kramer	24	2.182,26 €	90,93 €				
26											
31	**Adresse des ersten Fehlerwertes**			**$G$6**							
32											

Tipp 7: Spur zum Fehler ermitteln

Excel bietet im Umgang mit Fehlern einiges an Unterstützung an. Dazu zählt auch die Funktion *Spur zum Fehler*. Damit lässt sich sehr schön darstellen, wo die Quelle des Fehlers liegt, um die Fehlerbeseitigung gezielt in Angriff nehmen zu können.

So geht's:

Sehen Sie sich zunächst die Ausgangstabelle etwas näher an.

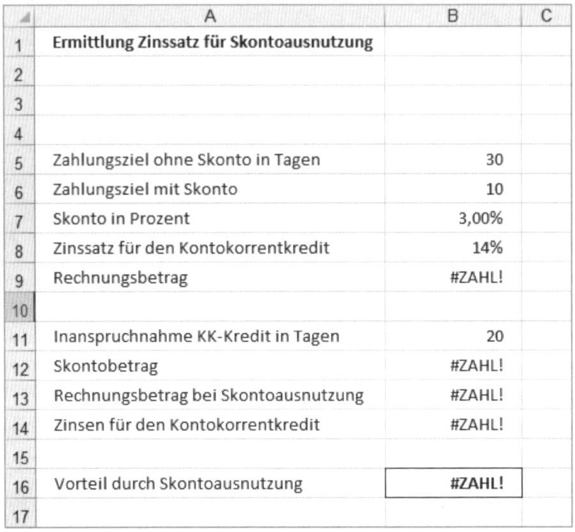

	A	B	C
1	**Ermittlung Zinssatz für Skontoausnutzung**		
2			
3			
4			
5	Zahlungsziel ohne Skonto in Tagen	30	
6	Zahlungsziel mit Skonto	10	
7	Skonto in Prozent	3,00%	
8	Zinssatz für den Kontokorrentkredit	14%	
9	Rechnungsbetrag	#ZAHL!	
10			
11	Inanspruchnahme KK-Kredit in Tagen	20	
12	Skontobetrag	#ZAHL!	
13	Rechnungsbetrag bei Skontoausnutzung	#ZAHL!	
14	Zinsen für den Kontokorrentkredit	#ZAHL!	
15			
16	Vorteil durch Skontoausnutzung	**#ZAHL!**	
17			

Das Kalkulationsmodell enthält einige Fehlereinträge des Typs *#ZAHL!*. Auf den ersten Blick ist nicht zu erkennen, welche Zelle den Ausgangspunkt für die fehlerhafte Berechnung darstellt.

1. Markieren Sie die Ergebniszelle, die als letzte Zelle einen Fehlereintrag besitzt, im Beispiel die Zelle B16.

2. Starten Sie die Fehlersuche über das Menü *Formeln/Formelüberwachung/Fehlerprüfung/Spur zum Fehler*.

Als Ergebnis werden zwei rot dargestellte Fehlerspuren gezeigt. Die erste Fehlerspur reicht von Zelle B9 zur Zelle B12, die zweite von Zelle B12 zur Zelle B16.

Daraus lässt sich ableiten, dass der Ausgangspunkt für die Fehler in Zelle B9 liegt. Korrigieren Sie den Eintrag in Zelle B9 und sehen Sie sich das Ergebnis an.

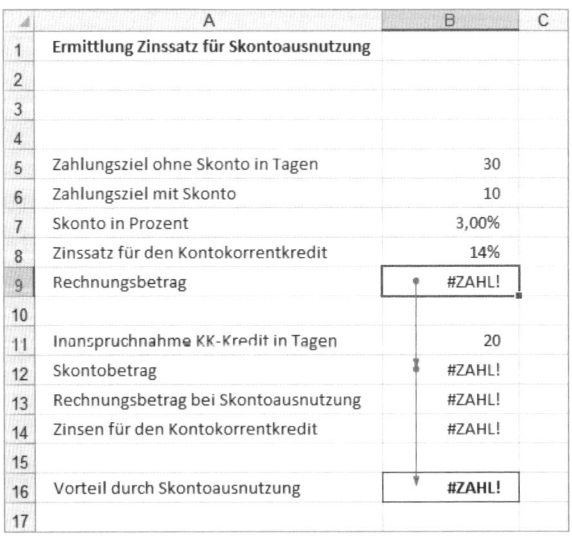

	A	B	C
1	**Ermittlung Zinssatz für Skontoausnutzung**		
2			
3			
4			
5	Zahlungsziel ohne Skonto in Tagen	30	
6	Zahlungsziel mit Skonto	10	
7	Skonto in Prozent	3,00%	
8	Zinssatz für den Kontokorrentkredit	14%	
9	Rechnungsbetrag	#ZAHL!	
10			
11	Inanspruchnahme KK-Kredit in Tagen	20	
12	Skontobetrag	#ZAHL!	
13	Rechnungsbetrag bei Skontoausnutzung	#ZAHL!	
14	Zinsen für den Kontokorrentkredit	#ZAHL!	
15			
16	Vorteil durch Skontoausnutzung	**#ZAHL!**	
17			

Damit werden alle Berechnungen ohne Anzeige eines Fehlerwerts korrekt ausgeführt. Die Farbe der Fehlerspur hat von Rot auf Blau gewechselt, was bedeutet, dass keine Fehler mehr gefunden wurden.

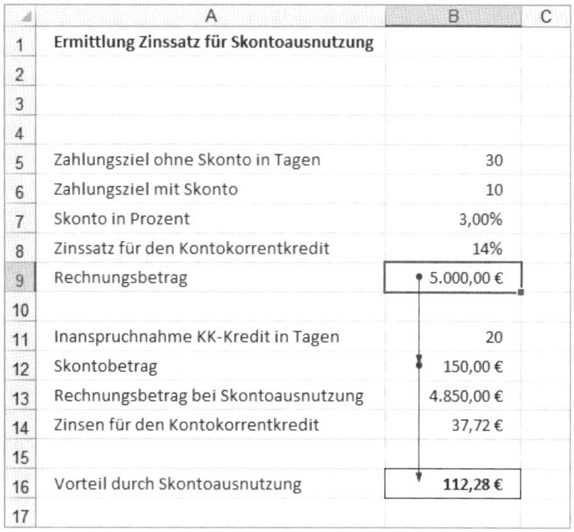

	A	B	C
1	**Ermittlung Zinssatz für Skontoausnutzung**		
2			
3			
4			
5	Zahlungsziel ohne Skonto in Tagen	30	
6	Zahlungsziel mit Skonto	10	
7	Skonto in Prozent	3,00%	
8	Zinssatz für den Kontokorrentkredit	14%	
9	Rechnungsbetrag	5.000,00 €	
10			
11	Inanspruchnahme KK-Kredit in Tagen	20	
12	Skontobetrag	150,00 €	
13	Rechnungsbetrag bei Skontoausnutzung	4.850,00 €	
14	Zinsen für den Kontokorrentkredit	37,72 €	
15			
16	Vorteil durch Skontoausnutzung	**112,28 €**	
17			

Die Anzeige der Spuren lässt sich über das Menü *Formeln/Formelüberwachung/Pfeile entfernen* wieder beenden.

Hinweis

Unabhängig von Fehlern lassen sich über das Menü *Formeln/Formelüberwachung/Spur zum Vorgänger* oder *Spur zum Nachfolger* die Bezüge grafisch über die Verwendung von Spurpfeilen anzeigen.

Tipp 8: Automatische Fehleranalyse durchführen

Je früher Fehler in einer Kalkulation erkannt werden, desto schneller können die Ursachen dafur getunden und beseitigt werden. Allgemein bekannt dürfte die Rechtschreib- und Grammatikprüfung in Microsoft Word sein. Excel stellt eine ähnliche Funktion zur Verfügung, deren Einsatzmöglichkeiten im Folgenden erläutert werden.

So geht's:

Die automatische Fehlerprüfung ist in Excel standardmäßig aktiviert. Die Einstellungen finden Sie hier:

- ab Excel 2010: Menü *Datei/Optionen/Formeln*,
- in Excel 2007: Menü *Office/Excel-Optionen/Formeln*.

Über das Kontrollkästchen *Fehlerüberprüfung im Hintergrund aktivieren* lässt sich die automatische Prüfung bei Bedarf auch deaktivieren. Im Regelfall sollten Sie die Prüfung aber aktiviert lassen. Wenn Sie für einen oder mehrere Fehler die Anzeige des Fehlerindikators ausgeschaltet haben, können Sie über die Schaltfläche *Ignorierte Fehler zurücksetzen* die deaktivierten Fehlermeldungen wieder einschalten.

Sobald die automatische Fehlerprüfung Fehler erkennt, die den definierten Regeln entsprechen, wird in der linken oberen Zellecke als Fehlerindikator ein kleines grünes Dreieck eingeblendet.

Inanspruchnahme KK-Kredit in Tagen	20
Skontobetrag	#ZAHL!

Für die automatische Fehlerprüfung können im *Optionen*-Fenster auf der Registerkarte *Formeln* verschiedenen Regeln definiert werden, die nachfolgend kurz erläutert werden.

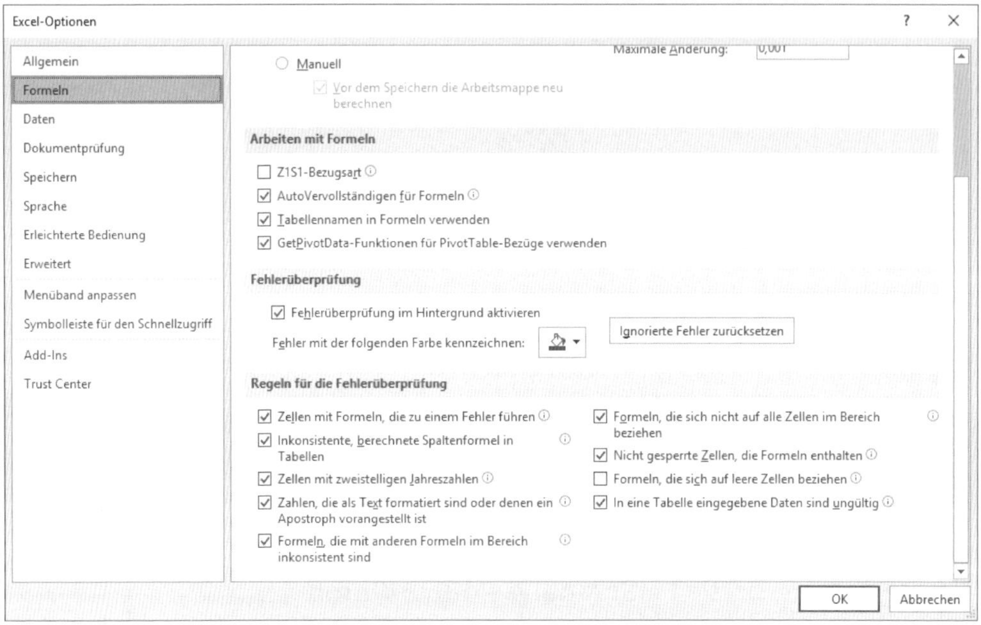

Regel	Erläuterung
Zellen mit Formeln, die zu einem Fehler führen	Wählen Sie diese Option aus, um in Excel Zellen wie Fehler zu behandeln, die Formeln enthalten, die zu einem Fehler führen.
Inkonsistente berechnete Spaltenformel in Tabellen	Aktivieren Sie diese Option, um in Excel Zellen wie Fehler zu behandeln, die Formeln oder Werte enthalten, die mit der Spaltenformel oder mit Tabellen inkonsistent sind.
Zellen, die zweistellige Jahreszahlen enthalten	Wählen Sie die Option aus, damit in Excel Formeln, die textformatierte Zellen mit zweistelligen Jahreszahlen enthalten, wie Fehler behandelt werden.
Zahlen, die als Text formatiert sind oder denen ein Apostroph vorangestellt ist	Wählen Sie diese Option aus, damit Zahlen, die als Text formatiert sind oder denen ein Apostroph vorangestellt ist, wie Fehler behandelt werden.

Regel	Erläuterung
Formeln, die mit anderen Formeln im Bereich inkonsistent sind	Durch Auswählen dieser Option wird in einem Bereich eine Formel, die von anderen Formeln im gleichen Bereich abweicht, wie ein Fehler behandelt.
Formeln, die sich nicht auf alle Zellen im Bereich beziehen	Durch Auswählen dieser Option werden Formeln, die bestimmte Zellen in einem Bereich auslassen, in Excel wie Fehler behandelt.
Nicht gesperrte Zellen, die Formeln enthalten	Mit Aktivierung dieser Option wird in Excel eine nicht gesperrte Zelle, die eine Formel enthält, wie ein Fehler behandelt.
Formeln, die sich auf leere Zellen beziehen	Durch Auswählen dieser Option werden Formeln, die Bezüge auf leere Zellen enthalten, in Excel wie Fehler behandelt.
In eine Tabelle eingegebene Daten sind ungültig	Wenn Sie diese Option aktivieren, werden Zellen mit Werten, die mit dem Spaltendatentyp für mit Daten in einer SharePoint-Liste verbundene Tabellen inkonsistent sind, wie Fehler behandelt.

Wenn nun ein Fehler auftritt, können Sie über den Fehlerindikator festlegen, wie mit dem Fehler umgegangen werden soll. Klicken Sie dazu auf das SmartTag links von der Fehlerzelle. Damit öffnen Sie ein Kontextmenü mit verschiedenen Optionen.

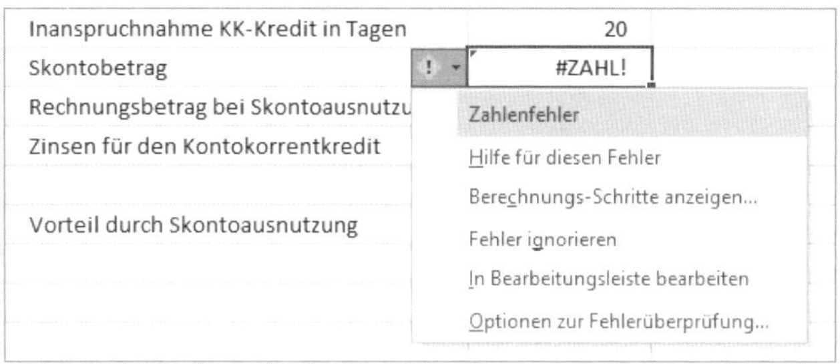

Im Kontextmenü zu dem Fehler können Sie zwischen folgenden Möglichkeiten wählen:

- *Hilfe für den Fehler anzeigen*: Wenn Sie diese Option auswählen, wird das Hilfefenster mit weiteren Erläuterungen aufgerufen.
- *Berechnungs-Schritte anzeigen*: Diese Option öffnet das Dialogfenster *Formel auswerten*, über das die einzelnen Berechnungsschritte nachvollzogen und überprüft werden können.
- *Fehler ignorieren*: Ein Klick auf diese Option blendet den Fehlerindikator aus.
- *In Bearbeitungsleiste bearbeiten*: Damit wird die Formel in der Bearbeitungsleiste aktiviert. Alternativ können Sie auch die Funktionstaste [F2] drücken.
- *Optionen zur Fehlerüberprüfung*: Mit einem Klick hierauf wird das *Optionen*-Fenster zum Festlegen der Fehlerregeln aufgerufen.

Tipp 9: Intelligente Fehlersuche in Formeln

Wird in einer längeren Formel ein Fehler angezeigt, bedeutet dies nicht, dass die gesamte Formel falsch ist. Meist ist nur ein kleiner Teil fehlerhaft und das kann ganz einfach behoben werden. In diesem Beispiel wurde in Zelle B9 der Zinsbetrag ermittelt. Allerdings wird als Ergebnis der Fehlerwert *#WERT!* ausgegeben. Ziel ist es nun, zu ermitteln, wo der Fehler liegt.

So geht's:

1 Im ersten Schritt der systematischen Fehlersuche müssen Sie die Formel in Zelle B9 markieren, sodass sie in der Bearbeitungsleiste angezeigt wird.

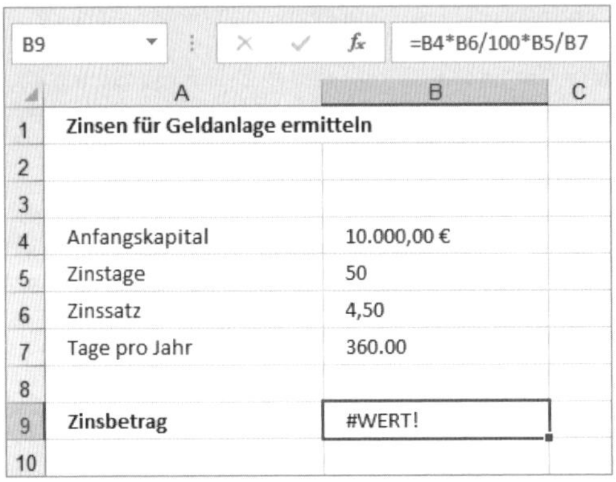

2 Wechseln Sie mit der Funktionstaste F2 in den Bearbeitungsmodus.

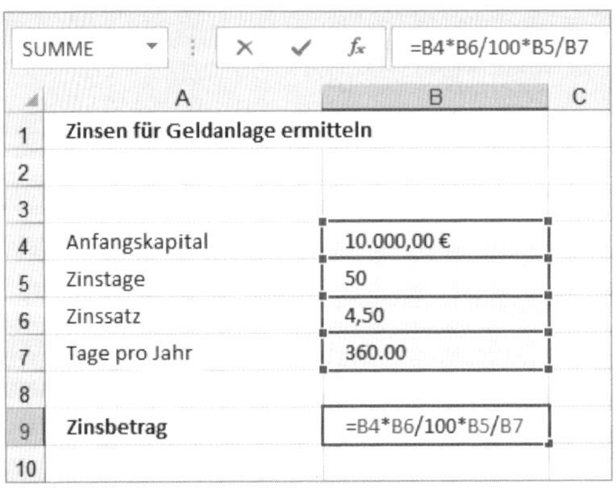

3 Markieren Sie nun den ersten Teil der Formel, also die Berechnung *B4*B6*, und drücken Sie die Funktionstaste F9. Damit wird das Ergebnis der Berechnung in absolute Werte umgewandelt und direkt in der Formel dargestellt. Da ein Ergebnis ermittelt wird, wissen Sie, dass der Fehler nicht in diesem Teil der Formel liegt, Sie können also mit der Prüfung fortfahren.

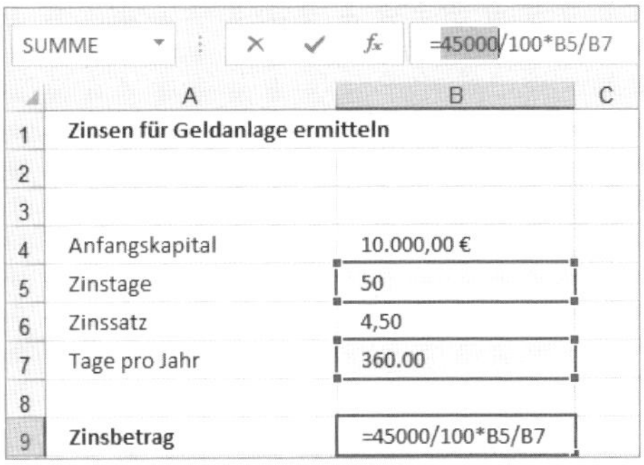

4 Markieren Sie nun den Ausdruck *B5*, und drücken Sie wieder die Funktionstaste F9. In der Formel wird der absolute Wert 50 angezeigt, was wiederum bedeutet, dass auch hier der Fehler nicht liegen kann.

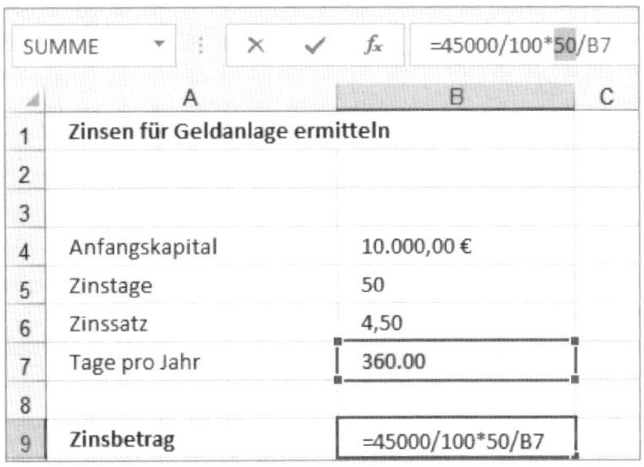

5 Markieren Sie nun den letzten Teil der Formel, also den Eintrag *B7*, und drücken Sie erneut die Funktionstaste F9. Dieses Mal wird anstatt eines Werts die Textfolge *"360.00"* eingetragen. Dass es sich um einen Text und somit um einen Fehler handelt, erkennen Sie an den Anführungsstrichen. Anstatt eines Kommas wurde versehentlich ein Punkt als Dezimaltrennzeichen beim Wert 360,00 eingetragen.

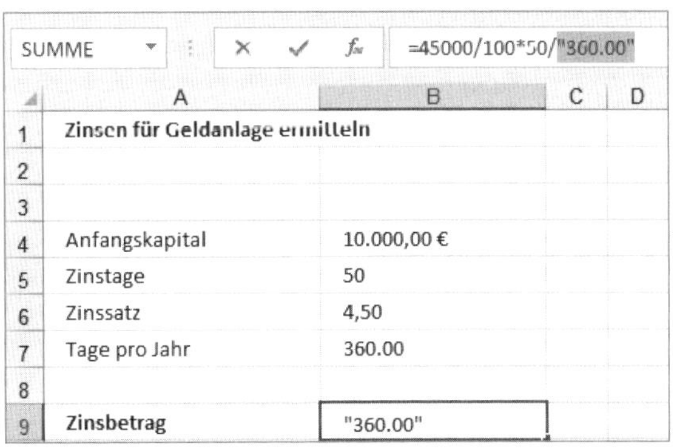

Sobald Sie die fehlerhafte Tagesangabe in Zelle B7 korrigiert haben, wird die Berechnung des Zinsbetrags korrekt durchgeführt.

Funktionsübersicht

Funktion	Erläuterung
ADRESSE(Zeile;Spalte;Abs; A1;Tabellenname)	Liefert einen Bezug auf eine Zelle als Text.
FEHLER.TYP(Fehlerwert)	Gibt eine Zahl zurück, die einem der Fehlerwerte in Microsoft Excel entspricht, oder den Fehlerwert *#NV*, wenn kein Fehler vorhanden ist.
GLÄTTEN(Text)	Löscht Leerzeichen in einem Text, die nicht als jeweils einzelne zwischen Wörtern stehende Trennzeichen dienen.
INDIREKT(Bezug;A1)	Gibt den Bezug eines Textwerts zurück. Bezüge werden sofort ausgewertet, sodass die zu ihnen gehörenden Werte angezeigt werden. Verwenden Sie die *INDIREKT*-Funktion, um den Bezug auf eine in einer Formel befindliche Zelle zu ändern, ohne die Formel selbst anzupassen.
ISTFEHLER(Wert)	*Wert* bezieht sich auf einen beliebigen Fehlerwert *(#NV*, *#WERT!*, *#BEZUG!*, *#DIV/0!*, *#ZAHL!*, *#NAME?* oder *#NULL!*).
MIN(Zahl1;Zahl2;…)	Gibt den kleinsten Wert innerhalb einer Argumentliste zurück.
RUNDEN(Zahl;Anzahl_Stellen)	Rundet eine Zahl auf eine bestimmte Anzahl von Dezimalstellen.
SPALTE(Bezug)	Gibt die Spaltennummer eines Bezugs zurück.
SUMME(Zahl1;Zahl2;...)	Summiert die angegebenen Argumente.
WENN(Prüfung;Dann_Wert; Sonst_Wert)	Prüft, ob eine Bedingung zutrifft, also *WAHR* oder *FALSCH* ist, und macht das Ergebnis vom Resultat der Prüfung abhängig.
WENNFEHLER(Wert; Wert_falls_Fehler)	Gibt einen von Ihnen festgelegten Wert zurück, wenn eine Formel einen Fehler ergibt. Andernfalls wird das Ergebnis der Formel ausgegeben.
ZÄHLENWENN(Bereich; Kriterien)	Zählt die nicht leeren Zellen eines Bereichs, deren Inhalte mit den Suchkriterien übereinstimmen.
ZEILE(Bezug)	Liefert die Zeilennummer eines Bezugs.

11 Microsoft Office Online – Excel im Browser

Bei Microsoft Office Online handelt es sich um eine kostenlose im Browser lauffähige Version der Office-Anwendungen.

Sie erhalten mit den Onlineanwendungen die Möglichkeit, von praktisch überall z. B. auf Ihre Excel-Arbeitsmappen zugreifen zu können: Dies kann Ihr PC, Ihr Mobiltelefon, Ihr Tablet oder ein beliebiger Webbrowser sein. Da Office Online vollständig webbasiert ist, muss keine zusätzliche Software heruntergeladen oder installiert werden. Zur Verwendung von Office Online ist es auch nicht notwendig, dass Microsoft Office auf dem Computer vorhanden ist.

In diesem Kapitel erfahren Sie, welche Voraussetzungen notwendig sind und welche Möglichkeiten die kostenlose Excel-Onlineanwendung bietet.

Tipp 1: Übersicht zu Microsoft Office Online

Mit Office Online stellt Microsoft die Funktionen von Office in abgespeckter Form als Webanwendung zur Verfügung:

- Word Online
- Excel Online
- PowerPoint Online
- Outlook.com

Zudem sind einige Anwendungen nur online verfügbar, wie z. B.:

- Adressbuch, Kalender und Aufgabenplaner
- OneDrive zur Verwaltung der Dokumente
- Sway zur Erstellung von Berichten und Präsentationen

Nachfolgend erhalten Sie einen Überblick über die Features und Möglichkeiten der Office-Online-Apps.

- **Ortsunabhängiges Erstellen und Bearbeiten von Dokumenten**

  Da Office Online vollständig webbasiert ist, können Dokumente mit einem Webbrowser von jedem beliebigen Ort betrachtet und bearbeitet werden. Die gewohnt hochwertige Ansicht leidet dabei keineswegs.

- **Flexibles Arbeiten über verschiedene Plattformen hinweg**

  Office Online wird von einer ganzen Reihe von Browsern unterstützt. Dazu zählen beispielsweise Edge, Chrome, Firefox und Opera. Auch verschiedene Office-Versionen wie Office 2010, 2013, 2016, 2019 für PCs und Office-Versionen für den Mac werden unterstützt.

  Damit wird sichergestellt, dass die Dokumente auf verschiedenen Plattformen bearbeitet werden können und die Zusammenarbeit über verschiedene Plattformen hinweg wesentlich erleichtert wird.

- **Freigabe von Daten auf Webseiten, Blogs oder Wikis**

  Die Funktion *Freigeben* ermöglicht das Publizieren von Daten aus Excel oder z. B. PowerPoint-Präsentationen auf beliebigen Webseiten von Drittanbietern, in Blogs oder in Wikis. Der Vorteil liegt darin, dass Änderungen im Dokument automatisch auf den veröffentlichten Webseiten miterfasst werden.

- **Schnelleinstieg dank gewohnter Benutzeroberfläche**

  Die Microsoft-Office-Onlineanwendungen verwenden, wie die Office-Client-Applikationen, das Menüband, sodass die Onlineversionen ohne lange Einarbeitungszeit schnell genutzt werden können.

- **Sehr gute Darstellung der Dokumente**

  Die Onlinebetrachtung der Daten mit einem Webbrowser ähnelt der Darstellung der Office-Client-Anwendungen. Dokumente, die mit der Client-Version erstellt wurden, behalten, auch wenn sie online geöffnet wurden, sämtliche Formatierungen.

- **Leichte und sichere Verbreitung von Dokumenten**

  Es ist sehr leicht möglich, für Dokumente Lese- und/oder Schreibberechtigungen an Personen oder Gruppen zu vergeben. Zudem besteht auch die Möglichkeit, Dokumente mit allen zu teilen, ohne dass ein Passwort zur Ansicht oder zur Bearbeitung notwendig wäre.

- **Zusammenarbeit in Echtzeit**

  Durch die Bearbeitungsmöglichkeit im Webbrowser steht einer Echtzeitzusammenarbeit für freigegebene Dokumente nichts im Wege.

- **Office-Web-Apps ab Office 2010**

  Neben der Möglichkeit, per Webbrowser Dokumente online zu erstellen und zu bearbeiten, besteht seit Office 2010 die Möglichkeit, Dokumente direkt über die Programmoberfläche auf dem Onlinespeicher abzulegen und darauf zuzugreifen. Seit Office 2013 ist der Zugriff auf OneDrive bereits integriert, sodass die Anbindung noch einfacher ist.

Tipp 2: OneDrive einrichten und verwenden

OneDrive ist ein Dienst von Microsoft, der es ermöglicht, Dateien auf eine virtuelle Festplatte hochzuladen.

Die Größe des kostenlosen Onlinespeichers beträgt aktuell 5 GByte in der kostenlosen Variante. Sind Sie Abonnent von Office 365, erhalten Sie je nach Version mehr Onlinespeicher. Unabhängig davon kann der Speicher kostenpflichtig erweitert werden.

Damit mit den Office-Online-Apps gearbeitet werden kann, müssen Sie zunächst ein One-Drive-Laufwerk bzw. -Konto einrichten und konfigurieren.

So geht's:

1 Rufen Sie im ersten Schritt die Seite *https://onedrive.live.com* auf.

2 Wenn Sie noch nicht registriert sind, müssen Sie zunächst ein neues Konto einrichten. Besitzen Sie bereits ein Microsoft-Konto oder eine ehemalige Windows-Live-ID, können Sie sich direkt anmelden. Auch mit Anmeldedaten für Microsoft Hotmail, Xbox Live oder Windows Phone/Windows 10 Mobile können Sie sich hier legitimieren.

3 Sobald Sie angemeldet sind, gelangen Sie zu der Startseite von OneDrive, die Sie nach einer Erstregistrierung willkommen heißt.

4 OneDrive präsentiert sich zunächst ähnlich wie Windows im Kacheldesign, wobei Sie diese Ansicht jedoch z. B. in eine Listenansicht umschalten können. Über die Ordnersymbole kann auf die einzelnen Ordner zugegriffen werden.

  Dateien behalten, wie gewohnt, die Symbole aus den Desktopanwendungen. Bei einer Erstregistrierung werden bereits einige Ordner angelegt, beispielsweise für Bilder.

5 OneDrive bietet umfangreiche Verwaltungsmöglichkeiten. So können neue Ordner und/oder Dateien angelegt, gelöscht oder verschoben werden.

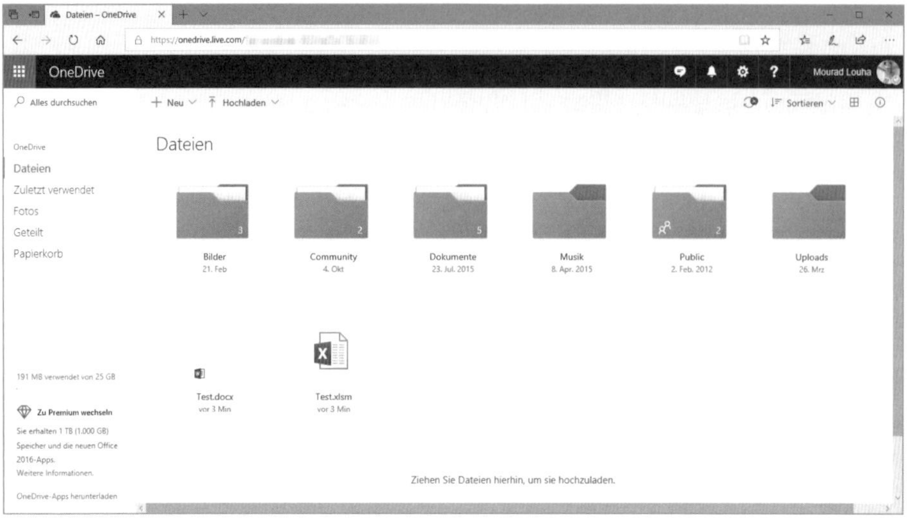

6 Zum Hochladen von Dateien klicken Sie auf den Link *Hochladen*. Im Untermenü können Sie zwischen dem Hochladen von Dateien oder Ordnern wählen. Sobald Sie eine Auswahl getroffen haben, öffnet sich ein Fenster mit Ordnern und/oder Dateien Ihrer lokalen Umgebung. Wählen Sie einfach die gewünschte Datei bzw. den gewünschten Ordner aus und bestätigen Sie dies mit *OK*. Alternativ ziehen Sie Ihre Dateien bzw. Ordner direkt in das Browserfenster.

7 Anschließend stehen die auf OneDrive kopierten Dateien zur Anzeige und Bearbeitung zur Verfügung. Im Beispiel wurden zwei Excel-Dateien und eine Word-Datei auf OneDrive im Ordner *Beispiele* abgelegt.

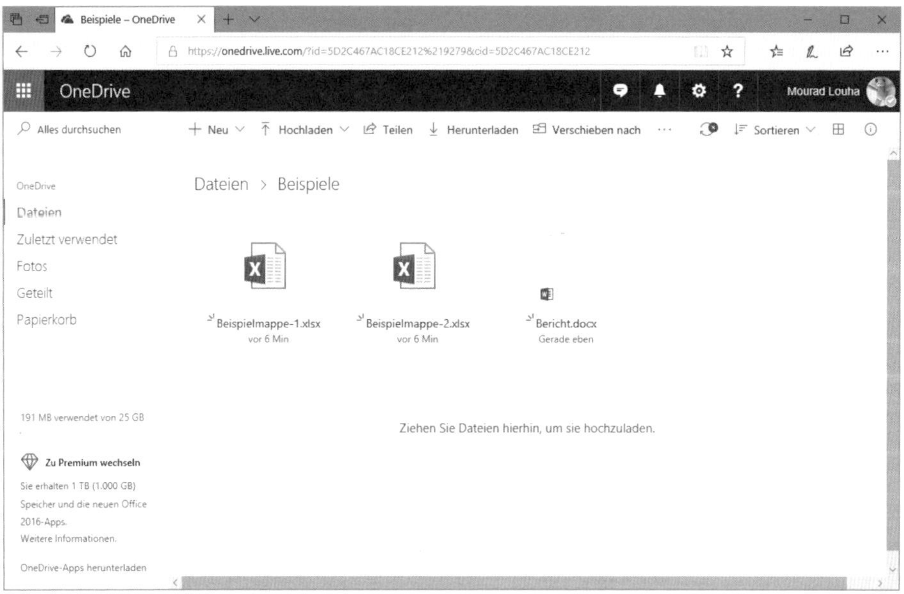

8 Um von einer Onlineanwendung zu einer anderen zu wechseln, steht Ihnen am oberen linken Rand von OneDrive ein Auswahlmenü zur Verfügung. Möchten Sie z. B. zu Outlook wechseln, klicken Sie in dem Menü auf das entsprechende Symbol. Outlook wird anschließend in einem neuen Browser-Tab geöffnet.

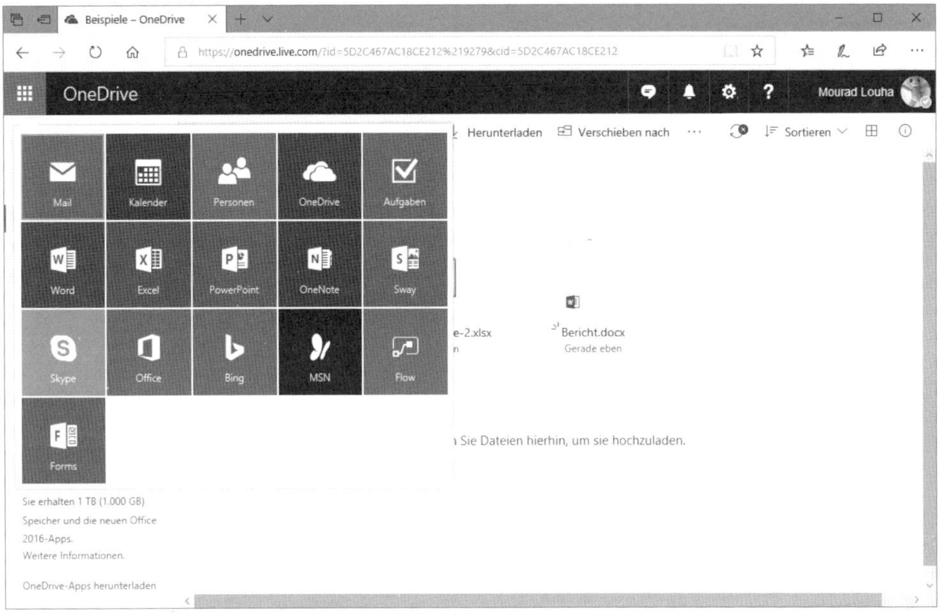

Tipp 3: Arbeiten mit Excel Online – Zugriff über den Browser

Dieser Tipp zeigt, welche Möglichkeiten Excel Online in der aktuellen Ausbaustufe bietet. Sollten Sie noch keine Excel-Dateien in Ihr OneDrive hochgeladen haben, holen Sie das am besten jetzt nach. Die Beschreibung finden Sie in Tipp 2. Verwenden Sie Dateien im Format XLSX.

So geht's:

1 Loggen Sie sich mit Ihrem Microsoft-Konto auf Ihr OneDrive-Laufwerk ein und wechseln Sie in das Verzeichnis, in dem die Excel-Dokumente liegen.

2 Klicken Sie die Datei an, die Sie mit Excel Online öffnen möchten. Damit öffnet sich automatisch die entsprechende Web-App mit der gewünschten Excel-Datei.

3 Sie können die Datei nun in Excel Online ansehen, bearbeiten und verändern. Die Oberfläche sieht auf den ersten Blick wie die Oberfläche seit Excel 2016 aus. Auf den zweiten Blick sieht man aber, dass der Funktionsumfang im Vergleich zur Offlineversion doch um einiges geringer ist. Die Grundfunktionalitäten sind aber vorhanden – so können Sie Texte, Zahlen und Formeln eingeben sowie beliebige Formatierungen vornehmen. Im Großen und Ganzen sind die Funktionen von Excel Online für viele Anwendungsfäl-

le ausreichend. Falls Sie z. B. eine Datei hochladen, die Elemente beinhaltet, die Excel Online (noch) nicht kennt, erhalten Sie einen entsprechenden Hinweis.

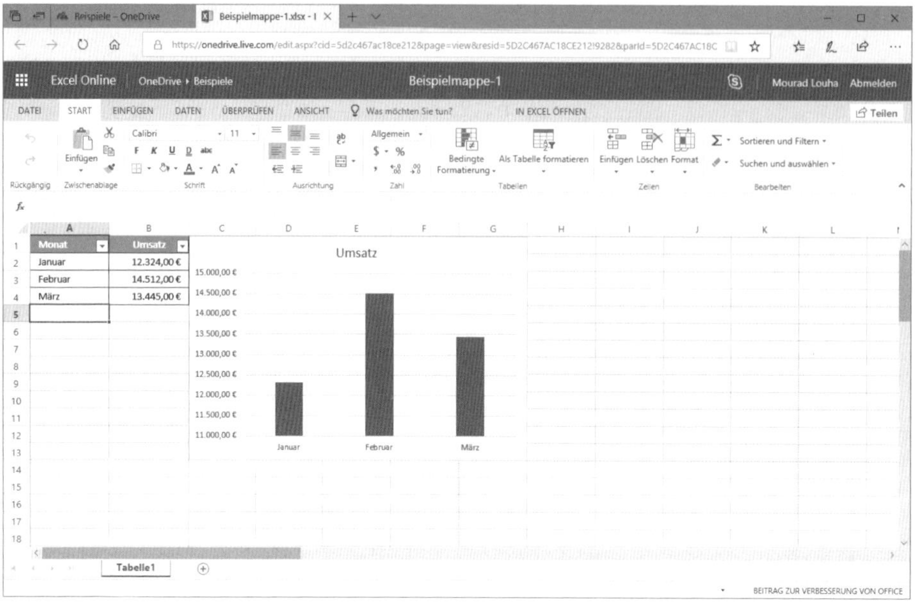

4 Auch das Menü *Datei* steht in der Excel-Web-App zur Verfügung, allerdings mit weniger Möglichkeiten. So gibt es dort nur folgende Menüpunkte:

- *Informationen*: Die Datei kann direkt in der Desktopversion von Excel geöffnet werden. Es kann hier aber auch die vorherige Version des Dokuments aufgerufen werden.
- *Neu*: Eine neue Datei kann angelegt werden. Hierbei steht eine Vielzahl an Vorlagen zur Verfügung.
- *Öffnen*: Über diesen Menüpunkt kann eine der zuvor verwendeten Dateien geöffnet werden oder zu OneDrive gewechselt werden.
- *Speichern unter*: Hier können Dateien unter einem anderen Dateinamen bei OneDrive abgelegt oder direkt auf den lokalen Computer heruntergeladen werden.
- *Drucken*: Mit diesem Befehl wird eine Druckansicht der Tabelle erzeugt, die dann entsprechend über den Browser ausgedruckt werden kann.
- *Teilen*: Hierüber kann eine Datei mit weiteren Personen geteilt werden. Diese können dazu per E-Mail eingeladen werden. Dieser Menüpunkt enthält auch die Funktion zum Einbetten von Dateien in einem Blog oder auf einer Webseite. Dazu kann hier der entsprechende Einbindungscode abgerufen werden, siehe Tipp 4.
- *Info*: Hier finden Sie Infos zu Microsoft Office, zu den Nutzungsbedingungen, zum Datenschutz und zu den Cookies.
- *Hilfe*: Dieser Befehl öffnet die Hilfefunktion zur Excel-Web-App, die ich absolut empfehlen kann. Dort finden Sie die Funktionsweise ausführlich beschrieben.

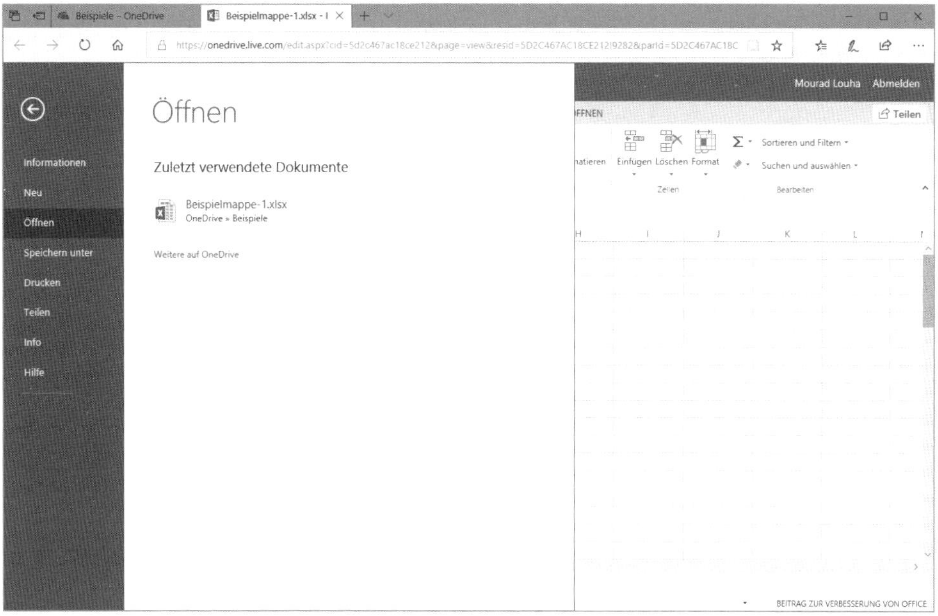

Hinweis

Laut Microsoft wird Office Online in Zukunft ständig erweitert und aktualisiert, sodass immer mehr Funktionalitäten auch in der Onlineversion zur Verfügung stehen. Zudem können sich auch Funktionen von einer Position an eine andere Position im Menüband verschieben oder umbenannt werden.

Tipp 4: Eine Excel-Datei über OneDrive teilen und freigeben

Dateien in OneDrive können auf sehr komfortable Weise mit anderen Personen geteilt werden. Hierbei stehen mehrere Möglichkeiten zur Auswahl. Sie können die Datei nur für bestimmte Personen freigeben, indem Sie z. B. deren E-Mail-Adressen angeben. Oder Sie erstellen einen Link, den Sie z. B. öffentlich teilen können.

So geht's:

1 Melden Sie sich zunächst mit Ihrem Konto bei OneDrive an und navigieren Sie zu dem Ordner, in dem sich die gewünschte Excel-Datei befindet, oder erstellen Sie testweise eine neue Datei.

2 Zum Teilen bzw. Freigeben der Excel-Datei bestehen mehrere Möglichkeiten. Ist die Datei im Browser geöffnet, klicken Sie auf die Schaltfläche *Teilen*. Oder Sie klicken in OneDrive die Datei mit der rechten Maustaste an und wählen im Kontextmenü den Befehl *Teilen*. Sie gelangen zu einem Dialog mit den entsprechenden Freigabeoptionen.

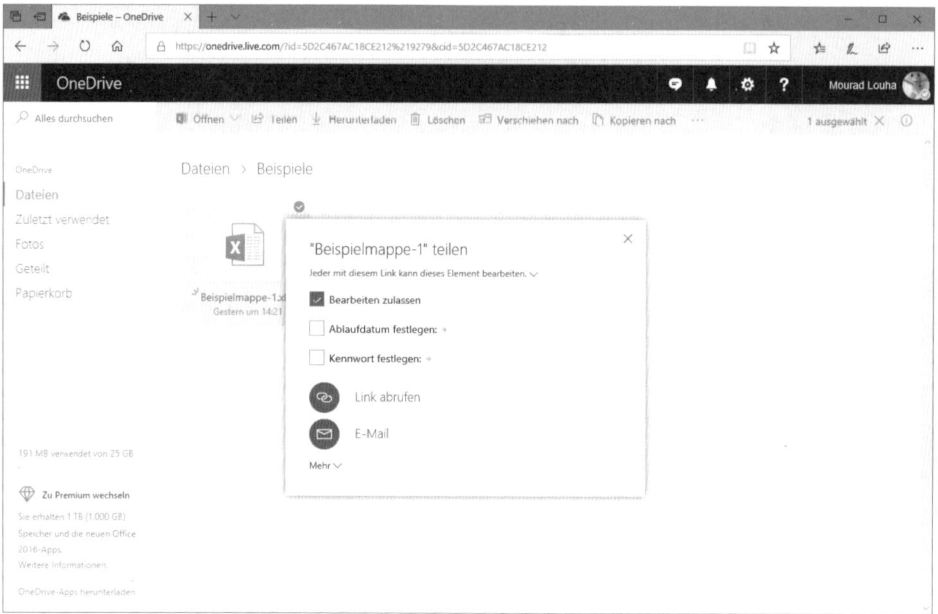

3 Um eine oder mehrere Personen einzuladen, klicken Sie im Dialogfenster auf *E-Mail* und geben die E-Mail-Adressen einer oder mehrerer Personen an. Trennen Sie bei der Eingabe die einzelnen E-Mail-Adressen durch ein Semikolon. Beim Abschluss des Vorgangs mit *Teilen* wird eine E-Mail mit einem Link zu dem Dokument an die Personen verschickt.

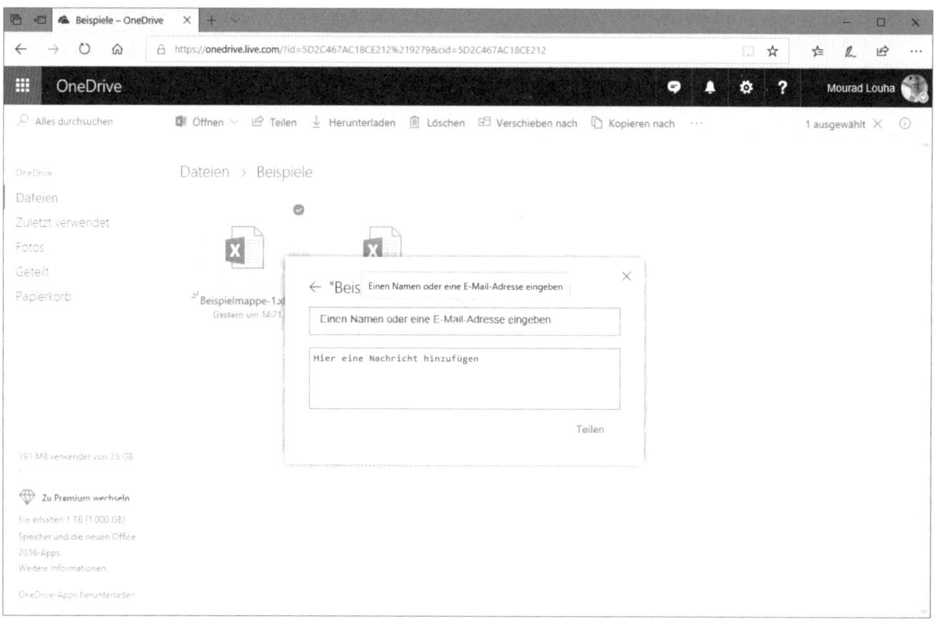

4 Alternativ können Sie auch einen Link zu dem Dokument erstellen und das Dokument z. B. öffentlich teilen. Wählen Sie dazu eine der Optionen im oberen Bereich des Dialogfensters und klicken Sie auf *Link abrufen*. Einige der Optionen stehen nur kostenpflichtigen Versionen von OneDrive zur Verfügung. Optional können Sie übrigens auch direkt aus dem Dialogfenster heraus die Datei auf Facebook, Twitter oder anderen Plattformen teilen. Klicken Sie dazu auf *Mehr* im unteren Bereich des Dialogfensters.

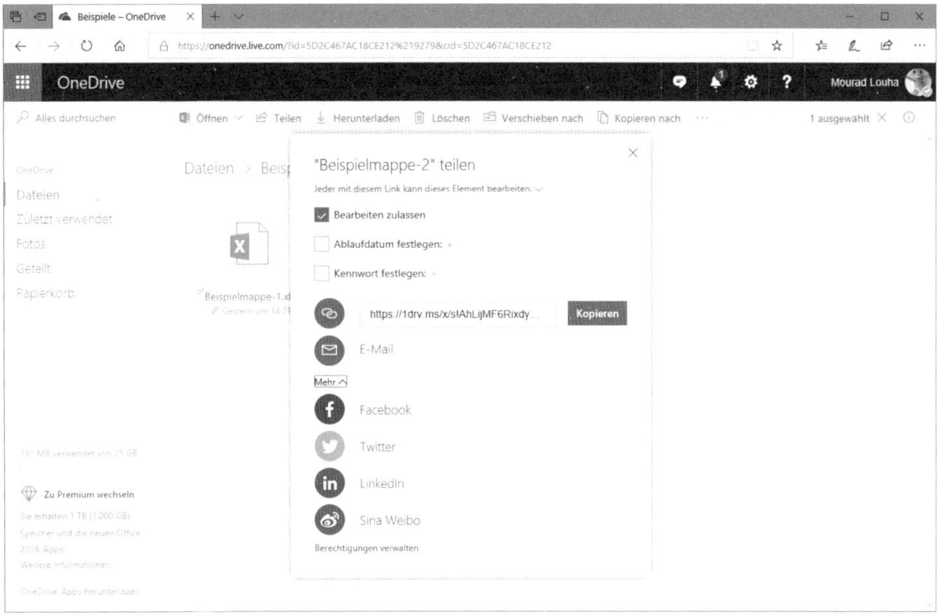

Tipp 5: Einbetten von Excel-Tabellen in Webseiten

Ein weiteres Feature von Excel Online ist die Möglichkeit, Arbeitsmappen interaktiv in Webseiten und Blogs einzubetten. Dies lässt sich relativ einfach bewerkstelligen.

So geht's:

1 Melden Sie sich zunächst mit Ihrem Konto bei OneDrive an und wechseln Sie zu dem Ordner mit der Excel-Datei, die eingebettet werden soll. Laden Sie gegebenenfalls eine neue Datei hoch oder erstellen Sie eine neue Datei zu Testzwecken.

2 Klicken Sie anschließend die Excel-Datei mit der rechten Maustaste an und wählen Sie im Kontextmenü den Befehl *Einbetten*. In einem ersten Schritt wird der auf der nächsten Seite oben abgebildete Aufgabenbereich eingeblendet.

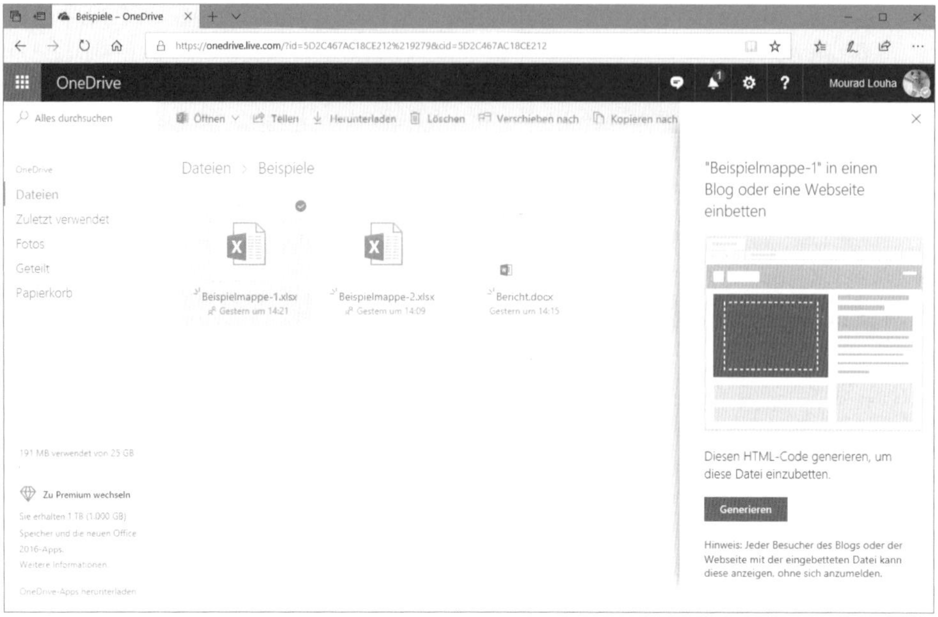

3 Klicken Sie auf die Schaltfläche *Generieren*, um zu dem zweiten Schritt zu gelangen. Sie können zu diesem Zeitpunkt bereits den HTML-Code aus der Codezeile herauskopieren und z. B. in der Quellcodeansicht eines Blogbeitrags einfügen. Hierbei werden die Standardeinstellungen für die eingebettete Arbeitsmappe verwendet.

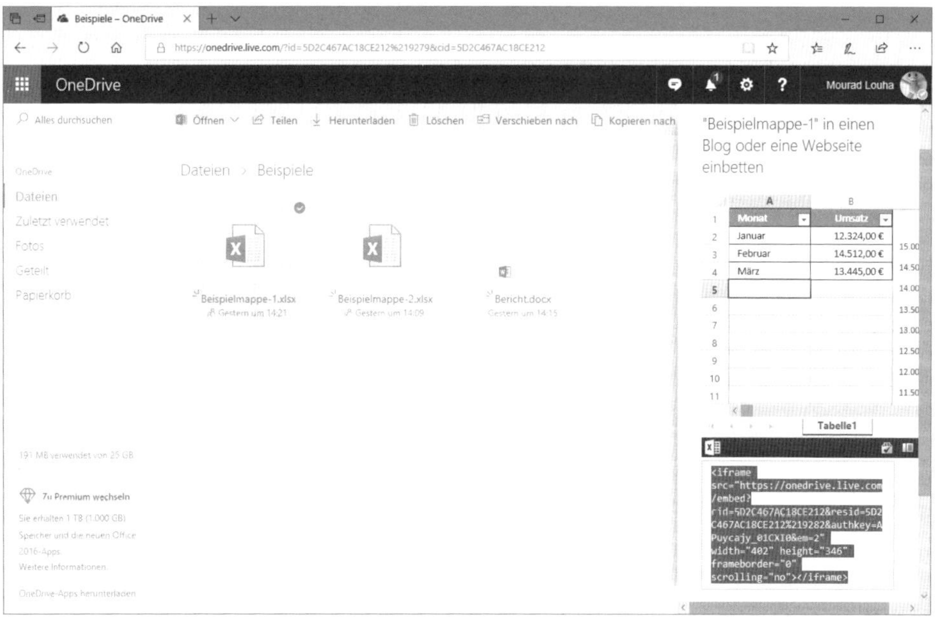

4 Möchten Sie die Einstellungen jedoch anpassen, klicken Sie auf den Text *Anpassen, wie diese eingebettete Arbeitsmappe für andere angezeigt wird*. Es öffnet sich eine Seite bzw. ein Fenster, in dem folgende Einstellungen vorgenommen werden können.

- *Das anzeigen*: Anzeige der gesamten Tabelle, eines Zellbereichs aus der Tabelle oder einer definierten Datentabelle.
- *Darstellung*: Definition verschiedener Darstellungsoptionen wie Gitternetzlinien ein- und ausblenden, die Anzeige der Zeilen- und Spaltenüberschriften sowie die Anzeige eines Download-Links.
- *Interaktion*: Festlegen, welche Interaktionen zugelassen werden. Es wird definiert, ob auf der Webseite gefiltert und sortiert werden darf, ob der Anwender Daten in die Zellen eingeben kann (Änderungen werden allerdings nicht gespeichert), und es kann festgelegt werden, welche Zelle beim Aufrufen der Webseite ausgewählt ist.
- *Abmessungen*: Als letzte Option kann noch die Größe des Fensters festgelegt werden. Dabei erfolgt die Angabe in Pixel.

Sämtliche Änderungen werden im Vorschaufenster live nachvollzogen.

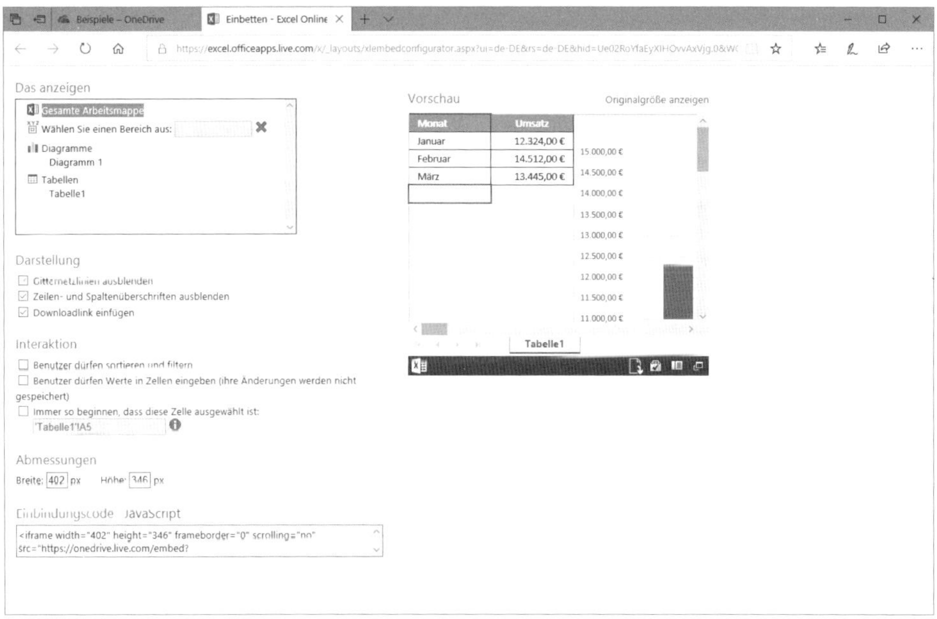

5 Nachdem alle Einstellungen vorgenommen wurden, kann der Code zum Einbinden auf der Webseite kopiert werden. Dabei kann zwischen der iFrame-Technik und dem Einbinden über JavaScript gewählt werden.

6 Kopieren Sie den gewünschten Code anschließend in die Zwischenablage und fügen Sie ihn entsprechend auf Ihrer Webseite ein. Die folgende Abbildung zeigt das Ergebnis in einem auf WordPress basierenden Blog.

Im rechten unteren Bereich der Onlinetabelle befinden sich einige Symbole, die in der Anzahl variieren können, je nach gewählten Einstellungen. So kann z. B. die Mappe heruntergeladen, Informationen zur Mappe abgerufen oder zur Ansicht in OneDrive gewechselt werden.

Tipp 6: Umfragen mit Excel Online erstellen

Mit Excel Online können Sie mithilfe eines Assistenten interaktive Umfragen erstellen. Die Umfrage wird dabei von OneDrive gehostet und der Zielgruppe zur Beantwortung per Link zur Verfügung gestellt. Die Antworten landen in einer Excel-Tabelle.

So geht's:

1 Melden Sie sich zunächst mit Ihrem Konto bei OneDrive an, erstellen Sie eine neue Arbeitsmappe und öffnen Sie diese im Browser.

2 Klicken Sie in der Registerkarte *Einfügen* auf den Befehl *Umfrage/Neue Umfrage*. Es wird der Assistent eingeblendet, wie Sie der Umfrage einzelne Fragen hinzufügen können. Geben Sie zunächst einen Titel für die Umfrage an, optional eine Beschreibung und klicken Sie anschließend auf das Feld für die erste Frage. Es erscheint auf der rechten Seite des Dialogfensters ein Bereich mit verschiedenen Einstellungen zu der Frage.

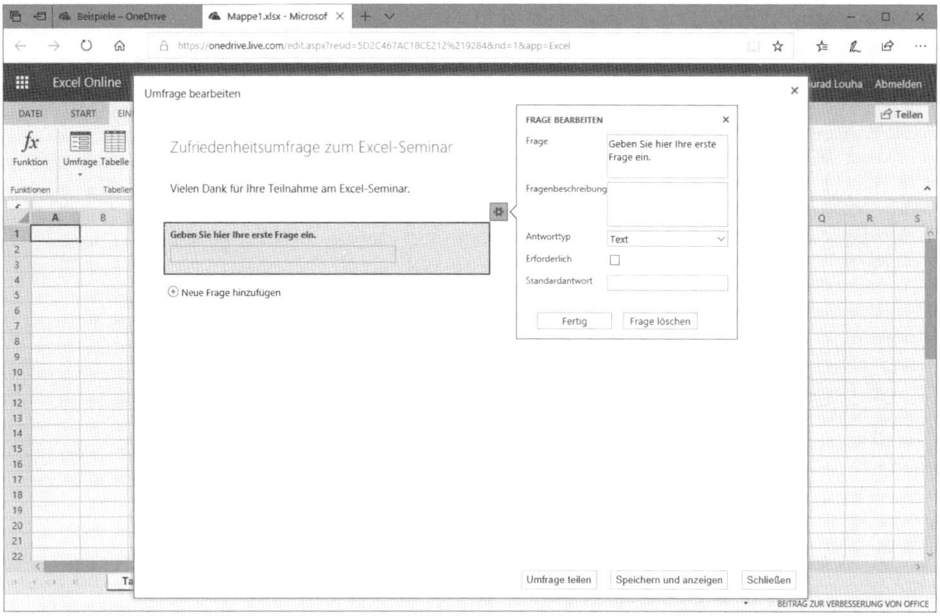

3 Geben Sie zuerst die Frage bzw. den Titel des späteren Antwortfelds ein, optional eine Beschreibung und wählen Sie einen Antworttyp aus. Folgende Antworttypen stehen zur Verfügung und beeinflussen die Anzeige und das Verhalten des Antwortfelds:

- *Text*: einzeiliger Text, z. B. geeignet für die Angabe eines Vornamens.
- *Absatztext*: mehrzeiliger Text, z. B. geeignet für individuelles Feedback der Befragten.
- *Anzahl*: einzeiliges Feld zur Angabe einer Zahl. Bei Auswahl dieser Einstellung wird eine weitere Einstellung für das Zahlenformat eingeblendet, die die Optionen *Feste Dezimalstellen*, *Prozent* und *Währung* enthält.
- *Datum*: einzeiliges Feld zur Eingabe eines Datums.
- *Zeit*: einzeiliges Feld zur Eingabe einer Uhrzeit. Bei Auswahl dieser Einstellung wird eine zusätzliche Einstellung zur Angabe der Uhrzeit mit oder ohne Sekunden eingeblendet.
- *Ja/Nein*: Das Antwortfeld erscheint in Form einer Auswahlliste mit den Einträgen Ja und Nein.
- *Auswahl*: Das Antwortfeld erscheint in Form einer Auswahlliste, wo Sie die Einträge selbst festlegen können. Hierzu wird im Bereich zu den Einstellungen eine Liste eingeblendet, wo Sie die Antwortmöglichkeiten zeilenweise eingeben können.
- Weitere Einstellungen im Dialogfeld ermöglichen das Festlegen einer Standardantwort und ob die Frage beantwortet werden muss oder nicht. In der folgenden Abbildung wurden drei Fragen hinzugefügt, die letzte als Auswahlliste.

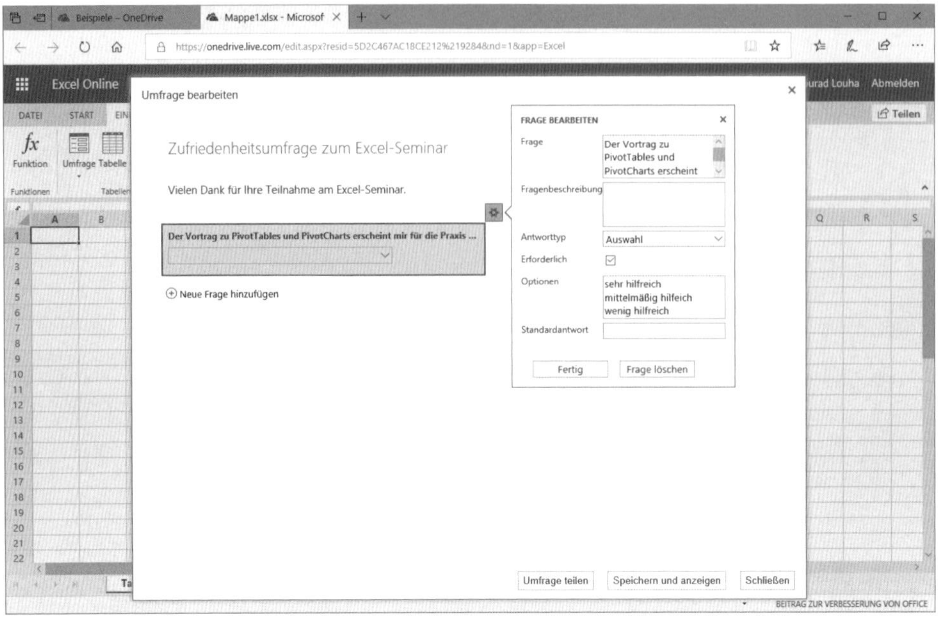

4 Nachdem Sie alle Ihre Fragen angelegt und konfiguriert haben, klicken Sie auf *Speichern und Anzeigen*, um eine Vorschau der Umfrage zu sehen.

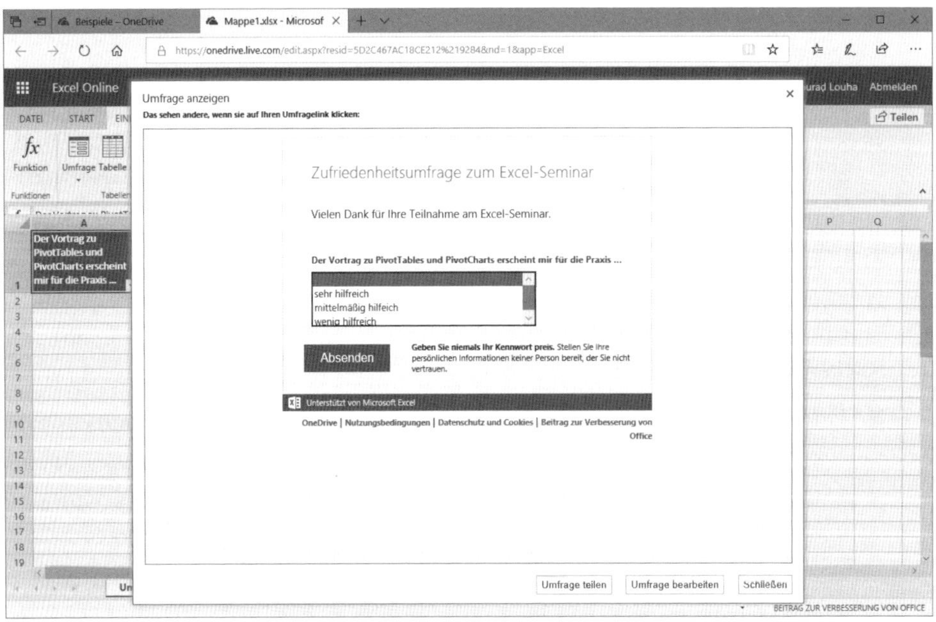

5 Entspricht die Umfrage Ihren Wünschen, können Sie sie freigeben und den Link generieren. Klicken Sie dazu auf *Umfrage teilen*, um einen Link zu generieren, den Sie weitergeben können.

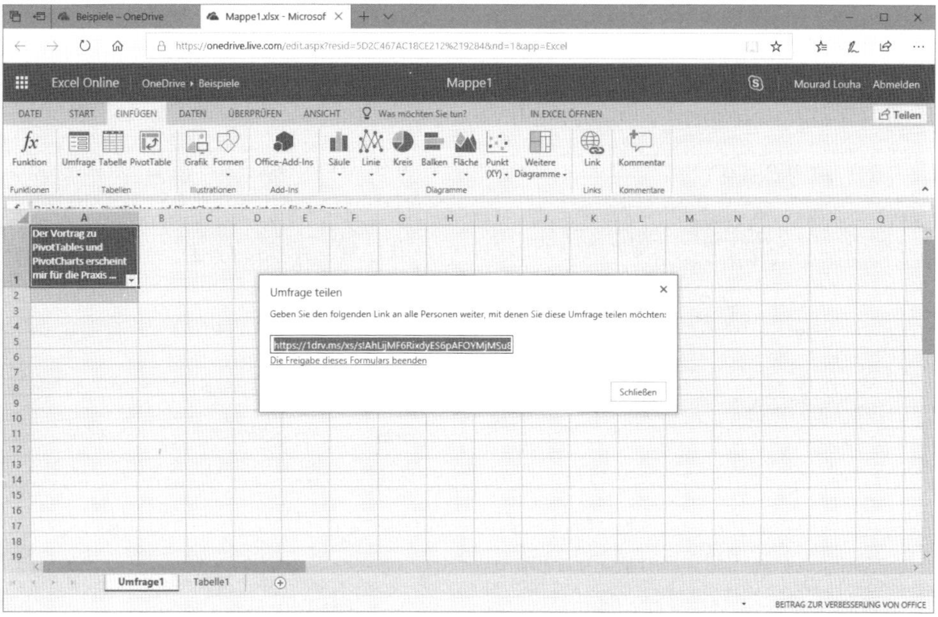

6 Wenn Sie den erstellten Link in einem Browser aufrufen, präsentiert sich die Umfrage ähnlich zu der folgenden Abbildung.

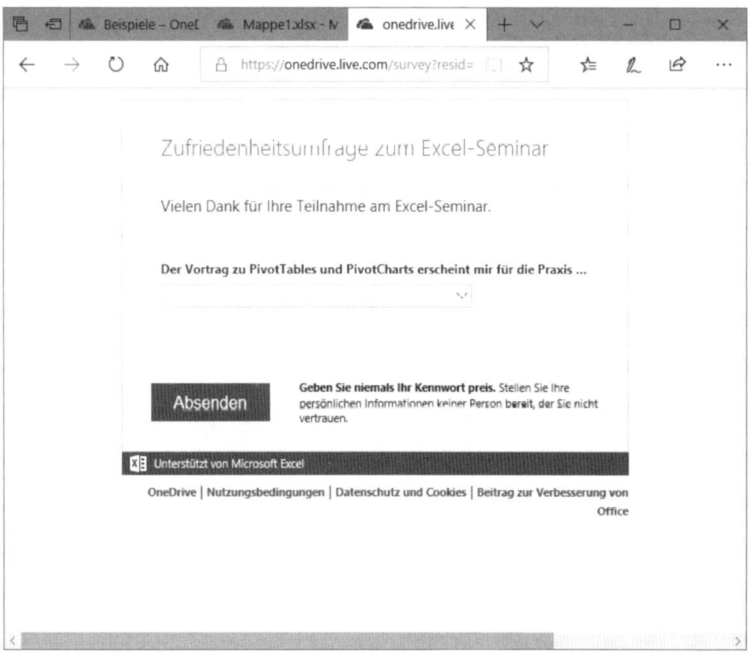

7 Durch Anklicken von *Absenden* werden die Fragen in der Umfrage an den Server gesendet und automatisch in der Excel-Arbeitsmappe innerhalb einer Tabelle abgelegt. Beachten Sie allerdings, dass es bei den Excel-Onlineumfragen keinen Mechanismus gibt, der die mehrfache Beantwortung der Umfrage verhindert.

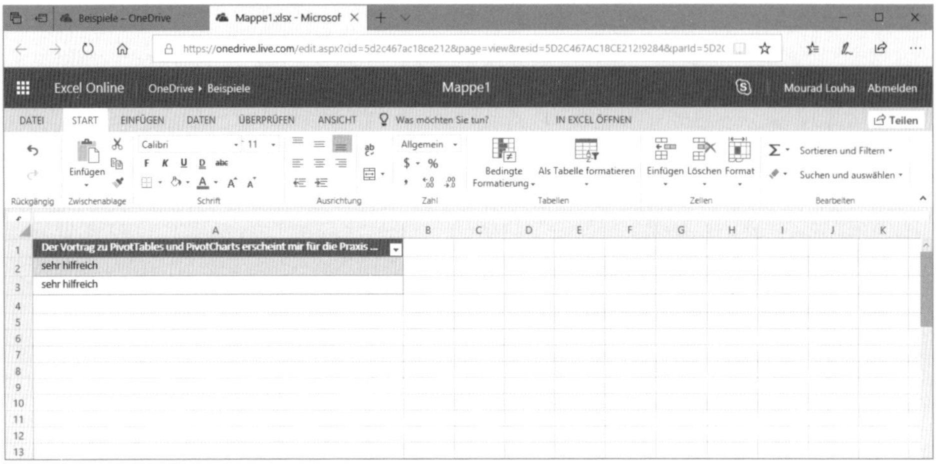

Tipp 7: OneDrive als Laufwerk direkt in Excel anbinden

Seit Excel 2010 besteht die Möglichkeit, Dateien direkt auf der virtuellen Onlinefestplatte OneDrive abzulegen. Seit Excel 2013 wurde dieser Vorgang deutlich vereinfacht und auch prominenter im Menüband platziert.

So geht's:

Gehen Sie wie folgt vor, um eine Arbeitsmappe auf OneDrive zu speichern. Das Vorgehen ist hier zwischen den Excel-Versionen leicht unterschiedlich.

1 Falls Sie mit Excel 2010 arbeiten, rufen Sie den Befehl *Datei/Speichern und Senden/Im Web speichern* auf. Um sich bei OneDrive anzumelden, klicken Sie auf *Anmelden* und geben Sie Ihre Anmeldedaten im Dialogfenster ein.

Nach einer erfolgreichen Anmeldung zeigt Excel 2010 Ihnen die in OneDrive verfügbare Ordnerliste an. Wählen Sie einen dieser Ordner aus und speichern Sie Ihre Excel-Datei mit dem Befehl *Senden*. Darüber hinaus können Sie auch direkt aus Excel 2010 heraus einen neuen Ordner auf OneDrive erstellen.

2 Falls Sie mit Excel 2013 oder höher arbeiten, navigieren Sie zu der Ansicht *Datei/Speichern unter* und klicken Sie auf das OneDrive-Symbol sowie auf die Schaltfläche *Anmelden*, um sich bei OneDrive anzumelden.

Sobald die Anmeldung erfolgreich war, klicken Sie auf einen der vorhandenen Ordner oder die Schaltfläche *Durchsuchen*. Es öffnet sich ein Dialogfenster, in dem Sie den gewünschten Dateinamen eingeben und das Sie dann per Schaltfläche *Speichern* beenden.

12 Routineaufgaben per Makro erledigen

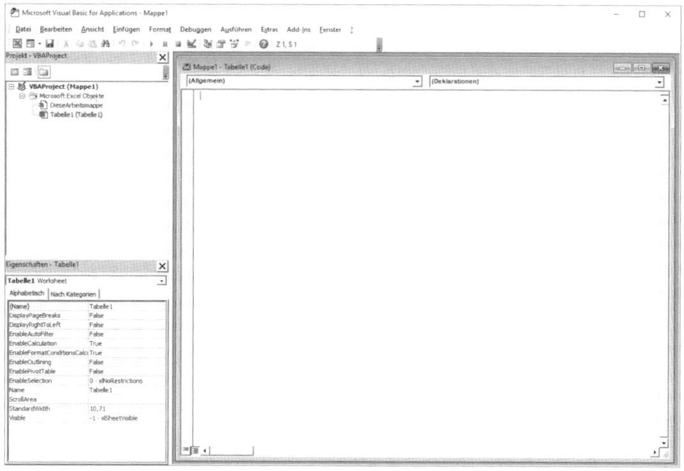

Wer viel mit Excel arbeitet und nicht immer wieder gewisse Routinearbeiten manuell erledigen möchte, kommt am Thema VBA nicht vorbei.

VBA, also **V**isual **B**asic for **A**pplications, ist eine einfach zu erlernende Programmiersprache, die Excel zu einem noch mächtigeren Werkzeug macht. VBA ist in allen Excel-Versionen enthalten und wurde mit diesen entsprechend um die neuen Features erweitert. Die Entwicklungsumgebung zu VBA wird hingegen nur noch gepflegt und nicht mehr erweitert.

Excel ist bereits in seiner Standardform ein umfassendes Instrument zur Tabellenkalkulation mit vielen Formeln und Funktionen für die Kalkulation, Datenanalyse und auch zur Datenpräsentation.

In Verbindung mit VBA kann das breite Spektrum der Anwendung auch an die eigenen Bedürfnisse angepasst werden und damit werden die Anwendungen beträchtlich erweitert. Sie haben bereits in den vorherigen Kapiteln einige Makros kennengelernt. Erfahren Sie nun einiges zu den Grundlagen der Programmiersprache VBA und lassen Sie sich anhand von Beispielen in das Thema Programmierung von Makros einführen.

Tipp 1: Vorstellung des VBA-Editors

Nach der Installation von Microsoft Office ist bereits alles verfügbar, was Sie für die Programmierung mit VBA benötigen. Die Entwicklungsumgebung ist in die Applikation Excel integriert und kann sofort genutzt werden. In diesem ersten Tipp lernen Sie die Entwicklungsumgebung von Excel und deren Bedienung Schritt für Schritt kennen.

So geht's:

1 Starten Sie Microsoft Excel mit einer neuen, noch leeren Arbeitsmappe und drücken Sie die Tastenkombination Alt+F11 bzw. klicken Sie mit der rechten Maustaste entweder auf die Tabellenregisterkarte links unten oder auf den oberen Rand des Tabellenfensters und dann auf den Befehl *Code anzeigen*, um direkt in die Entwicklungsumgebung zu gelangen.

2 Machen Sie sich nun mit dem Projekt-Explorer vertraut, der in einem separaten Fenster oben links angeordnet ist. In diesem Explorer sehen Sie alle momentan geöffneten Excel-

Arbeitsmappen und gegebenenfalls anhand der Excel-Optionen aktivierte VBA-Add-ins. Der Zugriff auf solche Add-ins ist in aller Regel kennwortgeschützt. Über die Plussymbole werden alle in der Arbeitsmappe befindlichen Tabellen angezeigt, egal, ob diese Tabellen in der Excel-Umgebung ein- oder ausgeblendet sind.

Hinweis

Bei genauem Hinsehen werden Sie feststellen, dass die Tabellen im Projekt-Explorer immer mit zwei Namen versehen sind. Der erste Tabellenname ist der sogenannte Codename der Tabelle, der von einem Anwender, der keinen Zugriff auf die Entwicklungsumgebung hat, auch nicht geändert werden kann. Der zweite Tabellenname, der in runden Klammern angegeben ist, repräsentiert den Namen der Tabelle, der sich auch auf der Excel-Oberfläche auf der Tabellenregisterkarte (unten links) wiederfindet.

In neuen Arbeitsmappen sind beide Namen zunächst gleich. Wenn jedoch der Name einer Tabelle in der Excel-Oberfläche über die Tabellenregisterkarte geändert wird, existieren zwei Tabellennamen, die via VBA genutzt werden können. Arbeiten Sie deshalb immer mit dem Codenamen der Tabelle, da dieser nur in der VBA-Umgebung geändert werden kann und es somit bei Änderungen des Tabellennamens über die Excel-Umgebung zu keinen Problemen im Code kommen kann: Denn der Code ändert sich nicht automatisch mit bei der Umbenennung eines Tabellennamens in der Excel-Umgebung.

3 Makros werden in aller Regel in sogenannten Modulen abgelegt. Ein Modul ist vergleichbar mit einem Container, in dem sich eben diese Makros befinden. Die Systematik der Ablage der Makros bleibt Ihnen überlassen.

4 Legen Sie nun ein neues Modul an, indem Sie in der Entwicklungsumgebung über das Menü *Einfügen* den Befehl *Modul* aufrufen.

5 Nun wird ein neues Objekt mit Namen *Modul1* und eine neue Rubrik namens *Module* in den Projekt-Explorer eingefügt. Da der Name *Modul1* nicht unbedingt sprechend ist, empfiehlt es sich, ihn umzubenennen.

6 Markieren Sie also dieses Objekt *Modul1*, klicken Sie dann im *Eigenschaften*-Fenster, das sich standardmäßig unterhalb des Projekt-Explorers befindet, unter *Nach Kategorien* auf den Eintrag *Modul1* und ersetzen Sie diesen Begriff durch einen neuen, sprechenderen Begriff wie z. B. *mdl_ErsteMakros*. Bestätigen Sie diese Eingabe mit der [↵]-Taste.

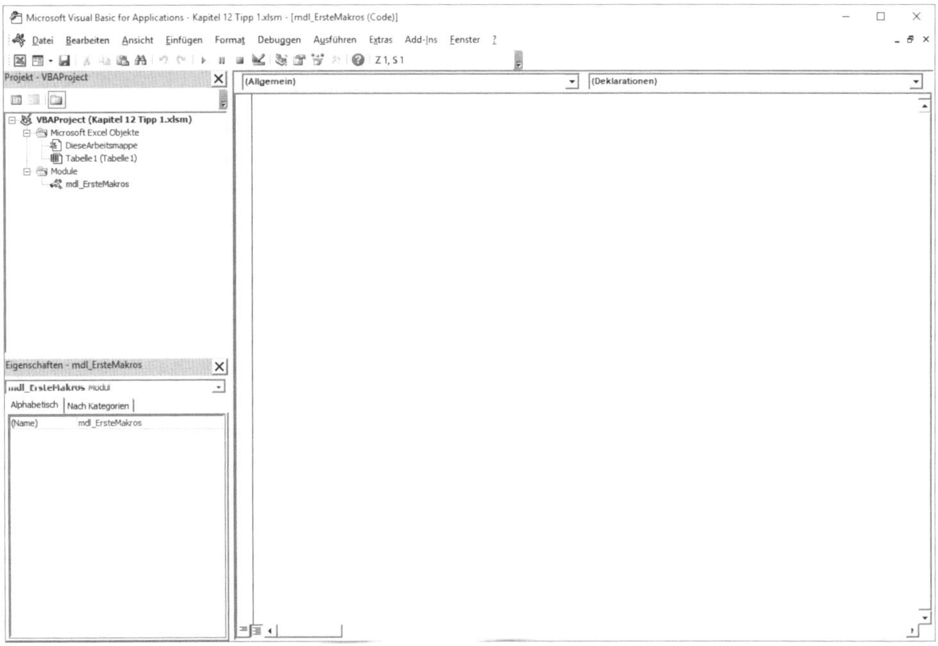

7 Erfassen Sie nun im rechten Codefenster des Moduls *mdl_ErsteMakros* ein einfaches Makro in dieser Form:

Listing 1:

```
Sub NameAktiveMappeAnzeigen()
    MsgBox ActiveWorkbook.Name
End Sub
```

8 Ist der Code erfasst, klicken Sie auf das Symbol *Sub/UserForm Ausführen (F5)* in der Symbolleiste *Voreinstellungen* oder drücken alternativ auf die F5-Taste. Nun wird augenblicklich das Makro ausgeführt und es erscheint dazu eine Meldung auf dem Excel-Bildschirm.

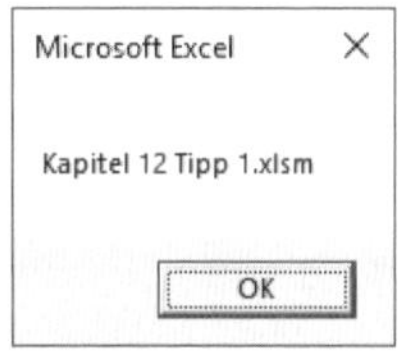

9 Speichern Sie dann die Excel-Datei ab und achten Sie darauf, dass Sie im Dialog *Speichern unter* im Feld *Dateityp* den Eintrag *Excel-Arbeitsmappe mit Makros* auswählen.

10 Sie finden in der Entwicklungsumgebung eine Vielzahl an Hilfestellungen. Wenn Sie z. B. den Cursor auf einen Befehl bzw. eine Funktion setzen und die F1-Taste drücken, wird seit Excel 2013 die Onlinehilfe zu der Funktion im Standardbrowser aufgerufen. In Excel 2007 und Excel 2010 ist die VBA-Hilfe noch offline verfügbar, also lokal installiert. Neben Erläuterungen zur Syntax und zu diversen Einstellungen können Sie sich in aller Regel auch einige Beispiele dazu ansehen.

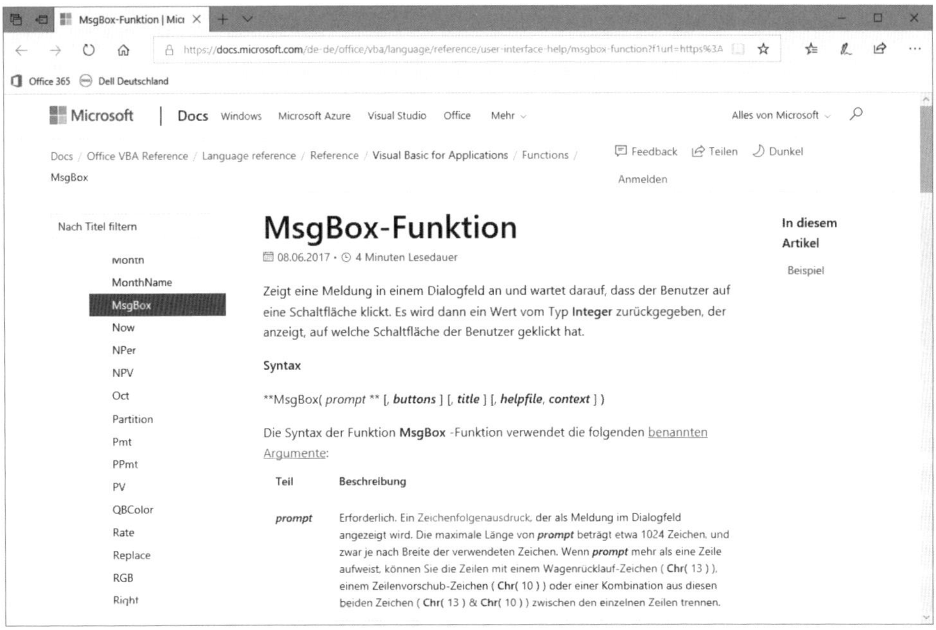

Hinweis

Seit Oktober 2015 bietet Microsoft unter dem Link *https://github.com/OfficeDev/VBA-content* für die einzelnen Office-Anwendungen den Download der vollständigen Dokumentation zu VBA an. Allerdings ist diese Dokumentation nur in Englisch verfügbar. Zudem wurde das GitHub-Repository 2018 in den Archivstatus versetzt und der Inhalt zu einem neuen Repository migriert. Neue Inhalte zu VBA erscheinen somit im neuen Repository unter *https://github.com/MicrosoftDocs/VBA-Docs*.

11 Gute Unterstützung bietet ebenfalls das Direktfenster, das Sie über den Menübefehl *Ansicht/Direktfenster* einblenden können. Über das Direktfenster können Sie Ihre Makros testen, das heißt, Sie können beispielsweise die Ausgabe mehrerer Variablen nacheinander anzeigen lassen, ohne immer wieder etwa den Befehl *MsgBox* bemühen zu müssen.

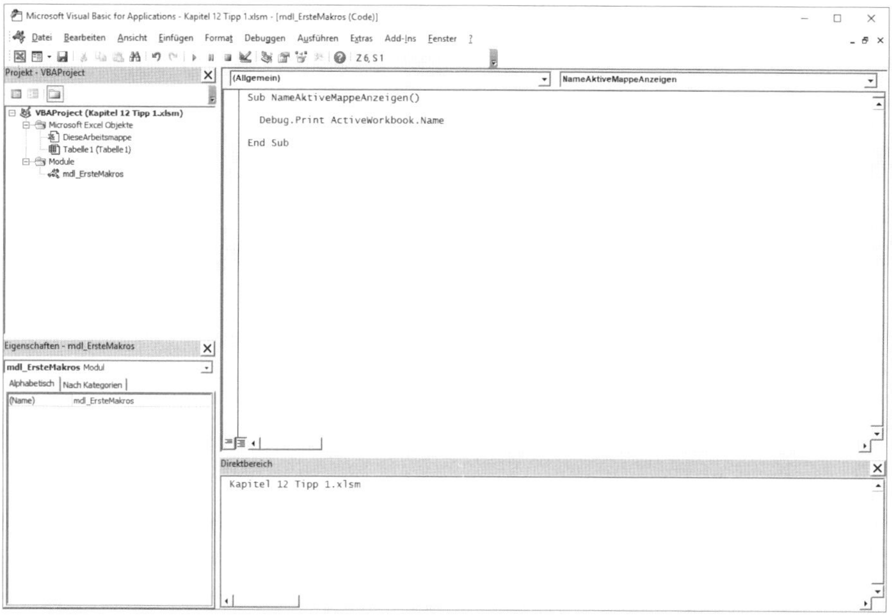

12 Über die F2-Taste können Sie den Objektkatalog aufrufen, der den kompletten Sprachumfang von VBA enthält.

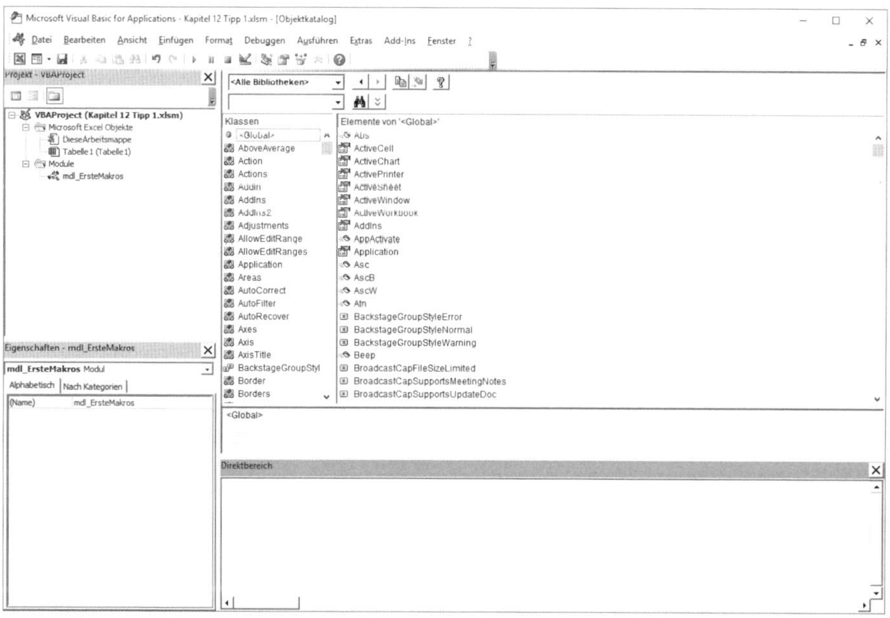

Sie sehen hier, welche Befehle verfügbar sind. Es wird dabei zwischen Objekten, Methoden, Eigenschaften und Ereignissen unterschieden.

Hinweis

Objekte: Objekte sind Zellen, Tabellen, Mappen oder auch Diagramme (Charts).

Eigenschaften: Objekte haben bestimmte Eigenschaften; so hat beispielsweise das Objekt *Range* die Eigenschaft einer bestimmten Adresse (etwa A1).

Methoden: Mit den Objekten lassen sich verschiedenste Dinge anstellen. Das Objekt *Workbook* (= Mappe) kann geöffnet, gespeichert, gedruckt, geschlossen etc. werden. Alle diese Aktionen werden als Methoden bezeichnet.

Ereignisse: Ereignisse sind im Objektkatalog mit dem Blitzsymbol gekennzeichnet. Ein Ereignis ist zum Beispiel *BeforeDoubleClick*. Sie können auf ein Ereignis, d. h. auf ein Objekt, das hier per Doppelklick angesteuert wird, reagieren und beispielsweise im Zusammenhang mit diesem Ereignis eine „Befehlshandlung" auslösen.

Tipp 2: Makros aufzeichnen

VBA bedient sich der englischen Sprache und es ist zunächst gar nicht so einfach, die Syntax zu den einzelnen Befehlen auf Anhieb zu verstehen. Daher bietet es sich an, den integrierten Makrorekorder zu nutzen und die Arbeitsschritte mit der dazugehörigen Syntax aufzuzeichnen. Das Ganze funktioniert so, dass Sie einzelne Aktionen in Excel durchführen, die dann durch den Makrorekorder (im Hintergrund, also in der VBA-Umgebung) automatisch in Quellcode umgesetzt werden.

So geht's:

1. Wählen Sie in der Excel-Arbeitsoberfläche über *Ansicht/Makros* und die Symbolschaltfläche *Makros* den Befehl *Makro aufzeichnen*. Im Dialogfenster *Makro aufzeichnen* müssen dann zunächst diverse Einstellungen getroffen werden.

2. Im Feld *Makroname* können Sie einen beliebigen Namen für Ihr Makro vergeben und den Vorschlag von Excel übergehen. Im Auswahlfeld *Makro speichern in* legen Sie fest, wo der aufgezeichnete Quellcode gespeichert werden soll. Standardmäßig wird *Diese Arbeitsmappe* vorgeschlagen, also die Mappe, die Sie gerade geöffnet haben. Klicken Sie zum Schluss auf *OK*, um die Aufzeichnung zu starten.

3. Nun sollen die Gitternetzlinien ausgeschaltet werden. Entfernen Sie über die Registerkarte *Ansicht* in der Gruppe *Anzeigen* das Häkchen bei *Gitternetzlinien*.

4. Beenden Sie die Aufzeichnung über *Ansicht/Makros*, Symbolschaltfläche *Makros*, Befehl *Aufzeichnung beenden*.

5 Wechseln Sie anschließend über die Tastenkombination Alt+F11 in die Entwicklungsumgebung und betrachten Sie das Ergebnis: Der Code wurde aufgezeichnet und kann nun manuell ergänzt, modifiziert und natürlich auch wieder gelöscht werden.

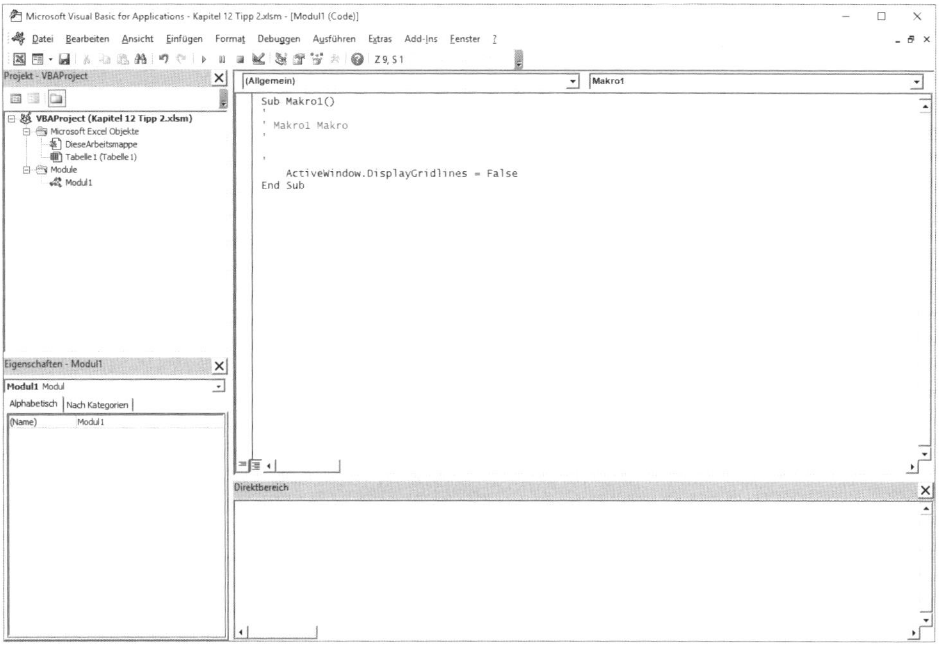

Hinweis

Makroaufzeichnungen werden standardmäßig in einem neuen Modul durchgeführt. Führen Sie mehrere Aufzeichnungen innerhalb einer Excel-Sitzung durch, werden alle in dasselbe Modul geschrieben.

Wenn Sie Excel jedoch schließen und erneut starten, wird bei einer neuerlichen Makroaufzeichnung ein neues Modul eingefügt. Sie können diese Module selbstverständlich auch wieder löschen, indem Sie das zu löschende Modul mit der rechten Maustaste anklicken und den Befehl *Entfernen von [Modulnamen]* auswählen. Bevor der Löschvorgang durchgeführt wird, haben Sie die Möglichkeit, das Modul in einer Textdatei standardmäßig zu sichern. Falls das nicht erwünscht ist, klicken Sie auf die Schaltfläche *Nein*.

Die Aufzeichnungen des Makrorekorders eignen sich (vor allem für Einsteiger) hervorragend, um die VBA-Befehle näher kennenzulernen. Obwohl der Makrorekorder akribisch jeden Schritt aufzeichnet und somit auch immer zu viel Quellcode erzeugt, kann man sich mit der durch Excel erzeugten Syntax schneller vertraut machen. (Aufzeichnungen können jederzeit nachgebessert werden.)

6 In der Symbolleiste *Bearbeiten*, die Sie über *Ansicht/Symbolleisten/Bearbeiten* einblenden können, finden Sie hilfreiche Werkzeuge, die Sie bei der Programmierung unterstützen.

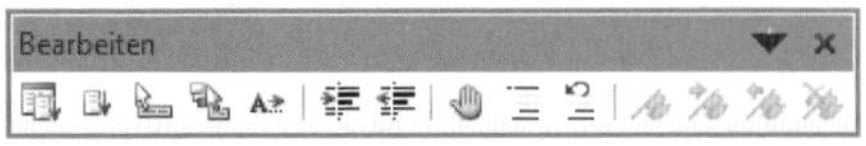

Hinweis

Einzug vergrößern bzw. *Einzug verkleinern*: Mithilfe dieser Symbole können Sie Zeilen bzw. ganze Bereiche einrücken, damit der Quellcode besser lesbar wird.

Haltepunkt ein/aus: Durch das Markieren einer Codezeile und einen Klick auf dieses Symbol wird ein Haltepunkt gesetzt. Wenn Sie also das Makro starten (z. B. mit der F5-Taste), wird es bis zu diesem Haltepunkt durchlaufen und die Verarbeitung stoppt dann genau an dieser Stelle.

Block auskommentieren bzw. *Auskommentierung des Blocks aufheben*: Damit können Sie eine oder mehrere Programmierzeilen auskommentieren. Das heißt, diese Zeilen werden nicht verarbeitet, sondern bleiben als Kommentare stehen. Sie erkennen auskommentierte Zeilen an der grünen Schriftfarbe und am ersten Zeichen der Zeile, einem Apostroph.

Lesezeichen setzen/zurücksetzen: Wenn Sie viele Seiten Makrocode geschrieben haben, können Sie hiermit bestimmte Stellen schneller „anspringen".

Tipp 3: Makros mit einfacher For Next-Schleife

Die wesentlichen Bestandteile einer Programmiersprache sind Schleifen und Abfragen, die allerdings nicht mit dem Makrorekorder aufgezeichnet werden können. Unter einer Schleife versteht man einen sich fortlaufend wiederholenden Vorgang. Schleifen werden meistens dann eingesetzt, wenn es beispielsweise darum geht, alle Zeilen einer Tabelle nacheinander abzuarbeiten. Eine Abfrage ist vergleichbar mit dem, was die Tabellenfunktion *WENN* leistet. Diese Funktion prüft in Form einer Abfrage, ob bestimmte Kriterien erfüllt werden oder nicht. Ähnlich arbeiten Abfragen, die per VBA erzeugt werden.

Nachfolgend können Sie sich mit dem ersten Typ von Schleifen vertraut machen, der *For Next*-Schleife, die sehr häufig zum Einsatz kommt.

So geht's:

Die Syntax zur *For Next*-Schleife sieht so aus:

```
For Zähler = Anfang To Ende [Step Schritt]
    [Anweisungen]
    [Exit For]
    [Anweisungen]
Next [Zähler]
```

Die Syntax:

- *Zähler*: Dieses Argument verkörpert eine Variable und dient als Schleifenzähler. Das Argument wird zu Beginn eines Makros angelegt.
- *Anfang*: Dieses Argument dient als Startwert der Schleife, kennzeichnet also beispielsweise die erste Zeile, die verarbeitet werden soll.
- *Ende*: Dieses Argument steht für das Ende einer Schleife. Müssen z. B. zehn Zeilen verarbeitet werden, ist der Endwert des Zählers 10.
- *Schritt*: Wird wahlweise eingesetzt und verkörpert den Wert, um den der Schleifenzähler bei jedem Schleifendurchlauf verändert wird. Falls kein Schrittwert angegeben wird, wird 1 als Schrittweite eingesetzt.
- *Anweisungen*: Beinhaltet eine oder mehrere Anweisungen zwischen *For* und *Next*, die so lange wie angegeben durchlaufen werden müssen.
- *Exit For*: Dieser Befehl kann eingesetzt werden, wenn ein bestimmter Vorfall direkt aus der Schleife heraus „angesprungen" werden soll.

An einem kleinen Beispiel wird die Arbeitsweise dieser Art von Schleife gut ersichtlich. Hier soll eine Tabelle zeilenweise verarbeitet werden. In *Tabelle1* sind zehn Zeilen mit Werten gefüllt. Die Verarbeitung soll in Zeile 2 starten und in Zeile 11 enden, wobei das Ende der Verarbeitung dynamisch gehalten sein muss. Das heißt, Sie müssen zuerst ermitteln, wie viele Zellen in Spalte B gefüllt sind, und gleichzeitig sicherstellen, dass zwischen den einzelnen Zeilen keine leeren Zeilen stehen.

Das lässt sich am einfachsten bewerkstelligen, indem Sie zunächst an das untere Ende der Tabelle und dann von unten nach oben bis zur zuletzt gefüllten Zelle dieser Spalte springen. Der Befehl hierfür lautet *lngZeileMax = Tabelle1.Range("B1048576").End(xlUp).Row*.

1 Erfassen Sie nun zuerst in einer neuen Arbeitsmappe im Zellbereich B2:B11 einige Werte und dann in der Entwicklungsumgebung in einem neuen Modul nachfolgende Codezeilen. Blenden Sie dabei über *Ansicht/Direktfenster* das Fenster *Direktbereich* ein, um das Ergebnis des Codes zu überwachen. Starten Sie das Makro über die F5-Taste.

Listing 1:

```
Sub ForNextBeispiel()
Dim lngZeile As Long
Dim lngZeileMax As Long
lngZeileMax = Tabelle1.Range("B1048576").End(xlUp).Row
   For lngZeile = 2 To lngZeileMax
      Debug.Print Tabelle1.Cells(lngZeile, 2).Value
   Next lngZeile
End Sub
```

2 Wie Sie nun erkennen können, werden die Werte von Spalte B aus *Tabelle1* über das Makro im Fenster *Direktbereich* angezeigt.

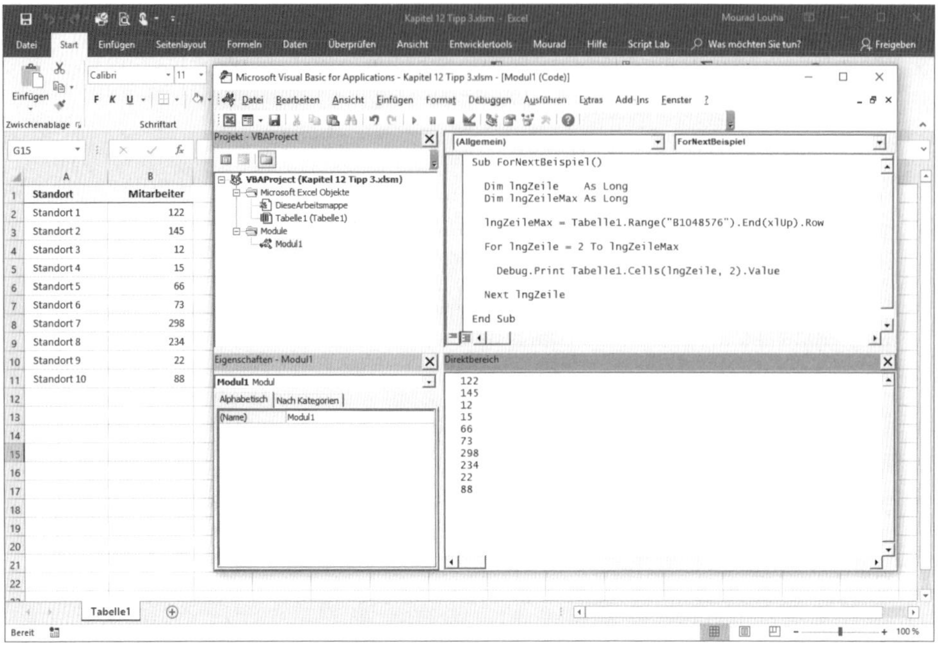

Die Syntax:

- *lngZeile* und *lngZeileMax*: Diese zwei Zählvariablen vom Typ *Long* werden zu Beginn des Makros deklariert. Der Datentyp *Long* kann ganzzahlige Werte aufnehmen und ist geradezu prädestiniert für die Schleifensteuerung.
- *Tabelle1.Range("B1048576").End(xlUp).Row*: Dieser Befehl übergibt die Zeilennummer der zuletzt belegten Zelle in Spalte B an die Variable *lngZeileMax*.
- *For lngZeile = 2 To lngZeileMax*: Die Verarbeitung beginnt in der zweiten Excel-Zeile und endet mit der Zeilennummer der soeben ermittelten letzten Zelle von Spalte B. Die Schleife wird also genau neunmal durchlaufen.
- *Debug.Print Tabelle1.Cells(lngZeile, 2).Value*: Innerhalb der Schleife wird über den Befehl *Debug.Print* der Inhalt der Zellen im Fenster *Direktbereich* ausgegeben. Auf die einzelnen Zellen wird mit der Eigenschaft *Cells* zugegriffen. Diese Eigenschaft besitzt zwei Argumente: Im ersten Argument geben Sie die jeweilige Zeilennummer an, die bei jedem Schleifendurchlauf über die Variable *lngZeile* hochgesetzt wird, und im zweiten Argument steht die Spaltennummer *2* (steht für Spalte B).
- *Next lngZeile*: Dieser Befehl sorgt zusammen mit *For* für die Anzahl der Schleifendurchläufe.

Tipp 4: Makros mit einfacher If-Anweisung

Mit einer *If*-Anweisung können Sie prüfen, ob bestimmte Kriterien erfüllt sind, und je nach Ergebnis weitere Arbeitsabläufe steuern.

So geht's:

Die Syntax für die *If*-Anweisung sieht so aus:

```
If Bedingung Then [Anweisung] [Else elseAnweisung]
```

Alternativ kann auch die Blocksyntax verwendet werden:

```
If Bedingung Then
    [Anweisung]
    [Anweisung]
  [Else]
    [elseAnweisung]
    [elseAnweisung]
End If
```

Die Syntax:

- *Bedingung*: Das ist die Bedingung, die erfüllt sein muss, um die weiteren Schritte in die Wege zu leiten.
- *Anweisung*: Steht direkt im Anschluss an *Then*, der Anweisung, die ausgeführt wird, wenn die Bedingung zutrifft.
- *elseAnweisung*: Mit diesem Argument kann eine oder können auch mehrere Anweisungen durchgeführt werden, falls die Bedingung nicht erfüllt ist.

> **Hinweis**
>
> Bei der ersten Syntaxform muss kein Abschluss mit *End If* erfolgen, sofern der Befehl in eine Codezeile passt. Sobald jedoch ein Zeilenumbruch ohne Zeilenfortsetzungszeichen (Leerzeichen mit anschließendem Unterstrich) gemacht wird, muss *End If* gesetzt werden, da VBA sonst einen Syntaxfehler meldet.

Der Befehl wird auch hier anhand eines kleinen Beispiels verdeutlicht. Es sollen in einer Spalte alle Zellen farblich markiert und mit dem Schriftschnitt **Fett** versehen werden, die einen Texteintrag beinhalten.

1 Erfassen Sie in einer neuen Arbeitsmappe in Spalte A einige Texte und Werte. Tragen Sie dann in der Entwicklungsumgebung in einem neuen Modul nachfolgende Codezeilen ein und starten Sie das Makro über die F5-Taste:

Listing 1:

```
Sub IfBeispiel()
Dim lngZeile As Long
Dim lngZeileMax As Long

With Tabelle1
  lngZeileMax = .Range("A1048576").End(xlUp).Row

```

```
  For lngZeile = 1 To lngZeileMax
   If IsNumeric(.Cells(lngZeile, 1).Value) = False Then
    .Cells(lngZeile, 1).Font.Bold = True
    .Cells(lngZeile, 1).Interior.ColorIndex = 3
   Else
    .Cells(lngZeile, 1).Font.Bold = False
    .Cells(lngZeile, 1).Interior.ColorIndex = xlColorIndexNone
   End If
  Next lngZeile
 End With

 End Sub
```

2 Wie Sie sehen können, werden die Texte von Spalte A aus *Tabelle1* mit einem farblich anderen Hintergrund und mit dem Schriftschnitt **Fett** gekennzeichnet.

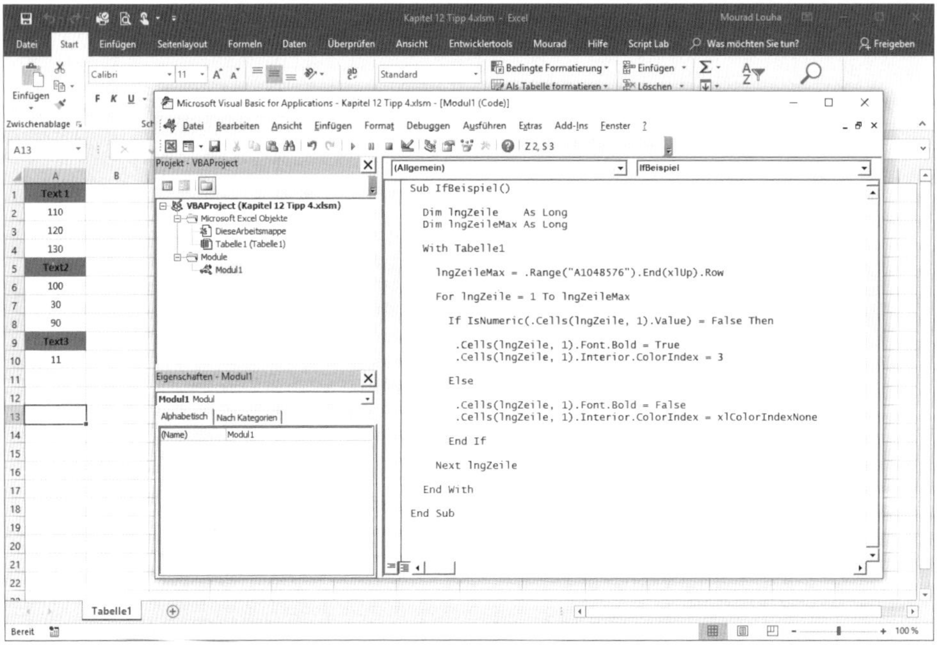

Die Syntax:

- *With Tabelle1*: Mit der Anweisung *With* sparen Sie sich etwas Schreibarbeit. Sie müssen im Code selbst nicht mehr *Tabelle1* und nachfolgenden Code erfassen, sondern es genügt, einen Punkt zu setzen und unmittelbar nach dem Punkt den Code zu schreiben. Über *With* können Sie also eine Reihe von Anweisungen für ein bestimmtes Objekt, im Beispiel *Tabelle1*, ausführen, ohne dass Sie dieses Objekt mehrmals angeben müssen.
- *IsNumeric*: Prüft den Datentyp der Zelle auf eine Zahl.
- *Bold*: Falls der Inhalt der Zelle einen Text enthält, wird ihr der Schriftschnitt Fett über die Eigenschaft *Bold* zugewiesen.

- *Colorindex*: Diese Eigenschaft sorgt für die Färbung des Zellhintergrunds anhand eines Farbindexes.
- *Else*: Der *Else*-Zweig der *If*-Anweisung stellt sicher, dass, wenn Sie das Makro mehrfach laufen lassen und währenddessen Änderungen in der Tabelle vorgenommen werden, sichergestellt ist, dass wirklich alle Zellen verarbeitet werden.

Tipp 5: Makros mit Select Case-Bedingung

Mit einer *Select Case*-Anweisung können mehrere ineinander verschachtelte Abfragen durchgeführt werden. Diese Art von Anweisung bietet gegenüber der *If*-Anweisung eine überschaubarere Möglichkeit, wenn es darum geht, mehrere Kriterien abzufragen.

So geht's:

Die Syntax für die *Select Case*-Anweisung sieht so aus:

```
Select Case Ausdruck
  [Case Ausdrucksliste-n]
    [Anweisungen-n] ...
  [Case Else]
    [elseAnw]
End Select
```

Die Syntax:

- *Ausdruck*: Ist ein beliebiger numerischer Ausdruck oder ein Zeichenfolgenausdruck, der ausgewertet werden soll.
- *Ausdrucksliste-n*: Hier werden die Abfrageoptionen näher spezifiziert. Dabei können auch Vergleichsoperatoren wie *To*, *Is* oder *Like* eingesetzt werden.
- *Anweisungen-n*: Mit diesem Argument können eine oder mehrere Anweisungen angegeben werden, die ausgeführt werden sollen, wenn der abgefragte Ausdruck mit irgendeinem Element in *Ausdrucksliste-n* übereinstimmt.
- *elseAnw*: Ist optional einsetzbar – insbesondere dann, wenn der abgefragte Ausdruck mit keinem Element im *Case*-Abschnitt übereinstimmen sollte.

Auch diese Anweisung lässt sich am besten an einem Beispiel erläutern. Bei dieser Aufgabe sind innerhalb des Bereichs A1:D10 in einer neuen Tabelle Werte zugrunde gelegt, die im Wertebereich zwischen –100 und 100 liegen. Die Werte sollen nun folgendermaßen formatiert werden:

- Werte kleiner 0: Hintergrundfarbe Rot
- Werte gleich 0: ohne Hintergrundfarbe
- Werte zwischen 0 und 50: Hintergrundfarbe Grün
- Werte größer 50: Hintergrundfarbe Gelb

1 Erfassen Sie in einer neuen Arbeitsmappe in *Tabelle1* im Zellbereich A1:D10 Werte zwischen 0 und 100. Tragen Sie dann in der Entwicklungsumgebung in einem neuen Modul den nachfolgend gelisteten Code ein und starten Sie das Makro über die F11-Taste.

Listing 1:

```
Sub SelectCaseBeispiel()
 Dim rngZelle   As Range
 Dim rngBereich As Range
 With Tabelle1
  Set rngBereich = .Range("A1:D10")
  For Each rngZelle In rngBereich
   Select Case rngZelle
    Case Is < 0
     rngZelle.Interior.ColorIndex = 3
    Case 0
     rngZelle.Interior.ColorIndex = xlColorIndexNone
    Case 1 To 50
     rngZelle.Interior.ColorIndex = 4
    Case Is > 50
     rngZelle.Interior.ColorIndex = 6
    Case Else
   End Select
  Next rngZelle
 End With
End Sub
```

2 Wie Sie leicht erkennen können, werden nun die Werte im Zellbereich A1:D10 mit dem farblichen Hintergrund angezeigt, der ihnen per Makro aufgrund ihres Werts zugewiesen wurde.

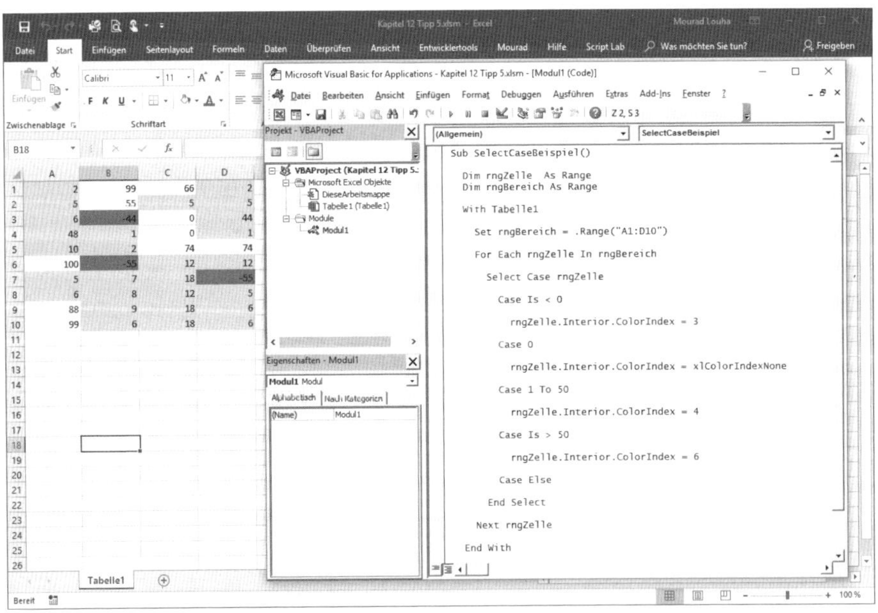

Die Syntax:

- *For Each rngZelle In rngBereich*: Da es sich hier um einen ganzen Bereich handelt, der abgearbeitet werden muss, empfiehlt sich der Einsatz einer *For Each Next*-Schleife.
- *Range*: Die *For Each Next*-Schleife benötigt zu Beginn des Makros die Definition von zwei Objektvariablen vom Typ *Range*, einem Zelltyp.
- *Set rngBereich = .Range("A1:D10")*: Die Variable *rngBereich* nimmt den Bereich auf, den es in *Tabelle1* zu bearbeiten gilt.
- *Select Case rngZelle*: Mit diesem Argument beginnt der Durchlauf der unterschiedlichen Kriterien, um alle Zahlen in diesem Bereich auszuwerten.
- *ColorIndex*: Je nach Wertgröße wird dann über diese Eigenschaft der Zellhintergrund eingefärbt.

Tipp 6: Mit Makros Zellen füllen

Makros zur Steuerung von Zellen und Bereichen gehören zu den zentralen Themen in der VBA-Programmierung, denn über die Zellen spielen sich die eigentlichen Aufgaben der Tabellenkalkulation wie das Formatieren von Zahlen und Texten, die Berechnung und Anpassung von Werten sowie die konkrete Auswertung und Datenübertragung ab.

Zellen und Bereiche werden über das Objekt *Range* angesprochen, für das es diverse Methoden und Eigenschaften gibt, die Sie bei der Programmierung einsetzen können.

In der Praxis kommen zwei Varianten zum Einsatz, die Eigenschaft *Range* und die Eigenschaft *Cells*. Doch am besten sehen Sie sich das Ganze anhand eines Beispiels etwas näher an.

So geht's:

1 Tragen Sie in einer neuen Arbeitsmappe in der Entwicklungsumgebung in einem neuen Modul nachfolgende Codezeilen ein und starten Sie das Makro über die [F5]-Taste.

Listing 1:

```
Sub ZelleFuellenBeispiel()
 Dim lngZeile As Long
 With Tabelle1
  For lngZeile = 1 To 10
   .Cells(lngZeile, 1).Value = lngZeile
  Next lngZeile
 End With
End Sub
```

2 Wie Sie sehen können, wird bei diesem Makro eine Nummerierung der Zeilen 1 bis 10 durchgeführt.

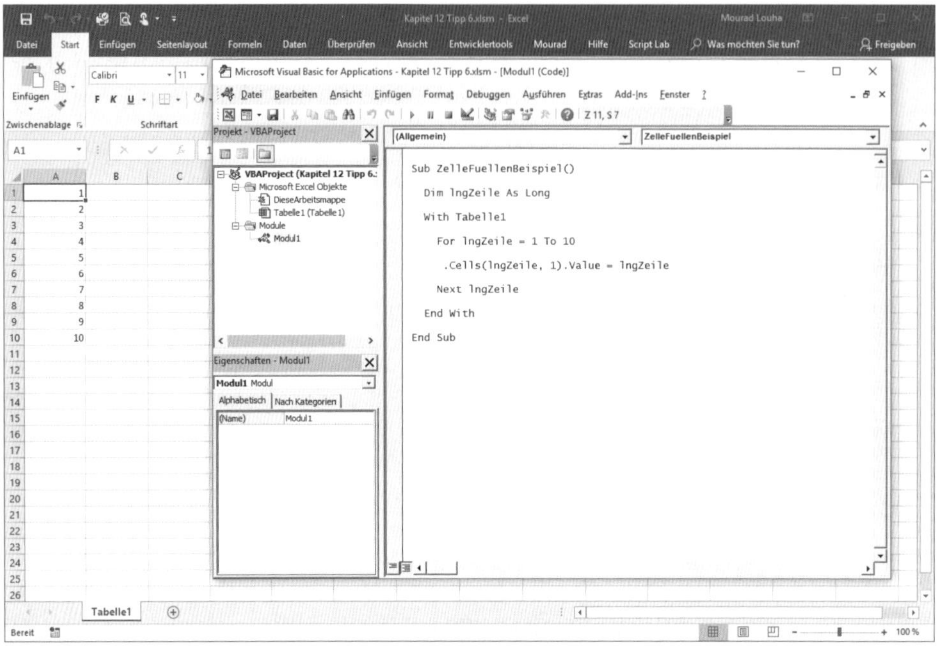

Die Syntax:

- *For lngZeile = 1 To 10*: Mit der Variablen *lngZeile* wird die Schleife dynamisch gesteuert, und beginnend mit dem Zähler 1 wird die Schleife bis zum Ende, 10, durchlaufen.
- *.Cells(lngZeile, 1).Value = lngZeile*: Innerhalb der Schleife wird mit der Eigenschaft *Cells* gearbeitet. Im ersten Argument der Eigenschaft wird die Zeilennummer dynamisch gehalten, im zweiten Argument, das auf den Wert 1 gesetzt wird, ist die Spalte A als erste Spalte der Tabelle gemeint. Mithilfe der Eigenschaft *Value* wird der gewünschte (Zähl-)Wert in eine Zelle geschrieben.

Tipp 7: Mit Makros Zeilen ausblenden

Wie Sie mithilfe von VBA sehr schnell ganz bestimmte Zeilen ausblenden können, erfahren Sie jetzt. Im nachfolgenden Beispiel sollen alle Zeilen, die eine Null enthalten, ausgeblendet werden.

So geht's:

1 Tragen Sie zuerst in einer neuen Tabelle einige Werte ein. Achten Sie darauf, dass in der Tabelle auch Nullwerte enthalten sind, und erfassen Sie in der Entwicklungsumgebung in einem neuen Modul nachfolgende Codezeilen. Starten Sie das Makro über die F5-Taste.

Listing 1:

```
Sub ZeilenAusblendenBeispiel()
 Dim lngZeile As Long
 Dim lngZeileMax As Long
 With Tabelle2
  lngZeileMax = .Range("A1048576").End(xlUp).Row
  For lngZeile = 2 To lngZeileMax
   If .Cells(lngZeile, 1).Value = 0 Then
    .Rows(lngZeile).Hidden = True
   End If
  Next lngZeile
 End With
End Sub
```

2 Sie erkennen jetzt, dass Excel umgehend alle Zeilen, die einen Nullwert enthalten, ausblendet.

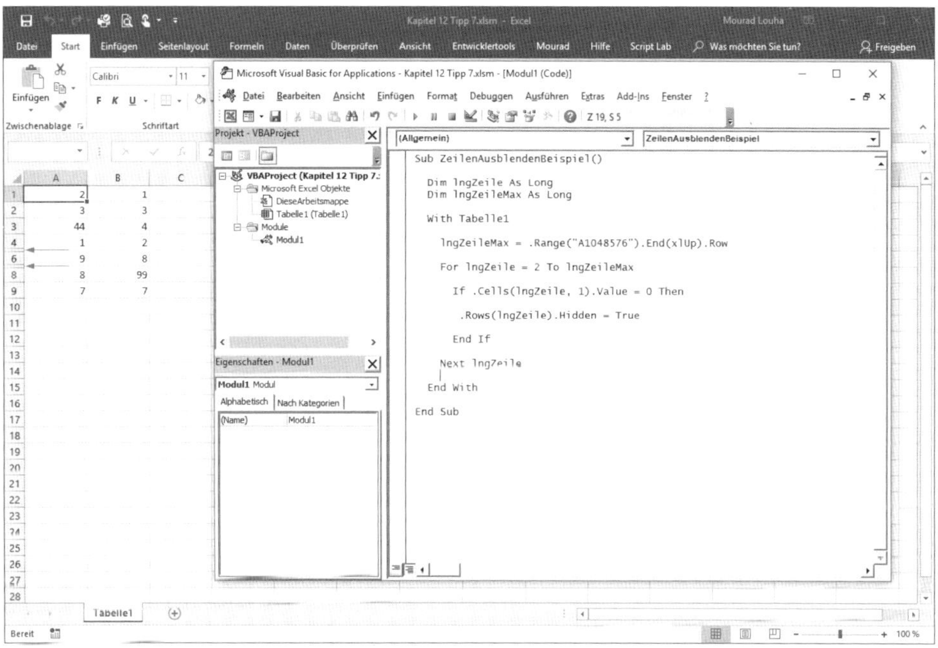

Die Syntax:

Innerhalb der Schleife wird geprüft, ob die jeweilige Zelle aus Spalte A den Wert 0 aufweist. Ist das der Fall, wird die komplette Zeile ausgeblendet, indem die Eigenschaft *Rows* den momentanen Inhalt der Variablen *lngZeile* an die Eigenschaft *Hidden* übergibt.

➡ Verweis: siehe Kapitel 12, Tipp 8

Tipp 8: Mit Makros Zeilen einblenden

Um die Zeilen, die Sie im letzten Tipp ausgeblendet haben, wieder einzublenden, müssen Sie lediglich die Eigenschaft *Hidden* im vorherigen Beispiel auf den Wert *False* setzen. Es geht aber noch einfacher.

So geht's:

1 Erfassen Sie in der Entwicklungsumgebung der Arbeitsmappe aus dem vorherigen Tipp in einem neuen Modul nachfolgende Codezeilen. Starten Sie das Makro über die F11-Taste.

Listing 1:

```
Sub ZeilenEinblendenBeispiel()
 Tabelle1.Rows.Hidden = False
End Sub
```

2 Sie erkennen jetzt, dass Excel umgehend alle Zeilen, die einen Nullwert enthalten, wieder eingeblendet hat.

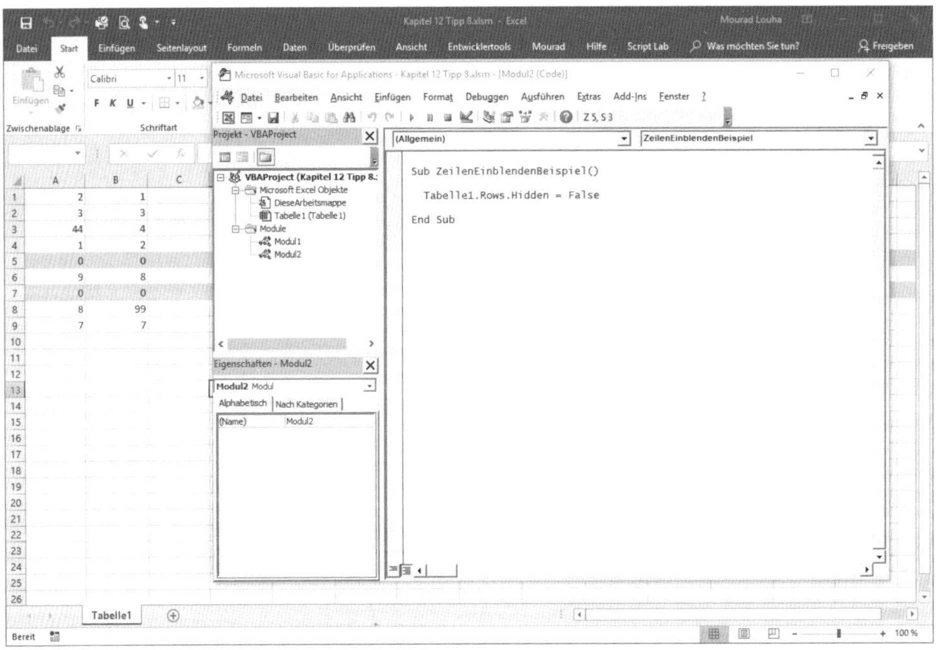

Die Syntax:

Entweder weisen Sie der Eigenschaft ganz konkret eine bestimmte Zeilennummer zu, die Sie ausblenden möchten, oder Sie verwenden die Eigenschaft *Rows* ohne weitere Argumente. Denn dann sind automatisch alle Zeilen der Tabelle gemeint, die Sie über die Eigenschaft *Hidden* wieder sichtbar machen, indem Sie dieser Eigenschaft den Wert *False* zuweisen.

➡ Verweis: siehe Kapitel 12, Tipp 7

Tipp 9: Rechnungsnummer PC-übergreifend dynamisch erzeugen

Dieser Tipp zeigt, wie sich fortlaufende Rechnungsnummern PC- und anwenderübergreifend erzeugen lassen. Zu den Pflichtangaben auf einer Rechnung gehören die Umsatzsteuer, der Umsatzsteuersatz, die Steuernummer und die Umsatzsteuer-Identnummer. Zudem muss eine Rechnung auch eine fortlaufende Rechnungsnummer enthalten. Wenn mehrere Personen mit der Erstellung von Rechnungen betraut sind, ist es in der Praxis ziemlich aufwendig und vor allem fehleranfällig, eine fortlaufende Folge der Rechnungsnummern mit Excel zu gewährleisten. Häufig wird dazu eine Excel-Tabelle geführt, in die der Anwender die nächste fortlaufende Nummer manuell einträgt, die er gerade für seine aktuelle Rechnung benötigt. Wird die Eingabe in diese zentrale Rechnungsnummernliste vergessen, ist es vorprogrammiert, dass eine Rechnungsnummer mindestens zweimal vergeben wird.

So geht's:

Und genau hier setzt dieses VBA-Programm an. Es erzeugt per Knopfdruck völlig automatisch eine neue fortlaufende Rechnungsnummer, was den Anwender spürbar entlastet.

Die Abbildung zeigt das Muster eines Rechnungsformulars. Sie können entweder dieses Muster verwenden und mit Ihren Daten modifizieren oder den VBA-Code in Ihr bereits bestehendes Rechnungsformular übernehmen.

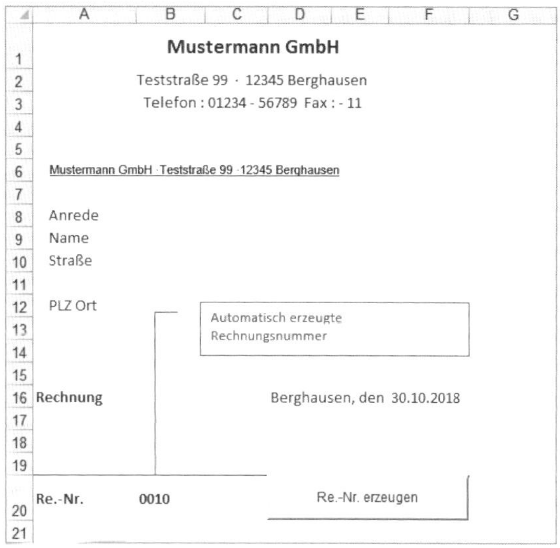

Um nun die Funktion zur Erzeugung einer fortlaufenden Rechnungsnummer zu implementieren, erstellen Sie zunächst eine Befehlsschaltfläche (*CommandButton*), über die die nächste Rechnungsnummer aufgerufen werden kann. Gehen Sie dazu wie folgt vor:

1. Fügen Sie über das Menü *Entwicklertools/Einfügen/Befehlsschaltfläche* eine neue Schaltfläche ein und positionieren Sie diese an der gewünschten Stelle auf dem Rechnungsvordruck.

2. Als Bezeichnung für die Schaltfläche geben Sie beispielsweise *Re.-Nr. erzeugen* an.

3. Damit nun ein Klick auf diese Schaltfläche auch die gewünschte Aktion bewirkt, müssen Sie für diese Schaltfläche den VBA-Code aus *Listing 1* hinterlegen. Fügen Sie dazu folgenden Code in den Codecontainer von Blatt 1, auf dem sich die Schaltfläche befindet, ein.

Listing 1:

```
Private Sub CommandButton1_Click()
' Aufrufen der Prozedur zum Erzeugen der Rechnungsnummer
  RechnungsnummerErzeugen
End Sub
```

Den eigentlichen Programmcode zur Erzeugung der fortlaufenden Rechnungsnummer sehen Sie im folgenden Listing.

Listing 2:

```
Sub RechnungsnummerErzeugen()
  Dim strDateiname        As String
  Dim intDateinummer      As Integer
  Dim lngRechnungsnummer As Long
' Abruf der nächsten verfügbaren Dateinummer zum Lesen und
' Schreiben von Textdateien
  intDateinummer = FreeFile()
' Rechnungsnummer initialisieren
  lngRechnungsnummer = 1
' Auslesen des Verzeichnisses, in dem sich die aktuelle Datei
' befindet bzw. erstellt wird
  strDateiname = ThisWorkbook.Path & "\" & "Anzahl.ini"
' Zuerst prüfen, ob die Datei vorhanden ist. Falls Ja, dann die
' Rechnungsnummer auslesen, um eins erhöhen und zurückschreiben.
' Falls Nein, dann die Datei erstellen und die Rechnungsnummer
' mit dem Wert 1 hineinschreiben
  If DateiVorhanden(strDateiname) Then
'   Lesen
    Open strDateiname For Input As #intDateinummer
    Input #intDateinummer, lngRechnungsnummer
    Close #intDateinummer
'   Rechnungsnummer um 1 erhöhen
    lngRechnungsnummer = lngRechnungsnummer + 1
'   Schreiben
    Open strDateiname For Output As #intDateinummer
    Print #intDateinummer, lngRechnungsnummer
    Close #intDateinummer
  Else
'   Erstmalige Erzeugung
    Open strDateiname For Output As #intDateinummer
    Print #intDateinummer, lngRechnungsnummer
    Close #intDateinummer
  End If
' Abspeichern der aktuellen laufenden Nummer
  ThisWorkbook.Worksheets("Rechnung") _
 .Range("B20").Value = lngRechnungsnummer
End Sub
```

Der VBA-Code ist wie folgt aufgebaut:

Nachdem alle Vorarbeiten wie die Dimensionierung der Variablen erledigt sind, wird geprüft, ob eine ASCII-Datei mit dem Namen *Anzahl.ini* im gleichen Verzeichnis vorhanden ist, in dem sich auch die Rechnungsdatei befindet. Dies wird mit folgender Programmzeile erledigt:

```
If DateiVorhanden(iniDatei) Then
```

Dazu wird der Programmcode aus dem folgenden Listing aufgerufen.

Listing 3:

```
Function DateiVorhanden(DateiNameUndPfad As Variant) As Boolean
 If Len(DateiNameUndPfad) > 0 Then
  DateiVorhanden = CBool(Dir(DateiNameUndPfad) <> "")
 End If
End Function
```

Wenn die Datei *Anzahl.ini* noch nicht vorhanden ist, wird sie automatisch im aktuellen Verzeichnis erstellt und die erste Rechnungsnummer wird eingetragen.

Bei der Datei *Anzahl.ini* handelt es sich um eine reine ASCII-Datei, die nur die Rechnungsnummer enthält. Bei jedem Klick auf die Befehlsschaltfläche *Re.-Nr. erzeugen* wird die in der Datei *Anzahl.ini* vorhandene Rechnungsnummer ausgelesen, um den Wert 1 erhöht und wieder in die Textdatei zurückgeschrieben. Nachdem die Datei *Anzahl.ini* aktualisiert wurde, wird die neu erzeugte Rechnungsnummer in das Rechnungsformular übertragen. Im vorliegenden Beispiel wird die Rechnungsnummer in Zelle B20 eingetragen.

Soll die Rechnungsnummer in eine andere Zelle eingetragen werden, müssen Sie nur folgende Codeanweisung anpassen:

```
ThisWorkbook.Worksheets("Rechnung") _
.Range("B20").Value = lngRechnungsnummer
```

Soll die Rechnungsnummer beispielsweise in Zelle G7 übertragen werden, ersetzen Sie im Code "B20" durch "G7".

Wenn Sie nun das Rechnungsformular sowie die Datei *Anzahl.ini* auf einem Netzlaufwerk, auf das die zuständigen Anwender Zugriff haben, zur Verfügung stellen, werden die Rechnungsnummern künftig fast automatisch und völlig fehlerfrei erzeugt.

Tipp 10: Tabellen automatisch in die richtige Reihenfolge bringen

In der Praxis, und dabei speziell im Controlling, ist es sehr wichtig, dass Berechnungen, Datenbestände und Kalkulationsmodelle nachvollziehbar sind.

Um dies zu erreichen, werden ältere Versionsstände häufig nicht einfach gelöscht, sondern in der betreffenden Arbeitsmappe archiviert und oft mit dem Datum des Modellstands gekennzeichnet. Auf diese Weise sammeln sich unzählige Tabellenblätter in einer Arbeitsmappe an.

Um nun den Überblick nicht zu verlieren, ist es zweckmäßig, die Tabellenblätter in eine sinnvolle Reihenfolge zu bringen.

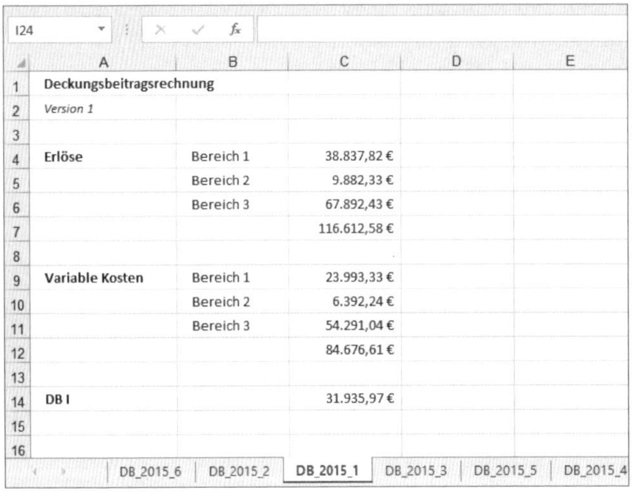

	A	B	C	D	E
1	Deckungsbeitragsrechnung				
2	Version 1				
3					
4	Erlöse	Bereich 1	38.837,82 €		
5		Bereich 2	9.882,33 €		
6		Bereich 3	67.892,43 €		
7			116.612,58 €		
8					
9	Variable Kosten	Bereich 1	23.993,33 €		
10		Bereich 2	6.392,24 €		
11		Bereich 3	54.291,04 €		
12			84.676,61 €		
13					
14	DB I		31.935,97 €		
15					
16					

Leider bietet Excel dafür keine Standardfunktion. Mit einem VBA-Makro lässt sich das Problem aber ganz leicht lösen.

So geht's:

Geben Sie den Code aus Listing 1 in ein leeres Codemodul ein.

Listing 1:

```
Sub TabellenblätterSortieren()
Dim a As Long
Dim b As Long

Application.ScreenUpdating = False
Application.Calculation = xlCalculationManual

For a = 1 To ThisWorkbook.Worksheets.Count
  For b = 1 To ThisWorkbook.Worksheets.Count - a
    If ThisWorkbook.Worksheets(b).Name > _
       ThisWorkbook.Worksheets(b + 1).Name Then
      ThisWorkbook.Worksheets(b).Move _
      After:=ThisWorkbook.Worksheets(b + 1)
    End If
  Next
Next

Application.ScreenUpdating = True
Application.Calculation = xlCalculationAutomatic
End Sub
```

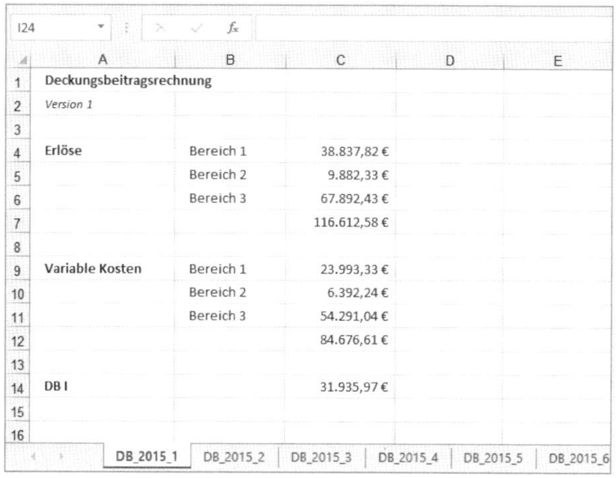

	A	B	C	D	E
1	**Deckungsbeitragsrechnung**				
2	*Version 1*				
3					
4	**Erlöse**	Bereich 1	38.837,82 €		
5		Bereich 2	9.882,33 €		
6		Bereich 3	67.892,43 €		
7			116.612,58 €		
8					
9	**Variable Kosten**	Bereich 1	23.993,33 €		
10		Bereich 2	6.392,24 €		
11		Bereich 3	54.291,04 €		
12			84.676,61 €		
13					
14	**DB I**		31.935,97 €		
15					
16					

Nachdem Sie die VBA-Prozedur *TabellenblätterSortieren* ausgeführt haben, stehen die Tabellenblätter in der richtigen Reihenfolge zur Verfügung. Durch die Sortierung wird der Zugriff auf die gewünschte Arbeitsmappe wesentlich schneller ermöglicht.

So funktioniert der VBA-Code: Nach der Definition der Variablen werden die Blätter über zwei *For Next*-Schleifen in die richtige Reihenfolge gebracht. Dabei erfolgt jeweils ein Abgleich des aktuellen Tabellenblatts mit dem darauffolgenden Tabellenblatt. Der Trick besteht nun darin: Steht der Name des aktuellen Tabellenblatts weiter hinten im Alphabet, wird dieses Blatt hinter das aktuelle Tabellenblatt geschoben. Dieser Vorgang wird so oft durchgeführt, bis alle Tabellenblätter in der richtigen alphabetischen Reihenfolge einsortiert sind.

Beim Sortiervorgang wird ganz streng nach der gültigen Sortierreihenfolge von Excel vorgegangen.

- Zahlen werden von der kleinsten negativen Zahl zur größten positiven Zahl sortiert.
- Datumswerte werden vom frühesten bis zum letzten Zeitpunkt sortiert.
- Alphanumerischer Text wird Zeichen um Zeichen von links nach rechts sortiert.

Tipp 11: Gefilterte Daten in ein neues Tabellenblatt übertragen

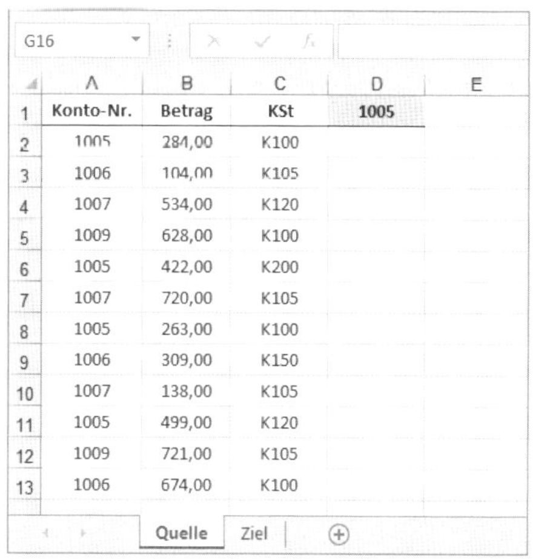

	A	B	C	D	E
1	**Konto-Nr.**	**Betrag**	**KSt**	**1005**	
2	1005	284,00	K100		
3	1006	104,00	K105		
4	1007	534,00	K120		
5	1009	628,00	K100		
6	1005	422,00	K200		
7	1007	720,00	K105		
8	1005	263,00	K100		
9	1006	309,00	K150		
10	1007	138,00	K105		
11	1005	499,00	K120		
12	1009	721,00	K105		
13	1006	674,00	K100		

Dieser Praxistipp zeigt, wie Sie aus einer Tabelle bestimmte Datensätze herausfiltern und in eine neue Tabelle überführen können. In der Ursprungstabelle befinden sich mehrere Buchungen mit unterschiedlichen Kontonummern.

Ziel ist, dass nach Eingabe der gewünschten Kontonummer in Zelle D1 die entsprechenden Buchungen einschließlich des Betragsfelds sowie der Kostenstelle (KSt) in eine separate Tabelle transferiert werden.

So geht's:

Erfassen Sie dazu den Code aus Listing 1 in einem neuen Codemodul.

Listing 1:

```
Sub Export()
'** Dimensionierung der Variablen
Dim Zeile    As Long
Dim ZeileMax As Long
Dim zz       As Long
'** Startzeile
zz = 2
'** Ausgabebereich löschen
Ziel.Range("A2:C65536").ClearContents
'** Daten übertragen
With Quelle
  ZeileMax = .UsedRange.Rows.Count
  For Zeile = 2 To ZeileMax
    If .Cells(Zeile, 1).Value = .Range("D1").Value Then
      Ziel.Rows(zz).Value = .Rows(Zeile).Value
      zz = zz + 1
    End If
  Next Zeile
  Ziel.Activate
End With
End Sub
```

Zu Beginn löscht das Makro die Zieltabelle, indem der Befehl *ClearContents* für den gesamten Tabellenbereich mit Ausnahme der Überschriftenzeile angewendet wird. Danach wird über eine *For Next*-Schleife Zeile für Zeile geprüft, ob die Kontonummer aus Spalte A mit der Kontonummer aus Zelle D1 übereinstimmt. Ist dies der Fall, wird die komplette Zeile in die Zieltabelle übertragen.

Das Ergebnis sieht wie nebenstehend aus. In der Zieltabelle befinden sich nun ausschließlich Datensätze mit der Kontonummer 1005.

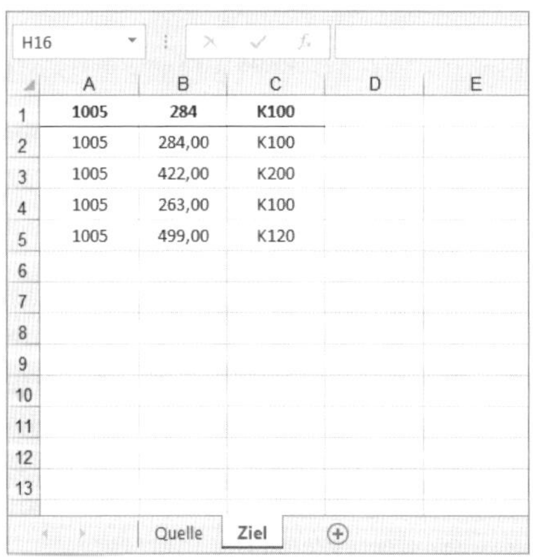

Anstatt die gefilterten Daten in ein neues Tabellenblatt der gleichen Arbeitsmappe zu übertragen, sehen Sie im folgenden Codebeispiel die Vorgehensweise, mit der die Daten in eine neue Arbeitsmappe ausgelagert werden. Geben Sie dazu den Code aus Listing 2 ebenfalls in ein Codemodul im VBA-Editor ein.

Listing 2:

```
Sub ExportInNeueMappe()
'** Dimensionierung der Variablen
Dim Zeile    As Long
Dim ZeileMax As Long
Dim zz       As Long
'** Startzeile festlegen
zz = 1
```

```
'** Zielbereich löschen
Ziel.Range("A2:C65536").ClearContents
With Quelle
  ZeileMax = .UsedRange.Rows.Count
  For Zeile = 2 To ZeileMax
    If .Cells(Zeile, 1).Value = .Range("D1").Value Then
      Ziel.Rows(zz).Value = .Rows(Zeile).Value
      zz = zz + 1
    End If
  Next Zeile
  Ziel.Activate
  '** Tabelle in neuer Mappe ablegen
  Ziel.Copy
  '** Neue Arbeitsmappe speichern
  Application.DisplayAlerts = False
  ActiveWorkbook.SaveAs ThisWorkbook.Path & "\" & _
  Year(Date) & "_" & Format(Month(Date), "00") & "_" & _
  Format(Day(Date), "00") & "_" & _
 .Range("D1").Value & "_Export.xlsx"
  ActiveWorkbook.Close
  Application.DisplayAlerts = True
End With
End Sub
```

Bei dieser Variante wird die Methode *Copy* angewendet, um die gefilterte Tabelle in eine neue Arbeitsmappe zu übertragen. Danach werden die Warnmeldungen temporär kurz ausgeschaltet, indem bei der Eigenschaft *DisplayAlerts* der Wert *False* gesetzt wird. Dieser Vorgang bewirkt, dass eine eventuell bereits angelegte Transfermappe automatisch überschrieben wird, wenn Sie das Makro erneut starten. Wenden Sie danach die Methode *SaveAs* an, um die neu erstellte Mappe zu speichern. Ergänzen Sie den Dateinamen *Export* noch um ein Datum, wobei Sie jeweils die Datumsbestandteile über die Funktionen *Year, Month* und *Day* aus dem aktuellen Tagesdatum (*Date*) herausziehen. Schließen Sie danach die Mappe mithilfe der Methode *Close* und vergessen Sie nicht, die vorher ausgeschalteten Warnmeldungen wieder verfügbar zu machen.

Hinweis

Um das Makro direkt nach der Eingabe einer Kontonummer in Zelle D1 automatisch zu starten, klicken Sie das Tabellenregister der Tabelle im VBA-Editor an und wählen Sie den Befehl *Code anzeigen* aus dem Kontextmenü. Erfassen Sie danach folgendes Ereignismakro:

```
Private Sub Worksheet_Change(ByVal Target As Range)
  If Target.Address = "$D$1" Then Export
End Sub
```

Das Ereignis *Change* wird bei jeder Zelleingabe angestoßen. Sie haben damit die Möglichkeit, auf Eingaben zu reagieren. Über die Eigenschaft *Address* können Sie diese „Dauerüberwachung" aber auf eine einzelne Zelle beschränken. In dieser Form wird das Makro *Export* nur dann ausgelöst, wenn Sie in Zelle D1 einen Eintrag vornehmen.

Tipp 12: Alle Dateien eines Verzeichnisses auflisten

In diesem Beispiel sollen alle Dateien des angegebenen Verzeichnisses in einem Excel-Tabellenblatt aufgelistet werden.

So geht's:

Um die Dateien in einem Blatt aufzulisten, genügen ein paar Zeilen VBA-Code. Erfassen Sie dazu das folgende Makro in einem Codemodulblatt:

Listing 1:

```
Sub DateienAuflisten()
'** Dimensionierung der Variablen
Dim strOrdner As String
Dim lngZeile  As Long
'** Verzeichnis einstellen
strOrdner = "C:\MuTBuch\Beispiele\Kapitel_12\*.xls?"
strOrdner = Dir(strOrdner)
'** Startzeile
lngZeile = 1
'** Durchlaufen des angegebenen Verzeichnisses
Do While strOrdner <> ""
    strOrdner = Dir()
    ActiveSheet.Cells(lngZeile, 1).Value = strOrdner
    lngZeile = lngZeile + 1
Loop
End Sub
```

Das Verzeichnis, das ausgelesen werden soll, wird über den Befehl *sordner = "C:\MuTBuch\Beispiele\Kapitel_12*.xls?"* festgelegt. In diesem Beispiel werden alle Excel-Dateien aus dem Verzeichnis *Kapitel_12* ausgelesen. Das Fragezeichen steht für ein beliebiges einzelnes Zeichen. Somit werden die Excel-Dateien mit den Endungen *xls, xlsx, xlsm, xlsa* oder *xlsb* ausgelesen. Möchten Sie alle Dateien eines Ordners auslesen, geben Sie als Dateimaske *.* an.

Tipp 13: Arbeitsmappen automatisch per Microsoft Outlook versenden

Im folgenden Beispiel wird eine ganz beträchtliche Arbeitserleichterung geschaffen. Dabei sollen auf Knopfdruck alle Excel-Arbeitsmappen aus einem bestimmten Verzeichnis per E-Mail verschickt werden. Dazu müssen Sie Outlook nicht einmal öffnen und auch keine Mappen mühselig in eine E-Mail kopieren. Das alles soll automatisch von einem VBA-Makro erledigt werden.

So geht's:

Erfassen Sie zunächst das Makro aus Listing 1 in einem leeren Codemodulblatt.

Listing 1:

```
Sub EMailVerschickenMitMappen()
'** Dimensionierung der Variablen
Dim objOutlook As Object
Dim objMail    As Object
Dim strPath    As String
Dim strFile    As String
'** Fehlerbehandlung
On Error GoTo Fehler
'** Outlook aufrufen und Mail erzeugen
Set objOutlook = CreateObject("Outlook.Application")
Set objMail = objOutlook.CreateItem(0)
'** Mail-Elemente angeben
With objMail
 .Subject = "Bestellungen"
 .Body = "Sehr geehrte Damen und Herren, " & vbLf & _
 "bitte bearbeiten Sie die beigefügten Bestellungen." & vbLf & _
 "Viele Grüße " & vbLf & Environ("Username")
 .To = "vba@maninweb.de"
 .CC = "officer@office-fragen.de"
End With

'** Pfad einstellen, ggf. anpassen und Dateien abrufen
strPath = "C:\Bestellungen\"          ' Pfad setzen
strFile = Dir(strPath & "*.xls?")     ' Erste Datei abrufen
Do While strFile > ""                 ' Weitere Dateien abrufen
 objMail.Attachments.Add strPath & strFile
 strFile = Dir
Loop
'** E-Mail anzeigen
objMail.Display
'** Variablen zurücksetzen
Set objMail = Nothing
Set objOutlook = Nothing
'** Verlassen
Exit Sub
'** Fehlerbehandlung
Fehler:
  Select Case Err.Number
    Case 429
      MsgBox "Es trat ein Problem beim Aufruf von Outlook auf"
    Case Else
  End Select
End Sub
```

Um versionsunabhängig zu sein, deklarieren Sie zu Beginn des Makros eine Objektvariable mit dem Namen *objOutlook* vom Typ *Object*. Danach erzeugen Sie mithilfe der Funktion *CreateObject* ein Outlook-Objekt. Damit stehen Ihnen alle Befehle zur Verfügung, die mit diesem Objekt angeboten werden, unter anderem auch die Methode *CreateItem*, über die Sie zunächst ein leeres E-Mail-Fenster erstellen.

Danach müssen die einzelnen Eigenschaften für die E-Mail noch genauer angegeben werden. Über die Eigenschaft *Subject* wird der Betreff der E-Mail festgelegt. Die Eigenschaft *Body* enthält den eigentlichen E-Mail-Text. Über die Eigenschaften *To* und *CC* können Sie die E-Mail-Empfänger definieren.

Anschließend wird über den Befehl *Dir* die Dateisuche gestartet. Dazu ist es notwendig, dass zuerst das Verzeichnis angegeben wird, das die zu versendenden Dateien enthält. Im vorliegenden Beispiel sollen die Bestelldateien aus dem Verzeichnis *C:\Bestellungen* versendet werden. Wenn Sie darüber hinaus noch den Dateityp bestimmen möchten, da beispielsweise nur Excel-Dateien aus dem angegebenen Ordner versendet werden sollen, können Sie dies über den folgenden Befehl festlegen: *strFile = Dir(strPath & "*.xls?").*

Über eine Schleife werden nun die gefundenen Arbeitsmappen nacheinander über die Methode *Add* in die vorher erstellte E-Mail eingefügt. Danach wird die E-Mail über die Eigenschaft *Display* am Bildschirm angezeigt und kann entsprechend manuell versendet werden.

Soll das Versenden der E-Mails direkt erfolgen, tauschen Sie den Befehl *objMail.Display* aus und setzen dafür den Befehl *objMail.Send* ein. Damit wird die E-Mail ohne Zutun des Anwenders versendet.

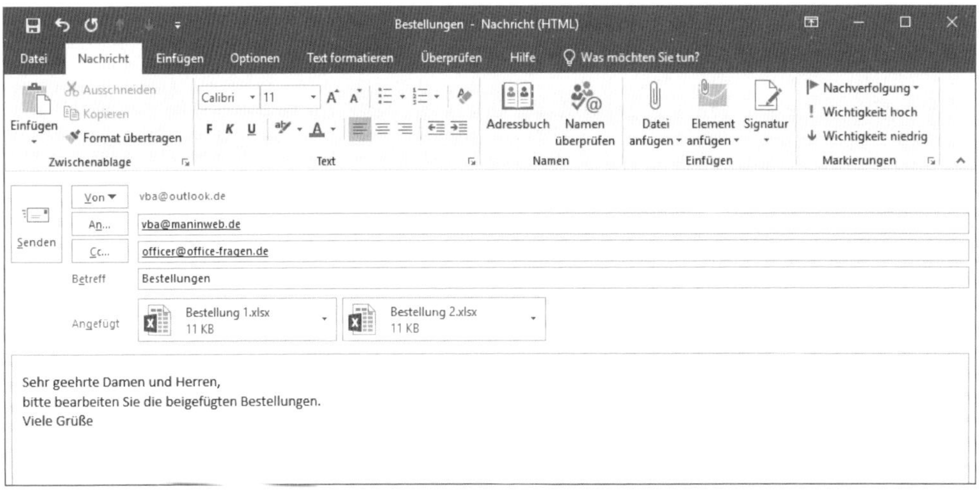

Tipp 14: Alle Verknüpfungen aus einer Arbeitsmappe löschen

Dieser Tipp zeigt eine programmierte Lösung, um alle Formeln und Verknüpfungen zu entfernen und in Festwerte umzuwandeln.

Der Hintergrund für diese Lösung ist folgender: Wenn Sie z. B. einem Kollegen an einem anderen Standort eine Excel-Mappe mit Verknüpfungen mailen, wäre es unter Umständen sehr aufwendig, alle verknüpften Mappen mitzuschicken. Erstens würde das viel mehr Mailkapazitäten bedeuten und außerdem ist es in den meisten Fällen gar nicht notwendig, sämtliche Herleitungen mit zu übermitteln. Auch bei der Korrespondenz mit Kunden ist es oft nicht erwünscht, Berechnungen so zur Verfügung zu stellen, dass eine Nachkalkulation zum

Kinderspiel wird. Auch hier reicht es, die Tabellen als „Endergebnis", also ohne Formeln, zur Verfügung zu stellen.

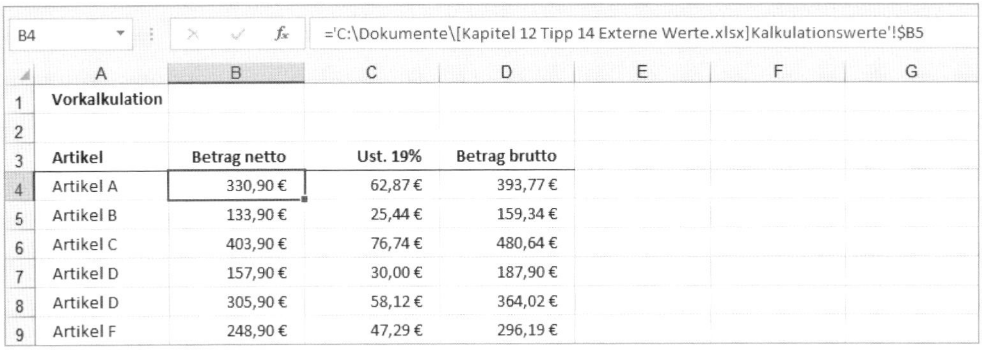

B4 ='C:\Dokumente\[Kapitel 12 Tipp 14 Externe Werte.xlsx]Kalkulationswerte'!$B5

	A	B	C	D	E	F	G
1	**Vorkalkulation**						
2							
3	**Artikel**	**Betrag netto**	**Ust. 19%**	**Betrag brutto**			
4	Artikel A	330,90 €	62,87 €	393,77 €			
5	Artikel B	133,90 €	25,44 €	159,34 €			
6	Artikel C	403,90 €	76,74 €	480,64 €			
7	Artikel D	157,90 €	30,00 €	187,90 €			
8	Artikel D	305,90 €	58,12 €	364,02 €			
9	Artikel F	248,90 €	47,29 €	296,19 €			

So geht's:

Zunächst sollte die aktuelle Mappe gespeichert werden. Im Anschluss daran wird die Mappe im selben Verzeichnis gesichert. Als Dateiname wird der aktuelle Name um den Zusatz *Kopie* ergänzt. Das Makro arbeitet nun alle Tabellenblätter der Arbeitsmappe nacheinander ab und ersetzt alle Formeln durch Festwerte. Erfassen Sie dazu den VBA-Code aus Listing 1 in einem leeren Codemodul:

Listing 1:

```
Sub FormelnInFestwerte()
'** Dimensionierung der Variablen
Dim Quelle  As Workbook
Dim Ziel    As Workbook
Dim Tabelle As Worksheet
Dim Zelle   As Range
'** Initialisierung
Set Quelle = ThisWorkbook
'** Mappe unter neuem Namen abspeichern
Quelle.Save
Quelle.SaveAs Quelle.Path & "\" & _
Replace(Quelle.Name, ".xlsm", _
"-Kopie" & ".xlsm")
Set Ziel = ActiveWorkbook

'** Alle Blätter durchlaufen und Formeln durch
'** Festwerte ersetzen
For Each Tabelle In Ziel.Worksheets
  For Each Zelle In Tabelle.UsedRange
    If Zelle.HasFormula Then
      Zelle.Value = Zelle.Value
    End If
  Next Zelle
Next Tabelle
End Sub
```

Zuerst werden einige Objektvariablen definiert. Es ist zu empfehlen, die Bezeichnung der Variablen möglichst sprechend zu gestalten, wenn es um die Programmierung mehrerer verschiedener Arbeitsmappen geht. Mit den beiden Variablen *Quelle* und *Ziel* ist klar, welche Arbeitsmappe jeweils gemeint ist.

Anschließend wird zunächst die aktuelle Arbeitsmappe mit der Methode *Save* gesichert. Danach wird über die Methode *SaveAs* die aktuelle Arbeitsmappe als Kopie abgespeichert. Dieser kopierten Arbeitsmappe wird die Variable *Ziel* zugewiesen. Im nächsten Schritt werden zwei verschachtelte *For Each Next*-Schleifen aufgesetzt. Die äußere Schleife durchläuft dabei alle Tabellen der Arbeitsmappe, die innere Schleife alle Zellen des benutzten Bereichs auf dem jeweiligen Tabellenblatt. Über die *If Then*-Abfrage wird nun geprüft, ob sich in der jeweiligen Zelle eine Formel befindet. Ist das der Fall, wird diese ersetzt, indem sie mit der Eigenschaft *Value* auf direktem Weg mit dem Zellwert überschrieben wird.

Nachdem das Makro die komplette Arbeitsmappe Zelle für Zelle durchlaufen hat, ist die Mappe komplett formelfrei.

Tipp 15: Alternative Datenerfassung per Schieberegler

Dieses Beispiel zeigt, wie Daten über einen Schieberegler (eine Bildlaufleiste) erfasst werden können. Als Beispiel dient ein Bestellsystem mit Angabe der maximalen Lagermenge und mit Angabe der Ist- und der Soll-Lagermenge. Das Ausgangsbeispiel sehen Sie in nebenstehender Abbildung.

	A	B	C	D	E
1	**Bestellsystem**				
2	Lager L2/2015				
6					
7	Artikel	Max Lagermenge	Ist Lagermenge	Soll Lagermenge	
8	A	50	15	15	
9	B	50	9	9	
10	C	40	15	15	
11	D	30	14	14	
12	E	30	15	15	
13	F	20	14	14	
14	G	15	4	4	
15	H	20	5	5	
16	I	20	8	8	
17	J	20	5	5	
18	K	20	5	5	
19	L	30	3	3	
20	M	20	2	2	
21					

In Spalte B, *Max-Lagermenge*, befindet sich die maximale Lagermenge. Diese Lagermenge darf durch Bestellvorgänge nicht überschritten werden. In Spalte C, *Ist-Lagermenge*, ist der aktuelle Lagerbestand enthalten und in Spalte D, *Soll-Lagermenge*, wird die gewünschte Lagermenge eingetragen, also die Stückzahl, die nach der aktuellen Bestellung im Lager vorhanden sein soll.

Ziel ist nun, dass mithilfe einer Scrollbar (eines Schiebereglers) die Soll-Menge festgelegt wird. Dabei soll die Scrollbar jeweils für die aktuelle Zelle im Bereich D8:D20 funktional einsetzbar sein. Das heißt, sobald im genannten Bereich eine Zelle ausgewählt ist, kann mit dem Schieberegler der Wert der ausgewählten Zelle nach oben bzw. unten verändert werden.

So geht's:

1 Erzeugen Sie zunächst eine Bildlaufleiste und positionieren Sie diese horizontal im Zellbereich D5:E5. Verwenden Sie dazu den Befehl *Entwicklertools/Einfügen/ActiveX-Steuerelemente/Bildlaufleiste.*

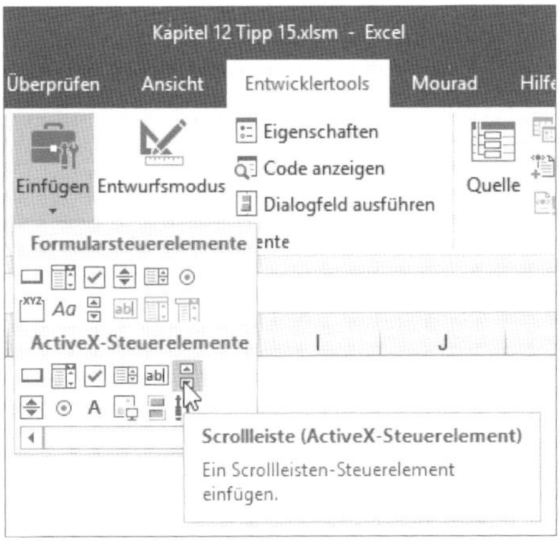

2 Fügen Sie eine weitere Spalte hinzu, in der die berechnete Bestellmenge ausgegeben wird. Erfassen Sie als Überschrift für diese neue Spalte die Bezeichnung *Bestellmenge*.

3 Im nächsten Schritt wird der Code für die Bildlaufleiste eingefügt. Erfassen Sie dazu den VBA-Code aus Listing 1 im Codecontainer des Tabellenblatts, in dem sich die Scrollbar befindet. Mithilfe der Methode *Intersect* wird die Funktionalität der Bildlaufleiste auf den Zellbereich D8:D20 beschränkt. Dies ist wichtig, damit mit der Scrollbar nur Zahlen im angegebenen Zellbereich und nicht auf dem gesamten Tabellenblatt erfasst und verändert werden können.

Listing 1:

```
Private Sub ScrollBar1_Change()
'** Einschränken der Funktionalität auf den angegebenen Zellbereich
If Not Application.Intersect(ActiveCell, Range("D8:D20")) Is Nothing Then
  '** Prüfen, ob sich in der aktiven Zelle eine Zahl befindet
  If IsNumeric(ActiveCell.Value) Then
    '** Festlegen der Werte
    If ActiveCell.Value >= Cells(ActiveCell.Row, ActiveCell.Column - 1) Then
      ActiveCell.Value = ScrollBar1.Value
      Cells(ActiveCell.Row, ActiveCell.Column + 1).Value = _
        ActiveCell.Value - Cells(ActiveCell.Row, ActiveCell.Column - 1).Value
    Else
      ScrollBar1.Value = Cells(ActiveCell.Row, ActiveCell.Column - 1)
      ActiveCell.Value = Cells(ActiveCell.Row, ActiveCell.Column - 1)
    End If
  End If
End If
End Sub
```

4 Der Code aus Listing 2 wird in dieselbe Tabelle wie der VBA-Code aus Listing 1 eingefügt. Dieser Code fängt das Ereignis *Worksheet_Change* ab. Das bedeutet, sobald im Bereich D8:D20 ein Wert verändert wird, wird dieser VBA-Code ausgeführt. Im Wesentlichen wird in dieser Prozedur dafür gesorgt, dass keine Soll-Lagermenge eingegeben werden kann, die unterhalb der Ist-Lagermenge liegt.

Listing 2:

```
Private Sub Worksheet_Change(ByVal Target As Range)
'** Errorhandling
On Error Resume Next
'** Eingabe auf Ist-Lagermenge begrenzen
If Not Application.Intersect(Target, Range("D8:D20")) Is Nothing Then
  If Target.Value < _
    Cells(Target.Row, Target.Column - 1).Value Then
    ScrollBar1.Value = _
      Cells(Target.Row, Target.Column - 1).Value
    ActiveCell.Value = _
      Cells(Target.Row, Target.Column - 1).Value
  Exit Sub
  End If
End If
End Sub
```

5 In Listing 3 wird unter anderem die Bestellmenge ermittelt und in Spalte E eingetragen. Darüber hinaus sorgt der Code in diesem Listing dafür, dass die Summe aus Bestellmenge und Ist-Lagermenge die maximale Stückzahl nicht überschreitet. Erfassen Sie den Code aus Listing 3 ebenfalls im Codemodul der Tabelle, in der sich die Scrollbar befindet.

Listing 3:

```
Private Sub Worksheet_selectionChange(ByVal Target As Range)
'** Errorhandling
On Error GoTo fehlermeldung

If Not Application.Intersect(Target, Range("D8:D20")) _
  Is Nothing Then
  '** Max-Menge an Scrollbar übergeben
  ActiveSheet.ScrollBar1.Max = _
    Cells(Target.Row, Target.Column - 2).Value
  '** Übertrag "Lagermenge Ist" in "Lagermenge Ziel"
  If Target.Value = "" Then
    Target.Value = _
      Cells(Target.Row, Target.Column - 1).Value
  End If
  If IsNumeric(Target) Then
    If Target.Value > 0 Then
      ActiveSheet.ScrollBar1.Value = Target.Value
    End If
  End If
End If
Exit Sub
'** Errorhandling
fehlermeldung:
MsgBox "Die Ziel-Lagermenge überschreitet die Maximale Lagermenge" & _
 "- Eingabe bitte prüfen", vbCritical, "Hinweis"
Target.Value = Cells(Target.Row, Target.Column - 2).Value
End Sub
```

Ist der komplette VBA-Code eingetragen, ist die Programmierung bereits erledigt. Die Abbildung zeigt das funktionierende Bestellsystem.

	A	B	C	D	E	F
1	**Bestellsystem**					
2	Lager L2/2015					
6						
7	Artikel	Max Lagermenge	Ist Lagermenge	Soll Lagermenge	Bestell-menge	
8	A	50	15	15	0	
9	B	50	9	9	0	
10	C	40	15	15	0	
11	D	30	14	14	0	
12	E	30	15	15	0	
13	F	20	14	14	0	
14	G	15	4	4	0	
15	H	20	5	5	0	
16	I	20	8	8	0	
17	J	20	5	5	0	
18	K	20	5	5	0	
19	L	30	3	3	0	
20	M	20	2	2	0	
21						

Markieren Sie zum Testen im Zellbereich D8:D20 den Artikel, für den Sie eine Bestellung auslösen möchten. Über die Bildlaufleiste können Sie die Soll-Lagermenge erhöhen. Die Bestellmenge wird dabei automatisch bei jeder Veränderung berechnet und in Spalte E angezeigt. Das Bestellsystem ist so ausgelegt, dass die Ist-Menge nicht unterschritten werden kann. Bei Auswahl eines Artikels wird die Bildlaufleiste automatisch auf den gewählten Wert angepasst. Die Scrollbar verhält sich dabei dynamisch. Das bedeutet, abhängig von der maximalen Bestellmenge und von der tatsächlich vorhandenen Ist-Lagermenge wird der Schieberegler im Verhältnis korrekt positioniert, sodass Sie über die Stellung des Schiebereglers die Bestellmenge bereits grob ableiten können.

Selbstverständlich lässt sich die Methode zur Erfassung von Werten mithilfe eines Schiebereglers problemlos auch auf andere Geschäftsprozesse übertragen.

Tipp 16: PivotTable vor dem Ausdruck automatisch aktualisieren

In diesem Tipp zeigen wir Ihnen, wie PivotTables automatisch aktualisiert werden können. So empfiehlt es sich beispielsweise, dass vor einem Ausdruck einer PivotTable diese noch einmal aktualisiert wird. Damit wird sichergestellt, dass die Tabelle auch wirklich die aktuellsten Zahlen beinhaltet.

So geht's:

1. Öffnen Sie zunächst das VBA-Codemodul *DieseArbeitsmappe* im VBA-Editor.
2. Geben Sie in das Codemodul *DieseArbeitsmappe* den VBA-Code aus Listing 1 ein.

Listing 1:

```
Private Sub Workbook_BeforePrint(Cancel As Boolean)
'** Dimensionierung der Variablen
Dim Blatt  As Worksheet
Dim PivotT As PivotTable

'** Durchlaufen aller Tabellenblätter
For Each Blatt In ThisWorkbook.Worksheets
  '** Alle PivotTables aktualisieren
  For Each PivotT In Blatt.PivotTables
    PivotT.RefreshTable
  Next PivotT
Next Blatt
End Sub
```

Bei der Prozedur *Workbook_BeforePrint* handelt es sich um eine Ereignisprozedur, die vor jedem Druckvorgang ausgeführt wird.

Sind die notwendigen Objektvariablen definiert, erfolgt über eine *For Each Next*-Schleife der Durchlauf aller Tabellenblätter der Arbeitsmappe. Die zweite *For Each Next*-Schleife prüft, ob sich auf dem Tabellenblatt mindestens eine PivotTable befindet. Ist das der Fall, wird sie über die Methode *RefreshTable* aktualisiert.

Zur Aktualisierung ist es bereits ausreichend, wenn Sie die Seitenvorschau aufrufen. Bereits zu diesem Zeitpunkt wird das Ereignis *Workbook_BeforPrint* aufgerufen.

Mit dieser Vorgehensweise ist sichergestellt, dass nur aktuelle PivotTable-Auswertungen auf Papier landen.

Tipp 17: Excel-Diagramme automatisch ohne Qualitätsverlust nach PowerPoint übertragen

Dieser Tipp zeigt, wie sich Diagramme aus Excel ganz einfach nach PowerPoint übertragen lassen. Wenn Excel-Diagramme nachträglich in PowerPoint angepasst werden, kommt es hin und wieder zu unschönen Veränderungen. Mit diesem Tipp erhalten Sie eine Lösung, um Diagramme automatisch nach PowerPoint zu transferieren.

So geht's:

Anhand eines Soll-Ist-Diagramms soll diese Arbeit mit VBA automatisiert werden.

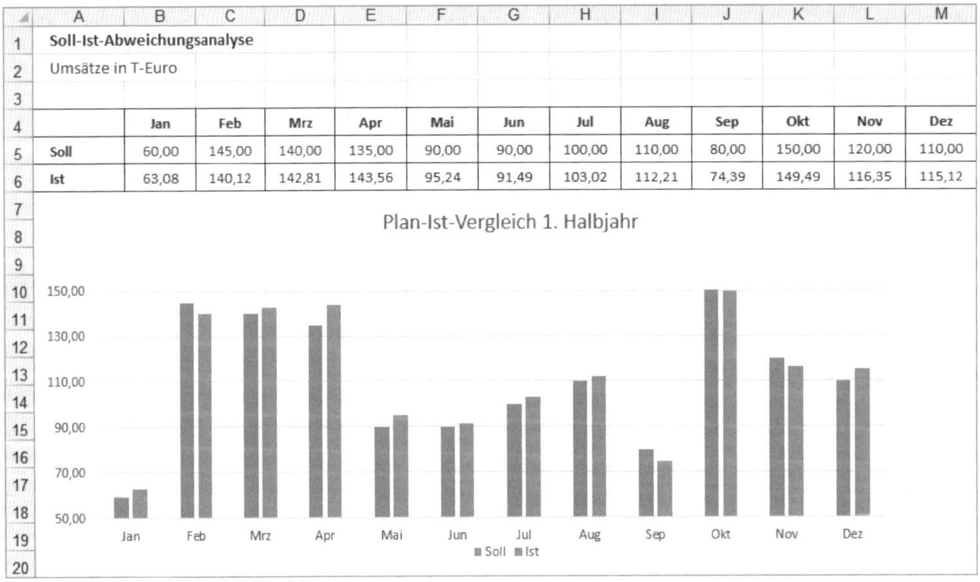

Soll-Ist-Abweichungsanalyse
Umsätze in T-Euro

	Jan	Feb	Mrz	Apr	Mai	Jun	Jul	Aug	Sep	Okt	Nov	Dez
Soll	60,00	145,00	140,00	135,00	90,00	90,00	100,00	110,00	80,00	150,00	120,00	110,00
Ist	63,08	140,12	142,81	143,56	95,24	91,49	103,02	112,21	74,39	149,49	116,35	115,12

In diesem Tipp zeigen wir Ihnen zwei verschiedene Möglichkeiten, um das Diagramm zu übertragen. In der ersten Variante wird das Diagramm in die Zwischenablage kopiert. Aus der Zwischenablage erfolgt dann das Einfügen der Grafik in eine PowerPoint-Folie. Den Code dazu sehen Sie in Listing 1.

Listing 1:

```
Sub DiagrammNachPP_V1()
'** Dimensionierung der Variablen
Dim objPowerpoint As Object

'** PPT-Objekt erzeugen
Set objPowerpoint = CreateObject("PowerPoint.Application")
'** Präsentation in PPT hinzufügen
With objPowerpoint
  .Presentations.Add
  .Visible = True
  .ActiveWindow.View.Zoom = 100
  .ActivePresentation.Slides.Add 1, 12
End With
'** Diagramm kopieren
Tabelle1.Range("A7:M20").CopyPicture _
Appearance:=xlScreen, Format:=xlPicture
'** Diagramm in PPT einfügen
objPowerpoint.ActiveWindow.View.Paste
End Sub
```

Bei dieser Variante wird zunächst ein PowerPoint-Objekt über die Funktion *CreateObject* erstellt und eine neue Präsentation mithilfe der Methode *Add* angelegt. Danach wird die Eigenschaft *Visible* auf den Wert *True* gesetzt, um die PowerPoint-Sitzung anzuzeigen. Anschließend wird die Ansicht auf 100 % festgelegt, und eine neue Folie wird eingefügt, indem der Befehl *Slides.Add* ausgeführt wird. In diesem Auflistungsobjekt sind automatisch alle Folien einer Präsentation verzeichnet, ähnlich wie in einem Inhaltsverzeichnis. Dieser Auflistung fügen Sie über die Methode *Add* eine neue Folie hinzu. In Excel wird danach die Methode *CopyPicture* angewendet, die das Diagramm als Grafik kopiert. Anschließend wird der Inhalt der Zwischenablage über den Befehl *Paste* in die PowerPoint-Folie eingefügt.

Die zweite Variante geht einen kleinen Umweg: Das Diagramm wird zunächst als Grafik exportiert und dann auf der Festplatte zwischengeparkt (siehe Listing 2).

Listing 2:

```
Sub DiagrammNAchPP_V2()
'** Dimensionierung der Variablen
Dim objChart As Chart
Dim objPowerpoint As Object
'** Diagramm ansprechen
Set objChart = Tabelle1.ChartObjects(1).Chart
'** Diagramm als Bild erstellen
objChart.Export Filename:=ThisWorkbook.Path & "\" & _
"Grafik.gif", FilterName:="GIF"
'** PPT-Objekt erzeugen
Set objPowerpoint = CreateObject("PowerPoint.Application")
```

```
'** Präsentation in PPT hinzufügen
With objPowerpoint
  .Presentations.Add
  .Visible = True
  .ActivePresentation.Slides.Add 1, 12
  .ActiveWindow.Selection.SlideRange.Shapes.AddPicture( _
   Filename:=ThisWorkbook.Path & "\" & "Grafik.gif", _
   LinkToFile:=False, SaveWithDocument:=True, _
   Left:=0, Top:=0).Select
End With
'** Grafikdatei löschen
Kill ThisWorkbook.Path & "\" & "Grafik.gif"
End Sub
```

Das Exportieren des Diagramms als Grafik übernimmt die Methode *Export*, der Sie den Namen und den Pfad sowie das Dateiformat der Grafik übergeben können. Diese Variante ist dann interessant, wenn die Diagrammgrafiken eventuell zu einem späteren Zeitpunkt weiterverwendet werden sollen. Über die Funktion *CreateObject* wird anschließend ein PowerPoint-Objekt erstellt, das Objekt wird sichtbar gemacht und eine neue Folie wird eingefügt. Im Anschluss daran wird die Methode *AddPicture* verwendet, um die vorher gespeicherte Grafik direkt in die PowerPoint-Folie einzufügen.

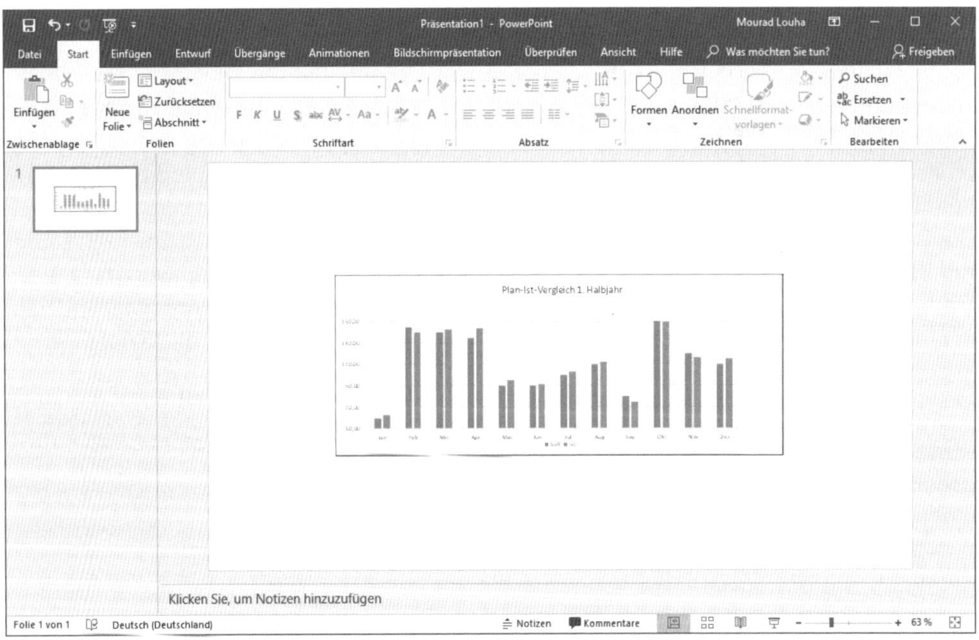

Wenn die auf der Festplatte abgelegte Grafik nicht mehr benötigt wird, kann sie über die Anweisung *Kill* direkt wieder gelöscht werden.

Es handelt sich zwar um zwei völlig unterschiedliche Lösungsansätze, die aber beide zum gewünschten Ziel führen.

Tipp 18: Zellinformationen per VBA auslesen

In diesem Tipp zeigen wir Ihnen eine Lösung, um Informationen rund um Zelleinträge zu ermitteln. Dazu stellen wir Ihnen eine benutzerdefinierte Funktion (UDF) vor, mit deren Hilfe Sie ganz einfach zum Ziel kommen.

So geht's:

Erfassen Sie zunächst den VBA-Code aus Listing 1 in einem neuen Codemodul:

Listing 1:

```
Public Function ZELLINFO(Zelle As Range, Art As Long)
'** Als volatil kennzeichnen
Application.Volatile
'** Übergebenen Parameter auswerten
Select Case i
 Case 1 '** Zelladresse ausgeben
  ZELLINFO = zelle.Address
 Case 2 '** Wert der Zelle ausgeben
  ZELLINFO = zelle.Value
 Case 3 '** Formel ausgeben
  ZELLINFO = zelle.FormulaLocal
 Case 4 '** Art des Zellinhalts ausgeben
  If zelle.HasFormula = True Then
   ZELLINFO = "Formel"
  ElseIf IsEmpty(zelle) Then
   ZELLINFO = "Leer"
  ElseIf IsNumeric(zelle) Then
   ZELLINFO = "Zahl"
  Else
   ZELLINFO = "Text"
  End If
 Case Else
  ZELLINFO = "Nicht vergeben"
End Select
End Function
```

Die neue Funktion –*ZELLINFO(Zelle, Art)* erwartet zwei Parameter. Als ersten Parameter müssen Sie der Funktion die Adresse der Zelle übergeben, die Sie auswerten möchten. Als zweiten Parameter erwartet die Funktion eine Ziffer zwischen 1 und 4. Damit können die unterschiedlichen Zellinformationen abgefragt werden.

Mit dem Parameter 1 kann die Adresse der Zelle ermittelt werden. Parameter 2 liest den Wert der entsprechenden Zelle aus. Mithilfe des Parameters 3 wird die Formel, falls vorhanden, ausgelesen und angezeigt. In den Fällen, in denen keine Formel in der Zelle vorhanden ist, wird der entsprechende Wert ausgegeben. Mit dem vierten und letzten Parameter 4 können Sie sich anzeigen lassen, ob es sich beim Zellinhalt um eine Formel, eine Zahl oder um Text handelt. Die Ausgabe der Zellinfo erfolgt, indem die Wörter *Formel*, *Zahl*, *Text* oder *Leer* angezeigt werden.

In der Abbildung sehen Sie, wie die neue Funktion verwendet wird. Der Befehl *Application.Volatile* kennzeichnet eine benutzerdefinierte Funktion als flüchtig. Das bedeutet, dass die Funktion bei jeder Berechnung ebenfalls neu berechnet wird. Somit ist gewährleistet, dass die Zellinformationen immer aktuell gehalten werden. Mithilfe der Anweisung *Select Case* werden die einzelnen Parameter (1–4) abgefragt und die entsprechenden Informationen als Ergebnis ausgegeben.

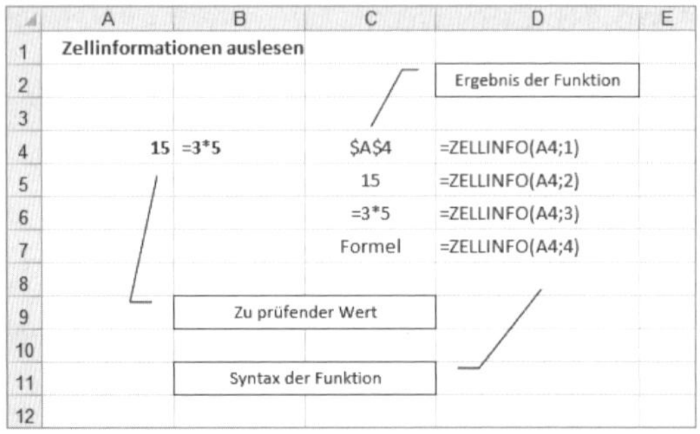

Tipp 19: Tabellen durch Deaktivieren der Entfernen-Taste schützen

Ein besonderes Augenmerk liegt in der Praxis auf dem Schutz von Excel-Tabellen. In diesem Tipp erfahren Sie, wie Formeln einfach, unkompliziert und vor allem ohne die Verwendung des Blattschutzes geschützt werden können. Damit besteht völlige Freiheit in der Gestaltung und Formatierung der Arbeitsmappe und die Formeln sind dennoch vor unbeabsichtigtem Löschen sicher.

So geht's:

Erfassen Sie zunächst den Code aus Listing 1 in dem Codemodul des Tabellenblatts, das Sie vor dem unbeabsichtigten Löschen von Formeln schützen möchten.

Listing 1:

```
Private Sub Worksheet_SelectionChange(ByVal Target As Range)
'** Entfernen-Taste deaktivieren
If Target.HasFormula = True Then
    Application.OnKey "{del}", ""
Else
    Application.OnKey "{del}"
End If
End Sub
```

Über eine *If Then*-Abfrage wird geprüft, ob sich in der aktuellen Zelle eine Formel befindet. Wenn das der Fall ist, wird mithilfe der Methode *OnKey* der Delete-Taste eine leere Zeichenfolge zugewiesen, was dazu führt, dass die Delete-Taste keine Wirkung mehr hat. Sie wird mit dem Befehl also deaktiviert.

Über den *Else*-Zweig der Abfrage wird die Funktion der Delete Taste wieder in den Ursprungszustand zurückgesetzt, sobald eine Zelle ausgewählt wird, die keine Formel enthält.

Um sicherzustellen, dass die Entfernen-Taste in allen anderen Tabellenblättern wieder ordnungsgemäß zur Verfügung steht, erfassen Sie den Code aus Listing 2 ebenfalls im entsprechenden Tabellenblatt.

Listing 2:

```
Private Sub Worksheet_Deactivate()
'** Ausführen beim Verlassen des Tabellenblatts
If Evaluate(Application.Version) < 16 Then
  Application.OnKey "{del}"
End If
End Sub
```

Das Ereignis *Worksheet_Deactivate* wird immer dann ausgeführt, wenn ein anderes Tabellenblatt aufgerufen wird. Mithilfe der Funktion *Application.OnKey "{del}"* wird die ursprüngliche Funktion der Delete-Taste wiederhergestellt.

Tipp 20: Pfad und Dateiname in der Titelleiste des Excel-Fensters anzeigen

Zur besseren Übersicht darüber, in welcher Datei Sie sich gerade befinden, ist es hilfreich, wenn sowohl der Pfad als auch Dateiname und Tabellenblattname in der Titelleiste von Excel angezeigt werden. Dies lässt sich mit wenigen Zeilen VBA-Code auch relativ einfach realisieren.

So geht's:

Erfassen Sie dazu das Listing 1 im Modul *DieseArbeitsmappe* im VBA-Editor. Dies ist notwendig, da das Makro beim Start der Arbeitsmappe ausgeführt werden muss.

Listing 1:

```
Public WithEvents objExcel As Application
Private Sub Workbook_Open()
 Set objExcel= Application
 ActiveWindow.Caption = ActiveWorkbook.FullName & ":" & _
 ActiveWorkbook.ActiveSheet.Name
End Sub
```

Zuerst wird über die Anweisung *Public WithEvents objExcel As Application* der Variablen *objExcel* der Objekttyp *Application* zugewiesen. Anschließend erfolgt innerhalb der Ereignisprozedur *Workbook_Open* die Zuweisung des Dateipfads, des Dateinamens sowie des Tabellennamens zur Titelleiste. Die Titelleiste wird dabei über die Eigenschaft *ActiveWindow.Caption* angesprochen.

Damit beim Wechseln der Tabellenblätter auch der aktuelle Blattname in der Titelleiste angezeigt wird, ist es notwendig, dass zusätzlich der Code aus Listing 2 in das Codemodul *DieseArbeitsmappe* eingetragen wird.

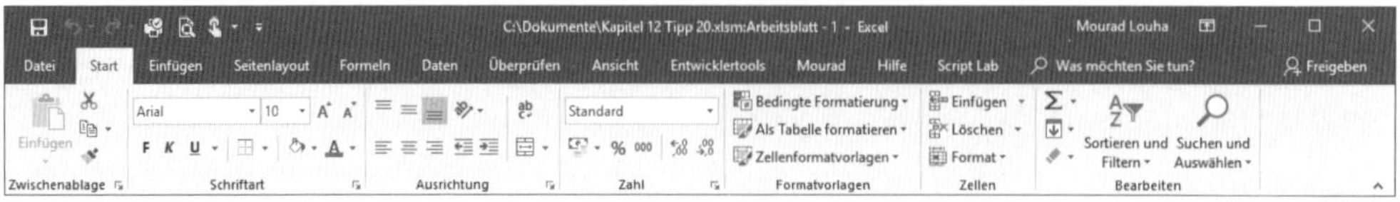

Listing 2:

```
Private Sub objExcel_SheetActivate(ByVal Sh As Object)
ActiveWindow.Caption = ActiveWorkbook.FullName & ":" & _
  ActiveWorkbook.ActiveSheet.Name
End Sub
```

In dieser Prozedur werden ebenso wie in Listing 1 der aktuelle Pfad, der Dateiname sowie der Blattname zur Titelleiste zugewiesen. In Listing 3 sehen Sie den VBA-Code, mit dem die Standardtitelleiste wiederhergestellt werden kann. Diesen Code können Sie in ein normales VBA-Modul eintragen.

Listing 3:

```
Sub PfadAusblenden()
  ActiveWindow.Caption = False
End Sub
```

Über die Eigenschaft *ActiveWindow.Caption = False* werden die Änderungen in der Titelleiste wieder rückgängig gemacht und die Standardinformationen werden ausgegeben.

Tipp 21: So lassen sich Kommentare aus Zellinhalten erzeugen

In diesem Beispiel liegt eine Preisliste für diverse Artikel vor. Ziel ist es nun, dass vor der Aktualisierung der Preise die alten Informationen als Kommentar abgespeichert werden. Damit besteht die Möglichkeit, nach Veränderung der Zahl den vorherigen Preis noch mal einsehen zu können.

	A	B	C
1	**Kommentare aus Zellinhalten erzeugen**		
2			
4			
5	**Artikel**	**Verkaufspreise**	
6	A4711	191,93 €	
7	A4712	96,48 €	
8	A4713	276,62 €	
9	A4714	213,46 €	
10	A4715	298,93 €	
11	A4716	299,12 €	
12	A4717	296,95 €	
13	A4718	300,76 €	
14	A4719	106,71 €	
15	A4720	283,32 €	
16	A4721	108,56 €	
17	A4722	282,88 €	
18			

So geht's:

Erfassen Sie zunächst den Code aus Listing 1 im VBA-Editor in einem leeren Codemodul.

Listing 1:

```
Public Sub KommentarAusZelleEinfuegen ()
'** Dimensionierung der Variablen
Dim objKommentar As Comment
Dim objZelle     As Range
'** Fehler abschalten
On Error Resume Next
'** Durchlaufen aller Zellen im gewählten Bereich
For Each objZelle In Selection
```

```
    Set objKommentar = objZelle.AddComment
 objKommentar.Text Date & Chr(10) & objZelle.Value
 Next
 End Sub
```

Nachdem die Variablen dimensioniert wurden, wird in einem ersten Schritt die Fehlerbehandlung abgeschaltet. Dies geschieht deswegen, da das Erzeugen bzw. Hinzufügen eines Kommentars fehlschlägt, wenn schon ein Kommentar vorhanden ist.

Anschließend erfolgt die Übertragung der Zellinhalte über eine *For Each Next*-Schleife. Das Besondere an dieser Schleife ist, dass alle Zellen im selektierten Zellbereich bearbeitet werden. Dafür verantwortlich ist die Eigenschaft *Selection*. Diese gibt die ausgewählten Zellen im aktiven Excel-Fenster zurück.

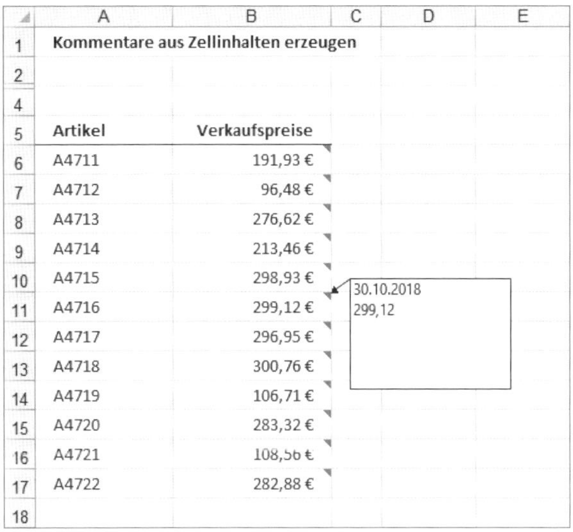

Die Methode *AddComment* sorgt dafür, dass der Zellinhalt in das Kommentarfenster übertragen wird. Wenn Sie im vorliegenden Beispiel nun vor der Aktualisierung der Preise den Zellbereich B6:B20 markieren und anschließend das Makro ausführen, werden die Preise wie gewünscht in die Kommentarfunktion übertragen.

Tipp 22: Verbundene Zellen suchen und finden

Beim Importieren von Daten, beispielsweise aus SAP oder anderen Systemen, kommt es häufig vor, dass Zellen z. B. in der Überschriftenzeile verbunden sind. Dieser Tipp zeigt, wie sich verbundene Zellen ohne manuellen Aufwand schnell finden und auf Wunsch markieren lassen.

So geht's:

Der VBA-Code aus Listing 1 sorgt dafür, dass der Zellhintergrund aller verbundenen Zellen gelb hervorgehoben wird.

Listing 1:

```
Sub VerbundeneZellenEinfärben()
Dim Zelle As Range
For Each Zelle In ActiveSheet.UsedRange
 If Zelle.MergeCells Then Zelle.Interior.Color = RGB(255, 230, 155)
Next
End Sub
```

Mithilfe einer *For Each Next*-Schleife werden alle Zellen des verwendeten Bereichs (*UsedRange*) durchsucht. Dabei wird geprüft, ob Zellen verbunden sind. Diese Prüfung erfolgt über die Eigenschaft *MergeCells*. Ist eine verbundene Zelle gefunden, wird unter Verwendung der Eigenschaft *Interior.Colorindex* die Hintergrundfarbe gesetzt.

	A	B	C	D	E
1	**Verbundene Zellen finden**				
2					
3					
4	**Datum**	**Artikelgruppe**		**Umsatz**	**DB**
5	01.12.2018	14	Artikel 4711	3.785,18 €	302,81 €
6	02.12.2018	12	Artikel 4712	2.755,18 €	165,31 €
7	03.12.2018	11	Artikel 4713	2.325,60 €	209,30 €
8	04.12.2018	11	Artikel 4714	4.128,49 €	206,42 €
9	05.12.2018	14	Artikel 4715	1.041,54 €	72,91 €
10	06.12.2018	10	Artikel 4716	3.561,75 €	249,32 €
11	07.12.2018	15	Artikel 4717	2.478,07 €	123,90 €
12	08.12.2018	13	Artikel 4718	4.180,48 €	292,63 €
13	09.12.2018	12	Artikel 4719	2.896,50 €	289,65 €
14	10.12.2018	13	Artikel 4720	2.528,16 €	202,25 €
15	11.12.2018	11	Artikel 4721	3.901,34 €	390,13 €
16	12.12.2018	10	Artikel 4722	3.361,65 €	302,55 €

Damit sehen Sie auf einen Blick, welche Zellen verbunden sind, und können sie bei Bedarf manuell nachbearbeiten.

Alternativ kann das Makro auch so aufgebaut werden, dass anstelle der Hervorhebung der verbundenen Zellen die Verbindung gleich aufgehoben wird. Passen Sie dazu das vorhandene Makro einfach wie folgt an.

Listing 2:

```
Sub VerbundeneZellenAufheben()
Dim Zelle As Range
For Each Zelle In ActiveSheet.UsedRange
 If Zelle.MergeCells Then Zelle.MergeArea.UnMerge
Next
End Sub
```

Tipp 23: Zahlen aus Text extrahieren

Im vorliegenden Beispiel sollen aus einem beliebigen Text alle Zahlen ausgelesen und in eine separate Zelle neben den Text geschrieben werden. Als Besonderheit in diesem Beispiel ist zu erwähnen, dass Zahlen mit Nachkommastellen ebenfalls korrekt ausgelesen werden sollen. Das Ausgangsbeispiel sehen Sie in der nebenstehenden Abbildung. Es handelt sich um einen Text, der die Nettopreise eines Artikels enthält, die entsprechend extrahiert werden sollen.

	A	B
1	**Zahlen aus Text extrahieren**	
2		
3		
4	**Text**	**Betrag**
5	Der Artikel kostet 25 EUR zzgl. USt	
6	Der Artikel kostet 1,99 EUR zzgl. USt	
7	Der Artikel kostet 19,95 EUR zzgl. USt	
8	Der Artikel kostet 23,50 EUR zzgl. USt	
9	Der Artikel kostet 47,90 EUR zzgl. USt	
10	Der Artikel kostet 99,50 EUR zzgl. USt	
11	Der Artikel kostet 1250,25 EUR zzgl. USt	
12	Der Artikel kostet 39,99 EUR zzgl. USt	
13	Der Artikel kostet 900,00 EUR zzgl. USt	
14	Der Artikel kostet 17,98 EUR zzgl. USt	
15	Der Artikel kostet 135,90 EUR zzgl. USt	

So geht's:

Erfassen Sie zunächst den VBA-Code aus Listing 1 in einem leeren Codemodul:

Listing 1:

```
Sub ZahlenExtrahieren()
'** Dimensionierung der Variablen
Dim strWert    As String
Dim strZiffern As String
Dim lngIndex   As Long
Dim lngZeile   As Long
'** Auswerten der Zeilen 5 bis 15
For lngZeile = 5 To 15
'** Zurücksetzen
 strWert = CStr(ActiveSheet.Cells(lngZeile, 1).Value)
 strZiffern = "0"
'** Durchlaufen aller Zeichen in der Zeile
 For lngIndex = 1 To Len(strWert)
  Select Case Asc(Mid(strWert, lngIndex, 1))
   Case 44, 48 To 57 ' Komma und Ziffern
    strZiffern = strZiffern & Mid(strWert, lngIndex, 1)
   Case Else
  End Select
 Next
'** Schreiben
 ActiveSheet.Cells(lngZeile, 2).Value = CDbl(strZiffern)
Next
End Sub
```

1 Zunächst werden wie gewohnt die Variablen dimensioniert.

2 Anschließend werden die angegebenen Zeilen zwischen Zeile 5 und 15 mittels einer *For Next*-Schleife durchlaufen. Dies mussen Sie gegebenenfalls für Ihre Umgebung individuell anpassen.

3 Nachdem der Textstring der jeweiligen Zelle ausgelesen wurde, wird er über eine zweite *For Next*-Schleife analysiert.

4 Die Analyse erfolgt Zeichen für Zeichen. Das heißt, dass jedes einzelne Zeichen des Textstrings daraufhin geprüft wird, ob es sich um eine Zahl oder ein Komma handelt. Dazu wird der ASCII-Code des Zeichens ermittelt. Der ASCII-Code 44 entspricht einem Komma, der Code 48 der Ziffer 0 und der Code 57 der Ziffer 9.

	A	B
1	Zahlen aus Text extrahieren	
2		
3		
4	Text	Betrag
5	Der Artikel kostet 25 EUR zzgl. USt	25,00 €
6	Der Artikel kostet 1,99 EUR zzgl. USt	1,99 €
7	Der Artikel kostet 19,95 EUR zzgl. USt	19,95 €
8	Der Artikel kostet 23,50 EUR zzgl. USt	23,50 €
9	Der Artikel kostet 47,90 EUR zzgl. USt	47,90 €
10	Der Artikel kostet 99,50 EUR zzgl. USt	99,50 €
11	Der Artikel kostet 1250,25 EUR zzgl. USt	1.250,25 €
12	Der Artikel kostet 39,99 EUR zzgl. USt	39,99 €
13	Der Artikel kostet 900,00 EUR zzgl. USt	900,00 €
14	Der Artikel kostet 17,98 EUR zzgl. USt	17,98 €
15	Der Artikel kostet 135,90 EUR zzgl. USt	135,90 €

Das Ergebnis der Extraktion sehen Sie in der Abbildung.

Tipp 24: Einzelnes Tabellenblatt in separater Arbeitsmappe abspeichern

In diesem Tipp zeigen wir Ihnen, wie sich ein einzelnes Tabellenblatt ganz einfach per VBA in eine neue Arbeitsmappe transferieren lässt. In der Praxis empfiehlt es sich, beispielsweise nur die relevanten Tabellenblätter einer umfangreichen Kalkulation per E-Mail zu versenden. Das Beispiel zeigt, wie das gerade ausgewählte Tabellenblatt in einer neuen Arbeitsmappe mit dem angegebenen Dateinamen abgespeichert wird.

So geht's:

Den notwendigen VBA-Code sehen Sie in Listing 1. Erfassen Sie ihn in einem leeren Codemodul:

Listing 1:

```
Sub BlattSpeichern()
'** Errorhandling
On Error GoTo Fehlermeldung
'** Dimensionierung der Variablen
Dim TBName As String
Dim WBName As String

'** Aktives Blatt festlegen
TBName = ActiveSheet.Name

'** Abfrage des neuen Dateinamens
WBName = InputBox("Unter welchem Dateinamen soll das Tabellenblatt" & _
  "gespeichert werden?" & vbLf & vbLf & "Bitte den Dateinamen eingeben:")
If WBName = "" Then Exit Sub

'** Blatt kopieren
Worksheets(TBName).Copy
'** Neue Arbeitsmappe speichern und schließen
ActiveWorkbook.SaveAs WBName
ActiveWorkbook.Close
Exit Sub

'** Errorhandling
Fehlermeldung:
MsgBox "Es ist ein Fehler aufgetreten!"
End Sub
```

1. Nachdem die Variablen dimensioniert sind, wird der Name des gewählten Tabellenblatts in der Variablen *TBName* abgelegt.

2. Mithilfe der Funktion *InputBox* werden Sie nach dem Dateinamen für die neue Arbeitsmappe gefragt, in der das gewählte Tabellenblatt abgespeichert werden soll.

3. Wenn Sie dort einen gültigen Dateinamen eingegeben haben, wird über die Methode *Copy* das Tabellenblatt in die neue Arbeitsmappe kopiert und über die Methode *SaveAs* unter dem erfassten Dateinamen abgespeichert.

4. Zuletzt wird die neue Arbeitsmappe unter Verwendung der Methode *Close* geschlossen.

Abgelegt wird die neue Arbeitsmappe im gleichen Verzeichnis, in der sich die Ursprungsdatei befindet, aus der das gewählte Tabellenblatt extrahiert werden soll. Beachten Sie auch Tipp 14 in diesem Kapitel, um Probleme und Nachfragen im Zusammenhang mit externen Verknüpfungen zu vermeiden.

Tipp 25: Makros über formelbasierte WENN-Abfragen ausführen

In manchen Fällen kann es notwendig und sinnvoll sein, abhängig von einer *WENN*-Abfrage bestimmte VBA-Makros auszuführen. Die Kombination aus formelbasierten Abfragen und VBA-Makros kann dabei neue Wege eröffnen. In diesem Tipp zeigen wir Ihnen, wie sich so etwas realisieren lässt.

So geht's:

Über eine formelbasierte *WENN*-Abfrage lassen sich keine herkömmlichen Subprozeduren, sondern ausschließlich benutzerdefinierte Funktionen (UDF) ausführen. Erstellen Sie dazu im ersten Schritt die beiden Funktionen aus Listing 1 und Listing 2 in einem neuen Codemodul:

Listing 1:

```
Public Function GROESSER(Wert As Long)
 MsgBox "Der Wert beträgt " & Wert & " " & _
        "und ist somit größer gleich 100.", _
         vbInformation, "Hinweis"
End Function
```

Listing 2:

```
Public Function KLEINER(Wert As Long)
 MsgBox "Der Wert beträgt " & Wert & " " & _
        "und ist somit kleiner als 100.", _
         vbInformation, "Hinweis"
End Function
```

Diese beiden Funktionen können nun abhängig von dem in Zelle B5 eingetragenen Wert über eine normale *WENN*-Abfrage gestartet werden. Erfassen Sie dazu folgende Formel in Zelle A5:

=WENN(B1>=100;GROESSER(B1); KLEINER(B1)).

Diese *WENN*-Abfrage prüft den in Zelle B5 erfassten Wert und ruft die entsprechende benutzerdefinierte Funktion auf. Ist der Wert in Zelle B5 größer oder gleich 100, wird die VBA-Funktion *GROESSER()* ausgeführt und eine entsprechende *MessageBox* aufgerufen.

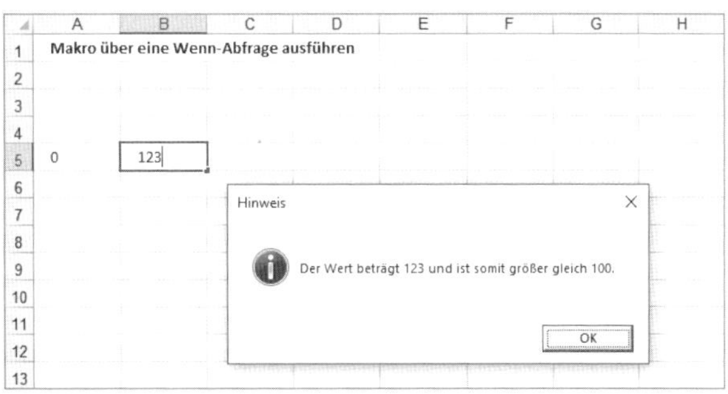

Ist der in Zelle B5 erfasste Wert hingegen kleiner als 100, erfolgt der Aufruf der Funktion *KLEINER()* mit der Ausgabe der entsprechenden Meldung.

Auf diese Art und Weise können Sie verschiedene Makros über eine formelbasierte *WENN*-Abfrage aufrufen und jeden beliebigen VBA-Code ausführen.

Tipp 26: Umwandeln von Umlauten per benutzerdefinierter VBA-Funktion

Mithilfe der in diesem Tipp vorgestellten benutzerdefinierten Funktion (UDF) können Umlaute (ä, ö, ü, ß) in ae, oe, ue und ss sowie in umgekehrter Richtung umgewandelt werden. Beim Import aus Fremdsystemen bzw. beim Export in andere Systeme kommt diese Fragestellung häufig zum Tragen.

Im vorliegenden Beispiel soll der Satz „Die Vögelchen tönen im März ganz fröhlich" entsprechend umgewandelt werden.

So geht's:

Erfassen Sie zunächst den VBA-Code aus Listing 1 in einem neuen leeren Codemodul:

Listing 1:

```
Function UMLAUT(Zelle As Range, Richtung As Long)
'** Dimensionierung der Variablen
Dim Ergebnis As String

'** Richtung prüfen
Select Case Richtung
 Case 1
  Ergebnis = Zelle.Value
  Ergebnis = Replace(Ergebnis, "ü", "ue")
  Ergebnis = Replace(Ergebnis, "Ü", "Ue")
  Ergebnis = Replace(Ergebnis, "ä", "ae")
  Ergebnis = Replace(Ergebnis, "Ä", "Ae")
  Ergebnis = Replace(Ergebnis, "ö", "oe")
  Ergebnis = Replace(Ergebnis, "Ö", "Oe")
  Ergebnis = Replace(Ergebnis, "ß", "ss")
 Case 2
  Ergebnis = Zelle.Value
  Ergebnis = Replace(Ergebnis, "ue", "ü")
  Ergebnis = Replace(Ergebnis, "Ue", "Ü")
  Ergebnis = Replace(Ergebnis, "ae", "ä")
  Ergebnis = Replace(Ergebnis, "Ae", "Ä")
  Ergebnis = Replace(Ergebnis, "oe", "ö")
  Ergebnis = Replace(Ergebnis, "Oe", "Ö")
  Ergebnis = Replace(Ergebnis, "ss", "ß")
 Case Else
```

```
    Ergebnis = Zelle.Value
  End Select
  '** Rückgabe
  UMLAUT = Ergebnis
End Function
```

Die neue benutzerdefinierte Funktion ist wie folgt aufgebaut:

=UMLAUT(Bezug, Umwandlungsrichtung)

Über die Richtung definieren Sie die Umwandlungsrichtung. Wenn Sie den Wert 1 vorgeben, werden ä, o, ü und ß in ae, oe, ue und ss umgewandelt. Geben Sie stattdessen den Parameter 2 an, bewirkt dies, dass Zeichenfolgen wie ae, oe, ue und ss wieder in die entsprechenden Laute wie ä, ö, ü und ß zurückverwandelt werden.

Um alle Umlaute des Textes in Zelle A5 umzuwandeln, geben Sie in Zelle B5 folgende Formel ein: *=UMLAUT(A5;1)*.

In Zelle A6 befindet sich der gleiche Text, allerdings ohne Umlaute. Um die vorhandenen Zeichenfolgen ae, ue etc. wieder in Umlaute zurückzuverwandeln, geben Sie in B6 diese Formel ein: *=UMLAUT(A6;2)*.

Das Ergebnis sehen Sie in der folgenden Abbildung.

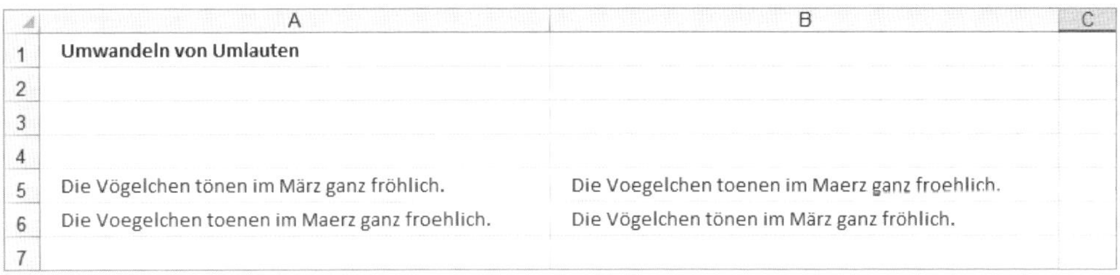

	A	B	C
1	**Umwandeln von Umlauten**		
2			
3			
4			
5	Die Vögelchen tönen im März ganz fröhlich.	Die Voegelchen toenen im Maerz ganz froehlich.	
6	Die Voegelchen toenen im Maerz ganz froehlich.	Die Vögelchen tönen im März ganz fröhlich.	
7			

➡ Verweis: siehe Kapitel 4.4, Tipp 10

Tipp 27: Fadenkreuz als Excel-Lesehilfe

Wenn Sie häufiger mit umfangreichen Tabellen wie betriebswirtschaftlichen Auswertungen, Liquiditätsplänen oder anderen umfangreichen Excel-Kalkulationen arbeiten, haben Sie sich vielleicht schon mal eine Art Lineal oder Leseführung gewünscht, um nicht ständig in der Zeile oder Spalte zu verrutschen. Je kleiner die Bildschirmauflösung ist und je mehr Informationen man auf einmal im Blick haben möchte, desto schwerer wird es, die Übersicht zu bewahren.

An dieser Stelle setzt nun die Excel-Erweiterung *Fadenkreuz.xlam* an. Das Fadenkreuz besteht aus gekreuzten Markierungen einer Zeile und einer Spalte. Dieser Tipp gibt einen Überblick über die grundsätzliche Funktionsweise der Erweiterung und erläutert, wie das Add-in eingebunden werden muss.

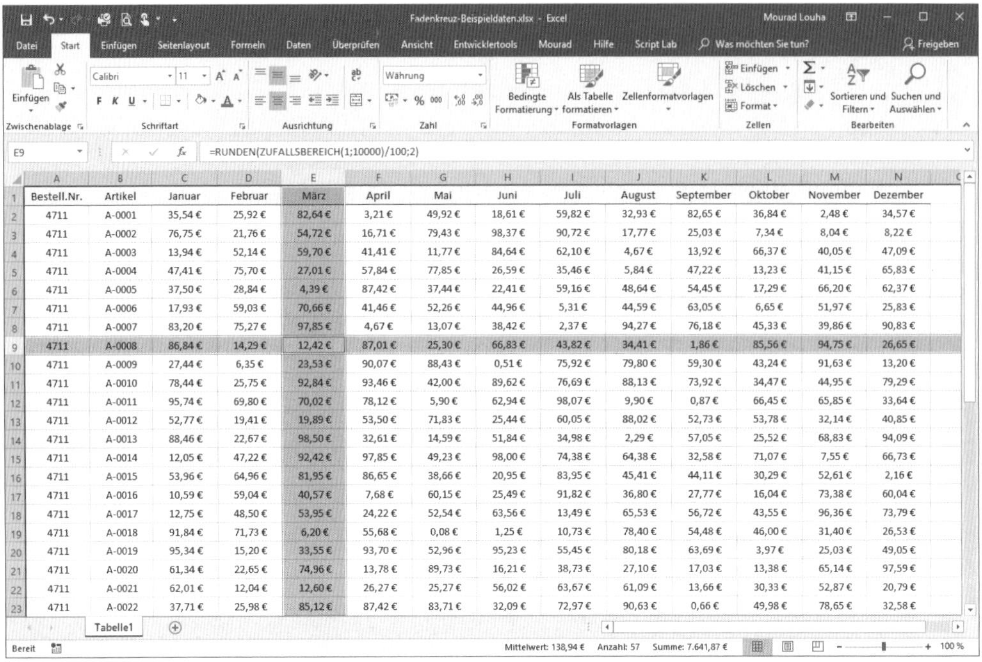

So geht's:

Bevor Sie das Add-in verwenden können, muss es installiert werden. Zur Installation gehen Sie wie folgt vor:

1. Öffnen Sie über das Menü *Datei/Optionen/Add-Ins/Excel-Add-Ins/Los* den Add-Ins-Manager.
2. Klicken Sie anschließend auf die Schaltfläche *Durchsuchen* und wählen Sie die Datei *Fadenkreuz.xlam* aus.
3. Bestätigen Sie die beiden offenen Fenster jeweils mit einem Klick auf die Schaltfläche *OK*. Damit ist das Add-in korrekt eingebunden und steht zur Verfügung.

Nachdem die Installation erfolgreich durchgeführt wurde, kann das Fadenkreuz über die Tastenkombinationen Strg+Alt+1 aktiviert werden. Mit Strg+Alt+2 wird die Lesehilfe entsprechend wieder ausgeschaltet.

Selbstverständlich verhält sich Excel bei aktiviertem Zellkreuz wie gewohnt. Die Datenerfassung, das Scrollen mit den Cursortasten, das Scrollen mit den Bild↑- und Bild↓-Tasten sowie die ↵-Taste funktionieren wie gewohnt unverändert.

13 Daten schützen

In einer Vielzahl von Unternehmen werden sensible Daten in Excel-Tabellen gespeichert. Nicht immer werden diese Daten angemessen geschützt, sodass der Zugang für ungebetene „Interessenten" dieser Daten ein Leichtes ist. Aber auch im privaten Bereich, wenn z. B. ein PC durch mehrere Anwender genutzt wird, kann es durchaus sinnvoll sein, seine Daten besonders zu schützen. Wie auch immer, Excel bietet eine ganze Reihe von Schutzmechanismen, von denen einige in diesem Kapitel etwas näher beleuchtet werden sollen.

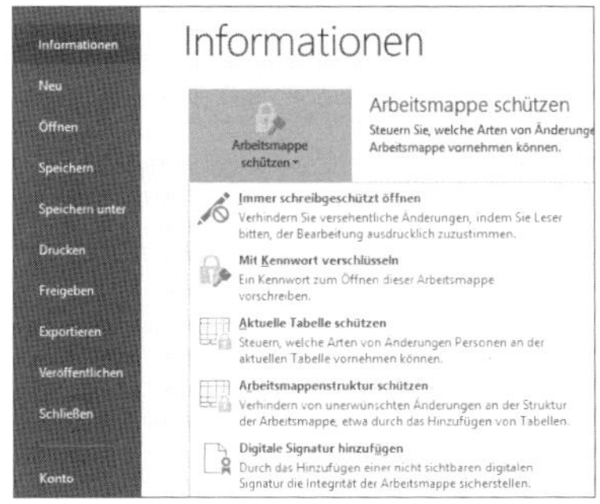

Tipp 1: Diverse Möglichkeiten, Daten zu schützen

Excel bietet auf verschiedenen Ebenen Schutzmechanismen für sensible Daten an. Sie können standardmäßig Ihre Daten auf Ebene der Arbeitsmappe, auf Ebene der Tabellen, aber auch auf Ebene von Strukturen schützen. Daneben können weitere Schutzmechanismen in Excel eingesetzt werden. Dazu bedarf es mitunter nur einiger weniger Zeilen Makrocodes, wie Sie in diesem Kapitel noch erfahren werden. Und dennoch gilt auch hier: Einen hundertprozentigen Schutz Ihrer Daten wird es nicht geben können. Sie können es aber einem „Hacker" so schwer wie möglich machen, indem Sie mehrere Schutzmechanismen parallel einsetzen.

So geht's:

1 Nutzen Sie grundsätzlich die von Excel standardmäßig angebotenen Schutzmechanismen.

2 Erhöhen Sie den Schutz gezielt mit Makros.

3 Schützen Sie die Daten zusätzlich mit Windows-Bordmitteln, indem Sie beispielsweise den Zugriff auf das Datenlaufwerk über das Benutzerkonzept von Windows steuern.

4 Schotten Sie gegebenenfalls Ihre Daten ab, indem Sie Rechner mit hochsensiblen Daten aus dem (Firmen-)Netz nehmen.

Tipp 2: Der Schutz von Arbeitsmappen

Standardmäßig kann eine Arbeitsmappe in Excel vor dem unerlaubten Öffnen bzw. Ändern mithilfe von Passwörtern geschützt werden.

So geht's:

1 Öffnen Sie eine neue Arbeitsmappe und rufen Sie über *Datei* den Befehl *Speichern unter* auf. Wählen Sie nun, bevor Sie auf die Schaltfläche *Speichern* klicken, im links daneben liegenden Drop-down-Feld *Tools* ab Excel 2010 die Auswahl *Allgemeine Optionen* (Excel 2007: Menü *Office/Speichern unter/Excel-Arbeitsmappe oder anderer Dokumententyp/Tools*, Befehl *Allgemeine Optionen*).

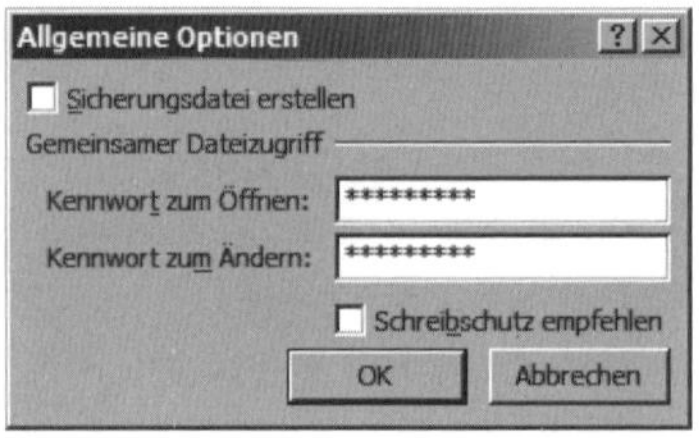

2 Erfassen Sie im Feld *Kennwort zum Öffnen* das Kennwort *passwort1* und im Feld *Kennwort zum Ändern* das Kennwort *passwort2*.

3 Klicken Sie dann auf *OK*, um die Passwörter zu bestätigen und den Dialog wieder zu verlassen, und anschließend auf die Schaltfläche *Speichern*.

4 Wenn Sie jetzt die Datei schließen und danach wieder öffnen möchten, werden Sie zunächst nach dem ersten Passwort, also *passwort1*, gefragt, das Ihnen das Öffnen der Datei ermöglicht. Anschließend werden Sie nach dem zweiten Passwort, d. h. nach *passwort2*, gefragt, das Ihnen das Ändern der Datei ermöglicht. Sollte einem Anwender dieses zweite Passwort nicht zur Verfügung stehen, muss er die Datei über die Schaltfläche *Schreibschutz* öffnen und kann die Daten dann einsehen und auch Änderungen vornehmen. Er muss jedoch die geänderten Daten dann in einer Datei mit einem anderen Namen abspeichern, weil die Originaldatei lediglich im schreibgeschützten Modus geöffnet ist.

Hinweis

Wenn das Kontrollkästchen *Schreibschutz empfehlen* aktiviert wurde, wird den Anwendern empfohlen, die Datei schreibgeschützt zu öffnen. Es wird jedoch nicht verhindert, dass die Anwender mit Lese- und Schreibberechtigungen die Datei öffnen. Die Datei kann geändert und die Änderungen können gespeichert werden.

Wenn die Datei wieder ohne Kennwort geöffnet werden soll, müssen Sie den Kennwortschutz aufheben. Dazu öffnen Sie zunächst die Datei über das Kennwort und sichern sie anschließend über den Dialog *Speichern unter* erneut, diesmal jedoch, indem Sie das vorhandene Kennwort bei diesem Vorgang wieder herausnehmen bzw. löschen.

Tipp 3: Der Schutz von Tabellen

Sie können auch einzelne Tabellen innerhalb einer Arbeitsmappe standardmäßig schützen. Um ein einzelnes Tabellenblatt zu schützen, müssen Sie wie folgt vorgehen.

So geht's:

1 Öffnen Sie eine neue Arbeitsmappe und rufen Sie den Befehl *Überprüfen/Änderungen/Blatt schützen* auf.

2 Im Dialog *Blatt schützen* können Sie nun ein Kennwort für die Tabelle vergeben und dem Anwender der Tabelle verschiedene Optionen zur Bearbeitung der Tabelle freigeben. Hierbei müssen Sie lediglich die gewünschten Aktionen, die der Anwender ausführen darf, mit einem Häkchen markieren.

Hinweis

Wenn Sie eine Tabelle auf diese Art schützen, werden in der Standardeinstellung alle Zellen in diesem Arbeitsblatt gesperrt und ein Anwender kann an einer gesperrten Zelle keine Änderungen mehr vornehmen. Das heißt, in der gesperrten Zelle können keine Daten mehr eingefügt, verändert, gelöscht oder auch formatiert werden. Es ist somit natürlich ebenfalls nicht möglich, Formeln versehentlich zu überschreiben oder zu verändern. Je nach Einstellung können die Formeln in der Zelle auch komplett ausgeblendet werden.

Diese Art, die Tabelle zu schützen, muss gut durchdacht sein, falls nicht alle Zellen der Tabelle diesem Schutz unterworfen werden sollen. Vor dem Schützen eines Arbeitsblatts müssen Sie sich also Gedanken machen über die (Zell-)Bereiche, in denen Benutzer Daten ändern oder eingeben können sollen. Hierbei greifen folgende Möglichkeiten:

Sie können für die besagten (Zell-)Bereiche ein Aufheben der Sperrung der Zellen für alle Benutzer erreichen. Rufen Sie hierbei über das Kontextmenü der rechten Maustaste den Befehl *Zellen formatieren* auf. Über die Registerkarte *Schutz* können Sie nun die entsprechende Einstellung vornehmen.

Sie können aber auch ein Aufheben der Sperrung der Zellen für bestimmte Benutzer erreichen. Klicken Sie dazu auf der Registerkarte *Überprüfen/Änderungen* auf den Befehl *Benutzer dürfen Bereiche bearbeiten*. Hier können Sie im Dialogfeld *Benutzerberechtigungen zum Bearbeiten von Bereichen* gezielt die Sperrung von Zellen benutzerabhängig aufheben.

Tipp 4: Quellcode schützen

Auch Ihren Quellcode sollten Sie unbedingt vor unbefugtem Zugriff schützen, damit die hinterlegten Makros nicht eingesehen oder gar verändert werden können. Das ist ebenfalls mit nur wenigen Handgriffen möglich.

So geht's:

1 Starten Sie mit der Tastenkombination Alt+F11 den VBA-Editor.

2 Klicken Sie im Projekt-Explorer die dort angezeigte Mappe mit der rechten Maustaste an und wählen Sie aus dem Kontextmenü den Befehl *Eigenschaften von VBAProject*.

3 Wechseln Sie nun im Dialog *VBAProject – Projekteigenschaften* auf die Registerkarte *Schutz*.

4 Aktivieren Sie das Kontrollkästchen *Projekt für die Anzeige sperren*, vergeben Sie im Feld *Kennwort* ein Passwort und wiederholen Sie es im Feld *Kennwort bestätigen*.

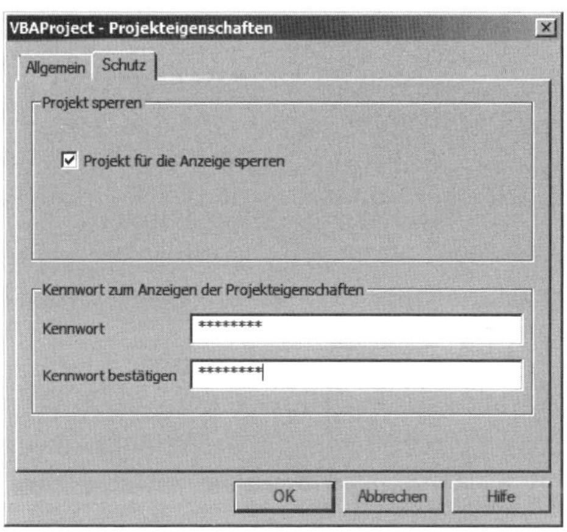

5 Klicken Sie auf die Schaltfläche *OK* und speichern Sie die Arbeitsmappe.

Hinweis

Der Zugangsschutz wird erst beim nächsten Öffnen der Arbeitsmappe aktiv. Ohne Passwortkenntnis können keine Tabellen und Quellcodes angezeigt werden. Durch das Schützen des Quellcodes werden Makros in aller Regel noch schneller durchlaufen.

Tipp 5: Datenänderungen verhindern

Sie können das Markieren bestimmter Zellen mit einem kleinen Makro raffiniert verhindern, indem Sie nach Auswahl der besagten Zellen automatisch den Mauszeiger in eine andere Zelle setzen lassen. Dieser Trick sorgt dafür, dass bestimmte Zellen auch ohne eingestellten Tabellenschutz nicht editierbar sind, weil sie schlicht und ergreifend nicht ausgewählt werden können.

So geht's:

1 Öffnen Sie eine neue Datei und starten Sie mit der Tastenkombination Alt+F11 den VBA-Editor.

2 Klicken Sie nun im linken oberen Drop-down-Feld des Codefensters von *Tabelle1* auf den Eintrag *Worksheet* und im rechten oberen Drop-down-Feld auf den Eintrag *SelectionChange*. Erfassen Sie folgende Codezeilen:

Listing 1:

```
Private Sub Worksheet_SelectionChange(ByVal Target As Range)
Dim Ber1 As Range
Dim Ber2 As Range
Dim BerGes As Range
Set Ber1 = Tabelle1.Range("B1:B5")
Set Ber2 = Tabelle1.Range("E1:E5")
Set BerGes = Union(Ber1, Ber2)
 If Intersect(BerGes, Target) Is Nothing Then
  Else
   Tabelle1.Range("A1").Select
  End If
End Sub
```

3 Der Anwender hat nun keine Chance mehr, den Mauszeiger auf den gelb markierten Bereich zu setzen. Sämtliche Versuche werden ihm verwehrt und der Mauszeiger wird augenblicklich in Zelle A1 verschoben.

Die Syntax: Zunächst werden über die Anweisung *Set* Bereichsvariablen definiert. Über *Union* werden diese Einzelbereiche zu einem Gesamtbereich zusammengefasst. Somit müssen die Bereiche nicht zwingend nebeneinanderliegen. Über den Befehl *Intersect* wird nun überprüft, ob die aktuell markierte Zelle, die das *Target* darstellt, im definierten Gesamtbereich liegt. Ist das der Fall, wird der Mauszeiger über den Befehl *Select* in Zelle A1 platziert.

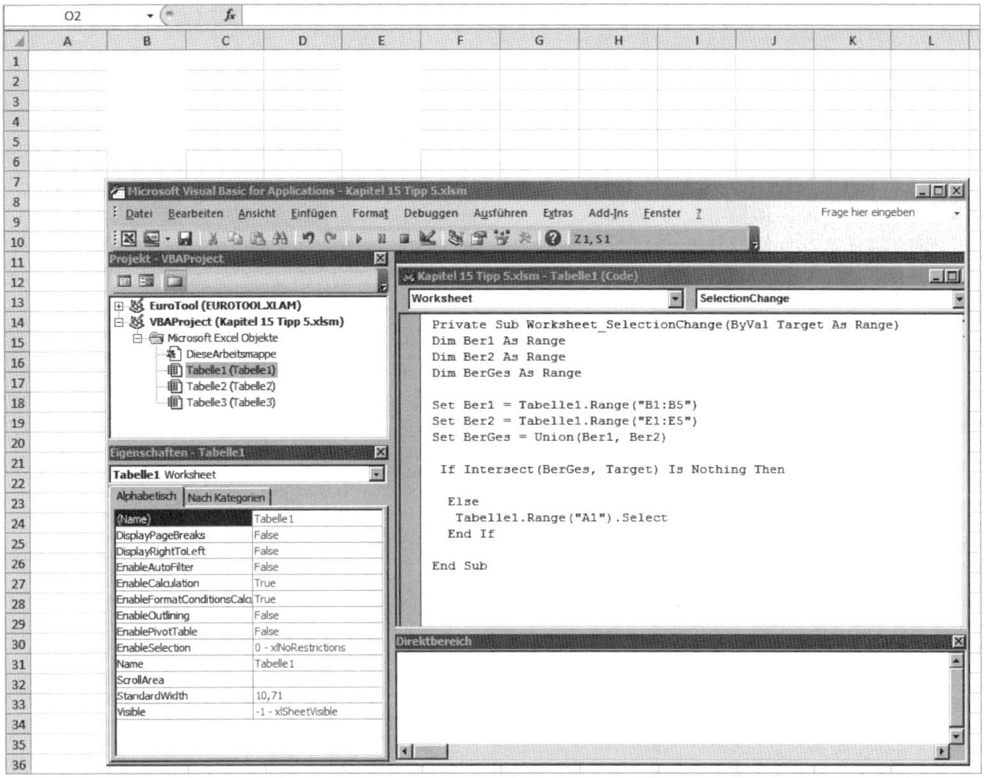

Tipp 6: Das Speichern von Datenänderungen unterbinden

Es gibt eine weitere, für den Anwender etwas perfide Methode, um eine Arbeitsmappe vor Datenänderungen zu schützen. Dabei kann er zwar die Daten der Mappe ändern, jedoch gehen die Änderungen just in dem Moment verloren, da die Datei gespeichert werden soll. Der Anwender verliert nur dann seine Daten nicht, wenn er das richtige Passwort eingibt.

So geht's:

1 Öffnen Sie eine neue Datei und starten Sie mit der Tastenkombination Alt+F11 den VBA-Editor.

2 Öffnen Sie dann im Projekt-Explorer die Rubrik *Microsoft Excel Objekte* und klicken Sie doppelt auf den Eintrag *DieseArbeitsmappe*.

3 Wählen Sie im Codefenster aus dem Drop-down-Menü oben links das Ereignis *BeforeSave* aus und tragen Sie folgenden Makrocode ein:

Listing 1:

```
Private Sub Workbook_BeforeSave _
 (ByVal SaveAsUI As Boolean, Cancel As Boolean)
Dim strText As String
```

```
strText = InputBox("Bitte geben Sie das Passwort ein!")
If strText <> "passwort" Then
 MsgBox "Sie sind nicht berechtigt Änderungen zu speichern" _
 & vbLf & "die Änderungen werden nicht gesichert!", vbExclamation
 Cancel = True
End If
End Sub
```

4 Änderungen an der Datei können jetzt nur noch mit dem Passwort *passwort* gespeichert werden.

Die Syntax: Beim Speichern der Arbeitsmappe wird das Ereignis *Workbook_BeforeSave* ausgelöst und genau zu diesem Zeitpunkt muss der Anwender Farbe bekennen und das Passwort, so es ihm bekannt ist, hinterlegen. Wird das Passwort nicht oder falsch eingegeben, wird der Speichervorgang dadurch abgebrochen, dass das Argument *Cancel* auf den Wert *True* gesetzt wird.

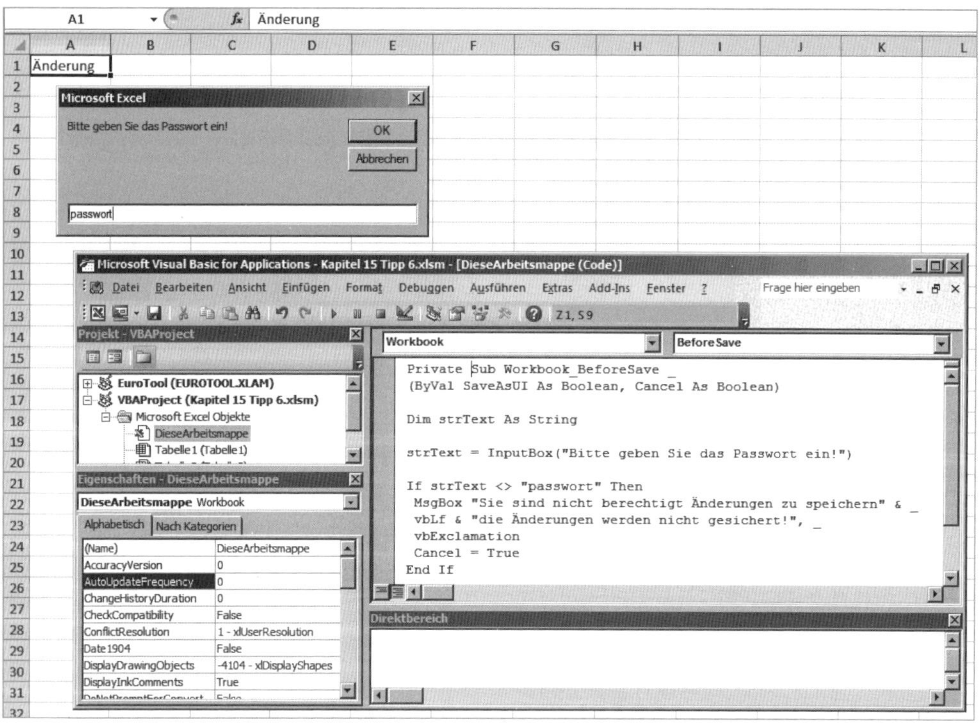

Tipp 7: Professioneller Datenschutz über Hardware-Dongle

Einen hervorragenden Schutzmechanismus bietet seit einiger Zeit der Einsatz eines sogenannten Hardware-Dongle. Der Ansatz war in der Vergangenheit nur mit ausführbaren Dateien (EXE-Dateien) möglich. Mit einer einfach zu handhabenden Zusatzsoftware können Sie nun auch diese hocheffektive Schutzmethode anwenden. Nähere Angaben zu diesem Tool und eine genaue Beschreibung zum Einsatz finden Sie unter *www.matrixlock.de/excel.htm*.

14 Neue und geänderte Funktionen

In diesem Kapitel zeigen wir Ihnen die aktualisierten und umbenannten sowie die neu hinzugefügten Funktionen in der Funktionsbibliothek der jeweiligen Excel-Versionen.

Bei einigen Funktionen wurde zur Erhöhung der Genauigkeit der Berechnungsalgorithmus verbessert. Andere Funktionen wurden umbenannt, um eine bessere Übereinstimmung der Funktionsdefinition mit dem im allgemeinen Sprachgebrauch oder in der Wissenschaft verwendeten Terminus zu erzielen.

Darüber hinaus sind neue Funktionen implementiert worden. Diese neuen Funktionen können ab der Excel-Version verwendet werden, in der sie eingeführt wurden. Beachten Sie allerdings, dass die in einer Excel-Version eingeführten Funktionen nicht abwärtskompatibel sind. Nachfolgend stellen wir Ihnen die einzelnen Funktionen kurz vor und geben Ihnen einen Einblick in ihre Funktionsweise.

14.1 Neue Funktionen in Excel 2007

Nachfolgend geben wir Ihnen einen Überblick zu den wichtigsten mit Excel 2007 eingeführten Funktionen.

Tipp 1: Funktion WENNFEHLER()

Diese Funktion gibt einen von Ihnen festgelegten Wert zurück, wenn eine Formel einen Fehler ergibt. Andernfalls wird das Ergebnis der Formel ausgegeben. Verwenden Sie die *WENNFEHLER*-Funktion, um Fehler in einer Formel aufzuspüren und zu beseitigen.

Tipp 2: Funktion ZÄHLENWENNS()

Im Gegensatz zur Funktion *ZÄHLENWENN()* zählt diese Funktion die Anzahl der Zellen eines Bereichs, die mehreren Kriterien entsprechen.

Tipp 3: Funktion SUMMEWENNS()

Anders als bei *SUMMEWENN()* können sich die Suchkriterien in verschiedenen Bereichen befinden. Es können bis zu 127 Bereiche und Kriterien angegeben werden.

Tipp 4: Funktion MITTELWERTWENN()

Diese Funktion gibt den Durchschnittswert (das arithmetische Mittel) für alle Zellen in einem Bereich zurück, die einem angegebenen Kriterium entsprechen.

Tipp 5: Funktion MITTELWERTWENNS()

Diese Funktion gibt den Durchschnittswert (das arithmetische Mittel) aller Zellen zurück, die mehreren Kriterien entsprechen. Es können bis zu 127 Bereiche und Kriterien angegeben werden.

Tipp 6: Die Cube-Funktionen

In Excel 2007 wurden zudem ebenfalls die sogenannten Cube-Funktionen *CUBEELEMENT (), CUBEELEMENTEIGENSCHAFT(), CUBERANGEELEMENT(), CUBEMENGE(), CUBEMENGEANZAHL()* und *CUBEWERT()* eingeführt.

14.2 In Excel 2010 verbesserte und neue Funktionen

An dieser Stelle erhalten Sie einen Kurzüberblick über die wichtigsten geänderten (Tipp 1 bis 32) und neuen Funktionen (ab Tipp 33). Bei den geänderten Funktionen wurde entweder die Genauigkeit der Berechnungsalgorithmen verbessert oder die Berechnungsgeschwindigkeit erhöht.

Tipp 1: Funktion ARCSINHYP()

Die Funktion *ARCSINHYP (Zahl)* gibt den umgekehrten hyperbolischen Sinus einer Zahl zurück. Als Zahl kann eine beliebige reelle Zahl eingegeben werden. Bei dieser Funktion wurde der Algorithmus verändert.

Tipp 2: Funktion BETA.VERT()/BETAVERT()

Die Funktion *BETA.VERT(x;Alpha;Beta;kumuliert;[A];[B])* wird verwendet, um die Streuung bei mehreren Stichproben zu bestimmten Vorgängen zu untersuchen. Beispielsweise kann mit dieser Funktion ermittelt werden, wie viel Zeit Personen auf dem Arbeitsweg verbringen.

Die Funktion *BETAVERT()* wurde durch die Funktion *BETA.VERT()* ersetzt, da mit der neuen Funktion ein genaueres Arbeiten möglich ist. Die Funktion *BETAVERT()* ist nur noch aus Gründen der Kompatibilität mit älteren Excel-Versionen verfügbar. Wenn allerdings keine Abwärtskompatibilität erforderlich ist, sollten Sie die neue Funktion verwenden.

Tipp 3: Funktion BETA.INV()/BETAINV()

Die Funktion *BETA.INV(Wahrscheinlichkeit;Alpha;Beta;A;B)* ermittelt die Quantile der Verteilungsfunktion einer betaverteilten Zufallsvariablen *(BETA.VERT)*. Mithilfe der Betaverteilung kann beispielsweise der wahrscheinliche Endtermin einer Projektplanung unter Annahme einer bestimmten Streuung ermittelt werden.

Die Funktion *BETAINV()* wurde durch die Funktion *BETA.INV()* ersetzt, da mit der neuen Funktion ein genaueres Arbeiten möglich ist. Die Funktion *BETAINV()* ist nur noch aus Gründen der Kompatibilität mit älteren Excel-Versionen verfügbar. Wenn allerdings keine Abwärtskompatibilität erforderlich ist, sollten Sie die neue Funktion verwenden.

Tipp 4: Funktion BINOM.VERT()/BINOMVERT()

Mithilfe der Funktion *BINOM.VERT(Zahl_Erfolge;Versuche;Erfolgswahrscheinlichkeit;kumuliert)* wird der Wahrscheinlichkeitswert einer binomialverteilten Zufallsvariablen ermittelt. Verwenden Sie *BINOM.VERT()* bei Problemen mit einer festgelegten Anzahl von Tests oder Versuchen, wenn das Ergebnis jedes einzelnen Versuchs entweder Erfolg oder Misserfolg ist und die einzelnen Versuche voneinander unabhängig sind. Voraussetzung ist, dass die Wahrscheinlichkeit des Erfolgs für alle Versuche konstant ist. Mit *BINOM.VERT()* lässt sich beispielsweise die Wahrscheinlichkeit ermitteln, mit der zwei von drei Neugeborenen männlich sind.

Die Funktion *BINOMVERT()* wurde durch die Funktion *BINOM.VERT()* ersetzt, da mit der neuen Funktion ein genaueres Arbeiten möglich ist. Die Funktion *BINOMVERT()* ist nur noch aus Gründen der Kompatibilität mit älteren Excel-Versionen verfügbar. Wenn allerdings keine Abwärtskompatibilität erforderlich ist, sollten Sie die neue Funktion verwenden.

Tipp 5: Funktion BINOM.INV()/KRITBINOM()

BINOM.INV(Versuche;Erfolgswahrscheinlichkeit;Alpha) gibt den kleinsten Wert zurück, für den die kumulierten Wahrscheinlichkeiten der Binomialverteilung größer oder gleich einer Grenzwahrscheinlichkeit sind.

Die Funktion *KRITBINOM()* wurde durch die Funktion *BINOM.INV()* ersetzt, da mit der neuen Funktion ein genaueres Arbeiten möglich ist. Die Funktion *KRITBINOM()* ist nur noch aus Gründen der Kompatibilität mit älteren Excel-Versionen verfügbar. Wenn allerdings keine Abwärtskompatibilität erforderlich ist, sollten Sie die neue Funktion verwenden.

Tipp 6: Funktion CHIQU.INV.RE()/CHIINV()

Die Funktion *CHIQU.INV.RE(Wahrscheinlichkeit;Freiheitsgrade)* gibt die Perzentile der rechtsseitigen Chi-Quadrat-Verteilung zurück. Mithilfe dieser Funktion lassen sich zum Zweck der Validierung von Hypothesen beobachtete und erwartete Ergebnisse miteinander vergleichen.

Die Funktion *CHIINV()* wurde durch die Funktion *CHIQU.INV.RE()* ersetzt. Die Funktion *CHIINV()* ist nur noch aus Gründen der Kompatibilität mit älteren Excel-Versionen verfügbar. Wenn allerdings keine Abwärtskompatibilität erforderlich ist, sollten Sie die neue Funktion verwenden.

Tipp 7: Funktion CHIQU.TEST()/CHITEST()

Mithilfe der Funktion *CHIQU.TEST(Beobachteter_Messwert;Erwarteter_Wert)* wird die Teststatistik eines Unabhängigkeitstests geliefert. Damit lässt sich feststellen, ob in Experimenten die Ergebnisse bestätigt werden, die aufgrund von Hypothesen erwartet wurden.

Die Funktion *CHITEST()* wurde durch die Funktion *CHIQU.TEST()* ersetzt. Die Funktion *CHITEST()* ist nur noch aus Gründen der Kompatibilität mit älteren Excel-Versionen verfügbar. Wenn allerdings keine Abwärtskompatibilität erforderlich ist, sollten Sie die neue Funktion verwenden.

Tipp 8: Funktion UMWANDELN()

UMWANDELN(Zahl;Von_Maßeinheit;In_Maßeinheit) wandelt eine Zahl von einem Maßsystem in ein anderes um. So können beispielsweise Umrechnungen von Gramm in Unze oder von Grad Celsius in Grad Fahrenheit vorgenommen werden. Diese Funktion wurde in Excel 2010 optimiert.

➡ Verweis: siehe Kapitel 4.10, Tipp 10

Tipp 9: Funktion KUMZINSZ()

Die Funktion *KUMZINSZ(Zinssatz;Anzahl_Zahlungszeiträume;Barwert;Zeitraum_Anfang;Zeitraum_Ende;Fälligkeit)* berechnet die kumulierten Zinsen zwischen dem angegebenen Anfangs- und Endzeitpunkt.

➡ Verweis: siehe Kapitel 4.7, Tipp 7

Tipp 10: Funktion KUMKAPITAL()

Mithilfe der Funktion *KUMKAPITAL(Zinssatz;Anzahl_Zahlungszeiträume;Barwert;Zeitraum_Anfang;Zeitraum_Ende;Fälligkeit)* wird die aufgelaufene Tilgung eines Darlehens zwischen dem angegebenen Anfangs- und Endzeitpunkt berechnet.

➡ Verweis: siehe Kapitel 4.7, Tipp 7

Tipp 11: Funktion F.VERT.RE()/FVERT()

Die Funktion *F.VERT.RE(x;Freiheitsgrade1;Freiheitsgrade2)* berechnet den Wert der Verteilungsfunktion einer rechtsseitigen F-verteilten Zufallsvariablen. Damit lässt sich feststellen, ob zwei Datenmengen unterschiedlichen Streuungen unterliegen. Beispielsweise können Sie die Punktzahlen untersuchen, die Männer und Frauen bei einem Einstellungstest erzielt haben, und ermitteln, ob sich die für die Frauen gefundene Streuung von derjenigen der Männer unterscheidet.

Die Funktion *FVERT()* wurde durch die Funktion *F.VERT.RE()* ersetzt. Die Funktion *FVERT()* ist nur noch aus Gründen der Kompatibilität mit älteren Excel-Versionen verfügbar. Wenn allerdings keine Abwärtskompatibilität erforderlich ist, sollten Sie die neue Funktion verwenden.

Tipp 12: Funktion F.INV.RE()/FINV()

F.INV.RE(Wahrscheinlichkeit;Freiheitsgrade1;Freiheitsgrade2) gibt die Quantile der rechtsseitigen F-Verteilung zurück. Die F-Verteilung kann in F-Tests verwendet werden, bei denen die Streuungen zweier Datenmengen ins Verhältnis gesetzt werden. Zum Beispiel können Sie die Verteilung der in den USA und Kanada erzielten Einkommen daraufhin analysieren, ob in den beiden Ländern ähnliche Einkommensverteilungen vorliegen.

Die Funktion *FINV()* wurde durch die Funktion *F.INV.RE()* ersetzt. Die Funktion *FINV()* ist nur noch aus Gründen der Kompatibilität mit älteren Excel-Versionen verfügbar. Wenn allerdings keine Abwärtskompatibilität erforderlich ist, sollten Sie die neue Funktion verwenden.

Tipp 13: Funktion GEOMITTEL()

Die Funktion *GEOMITTEL(Zahl1;Zahl2;Zahl3;...)* gibt das geometrische Mittel einer Menge positiver Zahlen zurück. Zum Beispiel können Sie mit *GEOMITTEL* eine mittlere Wachstumsrate berechnen, wenn für einen Zinseszins variable Zinssätze gegeben sind.

Tipp 14: Funktion GAMMA.VERT/GAMMAVERT()

Die Funktion *GAMMA.VERT(x;Alpha;Beta;kumuliert)* gibt die Wahrscheinlichkeiten einer gammaverteilten Zufallsvariablen zurück. Mit dieser Funktion können Sie Variablen untersuchen, die eine schiefe Verteilung besitzen. Die Gammaverteilung wird häufig bei Warteschlangenanalysen verwendet.

Die Funktion *GAMMAVERT()* wurde durch die Funktion *GAMMA.VERT()* ersetzt. Die Funktion *GAMMAVERT()* ist nur noch aus Gründen der Kompatibilität mit älteren Excel-Versionen verfügbar. Wenn allerdings keine Abwärtskompatibilität erforderlich ist, sollten Sie die neue Funktion verwenden.

Tipp 15: Funktion GAMMA.INV/GAMMAINV()

GAMMA.INV(Wahrscheinlichkeit;Alpha;Beta) gibt den Kehrwert der kumulierten Gammaverteilung zurück. Mit dieser Funktion können Sie eine Variable untersuchen, deren Verteilung eventuell schief ist.

Die Funktion *GAMMAINV()* wurde durch die Funktion *GAMMA.INV()* ersetzt. Die Funktion *GAMMAINV()* ist nur noch aus Gründen der Kompatibilität mit älteren Excel-Versionen verfügbar. Wenn allerdings keine Abwärtskompatibilität erforderlich ist, sollten Sie die neue Funktion verwenden.

Tipp 16: Funktion HYPGEOM.VERT()/HYPGEOMVERT()

HYPGEOM.VERT(Erfolge_Stichprobe;Umfang_Stichprobe;Erfolge_Grundgesamtheit;Umfang_Grundgesamtheit;kumuliert) berechnet die Wahrscheinlichkeit, in einer Stichprobe eine bestimmte Anzahl von Beobachtungen zu erhalten. *HYPGEOM.VERT()* können Sie für Problemstellungen einsetzen, bei denen eine begrenzte Grundgesamtheit vorliegt und jede Beobachtung entweder ein Erfolg oder ein Misserfolg sein kann und bei denen jede Teilmenge eines bestimmten Umfangs mit gleicher Wahrscheinlichkeit gewählt wird.

Die Funktion *HYPGEOMVERT()* wurde durch die Funktion *HYPGEOM.VERT()* ersetzt. Die Funktion *HYPGEOMVERT()* ist nur noch aus Gründen der Kompatibilität mit älteren Excel-Versionen verfügbar. Wenn allerdings keine Abwärtskompatibilität erforderlich ist, sollten Sie die neue Funktion verwenden.

Tipp 17: Funktion IKV()

Die Funktion *IKV(Werte;Schätzwert)* gibt den internen Zinsfuß einer Investition ohne Finanzierungskosten oder Reinvestitionsgewinne zurück. Die in *Werte* angegebenen Zahlen entsprechen der zu der Investition gehörenden Zahlungsreihe. Diese Zahlungen müssen nicht gleich groß sein, wie es bei Annuitätenzahlungen der Fall ist. Der Zinsfluss muss jedoch in regelmäßigen Intervallen, monatlich oder jährlich, auftreten. Der interne Zinsfuß ist der Zinssatz, der für eine Investition erreicht wird, die aus Auszahlungen (negativen Werten) und Einzahlungen (positiven Werten) besteht, die in regelmäßigen Abständen erfolgen.

Tipp 18: Funktion LOGNORM.VERT()/LOGNORMVERT()

LOGNORM.VERT(x;Mittelwert;Standardabweichung;kumuliert) liefert den Wert der Verteilungsfunktion einer lognormalverteilten Zufallsvariablen zurück, wobei *x* mit den Parametern *Mittelwert* und *Standardabweichung* normalverteilt ist. Mit dieser Funktion können Daten untersucht werden, die logarithmisch transformiert wurden.

Die Funktion *LOGNORMVERT()* wurde durch die Funktion *LOGNORM.VERT()* ersetzt. Die Funktion *LOGNORMVERT()* ist nur noch aus Gründen der Kompatibilität mit älteren Excel-Versionen verfügbar. Wenn allerdings keine Abwärtskompatibilität erforderlich ist, sollten Sie die neue Funktion verwenden.

Tipp 19: Funktion LOGNORM.INV()/LOGNORMINV()

Die Funktion *LOGNORM.INV(Wahrscheinlichkeit;Mittelwert;Standardabweichung)* ermittelt die Quantile der Lognormalverteilung von x zurück, wobei x mit den Parametern *Mittelwert* und *Standardabweichung* normalverteilt ist.

Die Funktion *LOGNORMINV()* wurde durch die Funktion *LOGNORM.INV()* ersetzt. Die Funktion *LOGNORMINV()* ist nur noch aus Gründen der Kompatibilität mit älteren Excel-Versionen verfügbar. Wenn allerdings keine Abwärtskompatibilität erforderlich ist, sollten Sie die neue Funktion verwenden.

Tipp 20: Funktion REST()

Die Funktion *REST(Zahl;Divisor)* gibt den Rest einer Division zurück. Das Ergebnis hat dabei dasselbe Vorzeichen wie der Divisor. Der Algorithmus dieser Funktion wurde in Excel 2010 optimiert.

Tipp 21: Funktion NEGBINOM.VERT()/NEGBINOMVERT()

Die Funktion *NEGBINOM.VERT(Zahl_Misserfolge;Zahl_Erfolge;Erfolgswahrscheinlichkeit)* gibt die Wahrscheinlichkeit einer negativen binomialverteilten Zufallsvariablen zurück. Die Vorgehensweise dieser Funktion unterscheidet sich von der Binomialverteilung nur dadurch, dass die Anzahl der Erfolge feststeht und die Anzahl der Versuche variabel ist. Analog zu einer Binomialverteilung wird vorausgesetzt, dass die jeweiligen Versuche voneinander unabhängig sind.

Die Funktion *NEGBINOMVERT()* wurde durch die Funktion *NEGBINOM.VERT()* ersetzt. Die Funktion *NEGBINOMVERT()* ist nur noch aus Gründen der Kompatibilität mit älteren Excel-Versionen verfügbar. Wenn allerdings keine Abwärtskompatibilität erforderlich ist, sollten Sie die neue Funktion verwenden.

Tipp 22: Funktion NORM.VERT()/NORMVERT()

NORM.VERT(x;Mittelwert;Standardabweichung;kumuliert) errechnet die Normalverteilung für den angegebenen Mittelwert und die angegebene Standardabweichung. Diese Funktion wird häufig in der Statistik verwendet.

Die Funktion *NORMVERT()* wurde durch die Funktion *NORM.VERT()* ersetzt. Die Funktion *NORMVERT()* ist nur noch aus Gründen der Kompatibilität mit älteren Excel-Versionen verfügbar. Wenn allerdings keine Abwärtskompatibilität erforderlich ist, sollten Sie die neue Funktion verwenden.

Tipp 23: Funktion NORM.INV()/NORMINV()

NORM.INV(Wahrscheinlichkeit;Mittelwert;Standardabweichung) ermittelt die Quantile der Normalverteilung.

Die Funktion *NORMINV()* wurde durch die Funktion *NORM.INV()* ersetzt. Die Funktion *NORMINV()* ist nur noch aus Gründen der Kompatibilität mit älteren Excel-Versionen verfügbar. Wenn allerdings keine Abwärtskompatibilität erforderlich ist, sollten Sie die neue Funktion verwenden.

Tipp 24: Funktion NORM.S.VERT()/STANDNORMVERT()

Die Funktion *NORM.S.VERT(z;kumuliert)* ermittelt die Standardnormalverteilung. Die Standardnormalverteilung hat einen Mittelwert von 0 und eine Standardabweichung von 1. Sie können diese Funktion anstelle einer Tabelle verwenden, in der Werte der Verteilungsfunktion der Standardnormalverteilung zusammengestellt sind.

Die Funktion *STANDNORMVERT()* wurde durch die Funktion *NORM.S.VERT()* ersetzt. Die Funktion *STANDNORMVERT()* ist nur noch aus Gründen der Kompatibilität mit älteren Excel-Versionen verfügbar. Wenn allerdings keine Abwärtskompatibilität erforderlich ist, sollten Sie die neue Funktion verwenden.

Tipp 25: Funktion NORM.S.INV()/STANDNORMINV()

NORM.S.INV(Wahrscheinlichkeit) ermittelt die Quantile der Standardnormalverteilung. Die Standardnormalverteilung hat einen Mittelwert von 0 und eine Standardabweichung von 1.

Die Funktion *STANDNORMINV()* wurde durch die Funktion *NORM.S.INV()* ersetzt. Die Funktion *STANDNORMINV()* ist nur noch aus Gründen der Kompatibilität mit älteren Excel-Versionen verfügbar. Wenn allerdings keine Abwärtskompatibilität erforderlich ist, sollten Sie die neue Funktion verwenden.

Tipp 26: Funktion POISSON.VERT()/POISSON()

Die Funktion *POISSON.VERT(x;Mittelwert;kumuliert)* gibt die Wahrscheinlichkeiten einer poissonverteilten Zufallsvariablen zurück. Eine übliche Anwendung der Poissonverteilung ist die Modellierung der Anzahl der Ereignisse innerhalb eines bestimmten Zeitraums, beispielsweise die Anzahl der Kunden, die innerhalb einer Stunde an einem Schalter eintreffen.

Die Funktion *POISSON()* wurde durch die Funktion *POISSON.VERT()* ersetzt. Die Funktion *POISSON()* ist nur noch aus Gründen der Kompatibilität mit älteren Excel-Versionen verfügbar. Wenn allerdings keine Abwärtskompatibilität erforderlich ist, sollten Sie die neue Funktion verwenden.

Tipp 27: Funktion ZUFALLSZAHL()

Die Funktion *ZUFALLSZAHL()* gibt eine gleichmäßig verteilte reelle Zufallszahl größer oder gleich 0 und kleiner als 1 zurück. Bei jeder Neuberechnung des jeweiligen Arbeitsblatts wird eine neue Zufallszahl ermittelt. In der überarbeiteten Version erfolgt die Berechnung mit einem verbesserten Algorithmus.

➡ Verweis: siehe Kapitel 4.13, Tipp 11

Tipp 28: Funktion STABW.S()/STABW()

Die Funktion *STABW.S(Zahl1;Zahl2;...)* schätzt die Standardabweichung ausgehend von einer Stichprobe. Logische Werte und Texte werden bei den Stichproben ignoriert. Die Standardabweichung ist ein Maß für die Streuung von Werten bezüglich ihres Mittelwerts.

Die Funktion *STABW()* wurde durch die Funktion *STABW.S()* ersetzt. Die Funktion *STABW()* ist nur noch aus Gründen der Kompatibilität mit älteren Excel-Versionen verfügbar. Wenn allerdings keine Abwärtskompatibilität erforderlich ist, sollten Sie die neue Funktion verwenden.

Tipp 29: Funktion T.VERT()/TVERT()

Mithilfe der Funktion *T.VERT(x;Freiheitsgrade)* wird die t-Verteilung für die rechte Endfläche ermittelt. Die t-Verteilung wird für das Testen von Hypothesen bei kleinem Stichprobenumfang verwendet. Benutzen Sie diese Funktion anstelle einer Tabelle mit kritischen Werten für die t-Verteilung.

Die Funktion *TVERT()* wurde durch die Funktion *T.VERT()* ersetzt. Die Funktion *TVERT()* ist nur noch aus Gründen der Kompatibilität mit älteren Excel-Versionen verfügbar. Wenn allerdings keine Abwärtskompatibilität erforderlich ist, sollten Sie die neue Funktion verwenden.

Tipp 30: Funktion T.INV.2S()/TINV()

T.INV.2S(Wahrscheinlichkeit;Freiheitsgrade) gibt die zweiseitigen Quantile der t-Verteilung zurück.

Die Funktion *TINV()* wurde durch die Funktion *T.INV.2S()* ersetzt. Die Funktion *TINV()* ist nur noch aus Gründen der Kompatibilität mit älteren Excel-Versionen verfügbar. Wenn allerdings keine Abwärtskompatibilität erforderlich ist, sollten Sie die neue Funktion verwenden.

Tipp 31: Funktion VAR.S()/VARIANZ()

Die Funktion *VAR.S(Zahl1;Zahl2;...)* schätzt die Varianz ausgehend von einer Stichprobe. Logische Werte und Text werden bei der Stichprobenberechnung ignoriert.

Die Funktion *VARIANZ()* wurde durch die Funktion *VAR.S()* ersetzt. Die Funktion *VARIANZ()* ist nur noch aus Gründen der Kompatibilität mit älteren Excel-Versionen verfügbar. Wenn allerdings keine Abwärtskompatibilität erforderlich ist, sollten Sie die neue Funktion verwenden.

Tipp 32: Funktion KONFIDENZ.NORM()/KONFIDENZ()

KONFIDENZ.NORM(Alpha;Standardabweichung;Umfang) ermöglicht die Berechnung des 1-Alpha-Konfidenzintervalls für den Erwartungswert einer Zufallsvariablen. Dabei wird die Normalverteilung verwendet.

Die Funktion *KONFIDENZ()* wurde durch die Funktion *KONFIDENZ.NORM()* ersetzt. Die Funktion *KONFIDENZ()* ist nur noch aus Gründen der Kompatibilität mit älteren Excel-Versionen verfügbar. Wenn allerdings keine Abwärtskompatibilität erforderlich ist, sollten Sie die neue Funktion verwenden.

Tipp 33: Funktion NETTOARBEITSTAGE.INTL()

Die neue Funktion *NETTOARBEITSTAGE.INTL(Ausgangsdatum;Enddatum;Wochenende;...)* berechnet die Anzahl der vollen Arbeitstage zwischen zwei Datumsangaben. Dabei werden verschiedene Parameter verwendet, um anzugeben, welche und wie viele Tage auf ein Wochenende bzw. auf arbeitsfreie Tage fallen. Wochenenden und Tage, die als freie Tage angegeben sind, werden nicht zu den Arbeitstagen gezählt.

➡ Verweis: siehe Kapitel 4.5, Tipp 14

Tipp 34: Funktion ARBEITSTAG.INTL()

Mithilfe der Funktion *ARBEITSTAG.INTL(Ausgangsdatum;Tage;Wochenende;Freie_Tage)* wird die fortlaufende Zahl des Datums vor oder nach einer bestimmten Anzahl von Arbeitstagen mit benutzerdefinierten Wochenendparametern ermittelt. Mit Wochenendparametern wird angegeben, welche und wie viele Tage als Wochenendtage behandelt werden. Wochenendtage und als Feiertage angegebene Tage werden nicht als Arbeitstage betrachtet.

➡ Verweis: siehe Kapitel 4.5, Tipp 27

Tipp 35: Funktion AGGREGAT()

Die Funktion *AGGREGAT(Funktionsnummer;Optionen;Bezug1;[Bezug2])* hat den Zweck, bestimmte Beschränkungen bei der bedingten Formatierung zu umgehen. Datenbalken, Symbolsätze und Farbskalen können keine bedingte Formatierung wiedergeben, wenn der Wertebereich Fehler enthält. Der Grund hierfür ist, dass die Funktionen *MIN*, *MAX* und *QUANTIL* keine Berechnungen durchführen, wenn der Berechnungsbereich einen Fehler enthält. Aus denselben Gründen können auch die Funktionen *KGRÖSSTE()*, *KKLEINSTE()* und *STABWN()* die ordnungsgemäße Funktionalität bestimmter Formatierungsregeln negativ beeinflussen. Mithilfe der *AGGREGAT*-Funktion können Sie diese Funktionen implementieren, da die Fehler ignoriert werden. Darüber hinaus kann die *AGGREGAT*-Funktion verschiedene Aggregatfunktionen auf eine Liste oder Datenbank mit der Option anwenden, ausgeblendete Zeilen und Fehlerwerte zu ignorieren.

Tipp 36: Funktion OBERGRENZE.GENAU()

OBERGRENZE.GENAU(Zahl;Schritt) rundet eine Zahl auf die nächste Ganzzahl oder auf das kleinste Vielfache von *Schritt* auf. Die Zahl wird unabhängig von ihrem Vorzeichen aufgerundet. Ist *Zahl* oder *Schritt* 0, wird auch 0 zurückgegeben.

Tipp 37: Funktion UNTERGRENZE.GENAU()

UNTERGRENZE.GENAU(Zahl;Schritt) rundet eine Zahl auf die nächste Ganzzahl oder das nächste Vielfache von *Schritt* ab. Die Zahl wird unabhängig vom Vorzeichen abgerundet. Ist *Zahl* oder *Schritt* jedoch 0, wird 0 zurückgegeben.

Tipp 38: Funktion CHIQU.VERT()

Die Funktion *CHIQU.VERT(x;Freiheitsgrade;kumuliert)* gibt die Werte der Verteilungsfunktion einer Chi-Quadrat-verteilten Zufallsvariablen zurück. Die Betaverteilung wird verwendet, um die Streuung bei mehreren Stichproben zu bestimmten Vorgängen zu untersuchen.

Tipp 39: Funktion CHIQU.INV()

CHIQU.INV(Wahrscheinlichkeit;Freiheitsgrade) gibt die Perzentile der linksseitigen Chi-Quadrat-Verteilung zurück.

Tipp 40: Funktion KONFIDENZ.T()

Mithilfe der Funktion *KONFIDENZ.T(Alpha;Standardabweichung;Umfang)* kann das Konfidenzintervall für den Erwartungswert einer Zufallsvariablen errechnet werden, wobei der studentische T-Test verwendet wird.

Tipp 41: Funktion KOVARIANZ.S()

Die Funktion *KOVARIANZ.S(Array1;Array2)* ermittelt den Mittelwert der für alle Datenpunktpaare gebildeten Produkte der Abweichungen, das heißt, die Funktion gibt die Kovarianz einer Stichprobe zurück.

Tipp 42: Funktion F.VERT()

F.VERT(x;Freiheitsgrade1;Freiheitsgrade2;kumuliert) gibt Werte der Verteilungsfunktion (1-Alpha) einer F-verteilten Zufallsvariablen zurück. Mit dieser Funktion können Sie feststellen, ob zwei Datenmengen unterschiedlichen Streuungen unterliegen.

Tipp 43: Funktion F.INV()

Die Funktion *F.INV(Wahrscheinlichkeit;Freiheitsgrade1;Freiheitsgrade2)* gibt die Quantile der F-Verteilung zurück. Die F-Verteilung kann in F-Tests verwendet werden, bei denen die Streuungen zweier Datenmengen ins Verhältnis gesetzt werden.

Tipp 44: Funktion MODUS.VIELF()

MODUS.VIELF(Zahl1;Zahl2;...) gibt ein vertikales Array der am häufigsten vorkommenden oder wiederholten Werte in einem Array oder Datenbereich zurück. Verwenden Sie für ein horizontales Array *MTRANS(MODUS.VIELF(Zahl1,Zahl2,...))*.

Tipp 45: Funktion QUANTIL.EXKL()

Die Funktion *QUANTIL.EXKL(Array;k)* gibt das k-Quantil von Werten in einem Bereich zurück, wobei *k* ausschließlich im Bereich von 0 bis 1 liegt.

Tipp 46: Funktion QUANTILSRANG.EXKL()

Mithilfe der Funktion *QUANTILSRANG.EXKL(Array;x;Genauigkeit)* wird der prozentuale Rang (Alpha) eines Werts in einem Datenset ermittelt.

Tipp 47: Funktion QUARTILE.EXKL()

QUARTILE.EXKL(Array;Quartile) gibt die Quartile eines Datensets basierend auf Perzentilwerten von ausschließlich 0 bis 1 zurück.

Tipp 48: Funktion RANG.MITTELW()

Mit *RANG.MITTELW(Zahl;Bezug;Reihenfolge)* wird der Rang eines Werts innerhalb einer Liste von Zahlen ermittelt. Weisen mehrere Werte die gleiche Rangzahl auf, wird die durchschnittliche Rangzahl zurückgegeben.

Tipp 49: Funktion T.VERT()

T.VERT(x;Freiheitsgrade;kumuliert) ermittelt die Student-t-Verteilung. Die t-Verteilung wird in der Hypothesenüberprüfung von kleinen Beispieldatensets verwendet. Benutzen Sie diese Funktion anstelle einer Tabelle mit kritischen Werten für die t-Verteilung.

Tipp 50: Funktion T.INV()

T.INV(Wahrscheinlichkeit;Freiheitsgrade) gibt die linksseitigen Quantile der Student-t-Verteilung zurück.

14.3 Neue Funktionen in Excel 2013

Excel 2013 beinhaltet, wie jede neue Excel-Version, eine Reihe neuer Formeln und Funktionen. In diesem Abschnitt stellen wir Ihnen die wichtigsten Neuerungen vor.

Tipp 1: Funktion BLATT()

Kategorie Informationen

Die neue Funktion *=BLATT(Wert)* ermittelt die Nummer des Blatts, auf das verwiesen wird.

Als Wert kann ein definierter Name oder der Name einer Datentabelle angegeben werden. Um beispielsweise zu ermitteln, auf welchem Tabellenblatt der definierte Name *Umsatz* verwendet wird, genügt es, in eine Zelle Folgendes einzutragen: *=BLATT(Umsatz)*. Als Ergebnis wird die Nummer des Blatts zurückgeliefert, die den definierten Namen enthält.

Mit *=BLATT("Tabelle1")* kann aber auch die Blattnummer des Tabellenblatts ausgelesen werden, das die Bezeichnung *Tabelle1* trägt.

Tipp 2: Funktion BLÄTTER()

Kategorie Informationen

Mithilfe der Funktion *=BLÄTTER(Bezug)* wird die Anzahl der in einer Arbeitsmappe vorhandenen Tabellenblätter ermittelt. Mit *=BLÄTTER()* wird die Anzahl der vorhandenen Tabellenblätter, z. B. 3, zurückgegeben.

=BLÄTTER(3DBezug) gibt die Anzahl der Blätter zurück, die den definierten Namen *3DBezug* umfasst. Beinhaltet der definierte Name *3DBezug* beispielsweise *Tabelle1* und *Tabelle2*, wird als Ergebnis 2 zurückgeliefert. Die Funktion *BLÄTTER()* zählt auch ausgeblendete Tabellenblätter mit.

Tipp 3: Funktion ISTFORMEL()

Kategorie Informationen

Die neue Funktion *=ISTFORMEL(Bezug)* überprüft die angegebene Zelle darauf, ob diese eine Formel enthält oder nicht. Als Ergebnis wird *WAHR* oder *FALSCH* zurückgegeben. Befindet sich beispielsweise in Zelle B5 eine Formel, liefert *=ISTFORMEL(B5)* als Ergebnis den Wahrheitswert *WAHR* zurück.

Tipp 4: Funktion ISOKALENDERWOCHE()

Kategorie Datum & Zeit

Die Funktion *=ISOKALENDERWOCHE(Datum)* ermittelt die Kalenderwoche gemäß Norm DIN 1355/ISO 8601. So liefert beispielsweise die Funktion *=ISOKALENDERWOCHE("01.01.2010")* als Ergebnis die korrekte Kalenderwoche 53.

➡ Verweis: siehe Kapitel 4.5, Tipp 18

Tipp 5: Funktion TAGE()

Kategorie Datum & Zeit

=TAGE(Zieldatum;Ausgangsdatum) berechnet die Anzahl der Tage, die zwischen dem vorgegebenen Zieldatum und dem Ausgangsdatum liegen. Diese Funktion berücksichtigt auch Abweichungen, die sich durch Schaltjahre ergeben.

=TAGE("15.03.2012";"01.12.2011") liefert als Ergebnis 105, da der 29.02.2012 entsprechend mitgezählt wird. Die Berechnung *=TAGE("15.03.2013";"01.12.2012")* gibt als Ergebnis 104 Tage zurück, da 2013 kein Schaltjahr ist.

Tipp 6: Funktion WENNNV()

Kategorie Logik

Die Funktion =*WENNNV(zu prüfender Wert;Anzeige bei NV)* gibt den angegebenen Wert (Text etc.) zurück, wenn die Prüfung den Fehlerwert #NV ergibt. Liefert die Prüfung ein korrektes Ergebnis, wird dieses angezeigt. Die Formel =*WENNNV(SVERWEIS(B18;B20:C22;2;0);"Wert nicht gefunden")* gibt den Text *Wert nicht gefunden* zurück, wenn der *SVERWEIS* keinen Treffer liefert. Wird der Suchbegriff hingegen in der *SVERWEIS*-Matrix gefunden, wird der gefundene Wert zurückgeliefert.

Tipp 7: Funktion XODER()

Kategorie Logik

Mithilfe der Funktion =*XODER(Wert1;Wert2;Wert3;...)* wird ein logisches Exklusiv-Oder zurückgegeben. *XODER* kann bis zu 254 Werte prüfen. Damit als Ergebnis *WAHR* zurückgeliefert wird, muss mindestens eine Prüfung richtig sein. Wenn alle Prüfungen falsch sind, wird als Ergebnis *FALSCH* zurückgeliefert. *XODER()* kann auch auf einen Zellbereich als Matrixfunktion angewendet werden. Matrixfunktionen müssen mit der Tastenkombination Strg+⇧+↵ abgeschlossen werden.

Tipp 8: Funktion FORMELTEXT()

Kategorie Matrix

Die neue Funktion =*FORMELTEXT(Bezug)* gibt Formeln, die sich in der angegebenen Bezugszelle befinden, als Text zurück. Damit eignet sich diese Funktion zur Dokumentation von Formeln und Funktionen. Es spielt keine Rolle, ob sich der Formelbezug auf demselben Tabellenblatt, einem anderen Arbeitsblatt in der gleichen Arbeitsmappe oder auf eine andere Arbeitsmappe bezieht. Damit das Ergebnis der Funktion korrekt angezeigt wird, müssen fremde Arbeitsmappen allerdings geöffnet sein. Insgesamt können Formeln mit einer Maximallänge von 8.192 Zeichen angezeigt werden.

Tipp 9: Funktion ZAHLENWERT()

Kategorie Text

=*ZAHLENWERT(Text;[Dezimaltrennzeichen];[Tausendertrennzeichen])* konvertiert Text in Zahlen. Dabei spielt das in Windows eingestellte Gebietsschema keine Rolle. Werden die optionalen Parameter *Dezimaltrennzeichen* und *Tausendertrennzeichen* nicht angegeben, werden diese vom eingestellten Gebietsschema übernommen. Mithilfe dieser Funktion können beispielsweise importierte Werte einfach und schnell in das korrekte Zahlenformat konvertiert werden.

Die folgenden Beispiele zeigen, wie sich als Text importierte Zahlen umwandeln lassen:

=*ZAHLENWERT("1,234.50";".";",")* = 1234,5 (das Dezimaltrennzeichen wird korrekt gesetzt)

=*ZAHLENWERT("2 500 . 00";".")* = 2500 (Leerzeichen werden entfernt)

=*ZAHLENWERT("123 456.90";".")* = 123456,9 (Leerzeichen werden entfernt, das Dezimalzeichen wird korrekt gesetzt)

Tipp 10: Funktion UNIZEICHEN() und Funktion UNICODE()

Kategorie Text

Die Funktion *=UNIZEICHEN(Zahl)* gibt das Zeichen zurück, das der entsprechenden Unicode-Nummer entspricht. Wird beispielsweise als Zahl 67 übergeben, wird das große C zurückgeliefert. Umgekehrt kann mit *=UNICODE(Text)* die Unicode-Nummer für das angegebene Zeichen ausgelesen werden. *=UNICODE("C")* liefert als Ergebnis somit die Zahl 67.

Tipp 11: Funktion ARABISCH()

Kategorie Math. & Trigonom.

Die Funktion *=ARABISCH(Text)* wandelt eine römische Zahl, die im Textformat vorliegt, in eine arabische Zahl um. Es handelt sich also um die Umkehrfunktion der bereits in den Vorgängerversionen verfügbaren Funktion *=RÖMISCH(Zahl;Typ)*.

Die Funktion kann 255 Zeichen verarbeiten. Damit ist die größte Zahl, die verarbeitet werden kann, 255.000.

Befinden sich innerhalb der römischen Zahlen Leerzeichen, werden diese bei der Berechnung ignoriert.

Tipp 12: Funktion BASIS()

Kategorie Math. & Trigonom.

Mithilfe der Funktion *=BASIS(Zahl;Basis;[Mindestlänge])* werden Zahlen als Text mit der angegebenen Basis umgewandelt. *Basis* muss einen Wert zwischen 2 und 32 haben. Der optionale Parameter *Mindestlänge* sorgt dafür, dass das Ergebnis mit der entsprechenden Anzahl Stellen, gegebenenfalls mit führenden Nullen, ausgegeben wird.

=BASIS(1000;16;5) wandelt beispielsweise die Zahl 1000 ins Hexadezimalsystem (Basis 16) mit einer Länge von 5 Stellen um. Als Ergebnis liefert diese Funktion 003E8.

=BASIS(55;2;8) wandelt die Zahl 55 in das Binärsystem (Basis 2) mit einer Länge von 8 Stellen um. Das Ergebnis lautet damit 00110111.

Tipp 13: Funktion DEZIMAL()

Kategorie Math. & Trigonom.

Die Funktion *=DEZIMAL(Text;Basis)* ist das Gegenstück zur Funktion *BASIS()*, siehe Tipp 12. *DEZIMAL()* konvertiert Zahlen, die als Text vorliegen, auf Grundlage der angegebenen Basis in eine Dezimalzahl.

So errechnet die Funktion *=DEZIMAL(("003E8");16)* den Wert 1000 auf der Basis 16 (Hexadezimalsystem).

=DEZIMAL("00110111";2) liefert als Ergebnis 55. Als Basis wurde 2, also das Binärsystem angegeben.

Tipp 14: Funktion OBERGRENZE.MATHEMATIK() und Funktion UNTERGRENZE.MATHEMATIK()

Kategorie Math. & Trigonom.

=OBERGRENZE.MATHEMATIK(Zahl;[Schritt];[Modus]) rundet die angegebene Zahl auf die nächste ganze Zahl oder auf das nächste Vielfache des angegebenen Parameters *Schritt* auf. Umgekehrt rundet die Funktion *=UNTERGRENZE.MATHEMATIK(Zahl;[Schritt];[Modus])* auf den entsprechenden Wert ab.

Über das Argument *Modus* kann die Richtung für das Runden einer negativen Zahl geändert werden Durch die Kombination von *Schritt* und *Modus* ergeben sich vielfältige Möglichkeiten zur Rundung von Zahlen.

Tipp 15: Funktion PDURATION()

Kategorie Finanzmathematik

Die Funktion *=PDURATION(Zinssatz;aktueller Wert der Investition;zukünftiger Wert der Investition)* ermittelt die Anzahl der Perioden, die erforderlich sind, bis eine Investition (*aktueller Wert*) den angegebenen zukünftigen Wert erreicht hat.

Mit der Formel *=PDURATION(1,75%;10000;12500)* wird beispielsweise berechnet, wie lange es dauert, bis aus einer Investition von 10.000 Euro, die mit einem jährlichen Zinssatz von 1,75 % verzinst wird, der Endbetrag von 12.500 Euro geworden ist. Als Ergebnis liefert die Formel 12,86. Das bedeutet, dass es knapp 13 Jahre dauert, bis die gewünschte Endsumme von 12.500 Euro durch die Verzinsung erreicht ist.

Tipp 16: Funktion URLCODIEREN()

Kategorie Web

Mithilfe der Funktion *=URLCODIEREN(Text)* können Links oder anderer beliebiger Text in URL-codierten Text umgewandelt werden.

Hintergrund ist, dass Webadressen (URLs) nur bestimmte Zeichen wie A–Z, a–z und 0–9 sowie einige Sonderzeichen enthalten dürfen. Umlaute, Klammern, Leerzeichen etc. sind hingegen nicht erlaubt.

Die Formel *=URLCODIEREN("http://www.excel-inside.de/VBA-Menü")* wandelt den angegebenen Text in einen sogenannten URL-codierten Text um. Das Ergebnis sieht wie folgt aus:

http%3A%2F%2Fwww.excel-inside.de%2FVBA-Men%C3%BC

Tipp 17: Funktion WEBDIENST()

Kategorie Web

Die Funktion *=WEBDIENST(URL)* liefert einen Webdienst zurück, der über die URL angesprochen wurde. So kann mit dieser Funktion beispielsweise ein RSS-Feed ausgelesen und gleich in Excel weiterverarbeitet werden. Zu beachten ist, dass die Anzahl der zurückgegebenen

Zeichen auf 32.767 beschränkt ist. Dies ist die Maximalzahl an Zeichen, die in einer Zelle dargestellt werden kann.

Tipp 18: Funktion XMLFILTERN()

Kategorie Web

=XMLFILTERN(XML;XPath) gibt bestimmte Daten aus einem XML-Inhalt zurück, indem der angegebene XPath-Ausdruck verwendet wird. Mit dieser Funktion können die mit der Funktion *WEBDIENST()* ausgelesenen Daten analysiert, extrahiert und weiterverarbeitet werden.

Tipp 19: Funktion KOMBINATIONEN2()

Kategorie Math. & Trigonom.

=KOMBINATIONEN2(Zahl;gewählte Zahl) gibt die Anzahl von Kombinationen für eine bestimmte Anzahl an Elementen zurück, wobei *KOMBINATIONEN2* auch Wiederholungen zurückgibt.

Tipp 20: Funktion ARCCOT()

Kategorie Math. & Trigonom.

Die Funktion *=ARCCOT(Zahl)* liefert den Hauptwert des Arcuskotangens (Umkehrfunktion des Kotangens) einer Zahl zurück.

Tipp 21: Funktion ARCCOTHYP()

Kategorie Math. & Trigonom.

=ARCCOTHYP(Zahl) gibt den umgekehrten hyperbolischen Kotangens einer Zahl zurück.

Tipp 22: Funktion COT()

Kategorie Math. & Trigonom.

=COT(Zahl) gibt den Kotangens eines im Bogenmaß angegebenen Winkels zurück.

Tipp 23: Funktion COTHYP()

Kategorie Math. & Trigonom.

Die Funktion *=COTHYP(Zahl)* berechnet den hyperbolischen Kotangens eines hyperbolischen Winkels.

Tipp 24: Funktion COSEC()

Kategorie Math. & Trigonom.

Die Funktion *=COSEC(Zahl)* ermittelt den Kosekans eines im Bogenmaß angegebenen Winkels.

Tipp 25: Funktion COSECHYP()

Kategorie Math. & Trigonom.

=COSECHYP(Zahl) gibt den hyperbolischen Kosekans eines im Bogenmaß angegebenen Winkels zurück.

Tipp 26: Funktion MEINHEIT()

Kategorie Math. & Trigonom.

Mit *=MEINHEIT(Größe)* wird die Einheitsmatrix für die angegebene Größe ermittelt.

Tipp 27: Funktion SEC()

Kategorie Math. & Trigonom.

Mit der Funktion *=SEC(Zahl)* kann der Sekans eines Winkels berechnet werden.

Tipp 28: Funktion SECHYP()

Kategorie Math. & Trigonom.

=SECHYP(Zahl) ermittelt den hyperbolischen Sekans eines Winkels.

Tipp 29: Funktion BINOM.VERT.BEREICH()

Kategorie Statistik

=BINOM.VERT.BEREICH(Versuche;Erfolgswahrscheinlichkeit;Anzahl Erfolge;[Anzahl2 Erfolge]) gibt die Erfolgswahrscheinlichkeit eines Versuchsergebnisses als Binomialverteilung zurück.

Tipp 30: Funktion GAMMA()

Kategorie Statistik

=GAMMA(Zahl) ermittelt den Wert der Gammafunktion.

Tipp 31: Funktion PHI()

Kategorie Statistik

Die Funktion *=PHI(x)* berechnet den Wert der Dichtefunktion für eine Standardnormalverteilung.

Tipp 32: Funktion SCHIEFE.P()

Kategorie Statistik

=SCHIEFE.P(Zahl1;[Zahl2];...) ermittelt die Schiefe einer Verteilung auf Basis einer Grundgesamtheit. Als Argumente können Zahlen, Namen, Matrizen oder Bezüge angegeben werden, die Zahlen enthalten.

Tipp 33: Funktion IMCOSEC()

Kategorie Technisch

Die Funktion *=IMCOSEC(Zahl)* gibt den Kosekans einer komplexen Zahl im Textformat zurück.

Tipp 34: Funktion IMCOSECHYP()

Kategorie Technisch

=IMCOSECHYP(Zahl) berechnet den hyperbolischen Kosekans einer komplexen Zahl im Textformat.

Tipp 35: Funktion IMCOT()

Kategorie Technisch

=IMCOT(Zahl) berechnet den Kotangens einer komplexen Zahl im Textformat.

Tipp 36: Funktion IMSEC()

Kategorie Technisch

=IMSEC(Zahl) berechnet den Sekans einer komplexen Zahl im Textformat.

Tipp 37: Funktion IMSECHYP()

Kategorie Technisch

Mit der Funktion *=IMSECHYP(Zahl)* wird der hyperbolische Sekans einer komplexen Zahl im Textformat zurückgeliefert.

Tipp 38: Funktion IMSIN()

Kategorie Technisch

=IMSIN(Zahl) ermittelt den Sinus einer komplexen Zahl, die als Zeichenfolge eingegeben wird.

Tipp 39: Funktion IMSINHYP()

Kategorie Technisch

=IMSINHYP(Zahl) liefert den hyperbolischen Sinus einer komplexen Zahl zurück.

Tipp 40: Funktion IMTAN()

Kategorie Technisch

Die Funktion *=IMTAN(Zahl)* berechnet den Tangens einer komplexen Zahl.

Tipp 41: Funktion BITUND()

Kategorie Technisch

=BITUND(Zahl1;Zahl2) gibt ein bitweises *UND* zweier Zahlen zurück.

Tipp 42: Funktion BITODER()

Kategorie Technisch

Die Funktion *=BITODER(Zahl1;Zahl2)* gibt ein bitweises *ODER* zweiter Zahlen zurück.

Tipp 43: Funktion BITXODER()

Kategorie Technisch

=BITXODER(Zahl1;Zahl2) liefert ein bitweises *XODER* zweier Zahlen zurück.

Tipp 44: Funktion BITLVERSCHIEB()

Kategorie Technisch

=BITLVERSCHIEB(Zahl;Verschiebebetrag) liefert die Zahl zurück, die sich ergibt, nachdem die angegebene Zahl um die angegebene Anzahl von Bits nach links verschoben wurde.

Tipp 45: Funktion BITRVERSCHIEB()

Kategorie Technisch

=BITRVERSCHIEB(Zahl;Verschiebebetrag) liefert die Zahl zurück, die sich ergibt, nachdem die angegebene Zahl um die angegebene Anzahl von Bits nach rechts verschoben wurde.

14.4 Neue Funktionen in Excel 2016

Und auch Excel 2016 beinhaltet einige neue Formeln und Funktionen, die wir in diesem Abschnitt kurz vorstellen möchten.

Tipp 1: Funktion SCHÄTZER.ETS()

Kategorie Statistik

Die neue Funktion *=SCHÄTZER.ETS(Ziel_Datum;Werte;Zeitachse;[Saisonalität];[Daten_Vollständigkeit];[Aggregation])* berechnet oder schätzt einen zukünftigen Wert auf Grundlage vorhandener (historischer) Werte mithilfe der AAA-Version des ETS Algorithmus (Exponentielles Glätten). Der Vorhersagewert ist eine Fortsetzung der historischen Werte zum angegebenen Zieltermin, der wiederum eine Fortsetzung der Zeitachse sein sollte. Diese Funktion ermöglicht Ihnen, zukünftige Umsätze, erforderliche Lagerbestände oder Verbrauchertrends vorherzusagen. Die Funktion setzt voraus, dass die Punkte auf der Zeitachse konstante Abstände haben. Beispielsweise könnte es sich um eine monatliche Zeitachse, deren Werte jeweils am ersten des Monats erfasst werden, eine jährliche Zeitachse oder eine Zeitachse mit numerischen Indizes handeln. Bei dieser Art von Zeitachse ist es sehr hilfreich, die unformatierten Rohdaten zusammenzufassen, bevor Sie die Prognosefunktion anwenden, wodurch sich die Genauigkeit der Prognoseergebnisse verbessern lässt. Diese Funktion steht in Excel 2016 für Mac nicht zur Verfügung.

Tipp 2: Funktion SCHÄTZER.ETS.KONFINT()

Kategorie Statistik

Die neue Funktion *=SCHÄTZER.ETS.KONFINT(Ziel_Datum;Werte;Zeitachse;[Konfidenz_Niveau];[Saisonalität];[Daten_Vollständigkeit];[Aggregation])* gibt ein Konfidenzintervall für den prognostizierten Wert an einem festgelegten Zieldatum zurück. Ein Konfidenzintervall von 95 % bedeutet, dass 95 % der zukünftigen Punkte voraussichtlich in diesen Radius um das Ergebnis fallen, das von *SCHÄTZER.ETS()* vorhergesagt wurde (bei Normalverteilung). Die Verwendung eines Konfidenzintervalls kann Ihnen helfen, die Genauigkeit des geschätzten Modells zu erfassen. Ein kleineres Intervall würde mehr Vertrauen in die Vorhersage für einen bestimmten Punkt implizieren. Diese Funktion steht in Excel 2016 für Mac nicht zur Verfügung.

Tipp 3: Funktion SCHÄTZER.ETS.SAISONALITÄT()

Kategorie Statistik

Die neue Funktion *=SCHÄTZER.ETS.SAISONALITÄT(Ziel_Datum;Werte;Zeitachse;[Saisonalität];[Daten_Vollständigkeit]))* gibt die Länge des repetitiven Musters zurück, das Excel in der angegebenen Zeitreihe erkannt hat. *SCHÄTZER.ETS.SAISONALITÄT()* kann nach *SCHÄTZER.ETS()* verwendet werden, um zu identifizieren, welche automatische Saisonalität in *SCHÄTZER.ETS()* erkannt wurde und verwendet werden soll. Die Funktion kann zwar auch unabhängig von *SCHÄTZER.ETS()* verwendet werden, aber die Funktionen hängen zusammen, weil die in dieser Funktion ermittelte Saisonalität bei gleichen Eingabeparametern, die die Datenvollständigkeit beeinflussen, der von *SCHÄTZER.ETS()* verwendeten Saisonalität entspricht. Diese Funktion steht in Excel 2016 für Mac nicht zur Verfügung.

Tipp 4: Funktion SCHÄTZER.ETS.STAT()

Kategorie Statistik

Die neue Funktion *=SCHÄTZER.ETS.STAT(Ziel_Datum;Werte;Zeitachse;[Konfidenz_Niveau];[Saisonalität];[Daten_Vollständigkeit];[Aggregation])* gibt einen statistischen Wert als Ergebnis für Zeitreihenprognosen zurück. Der Statistiktyp gibt an, welche Statistik von dieser Funktion angefordert wird. Diese Funktion steht in Excel 2016 für Mac nicht zur Verfügung.

Tipp 5: Funktion SCHÄTZER.LINEAR()

Kategorie Statistik

Die neue Funktion *=SCHÄTZER.LINEAR(x;Y_Werte;X_Werte)* gibt den Schätzwert für einen linearen Trend zurück. Der Vorhersagewert ist ein y-Wert bei einem gegebenen x-Wert. Bei den bekannten Werten handelt es sich um vorhandene x- und y-Werte und der neue Wert wird, ausgehend von einer linearen Regression, vorhergesagt. Diese Funktion ermöglicht es Ihnen, zukünftige Umsätze, erforderliche Lagerbestände oder Verbrauchertrends vorherzusagen. Diese Funktion steht in Excel 2016 für Mac nicht zur Verfügung.

14.5 Neue Funktionen in Excel 2019

Die nachfolgend beschriebenen neuen Funktionen stehen in den Excel-Versionen 2019 sowie der Version Office 365 zur Verfügung.

Tipp 1: Funktion TEXTKETTE()

Kategorie Text

Die Funktion *TEXTKETTE* kombiniert den Text aus mehreren Bereichen und/oder Zeichenfolgen, gibt aber keine Trennzeichen als Argumente an. Neben der direkten Angabe von Texten können der Funktion auch Zellbezüge als Parameter übergeben werden.

=TEXTKETTE(Text1;[Text2];...)

Es können bis zu 253 Textargumente verkettet werden.

Hinweis

Wenn Sie Trennzeichen, z. B. Leerzeichen oder kaufmännische Und-Zeichen (&), zwischen den zu kombinierenden Texten einfügen und leere Argumente entfernen möchten, die in dem kombinierten Textergebnis nicht angezeigt werden sollen, können Sie die *TEXTVERKETTEN*-Funktion verwenden, siehe Tipp 2.

Tipp 2: Funktion TEXTVERKETTEN()

Kategorie Text

Die Funktion *TEXTVERKETTEN* kombiniert den Text aus mehreren Bereichen und/oder Zeichenfolgen und fügt zwischen jedem zu kombinierenden Textwert ein von Ihnen angegebenes Trennzeichen ein. Wenn das Trennzeichen eine leere Textzeichenfolge ist, verkettet diese Funktion effektiv die Bereiche.

=TEXTVERKETTEN(Trennzeichen;Leer_ignorieren;Text1;[Text2]; ...)

Es können bis zu 252 Textargumente verkettet werden. Neben der direkten Angabe von Texten können der Funktion auch Zellbereiche übergeben werden. Die maximale Anzahl der Zeichen pro Zelle ist auf 32.767 begrenzt.

Tipp 3: Funktion WENNS()

Kategorie Logik

Mit der Funktion *WENNS* kann überprüft werden, ob eine oder mehrere Bedingungen erfüllt sind. WENNS() gibt einen Wert zurück, der der ersten WAHR-Bedingung entspricht.

=WENNS([Etwas ist Wahr1;Wert wenn Wahr1;[Etwas ist Wahr2;Wert wenn Wahr2];...[Etwas ist Wahr127;Wert wenn Wahr127])

Insgesamt können mit dieser Funktion bis zu 127 verschiedene Bedingungen getestet werden.

Tipp 4: Funktion MAXWENNS()

Kategorie Statistik

Mithilfe dieser neuen Funktion wird der maximale Wert eines Zellbereichs ermittelt, wenn die angegebenen Kriterien übereinstimmen. Damit entspricht diese Formel vom Aufbau und der Funktionsweise im Prinzip der Formel *=SUMMEWENNS()*, nur dass die Werte nicht summiert werden, die den angegebenen Kriterien entsprechen, sondern es wird der maximale Wert zurückgegeben.

=MAXWENNS(Max_Bereich;Kriterienbereich1;Kriterien1;[Kriterienbereich2;Kriterien2];...)

Dieser Funktion können bis zu 126 verschiedene Kriterien übergeben werden.

Tipp 5: Funktion MINWENNS()

Kategorie Statistik

Mit dieser neuen Funktion wird der minimale Wert eines Zellbereichs ermittelt, wenn die angegebenen Kriterien übereinstimmen. Diese Formel entspricht hinsichtlich Aufbau und Funktionsweise der Funktion *MAXWENNS()*. Statt des maximalen Wertes ermittelt diese Funkton den minimalen, also den niedrigsten Wert im angegebenen Zellbereich

=MINWENNS(Min_Bereich;Kriterienbereich1;Kriterien1;[Kriterienbereich2;Kriterien2];...)

Insgesamt können dieser Funktion 126 verschiedene Kriterien übergeben werden.

Tipp 6: Funktion ERSTERWERT()

Kategorie Logik

Mit der Funktion *ERSTERWERT* wird ein Wert anhand einer Liste mit Werten ausgewertet. Als Ergebnis wird der erste übereinstimmende Wert zurückgegeben. Wenn es keine Übereinstimmung gibt, kann ein optionaler Standardwert zurückgegeben werden.

=ERSTERWERT(Zu wechselnder Wert;Wert für Übereinstimmung1...[2-126];Rückgabewert bei Übereinstimmung...[2-126];Rückgabewert bei fehlender Übereinstimmung)

Mit dieser Funktion können bis zu 126 übereinstimmende Werte und Ergebnisse ausgewertet werden.

15 Nützliche Links und kostenfreie Excel-Add-ins

Excel hat sich im Lauf der Jahre zum am häufigsten eingesetzten Tabellenkalkulationsprogramm weltweit entwickelt. Die hohe Akzeptanz für diese Anwendung rührt vor allem von der breiten Verfügbarkeit, der leichten Erlernbarkeit, der einfachen Verknüpfung mit anderen Office-Anwendungen, der hohen Flexibilität und nicht zuletzt auch der populären Grafikfunktionalität. Es gibt zurzeit keine Softwaretechnologie, die es mit Spreadsheets-Anwendungen aufnehmen kann. Excel hat sich somit zu einem Quasi-Standard etabliert. Deshalb ist es auch nicht verwunderlich, dass zwischenzeitlich eine Vielzahl von Excel-Add-ins entwickelt wurde und sich eine Reihe hochinteressanter Methoden hervorgetan hat, denen Excel als Werkzeug dient. In diesem Kapitel lernen Sie einige dieser Add-ins und Methoden kennen.

Tipp 1: Sparklines für Excel (SfE) – ein tolles Grafik-Add-in

Sparklines, sogenannte Wortgrafiken, sind in einem Reporting, das nach den modernen Erkenntnissen eines guten Informationsdesigns aufgebaut wird, nicht mehr wegzudenken. Excel bietet seit Excel 2007 diese Funktionalität in begrenztem Umfang an. Es gibt inzwischen jedoch Anbieter, die Excel-Add-ins zur Verfügung stellen, über die diverse Sparkline-Typen mithilfe von Excel-Funktionen eingefügt werden können.

Einer dieser Anbieter ist Fabrice Rimlinger, der seine Lösungen kostenfrei als Open-Source-Lizenz zur Verfügung stellt. Auf *http://sparklines-excel.blogspot.com* hat er seit Beginn des Jahres 2008 ein Blog zum Thema **S**parklines **f**ür **E**xcel (SfE) etabliert, das in dieser Form einzigartig ist. Der Autor hat sich auf die Erstellung von Sparklines mithilfe von VBA-basierten Excel-Funktionen spezialisiert, die er mit einem Team Gleichgesinnter entwickelt hat. Inzwischen wurden verschiedenste Sparkline-Typen programmiert. Sie können sich das Add-in von der oben genannten Seite kostenfrei herunterladen. Falls Ihnen die Sparklines von Fabrice Rimlinger gefallen und Sie sie nutzbringend einsetzen können, würde sich der Initiator dieses Tools freuen, wenn Sie ihm eine Spende zukommen lassen. Sie können das auf seiner Seite rechts oben unterhalb seines Konterfeis in die Wege leiten. Wir meinen, dass er sich das wirklich verdient hat.

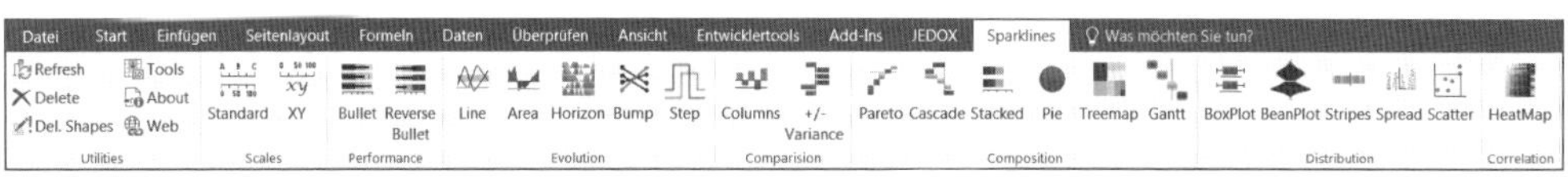

Hinweis

Das Add-in für Excel 2013 funktioniert auch in Excel 2016 und Excel 2019.

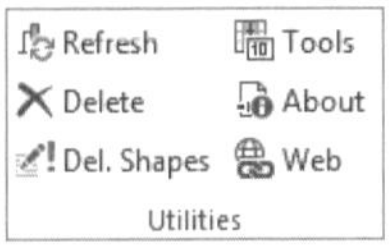

In der Gruppe *Utilities* finden Sie diverse Befehle:

- *Refresh* – aktualisiert alle Sparklines.
- *Delete* – entfernt alle Sparklines.
- *Delete all Shapes* – entfernt alle Zeichenobjekte.
- *Tools* – Dialog mit diversen weiteren Befehlen.
- *About* – liefert Informationen zum Add-in.
- *Web* – führt zur SfE-Internetseite.

Unter den anderen Gruppen befinden sich die verschiedenen Sparkline-Typen.

Hinweis

- Die SfEs werden mithilfe einer Funktion erzeugt, die mit Argumenten versehen werden muss. Es gibt zwingend vorgeschriebene und optionale Argumente.
- Die zu verwendenden Farbcodes können von der oben erwähnten Internetseite unter der Rubrik *Color Codes* heruntergeladen werden.
- Eine Aktualisierung der Sparklines muss gegebenenfalls mit dem Befehl *Refresh* erfolgen. Eventuell müssen Sie auch hin und wieder die Sparklines mit *Delete* löschen und dann einen neuen Refresh ausführen.
- SfE wird hin und wieder weiterentwickelt. Auch wenn noch nicht alle Parameter dokumentiert und angepasst sind, lohnt sich doch ab und an ein Blick auf die Seite von Fabrice Rimlinger, um sich über den aktuellen Stand zu informieren.
- Einige wenige Parameter waren bis dato noch nicht funktionsfähig oder nicht dokumentiert. Hierauf wird im nachfolgenden Text jedoch verwiesen.
- Aus der Vielzahl der Sparkline-Typen werden in den nachfolgenden Tipps die gängigsten Typen behandelt.

Tipp 2: SfE-Funktion LineChart()

Mit der Funktion *LineChart()* können Liniendiagramme mit bis zu zwei Linien erzeugt werden. Darüber hinaus können eine horizontale Linie sowie eine Zone definiert werden, und es gibt die Möglichkeit, ganz bestimmte Punkte des Diagramms zu kennzeichnen. Fehlende Daten in der Datenreihe können durch Interpolation geschlossen werden.

Funktion und Argumente

=LineChart(Points1;Points2;Mini;Maxi;HLine;MinZone;MaxZone;Tags;ColorLine1;ColorLine2; GapStyle;TagMinColor;TagMaxColor;ShadedStart;ShadedWidth;TransparentWidth; MarkPosition;MirrorDisplay;VerticalFlip;TxtLabel;PlaceLabel;ColorLabel)

Argument	Inhalt	Erläuterung
Points1 (verbindlich)	Bereich (Zeile oder Spalte)	Zellbereich der auszuwertenden Daten. Es können entweder Spalten- oder Zeilenbezüge angegeben werden. Es wird eine schwarze Linie gezeichnet.
Points2 (optional)	Bereich (Zeile oder Spalte)	Zellbereich der auszuwertenden Daten. Hier können entweder Spalten- oder Zeilenbezüge angegeben werden. Es wird eine blaue Linie gezeichnet.
Mini (optional)	Variant	Definiert den kleinsten zu berücksichtigenden Wert. Wird *Mini* nicht angegeben, wird der kleinste Wert des angegebenen Zellbereichs verwendet. Standard ist das Minimum von *Points*.
Maxi (optional)	Variant	Definiert den größten zu berücksichtigenden Wert. Wird *Maxi* nicht angegeben, wird der größte Wert des angegebenen Zellbereichs verwendet. Standard ist das Maximum von *Points*.
HLine (optional)	Variant	Zeigt eine horizontale Linie beim angegebenen Wert an. Standardfarbe ist Rot.
MinZone (optional)	Variant	Gibt den unteren Bereich der Zone an. Die angezeigte Wertezone wird grau eingefärbt. Damit kann ein Bereich von…bis in der Grafik hervorgehoben werden. Standard ist keine Zone.
MaxZone (optional)	Variant	Gibt den oberen Bereich der Zone an. Die angezeigte Werte-Zone wird grau eingefärbt. Damit kann ein Bereich von…bis in der Grafik hervorgehoben werden. Standard ist keine Zone.
Tags (optional)	Integer	Mit Tags wird die Anzeige von Punkten für den oder die größten bzw. kleinsten Werte gesteuert. Bei den *Mini*-Werten werden die Punkte in Rot und bei den *Maxi*-Werten in Blau angezeigt. Als Parameter können die Werte 1, 2, 3, 4, 6, 7 verwendet werden, je nachdem, wie die Hoch- und Tiefpunkte angezeigt werden sollen.
ColorLine1 (optional)	Long	Die erste Linie, deren Zellbereich mit dem Parameter *Points1* definiert wird. Die verwendbaren Farbnummern finden Sie in der Farbcode-Tabelle.
ColorLine2 (optional)	Long	Die zweite Linie, deren Zellbereich mit dem Parameter *Points2* definiert wird. Die verwendbaren Farbnummern finden Sie in der Farbcode-Tabelle.
GapStyle (optional)	Integer	Definiert, ob eine Interpolation stattfinden soll und, wenn ja, ob die interpolierte Linie durchgezogen oder gepunktet wiedergegeben wird. 0 oder leer bedeutet keine Interpolation. 1 bedeutet Interpolation mit durchgehender Linie, 2 bedeutet Interpolation mit gepunkteter Linie.
TagMinColor (optional)	Long	Definition der Farbe für die Minimum-Kennzeichnung. Standardfarbe ist Rot.
TagMaxColor (optional)	Long	Definition der Farbe für die Maximum-Kennzeichnung. Standardfarbe ist Blau.
ShadedStart (optional)	Integer	Anzahl Werte vor dem ersten schattierten Segment. Kann auch negative Werte enthalten.

Argument	Inhalt	Erläuterung
ShadedWidth (optional)	Integer	Breite des schattierten Segments.
TransparentWidth (optional)	Integer	Breite des Raums zwischen Segmenten
MarkPosition (optional)	Integer	Position einer vertikalen Linie. Standardfarbe ist Grau.
MirrorDisplay (optional)	Boolean	Mit WAHR oder 1 werden die durch *Points* erzeugten Linien horizontal gespiegelt dargestellt. Standard ist leer, FALSCH oder 0.
VerticalFlip (optional)	Boolean	Mit WAHR oder 1 werden die durch *Points* erzeugten Linien vertikal gespiegelt dargestellt. Standard ist leer, FALSCH oder 0.
TxtLabel (optional)	Text	Fügt am linken Rand der Linie eine Beschriftung an.
PlaceLabel (optional)		Momentan noch nicht dokumentiert bzw. funktionsfähig
ColorLabel (optional)	Integer	Bestimmt die Textgröße der Beschriftung. Standardwert ist 6.

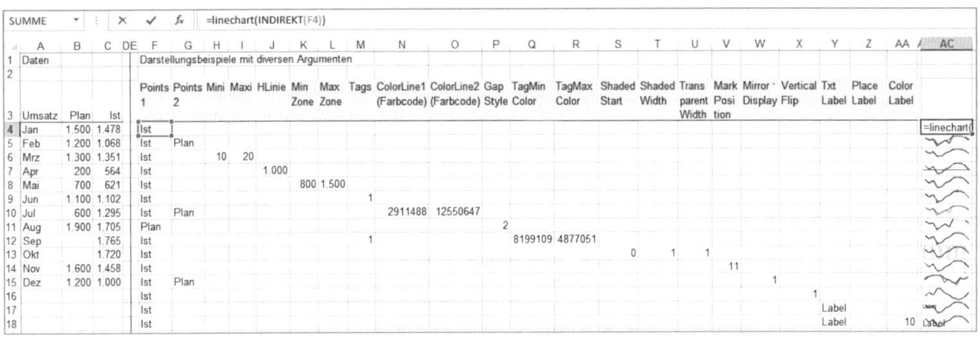

SUMME =linechart(INDIREKT(F4))

	A	B	C	F	G	H	I	J	K	L	M	N	O
1	Daten			Darstellungsbeispiele mit diversen Argumenten									
2													
3	Umsatz	Plan	Ist	Points 1	Points 2	Mini	Maxi	HLinie	Min Zone	Max Zone	Tags	ColorLine1 (Farbcode)	ColorLine2 (Farbcode)
4	Jan	1.500	1.478	Ist									
5	Feb	1.200	1.068	Ist	Plan								
6	Mrz	1.300	1.351	Ist		10	20						
7	Apr	200	564	Ist				1.000					
8	Mai	700	621	Ist					800	1.500			
9	Jun	1.100	1.102	Ist							1		
10	Jul	600	1.295	Ist	Plan							2911488	12550647
11	Aug	1.900	1.705	Plan									
12	Sep		1.765	Ist							1		
13	Okt		1.720	Ist									
14	Nov	1.600	1.458	Ist									
15	Dez	1.200	1.000	Ist	Plan								
16				Ist									
17				Ist									
18				Ist									

	P	Q	R	S	T	U	V	W	X	Y	Z	AA	AC
3	Gap Style	TagMin Color	TagMax Color	Shaded Start	Shaded Width	Trans parent Width	Mark Posi tion	Mirror Display	Vertical Flip	Txt Label	Place Label	Color Label	
4													=linechart(
11	2												
12		8199109	4877051										
13				0	1	1							
14							11						
15								1					
16									1				
17										Label			
18										Label		10	

Tipp 3: SfE-Funktion BarChart()

Mit der Funktion *BarChart()* lassen sich Balkendiagramme erzeugen. In das Balkendiagramm lassen sich Linien einbinden, mit denen Ober- bzw. Untergrenzen dargestellt werden können. Weiterhin besteht unter anderem die Möglichkeit, die Farbe für positive und negative Werte individuell anzupassen.

Funktion und Argumente

=BarChart(Points;Mini;Maxi;Line1;Line2;ColoThreshold;ColorPositive;ColorNegative;ShadedStart;ShadedWidth;TransparentWidth;MarkPosition;MirrorDisplay;ColorRange;Targets)

Argument	**Inhalt**	**Erläuterung**
Points (verbindlich)	Bereich (Zeile oder Spalte)	Zellbereich der auszuwertenden Daten. Es können entweder Spalten- oder Zeilenbezüge angegeben werden. Standardfarbe ist Grau.
Mini (optional)	Variant	Definiert den kleinsten zu berücksichtigenden Wert. Wird *Mini* nicht angegeben, wird der kleinste Wert des angegebenen Zellbereichs verwendet. Standard ist das Minimum von *Points*.
Maxi (optional)	Variant	Definiert den größten zu berücksichtigenden Wert. Wird *Maxi* nicht angegeben, wird der größte Wert des angegebenen Zellbereichs verwendet. Standard ist das Maximum von *Points*.
Line1 (optional)	Variant	Zeigt eine horizontale Linie beim angegebenen Wert an. Die Linienfarbe ist nicht änderbar. Standardfarbe ist Rot.
Line2 (optional)	Variant	Zeigt eine horizontale Linie beim angegebenen Wert an. Die Linienfarbe ist nicht änderbar. Standardfarbe ist Schwarz.
ColorThreshold (optional)	Variant	Definiert die Schwelle, ab der negative Werte in einer anderen Farbe angezeigt werden. Standardwert ist 0, alle Werte unter 0 werden beispielsweise in Rot angezeigt. Wird der Wert zum Beispiel auf 10 gesetzt, werden alle Werte unterhalb der Schwelle von 10 in Rot angezeigt.
ColorPositive (optional)	Long	Definition der Farbe für alle positiven Werte bzw. für Werte, die über der Schwelle *ColorTreshold* liegen. Standardfarbe ist Grau. Die verwendbaren Farbnummern finden Sie in der Farbcode-Tabelle.
ColorNegative (optional)	Long	Definition der Farbe für alle negativen Werte bzw. für Werte, die unter der Schwelle *ColorTreshold* liegen. Standardfarbe ist Rot. Die verwendbaren Farbnummern finden Sie in der Farbcode-Tabelle.
ShadedStart (optional)	Integer	Anzahl Werte vor dem ersten schattierten Segment. Kann auch negative Werte enthalten
ShadedWidth (optional)	Integer	Breite des schattierten Segments
TransparentWidth (optional)	Integer	Breite des Raums zwischen zwei Segmenten
MarkPosition (optional)	Integer	Position einer vertikalen Linie
MirrorDisplay (optional)	Boolean	Mit WAHR oder 1 werden die durch *Points* erzeugten Linien horizontal gespiegelt dargestellt. Standard ist leer, FALSCH oder 0.
ColorRange (optional)	Long	Zeichnet die erste Säule im Diagramm in einer abweichenden Farbe. Die verwendbaren Farbnummern finden Sie in der Farbcode-Tabelle.
Targets (optional)	Bereich (Zeile oder Spalte)	Deutet mit einem kleinen Punkt die Werte einer zweiten Datenreihe an und zeigt somit Abweichungen auf, wie z. B. die von Ist zu Plan.

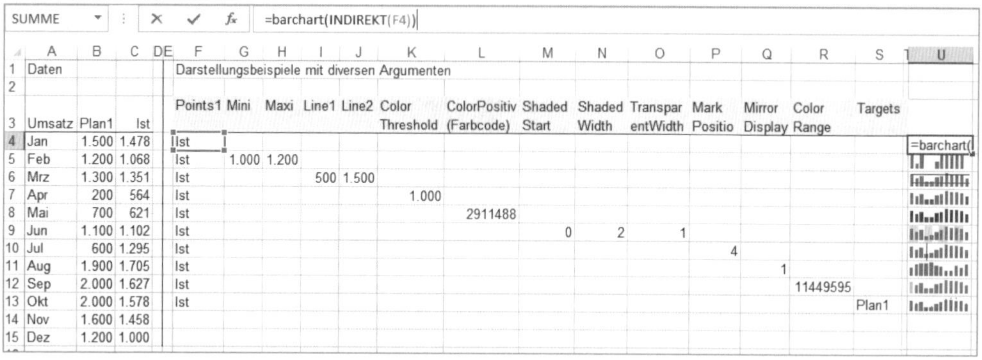

SUMME =barchart(INDIREKT(F4))

	A	B	C	F	G	H	I	J	K	L	M	N	O	P	Q	R	S	U
1	Daten			Darstellungsbeispiele mit diversen Argumenten														
2																		
3	Umsatz	Plan1	Ist	Points1	Mini	Maxi	Line1	Line2	Color Threshold	ColorPositiv (Farbcode)	Shaded Start	Shaded Width	TransparentWidth	Mark Positio	Mirror Display	Color Range	Targets	
4	Jan	1.500	1.478	Ist														=barchart(
5	Feb	1.200	1.068	Ist	1.000	1.200												
6	Mrz	1.300	1.351	Ist			500	1.500										
7	Apr	200	564	Ist					1.000									
8	Mai	700	621	Ist						2911488								
9	Jun	1.100	1.102	Ist							0	2	1					
10	Jul	600	1.295	Ist										4				
11	Aug	1.900	1.705	Ist											1			
12	Sep	2.000	1.627	Ist												11449595		
13	Okt	2.000	1.578	Ist													Plan1	
14	Nov	1.600	1.458															
15	Dez	1.200	1.000															

Tipp 4: SfE-Funktion AreaChart()

Mit der Funktion *AreaChart()* lassen sich Flächendiagramme erstellen. Dieser Chart ist mit dem *LineChart()* vergleichbar, jedoch mit dem Unterschied, dass die Flächen unterhalb der Linie gefüllt sind. Es besteht die Möglichkeit, zwei Linien zur Kennzeichnung von Ober- bzw. Untergrenzen einzufügen. Positive und negative Werte können über individuelle Farbdefinitionen gesteuert werden.

Funktion und Argumente

=AreaChart(Points;Mini;Maxi;Line1;Line2;ColorPositive;ColorNegative;MirrorDisplay)

Argument	Inhalt	Erläuterung
Points (verbindlich)	Bereich (Zeile oder Spalte)	Zellbereich der auszuwertenden Daten. Es können entweder Spalten- oder Zeilenbezüge angegeben werden. Standardfarben sind Grau und Rot für Flächen mit negativen Werten.
Mini (optional)	Variant	Definiert den kleinsten zu berücksichtigenden Wert. Wird *Mini* nicht angegeben, wird der kleinste Wert des angegebenen Zellbereichs verwendet. Standard ist das Minimum von *Points*.
Maxi (optional)	Variant	Definiert den größten zu berücksichtigenden Wert. Wird *Maxi* nicht angegeben, wird der größte Wert des angegebenen Zellbereichs verwendet. Standard ist das Maximum von *Points*.
Line1 (optional)	Variant	Zeigt eine horizontale Linie beim angegebenen Wert an. Die Linienfarbe ist nicht änderbar. Standardfarbe ist Rot.
Line2 (optional)	Variant	Zeigt eine horizontale Linie beim angegebenen Wert an. Die Linienfarbe ist nicht änderbar. Standardfarbe ist Schwarz.
ColorPositive (optional)	Long	Definition der Farbe für alle positiven Werte. Die verwendbaren Farbnummern finden Sie in der Farbcode-Tabelle. Standardfarbe ist Grau.
ColorNegative (optional)	Long	Definition der Farbe für alle negativen Werte. Die verwendbaren Farbnummern finden Sie in der Farbcode-Tabelle. Standardfarbe ist Rot.
MirrorDisplay (optional)	Boolean	Mit WAHR oder 1 werden die durch *Points* erzeugten Linien horizontal gespiegelt dargestellt. Standard ist leer, FALSCH oder 0.

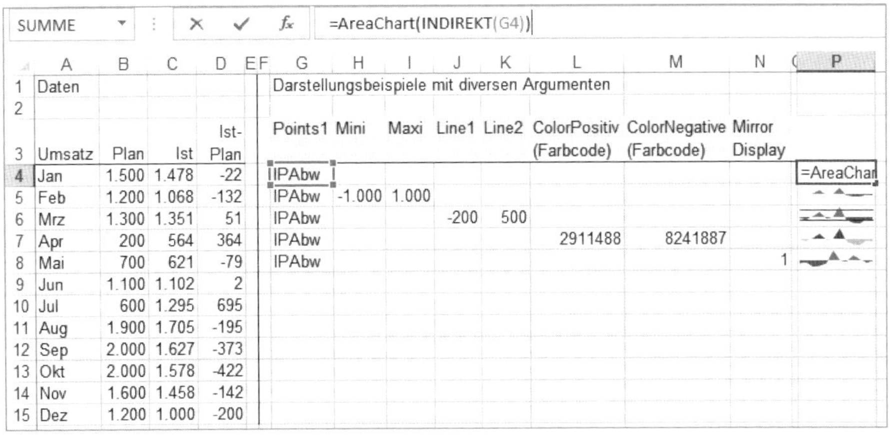

SUMME =AreaChart(INDIREKT(G4))

	A	B	C	D	G	H	I	J	K	L	M	N	P
1	Daten				Darstellungsbeispiele mit diversen Argumenten								
2													
3	Umsatz	Plan	Ist	Ist-Plan	Points1	Mini	Maxi	Line1	Line2	ColorPositiv (Farbcode)	ColorNegative (Farbcode)	Mirror Display	
4	Jan	1.500	1.478	-22	IPAbw								=AreaChar
5	Feb	1.200	1.068	-132	IPAbw	-1.000	1.000						
6	Mrz	1.300	1.351	51	IPAbw			-200	500				
7	Apr	200	564	364	IPAbw					2911488	8241887		
8	Mai	700	621	-79	IPAbw							1	
9	Jun	1.100	1.102	2									
10	Jul	600	1.295	695									
11	Aug	1.900	1.705	-195									
12	Sep	2.000	1.627	-373									
13	Okt	2.000	1.578	-422									
14	Nov	1.600	1.458	-142									
15	Dez	1.200	1.000	-200									

Tipp 5: SfE-Funktion HorizonChart()

Mit der Funktion *HorizonChart()* lassen sich Diagramme auf der Basis von *AreaCharts()* erzeugen, allerdings werden negative Werte oberhalb der Nulllinie dargestellt (gespiegelt). *BandHeight* bestimmt den Maximalwert der Datenanzeige. Übersteigen die Werte den Parameter *BandHeight*, werden die übersteigenden Spitzen auf die Grundlinie gespiegelt und in einer dunkleren Farbschattierung dargestellt. Die Farbgestaltung der positiven und negativen Werte kann individuell vorgenommen werden.

Funktion und Argumente

=HorizonChart(Points;BandHeight;ColorPositive;ColorNegative;MirrorDisplay)

Argument	Inhalt	Erläuterung
Points (verbindlich)	Bereich (Zeile oder Spalte)	Zellbereich der auszuwertenden Daten. Es können entweder Spalten- oder Zeilenbezüge angegeben werden. Standardfarben sind Grau und Rot für Flächen mit negativen Werten.
BandHeight (verbindlich)	Variant	Gibt an, bei welchem Wert die Segmentspitzen gekürzt werden sollen. Die besten Ergebnisse werden mit 1/3 oder 1/4 des maximalen Werts erzielt.
ColorPositive (optional)	Long	Definition der Farbe für alle positiven Werte bzw. für Werte, die über der Schwelle *ColorTreshold* liegen. Standardfarbe ist Grau. Die verwendbaren Farbnummern finden Sie in der Farbcode-Tabelle.
ColorNegative (optional)	Long	Definition der Farbe für alle negativen Werte. Die verwendbaren Farbnummern finden Sie in der Farbcode-Tabelle. Standardfarbe ist Rot.
MirrorDisplay (optional)	Boolean	Mit WAHR oder 1 werden die durch *Points* erzeugten Linien horizontal gespiegelt dargestellt. Standard ist leer, FALSCH oder 0.

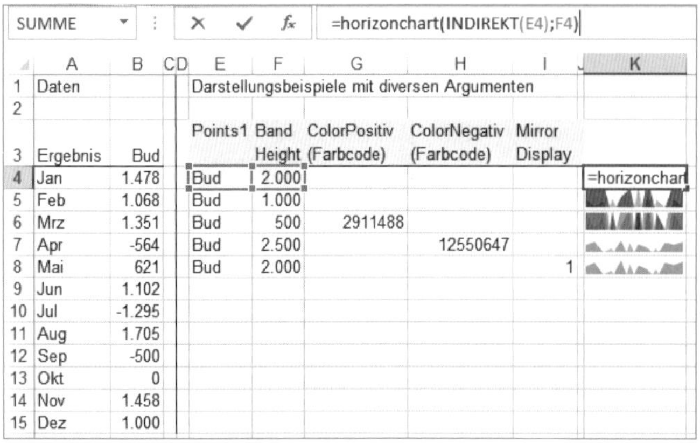

SUMME | =horizonchart(INDIREKT(E4);F4)

	A	B	E	F	G	H	I	K
1	Daten		Darstellungsbeispiele mit diversen Argumenten					
2								
3	Ergebnis	Bud	Points1	Band Height	ColorPositiv (Farbcode)	ColorNegativ (Farbcode)	Mirror Display	
4	Jan	1.478	Bud	2.000				=horizonchar
5	Feb	1.068	Bud	1.000				
6	Mrz	1.351	Bud	500	2911488			
7	Apr	-564	Bud	2.500		12550647		
8	Mai	621	Bud	2.000			1	
9	Jun	1.102						
10	Jul	-1.295						
11	Aug	1.705						
12	Sep	-500						
13	Okt	0						
14	Nov	1.458						
15	Dez	1.000						

Tipp 6: SfE-Funktionen HBar() und VBar()

Mit der Funktion *HBar()* können horizontale und mit der Funktion *VBar()* vertikale Balkendiagramme erzeugt werden. Ein Balken kann jeweils einen Wert darstellen. Positive Werte werden dabei linksbündig bzw. auf der unteren Zelllinie dargestellt, negative Zahlen werden dagegen rechtsbündig bzw. beginnend an der oberen Zelllinie angezeigt. Jedem Balken kann ein individueller Farbwert optional mitgegeben werden.

Funktion und Argumente

=HBar(Value;ColorScheme) bzw. =VBar(Value;ColorScheme)

Argument	Inhalt	Erläuterung
Value (verbindlich)	Zellbezug oder Prozentwert	Angabe des Werts, für den der horizontale oder vertikale Balken erzeugt werden soll. Der Wert muss zwischen –100 % und +100 % liegen. Die Angabe der Werte muss in Prozent erfolgen.
ColorScheme (optional)	Long	Bestimmt, welche Farbe der horizontale oder vertikale Balken besitzt. Die verwendbaren Farbnummern finden Sie in der Farbcode-Tabelle. Standardfarbe ist Grau.

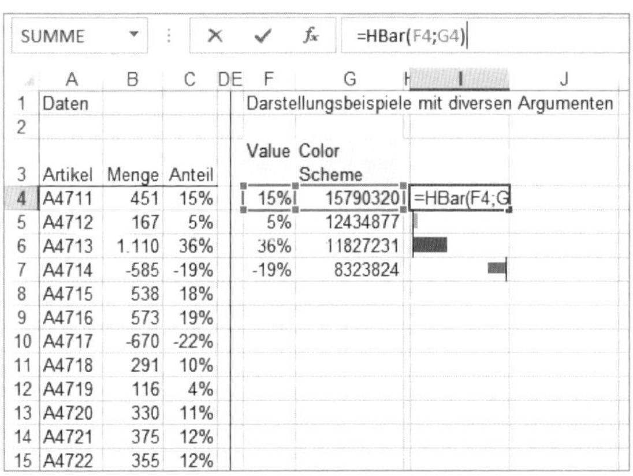

SUMME | =HBar(F4;G4)

	A	B	C	F	G	I
1	Daten			Darstellungsbeispiele mit diversen Argumenten		
2						
3	Artikel	Menge	Anteil	Value	Color Scheme	
4	A4711	451	15%	15%	15790320	=HBar(F4;G
5	A4712	167	5%	5%	12434877	
6	A4713	1.110	36%	36%	11827231	
7	A4714	-585	-19%	-19%	8323824	
8	A4715	538	18%			
9	A4716	573	19%			
10	A4717	-670	-22%			
11	A4718	291	10%			
12	A4719	116	4%			
13	A4720	330	11%			
14	A4721	375	12%			
15	A4722	355	12%			

Tipp 7: SfE-Funktion PieChart()

Mit der Funktion *PieChart()* können Tortendiagramme erzeugt werden, wobei die Angabe der Tortenstückgröße in Prozent erfolgen muss. Sowohl die Hintergrund- als auch die Vordergrundfarbe des Tortenstücks können beliebig vergeben werden.

Funktion und Argumente

=PieChart(Percentage;ColorBackground;ColorSlice;DiameterRatio;Transparency)

Argument	Inhalt	Erläuterung
Percentage (verbindlich)	Variant	Gibt den Anteil für das Tortenstück an, das dunkelgrau dargestellt werden soll. Der Rest von 70 % bildet den Hintergrund. Die Angabe dieses Werts muss zwingend in Prozentangaben zwischen 0 % und 100 % erfolgen.
ColorBackground (optional)	Long	Definiert die Farbe für den Hintergrund. Bei einem Wert von 30 für *Percentage* werden 70 % des Kreises in der Hintergrundfarbe angezeigt. Die Standardhintergrundfarbe ist Hellgrau. Die verwendbaren Farbnummern finden Sie in der Farbcode-Tabelle.
ColorSlice (optional)	Long	Definiert die Farbe für das Kreissegment, dessen Wert im Parameter *Percentage* angegeben wurde. Bei einem Wert von 30 für *Percentage* werden 30 % des Kreises in der Farbe *ColorSlice* angezeigt. Die Standardfarbe ist Dunkelgrau. Die verwendbaren Farbnummern finden Sie in der Farbcode-Tabelle.
DiameterRatio (optional)	Integer	Vergrößert das Diagramm um den eingegebenen Faktor.
Transparency (optional)		Momentan noch nicht dokumentiert bzw. funktionsfähig

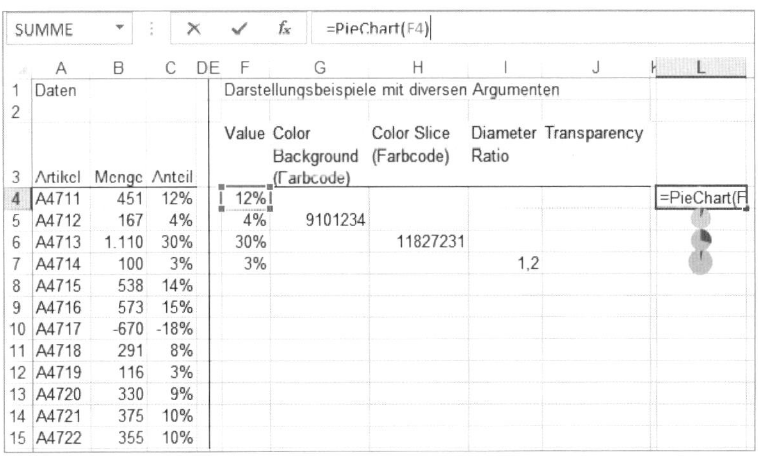

SUMME =PieChart(F4)

	A	B	C	D E	F	G	H	I	J	K	L
1	Daten				Darstellungsbeispiele mit diversen Argumenten						
2											
3	Artikel	Menge	Anteil		Value	Color Background (Farbcode)	Color Slice (Farbcode)	Diameter Ratio	Transparency		
4	A4711	451	12%		12%						=PieChart(F
5	A4712	167	4%		4%	9101234					
6	A4713	1.110	30%		30%		11827231				
7	A4714	100	3%		3%			1,2			
8	A4715	538	14%								
9	A4716	573	15%								
10	A4717	-670	-18%								
11	A4718	291	8%								
12	A4719	116	3%								
13	A4720	330	9%								
14	A4721	375	10%								
15	A4722	355	10%								

Tipp 8: SfE-Funktion VariChart()

Mit der Funktion *VariChart()* wird ein Balkendiagramm für einen Wert erzeugt. Neben dem Balken können Markierungsstriche, die Wertangabe sowie ein Lineal angezeigt werden. Darüber hinaus können positive und negative Werte über individuelle Farbdefinitionen gesteuert werden. Der *VariChart* lässt sich sowohl horizontal als auch vertikal darstellen.

Funktion und Argumente

=VariChart(Variance;Reference;Min;Max;Mark;TickUnit;Label;ColorPositive;ColorNegative;Vertical)

Argument	Inhalt	Erläuterung
Variance (verbindlich)	Zellbezug oder Prozentwert	Angabe des Werts in Prozent. Der Prozentwert muss zwischen +100 % und –100 % liegen. Die Angabe des Werts muss in Prozent erfolgen.
Reference (optional)	Variant	Zeigt einen Basisstrich in Schwarz an. Bei Eintrag 0 wird der Strich bei 0 angezeigt. Standard ist kein Eintrag.
Min (optional)	Variant	Definiert, an welcher Position in der Zelle der Balken angezeigt wird. Wenn nichts angegeben wird, erfolgt die Anzeige in der Zellmitte. Bei Vorgabe des Werts 0 für *Min* bei positiven Werten beginnt die Anzeige äußerst links in der Zelle.
Max (optional)	Variant	Definiert, an welcher Position in der Zelle der Balken angezeigt wird. Wenn nichts angegeben wird, erfolgt die Anzeige in der Zellmitte. Bei Vorgabe des Werts 0 für *Max* bei negativen Werten beginnt die Anzeige äußerst rechts in der Zelle.
Mark (optional)	Variant	Setzt einen Hilfsstrich, um auf einen bestimmten Wert hinzuweisen. Dieser Parameter muss mit einem Wert zwischen 0,01 und 1 angegeben werden. Alternativ kann die Angabe auch in Prozent erfolgen, also zwischen 1 % und 100 %.
TickUnit (optional)	Variant	Erzeugt eine Skala am unteren Zellenende. Diese Skala kann beliebig über die Angabe dieses Parameters verändert werden. Die Angabe kann zwischen 0,01 und 1 erfolgen. Alternativ kann der Parameter auch in Prozent mit einem Wert zwischen 1 % und 100 % angegeben werden. Ein Wert von 10 % oder 0,1 bedeutet, dass alle 10 % ein Skalastrich angezeigt wird.
Label (optional)	Boolean	Definiert, ob der Prozentwert angezeigt werden soll oder nicht. Standardmäßig wird er nicht angezeigt. Wenn der Parameter 1 oder WAHR ist, erfolgt die Anzeige.
ColorPositive (optional)	Long	Definition der Farbe für alle positiven Werte. Die Standardfarbe ist Grün. Die verwendbaren Farbnummern finden Sie in der Farbcode-Tabelle.
ColorNegative (optional)	Long	Definition der Farbe für alle negativen Werte. Die Standardfarbe ist Rot. Die verwendbaren Farbnummern finden Sie in der Farbcode-Tabelle.
Vertical (optional)	Boolean	Ist standardmäßig FALSCH oder 0. Damit wird der Balken horizontal angezeigt. Wird der Parameter auf WAHR oder 1 gesetzt, erfolgt die Anzeige vertikal.

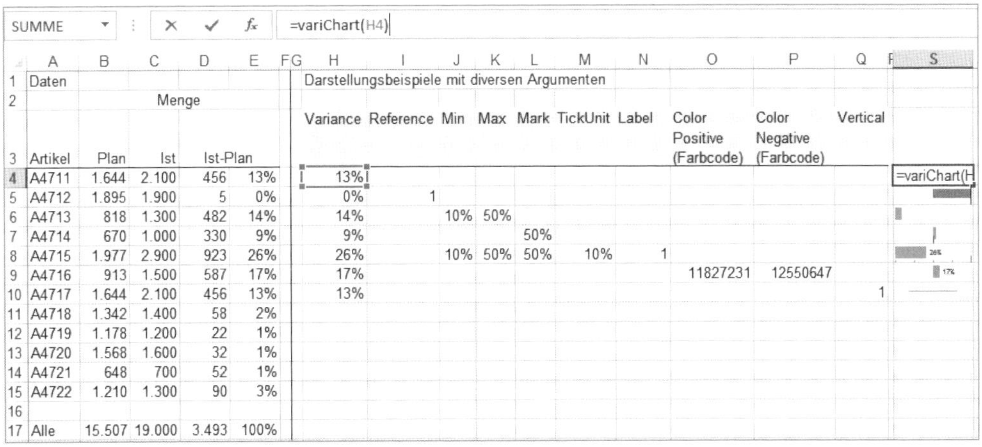

SUMME | =variChart(H4)

	A	B	C	D	E	H	I	J	K	L	M	N	O	P	Q	S
1	Daten					Darstellungsbeispiele mit diversen Argumenten										
2			Menge													
3	Artikel	Plan	Ist	Ist-Plan		Variance	Reference	Min	Max	Mark	TickUnit	Label	Color Positive (Farbcode)	Color Negative (Farbcode)	Vertical	
4	A4711	1.644	2.100	456	13%	13%										=variChart(H
5	A4712	1.895	1.900	5	0%	0%	1									
6	A4713	818	1.300	482	14%	14%		10%	50%							
7	A4714	670	1.000	330	9%	9%				50%						
8	A4715	1.977	2.900	923	26%	26%		10%	50%	50%	10%	1				
9	A4716	913	1.500	587	17%	17%							11827231	12550647		
10	A4717	1.644	2.100	456	13%	13%									1	
11	A4718	1.342	1.400	58	2%											
12	A4719	1.178	1.200	22	1%											
13	A4720	1.568	1.600	32	1%											
14	A4721	648	700	52	1%											
15	A4722	1.210	1.300	90	3%											
16																
17	Alle	15.507	19.000	3.493	100%											

Tipp 9: SfE-Funktion BulletChart()

Mit der Funktion *BulletChart()* lassen sich innerhalb eines einzigen Diagramms vielerlei Informationen darstellen, so z. B. der Ist-Wert, der Ziel-Wert, der Max-Wert, der Min-Wert, die Angabe eines guten und schlechten Bereichs, aber auch Darstellungen von Plan-Werten. Darüber hinaus kann noch ein Lineal eingeblendet werden. Das Farbschema für das Diagramm kann individuell vorgegeben werden. Ein *BulletChart* lässt sich sowohl horizontal als auch vertikal darstellen.

Funktion und Argumente

=BulletChart(Measure;Target;Mini;Maxi;Mark;Good;Bad;Forecast;Tickunit;ColorScheme;Vertical; ColorRange;TargetColor)

Argument	Inhalt	Erläuterung
Measure (verbindlich)	Double	Beinhaltet den Wert oder den Zellbezug auf einen Wert. Es wird ein Balken gezeichnet. Standardfarbe ist Schwarz.
Target (verbindlich)	Variant	Bestimmt den Zielwert für die rote Linie.
Maxi (verbindlich)	Integer	Bestimmt die Länge des Diagramms.
Good (verbindlich)	Variant	Hierüber wird der Bereich festgelegt, der bestimmt, bis zu welchem Wert der gute Bereich reicht.
Bad (verbindlich)	Variant	Hierüber wird der Bereich festgelegt, der bestimmt, bis zu welchem Wert der schlechte Bereich reicht. Standardfarbe ist Dunkelgrau.
Forecast (optional)	Variant	Gibt den zu erreichenden Ziel- bzw. Plan-Wert vor. Wenn dieser größer als *Measure* ist, wird die Differenz zu *Measure* mit einer grauen Umrandung angezeigt. Dieser Bereich wird nicht schwarz ausgefüllt. Standardfarbe für die Umrandung ist Grau.

Argument	Inhalt	Erläuterung
TickUnit (optional)	Variant	Erzeugt eine Skala am unteren Zellenende. Diese Skala kann beliebig über die Angabe dieses Parameters verändert werden. Die Angabe erfolgt relativ in Bezug auf den Parameter *Maxi*. Liegt *Maxi* beispielsweise bei 100, erzeugt ein Wert von 10 beim Parameter *TickUnit* 10 Skalastriche. Standard ist keine Anzeige.
ColorScheme (optional)	Long	Definition des Farbschemas. Die Standardfarbe ist Grau in verschiedenen Stufen. Die verwendbaren Farbnummern finden Sie in der Farbcode-Tabelle. Bei Auswahl von beispielsweise Rot werden die einzelnen Diagrammbereiche in unterschiedlichen Rotstufen angezeigt.
Vertical (optional)	Boolean	Ist standardmäßig FALSCH oder 0, damit wird der Balken horizontal angezeigt. Wird der Parameter auf WAHR oder 1 gesetzt, erfolgt die Anzeige vertikal. Standardfarbe ist Grau.
ColorRange (optional)		Momentan noch nicht dokumentiert bzw. funktionsfähig.
TargetColor (optional)	Long	Definiert die Farbe für den vertikalen Markierungsstrich. Die verwendbaren Farbnummern finden Sie in der Farbcode-Tabelle.

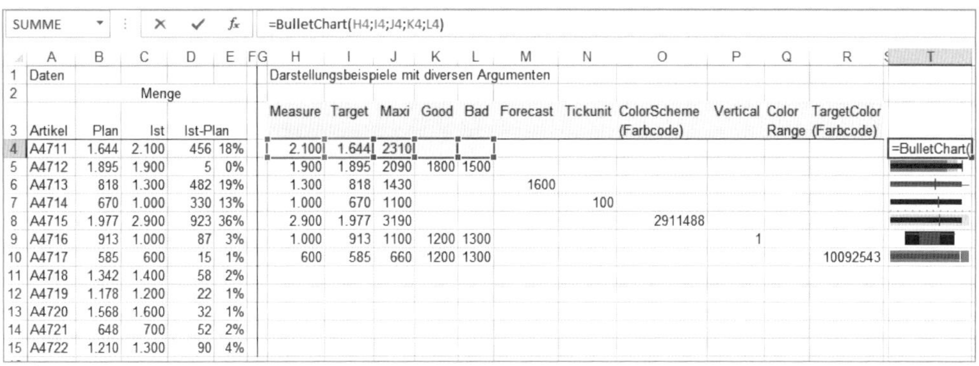
SUMME =BulletChart(H4;I4;J4;K4;L4)

	A	B	C	D	E	H	I	J	K	L	M	N	O	P	Q	R	T
1	Daten					Darstellungsbeispiele mit diversen Argumenten											
2			Menge														
3	Artikel	Plan	Ist	Ist-Plan		Measure	Target	Maxi	Good	Bad	Forecast	Tickunit	ColorScheme (Farbcode)	Vertical	Color Range	TargetColor (Farbcode)	
4	A4711	1.644	2.100	456	18%	2.100	1.644	2310									=BulletChart(
5	A4712	1.895	1.900	5	0%	1.900	1.895	2090	1800	1500							
6	A4713	818	1.300	482	19%	1.300	818	1430			1600						
7	A4714	670	1.000	330	13%	1.000	670	1100				100					
8	A4715	1.977	2.900	923	36%	2.900	1.977	3190					2911488				
9	A4716	913	1.000	87	3%	1.000	913	1100	1200	1300				1			
10	A4717	585	600	15	1%	600	585	660	1200	1300						10092543	
11	A4718	1.342	1.400	58	2%												
12	A4719	1.178	1.200	22	1%												
13	A4720	1.568	1.600	32	1%												
14	A4721	648	700	52	2%												
15	A4722	1.210	1.300	90	4%												

Tipp 10: SfE-Funktion revBulletChart()

Mit der Funktion *BulletChart()* lassen sich innerhalb eines einzigen Diagramms vielerlei Informationen darstellen, so z. B. der Ist-Wert, der Ziel-Wert, der Max-Wert, der Min-Wert, die Angabe eines guten und schlechten Bereichs, aber auch Darstellungen von Plan-Werten. Darüber hinaus kann noch ein Lineal eingeblendet werden. Das Farbschema für das Diagramm kann individuell vorgegeben werden. Ein *BulletChart* lässt sich sowohl horizontal als auch vertikal darstellen. Im Gegensatz zum *BulletChart* hat der *revBulletChart* seine Grundlinie an der rechten bzw. oberen Zellkante.

Funktion und Argumente

=revBulletChart(Measure;Target;Mini;Maxi;Mark;Good;Bad;Forecast;Tickunit;ColorScheme;Vertical;ColorRange;TargetColor)

Argument	Inhalt	Erläuterung
Measure (verbindlich)	Double	Beinhaltet den Wert oder den Zellbezug auf einen Wert. Es wird ein Balken gezeichnet. Standardfarbe ist Schwarz.
Target (verbindlich)	Variant	Bestimmt den Zielwert für die rote Linie.
Maxi (verbindlich)	Integer	Bestimmt die Länge des Diagramms.
Good (verbindlich)	Variant	Hierüber wird der Bereich festgelegt, der bestimmt, bis zu welchem Wert der gute Bereich reicht.
Bad (verbindlich)	Variant	Hierüber wird der Bereich festgelegt, der bestimmt, bis zu welchem Wert der schlechte Bereich reicht. Standardfarbe ist Dunkelgrau.
Forecast (optional)	Variant	Gibt den zu erreichenden Ziel- bzw. Plan-Wert vor. Wenn dieser größer als *Measure* ist, wird die Differenz zu *Measure* mit einer grauen Umrandung angezeigt. Dieser Bereich wird nicht schwarz ausgefüllt. Standardfarbe für die Umrandung ist Grau.
TickUnit (optional)	Variant	Erzeugt eine Skala am unteren Zellenende. Diese Skala kann beliebig über die Angabe dieses Parameters verändert werden. Die Angabe erfolgt relativ in Bezug auf den Parameter *Maxi*. Liegt *Maxi* beispielsweise bei 100, erzeugt ein Wert von 10 beim Parameter *TickUnit* 10 Skalastriche. Standard ist keine Anzeige.
ColorScheme (optional)	Long	Definition des Farbschemas. Die Standardfarbe ist Grau in verschiedenen Stufen. Die verwendbaren Farbnummern finden Sie in der Farbcode-Tabelle. Bei Auswahl von beispielsweise Rot werden die einzelnen Diagrammbereiche in unterschiedlichen Rotstufen angezeigt.
Vertical (optional)	Boolean	Ist standardmäßig FALSCH oder 0, damit wird der Balken horizontal angezeigt. Wird der Parameter auf WAHR oder 1 gesetzt, erfolgt die Anzeige vertikal. Standardfarbe ist Grau.
ColorRange (optional)		Momentan noch nicht dokumentiert bzw. funktionsfähig
TargetColor (optional)	Long	Definiert die Farbe für den vertikalen Markierungsstrich. Die verwendbaren Farbnummern finden Sie in der Farbcode-Tabelle.

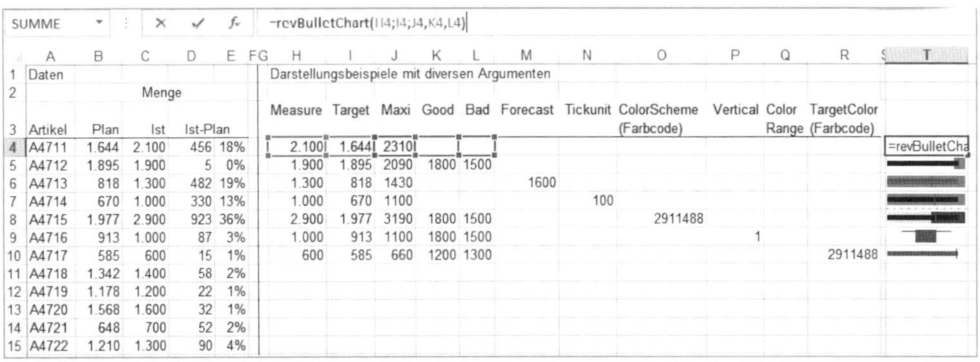

SUMME | =revBulletChart(H4;I4;J4,K4,L4)

	A	B	C	D	E	H	I	J	K	L	M	N	O	P	Q	R	T
1	Daten					Darstellungsbeispiele mit diversen Argumenten											
2			Menge														
3	Artikel	Plan	Ist	Ist-Plan		Measure	Target	Maxi	Good	Bad	Forecast	Tickunit	ColorScheme (Farbcode)	Vertical	Color Range	TargetColor (Farbcode)	
4	A4711	1.644	2.100	456	18%	2.100	1.644	2310									=revBulletCha
5	A4712	1.895	1.900	5	0%	1.900	1.895	2090	1800	1500							
6	A4713	818	1.300	482	19%	1.300	818	1430			1600						
7	A4714	670	1.000	330	13%	1.000	670	1100				100					
8	A4715	1.977	2.900	923	36%	2.900	1.977	3190	1800	1500			2911488				
9	A4716	913	1.000	87	3%	1.000	913	1100	1800	1500				1			
10	A4717	585	600	15	1%	600	585	660	1200	1300						2911488	
11	A4718	1.342	1.400	58	2%												
12	A4719	1.178	1.200	22	1%												
13	A4720	1.568	1.600	32	1%												
14	A4721	648	700	52	2%												
15	A4722	1.210	1.300	90	4%												

Tipp 11: SfE-Funktion StackedChart()

Mit der Funktion *StackedChart()* lassen sich verschiedene Werte innerhalb eines Balkens darstellen. Die einzelnen Werte werden als Teilabschnitte des Balkens angezeigt, wobei sich die einzelnen Werte einblenden lassen. Darüber hinaus besteht die Möglichkeit, einen Wert farblich hervorzuheben. Das Farbschema des Balkens kann individuell definiert werden. Das *StackedChart* lässt sich sowohl horizontal als auch vertikal darstellen.

Funktion und Argumente

=StackedChart(Points;ColorRange;LabelRange;Maximum;TargetRed;TargetGreen;TargetBlue;TargetYellow;Color;HighlightPosition;Vertical;TextOrientation;TextSize;TargetWeight)

Argument	Inhalt	Erläuterung
Points (verbindlich)	Bereich (Zeile oder Spalte)	Zellbereich der auszuwertenden Daten. Angabe des Werts in absoluten Zahlen oder in Prozent. Positive und negative Werte dürfen nicht gemischt werden. Das Diagramm kann entweder positive oder negative Werte korrekt darstellen.
ColorRange (optional)	Bereich (Zeile oder Spalte)	Zellbereich, der die RGB-Farbwerte gemäß Farbcode-Tabelle enthält. Hat die gleiche Anzahl an Werten wie *Points*.
LabelRange (optional)	Bereich (Zeile oder Spalte)	Zellbereich, der die Beschriftung enthält. Hat die gleiche Anzahl an Werten wie *Points*.
Maximum (optional)	Variant	Standard ist Summe (*Points*). *Maximum* erweitert Summe (*Points*).
TargetRed (optional)	Variant	Zeigt beim angegebenen Wert eine rote vertikale Ziellinie an. Standard ist keine Anzeige.
TargetGreen (optional)	Variant	Zeigt beim angegebenen Wert eine grüne vertikale Ziellinie an. Standard ist keine Anzeige.
TargetBlue (optional)	Variant	Zeigt beim angegebenen Wert eine blaue vertikale Ziellinie an. Standard ist keine Anzeige.
TargetYellow (optional)	Variant	Zeigt beim angegebenen Wert eine gelbe vertikale Ziellinie an. Standard ist keine Anzeige.
Color (optional)	Long	Farbe des ersten, linken Segments. Standardfarbe ist Grau. *ColorRange* überschreibt diesen Wert.
HighlightPosition (optional)	Integer	Gibt an, welches Segment in roter Farbe dargestellt werden soll. Bei Angabe von 2 wird beispielsweise das zweite Segment in Rot dargestellt. Standardfarbe ist Rot.
Vertical (optional)	Boolean	Ist standardmäßig FALSCH oder 0. Damit wird das Diagramm horizontal angezeigt. Wird der Parameter auf WAHR oder 1 gesetzt, erfolgt die Anzeige vertikal.
TextOrientation (optional)	Integer	Ist standardmäßig 0 für die horizontale Darstellung der Beschriftung. 1 führt zu einer vertikalen Darstellung der Beschriftung.
TextSize (optional)	Integer	Bestimmt die Textgröße der Beschriftung. Standardwert ist 5.
TargetWeight (optional)	Variant	Verändert die Breite der roten vertikalen Ziellinie *TargetRed*.

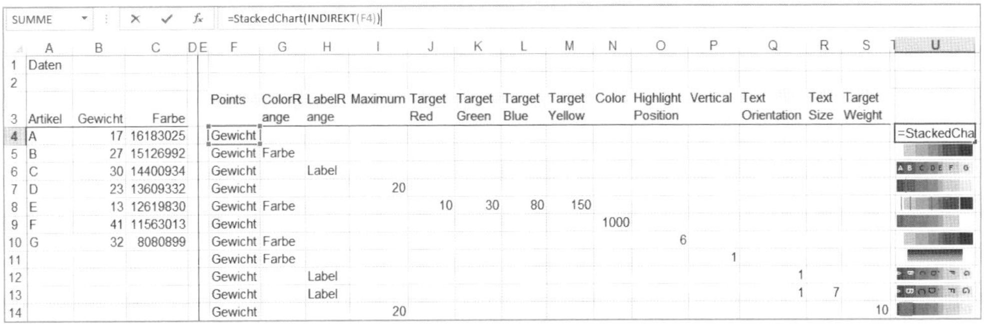

Tipp 12: SfE-Funktion BoxPlot()

Mit der Funktion *BoxPlot()* lassen sich innerhalb eines einzigen Diagramms viele Informationen darstellen. Dazu zählen die Werte eines Bereichs, der Durchschnittswert sowie Planstart und Planende. Das Farbschema für das Diagramm kann individuell vorgegeben werden. Das *BoxPlot*-Chart lässt sich sowohl horizontal als auch vertikal darstellen.

Funktion und Argumente

=BoxPlot(Points;BoxplotClass;ShowAverage;ScaleStart;ScaleEnd;AcceptableStart;AcceptableEnd;ColorScheme;Style;Vertical;HighlightValue;LineWeight)

Argument	Inhalt	Erläuterung
Points (verbindlich)	Bereich (Zeile oder Spalte)	Zellbereich der auszuwertenden Daten. Angabe des Werts in absoluten Zahlen oder in Prozent. Das Diagramm kann entweder positive oder negative Werte korrekt darstellen.
BoxplotClass (optional)	Text	Steuert die Anzeige verschiedener Varianten. Folgende Varianten stehen zur Verfügung: 5NS (Five Number Summary), 7NS (Seven Number Summary), Tukey, Bowley, Sigma3. Ohne Angabe wird die Standardvariante 5NS verwendet.
ShowAverage (optional)	Boolean	Mit WAHR oder 1 wird der Durchschnittswert von *Points* mit einem vertikalen Strich gekennzeichnet. Standardmäßig wird der Durchschnitt nicht angezeigt.
ScaleStart (optional)	Variant	Bestimmt, bei welchem Wert das Diagramm beginnt. Wird dieser Wert nicht angegeben, wird standardmäßig das Minimum von *Points* verwendet.
ScaleEnd (optional)	Variant	Bestimmt, bei welchem Wert das Diagramm endet. Wird dieser Wert nicht angegeben, wird standardmäßig das Maximum von *Points* verwendet.
AcceptableStart (optional)	Variant	Zeigt unterhalb oder bei vertikaler Anzeige rechts einen Strich an, der den akzeptablen Wert anzeigt. Zur Anzeige müssen sowohl der Parameter *AcceptableStart* als auch *AcceptableEnd* angegeben werden.

Argument	Inhalt	Erläuterung
AcceptableEnd (optional)	Variant	Zeigt unterhalb oder bei vertikaler Anzeige rechts einen Strich an, der den akzeptablen Wert anzeigt. Zur Anzeige müssen sowohl der Parameter *AcceptableStart* als auch *AcceptableEnd* angegeben werden.
ColorScheme (optional)	Long	Bestimmt, welche Farbe das Diagramm besitzt. Die verwendbaren Farbnummern finden Sie in der Farbcode-Tabelle. Standardfarbe ist Grau.
Style (optional)	Integer	Bestimmt das Aussehen des Diagramms. Der Standardwert (keine Anzeige oder 0) zeigt das Diagramm mit Strichen links und rechts des Balkens an. Der Parameter 1 blendet diese Striche aus, es wird nur noch der Balken angezeigt.
Vertical (optional)	Boolean	Ist standardmäßig FALSCH oder 0. Damit wird das Diagramm horizontal angezeigt. Wird der Parameter auf WAHR oder 1 gesetzt, erfolgt die Anzeige vertikal.
HighlightValue (optional)	Variant	Markiert die Position des Werts mit einem kleinen Punkt. Standardfarbe ist Blau.
LineWeight (optional)	Variant	Verändert die Linienstärke der vertikalen schwarzen Markierungslinie und die Rahmenstärke des übrigen Diagramms.

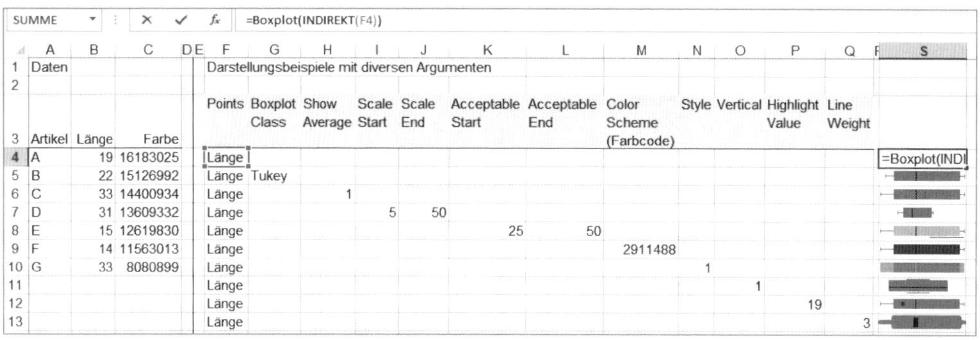
SUMME =Boxplot(INDIREKT(F4))

	A	B	C	F	G	H	I	J	K	L	M	N	O	P	Q	S
1	Daten			Darstellungsbeispiele mit diversen Argumenten												
2																
3	Artikel	Länge	Farbe	Points	Boxplot Class	Show Average	Scale Start	Scale End	Acceptable Start	Acceptable End	Color Scheme (Farbcode)	Style	Vertical	Highlight Value	Line Weight	
4	A	19	16183025	Länge												=Boxplot(INDI
5	B	22	15126992	Länge	Tukey											
6	C	33	14400934	Länge		1										
7	D	31	13609332	Länge			5	50								
8	E	15	12619830	Länge					25	50						
9	F	14	11563013	Länge							2911488					
10	G	33	8080899	Länge								1				
11				Länge									1			
12				Länge										19		
13				Länge											3	

Tipp 13: SfE-Funktion SpreadChart()

Mit der Funktion *SpreadChart()* können die Werte eines Bereichs auf ganz unterschiedliche Art und Weise dargestellt werden. Dabei wird die Größe einer Zahl durch eine entsprechende Strichgröße ausgedrückt. Es stehen fünf verschiedene Darstellungsvarianten zur Verfügung. Auch Durchschnittswerte können angezeigt werden und es ist eine individuelle Farbgestaltung möglich. Das *SpreadChart* lässt sich sowohl horizontal als auch vertikal anzeigen.

Funktion und Argumente

=SpreadChart(Points;ShowAverage;ScaleStart;ScaleEnd;Style;ColorScheme;Vertical;LineWeight)

Argument	Inhalt	Erläuterung
Points (verbindlich)	Bereich (Zeile oder Spalte)	Zellbereich der auszuwertenden Daten. Das Diagramm kann entweder positive oder negative Werte korrekt darstellen.
ShowAverage (optional)	Boolean	Mit WAHR oder 1 wird der Durchschnittswert von *Points* mit einem vertikalen Strich gekennzeichnet. Standardmäßig wird der Durchschnitt nicht angezeigt.
ScaleStart (optional)	Variant	Bestimmt, bei welchem Wert das Diagramm beginnt. Wird dieser Wert nicht angegeben, wird standardmäßig das Minimum von *Points* verwendet.
ScaleEnd (optional)	Variant	Bestimmt, bei welchem Wert das Diagramm endet. Wird dieser Wert nicht angegeben, wird standardmäßig das Maximum von *Points* verwendet.
Style (optional)	Integer	Bestimmt das Aussehen des Diagramms. Der Standardwert 4 zeigt Striche auf der Basislinie. Mit 1 werden die Striche horizontal zentriert, 2 zeigt zentrierte Punkte und 5 zeigt Punkte auf der Basislinie (wie 4).
ColorScheme (optional)	Long	Bestimmt, welche Farbe das Diagramm besitzt. Die verwendbaren Farbnummern finden Sie in der Farbcode-Tabelle. Standardfarbe ist Grau.
Vertical (optional)	Boolean	Ist standardmäßig FALSCH oder 0. Damit wird das Diagramm horizontal angezeigt. Wird der Parameter auf WAHR oder 1 gesetzt, erfolgt die Anzeige vertikal.
LineWeight (optional)	Double	Momentan noch nicht dokumentiert.

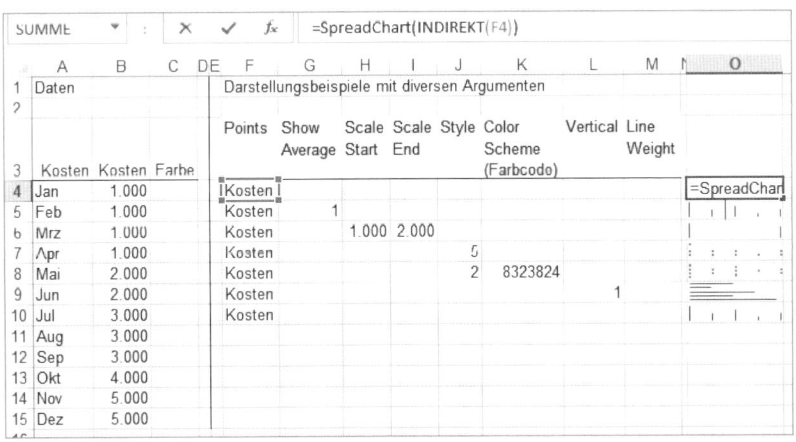

Tipp 14: SfE-Funktion StripeChart()

Mit der Funktion *StripeChart()* werden die Werte eines Bereichs als Linien dargestellt, wobei sich größere Zahlen in einer größeren Strichdichte ausdrücken. Prinzipiell ist diese Funktion mit der Funktion *SpreadChart()* vergleichbar. Optional kann der Durchschnitt eingeblendet werden. Das Farbschema kann ebenfalls individuell vorgegeben werden.

Funktion und Argumente

=StripeChart(Points;ShowAverage;ScaleStart;ScaleEnd;ColorScheme;Vertical;LineWeight; HighlightValue;ShowMedian)

Argument	Inhalt	Erläuterung
Points (verbindlich)	Bereich (Zeile oder Spalte)	Zellbereich der auszuwertenden Daten. Das Diagramm kann entweder positive oder negative Werte korrekt darstellen.
ShowAverage (optional)	Boolean	Mit WAHR oder 1 wird der Durchschnittswert von *Points* mit einem vertikalen Strich gekennzeichnet. Standardmäßig wird der Durchschnitt nicht angezeigt.
ScaleStart (optional)	Variant	Bestimmt, bei welchem Wert das Diagramm beginnt. Wird dieser Wert nicht angegeben, wird standardmäßig das Minimum von *Points* verwendet.
ScaleEnd (optional)	Variant	Bestimmt, bei welchem Wert das Diagramm endet. Wird dieser Wert nicht angegeben, wird standardmäßig das Maximum von *Points* verwendet.
ColorScheme (optional)	Long	Bestimmt, welche Farbe das Diagramm besitzt. Die verwendbaren Farbnummern finden Sie in der Farbcode-Tabelle. Standardfarbe ist Grau.
Vertical (optional)	Boolean	Ist standardmäßig FALSCH oder 0. Damit wird das Diagramm horizontal angezeigt. Wird der Parameter auf WAHR oder 1 gesetzt, erfolgt die Anzeige vertikal.
LineWeight (optional)	Variant	Markierung innerhalb der Strichdichte gemäß hinterlegtem Wert.
HighlightValue (optional)	Variant	Markierung innerhalb der Strichdichte gemäß hinterlegtem Wert.
ShowMedian (optional)	Boolean	Mit WAHR oder 1 wird der Median von *Points* mit einem vertikalen Strich gekennzeichnet. Standardmäßig wird der Median nicht angezeigt.

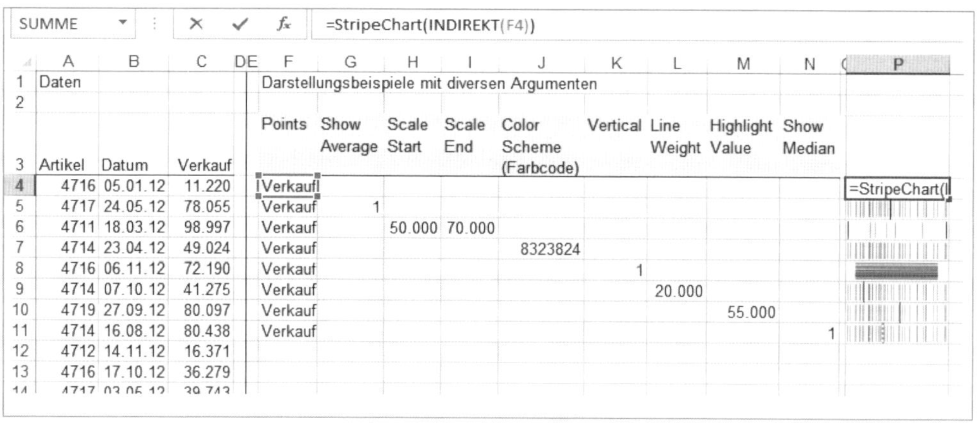

SUMME | =StripeChart(INDIREKT(F4))

	A	B	C	F	G	H	I	J	K	L	M	N	P
1	Daten			Darstellungsbeispiele mit diversen Argumenten									
2													
3	Artikel	Datum	Verkauf	Points	Show Average	Scale Start	Scale End	Color Scheme (Farbcode)	Vertical	Line Weight	Highlight Value	Show Median	
4	4716	05.01.12	11.220	Verkauf									=StripeChart(I
5	4717	24.05.12	78.055	Verkauf	1								
6	4711	18.03.12	98.997	Verkauf		50.000	70.000						
7	4714	23.04.12	49.024	Verkauf				8323824					
8	4716	06.11.12	72.190	Verkauf					1				
9	4714	07.10.12	41.275	Verkauf						20.000			
10	4719	27.09.12	80.097	Verkauf							55.000		
11	4714	16.08.12	80.438	Verkauf								1	
12	4712	14.11.12	16.371										
13	4716	17.10.12	36.279										
14	4717	03.05.12	39.743										

Tipp 15: SfE-Funktion CascadeChart()

Mit der Funktion *CascadeChart()* lassen sich mehrere einzelne Balkendiagramme zueinander in Beziehung setzen und ein zusammenhängendes vertikales oder horizontales Balkendiagramm kann aufgebaut werden. Darüber hinaus können positive und negative Werte über individuelle Farbdefinitionen gesteuert werden.

Funktion und Argumente

=CascadeChart(PointsRange;LabelRange;Minimum;Maximum;ColorPositive;ColorNegative)

Argument	Inhalt	Erläuterung
PointsRange (verbindlich)	Bereich (Zeile oder Spalte)	Zellbereich der auszuwertenden Daten. Das Diagramm kann entweder positive oder negative Werte korrekt darstellen. Die Funktion erkennt anhand der zeilen- oder spaltenbezogenen Anordnung der Datenreihe, ob das Diagramm vertikal oder horizontal gezeichnet werden muss.
LabelRange (optional)	Bereich (Zeile oder Spalte)	Zellbereich, der die Beschriftung der Datenreihe enthält. Muss die gleiche Zellenanzahl wie *PointsRange* aufweisen.
Minimum (optional)	Variant	Bestimmt das Minimum innerhalb des Bereichs, in dem die Säulen angezeigt werden.
Maximum (optional)	Variant	Bestimmt das Maximum innerhalb des Bereichs, in dem die Säulen angezeigt werden.
ColorPositive (optional)	Long	Definition der Farbe für alle positiven Werte. Die Standardfarbe ist Grün. Die verwendbaren Farbnummern finden Sie in der Farbcode-Tabelle. Gegebenenfalls werden automatisch Farbabstufungen vorgenommen.
ColorNegative (optional)	Long	Definition der Farbe für alle negativen Werte. Die Standardfarbe ist Rot. Die verwendbaren Farbnummern finden Sie in der Farbcode-Tabelle. Gegebenenfalls werden automatisch Farbabstufungen vorgenommen.

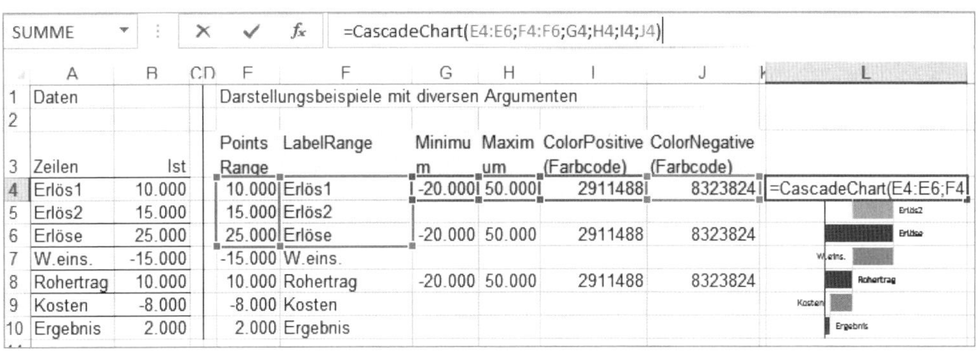
SUMME =CascadeChart(E4:E6;F4:F6;G4;H4;I4;J4)

	A	B	E	F	G	H	I	J	L
1	Daten		Darstellungsbeispiele mit diversen Argumenten						
2									
3	Zeilen	Ist	Points Range	LabelRange	Minimum	Maximum	ColorPositive (Farbcode)	ColorNegative (Farbcode)	
4	Erlös1	10.000	10.000	Erlös1	-20.000	50.000	2911488	8323824	=CascadeChart(E4:E6;F4
5	Erlös2	15.000	15.000	Erlös2					
6	Erlöse	25.000	25.000	Erlöse	-20.000	50.000	2911488	8323824	
7	W.eins.	-15.000	-15.000	W.eins.					
8	Rohertrag	10.000	10.000	Rohertrag	-20.000	50.000	2911488	8323824	
9	Kosten	-8.000	-8.000	Kosten					
10	Ergebnis	2.000	2.000	Ergebnis					

Tipp 16: SfE-Funktion ScaleLine()

Die Funktion *ScaleLine()* stellt ein Skalenlineal dar. Über verschiedene Parameter lässt sich das Aussehen beeinflussen. So kann die Höhe der Skalenstriche für lange, mittlere und kleine Striche beliebig festgelegt werden. Auch die Weite der Striche kann beliebig definiert werden. Das Farbschema für das Diagramm kann individuell vorgegeben werden. Die *ScaleLine* lässt sich sowohl horizontal als auch vertikal darstellen. *ScaleLine* eignet sich besonders zur Ergänzung anderer Sparklines wie beispielsweise *SpreadCharts()* oder *StripeCharts()*.

Funktion und Argumente

=ScaleLine(Orientation;Positions;Base;TextLeft;TextCenter;TextRight;TickIntervalLong; TickIntervalMid;TickIntervalSmall;SizeText;ColorScheme;MarkPosition;MarkLabel;FontName)

Argument	Inhalt	Erläuterung
Orientation (verbindlich)	Variant	Legt fest, an welchem Zellenrand der Text für die Skalenbeschriftung steht. Die Skala selbst liegt dem Text gegenüber. *T* (Top) bedeutet, dass die Beschriftung oben und die Skala unten ist. *B* (Bottom) bedeutet, dass sich die Beschriftung unten und die Skala rechts befindet.
Positions (verbindlich)	Double	Bestimmt die relative Länge der Skala.
Base (optional)	Integer	Bestimmt, ob der Skalenverlauf linear oder logarithmisch aufgebaut sein soll. 1 oder keine Angabe dieses Parameters bedeutet einen linearen Verlauf, die Werte 2 bis 10 legen einen logarithmischen Verlauf fest. Je größer der Wert von *Base*, desto größer die logarithmische Verschiebung.
TextLeft (optional)	Variant	Definiert, dass der Text an der linken Seite der Skala festgelegt ist. Hier kann beispielsweise der Wert 0 stehen.
TextCenter (optional)	Variant	Definiert, dass der Text in der Mitte der Skala festgelegt ist. Hier kann beispielsweise der Wert 50 stehen.
TextRight (optional)	Variant	Definiert, dass der Text an der rechten Seite der Skala festgelegt ist. Hier kann beispielsweise der Wert 100 stehen.
TickIntervalLong (optional)	Variant	Legt die roten Hauptstriche fest. Bei einem Wert von 20 werden auf einer Skala mit einer Amplitude von 100 beispielsweise 5 Hauptstriche angezeigt. Ein Wert von 50 würde nur einen Hauptstrich bei 50 neben dem Beginn bei 0 und dem Ende bei 100 setzen.
TickIntervalMid (optional)	Variant	Legt die halbhohen grauen Teilstriche fest. Bei einem Wert von 10 werden auf einer Skala mit einer Amplitude von 100 beispielsweise 10 Teilstriche angezeigt.
TickIntervalSmall (optional)	Variant	Legt die kleinen grauen Teilstriche fest. Bei einem Wert von 5 werden auf einer Skala mit einer Amplitude von 100 beispielsweise insgesamt 20 Untergliederungen dargestellt (100/5). Das bedeutet, jeder Teil von *TickIntervalMid* wird jeweils noch einmal unterteilt.
SizeText (optional)	Integer	Definiert die Größe des Textes, der über die Parameter *TextLeft*, *TextCenter* und *TextRight* angegeben wurde. Die Größe wird in Pixel angegeben. Standardmäßig ist die Pixelgröße 6 vorgegeben.

Argument	Inhalt	Erläuterung
ColorScheme (optional)	Long	Bestimmt die Farbe der Skala. Die verwendbaren Farbnummern finden Sie in der Farbcode-Tabelle.
MarkPosition (optional)	Double	Position einer vertikalen Linie. Standardfarbe ist Rot.
MarkLabel (optional)	Text	Fügt rechts von *MarkPosition* eine Beschriftung an.
FontName (optional)	Text	Durch Eingabe eines Schriftarttyps wird der Font von *TextLeft*, *TextCenter*, *TextRight* und *MarkLabel* geändert.

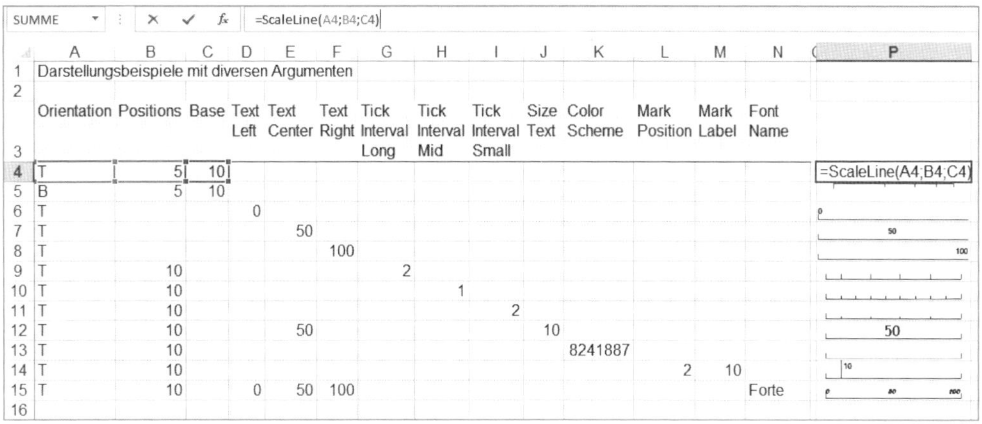
SUMME =ScaleLine(A4;B4;C4)

	A	B	C	D	E	F	G	H	I	J	K	L	M	N	P
1	Darstellungsbeispiele mit diversen Argumenten														
2															
3	Orientation	Positions	Base	Text Left	Text Center	Text Right	Tick Interval Long	Tick Interval Mid	Tick Interval Small	Size Text	Color Scheme	Mark Position	Mark Label	Font Name	
4	T	5	10												=ScaleLine(A4;B4;C4)
5	B	5	10												
6	T			0											
7	T				50										
8	T					100									
9	T	10					2								
10	T	10						1							
11	T	10							2						
12	T	10			50					10					
13	T	10									8241887				
14	T	10										2	10		
15	T	10		0	50	100								Forte	
16															

Tipp 17: Der Formel-Übersetzer

Das Konzept hinter den Excel-Formeln ist so aufgebaut, dass Formeln in aller Regel in der lokalisierten Sprache der jeweiligen Excel-Version eingegeben werden müssen. Es gibt allerdings auch einige Ausnahmen, so z. B. in der griechischen Excel-Version. Hier werden die Formeln in Englisch vorgehalten, wobei eine Formel sogar von der englischen Version abweicht – aber dies sei nur am Rande erwähnt. Wichtig ist, dass in aller Regel bei einer Formelerfassung gleichzeitig im Hintergrund die englische „Grundform" abgelegt und dann in die Sprache des jeweiligen Users übersetzt wird, sobald dieser die Mappe öffnet. Wird also eine Excel-Tabelle mit Formeln in einer deutschen Excel-Version erstellt, werden die Excel-Formeln zugleich im Hintergrund in der englischen „Grundform" gespeichert. Diese Excel-Tabelle kann somit ohne Probleme beispielsweise an einen finnischen User gesendet werden, weil beim Öffnen der Tabelle die Formeln aus der englischen „Grundform" in seine, d. h. in die finnische Version übernommen werden.

Das klappt in allen Sprachen, ohne dass ein User Fremdsprachen lernen muss, damit seine Mappe in anderen Ländern auch funktioniert, und mit allen Standardformeln außer denen des Analyse-Add-ins. Diese Formeln wurden extern entwickelt und sind daher nicht in diesen Übersetzungsvorgang, der im Hintergrund abläuft, eingebunden. Excel-Formeln müssen also in der Sprache der jeweiligen Landesversion von Excel erfasst werden. So weit, so gut. Das Ganze funktioniert leider dann nicht mehr, wenn in der VBA-Umgebung mit diesen Formeln gearbeitet werden muss und Sie möglicherweise mit internationalen Entwicklern zusammenarbeiten. Vorab sollten Sie wissen, dass Sie grundsätzlich zwei Möglichkeiten in der VBA-Umgebung haben. Sie können mit der Eigenschaft *FormulaLocal* Formeln in der jeweiligen Landessprache erfassen, wie Sie im nachfolgenden Beispiel sehen können:

- `.Range("E2").FormulaLocal = "=Summe(B2:C5)"`

Die Formel kann aber auch in der englischen Grundform in VBA integriert werden, was zum gleichen Ergebnis führt.

- `.Range("E2").Formula = "=Sum(B2:C5)"`

Wenn im internationalen Kontext VBA-Projekte entwickelt werden, ist es also sinnvoll, mit der Eigenschaft *Formula* und somit mit englischen Formeln zu arbeiten. Hier fängt jedoch in aller Regel das Problem an: Wie lautet die englische Formel?

Mit dem Excel Formel Übersetzer von Mourad Louha ist dieses Thema jedoch vom Tisch. Er bietet auf seiner Internetseite *de.excel-translator.de* ein Übersetzungsprogramm an, das Excel-Formeln von einer Ausgangssprache in eine Zielsprache übersetzt. Sie können damit bequem die Formeln aus Ihrer Landessprache in Englisch, aber auch in eine Vielzahl anderer Sprachen übersetzen lassen.

Die Website beinhaltet zudem eine Referenz zu den Übersetzungen aller Excel-Funktionen ab Excel 2010. Pro Funktion werden alle Übersetzungen in den Sprachen aufgeführt, deren Funktionsname vom englischen Original abweicht. Da es jedoch für manche Sprachen Abweichungen der Übersetzungen zwischen den einzelnen Excel-Versionen gibt, wurden diese separat hervorgehoben. Schließlich sind alle Funktionen zur Microsoft-Onlinehilfe in der jeweiligen Sprache verlinkt.

Anhang

Funktionsübersichten

In den beiden nachfolgenden alphabetisch sortierten Funktionsübersichten erhalten Sie einen Überblick über die in Excel vorhandenen Funktionen in Deutsch und Englisch. Damit sind Sie in der Lage, jede Funktion auch in der jeweils anderen Sprache zu benennen.

Funktionsübersicht Deutsch – Englisch

Deutsch	Englisch
ABRUNDEN	ROUNDDOWN
ABS	ABS
ACHSENABSCHNITT	INTERCEPT
ADRESSE	ADDRESS
AGGREGAT	AGGREGATE
AMORDEGRK	AMORDEGRC
AMORLINEARK	AMORLINC
ANZAHL	COUNT
ANZAHL2	COUNTA
ANZAHLLEEREZELLEN	COUNTBLANK
ARABISCH	ARABIC
ARBEITSTAG	WORKDAY
ARBEITSTAG.INTL	WORKDAY.INTL
ARCCOS	ACOS
ARCCOSHYP	ACOSH
ARCCOT	ACOT
ARCCOTHYP	ACOTH
ARCSIN	ASIN
ARCSINHYP	ASINH
ARCTAN	ATAN
ARCTAN2	ATAN2
ARCTANHYP	ATANH
ASC	ASC
AUFGELZINS	ACCRINT
AUFGELZINSF	ACCRINTM
AUFRUFEN	CALL
AUFRUNDEN	ROUNDUP
AUSZAHLUNG	RECEIVED
BAHTTEXT	BAHTTEXT
BASIS	BASE
BEREICH.VERSCHIEBEN	OFFSET
BEREICHE	AREAS
BESSELI	BESSELI
BESSELJ	BESSELJ
BESSELK	BESSELK
BESSELY	BESSELY

Deutsch	Englisch
BESTIMMTHEITSMASS	RSQ
BETAINV	BETAINV
BETAVERT	BETADIST
BININDEZ	BIN2DEC
BININHEX	BIN2HEX
BININOKT	BIN2OCT
BINOM.INV	BINOM.INV
BINOM.VERT	BINOM.DIST
BINOM.VERT.BEREICH	BINOM.DIST.RANGE
BINOMVERT	BINOMDIST
BITLVERSCHIEB	BITLSHIFT
BITODER	BITOR
BITRVERSCHIEB	BITRSHIFT
BITUND	BITAND
BITXODER	BITXOR
BLATT	SHEET
BLÄTTER	SHEETS
BOGENMASS	RADIANS
BRTEILJAHRE	YEARFRAC
BW	PV
CHIINV	CHIINV
CHIQU.INV	CHISQ.INV
CHIQU.INV.RE	CHIQU.INV.RT
CHIQU.TEST	CHISQ.TEST
CHIQU.VERT	CHISQ.DIST
CHIQU.VERT.RE	CHISQ.DIST.RT
CHITEST	CHITEST
CHIVERT	CHIDIST
CODE	CODE
COS	COS
COSEC	CSC
COSECHYP	CSCH
COSHYP	COSH
COT	COT
COTHYP	COTH
CUBEELEMENT	CUBEMEMBER

Deutsch	Englisch
CUBEELEMENT-EIGENSCHAFT	CUBEMEMBER-PROPERTY
CUBEKPIELEMENT	CUBEKPIMEMBER
CUBEMENGE	CUBESET
CUBEMENGENANZAHL	CUBESETCOUNT
CUBERANGELEMENT	CUBERANKEDMEMBER
CUBEWERT	CUBEVALUE
DATUM	DATE
DATWERT	DATEVALUE
DBANZAHL	DCOUNT
DBANZAHL2	DCOUNTA
DBAUSZUG	DGET
DBMAX	DMAX
DBMIN	DMIN
DBMITTELWERT	DAVERAGE
DBPRODUKT	DPRODUCT
DBSTDABW	DSTDEV
DBSTDABWN	DSTDEVP
DBSUMME	DSUM
DBVARIANZ	DVAR
DBVARIANZEN	DVARP
DELTA	DELTA
DEZIMAL	DECIMAL
DEZINBIN	DEC2BIN
DEZINHEX	DEC2HEX
DEZINOKT	DEC2OCT
DIA	SYD
DISAGIO	DISC
DM	DOLLAR
DURATION	DURATION
EDATUM	EDATE
EFFEKTIV	EFFECT
ERSETZEN	REPLACE
ERSTERWERT	SWITCH
EXP	EXP
EXPON.VERT	EXPON.DIST
EXPONVERT	EXPONDIST
FILTER	FILTER
F.INV	F.INV
F.INV.RE	F.INV.RT
F.TEST	F.TEST
F.VERT	F.DIST
F.VERT.RE	F.DIST.RT
FAKULTÄT	FACT
FALSCH	FALSE
FEHLER.TYP	ERROR.TYPE
FEST	FIXED
FINDEN	FIND
FINV	FINV
FISHER	FISHER

Deutsch	Englisch
FISHERINV	FISHERINV
FORMELTEXT	FORMULATEXT
FTEST	FTEST
FVERT	FDIST
G.TEST	Z.TEST
GAMMA	GAMMA
GAMMA.INV	GAMMA.INV
GAMMA.VERT	GAMMA.DIST
GAMMAINV	GAMMAINV
GAMMALN	GAMMALN
GAMMALN.GENAU	GAMMALN.PRECISE
GAMMAVERT	GAMMADIST
GANZZAHL	INT
GAUSS	GAUSS
GAUSSF.GENAU	ERF.PRECISE
GAUSSFEHLER	ERF
GAUSSFKOMPL	ERFC
GAUSSFKOMPL.GENAU	ERFC.PRECISE
GDA	DDB
GDA2	DB
GEOMITTEL	GEOMEAN
GERADE	EVEN
GESTUTZTMITTEL	TRIMMEAN
GGANZZAHL	GESTEP
GGT	GCD
GLÄTTEN	TRIM
GRAD	DEGREES
GROSS	UPPER
GROSS2	PROPER
GTEST	ZTEST
HARMITTEL	HARMEAN
HÄUFIGKEIT	FREQUENCY
HEUTE	TODAY
HEXINBIN	HEX2BIN
HEXINDEZ	HEX2DEC
HEXINOKT	HEX2OCT
HYPERLINK	HYPERLINK
HYPGEOM.VERT	HYPGEOM.DIST
HYPGEOMVERT	HYPGEOMDIST
IDENTISCH	EXACT
IKV	IRR
IMABS	IMABS
IMAGINÄRTEIL	IMAGINARY
IMAPOTENZ	IMPOWER
IMARGUMENT	IMARGUMENT
IMCOS	IMCOS
IMCOSEC	IMCSC
IMCOSECHYP	IMCSCH
IMCOSHYP	IMCOSH
IMCOT	IMCOT

Deutsch	Englisch
IMDIV	IMDIV
IMEXP	IMEXP
IMKONJUGIERTE	IMCONJUGATE
IMLN	IMLN
IMLOG10	IMLOG10
IMLOG2	IMLOG2
IMPRODUKT	IMPRODUCT
IMREALTEIL	IMREAL
IMSEC	IMSEC
IMSECHYP	IMSECH
IMSIN	IMSIN
IMSINHYP	IMSINH
IMSUB	IMSUB
IMSUMME	IMSUM
IMTAN	IMTAN
IMWURZEL	IMSQRT
INDEX	INDEX
INDIREKT	INDIRECT
INFO	INFO
ISO.OBERGRENZE	ISO.CEILING
ISOKALENDERWOCHE	ISOWEEKNUM
ISPMT	ISPMT
ISTBEZUG	ISREF
ISTFEHL	ISERR
ISTFEHLER	ISERROR
ISTFORMEL	ISFORMULA
ISTGERADE	ISEVEN
ISTKTEXT	ISNONTEXT
ISTLEER	ISBLANK
ISTLOG	ISLOGICAL
ISTNV	ISNA
ISTTEXT	ISTEXT
ISTUNGERADE	ISODD
ISTZAHL	ISNUMBER
JAHR	YEAR
JETZT	NOW
KALENDERWOCHE	WEEKNUM
KAPZ	PPMT
KGRÖSSTE	LARGE
KGV	LCM
KKLEINSTE	SMALL
KLEIN	LOWER
KOMBINATIONEN	COMBIN
KOMBINATIONEN2	COMBINA
KOMPLEXE	COMPLEX
KONFIDENZ	CONFIDENCE
KONFIDENZ.NORM	CONFIDENCE.NORM
KONFIDENZ.T	CONFIDENCE.T
KORREL	CORREL
KOVAR	COVAR

Deutsch	Englisch
KOVARIANZ.P	COVARIANCE.P
KOVARIANZ.S	COVARIANCE.S
KRITBINOM	CRITBINOM
KUMKAPITAL	CUMPRINC
KUMZINSZ	CUMIPMT
KURS	PRICE
KURSDISAGIO	PRICEDISC
KURSFÄLLIG	PRICEMAT
KURT	KURT
KÜRZEN	TRUNC
LÄNGE	LEN
LIA	SLN
LINKS	LEFT
LN	LN
LOG	LOG
LOG10	LOG10
LOGINV	LOGINV
LOGNORM.INV	LOGNORM.INV
LOGNORM.WERT	LOGNORM.DIST
LOGNORMVERT	LOGNORMDIST
MAX	MAX
MAXA	MAXA
MAXWENNS	MAXIFS
MDET	MDETERM
MDURATION	MDURATION
MEDIAN	MEDIAN
MEINHEIT	MUNIT
MIN	MIN
MINA	MINA
MINWENNS	MINIFS
MINUTE	MINUTE
MINV	MINVERSE
MITTELABW	AVEDEV
MITTELWERT	AVERAGE
MITTELWERTA	AVERAGEA
MITTELWERTWENN	AVERAGEIF
MITTELWERTWENNS	AVERAGEIFS
MMULT	MMULT
MODALWERT	MODE
MODUS.EINF	MODE.SNGL
MODUS.VIELF	MODE.MULT
MONAT	MONTH
MONATSENDE	EOMONTH
MTRANS	TRANSPOSE
N	N
NBW	NPV
NEGBINOM.VERT	NEGBINOM.DIST
NEGBINOMVERT	NEGBINOMDIST
NETTOARBEITSTAGE	NETWORKDAYS
NETTOARBEITSTAGE.INTL	NETWORKDAYS.INTL

Deutsch	Englisch
NICHT	NOT
NOMINAL	NOMINAL
NORM.INV	NORM.INV
NORM.S.INV	NORM.S.INV
NORM.S.VERT	NORM.S.DIST
NORM.VERT	NORM.DIST
NORMINV	NORMINV
NORMVERT	NORMDIST
NOTIERUNGBRU	DOLLARFR
NOTIERUNGDEZ	DOLLARDE
NV	NA
OBERGRENZE	CEILING
OBERGRENZE.GENAU	CEILING.PRECISE
OBERGRENZE.MATHE-MATIK	CEILING.MATH
ODER	OR
OKTINBIN	OCT2BIN
OKTINDEZ	OCT2DEC
OKTINHEX	OCT2HEX
PDURATION	PDURATION
PEARSON	PEARSON
PHI	PHI
PI	PI
PIVOTDATENZUORDNEN	GETPIVOTDATA
POISSON	POISSON
POISSON.VERT	POISSON.DIST
POLYNOMIAL	MULTINOMIAL
POTENZ	POWER
POTENZREIHE	SERIESSUM
PRODUKT	PRODUCT
PROGNOSE.ETS	FORECAST.ETS
PROGNOSE.ETS.KONFINT	FORECAST.ETS.CONFINT
PROGNOSE.ETS.SAISO-NALITÄT	FORECAST.ETS.SEASO-NALITY
PROGNOSE.ETS.STAT	FORECAST.ETS.STAT
PROGNOSE.LINEAR	FORECAST.LINEAR
QIKV	MIRR
QUADRATESUMME	SUMSQ
QUANTIL	PERCENTILE
QUANTIL.EXKL	PERCENTILE.EXC
QUANTIL.INKL	PERCENTILE.INC
QUANTILSRANG	PERCENTRANK
QUANTILSRANG.EXKL	PERCENTRANK.EXC
QUANTILSRANG.INKL	PERCENTRANK.INC
QUARTILE	QUARTILE
QUARTILE.EXKL	QUARTILE.EXC
QUARTILE.INKL	QUARTILE.INC
QUOTIENT	QUOTIENT
RANDARRAY	RANDARRAY
RANG	RANK

Deutsch	Englisch
RANG.GLEICH	RANK.EQ
RANG.MITTELW	RANK.AVG
RECHTS	RIGHT
REGISTER.KENNUMMER	REGISTER.ID
RENDITE	YIELD
RENDITEDIS	YIELDDISC
RENDITEFÄLL	YIELDMAT
REST	MOD
RGP	LINEST
RKP	LOGEST
RMZ	PMT
RÖMISCH	ROMAN
RTD	RTD
RUNDEN	ROUND
SÄUBERN	CLEAN
SCHÄTZER	FORECAST
SCHIEFE	SKEW
SCHIEFE.P	SKEW.P
SEC	SEC
SECHYP	SECH
SEKUNDE	SECOND
SEQUENCE	SEQUENCE
SIN	SIN
SINHYP	SINH
SORT	SORT
SORTBY	SORTBY
SPALTE	COLUMN
SPALTEN	COLUMNS
STABW	STDEV
STABW.N	STDEV.P
STABW.S	STDEV.S
STABWA	STDEVA
STABWN	STDEVP
STABWNA	STDEVPA
STANDARDISIERUNG	STANDARDIZE
STANDNORMINV	NORMSINV
STANDNORMVERT	NORMSDIST
STEIGUNG	SLOPE
STFEHLERYX	STEYX
STUNDE	HOUR
SUCHEN	SEARCH
SUMME	SUM
SUMMENPRODUKT	SUMPRODUCT
SUMMEWENN	SUMIF
SUMMEWENNS	SUMIFS
SUMMEX2MY2	SUMX2MY2
SUMMEX2PY2	SUMX2PY2
SUMMEXMY2	SUMXMY2
SUMQUADABW	DEVSQ
SVERWEIS	VLOOKUP

Deutsch	**Englisch**
T	T
T.INV	T.INV
T.INV.2S	T.INV.2T
T.TEST	T.TEST
T.VERT	T.DIST
T.VERT.2S	T.DIST.2T
T.VERT.RE	T.DIST.RT
TAG	DAY
TAGE	DAYS
TAGE360	DAYS360
TAN	TAN
TANHYP	TANH
TBILLÄQUIV	TBILLEQ
TBILLKURS	TBILLPRICE
TBILLRENDITE	TBILLYIELD
TEIL	MID
TEILERGEBNIS	SUBTOTAL
TEXT	TEXT
TEXTKETTE	CONCAT
TEXTVERKETTEN	TEXTJOIN
TINV	TINV
TREND	TREND
TTEST	TTEST
TVERT	TDIST
TYP	TYPE
UMWANDELN	CONVERT
UND	AND
UNGERADE	ODD
UNICODE	UNICODE
UNIQUE	UNIQUE
UNIZEICHEN	UNICHAR
UNREGER.KURS	ODDFPRICE
UNREGER.REND	ODDFYIELD
UNREGLE.KURS	ODDLPRICE
UNREGLE.REND	ODDLYIELD
UNTERGRENZE	FLOOR
UNTERGRENZE.GENAU	FLOOR.PRECISE
UNTERGRENZE.MATHE-MATIK	FLOOR.MATH
URLCODIEREN	ENCODEURL
VAR.P	VAR.P
VAR.S	VAR.S
VARIANZ	VAR
VARIANZA	VARA
VARIANZEN	VARP
VARIANZENA	VARPA
VARIATION	GROWTH
VARIATIONEN	PERMUT
VARIATIONEN2	PERMUTATIONA
VDB	VDB
VERGLEICH	MATCH

Deutsch	**Englisch**
VERKETTEN	CONCATENATE
VERWEIS	LOOKUP
VORZEICHEN	SIGN
VRUNDEN	MROUND
WAHL	CHOOSE
WAHR	TRUE
WAHRSCHBEREICH	PROB
WEBDIENST	WEBSERVICE
WECHSELN	SUBSTITUTE
WEIBULL	WEIBULL
WEIBULL.VERT	WEIBULL.DIST
WENN	IF
WENNFEHLER	IFERROR
WENNNV	IFNA
WENNS	IFS
WERT	VALUE
WIEDERHOLEN	REPT
WOCHENTAG	WEEKDAY
WURZEL	SQRT
WURZELPI	SQRTPI
WVERWEIS	HLOOKUP
XINTZINSFUSS	XIRR
XKAPITALWERT	XNPV
XMLFILTERN	FILTERXML
XODER	XOR
ZÄHLENWENN	COUNTIF
ZÄHLENWENNS	COUNTIFS
ZAHLENWERT	NUMBERVALUE
ZEICHEN	CHAR
ZEILE	ROW
ZEILEN	ROWS
ZEIT	TIME
ZEITWERT	TIMEVALUE
ZELLE	CELL
ZINS	RATE
ZINSSATZ	INTRATE
ZINSTERMNZ	COUPNCD
ZINSTERMTAGE	COUPDAYS
ZINSTERMTAGNZ	COUPDAYSNC
ZINSTERMTAGVA	COUPDAYBS
ZINSTERMVZ	COUPPCD
ZINSTERMZAHL	COUPNUM
ZINSZ	IPMT
ZSATZINVEST	RRI
ZUFALLSBEREICH	RANDBETWEEN
ZUFALLSZAHL	RAND
ZW	FV
ZW2	FVSCHEDULE
ZWEIFAKULTÄT	FACTDOUBLE
ZZR	NPER

Funktionsübersicht Englisch – Deutsch

Englisch	Deutsch
ABS	ABS
ACCRINT	AUFGELZINS
ACCRINTM	AUFGELZINSF
ACOS	ARCCOS
ACOSH	ARCCOSHYP
ACOT	ARCCOT
ACOTH	ARCCOTHYP
ADDRESS	ADRESSE
AGGREGATE	AGGREGAT
AMORDEGRC	AMORDEGRK
AMORLINC	AMORLINEARK
AND	UND
ARABIC	ARABISCH
AREAS	BEREICHE
ASC	ASC
ASIN	ARCSIN
ASINH	ARCSINHYP
ATAN	ARCTAN
ATAN2	ARCTAN2
ATANH	ARCTANHYP
AVEDEV	MITTELABW
AVERAGE	MITTELWERT
AVERAGEA	MITTELWERTA
AVERAGEIF	MITTELWERTWENN
AVERAGEIFS	MITTELWERTWENNS
BAHTTEXT	BAHTTEXT
BASE	BASIS
BESSELI	BESSELI
BESSELJ	BESSELJ
BESSELK	BESSELK
BESSELY	BESSELY
BETADIST	BETAVERT
BETAINV	BETAINV
BIN2DEC	BININDEZ
BIN2HEX	BININHEX
BIN2OCT	BININOKT
BINOM.DIST	BINOM.VERT
BINOM.DIST.RANGE	BINOM.VERT.BEREICH
BINOM.INV	BINOM.INV
BINOMDIST	BINOMVERT
BITAND	BITUND
BITLSHIFT	BITLVERSCHIEB
BITOR	BITODER
BITRSHIFT	BITRVERSCHIEB
BITXOR	BITXODER
CALL	AUFRUFEN
CEILING	OBERGRENZE
CEILING.MATH	OBERGRENZE.MATHE-MATIK

Englisch	Deutsch
CEILING.PRECISE	OBERGRENZE.GENAU
CELL	ZELLE
CHAR	ZEICHEN
CHIDIST	CHIVERT
CHIINV	CHIINV
CHIQU.INV.RT	CHIQU.INV.RE
CHISQ.DIST	CHIQU.VERT
CHISQ.DIST.RT	CHIQU.VERT.RE
CHISQ.INV	CHIQU.INV
CHISQ.TEST	CHIQU.TEST
CHITEST	CHITEST
CHOOSE	WAHL
CLEAN	SÄUBERN
CODE	CODE
COLUMN	SPALTE
COLUMNS	SPALTEN
COMBIN	KOMBINATIONEN
COMBINA	KOMBINATIONEN2
COMPLEX	KOMPLEXE
CONCAT	TEXTKETTE
CONCATENATE	VERKETTEN
CONFIDENCE	KONFIDENZ
CONFIDENCE.NORM	KONFIDENZ.NORM
CONFIDENCE.T	KONFIDENZ.T
CONVERT	UMWANDELN
CORREL	KORREL
COS	COS
COSH	COSHYP
COT	COT
COTH	COTHYP
COUNT	ANZAHL
COUNTA	ANZAHL2
COUNTBLANK	ANZAHLLEEREZELLEN
COUNTIF	ZÄHLENWENN
COUNTIFS	ZÄHLENWENNS
COUPDAYBS	ZINSTERMTAGVA
COUPDAYS	ZINSTERMTAGE
COUPDAYSNC	ZINSTERMTAGNZ
COUPNCD	ZINSTERMNZ
COUPNUM	ZINSTERMZAHL
COUPPCD	ZINSTERMVZ
COVAR	KOVAR
COVARIANCE.P	KOVARIANZ.P
COVARIANCE.S	KOVARIANZ.S
CRITBINOM	KRITBINOM
CSC	COSEC
CSCH	COSECHYP
CUBEKPIMEMBER	CUBEKPIELEMENT

Englisch	Deutsch
CUBEMEMBER	CUBEELEMENT
CUBEMEMBER-PROPERTY	CUBEELEMENT-EIGENSCHAFT
CUBERANKEDMEMBER	CUBERANGELEMENT
CUBESET	CUBEMENGE
CUBESETCOUNT	CUBEMENGENANZAHL
CUBEVALUE	CUBEWERT
CUMIPMT	KUMZINSZ
CUMPRINC	KUMKAPITAL
DATE	DATUM
DATEVALUE	DATWERT
DAVERAGE	DBMITTELWERT
DAY	TAG
DAYS	TAGE
DAYS360	TAGE360
DB	GDA2
DCOUNT	DBANZAHL
DCOUNTA	DBANZAHL2
DDB	GDA
DEC2BIN	DEZINBIN
DEC2HEX	DEZINHEX
DEC2OCT	DEZINOKT
DECIMAL	DEZIMAL
DEGREES	GRAD
DELTA	DELTA
DEVSQ	SUMQUADABW
DGET	DBAUSZUG
DISC	DISAGIO
DMAX	DBMAX
DMIN	DBMIN
DOLLAR	DM
DOLLARDE	NOTIERUNGDEZ
DOLLARFR	NOTIERUNGBRU
DPRODUCT	DBPRODUKT
DSTDEV	DBSTDABW
DSTDEVP	DBSTDABWN
DSUM	DBSUMME
DURATION	DURATION
DVAR	DBVARIANZ
DVARP	DBVARIANZEN
EDATE	EDATUM
EFFECT	EFFEKTIV
ENCODEURL	URLCODIEREN
EOMONTH	MONATSENDE
ERF	GAUSSFEHLER
ERF.PRECISE	GAUSSF.GENAU
ERFC	GAUSSFKOMPL
ERFC.PRECISE	GAUSSFKOMPL.GENAU
ERROR.TYPE	FEHLER.TYP
EVEN	GERADE
EXACT	IDENTISCH

Englisch	Deutsch
EXP	EXP
EXPON.DIST	EXPON.VERT
EXPONDIST	EXPONVERT
F.DIST	F.VERT
F.DIST.RT	F.VERT.RE
F.INV	F.INV
F.INV.RT	F.INV.RE
F.TEST	F.TEST
FACT	FAKULTÄT
FACTDOUBLE	ZWEIFAKULTÄT
FALSE	FALSCH
FDIST	FVERT
FILTER	FILTER
FILTERXML	XMLFILTERN
FIND	FINDEN
FINV	FINV
FISHER	FISHER
FISHERINV	FISHERINV
FIXED	FEST
FLOOR	UNTERGRENZE
FLOOR.MATH	UNTERGRENZE.MATHE-MATIK
FLOOR.PRECISE	UNTERGRENZE.GENAU
FORECAST	SCHÄTZER
FORECAST.ETS	PROGNOSE.ETS
FORECAST.ETS.CONFINT	PROGNOSE.ETS.KONFINT
FORECAST.ETS.SEASO-NALITY	PROGNOSE.ETS.SAISO-NALITÄT
FORECAST.ETS.STAT	PROGNOSE.ETS.STAT
FORECAST.LINEAR	PROGNOSE.LINEAR
FORMULATEXT	FORMELTEXT
FREQUENCY	HÄUFIGKEIT
FTEST	FTEST
FV	ZW
FVSCHEDULE	ZW2
GAMMA	GAMMA
GAMMA.DIST	GAMMA.VERT
GAMMA.INV	GAMMA.INV
GAMMADIST	GAMMAVERT
GAMMAINV	GAMMAINV
GAMMALN	GAMMALN
GAMMALN.PRECISE	GAMMALN.GENAU
GAUSS	GAUSS
GCD	GGT
GEOMEAN	GEOMITTEL
GESTEP	GGANZZAHL
GETPIVOTDATA	PIVOTDATENZUORDNEN
GROWTH	VARIATION
HARMEAN	HARMITTEL
HEX2BIN	HEXINBIN

Englisch	Deutsch
HEX2DEC	HEXINDEZ
HEX2OCT	HEXINOKT
HLOOKUP	WVERWEIS
HOUR	STUNDE
HYPERLINK	HYPERLINK
HYPGEOM.DIST	HYPGEOM.VERT
HYPGEOMDIST	HYPGEOMVERT
IF	WENN
IFERROR	WENNFEHLER
IFNA	WENNNV
IFS	WENNS
IMABS	IMABS
IMAGINARY	IMAGINÄRTEIL
IMARGUMENT	IMARGUMENT
IMCONJUGATE	IMKONJUGIERTE
IMCOS	IMCOS
IMCOSH	IMCOSHYP
IMCOT	IMCOT
IMCSC	IMCOSEC
IMCSCH	IMCOSECHYP
IMDIV	IMDIV
IMEXP	IMEXP
IMLN	IMLN
IMLOG10	IMLOG10
IMLOG2	IMLOG2
IMPOWER	IMAPOTENZ
IMPRODUCT	IMPRODUKT
IMREAL	IMREALTEIL
IMSEC	IMSEC
IMSECH	IMSECHYP
IMSIN	IMSIN
IMSINH	IMSINHYP
IMSQRT	IMWURZEL
IMSUB	IMSUB
IMSUM	IMSUMME
IMTAN	IMTAN
INDEX	INDEX
INDIRECT	INDIREKT
INFO	INFO
INT	GANZZAHL
INTERCEPT	ACHSENABSCHNITT
INTRATE	ZINSSATZ
IPMT	ZINSZ
IRR	IKV
ISBLANK	ISTLEER
ISERR	ISTFEHL
ISERROR	ISTFEHLER
ISEVEN	ISTGERADE
ISFORMULA	ISTFORMEL
ISLOGICAL	ISTLOG
ISNA	ISTNV

Englisch	Deutsch
ISNONTEXT	ISTKTEXT
ISNUMBER	ISTZAHL
ISO.CEILING	ISO.OBERGRENZE
ISODD	ISTUNGERADE
ISOWEEKNUM	ISOKALENDERWOCHE
ISPMT	ISPMT
ISREF	ISTBEZUG
ISTEXT	ISTTEXT
KURT	KURT
LARGE	KGRÖSSTE
LCM	KGV
LEFT	LINKS
LEN	LÄNGE
LINEST	RGP
LN	LN
LOG	LOG
LOG10	LOG10
LOGEST	RKP
LOGINV	LOGINV
LOGNORM.DIST	LOGNORM.WERT
LOGNORM.INV	LOGNORM.INV
LOGNORMDIST	LOGNORMVERT
LOOKUP	VERWEIS
LOWER	KLEIN
MATCH	VERGLEICH
MAX	MAX
MAXA	MAXA
MAXIFS	MAXWENNS
MDETERM	MDET
MDURATION	MDURATION
MEDIAN	MEDIAN
MID	TEIL
MIN	MIN
MINA	MINA
MINIFS	MINWENNS
MINUTE	MINUTE
MINVERSE	MINV
MIRR	QIKV
MMULT	MMULT
MOD	REST
MODE	MODALWERT
MODE.MULT	MODUS.VIELF
MODE.SNGL	MODUS.EINF
MONTH	MONAT
MROUND	VRUNDEN
MULTINOMIAL	POLYNOMIAL
MUNIT	MEINHEIT
N	N
NA	NV
NEGBINOM.DIST	NEGBINOM.VERT
NEGBINOMDIST	NEGBINOMVERT

Englisch	Deutsch
NETWORKDAYS	NETTOARBEITSTAGE
NETWORKDAYS.INTL	NETTOARBEITSTAGE.INTL
NOMINAL	NOMINAL
NORM.DIST	NORM.VERT
NORM.INV	NORM.INV
NORM.S.DIST	NORM.S.VERT
NORM.S.INV	NORM.S.INV
NORMDIST	NORMVERT
NORMINV	NORMINV
NORMSDIST	STANDNORMVERT
NORMSINV	STANDNORMINV
NOT	NICHT
NOW	JETZT
NPER	ZZR
NPV	NBW
NUMBERVALUE	ZAHLENWERT
OCT2BIN	OKTINBIN
OCT2DEC	OKTINDEZ
OCT2HEX	OKTINHEX
ODD	UNGERADE
ODDFPRICE	UNREGER.KURS
ODDFYIELD	UNREGER.REND
ODDLPRICE	UNREGLE.KURS
ODDLYIELD	UNREGLE.REND
OFFSET	BEREICH.VERSCHIEBEN
OR	ODER
PDURATION	PDURATION
PEARSON	PEARSON
PERCENTILE	QUANTIL
PERCENTILE.EXC	QUANTIL.EXKL
PERCENTILE.INC	QUANTIL.INKL
PERCENTRANK	QUANTILSRANG
PERCENTRANK.EXC	QUANTILSRANG.EXKL
PERCENTRANK.INC	QUANTILSRANG.INKL
PERMUT	VARIATIONEN
PERMUTATIONA	VARIATIONEN2
PHI	PHI
PI	PI
PMT	RMZ
POISSON	POISSON
POISSON.DIST	POISSON.VERT
POWER	POTENZ
PPMT	KAPZ
PRICE	KURS
PRICEDISC	KURSDISAGIO
PRICEMAT	KURSFÄLLIG
PROB	WAHRSCHBEREICH
PRODUCT	PRODUKT
PROPER	GROSS2
PV	BW
QUARTILE	QUARTILE

Englisch	Deutsch
QUARTILE.EXC	QUARTILE.EXKL
QUARTILE.INC	QUARTILE.INKL
QUOTIENT	QUOTIENT
RADIANS	BOGENMASS
RAND	ZUFALLSZAHL
RANDARRAY	RANDARRAY
RANDBETWEEN	ZUFALLSBEREICH
RANK	RANG
RANK.AVG	RANG.MITTELW
RANK.EQ	RANG.GLEICH
RATE	ZINS
RECEIVED	AUSZAHLUNG
REGISTER.ID	REGISTER.KENNUMMER
REPLACE	ERSETZEN
REPT	WIEDERHOLEN
RIGHT	RECHTS
ROMAN	RÖMISCH
ROUND	RUNDEN
ROUNDDOWN	ABRUNDEN
ROUNDUP	AUFRUNDEN
ROW	ZEILE
ROWS	ZEILEN
RRI	ZSATZINVEST
RSQ	BESTIMMTHEITSMASS
RTD	RTD
SEARCH	SUCHEN
SEC	SEC
SECH	SECHYP
SECOND	SEKUNDE
SEQUENCE	SEQUENCE
SERIESSUM	POTENZREIHE
SHEET	BLATT
SHEETS	BLÄTTER
SIGN	VORZEICHEN
SIN	SIN
SINH	SINHYP
SKEW	SCHIEFE
SKEW.P	SCHIEFE.P
SLN	LIA
SLOPE	STEIGUNG
SMALL	KKLEINSTE
SORT	SORT
SORTBY	SORTBY
SQRT	WURZEL
SQRTPI	WURZELPI
STANDARDIZE	STANDARDISIERUNG
STDEV	STABW
STDEV.P	STABW.N
STDEV.S	STABW.S
STDEVA	STABWA
STDEVP	STABWN

Englisch	Deutsch
STDEVPA	STABWNA
STEYX	STFEHLERYX
SUBSTITUTE	WECHSELN
SUBTOTAL	TEILERGEBNIS
SUM	SUMME
SUMIF	SUMMEWENN
SUMIFS	SUMMEWENNS
SUMPRODUCT	SUMMENPRODUKT
SUMSQ	QUADRATESUMME
SUMX2MY2	SUMMEX2MY2
SUMX2PY2	SUMMEX2PY2
SUMXMY2	SUMMEXMY2
SWITCH	ERSTERWERT
SYD	DIA
T	T
T.DIST	T.VERT
T.DIST.2T	T.VERT.2S
T.DIST.RT	T.VERT.RE
T.INV	T.INV
T.INV.2T	T.INV.2S
T.TEST	T.TEST
TAN	TAN
TANH	TANHYP
TBILLEQ	TBILLÄQUIV
TBILLPRICE	TBILLKURS
TBILLYIELD	TBILLRENDITE
TDIST	TVERT
TEXT	TEXT
TEXTJOIN	TEXTVERKETTEN
TIME	ZEIT
TIMEVALUE	ZEITWERT
TINV	TINV
TODAY	HEUTE
TRANSPOSE	MTRANS
TREND	TREND
TRIM	GLÄTTEN

Englisch	Deutsch
TRIMMEAN	GESTUTZTMITTEL
TRUE	WAHR
TRUNC	KÜRZEN
TTEST	TTEST
TYPE	TYP
UNICHAR	UNIZEICHEN
UNICODE	UNICODE
UNIQUE	UNIQUE
UPPER	GROSS
VALUE	WERT
VAR	VARIANZ
VAR.P	VAR.P
VAR.S	VAR.S
VARA	VARIANZA
VARP	VARIANZEN
VARPA	VARIANZENA
VDB	VDB
VLOOKUP	SVERWEIS
WEBSERVICE	WEBDIENST
WEEKDAY	WOCHENTAG
WEEKNUM	KALENDERWOCHE
WEIBULL	WEIBULL
WEIBULL.DIST	WEIBULL.VERT
WORKDAY	ARBEITSTAG
WORKDAY.INTL	ARBEITSTAG.INTL
XIRR	XINTZINSFUSS
XNPV	XKAPITALWERT
XOR	XODER
YEAR	JAHR
YEARFRAC	BRTEILJAHRE
YIELD	RENDITE
YIELDDISC	RENDITEDIS
YIELDMAT	RENDITEFÄLL
Z.TEST	G.TEST
ZTEST	GTEST

Informationen zu Operatoren für Berechnungen

Über Operatoren wird die Art der Berechnung festgelegt, die mit den einzelnen Elementen einer Formel durchgeführt werden soll. Microsoft Excel unterscheidet diese vier verschiedenen Operatoren:

1. arithmetische Operatoren
2. Vergleichsoperatoren
3. Textoperatoren
4. Bezugsoperatoren

1. Arithmetische Operatoren

Operator	Bedeutung	Beispiel
+ (Pluszeichen)	Addition	5+7
– (Minuszeichen)	Subtraktion	12–4
* (Sternchen)	Multiplikation	4*7
/ (Schrägstrich)	Division	15/3
% (Prozentzeichen)	Prozent	19%
^ (Caretzeichen)	Potenzierung	2^8
Inversion	Änderung des Vorzeichens	–1

2. Vergleichsoperatoren

Mittels Vergleichsoperatoren können zwei Werte verglichen werden. Als Ergebnis erhalten Sie die logischen Werte *WAHR* oder *FALSCH*.

Operator	Bedeutung	Beispiel
= (Gleichheitszeichen)	ist gleich	B15 = C20
> (Größer-als-Zeichen)	größer als	B15 > C20
< (Kleiner-als-Zeichen)	kleiner als	B15 < C20
>= (Größer-gleich-Zeichen)	größer oder gleich	B15 >= C20
<= (Kleiner-gleich-Zeichen)	kleiner oder gleich	B15 <= C20
<> (Ungleichzeichen)	ungleich	B15 <> C20

3. Textverkettungsoperator

Mithilfe des Textoperators & können mehrere Textzeichenfolgen zu einem einzigen Textwert verknüpft werden.

Operator	Bedeutung	Beispiel
& (kaufmännisches Und-Zeichen)	Verbindet zwei Werte zu einem zusammenhängenden Textwert.	„Berg"&"bahn" oder auch B15 & C20

4. Bezugsoperatoren

Bezugsoperatoren verknüpfen Zellbereiche zur Durchführung von Berechnungen.

Operator	Bedeutung	Beispiel
: (Doppelpunkt)	Bereichsoperator, der einen Bezug auf alle Zellen erstellt, die zwischen zwei Bezügen liegen, einschließlich der beiden Bezugszellen.	=SUMME(B15:C20)

Operator	Bedeutung	Beispiel
; (Semikolon)	Verbindungsoperator, der die Verbindung mehrerer Bezüge in einem Bezug ermöglicht.	=SUMME(B15:C20;G5:G10)
(Leerschritt)	Schnittmengenoperator, der einen Bezug zu Zellen erstellt, die für beide Bezüge gleich sind.	(B7:D7 C6:C8)

Priorität von Operatoren

Werden in einer Formel mehrere Operatoren verwenden, führt Excel die Operationen in der Reihenfolge aus, in der sie in der nachfolgenden Tabelle aufgeführt sind. Enthält eine Formel Operatoren mit gleicher Priorität, wie zum Beispiel Multiplikations- und Divisionsoperatoren, werden die Operatoren von links nach rechts ausgewertet.

Nr.	Operator
1	: (Doppelpunkt)
2	(einzelnes Leerzeichen)
3	; (Semikolon)
4	Bezugsoperatoren
5	– (Inversionen wie in –1)
6	% (Prozent)
7	^ (Potenzierung)
8	* und / (Multiplikation und Division)
9	+ und – (Addition und Subtraktion)
10	& (Verkettung)
11	= < > <= >= <> (Vergleich)

Verändern der Berechnungsreihenfolge mit Klammern

Um die Reihenfolge der Berechnung zu ändern, setzen Sie den Teil der Formel in Klammern, der zuerst berechnet werden soll. Beispielsweise gibt die folgende Formel das Ergebnis –7 zurück, da in Excel Multiplikationen vor Subtraktionen ausgeführt werden. Die Formel multipliziert die Zahlen –3 und 5 und addiert den Wert 8 zum Ergebnis hinzu.

*=8-3*5*

Wenn Sie jedoch Klammern in der Formelsyntax verwenden, subtrahiert Excel den Wert 3 vom Wert 8 und multipliziert anschließend das Ergebnis mit 5. Das Ergebnis lautet 25.

*=(8-3)*5*

Praxisorientierte Shortcuts

Die nachfolgende Tabelle gibt einen Überblick über die wichtigsten Tastenkombinationen (Shortcuts) für den täglichen Gebrauch.

Übersicht der praxisorientierten Tastenkombinationen

Funktion	Tastenkombination
Im Tabellenblatt um eine Zelle nach rechts bewegen	↹
Im Tabellenblatt um eine Zelle nach links bewegen	⇧+↹
Markieren des gesamten Arbeitsblatts	Strg+A
Funktionsargumente einfügen (dazu muss sich die Einfügemarke rechts neben dem Funktionsnamen in einer Formel befinden)	Strg+⇧+A
Aktuelles Datum einfügen	Strg+. (Punkt)
Aktuelle Uhrzeit einfügen	Strg+: (Doppelpunkt)
Neue leere Arbeitsmappe erstellen	Strg+N
Datei öffnen	Strg+O
Datei speichern	Strg+S
Markierte Zellen in Zwischenablage kopieren	Strg+C
Inhalte aus der Zwischenablage einfügen	Strg+V
Markierte Zellen ausschneiden	Strg+X
Befehl rückgängig machen	Strg+Z
Befehl wiederherstellen	Strg+Y
Tabellenfenster schließen	Strg+W
Dialogfenster *Zellen formatieren* aufrufen	Strg+1
Spalte markieren	Strg+Leer
Zeile markieren	⇧+Leer
Zelle fett setzen	Strg+⇧+F
Zelle kursiv setzen	Strg+⇧+K
Zellinhalt unterstreichen	Strg+⇧+U
Zelle mit dem Währungsformat belegen	Strg+⇧+4
Zelle mit dem Prozentformat belegen	Strg+⇧+5
Zelle mit dem Datumsformat belegen	Strg+⇧+3
Zellen mit dem Standardformat belegen	Strg+⇧+1
Aufrufen der Hilfefunktion	F1
Multifunktionsleiste ein- und ausblenden	Strg+F1
Wechseln in den Bearbeitungsmodus	F2
Aufrufen des Namens-Managers	Strg+F3

Funktion	Tastenkombination
Zellkommentar einfügen	⇧+F2
AutoSumme einfügen	Alt+⇧+0
Ausfüllen nach unten	Strg+U
Ausfüllen nach rechts	Strg+R
Markierung mit aktuellem Eintrag ausfüllen	Strg+↵
Matrixformel erzeugen	Strg+⇧+↵
Bezug (relativ/absolut) ändern	F4
Wechseln zwischen Formel- und Ergebnisansicht	Strg+#
Zeile ausblenden	Strg+9
Zeile einblenden	Strg+⇧+9
Spalten ausblenden	Strg+8
Spalten einblenden	Strg+⇧+8
Blatt, nächstes auswählen	Strg+Bild ↑
Blatt, vorheriges auswählen	Strg+Bild ↓
Zeile, leere einfügen	Strg++ (Pluszeichen)
Zeile, markierte löschen	Strg+- (Minuszeichen)
Funktionsassistenten aufrufen	⇧+F3
Argumentliste in Formel eintragen	Strg+⇧+A
Berechnen, aktives Tabellenblatt	F9
Berechnen, gesamte Arbeitsmapp.	⇧+F9
Berechnen aller geöffneten Arbeitsmappen	Strg+Alt+F9
Berechnen aller geöffneten Arbeitsmappen und Überprüfen aller abhängigen Formeln	Strg+⇧+Alt+F9
Fenster minimieren	Strg+F9
Fenster maximieren	Strg+F10
Befehl *Gehe zu* aufrufen	Strg+G oder F5
Befehl *Suchen und Ersetzen* aufrufen	Strg+F
Neue leere Arbeitsmappe erzeugen	Strg+N
Befehl *Rechtschreibung* aufrufen	Strg+F7
Kontextmenü einblenden	⇧+F10
Zwischenablage, gesamten Bildschirminhalt kopieren	Druck
Zwischenablage, aktives Fenster kopieren	Alt+Druck

Über die vorgestellten Tastenkombinationen hinaus steht noch eine Vielzahl weiterer Shortcuts zur Verfügung, deren Funktionsweise Sie über die Onlinehilfe erfahren können. Für den täglichen Gebrauch sollten die aufgelisteten Kombinationen allerdings genügen und gute Dienste leisten.

Index

A

B

C

D

E

F

G

H

N

O

P

T

U

V

W

X

Z